Samuel Pérez Millos, Th. M.

COMENTARIO

AL LIBRO DE

JOSUÉ

Editorial CLIE
www.clie.es

EDITORIAL CLIE
C/ Ferrocarril, 8
08232 VILADECAVALLS
(Barcelona) ESPAÑA
E-mail: clie@clie.es
http://www.clie.es

Comentario al libro de Josué

ISBN: 978-84-17620-44-8
Depósito Legal: B 14025-2020
Comentario bíblico
Libros históricos
Referencia: 225124

Impreso en Estados Unidos de América / Printed in the United States of America

Acerca del autor

Samuel Pérez Millos natural de Vigo, España. Es Máster en Teología (Th. M.) por el IBE (Instituto Bíblico Evangélico) desde 1975. Es, también, Master en Cristología y Master en Espiritualidad Trinitaria. Miembro de la Junta Rectora del IBSTE (Instituto Bíblico y Seminario Teológico de España) y profesor de las áreas de Prolegómena, Bibliología y Antropología de esta institución.

Decano de Escrituras online, donde imparte las materias de Teología sistemática y algunas de Exégesis Bíblica de los escritos de Pablo. Une a esto la experiencia como pastor de la Iglesia Evangélica Unida de Vigo, durante 38 años.

Fue guiado, en el estudio de la Palabra, de la mano del ilustre teólogo español Dr. Francisco Lacueva.

Autor de más de cincuenta obras de teología y exégesis bíblica. Conferenciante de ámbito internacional y consultor adjunto de la Editorial CLIE en el área de lenguas bíblicas.

D. Samuel viaja siempre acompañado de su esposa Susana, quien colabora en las muchas tareas del Ministerio.

DEDICATORIA

A los que, confiando solo en Dios, se atreven a dar un paso de fe cruzando el Jordán de sus vidas para entrar a poseer las bendiciones prometidas por Él. A quienes, reconociendo sus fracasos, descansando en la gracia que sostiene y restaura. A los que buscan solo el bien de sus hermanos y exponen su vida por la fidelidad a Cristo.

Reconocimientos:

Al Licenciado en Historia, D. Miguel Ángel Monge Aparicio, por el excelente trabajo de datación y entorno histórico del libro de Josué.

Al especialista en *Diseño Gráfico*, Pr. Joel Daut, por la realización de los diagramas y gráficos de este texto.

ÍNDICE

Índice de diagramas

Índice de mapas

PRÓLOGO

Entrar en un comedor para participar de una cena de lujo es una experiencia singular. Generalmente hay alguien designado para dar la bienvenida al invitado y luego conducirle a la mesa donde le espera una comida preparada para la ocasión. Primero, están los entrantes variados, después hay platos exquisitos, las bebidas y, finalmente, los postres. Todo ello preparado con incuestionable maestría. El invitado disfruta del ambiente y de la deliciosa comida. Pero en el transcurso de todo eso, no deja de admirar tanto los alimentos que tiene delante como la destreza de quien los ha preparado.

El lector del presente *Comentario de Josué*, escrito por D. Samuel Pérez Millos, sin duda, se sentirá como aquel que es invitado a participar de una cena espiritual de gran lujo. El autor de esta obra es un serio y dedicado estudiante de las Escrituras que ha aprendido la ciencia y el arte de la exégesis bíblica a lo largo de más de dos décadas como maestro, evangelista, predicador y pastor en la ciudad gallega de Vigo, en otras partes de España y en otros países del mundo. Pérez Millos es un eficaz comunicador del mensaje de la Biblia y respetuoso de su contenido.

Hoy en día, cuando el liberalismo y la superficialidad continúan causando estragos en un número importante de púlpitos y en las aulas de numerosos seminarios teológicos, es reconfortante leer obras como la que aquí se prologa, en la que su autor se acerca al texto bíblico con reverencia y respeto, reconociendo que no se trata de un libro cualquiera, sino del más importante de todos, es decir, de la Palabra de Dios.

El autor de este comentario está familiarizado con la actitud de la crítica liberal. Dicha escuela soslaya la historicidad del libro de Josué tal como lo hace con los libros conocidos como "el Pentateuco". Lo relegan a un período de tiempo posterior al que en realidad pertenece. La crítica pasa por alto el hecho de que los relatos registrados en el libro de Josué evidencian haber sido escritos por un testigo de los acontecimientos allí narrados (Jos. 5:1, 6; 15:4). Pretenden colocar el libro de Josué como parte de los cinco libros de Moisés, formando así un Hextateuco. El término Hexateuco y lo que este implica es una pura invención de la crítica racionalista encabezada por el teólogo alemán Julius Wellhausen. La intención de la crítica es hacer del libro de Josué una víctima más de las especulaciones de las teorías documentarias que subjetivamente sustentan. Pérez Millos, sabia y enérgicamente, rechaza esa postura de la crítica liberal por ser arbitraria y manipulada.

Regresando a la metáfora del comedor, Samuel Pérez Millos, como un diligente anfitrión, ofrece al invitado lector "entrantes apetitosos y variados". En este libro, el lector puede deleitarse con la historia, antropología, arqueología, sociología, lingüística, usos y costumbres, geografía, filosofía de la religión y otras áreas de conocimiento que ayudan a enriquecer la comprensión del mundo bíblico a todo aquel que se atreva a adentrarse en las profundidades de la Sagrada Escritura.

Seguidamente, el autor de este comentario conduce al lector a participar de lo que podría llamarse *"el plato principal"*. Este consiste en una exposición seria del texto del libro de Josué. Pérez Millos comienza cada capítulo con un resumen del trasfondo histórico del pasaje a considerar para ayudar al lector a situarse dentro del marco histórico del tema. Sigue con una exégesis del texto, muchas veces versículo por versículo, otras veces enfatizando el significado concreto de ciertos vocablos. Pero no se contenta con eso. Samuel investiga la raíz y el uso de las palabras más importantes en el pasaje.

Usando un tono pastoral, el autor aplica de manera puntual las enseñanzas de la Biblia a la vida diaria del creyente. Con palabras persuasivas, Pérez Millos desafía a sus lectores a permitir que el Espíritu Santo, a través de la Palabra de Dios, efectúe los cambios necesarios en la vida del cristiano. Podría decirse que uno de los méritos significativos de este comentario es la manera ordenada en que su autor entreteje los textos bíblicos para que el lector se beneficie de la enseñanza armoniosa de la Palabra de Dios. Pérez Millos pone al descubierto la maravillosa congruencia del Antiguo y del Nuevo Testamento.

Otro área destacable de esta obra es el hecho que su autor reconoce que el único método de interpretación bíblica que hace justicia al texto es la hermenéutica normal, natural, también llamada literal. Samuel Pérez Millos está convencido que ni la alegorización ni la espiritualización proporcionan una interpretación objetiva de las Escrituras. A través de su comentario, el autor enfoca cada versículo dentro del marco histórico-gramatical que proporciona objetividad a la interpretación. El autor no deja de reconocer la presencia de símbolos y figuras en el texto, pero no los interpreta ni alegórica ni figuradamente, sino que sigue las reglas normales de la gramática.

De gran provecho para el lector diligente son los veintitrés *excursus* o apéndices que aparecen a través de todo el libro. Todos ellos tienen el objeto de ayudar al estudiante a ampliar sus conocimientos de todo el entorno del libro de Josué. Por supuesto, ninguna obra ganaría el respeto de la crítica literaria si careciera de una documentación adecuada. Samuel Pérez Millos ha hecho uso de una extensa bibliografía. Ha utilizado no solo las herramientas disponibles en castellano, sino que también ha apelado a otros idiomas. Ese es un esfuerzo meritorio digno de respeto.

Finalmente, debe añadirse que el autor de este comentario no ha pasado por alto el ministerio pastoral. Esta obra está repleta de ayudas y exhortaciones a pastores y maestros de iglesias locales. Los predicadores avisados deben tomar nota tocante a la ejecución y la entrega de sus sermones. Samuel establece una pauta al respecto que no debe ser ignorada. Sin duda, es consciente del déficit existente hoy en día de expositores eficaces de la Palabra de Dios. Hombres de fe que proclaman sin ambigüedades el mensaje infalible de las Escrituras. Podría haber quienes no estén de acuerdo con todas las conclusiones expuestas por el autor de esta obra. Pero nadie podría impugnar a su autor el uso constante del texto sagrado ni la fidelidad de su exposición.

Recomiendo, pues, con mucho entusiasmo la lectura de este excelente comentario. Estoy seguro de que será de incalculable beneficio a pastores, maestros, estudiantes y cristianos en general. La comunidad cristiana de habla castellana contrae por este medio una deuda de gratitud con Samuel Pérez Millos por su esfuerzo, dedicación, equilibrio teológico-exegético y su capacidad de comunicación.

Gracias, Samuel, por escoltarnos hasta el gran comedor y hacernos partícipe del gran banquete espiritual del libro de Josué. Hemos participado con satisfacción de los *"entrantes"*, los *"manjares suculentos"* y los *"deliciosos postres"* espirituales que has provisto para tus lectores. Por un lado, has alimentado nuestras vidas y, por otro lado, has generado en nosotros, los lectores, una mayor hambre y sed de la Palabra infalible.

E. L. Carballosa,
Marzo 2002.
Can Miret, Sant Antoni de Vilamajor,
Barcelona

INTRODUCCIÓN

Dios se ha revelado al hombre a través de la historia, comunicándose con él por diferentes medios y utilizando instrumentos humanos para hacerle llegar Su mensaje (He. 1:1). En ocasiones, Dios determinó que ese mensaje fuese recogido en escritos que se produjeron a lo largo de más de mil quinientos años, utilizando para ello a no menos de treinta y cinco o, tal vez, cuarenta escritores diferentes. Los escritos que comunican el mensaje de Dios constituyen la Biblia. Solo ella es la Palabra de Dios y solo sus escritos alcanzan la condición de autoridad que Dios mismo les comunica. Al aproximarse a cualquiera de ellos para estudiarlo, conviene hacerlo desde la seguridad de lo que son en sí mismos, a la vez que es necesario establecer la metodología para llevar a cabo dicho estudio.

I. Introducción general

A. El texto a interpretar y la metodología

1. La Biblia

El término *Biblia* viene al castellano desde el latín *biblia*, palabra plural en el latín clásico y singular en el latín posterior. Procede a su vez del griego *Biblia*, plural de *biblion*, originariamente diminutivo de *biblos*, que equivalía tanto a una porción de escritura en un elemento soportante, como a un libro. Con el uso, *biblion* perdió su carácter de diminutivo. Por tanto, *Biblia* significa *libro*, o *los libros*. En razón de la condición y procedencia divina de los escritos, tanto en su conjunto —integrado por los sesenta y seis libros que la forman— como individualmente en cada uno de ellos, o en cualquier porción en el original, la Biblia es la Palabra de Dios. En el s. IV, Jerónimo la calificó como la *Biblioteca Divina*. El término *biblion* referido a los escritos sagrados aparece en varios pasajes de la Biblia[1].

Se le llama también *"Escrituras"* o *"Las Escrituras"*, derivado del griego γράμματα, que significa simplemente *escritos* y se aplica incluso a las mismas letras[2]. El término se usa tanto para referirse a escritos del Antiguo Testamento (cf. 2Ti. 3:16), como del Nuevo (cf. Gá. 6:11).

---

[1] cf. Lc. 4:17, 29; Jn, 20:30; 21:25; Gá. 3:10; 2Ti. 4:13; He. 9:19; 10:7; Ap. 1:11; 5:1, 2, 3, 4, 5, 8, 9; 10:8; 13:8; 17:8; 20:12; 21: 27; 22:7, 9, 10, 18, 19.

[2] cf. Jn. 5:47; 7:15; Hch. 26:24; 28:21; Ro. 2:27, 29; 7:6; 2Co. 3:6, 7; Gá. 6:11; 2Ti. 3:15.

Ambos términos complementan la verdad que la Biblia es la Palabra de Dios. Este calificativo se aplica de igual manera a los escritos del Antiguo y del Nuevo Testamento (cf. Jn. 10:35; He. 4:12). En muchos lugares, la Biblia afirma que es la Palabra de Dios[3] y Su revelación al hombre. Hay evidencias tanto internas como externas que confirman esta verdad, pero que no se consideran aquí debido a la propia razón del presente comentario, remitiendo al estudioso a las muchas Teologías Bíblicas o Sistemáticas que las consideran en extensión.

2. Revelación

Por revelación se entiende la declaración que Dios, por su propia iniciativa, comunicó a los escritores humanos de la Biblia, para que recogieran en sus escritos verdades que estaban fuera del alcance del hombre, a fin de proveer para los lectores el camino hacia el conocimiento de Dios y sus propósitos.

La revelación en el Antiguo Testamento constituye el *profetismo*. Dios habló a lo largo de siglos a los *padres por los profetas* (He. 1:1). Estos eran realmente la *boca de Dios* (Éx. 4:16; 7:1; Jer. 15:19) y sus escritos *los escritos de Dios* (Jer. 1:2; 36:1, 2, 4). En el Nuevo Testamento la revelación es revelación *en* el Hijo de Dios y *por* Él. Tal revelación hace de la Biblia un libro sobrenatural que manifiesta a Dios en Su Hijo. La Biblia es el *Logos escrito* y Cristo es el *Logos encarnado*.

3. Inspiración

Se entiende por inspiración la operación divina ejercida sobre los escritores humanos, por la cual Dios les reveló el mensaje a escribir, custodió su trabajo para que no hubiera error alguno en Su transmisión en el primer original, pero sin alterar el propio estilo y las capacidades personales del escritor, comunicando luego al trabajo hecho Su aliento divino para que todo el escrito original fuese absoluta y plenariamente Palabra de Dios, viva y eficiente u operante.

Existen algunas *"teorías no bíblicas"* sobre la inspiración de las que pueden destacarse entre otras:

Inspiración natural, que es la expresión de rechazo sobre la condición sobrenatural de los escritos bíblicos, al pretender que la Biblia

---

[3] cf. Dt. 6:6-9, 17-18; 2Sa. 22:31; Sal. 1:2; 12:6; 19:7-11; 119;9, 11, 18, 89-93, 97-100, 104, 105, 130; Pr. 30:5-6; Is. 55:10-11; Jer. 15:16; 23:29; Mr. 13:31; Jn. 10:35; Ro. 10:17; 1Ts. 2:13; 1Pe. 1:23-25; Ap. 1:2.

es un libro como otro cualquiera y, aunque Dios hubiera podido dar una capacidad excepcional a los escritores, no deja de ser una producción total y únicamente humana.

La teoría *mecanicista* o *del dictado*, que afirma que Dios dictó la Escritura y que los autores humanos son meros amanuenses, esto es, personas que escriben al dictado de otro. Tal teoría queda cuestionada ante los diferentes estilos de la Escritura, a la vez que todas las oraciones intercesoras que figuran en ella carecerían de significado, porque sería Dios orándose a Sí mismo (cf. Ef. 3:14-21).

La teoría *conceptual* propone que Dios inspiró los conceptos, pero no las palabras precisas para expresarlos. En base a esto, la Biblia puede contener errores. Tal teoría entra en abierta contradicción con la enseñanza de la inspiración plenaria de la Escritura (2Ti. 3:16).

La *inspiración parcial* es la teoría que afirma que las palabras que expresan verdades divinas son precisas y ciertas, pero que las declaraciones referentes a la historia, geografía o ciencias, no son inspiradas y pueden contener errores. Tal hipótesis convierte al lector en el juez que determine qué parte es inspirada y cuál no lo es.

La *inspiración mística* enseña que Dios dio una inspiración gradual a los escritores humanos, pero no les dio completa capacidad de escribir la Biblia sin error. Esto convierte al intérprete en el juez que determina cuál es el grado de inspiración y, por tanto, de verdad en la Escritura.

La *neo-ortodoxia* propone la teoría de la *inspiración falible*, por la cual se enseña que en la Biblia hay elementos sobrenaturales, pero también contiene errores, por tanto, no debe ser tomada literalmente como verdad absoluta y simplemente como canal de revelación, que se hace verdad cuando es comprendida. La evidencia de verdad queda, pues, a juicio del intérprete.

Ante estas y otras muchas teorías sobre la revelación, es necesario enfatizar que la verdad bíblica acerca de la *inspiración* exige hablar de *inspiración verbal* o *plenaria*, que enseña que el Espíritu de Dios guio al escritor humano en la elección de *todas las palabras* (verbal) usadas en los escritos originales, de modo que cada una de las usadas por el escritor humano, fue elegida por Dios e inspirada por Él (plenaria), siendo toda la Escritura Palabra de Dios. La inspiración verbal y plenaria reconoce la intervención sobrenatural de Dios como inspirador, controlador y supervisor del escrito bíblico, pero no como si la hubiera dictado.

La inspiración plenaria tiene dos aspectos: a) relativo a la confección de los escritos bíblicos (2Pe. 1:21). En tal sentido Dios seleccionó soberanamente a los escritores de la Biblia (Jer. 1:5), les comunicó el mensaje a dar en Su nombre (Jer. 1:9), les ordenó escribirlo (Éx. 17:14; Jer. 36:1-2; Ap. 1:19; 14:13), limitando el escrito solo al mensaje dado por Él al escritor humano (Jer. 36:2), actuando para que no se omitiera ninguna de todas las palabras para expresarlo (Jer. 36:2); por tanto, al concluir el escrito, todo su contenido es Palabra de Dios; b) relativo a la vivificación o vitalización del escrito bíblico (2Ti. 3:16). En este sentido cada unidad escrita proviene del aliento de Dios. El soplo divino sobre el escrito concluido le comunica vida a la Palabra y poder para actuar según el propósito para el que fue enviada (He. 4:12)[4].

La doctrina de la inspiración conduce a la conclusión de que el Autor de la Escritura es Dios mismo (2Pe. 1:21), por acción directa del Espíritu Santo (2Sa. 23:1-3). El escritor humano seleccionado divinamente en cada momento es el instrumento para comunicar el mensaje escrito. Cada parte de la Biblia es el resultado de la actuación dual e inseparable de Dios y el hombre: el primero como Autor, el segundo como instrumento en Su mano. La Escritura enseña que la inspiración comprende tanto a los escritos del Antiguo como del Nuevo Testamento (2Pe. 1:19-21; 2Pe. 3:1, 2, 15, 16).

4. Inerrancia

Por ser la Biblia la Palabra de Dios inspirada, está exenta de error (Is. 1:1, 2; He. 1:1). Por el propio carácter de Dios, su Palabra es inerrante (Jn. 17:3; Ro. 3:4).

B. Los libros históricos

1. Generalidades

Dentro de la *"Biblioteca divina"* que es la Biblia —en frase de Jerónimo— aparece un amplio grupo de libros conocidos como *históricos*, debido a que, en líneas generales, son relatos concernientes o relacionados con la historia del pueblo de Israel. Los datos históricos referentes al resto de los pueblos, tienen siempre un nexo de enlace con la historia del pueblo hebreo y, solo de esta manera, aparecen en las páginas del Sagrado Texto. La Biblia, sin embargo, no es un tratado de historia; se limita a exponer

[4] Como ilustración para entender el concepto, es algo semejante a la dotación de vida y dinamismo al hombre en el día de su creación, por la acción del soplo divino (Gn. 2:7).

datos que tienen que ver con ella, tan solo como referencias que ayudan a responder a la pregunta que es el tema de la Escritura: ¿quién es el Soberano? Cada uno de los hechos históricos registrados en la Biblia son una demostración de la soberanía de Dios, quien orienta todos los eventos al cumplimiento de Sus propósitos.

La historia secular, escrita por hombres, solo confirma los datos bíblicos. El creyente no acude a ella para certificar la veracidad de esos datos, ya que la Biblia es un libro que ha de ser aceptado por fe. En ocasiones, se ha pretendido que en la historia secular había contradicciones abiertas con la Escritura, pero, transcurrido el tiempo, la arqueología ha demostrado que la Biblia *tenía razón*, poniendo en evidencia que el error estaba en el desconocimiento que los hombres tenían en relación con los hechos contados por ellos. La aceptación de la *inerrancia* bíblica es base imprescindible para acercarse al estudio de los libros históricos del Antiguo Testamento. Los escritos bíblicos no son jamás el resultado *de un acto de voluntad humana, sino que hombres inspirados por el Espíritu Santo hablaron de parte de Dios* (2Pe. 1:21). La inspiración divina alcanza a todos los escritos bíblicos en el original, como enseña Pablo cuando escribe: *"Toda Escritura es inspirada por Dios"* (2Ti. 3:16). La Biblia fue escrita para el hombre con un propósito divinamente establecido: que sea *"útil para enseñar, para redargüir, para corregir, para instruir en justicia, a fin de que el hombre de Dios sea perfecto, enteramente preparado para toda buena obra"* (2Ti. 3:16b-17). Siendo, pues, toda la Escritura necesaria para el desarrollo del hombre de Dios, lo son también los *libros históricos*, entre los que se encuentra el de Josué. Todo el contenido de ellos en el original, es Palabra de Dios, inerrante y autoritativa. El estudio de estos libros, junto con el resto de la Escritura, es necesario para que el creyente pueda alcanzar su madurez espiritual. Nadie puede llegar a ese estado sin la comprensión, aceptación y aplicación de *"todo el consejo de Dios"* (Hch. 20:27). El poder espiritual de los creyentes de la iglesia primitiva descansaba, en gran parte, en el conocimiento de la Palabra expuesta por hombres dotados para la enseñanza. Ese era un objetivo prioritario en aquellas iglesias, en las que la enseñanza sistemática de la Escritura era la forma habitual de predicación (Hch. 11:25, 26). No menos importante es apreciar cómo en los discursos —tanto los de proclamación del evangelio como los didácticos registrados en el libro de *Los Hechos*— aparecen continuas referencias a los *libros históricos;* prueba clara del conocimiento que tenían de esos escritos.

El apóstol Pablo no quería que los cristianos ignorasen el contenido de los libros históricos expresándolo claramente cuando escribe: *"Porque no quiero, hermanos, que ignoréis..."* (1Co. 10:1), para hacer seguidamente una serie de alusiones a acontecimientos tomados de los relatos del Pentateuco. El apóstol indica la razón de los relatos históricos en la Biblia: *"Mas estas cosas sucedieron como ejemplos para nosotros, para que no codiciemos cosas malas, como ellos codiciaron"* (1Co. 10:6); reiterando otra vez: *"Y estas cosas les acontecieron como ejemplo, y están escritas para amonestarnos a nosotros, a quienes han alcanzado los fines de los siglos"* (1Co. 10:11).

2. Los libros históricos como revelación de Dios

Toda la Escritura tiene como objetivo final revelar a Dios. La tesis agustiniana elaborada en su *De civitate Deis* es un magnífico compendio de lo que pudiera llamarse *teología de la historia*, ya que para Agustín la historia es obra de la providencia de Dios y, al mismo tiempo, un signo de la misma. La historia es una demostración de que Dios rige el mundo y una expresión clara de Su providencia. La filosofía de la historia es realmente una *Teodicea histórica.* Esta apreciación tiene consecuencias claras dentro de la revelación de Dios. Él se hace, en la historia, realidad que se comunica, que no solo se revela subjetivamente, sino también objetivamente, es decir, con un propósito salvífico. La salvación consiste en el *conocimiento personal de Dios* y en la entrega personal sin condiciones a ese mismo Dios revelado plenamente en Jesucristo (Jn. 17:3). La historia, especialmente la selectiva de la Revelación en la Escritura, ofrece la dimensión de Dios, no solo como lo que excede a cualquier pensamiento en razón de Su grandeza, es decir, el que es mayor que todo cuanto pueda pensarse, sino como el que es mayor de lo que cabe pensar. Dios, como Infinito, excede a todo concepto finito, por eso Él solo puede ser conocido por Sí mismo, y se hace conocido a otros en la medida en que Él mismo se dé a conocer. La fe es necesaria para la aceptación comprensiva de la revelación. Sin embargo, la fe no significa una aceptación de verdades suprarracionales a las que el creyente asiente, sino la entrega personal que se abandona a la dimensión inalcanzable para el hombre del *misterio divino*, que sustenta en ella toda la dimensión de vida, incluyendo al hombre y su historia. La revelación de Dios en la historia tiene una expresión definitiva para el ser humano en el contenido histórico de la Biblia, tanto en el Antiguo como en el Nuevo Testamento. De forma comprensiva, los relatos del Antiguo Testamento expresan la acción divina conducente a la formación de un pueblo en la tierra, del que vendría, por descendencia humana, quien sería puesto por pacto y luz a las naciones (Is. 42:6). De ahí que la revelación de Dios en los relatos bíblicos, esté orientada a la revelación de Dios con los hombres, no tanto al modelo de información o instrucción, sino de *comunicación.* La historia bíblica no revela a Dios como Alguien, sino como Su auto-manifestación personal.

Esencialmente, por medio de la Palabra, Dios no revela *algo* de Sí, sino que se revela *a* Sí mismo y manifiesta su voluntad salvífica, puesto que la salvación está en el conocimiento experimental de Dios y la aceptación por fe de Jesucristo que lo expresa exhaustiva y definitivamente (Jn. 17:3). La historia bíblica no está destinada a recoger aspectos salvíficos puntuales, bien sea en relación con hombres o con pueblos, sino a hacer de esos hechos el medio revelador del deseo salvador universal de Dios hacia los hombres.

El mensaje profético tiene que ver con la revelación de Dios al pueblo. Continuamente los profetas afirman estar hablando en el nombre del Señor. De ahí que se lea constantemente en el mensaje profético: *"Así dice el Señor"*. Sin embargo, esa proclamación obedece al deseo divino de autorrevelarse al hombre. El profeta habla porque primero recibió instrucción del Señor para hacerlo: *"Vete y di a este pueblo"* (Is. 6:9); *"Anda y clama a los oídos de Jerusalén, diciendo: Así dice Jehová"* (Jer. 2:2). Con todo, en plena conexión con el mensaje profético directo, está el mensaje histórico plenamente vinculado a él. El profeta recuerda continuamente los hechos ocurridos que manifiestan la realidad de Dios y Su providencia. El mensaje profético desemboca en la figura narrativa de la revelación. Por eso, los llamados *libros históricos* —entre los que está el de Josué— son considerados como los *profetas anteriores*, porque en cada relato independiente o en el conjunto pleno de todos ellos son parte de la propia revelación de Dios. Mediante la historia, Dios se está revelando, hablando a los hombres y tratando de vincularlos con Él en salvación. La expresión bíblica desde la historia revelada en ella, no es algo puesto al alcance de los hombres para que investigándola por sus propias capacidades intelectuales en libre meditación y reflexión descubran a Dios, sino que es una automanifestación libre de Él y, por tanto, un aspecto de la luz de la verdad que ilumina al hombre orientándolo hacia su Persona. La revelación bíblica es un solo medio establecido mediante palabras y hechos, siendo la Palabra revelada intérprete de los hechos históricos, que a su vez la acreditan y refuerzan. La revelación histórica del mensaje bíblico no es primordialmente una expresión de acontecimientos ocurridos en el devenir de la existencia humana, sino la autorrevelación personal de Dios. En la historia bíblica el Señor no manifiesta realidades ocurridas, sino que se manifiesta a Sí mismo y expresa Su voluntad salvífica en relación con los hombres. Esta autocomunicación de Dios desde el mensaje histórico se concreta en hechos selectivamente determinados por Él, que son trasladados al conocimiento del hombre mediante palabras que Él mismo inspiró. La base de fe no se asienta en una autoconvicción del hombre, sino en narraciones, hechos concretos y menciones de hombres concretos. Sin embargo, la fe es mucho más que el asentimiento a esas palabras y hechos, es la aceptación personal que conduce a una entrega sin reservas a Dios que se manifiesta y revela personalmente en ellos. Los relatos históricos conducen al hombre a creer que Dios existe, a creer en Él y a entregarse a Él sin reservas, en un plena y total adhesión personal.

El reconocimiento de Dios por medio de la fe es el elemento esencial para la comprensión de la historia bíblica. Solo en la medida en que el hombre le reconoce como Señor y así le glorifica, puede entender la realidad de Su soberanía mostrada históricamente. En la dimensión de fe el hombre encuentra a Dios, que se revela en formas y aspectos históricos en el plano de los hombres. La historia es un anticipo, a modo de parábola de la vida misma, que conduce al hombre hacia la plenitud de un conocimiento perfecto escatológico (1Co. 13:12)[5]. Esa es la misma verdad expresada por Juan (1Jn. 3:2). La historia bíblica anticipa la gloriosa plenitud escatológica cuando Dios sea todo en todos (1Co. 15:28).

Los libros históricos no conducen al conocimiento nihilista del concepto de Dios, sin contenido, sino a una expresión trascendente de Dios que se acerca al hombre manifestándose en el tiempo y espacio de su historia, para mostrarle en ello Su propia condescendencia, viniendo a su encuentro y actuando en su propia dimensión.

3. Los libros históricos en el canon hebreo

La palabra *canon* (gr. *kanon*), significa literalmente *vara* o *regla de medir*, en general un instrumento fiable para hacerlo. En la literatura cristiana antigua se utilizaba con diversos significados. Pablo usa el término en sentido de *regla* o *norma* (2Co. 10:13, 15; Gá. 6:16). Por eso se denominaba *regula fidei* (gr. *kanön pisteös*), literalmente *canon de fe*, a la *doctrina fundamental* entre las iglesias cristianas de los tiempos apostólicos o postapostólicos.

Otro significado de la palabra *canon* es la de índice o *lista*. Cuando se aplica a la literatura bíblica, la palabra se usa para designar los escritos que se ajustan a una regla, que es la de la *inspiración*, que

---

[5] Algunos eruditos interpretan ese texto en relación con la aparición del canon bíblico y no en el sentido escatológico. Esta interpretación suele enfatizarse para evitar que, relacionando el texto con la venida del Señor, los llamados *dones carismáticos*, lenguas, sanidades y milagros, o el de profecía, en el sentido de revelación nueva de algo ignorado sobre Dios que Él mismo comunica, sigan operativos en el tiempo actual o no. Sin embargo, el argumento exegético es tan débil que no merece consideración en este sentido, habiendo otros motivos más firmes para determinar la no operatividad de esos dones.

les da la condición de escritos *autoritativos* e *inerrantes*. Con el término *canon* se hace referencia a la lista de libros inspirados por Dios y a la calificación que distingue entre los libros inspirados —*canónicos*— y los no inspirados. A los escritos no inspirados, esto es, los no incluidos en el canon hebreo, se les llama *apócrifos*. La aceptación de tales libros como inspirados —por lo menos en menor grado que los otros— obligó a la elaboración de un *segundo canon*, que permitió incorporarlos en algunas Biblias, especialmente de procedencia católico-romana, dándoles por tanto el nombre de *deuterocanónicos*. La importancia de esto es vital ya que se trata de determinar cuáles son los libros que revisten autoridad divina —en razón de la *inspiración*— y cuáles no. Cuando un libro se acepta como *inspirado* se convierte en *canónico*, por tanto, todo libro reconocido como *canónico*, es también *inspirado*. El Señor Jesucristo tuvo como Palabra de Dios los libros del Antiguo Testamento, que formaban el *canon hebreo*. Posteriormente, los apóstoles, al recomendar la lectura de los Escritos del Antiguo Testamento (1Ti. 4:13; 2Ti. 3:15), reconocen en la Iglesia, la autoridad de los escritos del Antiguo Testamento como inspirados y los aceptan como canónicos.

La progresión del canon hebreo tuvo un largo período de tiempo hasta completar la lista de los treinta y nueve libros inspirados del Antiguo Testamento. Los israelitas reconocieron desde el principio algunos escritos como dotados de autoridad divina y, por tanto, palabra de Dios. Esto ocurría, por ejemplo, con la Ley, referida a los escritos sagrados del Pentateuco, que Moisés escribió conforme a la voluntad y mandato de Dios. Aunque la comunicación del Señor con el pueblo se hizo por medio de profetas, solo algunos de ellos recibieron instrucciones concretas de escribir lo que les había comunicado como Su mensaje (Jer. 30:2; 36:2). La sucesión de profetas con instrucciones para escribir el mensaje recibido se produjo desde Moisés en adelante (He. 1:1). Los profetas de Israel escribieron, no solo sus profecías, sino también la historia de la nación en los detalles que conforman lo que se conoce como *libros históricos*. A estos les llamaban los hebreos en la división antigua del canon bíblico los *profetas anteriores*. Entre los escritos canónicos, el Pentateuco ocupa un lugar principal. Sin duda, la aparición final de los cinco libros se produjo varios años después de haberse iniciado los primeros escritos de ese conjunto, pero todos ellos fueron debidos a un solo autor: Moisés, salvo —como es obvio— la pequeña posdata que relata su muerte (Dt. 34), y que posiblemente se deba a su ayudante y colaborador: Josué. Sin embargo, no es base para negar la paternidad mosaica del Pentateuco. Los escritores de los libros históricos, utilizaron diversas fuentes para sus escritos. El *Libro de los Reyes* cita entre ellas el *Libro de los hechos de Salomón* (1Re. 11:41); el *Libro de las historias de los reyes de Israel* (1Re. 14:19); el

Libro de las historias de los reyes de Judá (2Re. 8:23). Los mismos libros históricos sobre la monarquía sirvieron de fuente para otro posterior: el de *Las Crónicas*, según indica el mismo autor (2Cr. 16:11). No obstante, las fuentes no fueron nunca *escritos inspirados* como lo son los relatos históricos incluidos en el canon.

Los *masoretas* agrupan los libros del Antiguo Testamento según el orden tradicional del *canon hebreo*, que se diferencia del utilizado por los traductores de la LXX en que estos observaron una disposición temática, colocando primeramente los cinco libros del *Pentateuco*, luego los *históricos*, a continuación los *sapienciales* y, finalmente, los *proféticos*. El orden masorético se establecía de este modo: (1) *La Torá*, que eran los libros de la ley, esto es, el *Pentateuco*; (2) los *Nebi'îm*, *los profetas*, divididos en *profetas anteriores*, que comprendían los libros de Josué, Jueces, Samuel y Reyes, y los *profetas posteriores*, con los tres llamados *mayores*, Isaías, Jeremías y Ezequiel, y los *menores* que eran los otros doce restantes, colocados en el mismo orden que aparece en la mayoría de las versiones de *Biblias evangélicas*; (3) los *Kethûbîm*, los *escritos*, que eran los libros *poéticos y sapienciales*, por el orden de: Salmos, Proverbios y Job; (4) los *Meguilloth* o rollos, que contenían el Cantar de los Cantares, Ruth, Lamentaciones, Eclesiastés, Esther, Daniel, Esdras, Nehemías y Crónicas. Sin embargo, la división masoreta, aunque se ajusta en cuanto a orden de colocación al primitivo *canon hebreo*, ha fraccionado algunos libros para permitir una más cómoda utilización de los escritos. Algunos eruditos consideran que esta división fue hecha atendiendo a la necesidad de facilitar la discusión con los apologistas cristianos que apelaban al Antiguo Testamento en su polémica con el judaísmo[6]. El *canon hebreo* primitivo estaba dispuesto en veinticuatro libros, en lugar de los treinta y nueve anotados en el masorético, aunque uno y otro tenían la misma extensión en cuanto a contenido. Ello se debe a que los dos libros de Samuel se contaban como uno solo, al igual que los dos de los Reyes y los dos de Las Crónicas; los profetas menores, junto con Esdras y Nehemías, eran también un solo volumen.

El historiador Flavio Josefo menciona tan solo veintidós libros considerados como Escritos Sagrados:

"Contamos con solo veintidós que contienen la historia de todos los tiempos, libros en los cuales con toda justicia creemos; y de estos, cinco son los libros de Moisés, que contienen las leyes y las más antiguas

---

[6] Gleason L. Archer (Jr). *"Reseña Crítica de una Introducción al Antiguo Testamento"*. Chicago 1981, pág. 72.

tradiciones desde la creación del género humano hasta su muerte. A partir de la muerte de Moisés hasta el reinado de Artajerjes, rey de Persia, sucesor de Jerjes, los profetas que sucedieron a Moisés escribieron la historia de los acontecimientos que ocurrieron durante sus vidas en trece libros. Los cuatro documentos restantes contienen himnos a Dios y preceptos prácticos para los hombres" (Contra Apión, 1.8)[7].

Algunos eruditos consideran que Flavio Josefo unió los libros de Ruth con Jueces, y Lamentaciones con Jeremías, considerando además los libros de Samuel, Reyes, Crónicas, Esdras, Nehemías y los doce profetas menores como un solo libro cada uno, con lo que se llega al número veintidós, para hacerlos coincidir con el número de letras del alfabeto hebreo. Al final se llega al mismo número de treinta y nueve escritos, agrupados de distinta manera.

Aunque la división de los libros del *canon hebreo* según los masoretas tiene una notable importancia, no deja de ser una lista establecida en tiempos del cristianismo y no se trata de una división precristiana. En general, el Antiguo Testamento, se dividía en dos secciones según el *"Manual de disciplina de Qumran"* y el *"Documento sadoquita"*: Moisés y los Profetas.

Es Jesucristo quien da una división natural del Antiguo Testamento dividiéndolo en *"La ley de Moisés, los profetas, los Salmos y las Escrituras"* (Lc. 24:44, 45). La ley se refiere a los cinco libros escritos por Moisés; los profetas, incluyen tanto los *anteriores* como los *posteriores*; los Salmos, es el salterio hebreo; y las Escrituras, que comprenden todos los escritos restantes del Antiguo Testamento.

Los libros históricos, entre los que se encuentra el de Josué, estaban considerados como inspirados e incluidos dentro del grupo de los llamados *profetas anteriores* que, como se ha indicado, comprendían junto con Josué, los libros de Jueces, Samuel y Reyes. Estos libros fueron siempre aceptados como canónicos y ninguno de ellos estuvo incluido dentro del grupo llamado *la antilegómena*[8], contra los que había alguna reserva para considerarlos como escritos inspirados. Esta cuestión quedó cancelada definitivamente en el encuentro judío de Jamnia, año 90 d.C.

---

[7] Gleason L. Archer (Jr). o.c., pág. 27 s.

[8] Literalmente *libros contra los que se habla.*

4. Los manuscritos del texto bíblico

Las versiones de la Escritura en su totalidad —y de sus libros en particular— obedecen a la traducción de textos manuscritos. De ahí la importancia que estos elementos tienen como base para la transmisión del texto bíblico a idiomas modernos. Aunque el tema es sumamente importante e interesante, no debe perderse de vista la necesaria brevedad con que ha de referirse en una introducción sobre aspectos generales relacionados con el Libro de Josué, dejando al estudioso de la Escritura la tarea de profundizar personalmente en una investigación sobre los textos manuscritos de este libro.

4.1. Originales

Los originales infalibles de los libros históricos del Antiguo Testamento no existen; tan solo hay acceso a copias manuscritas de los mismos. Muchos de estos manuscritos están separados de los originales en el tiempo por cientos de años y algunos —como es el caso del *Libro de Josué*— por no menos de mil años entre el manuscrito más antiguo disponible y el original. Sin embargo, estos manuscritos son la única referencia que existe del escrito inspirado y constituyen la base esencial para la elaboración de las versiones, que en los idiomas modernos traducen y trasladan la Palabra de Dios.

4.2. Lengua

El idioma bíblico del Antiguo Testamento es el hebreo. Esta lengua pertenece al grupo occidental de la familia de las *lenguas semíticas*. Por ello está muy relacionado con el ugarítico, el fenicio y el moabita. Probablemente el cananeo ha sido la lengua madre del hebreo. Relacionado con las familias de las lenguas semíticas escribe el Dr. Archer:

"La clasificación tradicional de las diversas lenguas semitas las dividía, según la localización de las naciones que las hablaban, en Norte, Sur, Este y Oeste. La lengua semita del Este suponía un solo idioma principal, el acádico, que admitía una división en los dialectos babilónico y asirio, con escasos matices diferenciales. Las lenguas semitas del Sur incluían: el árabe (subdividido en árabe del Norte —el lenguaje clásico y literario— y árabe del Sur, con sus subdialectos: sabeo, mineo, gatabaní y el hadramí) y el etíope antiguo o clásico (o Geez) con su moderno descendiente, el amárico. Las lenguas semitas del Norte abarcan la familia aramea, a la que se divide habitualmente en las ramas oriental y occidental (la oriental es la base del idioma siríaco de la era cristiana,

y la occidental, la base del arameo bíblico tal cual se lo encuentra en Daniel y Esdras). Las lenguas semitas del Oeste (a menudo clasificadas por los eruditos modernos con el arameo en lo que se ha dado en llamar lengua semita del Noroeste) abarca el ugarítico, el fenicio y el cananeo (del cual el hebreo y el moabita son dialectos)"[9].

Una característica común a los idiomas semíticos está en la raíz de tres consonantes que originan muchas voces con la combinación de vocales. Las consonantes iniciales fueron veintidós, añadiéndose posteriormente una más por distinción entre una de ellas. Este idioma se escribe de derecha a izquierda. La lengua se escribía solo con consonantes, incluyéndose posteriormente las vocales para consolidar la transmisión textual correcta.

4.3. Transmisión del texto bíblico

En la transmisión del texto manuscrito, juegan un importante papel los escribas. Estos eruditos evitaban escrupulosamente cualquier alteración de las consonantes del texto anterior, trasladándolo con absoluta fidelidad y dando por buena la copia cuando después de muchas verificaciones, que incluían el recuento de letras, coincidía plenamente —salvo el siempre posible error humano— con el manuscrito anterior. Sin embargo, cuando se encontraban con palabras cuyo significado pudiera considerarse incorrecto o inducir a error, solían colocar en el margen de la copia, el vocablo que entendían sustitutorio o procedente, colocando un circulo sobre la palabra modificada. Las consonantes que estaban en el texto las denominaban *Qetîb* (*lo escrito*) y las del margen *Qere* (*lo que debe leerse*). Los verbos se agrupan en dos clases: los *sustantivales* y los *adjetivales*. Los primeros son dinámicos, mientras que los segundos son esencialmente estáticos. Los verbos distinguen los dos aspectos de la acción. Cuando esta es completa el modo es *perfectivo;* cuando no es completa se trata de *imperfectivo.* La distinción entre ambas acciones se establece por la colocación del elemento pronominal que en el perfectivo va como sufijo y en el imperfectivo como prefijo. En los sustantivos se utiliza ampliamente el singular como expresión de colectividad o conjunto, usando en ocasiones la terminación femenina con función de singular. Los pronombres posesivos aparecen como sufijos del sustantivo. Incluso los adjetivos pueden ir precedidos de artículo y utilizarse independientemente con valor de sustantivo. En el idioma hebreo se usan muchas figuras relacionadas con el cuerpo humano para describir estados psicológicos. Sus imágenes verbales son tomadas normalmente de cosas y actividades de

[9] Gleason L. Archer (Jr). o.c., pág. 19.

la vida cotidiana, siendo muy rico en figuras del lenguaje. Especialmente debe considerarse el uso de expresiones antropomórficas para referencias al mundo inanimado, principalmente para hablar de aspectos relacionados con Dios. Por tanto, en la interpretación han de tenerse en cuenta para no darles el sentido literal que tendrían. Una larga serie de características gramaticales deben ser atendidas para la traducción correcta de los textos hebreos, de ahí que sea preciso un pleno dominio de las peculiaridades del idioma para este trabajo.

Debe tenerse en cuenta que, en la trasmisión del texto bíblico a través de copias, no es imposible que se produzca alguna equivocación o error, ya que el único escrito inspirado es el primer original autógrafo. Por ello, el texto bíblico manuscrito no está exento de todo error. Buena prueba son las discrepancias que aparecen entre ellos. Probablemente algunos errores se produjeron ya en la primera copia y luego se incrementaron en el tiempo al establecerse copias de copias. Sin embargo, las diferencias textuales son relativamente poco importantes y, lo sorprendente, es que ninguna de ellas afecta a cuestiones doctrinales o precisiones teológicas, buena prueba de la acción de custodia del Espíritu sobre los copistas. No puede hablarse de inspiración de los segundos escritos, es decir, de las copias de los primeros originales, pero sí es evidente la acción divina para que la transmisión del texto revista toda la pureza necesaria que lo identifique plenamente con el mensaje de Dios en el original. Si así no fuera, el propósito de Dios de transmitir su revelación a las generaciones sucesivas de la humanidad habría fracasado. La corrupción del texto bíblico traería consecuencias funestas en una mezcla de verdad y mentira que engañaría a los lectores. Todo el contenido de verdades doctrinales del Antiguo Testamento se mantiene con absoluta precisión cuando se contrastan los manuscritos existentes con los descubrimientos más recientes, tales como el material de Qumram. A la fijación del texto bíblico concurre con su ayuda la *crítica textual* en donde expertos contrastan los manuscritos que van apareciendo y fijando el texto en su mayor proximidad al primer escrito.

Los errores que suelen darse en las copias de los manuscritos son generalmente cambios muy sencillos, tales como letras o números, anulación involuntaria de separación de palabras, o cuestiones similares. Por citar tan solo algunos ejemplos, existe el error de *fusión*, consistente en la unión de dos palabras separadas. Lo contrario, esto es, la separación de una palabra se conoce como *fisión*. En otras ocasiones aparece una *haplografía*, error que se produce cuando se escribe una sola vez lo que debiera ser más de una, bien sean letras, o incluso sílabas o palabras. El error de *homofonía* consiste en la sustitución de una palabra homónima por otra. Cuando se omite un pasaje en razón de que el copista pasó de un lugar a otro similar, se conoce como *homoeoteleuton*; en este caso el manuscrito pierde una serie de palabras que no fueron copiadas. El caso inverso es la *ditografía* es el error que se produce cuando se escribe dos veces un mismo pasaje. En otras ocasiones la alteración es una *metátesis*, consistente en variar el orden de las letras de una palabra, o incluso el orden de dos palabras. Siendo el hebreo un idioma con letras muy parecidas, no es difícil encontrar algún error debido a la incorrecta interpretación de letras similares, que incluso puede alcanzar también a confundir vocales con consonantes, especialmente en momentos en que la escritura hebrea comenzó a utilizar consonantes indicativas para la presencia de algunas vocales.

4.4. Crítica textual

La *Crítica Textual* ha establecido criterios de selección para las variantes de los manuscritos que aparecen. Entre las normas establecidas para ello figuran las siguientes:

a. *Prioridad a la variante más antigua.* Teniendo en cuenta que no siempre el manuscrito más antiguo es necesariamente el mejor. De ahí que solo deba aceptarse como mejor el más antiguo cuando sea tan fiable como otro más moderno y esté libre de dificultades textuales propias.

b. *Prioridad a la variante más difícil.* Es lógico pensar que un copista es más propenso a simplificar las palabras de un original que a lo inverso, es decir, a utilizar palabras más complicadas o menos claras para el lector. Cuando aparecen palabras raras o expresiones difíciles, es evidencia de que se debe a la fidelidad del copista en el traslado del original que tenía delante cuando produjo la copia. Lo más probable es que aquella palabra o expresión más compleja figurara en el modelo del que copiaba. Sin embargo, si esa variante carece de sentido o representa una contradicción con el propio texto, elimina la fiabilidad de la copia en cuestión.

c. *Prioridad a la variante más corta.* Dado que el copista es más propenso a alargar o comentar —introduciendo en el texto sus propias palabras aclaratorias— que a acortar eliminando alguna parte del material que tenía en el modelo del que copiaba.

d. *Prioridad a la variante más explicativa.* Es decir, se acepta aquella que mejor se ajusta o aclara las razones de todas las otras variantes.

e. *Prioridad a la variante que cuente con el mayor apoyo geográfico.* Esto es, aquella nueva copia que concuerde con el mayor número posible de manuscritos tomados de diversas ramas originarias.

f. *Prioridad a la variante que se ajuste mejor al estilo del autor y su vocabulario.* Es tan solo una aceptación de semejanza con los escritos del autor en cuestión.

g. *Prioridad a la variante que no manifieste parcialidad doctrinal.* Esto quiere decir que se acepta como mejor una copia que no revela pensamientos teológicos posteriores a los que había en el tiempo en que el escrito original fue producido.

4.5. Los manuscritos del Antiguo Testamento

En relación con los manuscritos del texto bíblico del Antiguo Testamento, pueden establecerse cuatro grupos: los precristianos, los de la era cristiana, las versiones del Antiguo Testamento y los targúmes arameos.

En los manuscritos precristianos cabe destacar los que resultan de los hallazgos de las cuevas de Qumram, en el mar Muerto. Todos estos documentos se identifican mediante un primer número que indica la cueva en que se encontró; luego sigue la letra Q, identificativo de Qumram; a continuación, las siglas identificativas del tema del documento, por ejemplo, Is correspondería al libro de Isaías; y finalmente una letra exponencial que identifica el número del mismo documento si se encontró repetido. Los textos precristianos pueden agruparse —en razón de manuscritos posteriores que se conservan— en un texto anterior al Masorético; la *protoseptuaginta,* de la que se tradujo la versión griega; y la *protosamaritana* que da origen a los manuscritos del texto samaritano. Es posible que los textos más fiables, esto es, que más se ajusten a los originales sean los *protomasoréticos*. Un manuscrito precristiano es el *Papiro Nash*, que contiene pasajes de Éxodo y Deuteronomio. Comparado con el texto masorético es prácticamente idéntico.

Los manuscritos de la era cristiana existen en un número elevadísimo. Sin embargo, gozan de prestigio y confiabilidad los siguientes: el *Pentateuco Samaritano*, cuyo descubrimiento ocurrió en el año 1616; en relación con el texto masorético se aprecian cerca de seis mil variantes, casi todas como diferencias de letras; el texto incluye también modificaciones sectarias que favorecen el pensamiento samaritano sobre el lugar de adoración. El *Códice Oriental* se encuentra depositado en el Museo Británico; contiene una copia parcial del Pentateuco, al que falta gran parte de Génesis y de Deuteronomio, y se estima que es una copia del año 850 d.C. El *Códice Cairensis*, con los profetas anteriores y los posteriores; se debe al copista Aarón ben Aser, que la hizo en el año 916 d.C.; el manuscrito fue conocido en el tiempo de las cruzadas, con la ocupación de Jerusalén. El *Manuscrito de Leningrado* que contiene los profetas posteriores y cuya datación se establece sobre el año 916 d.C.; la puntuación es babilónica y fue encontrado en Crimea. El *Códice Leningrado* (B-19A); es una copia íntegra del Antiguo Testamento, del texto masorético de Ben Aser; se estima que es del año 1000 d.C. y, según parece, es copia de otro manuscrito del año 980 d.C. que no se conserva; esté códice provee de base al texto hebreo más usual hoy y que manejan generalmente los eruditos hebreos.

4.6. Versiones del Antiguo Testamento

Las versiones más importantes del Antiguo Testamento son las griegas. Entre ellas, es de importancia capital: *La Septuaginta*, traducida en Alejandría entre los años 250-150 a.C. Esta versión se produjo por la conveniencia de dotar a los judíos que no hablaban el idioma griego de un texto a su necesidad, posiblemente revisado en tiempos de Tolomeo II. Fragmentos de *Qumram 4* con diversos pasajes del Antiguo Testamento. *Papiro de Rylands* que contienen versículos del libro de Deuteronomio, del año 150 a.C. *Papiros de Cherter Beatty*, localizados en Egipto; contienen partes de Génesis, Números, Deuteronomio e Isaías. *Papiro 911*, procedente de Egipto; se considera del s. II d.C.; está escrito en caracteres unciales cursivos; contiene partes del Génesis. *El manuscrito Griego Freer V* conteniendo los profetas menores; se data de finales del s. III d.C.; escrito en caracteres egipcios; falta en él el libro de Oseas. *Hexapla de Orígenes*; debe datarse sobre el 250 d.C.; el trabajo se debe a las diferencias que Orígenes encontró con el texto griego de la LXX; para llegar a determinarlo con precisión estableció un texto paralelo en seis columnas que contenían: el texto hebreo original, el hebreo trasladado al griego, la traducción griega de Aquila, la traducción griega de Símaco, la versión LXX, y la traducción de Teodoción; de esta manera, depuró el texto incluyendo la traducción al griego de pasajes del hebreo que no habían sido traducidos; de la versión final griega se conserva una publicación en el *Códice Sarraviano* del s. IV. *El Códice Vaticano*, contiene gran parte del Antiguo Testamento y conserva un texto de la LXX anterior a Orígenes. *El Códice Sinaítico*, datado sobre el año 375-400 a.C., contiene incompleto, a falta de algunas porciones, el Antiguo Testamento. *El Códice Alejandrino*, que presenta una gran afinidad con la *Hexapla*.

En cuanto a los *Targúmes Arameos*, son producto de las consecuencias del exilio babilónico, a partir del cual, el pueblo hebreo cambió su expresión idiomática habitual del hebreo al arameo. Eso trajo como consecuencia la necesidad de trasladar al arameo los escritos en hebreo. Sin embargo, la traducción que se hacía no se limitaba siempre al mero traslado del texto, sino que en muchas ocasiones se convertía en una paráfrasis interpretativa, especialmente en los libros proféticos. En relación con el presente trabajo, es de interés el *Targum de Jontatán Ben Uziel* que contiene los profetas, desde Josué a Reyes, e Isaías a Malaquías; fue compuesto en el s. IV d.C.

Finalmente, en este apartado conviene señalar el trabajo admirable de la versión latina conocida como *La Vulgata Latina* o *Vulgata de Jerónimo*. El trabajo de esta versión es consecuencia de la creciente diversidad de variantes que aparecían en las versiones latinas de la Biblia. Esto llevó al papa Dámaso I a encargar a Jerónimo en el año 384 la revisión del texto latino antiguo de los evangelios. A la revisión de los evangelios siguió la de los restantes libros del Nuevo Testamento. Una vez hecho este trabajo, inició la difícil labor de revisión de los libros del Antiguo Testamento. Para realizar con precisión esta tarea se trasladó a Belén, donde, por medio de la *Hexapla,* abordó la tarea de la revisión textual latina. Más que una revisión ha sido una traducción del Antiguo Testamento al latín, a partir de los originales hebreos.

C. Metodología interpretativa para los libros históricos

Los libros históricos requieren, como cualquier otra parte de la Escritura, la aplicación de un método interpretativo que manifieste el alcance, significado y aplicación de sus relatos. Esencialmente, hay dos sistemas interpretativos con sus variantes: *el alegórico* y el *literal*. Dentro de ambos pueden establecerse otras subdivisiones, tales como la *interpretación dogmática* que acude al texto bíblico para justificar un pensamiento o forma de fe y la *interpretación racionalista* que somete toda la Escritura al juicio humano, que determina la validez o historicidad de sus declaraciones. Tanto los dogmáticos como los racionalistas —estos abiertamente y aquellos en modo sutil y oculto— entienden que lo *sobrenatural* no existe y que el texto bíblico está dado para sustentar el dogma de fe conforme a la necesidad de los creyentes o, en el caso de los racionalistas, que todos los hechos portentosos o milagrosos del relato pueden entenderse con el uso de la razón. La influencia de este modo de pensamiento se manifiesta claramente en el modo interpretativo de los *milagros* en los libros históricos y, por tanto, en el libro de Josué, según se considerará en su momento.

1. Método alegórico.

La alegoría es una ficción mediante la cual una cosa representa o simboliza otra distinta. La interpretación alegórica pretende encontrar verdades ocultas que subyacen en el relato bíblico y que el intérprete tiene que descubrir, ya que ese era el propósito del relato cuando fue escrito. Por tanto, los intérpretes, según el método alegórico, entienden que el relato bíblico es solo el vehículo utilizado para un segundo sentido más espiritual y profundo. Baste un ejemplo tomado de uno de los alegoristas judíos más conocidos, el alejandrino Filón (20 a.C.-54 d.C.) quien, al comentar el pasaje de Génesis 2:10-14, escribe esto sobre los ríos del Edén:

"Con estas palabras Moisés se propone bosquejar las virtudes particulares. Estas también son cuatro: prudencia, templanza, valor y justicia. Ahora bien, el río principal, del cual salen los cuatro es la virtud genérica, a la que ya hemos dado el nombre de bondad... La virtud genérica tiene su origen en el Edén, que es la sabiduría de Dios, y se regocija, exulta y triunfa deleitándose y sintiéndose honrada exclusivamente en su Padre, Dios. Y las cuatro virtudes particulares son ramas de la virtud genérica que, a semejanza de un río, riega todas las buenas acciones de cada uno con abundante caudal de beneficios"[10].

Aparentemente este método parece como si se propusiera, en lugar de interpretar la Escritura, pervertir su significado con el pretendido deseo de encontrar verdades espirituales más profundas ocultas bajo la superficie del texto bíblico.

Sin duda los peligros del método alegórico son evidentes. Uno de ellos —tal vez el principal— es que no interpreta, sino que especula sobre la Escritura. El intérprete deja volar su fantasía en aras de un posible descubrimiento de verdades ocultas y significados espirituales, poniendo a un lado el valor real de las palabras y las razones que movieron al autor al escribir el texto. De este primer mal deriva un segundo no menos nocivo: el intérprete es la autoridad esencial frente al relato, dejando de serlo la propia Escritura, ya que esta queda al servicio del intérprete y no el intérprete al servicio de la Escritura. La influencia subjetiva del intérprete alegórico es notoria, apreciándose inmediatamente una enseñanza personal sobre sus convicciones teológicas y posiciones dogmáticas, que se valen de la Escritura como instrumento para sustentarlas y no al contrario. El lector de la Biblia dependerá íntegramente de que se la interpreten para poder entenderla y, con ello, quedará bajo la dirección y control del intérprete en lugar de estar sometido a la autoridad única de la Escritura. Ello conduce a una nueva dificultad, ya que el lector de la Biblia no puede estar seguro de entender e interpretar correctamente lo que lee si no recurre a una espiritualización del contenido textual, que queda a merced de la imaginación y especulación controlables solo por el intérprete.

---

[10] Thomas Fountain. *"Claves de Interpretación Bíblica"*. México 1950. pág. 26

La Biblia, como cualquier otro texto, recurre en ocasiones a figuras del lenguaje, entre las que están la alegoría y la parábola. Tales modos de escribir se descubren fácilmente con la simple lectura del texto. Sin embargo, el que existan estas figuras no es base para que deba entenderse toda la Escritura como una gran alegoría que ha de ser explicada y desentrañada para revelar el verdadero significado oculto en ella. En relación con la interpretación alegórica de los libros históricos, escribe Thomas Fountain:

"Un ejemplo de la forma en que emplean este método se ve en el trato que dan a la experiencia de Daniel en el foso de los leones. A Daniel se le considera como quien no estuvo literalmente en la fosa, sino que se encontraba 'preso' por las tentaciones y debilidades comunes a los hombres. Estas, las debilidades, son representadas en el relato como 'leones'. Sin embargo, las tentaciones (leones) no dañaron a Daniel, porque tenía fe en Dios. Sus enemigos, en cambio, careciendo de esa fe, cayeron ante sus tentaciones. La lección que extraen del pasaje es que solo el hombre de fe en Dios puede vencer en la vida"[11].

La aplicación del método alegórico ha hecho posible enseñar sobre textos o pasajes de estos libros dándoles un significado que nada tiene que ver con lo que el autor divino tenía el propósito de comunicar cuando el texto bíblico fue escrito.

2. Método literal

Llamado también *gramático-histórico*, es aquel que da a cada palabra el significado que tenía en su uso normal en el tiempo en que fue confeccionado el escrito. Se le llama *gramático-histórico* porque procura determinar el significado de las palabras tanto desde el punto de vista gramatical como histórico, es decir, el significado común que tenían en el momento en que fueron escritas.

El erudito Bernard Ramm, da una relación de las principales virtudes de este sistema:

"En defensa del enfoque literal se puede argüir: (a) Que el significado literal de las oraciones es la forma normal de todos los idiomas. (b) Que todos los significados secundarios de documentos, parábolas, tipos, alegorías y símbolos dependen para su propia existencia, del significado literal previo de los términos. (c) Que la mayor parte de

---

[11] Thomas Fountain. o.c., pág. 26.

la Biblia tiene sentido adecuado cuando se interpreta literalmente. (d) Que el enfoque literal no descarta ciegamente las figuras de dicción, símbolos, alegorías y tipos; sino que, si la naturaleza de la oración así lo requiere, fácilmente acepta el segundo sentido. (e) Que este método es el único obstáculo cuerdo y seguro para las imaginaciones del hombre. (f) Que este método es el único cónsono con la naturaleza de la inspiración. La inspiración plenaria de la Biblia enseña que el Espíritu Santo usó el lenguaje y las unidades del lenguaje (como significado, no como sonido) que son las palabras y los pensamientos. El pensamiento es el hilo que hilvana las palabras unas con otras. Por lo tanto, nuestra exégesis misma debe comenzar con un estudio de las palabras y la gramática, los dos fundamentos de todo discurso significativo"[12].

Si Dios dio su Palabra para que el hombre comprendiera claramente su mensaje, tuvo que haberla escrito de tal modo que fuera plenamente comprensible con la simple lectura del texto bíblico, sin otra condición que la comprensión mental del lector. Este sistema interpreta los *hechos* tal como se produjeron y constan en el relato bíblico, que es la única base autorizada para la interpretación del pasaje. Este sistema libera al intérprete de cualquier subjetividad o propensión personal, tanto general como dogmática.

Si se quiere concretar una exégesis objetiva y real del texto, es preciso aplicar el método *gramático-histórico-literal*, en el que la interpretación se hace en base a las reglas semántico-gramaticales propias para la interpretación de cualquier texto literario, teniendo en cuenta lo que el autor quiso decir, en el tiempo en que lo hizo y para los lectores a quienes iba dirigido. Es bueno recordar las palabras del reformador Martín Lutero cuando afirma:

"Solo el sentido simple, propio, original, el sentido en que está escrito, hace buenos teólogos. El Espíritu Santo es el escritor y el orador más sencillo que hay en el cielo y en la tierra. Por tanto, sus palabras no pueden tener más que un sentido simple y singular, el sentido literal de lo escrito o hablado"[13].

De un modo semejante se expresaba Calvino:

"El verdadero significado de la Escritura es el significado obvio y natural. Mantengámoslo decididamente... es una audacia rayana en el

---

[12] Bernard Ramm. *"Protestant Biblical Interpretation"*, pág. 54.

[13] José María Martínez. o.c., pág. 122.

sacrilegio usar las Escrituras a nuestro antojo y jugar con ellas como si fuesen una pelota de tenis, tal como muchos antes han hecho... La primera labor de un intérprete es permitir al autor que diga lo que dice, en vez de atribuirle lo que nosotros pensamos que habría de decir".[14]

Será, pues, el método literal el que se aplique a la interpretación del texto bíblico del Libro de Josué.

D. Tipología c ilustraciones en los libros históricos

1. Tipos

La palabra proviene de la voz griega τύπο que tiene un amplio significado en el Nuevo Testamento donde aparece catorce veces[15]. Se utiliza especialmente como un modelo de algo que aparecerá posteriormente y también como el resultado obtenido siguiendo el ejemplo. Los tipos bíblicos pueden ser personas, lugares, objetos, oficios, sucesos o instituciones que Dios ha preparado para configurar una realidad espiritual futura. Cuando se establece la conexión entre el tipo en el Antiguo Testamento y la realidad espiritual a la que apuntaba en el Nuevo, se denomina técnicamente *antitipo*. Es muy importante en el estudio de la tipología, tener en cuenta que el *tipo* veterotestamentario tiene que haber sido diseñado por Dios para configurar una realidad espiritual en la revelación novotestamentaria, y no como una ilustración apta. La única forma de determinar con absoluta certeza la presencia de un *tipo* como algo que fue preparado por Dios con el fin de representar una realidad espiritual, es que exista un texto bíblico que lo establezca como tal. De este modo, se puede afirmar que Adán es tipo de Cristo, por cuanto la Escritura así lo determina (Ro. 5:14).

Sin embargo, se pueden señalar dos niveles dentro de la tipología bíblica: (1) el directo, que es aquel que la misma Escritura señala como tipo; y (2) el indirecto, que es aquel que, sin estar indicado expresamente, es lo suficientemente claro como para ser tomado como tal. No obstante, la tipología indirecta ha de ser utilizada con mucha cautela para no caer en alegorismos tipológicos que nada tienen que ver con la realidad.

Sobre esto escribe Thomas Fountain:

---

[14] José María Martínez. o.c., pág. 123.

[15] Jn. 20:25; Hch. 7:43, 44; 23:25; Ro. 5:14; 6:17; 1Co. 10:6; Fil. 3:17; 1Ts. 1:7; 2Ts. 3:9; 1Ti. 4:12; Tit. 2:7; He. 8:5; 1Pe. 5:3.

"... si limitamos así lo que se debe considerar como tipo, pasaremos por alto algunos que son demasiado claros para ser eliminados de la categoría. Es difícil saber cómo marcar el límite de este proceso, pero lo más seguro es no admitir como tipo verdadero sino solamente las cosas que llenan el requisito de ser mencionadas en la Biblia como tipos. Los demás se podrán señalar como 'tipos probables' o 'posibles'. Hay otros que, por su carácter forzado, deben ser relegados a la categoría de 'dudosos'"[16].

2. Ilustraciones tipológicas

Entendiendo claramente que debe considerarse *tipo* solo lo que expresamente se indica en la Escritura, se llega a la conclusión que en los libros históricos —y más concretamente en el libro de Josué— se encuentra una *tipología indirecta* que expresa verdades espirituales cuyo cumplimiento tiene lugar en el Nuevo Testamento. Esta tipología de segundo nivel, tal vez deba ser considerada mejor como *ilustraciones tipológicas*, para evitar caer en un alegorismo subjetivo que el intérprete pueda darle a hechos históricos que aparecen en ellos. Sin embargo, aun en la selección de estas ilustraciones debe caminarse con cautela, a fin de no abrir, de algún modo, la puerta a un alegorismo encubierto. A lo largo del estudio y, sobre todo de la aplicación del texto de los libros históricos, y especialmente del Libro de Josué, deben tenerse en cuenta algunas bases que permitan limitar las ilustraciones seleccionando solo lo que puede considerarse así con plena certeza. Las bases selectivas son: (1) debe haber una correspondencia precisa entre la realidad histórica y la espiritual que se determina; (2) la ilustración tipológica ha de ser "sombra de lo que ha de venir" (Col. 2:17; He. 10:1), aunque no se mencione expresamente la condición de tipo; por tanto, debe tener un claro carácter predictivo y descriptivo; (3) entre la "ilustración tipológica" y su correspondiente realidad debe haber una analogía precisa. (4) Las ilustraciones tipológicas deben tener una referencia sobresaliente a algún aspecto de Cristo y de su obra.

En este campo, el Libro de Josué tiene abundantes *ilustraciones tipológicas*, siendo el mismo Josué, como dador de reposo al pueblo de Israel, una ilustración tipológica de Cristo mismo (He. 4:8, 9; Mt. 11:28, 29). Los monumentos levantados dentro y fuera del río en el tiempo del cruce del Jordán, son también *ilustraciones tipológicas* que aparecen en el libro.

---

[16] Thomas Fountain. o.c., pág. 75.

II. Introducción especial al libro de Josué

A. Título del libro

En hebreo el título del libro es *Yehôsûa*, que significa *Jehová es salvación*, nombre que Moisés dio a su servidor, llamado antes Oseas (Nm. 13:16) y con el que pasó a la historia bíblica (Éx. 17:9-14; Dt. 3:21; 3:28; 31:3; Jos. 1:1). El título del libro se identifica con el nombre del propio del autor. La primera forma abreviada de su nombre (heb. *Hôsea*) es tomada por los LXX como título en griego para ese libro, apareciendo en esa versión como Ιoσυε, literalmente Jesús, el mismo nombre que sería dado al Señor (Lc. 1:31; 2:21). Para los creyentes evangélicos el libro toma el nombre, no solo del personaje central del mismo, sino de su autor, en contraposición con los *eruditos liberales* que consideran el nombre tan solo en relación a lo que llaman *el héroe bíblico* del relato.

B. Autor

1. Paternidad literaria

Generalmente se aceptó a Josué, el sucesor de Moisés, como el autor de este libro. En el Talmud (Baba Batra 14b) se hace esta afirmación: *"Josué escribió su libro"*. Esta fue también, salvo contadas excepciones, la aceptación general del cristianismo. Los maestros de la iglesia la tuvieron por indiscutible, apoyándola en sus escritos. Solo a partir del s. XV comienza a ser discutida la paternidad literaria del libro, cuando A. Tostado señaló a Samuel como autor del mismo.

El libro identifica con toda precisión al autor en el primer versículo: *"...Josué hijo de Nun, servidor de Moisés"* (1:1). Era de la tribu de Efraín. Como se ha dicho, el nombre dado por sus padres fue Oseas, que significa *salvación* (Nm. 13:8, 16), y más tarde Moisés lo cambió por el de Josué, (heb. *Y'höshü'a*) que quiere decir *Jehová es salvación* (Nm. 13:16). A su padre se le menciona con el nombre de Nun, nieto de Elisama, jefe en la tribu de Efraín (1Cr. 7:27; Nm. 1:10). El nombre Oseas, puesto por sus padres, era común en la tribu (2Re. 17:1; 1Cr. 27:20; Os. 1:1).

Se conoce poco de su entorno familiar, aunque debe considerarse, por extensión, como el propio de la situación de esclavitud a que el pueblo de Israel había llegado en Egipto. Josué era relativamente joven en el tiempo del Éxodo, como afirma Moisés (Éx. 33:11). Posiblemente en el tiempo de enviar Moisés los exploradores a reconocer la tierra prometida desde Cades-barnea, sería de una edad similar a la de su compañero

Caleb, que entonces tenía cuarenta años (Jos. 14:7). Su primera actuación conduciendo los ejércitos de Israel ocurre en el tiempo del recorrido por el desierto, con motivo de la batalla contra Amalec en Refidim (Éx. 17:9). Aquella fue la primera vez que Israel se vio involucrado en una batalla que tenía que afrontar directamente con enemigos exteriores. Hasta entonces Dios había combatido por ellos y, en momentos críticos, había sido llamado a mantener la tranquilidad, porque el mismo Señor se ocuparía de resolver la situación: *"Jehová peleará por vosotros, y vosotros estaréis tranquilos"* (Éx. 14.14). Desde Refidim en adelante las batallas de Dios serían libradas por medio de su pueblo. Ellos combatirían en el nombre del Señor, gozando en todo momento de Su conducción y poder, pero debían aprender a depender de Él y a confiar en sus promesas.

Josué se convirtió en ayudante de Moisés (heb. *mesaret Moseh*), literalmente el *ministro* como el hombre de confianza de Moisés, acompañándole incluso en parte del camino hacia el Sinaí, cuando fue promulgada la ley, esperándole mientras estaba en el monte (Éx. 24:12-13). También estaba con él en el Tabernáculo de Reunión, desde donde Dios hablaba directamente con Moisés y a donde acudía todo aquel que buscaba al Señor (Éx. 33:7); desde cuyo lugar Dios mismo dirigía toda la acción del pueblo de Israel —lo que se podría denominar, usando una terminología militar, el Cuartel General del Mando Supremo de Israel— y era el lugar donde permanentemente estaba Josué (Éx. 33:11).

La experiencia cotidiana al lado de Moisés, el contacto con el pueblo y la vida de piedad cerca de Dios, iban a modelar el carácter y personalidad de Josué para hacer de él —utilizando una frase de Pablo— un hombre de Dios *"enteramente preparado para toda buena obra"* (2Ti. 3:17). Cuando fue necesario seleccionar hombres probados y reconocidos por todo el pueblo para misiones especiales, Josué figuraba entre ellos, como en la ocasión antes mencionada del reconocimiento de Canaán por un grupo de exploradores enviados desde el desierto de Parán. Ya en aquella ocasión la relevancia social de Josué era evidente, siendo considerado entre los príncipes de Israel (Nm. 13:2). Sin duda había una notable diferencia espiritual entre Josué y su compañero Caleb y el resto de los enviados. Estos últimos se limitaron a una observación subjetiva de la tierra, considerando tan solo el número y la aparente fortaleza de los habitantes de Canaán, con sus ciudades amuralladas. En base a esa apreciación dieron un informe desfavorable, desalentador y negativo, afirmando delante del pueblo la imposibilidad de conquistar la tierra y el grave riesgo que supondría para Israel tal empresa (Nm. 13:32-33). Bien diferente fue la actuación de Josué junto con Caleb. Josué había participado en combates y había visto el poder de Dios obrando en favor de su pueblo en ocasiones dificultosas. De su mente no se podía borrar la destrucción de los ejércitos de Egipto en el mar Rojo (Éx. 14:23ss), y los de Amalec en Refidim, donde la victoria no se produjo como consecuencia de la potencia y estrategia del ejército de Israel, sino como respuesta divina a la oración intercesora de Moisés (Éx. 17:8-16). Josué y Caleb procuraron llevar al ánimo de todo el pueblo la conveniencia de obedecer la determinación de Dios y, confiando solo en Su fuerza, acometer la tarea de iniciar la conquista de la tierra prometida (Nm. 14:6-9). Tal actuación estuvo a punto de costarle la vida debido a la violenta reacción del pueblo contra ellos, salvándolos la presencia gloriosa de Dios sobre el santuario (Nm. 14:10). Al igual que había ocurrido con Moisés en el desierto de Arán, Josué iba formándose para ser el instrumento que Dios había escogido para suceder a Moisés e introducir a la nación en la tierra prometida.

Dios mismo estableció a Josué como el sucesor de Moisés. Junto con la determinación divina en relación con la sucesión, el Señor indicó el procedimiento que debía seguirse en el reconocimiento público de sucesión. Moisés debía imponer su mano sobre él en presencia del sumo sacerdote Eleazar, y esto había de tener lugar delante de toda la congregación, dándole el cargo en presencia de ellos. Al mismo tiempo, Moisés transferiría públicamente su dignidad, esto es, le constituiría en adelante como su sucesor, a fin de que la congregación de Israel le respetara y obedeciera en lo sucesivo como habían hecho con él (Nm. 27:18-20). Así se hizo, tal como lo había determinado el Señor. Josué fue presentado delante del pueblo como el continuador de la obra que Dios había encomendado a Moisés primeramente, y el instrumento escogido para llevar al pueblo hasta la posesión de Canaán (Nm. 27:18).

La sucesión, por tanto, se hizo efectiva en vida de Moisés. Debió haber sido algo muy emotivo. Junto con la presentación oficial, tuvo palabras de aliento para Josué en presencia de todo el pueblo. La empresa, siempre difícil, no debería causarle inquietud ni desaliento, ya que Dios había determinado y jurado que entregaría aquella tierra a los israelitas; él tan solo sería el instrumento por medio del cual se haría efectiva la promesa. Dios entregaría la tierra y él la repartiría haciendo que cada tribu entrara en posesión de la parte que le correspondía. Ninguna inquietud debía intranquilizar a Josué en la tarea de la conquista de la tierra y destrucción de los pueblos que la habitaban, ya que en todo momento tendría la conducción de Dios. Mediante una promesa concreta en palabras de Moisés, el Señor le alentaba con la seguridad de Su presencia y dirección continuas. No había, pues, razón para intimidarse ante el desafío de la conquista de la tierra (Dt. 31:7-8).

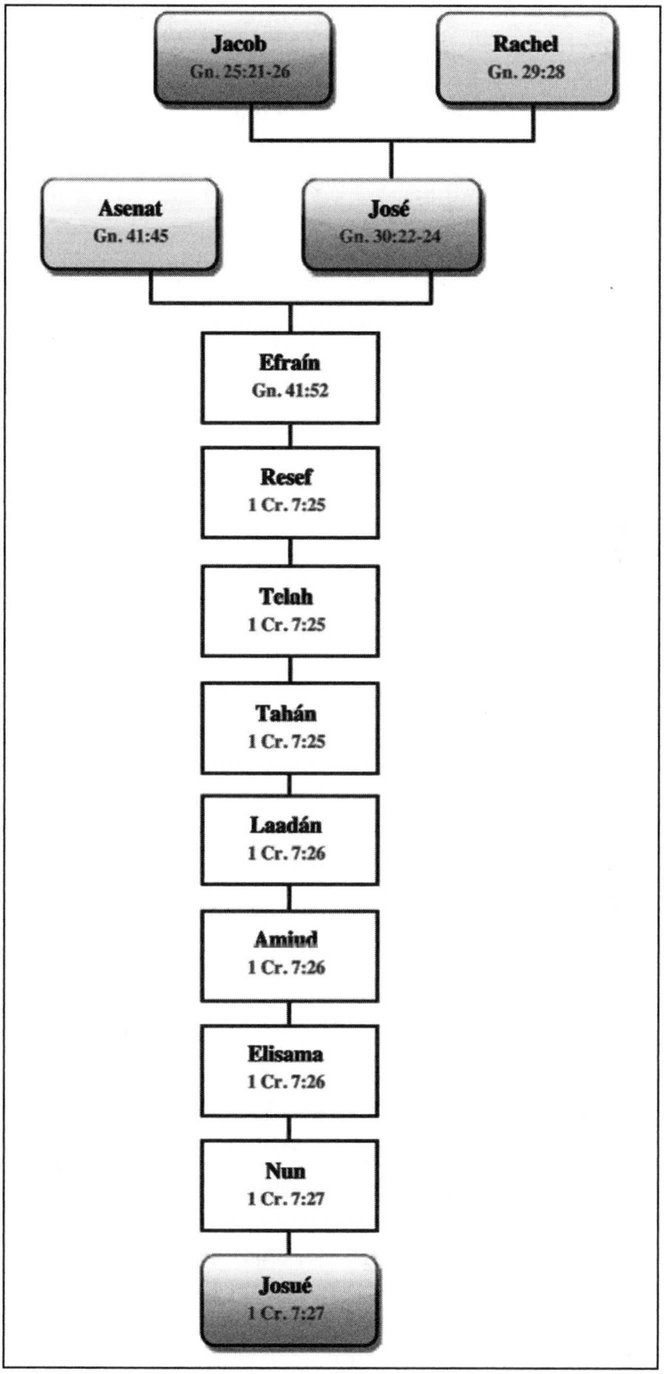

Genealogía de Josué.

Terminado el ministerio de Moisés en la tarea de liberación de Israel de Egipto y el tiempo de conducción en el desierto, Dios mismo hablaba con Josué como había hecho antes con Moisés, ya que como líder de la nación por designación divina le correspondía proseguir con el programa establecido por el Señor, siendo Él quien le comunicaba las instrucciones sobre el modo de conducir al pueblo, como se aprecia en los primeros versículos del libro (1:1-9).

Es evidente que el personaje del libro no es un héroe de leyenda, como los teólogos liberales pretenden, sino un hombre perfectamente definido y conocido por el pueblo de Israel en aquellos días, cuya realidad histórica fue aceptada siempre por ellos y creída como tal por la iglesia en todos los tiempos.

2. Evidencias internas

Desde el punto de vista evangélico, es necesario seguir afirmando, con los hombres de la iglesia antigua, que el autor de este libro es Josué, el servidor de Moisés. Algunas evidencias internas son incuestionables: (1) Datos biográficos. Figuran datos biográficos del hagiógrafo que difícilmente hubieran podido ser conocidos por otro que no fuera el propio autor; a modo de ejemplo se dice que escribió su propio discurso de despedida (24:26). (2) Utilización de pronombre personal. El autor utiliza en varios lugares pronombres personales en primera persona, incluyéndose en las acciones que relata (p. ejemplo 5:1, 6). Aunque en la VRV60 se traduce el primer texto de un manuscrito en donde no figura este plural, sí aparece en el segundo caso. (3) Nombres de ciudades. El hecho de que se mencionen ciudades por los nombres arcaicos que tenían, hace necesario que su autor fuera anterior a la fecha que los liberales dan para la composición del libro.

Sin embargo, hay que reconocer que existen en el libro algunas partes que corresponden a sucesos posteriores a la muerte de Josué, que hace necesaria la presencia de un redactor que los incorporase. El texto registra su muerte y enterramiento (24:29-30) y hace referencia a un período de tiempo que siguió a este evento, en el que se señala un seguimiento fiel del pueblo de Israel, mencionando a los guías del pueblo que sucedieron a Josué (24:31). Se indica también la conquista de Quiriat-sefer a manos de Otoniel (15:16-17), cuyo acontecimiento figura como posterior a la muerte de Josué y se registra en el Libro de los Jueces (Jue.1:11-15). En esa misma línea algunos incluyen también el pasaje de la subida de los danitas hacia el norte del país por necesidades territoriales (19:47), con el relato de Jue. 18:27-29, aunque las evidencias para tales interrelaciones no son todo lo claras que sería necesario para una afirmación tan categórica.

Procede llegar a la conclusión de que el texto general del libro se debe al personaje cuyo nombre tomó, y el complementario, —sumamente breve en relación con el principal— fue compuesto por un personaje posterior, citando como posible —en opinión de algunos eruditos[17]— a Finees, hijo de Eleazar.

3. Oposición liberal a la paternidad literaria

Sin embargo, la paternidad literaria del libro es cuestionada por la *Alta Crítica.* Las posturas más radicales *anti-Josué* provienen —tal como ellos pretenden— de razones internas del propio libro, en que los argumentos anti-Josué llegan a desequilibrar los *pro-Josué* —siempre según los liberales— por lo que afirman que el título del libro no corresponde al autor, sino al héroe principal del mismo. Esta conclusión negativa plantea el consabido problema de autoría, abriendo la triple pregunta *quién-cómo-cuándo".*

El triunfo de la hipótesis wellhauseniana entre los sectores liberales del protestantismo, aunque cuestionada por sectores más modernos de la escuela crítica y liberal, trajo consigo el que este libro —para algunos eruditos— deba ser incorporado dentro del esquema crítico-literario del Pentateuco. A partir de Wellhausen, comienza a utilizarse —como se indicó antes— el término y concepto de *Hexateuco*, en sustitución del *Pentateuco*, proponiendo la incorporación de Josué a los cinco de Moisés, para considerarlos como un todo, dejando de tratarse este escrito como un libro aparte. La principal razón que justifica —para los defensores de esta propuesta— el tratamiento conjunto de los seis primeros libros de la Escritura, se basa en la teoría documentaria (que veremos a continuación en la sección 4), que aparentemente sitúa el libro de Josué como tomado de las mismas fuentes del Pentateuco en sus cuatro documentos básicos: J E para la historia y D P para la teología y geografía.

M. Noth, dentro de la *Historia de las Formas*, establece una nueva hipótesis que está teniendo mayor aceptación en el contexto de la *Alta Crítica.* Su propuesta desliga a Josué del Pentateuco considerando que la fuente P no tiene que ver con este texto y sustituye las fuentes J y E por la D, uniéndolas definitivamente por D R a un material pre-D, proponiendo que se trate como una unidad histórica el conjunto de Deuteronomio-Josué-Jueces-Samuel-Reyes.

---

[17] G. L. Archer. o.c., pág. 292

Esta teoría establece dos secciones básicas en el libro: la D, que comprende el relato histórico de la conquista, capítulos 1-12 y 22-24; y la pre-D que trata de la distribución territorial de las tribus, capítulos 13-21. Las dos secciones, inicialmente separadas, fueron unidas por un redactor *deuteronomista* que dejó en el texto de la redacción del libro su estilo característico. Las principales razones que sustentan la hipótesis son: a) el énfasis sobre la unidad del santuario (8:30-35); b) la introducción del *héroe* Josué y su relación con Moisés para formar un nexo de enlace con toda la perspectiva histórica desde Deuteronomio al Segundo Libro de Reyes; c) el estilo parenético y exhortativo del libro (1:1-18; 12:1-24; 21:43-22:6; 21:1-16)[18].

Las teorías anti-Josué de la *Alta Crítica*, pretendiendo justificar la no autoría del libro, plantean inmediatamente la necesidad de encontrar un autor sustituto y, ya que el libro contiene datos referentes a la muerte de Josué y acontecimientos posteriores tales como los de enterramiento (24:29-32), se formularon propuestas de autores diversos, inclinándose inicialmente por Samuel. Pero más tarde, insatisfechos algunos críticos con este, propusieron como autor a un personaje *anónimo* anterior a David, que posiblemente hubiera sido testigo de la conquista y utilizara documentos contemporáneos para las narraciones del libro. El pensamiento liberal y sus propuestas se introducen también en el mundo evangélico conservador, encontrando referencias en algunos escritos evangélicos.[19]

Así aparece en el *"Nuevo Diccionario Bíblico":*

"Los capítulos 1-11 forman un relato continuo, aunque el tratamiento se hace progresivamente sintético, y termina con una evaluación general de los logros de Josué (11:15-23). Cualquiera sea la forma en que el autor encontró este material, hizo de él una historia de la más elevada calidad dramática, tanto en el tratamiento del tema como en la técnica de la narración. No se trata simplemente de la adaptación de un trabajo preexistente; pero mucho se omite o generaliza para ligar el cuadro general, en su proporción adecuada, en un espacio limitado. Se llega a la culminación al final del cap.11, pero la historia no termina. El libro se relaciona con la obra de Josué y el cumplimiento de las promesas de Dios en el sentido de que Israel tomó posesión de la tierra 'de la cual juró a sus padres que la daría a ellos' (1:6; cf. 23:14; 24:13). Para el logro de ambos propósitos es necesario narrar el asentamiento y mostrar la vigorosa posición en que Josué dejó a la nación. En esta

---

[18] M. Noth. *"Das Buch Josué"*. Tubinga 1953, págs. 10-15.

[19] Por ejemplo: *"Nuevo Diccionario Bíblico"*. Edit. Certeza, 1980.

parte hay mucho uso de fuentes, algunas de las cuales vuelven a aparecer en otras partes (Núm. Jue. Cr.). El autor mantiene un firme control de su material, reelaborándolo profusamente en algunas partes (p.ej. el cap.20, y probablemente en la mayor parte de las listas de fronteras). La 'despedida a la nación' está registrada en el cap.23; pero desde el punto de vista profético la obra queda realmente coronada por el pacto de Siquem, aunque puede haberse producido mucho antes (24:28)"[20].

Es evidente que el rechazo a la paternidad literaria de Josué se aprecia en el autor del artículo.

En razón a su incorporación al Pentateuco sigue su mismo tratamiento cronológico, poniendo a un lado las evidencias históricas que presenta el libro para distinta cronología. La *"Historia de las Formas"* propone que la sección de la conquista, capítulos 1 al 12, se unen hacia el año 900 a.C., completados con los capítulos 22 al 24 por D, con lo que las dos agrupaciones independientes —leyendas y episodios— y la introducción vinculante del *héroe Josué* que les sirve de nexo, forman por primera vez una unidad. A esta redacción se incorporan más tarde dos documentos: uno sobre la distribución de las tribus, probablemente del s. X a.C. y otro sobre la relación de ciudades que se convierten en provincias en el s. VII a.C. Un redactor deuteronomista fundió todo el material en el s. VII a.C., para lograr el texto definitivo, con un notable sabor nacional.

Las dos hipótesis antes citadas están siendo cuestionadas en el momento actual, ya que ambas reducen a una simple leyenda toda la historia del pueblo hebreo en la época de la conquista, haciendo aparecer a Josué como una figura puramente mitológica y legendaria. Especialmente interesantes son las frases del Profesor de la Universidad Gregoriana de Roma, Dr. Félix Asensio:

"La teoría de M. Noth abre a la exégesis de Josué horizontes nuevos a pesar de *su visión radicalmente antihistórica. Para M. Noth, la sección de la conquista (1-12) es, en su origen, una serie de tradiciones etiológicas benjaminitas en torno a Gilgal y de episodios heroicos de color local que el tiempo hizo entrar en el ámbito nacional, cuando Gilgal se convirtió en tiempos de Saúl en el lugar santo central de todas las tribus, y Josué, perteneciente a la poderosa tribu efraimita, surgió como el héroe de la conquista. Tampoco aparecería Josué en la sección primitiva 'tribus-geografía' (13-21), ni esta formaba originalmente un todo. Eran dos documentos distintos y de cancillería: el primero con el sistema ideal*

[20] *"Nuevo Diccionario Bíblico" 1991.* Pág. 738.

de las fronteras de las tribus (anterior a la unidad nacional bajo David), y el segundo con la lista de los nombres geográficos correspondientes a los doce distritos de Judá (del reino de Josías). La historia de la conquista y distribución de la tierra se reduce así a una pura leyenda y hasta desaparece la persona de Josué. Se ha ido demasiado lejos: si el sistema de M. Noth ofrece en su enfoque literario hilos más o menos débiles dentro de una recia trama de aciertos, en su enfoque histórico está exigiendo un cambio de rumbo"[21].

4. La teoría documentaria en relación con el libro de Josué

Aunque la hipótesis documental está orientada directamente al Pentateuco, involucra también al *Libro de Josué* al incluirlo como un apéndice de los otros cinco, convirtiendo el *Pentateuco* en un *Hexateuco*, razón por la que debe ser considerada en este lugar en relación con este libro. La hipótesis pretende establecer que el Pentateuco no fue un escrito de Moisés, sino una compilación de documentos diversos redactados en diferentes lugares, en un período mínimo de cinco siglos. La teoría de las *fuentes documentarias* del Pentateuco se inicia con los trabajos del médico francés Jean Astruc sobre un análisis literario del Génesis. A la vista de los nombres diferentes utilizados para Dios en el capítulo uno y en el dos, propuso que Moisés utilizó dos fuentes documentarias correspondientes a dos autores distintos: uno de ellos —el que correspondería al capítulo primero— tenía conocimiento de Dios por el nombre de *Elohim*; el otro —correspondiente al capítulo segundo— conocía a Dios por el nombre de *Yahveh*. Esto permitió iniciar la hipótesis documentaria, basada en el criterio de utilización de los nombres divinos.

Siguiendo esa propuesta, Johann Gottfried Eichhorn publicó en 1780, un estudio clasificando el Génesis y los dos primeros capítulos del Éxodo, según las supuestas *fuentes* premosaicas, conocidas como J (Yawista) y E (Elohista). Sin embargo, la idea que el redactor final del Pentateuco no fue Moisés sino alguien muy posterior a él, condujo a la clasificación total del Pentateuco en base a los documentos referidos, estableciendo la división en base a las fuentes J-E.

La hipótesis de redacción *anti-Moisés* recibe un impulso con De Wette, quien afirmó que el Pentateuco no pudo haber sido escrito antes de los días de David[22]. Para este erudito liberal, el libro de Deuteronomio era

---

[21] *"Josué"*. Félix Asensio. Madrid, 1967, pág.

[22] La hipótesis se expresa ampliamente en su obra *"A dissertation in which it is shown that Deuteronomy, differente from the earlier books of the Pentateuch, is the work of some later author"* (1805).

la copia de la ley que Hilcías encontró en el templo de Jerusalén durante las reformas de Josías. Avanzando más en su hipótesis, llegó a afirmar que el Deuteronomio fue compuesto para servir al proyecto político-religioso de unificación del reino. La centralización religiosa ayudaría a la unificación política de las tribus integradas en él. Según esta hipótesis, la redacción del documento tuvo que haber ocurrido en tiempos de Josías y de la que se hizo una simulación de hallazgo, coincidiendo con las obras de reparación del templo. Esto traería como consecuencia introducir una nueva *fuente* para el Pentateuco, cuyo documento, por llamarse *Deuteronomista*, se conoce como D. La escritura del Deuteronomio —para los seguidores de la hipótesis documentaria— habría ocurrido en el año 621 a.C. Las *fuentes documentarias* se ampliaban a tres: primera la del documento E, luego la del documento J y, finalmente, la del documento D. Es interesante notar que De Wette no pertenecía a la escuela documental, sino a lo que se conoce como la *escuela fragmentaria*, que debe su nombre a la hipótesis de que el Pentateuco y Josué fueron el resultado de la recopilación de fragmentos separados, algunos antecedentes al mismo Moisés. El formulador de esta hipótesis fue el sacerdote católico-romano, escocés, Alexander Geddes. La idea *fragmentaria* del Pentateuco llegó a extremos difíciles, al continuar dividiendo cada uno de sus libros en posibles fragmentos que los habían originado, llegando en la fragmentación a sostener que para la compilación del Génesis no se utilizaron menos de treinta y nueve fragmentos. Esta fragmentación hacía necesario establecer subdocumentos que a su vez dividían las fuentes propuestas (J-E-D).

Añadiendo hipótesis sobre hipótesis, el profesor Heinrich Ewald propuso que algunos de los escritos del Pentateuco —como pueden ser el Decálogo y el ordenamiento legal más antiguo— fueron escritos directamente por Moisés. Posteriormente, un escriba anónimo compuso el *Libro de los Pactos* en tiempos de los jueces. Los orígenes de la nación, que correspondería al libro del Éxodo, se debió a otro escriba anónimo, que lo produjo durante los días de Salomón, y en el que se aprecia un alto contenido del material de la fuente E. Un nuevo elemento se incorporaría en tiempos de Elías, como son los datos biográficos sobre Moisés. Finalmente, otro escriba anónimo del tiempo de Uzías (s. VIII a.C.), fue el que introdujo el nombre de *Yahveh*, hizo la adaptación de los materiales precisos, los conjuntó y produjo el Pentateuco, como responsable final del mismo.

El proceso no se detuvo con esto, sino que en 1822, Friedereick Bleek, extendió la teoría documentaria al libro de Josué proponiendo un *Hexateuco* en lugar de un *Pentateuco.* Este autor reconocía la paternidad literaria de algunos pasajes como de Moisés, pero vinculaba la aportación de la mayor parte de material del Génesis a un escriba anónimo durante la época del reino unido (s. X a.C.). Afirmó también que un segundo escriba anónimo, durante los días de Josías, compiló el libro de Deuteronomio, incorporando entonces también el libro de Josué.

Pasando el tiempo, aparecen los trabajos de Hermmann Hupfeld, quien sugiere la idea de la división de la fuente E en dos. Posteriormente, otros críticos, ampliando y extendiendo el alcance de la hipótesis, propondrían la existencia de una nueva fuente documental que denominaron como fuente *sacerdotal,* conocida como la fuente P. Bajo esta hipótesis, y en relación con la supuesta fuente P, consideraron que el Pentateuco contenía leyes que habían sido redactadas con posterioridad al documento D. Uno de los seguidores de esta hipótesis, Karl Heinrich Graf, trató de demostrar que la legislación contenida en P era de la época del exilio (587-539 a.C.), o incluso posterior a ella, por lo que la redacción final del Pentateuco tendría que haber ocurrido en tiempos de Esdras o Nehemías. Quedaban, pues, establecidas cuatro fuentes para el Pentateuco o para el Hexateuco: J, E, D, y P.

Sin embargo, la formulación definitiva de la *teoría documental* se debe a Julius Wellhausen. Sus escritos más notables en este campo fueron *"Die komposition des Hexateuch",* publicado en 1876, y *"Prolegomena zur Geschichte Israels"*, publicado en Berlín en 1878. Wellhausen no introdujo nuevos postulados a la hipótesis documentaria, pero conjuntó todas las propuestas anteriores, afirmando definitivamente el orden documentario, estableciéndolo como J E D P. La *hipótesis documentaria*, tal como la concretó Wellhausen, es seguida con bastante fidelidad por las escuelas no conservadoras y centros liberales aun en la actualidad.

Se puede hacer una descripción resumida de los cuatro documentos de la hipótesis documental tal como la expresa el Dr. Archer:

"J, escrito alrededor del año 850 a. de J.C., por un autor desconocido en Judá, Reino del Sur. Interesado especialmente en biografías personales, caracterizadas por vívidas descripciones del carácter, a menudo describe a Dios o se refiere a Él en términos antropomórficos (es decir, como si poseyera cuerpo, partes y pasiones como un ser humano). Demostraba también un interés tipo profético en reflexiones éticas y teológicas, pero poco interés en sacrificios o rituales.

E, escrito alrededor del año 750 a. de J.C. por un escritor desconocido del Reino de Israel del Norte. Fue más objetivo que J en su estilo narrativo y menos matizado de consideraciones éticas y teológicas. Tendía más bien a detenerse en hechos particulares concretos (o los orígenes de nombres o costumbres de particular importancia para la cultura israelita). En el Génesis, E demuestra interés en el ritual y el culto, y representa a Dios comunicándose por medio de sueños y visiones (y no tanto por contacto antropomórfico directo, al estilo de J). Desde Éxodo a Números, E exalta a Moisés como un obrador de milagros único en su género, con quien Dios podía comunicarse de manera antropomórfica.

Alrededor del año 650 a. de J.C. un redactor desconocido combinó J y E en un solo documento: J-E.

D, compuesto posiblemente bajo la dirección del sumo sacerdote Hilcías, como programa oficial para el partido reformista patrocinado por el rey Josías en el avivamiento del año 621 a. de J.C. Tuvo por objetivo obligar a todos los súbditos de Judá a hacer abandono de sus santuarios locales en los 'lugares altos' y traer todos sus sacrificios y contribuciones religiosas al templo de Jerusalén. Este documento estaba sometido a la vigorosa influencia del movimiento profético, particularmente el que encabezaba Jeremías. Miembros de esta escuela deuteronómica efectuaron una revisión histórica de los hechos registrados en Josué, Jueces, Samuel y Reyes.

P, compuesto en varias etapas de un largo camino que va desde Ezequiel, con su código de santidad (Levítico 17:16) alrededor del año 570 a. de J.C. (conocido como H), a Esdras, 'escriba diligente en la ley de Moisés' (Esdras 7:6), bajo cuya dirección fueron añadidas a la Torá las últimas secciones sacerdotales. P relata en forma sistemática los orígenes e instituciones de la democracia israelita. Demuestra un interés particular en los orígenes, en listas genealógicas y en detalles de los sacrificios y del ritual"[23].

C. Datación del libro

Establecer una fecha para el Libro de Josué es tarea sumamente difícil, ya que depende enteramente de la datación del Éxodo y establecerla ofrece serias dificultades, especialmente por las muchas variables que los eruditos proponen y que llegan a oscilar en varios siglos unas de otras. Sin embargo, como se hubiera hecho con cualquier otro escrito, deben buscarse el mayor número posible de evidencias tanto internas —contenidas en el propio texto— como externas —ajenas al mismo— que permitan establecer con la mayor aproximación posible la fecha en que fue escrito. La datación tiene mucho que ver con la posición en relación con el personaje del que toma título el libro. Si se trata —como proponen

---

[23] Gleason L. Archer (Jr). o. c. pág. 96.

los liberales— del héroe del relato, pero no del autor del mismo, la fecha puede dilatarse en el tiempo mucho más allá del momento de la muerte de Josué. Si se parte de la convicción de que Josué no es el héroe sino el autor, la fecha de datación del mismo debe establecerse en un período de tiempo no mayor de 50 o 60 años desde el momento del Éxodo, ya que quien introdujo a Israel en Canaán y les repartió la tierra, había estado en la esclavitud de Egipto y salió de allí con todo el pueblo, por la acción liberadora de Dios. Como para la datación de cualquier otro escrito, deben valorarse en primer lugar las evidencias internas, es decir, las referencias que aparecen en el propio texto y que permiten establecer la fecha de su escritura y, seguidamente, las evidencias externas, esto es, las extrabíblicas que complementan y coadyuvan a las bíblicas internas. Los eruditos discrepan notoriamente en la datación, estableciéndose generalmente una fecha temprana y otra u otras tardías.

1. Evidencias internas

Una consideración desprejuiciada de las evidencias internas, unida a alguna afirmación bíblica relativa a cierta cronología que se considerará más adelante, exigen una datación temprana para el Libro de Josué. Entre otras, deben valorarse las siguientes evidencias internas:

(1) Nombres de ciudades cananeas. En el texto se nombran ciudades cananeas, conforme a como se llamaban en el tiempo de la conquista. Así, a modo de ejemplo, se da el nombre de Baala, a la que luego se llamaría Quiriat-jeraim (15:9); Quiriat-arba, a la que se llama después Hebrón (15:13); y también Quiriat-sana, que recibió luego el nombre de Debir (15:49).

(2) Ciudades sidonias. Es muy notable observar que considera a Sidón en el libro como la ciudad más importante de la zona fenicia, llamando a los habitantes de aquel entorno *"sidonios"* (13:4-6), y a la ciudad de Sidón, *"la gran Sidón"* (19:28). Este dato evidencia una situación anterior al s. XIII a.C., ya que en esa época era Tiro la que había tomado preponderancia frente a Sidón.

(3) Los gabaonitas. Otra evidencia que favorece una datación temprana consiste en la mención que se hace del trabajo de los gabaonitas como aguadores y leñadores, indicándose claramente que estaban ejerciéndolo cuando se escribió el libro: *"Y Josué los destinó aquel día a ser leñadores y aguadores para la congregación, y para el altar de Jehová en el lugar que Jehová eligiese, lo que son hasta hoy"* (9:27). Tal situación solo podía darse en un tiempo anterior a la instauración de la monarquía, ya que Saúl había procurado exterminar a los gabaonitas,

por lo que en modo alguno habría podido hacerse tal afirmación en la época monárquica, informando que en el tiempo en que se escribió el libro estaban ejerciendo el oficio que se les había asignado en los días de la conquista (2Sa. 21:1-9).

(4) Jerusalén. Una cuarta evidencia interna tiene que ver con la ciudad de Jerusalén. Se dice que estaba habitada por los jebuseos (15:63; 18:16,28), lo que denota una fecha de composición anterior a la monarquía, ya que la ciudad fue conquistada definitivamente por David (2Sa. 5:6-10; 1Cr. 11:4-9).

Todas estas evidencias internas favorecen una datación temprana del libro.

2. Evidencias externas

La principal dificultad está en la datación del Éxodo. Las dataciones que se dan a los acontecimientos del Éxodo y la salida de Israel de Egipto, afectan de forma directa y son trasladadas necesariamente al período de Josué. No hay evidencias extrabíblicas relacionadas directamente con el Éxodo, pero no hay duda que, no solo según la Biblia, sino conforme a la historia transmitida de Israel, este acontecimiento tuvo lugar. Las dos posiciones más notables que pretenden datar el Éxodo proponen el acontecimiento como ocurrido, para unos en el s. XV a.C. y para los otros en el s. XII. Por tanto, las discrepancias se establecen con la distancia de tres siglos de diferencia.

Sin embargo, no es del todo cierto que no existan evidencias que permitan aproximarse a una datación correcta del Éxodo, todo lo precisa que puede realizarse en un acontecimiento ocurrido en más de un milenio de distancia antes de Cristo y el tiempo presente. Las evidencias externas se agrupan en Bíblicas y extra bíblicas.

2.1. Evidencias externas bíblicas

Las principales son:

(1) Fecha de inicio de la construcción del templo de Salomón. La Biblia señala claramente que el templo de Salomón comenzó a construirse 480 años después de la salida de Egipto (1Re. 6:1). Dado que la edificación ocurrió aproximadamente sobre el año 961 a.C., el éxodo tuvo que haber sido —según este dato— sobre el 1441 a.C., lo que sitúa el acontecimiento, conforme a la afirmación bíblica, en el s. XV a.C. Una

notable garantía es que la fecha dada como referencia en el inicio de las obras de la construcción del templo coincide con todos los MSS de que se dispone y en los que aparece.

(2) Presencia de Israel en la tierra en tiempo de los jueces. Con motivo del inicio de la disposición de los amonitas contra Israel, Jefté el juez de entonces, en la respuesta que dio al rey de Amón que pretendía derechos sobre la tierra de Canaán —desde Arnón hasta Jaboc y el Jordán— aludió a la presencia de Israel en el territorio reclamado desde hacía trescientos años (Jue. 11:26). Este dato concuerda y justifica plenamente que el tiempo entre la salida de Egipto y el inicio de la construcción del templo de 480 años, sean reales y no una cifra aproximada. Añadiendo a los cuarenta años del desierto el tiempo de la conquista y el período hasta Jefté, redondean los trescientos años de presencia de Israel en Canáan. De nuevo esta evidencia bíblica externa apoya la datación temprana del libro.

2.2. Evidencias externas extrabíblicas

(1) Evidencias arqueológicas. La misma arqueología viene a sustentar una datación temprana (s. XV a.C.) para el Éxodo, especialmente en base a las excavaciones de Garstan en Jericó, en donde se encontraron evidencias conclusivas de que la ciudad fue destruida un poco antes del año 1400 a.C., coincidiendo con las fechas que, conforme a la cronología bíblica, corresponderían a los tiempos de la conquista. Las relaciones y correspondencia entre Jericó y Egipto cesan bajo el reinado de Amenhotep III (1405-1368 a.C.), tiempo en que debió ocurrir la destrucción de la ciudad, lo que llevaría a considerar a Amenhotep II como el faraón del éxodo. Sin embargo los trabajos arqueológicos de Kathleen M. Kenyon[24], parecen ofrecer una base para rechazar las conclusiones anteriores, al demostrar que los muros desenterrados en las excavaciones anteriores corresponden a construcciones del tercer milenio antes de Cristo, fecha muy anterior a lo que se había propuesto para las fortificaciones. Junto con ello, las muestras de arcilla encontradas en la excavación son muy posteriores al año 1400 a.C., lo que ha llevado a este grupo de arqueólogos a proponer una fecha posterior para la destrucción de la ciudad por Josué. No obstante, la mayor parte de los niveles arqueológicos de los siglos trece y doce han sido destruidos por los habitantes del lugar y la erosión natural ha hecho imposible determinar la extensión y naturaleza de la ciudad en ese período de tiempo.

---

[24] K. M. Kenyon. *"Digging up Jericho"* (1957).

(2) Cartas de Tell el-Amarna. La idea de una fecha temprana para el éxodo (s. XV a.C.), basada en las pruebas arqueológicas referidas en el párrafo anterior, se vio reforzada por lo que se conoce como la *"Correspondencia, o las cartas de Tell el-Amarna"*. Este fue un descubrimiento accidental al desenterrarse en Tell el-Amarna, un archivo de correspondencia diplomática perteneciente a la antigua Akenatón, primitiva capital del Rey Amenhotep IV (Aknatón). Las tablillas de arcilla están escritas en cuneiforme babilónico, lenguaje utilizado para la correspondencia diplomática durante la Dinastía XVIII de Egipto. El erudito investigador y arqueólogo Conder, en un examen de las tablillas, llegó a la conclusión que estaba en presencia de un relato cananeo de la conquista de Canaán por los ejércitos de Josué. En el año 1890 escribió un artículo titulado *"Monumental Notice of Hebrew Victories",* que se publicó en la revista especializada *"Palestine Exploration Quarterly"*. Esa correspondencia comenzó a ser estudiada detenidamente y, en el mismo año, otro especialista, H. Zimmern, concuerda con el anterior afirmando que no había duda alguna de que las tablillas contenían una información detallada de la conquista hebrea y eran contemporáneas a ese acontecimiento.

En el examen científico de las tablillas, se destacó la repetición de la palabra *Sa-gaz* referida a los invasores. Por otro lado, estaban las cartas que el rey de Jerusalén Abdi-Hepa envió al faraón, haciéndole saber que los *Habiru* estaban arrasando toda la tierra de Canaán, en una conquista relámpago y que no había forma de detenerlos con los medios con que contaba. El investigador H. Winckler comenzó a sospechar que la palabra *Habiru* podría ser sinónimo de *Sa-gaz*, aparecida en la escritura cuneiforme de las tablillas. La sospecha se vio confirmada por otros descubrimientos arqueológicos en Bogastköy, que pusieron de manifiesto textos heteos y babilónicos colocados en columnas paralelas, en los que se aprecia claramente que *Habiru* y los *Sa-gaz* son las mismas personas, y en los que se citan a los dioses de los *Sa-gaz* como los mismos dioses de los *Habiru*.

En investigaciones posteriores, surgió la discusión de si estos nombres eran dados a guerreros en general, o se debían aplicar a un grupo étnico determinado, quedando muy divididas las opiniones, llegando incluso algunos especialistas como Mshe Geemberg, en una monografía titulada *"The Heb/piru"* (1955), a formular la hipótesis de que estos eran pueblos de origen desconocido, con la característica de que no se asentaban en un determinado lugar, sino que deambulaban continuamente, prestando servicios mercenarios a los pueblos de los lugares por donde transitaban, convirtiéndose prácticamente en un pueblo de servidores o esclavos.

Descubrimientos realizados en Ugarit añaden una nueva base para determinar si estos *Habiru* o *Sa-gaz*, podrían ser los ejércitos hebreos. Un texto publicado por Virolleaud contiene una relación de ciudades vasallas que debían proveer trabajadores forzosos para el rey de Ugarit. En dicho texto, escrito en acádico y ugarítico, aparece la palabra *Sa-gaz* como sinónima de *Apirim*. Es posible que por simple modificación fonética, pudiera llegarse a pronunciar la palabra *Habiru* como *Apirim*, cuyo significado sería *los del otro lado*, que equivaldría a extranjeros. Los hebreos utilizaban la forma *Ibrî* para referirse al linaje de Abraham, *el hebreo*, de ahí que no sea nada improbable que los cananeos hubieran empleado la palabra *Habiru* para referirse a un extranjero, reteniendo sus descendientes este calificativo por haberlo usado para su antepasado, lo que lo transformaría en un calificativo étnico. Es muy posible, como indica el Dr. L. Archer[25] que algunos pueblos se vieran envueltos en los conflictos de la conquista y que incluso hubieran participado en las invasiones, sobre todo en la región norte.

Hay algunas objeciones a la identificación de los *Habiru* con los hebreos, referente a las cuales escribe el Dr. Archer:

"Moshe Greembarg y muchos de sus predecesores han rechazado esta identificación de los 'habiru' (SA-GAZ) con la invasión israelita, tanto por la diversidad de los nombres que aparecen en algunos de los registros mesopotámicos, como por la actividad desempeñada por los 'Sa-gaz' en Siria y Fenicia. La objeción está basada en el hecho de que en los registros hebreos no figura ninguna alusión a semejantes operativos militares en el norte. En respuesta a esta posición debemos señalar que nada hay en Josué que se oponga a la creencia de que las tribus situadas en el extremo norte, tales como Aser y Neftalí, que asentaron en la inmediata vecindad al territorio fenicio, hayan realizado acciones bélicas contra Tiro, Sidón y aun Biblos (ciudad de la cual salió la mayor parte de la correspondencia fenicia). Josué no pretende enumerar todos los operativos militares en los cuales participaron individualmente las tribus luego de terminadas las mayores y principales campañas unidas. Por tanto, no es un argumento decisivo como objeción para la identificación de los 'habiru' con los hebreos"[26].

Otra objeción planteada por Greemberg considera que, según la correspondencia de Amarna, era posible que ciertos individuos o toda una población se hiciera *habiru* por el simple hecho de desertar del bando

---

25 Gleason L. Archer (Jr). o.c., pág. 296.

26 Gleason L. Archer (Jr.) o.c., pág. 296

egipcio. Por ejemplo: en la carta numerada 185 en la edición Mercer[27] —que de aquí en adelante se citará como EA— Rib-Addi declara que "...los habitantes de Laquis se han hecho *habiru*. Hasta un egipcio como Amanhatbi (Amenhotep) o Tusulti podría escapar por sus delitos o transgresiones, huyendo a los *Sa-gaz*" (EA; 95-63). Sin embargo, es preciso puntualizar que estos términos de expresión no significan necesariamente la obtención de una plena ciudadanía, por así decirlo, en las filas de los *habiri*, sino que podrían no ser otra cosa que una simple manera de indicar un cambio de adhesión o fidelidad, o la formación de una nueva alianza. Josué relata cómo los gabaonitas —la liga hevea— efectuaron un tratado de paz con los conquistadores israelitas, si bien lo hicieron utilizando una estratagema. No puede caber ninguna duda de que otras comunidades cananeas llegaron a similares acuerdos con los arrolladores invasores para evitar su total destrucción. Los principados cananeos que mantuvieron el conflicto contra Israel se resintieron amargamente con los que se pasaron al otro bando, y es posible que se hayan referido a esa maniobra como convertirse en *habiru*.

Otras observaciones contra la teoría de los *"habiru"* identificados como los hebreos, se refieren a operaciones militares de los *"Sa-gaz"* en unidades no coordinadas y generalmente pequeñas, según se deduce de los escritos encontrados, pero si se analiza la conquista de la tierra conforme al relato bíblico, se llega a la conclusión de que los ejércitos del pueblo de Israel, si bien operaron conjuntamente en las acciones generales de dominio del territorio, en muchas ocasiones, especialmente después de haber tomado la mayor parte del mismo y haberse procedido al asentamiento en el terreno conquistado, hubo acciones militares más pequeñas y localistas en las que no intervino todo el ejército, sino unidades más reducidas de alguna o algunas tribus, por lo que las referencias a grupos de ejército sin aparente coordinación entre sí, podrían muy bien ser relatos extrabíblicos de las acciones que afectaron a algunas ciudades o pequeñas áreas geográficas de Canaán.

Algunas de las cartas de Tell el-Amarna indican, sin embargo, la presencia de los *habiru* como un grupo muy numeroso que llega al territorio cananeo con enorme fuerza y conquista grandes porciones al mismo tiempo. En el texto antes mencionado del Dr. L. Archer se transcriben dos párrafos de otras dos cartas de la correspondencia de Amarna:

"... en la EA número 286 de Abd-Heba; 'Tan ciertamente como el rey, mi señor, vive, cuando los comisionados partan, diré: ¡Perdidas

[27] J. A. Knudtzon, *"Die El-Amarna Tafeln"*, Leipzig 1908-1915.

están las tierras del rey! ¿No me quieres prestar atención? ¡Todos los gobernadores están perdidos; al rey, mi señor, no le [queda] un [solo] gobernador! ¡Preste el rey su atención a los arqueros, y envíe el rey, mi señor, tropas de arqueros [pues] al rey no le [quedan] tierras! Los habiru saquean todas las tierras del rey. ¡Si hubiera arqueros [aquí] este año, las tierras del rey, mi señor, permanecerán intactas pero si no hubiera arqueros [aquí] se perderán las tierras de mi señor!' También en EA número 288, ruega: 'Que el rey cuide de su tierra. Se perderá la tierra del rey. Todo me será quitado; hay hostilidad contra mí. En cuanto a las tierras de Sheeri (Seir) y aun hasta Gintikirmal (es decir, el monte Carmelo) no hay paz en todas esas regiones, sino hostilidad contra mí'. Como es obvio se refiere a la segunda fase de la campaña de Josué, cuando subyuga la parte central de Palestina"[28].

Ante evidencias como la de la correspondencia de Amarna, reaccionaron los representantes del sector liberal buscando explicaciones que evitaran una confirmación extrabíblica del relato de la Escritura. Así, de pronto, surgen de este sector conocimientos históricos que no habían sido enunciados antes. Desde el sector liberal se sugiere —siempre a modo de hipótesis, sin base histórica real demostrable— que en el tiempo de la correspondencia de Amarna, los príncipes cananeos, que habían crecido grandemente en número, estaban tratando de liberarse de la hegemonía que Egipto ejercía sobre la zona y, a su vez, cada uno procuraba expandir el territorio de sus ciudades-estado empleando para ello tropas mercenarias para expulsar de los territorios apetecidos tanto a los dominadores como a sus propios vecinos. Por tanto, los príncipes leales al faraón, o quienes velaban por sus intereses, estaban reclamando la presencia de tropas egipcias, no para luchar contra los israelitas que invadían Canaán, sino contra quienes se rebelaban contra la dominación egipcia. Apoyándose en esta hipótesis los expertos liberales afirman que, en el relato de Josué, las ciudades-estado de Canaán estaban establecidas, mientras que en la correspondencia de Amarna ni siquiera se mencionan, lo que para ellos es una firme demostración de que los acontecimientos de Josué exigen una datación muy posterior a la que habitualmente se había dado como la más probable para el libro. Sin embargo surge una pregunta frente a las afirmaciones de la hipótesis liberal: ¿no sería más lógico pensar que la correspondencia se produce cuando ya las principales ciudades-estado de la zona habían caído en poder de Israel y que, a la vista del avance fulminante de sus ejércitos y en un último intento por impedir la progresión militar de los ejércitos de Josué, se escribieron las cartas solicitando los recursos del faraón? Es evidente que quienes tratan de eliminar toda acción

---

[28] Gleason L. Archer (Jr.). o. c., pág. 298.

sobrenatural en la confección de la Escritura traten por todos los medios de impedir la correcta datación histórica de los hechos bíblicos para evitar que sus teorías se desplomen por falta de sustentación. Mientras que la Biblia aporta datos concretos y fechas precisas, toda la *Alta Crítica* aporta solamente hipótesis de trabajo que se ven obligados a variar a medida que la arqueología va concordando con la verdad bíblica revelada.

Sobre nuevas hipótesis escribe R. K. Harrison:

"Algunos especialistas que asociaban las incursiones de los habiru contra Palestina con la toma de Jericó por los israelitas y la invasión del territorio montañoso de Efraín bajo el liderazgo de Josué, han llegado a la conclusión de que debió haber dos ocupaciones distintas de Palestina, quizás separadas por tanto tiempo como un siglo y medio. Por una parte, está la ocupación del norte por un grupo israelita, lo que ocurre hacia 1400 a.C.; por otra parte, está la ocupación del sur por Judá, que tiene que haber comenzado hacia 1200 a.C. Los escritores bíblicos —según estos especialistas— escorzaron y ensamblaron los dos relatos de la conquista en uno solo como la hazaña de un solo pueblo, proceso que explicaría la confusión resultante y las incongruencias del relato bíblico"[29].

Hay diversidad de opiniones sobre esta correspondencia y la identificación de los *Habiru* con los ejércitos de Josué, pero un número considerable de eruditos de gran prestigio tiene la evidencia de que son las mismas personas. Se debe observar que los nombres de ciudades que figuran en esa correspondencia con Egipto como amenazadas por diferentes grupos reducidos de ejército, son las de Gezer, Jerusalén, Meguido, Ascalón y Ako, que fueron capturadas tardíamente en la conquista por los israelitas, mientras que las otras ciudades que ya habían sido tomadas, no aparecen en la correspondencia. Esto explicaría las urgentes demandas del representante de los intereses del faraón, frente a los desastres ocurridos en el resto del territorio, advirtiendo al soberano egipcio del peligro de que estas pocas ciudades cayeran en poder del enemigo, lo que traería como consecuencia que, literalmente, no le quedaría nada al faraón en la tierra de Canaán.

Finalmente, una nueva evidencia refuerza la tesis de identidad, al aparecer en escritos del imperio egipcio entre los años 1300 y 1150 a.C. varias veces la palabra *hapiru* para referirse a obreros no especializados que trabajaban en las canteras, citándolos como propiedad del templo en una lista de esclavos de Hierápolis durante el reinado de Ramsés III, e

---

[29] R. K. Harrison. *"Introducción al Antiguo Testamento"* (vol. 1) pág. 339.

incluso como servidores en un establo. Pero hay otras referencias a los *hapiru* mucho más antiguas que corresponden al reinado de Tutmosis III, que bien pudieran haber sido los esclavos hebreos, siendo probable que los del tiempo de Ramsés III hubieran sido hebreos que fueron tomados cautivos por incursiones esporádicas de tropas egipcias durante los tiempos de los jueces.

Algunos eruditos hebreos dan una datación a la conquista de Canáan que se ajusta al pensamiento liberal, situándola en el año 1272 a.C.[30] La hipótesis de una datación tardía posterior al s. XV, es considerada también por evangélicos conservadores, como ocurre con Harrison, que escribe:

"La fecha del siglo quince también se puede apoyar en argumentos fundados en la nota cronológica de 1Re. 6:1, que afirma que Salomón inició la construcción del templo el año 480 después de la salida de Egipto. Si la edificación tiene como fecha el año 961 a.C. aproximadamente, el éxodo tendría que haber sido ca. 1441 a.C. Si se ha de tomar literalmente esta secuencia, tenemos un argumento muy poderoso para una fecha en el siglo quince. Sin embargo, aunque esa cifra representa el testimonio unánime de los manuscritos, puede ser cuestionada sobre otras bases, particularmente al ser examinada a la luz de los simbolismos orientales. El número 480 se puede descomponer en unidades de doce generaciones de 40 años cada una. En consecuencia, puede estar involucrado un doble tema principal, con el efecto resultante de relacionar el concepto de una generación con cada una de las doce tribus. Sin embargo, si el símbolo de los cuarenta años por generación se calcula de forma más realista en función del tiempo que transcurre desde el nacimiento del padre hasta el nacimiento del hijo, veinticinco años sería una estimación más adecuada para una generación, dando en consecuencia un total de unos 300 años y el éxodo quedaría a mediados del siglo trece a.C.[31]*"*.

Finalmente, el aporte histórico del Licenciado en Historia, D. Miguel Ángel Monge, que se inclina por una datación temprana del libro, conforme a la cronología bíblica[32].

Debe llegarse a la conclusión que precisar con toda fiabilidad la fecha del libro es sumamente difícil, pero lo que queda fuera de toda duda es que el texto bíblico no puede corresponder a los tiempos del período monárquico o cercano al mismo.

---

30 *"Secuencia de los acontecimientos en la Biblia"*. Eliezer Shulman. Edit. Ministerio de Defensa de Israel. 1989. Pág. 106.
31 R. K. Harrison. o.c., vol. 1, pág. 331.
32 Ver *"Excursus I"*.

En base a las evidencias tanto bíblicas como extra bíblicas debe adoptarse una datación temprana para el libro, situándola en torno al año 1400 a.C.

D. El pueblo de Israel

Al no ser este un tratado de historia ni de geografía, debe limitarse el detalle sobre el pueblo del Libro de Josué a los datos más significativos que lo identifiquen bíblicamente, destinando también un espacio a las teorías liberales que presentan hipótesis reconstructivas sobre la historia de Israel contradictorias con la revelación bíblica.

1. Datos bíblicos generales sobre Israel

Para entender la historia de Israel es necesario recordar sus orígenes desde el período patriarcal. El conocimiento de los *"padres"* y las circunstancias de su experiencia dan el significado real de la nación hebrea.

1.1. Abraham

El nombre le fue dado por Dios mismo, alterando el suyo original de *Abram*, que significa *padre exaltado o padre elevado*, por el de *Abraham*, que quiere decir *padre de multitud* (Gn. 17: 5).

Originario de Ur de los caldeos donde moraba, descendía de una familia que desconocía a Dios y practicaba, como todos los demás de su entorno, la idolatría (Jos. 24:2). Era el primogénito de Taré (Gn. 11:26). Desde los días posteriores a Noé, el mundo desarrolló un sistema religioso pagano, desentendiéndose y olvidándose de Dios. En medio de una sociedad alejada de Él, Dios llamó por decisión soberana a Abram, quien debía dejar su tierra y también su familia, para dirigirse hacia un lugar que le sería mostrado, a la vez que prometía hacer de él una nación grande y ser instrumento de bendición universal, ya que de su descendencia, según la carne, procedería Cristo (Gn. 12:1-3; Ro. 9:5). La fe admirable de Abram que le lleva a obedecer el mandato de Dios se sustentaba en el hecho de haber visto la gloria de Dios que se le apareció al tiempo que le llamaba (Hch. 7:2). Era ya un hombre mayor, de 75 años de edad, cuando salió de Ur para dirigirse a Canaán (Gn. 12:3), estando ya casado con Sarai.

Siguiendo las indicaciones del Señor, llegó a Canaán, después de un tiempo en Harán, pasando hasta Siquem, morando en sus propias tiendas como peregrino. Fue allí donde Dios le hizo la promesa de aquella tierra para su descendencia (Gn. 12:7). Es en la tierra de Canaán, prometida por Dios, donde Abram levanta altares e invoca el nombre del Señor, manifestando su fe e identificación con el único y verdadero Dios, en un entorno pagano y corrupto propio de las naciones idólatras que habitaban en ella (Gn. 12:7, 8).

Luego de diversas vicisitudes, Abram se asentó en el encinar de Mamre, en Hebrón (Gn. 13:18), donde tuvo una nueva confirmación de Dios en relación con la promesa hecha anteriormente de darle aquella tierra (Gn. 15:1-5). Hay un dato sumamente importante en esta reconfirmación del pacto, consistente en el anuncio de Dios de un periodo de esclavitud de cuatrocientos años en los que su descendencia sería oprimida, anunciando la acción liberadora de ellos para darles la tierra prometida (Gn. 15:13-14). Una nueva confirmación de las promesas del pacto se produjo cuando ya su edad hacía imposible toda posibilidad de procreación, unida también a la esterilidad de Sarai su esposa (Gn. 17:1-8). Nuevamente, el énfasis de tierra y nación como resultado de su descendencia estaba presente en la promesa de Dios (Gn. 17:7-8). Con ese motivo y en vista al cumplimiento cierto de la promesa, le fue cambiado el nombre por el de Abraham (Gn. 17:5). La nación se consolidaría como unidad en la esclavitud y no en la libertad y surgiría entre las demás naciones, no como una determinación de tribus que se asociarían con un fin nacional, sino como la consecuencia de la omnipotencia y soberanía de Dios.

En su origen patriarcal, la nación hebrea surge desde la base de la fe de alguien que acepta las promesas de Dios, y de la fidelidad divina que las haría realidad en el tiempo oportuno. Abraham muere a la edad de 175 años (Gn. 25:7) como peregrino en la tierra prometida, confesándose él mismo como tal (Gn. 23:4a). La única propiedad suya registrada en la Escritura fue la parcela de tierra en que estaba la cueva de Macpela y que compró a los hijos de Het para enterrar a su esposa Sara (Gn. 23:6-20).

En contraste con la religión tradicional de Mesopotamia y de Canaán, Abraham tenía un concepto totalmente distinto acerca de Dios. No era una derivación del pensamiento religioso hacia un determinado y nuevo Dios que se llamaba *Yahveh* —como algunos sugieren— sino el movimiento espiritual de Abraham que había conocido a Dios personalmente por revelación. Para Abraham Dios era el *"Todopoderoso"* (Gn. 17:1), que podía actuar en las circunstancias más adversas y cambiarlas ante la imposibilidad, no solo del hombre, sino también de aquellos otros dioses a quienes los hombres adoraban. Era también el *"Eterno"* (Gn. 21:33), el Dios *atemporal*, a quien los tiempos no afectan, ni la historia puede hacer cambiar. Era el *"Altísimo"* (Gn. 14:22), aquel cuyo trono no estaba solo en los cielos, sino sobre ellos, ya que era el Creador que los había hecho.

Para Abraham, Dios era también un juez justo sobre toda la tierra, que no podía actuar a no ser en la más perfecta y absoluta justicia (Gn. 18:25), en profundo contraste con las injusticias de muchos de los dioses de la tierra, que buscaban solo sus propias satisfacciones sin importarles la moral de ellas. Era, además, el Soberano sobre cielos y tierra (Gn. 24:3), en profundo contraste con las divinidades de los hombres, que tenían dioses diferentes para distintos lugares. Abraham no *descubrió* a Dios, fue Dios quien se reveló a Abraham como el Dios único, a quien creyó, adoró y honró (Gn. 15:6). A diferencia de los dioses de los pueblos, se aprecia claramente la revelación personal para que Abraham pudiera conocerle, es por tanto el Dios personal (Gn. 12:1-3: 13:14-18; 15; 17:1-21). La historia de Abraham pone los cimientos de la nación y del aspecto religioso de la misma, por tanto, no es de extrañar que sea objeto del ataque de los críticos liberales que niegan la realidad de su figura histórica, basando sus afirmaciones antibíblicas en la *evidencia* de falta de documentos extrabíblicos que confirme la realidad de la persona de Abraham. No obstante, pese a tales afirmaciones, la arqueología ha demostrado que la vida en tiempos patriarcales coincidía plenamente con los relatos bíblicos, desenterrando restos de ciudades y aldeas de Palestina, pertenecientes a la época patriarcal sobre los años 2000 a 1800 a.C., poniendo de manifiesto la presencia de ciudades y aldeas en toda la parte central de Palestina, como algo real y no como surgido de la mente de un redactor bíblico del periodo de la monarquía o incluso posterior al exilio. Los descubrimientos más recientes de Ebla (Tell Mardikh), debidamente investigados por Paolo Matthiae y Giovanni Pettinato, atestiguan las condiciones históricas que describe la Biblia, así como las religiosas, lingüísticas y culturales de la época de los patriarcas. Añadiendo a esto la evidencia escrita anterior a Abraham en la que se mencionan las cinco ciudades de la Pentápolis: Bela, Adma, Zeboim, Sodoma y Gomorra, coincidiendo plenamente con la Escritura (Gn. 14:2), y que habían sido consideradas por la crítica liberal dentro del *mito* bíblico.

1.2. Isaac

Es el *hijo de la promesa*, su nombre equivale a *risa*, en razón a que el anuncio de su nacimiento en la situación de esterilidad de su madre Sara y la avanzada edad de su padre Abraham provocó risa de gozo en ambos, pero especialmente en Sara (Gn. 17:17-19; 18:9-15; 21:6). Cuando Isaac nació su padre tenía 100 años y su madre pasaba de los 90 (Gn. 17:17; 21:5). Es probable que naciera en Beerseba (Gn. 21: 14, 31). Siguiendo el mandato de Dios, Isaac fue circuncidado al octavo día de su nacimiento (Gn. 21:4).

La distinción más notable entre Isaac y el resto de los hijos de Abraham, consistía en que en él se centraba la línea de la promesa dada por Dios en su pacto (Gn. 17:19-21; 21:12). Por esa razón, Abraham dio todo cuanto tenía a Isaac y se limitó a entregar algunos dones a los hijos de sus concubinas (Gn. 25:5-6). Sin embargo, la herencia de Abraham no consistía en los bienes temporales que tenía, sino en la promesa que Dios le había hecho de formar de él, por medio de Isaac y sus descendientes, una nación grande. Tal era la seguridad firme que Abraham tenía del cumplimiento de la promesa de Dios, que en el momento de serle demandada la vida de su hijo en sacrificio, consideró que Dios podía levantarle de los muertos (He. 11:17-19).

Isaac habitaba en el Neguev (Gn. 24:62) cuando se casó con Rebeca (Gn. 24:62-66). Debió haber sentido un amor muy profundo por su madre, viéndose muy afectado por la muerte de ella (Gn. 24:67). Aunque tenía 40 años cuando se casó (Gn. 25:20) no tuvo el primero de sus hijos hasta los 60 años (Gn. 25:26).

Sorprendentemente, Dios determina que Jacob, el segundo nacido de los dos gemelos concebidos de Rebeca, fuese quien continuara la línea de la promesa en lugar de Esaú, el primogénito (Gn. 25:23). Esta será una demostración más de la peculiaridad del pueblo hebreo, cuyo origen no tiene nada que ver con la unión de tribus nómadas de Canaán, sino con la acción divina determinada en su soberanía. En este sentido, la misma vida de Isaac es confirmación de esa condición. Como su padre, vivió en Canaán como peregrino (Gá. 4:22, 23) y proyectando sus bendiciones a sus hijos Esaú y Jacob hacia bendiciones venideras que, al igual que su padre, esperaba de la promesa de Dios (He. 11:9, 10, 20). El final de su vida se produjo en Arba, que es Hebrón, cuando tenía 180 años, siendo sepultado por sus hijos en aquel lugar, que estaba en la tierra prometida (Gn. 35:27-29).

La excepcional condición de la vida de Isaac y su reiterada vinculación con Canaán —la tierra prometida por Dios a su padre— ponen de relieve la acción providencial de Dios en el desarrollo histórico de lo que puede denominarse el génesis de la nación hebrea. A pesar de los intentos de los liberales para desvirtuar los relatos bíblicos y reducirlos a meros escritos mitológicos cuyo propósito fue el de dar un entorno histórico aceptable a los descendientes de la federación voluntaria de ciertas tribus nómadas que formaron la nación hebrea, no han sido capaces de demostrar la no historicidad del relato del Génesis. Descubrimientos arqueológicos ponen de manifiesto que las costumbres y leyes de entonces coincidían plenamente con el entorno histórico de la vida de los patriarcas.

1.3. Jacob

El tercer eslabón en la historia de la constitución de Israel como nación tiene que ver con Jacob, cuyo nombre equivale a *usurpador*, tal vez debido a que sería el heredero de las promesas en lugar de su hermano mayor Esaú.

Fue el hijo gemelo alumbrado en segundo lugar después de su hermano Esaú y, por tanto, era considerado el menor de los dos (Gn. 25:21-26). Tal vez su carácter era semejante al de su padre, gustándole más la apacibilidad de las tiendas que la acción de caza en el campo (Gn. 25:27). Con toda seguridad, por información de sus padres, ambos hermanos conocían la decisión de Dios de que fuera el menor el heredero de las promesas y el que continuara la línea de la descendencia de Abraham en tal sentido. Sin embargo, no debe pasarse por alto la idea de pueblos y naciones que Dios proyectaba de la descendencia, tanto de Esaú como de Jacob (Gn. 25:23), vinculando a la descendencia de Jacob la fortaleza de un pueblo más que el otro, y que en el futuro nacional el mayor serviría al menor.

Una serie de actos fraudulentos calificarían la vida de Jacob, comenzando por la compra de los derechos de primogenitura a su hermano por un plato de comida (Gn. 25:29-34). Sin duda, el concepto que Esaú tenía de sus derechos y de las bendiciones inherentes a ellos era sumamente bajo. En cierta medida Esaú estaba siendo conducido hacia la realización del propósito divino tocante a la promesa nacional dada a su abuelo Abraham. Las acciones de Jacob prosiguen en la misma línea durante todo el tiempo que estuvo huido en casa de su tío Labán (Gn. 28 a 31). Jacob utilizó el engaño continuamente hasta el último momento en que estuvo en casa de su suegro (Gn. 31:20).

La idea de nación formada por su descendencia vuelve a estar presente en la promesa que Dios hizo a Jacob durante el viaje desde Beerseba a Harán (Gn. 28:13, 14). No se trataba de asegurar una familia, sino de establecer una nación. El territorio nacional en que se asentará la nación, lo mismo que la nación en sí, obedecería al cumplimiento de un propósito divino establecido anticipadamente en Su soberanía.

Jacob estuvo un mínimo de 20 años en Padán-aram, sirviendo a Labán, hermano de su madre Rebeca. Allí contrajo matrimonio con dos primas suyas, Lea y Raquel (Gn. 29:15-30). Durante su estancia en Harán, Jacob tuvo once hijos: seis con Lea: Rubén, Simeón, Leví, Judá (Gn. 29:31-35), Isacar y Zabulón (Gn. 30:17-20); dos hijos con Bilha, sierva de Raquel, que fueron Dan y Neftalí (Gn. 30:1-8); otros dos con

Zilpa, sierva de Lea: Gad y Aser (Gn. 30:9-13); finalmente, de Rebeca uno, que fue José (Gn. 29:22-24). Jacob debía tener 90 años cuando nació José, ya que cuando este fue presentado a Faraón, tenía 30 años (Gn. 41:46), más 14 años, 7 de abundancia y otros 7 de hambre (Gn. 41:47, 54), supondrían 44 años la edad de Jacob al término del período del hambre. Esta cifra restada a los 130 años que Jacob dijo tener cuando fue presentado a Faraón (Gn. 47:9), darían como resultado 90 años, que sería su edad cuando nació José[33].

A pesar de la abundancia de bienes que Jacob adquirió en Padan-aram y la estabilidad familiar como casa constituida, su orientación estaba en regresar a Canaán. Por tal motivo dejó el lugar donde había vivido por tantos años y retornó a la tierra de la promesa (Gn. 31:21). Un pacto sellado en el monte de Galaad, establecía el compromiso de no agresión de las dos familias, la de Labán y la de Jacob, respetando los territorios de ambos en el futuro (Gn. 31:52-55).

En la historia de Jacob iba a producirse un acontecimiento que le marcaría física y espiritualmente. La presencia de los ángeles de Dios en Mahanaim (Gn. 32:2), condujo la reflexión de Jacob hacia la realidad de la tierra prometida en la que Dios manifestaría Su gloria y la grandeza de Su poder. La lucha con el ángel trajo como resultado el desmoronamiento del poder personal de Jacob, que le había acompañado en todas sus acciones anteriores, para reducirlo a una necesaria dependencia de Dios. Las lágrimas de Jacob en aquella ocasión son señal clara de arrepentimiento y compromiso con el Señor (Os. 12:4). El muslo descoyuntado de Jacob por la acción del ángel eliminaba al usurpador en su propia fuerza y lo convertía en Israel, *"el que persiste con Dios"* (Gn.32:28). Jacob entendió claramente que las promesas que Dios había formulado para su descendencia no serían alcanzadas por esfuerzo nacional, sino por dependencia de Dios. Fue desde aquel momento en adelante que la Biblia hace referencia a Jacob adorando al Señor (ej. Gn. 33:20; 35:1-7; etc.). Dios había tomado una dimensión nueva para Jacob, no solo como su Dios personal, sino ya con una proyección nacional. El altar edificado después del encuentro con su hermano Esaú lo llamó *"El-Elohe-Israel"*, que equivale a *El Dios de Israel es un Dios poderoso.* La idea de nación bajo la protección de Dios toma forma en el alma de Jacob. Dios mismo confirmó a Jacob la promesa hecha a su abuelo Abraham y a su padre Isaac, reiterándole la esperanza nacional. Una nación grande procedería de su descendencia y a ella se le daría la tierra que había prometido a sus antecesores (Gn. 35:10-12). Al igual que sus padres habitó en Canaán

---

[33] La relación de los hijos de Jacob aparece detallada en Génesis 35:22b-26.

como peregrino. La posesión de la tierra era simbólica, comprando un campo donde poner sus tiendas (Gn. 33:18-19).

El último hijo de Jacob fue el único que nació en la tierra de la promesa, alumbrado por Raquel cerca de Efrata, que más tarde fue Belén. El parto fue difícil y trajo como consecuencia la muerte de Raquel. Su madre le llamó al nacer *Benoni* que quiere decir *"hijo de dolor o de infortunio"*, cambiándolo su padre por *Benjamín* que equivale a *"hijo del honor"*, o *"hijo de la mano derecha"* (Gn. 35:18).

La muerte de Jacob se produjo en Egipto, a los 147 años de edad, después de una estancia allí de 17 años (Gn. 47:28). Sin embargo, la luz de la esperanza alumbró el alma de Jacob hasta el momento de su muerte. No era en Egipto donde debía ser sepultado. Su vida estaba vinculada a la esperanza de la promesa y determinó que sus restos fueran trasladados a Canaán y sepultados en el lugar en que habían sido enterrados sus antepasados (Gn. 49:29-33). La voluntad de Jacob fue cumplida por José, llevándolo a Canaán con toda la pompa que correspondía a un familiar de quien era el segundo del reino después de Faraón, y sepultándolo en la heredad de la cueva de Macpela (Gn. 50:1-14).

La fe inquebrantable de Jacob anunció las futuras bendiciones y la concreción de las promesas de Dios en la constitución de la nación hebrea (Gn. 48:21). La tierra de Canaán era considerada por él como *la tierra de vuestros padres*. Ninguno de ellos había entrado a poseer más que pequeñas parcelas en ella, pero la fe le hacía saludar las promesas viéndolas ya como realidades en el horizonte del futuro. La carta a Hebreos hace una clara referencia a la fe de Jacob (He. 11:21). La bendición de Jacob a sus nietos, los hijos de José, antes de morir se hace en base a la promesa aceptada por fe (Gn. 48:17-20). Era un moribundo, pero mantenía su fe en las promesas de Dios: Πίστει Ἰακὼβ ἀποθνῄσκων ἕκαστον τῶν υἱῶν Ἰωσὴφ (literalmente: *por fe Jacob moribundo a cada uno de los hijos de José*). La bendición de Jacob es una bendición de fe, que descansa plenamente en Dios. Por otro lado, se dice que Jacob adoró a Dios antes de morir, *apoyado sobre el extremo de su bordón*: καὶ προσεχύνησεν ἐπὶ τὸ ἄκρον τη''' ῥάβδου αὐτοῦ (literalmente: *y adoró sobre el extremo del bordón de él*). El hombre de fe convierte su vida en un acto de adoración y muere adorando a Dios. La expresión de *"adorar sobre el bordón"*[34], está tomada de la versión LXX, en el pasaje donde se relata (Gn. 47:31). Sin embargo, en el texto hebreo no se lee bordón, sino cabecera de su cama, siguiendo la lectura del texto masorético que dice: *"Israel se inclinó*

[34] Bordón es un báculo, sostén o apoyo. Podría referirse aquí a la vara de mando de un magistrado, en este caso de José.

sobre la cabecera de su lecho". Probablemente los traductores de la Septuaginta leyeron *"mittah"*, en hebreo *cama*, como si fuera *"matteh"*, en hebreo bordón. La confusión no es tan difícil, teniendo en cuenta que los antiguos en Egipto solían jurar inclinándose hacia el bastón oficial del magistrado. Sin embargo, los liberales no dejan una posibilidad suelta para desacreditar la historia bíblica del origen de la nación hebrea y algunos infieren que Jacob *adoró la cabeza* de su bordón[35], como si la evolución de la religión hebrea pasara por una clase de representación del Dios hebreo, reproducida supuestamente en el bordón de Jacob.

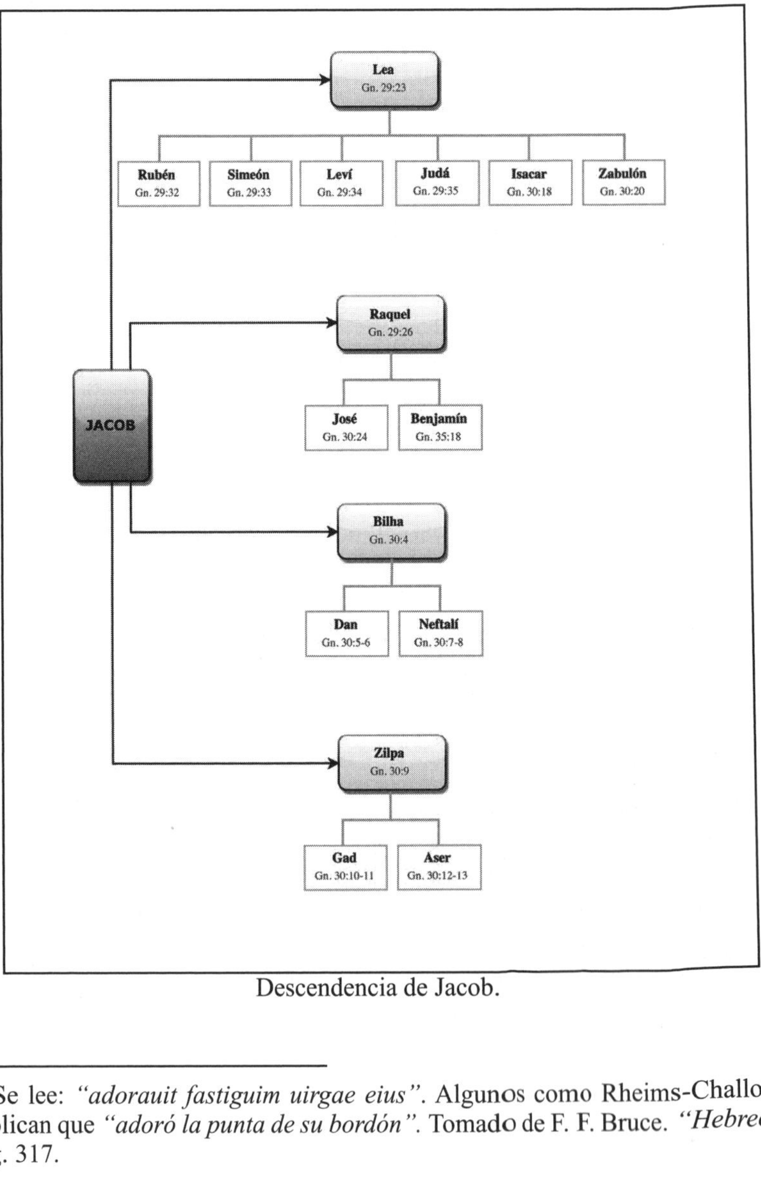

Descendencia de Jacob.

---

[35] Se lee: *"adorauit fastiguim uirgae eius"*. Algunos como Rheims-Challoner, explican que *"adoró la punta de su bordón"*. Tomado de F. F. Bruce. *"Hebreos"*, pág. 317.

2. El título de Israel para el pueblo

Generalmente se da este nombre al pueblo originado por los descendientes de Jacob a través de toda la historia. Fue en vida del mismo Jacob cuando este término empezó a usarse como patronímico de sus descendientes, extendiéndose luego a la nación (Gn. 34:7). Durante el tiempo de la peregrinación por el desierto, después de la liberación de Egipto, es *Israel* o *los hijos de Israel* el calificativo más habitual para referirse al pueblo originado por la descendencia de Jacob (cf. Éx. 3:13, 16; 4:22; 5:2; 32:4). Dios mismo fue el que nombró de esa manera a la nación (Éx. 4:22). El mismo nombre persiste al final del tiempo del recorrido por el desierto y se proyecta ya al futuro como nombre nacional (Dt. 4:1; 27:9). Es solo después de la división del reino que se utiliza *Israel* para referirse a las diez tribus segregadas del norte y *Judá*, como apelativo para las dos del sur, incluyendo a Benjamín[36]. Después del exilio, el título *"Israel"*, vuelve a servir para una referencia general de la nación (Esd. 9:1; 10:5; Neh. 9:2; 11:3). Es notable apreciar que la vocación de Israel es la de ser un pueblo elegido por Dios, para testificar de Él entre las naciones de la tierra. Esta condición es la que une a la nación hebrea. La esperanza nacional de poseer definitivamente un país y ser una nación particularmente privilegiada, conforma la razón de la unidad de este pueblo. En el Sinaí, no se forma el pueblo entorno a una divinidad distinta a los dioses cananeos —como los liberales pretenden establecer— sino que Dios mismo confirma la identidad diferente de aquel pueblo, dándoles la ley que regularía sus acciones y considerándolos vinculados en una alianza condicional con Él, y que fue solemnemente confirmada a todo el pueblo reunido en el Sinaí (Éx. 19:4-6; 24:7-11).

Un aspecto no menos importante que los anteriores, relativo a la formación nacional de Israel y su propia identidad como pueblo, consistió en el hecho de ser un pueblo bajo servidumbre durante algo más de 400 años. La expansión de la población hebrea, así como su comunión como nación, se produjo, no en la libertad de tribus nómadas que desearon voluntariamente vincularse entre ellas, eligiendo un Dios diferente al de los otros pueblos, sino en el conflicto y solidaridad de la esclavitud en Egipto. Fue el yugo opresor puesto sobre ellos lo que les dio conciencia clara de su condición de pueblo. Fue en el trabajo forzado para los dueños del mundo de entonces el que alentó su esperanza y les dio fortaleza para clamar a Dios y esperar de Él lo que ellos nunca hubieran podido conseguir (Éx. 3:7-8). La liberación del pueblo no fue un acto de rebeldía

---

[36] Este aspecto debe ser estudiado fuera de las consideraciones sobre el libro de Josué, por exceder al alcance del tema.

de esclavos contra sus amos, sino la intervención de Dios en favor de su pueblo. No fue después de eso que el pueblo tomó identidad en una tierra que sería la base territorial de la nación, sino en la continuidad de cuarenta años de peregrinación por el desierto. La formación de Israel como nación es algo único e irrepetible en la historia de la humanidad. La admirable dimensión de la Providencia, actuando en la consecución de los propósitos de Dios, ha servido de acicate a lo largo de los últimos años para que quienes tratan de eliminar del registro bíblico cualquier aspecto sobrenatural, proponiendo hipótesis alternativas que den *respuestas más lógicas* al modo en que llegó a formarse la nación hebrea.

2.1. Hipótesis reconstructiva de la historia hebrea

Las ideas evolutivas, que impregnaron las enseñanzas científicas en el s. XIX, influyeron también en el campo de la historia de las religiones. Aparentemente, las religiones surgieron de un lejano animismo, progresando hacia un politeísmo,con la transferencia interreligiosa de dioses de unas a otras, pasando luego a una *monolatría*, para alcanzar finalmente un monoteísmo personalizado en las grandes religiones del mundo. Presentan como evidencias de este modo de pensamiento, entre otras, la historia egipcia que, abandonando el politeísmo, se convierte en una religión monolátrica en la Dinastía XVIII, cuando Amón-Ra fue reconocido como la suprema divinidad, conduciendo luego al monoteísmo del rey Aknatón (1387-1366 a.C.). En Grecia, la multitud de dioses en un notorio politeísmo da paso a pensamientos filosóficos monoteístas como el caso de Platón. Es evidente, para este modo de pensamiento, que el monoteísmo es el resultado final de un proceso evolutivo del pensamiento religioso.

La historia hebrea no podía substraerse al mismo proceso. Así comenzó a investigarse en los relatos bíblicos, descubriéndose —según este sistema— un desarrollo semejante en la historia de Israel. Buscando evidencias que sustenten la hipótesis, descubren lo que parece ser indicios de objetos de culto en el relato del Pentateuco, como es el caso de la piedra que sirvió de almohada a Jacob cuando durmió en Betel (Gn. 28:18), considerándola como una piedra sagrada que aquel poseía. Cualquier monumento o conjunto de piedras colocadas en algún lugar se relaciona con cultos precedentes al sistema religioso monoteísta de Israel. Estas deducciones son tomadas de la comparación de Israel con los demás pueblos de su entorno. Tales costumbres se aprecian en pueblos adoradores de alguno de los muchos Baales, quienes creían en las manifestaciones del dios sobre las piedras levantadas en su honor en lugares altos. La prohibición de Moisés de levantar altares con piedras labradas es considerada para quienes formulan la *"teoría reconstructiva de la historia hebrea"* como un acto supersticioso para evitar ofender o espantar al espíritu que vivía en la piedra en su estado natural. Igualmente, encuentran también indicios de adoración a los árboles en el desarrollo religioso de Israel. Así, cuando Abraham estuvo aposentado en el encinar de Mamre (Gn. 14:13), debió ser para él un lugar religioso, considerando algunos árboles como sagrados. Para confirmar esta misma suposición se apela al relato bíblico sobre Débora, quien juzgaba a Israel sentándose bajo una palmera situada en el monte de Efraín, entre Ramá y Betel (Jue. 4:4-5), y así considerarla como una adoradora de los dioses de los árboles.

Una conclusión más atrevida insinúa que Moisés no prohibió en su tiempo la adoración a otros dioses, basándose en la construcción del becerro de oro en el desierto (Éx. 32). Para los reconstructores de la historia religiosa de Israel, el becerro de oro estaba respaldado por Moisés, por cuanto en Él se representaba a Yahveh, liberador del pueblo de la esclavitud egipcia. La prohibición politeísta —según este sistema de pensamiento— debe situarse en tiempos posteriores a la monarquía, ya que nadie manifestó desaprobación alguna contra los becerros construidos en Betel y Dan por Jeroboam I. Se insinúa, pues, que la desaprobación de Moisés a la construcción del becerro de oro obedece a la introducción de un texto posterior por el compilador del libro. En el desarrollo de su hipótesis se atreven a afirmar que la serpiente de bronce que Moisés había construido y puesto sobre un mástil —con motivo de las serpientes que asolaron al pueblo en el desierto (Nm. 21) y que fue conservada hasta los días de Ezequiel en el templo— fue la representación idolátrica del dios-serpiente, de la tribu de Leví, hasta que la corriente profética monoteísta lo eliminó, teniendo que introducir en el texto bíblico en formación la descripción legendaria de la destrucción de la serpiente por el rey Ezequías, para justificar el cambio religioso (2Re. 18:4).

Para quienes analizan la historia hebrea desde la perspectiva de la teoría evolutiva de las religiones, hay indicios de que los sacrificios de los niños primogénitos a los dioses era práctica habitual en Israel. De ahí que se estableciera posteriormente la normativa legal de redención del primogénito mediante una ofrenda especial, para que no fueran sacrificados (Éx. 22:29).

La progresión religiosa debió haber continuado en el tiempo hasta que todas las tribus hebreas tomaron el acuerdo de aceptar como Dios nacional a Yahveh y rendirle culto, de manera semejante a las otras naciones de su entorno, con el único propósito de distinguirse de ellas y fijar la dimensión religiosa para la nación que se formaba.

El tiempo histórico llega al período conocido como *profético,* encabezado —según la escuela wellhauseniana— por Amós. Este profeta oriundo del norte, introduce la idea monoteísta afirmando que solo hay un Dios, Yahveh, y que los otros dioses de los pueblos no deben ser aceptados como dioses ni ser tenidos en consideración. Seguidores de Amós fueron los profetas Oseas, Isaías y Miqueas, quienes pusieron los pilares fundamentales para el triunfo del monoteísmo en Israel. Tal situación requería un escrito regulador que orientase el programa monoteísta y lo estableciese a modo de legislación nacional, por ello, en tiempos de Jeremías, se escribió el Deuteronomio, atribuyéndolo luego a Moisés, e incorporándolo al Pentateuco.

Otro asunto importante es la cuestión del santuario único para Israel. Los seguidores de la *"teoría reconstructiva"* afirman que no hubo prohibición alguna, anterior al exilio, para la construcción de cuantos santuarios quisieran levantar. Apelan para ello a las palabras del Pentateuco: *"Altar de tierra harás para mí, y sacrificarás sobre él tus holocaustos y tus ofrendas de paz, tus ovejas y tus vacas; en todo lugar donde yo hiciere que esté la memoria de mi nombre, vendré a ti y te bendeciré"* (Éx.20:24). Con esta referencia intentan demostrar que los múltiples santuarios estaban autorizados en tiempos antiguos de la historia de Israel, y especialmente tenía relación con la conquista de Canaán y el establecimiento en aquella tierra. Ellos insinúan que en tiempos de Josías había muchos santuarios en Israel, sin que se aplicara contra tal práctica ley alguna. Apelan luego al Deuteronomio para establecer la construcción del santuario único como deseo personal de Yahve (Dt. 12:10-11), que ocurriría —según ellos— en tiempos muy posteriores a Moisés. Sin embargo, estos se encuentran con el problema del Tabernáculo, levantado durante la peregrinación por el desierto. Para solucionar la contradicción hablan de *un relato mitológico* introducido en el Pentateuco por la escuela sacerdotal. En ese sentido, todos los pasajes del *"Libro de Josué"* que hacen referencia al Tabernáculo son automáticamente incorporados a la llamada fuente P.

Los seguidores de la *"hipótesis reconstructiva"* pretenden eliminar el concepto de pueblo unido, formado por las doce tribus, a un tiempo anterior a la entrada de Israel en Canaán. Así se expresa Gerhard von Rad:

"Según Éx.1:6s., el pueblo israelita nace en Egipto y de allí parte como una unidad compacta hacia los sucesos ya conocidos que le conducirán a Canaán. Pero la investigación histórica ha demostrado que 'Israel' es el nombre de la confederación sagrada de tribus, que se constituyó por primera vez después del ingreso en Palestina. Por el momento no se puede demostrar históricamente la existencia de un

'pueblo de Israel' antes de esta época. En este caso, la imagen del 'pueblo israelita' en Egipto, en el Sinaí, en el desierto, proviene del anacronismo comprensible de una época posterior, cuando ya se había olvidado que en aquel entonces no existía ningún Israel, sino solo tribus y asociaciones tribales, la cuales entraron más tarde a formar parte de Israel y al fin quedaron absorbidas en él. En esta situación primitiva, el dualismo de los hijos de Raquel: José (Efraín y Manasés) y Benjamín por un lado y los hijos de Lea: Rubén, Simeón, Leví, Judá, Isacar, Zabulón, por el otro, reviste una importancia particular pues ejerció una influencia determinante en la historia de Israel, incluso en el período monárquico[37]*".*

Estas afirmaciones, basadas en meras *hipótesis,* no han podido ser confirmadas históricamente. Cuando un documento antiguo hace una afirmación relacionada con asuntos históricos y cuando otros datos circundantes —tales como la historia secular egipcia o los relatos históricos de pueblos del entorno cananeo— no lo contradicen, es preciso aportar documentación actual que presente las pruebas necesarias para formular tales afirmaciones.

De la misma manera, se pretende hacer creer que el pueblo de Israel no había adorado a Yahveh desde el principio. A tal respecto suelen utilizar las supuestas *fuentes documentarias* (J-E) para hacer tales afirmaciones. De ese modo entienden que el documento *elohista* llama Elohim al Dios de los patriarcas, término que en sí mismo expresa una pluralidad, mientras que, posteriormente, el documento *yahvista*, llama Yahveh al Dios de las tribus después de su autorevelación (Éx. 3:1s y 6:1s). Así se expresa en este pensamiento:

"No debemos, pues, menospreciar la herencia que contiene este culto patriarcal anterior al yahvismo ni su función dentro de la futura religión yahvista. La futura creencia en una elección divina se halla ciertamente implícita en ella. Abraham, Isaac y Jacob eran los hombres que, por primera vez, recibieron la revelación de una divinidad, la cual se comprometía a protegerlos y guiarlos, y les prometía una porción de las tierras de cultivo y numerosa posteridad. ¿Acaso no era esta una elección, cuyo recuerdo se transmitía de generación en generación en el culto instituido por el padre de la estirpe? De este modo toda referencia al dios de los antepasados implicaba siempre un evidente factor etiológico: este culto con todas las promesas de bendiciones que transmitía encontraba su legitimidad en la revelación hecha al primer antepasado" [38].

---

[37] Gerhard von Rad. *"Teología del Antiguo Testamento"*. Salamanca, 1978; p. 28s.
[38] Ibíd.

La razón humana entra en profundo conflicto con la revelación de la Escritura. Es bien notorio que esta posición es un punto de vista que no considera a la Biblia como la Palabra de Dios escrita. La Biblia es meramente un testimonio de la Palabra de Dios. Sin embargo, afirman que la Biblia ha de ser considerada como el medio por el cual se llega a una relación vital con Dios en un encuentro para salvación. Desde esta posición se llega fácilmente a los postulados de la *Alta Crítica* en los juicios adversos a las verdades reveladas en la Escritura.

El planteamiento considera que en Israel se mantuvo vivo el recuerdo de las vivencias en torno al Sinaí, como lugar en donde Yahveh se reveló a ellos de una forma especial. Sin embargo, existe —según seleccionan del relato bíblico— un primer contacto de Moisés con la montaña, durante su estancia en tierras de su suegro madianita (Éx. 3). Esto hace suponer que los madianitas consideraban ya la montaña como sagrada y que, si fue Yahveh quien se apareció a Moisés, los madianitas le habrían adorado antes que el propio Moisés, surgiendo aquí la llamada *"Hipótesis Kenita"*, sustentada entre otros por L. Köhler. De ese modo, se afirma que el madianita Jetro, suegro de Moisés, fue el que ofreció sacrificios a Yahveh en la visita que hizo a su yerno y al pueblo en sus jornadas por el desierto, siendo Moisés y Aarón los invitados y Jetro el anfitrión (Éx. 18). No cabe duda que tanto un supuesto como el otro son interpretaciones del texto bíblico puestas al servicio de una hipótesis que se desea sustentar. Lo que realmente evidencia esta posición es un afán de eliminar de la Escritura todo cuanto sea sobrenatural. La idea del Dios de la Biblia nace —para estos— de una elección de dioses antiguos de la época abrahámica y prepatriarcal. Es decir, que Yahveh vino a ser el Dios de Israel, no por revelación personal, sino por elección y renombramiento dentro de los dioses que los antiguos reconocían y adoraban. No puede evitarse que se produzca el conflicto inmediato entre la Biblia y la *"Hipótesis Reconstructiva"* ya que la Escritura afirma que Abraham conoció a Yahveh por revelación personal y directa (Hch. 7:2).

La cuestión de la formación de una unidad nacional por las doce tribus desde la misma salida de Egipto, consolidada definitivamente al pie del Sinaí donde Dios les entrega la ley, es considerada por la *hipótesis reconstructiva* como un relato mitológico establecido para atestiguar la unidad nacional, pero que realmente nunca existió como tal. Los acontecimientos enlazados de relatos de las jornadas desde Egipto a Canaán se interpretan arbitrariamente, no a la luz de la Escritura, sino en oposición a la misma, afirmando que lugares del relato como Cades, Masab y Meriba, eran centros religiosos en donde había santuarios establecidos que, de alguna manera, vincularon a lo largo de años a las familias que constituirían, en el tiempo, las tribus de Israel. Para ello oponen al relato del Éxodo (Éx. 16-17) el hipotético relato posterior de Deuteronomio (Dt. 1:46), en aparente contradicción entre ambos, en cuanto a tiempo de permanencia en ese lugar. De este modo expresan esa hipótesis:

"La tradición posterior, dice que Israel permaneció 'mucho tiempo' en Cades (Dt. 1:46). De hecho, el grupo del oasis junto a Cades, a unos 100 kilómetros de Berseba, pudo muy bien ser parte del territorio donde residían las futuras tribus israelitas y donde apacentaban sus ganados. El nombre mismo indica que hemos de imaginar Cades como un lugar sagrado. Una información más detallada nos la ofrecen los nombres de Masá y Meribá, los cuales deben comprenderse ciertamente como nombres propios de dos oasis de esta región (Éx. 17:7; Nm. 20:13, 24) pues indican que en estos lugares se examinaban causas legales y se fallaba la sentencia mediante ordalías. Lo mismo nos da a entender el nombre: 'la fuente del juicio', usado para designar a Cades o a uno de sus oasis (Gn. 14:7). Era, por consiguiente, un santuario muy conocido, donde se administraba el derecho sagrado y se fallaban los pleitos.

No sabemos si el dios allí venerado era Yahveh, pues puede ocurrir que su culto hubiera sido trasladado a Cades en un período posterior. Cades debió ser un lugar de culto yahvista al menos durante el período en el cual la tribu de Leví ejerció allí sus funciones sagradas. Esta tribu había ya penetrado en el país agrícola junto con las tribus de Lea, pero sufrió un desastre en el interior de Palestina (Gn. 34; 49:5-7) y regresó con la de Simeón hacia el sur, a la región donde se hallaba su residencia primitiva. Simeón se estableció en los alrededores de Bersebá y Leví se convirtió en custodio de las tradiciones cultuales de Cades. Por otra parte, debemos suponer que toda la tribu de Leví o una parte de la misma emigró a Egipto, pues Moisés era levita (Ex .2:1). Algunos nombres egipcios conservados en esta tribu confirman esta hipótesis. Finalmente, el oráculo de Leví en la bendición de Moisés nos ofrece algunos indicios oscuros sobre un grave conflicto en Cades en el que la tribu dio pruebas de su valía (Dt. 33:8ss)"[39].

Es evidente que el relato bíblico queda, para estos librepensadores, desvirtuado y absolutamente invertido. De tal modo que no son las tribus las que salen de Egipto como tales, sino al contrario, es una de ellas la que, dejando el lugar de residencia nómada habitual, en torno a hipotéticos santuarios, emigra a Egipto. El relato del éxodo se considera como algo mitológico y no se ajusta a la realidad histórica. De ese modo,

[39] Gerhard von Rad. o. c., pág. 35s.

consideran que algunos grupos de las futuras tribus de Israel, hasta entonces tan solo trashumantes y ganaderos, tal vez buscando pastos para sus ganados, entraron en los territorios egipcios del delta del Nilo, siendo posteriormente sometidos a trabajos forzados en las construcciones de los faraones. Estos grupos de esclavos intentarían darse a la fuga, enviando los egipcios a un regimiento de caballería para perseguirlos, pereciendo ahogados los perseguidores cuando atravesaban *un mar* que, por supuesto, no era en modo alguno el del relato del Éxodo. Ese acontecimiento, que resultó insignificante para la historia, fue considerado como un prodigio excepcional del Dios a quienes los esclavos fugitivos adoraban, siendo adornado hasta la formación del relato mitológico conforme a la imaginación de los que fueron salvados por aquel acontecimiento. El paso del mar Rojo entró en la profesión de fe de Israel, siendo considerado como la base fundamental de la historia nacional, por lo que se incorporó tiempo después al Hexateuco.

De igual modo se trata la entrada en la tierra Palestina, simplemente como la de un pueblo de pastores que, buscando tierras fértiles y pastizales para sus ganados, atravesaron el río Jordán y se instalaron en el territorio de Canaán, convirtiéndose poco a poco en un pueblo sedentario. El culto a Yahveh se introduce por las tribus y se acepta como religión oficial en la medida que se establecen alianzas y pactos entre ellas, con los que se alcanzarían los principios de la condición nacional de Israel. La entrada en la tierra de Canaán no se produjo conjuntamente, sino en forma escalonada. De ahí que se suponga que el culto a Yahveh entró en Palestina con los últimos grupos de inmigración —esto es, con la casa de José— y fue asumido y aceptado por las tribus ya sedentarias de la estirpe de Lea. De ese modo se interpreta el discurso final de Josué (Jos. 24), en el que se le considera como representante de la casa de José y que apremia al resto de las tribus a tomar partido en favor o en contra del culto a Yahveh. Este relato es considerado por los *críticos* como evidencia de la institución de la antigua anfictionía de Israel. En los escritos de M. Noth,[40] se considera que el culto a Yahveh de las tribus israelitas tiene una notable analogía con las asociaciones cultuales de Grecia o incluso de la Italia prerromana, siendo desarrollada más recientemente hasta alcanzar un grado más amplio de aceptación. Sugieren el establecimiento de una alianza en Siquem, donde se formó una confederación de las tribus bajo un mismo culto y con la idea de un mismo santuario. Se suponía que las tribus continuaban independientemente su vida, uniéndose tan solo en ocasiones en que la anfictionía estaba amenazada, o cuando el riesgo de aniquilamiento de una de ellas lo hacía necesario. Esta actividad unida

---

[40] M. Noth. *"Das System der zwölf Stämme Israels"* (1930).

para la defensa religiosa, convierte las guerras de los relatos históricos, especialmente las de Josué y Jueces, en meras *guerras santas*, en las que Yahveh, al estilo de los dioses cananeos, luchaba en favor de los ejércitos de Israel, convirtiéndose en actos religiosos, terminando la guerra con el anatema que ponía el botín en manos de Yahveh.

La *"Alta Crítica"* en el s. XX, pulverizó la argumentación de la *teoría reconstructiva* destruyendo uno por uno sus postulados[41], sin embargo, los mismos eruditos que derribaron las hipótesis reconstructivas, establecieron otras en un sentido semejante, generando los mismos interrogantes desde otros puntos de vista.

Se transcribe, como resumen la cita del Dr. Archer:

"¿Cómo caracterizar la tendencia de los eruditos del siglo XX en su tratamiento de la crítica del Pentateuco y de la hipótesis de Wellhausen? Por lo menos debe considerársela como un período de reacción contra la estructura rígida y ajustada erigida por la teoría documental del s. XIX. Casi todos sus pilares han sido sacudidos y hecho añicos por una generación de eruditos que se educaron en el sistema de Graf-Wellhausen y, a pesar de ello, descubrieron que no bastaba para explicar los antecedentes del Pentateuco. Al mismo tiempo, es preciso reconocer que la mayor parte de los eruditos, aun los que repudiaron a Wellhausen, no han demostrado ninguna tendencia a inclinarse por un punto de vista conservador sobre el origen de los libros de Moisés. Socavaron las defensas y echaron abajo los bastiones que sostenían la hipótesis documental, pero han gravitado decididamente hacia una posición menos plausible aún que la que ocuparon sus antecesores: a pesar de la analogía de los vecinos y contemporáneos paganos de Israel (que dieron cuerpo a sus creencias religiosas, en forma escrita, muchísimo antes de la época de Moisés), los hebreos nunca se decidieron a expresar su fe por escrito hasta el año 500 a. de J.C. o más tarde aún. Se requiere una tremenda voluntad y disposición de creer lo increíble, para que un investigador arribe a semejante conclusión"[42].

2.2. Refutación de la hipótesis reconstructiva

Se hace necesario —a la vista de la *hipótesis reconstructiva* y de las consideraciones hechas antes sobre el origen de Israel— formularse

[41] Este interesante tema excede el alcance de la presente introducción, recomendando al lector las obras antes citadas, especialmente la del Dr. Archer para una mayor reflexión sobre el mismo.
[42] Gleason L. Archer (Jr). o. c., pág. 114.

unas preguntas que sirvan de reflexión y resumen a todo lo que antecede. ¿Es realmente una anfictionía la formación de la unidad de las tribus de Israel? ¿Nace la unidad de Israel desde la base de la unidad de las tribus, como una simple asociación fraternal, de particularidad religiosa, que reunía a varios vecinos, como su mismo nombre indica? ¿Es una formación semejante a la de los doce pueblos que se reunían en Delfos, y que actuaban incluso como tribunal para atenuar las disensiones entre ellos? La respuesta, desde el punto de la aceptación del relato bíblico como realmente histórico y cronológico de los acontecimientos habidos entorno a las doce tribus, es total y absolutamente negativa. La formación de un espíritu de identidad nacional no surgió de la *religión*, sino de la *elección.* Dios llamó a un hombre pagano que vivía en un lugar de alto nivel social y cultural de aquel tiempo, Ur de los caldeos (Gn. 12:1). Aquel llamado hace que el primero de los hebreos abandone su tierra habitual y su *status* social y salga tras una promesa que no tuvo cumplimiento en su vida.

El ideario de Abraham no era el de un sacerdote fundador de una nueva religión, sino de un peregrino que, por fe en el Dios que se le había aparecido, esperaba una tierra y una descendencia según Sus promesas, como se ha considerado antes (Gn. 12:2-3). La formación de un espíritu de identidad nacional no nació de la *religión*, sino de la *bendición*, en el cumplimiento fiel de la promesa que Dios había dado a Abraham de descendencia, a pesar de la imposibilidad humana de alcanzarla (Ro.4:18-19). La realidad de un programa divino que tenía que ver con la formación de *un pueblo* estaba cumpliéndose desde la base de la fidelidad de Dios a sus promesas. No es, pues, una idea religiosa la que se va introduciendo en el espíritu de Abraham y sus descendientes, sino la de una realidad admirable de la omnipotencia de Dios, a quien ni él ni sus antepasados habían conocido. La formación de un espíritu de identidad nacional no nació de la *religión* sino de la *separación.* No son gentes próximas a Abraham las que se unen a él, ni tan siquiera es él quien va a buscarlas, sino todo lo contrario. Es con motivo de dar a su hijo Isaac una esposa —según la costumbre de entonces— que Abraham envía a su criado Eliezer, el damasceno (Gn. 15:2), a la tierra de sus familiares para buscarla (Gn. 24), con el solemne compromiso establecido bajo juramento de no hacer volver a su hijo a la tierra de sus mayores (Gn. 24:6). La idea nacional de los israelitas se incorpora ya desde Abraham a una conciencia que generaría la idea de un pueblo singular y único, separado de los demás pueblos de la tierra, con quienes no debían mezclarse (Gn. 24:3-4). No es el entorno cultural y de santuario el que forma la identidad nacional de la nación hebrea —como los liberales pretenden hacer creer— ya que no había ningún santuario que los agrupara, sino un concepto distinto de singularidad como pueblo de Dios. La formación de un espíritu de identidad nacional no nació de la *religión* sino de la *elección*. El mismo Dios de Abraham, que le dio milagrosamente a su hijo Isaac, intervendría luego en la selección de la descendencia de este, escogiendo a Jacob, el segundo de los dos gemelos, en lugar del mayor Esaú (Gn. 25:23). La descendencia de Jacob establece el grupo patriarcal de quien proceden las tribus de la nación de Israel. La formación de un espíritu de identidad nacional no nació de la *religión,* sino de la *providencia*. La intervención de Dios comienza ya en la vida de Jacob, a causa de la huida de su hermano Esaú a tierra de su tío Labán a consecuencia del incidente del engaño a su padre Jacob para obtener la bendición que correspondía al primogénito (Gn. 27), protegiéndole de un modo muy especial. Es notable observar cómo Jacob tenía un concepto claro de quién era el Dios de su padre y de su abuelo, y la esperanza de ambos, aun cuando no había santuario alguno erigido más que un sencillo altar de peregrino. La idea de separación de las demás naciones está claramente establecida en el pensamiento de Isaac, estableciendo para su hijo la separación matrimonial con las mujeres del entorno de Canaán donde se encontraba (Gn. 28:1-3). El concepto de Dios como omnipotente estaba claro en la mente de Isaac (Gn. 28:3). ¿Cómo pretenden los liberales asociar a Jacob con un pensamiento idolátrico de divinidades mitológicas y espíritus que habitaban en las piedras, relacionando las que puso de cabecera cuando durmió en el descampado de Betel? ¿Acaso no conocía ya quién era el Dios de sus antecesores para retroceder a una experiencia religiosa-mitológica que incluso ya había sido abandonada por otros pueblos que habían elaborado una religión más evolucionada? La providencia de Dios hace nacer un espíritu de identidad, no solo en Jacob, sino en todos sus descendientes.

La experiencia egipcia establece el arraigo del espíritu de identidad nacional de los descendientes de Abraham. La familia de los patriarcas no entra en Egipto —como los liberales pretenden hacer creer— escalonadamente, o incluso tan solo una fracción de alguna tribu que luego se uniría a otras de su entorno y de común identidad. La familia de los patriarcas, los doce hijos de Jacob, entraron en Egipto al mismo tiempo, en momentos de profunda escasez de alimentos en la tierra de entonces, acudiendo a la provisión que había almacenada en los graneros de Egipto (Gn. 42-46). La familia se asienta en las tierras fértiles del delta del Nilo, multiplicándose y progresando hasta hacerse un pueblo numeroso, identificado con los orígenes familiares que guardaban celosamente, pero considerándose todos ellos como una unidad étnica, descendientes de Abraham. La cohesión como pueblo no se la da la religión, sino la esclavitud. Todos ellos pasan por un tiempo de trabajo al servicio de los faraones, empeñados en la construcción de ciudades en el delta del Nilo. El mismo relato bíblico contradice abiertamente una unidad en torno a Yahveh cuando se instalaron en Canaán, por cuanto todas las tribus, en el tiempo de la esclavitud, ya adoraban a Yahveh (Éx. 4:31). Sin duda, la constitución nacional se establece al pie del Sinaí, en donde Israel recibe como nación las leyes que Dios mismo les entregaba por medio de Moisés. Allí la nación entera entró en una relación especial con Yahveh, sellada con un pacto, lo que les convertía en un pueblo único y singular entre todos los de la tierra, siendo un reino apartado para Dios (Éx. 19:5-6). Aquel pueblo adquiría allí el compromiso de obediencia a lo que Yahveh establecía, entre otras cosas, la separación total de la idolatría de los pueblos vecinos, adorando solo al Dios de sus padres. La alianza no se hizo en torno a un santuario, que tardaría aún tiempo en levantarse, sino entorno a Dios mismo. Es notable apreciar que el relato bíblico del Pentateuco se refiere al pueblo como una unidad a todos los efectos, que lleva el nombre de Israel. La referencia a las tribus tiene lugar cuando es preciso establecer responsabilidades o bendiciones para cada una de ellas. La conquista de Canaán proveerá para el pueblo de Israel lo que le faltaba para constituirse en una nación entre las naciones de la tierra: el territorio nacional. Este mismo hecho está vinculado con promesas antecedentes dadas por Dios mismo al primero de la ascendencia hebrea, Abraham (Gn. 12:7; 15:18; 24:7).

3. El pueblo

3.1. El censo del Sinaí

Resulta difícil establecer una cifra real de los israelitas que llegaron a los límites de la tierra y acamparon en las estepas de Moab. Como se ha indicado, los censos de la población se llevaban a cabo por mandato divino. Dos son los recuentos que permiten calcular —siempre por aproximación— el número de personas que componían el pueblo de Israel. Ambos censos aparecen en el libro de Números, y se refieren, el primero al censo del Sinaí (Nm. 1 al 3), y el segundo al censo en las estepas de Moab (Nm. 26). Un dato interesante en los censos de Israel tiene que ver con las personas censadas en ellos. Por un lado estaban las doce tribus, excluida la de Leví, pero que completan el mismo número al desglosarse la de José en dos, cuyas cabezas eran sus hijos Manasés y Efraín. En el censo de estas tribus figuran solo los *"hombres de guerra"*, varones mayores de veinte años y aptos para empuñar las armas (Nm. 1:1-3). Es evidente que se trata de un censo principalmente militar. Israel debía tener una fuerza armada para su propia defensa. El censo proveía de una lista de personas que podían estar disponibles en caso de guerra y, sobre todo, en el proyecto divino para la ocupación de Canaán. Esto trae consigo la necesidad de determinar hasta cuándo se consideraba a un hombre en Israel apto para empuñar las armas. A diferencia de la tribu sacerdotal, que servían activamente desde los 30 hasta los 50 años, los guerreros no tenían edad de término establecida, siendo del ejército todos los que eran *aptos para empuñar las armas*. De ese modo, a personas de mucha edad se las consideraba capaces para el ejercicio de la guerra, como fue el caso de Caleb, que a los 85 años se consideraba plenamente competente para iniciar una campaña militar de conquista, reclamando para sí derechos sobre el territorio que quería ocupar (Jos. 15:10-12).

El primer censo relativo a los hombres de guerra, dio los siguientes resultados:

Pasaje	Tribus	Censo
Nm. 1:20-21	Rubén	46.500
Nm. 1:22-23	Simeón	59.300
Nm. 1:24-25	Gad	45.650
Nm. 1:26-27	Judá	74.600
Nm. 1:28-29	Isacar	54.400
Nm. 1:30-31	Zabulón	57.400
Nm. 1:32-33	Efraín	40.500
Nm. 1:34-35	Manasés	32.200
Nm. 1:36-37	Benjamín	35.400
Nm. 1:38-39	Dan	62.700
Nm. 1:40-41	Aser	41.500
Nm. 1:42-43	Neftalí	53.400
Nm. 1:45-46	**Total del censo**	**603.550**

Dentro del mismo censo estaba el recuento correspondiente a los levitas. A diferencia de los aptos para el ejército —contados a partir de los 20 años— la tribu sacerdotal se censó en su totalidad, a partir de los varones mayores de un mes, dando los siguientes resultados:

Pasaje	Familias	Censo
Nm. 3:21-22	De Gersón	7.500
Nm. 3:27-28	De Coat	8.600
Nm. 3:33-34	De Merari	6.200
	Parcial del censo	**22.300**
	Menos primogénitos	**300**
Nm. 3:39	**Total del censo**	**22.000**

La suma total de todos los israelitas censados alcanza la cifra de 603.550 varones mayores de veinte años y 22.000 mayores de un mes. Si consideramos una media familiar de 4 o 5 personas relacionada con cada uno de los censados, daría una cifra muy conservadora de unos 2.500.000 a 3.000.000 de personas que salieron de Egipto y acamparon en el Sinaí.

3.2. Censo en Moab

Los 603.550 varones aptos para la guerra, murieron durante los 40 años de peregrinación por el desierto, a causa de la rebeldía contra Dios producida en Cades-Barnea. Tan solo dos de ellos, Josué y Caleb, entraron en la tierra. Una nueva generación nació en el desierto, que sustituyó a los que habían muerto.

Se aprecia un pequeño descenso en las cifras entre los dos censos. El equilibrio es muy semejante, por lo que se deduce que los nacidos en el desierto más los que cumplieron veinte años después de Cades-Barnea y que entraron en el censo en los llanos de Moab, prácticamente suplieron el número de los que murieron en el desierto, con una diferencia de tan solo 1.820 personas menos.

El censo de los hombres de guerra en las estepas de Moab, quedó recogido en Números 26, dando el siguiente resultado:

Pasaje	Tribus	Censo
Nm. 26:7	Rubén	43.730
Nm. 26:14	Simeón	22.200
Nm. 26:18	Gad	40.500
Nm. 26:22	Judá	76.500
Nm. 26:25	Isacar	64.300
Nm. 26:27	Zabulón	60.500
Nm. 26:34	Manasés	52.700
Nm. 26:37	Efraín	32.500
Nm. 26.:41	Benjamín	45.600
Nm. 26:42-43	Dan	64.400
Nm. 26:	Aser	53.400
Nm. 26:50	Neftalí	45.400
Nm. 26:51	**Total del censo**	**601.730**

Se puede llegar a la conclusión de que, en cifras generales estimativas, los israelitas que llegaron al borde del Jordán eran unos tres millones de personas.

4. El ejército

En el apartado anterior se han dado las cifras de los dos censos en los que se recogen el número total de los ejércitos de Israel agrupados por tribus. En razón del contenido del presente comentario, se dedica atención a la composición de los ejércitos desde los llanos de Moab, que son los que tomaron parte en la conquista de la tierra de Canaán.

4.1. Organización y número

La organización del ejército parece establecerse, a la luz del texto bíblico, en cuatro grandes divisiones lideradas por las tribus de Judá, Rubén, Efraín y Dan, con un total de 601.730 hombres (Nm. 26:51). Bajo el estandarte de la tribu de Judá, con un cuerpo de ejército de 201.300 hombres que representaba el 33,5% de todo el ejército, se integraban las de Judá con 76.500, la de Isacar con 64.300 y la de Zabulón con 60.500 hombres. El estandarte de Rubén, agrupaba un cuerpo de ejército de 106.430 hombres —el 17,7% de la totalidad del ejército— que integraban el propio ejército de la tribu de Rubén con 43.730 hombres, la de Simeón con 22.200, y la de Gad con 40.500 hombres. El campamento de Efraín reunía un cuerpo de ejército de 130.800 hombres y que suponía el 21,7% de todas las fuerzas, integrados por los de la tribu de Efraín que eran 32.500, los de Manasés 52.700 y los de Benjamín 45.600 hombres. Finalmente, el estandarte de Dan reunía un cuerpo de ejército de 163.200, representando el 27,1% del total de las fuerzas, comprendiendo los de la propia tribu de Dan, que eran 64.400 hombres, los de Aser 53.400 y los de Neftalí 45.400 hombres.

4.2. Los ejércitos de las dos tribus y media

Las tribus de Rubén, Gad y la media tribu de Manasés, habían solicitado de Moisés posesiones al este del Jordán, que les fueron concedidas (Nm. 34:13-15). Los ejércitos de estas dos tribus y media, alcanzaban la cifra de 110.580 hombres, que se establecían de la siguiente manera: Tribu de Rubén 43.730 hombres, tribu de Gad, 40.500 y la media tribu de Manasés 26.350 hombres.

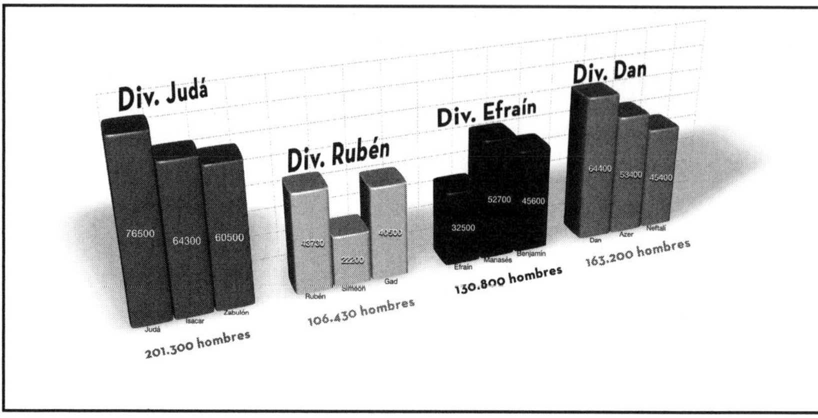

Detalle de los ejércitos de Israel.

Estos ejércitos fueron divididos en dos porciones por cada una de las tribus antes mencionadas, para que una parte de ellos ayudara en la conquista, y el resto quedara en los asentamientos al este del Jordán para las necesidades propias de defensa de la población que quedaba residiendo en Transjordania. El número total de los ejércitos correspondientes a las dos tribus y media fue de unos 40.000 hombres (Jos. 4:12-13). Dado que el número de hombres de guerra de las dos tribus y media en los llanos de Moab era de 110.580 hombres, el ejército asentado en la heredad dada a estas tribus por Moisés al este del Jordán fue de unos 70.580 hombres, aproximadamente.

4.3. El ejército de Israel en Cisjordania

La distribución del ejército de Israel por tribus después del cruce del Jordán arroja una cifra aproximada de 491.150 hombres, que se establece de la siguiente manera: de la tribu de Judá 76.500, que supone un 14,4% de las tropas que cruzaron el Jordán; la tribu de Isacar aportaba 64.300, que representa el 12,1% de la totalidad del ejército; Zabulón 60.500 hombres, el 11,4%; Efraín 32.500, que supone el 6,1%; Benjamín 45.600 hombres, el 8,6%; Dan 64.400, el 12,1%; Aser 53.400, un 10%; Neftalí, 45.400, que suponía el 8,5%; la media tribu de Manasés, con herencia en Cisjordania, 26.350, que hacían el 5%; Simeón, con 22.200 hombre representaba el 4,2%, finalmente las dos tribus y media con 40.000 hombres, eran el 7,5% de los ejércitos asentados en los llanos de Jericó, al tiempo de iniciarse las operaciones de conquista.

Sigue un gráfico que ofrece la perspectiva y de los ejércitos que se asentaron en Canaán a la entrada en la tierra, para iniciar la conquista del territorio que Dios había prometido a Israel.

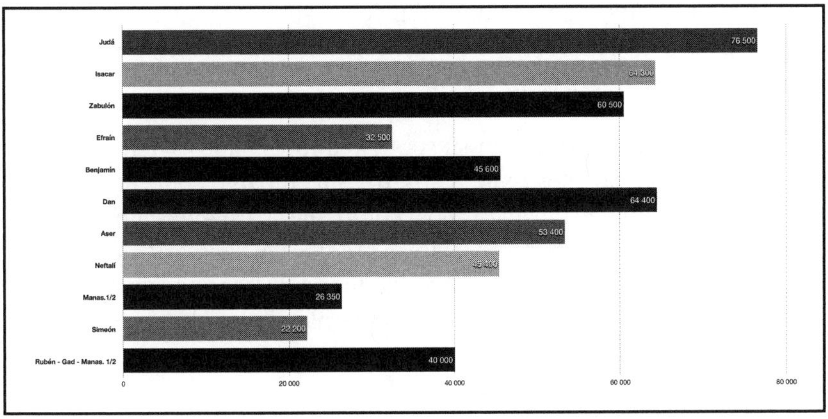

Grupos del ejército en Canaán.

5. *El sacerdocio*

El sacerdocio era una de las entidades más importantes de la sociedad hebrea. La tribu de Leví había sido escogida por Dios para el sacerdocio y servicio del templo. A diferencia de los hombres de guerra, censados por capacidad para empuñar las armas y mayores de veinte años, los de la tribu sacerdotal se censaban a partir de un año de edad. Sin embargo, no era un número singularmente importante el que representaba el sacerdocio en Israel antes de iniciar la conquista de la tierra.

5.1. Aspectos generales

Dentro de la tribu de Leví, la familia sacerdotal procedía de la de Aarón, el hermano de Moisés. Solo Aarón y su descendencia podían ejercer como sacerdotes en Israel. Cualquier extraño a esta familia, aun siendo levita, que intentara el ejercicio sacerdotal estaba condenado a muerte (Nm. 3:10). Los descendientes de la familia de Aarón fueron separados a perpetuidad para el oficio sacerdotal (Éx. 29:9). El resto de la tribu de Leví tenían a su cargo el ministerio relacionado con las cosas sagradas, pero no ejercían el sacerdocio. El recuento de los levitas por familias se hizo en el primer censo al pie del Sinaí, como se ha considerado antes, y daba una cifra total de 22.000 levitas (Nm. 3:39).

Cada una de las familias de los levitas tenía funciones específicas en el servicio del santuario. Los descendientes de Coat tenían a su cargo el traslado de los muebles del Tabernáculo una vez acondicionados para el transporte, y eran los únicos que podían tocarlos (Nm. 3:29-32: Éx. 4:1ss.). Los descendientes de Gersón tenían a su cargo todo lo que estaba relacionado con las cubiertas y cortinas del Tabernáculo (Nm. 3:21-26;

4:21 ss.) Los hijos de Merari, eran los responsables de la estructura del Tabernáculo, tanto para la colocación y levantamiento como para el transporte (Nm. 3:35-37; 4:29 ss.).

Los levitas comenzaban su servicio a los 25 años y terminaban en su actividad a los 50 años (Nm. 8:24-26). Sin embargo, cabe pensar en un tiempo de aprendizaje de cinco años, por lo que se establece un tiempo de servicio activo en el transporte y tareas propias del santuario desde los 30 a los 50 años (Nm. 4:3). En razón a este límite de edad se contaba con un contingente de levitas al servicio del Tabernáculo en el primer censo de 8.580 (Nm. 4:47-48).

Los levitas rodeaban el santuario estableciéndose un lugar determinado para ello. Los gersonitas acampaban detrás del santuario, es decir, al poniente (Nm. 3:21-24). Los meraritas se situaban al norte (Nm. 3:33-35). Los coatitas acampaban al sur (Nm. 3:27-30). Frente a la entrada principal al oriente, se situaban las tiendas de Moisés, Aarón y sus hijos (Nm. 3:38). La cifra de los levitas en servicio activo en el santuario en el primer censo se distribuía de este modo: meraritas 3.200, gersonitas 2.630 y coatitas 2.750.

La tribu sacerdotal no fue castigada con la muerte de los mayores de veinte años en el desierto, como ocurrió a los hombres de guerra, por su negativa a entrar en la tierra prometida desde Cades-Bernea. Por tanto, los sacerdotes y levitas que entraron en Canaán no eran solo hombres de mediana edad, sino que algunos eran de edad bastante avanzada.

5.2. Eleazar

El sumo sacerdote que entró con el pueblo en Canaán fue Eleazar, tercer hijo de Aarón (Éx. 6:23). Sus dos hermanos, Nadab y Abiú, habían muerto por ofrecer fuego extraño delante de Dios (Nm. 3:4; 26:61). Dios mismo estableció a Eleazar como sucesor de Aarón antes de entrar en la tierra (Nm. 20:25-29).

El segundo censo efectuado en los llanos de Moab, estuvo dirigido por Moisés y Eleazar, que actuaba ya en sustitución de su padre Aarón (Nm. 26:1-3). La presentación de Josué como líder del pueblo fue hecha delante del sumo sacerdote Eleazar (Nm. 27:15-23). Estuvo también presente en la petición que las dos tribus y media hicieron a Moisés sobre las tierras de Transjordania (Nm. 32:1-5). Dios designó a Eleazar, junto con Josué, como los encargados para el reparto de la tierra, después de la conquista (Nm. 34:17). Era un hombre capacitado por la experiencia y el conocimiento profundo de la Ley, para ser el líder religioso en el período de la conquista y asentamiento de Israel en Canaán.

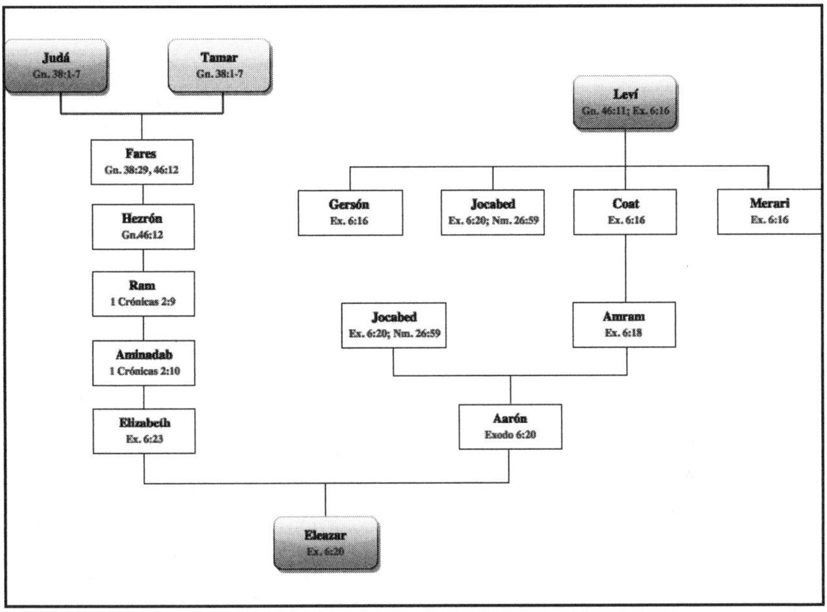

Genealogía de Eleazar.

E. Canaán

Al igual que otros temas tratados en esta introducción, la extensión de las consideraciones sobre Canaán deben limitarse a dar una breve panorámica de los aspectos generales en cada uno de los elementos históricos, religiosos, políticos y geográficos que permitan situar al lector en un conocimiento básico sobre la tierra de la conquista.

1. Nombres

Son varios los nombres utilizados para designar el territorio objeto de la conquista por Israel.

1.1. Canaán

Recibe inicialmente el nombre de Canaán un sector de la costa baja de Palestina, para distinguirla de la región montañosa más próxima (Nm. 13:29; Jos. 11:3). Posteriormente, el nombre Canaán se usó para regiones más extensas de la tierra, como el valle del Jordán y, finalmente, para designar a toda la porción de tierra ocupada por Israel al oeste del río, distinguiéndola de Galaad al este del río. Generalmente se designa con ese nombre a la tierra prometida, aunque realmente los cananeos habitaban porciones limitadas del territorio (Gn. 11:31; Nm. 13:2).

1.2. Israel

Después de la conquista, todo el territorio fue llamado Israel, hasta la división del reino, utilizándose el calificativo de Israel para referirse a las diez tribus del norte, distinguiéndose así de las dos del sur que se denominaban Judá.

Sin duda, este es el término más correcto para designar a la tierra de la promesa, ya que supera en todo las particularidades territoriales que algunos otros nombres llevan aparejados.

1.3. Palestina

Los griegos y romanos utilizaron el nombre de Palestina para designar el país habitado por los israelitas. Este es el que desde entonces se utiliza de manera general. Posiblemente sea uno de los títulos menos indicados ya que deriva de Filistea, que no era sino una franja territorial dominada por los filisteos en la parte suroeste de la tierra, en la zona costera (Jl. Éx. 15:14; Is. 14:29, 31; Jl. 3:4)

2. Situación geográfica

El territorio de Canaán que sería ocupado por los hebreos se extendía desde Cades-barnea y el wadi de el' Arish por el sur, hasta el Hermón en el norte; y desde el mediterráneo por el oeste, hasta el desierto oriental al este del Jordán, quedando fuera del territorio los asentamientos filisteos en el suroeste y Moab y Amón al este. La máxima extensión territorial se produjo durante los reinados de David y Salomón, que alcanzaron Damasco y Jamat, llegando a las orillas del Éufrates, habiendo sometido también a Amón, Edom y Moab.

Un modo de referirse al territorio que poseía Israel era decir que se extendía *"desde Dan hasta Beerseba"* (Jue. 20:1; 1Sa. 3:20; 1Re. 4:25). El wadi *"El-Fikrah"* y el *"Arnón"* eran los límites meridionales del territorio. El área así delimitada tiene un parecido a un paralelogramo, con una longitud máxima desde Dan hasta Beerseba de aproximadamente unos 250 km y una anchura media de unos 110 km, lo que da una superficie de unos 27.500 km^2. En estas medidas se incluye la franja filistea, de unos 5.000 km^2. Por tanto, se trata de un territorio de unos 21.000 km^2. La parte oriental de Palestina, desde el Hermón al Norte hasta el Arnón por el Sur tenía, en tiempos de la conquista, una superficie aproximada de unos

9.500 km^2. Por tanto, la parte occidental de la tierra tenía una superficie aproximada de unos 18.000 km^2.

El país se divide en cinco regiones: (1) la llanura marítima; (2) la zona baja llamada la Sefela; (3) el sistema montañoso central; (4) el valle del Jordán; y (5) la meseta oriental. Las cinco zonas corren en dirección norte a sur, salvo algunos lugares puntuales en que se desvían. La cadena montañosa central toma en Samaria dirección oeste hacia la llanura marítima llamada Sarón. Un corte abrupto detiene el paralelismo de las zonas montañosas formando el valle de Esdraelón, que permite la unión natural entre el mar Mediterráneo y el valle del Jordán.

La llanura marítima discurre a lo largo de toda la costa, interrumpida solo por la presencia del monte Carmelo. En la zona del monte la llanura se estrecha alcanzando una anchura máxima de 10 km^2, ampliándose en anchura a medida que desciende más al sur. La llanura marítima es un territorio muy fértil, especialmente condicionado por la humedad natural de la proximidad del mar. El terreno es una continua sucesión de ondulaciones naturales. Toda ella tiene una altura entre 27 y 50 m sobre el nivel del mar. Forma un país ondulante y fértil, con una altura entre los treinta y setenta metros por encima del nivel del mar.

Entre la llanura marítima al sur del Carmelo y los montes centrales, está el territorio bajo, conocido como Sefela. Su orografía es una sucesión de pequeñas lomas o montecillos, desde muchos de los cuales puede verse el Mediterráneo. La Sefela está constituida por una elevación media de 150 m sobre el nivel del mar a modo de terraza natural. El país bajo se extiende prácticamente desde Jope al norte hasta Beerseba al sur. En medio de las estribaciones naturales del territorio aparecen frecuentes valles en dirección Norte-Sur.

La cadena montañosa central desciende desde el Líbano. A partir del río Leontes se transforma en una meseta elevada que llega así hasta la parte extrema septentrional del mar de Galilea, dando lugar a lo que se denomina la *"alta Galilea"*, caracterizada por una sucesión de colinas que no suelen superar los 800 m de altura, salvo algunas cimas como Jebel Jermuk que alcanzan los 1.200 m. Por otro lado, la *"alta Galilea"* desciende desde el mar de Galilea y el Jordán hasta la baja Galilea y tiene una forma triangular: su lado oriental está formado por el mar de Galilea y el Jordán hasta Bet-seán, quedando al suroeste el valle de Esdraelón. La baja Galilea está formada por colinas más bajas que la alta Galilea; con altitudes que no suelen superar los 200 m apareciendo tan solo algunas cumbres más altas al oeste del mar de Galilea. Al suroeste del mar de

Galilea está el monte Tabor, de 562 m de altura. Más al sur está el Gilboa, con sus dos cumbres, una de ellas de 506 m de altura. La parte meridional de la baja Galilea está orientada hacia el valle de Esdraelón. La altura máxima del valle no supera los 90 m sobre el nivel del mar. Al sur del valle se forman varios wadis, que cortan la cordillera, cuyas laderas se alcanzan tanto desde la llanura marítima como desde el Jordán y del mismo valle de Esdraelón. En el conjunto de montañas del sistema central aparece el Carmelo, en orientación Noroeste. La cadena montañosa es de mediana altura, con una elevación máxima de 651m Dos montes destacan en el territorio de Samaria: el Ebal, con 938 m y el Gerizim, con 868 m. Siguiendo la linea descendente de la cordillera entre Bet-el y Hebrón, discurre a lo largo de unos 70 km Los montes siguen con una altitud media de unos 670 m. Algunas ciudades estaban situadas en las montañas, como Bet-el a 893 m de altura; Jerusalén con 791 m en su parte más alta; Belén a 776 m, y Hebrón a 926 m es la población con más elevación. La cadena montañosa, que es el punto más elevado, ofrece una meseta estrecha, ocupada después de la conquista por las tribus de Benjamín y Judá.

En cuanto al valle del Jordán[43], constituye una falla geológica que se inicia al pie del Hermón, a una altitud de 518 m sobre el nivel del mar y discurre hacia el sur, concluyendo en el mar Muerto. La falla va descendiendo en profundidad a medida que discurre hacia el sur, alcanzando rápidamente cotas por debajo del nivel del mar, llegando en la desembocadura del río en el mar Muerto a los 393 m bajo el nivel del Mediterráneo. A ambos lados del río, y comprimiendo su valle, se alzan montañas. Su caudal no permite equipararlo con los grandes ríos del área geográfica, sin embargo, y especialmente en tiempo de crecida, el río representaba un obstáculo natural, aunque no infranqueable para el tránsito entre la zona oriental y la occidental. El río Jordán tiene vados naturales que permiten el cruce con facilidad en la mayor parte del año.

Finalmente, la meseta oriental es un territorio muy fértil, con una elevación media de 936 m. Comienza en los límites del Jordán, llegando hasta el borde de los acantilados del río, y se extiende hacia el este hasta el desierto de Siria. El río Jaboc la corta en dos en su parte central. Más al norte, próximo ya al sur del mar de Galilea, vuelve a ser cortada por el río Yarmuk. Elevado sobre el nivel del mar, lo que permite la circulación del aire húmedo, y con zonas de riego especialmente en el entorno de los dos ríos, el territorio es especialmente apto para la agricultura y la ganadería. No es de extrañar que las tribus más agrícolas y ganaderas —Rubén, Gad y Manasés— pidieran este territorio antes del reparto de la tierra.

---

[43] En relación con el Jordán y su entorno, véase *"Excursus III"*.

Para un informe más detallado de la división de la tierra en sus *regiones naturales*, se puede apreciar el mapa que sigue, en donde se reflejan la *Llanura Costera*, las *Colinas Occidentales*, el *Neguev*, la *Fosa del Jordán*, las *Colinas Orientales (Transjordania)* y el *Desierto*, así como la situación del *mar de Galilea* y del *mar Muerto.*

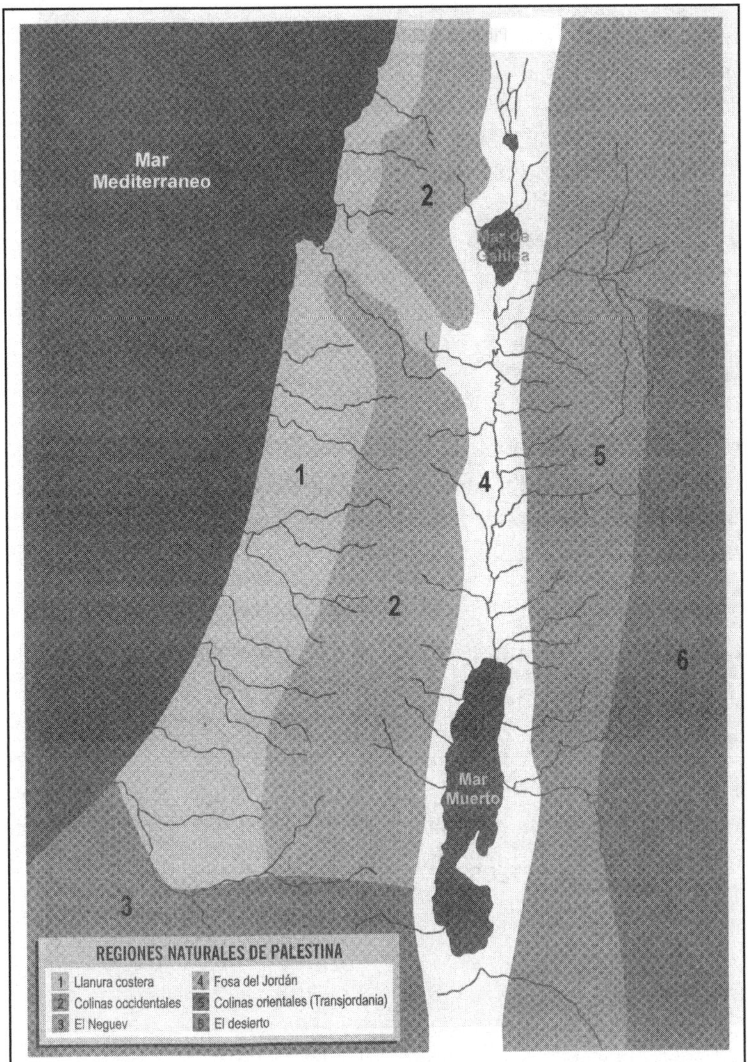

Regiones naturales de Palestina.

3. Historia

La historia prepatriarcal de Palestina es poco conocida, como la de la mayoría de los pueblos del área geográfica, salvo lo que tiene que ver con la relación entre ellos y los grandes reinos de entonces, especialmente con Egipto. Por su posición geográfica, como territorio estratégicamente situado, los imperios tuvieron especial interés en ella. Es admitido sin duda que hubo una notoria civilización en esa región en los siglos XXI al XIX a.C., como la arqueología ha descubierto, poniendo de manifiesto la destrucción de muchas de las ciudades de lo que se consideró más tarde como Canaán, a finales de esa época. Posiblemente alguna de esas acciones corresponden a la descrita en la Biblia, con referencia a la coalición de reyes, entre los que estaba Quedorlaomer (Gn. 14). Es suficiente aquí recordar que las excavaciones arqueológicas llevadas a cabo en Palestina pusieron al descubierto vestigios importantes de estas civilizaciones y de sus ciudades, anteriores a la presencia de Abraham en esa tierra. Las excavaciones más relevantes en este sentido afloraron restos históricos principalmente en Teleilat Ghasul, al norte de mar Muerto, cerca de Jericó. Ladrillos desenterrados ofrecían pinturas que adornaron las paredes de las casas. Los primeros santuarios cananeos proceden de la Edad del Bronce Antiguo (entre 3.000 a 2.000 años a.C.) y estaban situados en el entorno de Jericó, Hai e incluso de Meguido. La época patriarcal corresponde a la Edad del Bronce Medio (2.000 a 1.500 años a.C.), y de ella la arqueología ha desenterrado suficientes evidencias como para verificar la exactitud del trasfondo cultural que ofrecen los textos bíblicos. El final de la Edad del Bronce (1.500 a 1.200 a.C.), coincide con la conquista de Canaán por los hebreos y la ocupación de la tierra. Evidencias arqueológicas incuestionables identifican muchas de las ciudades de la conquista, conforme a las descripciones del libro de Josué. Estas evidencias arqueológicas irán quedando reflejadas en el estudio a medida que se mencionen las poblaciones conquistadas.

Especialmente importante —a efectos del estudio del libro de Josué— es conocer la relación de Egipto con Canaán, de quien obtenía productos agrícolas e incluso industriales y en donde ejercía su autoridad controlando el territorio mediante alianzas y sumisión de los pueblos de la tierra. Estos y otros aspectos políticos se tratan en el *"Excursus I"*, al final de este capítulo, por lo que se evita duplicarlo en este punto.

4. Pueblos en tiempo de la conquista

Esencialmente puede hablarse de tres grupos principales, a su vez subdivididos en diversos subgrupos. Al norte estaban situados los pueblos amorreos, en la parte central los cananeos y al sur, sobre la costa, los filisteos.

La Biblia menciona los pueblos que habitaban Canaán en varios lugares, pero especialmente detallados en la promesa de Dios a Abraham sobre la posesión de la tierra (Gn. 15:18-21). Los pueblos citados en el libro de Josué son considerados con detalle en el *"Escursus I"*, dedicando aquí tan solo un breve informe de los tres grupos principales.

4.1. Amorreos

Eran, según describe el libro de Josué, los habitantes de la Transjordania, que ocupaban un territorio situado al norte de Edom y Moab, al que correspondían los reinos de Sehón, Basan y Galaad. Ocupaban las montañas y se distinguen de los cananeos claramente en el libro de Josué (5:1; 11:3). Los amorreos eran incluso una raza aparte de los cananeos, distinguiéndose de estos por su estatura y fortaleza personal (Nm. 13:32; Dt. 3:11; Am. 2:9). Su comportamiento violento y sus atrocidades sirven como punto de comparación para definir la idolatría de Acab y Manasés (1Re. 21:26; 2Re. 21:11).

Estos eran descendientes de Canaán, cuarto hijo de Cam (Gn. 10:16). Durante el período patriarcal tenían asentamientos en Hazezontamar, luego En-gadi (2Cr. 20:2), en el lado occidental del mar Muerto, siendo arrasados tales asentamientos por la acción de Quedarloamer y los otros tres reyes coaligados (Gn. 14:1, 7).

La primera confrontación de los amorreos con Israel tuvo lugar cuando impidieron el paso del pueblo por sus dominios, que llegaban al Este del Jordán, siendo vencidos por los ejércitos de Israel, sus ciudades conquistadas y su rey Sehón, junto con el resto del pueblo, murieron en la acción militar (Nm. 21:21-26; Dt. 2:24; Am. 2:9, 10). Otros asentamientos del pueblo amorreo escaparon de la acción de los israelitas, sirviendo más tarde como ejemplo nocivo para Israel, induciéndolo a las prácticas idolátricas —muchas de ellas abominables— de su religión (Esd. 9:1, 2).

4.2. Cananeos

Los cananeos son el pueblo más importante de los que habitaban Palestina, y el que dio nombre a la región llamada Canaán. Eran descendientes de Canaán, cuarto hijo de Cam, a su vez segundo hijo de Noé (Gn. 10:1, 6, 15, 18, 19). Ocupaban un territorio en la parte central de la tierra desde Sidón hasta Gaza, avanzando hasta el interior y sur (Gn. 10:15-19). Es posible que los límites del pasaje se apliquen no solo a los cananeos como pueblo, sino al territorio en el que ejercían preponderancia por su condición de pueblo más importante de aquella tierra. Su sociedad se asentaba en las ciudades-estado gobernadas por un rey.

4.3. Filisteos

Es un pueblo descendiente de Cam, por medio de su segundo hijo Mizraim, y a su vez descendientes de Casluhim, uno de sus hijos (Gn.

Pueblos asentados en Palestina.

10:6, 13, 14). Algunos eruditos afirman que procedían de Creta, aunque más probablemente llegaron a Canaán procedentes de lo que luego sería Capadocia. En los tiempos de Abraham se habían asentado en Gerar, al suroeste de Palestina (Gn. 20:1). Abraham hizo algún tipo de pacto o convenio con Abimelec uno de los reyes filisteos (Gn. 21:25-34), quedándose en el territorio filisteo por un tiempo. Posteriormente, Isaac tuvo problemas personales por tratar de engañar a Abimelec en relación con Rebeca su esposa (Gn. 26:1-11). La condición belicosa de los filisteos se pone de evidencia en acciones tales como cegar pozos para impedir el suministro de agua a los ganados y las personas (Gn. 26:15-18). Debido al carácter guerrero de los filisteos, Dios condujo al pueblo hacia Canaán evitando el territorio de ellos (Éx. 13:17-18a). En la época de la conquista de Canaán, el territorio filisteo estaba dividido en cinco ciudades-estado con un rey o señor en cada una de ellas: Gaza, Asdod, Ascalón, Gat y Ecrón (Jos. 13:2, 3).

5. Religión

Especialmente nociva era la religión de los cananeos por sus prácticas idolátricas, que comprendían sacrificios humanos y prostitución sagrada. La divinidad cananea principal era *"El"*, aunque la más importante era Baal, dios controlador de la lluvia y de la fertilidad de la tierra. En la creencia religiosa de los cananeos, Mot, el dios de la muerte, daba muerte cada año a Baal, siendo resucitado cada vez por Anat, diosa de la guerra, que era hermana y esposa de Baal. La religión procede de Babilonia, y Baal es una adaptación cananea del dios babilonio Merodac o Marduk; en ambos lugares —Canaán y Babilonia— el nombre del dios equivale a *señor*. Baal era considerado como el señor del cielo y dios-sol, y era adorado bajo los aspectos de benefactor y destructor. Por un lado, los rayos del sol daban calor y luz benéfica para quienes le adoraban, y, por otro, sus rayos ardientes secaban la vegetación y producían daño en quienes no le servían. A modo de advertencia, los rayos del sol secaban los campos en verano, lo que suponía un aviso a los hombres para que le rindieran culto. Para apaciguar la deidad, sobre todo en momentos de dificultades o calamidades, se ofrecían sacrificios humanos, consistentes generalmente en el hijo primogénito del adorador, que era quemado vivo. En referencia a esto, el Antiguo Testamento habla de *"hacer pasar a sus hijos por fuego"* (Lv. 18:21; Dt. 12:31;2Re. 16:3; 17:17; 21:6, 21). Generalmente cada pueblo importante tenía su propia representación de Baal. Los israelitas encontraron en la tierra muchos lugares, templos, arboledas y altares dedicados a los baales.

La diosa Asera era presentada como esposa del dios El, en algunos lugares de Canaán, pero en el bajo Canaán aparece como consorte de Baal. Una imagen tallada de Asera se tenía junto al altar de Baal en un tiempo posterior a la conquista (Jue. 6:25-28; 1Re. 15:13). Astarté, diosa del amor, la fertilidad y la guerra, se relaciona frecuentemente con Baal (Jue. 2:13; 10:6; 1Sa. 7:3, 4; 12:10). Las tres divinidades femeninas, Asera, Astarté y Anat, se manifestaban en conceptos intercambiables que llegaban a mezclarse para formar una sola deidad, de tal modo que no siempre eran claras las distinciones entre ellas. El culto para las deidades femeninas comprendía la prostitución religiosa.

Entre las prescripciones de culto a los Baales, la mitología incluye historias de enorme brutalidad e inmoralidad, que comprendía el sacrificio de niños quemándolos vivos y la adoración a serpientes.

En cuanto a las principales divinidades filisteas, el culto dependía en cierto modo del lugar donde estaba la población. Así, en Gaza y Asdod se adoraba a Dagón (Jue. 16:23), mientras que Ascalón era el centro de adoración de Astoret, y en Ecrón se rendía culto a Baal-zebub (2Re. 1:1-16). Los cultos a estas divinidades, especialmente a la diosa Astoret, llevaban unidas prácticas inmorales. El culto originario de Babilonia pasó a todas las naciones de su entorno. A Astoret se la consideraba como la diosa de la luna, consorte de Baal que era el dios sol. Los ritos inmorales de su culto en Babilonia pasaron a Canaán, formando parte de las prácticas idolátricas que los israelitas habían de eliminar en la conquista de la tierra.

F. Tema del libro

A través de relatos históricos, el autor Divino del libro quiere enseñar que Dios, como soberano, cumple fielmente sus promesas y pactos. Él había hecho promesas a Abraham tocante a su descendencia que vendrían a entrar en posesión de la tierra de Canaán: *"En aquel día hizo Jehová un pacto con Abram, diciendo: a tu descendencia daré esta tierra, desde el río de Egipto hasta el río grande, el río Éufrates; la tierra de los ceneos, los cenezeos, los cadmoneos, los heteos, los ferezeos, los refaítas, los amorreos, los cananeos, los gergeseos y los jebuseos"* (Gn. 15:18-21). Junto con la promesa estaba el anuncio de un período de esclavitud para los descendientes de Abraham, que duraría cuatrocientos años, y del que serían libertados por la sola intervención divina, al final de una serie de juicios de Dios sobre aquella nación (Gn. 15:13-14). Los pactos que Dios establece tienen absoluta garantía de cumplimiento en el tiempo determinado por Él. Su fidelidad está comprometida en el mismo pacto y no puede ser quebrantada. Dios dejaría de ser Dios si no fuera fiel. El pueblo rescatado de la esclavitud fue conducido por el desierto de modo providencial y admirable, proveyendo el Señor para ellos cuanto les fue preciso y, tras cuarenta años de larga marcha, fueron introducidos por Su poder omnipotente en la tierra de la promesa.

Como parte del texto bíblico, en el Libro de Josué Dios se revela a sí mismo por medio de los relatos históricos que aparecen en él. A través del libro el Espíritu ofrece una amplia manifestación de la grandeza de Dios. Los atributos divinos se descubren claramente en el texto bíblico. La omnipotencia, resuelve las dificultades que hubieran sido insuperables para el pueblo, como es el caso de las ciudades fortificadas; la omnisciencia que conoce los pensamientos mas íntimos de cada israelita, descubriendo el pecado oculto en lo más profundo del alma humana; el amor, manifestado en tantas formas, soportando a un pueblo rebelde, animándole en los momentos de desaliento, mostrándole en todas las cosas Su misericordia. El Libro de Josué se escribe para revelar a Dios y su modo de actuar.

Sin embargo, el tema general de la Biblia es responder a la pregunta: *"¿Quién es el Soberano?"*, de ahí que lo más destacable de este escrito sea precisamente la gloriosa manifestación de la soberanía de Dios. Este libro, como el resto de la Escritura, está poniendo en evidencia la realidad de la soberanía divina, con lo que responde a la pregunta que produjo el cuestionamiento de Dios y la necesidad de obedecerle. Tal cuestión —que planteada por Satanás en el huerto de Edén fue la base principal de la caída del ser humano al poner en tela de juicio el derecho soberano de Dios abandonando la lealtad que la criatura le debe y la obediencia que la manifiesta— se demuestra paso a paso por la Escritura, de modo que la única conclusión posible es esta: *"Dios es el único soberano"*. La soberanía de Dios actúa en todos los planos de la vida de la nación hebrea en los días de la conquista. Él determina cada acción a realizar y el modo de llevarla a cabo; reprende al pueblo en sus desobediencias, reconduciéndoles con ello a la senda que habían dejado, para que, en todo, el propósito divino tenga cumplimiento. Ejecuta su soberano propósito eliminado a los enemigos a causa de su persistente pecaminosidad y, al final del texto, como colofón, la soberanía de Dios queda plenamente manifestada en el resumen del discurso de Josué (24:1-15). Por esta causa presenta al pueblo de Israel la demanda de servirle como único Dios soberano, con exclusión de cualquier otro dios de entre ellos (24:14, 23, 24), advirtiéndoles desde la dimensión de su soberanía que actuaría en juicio contra ellos si desobedecían su voz y quebrantaban la alianza que les había sido dada (24:20).

El libro presenta también el irresistible poder del pueblo de Dios en superar al mundo y tomar posesión de su herencia prometida, para lo cual debe descansar en el poder divino y no permitir que ningún pecado de desobediencia impida su relación de pacto determinada con Él.

Podrían establecerse como los grandes temas del libro aquellos que destacan algunas perfecciones de Dios que se revelan en su contenido. (1) Dios es fiel, por cuanto cumplió la promesa de llevar a los descendientes de

Abraham a la tierra prometida (Gn. 13:15). (2) Dios es santo, por tanto, su pueblo debe serlo también. El pecado en medio del pueblo de Dios conduce a la interrupción de las bendiciones y a la derrota (7:1ss). (3) Dios es justo, por esa causa interviene judicialmente contra los pueblos de la tierra, en razón de la tremenda pecaminosidad de aquellas naciones, determinando que, por medio de Israel, fueran eliminadas de la tierra (Dt. 7:1-6).

G. Entorno histórico

Por el camino del desierto, procedente del sur —aunque aparentemente venía del este— llegaba a las orillas del Jordán una abigarrada multitud compuesta por hombres, mujeres y niños, junto con algunos miles de cabezas de ganado. Nadie había contado su número recientemente debido a que los recuentos de población eran establecidos por Dios, pero el último censo obtenido en los campos de Moab (Nm. 26:2,51) arrojaba la cifra de 601.730 hombres mayores de veinte años. No se contemplaba en ese censo a las mujeres ni a los de menor edad. Tampoco figuraban en él los sacerdotes con sus familias, que formaban toda una tribu, la de Leví. La cifra del censo era exclusivamente el número de los aptos para la guerra. Solo habían sido contados en aquella ocasión los que podían participar en acciones militares. Por tanto, el número total del pueblo que llegaba al Jordán podría estimarse en unos tres millones de personas que, como una interminable columna, estaba llegado al este del río. Algunos pudieron verlo en las distintas escalas de su largo viaje de cuarenta años rodeando la península del Sinaí. Este pueblo acampaba perfectamente ordenado en torno a la tienda del Tabernáculo, el santuario de Israel, construido por ellos en el desierto del Sinaí. Cada uno sabía el lugar que le correspondía en el orden perfectamente establecido por Dios para cada vez que detenían su marcha antes de llegar a las llanuras de Moab, frente a la tierra prometida. Al este, bajo el estandarte de Judá, se situaban las tribus de Judá, con su cuerpo de ejército (Nm. 2:3-4); a su lado, un poco más al sur, la de Isacar, también con sus ejércitos (Nm. 2:5-6); siguiéndole, se situaba la de Zabulón y sus fuerzas militares (Nm. 2:7-8). Al sur del Tabernáculo se estacionaban otras tres tribus bajo el estandarte de Rubén: la más próxima al oriente era la de Rubén, con su cuerpo de ejército (Nm. 2:10-11); le seguía, ya en dirección hacia el occidente, la de Simeón y sus fuerzas militares (Nm. 2:12-13); y a continuación la de Gad con su ejército (Nm. 2:14-15). La parte occidental la ocupaban también tres tribus, bajo el estandarte de Efraín: comenzando desde el sur, la de Efraín con su ejército (Nm. 2:18-19); seguidamente, la de Manasés y sus fuerzas (Nm. 2:20-21); en tercer lugar, la de Benjamín, con su cuerpo de ejército (Nm. 2:22-23). Ya en la parte situada al norte del Tabernáculo y bajo el estandarte de Dan, se colocaban las tres tribus restantes: la de Dan, situada más al occidente en la parte norte, con sus fuerzas militares (Nm. 2:25-26); a su lado la de Aser, también con sus ejércitos (Nm. 2:27-28); y finalmente la tribu de Neftalí y sus tropas (Nm. 2:29-30). De esa forma acampó el pueblo durante los cuarenta años de peregrinación por el desierto. El orden perfecto del pueblo de Israel contrastaba notablemente con la forma habitual de acampada de los pueblos del desierto. Los nómadas, con sus rebaños, se acomodaban del modo que mejor les parecía. Incluso las salidas que se producían por alguna razón de los pueblos más sedentarios y asentados en las naciones situadas al este del Jordán, no tenían una forma tan ordenada de marcha y estacionamiento en sus descansos en el desierto. A todo aquel que hubiera podido observar a los hebreos le habría llamado la atención su orden y comportamiento en el campamento.

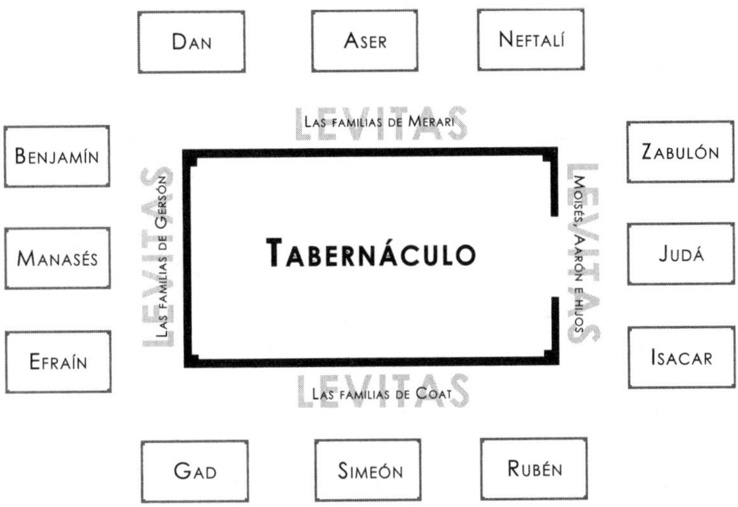

Distribución de las tribus en el campamento.

La marcha de un pueblo tan numeroso era necesariamente lenta, pero lo admirable era el perfecto orden en que discurría. El orden de marcha había sido establecido por Dios. Nada de lo que se relacionaba con ese pueblo era de arbitrio humano, sino de ordenamiento divino. Cuando acampaban habían de hacerlo conforme al sistema establecido por Dios, y del mismo modo cuando marchaban. Abría la marcha la tribu de Judá, con su cuerpo de ejército (Nm. 10:14); a esta le seguía la de Isacar, del mismo modo (Nm. 10:15), luego la de Zabulón (Nm. 10:16), después, los meraritas, un grupo de levitas portadores de la tienda del tabernáculo, a quienes, debido al caminar necesariamente lento de un pueblo tan numeroso, daba tiempo suficiente para montar esa tienda destinada a recibir los muebles santos del culto (Nm. 10:17) cuando el pueblo se detenía en las jornadas de marcha. Precedidos por este grupo de la tribu sacerdotal iba la de Rubén (Nm. 10:18); a continuación, Simeón (Nm. 10:19), y Gad (Nm. 10:20). Había después de estos una nueva separación, tras la cual avanzaban los coatitas, otro grupo de levitas, servidores del tabernáculo que portaban los objetos sagrados (Nm. 10:21) y que los depositaban, en el orden establecido, en la tienda que los meraritas habían ya acondicionado. Otra tribu, la de Efraín, continuabanla formación (Nm. 10:22), seguida por la de Manasés (Nm. 10:23), y tras ellas iba la de Benjamín (Nm. 10:24). Cerraban la comitiva las últimas tres tribus: la de Dan (Nm. 10:25), la de Aser (Nm. 11:26) y la de Neftalí (Nm. 11:27). La retaguardia era custodiada por el cuerpo de ejército de los danitas, que no solo protegía la marcha, sino que recogía a los que hubieran quedado rezagados, ayudando en cualquier asunto necesario a los que lo precisaran. No era el espectáculo de un pueblo de esclavos huido que caminaba de cualquier manera, sino el comportamiento propio de un pueblo unido, absolutamente coordinado, que se movía con precisión matemática y que se asentaba ordenadamente en torno a la tienda por excelencia, la del Tabernáculo del Testimonio. En esa tienda, más completa y grande que la de cualquier principal del pueblo, pero una tienda al fin y al cabo, el Dios Eterno manifestaba su presencia amorosa y fiel junto a su pueblo y en medio de él. Yahveh los había acompañado en todas las jornadas del desierto por el que durante cuarenta años habían peregrinado, haciendo un extenso recorrido envolvente a lo largo y ancho de la península del Sinaí.

Los centenares de miles de personas al este del Jordán eran, en su mayoría, bastante jóvenes. De las fuerzas militares ninguno superaba los sesenta años, y la gran mayoría no alcanzaba los cincuenta. Muchos habían nacido en el desierto, por lo que su vida no era la propia de habitantes sedentarios de ciudades, sino la de peregrinos. Los más jóvenes, que nacieron en el desierto, no habían sido testigos de las imponentes acciones divinas que habían liberado a sus antecesores de la esclavitud en Egipto; por tanto, no sabían lo que era el trabajo en la condición de esclavos que sus mayores habían experimentado en la preparación de materiales para las construcciones egipcias. Su vida, salvo acciones puntuales y pequeñas escaramuzas con pueblos adversarios en el desierto, había sido todo lo placentera que podía ser la de un peregrino en continua marcha. Pero esta marcha, aunque continua, había tenido frecuentes pausas en las que todo el pueblo descansaba por algunas jornadas, en los lugares más apropiados de las tierras de su peregrinación, buscados personalmente por Dios, que los conducía (Nm. 10:33). Llegaba, pues, la mayoría de este pueblo sin haber padecido en carne propia las cargas pesadas de la esclavitud que hizo sentir, en toda su dimensión, la añorada libertad a sus mayores, muchos de los cuales había ido muriendo durante los últimos cuarenta años

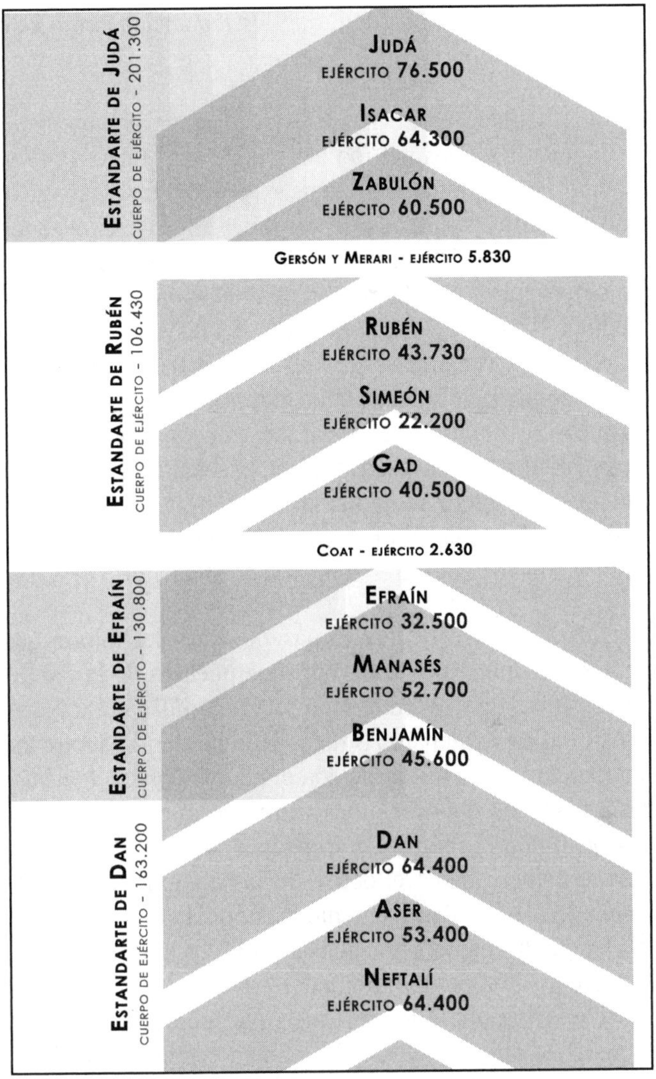

Orden de marcha de las tribus de Israel.

a consecuencia de su rebeldía contra Dios y desprecio a sus promesas en la ocasión que todos habían tenido antes para entrar en la tierra de Canaán, la misma tierra que ahora tenían delante de sus ojos al otro lado del Jordán.

Dos personas mayores, bien diferenciadas por su edad, se distinguían de entre todo el pueblo; uno de ellos era el conductor y guía de los israelitas. Este era Josué bar Nun, nombrado por Dios como sucesor de Moisés, el verdadero líder del pueblo, respetado y obedecido por todos. A su lado, en íntima amistad personal, compartiendo sus inquietudes estaba Caleb bar Jefone. Los dos se distinguían notablemente del resto del pueblo, especialmente por su edad, que los distanciaba en más de veinte años del mayor de los hombres de guerra.

Algunos pobladores de la tierra de Canaán habían sabido —por relatos de viajeros llegados tiempo atrás de la tierra de Egipto y, tal vez, por mercaderes de aquel mismo país— cómo los esclavos de Gosén habían sido liberados milagrosamente por la intervención todopoderosa de Yahveh, el Dios de los hebreos. Con mayor o menor precisión, en ocasiones deformados por la propia visión subjetiva del narrador no bíblico, habían llegado a los moradores de las ciudades cananeas las historias de cómo los ejércitos que se les opusieron, tan preparados y potentes como los egipcios, habían sido exterminados, más que derrotados, sin que los hebreos tuvieran necesidad de empeñarse en ninguna batalla. Estos datos podían ser contrastados por la ausencia de los carros egipcios que custodiaban los intereses de los faraones en la tierra palestina. Hacía tiempo que no se les veía desplazarse, al menos en el número en que lo solían hacer hacía más de cuarenta años, por el territorio de Canaán.

Los relatos acerca de las tropas de élite del faraón sumergidas bajo las aguas del mar Rojo eran, para los pueblos de la llanura central de la tierra, como una leyenda mitológica traída, como tantas otras, por viajeros que las relataban. Alguno, tal vez, habría acompañado o se habrían encontrado años más tarde con el pueblo de Israel en sus jornadas por el desierto, y los más recientes informes que habían llegado a los moradores de la parte central de Canaán eran que aquel pueblo había comenzado a avanzar hacia ellos desde las naciones de Transjordania, que habían conquistado. Posiblemente las noticias fueran tomadas por los más escépticos con una sonrisa, pensando lo poco que podría significar para sus ejércitos un pueblo nómada, sin tropas bien organizadas y entrenadas como las que ellos tenían. ¿Qué podrían hacer los hebreos ante sus ciudades amuralladas, perfectamente preparadas para sostener un largo tiempo de asedio, si es que se llegaba a producir? Y, aunque esto ocurriera, ¿no había alianzas militares con las otras ciudades-estado de aquella área? Entre todos podrían enfrentarse con garantía a un pueblo de pastores, aunque viniera envuelto en leyendas de victorias asombrosas. Además, ¿no tenían ellos también sus propios dioses?, ¿no les habían servido con lealtad durante años?, ¿no tenían sus sacerdotes y ofrecían sus sacrificios según les habían instruido? Muchas veces habían entregado a sus hijos para satisfacer las demandas de sus divinidades. Algunos habían visto cómo su recién nacido desaparecía en el vientre ardiente del dios

Baal-Moloc después de haber sido puesto en sus brazos inclinados que conducían al niño inexorablemente al horno encendido en sus entrañas. ¿No habían hecho oídos sordos a los llantos de tantos inocentes para satisfacer al dios?, ¿no habían apartado violentamente a las madres de los recién nacidos que procuraban impedir tan horrendos crímenes? No había que temer al Dios de los hebreos, porque sus dioses pelearían contra Él. Tal vez había vencido a los dioses de los egipcios, pero eso había ocurrido hacía muchos años y, además, los dioses egipcios no podían compararse en poder con los dioses de Canaán.

Otro pensamiento ayudaba al autoconvencimiento de aquellos pueblos de la Palestina, en relación con quienes se estaban aproximando, con la pretensión de ocupar sus tierras, como algunos decían. Tiempo atrás, aquella enorme multitud de hebreos había solicitado al rey de Edom autorización para atravesar su territorio por el camino real (Nm. 20:14-21), y aquél les había negado el paso. La reacción del pueblo hebreo fue más propia de nómadas que de guerreros, ya que en lugar de ejercer su poderío militar y atravesar a viva fuerza aquel territorio, se había retirado para rodear toda aquella tierra, como era habitual en pueblos que carecían de capacidad ofensiva. Es cierto que las noticias fueron diferentes con relación a otros territorios que habían ocupado temporalmente, como los del Neguev (Nm. 21:1-3), e incluso con el pueblo amorreo, cuyo rey Sehón había querido hacer lo mismo que los edomitas, siendo derrotado y aniquilados por los de Israel (Nm. 21:21-25). No eran, sin embargo, un pueblo que debiera ser motivo de temor.

Un último pensamiento procuraba mantenerles aparentemente tranquilos. Frente a ellos discurría una frontera natural, el río Jordán. Las aguas profundas en aquellos lugares, junto a la distancia entre sus orillas en esa época del año, lo hacía poco menos que insalvable para aquel pueblo, poniendo a mucha distancia real los objetivos de conquista que se proponían los hebreos. No sería nada fácil hacer pasar a tantos miles de personas al otro lado del río y mucho menos los carros, los ganados, las tiendas y todo el bagaje que portaban. Los vados del Jordán quedaban más al norte y más al sur, y aquellas eran zonas bien protegidas. Los hebreos, si se dirigían hacia ellos, se habían equivocado de lugar, escogiendo el peor de todos para una acción semejante. Los estadistas y los estrategas sonreían íntimamente, pensando en el absoluto fracaso de tal acción. Ellos, en su afán de deshacerse de temores íntimos que todos tenían (2:9), pensaban que aquel pueblo no podía despertar ninguna inquietud, porque hasta en sus planteamientos de conquista, si es que realmente los había, estaban equivocados.

Los pueblos cananeos y sus gentes no conocían realmente al pueblo de Dios, o mejor, no conocían al Dios de ese pueblo. No tenía para Él importancia alguna un Jordán que los separase de la tierra, porque antes había separado las aguas del mar Rojo. No valían de nada las ciudades amuralladas, ni los ejércitos entrenados para la guerra y perfectamente equipados, porque antes había destruido lo mejor del ejército egipcio. El Dios del cielo había conducido a su pueblo hasta la Transjordania y no lo dejaría en ese lugar sin hacerlo entrar en posesión de lo que antes había prometido a Abrahám.

H. Bosquejo del libro

Pueden establecerse diferentes maneras para desarrollar el estudio del Libro de Josué, sin embargo, la división natural del texto bíblico provee de las referencias necesarias para formular un bosquejo general como sigue:

BOSQUEJO

A. La entrada en la tierra de Canaán (1:1-5:15)

1. La comisión de Dios a Josué (1:1-9).
2. La comisión de Josué al pueblo (1:10-18).
3. El reconocimiento de Jericó: Rahab y los espías (2:1-24).
   - 3.1. Los espías enviados (2:1).
   - 3.2. El cuidado de Rahab (2:2-7).
   - 3.3. La fe de Rahab (2:8-11).
   - 3.4. La petición de Rahab (2:12-16).
   - 3.5. La condición para Rahab (2:17-21).
   - 3.6. El informe de los espías (2:22-24).
4. El cruce del Jordán (3:1-17).
   - 4.1. Desde Sitim al Jordán (3:1-6).
   - 4.2. Las instrucciones divinas para cruzar el río (3:7-13).
   - 4.3. El cruce del Jordán (3:14-17).
5. Conmemoración del cruce del Jordán (4:1-24).
   - 5.1. Las piedras del Jordán y el primer monumento (4:1-9).
   - 5.2. Restauración del río a su curso (4:10-18).
   - 5.3. El monumento conmemorativo en Gilgal (4:19-24).
6. Preparativos para la conquista (5:1-15).
   - 6.1. La circuncisión del pueblo (5:1-12).
   - 6.2. El príncipe del ejército de Jehová (5:13-15).

B. La conquista de la tierra de Canaán (6:1-12:24)

1. La conquista de la parte central (6:1-8:35).
    1.1. Victoria en Jericó (6:1-27).
        1.1.1. Los seis primeros días en la conquista de la ciudad (6:1-14).
        1.1.2. La ocupación y el anatema (6:15-21).
        1.1.3. El cumplimiento de la promesa a Rahab (6:22-25).
        1.1.4. La maldición sobre Jericó (6:26-27).
    1.2. Derrota en Hai (7:1-26).
        1.2.1. Causas de la derrota (7:1-5).
        1.2.2. La reacción de Josué ante la derrota (7:6-9).
        1.2.3. Las instrucciones divinas (7:10-15).
        1.2.4. El pecado quitado (7:16-26).
    1.3. Victoria en Hai (8:1-29).
        1.3.1. Instrucciones divinas (8:1-2).
        1.3.2. La estrategia para la batalla (8:3-9).
        1.3.3. El inicio de la acción militar (8:10-13).
        1.3.4. La batalla de Hai (8:14-22).
        1.3.5. El final de la batalla (8:23-29).
    1.4. La adoración en Ebal (8:30-35).
2. La conquista del sur de Canaán (9:1-10:43).
    2.1. El pacto con los gabaonitas (9:1-27).
        2.1.1. La coalición de los reyes del sur (9:1-2).
        2.1.2. La astucia de los gabaonitas (9:3-13).
        2.1.3. El pacto con los gabaonitas (9:14-15).
        2.1.4. El engaño descubierto (9:16-19).
        2.1.5. Los gabaonitas servidores del santuario (9:20-27).
    2.2. Destrucción de la coalición amonita (10:1-43).
        2.2.1. La coalición contra Gabaón (10:1-5).
        2.2.2. Petición de ayuda de Gabaón (10:6-8).
        2.2.3. La coalición amonita derrotada (10:9-11).
        2.2.4. El milagro de la prolongación del día (10:12-14).
        2.2.5. La ejecución de los cinco reyes (10:15-27).
        2.2.6. Toma y destrucción de las ciudades del sur (10:28-43).
3. La conquista del norte de Canaán (11:1-23).
    3.1. La coalición de los reyes del norte (11:1-5).
    3.2. La derrota de los reyes (11:6-9).
    3.3. La conquista de las ciudades del norte (11:10-15).
    3.4. Resumen de la conquista (11:16-20).
    3.5. Destrucción de los anaceos (11:21-22).
    3.6. Conclusión de la conquista del norte (11:23).
4. Resumen de la conquista (12:1-24).
    4.1. La conquista de Transjordania (12:1-6).

4.1.1. El territorio de la Transjordania (12:1).
4.1.2. Conquista del reino amorreo (12:2-3).
4.1.3. Conquista del reino de Basán (12:4-6).
4.2. La conquista de Cisjordania (12:7-24).
4.2.1. El territorio de Cisjordania (12:7-8).
4.2.2. Conquista de la parte centro y sur (12:9-18).
4.2.3. Conquista de la parte norte (12:19-24).

C. División de la tierra de Canaán (13:1–21:45)

1. Instrucciones de Dios a Josué (13:1-7).
2. División de Transjordania (13:8-33).
    2.1. Territorio de Transjordania (13:8-14).
    2.2. Heredad de Rubén (13:15-23).
    2.3. Heredad de Gad (13:24-28).
    2.4. Heredad de la media tribu de Manasés (13:29-33).
3. División de Canaán (14:1-19:51).
    3.1. Introducción (14:1-5).
    3.2. Heredad de Judá (14:6-15:63).
        3.2.1. Episodio de Caleb (14:6-15).
            a) Petición de Caleb (14:6-12).
            b) Heredad de Caleb (14:13-15).
        3.2.2. Fronteras de Judá (15:1-12).
        3.2.3. Episodio de Caleb y Otoniel (15:13-19).
        3.2.4. Las ciudades de Judá (15:20-63).
            a) Ciudades del sur (15:21-32).
            b) Ciudades en las llanuras (15:33-47).
                1. Primera división de la Sefela (15:33-36).
                2. Segunda división de la Sefela (15:37-41).
                3. Tercera división de la Sefela (15:42-44).
                4. Ciudades filisteas (15:45-47).
            c) Ciudades de las montañas (15:48-60)
                1. Primera división de las montañas (15:48-51).
                2. Segunda división de las montañas (15:52-54).
                3. Tercera división de las montañas (15:55-57).
                4. Cuarta división de las montañas (15:58-59).
                5. Quinta división de las montañas (15:60).
            d) Ciudades del desierto (15:61-62).
            e) Los jebuseos (15:63).
    3.3. Heredad de José (16:1-10).
        3.3.1. Límites de la heredad (16:1-4).
        3.3.2. Heredad de Efraín (16:5-10).
    3.4. Heredad de la media tribu de Manasés (17:1-18).

3.4.1. Distribución general de la heredad (17:1-2).
3.4.1. La parte de Zelofehad (17:3-6).
3.4.2. Delimitación del territorio (17:7-11).
3.4.3. Incapacidad de los habitantes cananeos (17:12-13).
3.4.4. Reclamación territorial de la tribu de José (17:14-18).
3.5. División del resto de la tierra (18:1–19:51).
3.5.1. La parte a repartir (18:1-10)
3.5.2. Heredad de Benjamín (18:11-28).
3.5.3. Heredad de Simeón (19:1-9).
3.5.4. Heredad de Zabulón (19:10-16).
3.5.5. Heredad de Isacar (19:17-23).
3.5.6. Heredad de Aser (19:24-31).
3.5.7. Heredad de Neftalí (19:32-39).
3.5.8. Heredad de Dan (19:40-48).
3.5.9. Heredad especial de Josué (19:49-51).
4. Las ciudades de refugio (20:1-9).
4.1. La ley que las establecía (20:1-6).
4.2. Las ciudades designadas (20:7-9).
5. Ciudades de los levitas (21:1-45).
5.1. La demanda de los levitas (21:1-2).
5.2. Las ciudades por cada familia (21:3-8).
5.3. Ciudades de los coatitas (21:9-26).
5.3.1. De la casa de Aarón (21:9-19).
5.3.2. Del resto de la familia de Coat (21:20-26).
5.4. Ciudades de los gersonitas (21:27-33).
5.5. Ciudades de los meraritas (21:34-40).
5.6. Resumen y cumplimiento (21:41-45).

D. Despedida y muerte de Josué (22:1-24:33)

1. Mensajes de despedida de Josué (22:1-24:28).
1.1. Para las dos tribus y media (22:1-9).
1.2. El incidente del altar (22:10-34).
1.2.1. La construcción del altar (22:10).
1.2.2. La reacción de las restantes tribus (22:11-20).
1.2.3. Explicación de las dos tribus y media (22:21-29).
1.2.4. Conclusión del incidente (22:30-34).
1.3. Discurso para todo el pueblo y sus dirigentes (23:1-16).
1.3.1. Convocatoria (23:1-2).
1.3.2. Exhortación (23:3-11).
1.3.3. Advertencia (23:12-16).
1.4. Discurso final de despedida (24:1-28).
1.4.1. Convocatoria (24:1).

- 1.4.2. Recuento histórico (24:2-13).
  - a) De Abraham a Egipto (24:2-4).
  - b) Moisés y la liberación (24:5-7).
  - c) La peregrinación (24:8-10).
  - d) La conquista (24:11-13).
- 1.4.3. Demanda de fidelidad (24:14-15).
- 1.4.4. Promesas de compromiso (24:16-18).
- 1.4.5. Advertencias (24:19-20).
- 1.4.6. El pacto establecido (24:21-28).

2. La muerte de Josué (24:29-33).

CAPÍTULO 1
EN LOS LLANOS DE MOAB

INTRODUCCIÓN

El pueblo de Israel había llegado a los límites de la tierra prometida, situándose frente al Jordán, frontera natural de la tierra al este. En ese momento debían iniciarse los preparativos para la ocupación de la tierra conforme al propósito de Dios. Todas las acciones que se realizaran, tanto en los prolegómenos del paso del Jordán como en el cruce del río y luego en todas las de la conquista, habían de estar sujetas a las disposiciones de Dios. Comienza el pasaje, por tanto, con las primeras instrucciones de Dios que determinan acciones concretas antes del inicio de la conquista de Canaán (vv. 1-2). De igual manera, el Señor indica claramente a Josué cuáles eran los límites del territorio que les entregaba y que debían ocupar (vv. 3-4). La conquista, desde el punto de vista humano, no resultaría una empresa fácil, sin embargo, Canaán sería puesta en manos de Israel por Dios mismo, en cumplimiento de las promesas dadas antes. Con todo, Josué necesitaba el aliento que provenía del compromiso divino garantizándole la victoria sobre todos los enemigos. La campaña de ocupación de la tierra, sería larga y compleja. Josué debía ser diligente en el cumplimiento del trabajo al que Dios le había llamado, por ello le recuerda el Señor la necesidad de esfuerzo y valentía en la conducción del pueblo para esa empresa (vv. 5-6). La obediencia a los mandamientos dados antes a Moisés y registrados por este en sus escritos, debía ser tenida muy en cuenta por Josué, conforme a la advertencia divina (vv. 7-8). Los problemas que habría de enfrentarse durante los años de la conquista, tanto externos procedentes de las naciones enemigas, como internos causados desde la intimidad del pueblo de Israel, podrían hacer decaer el ánimo de Josué, por ello recibe, junto con la instrucción de afrontar la obra con valentía, la promesa del continuo apoyo de Dios (v. 9). Recibido el mandamiento de Dios de iniciar la conquista de la tierra, Josué instruye a su vez a quienes debían colaborar en la primera acción, que consistía en el cruce del Jordán (vv. 10-11). Las dos tribus de Rubén y Gad y la media tribu de Manasés, que habían solicitado y obtenido territorios en la Transjordania, habían asumido el compromiso de colaborar con sus hermanos en la conquista de la tierra, por lo que Josué les recordó sus promesas y demandó de ellos su cumplimiento, preparándoles para la tarea conjunta de la conquista y ocupación de la tierra en que las otras nueve tribus debían habitar (vv. 12-15). El pasaje concluye con la promesa de estas dos tribus y media de cumplir fielmente sus compromisos y de la más estricta obediencia, a la vez que ruegan por la prosperidad de Josué (vv. 16-18).

Para el comentario del pasaje se sigue el bosquejo analítico que está en la *Introducción*, como sigue:

A. La entrada en la tierra de Canaán (1:1-5:15)
1. La comisión de Dios a Josué (1:1-9).
2. La comisión de Josué al pueblo (1:10-18).

La entrada en la tierra de Canaán (1:1-5:15)

La comisión de Dios a Josué (1:1-9)

1. Aconteció después de la muerte de Moisés siervo de Jehová, que Jehová habló a Josué hijo de Nun, servidor de Moisés, diciendo:

El relato comienza *"después de la muerte de Moisés"*, que había ocurrido en el monte Nebo, en la tierra de Moab (Dt. 34:1, 5). Había sido el *"siervo de Yahveh"* (*[a]ebed Yahveh*), sirviéndole con toda fidelidad. El Espíritu da testimonio de su servicio leal, calificándolo como *"fiel sobre toda su casa"* (He. 3:3). Lo había sido como profeta de Dios, andando en comunión con Él y llevando a cabo acciones portentosas mediante el poder del Señor que actuaba en él (Dt. 34:10-12). Conociendo que su muerte iba a ocurrir antes de que el pueblo —que había sacado de Egipto y conducido por el desierto— entrara en la tierra de la promesa, pidió al Señor que designara a quien debía sucederle como conductor del mismo. El deseo de Moisés se expresó en oración: *"Ponga Jehová, Dios de los espíritus de toda carne, un varón sobre la congregación, que salga delante de ellos y que entre delante de ellos, que los saque y los introduzca, para que la congregación de Jehová no sea como ovejas sin pastor"* (Nm. 27:16, 17). El corazón de Moisés era un corazón de pastor. Su petición procuraba la continuidad del pastoreo del pueblo que él había ejercido durante su ministerio. El pensamiento de Moisés estaba en el pueblo de Dios. Su oración tuvo respuesta inmediata: *"Y Jehová dijo a Moisés: Toma a Josué hijo de Nun, varón en el cual hay espíritu, y pondrás tu mano sobre él; y lo pondrás delante del sacerdote Eleazar, y delante de toda la congregación; y le darás el cargo en presencia de ellos"* (Nm. 27:18-19). La imposición de manos era señal de identificación y prolongación en el ministerio, así como de transmisión de bendiciones. Josué fue presentado de este modo como el relevo de Moisés, por él mismo, conforme a la voluntad de Dios. El Señor respetó siempre el ministerio de Moisés como conductor de Su pueblo. Era a Moisés a quien hablaba para darle las instrucciones necesarias en cada momento sobre lo que debía hacerse en Israel.

A la muerte de Moisés, el Señor actuó del mismo modo con Josué, su sucesor, hablándole de la misma manera que había hecho antes para instruirle en relación con lo que debían llevar a cabo. El texto bíblico no deja duda sobre quién habla a Josué: *"Jehová habló"*. Este es uno de los nombres de la deidad en el Antiguo Testamento. Los nombres con que Dios se nombra en la Escritura son revelados por Él mismo. El nombre en la Biblia tiene la importancia de su propio significado, que expresa aspectos intrínsecos de la persona nombrada, especialmente de su propio carácter, que define sus cualidades personales. De ahí que, cuando una persona cambia en algún aspecto esencial, cambie también de nombre. Así ocurrió con Abram cambiado en Abraham (Gn. 17:5) a causa de la promesa de su descendencia; igualmente con Jacob, el usurpador, cambiado en Israel, un príncipe con Dios (Gn. 32:28); o con Salomón, por medio de Natán el profeta, cambiado en Jedidías (2Sa. 12:25). Igualmente ocurre en el Nuevo Testamento, donde Jesús cambió el nombre de Simón, el hijo de Jonás, por el de Cefas (Jn. 1:42).

Si el carácter personal se descubre parcialmente en relación con el nombre, el de la deidad se manifiesta en plenitud al ser Dios mismo quien lo revela por su Palabra inspirada. Nadie ha nombrado jamás a Dios, en el sentido de *imponerle* un nombre, sino que Él mismo lo ha manifestado, como parte de Su autorrevelación personal. Por esa razón, todos los nombres con que la Escritura designa a Dios son significativos, como expresión de aspectos concretos de Su carácter y realidad íntima. Jehová, o tal vez mejor Yahveh, es uno de los nombres primarios de la deidad, que manifiesta especialmente el concepto de proximidad de Dios en gracia al hombre. No se sabe mucho de su significado idiomático, pero el texto bíblico revela por medio de él aspectos relacionales de Dios. Es uno de los títulos más usados en el Antiguo Testamento. Probablemente ese nombre fue revelado ya a los primeros hombres. Es posible que Adán conociera por este título al Creador. Sin embargo, su significado debió permanecer oculto hasta los días de Moisés en el desierto, como él mismo lo registra en el Génesis: *"Y aparecí a Abraham, a Isaac y a Jacob como Dios Omnipotente, mas en mi nombre Jehová no me di a conocer a ellos"* (Gn. 15:2). El significado básico del título le fue dado a Moisés: *"Si ellos me preguntaren:* ¿Cuál es su nombre?, ¿qué les responderé? Y respondió Dios a Moisés: YO SOY EL QUE SOY. Así dirás a los hijos de Israel; YO SOY me envió a vosotros" (Éx. 3:14). El título revela una existencia *en* y *por* sí mismo. Es el que permaneció, permanece y permanecerá siendo lo que eternamente fue, es y será. Esencialmente, es el que se revela por propia voluntad como quien existe eternamente en Sí, pero no estáticamente, sino en actividad. Dios es Yahveh por haber entrado en relación personal con los hombres y especialmente con su pueblo Israel. El título designa al Dios del pacto que incondicionalmente establece promesas que cumplirá debido a su fidelidad personal. El nombre de Yahveh se utiliza de forma notoria en una relación entre Dios y el hombre en aspecto salvífico o redentivo. Son los hechos salvíficos de Dios operados en la historia humana, los que van dando aspectos concretos del significado admirable de este nombre por el cual se revela. Yahveh es quien rescata a su pueblo de la opresión de Egipto, salvándole de la esclavitud a que estaba sometido y adquiriéndolo para sí mismo como su especial tesoro.

El significado pleno del título fue proclamado más tarde por Dios mismo a Moisés: *"Y Jehová descendió en una nube, y estuvo allí con él, proclamando el nombre de Jehová. Y pasando Jehová por delante de él, proclamó: ¡Jehová! ¡Jehová! fuerte, misericordioso y piadoso; tardo para la ira, y grande en misericordia y verdad, que guarda misericordia a millares, que perdona la iniquidad, la rebelión y el pecado, y que de ninguna manera tendrá por inocente al malvado; que visita la iniquidad de los padres sobre los hijos y sobre los hijos de los hijos, hasta la tercera y cuarta generación"* (Éx. 34:5-7). Es el Dios de la gracia y de la bondad, quien misericordiosamente estableció compromisos de bendición para con su pueblo, en razón de su sola y soberana voluntad. Nada ni nadie podrían invalidar sus promesas. Él mismo estaba dispuesto a perdonar el pecado de los transgresores y mostrar misericordia sobre quienes continuamente estaban faltando a su compromiso con Él. La rebelión y el pecado de los suyos podían encontrar la piadosa recepción en los brazos misericordiosos de Yahveh, el Dios del Cielo, quien podía *"pasar en su paciencia los pecados de su pueblo"* (Ro. 3:25) en razón de la obra expiatoria que se efectuaría en el tiempo histórico de los hombres por el Cordero de Dios. No era el Dios inmisericorde que exterminaría a quienes pecaran contra Él, pero tampoco era el Dios que pasaba por alto el pecado cometido por los suyos. Quien amaba hasta pactar en gracia con su pueblo, exigía también la medida de santidad que había de caracterizar a quienes eran suyos para vivir en comunión con Él. La advertencia hecha en la proclamación de Su Nombre de que no tendría por inocente al malvado, se manifestaría en acciones disciplinarias contra los desobedientes durante el tiempo de la conquista de la tierra. La realidad admirable de Jehová y su relación con el pueblo a lo largo de los siglos de existencia desde el llamado de Abraham y la salida de Egipto, pasando por las actuaciones en el desierto e iniciando la conquista y posesión de la tierra, hacen que el concepto íntimo de Dios, revelado por Él mismo, se amplíe mediante otros títulos que, unidos al de Yahveh, expresan aspectos concretos de su comportamiento. El mismo Moisés había recogido en sus escritos inspirados por Dios tres de esos calificativos. Yahveh era el que supliría todo cuanto faltara a su pueblo porque es *"Yahveh-jiré"*, *"Yaweh proveerá"* (Gn.22:13,14). El que había hecho provisión para evitar la muerte del unigénito de Abraham proveería de cuanto fuera necesario para los suyos en la marcha victoriosa sobre

Canaán, en el cumplimiento de sus promesas y pactos. Había manifestado la misma provisión ya a lo largo de las jornadas por el desierto. Cuarenta años de continua provisión para todo cuanto el pueblo había necesitado atestiguan la grandeza del Padre Celestial que cuidaba con solicitud de sus hijos. Yahveh era también el sanador de su pueblo, como *"Yahveh-rafah"*. De ese modo se reveló a Moisés con motivo de las aguas amargas de Mara, cuando al reclamar la obediencia de su pueblo les hizo una promesa de bendición: *"Si oyes atentamente la voz de Jehová tu Dios, e hicieres lo recto delante de sus ojos, y dieres oído a sus mandamientos, y guardares todos sus estatutos, ninguna enfermedad de las que envié a los egipcios te enviaré a ti; porque yo soy Jehová tu sanador"* (Éx. 15:26). El Dios que hablaba a Josué era también la bandera sobre su pueblo, como lo llamó Moisés en el tiempo del enfrentamiento con Amalec: *"Y Moisés edificó un altar, y llamó su nombre Jehová-nisi"* (Éx. 17:15). Dios había manifestado su cuidado, su poder sanador y su eficacia contra los enemigos, por tanto, Josué podía sentirse confiadamente seguro ante una empresa como la que el Señor le estaba encomendando. Habría serias dificultades que vencer, momentos de inquietud, enemigos poderosos, pero sobre ellos estaba Yahveh, el Dios del pacto, de la gracia y del poder. Era el Omnipotente quien dirigiría toda la acción en la conquista de la tierra y era Él mismo quien daría la victoria y la heredad a Su pueblo conforme a sus promesas. Josué podía confiar porque conocía a Dios.

La primera aplicación que se desprende del texto tiene que ver con el conocimiento que el líder bíblico debe tener de quién es el Dios a quien sirve. De este conocimiento personal e íntimo derivará el modo de actuación en el servicio. No es igual servir al dios pequeño y reducido del humanismo que al Dios soberano de la Biblia. El Dios del pacto estableció compromisos con su pueblo que no va a quebrantar. Él mismo firma: *"Porque de cierto os digo que hasta que pasen el cielo y la tierra, ni una jota ni una tilde pasará de la ley, hasta que todo se haya cumplido"* (Mt. 5:18); o de otro modo: *"El cielo y la tierra pasarán, pero mis palabras no pasarán"* (Mt. 24:35). Es necesario conocer a Dios para poder entender bien el privilegio de servirle y tener la certeza de que ninguna empresa que Él determine, por dificultosa que humanamente parezca, podrá fracasar porque Él está detrás de ella. Es necesario conocerle en la grandeza de sus perfecciones para que el desaliento no conduzca al abandono en su obra. Él es el Dios de la provisión, de la restauración y de la victoria. Su bandera desplegada sobre su pueblo jamás será arrebatada por los enemigos. Es el Vencedor supremo que hace partícipes de su victoria a los suyos, llevándolos permanentemente de triunfo en triunfo (2Co. 2:14). Es el Soberano que no pide por nada ni implora por nada, simplemente gobierna y establece su voluntad ejecutándola conforme a su omnipotencia y sabiduría. El líder bíblico que conoce de este modo a Dios está dispuesto a emprender confiadamente las más grandes acciones siguiendo sus instrucciones, atento tan solo a su voz.

El texto bíblico tampoco deja dudas sobre quién es la persona a la que Dios habla. Se trata de *Josué bar Nun*, que era el *"siervo de Moisés"* (*m^e^särët Möseh*), literalmente el *asistente*, o el *"ministro"*. El título enfatiza a aquel que cumple fielmente las instrucciones dadas, en este caso por Moisés[1]. Josué había sido su colaborador más íntimo en las tareas de conducción del pueblo desde que habían salido de Egipto. Dios lo había designado como su sucesor, este lo había entrenado durante los cuarenta años de peregrinación por el desierto, pero Josué mantuvo en todo momento su posición como humilde colaborador, que le hacía apto como instrumento en las manos de Dios para continuar el trabajo que Moisés había dejado. El Señor solo utiliza creyentes humildes que se dejan conducir por Él y que son los únicos aptos para su servicio (Is. 66:2). Mientras otros quisieron alcanzar el liderazgo del pueblo cuestionando a Moisés, Josué se mantuvo fiel, en un segundo plano, dispuesto a cualquier tipo de servicio que se le encomendase. Dios que había eliminado todo intento y oposición contra Moisés, trata luego de igual modo a quien estableció para sucederle.

La aplicación de este segundo aspecto es sencilla. La primera necesidad de un líder bíblico es tener la seguridad del llamamiento de Dios para su misión. La acción soberana del Espíritu escoge a aquellos a quienes pone en el servicio de conducir a Su pueblo. Esta elección divina obedece al discernimiento de Dios y a su sola voluntad. Pablo lo hace notar en relación con los ancianos de la iglesia en Éfeso, recordándoles que fue *"el Espíritu Santo que los había puesto por obispos"* (Hch. 20:28). El liderazgo bíblico requiere un tiempo de preparación y capacitación personal antes de ejercer su tarea de conducción. Los grandes hombres del Nuevo Testamento pasaron un tiempo de formación siendo enseñados por otros. Así ocurrió con Tito, Timoteo, Silas y otros que estuvieron colaborando íntimamente con Pablo. De igual modo, Juan Marcos debió aprender mucho al lado de Bernabé. No puede ejercer tareas de conducción quien no ha recibido la capacitación para ello. Josué estuvo durante cuarenta años junto a Moisés y solo entonces fue puesto por Dios en un puesto de tan alta responsabilidad. De igual modo, el liderazgo de la iglesia local, como manifestación visible del pueblo de Dios en esta

---

[1] La palabra aparece varias veces en el A.T. y es utilizada para referirse a los mismos ángeles (Sal. 103:21; 104:4) lo que da idea de una sujeción obediente y total, con absoluta lealtad.

dispensación, debe recaer sobre personas experimentadas, capaces para guiar a otros. Un neófito (νεόφυτονγρ) no debe ser admitido al liderazgo en la iglesia. No son *"niños en Cristo"* (νηπίοι" ἐν Χριστῷ) (1Co. 3:1), sino los *"enteramente preparados para toda buena obra"* (πρὸ" πᾶν ἔργον ἀγαθὸν ἐξηρτισμένο") (2Ti. 3:17) quienes deben asumir el liderazgo. Un líder bíblico necesita de una completa formación bíblica, pero junto con esto le es imprescindible la enseñanza por medio de otro líder experimentado, que pueda instruirlo en *la práctica* de la conducción. Sin duda, el conocimiento bíblico es esencial porque ha de distinguir claramente cuál es la voluntad de Dios, revelada únicamente en su Palabra. Pablo recomendaba a Timoteo, su colaborador, la preparación bíblica de hombres fieles, capaces de continuar con eficacia el liderazgo y la enseñanza en la iglesia (2Ti. 2:2). La capacitación bíblica se alcanza al lado de maestros capaces, para lo cual Dios ha dotado a creyentes con dones de enseñanza (1Co. 12:28) y los ha dado a la iglesia para este ministerio (Ef. 4:11), con un propósito concreto: la capacitación de otros creyentes para el servicio (Ef. 4:12). La iglesia, como pueblo de Dios en la presente dispensación, debe evitar reconocer como líderes a quienes el Señor no ha llamado para esa misión.

La segunda condición de un líder bíblico, a la luz del texto de Josué, es la humildad. La referencia suprema en el camino del servicio humilde es Jesús. El creyente ha de correr la carrera de la fe *"puestos los ojos en Jesús"* (He. 12:2). Uno de los aspectos más destacables de Jesús es su humildad. El Maestro llama a los suyos a un seguimiento, aprendiendo de Él la mansedumbre y la humildad (Mt. 11:29). Dios no usará líderes para su obra que no estén revestidos de humildad. Por el contrario, el orgulloso será resistido por Él (Stg. 4:6-7a). Mientras que el humilde depende enteramente del poder de Dios, el orgulloso se vanagloria de su propia fuerza, dejando de sentir la necesidad de los recursos de la gracia (Ap. 3:17). Pablo enseña esa verdad cuando dice: *"Cuando soy débil, entonces soy fuerte"* (2Co. 12.10). El título de servidor que se da a Josué en el texto es el que debiera anhelar todo aquel que ejerce funciones de conducción entre el pueblo de Dios. Ese era el deseo de Pablo: *"Así, pues, ténganos los hombres por servidores de Cristo"* (1Co. 4:1). Mientras que en el mundo se buscan honores y distinciones como objetivo prioritario, el creyente, que no es de este mundo, ha de buscar también la máxima distinción, aunque en un camino opuesto al del mundo, a causa del pensamiento propio del cristiano: que todos lo consideren como servidor de Cristo, no solo porque lo diga, sino más bien porque manifieste esa condición. El humanismo desbordante de la sociedad se introduce solapadamente en la iglesia de Cristo, exaltando al hombre por sus calificaciones y honrándole en consonancia con sus títulos. Frente a esto, la Escritura determina que lo que Dios utiliza y honra no es la grandeza del hombre, sino la humilde dependencia de quien se sabe incapaz por falta de recursos personales y en el que pueda manifestar su poder. Probablemente, la iglesia de Cristo está sobrada de grandes hombres y necesitada de creyentes humildes.

Una tercera lección enseña que el líder bíblico ha de conocer la voz de Dios. Así comienza el Libro de Josué. Ciertamente el Señor no hablará hoy en voz audible a ninguno de los suyos. Sin embargo, en la oración, práctica esencial en la vida del líder bíblico, pide que el Señor le haga oír su voz, y usa las palabras de Samuel para expresar su deseo y disposición: *"Habla, porque tu siervo oye"* (1Sa. 3:10); o, de otra manera, como Pablo: *"Señor, ¿qué quieres que yo haga?"* (Hch. 9:6). La voz de Dios solo puede oírse por medio de la Palabra. Horas de estudio y meditación en la Escritura permiten conocer lo que Dios desea para Su pueblo en cada momento. La negligencia en el estudio de la Escritura producirá dificultades en el discernimiento y creará fracasos en la conducción. La recomendación al líder bíblico en el Nuevo Testamento es clara: *"ocúpate en la lectura"* (1Ti. 4:13). Solo así será capaz de *"usar bien la palabra de verdad"* (2Ti. 2:15), es decir, utilizarla convenientemente para la enseñanza y la conducción. No es la palabra o el criterio del líder la que el pueblo de Dios necesita, sino la palabra de Dios.

2. Mi siervo Moisés ha muerto; ahora, pues, levántate y pasa este Jordán, tú y todo este pueblo, a la tierra que yo les doy a los hijos de Israel.

El que había conducido al pueblo de Israel desde Egipto hasta la frontera de la tierra prometida había muerto, pero los propósitos de Dios estaban vivos. La promesa del Señor en relación con Su pueblo no quedaría sin cumplimiento. Había llegado la hora de introducir al pueblo en la tierra prometida. La peregrinación había terminado y el Señor estaba preparado para hacer efectiva la promesa dada a Abraham (Gn. 13:15). Casi vuelve a repetirse el acontecimiento histórico ocurrido cuarenta años antes. Josué recibía el mandato divino de cruzar el Jordán, como anteriormente había ocurrido con su predecesor Moisés delante del mar Rojo (Éx.14).

El paso del Jordán comprendía a todo el pueblo. Nadie quedaría sin entrar al disfrute de las promesas que Dios había establecido incondicionalmente. El mandamiento era claro y preciso: *"Pasa este Jordán, tú y todo este pueblo"*. La unidad de Josué y el pueblo se manifiesta continuamente en el libro a partir de este texto. Ambos, el pueblo y él, formaban una unidad inseparable. Tanto en éxitos como en derrotas, son vistos por el Espíritu como un todo unido. Era el pueblo de Dios a quien se llamaba para ocupar lo que había sido hasta entonces solo una promesa, añorada y saludada de lejos por muchos de sus antepasados. Era Josué a quien se le había comisionado para conducirlo hasta alcanzar la realidad de esta admirable gracia. Las dos partes, Josué y el pueblo, eran una misma unidad como pueblo de Dios, y así se los considera en el texto bíblico.

La tierra que iban a poseer era un regalo de Dios. Debían pasar *"a la tierra que yo les doy"*. No la recibían por méritos personales ni la alcanzaban como botín resultante de su capacidad militar; era un don gratuito de Dios. Moisés había recordado esa verdad a un pueblo dado a olvidar fácilmente los favores de Dios. Es verdad que recibían la tierra porque eran *"un pueblo santo, escogido y especial"* para Dios, *"más que todos los pueblos que están sobre la tierra"* (Dt. 7:6), pero, a su vez, debían tener siempre presente que ellos eran *"el pueblo más insignificante de todos los pueblos"* (Dt. 7:7). Dios les entregaba esa tierra por amor y fidelidad a su pacto (Dt. 7:8). Esa bendición divina debía estar continuamente presente en su recuerdo (Dt. 8:1, 2, 5, 6, 11, 12; 9:4-6). El Señor que les entregaba la tierra los había librado antes de la esclavitud de Egipto y los había conducido providencialmente durante los cuarenta años en el desierto con un solo propósito: *"para a la postre hacerte bien"* (Dt. 8:16). La gracia —y solo la gracia— les concedía posesionarse de sus riquezas y entrar a disfrutar los bienes de una tierra que *"fluía leche y miel"* (Dt. 26:15). Es cierto que el cumplimiento de la promesa no se alcanzaría en plenitud en aquel entonces debido a la condición del pueblo, sin embargo, el pacto permanece, y la fidelidad de Dios lo llevará al cumplimiento perfecto en el reino mesiánico de Jesucristo, cuando los verdaderos hijos de Abraham —no solo por descendencia natural sino por condición espiritual (Ro. 9:6, 7; 11:25-27)— pasarán a disfrutar de la herencia terrenal prometida.

Josué es figura de Cristo en el sentido de formar también una unidad con su pueblo. El programa de Dios para esta dispensación tiene que ver directamente con esta realidad espiritual. La Iglesia es esencialmente *"un cuerpo en Cristo"* (Ef. 1:22-23). La unidad que Cristo ha establecido para este pueblo no es temporal o imperfecta, sino absoluta y eterna (Jn.17:11, 21). El Espíritu Santo es el agente que establece la unidad del cuerpo mediante el bautismo en Cristo (1Co. 12:13). Por la acción de este bautismo todos los creyentes son incorporados en Cristo y quedan revestidos de Él (Gá. 3:27). La unidad es, pues, una obra del Espíritu (Ef. 4:3). Todas las victorias de la iglesia están vinculadas y relacionadas íntimamente con Cristo: *"Mas a Dios gracias, el cual nos lleva siempre en triunfo en Cristo Jesús"* (2Co. 2:14). De igual manera, las promesas de Dios son una realidad para el creyente en Cristo Jesús. Desvinculado de Él no hay ningún tipo de esperanza. Solo en Él su pueblo llega a ser *"herederos de Dios y coherederos con Cristo"* (Ro. 8:17). Separados de Cristo no hay recursos de poder (Jn. 15:5). Solo en la unión en Él y en la comunión con Él el creyente puede decir como Pablo: *"Todo lo puedo en Cristo que me fortalece"* (Fil. 4:13). Josué entraría con el pueblo a ocupar la tierra de la promesa; de igual manera, el creyente entrará con Cristo para disfrutar de la herencia reservada en el cielo (1Pe. 1:3-5). Posicionalmente en Cristo el creyente está ya en los lugares celestiales (Ef. 2:6). Las promesas de Dios y las bendiciones que corresponden a la posición actual ya en el reino (Col. 1:13) son una realidad cotidiana para la iglesia. Sin embargo, en un glorioso futuro, la admirable dimensión de la herencia de Dios en Cristo se hará realidad plena cuando la iglesia sea tomada del lugar de su peregrinación e introducida con Cristo en la gloria, donde, según Pablo, *"estaremos siempre con el Señor"* (1Ts. 4:17). En ese momento se producirá la *"redención de la posesión adquirida"* (Ef. 1:14) y la gracia operante en la salvación, concluirá con la glorificación del pueblo de Dios.

Ningún creyente dejará de entrar al disfrute de las promesas eternas en Cristo Jesús. La frase dicha a Josué: *"pasa tú... y todo este pueblo"* es una notoria figura de la seguridad de la salvación en Cristo Jesús. Nadie que haya sido dado a Cristo podrá perderse. Jesús mismo lo enseñó claramente. El pueblo encomendado por Dios a su cuidado ha de ser custodiado por Él hasta entrar a la segura posesión de las promesas de gloria: *"Y esta es la voluntad del Padre, el que me envió: Que de todo lo que me diere, no pierda yo nada, sino que lo resucite en el día postrero"* (Jn. 6:39); y aún añade: *"Yo les doy vida eterna; y no perecerán jamás, ni nadie las arrebatará* [a Sus ovejas] *de mi mano"* (Jn. 10:28). Toda la experiencia del creyente está vinculada con el Señor. Tanto en vida como en muerte es de Él. El salvo ha sido unido vitalmente a Cristo y no puede alcanzar victoria alguna fuera de Él. Las victorias de Josué eran victorias de todo el pueblo y este no debía moverse sin la conducción de aquel. Del mismo modo, la victoria del creyente es consecuencia de la victoria del Señor. Los triunfos del cristiano no son sus propios triunfos, sino la experiencia del poder de Cristo en él. El salvo ha sido unido a Cristo tanto en su muerte como en su resurrección, por ello solo puede vivir victoriosamente en esa misma unión (Jn.15:4-5).

Una nueva lección espiritual tiene que ver con la herencia prometida para el creyente. Canaán es figura de los *"lugares celestiales en Cristo"* (Ef.1:3). La ciudadanía del cristiano es una ciudadanía celestial (Fil.3:20). De igual manera, la herencia es también una herencia celestial. Dios la ha reservado para los suyos (1Pe. 1:4). Sin embargo, tal vez pudiera surgir la preocupación íntima en el cristiano, no tanto sobre la herencia que *"está reservada en los cielos",* sino sobre su propia persona en cuanto a la seguridad plena de llegar a alcanzarla. La gracia de Dios guarda no solo la herencia, sino también al mismo creyente, que es también *"guardado por el poder de Dios mediante la fe"* (1Pe. 1:5). La promesa de Dios está dada y es firme (Jn. 14:1-4), pero sobre ello el creyente ha recibido una garantía segura de parte de Dios mediante el sello del Espíritu (Ef. 1:13-14). El creyente puede, por la fe, disfrutar de la seguridad de la herencia de Dios en Cristo. Las dificultades de la peregrinación se ven mitigadas por la seguridad de la gloria que se espera. Cada lamento del camino, cada dificultad frente a enemigos produce en el cristiano *"un cada vez más excelente y eterno peso de gloria"* (2Co. 4:17). La fe, única manera de vida cristiana, anticipa el disfrute de lo que se espera, de tal modo que *"La fe es una forma de poseer lo que se espera, un medio de conocer las cosas que no se ven"*[2] (He. 11:1), textualmente ἔστιν δὲ πίστι" ἐλπιζομίνων ὑπόστασι", πραγμάτων ἔλγξο" οὐ βλεπομένων. Cómo peregrino el creyente es probado para su propio perfeccionamiento (Stg. 1:4), pero siempre sustentado por el poder de Dios y recibiendo la provisión necesaria para cada jornada del desierto. Al mismo tiempo, puede, no solo elevar sus ojos esperanzados al cielo, sino entrar en ese mismo lugar para obtener todos los recursos necesarios y el poder preciso para disfrutar de la victoria que Cristo ganó para él (He. 10:19; 4:16).

3. Yo os he entregado, como lo había dicho a Moisés, todo el lugar que pisare la planta de vuestro pie.

El ánimo necesario para emprender la marcha hacia la tierra prometida procede de estas palabras de Yahveh. La promesa dada a Abraham fue reiterada también a Moisés. La disciplina que Dios aplicó a Moisés —privándole de entrar con el pueblo a la tierra prometida a causa de su desobediencia (Nm. 27:12-14)— no afectaba al cumplimiento de la promesa divina, en razón de la fidelidad de Dios a su palabra. Antes de morir, había podido divisar una amplia panorámica de la tierra desde el monte Nebo, en sistema montañoso de Abarim (Dt. 32:49) y en aquella ocasión Dios manifestó a Moisés que Él mismo se la daría a los hijos de Israel (Nm. 27:12). Otra vez reitera su promesa delante de Josué, pero de forma mucho más enfática: *"yo os he entregado"* (ªaser ªänökî nötën läkem), literalmente: *"que yo estoy para entregarles"*. Los hebreos iban a ocupar un terreno de victoria, que Dios mismo les entregaba. Cada palmo de terreno que aquellos ocuparan les sería dado por Dios, conforme a Su propósito. Canaán no era una tierra de enemigos que pudiera aterrorizarles

---

[2] Biblia Cantera-Iglesias. Madrid, 1975.

como había ocurrido en Parán. Allí los que exploraron la tierra consideraron que no serían capaces de ocuparla a causa de los pueblos que vivían en ella. Los gigantes que vieron las ciudades amuralladas con que se encontraron, los habían llevado a una conclusión humana, al margen de la fe: *"No podremos subir contra aquel pueblo, porque es más fuerte que nosotros"* (Nm. 13:31). Ahora no tenían que esforzarse para tomar posesión de la tierra, solo pisarla. Dios era el que se ocuparía de entregársela palmo a palmo, mientras ellos iban avanzando sobre ella como si de un paseo se tratara. La conquista no era del pueblo, sino de Dios. La victoria sería también suya y, por tanto, de su pueblo. Canaán debía ser considerado por ellos como un terreno de victoria que tan solo debían ocupar.

Dios es el mismo hoy como lo fue entonces. Sus promesas, el modo de hacerlas y quien las hace son idénticos. El Dios del Nuevo Testamento es el mismo Dios del Antiguo Testamento. No hay diferencia alguna ni en cuanto a Dios mismo, ni en cuanto a su modo de comportamiento. Para algunos, el Dios del Antiguo Testamento es un Dios despótico e incluso cruel, distante y justiciero, mientras que el del Nuevo es bonachón, dispuesto a soportar a sus criaturas y a darles cuanto le pidan. La verdad bíblica identifica plenamente a Dios y su modo de actuar inalterable en el tiempo. Dios, en el Antiguo Testamento, es tan clemente y misericordioso como en el Nuevo Testamento (Éx. 34:6-7) y en el Nuevo tan justo y actuante contra el pecado como en el Antiguo (He. 10:30-31). Si el comportamiento de Dios es igual siempre, también será así en cuanto a sus promesas. Dios es fiel (2Ti. 2:13), y esa fidelidad le exige el cumplimiento fiel de lo que ha prometido. Así lo enseña la Escritura: *"Porque todas las promesas de Dios son en Él Sí, y en Él Amén"* (2Co. 1:20). El creyente debe tomar por la fe todas Sus promesas, seguro de que tendrán cumplimiento en el momento preciso y oportuno. El cristiano ha sido puesto por Dios en un terreno de victoria. Sus enemigos son incapaces de impedir que las bendiciones de las promesas divinas no se hagan efectivas para él. Es cierto que el pleno disfrute de las bendiciones y herencia ocurrirá cuando el creyente entre en la presencia de Dios, pero no es menos cierto que ya ocupa ahora un terreno de victoria en Cristo Jesús. Dios que ha entregado a su Hijo por nosotros *"¿Cómo no nos dará también con Él todas las cosas?"* (Ro. 8:32).

Así escribe Newell:

"¿Cómo no nos dará también con Él libremente todas las cosas? Una vez entregado el gran don, el don indescriptible ¡todo lo demás es seguro! ¿Cómo no nos dará con Él...? Dios no ha perdonado a su Hijo, ¿qué importa todo lo demás comparado con Él? Dios nos ha abierto Su corazón; nos ha perdonado; nos ha dado lo mejor que tiene. Su todo, es

decir, Cristo. Ahora, con Él, viene todo lo demás. No podría ser de otro modo con Dios. ¿Podría negarnos bagatelas después de habernos dado a su querido Hijo? ¡Porque todas las cosas de esta creación, más todavía, todos los dones o bendiciones que Dios pudiera darnos ahora o en el futuro, no son nada, al compararse con Cristo![3]*".*

La identificación con Cristo sitúa al creyente en Él, en lugares celestiales (Ef. 2:6). La derrota espiritual que era la forma natural de vida para el pecador no regenerado, se cambia en victoria para quien tiene a Cristo y es de Cristo, el cual *"...nos ha librado de la potestad de las tinieblas, y trasladado al reino de su amado Hijo"* (Col. 1:13). El Señor y los creyentes forman una unidad espiritual que permite a estos compartir las victorias de Aquel. La realidad y dimensión de esa bendición es total: *"... todo es vuestro... sea el mundo, sea la vida, sea la muerte, sea lo presente, sea lo por venir, todo es vuestro, y vosotros de Cristo, y Cristo de Dios"* (1Co. 3:22-23). La promesa de victoria debe ser aceptada plenamente por cada cristiano. El Señor no ha previsto una vida de victorias parciales o relativas, un poco en triunfo y un poco en fracaso, sino una vida de victoria plena y continua (2Co. 2:14). El Resucitado ha recibido el nombre que expresa toda la autoridad y poder de Dios (Fil. 2:9-11). Este exaltado está siempre con los suyos según su promesa (Mt. 28:20). En razón de la posición vinculante con él, cada creyente puede afirmar con Pablo: *"Antes, en todas estas cosas somos más que vencedores por medio de Aquel que nos amó"* (Ro. 8:37). La verdadera seguridad del creyente está en el operar de la gracia. Es Dios quien otorga libre y soberanamente sus bendiciones, no por méritos, sino según su propósito, para lo cual Su poder actúa en la ejecución de sus propósitos de victoria para sus santos. Jesucristo es Emanuel, *"Dios con nosotros"*, pero aún más, es también *"Dios por nosotros"* (Ro. 8:31), en razón del pacto de redención. Es en Cristo, el Hijo de Dios, que Dios mismo se une a cada creyente en una acción de plena libertad, sin limitaciones. Lo hace, no por lo que el creyente es, sino por el singular y eterno propósito de su soberanía. En este unirse al creyente, une a su vez al creyente con Él. Al hacerse el Dios personal de cada cristiano, llega a ser para cada uno lo que Él es en sí mismo. Sus atributos personales comunicables o incomunicables están involucrados en esa unidad espiritual, haciéndose para cada uno de los suyos amante, santo, paciente, omnipotente y omnipresente. Como Dios de la gracia, actúa en favor y beneficio del creyente que ha sido objeto de esa gracia y alcanzado por ella. La responsabilidad penal de cada uno a causa del pecado, tanto en su pasado, como en su presente y futuro, es enteramente cancelada por haber sido asumida por Cristo y resuelta por

---

[3] William R. Newell. *"Romanos: versículo a versículo"*. Michigan 1984.

Él. Dios ha dejado de ser enemigo del creyente para hacerse de cada uno, en forma efectiva, más que su amigo, su Padre en plena comunión. Por tanto, ninguna cosa debiera alterar el ánimo del creyente. Cuando Dios dice: *"os daré todo lo que pise la planta de vuestro pie"*, no puede haber duda; solo la absoluta seguridad de que así ocurrirá. El creyente descansa plenamente porque *"si Dios es por nosotros, ¿quién contra nosotros?"* (Ro. 8:31).

4. Desde el desierto y el Líbano hasta el gran río Éufrates, toda la tierra de los heteos hasta el gran mar donde se pone el sol, será vuestro territorio.

Estos son los límites de la tierra que Dios entregaba a Israel en aquel tiempo. Los límites fueron establecidos por Dios mismo. El lugar de las bendiciones estaba perfectamente delimitado. Este territorio nunca fue poseído totalmente por Israel. Ni siquiera en tiempos de Salomón llegaron a ocuparlo, por cuanto quedó un sector de costa, al norte del país en manos de los fenicios, y otro de la costa sur en manos de los filisteos. La extensión de la *tierra de la promesa* dada a Abraham de un modo genérico era mucho mayor: *"...a tu descendencia daré esta tierra, desde el río de Egipto hasta el río grande, el río Eúfrates; la tierra de los ceneos, los cenezeos, los cadmoneos, los heteos, los ferezeos, los refaítas, los amorreos, los cananeos, los gergeseos y los jebuseos"* (Gn. 15:18-21). Los límites precisos y detallados de la tierra a ocupar por Israel en los momentos de la conquista se refieren a Canaán y habían sido dados antes por Dios a Moisés, por lo que no hacía falta expresarlos de nuevo (Nm. 34:1-15). Desde el lugar en donde se encontraba acampado el pueblo de Israel, al borde del Jordán frente a la parte central de Canaán, se extendía para ellos una parte del territorio que había de ser ocupado. En dirección oeste llegarían hasta el Mediterráneo, *"el gran mar"* donde se ponía el sol. En dirección este, tendrían que llegar hasta el gran río Éufrates. Sin embargo, estos son límites genéricos de la heredad que Dios estaba dispuesto a entregarles entonces.

La tierra prometida detallada por Dios a Moisés alcanzaba por el sur y suroeste desde *"el desierto"* (*hammidbär*), prácticamente la extensión de terreno poco habitada que rodea a Canaán. Según el detalle de Moisés, el límite territorial por el sur se establecía así: *"Tendréis al lado del sur desde el desierto de Zin hasta la frontera de Edom; y será el límite del sur al extremo del mar salado hacia el oriente. Este límite os irá rodeando desde el sur hasta la subida de Acrabim, y pasará hasta Zin; y se extenderá del sur a Cades-barnea; y continuará hasta Hasar-adar y pasará hasta Asmón. Rodeará este límite desde Asmón hasta el torrente de Egipto, y sus remates serán al occidente"* (Nm. 34:2-5). Uno de los límites es el extremo sur del mar Muerto y desde ahí se extendían los límites hacia el oeste y el este. Hacia el poniente, partía en dirección suroeste hasta el oasis de Cades-barnea. Desde ese lugar, ascendía ligeramente en dirección noroeste hasta llegar a Hasar-adar. La localización de este punto es difícil. Desde ahí seguía más en dirección oeste hasta llegar a Asamón, o Asmón, igualmente difícil de definir con precisión. Seguía la línea de la frontera sur hasta el *"torrente de Egipto"*, el *Wadi-el Arîsh*, que discurre en dirección noroeste, hasta desembocar en el mar Mediterráneo. Se observa que la línea del *"torrente de Egipto"* es la frontera natural que separa el Neguev y el Sinaí.

De la frontera sur, el texto bíblico pasa a establecer los límites de la frontera norte: *"y el Líbano hasta el gran río Éufrates"*. Desde la descripción de los límites dados por Moisés, la demarcación del norte quedaba establecida por Dios de esta manera: *"...desde el mar Grande trazaréis al monte de Hor. Del monte de Hor trazaréis a la entrada de Hamat, y seguirá aquel límite hasta Zedad; y seguirá este límite hasta Zifrón, y terminará en Hazar-enán; este será el límite del norte"* (Nm. 34:7-9). Algunos de los lugares mencionados no han podido ser identificados, sin embargo, es posible establecer unos límites muy aproximados, siguiendo una línea desde el norte de Biblos hasta el desierto situado al este de Damasco, pero más al norte de esta ciudad. No es posible determinar el monte Hor, que no debe ser confundido con otras referencias que aparecen a un monte de ese nombre en el Pentateuco, situado en la frontera de Edom (Nm. 20:23), lugar donde fue designado Eleazar como sucesor de Aarón (Nm. 20:26) y donde este también murió (Nm. 20:27-29). Este monte de Hor tenía que estar situado en la zona norte de la tierra que Dios daba a Israel; seguramente que el nombre era común y varios montes podrían haberse llamado de la misma manera. La *"entrada de Hamat"* debe referirse a la parte septentrional del valle entre el Líbano y el Antelíbano, que permite el acceso a la provincia de Siria con esa denominación. Allí nacen dos ríos: uno, el Orontes, que discurre hacia el norte y desemboca luego en el Mediterráneo, y el otro, el Leontes, que corre hacia el sur, regando el valle de la *Beqa'a*, virando repentinamente hacia el oeste para desembocar también en el Mediterráneo. Siguiendo la línea se alcanzaría Zedad, ciudad cuyo nombre aún conserva hoy, al nordeste del Monte Hermón. De ahí seguía a Zifrón, lugar indeterminado de Siria, continuando hasta Hazar-Enán, cuya localización no es segura.

Los límites por el este quedan establecidos por el *"gran rió Éufrates, toda la tierra de los heteos"*. Da la impresión que estos límites son mayores que los que Moisés recogió en sus escritos. Para la determinación correcta es necesario acudir nuevamente a las demarcaciones establecidas por Moisés: *"Por el límite del oriente trazaréis desde Hazar-enán hasta Sefam; y bajará este límite desde Sefam a Ribla, al oriente de Aín; y descenderá el límite y llegará a la costa del mar de Cineret, al oriente. Después descenderá este límite al Jordán, y terminará en el mar Salado"* (Nm. 34:10-12). Los límites, siguiendo las localizaciones determinadas actualmente, debían descender rápidamente en dirección sur-suroeste bordeando el Hermón hasta alcanzar Hazar-enán que algunos piensan que pudiera ser Banías, una de las fuentes del Jordán, la más oriental de las cuatro fuentes de las que fluye el río. Está situada al pie de un formidable precipicio de piedra ferrosa y color rojizo, a una altura de 515 m sobre el nivel del mar, pero que desciende 183 m en sus primeros 9 kilómetros. En un breve trayecto de 17 kilómetros, el río se integra con las otras corrientes para formar el Jordán, siguiendo luego como una sola corriente hasta llegar al Lago Hule y proseguir hasta alcanzar finalmente el mar Muerto. La frontera, por tanto, debía bordear el Hermón y descender hasta encontrarse con el curso del Jordán, siguiendo este, como límite, hasta el mar Salado.

Finalmente, el límite occidental del territorio era el mar Mediterráneo, como también había escrito Moisés: *"El límite occidental será el mar Grande; este límite será el límite occidental"* (Nm. 34:6).

El territorio prometido a Abraham es mucho mayor. Siempre los propósitos de Dios y sus promesas son mucho mayores que las que sus hijos son capaces de alcanzar. Las fronteras genéricas de la tierra prometida a Abraham delimitarían un territorio que se extiende desde el *"río de Egipto"* por el sur, hasta la *"entrada de Amat"* al norte; y desde el Éufrates al este hasta el mar Mediterráneo por el oeste. Hecho un cálculo aproximado se trata de un territorio de unos 156.000 kilómetros cuadrados. Sin embargo, lo que los israelitas tenían establecido como territorio para conquistar, incluyendo los territorios que ya poseían al este del Jordán, no excedería de unos 26.400 kilómetros cuadrados, semejante a la superficie actual de su territorio.

Dios estaba dando a Josué la seguridad de que las promesas hechas a Abraham iban a ser cumplidas inmediatamente. La condición de peregrinos estaba a punto de terminar, tan solo tenían que atravesar el Jordán. Nunca más serían un pueblo de esclavos, con la sola condición de que asumiesen el compromiso de fidelidad y obediencia a Dios. Canaán era para ellos el lugar de las bendiciones. A la vista del texto surgen algunas preguntas: ¿por qué una porción más pequeña que la prometida a Abraham?, ¿fracasó Dios en su intento de darles toda aquella tierra?, ¿modificó Dios la promesa?, ¿por qué razón la promesa de Dios: *"Será vuestro territorio"*, aun tratándose de una extensión mucho más pequeña, no tuvo cumplimiento? Las razones se manifiestan claramente en el contenido del libro, y podrán apreciarse a medida que se estudia el texto. Sin embargo, es preciso notar que la frase que expresa la promesa está en tiempo futuro: *"será vuestro territorio"*. Quedaba condicionada al cumplimiento de la demanda establecida antes: *"todo lugar que pisare la planta de vuestro pie"*. La tierra tenía que ser ocupada personalmente. Esto implica expulsar de ella a todos los enemigos que la poseían entonces. No se habla tanto de combatir, sino de ocupar. No sería el resultado de una acción poderosa del pueblo lo que iba a traer como resultado tomar posesión del territorio, sino la aceptación por fe de las promesas de Dios y la obediencia a Su voluntad. La promesa tendrá un cumplimiento pleno en el reino milenial de Jesucristo, cuando el Señor reine *"de mar a mar y desde el río hasta los confines de la tierra"* (Zac. 9:10). Lo que los hombres —incluso los creyentes— no son capaces de alcanzar por sus imperfecciones, Dios lo ha resuelto hacer por medio de Cristo, el *"Hombre"* perfecto, quien satisface todas las demandas divinas y garantiza la concreción de los pactos abrahámico, palestínico y davídico en un glorioso futuro.

Canaán era el lugar de las bendiciones y solo se podía disfrutar de ellas dentro de los límites que Dios había establecido. De igual manera para el creyente de hoy, Dios ha dispuesto de todas las bendiciones que descansan en sus promesas. Sin embargo, todas ellas pueden alcanzarse en la medida en que el creyente se mantenga dentro de los límites establecidos por el Señor para una plena esfera de comunión con Él. Es fácil caer en la alegorización del texto al buscar una aplicación espiritual *más profunda*, pero cada una de las delimitaciones del territorio de las promesas puede ser aplicada en sentido espiritual. Por un lado, está la frontera del *desierto*. El pueblo de Israel sabía bien lo que significaba esa palabra. Había sido el lugar de peregrinación durante los cuarenta años anteriores a consecuencia de su pecado. En aquel lugar habían sufrido los contratiempos y aflicciones descritos en el Pentateuco. Era una zona de muerte y desolación. Espacio donde se habían producido los juicios de Dios a causa del pecado. Era un territorio separado de la tierra de bendiciones que estaba al otro lado del Jordán. La tierra de la promesa no estaba en el desierto, sino rodeada por este. Para poseer la bendición habían de salir del desierto y entrar en la tierra. La aplicación espiritual es sencilla. El desierto habla de la condición de muerte propia del mundo. Era la esfera espiritual natural para el hombre antes de entrar en el disfrute de la salvación en Cristo Jesús. Un lugar de profunda soledad espiritual: *"sin Cristo... y sin Dios en el mundo"* (Ef. 2:12); de muerte espiritual (Ef. 2:5); de desesperación y de *"desesperanza"* (Ef. 2:12).

Dios, en su gracia, ha tomado al creyente para que sea, junto con todos sus hermanos, heredero de todas las riquezas en Cristo. Estos están en el mundo, pero ya no son del mundo (Jn. 17:16). Delante de ellos, al otro lado del Jordán, se extiende la tierra de las bendiciones, que son ahora la *Canaán* del creyente, a las que este accede por medio de la Palabra y del poder del Espíritu en unión y comunión con Cristo. No es necesario identificar a Canaán siempre con el cielo y esperar el cumplimiento de las promesas de Dios cuando se atraviese el Jordán, tomando esto como ilustración de la muerte. El creyente pertenece a un pueblo celestial, habiendo sido introducido *potencialmente* en los lugares celestiales *con* y *en* Cristo Jesús (Ef. 2:6). La condición celestial del creyente es un hecho presente y no una esperanza futura, ya que *"nuestra ciudadanía está en los cielos"* (Fil. 3:20). Es cierto que la absoluta plenitud de todas las riquezas de esta condición celestial, que corresponden a la herencia de Dios en Cristo, está reservada para el cristiano en el cielo (1Pe. 1:4). Pero mientras la glorificación no se produzca, el creyente puede entrar en la posesión y disfrute de las bendiciones de Dios, con la condición de que exista una verdadera separación del mundo. Intentar disfrutar de las bendiciones de Dios y de la amistad del mundo es imposible. La separación del mundo y sus cosas no es una recomendación que la Biblia establece para el creyente, sino un mandamiento que debe ser obedecido (1Jn. 2:15-17). Vivir en el *desierto* es privarse de gozar de la tierra de bendición. Dicho de otro modo: o el creyente está en una esfera donde pueda disfrutar de las bendiciones de Dios porque está en comunión con Él, o no puede alcanzarlas si vive en la esfera de la enemistad con Él (Stg. 4:4). La Escritura exhorta a cada creyente a salir de toda relación con el pecado para entrar al disfrute pleno de las bendiciones de Dios: *"Por lo cual, salid de en medio de ellos, y apartaos, dice el Señor, y no toquéis lo inmundo y yo os recibiré, y seré para vosotros por Padre, y vosotros me seréis hijos e hijas, dice el Señor Todopoderoso. Así que, hermanos, puesto que tenemos tales promesas, limpiémonos de toda contaminación de carne y de espíritu, perfeccionando la santidad en el temor de Dios"* (2Co. 6:17-7:1).

Al segundo límite que marca la frontera del lugar de las bendiciones se le llama *"la gran montaña"*, probablemente en el texto se esté refiriendo a la cordillera del Líbano. En la Biblia la montaña es figura de poder. En este caso del falso poder que se manifiesta en el mundo sin Dios. El poder del hombre descansa en la carne, por tanto, es un poder ajeno a la fe. Toda acción que el creyente ejecute fuera de la esfera de la fe, en la cual debe vivir (Gá. 2:20), no puede ser del agrado de Dios (He. 11:6). Los hombres han descansado en su propia fuerza personal, lo que la Biblia llama el *"brazo de la carne"*. Han descansado en un poder ficticio. Una confianza así conduce al fracaso. Dios llama *"maldito"* al hombre que se afianza en tal poder, porque todo lo que proceda de la fortaleza humana, se aleja de la única fuente de poder que es Dios mismo. No puede haber solidez ni seguridad cierta en un poder que es tan aparente y frágil como la *"retama en el desierto"*, y su habitación no será en tierra de promisión, sino la *"despoblada y deshabitada"* (Jer. 2:5-6). El límite de la *"gran montaña"* adquiere un significado elocuente al considerarlo a la luz de la iglesia de Laodicea, cuya confianza estaba en la *gran montaña de su poder personal*, mientras Aquel que tiene todo el poder en el cielo y en la tierra (Fil.2:9-11) estaba marginado de ella. El Todopoderoso estaba a la puerta de la iglesia, esto es, apartado del lugar de honor que le corresponde en la congregación, mientras que la iglesia disfrutaba de la vanidad de una gloria aparente. Una situación así es una temeridad. Dios pone en evidencia lo que era realmente su condición por confiar en su poder, que los convertía en *"desventurados, miserables, pobres, ciegos y desnudos"* (Ap. 3:17). Ignoraban voluntariamente que separados de Cristo *"nada podían hacer"* (Jn. 15:5). No es con fuerza propia con lo que se alcanza el éxito en la obra de Dios, sino con la dependencia absoluta del Espíritu Santo (Zac. 4:6). Las bendiciones de Dios sobre el creyente y las iglesias se alcanzan desde la condición de pobreza y humildad de espíritu, donde la arrogancia del viejo *yo* queda supeditada al Señor aceptando su señorío.

El tercer límite que establece y distingue el lugar de las bendiciones está marcado por el *"gran río"*, figura de lo que representa la gloria y prosperidad del mundo. El Éufrates regaba lugares donde la grandeza de la civilización humana se manifestó a lo largo de siglos. Tiene que ver, esta ilustración, con las riquezas terrenales. Aquí aparece un nuevo contraste entre la visión del hombre caído y la que debiera tener el salvo. El mundo pone su vista en las riquezas temporales. Miles de personas están dispuestas a cometer cualquier transgresión legal o moral, con tal de alcanzarlas. Algunos creyentes están engañados e introducidos en esta misma dinámica. Tal vez olvidan que las verdaderas riquezas no están en el *gran río*, sino en *Canaán*. El gran río de las riquezas solo conduce al fracaso espiritual. El apóstol Pablo enseña claramente que el creyente debe orientar su vista hacia las riquezas celestiales apartándola de las temporales (Col. 3:1-2). El Señor abordó esta misma enseñanza en el *Sermón de la Montaña*, cuando enseñó sobre el afán y la ansiedad, como algo que debiera estar lejos de la vida del creyente (Mt. 5:25-34). Es cierto que no es menos espiritual quien tiene muchas posesiones y más aquel que carece de recursos propios. Unir pobreza con espiritualidad y riqueza con pecado es también una forma que los creyentes poco maduros —espiritualmente hablando— adoptaron para medir a quienes tienen posesiones terrenales, cuando tal vez ellos no disfrutan de lo mismo. Es, en este sentido, una manifestación de la envidia disfrazada con la toga hipócrita de la espiritualidad. Ha habido —y la Escritura lo revela claramente— hombres de Dios con muchas posesiones. ¿Quién puede ignorar que esto ocurría con Abraham, el amigo de Dios? ¿No pasaba lo mismo con el justo Job? ¿No es cierto también que Bernabé el *"hijo de exhortación"* tenía posesiones (Hch. 4:37) y, sin embargo, era desprendido, lleno del Espíritu Santo (Hch.11:24) y hombre de consolación? El problema no consiste en tener o no tener riquezas, sino en amar las riquezas, orientar la vida para conseguirlas, poniéndolas en el lugar del Señor y de Sus asuntos, y confiar en ellas. Se debería tener en cuenta que los bienes materiales son también *vanidad* (Ec. 2:1-11) y que quien los anhela, sobre todo, está en el mejor camino para caer en el lazo del diablo y extraviarse de la fe (1Ti. 6:9-10). El terreno de las bendiciones celestiales está fuera de los límites de la *"gran montaña"*. El creyente que desee disfrutar de las bendiciones de Dios tiene que dejar el señorío de las riquezas para sujetarse al señorío de Cristo (Mt. 6:24).

El cuarto límite de la tierra de bendición era el *"gran mar"*. La Biblia utiliza el mar como figura de las naciones agitadas de este mundo. La Escritura compara también la vida fuera de la fe como rodeada de inquietud, comparándola a una ola del mar empujada de un lado para otro por el viento, para enseñar que no hay bendiciones en esa situación (Stg. 1:6-7). La tierra de las promesas es un remanso de paz para el pueblo de Dios. Los israelitas habían vivido años de inquietud en Egipto, luego las incomodidades de un largo peregrinaje y, por fin, se les ofrece la perspectiva de un lugar de paz, lejos de sus enemigos y preocupaciones. Del mismo modo, en el terreno espiritual, el creyente ha experimentado la inquietud del mundo antes de conocer a Dios y, como realidad en aquella situación, la ausencia de paz propia del impío (Is. 59:8). En la identificación con Cristo surge la verdadera paz, que es comunicada por Él: *"La paz os dejo, mi paz os doy; yo no os la doy como el mundo la da. No se turbe vuestro corazón ni tenga miedo"* (Jn.14:27). El mundo solo produce inquietud y aflicción para el creyente (Jn. 16:33), por tanto, la paz se disfruta fuera de sus límites, del *"gran mar"*, con sus luchas e inquietudes, para vivir de las bendiciones celestiales a las que se accede por medio de Cristo.

5. Nadie te podrá hacer frente en todos los días de tu vida; como estuve con Moisés, estaré contigo; no te dejaré, ni te desampararé.

Dos promesas se unen y se complementan. Por un lado, la entrega de la tierra en manos del pueblo de Israel. Por otro, la del auxilio divino en favor de quien había sido llamado para conducirlo como sustituto de Moisés. La primera promesa (vv. 3-4) está dirigida a todo el pueblo, la segunda a Josué. Dios le promete su apoyo permanente al igual que había hecho con Moisés, por tanto, nadie podría detenerle en la misión encomendada. El compromiso divino abarca tres aspectos: primeramente, la garantía de victoria frente a quienes trataran de hacerle frente; luego, la de compañía continuada como había ocurrido con Moisés; finalmente, la de protección y amparo. Era la provisión para tres grandes necesidades que, probablemente, gravitaban ya en el alma de Josué. Por un lado, había de enfrentarse a enemigos poderosos, bien entrenados para la guerra. Él mismo, años antes, junto con los otros exploradores enviados por Moisés, habían recorrido aquella tierra en la que vieron las grandes ciudades amuralladas, gigantes que habitaban en ella y ejércitos más experimentados que los de Israel. En segundo lugar, Josué conocía bien la condición del pueblo que tenía que conducir. Había visto muchas veces un estado de resistencia, manifestada en murmuraciones contra Moisés, e incluso en revueltas de oposición a su liderazgo que solo la intervención de Dios —como ocurrió en el caso de Coré y los suyos (Nm. 16)— pudo solucionar. No era un pueblo fácil de conducir, sino todo lo contrario. En alguna ocasión Dios mismo había expresado a Moisés su deseo de destruirlos y hacer un pueblo nuevo que tuviera un comportamiento diferente con Él, como cuando hicieron y adoraron al becerro de oro al pie del Sinaí (Éx.32:10). La intercesión de Moisés pudo detener lo que hubiera significado el aniquilamiento de la nación a causa de su pecado. Allí, Moisés había pedido a Dios que su presencia continuara con el pueblo a pesar de su condición: *"Si tu presencia no ha de ir conmigo, no nos saques de aquí"* (Éx. 33:15). Él sabía que la presencia de Dios junto a él y en medio del pueblo era la única garantía de bendición y victoria. Posiblemente Josué estaba pensando en los muchos fracasos espirituales que Israel experimentaría en el futuro. El Señor se anticipa a la preocupación de Josué prometiéndole el mismo comportamiento que había tenido con Moisés. La tercera promesa vendría a proveer aliento para los momentos de inquietud y dificultades que Josué tendría que afrontar en su próxima experiencia. Él había visto a Moisés en una profunda depresión debido a la tensión que le generaba la conducción del pueblo, hasta el punto de pedir al Señor su muerte antes de seguir en aquella situación (Nm. 11:11-15). No podía esperar él menos dificultades. Pero Dios se anticipa a cualquier situación inquietante por la que tuviera que pasar prometiéndole el amparo necesario: *"No te dejaré, ni te desampararé"*.

Josué podía confiar. Dios había estado con Moisés para sacar al pueblo de la esclavitud en Egipto y para conducirlo a través del desierto. Lo había traído hasta el Jordán y no iba a dejarlo ahí. Lo introduciría en la tierra y lo establecería en Canaán. Todo cuanto Moisés había hecho con ese pueblo, no había sido en virtud de su poder personal, sino en razón de la ayuda y poder divinos. Posiblemente, Josué no era un hombre de las características de Moisés, de quien la Biblia dice que fue el *"más manso de todos los hombres"* (Nm. 12:3). Nunca se dijo eso de Josué. Aunque ambos tuvieron sus faltas en el servicio, podría estimarse a Moisés como de mayor talla espiritual que Josué. Sin embargo, eso carece de importancia, ya que la ayuda prometida a Josué no está relacionada con sus propias perfecciones personales, sino que es una manifestación de la gracia, como antes había ocurrido con Moisés. La presencia de Dios, con todo lo que conlleva de poder y dirección, no le sería retirada: *"No te dejaré, ni te desampararé"*. Anteriormente había oído la misma promesa por medio de Moisés, cuando le dijo: *"Jehová va delante de ti; Él estará contigo, no te dejará, ni te desamparará; no temas ni te intimides"* (Dt. 31:8). Josué era el instrumento elegido por Dios para ejecutar Su propósito. Estaba puesto soberanamente en el liderazgo del pueblo para cumplir la misión que el Señor le había encomendado. Nadie puede hacer frente a quien tiene a Dios como su fortaleza.

La iglesia, como pueblo de Dios, ha de enfrentarse a situaciones delicadas y difíciles. Tampoco es —como no lo era Israel— un ejemplo continuo de fidelidad al Señor. Quienes tienen la misión de conducir al pueblo de Dios en su marcha espiritual, siguiendo las huellas del *"Príncipe de los pastores"* (1Pe. 5:4), necesitan descansar en las promesas divinas de ayuda y aliento para llevar a cabo el ministerio encomendado. Ellos y cada creyente en el conflicto personal de una esfera espiritual que le es contraria, ante enemigos poderosos que son los hombres impíos y mucho más las *"huestes espirituales de maldad en regiones celestes"* (Ef. 6:12), necesita ser alentado con la promesa de Dios que le asegura su ayuda, protección y consuelo permanentes. Lo mismo que a Josué, nadie puede enfrentarse victoriosamente contra quien está protegido y rodeado por el poder de Dios. El cristiano mira por la fe al futuro, con todos sus conflictos, y dice: *"¿Qué, pues, diremos a esto? Si Dios es por nosotros, ¿Quién contra nosotros?"* (Ro. 8:31). El tiempo transcurre, los momentos cambian, las situaciones son diferentes, pero el poder de Dios es el mismo. No habrá obra, por difícil que sea, que el más sencillo y débil de los creyentes no pueda llevar a cabo apoyándose en el poder de Dios. Podrá estar —según los hombres— a punto de ser aniquilado, pero en esa situación aún dice: *"Todo lo puedo en Cristo que me fortalece"* (Fil. 4:13). Pablo pone a Dios al lado del creyente, del mismo modo que estaba al lado de Josué. ¿Quién es más fuerte que Dios?, por tanto, nadie podrá hacerlo fracasar en su deseo de llevar a cabo la obra de Dios. No obstante, aún hay mayor eficacia para el cristiano. Dios no solo está a su lado, sino que, en base a la obra de Cristo y a la posición en Él, está a *su favor*.

Como escribe Newell:

"De ningún modo significa que Dios está meramente a nuestro lado en nuestros conflictos, sino la actitud de Dios inmotivada e inalterable para aquellos que están en Cristo; Dios está por ellos. Nada en el tiempo, ni en la eternidad venidera, tiene algo que ver con los asuntos que se tratan aquí. Nuestros débiles corazones, propensos a la legalidad y a la incredulidad, con gran dificultad reciben estas poderosas palabras: ***Dios está por nosotros.*** *Póngase el énfasis en donde Dios lo pone, en esta gran palabra 'por'. Dios está por Sus escogidos. Ellos han fracasado, pero Él está por ellos. Son ignorantes, pero el está por ellos... ¿Qué, pues, diremos a esto? Dudarlo es negarlo, porque Dios lo afirma, desde el preconocimiento hasta la glorificación...* Por *tanto, el desafía: '*¿quién contra nosotros?*'. Pablo conocía, como nadie ha conocido jamás, el poder y la malignidad de Satanás y sus huestes, la energía perseguidora de los odiadores del evangelio, la implacable asechanza del Imperio Romano, que había echado la justicia a los vientos y crucificado al Señor de Pablo, y vivía siempre listo, en espera de la ocasión, para echarle mano a él. Sin embargo ¡los desafía a todos! No es asunto de lógica como algunas versiones lo ponen, '*¿quién puede estar contra nosotros?*' sino un reto directo en la arena a todos y a cualquiera en todo el universo imaginable; literalmente,* ***Si Dios por nosotros, ¿quién contra nosotros?****"*[4].

Con la misma seguridad se expresa también Calvino:

"He aquí ciertamente el único apoyo que nos puede mantener firmes en medio de todas las pruebas, porque si Dios está con nosotros, aun cuando todas las cosas sean contra nosotros, podremos, sin embargo, permanecer confiados. El favor de Dios no solamente es un consuelo suficiente para toda tristeza, sino también un defensor bastante poderoso contra todas las tempestades. A esto se refieren tantos testimonios de la Escritura, por los cuales los santos, apoyándose únicamente en el poder de Dios, han osado despreciar valerosamente todo aquello que va en su contra en este mundo: ***Aunque ande en valle de sombra de muerte, no temeré mal alguno, porque tú estarás conmigo*** *(Sal. 23:4).* ***En Dios alabaré su Palabra: En Dios he confiado, no temeré lo que la carne hiciere*** *(Sal. 56:4).* ***No temeré de diez millares de pueblos que pusieren cerco contra mí.*** *(Sal. 3:6); pues no hay poder en la tierra ni arriba de ella capaz de resistir la potencia de Dios. Por esta razón, teniéndole a él como defensor, nada debemos temer"*[5].

---

[4] Niwell. o.c., pág.271-272.

[5] Juan Calvino. *"Epístola a los Romanos"*. Michigan 1977. Pág. 223.

6. Esfuérzate y sé valiente; porque tú repartirás a este pueblo por heredad la tierra de la cual juré a sus padres que la daría a ellos.

Dios confirma directamente a Josué, lo que antes le había dicho Moisés (Dt.31:6,8). Josué había sido presentado como el sucesor en el servicio. Era el conductor del pueblo y era, por tanto, como Moisés, el servidor de Dios. A todo siervo se le demandan esfuerzo y valentía. Pero más que valentía lo que Dios demanda de él es entereza de ánimo, según se lee en el texto hebreo (*hazaq weä emas*), literalmente *"sé fuerte y ten ánimo"*. Mucha entereza de carácter y ánimo de espíritu requería quien había de conducir a un pueblo como el de Israel. Dios hizo cuatro veces esa demanda a (vv. 6, 7, 9, 18) porque tendría que tener firmeza y entereza de ánimo para la conquista, para la obediencia, para las decisiones y para la disciplina.

El éxito de la misión estaba garantizado. Dios afirma que él repartiría la tierra, considerada como la herencia prometida por Él a sus padres. Para repartirla, era antes necesario entrar en su posesión y desalojar de ella a quienes la ocupaban, que eran enemigos de Dios. Josué podía disponerse confiadamente a llevar adelante el programa del Señor, para cuya realización había sido elegido por Él mismo.

Es notable la identidad que se observa continuamente entre Josué y el pueblo. La conquista estaba estrechamente vinculada con él, era alcanzada por todo el pueblo bajo su conducción. Del mismo modo, Josué repartiría la tierra que sería posesión del pueblo: *"tú repartirás a este pueblo por heredad la tierra de la cual juré a sus padres que la daría a ellos"*. Ninguna cosa podría ser alcanzada sin la intervención de Josué. Por tanto, la demanda, que es personal —*"esfuérzate"*— se hace en Josué extensiva a todo el pueblo. Es una demanda para un propósito concreto: el de repartir la tierra.

Josué es, en este sentido, figura de Jesús. Dios ha dado a su Hijo el derecho a conducir a su pueblo y le respaldó con la más absoluta autoridad y poder. Cristo ha recibido *"el nombre que es sobre todo nombre"* (Fil. 2:9). Este nombre expresa todo el poder que también Él tiene y que doblega ante Él a todos sus enemigos (Fil. 2:10). La victoria de Cristo se hace extensiva a todo su pueblo. Esta victoria no es conseguida por los suyos, sino por Él mismo. No es victoria personal que algún creyente pudiera alcanzar, sino la victoria total y plena en el Señor extensiva a todo su pueblo, llevándolo siempre en triunfo (2Co. 2:14). El poder de su pueblo proviene de Él y es en ese poder que el creyente tiene fuerzas para todo (Fil. 4:13). El nombre de Josué es también el mismo de Jesús, el Dios que salva, que es también el Señor de su pueblo en la presente dispensación. Los enemigos del creyente son también los enemigos de Dios que ya han sido derrotados. Él mismo ha determinado que sean puestos bajo los pies de su Hijo (Hch. 2:34-35), pero esta victoria se hace extensiva a los creyentes, ya que Satanás será pronto puesto bajo sus pies (Ro. 16:20). El poder del Señor es el poder de los suyos, por tanto, la victoria del creyente descansa en la íntima comunión y dependencia con quien tiene todo poder en el cielo y en la tierra (Mt. 28:18). Es verdad que la herencia incorruptible y definitiva del cristiano está reservada en los mismos cielos, donde el Vencedor está ya entronizado y glorificado, pero mientras no llega el momento de pasar a su pleno disfrute, los tesoros de la comunión victoriosa con quien es poseedor de todo, pueden ser ya disfrute actual. La victoria debe ser el modo natural de la vida cristiana ya que *"en todas estas cosas somos más que vencedores por medio de aquel que nos amó"* (Ro. 8:37). Dios demanda de cada creyente *fortaleza y ánimo*, y ambas cosas se obtienen por el Espíritu de Cristo que mora en él (Ro. 8:9). La fe actúa en el cristiano para comunicarle la seguridad de que todo cuanto pise la planta de su pie será suyo, porque es experimentar la gloriosa realidad de una vida de continua victoria en Cristo. La fortaleza de ánimo que produce la fe, es lo que permitirá tomar posesión de las promesas de Dios en Cristo Jesús, que se alcanzan solamente en la medida en que el creyente *viva a Cristo* (Fil. 1:21). Es *"bienaventurado el hombre que tiene en el Señor sus fuerzas"*, estos *"irán de poder en poder; verán a Dios en Sión"* (Sal. 84:5, 7). El fracaso en la vida cristiana se produce en la misma medida en que se resienta la comunión con Cristo. Quien esté realmente unido al Señor y en comunión con Él experimentará continua victoria y podrá dar *"gracias a Dios, el cual nos lleva siempre en triunfo en Cristo Jesús* (2Co. 2:14). No debe olvidarse la solemne advertencia del Señor: *"separados de mí nada podéis hacer"* (Jn. 15:5).

7. Solamente esfuérzate y sé muy valiente, para cuidar de hacer conforme a toda la ley que mi siervo Moisés te mandó; no te apartes de ella ni a diestra ni a siniestra, para que seas prosperado en todas las cosas que emprendas.

Si la primera demanda al esfuerzo y entereza tenía que ver con el hecho mismo de la conquista y reparto de la tierra, la segunda tiene que ver con la obediencia. El esfuerzo y la entereza de carácter están reclamados aquí para conducirse con absoluta fidelidad a la voluntad de Dios expresada en su Palabra. Josué es llamado a seguir fielmente la dirección de Dios. Su tarea fundamental no era la de ocuparse de los enemigos, sino de la obediencia a todo cuando Dios había establecido por medio de Moisés. Durante cuarenta años había sido formado a su lado.

No solo podía leer lo que había escrito, sino que el mismo Moisés había sido su maestro en la escuela de la obediencia, enseñándole tanto con palabras como con su propio ejemplo personal. Moisés había sido fiel en toda la casa de Dios (He. 3:2), y esta fidelidad tenía que ver directamente con la obediencia incondicional a las instrucciones de Dios. De él se dice que *"hizo conforme a todo lo que Jehová le mandó"* (Éx. 40:16). El secreto para una obediencia sin condiciones estaba en el concepto que Moisés tenía de sí mismo. Fue *"fiel en toda la casa de Dios como siervo"* (He. 3:5). Siendo un siervo estaba en la disposición de obedecer cuantas instrucciones recibiera de su Señor. Josué, como el sustituto de Moisés, era también siervo del Señor y, de igual modo, se le requiere un esfuerzo en la obediencia. La obediencia demandada era total: *"conforme a toda la ley"*. No es tampoco una obediencia circunstancial, sino continua. Había de esforzarse por hacer todo cuanto Dios había establecido en su ley, hasta el punto que no debía apartarse de ella *"ni a diestra ni a siniestra"*. Este es el único modo de ir sobre el camino recto de Dios. Pero es en la obediencia en donde reside la garantía de victoria. Hay una condición y un propósito en el mandamiento de Dios a Josué. Había de mantenerse en una continua obediencia *"para"* ser prosperado. No podía dejar la obediencia si quería alcanzar con éxito la empresa divinamente encomendada y alcanzar en victoria todo lo que emprendiera. *"Todas las cosas que emprendiera"* es una fórmula para referirse a los trabajos para la conquista y el reparto de la tierra. Si quería que todo lo que emprendiera en el futuro, relativo a su ministerio, concluyera victoriosamente, debía obedecer sin reserva ni condiciones a Dios en todo.

Es sorprendente observar el marcado contraste entre el enfoque divino y el humano en todas las cosas. El hombre habría recomendado a Josué —que iba a conducir una campaña militar de conquista— que se ocupara especialmente de formar y entrenar el ejército, pieza fundamental para llevar a cabo las acciones armadas contra los pueblos que debían desalojar de la tierra. Dios, en cambio, pide obediencia. La lucha de la conquista no era de los hombres, sino de Dios. No era simplemente un combate para echar fuera del territorio a sus ocupantes, sino una lucha espiritual entre el Dios Todopoderoso y su enemigo el diablo, príncipe de los reinos de este mundo, que se oponía continuamente al plan y propósito de Dios, procurando hacer inviables las promesas divinas. Por esa causa, Moisés había dicho antes a Josué en relación con los moradores de la tierra de Canaán: *"No los temáis; porque Jehová vuestro Dios, Él es el que pelea por vosotros"* (Dt. 3:22). Era el propósito de Dios colocar, conforme a sus designios, a Su pueblo en la tierra que poseían aquellas naciones que le habían sustituido por ídolos tras los cuales se ocultaban los demonios (1Co. 10:20). Era una lucha espiritual y, por tanto, las armas de esa milicia habían de ser primordialmente espirituales. La obediencia a Dios era el método divino para alcanzar la victoria. Nada es más importante para Dios que esto. Los sacrificios quedan en un segundo lugar ante la obediencia. Esta verdad sería recordada a Saúl, el fracasado rey de Israel, por el profeta Samuel cuando le indicó la causa por la que sería removido del trono (1Sa. 15:22-23). Dios había establecido en la ley de Moisés para el tiempo de los reyes, que cada uno tuviera una copia de la ley junto a sí e hiciera a su vez otra, leyéndola todos los días, para aprender el temor de Dios y vivir en obediencia a su Palabra (Dt. 17:18, 19).

La organización del pueblo de Dios es teocrática. La conquista es del Señor, por tanto, Josué ha de ser inflexible en seguir lo que Dios establece en su ley. La obediencia es total y alcanza al conjunto de todos los mandamientos: *"toda la ley que mi siervo Moisés te mandó"*. De forma muy especial en las instrucciones contenidas en el Deuteronomio, la *segunda norma,* no porque sea otra ley diferente, sino porque esta recapitulación estaba dirigida especialmente a las nuevas generaciones que iban a entrar en la tierra (Dt. 1:5; 4:8, 44). La ley tenía mandamientos específicos para la etapa de la conquista, por tanto, la obediencia era asunto primordial para el éxito de la ocupación de Canaán (Dt.7:12-13). Israel debía derrotar y eliminar a los pueblos de Palestina (Dt. 7:16). La eliminación de los pueblos debería llevarse a cabo de forma paulatina, eliminándolos en la medida en que se asentaban en la tierra conquistada a fin de que no quedara desierta de pobladores, para que no se multiplicaran las fieras que pudieran poner en peligro sus vidas (Dt. 7:22). Josué debía guardar fidelidad plena al libro de la ley (*sëper hattôrä*) (Dt. 28:61; 29:20; 30:10; 31:26).

La demanda de obediencia y lealtad a la Palabra es la misma para los creyentes de cualquier tiempo. La desobediencia es la manera de vida propia del no regenerado, mientras que la obediencia es la natural del creyente, convertido en *"hijo de obediencia"* por la regeneración (1Pe. 1:14). Desde el momento en que el Espíritu actuó para salvación del pecador capacitándolo para obedecer al llamado de Dios (1Pe. 1:2), prosigue la vida del creyente en el camino de la obediencia, que ha de ser aprendida y practicada cada día. La Palabra de Dios es la única regla de fe y conducta para el cristiano, a la que continuamente debe prestar atención, esto es, conocerla para practicarla. La Escritura ha de ser considerada con sumo respeto y temor filial. Dios promete estar atento solo al que *"tiembla a Su palabra"* (Is. 66:2). Quien desea hacer la voluntad de Dios, ha de mantenerse obediente a su Palabra, con lo que alcanzará las bendiciones que Dios promete al obediente. La vida que es aprobada por el Señor es la que sigue fielmente a lo que ha establecido para los suyos en su Palabra. La

Escritura respetada y obedecida es palabra de vida y salvación (Pr. 4:22). Desviarse de ellas acarrea fracaso y aleja al creyente del camino de Dios, único lugar donde está su protección y cuidado. Solo cuando los caminos, es decir, el modo de vida del creyente, se ajustan a lo establecido por Dios, este encuentra la custodia y protección divinas (Sal. 91:11). Obediencia equivale a bendición como desobediencia a fracaso. Pablo advierte de la situación que la iglesia experimentaría en el transcurso del tiempo cuando algunos *"no sufrirán la sana doctrina, sino que teniendo comezón de oír, se amontonarán maestros conforme a sus concupiscencias y apartarán el oído de la verdad y volverán a las fábulas"* (2Ti. 4:3-4). El aviso apostólico debiera servir como acicate para la obediencia a la Palabra. El apóstol afirma que *"vendrá tiempo"* ("ἔσται γὰρ καιρὸ"), indicando con ello que ese problema ocurriría en el tiempo de la iglesia y no algo que se producirá al final de los tiempos, aunque pudiera agudizarse más a medida que transcurran los años.

El rechazo a la Biblia se producirá. Es un rechazo profundo porque algunos *"no sufrirán la sana doctrina"* (τῆ" ὑγιαινούση" διδασκαλία" οὐκ ἀνέζονται), lo que evidencia un desprecio, por parte de algunos, de la enseñanza doctrinal que informa y orienta la vida del creyente. Son personas que no soportarán ni tolerarán la enseñanza bíblica, porque se resistirán a vivir conforme a sus demandas. El interés estará en oír aquello que agrade a sus oídos y que no moleste a sus deseos e intereses. Los tales rechazarán a los maestros que son conforme a Dios y buscarán otros que se conformen a ellos. Estos les conducirán por los caminos de una mal entendida libertad y el pueblo de Dios se verá envuelto en derrota, en lugar de victoria. La defensa de la fe se considera en el Nuevo Testamento como una lucha agónica (Jud. 3). Toda la Escritura enseña claramente la necesidad de obedecerla y sujetarse a ella. Esta sujeción ha de ser practicada y enseñada a otros. Lo mismo que hizo Moisés con Josué, se manda hacer en la iglesia de Jesucristo (2Ti. 2:2). No son principios filosóficos o religiosos lo que ha de ser transmitido a las siguientes generaciones; no son normas tradicionales o las costumbres definidas como *"siempre fue así"* lo que conviene enseñar a otros; solo la enseñanza sana de la Palabra de Dios. El pueblo de Dios debe ser conducido a la Palabra en toda la dimensión y no solo a lo que se suelen llamar *mensajes devocionales,* pretendiendo alimentar a los creyentes con algo tan ligero que no los conduce nunca a la madurez espiritual, dando como resultado un mundo de *niños en Cristo*, con acciones propias de los tales, y con muy poca consistencia en el compromiso de santificación cotidiano y testimonio frente al mundo. La única manera de conseguir vidas poderosas es conduciendo a los creyentes a la Palabra de Dios. Los mismos niños deben ser llevados a la Biblia si se quiere tener jóvenes y hombres comprometidos con Dios (2Ti. 3:14-15). El gran fracaso de la actual sociedad es el propio de personas que no conocen o no se sujetan a la Palabra de Dios. La advertencia del texto es enormemente actual. No consiste en que se posea la Biblia, sino en que la Biblia posea al creyente. Es decir, que controle en todo la existencia de cada cristiano y sea la norma continua para su vida. No hay bendición sin obediencia.

8. Nunca se apartará de tu boca este libro de la ley, sino que de día y de noche meditarás en él, para que guardes y hagas conforme a todo lo que en él está escrito; porque entonces harás prosperar tu camino, y todo te saldrá bien.

La obediencia plena descansa en el conocimiento pleno. A Josué, a quien Dios demanda lealtad y obediencia a su Palabra, le requiere también que la lea y medite. El libro de la ley debería controlar su manera de *hablar.* No debía apartarse de su boca. Josué tenía que dar instrucciones al pueblo, y cada una de ellas debía estar en conformidad con la ley de Dios. Por otro lado, los asuntos de gobierno del pueblo —el reparto de la tierra, el modo de impartir justicia, incluso el trato con los enemigos— exigían meditación, en lugar de precipitación. Todo tendría que estar sujeto y condicionado a la normativa de Dios, por tanto, su Palabra debía ser objeto de meditación por parte de Josué. Mediante una hipérbole se le exhorta a meditar continuamente en la Palabra, como algo habitual y no ocasional, ya que debía hacerlo *"de día y de noche"*. De nuevo, el contraste entre el pensamiento de Dios y el de los hombres se aprecia en el texto. Josué era un hombre con muchas ocupaciones. Las responsabilidades como líder ocupaban cada hora de su jornada.

Como dice el Dr. Lacueva:

"La tarea que se le encomendaba era enorme, tanto como para tenerle ocupado, aunque tuviese diez almas; con todo, había de hallar tiempo para meditar en la Ley de día y de noche"[6].

Es interesante notar que la exhortación a meditar traería como consecuencia la obediencia personal: *"para que guardes"*. Josué debía ser ejemplo al pueblo, viviendo conforme a la voluntad de Dios. Pero la meditación en ella era necesaria también para el ejercicio del gobierno *"para que hagas"*. Tanto en su vida personal como en el ejercicio del gobierno, todo debía descansar en la única autoridad de la Ley que Dios había dado para Su pueblo. Josué no era un legislador como lo había sido

---

[6] Francisco Lacueva. *Comentario Mattew Henry, Vol. 2*, pág. 11.

Moisés, ni fue llamado a escribir mandamientos en el nombre del Señor, sino a aplicar lo que Dios había ordenado por medio de su antecesor. La autoridad de Josué descansaba en el sometimiento incondicional y la aplicación de todo cuanto el Señor había dispuesto en su Ley. Estaba actuando con la autoridad suprema de Dios y haciéndolo en Su nombre. La alta responsabilidad y dignidad de Josué no le facultaban para marginarse a sí mismo del cumplimiento de lo que Dios había establecido. El texto es revelador. No solo había de hacer lo que estaba escrito, sino que tendría que hacerlo *conforme* a lo que estaba escrito, es decir, siguiendo fielmente la norma. No podía pensar en alcanzar un fin sin importarle el camino a seguir, como si el fin justificara los medios. La ley le marcaba el objetivo y el modo de conseguirlo. La obediencia plena vuelve a recalcarse en el texto: *"conforme a todo lo que está escrito"*. La razón para un proceder tan meticuloso en cuanto a lo establecido por Dios, traería como resultado *que su camino fuese prosperado*, es decir, que el testimonio personal fuese irreprochable. *El camino*, especialmente en el pensamiento semita, era figura o símbolo de comportamiento. Además, había una segunda razón: *que todo le saliera bien*. El adjetivo *todo* tiene que ver con la conquista que iba a iniciar. El éxito de las operaciones militares, de la consolidación de las tribus en sus territorios, de la paz de todo el pueblo y del disfrute pleno de las bendiciones de Dios, estaba vinculado estrechamente con la obediencia incondicional a la ley de Dios.

Una sencilla reflexión es suficiente para aplicar el texto. La Palabra de Dios ha de ser objeto no solo de obediencia, sino también de meditación personal. Por tanto, la primera necesidad de cada creyente consiste en conocer la Escritura o, lo que es igual, dedicar tiempo a su lectura, estudio y meditación. Posiblemente sea este el sentido de la exhortación de Pablo a su colaborador Timoteo: *"En tanto que voy ocúpate de la lectura"* (1Ti. 4:13). Es posible que Pablo estuviera —según algunos intérpretes— sugiriendo la lectura pública de la Palabra en la congregación. Pero fuese una u otra cosa, o ambas incluso, el resultado final es el mismo: debía dedicarse tiempo a la lectura de la Escritura. Después de la lectura debe haber un ejercicio de meditación en lo leído. Horas de reflexión sobre lo que Dios quiso enseñar por medio de su Palabra, con la ayuda iluminadora del Espíritu traerán como consecuencia creyentes con el corazón lleno de la Palabra. Esta plenitud de conocimiento sobre la voluntad de Dios producirá un modo de vida consecuente con ella, ya que, como dice el salmista, *"en mi corazón he guardado tus dichos para no pecar contra ti"* (Sal. 119:11). La meditación, que exige también tiempo, se producirá en la medida en que el creyente ame la Palabra (Sal. 119:97). El resultado de este conocer, meditar y obedecer la Escritura producirá unas vidas ejemplares, que son en sí mismas un testimonio que glorifica a Dios. Pablo insistía a sus colaboradores en la necesidad de vidas ejemplares delante de la congregación. Nadie podrá acusar a ningún líder que, además de enseñar la Palabra, viva una vida conforme a lo que enseña, mostrándose como ejemplo a todos (1Ti. 4:12; Tit. 2:7). Un corazón lleno de la Palabra traerá también una boca llena de ella porque, como dijo el Señor: *"De la abundancia del corazón habla la boca"* (Lc. 6:45). La instrucción que reciba el pueblo de Dios será escritural en la medida en que la Escritura controle el corazón del maestro. Pablo exhortaba a Timoteo para que ajustase la enseñanza a la Biblia: *"Te encarezco delante de Dios y del Señor Jesucristo, que juzgará a los vivos y a los muertos en su manifestación y en su reino, que prediques la Palabra"* (2Ti. 4:1-2). En la medida en que la Palabra sea respetada, conocida y meditada por el maestro bíblico, así también será el modo y sistema de su ministerio.

En este empeño la fidelidad incondicional a la Palabra es imprescindible, y comprende —como se dijo antes— dedicar tiempo al estudio. Satanás procurará hacer claudicar al cristiano en este área, ya que un creyente poderoso en la Palabra tiene en sus manos el arma que causará la derrota del enemigo y lo preservará de caídas. La obediencia a la Escritura es manifestación real de amor por Cristo (Jn.14:15, 21, 23). Dios considera la obediencia a su Palabra como el asunto más importante en la vida del creyente. El estudio de la Biblia, por profundo y minucioso que sea, será estéril si no trae como consecuencia la obediencia. La oración forma parte de la razón de una vida victoriosa, pero la respuesta a la oración exige de quien ora una vida obediente a la voluntad de Dios (Jn. 15:7).

La vida victoriosa es la impulsada y controlada por el Espíritu. Cada creyente debe vivir en esa esfera (Gá. 5:16). El *avivamiento espiritual* es necesario y la plenitud del Espíritu es el modo normal de vida cristiana según Dios (Ef. 5:18b). La Biblia enseña que todo avivamiento espiritual nace al influjo de la Escritura, es decir, cuando el Espíritu aplica la Palabra al creyente y este responde en obediencia a sus demandas. Por ello es necesario que en cada cristiano se produzca un retorno a la Biblia. Baste recordar como base histórica de esta verdad los avivamientos registrados en la misma Palabra, entre los que se puede tomar, a modo de ejemplo, el ocurrido en tiempo de Nehemías, donde los creyentes lloraban confesando su pecado delante de Dios y volvían a Él en obediencia al ser redargüidos por la exposición de la Escritura. Se destaca en el relato histórico de aquel avivamiento el trabajo interpretativo de los escribas como expositores bíblicos, haciendo entender claramente el significado de lo que se leía en la Ley (Neh. 8:8). Es evidente, a la luz de los ejemplos de la Biblia, la necesidad de un ministerio expositivo en las congregaciones, ya que no hay otra forma de edificación sino esta. La predicación expositiva pone delante de los creyentes *"todo el consejo de Dios"* (Hch. 20:27), sin olvidar ninguna parte de la Palabra. Hay iglesias en las que el ministerio expositivo es prácticamente desconocido. Es posible encontrar creyentes que no han leído nunca alguna parte de su Biblia. Si realmente se cree en la inspiración plena de la Palabra, si se afirma que *"toda la Escritura es inspirada por Dios, y útil para enseñar, para redargüir, para corregir, para instruir en justicia, a fin de que el hombre de Dios sea perfecto, enteramente preparado para toda buena obra"* (2Ti. 3:16-17), no hay razón consecuente para abandonar la enseñanza sistemática y sustituirla por otra más superficial y menos apelativa que la aplicación directa de la Palabra de Dios. Un creyente sin base bíblica es presa fácil en manos de Satanás.

Josué tenía que ejercer funciones de liderazgo en la congregación, determinando lo que debía hacerse en cada momento conforme a lo establecido en la Ley. La conducción del pueblo de Dios en el tiempo presente, el ejercicio del liderazgo bíblico en las iglesias, debe ajustarse en todo a la Escritura. No hay razón alguna para imponer nada que no esté claramente establecido en la Palabra. Ello sería caer en el problema de los fariseos que añadían a la Biblia la *tradición de los ancianos*. Pero igualmente nocivo es quitar de la instrucción bíblica aquello que no convenga a los intereses del liderazgo o de la propia iglesia. La conclusión del texto de Josué es una promesa de victoria, que lo es también para quienes, como Josué, amen, lean, mediten y vivan conforme a lo que Dios establece en su Palabra.

9. Mira que te mando que te esfuerces y que seas valiente; no temas ni desmayes, porque Jehová tu Dios estará contigo en dondequiera que vayas.

La tercera vez que Dios demanda esfuerzo y espíritu animoso está relacionada con la firmeza y decisión que Josué había de manifestar delante de todo el pueblo. Posiblemente, aquel que fue siempre humilde como fiel servidor necesitaba el estímulo de una exhortación tan reiterada. Al igual que Moisés había pedido disculpas una y otra vez al Señor cuando iba a ser enviado para liberar a Su pueblo (Éx. 4:1-17), así también Josué podría estar viendo la misión encomendada como algo excesivamente grande para su capacidad y fuerzas. Dios le anima a un trabajo respaldado por Su poder. Lo que hasta ahora había sido solo palabras de aliento (vv. 6, 7) se transforma en un mandamiento: *"mira que te mando que te esfuerces y seas valiente"*. La carga de responsabilidad es puesta sobre el siervo y el Señor le reclama todo el esfuerzo necesario para el cumplimiento de su misión. Sin duda, estas palabras serían de mucha bendición para quien conocía bien a Dios. Si Él mandaba algo, ya había garantía de que proveería todo lo necesario para llevarlo a cabo. El mandamiento tiene que ver con la conquista de la tierra, y el mismo Dios se había comprometido con esa tarea. Josué simplemente tenía que mantenerse activo en el cumplimiento de su misión y Dios le daría fuerzas y orientación para que su trabajo fuese una tarea próspera. La promesa de Dios es doble: prosperidad en el camino, con paz y presencia continua del Señor a su lado. Nada tenía que temer porque *"Jehová tu Dios estará contigo en dondequiera que vayas"*.

La provisión de Dios no es solo contra el temor, sino también contra el desaliento: *"no temas ni desmayes"*. En ocasiones el desaliento es peor enemigo que el miedo. Josué conocía bien la forma de actuar de aquel pueblo. Las voces de sus continuos lamentos ante cualquier pequeña dificultad, resonaban en sus oídos. Fácilmente olvidaban los hechos portentosos que Dios realizaba para ellos, como abrir el mar para hacerles pasar en seco, para enseguida atemorizarse y murmurar contra Él cuando un pequeño oasis no tenía agua apta para beber. La murmuración contra los líderes había sido habitual desde que salieran de Egipto. El continuo apartarse de la ley de Dios para seguir sus bajas pasiones y a los ídolos les había acarreado continuos juicios departe del Señor. ¿Qué podía esperar Josué, sino desaliento en las jornadas que tenía por delante? Casi todos los hombres de Dios han pasado por situaciones semejantes y, cuando el desaliento llega a límites extremos, se produce el abatimiento y la depresión. ¿No ocurrió así con el profeta Elías? ¿No era acaso un hombre de Dios de fe probada? ¿Por qué, pues, se sentó bajo un enebro deseando morirse? (1Re. 19:4). En todos los casos Dios acudió en ayuda de los suyos. Eso era también lo que estaba prometiendo a Josué. Podía salir y enfrentarse con la responsabilidad que se le encomendaba con plena garantía de éxito. Dios iba a darle en plenitud todo cuanto necesitara, porque prometía estar con él.

La experiencia de Moisés se repite, en gran medida, también con Josué. Una promesa semejante le fue dada a aquel en un momento de dificultad. El pueblo había sido calificado por Dios como *"duro de cerviz"* (Éx. 33:5). El Señor dijo a Moisés que no subiría con ellos para que no tuviera que intervenir en juicio. Moisés intercedió delante del Señor y pidió su dirección sobre el camino a seguir. Fue entonces cuando recibió de Dios una promesa personal: *"Mi presencia irá contigo, y te daré descanso"* (Éx. 33:14). La presencia de Dios era lo que confería seguridad a quien tenía la responsabilidad de conducir a Israel hacia la tierra de la promesa. El Señor estuvo permanentemente con Moisés durante los cuarenta años de peregrinación por el desierto, sosteniéndole, animándole, ayudándole y orientándole en todo. De igual modo ocurrió después con Josué. Frente a una tarea ardua y compleja, la promesa de Dios le asegura su presencia en cualquier lugar donde estuviera y en cualquier circunstancia en que se encontrara. La presencia de Dios es suficiente para garantizar la victoria, por tanto, con ese recurso de gracia, Josué estaba en condiciones de cumplir el mandato de esforzarse y actuar con valentía.

La vida cristiana exige permanecer en una esfera de decisión y compromiso personal de valentía para el cumplimiento de las demandas de Dios. La salvación, en la experiencia diaria del creyente, es la santificación. El creyente es llamado por Dios a una determinación que debe ser ocupación prioritaria en su vida: *"ocuparse en su salvación con temor y temblor"* (Fil. 2:12). Sin embargo la garantía de victoria en esa esfera está plenamente asegurada en razón del poder divino que obra en él, ya que *"Dios es el que produce* en cada uno *así el querer como el hacer, por su buena voluntad"* (Fil. 2:13). Dios salva sin esfuerzo alguno por parte del hombre, y conduce a la santificación mediante la dotación de sus recursos de poder para el salvo. Ciertamente, la santificación comporta una lucha que no es fácil. Es un combate continuo con enemigos superiores en todo a las fuerzas personales del creyente ya que *"no tenemos lucha contra sangre y carne, sino contra principados, contra potestades, contra los gobernadores de las tinieblas de este siglo, contra huestes espirituales de maldad en las regiones celestes"* (Ef. 6:12). Por tanto, solo los recursos del poder de Dios podrán hacerlo estar firme en el terreno de victoria a donde fue introducido, dotándolo de la poderosa armadura de Dios, con la que proteger su vida espiritual y obtener la victoria (Ef. 6:13-14).

Josué podía confiar porque quien prometía estar a su lado en cada momento era Dios mismo. La misma promesa se repite para el creyente de esta dispensación. Dios promete su presencia continuamente al lado de los suyos: *"He aquí estoy con vosotros todos los días hasta el fin del mundo"* (Mt. 28:20). El Todopoderoso en la compañía de los suyos. Es el Creador del universo quien tiene todos los recursos del poder de la autoridad. Es el Soberano que llama a sus estrellas por nombres, y su entendimiento es infinito (Sal. 147:4-5). La soberanía de Dios alienta poderosamente a quien debe enfrentarse en su vida cristiana con dificultades y problemas. Si Dios es quien requiere la firmeza y decisión de los suyos ¿no dará todo lo necesario para que Su propósito se lleve a cabo? Así será, por cuanto dice: *"Mi consejo permanecerá y haré todo lo que quiero"* (Is. 46:10b). Cualquier dificultad temporal es como nada delante de quien *"todos los habitantes de la tierra son considerados como nada; y que hace según su voluntad en el ejército del cielo, y en los habitantes de la tierra, y no hay quien detenga su mano, y le diga: ¿Qué haces?"* (Dn. 4:35). Nada puede interrumpir la acción de Dios.

Dios nunca olvida al creyente. Podrá estar atravesando un desierto o reclinado en Elim. Podrá estar en una experiencia de paz o confrontando las batallas más complejas. Dios estará presente junto a él en cada momento. ¿Cómo podrá olvidarse de quienes están en su propia mano? (Jn. 10:27-28). Aún más, de aquellos cuyos nombres están esculpidos en sus palmas: *"¿Se olvidará la mujer de lo que dio a luz, para dejar de compadecerse del hijo de su vientre? Aunque olvide ella, yo nunca me olvidaré de ti. He aquí que en las palmas de las manos te tengo esculpida; delante de mi están siempre tus muros"* (Is. 49:15-16). Cada vez que abre su mano, el nombre de sus hijos está delante de Él para bendición. El Señor no cesa en su cuidado ni de día ni de noche. Pero, junto con su cuidado, está también su provisión de fuerzas. Por eso puede pedir *"que te esfuerces"*. Estos son Sus recursos de gracia para cumplir la demanda dando *"esfuerzo al cansado, y multiplicando las fuerzas al que no tiene ningunas"* (Is. 40:29). ¡Que admirable bendición! Dios es el único que multiplica por cero sin que el resultado sea cero. Al que no tiene ninguna fuerza Dios le da la provisión para que pueda *"esforzarse"* y multiplica lo que no tiene dándole toda la provisión de poder necesario. El Señor establece el mandamiento de *"esforzarse"*, pero también da las fuerzas necesarias para ello: *"Los muchachos se fatigan y se cansan, los jóvenes flaquean y caen; pero los que esperan a Jehová tendrán nuevas fuerzas; levantarán alas como las águilas; correrán, y no se cansarán; caminarán, y no se fatigarán"* (Is. 40:30-31). La provisión de poder está expresada en tres verbos: *"volar"*, *"correr"* y *"caminar"*. He aquí la provisión de fuerzas adecuadas para cada momento. Fortaleza para volar, ascendiendo cerca del Señor en la admirable experiencia de la comunión con Él. Fortaleza para correr sin cansancio en el servicio, *"en lo que requiere diligencia, no perezosos; fervientes en espíritu, sirviendo al Señor"* (Ro. 12:11). Nunca faltarán las fuerzas mientras Dios tenga un servicio para hacer. Siempre habrá fuerzas para avanzar en la carrera de la fe *"corriendo con paciencia la carrera que hay por delante, puestos los ojos en Jesús* (He. 12:1). Habrá también los recursos necesarios para caminar sin fatiga en el difícil camino del compromiso y del testimonio. Él sostiene a los suyos según su promesa: *"Pues a sus ángeles mandará acerca de ti, que te guarden en todos tus caminos. En las manos te llevarán, para que tu pie no tropiece en piedra.* (Sal. 91:11-12). ¡Qué estimulante es ver en figura la provisión de Dios para cada edad! Habrá provisión para los jóvenes que, de desde su fortaleza natural son capaces de alzarse sin cansancio como si tuvieran alas. Habrá recursos para los de mediana edad, que aún corren la carrera con paciencia. Los habrá también para los más ancianos que ya solo caminan porque están cerca de los portales eternos. El enemigo desatará sus artimañas para desalentar y desanimar al creyente en el camino del compromiso y de la fidelidad a Dios, pero la promesa divina hará superar cualquier miedo y desaliento al decirle *"no temas ni desmayes porque Jehová tu Dios estará contigo en dondequiera que vayas"*.

La comisión de Josué al pueblo (1:10-18).

10. Y Josué mandó a los oficiales del pueblo, diciendo:

Si Dios mandó a Josué, este puede ahora en Su nombre mandar al pueblo. El pueblo no era de Josué, sino de Dios; por eso debió esperar el mandato de Dios para transmitirlo tal como lo había recibido. Josué estaba fortalecido y descansaba en las promesas de ayuda y aliento dadas por Dios. La conquista de la tierra era posible y segura en razón de la promesa del Señor: *"Nadie te podrá hacer frente en todos los días de tu vida"* (v. 5). Había otra afirmación de Dios que complementaba la promesa y no dejaba lugar para la inquietud: *"tú repartirás... la tierra"* (v. 6). Si Dios lo había dicho, el resultado final era más que seguro. Junto con las promesas, estaba también la compañía de Dios prometida: *"Jehová tu Dios estará contigo"* (*ᵃmmᵉkä Yahveh*). La promesa y la autoridad delegada de parte del Señor faculta a Josué para ejercerla sobre el pueblo.

El respeto por quienes están subordinados a él ejerciendo algún tipo de liderazgo entre el pueblo es evidente. Josué no se dirige directamente al pueblo, sino que da instrucciones a los *oficiales* (*sötᵉrîm*) para que hagan los preparativos necesarios a fin de que el pueblo ejecute el mandato de Dios. Estos *oficiales* estaban en el ejercicio de autoridad y, en ocasiones, eran adjuntos a otras autoridades administrativas o judiciales en Israel. Eran los que se ocupaban de las mismas tareas que los *"varones sabios"* que Moisés había puesto por *"jefes y gobernadores"* de las tribus (Dt. 1:15). Eran los que tenían que resolver los juicios entre israelitas (Dt. 16:18); los que también debían separar a los temerosos antes de las batallas, entregando luego el mando de las tropas a los capitanes del ejército (Dt. 20:8-9). A estos les correspondía conducir al pueblo para la ejecución del mandato que Dios había dado por medio de Josué.

El momento histórico era altamente importante. La conquista de la tierra era una realidad en el propósito de Dios, aun antes de haberse iniciado o de haber cruzado el Jordán: *"Yo os he entregado... todo lugar que pisare la planta de vuestro pie"* (v. 3). La comisión divina no admitía dilaciones, por tanto, lo que Josué hizo fue actuar diligentemente, obedeciendo las instrucciones del Señor.

El texto ofrece el modo de comportamiento del líder bíblico en relación con sus colaboradores. La sabiduría está en saber delegar el trabajo e involucrar a otros en la obra a realizar. La obra de Dios nunca fue asunto exclusivo de uno, sino tarea en la que debe integrarse a otros. No importa cuál sea el ejemplo que se tome. En toda la Escritura, tanto en el Antiguo como en el Nuevo Testamento, el verdadero líder bíblico ha sido capaz de integrar a otros en las tareas, y delegar en otros responsabilidades compartiendo los trabajos. Josué había aprendido la importancia y necesidad de la colaboración ya en tiempos de su antecesor Moisés. Había visto lo que suponía no delegar parte del trabajo en otros. Recordaba cómo Jetro había tenido que advertir a Moisés del peligro que supone querer abarcar todo el trabajo sin buscar la colaboración de otros, delegando tareas (Éx. 18:18). Josué conocía por experiencia la necesidad de contar con colaboradores. Él había visto cómo en las cosas aparentemente más simples —como lo fue sostener los brazos cansados de Moisés mientras oraba— hizo falta la colaboración de dos personas (Éx. 17:12). Esta es una enseñanza general de la Escritura: la obra de Dios ha de ser hecha con la colaboración de todos. La edificación del muro de Jerusalén en tiempos de Nehemías fue el resultado de la planificación del trabajo y de la integración en el mismo de todo el pueblo (Neh. 3). No se hizo entonces distinción entre personas: hombres maduros, sacerdotes, jóvenes y mujeres, estuvieron involucrados formando un equipo compacto para el trabajo.

El Señor formó equipos de ministerio para la evangelización, enviando a sus discípulos de dos en dos (Mr. 6:7). El Libro de Hechos enseña cómo la obra misionera se llevó a cabo por medio de grupos que trabajaban coordinados y según un plan trazado de antemano. Tanto Pablo como Bernabé trabajaron conjuntamente con otros hermanos. Un serio problema se produce cuando el líder bíblico no sabe —o aún peor, no quiere— delegar en otros. En ocasiones, el trabajo agobia a unos pocos, mientras que una gran mayoría permanece como simples espectadores. No es menos cierto que puede haber quienes eluden sus responsabilidades y no aceptan el compromiso y privilegio que les corresponde en la colaboración, pero, en ocasiones, la dificultad está en quienes no desean la colaboración de otros que puedan limitarles en su trabajo, por motivos absolutamente carnales. Ahora bien, una vez establecidos los canales para la colaboración de otros y señaladas las tareas, el líder debe saber respetar las parcelas de autoridad delegada, procurando no interferir en el trabajo encomendado y respaldando delante del pueblo de Dios la actividad de quienes son sus colaboradores en la obra.

También la enseñanza tiene que ver con la *diligencia* en el trabajo del Señor. Los mandamientos de Dios no admiten dilación. La Biblia ofrece ejemplos de diligencia en las tareas y demandas que Dios establece. No hace falta seleccionarlos; los lectores tendrán en mente varios de ellos.

Tan solo recordar las palabras del apóstol Pablo: *"En lo que requiera diligencia, no perezosos; fervientes en espíritu, sirviendo al Señor"* (Ro. 12:11). Muchas veces se pierden oportunidades o pasan las ocasiones por la apatía en el servicio. La diligencia, acompañada del fervor, es el mejor método para el trabajo en las labores que Dios demanda a los suyos.

11. Pasad por en medio del campamento y mandad al pueblo, diciendo: Preparaos comida, porque dentro de tres días pasaréis el Jordán para entrar a poseer la tierra que Jehová vuestro Dios os da en posesión.

La seguridad que hay en las palabras de Josué es evidente. Los *oficiales* reciben instrucciones concretas para el trabajo que tenían que realizar. Son precisas y revestidas de la autoridad propia de quien las ha recibido primero de Dios mismo. La seguridad de Josué en todo este asunto es evidente. No solo ordena iniciar los preparativos para el cruce del río, sino que establece el tiempo en que había de producirse: *"dentro de tres días"*. En ese tiempo debería estar dispuesto todo lo necesario para cruzar el río. Josué habla del cruce del Jordán como algo que va a producirse con toda seguridad, en ningún momento sus palabras traslucen algún atisbo de duda o revisten forma de probabilidad. El cruce era algo seguro: *"dentro de tres días pasaréis el Jordán"*. Su actuación corresponde a quien está hablando en nombre del Señor y estableciendo Su programa para ejecutar. Aquello que iba a ocurrir no era el deseo de Josué, sino la decisión personal del *"Señor de los Ejércitos"*. Todavía más: al establecer la fecha anticipa también el resultado de la acción: *"para entrar a poseer la tierra"*. Tampoco hay aquí posibilidad de fracaso. La posesión de la tierra era una promesa que Dios había hecho a Abraham hacía más de cuatro siglos (Gn. 15.18-21). El momento para hacer realidad la promesa había llegado, y el tiempo que Dios había determinado, se había cumplido.

Josué habla de la gracia de Dios al establecer el tiempo para cruzar el Jordán. Ellos tomarían posesión de Canaán, pero era el Señor quien se la daba en posesión; el pueblo *"entraba a poseer la tierra que Jehová su Dios les daba en posesión"*. La fidelidad y gracia de Dios actuando en favor de su pueblo conforme a sus promesas era algo que había que recordarles continuamente debido a la tendencia natural que hace olvidar los beneficios recibidos una vez que se está en posesión y disfrute de ellos. Dios había establecido en su ley el continuo recuerdo de la razón por la que poseían la tierra (Dt. 7:7, 8; 8:2-4, 11, 20; 9:1-6).

Entre los preparativos para el cruce del Jordán estaba el aprovisionamiento de víveres para el camino. La comida necesaria debía estar preparada para aquella ocasión. Dios había sido el proveedor de su pueblo durante el tiempo de peregrinación por el desierto. El maná no había cesado ni un solo día desde el momento en que el Señor había hecho descender la primera porción de él en días de Moisés, en el desierto de Sin, al poco de haber salido de Egipto, haciéndoles *"llover pan del cielo"* desde entonces (Éx. 16:4). Sin embargo, ya en alguna ocasión el Señor les había ordenado comprar otras provisiones de comida y agua, de los pueblos por los que pasaban en su peregrinación, como ocurrió cuando atravesaron el territorio de Seir, lugar donde residían los hijos de Esaú (Dt. 2:6-7). Tal vez Josué conociera de antemano que Dios iba a retirar el maná cuando estuviesen en la tierra, como así ocurrió (5:12), por tanto, era preciso que los que iban a cruzar el Jordán estuviesen provistos de lo necesario para los primeros momentos. No significa que la fe de Josué flaquease, o que la dependencia de Dios disminuyera en él, sino por el contrario, su confianza era absoluta. Pero eso no privaba para que el pueblo comenzara a acostumbrarse a hacer los arreglos oportunos para proveerse de alimento. La fe descansa en las promesas de Dios, pero probar arbitrariamente la realidad de esas promesas es tentar a Dios (Dt. 6:16).

Se aprecia claramente la enseñanza que tiene que ver con la necesidad de *planificación* en la obra de Dios. Josué no deja nada a la improvisación, sino que planifica con detalle lo que ha de ser ejecutado. Tampoco esto es contrario a la voluntad de Dios, ni signo de desconfianza en su poder o de falta de dependencia y fe. Dios mismo da ejemplo de planificación en su obra, de modo que en el eterno plan de redención se establecieron anticipadamente todos los detalles para llevarlo a cabo, que incluían el tiempo para hacerlo, la Persona designada y el modo de ejecutarlo (Gá. 4:4). La planificación aparece en el ministerio apostólico de la evangelización (Hch. 15:36). La falta de discernimiento espiritual puede conducir al erróneo pensamiento de que una buena organización y planificación es una manifestación de carnalidad; sin embargo, la improvisación y el desorden es el método del inconsciente y, muchas veces, un descrédito para el testimonio. Josué es un buen ejemplo de integración y planificación que debiera ser tenido en cuenta por cada creyente, especialmente por el liderazgo en la obra de Dios. No se lanzó a la conquista de cualquier manera. Dio tiempo para que cada uno se aprovisionase de lo necesario. Su confianza y dependencia de Dios no disminuye en nada al mandar al pueblo una preparación personal para emprender las tareas encomendadas por Él.

Un segundo aspecto de enseñanza tiene que ver con el fortalecimiento del pueblo de Dios: *"Preparaos comida"*. Los combates contra los enemigos, el asentamiento en la tierra, las labores de trabajo para sus propios hogares ya estables —muy diferentes a las tiendas de peregrino que había utilizado hasta entonces— iban a exigir que estuvieran físicamente fortalecidos, para lo cual necesitaban comida sustanciosa. De igual manera, en el aspecto espiritual, el creyente de hoy está inmerso en una tarea que requiere de la vianda sólida de la Palabra de Dios. Debe pasar de alimentarse con la leche de los rudimentos de la Palabra, que como recién nacido necesitaba antes, para alimentarse de *"alimento sólido"* propio del cristiano maduro, que tiene *"los sentidos ejercitados en el discernimiento del bien y del mal"* (He. 5:14). No es suficiente ya con la comida ligera propia del viajero, sino que necesita la sólida propia del guerrero. La eficacia en el combate está en el uso de la Palabra. Es *el yelmo* que protege su cabeza y la *espada* que permite mantener a distancia al enemigo. La derrota espiritual es propia de los niños inmaduros, que precisan todavía los rudimentos de la leche espiritual. Estos son fluctuantes, llevados de un lado para otro *"por todo viento de doctrina"* (Ef. 4:14) y, por tanto, presa fácil para el enemigo. No saben —ni pueden— utilizar las armas poderosas que Dios pone a su disposición. No conocen y, por tanto, no pueden blandir la espada del Espíritu que es la Palabra de Dios, la misma que Jesús —ejemplo a seguir— usó en su confrontación con Satanás (Mt. 4:4). Esta provisión es asunto individual: *"Preparaos comida"*. Ninguno del pueblo podía encomendar su provisión a otro, había de ser tomada personalmente. Cada uno tenía que ocuparse en hacer acopio de los recursos según sus necesidades.

Una iglesia poderosa es la que tiene creyentes que, individualmente, han sido fundados sólidamente en la Biblia. La responsabilidad personal no se diluye, sino que se enfatiza. No es asunto de descansar en lo que otros hagan, sino en aprovisionarse cada uno de la porción necesaria para su alimento. El énfasis en el estudio sistemático de la Escritura es una de las manifestaciones continuas de la Palabra. Ningún creyente debe considerarse lo suficientemente aprovisionado de modo que no necesite más. Los maduros reciben el mismo mandamiento que los infantiles: *"ocúpate en la lectura"* (1Ti. 4:13). El más destacado de los creyentes anhelaba la provisión de *"los libros y mayormente de los pergaminos"* (2Ti. 4:13). El estudio de la Escritura y la aplicación por el Espíritu es lo único capaz de hacer *"que el hombre de Dios sea perfecto, enteramente preparado para toda buena obra"* (2Ti. 3:17). Cuando los combatientes no sean capaces de mantener posiciones de victoria, cuando el fracaso personal se produzca y la derrota sea evidente, se deberá, sin duda, a la inmadurez espiritual (1Co. 3:1-3). El llamado es urgente. No hay tiempo que esperar: *"preparaos comida"*. Ha de hacerse inmediatamente, so pena de ser derrotados. Acudir a la Palabra, profundizar en ella, no admite dilación. El abatimiento espiritual requiere urgentes medidas que lo transformen en avivamiento y esto solo es posible por medio de la Palabra.

12. También habló Josué a los rubenitas y gaditas y a la media tribu de Manasés, diciendo:

El pueblo de Israel es considerado por Dios como una unidad. Para todo el pueblo son las promesas. Es cierto que las tribus de Rubén y Gad, junto con la mitad de la de Manasés, habían solicitado y obtenido de Moisés, que sus posesiones fueran en la Transjordania, al otro lado del río, donde estaban asentados en aquellos momentos. Esas tribus poseían una gran cantidad de ganados; las tierras de Jazer y de Galaad, les pareció el lugar más apropiado para ellos (Nm. 32:1).

La tierra de Jazer —o Yazer— es, probablemente, la situada al oeste o noroeste de Rabat-amón, en lo que hoy sería Amán, la capital de Jordania. Es probable que sea la actual *"Hirbet es-Sireh"* o *"Sar"*, al sur de Amán. Eusebio de Cesarea la situaba a una distancia de diez mil pasos de Filadelfia (Amán) y a quince mil de Hesbón. Era un terreno muy fértil, con abundancia de agua y pastos. En esa zona había una gran fuente que daba origen al *Wadi Nimrin*[7], uno de los afluentes del Jordán que, como la mayoría de ellos, es un pequeño curso de agua, seco muchas veces durante el verano. En tiempos de Moisés, habían sido conquistadas las aldeas y expulsado a los pobladores amorreos que vivían allí (Nm. 21:32). Después del reparto de la tierra, serían posesión de la tribu de Gad (Jos. 13:25).

La tierra de Galaad estaba situada tanto al norte como al sur del río Jaboc, o Yabboq, en la actualidad *Wadi Zerqä*. Después de su nacimiento, la corriente sigue en dirección norte-noroeste para formar un arco bastante extenso. Es la segunda corriente perenne que confluye con el Jordán y, aunque en línea recta solo está a unos 30 km, la orientación de la corriente hace que su trayectoria discurra por unos 100 km Este río desagua un sector del Altiplano Oriental, naciendo cerca de Amón (actualmente Amman), en un manantial muy abundante, al fondo de una quebrada, que da a la ciudad el nombre de *"ciudad de las aguas"* (2Sa. 12:27). Un segundo manantial incrementa el caudal del río. Discurre por la base de una zona montañosa. Es bastante fácil vadear el río, debido a su poca profundidad y al discurrir tranquilo de sus aguas, salvo en algunos lugares donde el cauce pasa por zonas rocosas que producen rápidos, algunas veces peligrosos. Este río se nombra por vez primera en la Escritura con motivo del viaje de Jacob para encontrarse con su hermano Esaú (Gn. 32:22). Este río servía de frontera entre los territorios de Og, rey amorreo de Basán, y de Sehón, rey de Moab, cuya capital era Hesbón (Nm. 21:24), separando también el territorio de Amón (Dt. 3:16). El río Jabboq divide

---

7 *"Wadi"* es una expresión árabe que se usa para designar un curso de agua.

la zona de Galaad en dos partes: la norte y la sur. La parte inferior del río riega un valle ubérrimo que, al discurrir a un nivel inferior al del mar, produce una vegetación de características tropicales. Junto a ellas, se extienden llanuras donde las gramíneas crecen espontáneamente y la avena es abundante. La corriente de agua sigue un curso entre árboles y arbustos. A lo largo del valle aparecen plantaciones de árboles frutales, siendo un verdadero vergel. Esta tierra poseía además un buen número de corrientes de agua y manantiales, mayor que los de Basán, lo que la hacía óptima para el desarrollo de la ganadería, así como para sostener una población asentada en ella. Al norte del Yabboq hay zonas con abundante arboleda, pero al sur los árboles son escasos. La región limita al oriente con un área de bajas colinas, muy seca, extendiéndose luego el desierto.

Algunos han apuntado la posibilidad de que aquellas dos tribus y media no tuvieran un alto sentido espiritual sobre lo que significaba la tierra prometida. También sugieren que, tal vez, estaban atraídos solamente por cuestiones temporales y que la codicia fuese una de las razones por las que pidieron a Moisés aquel territorio al este del Jordán. Lo único evidente conforme al relato bíblico es que aquella tierra era buena en pastos para sus numerosos ganados. Las otras son meras suposiciones basadas en criterios personales. Es preciso recordar también que los territorios que les habían sido dados para el asentamiento al este del Jordán, estaban comprendidos dentro de las fronteras que Dios había señalado a Abraham, al tiempo de la promesa. Es verdad que para el momento en que Israel llegó a los llanos de Moab, lo que se les iba a entregar era una parte de la tierra de la promesa y que sus límites estaban básicamente al oeste del Jordán. Josué llamó a los jefes de las familias de las dos tribus y media para que compartieran con el resto de sus hermanos la conquista de la tierra que Dios les había prometido. Aquellos no rechazaron su colaboración para la conquista, sin embargo, su interés estaba puesto en el territorio fuera de aquella tierra a conquistar. Las ventajas para ellos estaban en la tierra de Transjordania y aquel territorio era bastante para ellos; las condiciones materiales orientaron su pensamiento y decidieron en la elección.

Esta actitud puede servir como ilustración de la actitud de cristianos cuyo compromiso con las batallas espirituales del pueblo de Dios es meramente ocasional. Son sus circunstancias, las necesidades de cada día, la abundancia de recursos, las comodidades de ciudades bien construidas para su residencia, las posibilidades de sus negocios, lo que condicionan su modo de vida. Su fe no les permite descansar en la provisión que Dios les daría conforme a sus promesas; no están plenamente orientados hacia el cielo, sino a la tierra. No son cristianos mundanos, es decir, amadores del mundo, simplemente son cristianos terrenales, aferrados a las cosas temporales sin que sus ojos estén puestos en el cielo (Col. 1:1-3). No están dispuestos a buscar antes de cualquier otra cosa *"el reino de Dios y su justicia"*, confiando que las cosas necesarias les serán dadas conforme a las promesas de Dios (Mt. 6:33). Es necesario, sin embargo, hacer una diferenciación entre los rebeldes mundanos del pueblo de Israel y estas dos tribus y media, como se aprecia a la luz del relato bíblico. Los primeros rehusaron —en un determinado momento— subir a conquistar la tierra que Dios les daba, deseando y procurando abandonar el proyecto divino y regresar a Egipto (Nm. 14:4ss). En cambio, las dos tribus y media estaban dispuestas a subir a la conquista de Canaán, pero su interés era el asentamiento que les proporcionaba la otra tierra. Existe la tendencia a rebajar la vocación celestial a experiencias meramente terrenales. Es la experiencia de vida que reconoce a Cristo como Salvador y como quien provee para las cosas de la vida cotidiana, pero lo desconoce en el plano de la comunión íntima, personal y continua que conduce a los *"pastos delicados"* y a las *"aguas de reposo"*, lejos de las cosas de este mundo (Sal. 23).

13. Acordaos de la palabra que Moisés, siervo de Jehová, os mandó diciendo: Jehová vuestro Dios os ha dado reposo, y os ha dado esta tierra.

La heredad que Moisés les otorgó al este del Jordán y que comprendía las tierras descritas, llevaba aparejada el compromiso de colaboración en la conquista de Canaán, hasta el asentamiento de todo el pueblo en aquella tierra, como las dos tribus y media habían expresado delante de Moisés (Nm. 32:16-19). Aquellos quedaron entonces ligados con un pacto cuyo quebrantamiento les ocasionaría el juicio de Dios (Nm. 32:23). Sus promesas ante Moisés se convertían en un mandamiento para ellos, llegado el momento oportuno. El tiempo había llegado para ellos y Josué les recuerda sus promesas, junto con el mandamiento que tenían que obedecer.

El compromiso suponía acudir, junto con el resto del pueblo, a la conquista de la tierra que Dios les entregaba. Sin embargo, las dificultades quedaban aminoradas por lo que ya poseían, en contraste con el resto del pueblo. Sus hermanos aún no tenían tierra, pero ellos ya la poseían a este lado del Jordán. Josué les habla desde esa posición, recordándoles lo que Dios les había dado: *"...el que os dio reposo y esta tierra"* (*mënîah läkem w^{e}nätan läkem*). Mientras que sus hermanos no tenían aún reposo —debían subir, combatir a los enemigos, expulsarlos, tomar posesión de la tierra, construir o reparar sus ciudades y asentarse en el territorio— ellos ya habían alcanzado esa bendición. El compromiso que Josué les recuerda tiene que ver con la identificación con el resto de sus hermanos y el amor hacia ellos, ayudándoles en sus dificultades.

El cristiano también forma parte de un pueblo unido en Cristo. Cada uno de sus hermanos son parte de este cuerpo, cuya cabeza es el Señor (Ef. 1.22-23). Cada uno de los creyentes es, a su vez, miembro del cuerpo con el resto de sus hermanos (1Co. 12:27). Esta unidad espiritual que vincula a unos con otros, hace a cada creyente solidario con el resto de sus hermanos (1Co. 12:20). Cada uno debe colaborar en los intereses y necesidades de los otros. Nadie puede sentirse imprescindible, pero ninguno deja de ser necesario (1Co. 12:21). En el cuerpo espiritual, Dios ha puesto los miembros para mantener la unidad de acción del cuerpo *"sin desavenencias"*, para que *"los miembros todos se preocupen los unos por los otros"* (1Co. 12:25). Esta unidad espiritual convierte en experiencia colectiva lo que es una experiencia individual, padeciendo en las dificultades y alegrándose de las bendiciones de los otros (1Co. 12:26). El hecho de haber alcanzado posiciones y bendiciones no permite al cristiano desentenderse de las dificultades del resto de sus hermanos, sino todo lo contrario. Quienes han llegado a la experiencia del *"reposo"* y disfrutan al poseer lo necesario, no pueden desentenderse de aquellos otros que todavía no lo han alcanzado. El amor de Dios, derramado en el corazón de cada creyente por el Espíritu (Ro. 5:5), hace que el sentir de Jesús por los suyos sea el mismo sentir de cada creyente hacia sus hermanos. El amor no se expresa en palabras, sino en acciones concretas. No es suficiente con hablar de amor, es necesario manifestarlo. El apóstol Juan enseña sobre esa actitud cuando escribe: *"En esto hemos conocido el amor, en que Él puso su vida por nosotros; también nosotros debemos poner nuestras vidas por los hermanos"* (1Jn. 3:16), para añadir aún: *"hijitos míos, no amemos de palabra ni de lengua, sino de hecho y en verdad"* (1Jn. 3:18). Las virtudes cristianas resultan estériles si no van acompañadas de una actividad que las exprese en acciones concretas. El amor se manifiesta en *"trabajo"*, como Pablo dice (1Ts. 1:3). El trabajo de amor se orienta y evidencia en la entrega hacia los hermanos, hasta el límite de la propia vida, como consecuencia natural de la identificación con Cristo.

14. Vuestras mujeres, vuestros niños y vuestros ganados quedarán en la tierra que Moisés os ha dado a este lado del Jordán; más vosotros, todos los valientes y fuertes, pasaréis armados delante de vuestros hermanos, y les ayudaréis.

El compromiso que debían asumir queda especificado en las palabras de Josué. La tarea que tenían que acometer exigía cuatro niveles de renuncia personal. Habían de renunciar, por un tiempo, a sus familias; las esposas y los niños quedarían donde ya estaban asentados. Renunciarían también a sus propiedades, tanto a los ganados como a las tierras que Moisés les había dado a este lado del Jordán, lugar donde ya se encontraban (Nm. 32). Tendrían que renunciar también a la comodidad del lugar donde se encontraban, donde habían comenzado el asentamiento definitivo levantando lugares fijos para vivir —que cambiaba la condición de peregrinos llevada durante los cuarenta años del desierto— y asumir el desafío, junto con la incomodidad y peligros, de una campaña militar. No podían pasar el Jordán de cualquier manera, lo harían armados y dispuestos a ocupar la vanguardia en los combates, *"delante de vuestros hermanos"*. En cuarto lugar, deberían renunciar a su interés personal; ellos no tendrían parte en las tierras conquistadas. Su único objetivo al pasar armados con el resto del pueblo al otro lado del Jordán era *ayudar* a sus hermanos.

El seguimiento fiel al Señor en comunión con Su pueblo, demanda también renuncias personales. Los cuatro niveles de renuncia que habían de asumir los ejércitos de las dos tribus y media son los mismos que Cristo estableció para sus seguidores. El primero exige renuncia a la familia. Así lo expresó el Señor: *"Si alguno viene a mí, y no aborrece a su padre, y madre, y mujer, e hijos, y hermanos, y hermanas... no puede ser mi discípulo"* (Lc. 14:26). La renuncia para asumir el compromiso con Cristo es categórica. Al igual que el ejemplo de las dos tribus y media, en tiempos de Josué, el creyente está llamado a colocar en un segundo honroso lugar todo vínculo temporal. Cuando el Señor llamó a sus primeros discípulos —los pecadores del mar de Galilea— a seguirle, implicó para ellos el llamado, la renuncia a todo cuanto hasta entonces les había sido prioritario. Tenían que abandonar las redes, los barcos, los compañeros e incluso la familia si querían seguir al que los llamaba, en la dimensión del llamamiento: *"Venid en pos de mí"* (Mt. 4:19). Las promesas de bendiciones superan con mucho al costo de la renuncia: *"De cierto os digo, que no hay nadie que haya dejado casa, o padres, o hermanos, o mujer, o hijos, por el reino de Dios, que no haya de recibir mucho más en este tiempo, y en el siglo venidero la vida eterna"* (Lc. 18:29-30). Quienes son cristianos, son también seguidores de Cristo *"adondequiera que vaya"* (Lc. 9:57). Pero, ¿qué quiere decir realmente *dejar*? ¿Qué pide el Señor cuando habla de *aborrecer*? La actitud de dejar o de aborrecer implica simplemente un cambio de control sobre la persona, una variación en los objetivos, una nueva escala de valores en las demandas, para una aceptación plena del señorío de Cristo en una relación nueva y directa con el Señor. La Biblia enseña claramente que el cristiano tiene un compromiso serio con la familia. No puede —quien desea ser fiel al Señor— desentenderse de los suyos, porque *"si alguno no provee para los suyos, y mayormente para los de su casa, ha negado la fe, y es peor que un incrédulo"* (1Ti. 5:8). El compromiso con el Señor, en la fidelidad de un seguimiento fiel, demanda que todo cuanto antes era primero para el creyente pase ahora a un segundo término, dándole a Él la primacía en todo. El Señor no pide una parte de los intereses del cristiano, sino la totalidad de los mismos rendida ante Él: *"porque el que no renuncia a todo, no puede ser mi discípulo"*. Sin duda, seguimiento y renuncia es la experiencia y modo de la vida de fe, porque es abandonar lo terrenal para empeñarse con Cristo en las cosas celestiales.

Aquellos, en su renuncia, debían incluir el propio *yo*. No valían personalismos, ni *amor propio*. Dcbían cstar dispuestos a arriesgar sus propias vidas, en los muchos combates que tendrían que librar juntamente con sus hermanos.

Esta misma demanda es también para los que han prometido fidelidad a Cristo: *"Si alguno viene a mí, y no aborrece... su propia vida, no puede ser mi discípulo"* (Lc. 14:26). El compromiso con Cristo es absoluto, ya que es la consecuencia de la identificación con el Crucificado. El alcance del compromiso demandado es claro, ya que *"si alguno quiere venir en pos de mí, niéguese a sí mismo, tome su cruz cada día, y sígame"* (Lc. 9:23). La renuncia no es ocasional sino permanente. No es de vez en cuando, sino *"cada día"*.

El compromiso de las dos tribus y media tenía que ver directamente con sus hermanos. Así lo definió Josué: *"Pasaréis armados delante de vuestros hermanos y les ayudaréis"*. El amor hacia los que, con ellos, formaban parte del pueblo de Dios se hacía visible. Allí estaban los que habían renunciado a la comodidad de sus hogares, a las riquezas de sus posesiones y aun a la experiencia del calor de los suyos, para ayudar a sus hermanos.

Ese es también el alcance del compromiso cristiano, establecido por Cristo mismo: *"Un mandamiento nuevo os doy: Que os améis unos a otros; como yo os he amado, que también os améis unos a otros. En esto conocerán todos que sois mis discípulos, si tuviereis amor los unos con los otros"* (Jn. 13:34-35). El amor no se expresa solo en palabras, sino más bien en hechos. La realidad del amor de Dios hacia los perdidos se aprecia en la entrega de Cristo por cada uno (1Jn. 3:16). Ese amor ejemplar, se hace necesariamente experimental y constriñe a quienes *viven a Cristo*, esto es, los que viven la experiencia continuada con el Crucificado. No tanto para quienes hablan de Él, sino para quienes Jesús ha trascendido al tiempo por el *Espíritu de Cristo* y se hace realidad experimental para cada uno de los suyos. En ese sentido, el amor entre los creyentes debe ser visible al mundo mediante actos concretos que exigen la misma calidad del amor de Cristo: *"como Yo os he amado"*; de ahí que Juan establezca la manifestación del amor cristiano en la entrega de la vida por los hermanos (1Jn. 3:16b). ¡Cuan fácil es teorizar sobre el amor, pero mucho más importante es vivir en la esfera del amor! *"Hijitos míos, no amemos de palabra ni de lengua, sino de hecho y en verdad"* (1Jn. 3:18). Ser de ayuda a los hermanos debiera ocupar ampliamente el pensamiento de cada creyente, siguiendo el ejemplo del Señor que *"me amó y se entregó a sí mismo por mí"* (Gá. 2:20).

15. Hasta tanto que Jehová haya dado reposo a vuestros hermanos como a vosotros, y que ellos también posean la tierra que Jehová vuestro Dios les da; y después volveréis vosotros a la tierra de vuestra herencia, la cual Moisés siervo de Jehová os ha dado, a este lado del Jordán hacia donde nace el sol; y entrares en posesión de ella.

El compromiso y la responsabilidad de cooperar en la conquista de la tierra tiene un tiempo determinado; debían pasar armados para ayudar a sus hermanos hasta que hayan alcanzado el reposo que Dios les daría (*yänîah la^{ä}ahêkem... w^{e}yär^{e}sû*) como ya lo habían alcanzado ellos. La tierra al oeste del Jordán tenía que ser poseída por el resto de las tribus. Yaweh se la había dado, pero tenía que entrar en posesión de ella, expulsando a quienes la ocupaban. Solo entonces, cuando la tierra estuviera en manos de sus hermanos, podían retornar las tribus de Rubén, Gad y la media de Manasés a sus posesiones al este del Jordán. Ellos ya tenían la *herencia* que Moisés les había entregado conforme a sus deseos. Es notable el contraste que aparece en el texto. Para las otras tribus, la herencia les sería entregada por Dios mismo, la de ellos había sido ya dada por Moisés. No quiere decir que Moisés estuviera actuando en contra de lo que Dios había determinado. Siempre había sido, y le era entonces, el instrumento que Dios utilizaba en las relaciones con el pueblo. La entrega de posesiones al este del Jordán, no contradecía en nada el propósito de Dios para su pueblo en la tierra de Canaán. Había sido aceptada la petición hecha por las tribus y Dios, por medio de Moisés, les había entregado una tierra idónea para el mantenimiento de sus ganados y el asentamiento de sus familias. Aquella tierra al este del Jordán estaba incluida en la promesa hecha a Abraham, aunque, en el tiempo de la conquista, Dios había determinado que su pueblo ocupara la extensión de Canaán como primera entrega de la promesa hecha. La colaboración de las dos tribus y media ayudando en la conquista y ocupación de Canaán era la condición para que quedaran *libres de culpa*, tanto delante del Señor como del resto de sus hermanos (Nm. 32:22). Cualquier negativa a actuar en ese sentido sería considerada como *pecado ante Jehová*, y ya Moisés les había recordado entonces que no hay pecado que quede oculto y libre de la justicia divina: *"y sabed que vuestro pecado os alcanzará"* (Nm.32:23). Concluido el asentamiento de las otras tribus en Canaán, podían volver a Transjordania y disfrutar de sus posesiones. Las promesas hechas ante Dios debían ser cumplidas.

Nada les había obligado a ellos a un compromiso de colaboración, salvo el deseo de posesionarse de las tierras al este del Jordán. Josué les reclamaba en aquel momento, porque había llegado el tiempo, que cumpliesen las estipulaciones del pacto. Las promesas hechas entran en el terreno del juramento y podían ser consideradas como promesas hechas con juramento. El quebrantamiento de tales compromisos traería sobre ellos el juicio divino sobre los perjuros.

Las promesas hechas ante Dios adquieren un alto significado y deben ser respetadas. El juramento no se establece para los cristianos. Es más, el Señor enseñó que no es procedente para el creyente apoyar sus palabras con juramentos (Mt. 5:33). A los de la antigua alianza se les permitía jurar por el nombre del Señor (Dt. 6:13), quedando bajo juicio divino la falsedad en el juramento, en razón de haber tomado en vano el nombre del Altísimo (Lv. 19:12). El Señor relaciona la vida del creyente con la verdad, por tanto, su hablar ha de ser verdadero y sus palabras tan firmes que no precisen ningún complemento para convencer a quienes las escuchan. De ahí la enseñanza de Cristo: *"No juréis en ninguna manera"* (Mt. 5:34). Sin embargo, ha de tenerse en cuenta que no existe una prohibición expresa por la que el cristiano no deba jurar en ninguna ocasión o le quede prohibido hacerlo. Simplemente el Señor enseña que no es preciso para quien no *debe mentir nunca*, apoyar la verdad con juramento[8]. La responsabilidad del cristiano es total en cuanto a sus promesas, y lo es, esencialmente, en razón de la identificación con Cristo. El creyente no solo es de Cristo, sino que Cristo es también su modo de vida (Fil. 1:21). Debiera tener siempre presente que todas sus actuaciones se realizan desde la posición que ocupa *en Cristo*. El Señor debiera llenar de respeto cada acción del cristiano. Los compromisos adquiridos y no cumplidos llevan aparejado un descrédito para el testimonio del Señor. La enseñanza de Salomón, el sabio rey de Israel, toma un notable significado en esta ocasión: *"Cuando a Dios haces promesa, no tardes en cumplirla; porque Él no se complace en los insensatos. Cumple lo que prometes. Mejor es que no prometas, y no que prometas y no cumplas"* (Ec. 5:4-5). Las promesas hechas por un cristiano son hechas siempre delante de Dios. Este debiera ser el pensamiento al establecer cualquier tipo de compromiso. Cuando un creyente habla lo hace siempre *en la presencia del Señor.* Dios está presente continuamente por cuanto mora en el creyente por su Espíritu (1.Co.6:19). La responsabilidad personal en la conducta de un cristiano es solemne delante del Señor. Cristo vincula el modo de hablar del creyente con la verdad: *"Pero sea vuestro hablar: Sí, sí; no, no; porque lo que es más de esto, de mal procede"* (Mt. 5:37). Tal vez sería bueno pensar antes

---

[8] Ver *Excursus II*, al final del capítulo.

de hablar si las palabras del creyente serían las mismas que las que Cristo hubiera pronunciado en esa misma situación. En ocasiones se puede llegar a mentir en las promesas hechas a Dios mismo. Muchas veces de forma inconsciente, como cuando expresa en cánticos la decisión de una entrega plena al Señor para servirle o una expresa renuncia al pecado que luego no son llevadas a cabo según lo prometido. Cualquier cosa que no sea verdad procede del maligno y es contraria a la vida nueva en Cristo.

16. Entonces respondieron a Josué, diciendo: Nosotros haremos todas las cosas que nos has mandado, e iremos adondequiera que nos mandes.

Las dos tribus y media hacen una solemne confirmación de obediencia delante de Josué. Las promesas renovadas implicaban una disposición plena a la obediencia. El compromiso tenía que ver con *"todas las cosas"*, no solo las que pudieran parecer más fáciles de realizar, sino incluso las empresas más difíciles y arriesgadas. Estaban en disposición de obedecer a Josué, sin reservas ni condiciones. Por otro lado, junto con la obediencia, se aprecia la subordinación. Estaban dispuestos a cualquier acción, pero había de ser antes ordenada por Josué. Ellos irían a *"dondequiera que les mandara"*. Josué había sido aceptado por ellos como el conductor del pueblo, sin reserva alguna. Aceptar a Josué era aceptar la voluntad de Dios sobre ellos. El resumen del compromiso pleno se expresa en dos áreas concretas: *todas las cosas, en todos los lugares*.

De igual modo que Dios había puesto a Josué como *conductor* del pueblo, así también ha puesto a Jesús como cabeza de la iglesia (Ef. 1:22-23). Todas las cosas han sido sometidas a Él como el Señor. Quienes le siguen están llamados al compromiso de la lealtad y obediencia plenas. La característica común a todos los creyentes es su amor por Cristo. Podrán discrepar en otras cuestiones, incluso en la misma doctrina, pero el vínculo común a todos es el amor hacia el Señor. La bendición de Dios descansa sobre estos (Ef. 6:24), y quienes no aman al Señor han de ser considerados como *anatema* (1Co. 16:22). Sin embargo, el amor y la obediencia van inseparablemente unidos: *"Si me amáis, guardad mis mandamientos... el que tiene mis mandamientos y los guarda, ése es el que me ama... el que me ama, mi palabra guardará... el que no me ama, no guarda mis palabras"* (Jn. 14:15, 21, 23, 24). Aceptar a Jesús como Señor equivale a una promesa de obediencia continuada. La desobediencia es manifestación de autosuficiencia y orgullo. Aunque las circunstancias puedan hacer difícil la obediencia, el creyente obedece sin reservas y confía plenamente en el Señor. Dios advierte de la obediencia como requisito imprescindible para ser bendecido y, por tanto, la desobediencia es el elemento que restringe las bendiciones de Dios (1Sa. 15:22-23). La desobediencia es la prueba de un corazón alejado de Él y una notable manifestación de impiedad. En ocasiones, el desobediente se rodea de un manto de apariencia piadosa para ocultar las verdaderas intenciones de su condición rebelde; ayuda a los necesitados para aparentar compasión; busca a los rebeldes, no con la sana intención de retornarlos sumisos al Señor, sino con el propósito de conseguir un grupo que le sea fiel dentro de la congregación para conseguir sus objetivos; promueve el activismo como medio para ocultar sus propios fracasos. Pero toda esta apariencia de piedad es la expresión del pecado de desobediencia. La obediencia es la ley de la inocencia. Adán y Eva tenían comunión con Dios mientras estuvieron en el compromiso de la obediencia. La desobediencia es manifestación clara de desprecio por la Palabra de Dios, porque quien no respeta la Escritura está en el camino de la desobediencia (Os. 8:12). La puerta de entrada al camino de la desobediencia es la falta de interés en la lectura y meditación de la Palabra. A medida que progresa el descuido en este campo, se inicia el camino del fracaso para el creyente (Sal. 119:11).

17. De la manera que obedecimos a Moisés en todas las cosas, así te obedeceremos a ti; solamente que Jehová tu Dios esté contigo, como estuvo con Moisés.

Sorprenden las palabras de los representantes de las dos tribus y media, al afirmar que obedecerían como antes habían obedecido a Moisés *"en todas las cosas"*. ¿Cómo se puede entender esto? ¿No es más cierto que aquel pueblo, en el que se incluían las dos tribus y media, se caracterizó durante el tiempo de Moisés por su desobediencia y rebeldía? Moisés expresó el concepto que Dios tenía de ellos: *"Y me habló Jehová diciendo: He observado a ese pueblo, y he aquí que es pueblo duro de cerviz"* (Dt. 9:13). Algunos piensan que pudiera entenderse esa afirmación más bien como una promesa que como un testimonio histórico, en la que aquellos aseguraban a Josué la obediencia que debieran haber prestado a Moisés[9]. Sin embargo, más bien debe entenderse desde la perspectiva de quienes están hablando. Josué había convocado a los jefes de las tribus para que se aprestasen a cruzar el Jordán delante de sus hermanos con todos sus hombres de guerra. El pueblo se había rebelado contra Dios en Cades-Barnea (Nm. 14; Dt. 1:9), hasta tal punto que, en lugar de subir a tomar la tierra como Dios les indicaba, se propusieron nombrar un capitán y retornar a Egipto (Nm. 14:4). La disposición rebelde en aquella ocasión obedecía —por lo menos parcialmente— al informe negativo que dieron la mayoría de los exploradores enviados a reconocer la tierra, con la excepción de Josué y Caleb. Entre aquellos estaba Samúa, de la tribu de

[9] F. Lacueva. o.c., pág.14.

Rubén; Geuel de la de Gad; y Gadi de la tribu de Manasés, representando a toda la de José. Aquella rebelión había traído consecuencias funestas para los *hombres de guerra* mayores de veinte años de todas las tribus (Nm. 14:22-23,29). Los que no habían alcanzado esa edad habían sido considerados por Dios como *niños*, inocentes en cuanto al pecado de rebelión (Nm. 14:31). En tal sentido, los que estaban dialogando y comprometiéndose con Josué no habían desobedecido a la voluntad de Dios establecida por medio de Moisés; la prueba es que estaban con vida y dispuestos a atravesar el Jordán para entrar en la tierra de la promesa, vedada para quienes se habían rebelado contra Dios.

Unida a la promesa de lealtad y obediencia aparece una genuina oración de intercesión en favor de Josué y su liderazgo: *"Solamente que Jehová tu Dios esté contigo, como estuvo con Moisés"*. Josué era el nuevo instrumento en los propósitos de Dios, por tanto, el cambio instrumental aparece reconocido por ellos: *"Yahveh contigo"* (*Yahveh* ^{a}*imm*^{e}*kä*). En ningún modo puede considerarse esta frase como una limitación condicional a la obediencia prometida. Es decir, como si aquellos estuvieran diciendo a Josué que solo le obedecerían mientras estuviera en comunión con Dios y esto fuera evidente. La realidad es otra. Ellos estaban poniendo a Josué bajo la protección y dirección divinas, intercediendo para que el favor de Dios fuese tan real con Josué como lo fue antes con Moisés.

Los creyentes han de cultivar la oración de intercesión en favor de sus hermanos y especialmente de quienes están ocupando posiciones de liderazgo. Esto se extiende también a los gobernantes de la nación y las autoridades que tienen la responsabilidad de la justicia y las decisiones nacionales (1Ti. 2:1-3). Según el apóstol esa es una actividad prioritaria, *"ante todo"*. La oración intercesora por las autoridades está dentro de la voluntad de Dios. Los gobernantes necesitan de un modo especial las oraciones de los creyentes. Esta actividad intercesora no se limita a las personas benévolas, sino también a quienes pudieran ser perseguidores de los cristianos, como ocurría cuando Pablo estableció ese principio. La oración de intercesión por los gobernantes expresa la obediencia cristiana al gobierno humano y la aceptación de aquello que la Escritura establece (Ro. 13:1). Junto con la oración por las autoridades está también la oración por quienes han sido llamados por Dios a ejercer funciones de liderazgo dentro en Su obra. El propio apóstol solicitaba oraciones a su favor (Ef. 6:18-.20; 1Ts. 5:25). La intercesión va unida también al respeto y la obediencia que merecen quienes han sido puestos por Dios en tal ministerio y responsabilidad. Así se enseñan en relación con los líderes en la congregación: *"... de la ayuda mutua no os olvidéis; ... obedeced a vuestros pastores, y sujetaos a ellos; porque ellos velan por vuestras almas, como quienes han de dar cuenta; para que lo hagan con alegría, y no quejándose, porque esto no os es provechoso"* (He. 13:16-17). El creyente que practica la intercesión no incurre en la murmuración.

Una segunda aplicación se desprende del texto. Josué fue reconocido como sucesor de Moisés sin comparaciones con él, ni expresiones de añoranza por quien los había sacado de Egipto y conducido por el desierto. Dios tiene sus hombres en cada tiempo. El creyente debe ver con mucho respeto el trabajo hecho por quienes han precedido a los líderes de la congregación, como la misma Escritura exhorta cuando dice: *"Acordaos de vuestros pastores, que os hablaron la palabra de Dios; considerad cuál haya sido el resultado de su conducta, e imitad su fe"* (He. 13:7). Despreciar a quienes han dado su vida en otros tiempos en el servicio del Señor es despreciar al Señor que los llamó para aquel servicio. De igual modo, considerar el liderazgo actual que Dios provee para su pueblo, menos válido que el de otros años, es incurrir en el mismo pecado. Quién menosprecia a un siervo de Dios está afirmando, sin palabras, que Dios es incapaz de dotar a Su pueblo de instrumentos tan válidos como lo hizo antes. El Señor conoce qué personas y en qué tiempo han de servirle. Los dos problemas deben estar presentes como enseñanza. Es incorrecto y no sirve afirmar que *"cualquier tiempo pasado fue mejor"*, pero tampoco lo es despreciar el pasado ensalzando el presente. Sin embargo, no debiera olvidarse que Dios no pide que el creyente ponga sus ojos *en los siervos* que pasaron, sino en *la fe* de ellos *y en el resultado de su conducta*. No ha habido nunca un siervo de Dios absolutamente perfecto y muchas veces el concepto que se tiene de los tales obedece al desconocimiento que hay sobre sus imperfecciones. La responsabilidad del creyente no consiste en poner de manifiesto los defectos de los líderes —que sin duda tienen como hombres— sino en interceder por ellos. Alguien dijo que cada congregación tiene los líderes que merece. Por tanto, cada creyente que forma parte de ella debe dedicar tiempo para interceder por ellos, a fin de que cada día reflejen más el carácter y las perfecciones de Cristo.

18. Cualquiera que fuere rebelde a tu mandamiento, y no obedeciere a tus palabras en todas las cosas que le mandes, que muera: solamente que te esfuerces y seas valiente.

Los tiempos de guerra no admitían sino disciplina férrea y obediencia. Lo contrario podría traer derrota en lugar de victoria. El rebelde contra Dios pagaba muchas veces con su propia vida el pecado cometido. El relato histórico del libro traerá ejemplos claros de esto. Los responsables de las dos tribus y media entendían que Josué establecería lo que debía hacerse en cada momento, bajo la dirección y voluntad divinas. De otro modo, las decisiones de Josué eran ordenadas por Dios mismo, de ahí que propongan como castigo la muerte del transgresor a sus instrucciones.

El diálogo entre Josué y los representantes de las tribus, concluye con palabras de aliento para el que tenía tan grande responsabilidad a partir de aquel momento. El desaliento vendría más adelante. El reto del cruce del Jordán y la posesión de la tierra eran ya acciones considerables que necesitaban una continua provisión de aliento para llevarlas a cabo. Es verdad que Josué había recibido ya promesa de Dios mismo en este sentido (v. 9), sin embargo, la provisión de aliento puede venir por distintos conductos en cada circunstancia. La misma disposición de aquellas tribus de hacer honor a sus promesas y comprometerse en ayudar a sus hermanos, era ya una porción de aliento que Josué recibía del Señor, antes de cruzar el Jordán. Dios estaba ya cumpliendo sus promesas.

El capítulo se cierra con un llamamiento a ser creyentes alentadores. Especialmente diligentes en animar a quienes, por sus responsabilidades en la obra, necesitan ser alentados. No hay peor cosa que un creyente ocupado en labores de desaliento. Quienes incurren en ello tal vez no se dan cuenta que están siendo instrumentos en manos de Satanás. Las palabras del cristiano no deben inducir al desaliento de otros, ni al desprestigio de sus hermanos. Quienes han sido alcanzados por la gracia de Dios, deben ser creyentes edificantes. Sus conversaciones han de estar orientadas a *"dar gracia a los oyentes"* (Ef. 4:29). La responsabilidad de quien en lugar de edificar destruye, es grande. Santiago hace una advertencia solemne a quienes están en esta línea impía de conducta: *"Hermanos, no murmuréis los unos de los otros. El que murmura del hermano y juzga al hermano, murmura de la ley y juzga a la ley"* (Stg. 4:11). La palabra que aparece en el texto griego (καταλαλεω), pudiera traducirse por *desprestigiar*. La labor de desprestigio es propia del chismoso y del maledicente. Dios ha establecido una disciplina clara para quienes actúan de este modo entre su pueblo, considerándolos al mismo nivel que los ladrones, borrachos, fornicarios o avaros, y demandando que los tales sean puestos fuera de la comunión de la iglesia (1Co. 5:11). Es más fácil practicar la crítica y el descrédito hacia otros que una actividad positiva y alentadora. Sin embargo, la dificultad insuperable de controlar la lengua con las fuerzas propias, es posible alcanzarla por el poder controlador de Dios. Que esta sea la oración personal de cada uno: *"Pon guarda a mi boca, oh Jehová; guarda la puerta de mis labios"* (Sal. 141:3).

EXCURSUS I
DATACIÓN Y ENTORNO HISTÓRICO DEL LIBRO DE JOSUÉ

(Colaboración de D. Miguel Monje Aparicio, Lic. en Historia).

Este *excursus* está motivado por la intención de contextualizar históricamente el libro de Josué, sacando a la luz las evidencias que se conocen actualmente para poder fijarlo en su momento histórico y así encuadrarlo dentro del contexto de la Biblia. No existe una bibliografía extensa sobre este tema, pero es el objetivo de este trabajo rescatar y dejar al descubierto las principales evidencias históricas que permitan la datación del libro.

La Biblia no es un libro de historia, pero tampoco es un libro *ahistórico*, es decir, un libro que contenga errores históricos o geográficos. Si esto fuera así, no se podría hablar de la singularidad de este libro, ni considerarlo realmente como un escrito *inspirado* por Dios, quedando reducido a uno más de los libros considerados como base religiosa de determinadas creencias, como ocurre con el Corán, el Libro del Mormón o las escrituras sagradas de los Vedas. En la Biblia se encuentra una relación de pueblos, personajes y lugares que informan sobre la situación política, económica y social de un período histórico que abarca varios miles de años; pero este es solo un aspecto que debe estudiarse en la Palabra de Dios y que, por supuesto, no es el mas importante, aunque tiene su relevancia para confirmar la historicidad de la Biblia.

La datación del libro de Josué es realmente una tarea muy sencilla si se tiene en cuenta que la conquista de Canaán es inmediatamente posterior al Éxodo. Se sabe por la Biblia que, desde la salida de Israel de Egipto, hubo un tiempo de cuarenta años antes de entrar en Canaán. Sin duda alguna se puede afirmar que el libro de Josué relata acontecimientos que ocurrieron cuarenta años después de la salida de Israel de Egipto. Si el escritor-relator del libro fue un testigo presencial de la conquista, parece fácil datar el libro de Josué. Hasta aquí todo resulta sencillo, pero si se quiere fechar con rigor el texto es preciso determinar primeramente la fecha del Éxodo. De modo que se dedicará el análisis que sigue a determinarla, aunque debe reconocerse la dificultad que entraña dicha cuestión.

A. La fecha del Éxodo

Para el lector de la Biblia —desde la óptica de la fe que cree y que considera la *inerrancia* de esta, es decir, entiende que la Palabra de

Dios no contiene errores en los escritos autógrafos originales y no puede contenerlos en todos los textos que la conforman— la fecha del Éxodo obtiene una respuesta segura y fácil, lo que podría suponer para algunos una excusa para despreciar las ciencias humanas que ayudan a una mejor comprensión del texto bíblico. No se puede entender el cristianismo y la fe como un suicidio intelectual, incluidos quienes consideran la Biblia como la *palabra inspirada por Dios*, sin fallo alguno, pues ayudándose de la ciencia se verifican las verdades que se expresan en la Biblia. De este modo, en base a evidencias bíblicas y extrabíblicas, se intentará fijar la fecha del Éxodo.

Como se apreciará a lo largo del trabajo, existe una dualidad de fechas, es decir, hay esencialmente dos modos de fijar la fecha del Éxodo con rigor científico. Nuestra postura es clara y no queremos dejar pasar más sin ponerla de manifiesto: consideramos que Moisés dirigió al pueblo israelita por el desierto entre los años 1445 y 1405 a.C. Esto, dicho así, parecerá una postura dogmática, personal y hasta caprichosa, pero como se aprecia en lo que sigue, esta es, sin duda, la mejor fecha de acuerdo con las evidencias que hemos encontrado. En la investigación se da prioridad a las evidencias bíblicas sobre cualquier *proposición* o *supuesto científico* no comprobado y que numerosos eruditos han ido presentando —especialmente desde finales del siglo pasado y hasta la década de los setenta de este. No se desdeñan sus trabajos, los cuales han sido analizados y considerados con todo detalle, pero no convencen al escritor de esta tesis de manera absoluta. De cualquier forma, los libros y trabajos de los investigadores que han preferido una cronología baja para el Éxodo, están detallados en la Bibliografía final del presente trabajo, con un breve comentario bibliográfico.

Algunos investigadores han llegado a afirmar que elaborar una cronología de la época del Éxodo es una pérdida de tiempo[1], pero, aún sin estar de acuerdo con esta opinión, debe llegar a entenderla debido a la complejidad de pruebas que serían necesarias para establecer una cronología exacta y comparable con una, por ejemplo, de la Segunda Guerra Mundial. Sin embargo, no es la tarea del investigador histórico del Cercano Oriente Antiguo descubrir y confirmar hasta los más pequeños detalles de la vida y época de aquellos habitantes, sino explicar, a grandes rasgos, las circunstancias en las que se desarrollaron sus vidas. Igualmente, se ha dicho que si una cronología es muy larga se dice que ha sido *"inflada"* haciendo aparecer como sucesivos algunos eventos que son contemporáneos; y si es una cronología corta, bastaría decir que se

---

[1] K. Keyon, *"Arqueología en Tierra Santa"*, Barcelona 1963, pág. 207.

han omitido algunas generaciones[2]. También esta es una buena opción, pero, aunque no se pueda asegurar al cien por cien cuándo ocurrió el Éxodo, sí se desea poner al descubierto cualquier evidencia que ayude a fecharlo de una forma más segura. Es sabido que una forma sencilla sería la de exponer varias teorías y que el lector eligiese la que mejor le pareciera, como pudiera sugerir la cita anterior, pero lo que este trabajo desea mostrar es cuál de ellas es la más concordante con la Biblia y cuál es la que esta sustenta de una forma cierta.

Algunos eruditos del Antiguo Testamento han llegado a decir que el libro de Josué es un libro de relatos *"etiológicos"*[3], es decir, relatos que explican un nombre de persona, de pueblo o de lugar, un monumento, una costumbre o un rito que existe *"hasta el día de hoy"*. Cuando se habla de *"etiología"* o *"relato etiológico"* se sobrentiende generalmente que se trata de una explicación mitológica. Esta opinión está muy extendida entre los investigadores del Antiguo Testamento, llegando a confirmar la presencia de Josué en numerosos relatos del libro que lleva su nombre como un añadido posterior, por parte de escritores de la tribu de Efraín[4]. Estas proposiciones resultan extrañas cuando se leen de serios y concienzudos eruditos, pero resultan todavía más dignas de mención si aparecen expresadas en el Comentario Bíblico considerado como uno de los más renombrados en lengua castellana, donde aparece vertida la misma opinión especulativa, propia de la llamada *"Alta Crítica"*[5].

Durante bastantes años se intentó apoyar los escritos bíblicos con documentos contemporáneos a la época que tratan, pero debido al paso del tiempo y a la escasez de testimonios directos, este camino se abandonó prontamente. La existencia de documentos extrabíblicos que corroborasen las afirmaciones de la Biblia, sería una prueba ideal y, para muchos, definitiva, pero la Biblia no basa su historicidad en tales documentos probatorios, aunque cada vez más los nuevos descubrimientos arqueológicos y de documentos de la época bíblica aseveran lo que dice la Escritura. Pero sería un absurdo pensar que se encontraría confirmación del Éxodo en los Anales egipcios, como buscar la confirmación de la Semana de la Pasión en los Anales de los Césares[6].

---

[2] K. Kenyon, *"Desenterrando a Jericó"*. México 1966, pág. 147.
[3] J. Bright, *"Historia de Israel"*, Bilbao 1970, pág. 136. M. Noth, *"Historia de Israel"*, Barcelona 1966, pág. 149. S. Herrmann, *"Historia de Israel en la época del Antiguo Testamento"*, Salamanca 1979, pág. 120.
[4] R. de Vaus. *Historia antigua de Israel.* Vol. II. Madrid 1975, pág. 22.
[5] M. Noth, o. c., pág. 97.
[6] J. Bright, o.c., pág.129.

Pasemos ahora a analizar dos tipos de evidencias que ayudarán a fechar la época dcl Éxodo.

1. Evidencias bíblicas

1.1. Reyes 6:1

La primera razón que se debe dar para una fecha temprana, es la declaración del pasaje citado que afirma que el Éxodo antecedió en 480 años a la época en que Salomón empezó a construir el Templo (ca. 966 a.C.). Sumando 480 años a 966 a.C. se llega al 1446 a.C.

Para contrarrestar esta evidencia, los partidarios de la datación tardía aseveran que el número es artificial[7], y que 480 es el duodécimo múltiplo de 40 (se dice que 40 representa a una generación en la Biblia), así que, esta cifra indicaría doce generaciones[8], y que, puesto que una generación en realidad era mucho menos de 40 años, se justifica el reducir los 480 años hasta la cantidad de 240 o 200 años, según la fecha del Éxodo que se prefiera, haciendo así que cuadre con la fecha tardía.

Esta explicación, sin embargo, tiene que ser rechazada porque se establece solamente en base a una hipótesis, sin sostén histórico ni arqueológico. En el texto no aparecen, en ningún lugar, referencias que permitan suponer la idea de doce generaciones. Simplemente da una cifra concreta: 480 años. La suposición de una relación con doce generaciones, exige introducir —al margen del texto bíblico— una supuesta explicación que no cuenta más que con la opinión del experto que la formula. Si este número tan sencillo puede reducirse tan drásticamente por esta forma de análisis, se puede decir que hay razón para modificar muchos otros números bíblicos o extrabíblicos por este mismo procedimiento, lo que realmente haría muy incierta cualquier fecha de la historia antigua, dejando además la *inspiración* del texto bíblico a merced de nuevas *inspiraciones* más ciertas.

1.2. Jueces 11:26.

La declaración de Jefté afirma que Israel había ocupado la tierra de Canaán en aquel tiempo por un período de 300 años. Jefté es el octavo juez de Israel. A continuación de él vinieron cuatro jueces que, en el libro de Jueces 12:8-15, se enumeran: a Ibzán por siete años, a Elán por diez años y

---

[7] G. E. Wright, *"Arqueología Bíblica"*, Madrid 1975, pág. 121.
[8] *"Comentario Bíblico San Jerónimo"*, Vol. I, pág. 508. R. de Vaux, *"Instituciones del Antiguo Testamento"*, Barcelona, 1976, págs. 268, 424.

a Abdón por ocho años. Después vino Sansón cuya judicatura se extiende por veinte años (Jueces 16:31), contemporáneo de Samuel. Luego vino la época del liderazgo de Samuel, los reinados de Saúl y David, y tres años del reinado de Salomón; todo ello antes del comienzo de la construcción del Templo. Habría que sumar el total de años representados por estos jueces sucesivos —que son aproximadamente 129 años[9]— a la fecha de 966 a.C., cuando comenzó la edificación del Templo, para llegar a la fecha de Jefté. Esto resulta aproximadamente el 1096 a.C. Al sumarle los 300 años que menciona Jefté daría la fecha del 1400 a.C. para el inicio de la conquista, lo cual vuelve a confirmar la fecha temprana para la datación del Éxodo.

Los partidarios de la fecha tardía han intentado buscar algunas explicaciones a este versículo, pero realmente se nota la falta de base científica en ellas. Por un lado, algunos eruditos dicen que el texto de Jueces 11:12-28 fue introducido secundariamente en la historia de Jefté[10]. Esto, dicho de esta forma y sin ningún tipo de demostración, suena ridículo y nada digno de un investigador de talla mundial. Por otro lado, otros eruditos han llegado a la conclusión de que es un dato deducido por el escritor del libro de Jueces en base a la fecha de 1Re. 6:1[11]. Esta explicación más elaborada y científica sigue siendo solamente una proposición, elaborada partiendo del presupuesto de la fecha tardía y evitando demasiados detalles que en ningún caso la confirmaría. Sencillamente, no hay manera de armonizar la declaración de Jefté con la fecha tardía, fuera de una negación de su exactitud histórica, sin ninguna aportación documentaria que permita afirmarlo.

1.3. Hechos 13:19, 20

Una confirmación más es la que se desprende del comentario de Pablo en la cita arriba indicada que, de acuerdo con la más antigua variante —según se conserva en el texto de Nestle— dice: *"Y cuando (Dios) hubo exterminado siete naciones en la tierra de Canaán, les dio en herencia su tierra, por unos cuatrocientos cincuenta años. Después de esto (es decir, después de la división de la tierra) les dio jueces hasta el profeta Samuel"*. (Esta es la versión de la Biblia de Jerusalén. La versión Reina-Valera sigue en este caso un texto posterior, no tan confiable). En otras palabras: en un intervalo se incluye el Éxodo propiamente dicho, la conquista israelí de Canaán bajo el mando de Josué y la carrera de Samuel

---

[9] L. Wood, *"Panorama Histórico de Israel"*. Florida 1989, pág. 97.
[10] R. de Vaux, *"Historia Antigua de Israel"*, Vol. II. Madrid 1975, pág. 374.
[11] G. E. Wright, o.c., pág.121. R. de Vaux, *"Historia Antigua de Israel"*, Vol. II. Madrid 1975, pág. 374.

hasta la fecha en que David capturó Jerusalén, alrededor del año 995 a.C. Esto significa que los 450 años de Hechos 13 incluyen el período del 1445 al 995 a.C. No hay necesidad de decir que una fecha más tardía para el Éxodo sería totalmente irreconciliable con Hechos 13:19.

1.4. Duración del período de los jueces

Una cuarta razón que se aduce es que un análisis de la duración del período dc los jueces requiere un lapso de tiempo más largo de lo que es posible con la fecha tardía. El período de los jueces ocupó la mayor parte del tiempo entre el Éxodo y el establecimiento de la monarquía en Israel, hacia el 1050 a.C., mas no todo. No se incluye en ello los años de la peregrinación en el desierto, del liderato de Josué, ni del período de la muerte de Sansón y del inicio de Saúl; todo esto da un tiempo de 61 años. Por consiguiente, entre la fecha del Éxodo y el año 105 a.C., hay que dejar tiempo suficiente para esos 61 años así como para el período de los jueces.

Partiendo de la fecha temprana, se tendría aproximadamente tres siglos y un tercio para el período de los jueces, pero con la fecha tardía, menos de un siglo y medio. Se sabe que durante aquel tiempo hubo algunas coincidencias parciales de las judicaturas y de los tiempos de reposo[12].

1.5. La época del nacimiento de Moisés

En el libro del Éxodo aparecen algunas claves para afirmar de una forma más segura la época en la que se desarrolla el libro de Josué. En primer lugar, aparece una orden dada por un faraón egipcio para la construcción de las ciudades de Pitom y Ramesés (Éxodo 1:11). Se volverá más adelante a tratar estas dos ciudades, pero momentáneamente se considera el dato como interesante desde el punto de vista cronológico dentro de la vida de Moisés. Posteriormente a esta orden, se lee de algunas medidas tomadas para impedir el aumento de la población hebrea. Primero, se mandó matar a los varones recién nacidos (Éxodo 1:15-21) y, más tarde, este mismo faraón dio instrucciones para que todo niño varón hebreo fuera arrojado al Nilo (Éxodo 1:22). Por tanto, a los años que estas medidas suponen hay que añadir 80 más, ya que Moisés nació tras la última orden y tenía esa edad cuando empezó el Éxodo (Hechos 7:23,30). Es, pues, imposible que, conforme a estos datos, fuese Ramsés II (1290-

---

[12] Para un estudio de la cronología de cada juez y de cada período de reposo, con una buena explicación, se recomienda el libro de Rolan de Vaux, *"Historia Antigua de Israel"*, Vol. II, Madrid 1975. págs. 207-210.

1224) el faraón que mandó construir aquellas ciudades y, además, fuera el faraón del Éxodo, como proponen los partidarios de la fecha tardía[13].

Otro aspecto atañe a la identidad del faraón que murió mientras Moisés estuvo en Madián (Éxodo 2:23-25), lo que posibilitó su regreso a Egipto. Esto hace suponer que el faraón que murió fue el mismo ante el que huyó Moisés 40 años antes (Éxodo 2:15). Por lo tanto, el faraón inmediatamente anterior al Éxodo tuvo que estar en el poder por más de 40 años y fallecer poco tiempo antes del Éxodo. En base a la fecha temprana, acababa de morir Tutmosis III (1501-1450 a.C.), es decir, solo cuatro años antes de la fecha que se propone. Tan solo otro faraón estuvo en el poder por más de 40 años y ese fue Ramsés II, pero, como ya se indicó antes, es materialmente imposible que fuera el constructor de las ciudades del Delta, que muriera para posibilitar el regreso de Moisés a Egipto y que además, fuera el faraón del Éxodo.

2. Evidencias extrabíblicas

2.1. La construcción de Pitom y Ramesés

La primera consideración tiene que ver con el asunto de la construcción de Pitom y Ramesés. Muchos de los partidarios de la fecha tardía hallan evidencia para su posición en esta orden de construcción mencionada en Éxodo 1:11. También parece que Ramsés II fue el soberano que, por primera vez, le diera el nombre de Pi-Ramesés a la antigua capital hicsa de Avaris, y parece que en esta época no hay ninguna otra ciudad egipcia llamada Ramesés que corresponda con la mención de Éxodo 1:11.

La explicación más probable es que el nombre de Ramesés ya lo habían empleado antes los reyes hicsos, que habían gobernado Egipto unos cuatrocientos años antes de la época de Ramsés II. Igualmente, está la referencia a Ramesés en Génesis 47:11, por lo que es difícil nombrar un territorio con el nombre de un faraón que no había nacido, este nombre de Ramesés es explicado por algunos eruditos como un anacronismo[14], pero esto hace pensar de nuevo en hipótesis propuestas por investigadores cuando sus conclusiones no coinciden con el texto bíblico, despreciándolo y suponiendo añadidos para que sus hipótesis no se vean afectadas.

---

[13] R. de Vaux, *"Historia Antigua de Israel"*, Vol. I, págs. 318 ss. M. Noth, o. c. pág. 120. G. E. Wright, o. c., pág. 86. J. Bright, o. c., pág. 130. S. Hermann, o. c., pág. 92 ss. *"Comentario Bíblico San Jerónimo"*, Vol. I. pág. 162.

[14] G. E. Wright, o.c., pág. 81.

De igual modo, se ha apoyado la crítica liberal en la ausencia de actividad constructora en el Delta durante el reinado de Tutmosis III, pero los nuevos descubrimientos arqueológicos apuntan en otra dirección. Es un hecho bien conocido que Tutmosis III erigió dos obeliscos de granito rojo frente al Templo de Ra en Heliópolis, la ciudad situada en la base del Delta. Además, un escarabajo de la XIX dinastía refleja que Amenotep II (hijo de Tutmosis) nació en Menfis, ciudad situada a 37 km de Heliópolis. Esto permite la firme presunción de que, de tiempo en tiempo, tuvo allí su cuartel general y, probablemente, lo hizo así para consolidar sus fortificaciones y prepararse para sus campañas. Resulta inconcebible que pudiera haber actuado en catorce o más campañas bélicas en Siria, sin haber construido antes grandes cuarteles, depósitos y otras estructuras para acomodar a sus tropas. La tierra de Gosén, con su enorme reserva de mano de obra, tuvo que haber brindado el elemento necesario para la ejecución de esos proyectos[15].

2.2. Jericó

La datación de la caída de Jericó es de suma importancia para determinar la fecha del libro de Josué, esto mismo es confirmado por la propia excavadora-jefe del yacimiento de Jericó[16], pero, igualmente, se recoge una cita de su libro sobre la excavación de esa ciudad, en la que se dice que la caída de Jericó, arqueológicamente, no corresponde con la fecha que se propone en este estudio, ni con la fecha tardía. Este trabajo dedicado a Jericó es muy recomendable, ya que recoge una extensa información para realizar un estudio histórico-arqueológico de la ciudad más antigua del mundo[17].

Para un estudio de sus evidencias arqueológicas —desde un punto de vista conservador y con un deseo de ser objetivo en sus conclusiones, pero que al igual que nosotros no puede confirmar la caída de Jericó para la fecha que se está proponiendo— es recomendable el trabajo de Leon Wood[18], que proporciona también abundante material de estudio para la época que se está considerando en relación con la datación del libro de Josué.

En este presente solo nos atrevemos a decir con respecto a este complicado tema las palabras de uno de los arqueólogos de ese yacimiento durante bastantes años, el cual ha sido criticado duramente por parte de

---

[15] G. Archer, *"Reseña Crítica de una Introducción al Antiguo Testamento"*, Michigan 1987. pág. 250.
[16] K. Keinon, o.c., pág. 209.
[17] K. Keinon, *Desenterrando Jericó"*, pág. 146-153.
[18] León Wood, o.c., págs. 103-108

amplios sectores liberales, ante los cuales se defendió de la siguiente forma: *"Sabemos que se han publicado diversas opiniones contrarias a nuestra interpretación de la fecha de la caída de Jericó, alrededor del año 1400 a.C., pero pocas de estas opiniones se basan en conocimientos científicos directos sobre el resultado de nuestras excavaciones, además, muchas de ellas carecen de razonamiento lógico o están basadas en conceptos preconcebidos sobre la fecha del Éxodo. Ningún comentarista ha producido todavía ninguna evidencia de que la ciudad IV se mantuvo en pie después del reinado de Amenotep III (1412-1376 a.C.), por lo tanto, no vemos la necesidad de discutir la fecha como si fuera tema de debate"*[19].

2.3. Laquis, Debir y Hai

Tal vez la más seria dificultad que enfrenta la propuesta que sostenemos radica en las fechas asignadas a la destrucción de las otras ciudades, que se dice fueron capturadas por las tropas comandadas por Josué, tales como Hai, Laquis y Debir (Josué 8:28; 10:32.38).

La ciudad de Laquis parece que fue arrasada durante el reinado de Mernepta (1224-1204 a.C.), pues se encontró allí, no solamente un escarabajo de Ramsés II, sino también algunos recibos en fragmentos de vasijas de barro cocido, empleados como material de escritura, con la anotación *"año cuarto"*. Se piensa que el estilo del texto es característico de la época Mernepta, es decir, estaríamos en la fecha del 1220 a.C.

Con respecto a Debir se halló un escarabajo de Amenotep III (1412-1376 a.C.). No se cita otra evidencia para la presunción de datación que la de la capa de cenizas que se halló por encima de la perteneciente a la *"Edad del Bronce Posterior"*, que representa una destrucción ocurrida poco antes del año 1200 a.C. En cuanto a la destrucción de Hai, descrita en Josué 8, se explica por lo general como una confusión con Bet-el, pero esta ciudad a 2 km de distancia de Hai fue destruida en algún momento del s. XIII, y el hecho de que el libro de Josué no menciona para nada la captura de Bet-el da fuerza a la creencia de que fue confundida con Hai.

Se pueden hacer varias consideraciones respecto a estos tres sitios. En primer lugar, Josué 10:32 nada dice sobre la destrucción física de la ciudad de Laquis; habla solamente de la matanza de sus habitantes. La devastación del 1220 a.C., puede representar un ataque posterior en tiempos de los jueces, después de que la despoblada ciudad hubiese sido reocupada al retirarse las tropas de Josué. La misma observación puede

---

[19] G. Archer, o. c., pág. 255.

aplicarse a la destrucción de Debir. Josué 10:38 nada dice de que la ciudad fuese arrasada o puesta a fuego. Con respecto a la ciudad de Hai, su identificación con Bet-el es sumamente dudosa, puesto que esta era un sagrado y bien conocido centro religioso hebreo desde tiempos de Jacob y es sumamente improbable que hubiesen confundido su localización con Hai. Sin embargo, todo este estudio sobre el tiempo de la destrucción de Bet-el no es de importancia para establecer la fecha del Éxodo.

2.4. Los reinos de Transjordania

Otra razón que a menudo se cita en defensa de la fecha tardía tendría que ver con la supuesta falta de ocupación sedentaria de las regiones de la Transjordania y del Neguev entre el 1900 y el 1300 a.C. Ello significaría que no pudo existir entonces un reino edomita que se opusiera al avance de Israel hasta la ribera oriental del mar Muerto (Números 20:14-21) en la época de la fecha temprana. Por tanto, no tuvieron que hacer frente a una coalición moabita-madianita bajo el mando del rey Balac (Números 22-25); ni hubo ejércitos que aplastar en Sehón y Og (Números 21:21-35). Todos esos acontecimientos tuvieron lugar en la región de Transjordania y Neguev, lo que hace pensar que existió allí una población sedentaria en la época del Éxodo. En base a esto, los eruditos liberales sostienen una fecha tardía para el Éxodo, ya que los reinos de Moab y Edom surgieron a partir del s. XIII a.C.

Todas estas evidencias pierden su validez cuando se considera el momento en que se produjeron, a saber, la década de los cuarenta y principios de los años cincuenta. Aunque no rechazamos al historiador y arqueólogo que las enunció y reconocemos su valía y carácter pionero en cuanto a la Arqueología de la Transjordania, debemos rechazar sus conclusiones por estar desfasadas y basadas exclusivamente en una exploración de la superficie del terreno. Los descubrimientos arqueológicos posteriores parecen confirmar un grado de sedentarización elevado en épocas anteriores al s .XIV, e incluso antes. Se han encontrado numerosas tumbas con un buen surtido de objetos funerarios en ellas. Igualmente, se han hallado restos de un pequeño templo en la zona del aeropuerto de Amán (Jordania), que contenía numerosos restos de cerámica y otros objetos que los arqueólogos han fechado entre los años 1600 y 1339 a.C.[20]. A la luz de todo esto y de ulteriores trabajos que se han venido realizando en los últimos años en toda esa zona, se puede deducir que esos siglos *vacíos*, no lo son tanto y que existe una evidencia clara de ocupación durante la época que nosotros proponemos para el Éxodo.

---

[20] G. Archer, o.c., pág. 249.

2.5. La sucesión de Tutmosis III

El hijo de Tutmosis III, Amenotep II (1449-1421 a.C.), sin duda procuró emular los éxitos militares de su padre, que combatió en unas 17 campañas bélicas en menos de 19 años, pero, al parecer, Amenotep II sufrió varios reveses serios, pues no pudo llevar operaciones militares de envergadura después del año quinto de su gobierno hasta una modesta campaña en el año noveno de su reinado —si bien la cronología de este faraón es algo confusa. Este relativo fracaso en sus planes militares quizás tenga algo que ver con la pérdida de lo mejor de sus tropas acorazadas con carros de guerra, en las aguas del mar Rojo.

Una confirmación más de que Amenotep II fue el faraón del Éxodo, viene confirmada por la llamada *"Estela del Sueño"*, de Tutmosis IV, sucesor de Amenotep II. Aunque fue escrita en un momento posterior a su época, los historiadores han confirmado su fidelidad al mismo texto de una inscripción erigida por Tutmosis IV en el s. XV a.C. Se dice en el texto que el dios Horus se le apareció al joven Tutmosis en un sueño cuando era solo un príncipe en la casa de su padre y le prometió el trono de Egipto a condición de que sacara a la Esfinge de la arena. Es obvio que, si Tutmosis hubiera sido el hijo mayor de su padre Amenotep II, no hubiera habido propósito en una promesa divina de que algún día llegaría a ser rey, pues de forma natural hubiera ascendido al trono inmediatamente tras la muerte de su padre. Por tanto, se infiere necesariamente que el hijo mayor de Amenotep II murió antes que su padre, dejando la sucesión a su hermano menor. Esta situación concuerda exactamente con el relato de Éxodo 12:29, según el cual, el hijo del Faraón murió juntamente con los demás primogénitos a consecuencia de la décima plaga. Todo esto, aunque parezca tendencioso a favor de la fecha que proponemos para el Éxodo, solo sirve para confirmar aún más nuestras evidencias y conclusiones.

2.6. Las Tablillas de Tell el-Amarna

Fueron descubiertas en el año 1887 y datan de los años 1400-1370 a.C. Conforman un archivo de correspondencia, escritas en acádico cuneiforme —que era el lenguaje de la burocracia internacional de la época— por principillos asirios y palestinos, y cuyos destinatarios eran los miembros de la corte egipcia. Estas cartas contienen, en su mayor parte, alarmantes informes sobre las depredaciones causadas por feroces invasores, y urgentes requerimientos solicitando ayuda de las tropas egipcias para rechazar estas peligrosas incursiones. También reflejan la condición reinante de caótica desunión entre los diversos reyezuelos de Canaán, y una tendencia a denunciar su alianza con Egipto en favor de un pacto con los invasores *habiru* o *hapiru*, como son designados[21] —si bien hay alguna dificultad con la precisión lingüística del término[22].

Para este trabajo no interesa tanto precisar quienes fueron exactamente estos invasores, siendo suficiente con decir que aunque no se puede equiparar estos términos al de *hebreo*, tampoco está descartado totalmente. Compartimos la opinión de los eruditos liberales que estos términos hacen referencia a un estrato social sin unidad étnica[23], o que son, en cierto sentido, nómadas, y los términos *habiru* o *hapiru* se refieren a un concepto sociológico y no étnico[24], pero en cualquier caso se sabe que a los hebreos en marcha por el desierto se les unieron otros grupos que también salían de Egipto o que encontraron en el desierto. De todas formas, posiblemente nunca se podrá concluir que estos *habiru* o *hapiru* son los hebreos, pero tampoco se puede afirmar que en ningún caso pueden ser ellos.

En conclusión, sobre estas tablillas, se puede afirmar que si bien hay muchos problemas y detalles individuales que aquí no es lugar para recogerlos, y que aún no han sido resueltos, hay suficiente acuerdo entre los datos obtenidos de la correspondía de Amarna y el relato del libro de Josué como para poder establecer una estrecha conexión entre ambos escritos. Confiamos que ulteriores descubrimientos venga a confirmar esta evidencia[25].

B. Informe histórico de los pueblos citados en el libro de Josué

Esta es la segunda parte de la investigación. Ya se han presentado las evidencias bíblicas y extrabíblicas que se encontraron con respecto a la fijación de la fecha del libro de Josué, dentro de los márgenes de la Historia de la Antigüedad. Ahora el objetivo es exponer brevemente lo que conocemos sobre los pueblos más importantes citados en el libro de Josué.

En el libro de Josué se encuentran al menos siete pueblos que son citados en varias ocasiones a lo largo del mismo (Josué 3:10; 9:1; 11:3;

---

[21] G. Archer, o. c., pág. 203 ss.

[22] Para una discusión lingüística de esos términos desde un punto de vista filológico, se recomienda el libro de M. Noth, *"Historia de Israel"*. Barcelona 1966. págs. 31, 44-46 ss. Igualmente, para una nueva lectura de esos términos el libro de R. de Vaux, *"Historia antigua de Israel"*, Vol. I, Madrid, 1975. págs. 214-219 ss.

[23] J. Bright. o. c., pág. 100.

[24] S. Herrmann, o. c., pág. 88.

[25] G. Archer, o. c., pág. 300.

12:8; 24:11). Aunque en ocasiones falta uno de ellos, el orden en que se citan se repite a menudo y, quizás, este orden se refiera a su importancia o a la cuantía de sus fuerzas militares. En cualquier caso, no importa tanto el orden sino el hecho de que son siete pueblos, a saber: amorreos, cananeos, heteos (fuera de la Biblia se les llama hititas), ferezeos, heveos, jebuseos y gergeseos. Este último es el que algunas veces no aparece en la lista de los siete y desconocemos el motivo.

Sobre estos siete pueblos Dios dio su mandato de actuación a Israel (Éxodo 34:11-16; Deuteronomio 7:1-5), prohibiendo cualquier tipo de alianza para evitar la degeneración moral y el abandono del verdadero Dios. Más tarde, en el discurso de despedida de Josué, vuelve a recordarse el mandamiento, prohibiendo al pueblo hebreo la imitación de la forma de vida de los pueblos que había derrotado durante la conquista de Canaán (Josué 23:7, 9, 11-13).

Aparece en el libro otra serie de pueblos como los Anaceos (Josué 11:21, 14:12) y una serie de pueblos en el capítulo 13, que no nos detenemos a estudiar ya que la información sobre ellos es mínima y, en algunos casos, solo son clanes dentro de unas tribus de las que no se dice el nombre.

1. Amorreos

De acuerdo con la definición amplia del país de Canaán, heredada de la administración egipcia, una serie de textos bíblicos emplean el adjetivo colectivo *el cananeo* para designar a todos los habitantes de la Cisjordania antes de la llegada de los israelitas, sin consideración étnica alguna. Sobre los dos pueblos preisraelitas más importantes —amorreos y cananeos— la Biblia tiende a usarlos de forma indistinta, al menos aparentemente, pero si se presta atención, en algunos pasajes de la Escritura aparece en primer lugar una diferenciación por razones geográficas. Los amorreos son los antiguos habitantes de los territorios ocupados por las tribus de Transjordania,[26] al norte de Edom y Moab: el reino de Sehón, de Og de Basan y de Galaad. Otros textos distinguen a los amorreos que vivían en las montañas, de los cananeos que vivían en la costa (Josué 5:1) o a orillas del mar y en el valle del Jordán (Josué 11:3).

También se puede encontrar en algunos pasajes una distinción especial para los amorreos, siendo considerados como una raza aparte,

---

[26] Para un mejor conocimiento de la geografía de Palestina y su área, ver el libro de Martín Noth, *"El mundo del Antiguo Testamento"*. Madrid, 1976.

con una estatura y fuerza extraordinarias (Amós 2:9; Números 13:32; Deuteronomio 3:11), algo que no se dice nunca de los cananeos.

Después que la tierra fue poblada por los israelitas, los amorreos se integraron en una de las doce regiones que apoyaban la corte de Salomón (1 Reyes 4:19), haciéndose posteriormente sirvientes y siendo absorbidos gradualmente (1 Reyes 9:20). El recuerdo de sus atrocidades permaneció, y sirvió como punto de comparación para la idolatría de Acab y Manasés (1 Rcycs 21:26; 2. Rcycs 21:11).

2. Cananeos

Los cananeos fueron el pueblo más importante de aquella zona y el que dio nombre a todo el área geográfica que estamos tratando. Canaán fue el hijo de Cam y, por tanto, nieto de Noé. En Génesis 10:15-19 aparece la lista de sus descendientes y, entre ellos, se mencionan como clanes a los demás pueblos que son citados en el libro de Josué, por lo que las características de los cananeos sirven para los demás pueblos de Canaán, aunque sean citados con otros nombres.

Sobre este pueblo se posee más información que de ningún otro de los citados en el libro de Josué. En primer lugar, en cuanto a su historia, no se sabe cuándo aparecen en Palestina, conjeturándose la fecha del año 3000 a.C., pero lo que sí es seguro es que, a partir del segundo milenio, Siropalestina estaba dividida entre una cantidad variable de ciudades-estados cananeas-amorreas. Para los siglos XIX/XVIII a.C., muchos nombres de lugares y de gobernantes que se registran en los textos de execración egipcios son cananeos.

Durante el período de 1500-1380 a.C., estos pequeños estados constituían parte del reino asiático egipcio. En el s. XIV a.C. Los estados del norte pasaron bajo tutela de los hititas, mientras que los del sur siguieron siendo nominalmente egipcios. En la época del Éxodo, los israelitas comandados por Josué, invadieron el oeste de Palestina desde el Jordán, dominando primeramente la zona montañosa, y derrotando a una serie de reyes y coaliciones cananeas.

Sobre la sociedad cananea se sabe que la mayoría de las ciudades-estados eran monarquías. El rey tenía amplios poderes para realizar designaciones y conscripciones militares, para la apropiación de las tierras que luego podía arrendar a cambio de servicios. Tenía también poder para establecer impuestos, incluyendo diezmos, derechos de aduana, impuestos sobre la propiedad, etc., y autoridad para requerir el trabajo de sus súbditos para obras estatales. Tenemos un fiel reflejo de todo esto en la denuncia de Samuel contra el establecimiento de un reino similar a los de las naciones que rodeaban Israel (1 Samuel 8). Los asuntos militares, religiosos y económicos estaban bajo la supervisión directa del rey. La reina era un personaje importante a quien apelaban a veces los funcionarios de alto rango. La corte estaba organizada fastuosamente en los estados más grandes.

La unidad básica de la sociedad era la familia. Entre las unidades sociales más grandes, además de aquellas más evidentes, representadas por las ciudades con sus aldeas vecinas, se puede observar la generalizada organización de corporaciones o gremios. Estos incluían los productores primarios, los artesanos y los comerciantes, tanto locales como itinerantes. Los sacerdotes y demás personal ocupado de los quehaceres del culto, como también los músicos, se organizaban en corporaciones o grupos y había varias clases de guerreros. Se ha sugerido que en la sociedad cananea existía una marcada distinción de clase entre los patricios de la casta superior y los siervos parcialmente libres de la clase inferior, siendo posible que las excavaciones arqueológicas reflejaran el contraste en este sentido con los israelitas, de comunidades relativamente humildes y homogéneas.

En cuanto a la religión, esta fue la principal esfera en que Israel causó del desagrado de Dios, ya que muchos israelitas llegaron a adoptar las prácticas religiosas de los cananeos, como se puede observar en numerosos textos del libro de Jueces y en los libros de las Crónicas.

La más importante divinidad cananea era Baal, al que se le suponía controlador de la lluvia y las tormentas. Los cananeos creían que la prosperidad económica en las buenas cosechas y los grandes rebaños dependía directamente de agradar a este dios. Aunque *El* era teóricamente el dios principal, Baal recibía mayor adoración. La abundante literatura épica encontrada en Ras Shamra, aunque presenta además otros dioses, muestra que Baal seguía siendo el de principal en importancia. Mot, dios de la muerte, anualmente daba muerte a Baal, pero Anat, diosa de la guerra, hermana y esposa de Baal, con la misma frecuencia lo resucitaba. Asera era presentada como esposa de *El* en Ras Shamra, pero en el bajo Canaán aparece como consorte de Baal, y en el Antiguo Testamento se menciona como una imagen tallada que era tenida junto al altar de Baal (Jueces 6:25-28; 1 Reyes 15:13). Astarté, diosa del amor, la fertilidad y la guerra, también se relaciona frecuentemente con Baal en el Antiguo Testamento (Jueces 2:13; 10;6; 1 Samuel 7:3,4; 12:10). Los conceptos de las tres deidades femeninas, Anat, Asera y Astarté, eran algo fluidos, con la tendencia a cambiar y mezclarse para formar otra, de modo que no siempre se mantenían distinciones claras. El culto prescrito para estas deidades comprendía la prostitución religiosa, y la mitología incluye historias de extrema brutalidad e inmoralidad sobre ellas. También se observaba el sacrifico de niños y la adoración de víboras. La atracción de Israel por esta religión era básicamente económica, pues los israelitas querían prosperidad en su nuevo interés en la actividad agrícola y creían erróneamente que la adhesión al culto de Baal era el camino para lograrla (Oseas 2:5, 8)[27]. Hoy se conocen interesantes estudios sobre la religión cananea, sus dioses, el culto practicado con los sacrificios y sus normas para llevarlos a cabo[28]. Igualmente, se conoce bastante sobre las relaciones entre los israelitas y los cananeos en cuestiones religiosas[29].

3. Heveos

Sobre este pueblo hay poquísima información. Son hijos de Canaán, según la lista de naciones de Génesis 10 y 1 Crónicas 1.

Son primitivos habitantes de Siria y Palestina, distintos de los cananeos, jebuseos, ferezeos, gergeseos y amorreos (Éxodo 3:8; 23:28; Deuteronomio 7:1), y estaban relacionados con los anaceos que vivían en el Líbano (Génesis 10:17). Esto concuerda con su ubicación principal en las montañas del Líbano (Jueces 3:3) y la cadena del Hermón hasta el valle que conducía a Hamat (Josué 11:3), lugar donde todavía vivían en la época de David, quien los ubica después de Sidón y Tiro (2 Samuel 24:7). Integraron el grupo de trabajadores para las obras de construcción de Salomón (1 Reyes 9.20; 2 Crónicas 8:7). Otros se establecieron en Siquem, cuyo fundador se describe como hijo de Hamor, heveo, en la época de Jacob (Génesis 34:2) y cerca de Gabaón (Josué 9:7; 11:19).

Muchos equiparan a los heveos con los horeos, y suponen que los escribas confundieron una letra en hebreo, que es la única que los hace distintos en cuanto a la forma de escribir el nombre de estos dos pueblos. En Génesis 36:20-30 a Zibeón se le llama horeo, por oposición a heveo en el versículo 2. Existen otros ejemplos como este caso, pero en todos ellos los eruditos han hablado de confusión[30]. El caso no tiene una excesiva trascendencia ya que, sobre este pueblo, de cualquier modo, el conocimiento es más bien escaso.

---

[27] L. Wood, o. c., págs. 226-228.
[28] R. de Vaux. o.c., págs. 154-161.
[29] G. E. Wright, *"Arqueología Bíblica"*. Madrid 1975. Págs. 141-172.
[30] *"Nuevo Diccionario Bíblico"*, pág. 518.

4. Heteos

Después de bastantes siglos dudando de la existencia de este pueblo, los historiadores se dieron cuenta que los heteos del Antiguo Testamento correspondían a los hititas de la época antigua. Los heteos constituyen, en primer lugar, una gran nación que dio nombre a toda la región de Siria, *"desde el desierto y el Líbano hasta el gran río Éufrates, toda la tierra de los heteos hasta el gran mar donde se pone el sol"* (Josué 1:4); y, en segundo lugar, un grupo étnico que vivió en Canaán desde los tiempos patriarcales hasta después del asentamiento israelita (Génesis 15:20; Deuteronomio 7:1; Jueces 3:5), grupo llamado literalmente *"los hijos de Het"* (Génesis 23:3, etc.), según su antepasado epónimo Het, hijo de Canaán (Génesis 10.15).

Se sabe que el Imperio hitita fue fundado ca. 1800 a.C., por un pueblo indoeuropeo que se había asentado en Asia Menor, en ciudades-estado, unos dos siglos antes. El nombre de *heteos* o *hititas* derivó de los *hatti*, los primitivos habitantes de la zona donde se asentaron los hititas de Canaán. En la época patriarcal aparecen como habitantes de la sierra central de Judá, especialmente en la zona de Hebrón. Se ha conjeturado que formaban una rama de los *hatti* preindoeuropeos. El Imperio hitita nunca se extendió tan al Sur como para llegar a Hebrón.

En dieciocho listas de cinco, seis o siete pueblos, que se cree que ocuparon Palestina, los hititas aparecen seis veces en primer término y nueve en segundo. Según Génesis 23, los habitantes de Hebrón en la época de Abrahám eran los *"hijos de Het"*; según Génesis 26:34 y 27:46, los hititas habitaban en la montaña con los amorreos. Más tarde, David tuvo un partidario hitita (1 Samuel 26:6) y un oficial hitita (2 Samuel 11). Es cierto que los hititas no dominaron nunca en Palestina ni penetraron nunca en masa. Es posible que algunos se establecieran allí individualmente, pero los hititas mencionados en la Biblia (Efrón y su padre Sohar en Hebrón, las mujeres de Esaú y sus padres, los soldados de David) llevaban nombres semíticos y, si eran de origen hitita, estaban completamente asimilados[31]. La última referencia a los heteos/hititas de Canaán aparece en el reinado de Salomón (2 Crónicas 8:7), de ahí en adelante se fusionaron con el resto de la población de aquella tierra.

5. Ferezeos

Son el único pueblo de la lista de siete que se está considerando, que no aparece en la lista de descendientes de Canaán en Génesis 10:15-

---

[31] R. de Vaux, o.c., Vol. I, pág. 1459.

18. Este dato se ha puesto en relación con el significado etimológico de la palabra *ferezeos,* que significaría *los moradores de la montaña* o *los aldeanos*. Este significado cobra validez cuando se contrasta con la lista de Génesis 10.

No se sabe nada de ellos fuera de la Biblia. En ella son siempre mencionados en relación a otro pueblo, relacionándolos con los jebuseos en las montañas (Josué 11:3), con los cananeos cerca de Bet-el (Génesis 13:7), cerca de Siquem (Génesis 34:30) y en las montañas de Judea (Jueces 1:4ss) en relación con los refaitas (Josué 17.15). En ningún caso se aportan datos para conocer su cultura o su forma de vida, por lo que no se puede decir nada más que lo que acaba de reflejarse.

6. Gergeseos

Nada se sabe de este pueblo que acompaña a los otros seis en la lista de pueblos de Canaán[32].

Debe ser una tribu o quizás un clan que figura entre los descendientes de Canaán (en las consabidas listas de Génesis 10 y 1 Crónicas 1) y la parte de la muy mezclada población de Canaán, según se describe en la promesa original a Abraham (Génesis 15:21). Llegado el momento, fueron derrotados por Israel (Deuteronomio 7:1; Josué 3.10; 24:11).

En el norte del Ugarit cananeo se han encontrado pruebas indirectas de la presencia de los gergeseos entre los siglos XIV y XII a.C. en base a dos nombres personales escritos en ugarítico. Probablemente, los gergeseos bíblicos y ugaríticos sean diferentes de un pueblo del Asia Menor llamado *Karkisa* en los anales hititas y con el que se creían relacionados hasta hace pocos años. En cualquier caso, el conocimiento de ellos se puede decir que es nulo.

7. Jebuseos

Este pueblo es un interesante ejemplo de un clan cananeo que fue capaz —al menos en lo que concierne a su principal ciudad fortificada, Jebús (Jerusalén)— de resistir a la presión de los israelitas conquistadores durante más de doscientos años. El topónimo de Jebús puede ser un simple derivado del jebuseo, mientras que Jerusalén (*Urusalim*), es un nombre que se remonta, por lo menos, a la época de Amarna. *Jebús* se encuentra en Josué 18:28; Jueces 19:10, 11, 14; 1 Crónicas 11:4, 5, pero puede tratarse de un término artificioso. Los jebuseos son enumerados con

---

[32] R. de Vaux. o. c., pág. 149.

el resto de clanes cananeos en Génesis 10.16. Adonisedec es considerado a la vez como un rey jebuseo y amorreo en Josué 10:5. Puede ser que los jebuseos fuesen realmente amorreos, pues este término tiene un sentido etnológico muy amplio (Ezequiel 16:3-45), mientras que jebuseo sería más bien una designación geográfica[33].

Jebús fue quemada después de ser capturada por los hombres de Judá (Jueces 1:8), pero sus habitantes originales recuperaron el control, al menos hasta el ataque dirigido por David (2 Samuel 5:6). Se permitió a los jebuseos permanecer en el monte del templo hasta que se les compraran las tierras o fueran absorbidos por los habitantes de Judea, quienes construyeron una zona habitacional en Sión (Jueces 1:21; 19:11)[34].

C. El pueblo egipcio

No es posible concluir este trabajo sin mencionar, con la brevedad exigida, algunos aspectos de la forma de vida, la sociedad y otros detalles sobre un pueblo que no aparece mencionado en el libro de Josué, pero que entendemos que, sin una referencia a él, este trabajo pecaría por defecto, dejando al margen el pueblo más importante de aquella época. Nos estamos refiriendo a los Egipcios.

La historia de este pueblo ha sido dividida tradicionalmente en tres períodos denominados sucesivamente: Imperio Antiguo, Imperio Medio e Imperio Nuevo, con dos períodos entre ellos designados como períodos intermedios. La época que se considera corresponde con la del Imperio Nuevo (1552-1069 a.C.), ya que se ha propuesto y considerado como la datación más probable para el Éxodo entorno al año 1445 a.C. y para el libro de Josué alrededor del año 1405 a.C. Por tanto, todo lo que sigue a continuación es una reseña sencilla de los usos y costumbres de los egipcios en tiempos del Imperio Nuevo. También se dará una pequeña bibliografía sobre la historia de Egipto, recomendado algunos textos para una mayor profundización en el tema. Igualmente, comentar que el lector se dará cuenta que no hemos tratado el tema de la Religión Egipcia que tan popularizada ha sido. La razón para ello es bien sencilla: en ningún texto de la Escritura se hace referencia a ella y, por tanto, su influencia en la forma de vida de los israelitas nunca ha sido considerada. Ello nos induce a considerar innecesario un tratamiento de ella, por muy interesante que personalmente pareciera el tema.

---

[33] *"Comentario Bíblico San Jerónimo"* Vol. V. Madrid 1972, pág. 597.

[34] R. de Vaux. o.c., Vol. I, pág.149.

1. El Estado

1.1. La administración

En Egipto Antiguo no existió un concepto de Estado comparable al de *polis* en Grecia o al de *res publica* en Roma. No obstante, existió un estado con todos los órganos de dirección y administración, pero las competencias de estos no están definidas de una manera clara y, por ello, resulta a veces farragoso tratar de ordenarlos racionalmente. A principios del Imperio Nuevo (ca. 1550), desaparecen algunos cargos como el de *portador del sello real*, que pasa a tener un contenido meramente de prestigio. Igualmente, se constata que no hay ninguna oficina administrativa dirigida por el *mer nenuti* o superintendente de la residencia. También deja de funcionar como colegio jurídico del visir los *Diez grandes del Alto Egipto*. Esto hace pensar que, a comienzos del Imperio Nuevo, hubo una reorganización de la administración en la que destaca la importancia que toma el *hijo real de Jush* que administra el sur de Egipto. Se afirma la antigua división del visirato desde Tutmosis III (1501-1450). Se presta atención a la administración de Siria, que se hace desde Menfis y no desde Tebas. Es típico de la época la importancia del ejército y de sus caudillos, que van entrando en los puestos de la administración del estado. También es típico de la época, a mediados de la Dinastía XVIII, los cargos de mayordomo y de senescal.

Durante el reinado de Amenofis II (1449-1421), hubo un cambio en la administración. El rey se rodeó de gentes de su generación que se habían criado con él como pajes de la corte. Con Tutmosis IV (1421-1412) surgieron conflictos entre el faraón y la burocracia, tanto civil como de los templos, conflictos que la documentación no atestigua explícitamente pero que son conocidos a través de las biografías y alusiones que se conservan. Estos conflictos desembocarían en la crisis amárnica con un enfrentamiento directo. Parece que el núcleo más duro de estos funcionarios era el tebano, lo que explicaría que, en ciertos momentos posteriores, los grandes funcionarios procedieran del norte, concretamente de Menfis. La llamada crisis amárnica consistiría en la ruptura de Akhenatón (1364-1347 a.C.) con el pasado, no solo en la lucha con el sacerdocio tebano y la ideología que propugnaban, sino con la búsqueda de apoyo en el ejército para construir un mundo de pensamiento ya no vinculado con la tradición. Con todo esto desaparece un tipo de funcionarios, y en la época de Homremheb (1333-1305) la administración sale del ejército y de entre extranjeros que se suponen más afectos a la corona. Estos funcionarios de nuevo cuño se fabrican árboles genealógicos ficticios, porque en el fondo tienen aspiraciones de permanencia a la vez que se esfuerzan en demostrar que son egipcios de pura cepa. En tiempos de Ramsés II (1290-1224) la nueva capital de Pi-Ramsés en el Delta Oriental, agrupa a un funcionariado típico porque los altos cargos no se entierran allí, sino en sus provincias de origen, a diferencia de los de la primera época de la Dinastía XVIII, que se enterraban en la necrópolis tebana. Continúa la extracción militar de ellos. La consecuencia de la falta de una clase productora de familias de funcionarios es la intervención de los *senescales reales* en la corte, que desempeñan papeles muy variados; en consecuencia, ya no se da, o se da cada vez menos, que se hereden los cargos. En todo caso hay que tener presente que en Egipto el rey es, en última instancia, el que concede el empleo y quien derriba al funcionario que pierde su confianza. Las biografías idealizadas que se conocen dejan entrever un tipo de servidor del estado que está en la tradición egipcia clásica. Este debía ser reflexivo, exacto, incorruptible, sincero e inteligente. El visir que no se enfada contra los que piden con el corazón en la mano, que no juzga parcialmente o recibe corruptelas; el sacerdote que no mete el diente a las ofrendas, o divulga los misterios; el escanciador callado, dueño de sí mismo y amistoso; todos estos son ejemplos idealizados de algunos funcionarios del Egipto Antiguo, según aparecen en las biografías. La educación del funcionario en los buenos tiempos se hace por el magisterio del padre y después se sustituye por las *"enseñanzas"* que se han transmitido en la tradición.

1.2. El faraón

Era el dueño absoluto de Egipto, el que gobernaba todo el imperio con poderes absolutos. La teología política de la época le hace hijo corporal de los dioses, especialmente de Amón, y vive en contacto con ellos, sirviendo de enlace entre la divinidad y sus súbditos. En época totmosida (s. XV a.C.), el faraón estaba muy involucrado con el ejército, dirigiéndolo en las campañas exteriores. Igualmente, era dado a los deportes y a las artes de guerra. Pero no debe olvidarse que la ideología faraónica exige que dedique gran parte de sus recursos, no solo a las obras civiles, sino a testimoniar su devoción a los dioses mediante la erección de grandes templos, dotación de ellos y piedad manifiesta en la celebración de grandes fiestas religiosas. Cabe destacar de aquella época el carácter militar de la monarquía egipcia, que se manifiesta en la elevación al trono de soldados distinguidos. El rey es el propietario teórico de todo el suelo egipcio, pero, en particular, tendrá grandes propiedades, palacios y tesoros. Junto al rey, la reina —la *gran esposa real*, con su casa y sus propiedades personales— ocupaba un lugar destacadísimo en la corte. Aunque de manera extraoficial, participaba en multitud de asuntos del estado, como ocurría con las grandes damas de la dinastía. La importancia de la reina como transmisora de la legitimidad es indudable en la historia de Egipto, que culmina en la figura de Hatshepsut (1501-1480 a.C.). En este sentido no se puede dejar de citar nombres como Nefertiti y Nefetari —la esposa de Ramsés I. Los matrimonios consanguíneos hacían de la familia real un clan cerrado, que se renovaba mediante las innumerables concubinas que entraban en el harén real. Los príncipes se educaban en el servicio de las armas, especialmente en Menfis.

1.3. La capital

Durante la Dinastía XVIII (1552-1305) la capital estaba en la ciudad de Tebas, aunque los faraones vivieron bastante tiempo en el norte y Tutmosis I tuvo un palacio en Menfis; Amenofis II también tuvo residencia en el norte; Amenofis IV creó una capital en El-Amarna; Horemheb residió en Menfis, así como Seti I; y Ramsés II estableció la capital en Pi-Ramsés. Es curioso que se conozca tan poco de los palacios reales egipcios a excepción del de Tell el-Amarna. El de Tebas, situado en la orilla izquierda, se ubica en un campo de ruinas que hoy se llama Malgata. La razón de este desconocimiento es que estaban construidos con adobe, aunque debieron ser de gran lujo.

1.4. El visir

Desde Tutmosis III (1501-1450 a.C.) está atestiguado el doble visirato, uno en Tebas y otro en Menfis. El visir es el que gobierna de acuerdo con los deseos del rey (lo que en la monarquía española de los Austrias se llamaría *el ministro universal*). Tenía su jornada perfectamente ordenada. Informaba al rey todos los días y recibía de él las instrucciones oportunas. Abría todas las oficinas administrativas, gobernando él desde su gran despacho administrativo. Presidía la Corte Suprema de Justicia e intervenía en toda clase de asuntos. El hecho de haber dos visires plantea el problema de sus límites territoriales. No está clara la línea de demarcación. Las competencias específicas del visir están recogidas en la inscripción de la tumba de Rekhmire, visir de la Dinastía XVIII, que en su contenido refleja seguramente un cliché de la época del Imperio Medio, pero que en conjunto deben ser válidas aun en la época que estamos considerando. Allí se enumeran sus cometidos en la administración provincial, la justicia, trabajos públicos y agricultura (canales, monumentos, talas de árboles, control de títulos de propiedad, límites, censos, informes sobre las crecidas del Nilo, graneros y cosechas), tesoro público, ejército, marina y archivos. La oficina del visir en la Dinastía XVIII se simplificó y se dio mucha importancia al *gran escriba del visir*, su secretario particular, que dirigía un ejército de escribas menores. El gran tribunal del visir estaba formado por gentes de distinto origen en la administración y mandos militares.

1.5. El virrey de Nubia

Se llama así al *hijo real de Kush*, que adquiere gran importancia en esa época por la extensión del dominio egipcio hacia el sur. El cargo fue creado por Amenofis I y tenía dos delegados: uno para la Alta Nubia (Kus) y otro para la Baja Nubia (Wawat). Era un puesto de gran categoría dentro de la administración egipcia.

1.6. El tesoro

Se denominaba así al conjunto de impuesto que recibía el estado y que incluía los productos del país —excluidos los granos— inclusive los de Nubia y Siria. Son conocidos los impuestos de oro, plata, cobre y vestidos, impuestos por esclavos, impuestos probablemente sobre el ganado y por las tierras. No ha sido hallada ninguna representación gráfica del tesoro, pero se puede pensar que serán grandes almacenes en los que había de todo. Cosas tan variadas como incienso, aceite, vino, algarrobas, papiros, carbón, colmillos de elefantes, metales nobles, etc. Todo era administrado por un *Director del Tesoro* que dependía directamente del visir. En el Imperio Nuevo no hay casas del tesoro provinciales, pero sí se habla de una casa del tesoro en Nubia. Este organismo empleaba a multitud de escribas. A través de él se dirigían las empresas comerciales especialmente las del extranjero.

1.7. Administración del campo

Un país como Egipto, de economía fundamentalmente campesina, ofrece un interés especial para el estudio del problema de la propiedad de la tierra y la administración de los bienes que pertenecen al faraón o al estado. Para empezar, en el Egipto Antiguo no hay un concepto elaborado de propiedad comparable al que elaboró el derecho romano, pero para entenderlo de alguna manera, se podría utilizar lo que los juristas romanos acuñaron bajo el título de *posesio*, con todos los problemas que ello plantea. El rey era un gran propietario de tierras en Egipto, muchas de ellas tenían palacios con sus servicios, constituyendo algo así como grandes latifundios. También los organismos de la administración poseían campos propios, en tanto que órganos del estado, como el visirato, el tesoro y la oficina del tesoro e incluso los *puertos del faraón*. Estas tierras y sus productos estaban destinados a alimentar al personal que trabajaba en otros organismos. Los funcionarios del estado intervenían directamente en la administración del campo mientras que los templos administraban en los suyos propios. El estado intervenía directamente en la medición de los campos y en la clasificación de las tierras. También durante el Imperio

Nuevo tuvieron una gran importancia los graneros, que eran distribuidos por todo Egipto, existiendo graneros centrales en las dos capitales.

1.8. Ejército, marina y policía

El estado militar del Imperio Nuevo descansó fundamentalmente en un ejército eficiente. Los egipcios nunca fueron un pueblo militar en la medida en que lo fueron, por ejemplo, los asirios. La política egipcia contaba poco con las fuerzas armadas durante el Imperio Antiguo y Medio, pero la utilización del caballo, la introducción del carro como arma de combate, la perfección de los arcos y de las armas ofensivas en general y defensivas como la cota de malla, etc., fueron conformando una nueva manera de concebir la guerra y se empezó a crear un auténtico imperialismo egipcio que se apoyó fuertemente en el ejército. Fue necesaria una organización militar compleja y se desarrolló una mínima estrategia. En su organigrama jerárquico dependía, como todo Egipto, del faraón, y concretamente del visir. Este era el que movilizaba las tropas a través de los funcionarios de la recluta que constituían un grupo en el que se integraban los *escribas de los reclutas*, los *escribas militares* y el *jefe de los escribas militares*. Las tropas procedían de distintos grupos, eran fundamentalmente egipcios, pero había nubios y otros extranjeros. A medida que avanzaba el Imperio Nuevo, cada vez más estos pasan a constituir la base principal del ejército. En tiempos de paz el ejército estaba acantonado en guarniciones dentro del país y desplegado a lo largo de las fronteras donde vivían en fortalezas. El estado egipcio dispuso de una policía formada por beduinos del desierto de Nubia y, aunque siempre tuvo contingentes importantes de esa procedencia, en el Imperio Nuevo incorporó miembros egipcios y siempre tuvo mandos egipcios. Parece que el estado desconfiaba de sus propios súbditos para controlar el orden interno y acudía a bárbaros asimilados.

2. Economía y sociedad

2.1. Agricultura

Egipto fue siempre un país eminentemente agrícola, como era habitual en la antigüedad; pero incluso destaca por su ruralidad entre los países del Oriente Próximo más dependientes del comercio que Egipto. Se desconoce la extensión del suelo cultivado, pero no debía ser distinta a la actual y se cifra en unos 17.000 km^2, con una población igualmente desconocida en cifras absolutas, que con un margen de error de un cincuenta por ciento se calcula en unos cuatro millones de habitantes, con una gran densidad de población. El cultivo se basaba en los cereales de trigo y cebada, vid, olivo, cebollas y leguminosas. El aprovechamiento de las inundaciones del Nilo era un rasgo típico de la agricultura egipcia. La fuerza empleada para los cultivos era la humana y la animal, especialmente asnos y ganado vacuno.

2.2. Ganadería

Complemento indispensable de la agricultura, la ganadería egipcia fue siempre abundante y de gran calidad. Las gamuzas (especie vacuna típica de Egipto), asnos, cerdos, cabras, ovejas, aves de corral y después caballos y mulos, sirvieron para suministrar proteínas en la alimentación y, los últimos, fuerza de trabajo, tanto en la agricultura como en el transporte y la guerra. Puede decirse que la producción de carne era suficiente para que se pueda considerar a los egipcios antiguos como un pueblo bien alimentado.

2.3. Minería

La minería es otra fuente importante de riqueza en la época que tratamos, sin embargo, no se conocen innovaciones técnicas en la fundición y la metalúrgica del bronce, que continuaba prácticamente al mismo nivel que en épocas anteriores. Tanto es así que Egipto, al final del Imperio Nuevo, no se incorpora a la nueva metalurgia del hierro, lo cual, a la larga, fue un desastre para su porvenir histórico. Se explotó el oro en sus yacimientos tradicionales de Wadi El-Alaqi y la Alta Nubia, hasta tal punto que Egipto fue seguramente el país más rico en oro de toda la antigüedad oriental. Basta fijarse en el tesoro de Tutankhamon y el correspondiente de Tell el-Amarna para darse cuenta de la abundancia de oro en Egipto. La plata, poco abundante, procedía de los botines de guerra.

2.4. La madera

Dado que era un país deficitario en madera, necesitó importarla, sobre todo en sus especies nobles, del Líbano, de Siria, de la Alta Nubia y de más al sur. Recordemos que una de las funciones del visir era el control de la tala de árboles.

2.5. Manufacturas

Egipto fue un país de excelentes artesanos que transformaban las materias primas —producidas o importadas— en magníficos utensilios y en bellísimas obras de arte que son el asombro de todos al ser rescatadas por los arqueólogos. Dotados de una habilidad fuera de lo común, los artesanos egipcios fabricaron de todo: desde palacios y tumbas, hasta las más toscas cerámicas de cocina. Los productos del Imperio Nuevo muestran una pérdida de sobria elegancia con respecto a los del Imperio Medio. Hay más lujo y más abundancia con una clientela más numerosa con gustos más estandarizados. No se puede hacer aquí una enumeración de los oficios del Imperio Nuevo, pero se deben citar algunos. Los carpinteros que aparecen con sus sierras en los relieves, los pescadores con sus redes llenas de peces, los metalúrgicos con escenas variadas en las que soplan en el crisol y sus colegas elaboran hachas, anillos, cuchillos, etc., los tejedores con su telar horizontal, y así otros muchos oficios que se conocen a través de los papiros y de las escenas que han quedado en sus esplendorosos y ricos monumentos.

2.6. Comercio

El comercio egipcio es en gran parte estatal, aunque sin duda existió el comerciante que llevaba y traía géneros por su propia cuenta. Había comercio principalmente con Biblos en Fenicia y con Nubia, pero también existía un comercio mediterráneo que cada vez adquiría mayor importancia. El tráfico comercial más intenso era en el interior con el Nilo como arteria fundamental, el cual a su vez canalizaba los productos que venía de Asia o de Nubia. No se conoce con detalle el sistema de intercambios, pero en una cultura que no conoció la moneda, el sistema de trueque debió jugar un papel muy importante.

2.7. Sociedad

Durante el Imperio Nuevo no se alteró básicamente la economía egipcia; tan solo se intensificó y se amplió. Por ello, los cambios sociales no fueron demasiado profundos, aunque sí perceptibles en muchos aspectos. En la cúspide del estado y la sociedad estaba el faraón, su familia y los allegados. El típico faraón del Imperio Nuevo tenía un talante militar y deportivo, además de sus tradicionales poderes semidivinos. Es lógico que su corte fuera más variada que la de épocas anteriores. Compañeros de armas y de diversiones cinegéticas, acceden a él con mayor facilidad. Al mismo tiempo, en los harenes reales aparecen, junto a las hermanas-esposas, princesas extranjeras. Los príncipes se dedicaban a las armas y a la ilustración, tanto en las artes como en las letras. Todos los miembros de la casa real tienen grandes feudos en propiedad, mayordomos y administradores personales. La gran nobleza territorial había desaparecido. Esta escala social había sido ocupada por los grandes funcionarios del estado, a la que acceden los militares distinguidos, cada vez más, extranjeros y oscuros advenedizos de provincias. A estos habría de añadirse los grandes sacerdotes de Tebas, Heliópolis y Menfis. En una escala inferior se situarían una inmensa mayoría de personas que constituían lo que podría llamarse la clase media, que a su vez se subdividía en innumerables categorías. En un status similar se podrían situar los militares de cierto rango que recibían tierras para su sustento. Debajo estaría el inmenso artesanado de todos los oficios. En igual condición se encontrarían los soldados rasos que poseían una vivienda propia y tendrían tierras donadas por el faraón. Y, en lo más bajo de la escala social, estarían los hombres libres o semilibres, el campesinado egipcio. Parece cierto que, a lo largo de la historia de Egipto, se produjo un fenómeno de aumento de la dependencia del campesinado, que pasó a vincularse al terreno que cultivaba e incluso podía ser trasladado de un campo a otro cuando este pertenece al faraón o a un organismo. Finalmente, los esclavos. En Egipto no se llegó en ningún caso a la anulación de la personalidad jurídica del hombre con tanta crudeza como en el mundo greco-romano, pero durante el Imperio Nuevo está atestiguada la existencia de esclavos y la esclavitud fue fomentada mediante las conquistas exteriores y las *razzias* que se hacían continuamente en Nubia. En general, la sociedad egipcia, algo más móvil en esta época, no deja de ser una sociedad sometida a un régimen despótico que no se plantea problemas auténticamente sociales. El egipcio nunca se planteó el problema de su propia individualidad.

Conclusión

Han sido presentadas numerosas evidencias con las que se ha tratado de fechar el libro de Josué. Sabemos que los eruditos liberales tienen una opinión distinta, pero, como ya se ha visto, sus conclusiones no pueden adecuarse con los datos que se encuentran en la Biblia o con los que aporta la geografía de la zona de Canaán. También se ha visto que cuando las opiniones de estos investigadores chocaban con la información que proporciona la Biblia, rápidamente, esta perdía su valor histórico y eran las conclusiones de los investigadores las que se consideraban como verdaderas e infalibles. No entramos a criticar su metodología ni sus puntos de vista sobre la inspiración de la Escritura, pero ni siquiera ellos se ponen de acuerdo para fechar el Éxodo y el período de la conquista de Canaán por parte de las tropas de Josué.

Se ha dejado de lado otros aspectos muy interesantes, pero que no afectaban al comentario histórico del libro de Josué. Hubiese sido de gran interés estudiar temas tales como el desarrollo de la conquista de la tierra de Canaán, pero este no es el lugar más apropiado para ello. Otro aspecto de suma importancia que hubiera sido necesario considerar es el de las instituciones religiosas, sociales y políticas que se encuentran a lo largo del libro de Josué, sin embargo, hay buenas publicaciones sobre este aspecto que el lector podrá consultar si lo desea[35], en las que podrá encontrar respuestas a las preguntas que se planteen sobre este tema.

Es nuestro deseo que esta separata aporte un mayor conocimiento de la época en la cual vivió Josué y todo el pueblo de Israel hace más de 2.900 años, para así entender mejor el mensaje de Dios para su pueblo en aquel tiempo.

Bibliografía

W. F. Albright. *"Arqueología en Palestina"*. Barcelona 1962.

G. Archer. *"Reseña Crítica de una Introducción al Antiguo Testamento"*. Editorial Portavoz Evangélico. Michigan 1987. Es una de las pocas introducciones al Antiguo Testamento que han sido traducidas al castellano. Aporta una visión conservadora de los textos del Antiguo Testamento. En cuanto al tema del libro de Josué, da pruebas irrefutables para confirmar la fecha temprana para el Éxodo. Es un libro muy válido para una primera *"vista"* a temas como el tratado. Recomendable.

J. Bright. *"Historia de Israel"*. Editorial Desclée de Brouver. Bilbao 1970. Clásico manual de historia de Israel que, aunque muy limitado, sirve para una aproximación a la historia de Israel. Expresa el punto de vista liberal, sin dar muchas explicaciones a las conclusiones que propone.

E. Casin. *"Los Imperios del Antiguo Oriente"*. Editorial Siglo XXI. Vol. III. Madrid, 1986. Es un manual de Historia Antigua. Es prolijo en datos de fechas y reyes, muy al estilo de la forma de enseñanza histórica de antaño. Importante para quienes deseen una información cronológica del período.

R. de Vaux. *"Historia antigua de Israel"*. Volúmenes I y II. Editorial Cristiandad. Madrid 1975. Un excelente comentario histórico, arqueológico y lingüístico de la época en la que se desarrolla el Antiguo Testamento. El autor murió sin haber podido completar la obra. Aunque no compartimos las conclusiones que aporta sobre el libro de Josué, es importante la información que da sobre ese período, que ayuda a una mejor comprensión.

---

[35] Se recomienda la obra de R. de Vaux, titulada *"Instituciones del Antiguo Testamento"*, editada en Barcelona en el año 1976

R. de Vaux. *"Instituciones del Antiguo Testamento"*. Editorial Herder. Barcelona 1976. Es uno de los mejores trabajos sobre este tema que existe y que difícilmente podrá ser superado. Un ejemplar indispensable para estudiosos e investigadores del tema.

E. Drioton. *"Historia de Egipto"*. Editorial Eudeba. Buenos Aires 1981. Es el manual por excelencia para el estudio de Egipto.

S. Hermann. *"Historia de Israel en la época del Antiguo Testamento"*. Editorial Sígueme. Salamanca 1979. Manual para el estudio de la historia de Israel desde el punto de vista filológico preferentemente. El autor pertenece a la escuela liberal en cuanto al estudio del Antiguo Testamento.

K. Kenyon. *"Arqueología en Tierra Santa"*. Editorial Garriga. Barcelona 1963. Un libro clásico que sirve de complemento a otros muchos. Al igual que otros de la misma autora, está escrito desde un punto de vista arqueológico, con una profundidad que para el tema es excesiva.

K. Kenyon. *"Desenterrando a Jericó"*. Editorial Fondo de Cultura Económica. México 1966. Este libro está dedicado exclusivamente a la ciudad de Jericó, recomendamos las páginas 146-153.

P. Montet. *"La vida cotidiana en Egipto en los tiempos de los Ramses"*. Editorial Temas de Hoy. Madrid 1990. Un libro muy útil para conocer la vida que llevaban los egipcios durante el Imperio Nuevo. Aporta numerosos datos de interés para comprender el pueblo en el que estuvieron como esclavos los israelitas y desde donde salieron para Canaán.

M. Noth. *"Historia de Israel"*. Editorial Garriga. Barccelona 1966. Es un tratado donde la erudición de este investigador es demostrada en todas sus páginas. El autor es el mejor representante de la escuela liberal. Ha escrito numerosos trabajos sobre temas del Antiguo Testamento. Sin poder concordar con las teorías liberales propuestas, el libro tiene importancia por la información que proporciona para el estudio de la historia de Israel.

M. Noth. *"El mundo del Antiguo Testamento"*. Editorial Cristiandad. Madrid 1976. De lo mejor, en cualquier idioma, para entender el entorno del pueblo de Israel en la época del Antiguo Testamento.

"Nuevo Diccionario Bíblico". Editorial Certeza. Chile 1991. Traducción

al castellano del mismo texto en inglés, considerado como uno de los mejores diccionarios bíblicos por la mayoría de los estudiosos de la Escritura. El artículo que trata de la fecha del Éxodo apoya el punto de vista liberal, pero ha de reconocerse su valía para temas tales como los pueblos preisraelitas de Canaán y otros muchos.

"Comentario Bíblico San Jerónimo" Vol. I, V. Editorial Cristiandad 1971, 1972. Considerados como una colección de los mejores comentarios por parte de eruditos católicos. Es, sin duda alguna, una clara exposición del punto de vista liberal. Sin embargo, no son desdeñables los datos que aporta, aun cuando el abandono que hace de la inspiración de la Escritura es evidente, dando mayor validez a explicaciones eruditas de sus propios investigadores.

B. G. Trigget. *"Historia del Egipto Antiguo"*. Editorial Crítica. Barcelona 1985. Este libro aporta una nueva visión para el estudio de Egipto. Ha sido el libro clave para entender la administración y la sociedad de Egipto durante el Imperio Nuevo.

L. Wood. *"Panorama histórico de Israel"*. Editorial Caribe. Florida 1989. Este libro descubre en forma amena la historia del Antiguo Testamento, con aportación bibliográfica en cada apartado y comentario a otros puntos de vista de forma completa.

G. E. Wright. *"Arqueología Bíblica"*. Editorial Cristiandad. Madrid 1975. Un libro dedicado exclusivamente a la arqueología de las ciudades que aparecen nombradas a lo largo de toda la Biblia. Ayuda a entender de forma más clara el panorama histórico de la Tierra Santa, haciéndolo cercano y conocido. Las conclusiones sobre las ciudades nombradas en el libro de Josué siguen una línea liberal, pero debe reconocerse el valor que ofrece para entender la forma de vida que llevaban a cabo los habitantes primitivos de estas ciudades.

EXCURSUS II
LOS JURAMENTOS

El mandamiento expresado en la ley en relación con los juramentos, es considerado por Cristo en el *Sermón del Monte* dándole el significado y alcance conforme al pensamiento de Dios (Mt. 5:33-37). El Señor recuerda el mandamiento promulgado en la Ley (v. 33): *"Además, habéis oído que fue dicho a los antiguos: No perjurarás, sino cumplirás al Señor tus juramentos"* (Πάλιν ἠκούσατε ὅτι ἐρρέθη τοῖ" ἀρχαίοι"· οὐκ ἐπιορκήσει" ἀποδώσει" δὲ τῷ Κυρίῳ τοὺ" ὅρκου" σου.) La práctica de pronunciar un juramento tiene raíces profundas en el A. T. Abraham, el *amigo de Dios*, exigió que su siervo se comprometiera bajo juramento (Gn. 24:1-3, 8-9). Abraham también juró (Gn. 21:22-24). De igual manera, Jacob exigió juramento a José (Gn. 47:30-31), y este hizo lo mismo con sus hermanos (Gn. 50:25). También Jonatán hizo lo mismo con David (1Sa. 20:17).

Dios reguló en la Ley, la práctica del juramento. En atención y como consecuencia del problema creado por quienes mentían y no hacían honor a su palabra. Estableció que fuera hecho en Su nombre (Dt. 6:13; 10:20) y quien quebrantaba el juramento era, como perjuro, un profano contra el nombre de Dios (Éx. 20:7; Lv. 19:12). El juramento se convertía en maldición sobre el perjuro, ya que el que juraba por Dios se ponía bajo maldición en caso de incumplir la palabra establecida. El ejemplo de Pedro en la negación del Señor ilustra el alcance del juramento (Mt. 26). La primera mentira consistió en negar que conocía al Señor delante de la doncella de la puerta (Mt. 26:70). La segunda mentira fue la misma negación ante la criada en el portal (Mt. 26:72). Fue en la tercera negación ante varios de los presentes, donde comenzó a *maldecir*, afirmando sus palabras, es decir, negó con juramento poniéndose bajo maldición (Mt. 26:73).

Jesús aceptó la enseñanza bíblica del A. T. sobre los juramentos y Él mismo la cumplió. Guardó silencio delante del sumo sacerdote hasta el momento en que fue puesto bajo juramento (Mt. 26:63-64).

Los apóstoles siguieron la enseñanza de Cristo. Pablo usó el juramento confirmativo (Ro. 1:9; 9:1; 2Co. 1:23; Gá. 1:20). La evidencia más concreta sobre el juramento está en el uso que Dios mismo hizo de él (He. 6:16-18).

El Señor, como maestro e intérprete supremo de la Escritura, establece el alcance del pensamiento de Dios sobre el juramento (Mt.

5:34-35). Él hizo una afirmación concreta: *"Pero yo os digo: No juréis en ninguna manera"* (ἐγὼ δὲ λέγω ὑμῖν μὴ ὀνόσαι ὅλω"). Esta afirmación obedece al contexto del sistema farisaico. Aquellos buscaban una fórmula que les permitiera incumplir la palabra dada sin incurrir en perjurio. Ellos enseñaban que no había perjurio si no se mencionaba directamente el nombre del Señor, por la literalidad con que interpretaban y aplicaban la Ley (Lv. 19:12; Nm. 30:2; Dt. 23:21). Todo juramento que no usara explícitamente el nombre del Señor era de menor importancia y no era necesario un cumplimiento tan meticuloso. A causa de tales enseñanzas las gentes apoyaban sus promesas jurando por el cielo, por la tierra, por Jerusalén, o por su propia vida (*su cabeza*). Si la promesa se hacía sin intención de cumplirla, o si la afirmación no era cierta, no incurrían en el pecado de perjurio porque no se había hecho en el nombre de Dios. El Señor quiere detener tal modo de actuar, por eso dice: *"No juréis en absoluto"* y da a continuación el alcance real de las promesas hechas con un *juramento menor*, como consideraban los fariseos.

1) El alcance del juramento hecho por el cielo: *"Ni por el cielo, porque es el trono de Dios"* (Mt. 5:34b) (μήτε ἐν τῷ οὐρανῷ, ὅτι θρόνο" ἐστὶν τοῦ θεοῦ). Jurar por el cielo hace obligatorio el cumplimiento y sitúa al transgresor bajo la responsabilidad de perjurio. Lo que da contenido al cielo es la presencia de Dios y el lugar de Su trono. Jurar por el cielo es equivalente a jurar por Dios.

2) El alcance del juramento hecho por la tierra (v. 35a). *"Ni por la tierra, porque es el estrado de sus pies"* (Mt. 5:35a) (μήτε ἐν τῇ γῇ, ὅτι ὑποπόδιόν ἐστιν τῶν ποδῶν αὐτοῦ). La tierra es el estrado de los pies de Dios, en el lenguaje figurado de la profecía (Is. 66:1). Dios es el dueño de la tierra y está vinculado a ella como creador. Jurar por ella equivale a jurar por su dueño, por tanto, es un juramento hecho en el nombre de Dios.

3) El alcance del juramento hecho por Jerusalén (v. 35b). *"Ni por Jerusalén, porque es la ciudad del gran Rey"* (Mt. 5:35b) (μήτε εἰ" Ἱεροσόλυμα, ὅτι πόλι" ἐστίν τοῦ μεφάλου βασιλέω"). Los judíos sentían veneración por la ciudad por esta causa (Sal. 48:2; 87:3). La ciudad también estaba relacionada con Dios mismo. Él está interesado en ella y vela por cualquier juramento hecho sobre ella. Jurar por Jerusalén es jurar por el Dios de Jerusalén.

4) El juramento hecho sobre la vida propia: *"Ni por tu cabeza jurarás"* (Mt. 5:36) (μήτε ἐν τῇ κεφαλῇ σου ονόσῃ") Quienes juraban así era como si dijeran: *"Que pierda mi cabeza"*, o *"que pierda mi vida"*. Eso era una grave incongruencia, porque el hombre no es dueño

de su vida. La prueba aportada para la prohibición de tal juramento es evidente: *"Porque no puedes hacer blanco o negro un solo cabello"* (ὅτι οὐ δύνασαι μίαν τρίχα λευκὴν ποιῆσαι ἢ μέλαιναν.). Solo Dios puede hacer esto. La incapacidad humana queda en evidencia. No se puede jurar por la propia cabeza sin hacerlo por Aquel que es su propia vida y bajo cuyo control y autoridad está. Quien incumple un juramento hecho por su cabeza es un perjuro, porque indirectamente ha jurado por Dios.

El Señor expresó la firmeza que debe haber en la palabra de un creyente (Mt. 5:37). No cabe en su conversación y en sus afirmaciones sino palabras de verdad. *"Pero sea vuestro hablar: Sí, sí; no, no"* (ἔστω δὲ ὁ λοφγοσ ὑμῶν ναὶ ναὶ, οὒ οὔ). La palabra del creyente se respalda por el cumplimiento de lo que afirma o niega. No debe haber una doble intención en sus palabras, que es una manera de mentir. Por tanto, no necesita utilizar juramento para confirmar lo que dice, porque la experiencia de quienes le conocen no permite que se dude de su palabra.

Un modo mentiroso de hablar procede del maligno. *"Porque lo que es más de esto, del mal procede"* (Mt. 5:37) (τὸ δὲ περισσὸν τούτωμ ἐκ τοῦ πονηροῦ ἐστιν.) Satanás es el creador e inductor de la mentira (Gn. 3:1, 4: Job 1:9-11; Mt. 4:6, 10, 11; Jn. 8:44; Hch. 5:3; 2Ts. 2:9-11). El juramento falso es propio de quienes son mentirosos. El creyente no tiene necesidad de emplear el juramento para confirmar sus palabras. Cristo no prohíbe el jurar ocasionalmente, cuando así sea solicitado, especialmente ante autoridades o tribunales; lo que prohíbe es el uso indiscriminado del juramento.

CAPÍTULO 2
RAHAB

Introducción

La gracia y la fidelidad de Dios se manifiestan admirablemente en relación con su pueblo. Los había liberado de la esclavitud en Egipto, los condujo a lo largo de los cuarenta años en el desierto y los situó en los límites de la frontera con Canaán para darles la heredad que había prometido para ellos. En todo ello, junto con la gracia, se aprecia la fidelidad de Dios cumpliendo lo prometido a los padres de la nación. Sin embargo, el relato queda aparentemente cortado para incorporar la historia de Rahab, la mujer cananea, ciudadana de Jericó, la primera ciudad que fue conquistada por Israel en la ocupación de la tierra. Dios había provisto bendiciones para Su pueblo, no obstante, también alcanza con ellas a quienes no formaban parte de la nación escogida e incluso a quienes no tenían otra esperanza que la propia de sus conciudadanos: ser destruidos totalmente por pertenecer a pueblos para los que Dios había destinado ese juicio a causa de su pecado. Entre los salvos por gracia está el personaje central del capítulo, una mujer gentil llamada Rahab, que alcanza la salvación gratuitamente junto con su familia directa y que vino a incorporarse a las bendiciones que Dios había determinado para Su pueblo Israel. El relato se establece detallando el envío por Josué de un pequeño grupo de exploradores que inspeccionarían la ciudad de Jericó y su entorno (v. 1). Su misión les llevó a la casa de Rahab, en donde procuraban ocultarse de los ciudadanos de Jericó, quienes, de algún modo, sabían el propósito de Israel y tenían noticias de la destrucción de ciudades importantes al otro lado del Jordán, cuyos territorios habían sido ocupados por los hebreos. Aquella mujer trató de forma muy especial a los espías enviados por Josué, ocultándolos cuidadosamente en el terrado de su casa y proveyendo para ellos lo necesario (vv. 2-7). En el diálogo con ellos se descubre la fe de aquella mujer en el Dios de Israel, el único Dios verdadero. Palabras concretas expresaban el convencimiento íntimo de aquella fe, aceptando y afirmando que el Señor tenía la tierra y aquella ciudad para entregarlas en manos de Israel. Rahab testificó de cómo Dios había comenzado a debilitar la parte íntima de los habitantes de Jericó, describiendo su estado de ánimo ante la presencia de los hebreos al otro lado del río. Dios estaba actuando, no en el exterior de los enemigos de Israel, sino en el interior de ellos amedrentándolos, preparando todo para la primera victoria en la tierra de Canaán (vv. 8-11). La petición de Rahab para que su vida y la de los suyos fuese respetada y perdonada, evidencia su fe sólida en Dios; no dudaba de su misericordia (vv. 12-16). Junto con la promesa de vida, los espías establecieron las condiciones para que la petición de Rahab se cumpliera. Ella había de mantener atado en la ventana de su casa un hilo escarlata, que sería señal al ejército de Israel en el momento de la conquista de la ciudad, y que preservaría la vida de cuantos estuvieran en la casa (vv. 17-21). Finalmente, el informe de los espías cierra el paréntesis dentro del relato de los preparativos anteriores al inicio de la conquista. El relato bíblico une la historia segura de los acontecimientos ocurridos a la teología, mostrando un extraordinario cuadro de providencia divina en favor de los suyos. El pasaje ofrece cuatro cuadros excelentemente enlazados —como corresponde a un relato inspirado— en el que destaca sobre todo la presencia de Dios orientando todo para la realización de Sus propósitos soberanos, conforme a Sus designios.

El comentario del pasaje se hará siguiendo el *Bosquejo* que se dio en la *introducción*, como sigue:

3. El reconocimiento de Jericó: Rahab y los espías (2:1-24).
   3.1. Los espías enviados (2:1).
   3.2. El cuidado de Rahab (2:2-7).
   3.3. La fe de Rahab (2:8-11).
   3.4. La petición de Rahab (2:12-16).
   3.5. La condición para Rahab (2:17-21).
   3.6. El informe de los espías (2:22-24).

El reconocimiento de Jericó: Rahab y los espías (2:1-24)

Los espías enviados (2:1)

1. Josué hijo de Nun envió desde Sitim dos espías secretamente, diciéndoles: Andad, reconoced la tierra, y a Jericó. Y ellos fueron, y entraron en casa de una ramera que se llamaba Rahab, y posaron allí.

Josué había iniciado los preparativos necesarios para ejecutar la voluntad de Dios en relación con la posesión y reparto de la tierra prometida (1:4, 6). Primeramente, ordenó que el pueblo hiciera los acopios de comida pertinentes para que cada familia tuviera lo necesario a la hora de cruzar el Jordán e introducirse en Canaán (1:11). Josué siguió tomando decisiones en relación con la conquista en sí del territorio del que había de posesionarse Israel. Lo hacía desde el lugar en donde estaba acampado el pueblo, llamado aquí Sitim, en la forma abreviada del nombre *"Abel-sitim"* (Nm. 33:49). *Sitim* significa *acacias,* por lo que *"Abel-sitim"* probablemente equivale a *prado de las acacias* o, para otros, *arroyo de las acacias*. Este lugar, situado en Transjordania, se identificó primeramente con la actual *Tell el-kefrein*, situada a menos de dos kilómetros al norte de Kefrein, la *Abila* romana citada por el historiador Flavio Josefo (Antigüedades 5:4). Sin embargo, más recientemente, se la identifica con la actual *Tell-el-hamman*, situada a unos dos kilómetros al sudeste de *Tell-el- Kefrein*[1]. Fue en aquel lugar donde años antes el pueblo de Israel, inducido por las mujeres de Moab, había cometido el pecado de adorar a los dioses moabitas, trayendo la ira de Dios sobre ellos (Nm. 25:1-4). Desde este mismo sitio, un pueblo nuevo estaba dispuesto para subir a la tierra prometida, y el conductor del pueblo tomaba las disposiciones necesarias para hacerlo conforme a la voluntad de Dios.

Josué envió a dos exploradores —más bien espías (*m*^{e}*ragg*^{e}*lim*)[2]— para reconocer un punto concreto: Jericó. Probablemente lo hizo el mismo día que envió a sus oficiales para ordenar el acopio de comida entre el pueblo. Ninguna semejanza puede establecerse con la acción de Moisés cuando envió a doce espías para reconocer la tierra de Canaán desde el desierto de Parán (Nm. 13:1-20). Aquella había sido una decisión del pueblo que Dios consintió. El texto bíblico es muy preciso: *"Envía tú hombres que reconozcan la tierra de Canaán"* (Nm. 13:2), en el hebreo se lee literalmente *"envíate"*, la decisión era del hombre y Dios consentía en ello; no era, por lo tanto, instrucción divina, sino decisión humana. Moisés recordaba el acontecimiento y hacía énfasis en la razón del mismo: *"Y vinisteis a mí todos vosotros, y dijisteis: Enviemos varones delante de nosotros que nos reconozcan la tierra, y a su regreso nos traigan razón del camino por donde hemos de subir, y de las ciudades a donde hemos de llegar"* (Dt. 1:22). La razón de aquella propuesta había sido la desconfianza. El pueblo de Dios dudaba de la posibilidad real de tomar posesión de la tierra. Aún más, tenía desconfianza de la bondad de ella. Los espías fueron enviados para reconocer si la tierra era *buena o mala* (Nm. 13:19a). Todo lo que ellos debían comprobar ya había sido anunciado por Dios, por tanto, fue un error grave enviar espías para investigar si era cierto lo que Dios ya les había dicho antes. Josué nunca dudó de las promesas de Dios, ni antes ni mucho menos en aquellos momentos. Entonces, junto con Caleb, presentó un panorama positivo del resultado de la inspección de Canaán (Nm. 14:7), pronunciando una solemne advertencia que declaraba su confianza en el poder de Dios, que estaba con ellos, y se oponía a la decisión del pueblo de regresar a Egipto, considerándola como un acto

---

[1] N. Glueck. *"The River Jordan"*. Filadelfia, 1946; págs. 166-168. Del mismo autor: *"Explorations in Eastern Palestine"*. New Haven, 1951; págs. 378-382.

[2] La misma palabra aparece también en la acusación de José a sus hermanos (Gn. 42:9, 11, 16).

de rebeldía contra Dios (Nm. 14:9). La certeza que Josué tuvo en aquella ocasión del poder de Dios (Nm. 14:8), no disminuía cuando, por segunda vez, se presenta la posibilidad de entrar al disfrute de lo que Él había prometido a Abraham (Gn. 15:18.21). Los espías son enviados con un propósito concreto: *"reconoced la tierra y a Jericó"*.

Tan solo fueron dos los enviados directamente por Josué en esta ocasión, sin la intervención del pueblo y sin su conocimiento. Los envió *"secretamente"* (*heres*). Aun confiando plenamente en la soberanía y en el poder de Dios, la responsabilidad de Josué le exigía un reconocimiento del terreno y de la primera gran ciudad que había de ser tomada por Israel. El reconocimiento de la tierra debe ser entendido como la región próxima a Jericó, debiendo prestar atención preferente sobre la mima ciudad: *"y a Jericó"* (*w^eä^et Y^erîhô*).

Los espías enviados por Josué cruzaron el Jordán para cumplir el mandato recibido. No se dice en el relato bíblico ni cómo ni por dónde lo atravesaron. Simplemente se afirma que fueron y llegaron a Jericó, hospedándose en casa de una mujer ramera de nombre Rahab. El término usado para calificar la condición de Rahab parece ser preciso (*zônä*)[3], que significa prostituta o meretriz. Llevados por un notorio afán de suavizar la condición de aquella mujer, algunos escritores judíos, como Josefo y el Targum hablan de *posada* y de *posadera*[4]. Tal vez coincidieran ambas cosas en relación con aquella mujer. Pudiera haber sido una prostituta sagrada en el templo de Asera y que, en razón de los favores y atenciones que muchas de ellas alcanzaban en la práctica de su actividad en el templo, llegó a disponer de una hospedería en la ciudad, en la que tal vez se consentía la práctica de la prostitución. La presencia de los espías en aquella casa pudiera causar sorpresa. ¿No había otro lugar más apropiado para hombres del pueblo de Dios que aquel donde se practicaba el pecado? ¿No era algo prohibido por Dios? (Dt. 23:17). Muchas suposiciones pueden hacerse sobre las razones que llevaron a los dos hombres a tal lugar, pero todas ellas serán simples deducciones. El momento histórico debe tenerse en cuenta al considerar aquella acción. Los habitantes de Jericó estaban preocupados por la presencia de los hebreos al otro lado del río, y toda la población estaría alertada para denunciar a cualquiera de ellos que fuese descubierto. Sin embargo, a nadie sorprendería demasiado ver algún extraño en casa de Rahab, por lo que los dos espías pudieron acudir a tal lugar amparándose en aquellas circunstancias. El interés de aquellos era pasar inadvertidos. No anduvieron de un lado para otro por aquella

[3] Derivado del hebreo *"zänä"*, fornicar.

[4] F. Asensio. *Josué.* Madrid, 1958; pág. 11.

casa para que pudieran ser descubiertos por alguien, sino que se retiraron a un lugar reservado para no ser vistos, *"posaron allí"*, literalmente *"se acostaron allí"*.

La figura de Rahab adquiere un notable significado que no debe ser pasado por alto antes de seguir adelante con el estudio del pasaje. El nombre (*rähäb*), está posiblemente relacionado con la raíz *"rhb"* de donde viene *ancho*. Algunas características personales de aquella mujer son evidentes. Primeramente, era una *gentil*. Ni ella ni sus antepasados habían tenido origen hebreo. En su ascendencia no había ningún vínculo con el pueblo de Israel y, por tanto, no tenía derecho alguno a las promesas que Dios le había otorgado; ajena a los pactos, no le alcanzaban las bendiciones provistas para el pueblo según el pacto con Abraham (Gn. 17:7-8). En segundo lugar, era una mujer *moralmente reprobable*. Las prostitutas eran consideradas mujeres de vida dudosa aun entre los paganos. La práctica de la prostitución es una actividad pecaminosa que quebranta directa y abiertamente la voluntad de Dios para el hombre, ya que Él dispuso como única relación sexual lícita la que tiene lugar en el marco del matrimonio (Gn. 2:24). La promiscuidad sexual es un pecado considerado a lo largo de la Escritura en sus dos exponentes: la fornicación y el adulterio. La primera es una de las expresiones que evidencian el pecado humano (Ro. 1:29). Con igual gravedad el segundo, que se practicaría también en aquella casa y por aquella mujer. El Señor condena resueltamente el adulterio en su ley, con un mandamiento concreto: *"No cometerás adulterio"* (Éx. 20:14). Las consecuencias para los transgresores del mandamiento se expresan en la Escritura (Pr. 2:19; 5:3-5; 7:21-23). Pero aún más, Dios había establecido para Su pueblo que cometer adulterio traería como consecuencia la muerte de los adúlteros (Lv. 20:10). Es cierto que tal acción era práctica habitual entre los paganos, pero no deja de ser un grave pecado cometido contra la voluntad de Dios. En tercer lugar, Rahab era ciudadana de una tierra cuyos habitantes *estaban sentenciados por Dios a muerte*, debido a su persistencia en el pecado. Ella misma sabía que este era el fin de todos ellos (v. 13). Aquellos pueblos tenían sobre sí la sentencia del juicio divino que había determinado su destrucción a causa de los límites a que habían llegado en su pecado. La destrucción de los pueblos de Canaán no era una cuestión de supervivencia para el pueblo de Israel —como algunos opinan— sino que Israel era el instrumento en manos de Dios para cumplir su designio: *"Jehová tu Dios, Él pasará delante de ti; Él destruirá a estas naciones delante de ti, y las heredarás"* (Dt. 31:3). De la misma manera que los contemporáneos de Moisés fueron destruidos por Dios a causa de su perversión pecaminosa, así también estos pueblos, por sus abominaciones, se habían hecho acreedores del juicio de Dios.

Una cuestión que no debe pasarse por alto al hacer esta breve semblanza de Rahab, es el entronque de esta mujer con la línea real de la casa de David. Quien no tenía ningún merecimiento propio para alcanzar la bendición que el relato bíblico va a describir, figurará en la historia hebrea como antepasada de David y, por consiguiente, también de Jesús. Es notable observar que en la genealogía de Mateo (1:5) aparece el nombre de Rahab como madre de Booz, quien a su vez se casó con Rut, la moabita. Son cuatro las mujeres que Mateo incluye en la genealogía de Cristo: Tamar (1:3), Rahab, Rut (1:5) y Betsabé, que sin mencionarla por nombre se la presenta como *"la mujer de Urías"* (1:6). La genealogía de Jesús y, por tanto de David, que presenta Mateo tiene la característica de la uniformidad, utilizando continuamente la fórmula *"A engendró a B"*, de ahí que las dos rupturas que aparecen en el texto del evangelio sean expresamente notables. Por un lado, están las variaciones que hacen referencia a hombres: *"Judá y sus hermanos"* (Mt. 1:2), *"Fares y Zara"* (Mt. 1:3), *"Jeconías y sus hermanos"* (Mt. 1:11). De otro lado la mención a las mujeres antes citadas. Ambos cortes tienen como propósito evidenciar la elección divina y la intervención de la Providencia, en la línea mesiánica. El Espíritu condujo a Mateo a establecer la selección de los ascendientes de Jesús y las distinciones que aparecen en su genealogía, que no pudo haber sido tomada de alguna otra Escritura, ya que en ningún lugar del Antiguo Testamento figuran en tal sentido. Aunque en la lista de Crónicas (1Cr. 3:1-10) aparece Betsabé, el autor oculta intencionadamente su nombre vinculándola con su padre, sin embargo, no es prueba de que fuera la base para que Mateo la mencionara como la mujer de Urías. Además, Rahab nunca es nombrada en el Antiguo Testamento en relación con la línea davídica, por tanto, las listas genealógicas de la Escritura no fueron la fuente directa que Mateo usó para incluir en su genealogía a las cuatro mujeres.

A la luz de la genealogía surge una pregunta en relación con las mujeres que figuran en ella: ¿Qué características comunes tienen las *cuatro?* Para algunos —especialmente los antiguos como Jerónimo— todas ellas debían ser consideradas como pecadoras. Es clara la relación pecaminosa en tres de ellas. Tamar fue una seductora (Gn. 38); Rahab era una ramera (Jos. 2); Betsabé una adúltera (2Sa. 11). Sin embargo, ¿puede hablarse de pecaminosidad en Rut la moabita? Tal vez no fue habitual el modo en que se relacionó con Booz (Rt. 3), pero,en el relato del libro de Rut no existe base alguna para establecer una relación ilícita entre ambos. Los judíos procuraron evitar la realidad del estado moral de aquellas mujeres convirtiéndolas a todas ellas en prosélitas, pasando Rahab a ocupar un lugar destacado como una heroína que había ayudado a Israel en la conquista de Jericó.

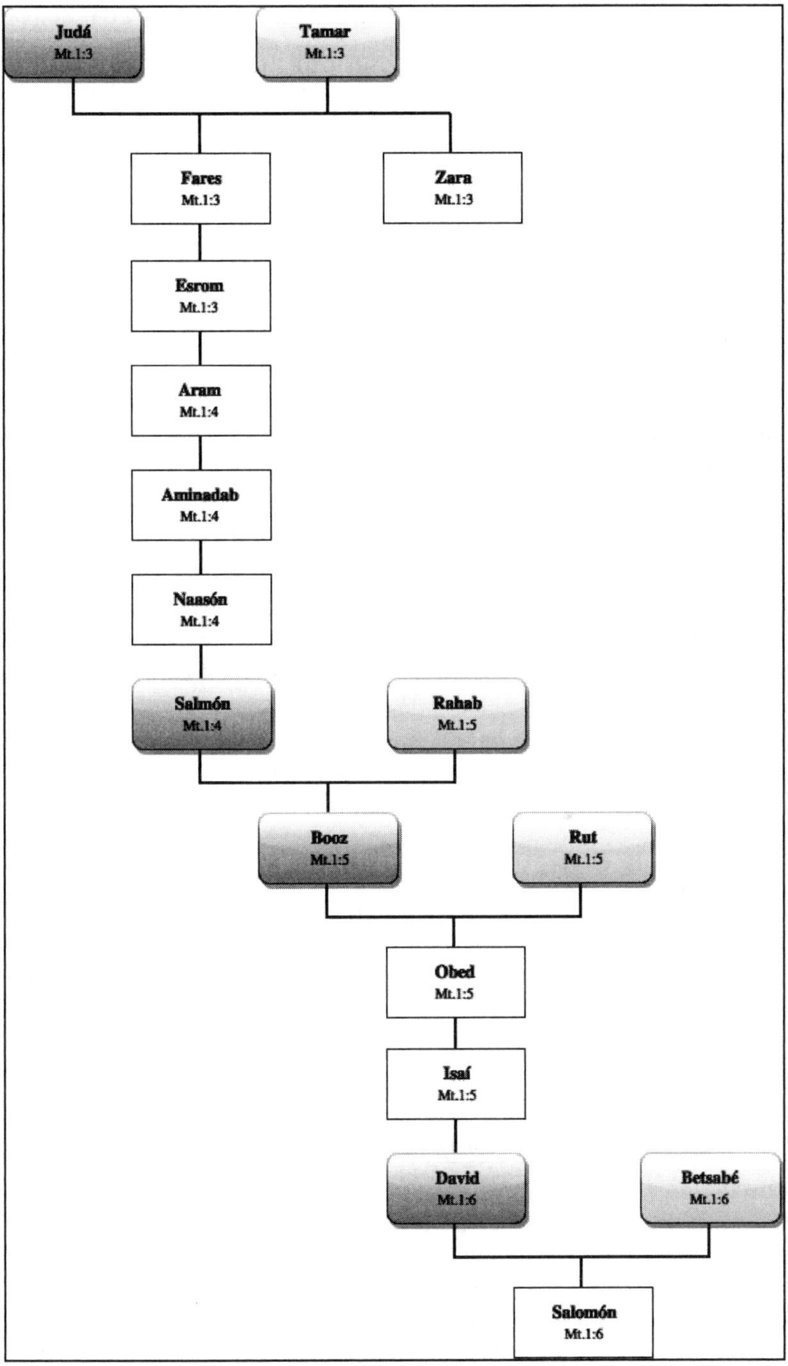

Genealogía de David y Salomón según Mateo
con las cuatro mujeres.

Es cierto que a Betsabé no se la justifica en la literatura rabínica el pecado cometido con David, pero en alguna medida se la destaca como la madre de Salomón, con lo que su adulterio queda minimizado por la grandeza de su descendiente. Una segunda posición, tiene una notable fuerza y, con muchas probabilidades, podría ser la razón de la inclusión de las cuatro en la genealogía de David. *Todas ellas eran extranjeras.* No hay una evidencia inequívoca en relación con Tamar, pero es claro que fue tomada por Judá para su hijo primogénito Er del mismo lugar a donde él había ido cuando se separó de sus hermanos (Gn. 38:1), siendo adulamita su propia esposa Hira. Adulam era una ciudad cananea (Jos. 12:15) de la región de la Sefela, en el camino entre Hebrón y Gaza. En cuanto a Rahab, no hay duda alguna que era una mujer cananea. Rut, tampoco era hebrea, sino moabita. A Betsabé no se la vincula con un pueblo determinado, pero su esposo Urías era heteo, a quien Mateo llama *"el hitita"*, siendo natural que ella fuera de la misma procedencia. Esto vincularía a las cuatro mujeres, no tanto por su pecado, sino por su condición de extranjeras. Lo que la Biblia está enseñando es que, el Mesías, que todos consideraban como judío, estaba emparentado también con los gentiles. El judaísmo había de dar a estas cuatro mujeres la condición de judías considerándolas para ello como prosélitas que se incorporaron al pueblo de Israel por fe en el Dios de Abraham y aceptación de su ley. Sin embargo, debe apreciarse que todas ellas eran extranjeras.

Según la genealogía de Mateo, Rahab habría sido la tatarabuela de David (Mt. 1:5-6), cosa improbable en razón de los datos cronológicos que la misma historia bíblica proporciona. La lista de Mateo ha sido elaborada por el evangelista con el propósito de manifestar la vinculación de Jesús con David de forma que, como descendiente directo, permitía que se le llamara *"Hijo de David"*.

Así escribe William Hendriksen:

"Esto significa que no se puede usar la lista con el propósito de sacar conclusiones cronológicas, por ejemplo, para calcular el tiempo transcurrido entre Rahab y David. Si se usa, sin embargo, el v. 5 para este fin, suponiendo que no se ha omitido ningún eslabón mesiánico, resultaría que Rahab, que vivió en el tiempo de la entrada de Israel en Canaán (Jos. 2 y 6), fuera tatarabuela de David; porque la secuencia presentada aquí es Rahab (esposa de Salmón), Booz, Obed, Isaí, David. Este resultado es muy difícil de armonizar con 1.Re.6:1, donde, aun cuando se hagan las sustracciones necesarias, se implica un período considerablemente más largo para el lapso de Rahab hasta David. Evidentemente, Mateo no consideró necesario mencionar un representante de cada generación.

Tampoco lo hicieron los otros escritores bíblicos (cf. Esd. 7:3 con 1Cr. 6:7-9). Esto es claro en Mateo en el estudio del segundo (vv. 6b-11) y el tercer (vv. 12-16) grupo de catorces como se indicará. El evangelista está interesado en la cristología, no en la cronología. Se conforma con mostrar que los tres catálogos de antecedentes mesiánicos, arreglados lógicamente según los grandes puntos decisivos en la dinastía davídica, alcanzan su cumplimiento en Cristo. Con el fin de alcanzar su meta ni él ni el escritor inspirado del libro de Rut consideraron necesario mencionar cada eslabón de la cadena genealógica"[5].

Una sencilla aplicación puede extraerse del texto, tomada de la actuación de Josué para cumplir el mandato de Dios. El creyente que confía plenamente en el Señor y en los recursos de su gracia, no deja a la improvisación el trabajo que le ha sido encomendado, sino que se prepara para llevar a cabo con éxito lo que le ha sido encomendado. El planificar la actuación y tomar las precauciones necesarias para llevarla a cabo, no significa, en modo alguno, una falta de fe y confianza en el poder, conducción y provisión divinas. Un creyente no es más espiritual por dejar a un lado la planificación y previsiones en la obra de Dios, sino todo lo contrario. El mismo Señor es ejemplo de ello, cuando con motivo del acoso por parte de los dirigentes de la nación, se retiró con los suyos a un lugar que no comportaba las dificultades y problemas que pudiera haber en Jerusalén (Jn. 10:39-40). Pablo es otro ejemplo de prudencia en el modo de actuar. Después del alboroto en Tesalónica, sale de noche hasta Berea, evitando los peligros de un camino a pleno día (Hch. 17:10). Igual comportamiento se da cuando surgieron los problemas con los judíos en Berea (Hch. 17:15). Aun cuando tenía la promesa del Señor de que ningún mal podría ocurrirle hasta estar en Roma, tomó las precauciones necesarias para evitar el complot de los judíos contra su vida en el camino a Cesarea (Hch. 23:12ss). Asumir riesgos innecesarios en la obra de Dios no es evidencia de espiritualidad y confianza, sino que muchas veces manifiesta un desafío arrogante propio de la carne. Josué tomó las precauciones necesarias enviando a los dos espías para reconocer Jericó, no por desconfianza en el poder de Dios, sino por el deseo de evitar los riesgos que pudieran ocurrir en un territorio desconocido para ellos.

El cuidado de Rahab (2:2-7)

2. Y fue dado aviso al rey de Jericó, diciendo: He aquí que hombres de los hijos de Israel han venido aquí esta noche para espiar a tierra.

---

[5] William Hendriksen. *Mateo.* Grand Raids, Michigan, 1986.

La presencia de los enviados por Josué no pasó desapercibida a pesar del cuidado que habían puesto en ello. Tal vez se desearía que el relato bíblico explicase cómo la presencia de los dos espías llegó al conocimiento de los que avisaron al rey de Jericó. Es notable el conocimiento tan preciso que tenían en relación con los espías. Sabían de donde procedían y que eran *"hombres de los hijos de Israel"*; sabían que habían llegado a Jericó *"esta noche"*; sabían que la razón de su presencia en Jericó era *"para espiar la tierra"*. Cómo llegaron a este conocimiento es algo que la Palabra no revela. Los planes de Dios para su pueblo no pasaban desapercibidos para aquel que es su enemigo. En la ocupación de la tierra prometida estaba implícita la bendición a todas las gentes, que había sido dada a Abraham (Gn. 22:18). También estaba involucrado el cumplimiento de un nuevo orden de naciones y reinos (Gn. 17:16). Este propósito divino afectaba directamente al de Satanás, de mantener un mundo de reinos en sujeción a sí mismo que en la caída del hombre *"le habían sido entregados"* (Lc. 4:6). El reino de Satanás es un reino al margen de Dios y bajo su control directo, donde ejerce su depravada autoridad. Por tanto, no puede extrañar que los movimientos del pueblo de Dios estuviesen bajo su atención. La guerra de la ocupación de Canaán traería como resultado la instauración de una parcela en la tierra en donde el reino de Dios se manifestaría como testimonio a las naciones, prólogo al establecimiento del reino eterno. Por tanto, la derrota de los pueblos que ocupaban la tierra entonces era la derrota de Satanás y evidencia del aspecto limitado de su reino de tinieblas. Era, en definitiva, la derrota del propósito esclavizador del tentador en su deseo de impedir que el pueblo de Dios alcanzase las promesas. El hecho de que Dios manifestara en Egipto la victoria sobre Satanás al liberar a los suyos de la esclavitud, no impide que el propósito diabólico de oposición continua a los planes del Eterno siga adelante en su actuación ciega y pecaminosa.

En el presente la iglesia es otro pueblo, pero es también el pueblo de Dios. Es otra esfera en la que las bendiciones se alcanzan. Es otro el programa del reino para esta dispensación. Pero no es menos cierta la lucha espiritual y continua que cada creyente individualmente —y la iglesia como colectividad— está librando contra las huestes de maldad de las regiones celestes (Ef. 6:12). Los demonios están atentos a la actuación de cada creyente. Pedro enseña que Satanás está alrededor de cada cristiano procurando que no alcance las promesas de victoria en Cristo Jesús (1Pe. 5:8). Sorprende a veces cómo los planes de la iglesia son descubiertos y cómo lo que pareciera ser algo sencillo se convierte en dificultades y confrontaciones. Sin embargo, es lo más lógico si se tiene en cuenta el alto número de las *"huestes de maldad"*. El dragón arrastró consigo en su caída a la tercera parte de las estrellas del cielo (Ap. 12:4). Estos son sus oídos, sus ojos y sus mensajeros desplegados por toda la tierra. Las conversaciones más íntimas son escuchadas por ellos muchas veces. No debe, pues, sorprender su conocimiento sobre los planes que el creyente pueda tener o lo que la iglesia se proponga realizar.

3. Entonces el rey de Jericó envió a decir a Rahab: Saca a los hombres que han venido a ti, y han entrado a tu casa; porque han venido para espiar toda la tierra.

El rey de Jericó consideraba que el éxito posible del pueblo de Israel dependía del resultado de la misión encomendada a los espías. No sabía que la batalla no sería de los hebreos, sino del Dios de ellos. Seguramente pensaba que aquellos eran tan solo dos hombres indefensos y solos en medio de un territorio enemigo. Ignoraba que el Dios del cielo estaba velando sobre el trabajo que se proponían realizar y era también su protector. Con razón podría decir —mucho después— el salmista que el protector de Israel no se dormitaba ni dormía, guardándolos continuamente de todo mal (Sal. 121:3, 4, 7). La búsqueda del rey ponía en peligro la vida de aquellos hombres, pero la promesa dada a Josué garantizaba ya el éxito de su misión: *"no temas ni desmayes, porque Jehová tu Dios estará contigo en dondequiera que vayas"* (1:9). Los dos espías eran una prolongación de Josué en el cumplimiento del programa de ocupación de la tierra, por tanto, gozaban de la misma protección que había sido prometida para él.

Muchas veces la misión del creyente en el servicio para el Señor, se enfrenta a situaciones semejantes, como fue la experiencia de Pablo: *"...tuvimos en nosotros sentencia de muerte..."* (2Co. 1:9), pero el poder protector de Dios actuando permite superar las más graves dificultades, cuando todavía hay una misión por cumplir. De ahí que se pueda decir, también como el apóstol: *"...el cual nos libró, y nos libra y en quien esperamos que aún nos librará de tan gran muerte"* (2Co. 1:10).

4. Pero la mujer había tomado a los dos hombres y los había escondido; y dijo: Es verdad que unos hombres vinieron a mí, pero no supe de dónde eran.

5. Y cuando se iba a cerrar la puerta, siendo ya oscuro, esos hombres se salieron, y no sé a dónde han ido; seguidlos aprisa, y los alcanzaréis.

6. Mas ella los había hecho subir al terrado, y los había escondido entre los manojos de lino que tenía puestos en el terrado.

7. Y los hombres fueron tras ellos por el camino del Jordán, hasta los vados; y la puerta fue cerrada después que salieron los perseguidores.

La providencia divina actúa en favor de los dos espías. Al mismo tiempo, Rahab manifiesta una notable sangre fría y un admirable valor. Estaría en una situación muy difícil y comprometida si los hombres que ocultaba en su casa fueran descubiertos. Es una mujer inteligente y actúa de ese modo. No niega que unos hombres habían venido a su casa. Eso era algo habitual en una actividad como la de ella. Pero procura manifestar su inocencia al recibirlos en casa, cuando dice que *"no supe de dónde eran"*. Este engaño es fácilmente aceptado por los enviados del rey. En aquella casa no se preguntaba la procedencia de quienes venían a ella.

Sin embargo, llama la atención observar cómo aquellos creyeron el segundo engaño, mucho menos probable que el primero (v. 5). La presencia de los espías en casa de Rahab había sido detectada. Con toda probabilidad, la casa estuvo bajo vigilancia hasta saber qué determinación tomaba el rey de Jericó sobre aquellos dos hombres, por tanto, no hubiera sido fácil que ambos salieran de ella, atravesaran la puerta principal de la ciudad y se perdieran en la noche sin que nadie los hubiera descubierto y detenido. La puerta de la ciudad se cerraba a la puesta del sol, hora en que, según Rahab, los dos hombres habían salido de su casa, y se mantenía así toda la noche. Una nueva afirmación dispone el terreno para alejar a los perseguidores de los perseguidos. Antes de que le preguntaran si sabía su destino, se anticipa diciéndoles que lo ignoraba: *"no sé a dónde han ido"*. Junto con la mentira, la desorientación, invitando a los perseguidores a correr apresuradamente tras los huidos, con la seguridad de alcanzarles.

Un *pero* enlaza lo que antecede con lo que sigue en el relato (v. 6). Cada vez que el adverbio aparece en el texto bíblico debe servir de advertencia al lector para llevarlo a prestar una atención especial. Lo que sigue es siempre importante. Mientras los enemigos iban en una dirección equivocada, ellos estaban escondidos en donde, con toda probabilidad, nunca hubieran sido buscados. El terrado de las casas era un lugar que se prestaba para muchos usos. Habitualmente era un techo plano sobre la vivienda, cercado con una pared en todo el entorno, de diferentes alturas. Fue desde una terraza desde donde las gentes contemplaban el escarnio hecho a Sansón en el patio del templo de Dagón (Jue. 16:27). Fue desde una terraza del palacio desde donde David vio a Betsabé, la mujer de Urías heteo (2Sa. 11:2). Fue en una terraza, tal vez la misma, en donde Absalón, el hijo rebelde de David, cometió la vileza de allegarse a las concubinas de su padre (2Sa. 16:22). La terraza podría también servir de refugio a un marido incapaz de soportar el carácter rencilloso e iracundo de su esposa (Pr. 21:9). Fue la terraza el lugar donde Pedro se refugiaba para la oración tranquila y sosegada (Hch. 10:9). Rahab debía utilizar la terraza de su casa para secar el lino una vez recogido. Los manojos de lino llenaban aquel lugar. No habían sido puestos recientemente, hacía tiempo que estaban allí. Era algo conocido a cuantos pudieran llegar con su vista a aquel terrado. Los manojos de lino ocultaban a los dos espías de las miradas curiosas de quienes alcanzasen a ver aquel lugar, introducidos bajo ellos por una mujer que no conocían y que también ignoraban las razones que la llevaban a actuar de aquel modo. Es fácil notar la providencia de Dios en todo esto. No estaban allí porque ellos mismos encontraran un buen lugar para esconderse, los había escondido aquella mujer. No tuvieron que hacer nada, tan solo estarse quietos y dejar que Dios actuara en su favor.

Los enemigos de Dios son derrotados en su propósito de detener la misión de los espías. Salieron rápidamente tras ellos sin percatarse del engaño que habían sufrido. Cada vez hay más distancia entre perseguidos y perseguidores. Estos acuden rápidamente a la ribera del río, buscando el lugar natural para atravesarlo, los vados del Jordán. Eran lugares donde el fondo del río es firme, las orillas de pendiente suave y el cauce poco profundo; por esos lugares se puede atravesar fácilmente a pie. En el verano hay no menos de cincuenta lugares de paso fácil entre el mar de Galilea y el mar Muerto; sin embargo, durante la primavera, cuando el río se desborda son necesarios elementos de ayuda que permitan cruzarlo. De todos los vados que se mencionan en las Escrituras, había uno que se encontraba muy cerca de Jericó, conocido como los *"vados delante de Moab"* (Jue. 3:28; 2Sa. 17:20). La puerta de la ciudad tuvo que abrirse para el paso de los perseguidores y volvió a cerrarse inmediatamente tras ellos. Probablemente con toda intención. Es posible que algunos de los que buscaban a los dos hombres de Josué quedaran apostados vigilando la puerta, pero los espías saldrían por otro lugar. Las intenciones de los enemigos de Israel habían quedado totalmente frustradas.

Hay algo que no debe disculparse y son las mentiras de Rahab. Aquella mujer engañó a los enviados del rey y consiguió con ello salvar la vida de los dos enviados por Josué. Sin duda, ninguna mentira puede justificarse, incluyendo aquellas cuyo fin pueda parecer bueno, como es el caso presente; pero, aun así, el fin nunca puede justificar los medios. No cabe otra solución que considerar también aquí, la ley de la *siega y la siembra*. Aquellos vivían en pecado y practicaban el pecado. Eran idólatras y servidores de la mentira. La misma siembra de mentira trae luego la cosecha del engaño. Fueron engañados porque ellos mismos eran también engañadores. Dios hubiera utilizado otro medio para salvar la vida de los suyos, sin embargo, orientó para bien de aquellos incluso lo que no era bueno en sí mismo. Aquella mujer no conocía la gravedad de la mentira bajo la óptica de la Ley de Dios. Acostumbrada al engaño —su actividad como prostituta ya lo era— no se retuvo de practicarlo como era su costumbre. La fe no había operado aún en ella a una vida nueva como, con toda seguridad, ocurriría en su experiencia futura.

Dos aplicaciones se pueden obtener en estos tres textos. Primeramente, se aprecia cómo el Señor conduce todas las cosas para el cumplimiento de Sus propósitos. No habrá nada que pueda impedir la realización de Sus planes. Él había determinado que aquella tierra fuera posesión de todo Su pueblo y no iba a permitir que antes de que su propósito se cumpliera, algunos de ellos perecieran sin ver el cumplimiento fiel de Sus promesas. La fidelidad del Señor estaba comprometida cuando dijo a Josué *"...levántate y pasa este Jordán, tú y todo este pueblo, a la tierra que yo les doy a los hijos de Israel"* (1:2), por tanto, ninguno podría dejar de pasar a tomar posesión de la tierra. Aquellos dos hombres estaban realizando una misión que tenía que ver con los planes de Dios y Él mismo los estaba defendiendo y guardando. La tarea de los dos espías era, humanamente hablando, peligrosa en extremo, pero sobre ella, controlándola, estaba el Dios Todopoderoso. El creyente podrá ser enviado al mundo con labores difíciles, y siempre debe recordar la advertencia del Señor en relación con la experiencia cotidiana de sus siervos: *"Id; he aquí yo os envío como corderos en medio de lobos"* (Lc. 10:3). La figura de los lobos se relaciona en algunas ocasiones, con la actividad diabólica enfrentándose al programa de Dios para Su pueblo (Hch. 20:29). Satanás actuará con todos sus medios para impedir el propósito de Dios, pero será derrotado mientras este no se cumpla. Con esta certeza el creyente se sentirá alentado en el cumplimiento de la misión que le sea encomendada. La persecución rodeará la vida de todo aquel que esté en la esfera del compromiso con el Señor (2Ti. 3:12); a mayor fidelidad, mayores probabilidades de persecución. Pablo expresa así sus propias vivencias: *"... nos recomendamos en todo como ministros de Dios... en tribulaciones, ... en angustias; en azotes, en cárceles, en tumultos"* (2Co. 6:4,5). La realidad del peligro en el cumplimiento del ministerio era evidente: *"... en peligros de ríos, peligros de ladrones, peligros de los de mi nación, peligros de los gentiles, peligros en la ciudad, peligros en el desierto, peligros en el mar, peligros entre falsos hermanos"* (2Co. 11:26). Ahora bien, el creyente podrá sentirse solo en medio de los peligros, pero la presencia y cuidado personal del Señor será su porción cotidiana; incluso cuando todos le abandonen, Dios le prestará Su protección y le manifestará Su gracia. Hasta el cumplimiento pleno de la labor encomendada gozará de la protección del Señor, por lo que podrá decir siempre: *"Pero el Señor estuvo a mi lado, y me dio fuerzas, para que por mí fuese cumplida la predicación... Así fui librado de la boca del león"* (2Ti. 4:17). Tal vez Satanás envíe a los hombres —pues que también son instrumentos en sus manos— contra los creyentes, pero la fe llena de seguridad mientras dicen confiadamente: *"El Señor es mi ayudador; no temeré lo que me pueda hacer el hombre"* (He. 13:6). La muerte podrá ser una probabilidad en el servicio, pero el creyente sabe que la misma muerte está controlada por el poder de Dios, por lo tanto, aun en las circunstancias más difíciles y adversas puede decir con David: *"Aunque ande en valle de sombra de muerte, no temeré mal alguno, porque tú estarás conmigo"* (Sal. 23:4). En cualquier momento y experiencia del servicio es admirable poder cantar las palabras del himno:

> Por fe, yo voy sintiendo mi flaqueza,
> Mas en tu gracia apoyado estoy;
> En tu poder está mi fortaleza,
> Descanso en Ti y en tu nombre voy.

La segunda enseñanza tiene que ver con la manifestación de una fe genuina. Rahab era ya una creyente en el Dios de Israel. En los siguientes textos se apreciarán otras evidencias. En este la fe verdadera le lleva a actuar en favor de sus hermanos. La Escritura habla de la fe de Rahab relacionándola con el hecho de recibir y ocultar a los espías: *"Por la fe Rahab la ramera no pereció juntamente con los desobedientes, habiendo recibido a los espías en paz"* (He. 11:31). Santiago enseña que la fe genuina es también dinámica, es decir, que actúa, enseñando que la que no produce obras es una fe muerta (Stg.2:26). Entre las evidencias de una fe viva cita la actuación de Rahab: *"Asimismo también Rahab la ramera, ¿no fue justificada por obras; cuando recibió a los mensajeros y los envió por otro camino?"* (Stg.2: 25). Santiago menciona dos acciones concretas: primero *"recibió a los mensajeros"* (ὑπὸδεξαμέν τοὺ" ἀγγέλου"); luego *"los envió por otro camino"* (καὶ ἑτέρᾳ ὁδῷ ἐκβαλοῦσα). En el texto griego de la carta de Santiago, recibirlos implica mucho más que abrirles la puerta de la casa, significa darles la bienvenida, como si fueran huéspedes distinguidos. Igualmente, el enviarlos por otro camino para su seguridad, indicaba la reacción natural de una fe común, que los hermanaba en alguna medida. La evidencia de una verdadera fe tiene que ver con el trato hacia los hermanos. Juan el apóstol enseña que la realidad del nuevo nacimiento se aprecia en el trato hacia los hermanos: *"Nosotros sabemos que hemos pasado de muerte a vida, en que amamos a los hermanos. El que no ama a su hermano, permanece en muerte"* (1Jn. 3:14). La fe permite al creyente no solo recibir la salvación por gracia, sino llegar a la experiencia de vida en vinculación con Cristo: *"lo que ahora vivo en la carne, lo vivo en la fe del Hijo de Dios"* (Gá. 2:20). El único modo natural de vida cristiana es la vivencia de Cristo en el poder del Espíritu (Fil. 1:21). Juan habla de la realidad del amor de Cristo en su entrega personal (1Jn. 3:16), para aplicar la consecuencia que la verdadera fe en Él debe producir: *"también nosotros debemos poner nuestras vidas por los hermanos"*. La fe invisible se hace visible en la conducta y proceder de los creyentes. No es posible proclamar un mensaje de fe a un mundo incrédulo si no se hace realidad en la conducta cotidiana de quienes proclaman tal mensaje.

La fe de Rahab (2:8-11)

8. Antes que ellos se durmiesen, ella subió al terrado y les dijo:

La situación de peligro no impide a los espías disponerse a dormir. Eran sin duda hombres de temple, que no se atemorizaban fácilmente. Josué supo bien a quiénes escogía para la misión. Ellos se disponían a dormir cuando otros, en su lugar, estarían insomnes a causa del miedo. Aquellos hombres sabían en quién podían confiar. Dios les estaba comunicando su paz y, por otra parte, la evidencia de su protección en el incidente que acababan de vivir, les daba ánimos para disponerse al descanso. La obediencia fiel a la misión encomendada era, sin duda, un motivo para hacerles dormir confiadamente a pesar de los peligros de aquella situación.

Una nueva lección espiritual se desprende de la brevedad del texto. El creyente fiel, puede estar rodeado de dificultades y peligros, pero descansando en el Señor podrá entregarse al sueño reparador para continuar su misión hasta llevarla totalmente a cabo. Aun en las circunstancias más adversas, cuando la muerte es la única perspectiva inmediata desde la óptica humana, el cristiano puede descansar tranquilamente. Ejemplos notables en la Biblia ofrecen esta dimensión, incomprensible sin embargo para el mundo. Tal es el de Pedro quien, sentenciado a muerte y esperando la ejecución en la mañana del siguiente día, podía sentir una profunda tranquilidad que le permitía *"aquella misma noche... dormir entre dos soldados sujeto con dos cadenas"* (Hch. 12:6). Su sueño no era el superficial de un cansancio mezclado con inquietud y tensión, era el sueño profundo de quien descansa plenamente en el Señor, hasta el punto de tener que ser despertado por el ángel tocándole en el costado (Hch. 12:7). Disponerse a dormir frente al peligro indica también la tranquilidad del cumplimiento fiel de la misión encomendada. Una vida de obediencia a la Palabra es una vida que permite descansar confiadamente. Esa es la enseñanza de la Escritura: *"Hijo mío... guarda la ley y el consejo... entonces andarás por tu camino confiadamente... Cuando te acuestes, no tendrás temor, sino que te acostarás, y tu sueño será grato... Porque Jehová será tu confianza, y él preservará tu pie de quedar preso"* (Pr. 3:21, 23-26). La tranquilidad de espíritu y de conciencia permite un sueño confiado. La inquietud manifiesta falta de confianza o, tal vez, la acción de una conciencia que acusa de pecado e impide la experiencia de un descanso pleno en el Señor.

9. Sé que Jehová os ha dado esta tierra; porque el temor de vosotros ha caído sobre nosotros, y todos los moradores del país ya han desmayado por causa de vosotros.

Para los *teólogos liberales humanistas*, el diálogo de Rahab no es más que la expresión idealizada para soporte de la fe del pueblo, y por consiguiente un relato mitológico. Argumentan que el lenguaje está lleno de un estilo propio de las expresiones bíblicas del Pentateuco. El temor de los habitantes de Jericó corresponde, según ellos, a expresiones tomadas del libro del Éxodo (Éx. 15:15-16). Dicen también que el relato se escribió porque era necesario para expresar la verdad de la omnipotencia de Yahveh en relación con Israel. Pero, ¿puede interpretarse de este modo el pasaje, incluso al margen de la fe en la inspiración plenaria de la Escritura? Sin duda un relato como este revela mucho más que el recurso literario con que el hagiógrafo pone en sintonía con la fe de Israel las ideas expresadas por Rahab, asociando todo el relato y conformándolo con el estilo bíblico, propio del Pentateuco.

La fe de Rahab en el Dios de Israel es cierta; no duda, reconoce que el propósito divino para Su pueblo va a cumplirse inexorablemente. Nada ni nadie podrá detener Su mano en el ejercicio de Su soberana voluntad. Aquella mujer de fe contempla ya el futuro como un presente: *"sé que os ha dado esta tierra"*. Por consiguiente, los dos espías estaban ya en *su tierra.* Quienes la poseían hasta entonces eran ya un pueblo derrotado para aquella mujer de fe. La firmeza de la manifestación descansaba en la actuación fiel del Dios de Israel, dando por segura la fase final de una acción de conquista, desalojo y asentamiento de un nuevo pueblo en la tierra de Canaán. Yahveh era el Conquistador a la cabeza del ejército de Israel, que era su propio ejército. Ante la perspectiva de Yahveh Sebaot, el Dios de los Ejércitos, no podía producirse más que desaliento en el ánimo de los habitantes de Jericó. Tal situación tenía que ser conocida por Rahab por las relaciones que mantenía con muchos hombres de aquella ciudad. Dios había comenzado a actuar en los enemigos de Israel. La inquietud no era solo de los habitantes de Jericó, sino que se había extendido ya a *"todos los habitantes del país"*. No es claro a qué extensión de territorio se estaba refiriendo Rahab. Probablemente estaba aludiendo a ciudades vecinas de Jericó.

Rahab conocía a Dios como el Dios de la fidelidad. Tiempo antes de esta conversación, el Señor había prometido a Moisés una intervención sobre el ánimo de los enemigos de Israel: *"Yo enviaré mi terror delante de ti, y consternaré a todo pueblo donde entres, y te daré la cerviz de todos tus enemigos"* (Éx. 23:27). Esta promesa fue dada al poco tiempo de la salida de Egipto, como preparación del pueblo para entrar en posesión de la tierra prometida. Sin embargo, la desobediencia y rebeldía de aquellos que habían salido de la opresión la hicieron ineficaz en la primera ocasión en que pudieron llegar a Canaán. Transcurridos los años del desierto, la misma promesa volvía a ser renovada ante una nueva generación con motivo de la conquista de la tierra amorrea de Hesbón: *"Hoy comenzaré a poner tu temor y tu espanto sobre los pueblos debajo de todo el cielo, los cuales oirán tu fama, y temblarán y se angustiarán delante de ti"* (Dt. 2:25). La preparación para la conquista no consistía en ejercicios de entrenamiento del ejército, sino en la acción íntima que debilitaba el ánimo de los pueblos con que tendrían que enfrentarse. Tal situación produciría un resultado concreto, como Moisés les recordó cuando se dirigían hacia el Jordán: *"Nadie se sostendrá delante de vosotros; miedo y temor de vosotros pondrá Jehová vuestro Dios sobre toda la tierra que pisareis, como Él os ha dicho"* (Dt. 11:25). Dios había cumplido sus promesas. El Dios que Rahab había conocido era el Dios fiel. Mientras que el ánimo de los pobladores de Jericó decaía, se fortalecía el de los israelitas. Aquellos hombres podían entender a través de las palabras de Rahab la seguridad del cumplimiento de las promesas de Dios. Era natural que, si ya estaban temerosos antes de que el pueblo cruzara el Jordán, mucho más lo estarían cuando pisaran su tierra. Si el ánimo de aquellos había comenzado a debilitarse, podían estar seguros que alcanzarían la victoria cuando tuvieran que enfrentarse a ellos. Si esta promesa de debilitar el ánimo de los enemigos dada tantos años antes se estaba cumpliendo, podían estar seguros que las otras promesas tendrían igual efectividad.

El verdadero creyente conoce a Dios por su fidelidad. La exhortación de la Escritura es en ese mismo sentido: *"Conoce, pues, que Jehová tu Dios es Dios, Dios fiel"* (Dt. 7:9). No se invita a una reflexión intelectual, sino a una experiencia personal en relación con la fidelidad de Dios. Si Dios dejara de ser fiel, actuaría en contra de su propia naturaleza. El Señor se ha comprometido a cumplir cada una de sus promesas y hacer honor a todas Sus palabras. Nunca faltará a ella; nunca renunciará a ella. Sus promesas son tan firmes y verdaderas como Él mismo. Nadie ha confiado en Dios en vano. No solo se necesita conocer que la fidelidad es una perfección esencial de Dios, sino que es preciso experimentarla, lo que llevará a un conocimiento íntimo de la realidad de Dios. Ese conocimiento debe ser continuo. Es fácil confiar en la fidelidad de Dios en tiempos buenos, pero no lo es tanto en momentos de zozobra e inquietud, cuando los ojos se llenan de lágrimas y la visión, turbada por la pena, no permite distinguir con claridad la obra del amor de Dios actuando para bendición de los suyos. Es el momento cuando Satanás, con sus insinuaciones, pondrá recelo en el alma, susurrando al oído palabras que despierten duda contra la fidelidad de Dios para impedir que el silbo suave y apacible del Señor llegue a ser distinguido por los suyos. Pero, aun así, en medio de las dificultades más grandes, la Escritura llama a la confianza en Aquel que es eternamente fiel: *"El que anda en tinieblas y carece de luz, confíe en el nombre de Jehová, y apóyese en su Dios"* (Is. 50:10). En ocasiones, no se podrá armonizar el modo de actuar de Dios con el deseo personal de los suyos, pero aun así, se debe proseguir descansando y confiando en su fidelidad. Dios mostrará a su tiempo las razones de su proceder, como había dicho al apóstol: *"Lo que yo hago, tú no lo entiendes ahora; mas lo entenderás después"* (Jn. 13:7). La iglesia de Jesucristo debe sentirse segura frente a los enemigos que tratan de cerrar su paso e impedir su avance. Ningún débil cristiano debe inquietarse ante la aparente fortaleza de quienes se oponen a él. Porque aun con toda la fuerza del infierno no serán capaces de hacer fracasar ni un solo objetivo de victoria que Dios haya establecido para la vida de los suyos. Es fácil hablar sobre la fidelidad de Dios, pero es más necesario vivir la realidad de esa fidelidad.

10. Porque hemos oído que Jehová hizo secar las aguas del mar Royo delante de vosotros cuando salisteis de Egipto, y lo que habéis hecho a los reyes de los amorreos que estaban al otro lado del Jordán, a Sehón y a Og, a los cuales habéis destruido.

La fe de Rahab le permitía conocer a Dios, no solo como el Dios de la fidelidad, sino como el Todopoderoso. Los prodigios efectuados en favor de Su pueblo eran conocidos por los habitantes de Jericó. El Dios de los hebreos no estaba rodeado de actuaciones legendarias, como los otros dioses, que nunca se habían podido verificar, ni habían dejado huella alguna entre los hombres, sino todo lo contrario. Había intervenido en la historia de las naciones y había dejado evidencia de Su actuación. Los hechos victoriosos de Dios tuvieron lugar sobre el más poderoso país de entonces, que era Egipto. Ni sus ejércitos bien entrenados, ni el mar que cerraba el paso a los esclavos salidos de la tierra de Gosén fueron suficientes para hacer fracasar Sus planes en relación con los hebreos. El Todopoderoso había hecho secar las aguas del mar para que Su pueblo pudiera pasar en seco. El relato había llegado a ellos hacía tiempo. Es posible que algunos lo tomasen como la descripción de un acontecimiento ocurrido lejos de ellos, que les había sido trasladado en un relato de corte legendario como si de una epopeya mítica se tratara. Pero la ausencia de los carros de guerra egipcios moviéndose por las rutas de Canaán, como había sido habitual antes de la salida de Israel de Egipto, era una prueba real de que las tropas de élite del Faraón habían sido eliminadas bajo el mar, como el relato llegado a ellos afirmaba. No era, por tanto, un pueblo que luchaba contra otro pueblo, era la guerra del Dios de Israel. Era Él quien peleaba y nadie podía oponerse a su poder.

Otra actuación de Dios —más próxima a ellos— había ocurrido al otro lado del Jordán con la derrota total de los dos reyes amorreos Sehon y Og. No se trataba de reyezuelos de naciones pequeñas o insignificantes, sino de pueblos poderosos y afincados en sus territorios desde mucho tiempo atrás. Eran naciones respetadas en su entorno, como correspondía a estados consolidados y asentados. Sehon había conquistado un amplio territorio a los moabitas. Su reino era grande en extensión, ya que llegaba desde el río Jacob por el norte, hasta el Arnón en el sur; y desde el Jordán hasta el desierto; algunos opinan que su territorio alcanzaba hasta el mar de Cineret. Su capital fue Hesbón. Tenía como vasallos a cinco príncipes madianitas (Jos. 13:21). Cuando Israel llegó a su territorio, Moisés le envió una embajada solicitando permiso para atravesarlo (Nm. 21:21-22; Dt. 2:26-28). Tal solicitud fue denegada, produciéndose un conflicto con Israel que terminó en una total derrota de Sehon, muriendo en la batalla y ocupando los hebreos todo su territorio (Nm. 21:21-32).

El segundo, Og, no era menos importante. Alguna tradición los presenta como hermanos. Este pertenecía a la raza de gigantes refaítas (Nm. 21:33; Jos. 13:12). Relatos legendarios lo presentaban como descendiente del un ángel caído llamado Smahazai. Su cama era de hierro, de grandes proporciones (Dt. 3:11). Algunos MSS tienen *basalto* en vez de *hierro*. Su reino era poderoso, con sesenta ciudades fortificadas *"con muros altos, con puertas y barras"* (Dt. 3:5), así como otras muchas de menor importancia. Entre las ciudades fortificadas estaban las reales de Astarot y Edrei, en la que Og fue muerto por los israelitas.

Las acciones tan próximas a ellos los habían aterrorizado. Al otro lado del Jordán, donde antes estaban los reinos amorreos, se levantaban ya asentamientos nuevos que eran ocupados por los nuevos pobladores de la región, las dos tribus y media de Israel. No era alguna ciudad la que había caído en sus manos como consecuencia de una batalla aislada, había sido una guerra total que había destruido literalmente a todos los pueblos de dos naciones y que había hecho pasar de sus manos a las de Israel todos sus tesoros y rebaños además de su tierra. Ni los dioses de Egipto, ni los dioses amorreos habían podido librar a sus pueblos. El Dios de Israel era el Todopoderoso y así lo conocía Rahab.

La *omnipotencia* es una perfección divina que debe ser conocida por cada creyente hoy. El Dios de la Biblia es el Todopoderoso. El tiempo no deteriora ni afecta a Su poder. Es Dios porque puede hacer todo lo que quiera y nadie le puede limitar. Tal conocimiento se hace difícil en un mundo tan tecnificado y progresista como el llamado *primer mundo*, donde apenas hay algo que pueda causar asombro por mucho tiempo, y donde el *poder* humano está haciendo olvidar el poder de Dios. Conocer a Dios significa sentir que es el Omnipotente. Sin esa característica todos los propósitos salvíficos suyos quedarían en un mero proyecto y en un hermoso plan. Sin su poder, la gracia sería simplemente un sentimiento de condescendencia, cada promesa una hermosa expresión que reflejaría un buen deseo, y cada advertencia sobre sus juicios un mero trueno lejano que se pierde sin efecto alguno. Sin embargo, la Biblia afirma la omnipotencia de Dios: *"Una vez habló Dios; dos veces he oído esto: Que de Dios es la fortaleza"* (Sal. 62:11). La historia se encarga de exhibir las huellas de la intervención poderosa de Dios a lo largo de ella. De ahí que el profeta diga: *"Todos los habitantes de la tierra son considerados como nada; y Él hace según su voluntad en el ejército del cielo, y en los habitantes de la tierra, y no hay quien detenga su mano, y le diga: ¿Qué haces?"* (Dn. 4:35). La encarnación del Verbo eterno de Dios hace visible su omnipotencia actuando sobre todos los niveles de la creación: desde el mar embravecido hasta el leproso sin esperanza, desde la resurrección de muertos hasta la expulsión de los demonios; nada podía resistirse al mandato omnipotente de Jesús de Nazaret.

Es preciso conocer a Dios como el Creador del universo para admirar la grandeza de su fuerza y la gloria de su poder. Cada cristiano es también una manifestación de la omnipotencia de Dios. La obra de redención fue posible por esa condición divina. El Vencedor lo fue porque en la cruz derrotó a Satanás (Col. 2:15). Solo la omnipotencia hizo posible que el Eterno se hiciera un hombre del tiempo y del espacio, y que el que es vida en sí mismo pudiera dar Su vida en expiación por el pecado, para tomarla nuevamente en la gloria de su resurrección y hacer posible, por ella, la justificación de todo aquel que crea (Ro. 4:25). El poder transformador de Dios en el creyente es el elemento siguiente en la experiencia salvífica, que revela la omnipotencia de Dios. El corazón humano, desorientado y corrompido, es puesto a un lado para dotar al que nace de nuevo por gracia mediante la fe de un *corazón nuevo,* residencia de Dios en Espíritu, que hace posible la transformación del hombre reorientándolo de nuevo hacia Dios, cambiando su desobediencia en obediencia y su rebeldía en mansedumbre (Ez. 36:26-27). Es una transformación en la esencia misma del individuo que lo hace diferente a cuanto era antes; una transformación tal que solo es equiparable a un nuevo nacimiento. El cristiano no debe conocer la omnipotencia de Dios intelectualmente, sino experimentalmente. El poder de Dios actuando en él debería llevarle a poder decir: *Dios me ha cambiado.* Cada creyente debiera ser un mensaje vivo de la realidad del poder transformador de Dios por el cambio operado y visible de su propia vida. El mundo actual necesita más que mensajes teológicos sobre la omnipotencia de Dios, referencias perceptibles de esa realidad en un pueblo cristiano transformado por Su poder, que vive en una nueva dimensión y posición de libertad verdadera porque ha sido *"librado de las tinieblas, y trasladado al reino de su amado Hijo"* (Col. 1:13). La experiencia liberadora de Dios debería convertir a cada cristiano en la expresión visible de esa realidad. El Señor se *"dio a sí mismo por nuestros pecados para librarnos del presente siglo malo"* (Gá. 1:4). Quien vive en esa libertad tiene, necesariamente, que mostrar una vida en la que los efectos del *"presente siglo malo"* hayan desaparecido definitivamente. Cada creyente está llamado a vivir una vida de poder, en identificación con el Resucitado. Conocer a Dios, no es tanto hablar de Dios, sino vivir conforme a Dios.

11. Oyendo esto, ha desmayado nuestro corazón; ni ha quedado más aliento en hombre alguno por causa de vosotros, porque Jehová vuestro Dios es Dios arriba en los cielos y abajo en la tierra.

Rahab, como mujer creyente, reconocía la soberanía de Dios. El Soberano había actuado sobre los reyes de la tierra, por tanto, estaba por encima de ellos. El desaliento había llenado de miedo el corazón de todos los moradores de Jericó y su comarca. El *aliento*, en el sentido de ánimo, había desaparecido de ellos. Tan solo el miedo y el desánimo llenaban cada persona.

Los adoradores de los dioses falsos, estaban acostumbrados a creer que el ídolo tenía una determinada área de influencia en la que era el mayor entre todos los otros dioses, de modo que sus adoradores estaban a salvo en esa zona controlada por él mientras podían correr peligro en otra donde el dios no podía ejercer su poder. Así pensaban los sirios para justificar su derrota: *"Sus dioses son dioses de los montes, por eso nos han vencido"* (1Re. 20.23). ¡Cuan pobres los dioses de los hombres! Rahab reconocía que el Dios de Israel estaba por encima de todas esas limitaciones ya que su autoridad alcanzaba tanto los cielos como la tierra. Es notable observar la identidad del pueblo con su Dios: el temor es *"por vosotros"*, pero la causa era por *"Jehová vuestro Dios"*. Solo una fe sincera y genuina podía llevar a una pagana a tal confesión. La soberanía de Dios es la expresión del ejercicio de su supremacía. Es soberano porque es el Altísimo. Es soberano porque es Señor en cielos y tierra. La más gloriosa de sus criaturas es como nada delante de sus ojos. Es soberano porque es infinitamente libre e independiente de cualquier circunstancia o situación.

Nada puede influirle y nada puede hacerle cambiar en sus decisiones. Él dice: *"Mi consejo permanecerá, y haré todo lo que quiero"* (Is. 46:10). Rahab reconocía que Dios es el Soberano.

La perfección de la soberanía debería ser creída, predicada y enseñada tanto como los otros atributos divinos. Sin embargo, es una verdad que molesta tanto al *yo* del hombre que se desprecia y arrincona en el almacén de la teología poco recomendable. El gran predicador Spurgeon afirmaba esto mismo en la introducción a uno de sus más hermosos sermones, cuyo tema era la soberanía de Dios:

"... No hay un atributo de Dios más consolador para sus hijos que la doctrina de la soberanía divina. Bajo las más adversas circunstancias, en los más graves contratiempos, ellos creen que esa soberanía ha ordenado sus aflicciones, que las gobierna y que las santifica. No hay otra cosa por la que los hijos de Dios deban contender más firmemente que por el dominio de su Señor sobre toda la creación, trono suyo —la realeza de Dios sobre las obras de sus manos— y el derecho a sentarse en ese trono. Por otra parte, tampoco hay doctrina más odiada por los mundanos, ni verdad convertida en semejante pelota de fútbol, como la de la grande, maravillosa y certísima soberanía del infinito Jehová. Los hombres permitirán a Dios estar en cualquier sitio menos en su trono. Consentirán en hallarlo en el taller formando los mundos y haciendo las estrellas. Accederán a que esté en su casa de caridad repartiendo limosnas y otorgando mercedes. Le tolerarán mantener firme la tierra y sostener sus pilares, o iluminar las lámparas del cielo, o gobernar al inquieto océano; pero cuando Dios sube a su trono, sus criaturas rechinan los dientes. Y cuando proclamamos un Dios entronizado y su derecho a hacer según le plazca con lo suyo, a disponer de sus criaturas como le parezca sin consultar con ellas, entonces somos silbados y despreciados, y los hombres cierran sus oídos a nuestras palabras, porque un Dios en su trono no es el Dios que ellos aman. Les agradaría contemplarle en cualquier sitio menos en su solio con su cetro en su mano y la corona en sus sienes. Pero es un Dios entronizado el que a nosotros nos gusta predicar, en quien confiamos, de quien hemos cantado y de quien hablaremos..."[6].

La salvación del hombre es un acto de la soberanía de Dios. Dios salva por una sola razón: *"el puro afecto de su voluntad"* (Ef. 1:5). La planificación de la salvación ha sido un acto pleno de su soberanía, al haberse determinado antes de la creación del mundo (2Ti. 1:9). La eterna elección de los suyos en Cristo obedece a un acto soberano de Dios (Ef. 1:4).

---

[6] C. H. Spurgeon. *"No hay otro evangelio"*. Londres; pág. 127.

La Biblia afirma que toda la salvación, que comprende su planificación, ejecución y aplicación es solo de Dios; por tanto, es un acto soberano suyo (Sal. 3:8; Jon. 2:9). Dios hizo toda la obra y, en ella, cualquier otro ser está absoluta y totalmente excluido. El Dios que da su vida proclama esta verdad sobre la misma cruz, con un rotundo y definitivo *"consumado es"* (Jn. 19:30). Nada puede añadirse porque nada es necesario añadir para la salvación. La misma invitación que el evangelio dirige a los perdidos se establece desde la autoridad soberana de Dios. No es un ruego lastimoso y lloroso que ese *Dios pequeño* del humanismo hace. Es la voz autoritaria del Soberano quien llama a los hombres a la salvación. Así cerraba Pablo un sermón evangelístico ante una concurrencia de expertos humanistas en Atenas: *"Pero Dios, habiendo pasado por alto los tiempos de esta ignorancia, ahora manda a todos los hombres en todo lugar, que se arrepientan"* (Hch. 17:30). ¡Como cambiaría la evangelización si cada predicador tuviera clara la realidad de la soberanía de Dios y la creyera profundamente! La invitación del evangelio no es un ruego que Dios hace, sino un mandamiento que establece. Quien rechaza el mensaje salvífico del evangelio no está rechazando una invitación, sino quebrantando un mandamiento. El pecador se pierde cuando desprecia el evangelio, no solo por sus muchos pecados, sino por uno específico: rehusar creer en Cristo (Jn. 3:36). El humanismo pretende que el hombre comparta la obra de salvación con Dios. El *dios humanista* es un *dios pequeño*, en nada parecido al Dios de la Biblia. Según su evangelio, Dios hizo una parte —sin duda grande— de la obra de salvación, pero el hombre ha de hacer también la suya. Sin la acción humana el glorioso plan de salvación resulta ineficaz y, en alguna medida, Dios debe sentirse satisfecho cuando un perdido viene al Salvador y evita el fracaso de la obra de la cruz. Ese no es el Dios de Pablo, ese no es el Dios de la Biblia.

El reconocimiento de la soberanía de Dios es necesario para una iglesia victoriosa. La de los tiempos apostólicos reconocía profundamente la soberanía de Dios. Así lo expresaban en oración cuando tenían que enfrentarse con momentos difíciles para la proclamación del evangelio. Aquellos entendían que el Soberano había establecido la evangelización del mundo y, aceptando en la práctica la verdad de la fe, oraban para que en su soberanía les comunicara el poder necesario para una misión que iba a resultar muy difícil. La manifestación de poder no se hacía esperar y el Soberano Espíritu de Dios actuaba en poder, sacudiendo el lugar en que la iglesia estaba y comunicando a cada creyente la energía suficiente para proclamar la Palabra con denuedo (Hch. 4:31). Las vidas santas de los cristianos eran consecuencia del poder del Espíritu y el temor reverente de aquellos el resultado del reconocimiento de la soberanía de Dios. No puede extrañar que el evangelio alcanzara a tantos miles y que el poder de Dios se manifestara diariamente entre Su pueblo.

La soberanía de Dios es base de la esperanza cristiana. El Altísimo ha establecido que, a su tiempo, la iglesia será presentada delante de Él *"sin mancha ni arruga"* (Ef. 5:27). Ninguno de los que han creído faltará a tal cita. El compromiso de Dios lo hace imposible. Cristo, el que murió y resucitó es el Soberano, Rey de reyes y Señor de señores (Ap. 19:16). Él ha recibido de su Padre la misión de custodiar a quienes le han sido dados para que no se pierda ni uno y todos sean resucitados en ese momento (Jn. 6:39). Para ello, en identificación con Cristo, son puestos en su mano con plena seguridad; mano sobre la que el Padre coloca también la suya en un abrazo de garantía eterna (Jn. 10:27-30). El poder de Dios, actuando juntamente con su soberanía, garantiza la eterna seguridad para el que ha creído. Quien ha determinado salvar eternamente, tiene poder para llevarlo a cabo: *"Y aquel que es poderoso para guardaros sin caída, y presentaros sin mancha delante de su gloria con gran alegría, al único y sabio Dios, nuestro Salvador, sea gloria y majestad, imperio y potencia, ahora y por todos los siglos. Amén"* (Jud. 24-25). El verdadero creyente cree y descansa en la soberanía de Dios.

La petición de Rahab (2:12-16)

12. Os ruego pues, ahora, que me juréis por Jehová, que como he hecho misericordia con vosotros, así la haréis vosotros con la casa de mi padre, de lo cual me daréis una señal segura;

13. y que salvaréis la vida a mi padre y a mi madre, a mis hermanos y hermanas, y a todo lo que es suyo; y que libraréis nuestras vidas de la muerte.

14. Ellos respondieron: Nuestra vida responderá por la vuestra, si no denunciareis este asunto nuestro; y cuando Jehová nos haya dado la tierra, nosotros haremos contigo misericordia y verdad.

Rahab creía en la misericordia de Dios. El Espíritu le había iluminado para alcanzar un conocimiento real del Señor. La fidelidad, el poder y la soberanía de Dios eran parte de la fe de Rahab en el Dios de Israel. Esta cuarta confesión de aquella mujer manifiesta claramente que reconocía y confiaba en la misericordia de Dios. Aparentemente, la misericordia está vinculada en el texto con lo que aquellos dos espías podrían prometerle para el momento en que el pueblo de Dios ocupara la ciudad. Está rogándoles por su vida y la de sus familiares. Sin embargo, debe recordarse que ella misma en el texto anterior vincula a Dios y al pueblo como una unidad. De manera que si Dios había determinado darles la ciudad y ello llevaba aparejada la muerte de sus habitantes, Dios mismo, para que pudiera ser salvada ella y los suyos, había de mostrarse misericordioso. No tiene derecho alguno y, por tanto, se acoge a la misericordia. No es la recompensa del favor hecho a aquellos hombres y el trato que les había dado lo que pone delante de ellos, simplemente ruega por la misericordia. No tiene nada que pudiera servir para quedar excluida de la muerte junto con el resto de sus conciudadanos, tan solo apela a la gracia para salvar su vida.

Conoce tan bien la grandeza del Señor, que pide una respuesta de aquellos dos hombres vinculada con el compromiso delante de Dios: *"Os ruego, pues, ahora, que me juréis por Jehová"*. Dios haría honor al compromiso hecho en Su nombre. Ella había reconocido antes que el Señor es fiel y, en esa certeza, descansa su confianza. Sabía con toda seguridad que solo la misericordia de Dios y Su compromiso le haría estar segura de salvar su vida y la de los suyos cuando Jericó fuera destruida y entregada en manos de los hebreos. Rahab viene literalmente temblando, ante Dios; ya expresó su temor en palabras anteriores (v. 9); ahora apela a la gracia como único medio de salvación.

Una señal dada por aquellos dos hombres sería la confirmación de que su ruego de gracia había sido aceptado en nombre de Dios. Demanda un signo de fidelidad, *"una señal segura"* (heb. "^{a}ôt^{a}ëmet"). De este modo estaría segura de que *"libraréis nuestras vidas de la muerte"*.

El juramento de salvación quedaba vinculado a la actuación de aquella mujer, que guardaría el secreto de la petición y no los traicionaría en el momento en que abandonasen la casa. Ellos mismos salen garantes con sus propias vidas de la promesa hecha en el nombre del Señor: *"Nuestra vida responderá por la vuestra"*. La promesa sería cumplida cuando *"Jehová nos haya dado la tierra"*; no tenían tampoco ellos duda alguna sobre la fidelidad de Dios. La tierra no sería alcanzada por sus fuerzas, sino que era un regalo de la gracia y fidelidad del Dios que se la daba. Ellos eran simplemente los instrumentos de Dios para ejecutar sus planes, por tanto, en esta identificación con el Señor, son también sus instrumentos en el ejercicio de la misericordia: *"nosotros haremos contigo misericordia y verdad"*. Se había llegado al compromiso de salvación. La oración de fe había obtenido respuesta y la perspectiva de juicio se había cambiado en seguridad de salvación. Deben notarse las dos palabras utilizadas por los espías: *misericordia* y *verdad*. En el hebreo se lee, *"te trataremos con bondad y lealtad"*. Esta es la dimensión de la salvación que garantiza Dios. No solamente podía confiar en su misericordia, sino en su fidelidad. De poco valdría que hiciera misericordia si podía olvidarse de cumplir su palabra. Igualmente, de poco serviría que fuera fiel si no era misericordioso. Los dos atributos de misericordia y fidelidad están presentes en cada actuación y promesa de Dios, y ambos son iguales, por cuanto son cada uno infinito, como Dios mismo lo es. Dios no es más misericordioso que fiel, o viceversa, es tanto lo uno como lo otro. La respuesta dada a Rahab, está formulada bajo juramento. Esos dos hombres habían contraído un compromiso en el nombre del Señor como si Dios mismo hubiera dado respuesta a la petición de Rahab, por medio de ellos. Aquella que estaba antes condenada a morir como habitante de aquella ciudad, ya sentenciada por Dios, podía descansar confiada y tranquila porque había hallado gracia delante de los ojos del Señor.

La aplicación espiritual de estos últimos textos es admirable y una de las mejores maneras para describir el único modo de salvación para el pecador. La salvación es una obra de la gracia. El hombre se salvó y se salvará solo de este modo. La enseñanza de la Biblia es precisa: *"Porque por gracia sois salvos por medio de la fe; y esto no es de vosotros, pues es don de Dios"* (Ef. 2:8). Esta obra de gracia actúa, por medio del Espíritu, en el corazón del pecador para llevarle a un convencimiento de pecado (Jn. 16:8). En esta convicción, se llega a la certeza del juicio que Dios ha establecido sobre el pecador a causa de su pecado. La actuación del Espíritu Santo revela al hombre la miseria de su estado, la condenación eterna por el pecado y la única esperanza de salvación en Cristo Jesús. Produce, por tanto, un temor reverente en el corazón y, de la misma manera que Rahab conocía la destrucción que venía sobre ella, así también el Espíritu señala al pecador su eterna condenación sin Cristo. No es posible despertar al hombre de su estado de muerte, salvo por la acción iluminadora y redargüidora del Espíritu Santo. Es notable en el pasaje que los espías no hablaron a Rahab de su peligro, fue ella misma la que estaba convencida de ello en su corazón. De la misma manera, la convicción de pecado no es algo que el predicador del evangelio pueda hacer, sino el resultado de la operación poderosa del Espíritu de Dios actuando en el corazón del hombre caído. El primer paso en la salvación consiste en el conocimiento claro de la condenación a que está expuesto el pecador. No se salvará nadie por el solo hecho de *saberse pecador*, sino cuando *se siente pecador*.

La fe que salva lleva, en ese proceso, al conocimiento de Dios y de sus perfecciones divinas. Cuando un perdido está volviendo a Dios en la conversión verdadera, reconoce lo que antes no estaba dispuesto a reconocer en Dios. Hasta entonces, Dios era simplemente su enemigo, a causa de sus malas obras (Col. 1:21). Pero, de pronto, la iluminación del corazón hace reconocer a Dios como justo en la condenación por el pecado y le muestra el único modo de salvación, que es Su gracia. Hasta entonces, el único interés del pecador fue alejar a Dios de sí, o mejor, alejarse él de Dios. Esto fue siempre así, desde el mismo instante en que el pecado fue introducido en la experiencia del hombre (Gn. 3:10; Is. 53:6). Lo contrario sería opuesto a la misma naturaleza humana. El Señor fue rechazado porque, como luz, brillaba en las tinieblas alumbrando la corrupción de la naturaleza humana (Jn. 1:5). Tal rechazo conduce al pecador a la condenación eterna (Jn. 3:19). El *evangelio* que afirma que el hombre tiene interés en Dios y le busca por inclinación propia y natural, no es el evangelio bíblico y contradice abiertamente la enseñanza general de la Palabra (Ro. 3:11). De tal evangelio debe apartarse todo predicador bíblico, y considerarlo como un evangelio extraño a la revelación general, o lo que es lo mismo, *"diferente evangelio"* (Gá. 1:6, 8, 9). Cuando el pecador acude a Dios es porque ya ha sido buscado por Él. De muchos modos se vale el Señor para hacerlo. En ocasiones pondrá delante del perdido la situación de peligro inminente en que se encuentra, como en el caso de Rahab. Otras veces será por una manifestación directa de su gloria y la perversidad de las acciones del pecador, como con Pablo (Hch. 9:5). Pero, en cualquier caso, la realidad es que Dios siempre toma la iniciativa en la salvación y que esta se produce tan solo por influjo y en razón de la gracia divina (Ef. 2:8-9).

Finalmente, la salvación se produce cuando el pecador, sintiéndose perdido, acude a Dios invocando su misericordia y confiando en Él por medio de la fe. Es el mismo proceso que siguió Rahab. Primero sintió su situación, luego reconoció las perfecciones y misericordia de Dios y, finalmente, confesó su necesidad confiando en la gracia divina. La actuación humana en la recepción de la salvación es el ejercicio de la fe. Rahab se salvó por gracia mediante la fe: *"Por la fe Rahab la ramera no pereció juntamente con los desobedientes, habiendo recibido a los espías en paz"* (He. 11:31). Si la salvación es por gracia, el único modo de recibirla es la fe (Ef. 2:8). Todo ello es un don divino, tanto la salvación como la fe, ya que en el proceso de salvación queda excluida toda obra humana. No obstante, la fe se convierte en una actividad del hombre cuando es ejercida por el pecador y depositada en el Salvador. La fe salvífica no argumenta, sino que acepta con seguridad y espera solo en la misericordia de Dios. La fe salvífica no es una mera actividad intelectual, sino la rendición incondicional del corazón. Es precisamente este el único modo de recibir la salvación. La entrega del corazón al Salvador producirá sin duda, una confesión personal de igual modo que ocurrió con Rahab, quien al acudir en busca de la misericordia, lo hizo confesando las perfecciones de Dios. Así también ocurre con el pecador que ha sido llevado por Dios a la salvación: *"Porque con el corazón se cree para justicia, pero con la boca se confiesa para salvación"* (Ro. 10:10). La salvación por gracia no excluye la responsabilidad del hombre. En el caso de Rahab, había en su entorno muchos *desobedientes,* pero ella fue obediente. La gracia opera en el pecador señalándole su estado y capacitándolo para creer, pero nunca lo fuerza a una salvación obligada. Esa verdad está expresada por Pablo: *"Pero nosotros debemos dar siempre gracias a Dios respecto a vosotros, hermanos amados por el Señor, de que Dios os haya escogido desde el principio para salvación, mediante la santificación por el Espíritu y la fe en la verdad"* (2Ts. 2.13). Las dos verdades íntimamente relacionadas: la gracia opera la salvación, la fe consiste en un acto de obediencia a la verdad. La gracia tiene que ver con los orígenes de la salvación, la responsabilidad humana con las reacciones ante el plan de salvación (Jn. 3:36). La gracia ha provisto; la responsabilidad otorga al hombre aceptar o rechazar. Aunque la elección es por gracia, la responsabilidad del hombre es real. Solamente por la fe se rinde el hombre a Dios y clama por salvación[7].

15. Entonces ella los hizo descender con una cuerda por la ventana; porque su casa estaba en el muro de la ciudad, y ella vivía en el muro.

16. Y les dijo: Marchaos al monte, para que los que fueron tras vosotros no os encuentren; y estad escondidos allí tres días, hasta que los que os siguen hayan vuelto, y después os iréis por vuestro camino.

El verdadero creyente actúa favoreciendo a sus hermanos en la fe. La realidad de la fe de Rahab se descubre por medio de obras hacia los hijos de Dios. Su casa estaba apoyada contra el muro de la ciudad, adosada a la pared (*b^{e}qîr hahömâ*) y alguna de sus ventanas se asomaba sobre el mismo. A través de ella se prepara y ejecuta la huida segura de los espías que habían estado escondidos en el terrado. Una cuerda los descolgaría desde la ventana hasta el suelo, al borde del muro, para facilitarles la huida al campo. Las puertas de la ciudad habían sido cerradas y, sin duda, estarían fuertemente vigiladas; la única ruta de salida era aquella ventana tan providencialmente colocada sobre el muro de la ciudad.

Juntamente con la huida está el consejo sabio para protegerles de quienes los estaban buscando. Pero ¿cuándo tuvo lugar ese diálogo entre ella y los espías? El texto anterior dice que ella los descolgó atados con una cuerda por la parte exterior de la muralla. ¿Hablarían antes de iniciar el descenso? ¿Ocurrió el diálogo cuando ellos llegaron al pie del muro?

---

[7] Véase entre otros los siguientes pasajes: Hab. 2:4; Jn. 1:12; 3:16, 18, 36a; Hch. 16:30-31; Ro. 1:17; 3:25; 4:5, 16; 5:1, 2; Gá. 2:16; 3:11, 14, 26; Ef. 2:8, 9; Fil. 3:9; 2Ti. 3:15.

Lo más lógico es pensar que el diálogo final y la despedida tuvo lugar en el mismo momento en que iban a ser descolgados desde la ventana de aquella casa. En este sentido, el pasaje podría entenderse así: *"Y cuando ella los iba a hacer descender con una cuerda por la ventana..."*. Eran los últimos instantes para un breve y definitivo coloquio. Tanto ella como los espías querían dejar claro el compromiso a que habían llegado, recordando algunos términos y haciendo las últimas precisiones. El consejo para ellos tenía que ver con ocultarse en el monte. Sus perseguidores regresarían a la ciudad y al no encontrarlos, tal vez volvieran a la casa de Rahab para buscarlos en ella. Habían de emboscarse en las montañas. Quienes los buscaban seguían una ruta totalmente opuesta que les conducía hacia los vados del Jordán, los lugares más apropiados para cruzar el río por donde ellos esperarían que intentaran pasar los espías. La conversa Rahab estaba interesada en preservar la vida de aquellos que habían venido a ser sus hermanos en la fe, puesto que todos creían y confesaban al mismo Dios. La segura confianza de Rahab en el desenlace final del episodio es también evidente. El tiempo de emboscarse en el campo solo duraría tres días, para seguir después, sin problemas el camino de regreso al campamento de Israel. Aquella mujer sabía que la protección de Dios se iba a manifestar sobre quienes eran de Su pueblo. Entendía también claramente que no habría enemigos que pudieran hacer fracasar los planes de Dios en relación con Israel.

La verdadera fe se manifiesta en obras, tanto antes como ahora. La Escritura presenta la acción de Rahab como ejemplo de una fe viva y actuante: *"Asimismo también Rahab, la ramera, ¿no fue justificada por obras, cuando recibió a los mensajeros y los envió por otro camino?"* (Stg. 2:25). No pueden, pues, disociarse las obras de la fe. Aquellas son la expresión genuina de esta. Algunos piensan en la fe únicamente como el medio para recibir la salvación, olvidándose de las consecuencias reales y prácticas que ha de producir en la vida cotidiana del creyente. Este desconocimiento afecta seriamente al testimonio. La vida cristiana es un desarrollo espiritual continuo en la esfera de la fe. Con toda claridad lo enseña Pablo: *"Con Cristo estoy juntamente crucificado, y ya no vivo yo, mas vive Cristo en mí; y lo que ahora vivo en la carne, lo vivo en la fe del Hijo de Dios, el cual me amó y se entregó a sí mismo por mí* (Gá. 2:20). La vida de fe y en la fe es la forma y razón para la vida del creyente. Esa vida de fe y en la fe se manifiesta en obras consecuentes con ella, especialmente evidentes en el amor por los hermanos. Cuando Juan trata de la realidad del nuevo nacimiento pone el amor por los hermanos como su máxima expresión (1Jn. 3:14). El Espíritu, en la esfera de la vida de fe, genera el amor divino en el corazón del creyente (Gá. 5:22), el cual impulsa al amor hacia el prójimo y de forma especial hacia aquellos que forman parte del mismo pueblo espiritual, los hermanos en Cristo. Este amor predispone para dar la propia vida por ellos, a la semejanza de lo que el Señor Jesús, el hermano mayor, hizo por cada uno (1Jn. 3:16). El que ha nacido de nuevo lo evidencia en obras de amor, por lo que su fe queda manifestada por obras que la revelan como genuina. La verdadera fe actúa por el amor (Gá. 5:6), que es su máxima expresión. El creyente, al impulso del amor, busca el bien de todos, pero mayormente el de los que son *"de la familia de la fe"* (Gá. 6:10). La mejor forma de determinar la realidad de la conversión es observar el comportamiento en relación con los hermanos. La medida de la espiritualidad de un cristiano se determina del mismo modo. El creyente carnal, que actúa bajo la influencia de la carne y no del Espíritu, crea problemas y divisiones en el seno de la congregación tal y como ocurría en el caso de la iglesia en Corinto, a los que Pablo llama carnales y niños en Cristo (1Co. 3:1-4); mientras que el creyente espiritual, el que *"anda en el Espíritu"* (Gá. 5.16), procura la ayuda positiva y restauradora de todos los hermanos (Gá. 6:1).

Las condiciones para Rahab (2:17-21)

17. Y ellos le dijeron: Nosotros quedaremos libres de este juramento con que nos has juramentado.

18. He aquí, cuando nosotros entremos en la tierra, tú atarás este cordón de grana a la ventana por la cual nos descolgaste; y reunirás en tu casa a tu padre y a tu madre, a tus hermanos y a toda la familia de tu padre.

19. Cualquiera que saliere fuera de las puertas de tu casa, su sangre será sobre su cabeza, y nosotros sin culpa. Mas cualquiera que se estuviere en casa contigo, su sangre será sobre nuestra cabeza, si mano le tocare.

20. Y si tú denunciares este nuestro asunto, nosotros quedaremos libres de este tu juramento con que nos has juramentado.

21. Ella respondió: Sea así como habéis dicho. Luego los despidió, y se fueron; y ella ató el cordón de grana en la ventana.

La respuesta de los espías colocada en este lugar, es considerada por algunos eruditos como una glosa bajo el influjo del v. 20. En tal caso, el redactor la habría puesto en un lugar anticipado. Pero realmente no es así. El texto expresa las condiciones por las que el pacto establecido bajo juramento habría de cumplirse. Las estipulaciones tenían que ver con una señal que habría de ser colocada visiblemente en la casa de Rahab, y con reservar en secreto el lugar de huida de los dos espías. La brevedad del relato denota la urgencia de la salida de aquellos dos hombres. Debían apresurarse para emboscarse antes de que los perseguidores regresaran, o los hombres de la ciudad que pudieran salir fuera de la muralla cuando la puerta se abriera los podrían encontrar en los lugares próximos. Por esta razón es preciso considerar los cinco versículos juntos.

La primera condición para hacer efectiva la promesa de vida, cuando entraran en la tierra, era haber colocado en la ventana por la que habían sido descolgados un *"cordón de grana"*, literalmente una *cuerda de grana*. La palabra utilizada es distinta que la que aparece para referirse a la cuerda con que fueron descolgados por el muro. Este era un cordón largo de grana que se hacía visible claramente desde el exterior de la casa. Sería todo un símbolo de protección sobre aquella vivienda para cuando se produjera el ataque contra la ciudad. Los que iban a tomar la ciudad reconocerían por aquella señal del cordón de grana atado a la ventana la casa de su bienhechora y, recordando el pacto hecho, evitarían que todas las personas que se encontraran en el interior de la vivienda perdieran la vida como el resto de la población. La casa donde estaba colocado el *hilo de grana* era lugar seguro frente al juicio que caería sobre todo el resto de la ciudad. No había salvación para ninguno de la familia de Rahab por el hecho de ser familia de ella. La seguridad se garantizaba para todos los que estuvieran en el interior de aquella casa. Esta se convertía realmente en un lugar seguro, como una fortaleza en el día de la angustia. Quien abandonara aquel lugar, aunque perteneciera a la familia de Rahab, sería muerto y los que ocasionaran la muerte de los tales no tendrían culpa alguna porque habían sido encontrados fuera del lugar seguro. El juramento de salvación se enfatiza con las palabras de aquellos dos hombres en el caso de que no se cumpliera lo prometido: *"su sangre será sobre nuestra cabeza"*, es decir, Dios los consideraría como homicidas voluntarios, que también debían morir según la ley. Es un modo de expresar otra vez lo dicho antes: *"Que nosotros muramos en tu lugar si dejamos de cumplir nuestra promesa"* (v. 14).

La segunda condición tiene que ver con el silencio que Rahab debía guardar sobre *"este nuestro asunto"*. Ello comprendía el compromiso de salvación para el día de la conquista de la ciudad y no descubrir el lugar a donde se habían ido los espías para esconderse. El juramento quedaría anulado si ella los traicionaba en su huida.

Los mensajeros de juicio partían de la casa de Rahab. Aquellos que habían venido a espiar la tierra y Jericó como preludio del día en que Jehová la iba a entregar en sus manos, partían del lugar en que habían estado escondidos. La promesa de salvación hecha a Rahab y las condiciones para que se hiciera efectiva, fueron aceptadas por aquella mujer. Ella sabía que la salvación de ella y de los suyos dependía de aquel *"hilo de grana"* puesto en la ventana, por tanto, lo colocó desde el mismo momento de la partida de los espías. No esperó tan siquiera los tres días que debían permanecer escondidos en el monte. No esperó a ver avanzar al pueblo de Israel hacia la ciudad. Ella sabía que de aquella señal dependía su propia vida y la coloca en la ventana desde el primer momento.

Escribe H. Rossier.

"La fe de Rahab no espera que Israel haya cruzado el Jordán ni el último día antes que se desplomasen las murallas de Jericó, para atar el cordón de grana; apenas los espías se han ido, sin perder un instante, Rahab ata a la ventana la preciosa prenda de su salvación y la de toda su casa. Su fe, es diligente, tampoco se esconde: se manifiesta altivamente mientras el juicio está todavía del otro lado del obstáculo que Israel no había franqueado aún"[8].

La aplicación espiritual es notable también en esta parte del pasaje. El cordón de grana es figura de la redención por medio de la sangre de Cristo. El tipo se extiende a lo largo de la Escritura y arranca ya desde el mismo momento de la caída del hombre. La desnudez de Adán y Eva fue cubierta por ellos mismos con algo que no servía para ese menester. Con hojas de higuera tomadas por ellos mismos, pretendían cubrir, no solo una desnudez física, que se manifestaba como tal desde el momento de la desobediencia, sino la profunda desnudez espiritual de una vida que quedaba despojada de la relación íntima con Dios a causa del pecado. En aquella ocasión, la sangre de las víctimas que darían sus pieles para la vestimenta de aquella pareja fue vertida por Dios, comenzando ya el simbolismo del derramamiento de la sangre inocente para cubrir el pecado del hombre (Gn. 3:21). Los múltiples sacrificios de animales, puestos sobre los altares levantados por hombres piadosos delante del Señor, continúan con el *"hilo de grana"* conductor del modo de salvación: la sangre expiatoria por el pecado. Más tarde sería esa misma sangre la garantía de salvación cuando, en la noche egipcia, el destructor pasó matando a todos los primogénitos de aquella nación (Éx. 12:7, 13). Solo las casas en que la sangre estaba extendida en los postes y dinteles de las puertas fueron lugar seguro de salvación para quienes estaban refugiados en ellas bajo la sangre vertida en el sacrificio de la expiación. En los textos que se analizan, el simbolismo no está tanto en el sacrificio en sí mismo, sino en los resultados que se obtienen por él. Según las Escrituras, los sacrificios

[8] H. Rossier. *Meditaciones sobre el Libro de Josué.* California. Pág. 23.

del Antiguo Testamento tenían por objeto cubrir los pecados de aquel que los ofrecía y darle, por ello, seguridad del perdón divino, apuntando a la realidad futura y definitiva del sacrificio del Cordero de Dios en la Cruz. Si bien es cierto que aquellos sacrificios no podían quitar los pecados (He. 10:4), quienes los ofrecían reconocían su pecado y confesaban que por él no merecían otra cosa que la muerte. Dios *cubría* —en el sentido de pasar por alto temporalmente— el pecado de los oferentes (Ro. 3:25) en base al futuro sacrificio de Cristo, único que *quita* el pecado. La sangre derramada del Salvador limpia de todo pecado por medio de la fe al pecador que acepta esa obra (1Jn. 1:7). Por tanto, eliminada la causa de la condenación, el pecador queda libre de ella. La seguridad de esa persona descansa en una deuda totalmente cancelada por Cristo a su favor. Todavía más: la obra sacrificial de Jesucristo, no es tan solo un acto en favor del pecador, sino más bien una sustitución vicaria por él, ya que el Señor no vertió su sangre solo en favor del pecador, sino que lo hizo en su lugar. Cristo gustó la muerte por todos (He. 2:9), cancelando con ello toda responsabilidad ante la justicia divina para aquel que cree. La sangre de Cristo garantiza eterna redención (Tit. 2:14; He. 9:14; Ap. 7:14). Los beneficios de la expiación son aplicados al creyente, en el momento de ejercer su fe (Ro. 5:9). La condenación ha pasado ya para todo aquel que cree (Ro. 5:1; 8:1).

Del mismo modo en que la seguridad de salvación para Rahab estaba garantizada por juramento en el nombre del Señor, así también la seguridad de salvación para el creyente, en la actual dispensación, descansa en el compromiso de Dios. La garantía del Padre está claramente expresada: *"Porque de tal manera amó Dios al mundo, que ha dado a su Hijo unigénito, para que todo aquel que cree, no se pierda, mas tenga vida eterna"* (Jn. 3:16). La garantía del Hijo es también cierta: *"Mis ovejas oyen mi voz, y yo las conozco, y me siguen y yo les doy vida eterna; y no perecerán jamás, ni nadie las arrebatará de mi mano. Mi Padre que me las dio, es mayor que todos, y nadie las puede arrebatar de la mano de mi Padre. Yo y el Padre uno somos"* (Jn. 10:27-30). No falta tampoco la garantía del Espíritu Santo: *"En Él también vosotros, habiendo oído la palabra de verdad, el evangelio de vuestra salvación, y habiendo creído en Él, fuisteis sellados con el Espíritu Santo de la promesa, que es las arras de nuestra herencia hasta la redención de la posesión adquirida, para alabanza de su gloria"* (Ef. 1:13-14). La seguridad de quien está bajo los beneficios de la sangre de Cristo es total: *"El que no escatimó ni a su propio Hijo, sino que lo entregó por todos nosotros, ¿cómo no nos dará también con Él todas las cosas? ¿Quién acusará a los escogidos de Dios? Dios es el que justifica. ¿Quién condenará? Cristo es el que murió; más aun, el que también resucitó, el que además está a la diestra de Dios, el que también intercede por nosotros"*

(Ro. 8:32-34). El creyente está a salvo bajo la bendita acción de la sangre redentora de Jesucristo. Esa acción cancela la ira divina sobre el pecado y también garantiza al creyente que no se verá envuelto en los juicios de ira que Dios hará descender sobre el mundo entero para probar a las naciones de la tierra (Ap. 3:10). Estando en Cristo la seguridad es absoluta porque *"... nos libra de la ira venidera"* (1Ts. 1:10).

El informe de los espías (2:22-24)

22. Y caminando ellos, llegaron al monte y estuvieron allí tres días, hasta que volvieron los que los perseguían; y los que los persiguieron buscaron por todo el camino, pero no los hallaron.

Dios está en la protección de los suyos. Aquellos hombres fueron protegidos milagrosamente. Las dificultades habían sido conducidas por Dios en bien de ellos, como parte del propósito divino en relación con la tierra de Canaán, que el Señor iba a entregar a su pueblo. A pesar de la diligencia en la búsqueda, no los hallaron. Sin embargo, ellos, aún seguros de la protección y cuidado divinos, se ocultaron diligentemente en el monte. Habían dejado el camino de los vados y se habían internado en el bosque. *"Los que van por el camino que Dios les señala, pueden esperar que la Providencia les proteja, pero ello no les excusa de tomar todas las medidas que sean necesarias para su seguridad. Hay que confiar en la Providencia, pero no hay que tentarla"*[9].

Una situación semejante se repetiría más tarde en la historia de la Iglesia. De un modo semejante pudo escapar el apóstol Pablo en Damasco de sus perseguidores (2Co. 11:33). No hay duda de que Dios actúa en favor de los suyos siempre. Más aún cuando están involucrados en una misión que corresponde a los planes y propósitos para la obra de Dios. El Señor toma elementos tan sencillos como una mujer —en el caso de los espías de Josué— o unos hombres anónimos —en el caso de Pablo— para librar de la muerte a los suyos. Es necesario dejar un momento de pensar en los personajes más destacados, bien sean los dos espías o el propio apóstol, para prestar un mínimo de atención hacia quienes sostenían las cuerdas que hicieron posible la libertad de ellos. Creyentes comprometidos están sosteniendo las cuerdas que dan la posibilidad de proseguir el ministerio a aquellos a quienes Dios ha llamado a Su servicio. La iglesia precisa de personas sencillas, pero poderosas en fe y comprometidas en el servicio de la obra de Dios, que son instrumentos útiles en Sus manos para bendición de quienes tienen misiones encomendadas por Él y que deben cumplir.

---

[9] F. Lacueva. o.c., pág. 20.

23. Entonces volvieron los dos hombres; descendieron del monte, y pasaron, y vinieron a Josué hijo de Nun, y le contaron todas las cosas que les había acontecido.

24. Y dijeron a Josué: Jehová ha entregado toda la tierra en nuestras manos; y también todos los moradores del país desmayan delante de nosotros.

La misión había concluido bien. Aquellos dos hombres volvieron para dar cuenta de lo que habían visto. En un relato detallado informaron a Josué, no solo de los acontecimientos personales y de su milagrosa huida de los enemigos, sino también del estado de ánimo de los pobladores de aquella tierra. La presencia misma de ellos era de ánimo para Josué y para todo el pueblo, pero, sobre todo, sus palabras de confianza en el poder de Dios fueron el mensaje de ánimo que toda la nación necesitaba en el tiempo de iniciar la conquista de la tierra atravesando el Jordán. La certeza de la fe se manifiesta en las palabras llenas de segura confianza: *"Jehová ha entregado toda la tierra en nuestras manos"* (*Yahveh nätan b*[e]*yädënû*). Era la misma confesión de fe que antes había hecho Rahab (vv. 9-11). La victoria era segura. No se iban a enfrentar a un pueblo poderoso y animoso, sino con enemigos que se estaban debilitando a causa del terror que Dios había puesto en sus corazones. Eran ya como nada delante del Señor.

La fe es la *"sustancia de lo que se espera"* (He. 11:1). Las promesas de Dios han de ser consideradas como algo que ya se puede substanciar. La victoria en la guerra espiritual del creyente no está en sus propios recursos, sino en el poder de Dios. Él ha prometido a los suyos el disfrute de las bendiciones anunciadas y la entrada en gloria junto con Cristo. Por tanto, siendo un compromiso de Dios, los enemigos que puedan ser encontrados en la ruta de la peregrinación serán solamente enemigos derrotados. El futuro es glorioso y la victoria está asegurada por cuanto Cristo, el Vencedor, ha conquistado un terreno de victoria en el cual está puesto cada creyente, con la dotación precisa para mantenerse firme.

Todo el capítulo es una lección de lo que significa conocer y creer a Dios. Rahab es un ejemplo admirable, no solo de fe, sino de las obras de fe. Es claro que hay fe dormida que no obra y, todavía peor, hay una fe que, siendo muerta, convertida en mera credulidad, tampoco puede obrar. Las obras de fe son contrarias al pensamiento del hombre, pero se ajustan en todo al pensamiento de Dios. La fe de Abraham le llevó a la disposición de ofrecer en sacrificio a su único hijo, Isaac. La fe llevó a Rahab a esconder a quienes debían ser considerados como enemigos de su nación. La fe de María la llevó a quebrar a los pies de Jesús el frasco de alabastro que contenía el perfume de nardo puro de tan alto valor que causó la ira de quienes solo veían con los ojos de la carne, en lugar de afirmarse en el modo de mirar que produce la fe. Los hombres desprecian y juzgan esos actos de fe, mientras que Dios los aprueba y reconoce. El Señor honró siempre la fe de los suyos porque descansa en su propia Persona. La gloria de la fe del creyente es la misma gloria de Dios. El poder de la fe es el poder del Altísimo. La verdadera fe se ajusta en todo al pensamiento y la voluntad de Dios. El nombre de los espías es desconocido, pero no lo es el nombre de Rahab, que queda registrado en la historia de Israel y abre también las páginas del Nuevo Testamento con los de Rut, Tamar y Betsabé, en la genealogía del Mesías. El nombre de ella está, no solo en las páginas de la Escritura, sino también en el Libro de la Vida, junto con los de todos los demás creyentes a lo largo de la historia de la humanidad.

CAPÍTULO 3
EL CRUCE DEL JORDÁN

Introducción

El pueblo de Israel había acampado en las llanuras de Moab. Era un lugar donde abundaban las acacias, lo que le daba el nombre de *Abel-Sittim*. Allí, las montañas —nunca demasiado altas en esta zona— se orientan en dos direcciones cerca ya de la desembocadura del Jordán, creando una gran extensión llana entre ellas y la parte oriental del río de unos ocho kilómetros de ancho. El territorio era el lugar ideal para que acampara un pueblo tan numeroso como aquel. Como siempre, se habían asentado allí siguiendo el orden establecido por Dios, poniendo sus tiendas para formar un enorme campamento que se extendía entre la arboleda. El pueblo era muy numeroso[1]. No se trataba de un campamento de nómadas más o menos grande, como los que en ocasiones se aproximaban al Jordán buscando pastos para sus ganados. Israel era una nación en movimiento. Alrededor de tres millones de personas eran las que habían acampado en los llanos de Moab. Algunos de aquellos, los menos, habían nacido en Egipto, pero la gran mayoría eran nacidos en el desierto a lo largo de cuarenta años, en los que el pueblo estuvo moviéndose por la península del Sinaí. La escuela de la gracia los había estado preparando, capacitándolos para lo que les esperaba en la tierra de Canaán. Era una nación de gente disciplinada y acostumbrada a las privaciones naturales de una vida en el desierto. La preparación de este pueblo había sido esencialmente en cuestiones de dependencia y de relación con Dios. El desierto había sido el lugar que Dios usó para prepararlos adecuadamente para tomar posesión de la tierra de Canaán. En su experiencia quedaba grabado el cuidado providencial de Dios en cada jornada. Pero, de igual manera, habían podido conocer la reacción divina a la desobediencia y pecado de la nación. Aquellos habían visto morir a lo largo de los cuarenta años a todos los hombres capaces de luchar, mayores de veinte años, que habían salido de la esclavitud de Egipto. A esto había de unirse también otras muertes numerosas como resultado de la acción judicial de Dios contra otros pecados concretos que aquellos habían cometido. Habían aprendido que el éxito en cualquier empresa que la nación emprendiera descansaba en la obediencia y sumisión a Dios. El mismo Señor había regulado minuciosamente por medio de Su ley el comportamiento a seguir para una correcta convivencia entre ellos. De esa manera, el pueblo que estaba acampado delante del Jordán y que se disponía a cruzarlo era una nación perfectamente organizada.

---

[1] Ver todo lo relacionado con la forma de establecer el campamento en la *Introducción* del capítulo 1.

Los intereses nacionales unían también a las tribus que la formaban. Aunque las de Rubén, Gad y la mitad de la de Manasés habían recibido sus posesiones al este del Jordán, todas —incluidas estas— tenían como objetivo común la conquista de Cisjordania, la expulsión de aquel territorio de los pueblos que lo ocupaban y el asentamiento de la nación en su nuevo y definitivo lugar. El pueblo de Israel había adquirido un espíritu nacional diferente al de cualquier otra nación de aquel entorno. Ellos eran el pueblo escogido por Dios para la ejecución de un proyecto divino. Unidos por intereses, instituciones y culto, estaban preparados —después de cuarenta años— para asumir la tarea que Dios había determinado y, una vez ocupada Canaán y tomado posesión de ella, comenzar a disfrutar de las bendiciones prometidas siglos antes a Abraham, *el hebreo*, padre de toda aquella gran multitud.

Para el comentario del pasaje se usa el esquema presentado en la *introducción*, como sigue:

4. El cruce del Jordán (3:1-17).
   4.1. Desde Sitim al Jordán (3:1-6).
   4.2. Las instrucciones divinas para cruzar el río (3:7-13).
   4.3. El cruce del Jordán (3:14-17).

El cruce del Jordán (3:1-17)

Desde Sitim al Jordán (3:1-6)

1. Josué se levantó de mañana, y él y todos los hijos de Israel partieron de Sitim y vinieron hasta el Jordán, y reposaron allí antes de pasarlo.

Los espías enviados por Josué a reconocer la tierra trajeron un informe favorable que confirmaba al pueblo los planes divinos para hacerlos pasar el Jordán y entregarles la tierra prometida. Josué se levantó temprano, *"de mañana"* (*wayyaskën babböquer*), para iniciar la marcha hacia la orilla del Jordán, distante unos diez kilómetros del lugar donde estaba el campamento de Israel. Josué estaba decidido a llevar a cabo los planes de Dios y actuaba diligentemente, sin demora alguna en la acción, comenzando su actividad nada más iniciado el día. Esa fue habitualmente su forma de actuar (6:12; 7:16; 8:10). Era preciso aprovechar el tiempo; por tanto, las tareas comienzan muy de mañana, lo que da idea de la actividad del pueblo desde que amanecía. Hay ciertas discrepancias entre eruditos sobre quiénes fueron los que acompañaron a Josué, partiendo de Sitim al Jordán. La dificultad está en interpretar la frase *"todos los hijos de Israel"*. Para algunos se trata solo de los hombres aptos para la lucha[2]. Tal vez un primer cuerpo del ejército de Israel; gente seleccionada para formar la avanzada de los hombres de guerra. Sin embargo, el texto permite considerar la expresión como el movimiento total del pueblo en dirección al Jordán. Pudieran combinarse ambas cosas. Por un lado, Josué con los ejércitos de Israel avanzaron delante del pueblo y acamparon en el Jordán, mientras que detrás de ellos se movía el resto del pueblo en la misma dirección. Una vez alcanzada la orilla del río, reposaron allí en espera del momento para cruzarlo. Un pueblo tan numeroso necesitaba tiempo para recorrer los diez o doce kilómetros desde Sitim hasta el Jordán. Josué y el pueblo habían llegado, por fin, a la misma frontera de la tierra prometida.

Si el capítulo anterior tiene como figura principal a Rahab, en este aparece destacado el río Jordán[3].

El texto abre la simbología del Jordán como la barrera que impedía al pueblo de Israel alcanzar el lugar de bendiciones que Dios tenía preparado para ellos. El paso tendría que ser facilitado por el *Arca del Pacto*, como se considerará luego. El Jordán no representa la muerte que permite al creyente el disfrute eterno de promesas de Dios en los cielos, sino la entrada al disfrute de las bendiciones de Dios en Cristo Jesús. El pecado formaba una barrera que imposibilitaba al hombre natural el estar en comunión con Dios y disfrutar de sus bendiciones. Esta barrera de separación se abrió por medio de la obra de Jesucristo. Este aspecto será considerado en los siguientes textos.

Josué y su modo de actuar son figura de Jesús. Josué aprovechaba diligentemente el tiempo para cumplir el programa que Dios había determinado. De igual modo, Jesús, el antitipo de Josué, utilizó el tiempo de su ministerio con diligencia. Había sido enviado por Dios para hacer una obra que tenía un tiempo establecido para comenzar y terminar. Cristo no se precipitó para iniciar su obra, sino que esperó el tiempo de Dios. Él dijo a su madre en las bodas de Caná: *"Aún no ha venido mi hora"* (Jn. 2:4). La jornada de Cristo comenzaba también *muy de mañana*, para dedicar un tiempo a la oración en preparación para la actividad del día (Mr. 1:35). Acudía el Señor con prontitud a las necesidades de otros ocupando el tiempo en ayudar a quienes necesitaban de Él. Nunca consideró que era demasiado tarde para seguir atendiendo a quien venía con cargas en su alma, aunque fuese ya entrada la noche, como ocurrió con Nicodemo (Jn.

---

[2] Entre otros Félix Asensio. o.c., pág. 16.

[3] Ver los datos geográficos sobre el río Jordán en el *"Excursus III"*, al final del capítulo.

3:2). El día tenía que aprovecharse al máximo porque había que enseñar a las gentes —y más particularmente a sus discípulos (Mt. 13:36)— sin abandonar las tareas de la predicación del evangelio y de la sanidad de los enfermos.

Este ejemplo debiera servir de acicate para quienes están en el ministerio *siguiendo sus huellas* (1Pe. 2:21). No cabe la desidia en el servicio para el Señor. La exhortación del apóstol es clara: *"En lo que requiere diligencia, no perezosos; fervientes en espíritu, sirviendo al Señor"* (Ro. 12:11). Las actividades en la obra no deben sufrir demora alguna. *"No perezosos"* (μὴ ὀκνηροί), literalmente *no haraganes*, esto es, con pocas ganas de trabajar. Sobre el perezoso y su comportamiento hay una larga enseñanza en Proverbios. El carácter del perezoso le lleva a no comenzar nada (Pr. 6:9, 10), buscando siempre justificación a su desidia. Si alguna vez comienza algo, es muy difícil que lo termine. Cualquier esfuerzo es demasiado grande para él. Es tal su desidia que deja que se estropee la caza por no guisarla (Pr. 12:27) o que se enfríe la comida por no llevarla a la boca (Pr. 19:24; 26:15). Para no trabajar en nada se cree sus propias excusas (Pr. 22:13), sin admitir ningún consejo porque se considera un sabio (Pr. 26:16). El esfuerzo no cuenta para el perezoso (Pr. 20:4), que considera todo como una gran dificultad (Pr. 15:19). El desidioso es inútil para colaborar en cualquier actividad y trabajar en equipo con otros (Pr. 18:9; 10:26). Por el contrario, todo aquel que ha sido llamado por Dios a una actividad en su obra debe asumir la diligencia de Cristo, lo que exige una detallada planificación, y una precisa y correcta utilización del tiempo. La jornada debe comenzar temprano para aprovechar el día, disponiéndose desde el primer momento para oír la voz de Dios en el estudio y meditación de su Palabra y la oración. La correcta administración del tiempo exige separar de él un espacio para la oración. La vida de oración fragua el éxito del ministerio cristiano y está regulado por el mandato *"Orad sin cesar"* (1Ts. 5:17). Cualquier actividad en el servicio del Señor que no vaya unida a la oración está condenada al fracaso. No hay peor ejemplo que aquel que ofrece un ministro de Cristo que descansa largamente por las mañanas, e inicia su actividad cuando el día ya está avanzado. De igual modo debe cuidarse de no caer en un activismo que destruye. La diligencia en el servicio es propia de quien entiende que el que sirve al Señor es tan solo administrador de su tiempo.

2. Y después de tres días, los oficiales recorrieron el campamento,

3. y mandaron al pueblo diciendo: Cuando veáis el arca del pacto de Jehová vuestro Dios, y los levitas sacerdotes que la llevan, vosotros saldréis de vuestro lugar y marcharéis en pos de ella.

El texto debe ligarse con (1:11), en donde se introdujo a modo de paréntesis el relato de la expedición de los dos espías, despachados por Josué para investigar la tierra y Jericó. La fecha del cruce del Jordán fue la del 10 de Nisán (4:19), por lo que puede establecerse así la cronología de los hechos: el primer día (5 de Nisán) se da la orden de preparativos para atravesar el Jordán (1:11); el segundo, probablemente a la caída de la tarde del primer día (6 de Nisán), los espías son enviados para reconocer la tierra y Jericó (2:1); los siguientes tres días (6 al 8 de Nisán) fue el tiempo que los espías pasan en Jericó y su área, donde se habla de *tres días*, que según el modo de contar hebreo comprendería desde la tarde del 6 hasta la mañana del 8 de Nisán, cuando regresan a Sitim y dan el informe a Josué (2:24); en el tercero según el cómputo hebreo, (9 de Nisan) se produciría el traslado desde Sitim al borde del Jordán (3:1-5); el cuarto, —tercero conforme al cómputo hebreo (10 de Nisán)— se cruzaría el Jordán.

Los oficiales (*hassöt*ᵉ*rïm*)[4], que habían dado instrucciones para los preparativos, dan ahora la orden de partida. En la que el pueblo había de seguir al *arca del pacto de Jehová*. Era el mueble por excelencia entre los del *Tabernáculo del Testimonio* y el único que había dentro del *Lugar Santísimo*. Semejante a un cofre grande, hecho de madera de acacia y revestido de oro puro por dentro y por fuera (Éx. 25:10-12). Tenía una cornisa de oro que rodeaba toda la tapa. El mueble era llevado suspendido por dos varas de la misma madera revestidas también de oro, y suspendida por cuatro anillos de oro puro situados en cada una de sus cuatro esquinas. Dentro de ella estaban las segundas tablas de la ley. La cubierta del arca era de oro puro. Situados a sus dos lados había dos querubines cuyas alas se extendían sobre la cubierta y sus rostros miraban hacia la plancha de oro puro que la cubría y que recibía el nombre de *propiciatorio*. En el gran día de la expiación, el sumo sacerdote, vestido con ropas de lino, entraba al lugar donde estaba el *arca*, para esparcir una porción de la sangre del sacrificio sobre la cubierta, el propiciatorio.

Quienes llevaban el arca en aquella ocasión no eran sus portadores habituales. Normalmente era llevada por los coatitas, hijos de Coat, de la tribu sacerdotal de Leví (Nm. 3:29-32; 4:2); pero en aquella ocasión era llevada por los *levitas sacerdotes* (*nös*ᵉᵃ̈ê ᵃ̈*arôn habb*ᵉ*rît*) como ocurrió en alguna ocasión de especial importancia para el pueblo de Israel (6:6; 1Re. 8:3-6).

El pueblo debía seguir al arca, *marchando en pos de ella*. Dios mismo estaba marcando el camino a seguir en la realización del compromiso de

---

[4] Ver comentario a 1:11.

su pacto. Esta es la razón por la que se califica al arca como *arca del pacto*, o *arca de la alianza* en esa ocasión. Estaba conduciéndoles en las últimas jornadas, buscándoles, como al principio de su peregrinación, un lugar de descanso (Nm. 10:33). Los ojos de todo el pueblo debían estar fijos en el arca siguiéndola en su camino hacia la tierra de la promesa.

La primera aplicación tiene que ver con el arca que va delante del pueblo. El arca es tipo del Señor Jesucristo. La madera es figura de su humanidad y el oro de su Deidad. El Señor Jesús es Emanuel, Dios-hombre, el Verbo eterno de Dios revestido de humanidad (Jn. 1:14). Las tablas de la ley guardadas en su interior ilustran claramente del deseo íntimo del Señor en el cumplimiento pleno de la voluntad de Dios: *"El hacer tu voluntad Dios mío, me ha agradado, y tu ley está en medio de mi corazón"* (Sal. 40:8). La cubierta del arca simboliza la obra expiatoria de Jesucristo en favor de los suyos. Los atributos de Dios convergen en la persona que muere en la cruz: *"La misericordia y la verdad se encontraron; la justicia y la paz se besaron"* (Sal. 85:10). En razón de la sangre extendida sobre el propiciatorio, Dios podía morar en medio de un pueblo imperfecto como aquel pueblo, y era desde el propiciatorio desde donde se revelaba al pueblo y hablaba con ellos (Éx. 25:22). La sangre del sacrificio expiatorio apuntaba como tipo a la realidad gloriosa de la que vertería un día el *"Cordero de Dios que quita el pecado del mundo* (Jn. 1:29). Los querubines se relacionaron desde el principio con la sanción divina sobre el pecado del hombre. En Edén fueron puestos para impedir el paso del pecador al árbol de la vida, junto con la espada que se revolvía en todas direcciones (Gn. 3:24); sobre el arca, el simbolismo no es de juicio sino de paz. El rostro de los querubines mira a la sangre extendida sobre el propiciatorio, derramada por una víctima inocente, mediante la cual la justicia de Dios demandada en sus mandamientos quebrantados tenía figuradamente satisfacción plena. Esa era la razón por la que el publicano podía decir al Señor: *"Sé propicio a mí, pecador"* (Lc. 18:13). En el cumplimiento definitivo del simbolismo del Antiguo Testamento, la ira de Dios sobre el pecador se detiene en razón a que Cristo ocupó su lugar y el trono de juicio se convierte en amparo seguro para el creyente que dice: *"Yo habitaré en tu tabernáculo para siempre; estaré seguro bajo la cubierta de tus alas"* (Sal. 61:4). El socorro espiritual para los suyos proviene de Dios mismo y cada uno puede decir con confianza: *"Porque has sido mi socorro, y así en la sombra de tus alas me regocijaré"* (Sal. 63:7).

La segunda parte de la aplicación tiene que ver con el seguimiento del pueblo. Los israelitas tenían que caminar tras al arca que iba delante de ellos. De la misma manera, los creyentes en esta dispensación deben seguir al Señor. No es posible vida cristiana de otra manera que no sea *"Puestos los ojos en Jesús"* (He. 12:2). El cristiano es llamado a ser discípulo de Cristo. Eso forma parte esencial del compromiso de vida. Cuando los ojos del creyente están puestos en el Señor, se alejará de su vista todo lo que asedia y debilita. Lo único que puede sostener al creyente en la carrera de la fe es la firme mirada en el Señor que abrió antes esa senda (1Pe. 2:21). Todos los que precedieron en la carrera cristiana se sostuvieron firmes por esa mirada (He. 11:27), mientras que cada fracaso va precedido de un dejar de mirar al Señor.

4. A fin de que sepáis el camino por donde habéis de ir; por cuanto vosotros no habéis pasado antes de ahora por este camino. Pero entre vosotros y ella haya distancia como de dos mil codos; no os acercaréis a ella.

Siguiendo al arca sabían el camino por el que debían ir. Nunca antes habían atravesado el Jordán. Nunca antes habían entrado en la tierra de Canaán. Los años de peregrinación por el desierto, lugar que les era ya familiar, quedaban atrás para entrar en la experiencia de una nueva posesión que Dios les daba. Era un camino nuevo, con dificultades, pero delante de ellos iba el arca abriéndoles y señalándoles el lugar por donde debían caminar.

En el seguimiento al arca debía guardarse una prudencial distancia. El pueblo tenía que distanciarse de ella aproximadamente un kilómetro, *dos mil codos*. Aquel mueble, que simbolizaba la presencia de Dios entre el pueblo y que estaba reservado de la vista de todos en el interior del santuario, iba descubierto delante del pueblo. La distancia era manifestación de reverencia y respeto. Todos podían ver el arca pero no podían acercarse a ella porque en ella se manifestaba la presencia gloriosa del Señor. Algo semejante ocurrió en el Sinaí cuando la presencia de Dios se manifestaba en el monte: el pueblo tenía que guardar distancia sin acercarse porque quien traspasara los límites establecidos moriría (Éx. 19-12). Con todo, la seguridad que infundía la presencia del arca era suficiente para alentar al pueblo. No podían inquietarse porque Dios mismo iba con ellos guiándoles.

El Señor es para su pueblo conducción y aliento. Cristo dijo a los suyos: *"Yo soy la luz del mundo; el que me sigue no andará en tinieblas"* (Jn. 8:12). No hay camino conocido en el correr de cada día. El futuro es desconocido para el cristiano, pero puede entrar en él con confianza porque delante, iluminando el camino, orientando en cada momento, está el Señor. La presencia del Señor en medio de su pueblo da aliento y esperanza. Cristo es el omnipotente y poderoso Dios entronizado en la majestad de las alturas. Él mismo afirmó delante de sus amedrentados discípulos la autoridad y poder de que está revestido: *"Toda potestad me es dada en el cielo y en la tierra"* (Mt. 28:18). La gloria de su poder derrotó ya en la cruz a todos los enemigos del cristiano, abriendo para Su pueblo un camino de victoria a fin de llevarlo continuamente de triunfo en triunfo (2Co. 2.14). Quien es como hombre el *"primogénito entre muchos hermanos"* (Ro. 8:29), es como Dios el *"unigénito del Padre"* (Jn. 1:14), el santo y eterno Dios, cuya presencia demanda una actitud reverente de todos los suyos. Este Salvador debe ser adorado como Dios. Los mismos serafines manifestaban una profunda reverencia ante el que está sentado en el trono (Is. 6:2-3). La vinculación con el Señor como el Hermano mayor, no debe disminuir en nada la reverencia que se le debe como Dios. Sin embargo, hay una notable diferencia entre el pueblo de Israel que debía mantener una distancia entre ellos y el arca, y el pueblo del *nuevo pacto*: este no tiene limitación alguna para entrar a la misma presencia de Dios, el Lugar Santísimo, porque está en Cristo. La gracia y la posición del cristiano en Cristo hace posible la proximidad en lugar de la distancia, invitando a cada creyente a acceder al Trono de Gracia sin miedo alguno: *"Acerquémonos, pues, confiadamente al trono de la gracia, para alcanzar misericordia y hallar gracia para el oportuno socorro"* (He. 4:16). Una única condición para esta proximidad es la limpieza de pecado: *"Acerquémonos, con corazón sincero, en plena certidumbre de fe, purificados los corazones de mala conciencia, y lavados los cuerpos con agua pura"* (He. 10:22). El secreto de una vida victoriosa consiste en seguir y estar cerca del Señor. Cristo dijo: *"separados de mí nada podéis hacer"* (Jn. 15:5). La iglesia poderosa es aquella que da honor al Señor y lo sigue dependiendo totalmente de Él. El gran fracaso de Laodicea consistía en haber colocado al Señor fuera del control de la iglesia, cambiando dependencia de Dios por confianza en sus propias fuerzas (Ap. 3:17).

5. Y Josué dijo al pueblo: Santificaos, porque Jehová hará mañana maravillas entre vosotros.

La santidad es imprescindible para disfrutar de la comunión y bendiciones de Dios. La nación debía estar en condiciones para recibir el favor de Dios. La preparación para cruzar el Jordán y asentarse en la tierra no era cuestión de entrenamiento militar, sino de santidad personal. La santificación demandada consistía primeramente en el cumplimiento ceremonial establecido, que incluía también un vestido limpio (Éx. 19:10). Se exigía del pueblo que todos se separasen de cualquier cosa que pudiera causar impureza, como podría ser el contacto con animales inmundos (Lv. 11:44). La propia Ley establecía el alcance y significado de la santificación: *"Habéis, pues, de serme santos, porque yo Jehová soy santo, y os he apartado de los pueblos para que seáis míos"* (Lv. 20:26). La santificación exigía también una dedicación completa al Señor y sus cosas, con un ayuno voluntario de lo que, como personas, les era lícito. En la primera santificación del pueblo al pie del Sinaí, se establecía incluso la separación de relaciones íntimas en el matrimonio durante tres días (Éx. 19:15), no porque fueran impuras o contaminantes, sino como preparación que apartaba todo lo que fuera gratificante y personal para dedicarse solo al Señor y estar en disposición para estar en Su presencia. La santificación no consistía en una mera purificación ceremonial, sino más bien la limpieza de conciencia y una disposición de volverse a Dios con fe, que les capacitaría para recibir las bendiciones que Dios tenía en gracia preparadas para ellos. Aquel pueblo sería también testimonio a las naciones de lo que significa la santidad de vida conforme a lo que Dios entiende.

Junto a la demanda de santidad está la promesa de la intervención de Dios. El pueblo santificado vería cómo Dios obraba *"maravillas"* (*niplăªôt*), ya que Él estaba presente en medio de su pueblo (*b^{e}qirb^{e}kem*). Dios actuaría prodigiosamente entre ellos: primero, facilitándoles el paso del Jordán y, luego, dándoles la tierra prometida. Por esa razón se establece el mandamiento concreto: *santificaos* (*hitqaddáśû*).

De la misma manera que Israel entonces, el pueblo de Dios en este tiempo es llamado a una vida santa. La santidad es el estado natural de quienes, por la fe, han sido unidos a Cristo (1Co. 1:30). La santidad es la consecuencia natural de una vida de identificación con Cristo: *"El que dice que permanece en Él, debe andar como Él anduvo"* (1Jn. 1:6). El creyente debe ser reflejo continuo de la vida de Cristo. Quien tiene en sí la seguridad y esperanza de vida eterna vive dentro del programa que el Padre ha establecido para los suyos: conformarse a la imagen de su Hijo (Ro. 8:29). Por ello *"todo aquel que tiene esta esperanza en Él, se purifica a sí mismo, así como Él es puro"* (1Jn. 3:3). La demanda de santificación para el creyente tiene que ver con la cualidad moral, el carácter y la ética de quienes, por la obra del Espíritu Santo que mora en ellos, participan de la naturaleza de Cristo y son sus seguidores. El fruto del cristiano es la santificación (Ro. 6:22). Esa santificación alcanza la plenitud del ser entero del creyente, tanto en su parte espiritual como en sus manifestaciones externas por medio del cuerpo (1Ts. 5:23). La realidad de la comunión con Dios consiste en que el creyente *"ande en luz"* (1Jn. 1:6). La realidad de la vida en Cristo elimina toda posibilidad de una vinculación voluntaria en la práctica del pecado (1Jn. 3:6-9).

Las demandas de santidad van íntimamente ligadas con las bendiciones y prodigios de Dios en medio de su pueblo. Así lo enseña

Pablo: *"Habitaré y andaré entre ellos y seré su Dios, y ellos serán mi pueblo. Por lo cual, salid de en medio de ellos, y apartaos, dice el Señor, y no toquéis lo inmundo; y yo os recibiré, y seré para vosotros por Padre, y vosotros me seréis hijos e hijas, dice el Señor Todopoderoso. Así que, hermanos, puesto que tenemos tales promesas, limpiémonos de toda contaminación de carne y de espíritu, perfeccionando la santidad en el temor de Dios"* (2Co. 6:16-7:1). Pablo enseña la relación de comunión entre Dios y los creyentes basada en la santidad. Los verbos en imperativo forman una demanda clara y expresiva: *"salid"*, *"apartaos"*, *"sed santos"*. Las promesas de Dios se establecen en una relación como de Padre a hijos. El Padre desea dar buenas dádivas a los suyos, pero su justicia no le permite pasar por alto el pecado de su casa. Dios no puede relacionarse en comunión con quienes voluntariamente se mezclan con el mal. La santificación comprende confesión del pecado: *"Si confesamos nuestros pecados, Él es fiel y justo para perdonar nuestros pecados, y limpiarnos de toda maldad"* (1Jn. 1:9). *"Confesar"* es una palabra que etimológicamente significa *"decir lo mismo"*. La confesión del pecado no se establece para que Dios se entere del pecado que hay en el cristiano; Él ya lo sabe. La confesión se produce cuando el creyente afirma sobre su propio pecado lo mismo que Dios afirma. Dios rechaza el pecado y el creyente delante del Señor manifiesta también un rechazo abierto contra el pecado. Por ello, la confesión no consiste en referir pecados, sino en reconocerlos como tales y apartarse de ellos. Así lo dice el mismo Señor a su iglesia en Éfeso: *"Recuerda, por tanto, de dónde has caído, y arrepiéntete, y haz las primeras obras"* (Ap. 2:5). Confesión sin separación del pecado es una burla a Dios. El pueblo que no se separa de todo lo que se opone a la voluntad de Dios no puede ser bendecido. La preparación para ver las maravillas de Dios en poder entre los suyos está en colocarse delante de la Palabra para que el Espíritu examine la vida personal y determine hasta dónde cada uno se separó de la voluntad de Dios. La oración necesaria no es tanto la que repite los pecados cometidos, sino la que demanda el examen de Dios, íntimo y profundo sobre la vida personal, descubriendo en él las mismas intenciones de la intimidad del corazón (Sal. 139:23-24).

6. Y habló Josué a los sacerdotes, diciendo: Tomad el arca del pacto, y pasad delante del pueblo. Y ellos tomaron el arca del pacto y fueron delante del pueblo.

El momento solemne y esperado había llegado por fin. Todo estaba preparado tanto militar como espiritualmente. Quien iba delante de ellos era el arca del pacto que, como se dijo antes, simbolizaba la presencia de Dios entre su pueblo. Dios ocupaba el lugar que le correspondía. Durante el tiempo de acampada, el Señor estuvo en medio de su pueblo. En el momento de iniciar la marcha hacia el lugar de las promesas, va delante de los suyos. El Señor que se manifestaba en el arca, no solo era el Dios del pacto, sino el Señor de los Ejércitos, *"Yahveh Sebaoth"*. *Sebaoth* significa huestes o ejércitos, por tanto, el título vincula a Dios con las batallas de su pueblo. El Dios del pacto es también el Todopoderoso; Él es el Señor de la gloria (Sal. 24:10). Todo el poder divino está al servicio de Israel para suplir cualquier necesidad. Los sacerdotes se pusieron en marcha, tras ellos todo el pueblo que no se detendría ya hasta haber atravesado el Jordán. Tal vez, en el momento de iniciar la marcha con el arca del pacto sobre sus hombros, los sacerdotes recitarían las palabras que usaba Moisés cada vez que el arca se movía: *"Levántate, oh Jehová y sean dispersados tus enemigos, y huyan de tu presencia los que te aborrecen"* (Nm. 10:35). La oración de alabanza de Moisés era la expresión de segura confianza en que Dios manifestaría su poder en favor de su pueblo. El resultado sería la realización de todos los propósitos que su gracia había dispuesto para ellos.

El *"Garante del Pacto"* (He. 7:22), va ahora delante de su pueblo conduciéndolo según sus propósitos. Todo el poder de Dios está comprometido con los suyos y puesto a su servicio para la consecución de lo que Él se ha propuesto. El Dios omnipotente conduciendo a Su pueblo es garantía cierta de seguridad y victoria. Ningún enemigo podrá oponerse a la fuerza de Su poder. Los más poderosos ejércitos y las naciones más fuertes son como nada delante de Él (Is. 40:17). La seguridad de los suyos descansa enteramente en la provisión que Dios hace por medio del Señor, para cada ocasión. Él es también quien hace posibles las promesas del *Pacto Eterno*. Las riquezas de gracia son en Cristo Jesús. Todo don perfecto procede del Padre (Stg. 1:17), pero viene a la experiencia del creyente por medio del Hijo, el único mediador entre Dios y los hombres (1Ti. 2:5). Ninguno podrá oponerse al paso triunfante del pueblo que confía solo en el nombre del Señor. Así se expresa la absoluta seguridad del cristiano: *"¿Que, pues, diremos a esto? Si Dios es por nosotros, ¿quién contra nosotros? El que no escatimó ni a su propio Hijo, sino que lo entregó por todos nosotros, ¿cómo no nos dará también con Él todas las cosas?"* (Ro. 8:31-32). Los poderes diabólicos se opondrán al paso victorioso de los santos; el combate contra el creyente se mantendrá continuamente mientras la iglesia esté ocupando posiciones de bendición, hasta el momento en que derrotado el último enemigo, que es la muerte, entre a la plena posesión de las eternas riquezas de Dios, en Cristo Jesús. Pero, mientras tanto, el aliento viene al observar cómo el Señor va delante de los suyos guiándolos continuamente. Junto con la seguridad, la esperanza de victoria, en el tiempo y para la eternidad, conforme a la promesa: *"Y el Dios de paz aplastará en breve a Satanás bajo vuestros pies"* (Ro. 16:20). Solo hay seguridad cuando el pueblo de Dios sigue al Señor y se mantiene cerca de Él. Su poder es el poder de los suyos, y su autoridad la autoridad de Su pueblo sobre los enemigos. Es el Señor quien hace posible la progresiva ocupación del terreno de bendición al que el creyente fue llamado por Él.

Instrucciones divinas para el cruce del Jordán (3:7-13)

7. Entonces Jehová dijo a Josué: Desde este día comenzaré a engrandecerte delante de los ojos de todo Israel, para que entiendan que como estuve con Moisés, así estaré contigo.

Del firme compromiso de estar con él como había estado con Moisés (1:5), Dios pasa a prometer a Josué, quien hasta aquí había sido solo el servidor de Moisés, que lo iba a elevar a la posición de líder respetado por todo el pueblo, como había sido su predecesor. La grandeza de Josué va vinculada a ser el *servidor de Yahveh.* Esa relación con el Señor estará ligada a los hechos poderosos que se obrarán en la conquista y posesión de la tierra. La promesa está orientada en ese sentido: *"desde este día comenzaré a engrandecerte"*. El pueblo esperaba verificar por los hechos que ocurrirían bajo el liderazgo de Josué, que el Señor estaba con él como había estado con Moisés (1:17). Desde el momento del cruce del Jordán y hasta el final de su vida iban a poder comprobarlo. El hagiógrafo, al concluir el libro bajo el impulso del Espíritu, califica a Josué como *"Josué hijo de Nun, siervo de Jehová"* (24:29), de modo idéntico a como había sido declarado Moisés. Todo Israel podría ver que Dios honraba a Josué, porque Josué también honraba a Dios. Las aguas abiertas del mar Rojo, en tiempos de Moisés, fue el primer elemento que Dios usó para *engrandecer* a los ojos de Israel a aquel que era su siervo cuando salían de Egipto. En aquella ocasión el pueblo comenzó a creer realmente que Moisés era el siervo que Dios había elegido para conducir al pueblo (Éx. 14:31). Un prodigio semejante iba a ser también el primer elemento que Dios utilizaba para que el pueblo adquiriera conciencia del liderazgo de Josué y del respaldo de Dios a su ministerio.

Un aspecto simbólico se descubre en el texto en el que Josué es figura de Jesús. El Señor comenzó a ser exaltado por el Padre en el comienzo de su ministerio, en un lugar del Jordán posiblemente muy próximo al que Dios abrió para el paso de Su pueblo en días de Josué. Juan el Bautista practicaba su bautismo en un lugar llamado *"Betábara"* que significa *"la casa del paso"*, y fue allí donde Dios proclamó la grandeza de su Hijo en el día de su bautismo, delante de todas las gentes congregadas entonces, cuando *"hubo una voz de los cielos, que decía: Este es mi Hijo amado, en quien tengo complacencia"* (Mt. 3:17). La gloriosa grandeza del Señor se manifestó progresivamente en sus actuaciones poderosas durante su ministerio, muchas de las cuales fueron hechas por medio del poder del Espíritu, como correspondía a las que manifestaban su condición mesiánica, y otras por el poder de su propia Persona Divina, hasta su triunfo definitivo, cuando todos los enemigos fueron derrotados por Él en la cruz y su obra permitió el acceso de Su pueblo al disfrute de las promesas de Dios.

La aplicación de las palabras de Dios a Josué debe relacionarse con el alto honor de ser siervo de Dios y honrado por Él. La grandeza de un ministro de Jesucristo está en el hecho mismo de haber sido llamado por el Señor separándolo para su servicio. El título de honor más alto que un creyente puede anhelar es el de *"siervo de Jesucristo"* (1Co. 4:1). El siervo de Dios será engrandecido por Dios, en la medida en que le sirva con lealtad, entrega y dependencia. La *"grandeza"* de Josué consistía en los hechos poderosos de Dios que acompañaban a su servicio. De igual manera, la identificación de Dios con el trabajo de sus siervos se manifiesta en hechos poderosos que rodean su ministerio. No son suficientes las palabras elocuentes si no van acompañadas del poder de Dios. Por eso escribía Pablo, recordando su ministerio entre los corintios: *"Así que, hermanos, cuando fui a vosotros para anunciaros el testimonio de Dios, no fui con excelencia de palabras o de sabiduría... y ni mi palabra ni mi predicación fue con palabras persuasivas de humana sabiduría, sino con demostración del Espíritu y de poder"* (1Co. 2:1, 4). El ministerio eficaz no consiste en la grandiosidad de un discurso teológico preciso y bien hilvanado. El siervo de Dios no debe considerarse como un retórico o un filósofo, sino como un testigo. Sin embargo, no se excluye la sabiduría como elemento para pronunciar el mensaje del evangelio, siempre que esté sustentado sobre la doctrina de Dios. Lo que el siervo de Dios debe dejar fuera de su ministerio son *"palabras persuasivas de humana sabiduría"* (οὐκ ἐν πειθοῖ" σοφία" λόγοι"), el estilo propio de los filósofos en discursos de encendida oratoria. El ministro debe saber que la persuasión de sus palabras no es de él mismo sino del Espíritu. El servicio debe descansar en el poder de Dios, *"con demostración del Espíritu y de poder"* (ἀλλ᾽ ἐν ἀποδείξει πνεύματο" καὶ δυνάμεω"). El poder es tanto interior en el propio ministro como exterior en acciones poderosas del Espíritu. No deben entenderse estas manifestaciones como *milagros carismáticos*, sino más bien como la manifestación de poder salvador y conductor del Espíritu Santo orientando toda la obra de Dios y haciendo que Su pueblo pueda superar cualquier obstáculo. Sin embargo, las manifestaciones de poder de Dios operando milagros en sus más diversas formas, son evidentes cuando el poder de Dios actúa libremente y conforme a Sus propósitos. En el origen de la iglesia se manifestaban, la mayoría de las veces, por el ministerio de quienes tenían dones para hacer milagros. En el tiempo actual, superado el período fundacional, los milagros son hechos directamente por el Señor al no estar operativos los dones carismáticos, necesarios en el período apostólico. El poder de Dios respaldando el ministerio de sus siervos es una realidad cuando el ministro ajusta su vida en todo a las demandas de Dios. Finalmente, el que sirve al Señor debe hacerlo en humildad, sobre todo cuando el trabajo realizado es evidente y las manifestaciones del poder de Dios lo han acompañado. El poder de Dios solo se manifestará con aquellos que son *"pobres y humildes en Espíritu y que tiemblan a su Palabra"* (Is. 66:2). El siervo de Dios no debe buscar su propio engrandecimiento, dado que sería evidente manifestación de orgullo personal. Cuando esto ocurre dejará de experimentar la presencia de Dios en su ministerio, para entrar de lleno dentro de Su oposición, ya que *"Dios resiste a los soberbios y da gracia a los humildes"* (Stg. 4:6). Si, en alguna ocasión, la diligencia en el trabajo y la fidelidad en el servicio permiten al siervo ver resultados grandes y visibles del ministerio, no sirva el trabajo hecho como motivo de orgullo personal frente a quienes no han alcanzado en apariencia tan altas metas, entendiendo que la labor hecha y los resultados obtenidos fueron posible solo en razón de la gracia de Dios operante, como lo entendía Pablo: *"Pero por la gracia de Dios soy lo que soy; y su gracia no ha sido en vano para conmigo, antes he trabajado más que todos ellos; pero no yo, sino la gracia de Dios conmigo"* (1Co. 15:10). Dios solo engrandece al humilde.

8. Tú, pues, manda a los sacerdotes que llevan el arca del pacto, diciendo: Cuando hayáis entrado hasta el borde del agua del Jordán, pararéis en el Jordán.

Dios honra a su siervo Josué y las instrucciones, tanto para el pueblo como para los sacerdotes, son dadas por medio de él. Los portadores del arca habían de avanzar a una distancia del pueblo hasta llegar al Jordán, entrando en él y deteniéndose en el lecho seco del río, hasta que todo el pueblo de Israel hubiera pasado en seco (v. 17).

9. Y Josué dijo a los hijos de Israel: Acercaos, y escuchad las palabras de Jehová vuestro Dios.

Josué se limita a transmitir fielmente al pueblo las palabras de Dios. Junto con el mandato está la exhortación para que prestasen atención al mensaje de Dios: *"escuchad las palabras de Jehová vuestro Dios"*. Aunque era Josué quien hablaba, era realmente el Dios de los *"hijos de Israel"* (*b*^{e}*nê yosra*^{ā}ël) quien lo hacía por medio de él. Es interesante notar que el Espíritu utiliza aquí el nombre que Jacob recibió cuando luchó con el ángel en Peniel (Gn. 32:28). No es el pueblo descendiente del derrotado Jacob, sino del victorioso Israel, por quien *Dios lucha*. Los hijos de Israel eran todo el pueblo: tanto los hombres de guerra que estaban con Josué como el resto de la nación. Con la expresión *"acercaos"* (*gösû hennä*), literalmente *acercaos acá,* Josué induce a la comunión que se manifiesta en la intimidad entre todo el pueblo. Debían venir y estar juntos para oír las palabras de Dios.

El siervo de Dios debe transmitir al pueblo de Dios tan solo las palabras de Dios. La Palabra de Dios es la única viva y eficaz de todas las palabras que el hombre pueda pronunciar (He. 4:12). El líder bíblico debe conducir al pueblo mediante la exposición de la Palabra. Esta Palabra tiene garantía de efectividad, conforme a la promesa de Dios: *"...mi palabra que sale de mi boca; no volverá a mí vacía, sino que hará lo que yo quiero, y será prosperada en aquello para que la envié"* (Is. 55:11). El ejemplo del Señor debería ser imitado por todos sus servidores: *"Las palabras que me diste les he dado"* (Jn. 17:8).

Para que Josué pudiera hacer oír al pueblo las *"palabras de Jehová vuestro Dios"*, tenía primero que recibirlas él. No es posible que un ministro de Jesucristo pueda dar Palabra de Dios al pueblo si primeramente no ha dedicado tiempo para una preparación personal de su mente y corazón que lo lleve a buscarlas diligentemente cada día. Un líder bíblico no conoce suficientemente la Escritura por el único hecho de haber seguido estudios teológicos de la mano de los hombres más eminentes, ni porque pueda leer la Escritura en los idiomas originales, sino por el estudio diario y detenido de la Palabra, con el corazón dispuesto mediante el ejercicio de la oración. El líder bíblico comunica al pueblo el mensaje de Dios que toma de la Palabra. Así se lo recordaba Pablo a Timoteo: *"Te encarezco delante de Dios y del Señor Jesucristo, que juzgará a los vivos y a los muertos en su manifestación y en su reino, que prediques la Palabra"* (2Ti. 4:1-2). Para ello es necesario *"ocuparse en la lectura"* (1Ti. 4:13). El pueblo de Dios solo podrá actuar conforme a la voluntad de Dios si es instruido en la Palabra de Dios. Cualquier otro sistema de enseñanza no es conforme al modelo bíblico y los resultados serán evidentes en manifestaciones de infantilismo espiritual, como ocurría en Corinto (1Co. 3:1-3). El propósito de Dios es que su pueblo conozca su Palabra de forma progresiva, avanzando cada día en una mayor profundización de la misma (He. 5:11-6:1a). La Palabra de Dios debe ser conocida para ser obedecida. Sin duda, es posible que pueda darse en algunos el pecado de rebeldía contra la Palabra, desechando lo establecido en ella. Pero no es menos grave el desinterés en relación con ella. No hay vida limpia sin conocimiento y obediencia a la Palabra: *"En mi corazón he guardado tus dichos para no pecar contra ti"* (Sal. 119:11). La Escritura debe ser expuesta en la congregación de Dios en toda su extensión, para lo que es preciso retornar a la exposición sistemática de la Biblia. El respeto por la Palabra vendrá dado en el temor hacia ella, lo que evitará que se deteriore el mensaje añadiendo normas humanas a su contenido y haciéndolas pasar como doctrina (Mt. 15:9), o retirando parte de ella conforme a los intereses personales. El mandamiento de Dios es claro: *"No añadiréis a la palabra que yo os mando, ni disminuiréis de ella, para que guardéis los mandamientos de Jehová vuestro Dios que yo os ordeno"* (Dt. 4:2). Solo la predicación expositiva de la Palabra trae bendición entre el pueblo de Dios y conduce al avivamiento espiritual (Neh. 8.13). Nada hay más triste que un púlpito sin poder por ausencia de la Escritura en el mensaje. Nada más trágico que una iglesia alimentada con las migajas de lo que se ha dado en llamar *ministerio devocional* o también *ministerio motivador.*

Josué congregó al pueblo para oír *"las palabras de Jehová vuestro Dios"*. De igual modo, no debería haber convocatoria cristiana en la que no estuviera presente la Palabra de Dios. La principal importancia de una reunión de creyentes es oír a Dios hablando a Su pueblo. En ocasiones es la voz del pueblo la que impera como principal asunto en la reunión de cristianos, limitando —cuando es necesario limitar algo— la exposición bíblica. No hay duda de la importancia de la alabanza y de la oración, pero nada puede superar en importancia a lo que significa oír la voz de Dios. La enseñanza de Salomón debería servir de pauta para las reuniones de creyentes: *"Cuando fueres a la casa de Dios, guarda tu pie; y acércate más para oír que para ofrecer el sacrificio de los necios; porque no saben que hacen mal. No te des prisa con tu boca, ni tu corazón se apresure a proferir palabra delante de Dios; porque Dios está en el cielo, y tú sobre la tierra; por tanto, sean pocas tus palabras. Porque de la mucha ocupación viene el sueño, y de la multitud de las palabras la voz del necio"* (Ec. 5:1-2). Todavía algo más, la reunión de creyentes debe ser dirigida por el Espíritu de Dios, de modo que todas las palabras que el pueblo pronuncie deberían llevar el sello de aprobación de Dios al ser generadas en el corazón impulsadas por el Espíritu.

Finalmente, en las palabras de Josué hay una llamada de atención para el predicador bíblico. El mensaje de Josué comienza con una frase impactante: *"escuchad las palabras de Jehová vuestro Dios"*. Así debería ser la profunda convicción de todo predicador. Las palabras del mensaje deben descansar en la Palabra y proceder de ella. De tal manera es importante esto, que todo ministro debería poder decir al comenzar su mensaje: *"oíd las palabras del Señor"* y al concluir: *"así ha dicho el Señor"*. Si no se puede afirmar esto con honestidad, algo va mal en su ministerio.

10. Y añadió Josué: En esto conoceréis que el Dios viviente está en medio de vosotros, y que Él echará de delante de vosotros al cananeo, al heteo, al heveo, al ferezeo, al gergeseo, al amorreo y al jebuseo.

El pueblo de Dios necesita ser alentado. La conquista de Palestina era una empresa, humanamente hablando, si no imposible por lo menos muy difícil. Los pueblos que moraban en ella eran pueblos fuertes y lo serían aún más cuando estuvieran defendiendo lo que habían sido sus posesiones, intereses y familias por tantos años. Josué hace referencia a los pueblos de Palestina siguiendo el orden habitual del relato bíblico (24:7). El aliento en el momento de iniciar la marcha hacia Canaán vuelve a descansar en la acción de Dios, quien será el que las *"echará de delante de vosotros"* (*hôrës yôrîs*). Dios iría despejando el paso a Su pueblo, arrojando a los enemigos delante de ellos. Antes que ocuparan cada palmo de terreno, Dios habría sacado de él a los que antes lo ocupaban. Las batallas eran de Dios, que pelearía por Su pueblo.

Además, el Dios de Israel, era *"el Dios viviente"* (*ªel hay*), literalmente el Dios que vive y, por tanto, el que actúa. Los dioses de los pueblos eran, como ídolos, vanidad (Jer. 10:8). En contraste, el Dios del cielo es un Dios vivo, es decir, dinámico, que actúa con toda la fuerza de su poder. La omnipotencia divina estaba involucrada en las acciones que Dios iba a hacer con Su pueblo, librándoles de sus enemigos y dándoles la tierra conforme a su promesa. Cuando al final de la conquista pudieran ver la tierra libre de enemigos, aquella nueva posición debería reafirmar en ellos la verdad de que el Dios de Israel, era un *Dios viviente*.

Dios entraba también con su pueblo en Canaán como Juez, para ejecutar la sentencia dictada por su justicia sobre aquellos pueblos. Sobre esto se ha considerado algo en la introducción, pero será bueno recordarlo también ahora. La eliminación de aquellos pueblos obedecía a dos razones divinas. La primera era como castigo por su pecaminosidad: *"Cuando Jehová tu Dios las haya entregado delante de ti, y las hayas derrotado, las destruirás del todo; no harás con ellas alianza, ni tendrás de ellas misericordia"* (Dt. 7:2). El mismo Señor da las razones para esa sentencia: *"Mas así habéis de hacer con ellos: sus altares destruiréis, y quebraréis sus estatuas, y destruiréis sus imágenes de Asera, y quemaréis sus esculturas en el fuego"* (Dt. 7:5). Sus cultos idolátricos y el pecado violento que generaban tales creencias eran razones para el juicio de Dios sobre ellos. Las estatuas estaban relacionadas con el culto a Baal y a Asera, la diosa madre que había generado setenta dioses paganos. Era tenida como consorte de Baal y en sus templos se practicaba la prostitución sagrada. Junto con la diosa, aquellos pueblos adoraban distintas expresiones de

Baal. El culto a los Baales fue un continuo desafío al culto a Jehová en los tiempos antiguos. Los sacerdotes de aquellos dioses los describían como dioses de la vida, de la fertilidad y de las aguas, afirmando que Baal era invencible como soberano entre los dioses. Los cultos idolátricos estaban rodeados —en muchas ocasiones— de crímenes espantosos, al ofrecer en sacrificio el hijo primogénito de la familia. La segunda causa de eliminación de aquellos pueblos tenía que ver con la necesidad de preservar a Israel de la influencia idolátrica de aquellas naciones, para evitar que cayeran en la práctica de esas perversas formas de religión.

El creyente necesita conocer a Dios, y necesita conocerlo experimentalmente, no como el Dios teológico expresado en atributos gloriosos definidos con precisión científica, sino más bien como el *Dios viviente* que actúa en favor de Su pueblo. El Señor Jesucristo es el *"Dios viviente"*, quien dice de sí mismo: *"No temas; yo soy el primero y el último; y el que vivo, y estuve muerto"* (Ap. 1:17b-18a). La gloria del Dios vivo y verdadero se manifiesta en Jesús, nuestro Señor, resucitado y glorificado. No es el siervo sufriente el que está en medio de Su pueblo, sino el Todopoderoso. Su ropa larga lo presenta como el sumo sacerdote para Su pueblo (Ap. 1:13). Su dignidad se aprecia en el cinto de oro que ciñe sus gloriosos ropajes (Ap. 1:13). Su cabello brillante y sus ojos refulgentes como llamas de fuego (Ap.1:14) son símbolos del poder ardoroso de su ira frente a los enemigos de Su pueblo, que son también sus propios enemigos. La victoria sobre los tales será posible porque sus pies son como bronce bruñido (Ap. 1:15), dispuestos para aplastar a sus enemigos y destruirlos. La voz de la omnipotencia es su propia voz, representada por el sonido de trompeta o el estruendo de muchas aguas (Ap. 1:10, 15); nada podrá resistir a su autoridad; la voz que pronuncia el veredicto del juicio contra los enemigos ejecutará también la sentencia dictada. El pueblo suyo está en Su mano y Él anda en medio de los siete candeleros de oro, símbolo de la iglesia (Ap. 1:20). Su rostro es semejante al sol cuando resplandece en su fuerza (Ap. 1:16), porque el Señor es el *"sol de justicia"* (Mal. 4:2) y como sol es fuente de luz y vida. Esta es la imagen del *Dios vivo y verdadero* que causó efecto en Su pueblo y en Sus enemigos. El aliento necesario para una empresa arriesgada está en conocer con certeza que el *Dios viviente* está en medio de Su pueblo.

11. He aquí, el arca del pacto del Señor de toda la tierra pasará delante de vosotros en medio del Jordán.

Dios no solo era el *Dios viviente*, sino que también era el Soberano, el *"Señor de toda la tierra"*. Señor por derecho de creación y por razón de soberanía. La soberanía de Dios en el aspecto de su gobierno sobre toda la tierra es una de las más gloriosas revelaciones de la Escritura. El Señor Dios asienta su trono sobre todas las obras de Sus manos. Él tiene todo el derecho a sentarse sobre el trono de suprema autoridad. La autoridad de Dios, no solo se manifiesta en relación a los reinos de la tierra, cuya evidencia había quedado demostrada con la salida de Israel de Egipto y la derrota reciente de los reyes amorreos, sino que la naturaleza ejecuta la voz de su autoridad: *"Todo lo que Jehová quiere, lo hace, en los cielos y en la tierra, en los mares y en todos los abismos"* (Sal. 135:6). Esta es la esencia misma de la deidad. Dios no tiene rival porque es el único así en poder, fuera de sí nada puede afectarle ni nadie puede detener su autoridad. Dios es soberano porque es supremo. No está bajo ninguna ley, porque es ley a sí mismo, y por cuanto es infinitamente justo, todo cuanto haga estará rodeado de justicia. Cuando se estudia la Palabra se descubre que la soberanía de Dios está presente en toda la Biblia.

El arca del pacto pasaría delante del pueblo y quedaría en medio del Jordán. Esa sería la primera señal de la presencia y conducción de Dios entre ellos. Si el arca se iba a situar *"en medio del Jordán"* y era llevada a hombros de los sacerdotes, significaba que las aguas del río se abrirían para permitirlo. El prodigio que las generaciones de Egipto habían presenciado, sería repetido ahora para las nuevas generaciones del desierto. El Dios de Israel era inmutable y eterno, el tiempo no afectaba sus perfecciones; lo mismo que había hecho antes lo haría entonces y lo podría hacer después.

Las promesas de Dios a su pueblo son permanentes y la fidelidad divina garantiza su cumplimiento. Para los cristianos, Dios ha dispuesto una esfera de bendiciones que está rodeada de conflictos contra poderosos enemigos (Ef. 6:12). Dificultades aparentemente graves surgirán como obstáculos insalvables para amedrentar y detener, si fuera posible, la marcha victoriosa del pueblo de Dios. Fronteras de aguas profundas aparecerán en el camino y producirán desánimo cuando se consideran desde la perspectiva de la fortaleza del hombre. Sin embargo, en cada circunstancia la promesa de Dios viene en aliento: *"Cuando pases por las aguas, yo estaré contigo; y si por los ríos, no te anegarán"* (Is. 43:2). Los ríos de aguas turbulentas no son sino un camino sólido, seguro y amplio para el poder de Dios. Los conflictos y dificultades en la vida cristiana solo son los medios que Dios permite para llegar a conocerle mejor. ¿Qué sería una vida sin conflicto? ¿Como se llegaría a experimentar el *"eterno peso de gloria"* sin la angustia de la lucha? (2Co. 4:17). ¿Cómo sería posible conocer su omnipotencia si no fuera por las muchas veces que Dios interviene en la vida para hacer posible que las situaciones humanamente insuperables queden resueltas por Su poder? ¿Cómo podría experimentarse el consuelo de Dios, si no hubiera días de lágrimas? ¿De qué modo se conocería la gloria de su compañía, si no transcurriera muchas veces la senda del peregrino por tramos solitarios? Ciertamente el Señor es el ayudador de su pueblo. Su presencia y compañía son continuas. Ningún creyente podrá decir que hubo alguna ocasión en que estuvo privado de la compañía de Dios. Podrá ser abandonado por todos, pero nunca lo será por su Dios. Cada cristiano puede repetir con gratitud lo que expresa el salmista en su experiencia personal: *"Aunque mi padre y mi madre me dejaran, con todo, Jehová me recogerá"* (Sal. 27:10). El Señor hará posible que sus propósitos se cumplan en cada creyente, porque son propósitos del Soberano.

12. Tomad, pues, ahora doce hombres de las tribus de Israel, uno de cada tribu.

Josué mandó elegir a doce hombres, representantes de cada una de las doce tribus de Israel. El texto bíblico introduce aquí esta frase como parte de los preparativos para el paso del Jordán. Posiblemente nadie sabía entonces la razón para ello, pero el relato las precisará más adelante (cap. 4). Los seleccionados habían de ser uno de cada tribu para que de todas hubiera un testigo de los acontecimientos y pudieran transmitir a los suyos lo que Dios iba a hacer con el pueblo.

Es importante que las nuevas generaciones de creyentes tengan conocimiento histórico de las ocasiones en que Dios intervino en favor de su pueblo, transmitidas desde la experiencia de sus mayores. Una generación sin referencias de acontecimientos reales que manifiestan el poder de Dios es una generación sin referencias a la realidad de Dios. No solo es necesario conocer a Dios teológicamente mediante la revelación de la Escritura —único modo de hacerlo— sino que la verdad bíblica ha de tener evidencias históricas de la realidad de Dios en la vida de Su pueblo. ¿De qué vale que la Escritura hable del poder de Dios, si el pueblo de Dios no ha visto nunca una manifestación de tal poder? Creyentes mayores que testifiquen de la realidad del cumplimiento de las promesas de Dios, son el mejor medio de predicar a los nuevos de la fidelidad de Dios.

13. Y cuando las plantas de los pies de los sacerdotes que llevan el arca de Jehová, Señor de toda la tierra, se asienten en las aguas del Jordán, las aguas del Jordán se dividirán; porque las aguas que vienen de arriba se detendrán en un montón.

El pueblo de Israel conocería que Dios estaba realmente entre ellos y que echaría a los pueblos de Canaán, porque manifestaría su poder abriendo el río Jordán para que todo el pueblo pasara a tomar posesión de la tierra prometida. Las aguas se abrirían al paso del arca del pacto. Los sacerdotes que la llevaban tendrían que entrar en ellas, y en ese momento se detendría el curso del río que procedía del norte y el discurrir de las aguas hacia el sur dejaría seco el lecho para que el pueblo pasara. No serían los sacerdotes quienes produjeran el milagro, ni Josué mismo. El portento iba a ser como consecuencia de la actuación del *"Señor de toda la tierra"*. El Creador había intervenido ya en el mar Rojo para que su pueblo pasara en seco y lo iba a hacer nuevamente para el paso del Jordán. Si las aguas del Jordán se iban a detener y dejarían de correr como era natural por la autoridad de Dios, también los pueblos de Canaán serían expulsados por el mismo poder y autoridad.

Esta es la promesa de Dios, pero todos, comenzando por Josué, debían tomarla por fe. Los sacerdotes que llevaban el arca al aproximarse al río no debían detener su marcha, sino entrar literalmente en las aguas, para que el milagro se produjera. El pueblo no debía acortar el paso ante el obstáculo del río, sino avanzar resueltamente como si ya estuviera abierta la senda para sus pies. La fe se apropia de las promesas de Dios. No duda del cumplimiento, ni pide una prueba de la fidelidad y omnipotencia divinas. Simplemente acepta su Palabra y descansa confiadamente en Él. La fe se ve involucrada siempre en la recepción de las promesas de Dios. No es posible vida cristiana al margen de la experiencia de fe; porque *"sin fe es imposible agradar a Dios; porque es necesario que el que se acerca a Dios crea que le hay, y que es galardonar de los que le buscan"* (He. 11:6). La fe avanza resueltamente en obediencia a la dirección de Dios. La victoria sobre el mundo, enemigo del creyente, está en el ejercicio de la fe: *"Porque todo lo que es nacido de Dios vence al mundo; y esta es la victoria que ha vencido al mundo, nuestra fe"* (1Jn. 5:4). La fe victoriosa es la que descansa en el Vencedor: *"¿Y quién es el que vence al mundo, sino el que cree que Jesús es el Hijo de Dios?"* (1Jn. 5:5). La victoria que Juan considera no es ocasional, sino continua. No es algo que ocurrió y que tal vez ocurrirá, sino una victoria permanente. La victoria del creyente no está en el hecho de serlo, sino en el ejercicio de su fe. No hay fuerza que pueda vencer al mundo que surja del poder personal del cristiano. No será la grandeza de la iglesia, ni la poderosa oratoria de sus ministros, sino la fuerza de la fe. La fe es el modo habitual de vida cristiana y la única manera de alcanzar las victorias de Dios.

El cruce del Jordán (3:14-17)

14. Y aconteció cuando partió el pueblo de sus tiendas para pasar el Jordán, con los sacerdotes delante del pueblo llevando el arca del pacto,

15. cuando los que llevaban el arca entraron en el Jordán, y los pies de los sacerdotes que llevaban el arca fueron mojados a la orilla del agua (porque el Jordán suele desbordarse por todas sus orillas todo el tiempo de la siega),

16. las aguas que venían de arriba se detuvieron como en un montón bien lejos de la ciudad de Adam, que está al lado de Saretán, y las que descendían al mar del Arabá, al mar Salado, se acabaron, y fueron divididas; y el pueblo pasó en dirección de Jericó.

El pueblo seguía al arca del pacto en dirección al Jordán. Los sacerdotes que la portaban iniciaron el camino hacia las orillas del río, marchando delante de todo el pueblo. A la distancia establecida (v. 4), seguía el primer cuerpo del ejército de Josué, compuesto fundamentalmente por la gente de guerra de las tribus de Rubén, Gad y la media tribu de Manasés (4:12). Detrás de ellos el resto de los *"hijos de Israel"*, todo el pueblo que había estado acampado en Sitim.

Josué había dicho que el río se abriría en el momento en que los sacerdotes, que llevaban el arca, entraran en el agua del Jordán (v. 13). Así ocurrió en el momento en que los sacerdotes entraron en las aguas del río, todavía distante de su cauce habitual debido al desbordamiento de sus aguas en esa época del año. Después de la estación invernal las nieves del Hermón se derriten, convirtiéndose en torrentes de aguas que incrementan el curso de las cuatro fuentes del Jordán. A esto debe unirse el mayor caudal de los acuíferos subterráneos que alimentan otros muchos manantiales y desaguan en el río, lo que hace que sea el tiempo de mayor nivel de las aguas. Se menciona aquí la época concreta cuando eso ocurría, *"todo el tiempo de la siega"*, refiriéndose a la siega más temprana de gramíneas espontáneas o sembradas, como es la cebada. La intervención milagrosa de Dios se produciría en el momento menos propicio, según los hombres, cuando las orillas del Jordán se extienden fuera del cauce del río, inundando toda la vega de su margen y haciendo imposible la utilización de los pasos naturales, *los vados del Jordán*. En época de estiaje, el río lleva muy poco caudal en el lugar donde el pueblo iba a cruzarlo, pero en la de crecida la anchura del agua desbordada suele llegar a un kilómetro de anchura, produciendo una notable profundidad de agua en el cauce habitual. Los sacerdotes, con una fe resuelta y en confianza plena en las promesas de Dios, avanzaron sin detenerse hasta que sus pies entraron en las aguas desbordadas del río. Y en aquel momento Dios operó el milagro conforme a su promesa. El cauce del río, a derecha e izquierda de quienes llevaban el arca, se secó rápidamente en tan solo el tiempo necesario para que las aguas que bajaban rápidas desde el norte desaparecieran en dirección sur. Sí, Dios había hecho un nuevo milagro a los ojos de Su pueblo.

Alguna causa poderosa había hecho detener las aguas del río muy al norte de donde se encontraba el pueblo. Israel era testigo y beneficiario de la primera de las maravillas que Dios hacía en la entrega de la tierra, conforme a su promesa. El *"Dios vivo"*, *"Señor de toda la tierra"*, actuaba sobre Su creación deteniendo el curso del río, las aguas que discurrían desde el norte, las que *"bajaban de arriba"*. Aquellas aguas se detuvieron (*ya*^{a}*am*^{e}*dû*), y se alzaron (*qämû nëd*^{ä}*ehäh*). Así hubiera ocurrido si alguien levantara un dique al paso de las aguas en las angostas paredes del curso norte del río. Ningún hombre había levantado obstáculo alguno, tan solo la mano poderosa del Señor las había detenido lejos (*harhëq m*^{eä}öd"), literalmente *muy lejos,* muy al norte del lugar donde Su pueblo iba a cruzar el río. El texto bíblico precisa el lugar donde las aguas se detuvieron, la ciudad de Adam. Este lugar conocido hoy como *Tell ed-Damiyeh*, está situado a unos 25 kilómetros al norte de Jericó, muy cerca de la confluencia del Yabboq y el Jordán. El milagro había sido doblemente notable, porque el río detuvo su corriente en el lugar de mayor caudal de agua. Precisa aún más el lugar donde el río se detuvo, añadiendo que estaba también cerca de Saretán, ciudad que se menciona en otros lugares (1Re. 4:12; 7:46).

El paso abierto por Dios era amplísimo. No había ningún problema para que todo el pueblo pudiera atravesar lo que antes estaba ocupado por el río, entonces ya sin agua, porque la amplitud que dejaron en seco las aguas evitó la necesidad de utilizar un paso natural, más angosto, que hubiera hecho muy lento el paso de aquella gran multitud. No se hace mención en el texto bíblico que se hubiera producido algún fenómeno atmosférico, como ocurriera con el viento recio que separó las aguas del mar Rojo en la salida de Egipto (Éx. 14:21). El relato afirma que las aguas se detuvieron y que el río seco dejó paso libre al pueblo, conforme a la palabra de Josué.

Los *críticos* —no solo a este pasaje sino a la Biblia misma— en su afán por —lo que ellos llaman— *desmitificar* la Biblia, tratan de racionalizar el milagro hablando de la posibilidad de que un acontecimiento natural se hubiera producido para operar aquello que los hebreos consideraban como un milagro. De igual modo, algunos evangélicos procuran expresar con *lógica* las obras sobrenaturales de Dios en el cruce del Jordán, como escribe Deane:

"Si buscamos la causa secundaria de este fenómeno, podemos, acaso, explicarlo de la manera siguiente: en un punto en donde el valle es más angosto, y las montañas de ambos lados se acercan más al lecho del río, pudo haber caído un peñasco que obstruyó por breve tiempo todo el curso del río. Si en dicho lugar el lecho era demasiado plano, y si el valle

que se extendía arriba de donde cayó el obstáculo, era muy ancho, de modo que permitiera que las aguas detenidas se ensancharan en la forma de un lago, no era menester que el dique fuera de grande altura; y una vez allí, pronto estaría aumentado y reforzado por la acumulación del ramaje arrastrado por la corriente.

Mientras permanecía aquel obstáculo, las aguas de debajo de él; por estar cortadas, faltarían, y estando secadas muchas millas del lecho, la grande hueste podía cruzar en distintos puntos; efectuando el paso en un tiempo relativamente breve. A la vez tenemos que notar que los investigadores modernos no han encontrado señal alguna de que haya acontecido semejante catástrofe; aunque esto no es un argumento concluyente que demuestre que aquella no tuvo lugar: toda vez que las inundaciones anuales habrían ocasionado, naturalmente, enormes cambios y modificaciones en todo el lecho del río. Deben ser consideradas, además, las alteraciones sufridas allí durante tres mil años adicionales[5]".

¿Es factible proponer algo semejante para buscar una explicación *lógica* al milagro? Analizando un poco el argumento anterior tendrían que concurrir tantos factores juntos que harían poco menos que imposible tales circunstancias. Primeramente, tendría Josué que saber cuándo iba a caer el *obstáculo* al río. Debió calcular también el tiempo que las aguas tardarían en discurrir desde el punto de obstrucción hasta el lugar donde estaba el pueblo. Debía de hacerlo tan matemáticamente que, desde el momento en que los sacerdotes comenzaran a caminar hacia la orilla del río hasta el encuentro de sus pies con las aguas, transcurriese el tiempo necesario para que el agua del río dejara de circular por su cauce. Además de esto, el obstáculo que debía caer en el cauce del río había de ser lo suficientemente grande como para taponar el curso en una encañada rocosa de altas paredes verticales, de modo que una roca de gran tamaño produjera la contención necesaria para detener el río. Todavía algo más: el supuesto obstáculo había de cerrar el paso de las aguas en un punto que hiciera que el río se desbordara por una llanura anterior al lugar donde se produjera el corte del curso y que esta fuera lo suficientemente extensa como impedir que las aguas buscaran su curso natural y discurrieran por él nuevamente, superando el obstáculo, durante tanto tiempo como tardó el pueblo en atravesar el río. Además, y por último, el obstáculo debía removerse nuevamente para que el agua volviera a discurrir por su cauce normal una vez que el pueblo hubiera pasado. ¿De qué forma se produciría la remoción?, ¿se disolvería por acción del agua? ya que un obstáculo de esa magnitud sería imposible de mover por los medios

---

[5] William J. Deane. *Josué su vida y sus tiempos.* Terrassa, 1987.

humanos de entonces. ¿Acaso no quedaría alguna prueba física en la zona que confirmase la teoría? Como todos los argumentos *lógicos* para *desmitificar* la Biblia, este no es más que el ejercicio de una imaginación desbordante que se niega a admitir la evidencia de la acción sobrenatural que Dios operó entonces.

A esta conclusión llega el Profesor de la Universidad Gregoriana de Roma, Dr. Félix Asensio:

"El estilo de todo el relato hace pensar en un fenómeno extraordinario, en la primera de las maravillas anunciadas por Josué como base de la conquista-posesión de Canaán. Se puede, si se quiere, introducir un fenómeno natural (la caída de una gran masa de tierra desde los montes al cauce del río y, con ella, el corte total de la corriente por cierto tiempo); pero siempre admitiendo una intervención directa divina en el complejo del paso del Jordán y al margen del relato bíblico, que, si no niega directamente dicho fenómeno natural, no ofrece indicio alguno para su inclusión positiva"[6].

Sin lugar a duda, se trata de una operación de la omnipotencia de Dios. El Dios de la Biblia es el Dios de los milagros, y esto fue una demostración de su omnipotencia. Cuando ocurrió el cruce el mar Rojo, las aguas se amontonaron a ambos lados. En esta ocasión quedaron detenidas muy lejos de la vista del pueblo, a la derecha del lugar por donde cruzaban.

El texto concluye con la reseña histórica del cruce del Jordán: *"El pueblo pasó en dirección de Jericó"*. El cruce del río se vincula, mediante esta expresión, con la conquista de la tierra. El primer objetivo del pueblo era la ciudad de Jericó. No los había pasado Dios al otro lado para que acamparan en sus riberas, sino para que comenzaran a tomar posesión de la tierra prometida.

17. Mas los sacerdotes que llevaban el arca del pacto de Jehová, estuvieron en seco, firmes en medio del Jordán, hasta que todo el pueblo hubo acabado de pasar el Jordán; y todo Israel pasó en seco.

El arca estuvo detenida en el centro del cauce del río hasta que todo el pueblo hubo pasado. El mismo Dios que había separado las aguas cuando el arca del pacto entró en el Jordán, alentaba la confianza de quienes estaban atravesando el cauce seco del río con su presencia en el lugar que sería, más tarde, anegado de nuevo por la corriente. Los más

---

[6] Félix Asensio. o.c., pág. 19.

ágiles, tanto como los más lentos, tenían seguridad absoluta de que podían atravesar el río. Quienes tuvieran un andar lento por los años, no debían sentirse más temerosos que los que podían vadearlo incluso a nado por ser más jóvenes. Dios mantuvo la señal de su pacto firmemente en medio del río, garantizando así que todo su pueblo pasaría al otro lado y que ninguno de ellos se perdería en el intento.

Los últimos versículos del capítulo tienen un alto contenido tipológico. Por ello, lo primero que debe determinarse para la aplicación actual del pasaje es lo que representa el río Jordán. En esto las opiniones de los exégetas se dividen. Para algunos, el Jordán es la figura de la muerte que el creyente debe atravesar para entrar a disfrutar de las promesas de gloria reservadas en los cielos (1Pe. 1:3-5).

Así escribe el Dr. Lacueva:

"Cuando hayamos terminado nuestra peregrinación por el desierto de esta vida, la muerte será como este Jordán entre nosotros y la Canaán celeste, pero el arca del pacto nos ha preparado una fácil vía a través de la muerte; esta será el último enemigo que será destruido"[7].

De forma semejante se expresa Rossier:

"El estado moral de Israel constituía, pues, un obstáculo absoluto que le cerraba el paso hacia Canaán; y cuando llega al fin de sus experiencias en el desierto, he aquí el Jordán, un río desbordante que se opone, con justicia, al avance del pueblo. El mar Rojo les había impedido salir de Egipto, pero el Jordán les impide entrar en el país prometido; como frente al mar Rojo, Israel carece de recursos propios para cruzar el río; intentar hacerlo, significaría ser engullido por las corrientes... Precisa alguien que le abra del camino. Encontramos aquí, en las aguas del Jordán, un nuevo tipo de la muerte; vencerla significaría la victoria, no sobre los egipcios como en el mar Rojo, sino sobre 'Israel mismo'... Sin duda, la muerte no está todavía del todo 'sorbida en victoria', como lo muestra nuestro texto: 'y aconteció que cuando los sacerdotes que llevaban el arca del pacto de Jehová subieron de en medio del Jordán... volviéronse las aguas del río a su lugar, y corrieron como antes sobre todos sus bordes... 'mas —proclama la epístola— cuando esto mortal fuere vestido de inmortalidad, entonces se efectuará la palabra que está escrita: sorbida es la muerte con victoria...' Porque en esperanza somos salvos... y esperamos, aguardando la adopción, es decir, la redención de

---

[7] Francisco Lacueva. o.c., pág. 27

nuestro cuerpo... Entonces el lugar donde está nuestro Precursor, más allá de todo aquello que puede retenernos de este lado del cielo, vendrá a ser el nuestro también"[8].

¿Es el Jordán figura de la muerte que introduce al creyente al disfrute de la herencia eterna? Si esa es la figura, entonces Canaán tiene necesariamente que ser tipo del lugar celestial donde los creyentes serán recogidos para estar siempre con el Señor (1Ts. 4:17). Sin embargo, el lugar glorioso celestial no ha de ser despojado de enemigos, porque no los habrá allí; ni tan siquiera la naturaleza adámica persistirá en el cuerpo glorificado de los santos. Israel, en Canaán, tenía que dedicarse a una activa lucha contra sus enemigos. Sin duda el apoyo poderoso de Dios les daría victoria segura contra ellos en la medida que ajustaran su vida en obediencia al Señor. A la vista de ello debería formularse otro significado, tanto para el Jordán, como para el paso del pueblo.

La respuesta a dos sencillas preguntas orientarán en este sentido. ¿Qué es Canaán? Es la tierra de las promesas, donde Dios se manifiesta en bendición hacia su pueblo. ¿Que es el Jordán? Es el obstáculo natural que impide el paso del pueblo de Dios al disfrute de las promesas. En este sentido, el Jordán debe ser figura de la separación infranqueable para el pecador, en su condición como tal, de acceder a las bendiciones de Dios reservadas para los suyos. Considerado de este modo, adquiere un amplio significado.

Primeramente, la entrada del arca en el agua del Jordán está vinculada al ejercicio de un servicio sacerdotal. Los sacerdotes eran los que portaban el arca. El arca es figura de Cristo que, como Dios-hombre, hace posible el disfrute de las bendiciones de Dios para el pecador salvo. La barrera de separación que impedía la comunión con Dios y, por tanto, el disfrute de las bendiciones, era la situación natural de pecado en que todo hombre nace y se desarrolla. El pecado ha hecho separación entre Dios y el pecador: *"Vuestras iniquidades han hecho división entre vosotros y vuestro Dios, y vuestros pecados han hecho ocultar de vosotros su rostro par no oír"* (Is. 59:2). La relación de vida entre el hombre y Dios se rompió en el momento en que el pecado produjo la separación, teniendo el Señor que hacerlo salir del lugar de las bendiciones donde Su presencia se manifestaba (Gn. 3:24). La situación se convirtió desde entonces en un estado de *"muerte espiritual"* para el pecador. En lugar de bendiciones, comunión y esperanza, la ira de Dios gravitaba sobre cada uno (Ef. 2:2-3). La situación de desesperanza era evidente. Nadie podría atravesar el

---

[8] H. Rossier. o.c., págs. 32Sa.

obstáculo que impedía pasar a disfrutar de las promesas de Dios, como también era imposible para Israel atravesar el Jordán por sus medios. Pero el arca del pacto lo hizo posible. Así también Jesucristo hace posible la superación del obstáculo *"gustando la muerte por todos"* (He. 2:9). El arca estuvo en medio del Jordán, así también Cristo estuvo en la profundidad de la muerte ocupando el lugar del pecador. En esa dimensión de sustitución, Cristo no solo *gustó* la muerte física —consecuencia visible del pecado— sino también la *muerte espiritual*. Esa experiencia tiene que ver con la separación de la comunión con Dios a causa del pecado del mundo. En ningún momento el pecado afectó a Jesús que como el Hijo de Dios es eternamente santo, la experiencia de la *muerte espiritual* del pecador se debió a que Él era, como Cordero de Dios, el portador del pecado del mundo ya cuando subió al madero (1Pe. 2:24). La profundidad de tal situación es difícil de expresar y su dimensión excede a toda comprensión humana. Sin embargo, la copa que Cristo tuvo que apurar produjo una angustiosa oración hecha con *"gran clamor y lágrimas"* (He. 5:7). Si se interpreta la oración —como algunos hacen— como un ruego que evitase la muerte física que el *hombre Jesús* iba a sufrir en la cruz, es separar, en alguna medida, las naturalezas de la Persona que las sustenta. Jesucristo es una Persona divino-humana con dos naturalezas: la divina, que le es propia eternamente por ser Dios, y la humana, asumida en el tiempo de los hombres y perpetuamente subsistente ya en su Persona, como una de sus naturalezas. Todo cuanto se realice o experimente por medio de cualquiera de ellas afecta directamente a la Persona. Su humanidad y deidad, sin disminución alguna, están inseparablemente unidas en la Persona.

La oración del huerto no puede ser atribuida a solo su humanidad, como si se hubiera producido una separación en la que la Deidad abandonó temporalmente a la humanidad, dejando a Jesús convertido en un mero hombre, porque quien agoniza allí es la *Persona Theanthropica*, esto es, divino-humana, del Hijo de Dios. Jesucristo en la cruz es hecho pecado, es decir, sacrificio expiatorio por el pecado, conforme al propósito y voluntad de Dios ya que *"al que no conoció pecado, por nosotros lo hizo pecado, para que nosotros fuésemos hechos justicia de Dios en Él"* (2Co. 5:21). La oración del Señor, después de las horas de tinieblas, utilizando el Salmo 22, expresa la conclusión de una experiencia de distanciamiento y separación del Padre, no en el sentido de rotura de unidad en el seno de la Deidad, sino de comunión entre Jesús el hombre, que llevaba sobre Sí el pecado del mundo, y el Padre. Allí el Salvador experimentó el desamparo para que el mundo pudiera ser reconciliado con Dios. El Señor es el sustituto pleno del pecador en la muerte, tanto en la física como en la espiritual. La resurrección espiritual se produce en la experiencia de Jesús crucificado, antes de su muerte física, al ser restaurado nuevamente a la comunión plena con el Padre. El Señor que se dirigió en oración clamando *"Dios, mío, Dios mío, ¿por qué me has desamparado?"* (Mt. 27:46), en relación con el juicio por el pecado, después de proclamar la conclusión definitiva del plan de salvación con el *"Tetelestai"*, *"consumado es"* (Jn. 19:30), se dirige a Dios en la forma que le era habitual, llamándole Padre, para encomendar su espíritu en Sus manos (Lc. 23:46), entregando así voluntariamente su vida, como Él mismo había dicho (Jn. 10:18). Finalmente, la resurrección física de su humanidad, revestida ya con el cuerpo de resurrección, dio paso a la glorificación del Hijo de Dios, introduciendo a la presencia de Dios la primera naturaleza humana glorificada, para que Él sea el primero entre muchos hermanos, abriendo el camino de la esperanza de glorificación para todos los que son suyos.

La identificación de cada creyente con Cristo, da lugar a la experiencia de identificación en su muerte, sepultura y resurrección. Esto tiene lugar con todo pecador creyente, al ser vitalmente unido al Señor. La unión vital con Cristo se produce por medio del bautismo del Espíritu (1Co. 12:13), ocasionando una unidad con el Señor eternamente inseparable y cumpliendo así la petición de Cristo sobre la unidad de los cristianos en Él (Jn. 17:21-23). El creyente, antes muerto en delitos y pecados (Ef. 2:4-5), es identificado con Cristo en su muerte, con lo que queda cancelada toda demanda penal por su pecado, a la vez que hace provisión de poder para la cancelación de todo dominio del mundo sobre él, abriéndole un camino nuevo en la experiencia de una vida de libertad en Cristo Jesús (Gá.6.14). Al mismo tiempo, la identificación con Cristo coloca al salvo posicionalmente en lugares celestiales, en razón de la experiencia vital con el resucitado y ascendido Señor (Ef. 2:6). El trono de juicio a causa del pecado se cambia para el creyente en un trono de gracia, con provisión continua de bendiciones para cada momento de su vida (He. 4:16). De la soledad sin vida del desierto pasa al disfrute de la plena comunión con Dios. Es, pues, una notable figura del traslado en Cristo, *"de la potestad de las tinieblas, al reino de su amado Hijo"* (Col.1:13). A esta esfera de bendiciones, comunión y victoria *pasa* todo creyente. El Señor, que lo hizo posible por su muerte y resurrección, permanece abriendo el paso a todos los suyos, haciéndoles salvar el obstáculo de la separación, representado aquí por el Jordán: *"Mas Este, por cuanto permanece para siempre, tiene un sacerdocio inmutable; por lo cual puede también salvar perpetuamente a los que por Él se acercan a Dios, viviendo siempre para interceder por ellos"* (He. 7:24-25).

Sin embargo, el disfrute pleno de las bendiciones tendrá culminación escatológica cuando el creyente entre en la presencia de Dios, bien sea por el paso a través de la muerte física, o bien por la transformación en el arrebatamiento de la Iglesia (1Ts. 4:17). En aquella ocasión tendrá lugar el definitivo abandono del desierto del mundo, por donde el pueblo de Dios peregrina, para entrar al glorioso lugar del disfrute de la herencia eterna en Cristo Jesús, reservada para Su pueblo (1Pe. 1:3-5). Entonces se cumplirá plenamente la figura de la historia, cuando la Iglesia pase al disfrute pleno y eterno como el pueblo de Dios. La seguridad de eterna salvación es el privilegio y la esperanza segura de los creyentes. Para ese fin actúan las tres Personas Divinas en una obra individual y conjunta. El Espíritu Santo haciendo posible la eterna unidad de los creyentes en Cristo. El Padre operando para que todos los suyos, hijos adoptados en Cristo, sean *"guardados sin caída y presentados sin mancha delante de Su gloria, con gran alegría"* (Jud. 24). El Hijo comprometido en no perder nada de lo que el Padre le da, sino en resucitarlo en aquel día (Jn. 6:39). En esto el Señor, como el arca del pacto, está firme haciendo posible el paso de todos los suyos a través del río de la muerte.

Sin embargo, la figura del *"paso del Jordán"*, no debe limitarse a la experiencia de la muerte física y traslado del creyente a la presencia de Dios, sino también al amplio campo de las bendiciones y victorias cotidianas, hechas posibles para todo Su pueblo por Cristo Jesús y Su admirable obra de gracia.

EXCURSUS III
EL RÍO JORDÁN

El Jordán es el principal río de Palestina. Su nombre significa *"el que desciende"*, ya que en su curso de 320 km desciende 905 m hasta situarse unos 150 m por debajo del nivel del Mediterráneo. Esto hace incomparable en el planeta al Valle del Jordán. Ninguna parte de la tierra que no esté cubierta por las aguas ha llegado a alcanzar tales niveles por debajo del océano. El Jordán discurre por una fosa de más de 320 km de longitud y de 1,5 a 15 km de anchura, descendiendo desde el nivel del mar hasta una profundidad de 392 m bajo el nivel del océano en el mar Muerto, estando el fondo de este último 396 m más hondo, en el lugar de mayor profundidad. El foso por donde discurre el Jordán desde el Líbano hasta el mar Muerto tiene seis secciones bien diferenciadas: la Beka en el Líbano; el Alto Jordán, desde sus fuentes al pie del monte Hermón a través del lago Hulel hasta el mar de Galilea; el mar de Galilea; el Bajo Jordán hasta su desembocadura en Jericó; el mar Muerto; y luego desde allí hasta el Golfo de Akaba. Quedan dentro del territorio de Palestina solo cuatro de las seis secciones: el Alto Jordán, el mar de Galilea, el Bajo Jordán, y el mar Muerto.

1. El Alto Jordán

El Jordán nace en el norte, en el Hermón, con altitudes de 2.775 m sobre el nivel del mar, en donde las condiciones climáticas —de forma especial las temperaturas— son semejantes a las montañas de los Alpes, y en donde la nieve permanece en las altas cimas durante todo el año. A consecuencia de un suave giro que el Valle de Palestina hace al salir del Líbano, el Hermón queda orientado frente al resto del curso del río, y descarga en él las tres cuartas partes de las aguas que acumula en su cima. Estos acuíferos se unen y forman un poco más abajo el lago Huleh.

La cabecera del Jordán está alimentada por cuatro fuentes. Cada una de ellas se considera como la *cabecera* del río. La primera de ellas llamada *"Bareighit"*, está situada cerca del río Leontes y es la corriente más occidental de la cabecera del Jordán. Esta corriente salta una quebrada en la planicie de Merj Ayoun. Un poco más adelante está la catarata de *"Tannur"*, caída de agua permanente en Galilea. En ese lugar, las aguas saltan por un precipicio y se unen luego con las del Ledán. La segunda fuente genera una corriente de agua conocida con el nombre de *"Nahr Hasbany"*. Este manantial está situado a 620 m sobre el nivel del mar. Es la corriente más larga de las cuatro cabeceras del Jordán, pero la menos caudalosa, alcanzando su curso una longitud de 68 km Una tercera fuente genera la corriente que recibe el nombre de *"Nahr Ledán"*. Este nombre vincula el río con el asentamiento de los danitas (Jue. 18:29). Es la más importante de las cuatro cabeceras del río. La fuente está situada a 153 m sobre el nivel del mar. El agua que mana desde la montaña atraviesa una zona boscosa, en medio de rocas de basalto. El historiador Josefo, llamaba a esta corriente *"el pequeño Jordán"*, debido a su importancia, ya que en su nacimiento forma un cauce de 3 m de ancho por uno de profundidad. La corriente es la más corta, pero tan abundante que permitía utilizarla para mover molinos. La cuarta fuente forma una corriente de agua que se denomina *"Nahr Banias"*. Surge como si fuera un verdadero pequeño río brotando al pie de un precipicio de piedra rojiza. Nace a 515 m de altitud sobre el nivel del mar. Su descenso es muy rápido, hasta alcanzar los 183 m en una distancia de 9 km El curso entero de agua hasta incorporarse a las otras tres corrientes es tan solo de 17 km Las tres corrientes unidas forman el Río Jordán.

Desde la unión de las tres cabeceras el río discurre hasta formar el Lago Merón, que está situado tan solo a 2 m sobre el nivel del mar. Sigue luego el río un cauce en descenso ya por debajo del nivel del mar Mediterráneo. Su curso, en esta parte, es encajonado en una garganta angosta entre rocas altas, desembocando en una especie de delta antes de entrar en el mar de Galilea. Este delta sirve de filtro natural al retener toda la materia de aluvión que trae el río desde su nacimiento, por lo que las aguas que se vierten al Lago de Galilea son claras.

2. El mar de Galilea

Más al sur, en la región de Galilea, la depresión lo sitúa a 212 m bajo el nivel del mar.

El mar de Galilea, o Lago de Cineret, tiene unos 21 km de largo por 13 km de ancho. El lago tiene una forma de arpa con la parte norte más ancha. En la antigüedad se llamaba mar de Cineret (Nm. 34:11); más tarde, lago de Genesaret (1 Mac. 11:67; Lc. 5:1); y mar de Galilea o de Tiberias (Jn. 6:1; 21:1). La región más propia para cultivo es la que se sitúa en la costa noroeste del Lago, conocida como la llanura de Genesaret. Las colinas circundantes a todo el lago descienden hacia la playa. Las del lado occidental llegan a 300 m de altitud e incluso más. Las de la ribera suroccidental son similares, pero las situadas al noroeste son más bajas. Por el lago oriental del lago, las colinas se elevan abruptamente, hasta convertirse en una elevada planicie. A pesar de ser un lago de agua dulce formado por el Jordán, la extensión en relación con el país le califica como mar. La longitud media es de unos 20 km y la anchura frente a Magdala es de unos 12 km La encañada del propio valle del Jordán favorece las corrientes de aire, sobre todo las procedentes del aire frío del Hermón relativamente cercano, que ocasionalmente levantan un fuerte oleaje en el lago. El Jordán fluye hacia afuera del lago, por la parte sur, para unirse con el Ghor.

La riqueza piscícola del mar de Galilea hizo que enclaves de poblaciones en la Galilea fueran conocidas por sus labores de pesca. En la época de Cristo había pescadores que tenían en él un buen medio de vida. Se han observado bancos de peces de hasta 4.000 m^2. Habitualmente la pesca se efectúa con red, bien desde barcas, o desde la costa. Estas mismas especies de peces se hallan en el Jordán y en sus afluentes.

3. El Bajo Jordán

Al S.O. del mar de Galilea, el río sigue su curso, orientándose primero hacia el oeste y girando luego al sur. Este curso es sinuoso con curvas continuas a lo largo de 194 km, mientras va descendiendo el nivel del cauce hasta 185 m por debajo del nivel del mar, lo que supone un descenso de casi un metro por kilómetro.

A unos 8 km del mar de Galilea, por el este, recibe las aguas del río Yarmuk, con un caudal semejante al del propio Jordán. La unión de las dos corrientes permite generar recursos hidroeléctricos para suministrar la mayor parte de la energía necesaria en Israel. Superada la represa construida en ese lugar, el Jordán prosigue su cauce para recibir a unos 17 km más al sur, esta vez por el Oeste, la corriente del *"Wadi-el Bierh"*, que nace cerca de Nazaret y discurre entre los montes Tabor y Endor. Las corrientes de agua que recibe el río por el Oeste son poco importantes, más bien arroyos. Uno de ellos es el *"Wadi Fari'a"*, un riachuelo que discurre por un valle que da acceso a la región de Samaria. Sus aguas, que vienen desde la Cordillera Central, cerca de Siquem, se vierten al Jordán al Sur de la confluencia con el Jaboc. El *"Wadi Ain-Fareh"* nace cerca de Jerusalén. Es una corriente continua que no se seca en verano. Otra corriente de agua que desemboca por el Oeste es el *"Wadi Kelt"*, el bíblico *"Arroyo de Querit"*, que toma sus aguas de los desagües de la Serranía Central. Tiene en su curso muchas cuevas, con abundante presencia de cuervos. En ese lugar estuvo escondido el profeta Elías en los tiempos de persecución (1Re. 17:1-7).

El río era la barrera que impedía la comunicación entre las dos partes de Palestina. Sin embargo, había distintos lugares en donde podía ser vadeado, que recibían el nombre genérico de *"Vados del Jordán"*. Uno de ellos estaba situado muy cerca del lugar donde Josué acampó antes de iniciar el cruce del río. No obstante, en los días de primavera, sobre todo si el invierno había sido abundante en nieves sobre las montañas del norte, el río bajaba crecido, de tal modo que hacía, muchas veces, inservibles los vados para atravesarlo a pie y sin riesgos. Esta época fue en la que los Israelitas atravesaron el río, durante el mes de Nisán, nuestro mes de marzo o principios de abril.

Junto a las llanuras fértiles regadas por el Jordán, se situaron los primeros centros de asentamientos humanos en forma de ciudades, mucho tiempo antes —posiblemente siglos— de la llegada de los Israelitas, como ocurría con Jericó. Los trabajos agrícolas de los antiguos pobladores facilitaron grandemente las tareas de acondicionamiento de tierras y nivelación de áreas para la agricultura, que los pobladores de aquellas regiones habían hecho antes.

4. El mar Muerto

Continuando el descenso hasta la desembocadura del Jordán en el mar Muerto, a 394 m bajo el nivel del ma, el curso del Jordán concluye en el mar Muerto. Ese gran Lago Salado, no tiene desagüe. Los niveles se mantienen por evaporación de las aguas que recibe del río Jordán, quedando como consecuencia un residuo salado que hace inviable la vida en sus aguas. Parece ser que, en tiempos de Abraham, el mar Muerto no se extendía tan al sur, donde estaban situadas las ciudades de la llamada "*Pentápolis Maldita*", que comprendía las de Sodoma, Gomorra, Adma, Zeboím y Zoar. En tiempos de Abraham, con la destrucción de aquellas ciudades (Gn. 19), se debió haber producido una conmoción geológica, probablemente un seísmo que permitió el acceso de parte de las aguas hacia el sur, cuya extensión ha ido aumentando desde entonces.

Se le dan varios nombres en la Biblia: mar Salado (Gn. 14:3; Nm. 34:12; Dt. 3:17; Jos. 3:16); mar del Arabá (Dt. 3:17; Jos. 3:16) y también mar Oriental (Ez. 47:18; Jl. 2:20; Zac. 14:8). Josefo solía llamarlo mar de Asfalto, literalmente *Asfaltitis* (Anti. 1:9, 1). Los griegos le llamaban mar Muerto, *Pausanias*. Se encuentra situado al sur del Jordán, en la depresión por donde discurre el río, a unos 398 m por debajo del nivel del Mediterráneo. La mayor parte de las aguas aportadas al mar Muerto proceden del Jordán, con una media de 6 millones de metros cúbicos por día. El mar Muerto no es muy profundo salvo en la parte norte, en la desembocadura del Jordán, que llega a unos 393 m. La zona meridional donde se suponen sumergidas las ciudades de la llanura antes citadas, tiene muy poca profundidad, entre 2 a 6 m. El mar Muerto tiene una forma alargada, equiparable a un rectángulo. En el sureste se encuentra una península llamada Lisán. Su longitud media es de unos 80 km, variando a lo largo del año debido a las crecidas de la parte de la cuenca meridional. La anchura media es de unos 17 km, por tanto, su superficie total es de aproximadamente 1.000 km.

Salvo en el delta del Jordán, los límites del mar Muerto están rodeados de acantilados, formándose en algunos lugares pequeñas playas. Otras veces los acantilados se presentan formando terrazas, que se extienden a lo largo de curso final del Jordán. Los acantilados de la costa oeste, próximos a En-gadí, alcanzan los 590 m de altura, llegado más al norte, en Ras-esh-Shufk a los 780 m. Los montes de Moab, con altitudes entre 750 a 1.000 m sobre el nivel del mar Muerto, se extienden en la parte oriental.

Ningún otro mar en el planeta está situado en una falla tan profunda. Debido a la falta de salida, la evaporación de las aguas por el intenso calor de la zona, produce una concentración de sales del 24 al 26%, dando idea de la salinidad de sus aguas si se compara con las aguas marinas, cuya densidad de sal oscila entre el 2 y el 3%. Debido a la composición y salinidad de sus aguas, la vida en el mar Muerto se hace prácticamente imposible. Gran parte del aporte de sales procede de las aguas pluviales que bajan al mar desde los montes de Judea, pasando por los depósitos de sal de los montes de la costa suroriental. Esto se ve reforzado también por la naturaleza del propio fondo marino, rico en cloruro de sodio, de magnesio y de calcio. Se calcula que el mar Muerto tiene depósitos salinos suficientes como para suplir las necesidades del consumo mundial de los materiales antes citados.

CAPÍTULO 4
LOS DOS MONUMENTOS

Introducción

Los años de la peregrinación por el desierto, con todas sus experiencias, habían terminado definitivamente para el pueblo de Israel. La promesa dada a Abraham *"el hebreo"* en relación con una tierra para su descendencia, comenzaban a convertirse en una espléndida realidad. Nadie había salido a cortar el paso a un pueblo que se había dado prisa en atravesar el Jordán. El terror que los pueblos de la llanura de Jericó tenían ya por los acontecimientos ocurridos a los reyes amorreos, unido a la historia de cómo habían salido de Egipto cuarenta años antes aquellos millares de esclavos israelitas del delta del Nilo, ahora se añadía el milagro que dejó en seco el lecho de Jordán para facilitarles el paso. Aquella impresionante multitud que había atravesado el río estaba ya acampada en las llanuras de Jericó. Nadie había salido a enfrentarse con aquella enorme masa de personas que cruzaron el Jordán. El miedo había hecho tal efecto en el ánimo de los pobladores de las ciudades de la llanura, que los retenía literalmente encerrados en las ciudades fortificadas, que ellos consideraban como lugares seguros. El único baluarte natural, que era el río, había sido superado sin ningún problema por el pueblo de Israel. Es seguro que la emoción embargaba el corazón de toda aquella gente. La experiencia de pisar ya la tierra prometida sería para muchos, si no para todos, un sentimiento indescriptible. Posiblemente el milagro efectuado por el Señor secando el río para abrirles paso les habría impresionado, pero, como todas las cosas de la experiencia humana, el tiempo borraría el recuerdo de un milagro semejante. El Señor, que conoce íntima y profundamente el corazón del hombre, sabía cuán fácil es para los suyos olvidar los favores recibidos. La generación que vivió el milagro moriría y otras nuevas generaciones nacerían en el tiempo. Era preciso que el recuerdo de aquella intervención divina perdurase de generación en generación, recordando a los futuros israelitas que su posición de privilegio y la admirable tierra en donde habitaban, había sido un regalo de Dios en el cumplimiento de sus promesas, así como una manifestación de la admirable omnipotencia del Todopoderoso, a quien debían servir y adorar. Por esa causa, el Señor mandó levantar un monumento conmemorativo en la tierra de Canaán, para que Israel recordara siempre que la posesión de aquellas heredades no fue el resultado de las acciones de un pueblo empeñado en la conquista de un territorio, sino el cumplimiento fiel de las promesas de Dios. Moisés había dicho al pueblo que el recuerdo de las bendiciones recibidas sería el móvil de la obediencia a Dios (Dt. 8:11), mientras que el olvido de ellas, unido a la prosperidad del futuro, generaría el orgullo que les llevaría a olvidarse de Él (Dt. 8:14). En ese sentido, les había escrito Moisés: *"No digas en tu corazón: Mi poder y la fuerza de mi mano me han traído esta riqueza. Sino acuérdate de Jehová tu Dios, porque Él te da el poder para hacer las riquezas, a fin de confirmar su pacto que juró a tus padres, como en este día. Mas si llegares a olvidarte de Jehová tu Dios y anduvieres en pos de dioses ajenos, y les sirvieres y a ellos te inclinares, yo lo afirmo hoy contra vosotros, que de cierto pereceréis. Como las naciones que Jehová destruirá delante de vosotros, así pereceréis, por cuanto no habréis atendido a la voz de Jehová vuestro Dios"* (Dt. 8:18-20). El monumento conmemorativo del paso del Jordán sería un elemento recordatorio de la fidelidad de Dios, para ellos y las siguientes generaciones que habitasen la tierra.

La división del capítulo es sencilla y basta con seguir el desarrollo histórico de su contenido. Primeramente, se describe la selección de las piedras tomadas del lecho del río y la construcción de un monumento que quedaría bajo las aguas (vv. 1-9). A continuación, el relato detalla la salida de los sacerdotes que portaban el arca del cauce seco del río y la restauración de la corriente por su cauce habitual (vv. 10-18). Finalmente, la construcción del monumento conmemorativo en Gilgal, primer lugar donde acamparon en las llanuras de Jericó (vv. 19-24).

Para el análisis del texto bíblico se sigue el *Bosquejo* que se indicó en la *introducción*, como sigue.

5. Conmemoración del cruce del Jordán (4:1-24).
   5.1. Las piedras del Jordán y el primer monumento (4:1-9).
   5.2. Restauración del río a su curso (4:10-18).
   5.3. El monumento conmemorativo en Gilgal (4:19-24).

Conmemoración del cruce del Jordán (4:1-24)

Las piedras del Jordán y el primer monumento (4:1-9)

1. Cuando toda la gente hubo acabado de pasar el Jordán, Jehová habló a Josué, diciendo:

Josué era el conductor del pueblo, pero Dios establecía lo que debían hacer en cada momento. El Señor habló a Josué antes de cruzar el Jordán para darle instrucciones de cómo debían proceder entonces, y Josué habló al pueblo para transmitirles las instrucciones que Dios les daba por medio de él. Todo se había llevado a cabo conforme a la voluntad de Dios, y el resultado fue que *"toda la gente"* cruzó el Jordán. Ya en la tierra prometida, lo primero que destaca el pasaje es un nuevo diálogo entre el Señor y Josué, para darle nuevas instrucciones que el pueblo debía atender. Josué debía recordar siempre que Dios ha de ser oído y consultado siempre. Ninguna acción personal debía tener lugar sin el debido respaldo del Señor. Israel no era un pueblo como los otros pueblos de la tierra, sino una *Teocracia*, esto es, el pueblo de Dios y una nación gobernada por Él.

La iglesia, el pueblo espiritual de Dios en esta dispensación, no es tampoco una *democracia*, ni tan siquiera una *Teo-democracia"*, como algunos opinan[1], sino una *teocracia*, es decir, un pueblo con gobierno divino. Tres Autoridades sobre ella: el Señor como la única cabeza, el Espíritu Santo como Vicario suyo en la tierra y la Escritura como la única norma de fe y conducta. Por tanto, el liderazgo bíblico debe estar permanentemente atento a la voz de Dios. No es posible conducir en victoria al pueblo del Señor a menos que el liderazgo ajuste su servicio a todo lo que Dios dispone para la iglesia. El líder bíblico necesita, por consiguiente, oír a Dios. Es cierto que debe hablar a Dios acerca del pueblo mediante la oración, pero no es menos cierto que debe hablar al pueblo acerca de Dios mediante la exposición de su Palabra. Esta verdad debería ser un desafío constante a quienes tienen el privilegio y la responsabilidad de ejercer un liderazgo bíblico, cualquiera que este sea, en la congregación de Jesucristo. Solo quienes conocen profundamente la Escritura están capacitados para instruir al pueblo y conducir la grey de Dios conforme a Su voluntad. Los mayores errores y fracasos en la obra del Señor se producen cuando el liderazgo trata de imponer sus propios criterios sin haber oído antes la voz de Dios.

2. Tomad del pueblo doce hombres, uno de cada tribu,

3. y mandadles, diciendo: Tomad de aquí de en medio del Jordán, del lugar donde están firmes los pies de los sacerdotes, doce piedras, las cuales pasaréis con vosotros, y levantadlas en el lugar donde habéis de pasar la noche.

La vinculación de Josué con el pueblo como una sola unidad es evidente. Dios habla con Josué, pero utiliza el plural en muchas ocasiones. Algunos explican el uso de los imperativos en plural por tratarse de un caudillo y representante del pueblo[2]. Pero mejor debe entenderse como un mandato para todo el pueblo comunicado y transmitido por Josué. El pueblo es una unidad delante de Dios. Las acciones individuales afectan a toda la colectividad, sobre todo en lo que se refiere a testimonio y

---

[1] F. Lacueva. *"La Iglesia Cuerpo de Cristo"*. Terrassa 1978, págs. 215, 218.
[2] Félix Asensio. o.c., pág. 20.

obediencia, como se aprecia a lo largo de los relatos del libro. En esta ocasión, la acción alcanza a Josué que debe dar las instrucciones y a los doce hombres seleccionados para ejecutarlas. Sin embargo, la acción de doce personas se entiende colectivamente con la totalidad de la nación.

Josué había recibido instrucciones anteriormente para seleccionar a los doce hombres, uno de cada tribu (3:12). Tal vez no sabía con toda exactitud cuál era la razón para elegirlos, ya que el texto bíblico recoge aquí el mandamiento como instrucciones dadas por Dios cuando ya había cruzado todo el pueblo el Jordán. Sin embargo, es lógico que una elección así, que requería tiempo, hubiera sido hecha antes de iniciar el cruce. La razón es evidente. Dios detenía las aguas del Jordán durante el tiempo preciso para que su pueblo pasara en seco, pero no más del tiempo necesario. Los sacerdotes estaban a pie firme en medio del lecho del río hasta que todo el pueblo pasara, pero no podían estar mucho tiempo allí sosteniendo el peso del arca del pacto sobre sus hombros. Esto hizo necesario que la selección de un representante por cada tribu se llevase a cabo antes de iniciar el cruce del río. ¿Cuáles fueron las tribus de las que se tomaron los doce representantes? Entre los descendientes de Jacob, que fueron las cabezas de fundación de las familias de cada una de las doce tribus, estaba Leví, de cuyas familias procedía la tribu sacerdotal, que no tendría heredad en Palestina. Siendo esta tribu separada para el servicio de Dios, la de José se dividió en dos, correspondiendo la división a las familias de Manasés y de Efraín. Entre los representantes de las doce tribus seleccionados antes del cruce del Jordán, no estaba el de la tribu de Leví, pero en su lugar uno por la de Manasés y otro por la de Efraín.

Una vez que el pueblo atravesó el río en seco, los doce hombres elegidos de las tribus habían de regresar al Jordán hasta el lugar donde los sacerdotes permanecían detenidos con el arca del pacto y tomar de allí doce grandes piedras del lecho del río para sacarlas a la orilla occidental, ya en la tierra de Canaán, y llevarlas al lugar donde habían de acampar aquella noche, para levantar con ellas un monumento conmemorativo. No sería muy llamativo aquel monumento, ni de una gran envergadura, ya que, por muy fuertes que fueran los hombres elegidos, tenían una limitada capacidad para cargar con piedras excesivamente pesadas. Tampoco se detalla cómo tenía que ser el monumento que debían levantar. Solo se dice que las piedras tomadas del lecho seco del Jordán debían ser llevadas al lugar a donde pasaran la primera noche en Canaán (*bammalôn*), el primer lugar de acampada del pueblo en la tierra prometida.

La razón para levantar el monumento conmemorativo se da en los textos siguientes, de donde también se toma la aplicación actual.

4. Entonces Josué llamó a los doce hombres a los cuales él había designado de entre los hijos de Israel, uno de cada tribu.

Los mandamientos que Dios establecía se ejecutaban con diligencia por quienes debían hacerlo, siguiendo las instrucciones de Josué. No importaba quiénes tuvieran que hacer el trabajo, la obediencia a la voluntad de Dios se respetaba escrupulosamente en este primer tiempo de la experiencia de Israel en Canaán. Llegaría el momento en que los mandamientos de Dios no se atendieran así, e incluso no se obedecieran, lo que iba a ocasionar serias dificultades a la nación, pero la obediencia es nota destacada en los primeros capítulos del libro. Josué había mandado antes a los sacerdotes para iniciar el paso del río (3:8), ahora manda a los hombres seleccionados de cada una de las tribus. La autoridad de Josué no se discutía, era el conductor del pueblo en lugar de Moisés; Dios lo había designado y Él mismo lo respaldaba con sus milagros. La autoridad de Josué no era por imposición, sino por delegación. No se trataba de un dictador al estilo de los reyes de otras naciones, sino de un delegado de Dios mismo, el único Rey de la nación.

La autoridad del liderazgo bíblico en la iglesia procede de la obediencia a la voluntad de Dios y no de la imposición personal. Nadie puede, conforme a la Escritura, constituirse en autoridad en la congregación de Dios. No hay ninguna base bíblica para ello en la enseñanza del Nuevo Testamento. Los que están puestos para conducir al pueblo de Dios ejercen la autoridad delegada de Dios en medio de la congregación mediante la aplicación de la Palabra. Ellos mismos deben ser los primeros en someterse a la voluntad de Dios y, por esa misma razón, pueden demandar del pueblo obediencia a lo establecido por Dios mostrándose a todos como ejemplo. La autoridad del líder bíblico proviene del respaldo que le da la Palabra de Dios. Nadie debe establecer normas autoritativas que no descansen firmemente en la Escritura. La conducción, orientación y reprensión solo son eficaces cuando proceden de la Palabra: *"que prediques la Palabra; que instes a tiempo y fuera de tiempo; redarguye, reprende, exhorta con toda paciencia y doctrina"* (2Ti. 4:2). La paciencia para soportar y la doctrina para conducir, son los elementos esenciales de todo líder bíblico. Solo quienes actúan sin serlo se atreven a constituirse a sí mismos en autoridades dentro de la iglesia, como era el caso de Diótrefes en tiempos de Juan (3Jn. 9, 10). El líder bíblico debe ser respetado y obedecido porque lo que enseña y demanda tiene el respaldo de la autoridad de Dios, al ser ajustado a la normativa bíblica. Esa era la forma como actuaba Josué, limitándose a dirigir y ejercer autoridad ajustándose en todo a las instrucciones recibidas del Señor. Puede haber gentes rebeldes a las indicaciones que los líderes establecen en la iglesia, pero la rebeldía de los tales no será contra los conductores de la congregación, sino contra Dios mismo que los ha puesto, y contra su Palabra que es desobedecida. Las lágrimas forman parte de la experiencia del liderazgo, como ocurría con el mismo apóstol Pablo, que confrontaba continuamente la rebeldía de arrogantes dentro de las iglesias que había fundado. Muchas veces la exhortación iba rodeada de lágrimas (Hch. 20:31). Pero, aun así, las lágrimas serán una bendición para quien sirve al Señor con limpia conciencia, obedeciéndole en todo. Las lágrimas vertidas y los lamentos en el ejercicio del liderazgo producen dos consecuencias: una perjudicial para quienes son causantes de ellas (He. 13.17); otra de bendición para quienes son objetos del desprecio, ya que las lágrimas tienen promesa de bendición y de consuelo divinos: *"Bienaventurados los que lloran, porque ellos recibirán consolación"* (Mt. 5:4). David, el pastor de Israel, rogaba al Señor que se acordara de sus lágrimas: *"Pon mis lágrimas en tu redoma"* (Sal. 56:8). Dios no olvidará las lágrimas de quienes le sirven, para hacerles llegar la provisión de consuelo cuando fuere el tiempo. El liderazgo bíblico debe asumir los dos compromisos: conducción conforme a la voluntad de Dios y disposición para asumir el sufrimiento que conlleva este servicio.

5. Y les dijo Josué: Pasad delante del arca de Jehová vuestro Dios a la mitad del Jordán, y cada uno de vosotros tome una piedra sobre su hombro, conforme al número de las tribus de los hijos de Israel,

6. para que esto sea señal entre vosotros; y cuando vuestros hijos preguntaren a sus padres mañana, diciendo: ¿Qué significan estas piedras?

7. les responderéis: Que las aguas del Jordán fueron divididas delante del arca del pacto de Jehová; cuando ella pasó el Jordán, las aguas del Jordán se dividieron; y estas piedras servirán de monumento conmemorativo a los hijos de Israel para siempre.

He aquí la razón de todos aquellos preparativos relacionados con la selección de los doce hombres, uno por cada tribu. Dios había dicho: *"Tomaos doce hombres"* (*q*ᵉ*hû läkem*), ahora Josué llamó (*wayyiqra*ª) a esos hombres para realizar una tarea especial. Debían retornar al Jordán, pasar de nuevo al centro del lecho del río donde estaban los sacerdotes detenidos con el arca, y tomar del lugar por donde discurrían las aguas doce grandes piedras, una por cada tribu de Israel, para convertirlas en una señal perpetua para el pueblo.

El monumento levantado con aquellas piedras —no se sabe la forma que tendría— tal vez unas amontonadas sobre otras, sería un objeto para llamar la atención a las futuras generaciones, quienes, al preguntar sobre lo que representaban, debían recibir como respuesta el relato de la intervención admirable de Dios en favor de Su pueblo. La respuesta tenía que ver, primero, con el modo en que se pasó del desierto a la tierra prometida, mediante la acción divina que dejó el Jordán en seco para que pasara el pueblo; y, en segundo lugar, con el poder de Dios, ya que el milagro se produjo cuando *"el arca del pacto de Jehová pasó el Jordán"*.

Las futuras generaciones no tendrían ocasión de presenciar los hechos portentosos que sus antepasados habían visto, pero no por ello debían olvidarse de la omnipotencia y fidelidad del Dios a quien debían adorar. Los dos momentos cumbres en la nación, el de la liberación de Egipto y el de la entrada a la tierra prometida, fueron acompañados de manifestaciones asombrosas del poder de Dios abriendo paso a Su pueblo para alcanzar, primero la libertad y, luego, la bendición. No cabe duda que cada generación de israelitas debería ver en su época manifestaciones del poder de Dios, sin embargo, ninguna de ellas les daría una identidad como pueblo de Dios, semejante a las que ocurrieron en Egipto y en Canaán. Aquel monumento levantado en la llanura de Jericó sería un memorial permanente a la fidelidad de Dios. Todas las futuras generaciones podían confiar plenamente en Aquél que, después de más de cuatrocientos años, había sido fiel en el cumplimiento de la promesa dada a Abraham. La realidad de Israel como nación venía de aquella promesa fielmente cumplida por Dios.

Dios desea que Su pueblo guarde también hoy fiel memoria de las bendiciones que obtiene en Cristo Jesús. Aquellas piedras tomadas del Jordán representaban simbólicamente a las doce tribus de Israel sacadas a victoria por la acción de Dios, representada en el arca del pacto que había entrado por ellos en el mismo lugar de donde habían sido arrancadas. El arca había detenido la corriente impetuosa del río que impedía la travesía del pueblo. Tal debe ser la lección que, sacada de este pasaje, esté presente siempre en la mente de los creyentes.

La Iglesia ocupa un terreno de victoria y bendición obtenido en razón de la muerte de Cristo, que sacó a la *"luz la vida y la inmortalidad por el evangelio"* (2Ti. 1:10). De modo semejante a aquellas piedras mandadas sacar del fondo del río por la autoridad de Dios, también Cristo *"llevó cautiva la cautividad"* (Ef. 4:8). En ese sentido, la obra de la cruz adquiere una admirable dimensión de victoria. Cristo, en ella, venció sobre los principados y potestades que retenían a los hombres sujetos a esclavitud por el terror a la muerte, a fin de liberarlos de esa situación (He. 2:14-15). Dios ha dado a su Hijo, como trofeo y resultado de Su obra, un pueblo para Sí (Jn. 6:37, 44; 17:6, 9, 11, 12; He. 2:13). Ese pueblo, unido al Señor, es un eterno monumento memorial a la victoria de la cruz. Todos los creyentes que serán salvos a lo largo de la dispensación de la iglesia son esa *cautividad* que Cristo desata y lleva en triunfo consigo. Para alcanzar a cada uno de los creyentes en su condición de perdición y trasladarlos por gracia a la de vida, el Señor tuvo que descender al lugar de condenación a donde cada uno se encontraba. El Salvador, que también ascendió a la gloria, tuvo primero que *"descender a las partes más bajas de la tierra"* (Ef. 4:9). El pasaje no está refiriéndose a un hipotético descenso de Cristo a algún lugar después de su muerte, como fuera al Hades, o a los infiernos, sino que, simplemente, se refiere al grado máximo de humillación que el Hijo de Dios tuvo que asumir, para hacer *salvable* al más perverso y bajo de los hombres, esto es, a cualquiera de los pecadores. Hasta ahí llegó Cristo para hacer posible la unidad de su Iglesia, como un pueblo tomado del lugar de muerte y trasladado al de vida. Cristo descendió del cielo por amor a quienes estaban perdidos (Fil. 2:6-8), incapaces de hacer nada para salir de aquel estado, y lejos de toda esperanza (Ef. 2:11, 12). La iniciativa es de Dios mismo, quien descendió para buscar a los perdidos (Lc. 19:10); a quienes ni le buscaban ni tenían interés en hacerlo (Ro. 3:11). Estos son tomados del estado de muerte y resucitados a vida, eliminado el obstáculo que los separaba de toda esperanza (Col. 2:13-15). Como en el caso de las piedras del Jordán llevadas a hombros, así también Dios coloca a cada creyente en esa posición en Cristo (Lc. 15:5). El *monumento de victoria* es Cristo mismo. No necesita su Iglesia otro más representativo. Los ojos de los creyentes han de estar puestos continuamente en Él (He. 12:2). Sin embargo, en razón de la unión vital de los creyentes en Cristo para la formación de un cuerpo en Él las piedras, antes muertas y después vivas (1Pe. 2:4-5), constituyen una manifestación definitiva de la obra que Dios realizó en favor de los *"herederos de salvación"* (He. 1:14). Este monumento a la gracia de Dios proclamará en los siglos venideros, a las futuras generaciones de seres en comunión con Dios, *"las abundantes riquezas de su gracia en su bondad para con nosotros en Cristo Jesús"* (Ef. 2:7). Los creyentes asociados al Señor y vinculados perpetuamente a Él harán visible la manifestación de la gracia divina, que no sería posible sin esa referencia. No solo la gracia que salva de condenación, sino también la que transforma para un nuevo servicio a Dios. Los seres creados por Dios, tanto los que existen como los que puedan serlo en un futuro, bien sean ángeles u hombres, podrán conocer la gloria de Dios, admirar su poder y discernir sobre sus otras perfecciones, pero no sería posible una comprensión de la gracia, mientras no hubiera criaturas pecadoras que pudieran ser alcanzadas por ella. Dios hace todo *"para mostrar"* (gr ἵνα ἐνδείξηται)[3], es decir, para ser glorificado por lo que hizo. Toda la obra de

[3] El verbo utilizado por Pablo aparece en voz media reflexiva, primer aoristo de subjuntivo, que expresa una acción que revierte en provecho del que la ejecuta.

salvación está realizada con el propósito de que Dios sea alabado por ella (Ef. 1:6, 12, 14).

El monumento testimonial a la obra de Cristo que es la Iglesia, debe manifestar también el aspecto de la realidad salvífica en cuanto a redención de igual manera que en cuanto a *santificación*. Simbólicamente las piedras tomadas del fondo del Jordán, de un terreno de muerte, son trasladadas a un lugar nuevo para cumplir una misión distinta, llamar la atención a la obra realizada por Dios. Los creyentes eran antes *piedras muertas*. La identificación con Cristo trajo para cada uno una nueva experiencia de vida. Pedro enseña que las *piedras* son vivas desde el momento en que fueron unidas con la *Piedra Viva* que es Cristo (1Pe. 2:4-5). Esta vida nueva debe ser manifestada visiblemente como testimonio al mundo. Los corazones de piedra insensibles y desobedientes a Dios fueron dejados a un lado para ser sustituidos por corazones *de carne*, es decir, sensibles a Dios y obedientes a su voluntad (Ez. 11:9). Esta posición nueva en Cristo ha de traer consecuencias reales en la vida del cristiano: *"Así también vosotros considerados muertos al pecado, pero vivos para Dios en Cristo Jesús, Señor nuestro"* (Ro. 6:11). De una esfera de esclavitud y desobediencia practicando malas obras, el cristiano es trasladado en Cristo a una de testimonio de vida nueva para la gloria de Dios, como corresponde al propósito de Su obra (2Co. 5:15). Si la resurrección en Cristo conduce a una nueva vida, las condiciones del tiempo pasado deben haber terminado definitivamente para todo el que ha sido unido a Él (1Co. 5:11; 1Pe. 4:3). La consecuencia de la identificación con la muerte de Cristo no puede ser otra: *"Lejos esté de mí gloriarme sino en la cruz de nuestro Señor Jesucristo, por quien el mundo me es crucificado a mí, y yo al mundo"* (Gá. 6:14). La realidad de la vida cristiana consiste en manifestar al mundo la presencia real de Cristo, viviente en el cristiano. Lo que el mundo necesita es mucho más que personas que hablen de Cristo, necesita creyentes que vivan a Cristo.

8. Y los hijos de Israel lo hicieron así como Josué les mandó: tomaron doce piedras de en medio del Jordán, como Jehová lo había dicho a Josué, conforme al número de las tribus de los hijos de Israel, y las pasaron al lugar donde acamparon, y las levantaron allí.

El entorno histórico del cruce del Jordán está envuelto en una atmósfera de obediencia. Esta realidad se aprecia continuamente en el texto bíblico. En esta ocasión, los doce hombres de las tribus de Israel, seleccionados previamente al paso del Jordán (3:12), cumplieron diligentemente con las instrucciones de Josué. Pero, a su vez, Josué estaba cumpliendo lo que *"Jehová le había dicho"*. La obediencia requería compromiso y entrega personales. Los doce hombres debían regresar al lugar donde el arca del pacto estaba detenida y cargar sobre sus hombros doce piedras, del tamaño suficiente como para hacer visible un monumento memorial que recordara a las generaciones venideras el paso del río Jordán por el poder y providencia de Dios. El monumento no se levantó al borde del río, lo que hubiera sido relativamente sencillo y fácil para aquellos que tuvieron que cargar con las doce piedras. Fue necesario transportarlas *"hasta el lugar donde acamparon"*, el refugio nocturno (*hammalön*), en Gilgal (v. 20)[4]. Tuvieron, pues, que recorrer con su carga un largo trecho —algunos opinan que de 2,5 a 3 kilómetros al oeste del río—[5] hasta llegar al lugar donde se levantó el monumento.

No se dice la forma que tuvo el monumento levantado con las doce piedras tomadas del Jordán. Tal vez, en razón del significado del mismo nombre de Gilgal, tuviera una forma circular, colocando las piedras una al lado de la otra hasta formar un círculo. No tiene, sin embargo, importancia alguna la forma en que fue construido, lo importante es el hecho de haberlo sido, cumpliendo el mandato del Señor. La obediencia es lo que se destaca continuamente en el texto bíblico.

Otra importante aplicación surge de este sencillo texto: la obediencia como distintivo del creyente. La obediencia va siempre vinculada a la vida de fe. La fe viva, dinámica, discurre siempre por el camino de la obediencia. Tanto en el Antiguo como en el Nuevo Testamento, la palabra *obediencia* toma su raíz en el verbo *oír*. Por esa razón, la Escritura presenta la obediencia como la respuesta a lo que el creyente oye. Así fue el compromiso expresado por el pueblo de Israel en el tiempo de la promulgación de la ley: *"Haremos todas las cosas que Jehová ha dicho, y obedeceremos"* (Éx. 24:7). La desobediencia como rechazo voluntario a lo establecido por Dios, recibía en determinados casos una disciplina tan grave como la muerte del desobediente (Dt. 21:18-21). Cuando se habla de obediencia, se está enseñando el resultado de una disposición personal de acatamiento a la voz de Dios, es decir, la obediencia es la consecuencia de oír la Palabra de Dios. Cuando la Biblia habla de desobediencia, la vincula muchas veces con la negativa a oír la voz de Dios, como dice el profeta: *"Reconoce, pues, tu maldad... no oíste mi voz, dice Jehová"* (Jer. 3:13). En la esfera de la vida de fe del cristiano, la obediencia es la expresión natural e inseparable de su modo de comportamiento. La conversión es el resultado de una acción de obediencia al llamado de Dios por medio del evangelio. El cristiano fue llamado por Dios para obediencia: *"Elegidos según la presciencia de Dios Padre en santificación*

---

[4] Sobre Gilgal se tratará en el siguiente capítulo.

[5] William J. Deane. o.c., pág. 50.

del Espíritu, para obedecer y ser rociados con la sangre de Cristo" (1Pe. 1:2). La elección de los creyentes no fue hecha porque iban a obedecer, sino con un propósito determinado: *"para"* obedecer. Por eso Pedro llama a los cristianos *"hijos obedientes"* (1Pe. 1:14). La obediencia establece la diferencia entre un salvo y un perdido. El hombre no regenerado es desobediente por condición natural, el salvo es obediente a causa de su nueva naturaleza. Tal distinción está notoriamente expresada en la enseñanza del Nuevo Testamento (Ef. 2:1-3). La dotación de un corazón nuevo hace posible una vida de obediencia por el poder del Espíritu (Ez. 36:26-27). La identificación con Cristo hace inexcusable la obediencia para el cristiano. El ejemplo supremo de obediencia es Cristo mismo, quien se hizo *"obediente hasta la muerte, y muerte de cruz"* (Fil. 2:8). La entrega de Su vida en sacrificio por el pecado fue un acto voluntario, pero inseparablemente ligado a la obediencia, ya que era consecuencia del *"mandamiento recibido del Padre"* (Jn. 10:18). Aquel que vive a Cristo entra de lleno en la misma experiencia y dimensión. El *sentir* de Cristo se convierte en el *mismo sentir* de los suyos (Fil. 2:5). Hasta tal punto, que se le requiere el mismo compromiso que el Señor: *"Se fiel hasta la muerte"* (Ap. 2:10b). El vínculo común a todo cristiano es su amor por Cristo (Ef. 6:24). Sin embargo, el amor no existe sin la obediencia. Así lo entendía el Señor: *"Si me amáis, guardad mis mandamientos"* (Jn. 14:15). El discipulado de nuevos cristianos tiene un marcado énfasis en la obediencia. Cuando el Señor estableció la evangelización a todas las naciones, instruyó a los suyos para que enseñaran a los nuevos creyentes el compromiso con la obediencia a *"todas las cosas que os he mandado"* (Mt. 28:20). La obediencia de los creyentes debe ser algo notorio a todos (Ro. 16:19). Es en razón a esa condición, que el desobediente no debe estar en la comunión de la iglesia, ya que constituye por sí mismo un contratestimonio para el evangelio. Esa segregación de la comunión eclesial está establecida por Pablo para los desobedientes de Tesalónica (2Ts. 3:14). La lección de la obediencia sobresale, no solo en este, sino en otros muchos lugares del libro de Josué.

9. Josué también levantó doce piedras en medio del Jordán, en el lugar donde estuvieron los pies de los sacerdotes que llevaban el arca del pacto; y han estado allí hasta hoy.

Un segundo monumento se levantó bajo las instrucciones de Josué, en el lecho del Jordán, en el *"lugar donde estuvieron los pies de los sacerdotes que llevaban el arca del pacto"*. Al entrar en el Jordán se había producido el milagro de la detención del fluir del río para permitir el paso en seco de todo el pueblo. Durante todo el tiempo que duró el cruce del Jordán el arca del pacto estuvo detenida en el centro del cauce seco, hasta que pasó todo el pueblo. El recuerdo de aquella intervención divina se perpetuaría en el monumento que se levantó en Gilgal. Pero ¿por qué razón se debía levantar otro en la parte profunda del lecho del río? ¿Qué valor podía tener algo que no iba a verse desde el exterior, al ser tapado por las aguas cuando discurrieran nuevamente? Además, en ningún lugar del pasaje se da la razón por la que había de levantarse tal monumento, como se hace con el que se erigiría en tierra firme (vv. 6, 7).

Como escribe Félix Asensio:

"Cierto que sorprende la entrada de relámpago en escena de un monumento nuevo, inútil, por una parte, en medio del río y, por otra, sin aclaración directa (podría pretenderse un anuncio simbólico del monumento de Gilgal) de su alcance[6]*.*

Este silencio bíblico da pie a muchas suposiciones que pretenden explicar las razones para ello. Algunas, procedentes de la *Alta Crítica*, afirman la existencia de dos tradiciones, de distintas épocas que, para mantenerlas, el escritor del libro las hizo coincidir en el pasaje, refiriéndose a dos monumentos, cuando en realidad solo fue uno, introduciendo a modo de paréntesis el versículo 9, para mantener, de algún modo, las dos tradiciones[7]. No es posible que los que creen en la *inspiración de las Escrituras* acepten esta suposición. No son dos tradiciones unidas por un compositor del libro en un hipotético momento muy posterior al tiempo de la conquista. Y mucho menos que fuera una composición mitológica que justifique la presencia de las tribus de Israel en el territorio de Canaán. La decisión de Josué, cuando ordenó la construcción de un monumento en el fondo del Jordán, se debió a instrucciones divinamente recibidas, como todo el entorno textual demanda. Lo hizo porque aquello, como el resto de las acciones de aquel día, le habían sido ordenado por Dios mismo. De igual manera que tomaron las doce piedras para sacarlas fuera del cauce del río, *"como Jehová lo había dicho a Josué"* (v. 8), así también lo hizo en relación con el segundo monumento que quedó luego sumergido bajo las aguas del río. Esa es la única explicación posible, como el mismo texto demanda: *"Josué también levantó doce piedras en medio del Jordán..."*. Es decir, como levantó las otras doce en tierra firme por la voluntad de Dios, así hizo también con estas otras que quedaron sumergidas bajo las aguas del río.

---

[6] Félix Asensio. o. c., pág. 21.

[7] A. B. Ehrlich, *"Randglossen zur hebräischen Bibel"*, Leipzig 1914-1918, pág. 16. B. S. Childs, "A Study of the formula until this day". Journal of Biblical Literature, Philadelphia, 1963, págs. 279-292.

¿Qué valor tenía un monumento que no podía verse? Cuando en el transcurso del tiempo un israelita, conocedor de la acción divina realizada en favor del pueblo para el cruce del Jordán, se aproximara al cauce del río en el lugar por donde había pasado el pueblo, sabía que allí, bajo las aguas, en la profundidad del río, un monumento, desconocido e ignorado para el resto de los pueblos pero significativo para él, marcaba, desde la profundidad de las aguas, el lugar donde Dios había estado firmemente establecido —en la figura y simbolismo del arca— para hacer posible el paso del pueblo a salvo. Sin verlo, podría entender también que aquellas doce piedras sumergidas hablaban de la profundidad a donde Dios mismo había tenido que descender —siempre en la figura del hecho histórico— para hacer posible un camino que nunca antes había utilizado Su pueblo y que lo conducía al disfrute de las promesas hechas realidad a causa de la fidelidad de Dios.

La aplicación actual de aquel hecho tiene un sorprendente valor para la actual *congregación de Dios*, la Iglesia de Jesucristo. Es el *monumento* a la gracia de Dios, en la esfera de la muerte del Redentor. Ambas cosas están tan ligadas que no se puede considerar la lección del aspecto salvífico y victorioso de los creyentes en el disfrute de las promesas de Dios al margen de la muerte del Señor. Ya antes se ha considerado esto, tan solo se debe ahora añadir muy poco más. El creyente que se siente gozoso en el disfrute de las bendiciones de Dios y de la comunión con Él, no debe dejar de aproximarse por fe al lugar de donde fue sacado para llegar a esta nueva dimensión. Como un israelita que se sentara al borde del Jordán para *ver por fe* bajo la superficie del agua aquellas piedras que simbolizaban la obra de Dios, así también el creyente ahora debería detenerse ante el límite que lo separaba de Él para contemplar, por medio de la fe, el costo infinito que supuso a Dios hacerle llegar a esta nueva y perpetua posición en Cristo. Mirando al pasado se divisa, tal vez en la lejanía de la primera experiencia con el Salvador, el lugar de miseria, de ira y de muerte donde cada uno de los salvos se encontraba. Allá, *"en aquel tiempo estabais sin Cristo, alejados de la ciudadanía de Israel y ajenos a los pactos de la promesa, sin esperanza y sin Dios en el mundo"* (Ef. 2:12). Pero el Señor entró en aquella esfera de ruina y maldición, haciéndose Él mismo maldición por cada uno, para alcanzar a cada creyente el lugar de bendición a que los ha llevado. La vida nueva que el cristiano disfruta, ha sido posible porque Cristo dejó Su vida, en el fondo oscuro de la frontera de la separación de Dios. La fe permite ahora oír la voz del Señor en el momento de su máxima experiencia de descenso, cuando alcanzó la profundidad espiritual del más perverso y arruinado de los pecadores diciendo, en palabras del salmista: *"Sálvame, oh Dios, porque las aguas han entrado hasta el alma. Estoy hundido en cieno profundo, donde no puedo hacer pie; he venido a abismos de aguas, y la corriente me ha anegado. Cansado estoy de llamar; mi garganta se ha enronquecido; han desfallecido mis ojos esperando a mi Dios"* (Sal. 69:1-3). Entonces, el alcance de la operación de la gracia, se hace más íntimo y personal. Es ahí cuando el alma se quebranta delante del Señor, y el corazón roto del creyente vierte en Su presencia el perfume de la adoración y la alabanza de la gratitud por los bienes recibidos. El amor de Dios toma, entonces, la dimensión que debe ocupar en el pensamiento del creyente. La cruz se hace notoriamente real y la pregunta surge en cualquier modo de expresión: *"¿Por qué lo has hecho Señor?"*, y nada hay que pueda explicarlo, nada que pueda responderla, nada que pueda satisfacer la razón del pensamiento humano, pero que glorifica el modo de pensar de Dios. Es así que, cuando todo calla, Dios responde por su Palabra: *"Porque ya conocéis la gracia de nuestro Señor Jesucristo, que por amor a vosotros se hizo pobre, siendo rico, para que vosotros con su pobreza fueseis enriquecidos"* (2Co. 8:9). Entonces la cruz de Cristo alcanza para el fiel las más altas cotas de gloria, que derriban y anulan todas las glorias que el creyente hubiera podido considerar como suyas. Es, en esa dimensión de humildad, cuando la gratitud se convierte en adoración y esta en entrega incondicional de todo lo que es, en el más alto nivel del sacrificio espiritual *"santo y agradable a Dios"*, que es el modo *lógico* del culto cristiano (Ro. 12:1). Los ojos no pueden separarse entonces fácilmente de la cruz, que adquiere una cada vez más intensa dimensión personal. Es cuando el creyente puede llegar a decir: *"me amó y se entregó por mí"* (Gá. 2:20). En esa posición de recuerdo agradecido, cuando la gloria personal desaparece ante la infinita gloria de la obra de Cristo, vacío plenamente del *"yo"*, el cristiano está en condiciones de ser un instrumento útil en las manos de Dios. Es ciertamente necesario recordar continuamente la infinita dimensión del amor de Dios, hasta que cada uno pueda decir:

> Amor insondable, y amor soberano,
> No puedo del leño mi vista apartar.
> Allí me revelas mi culpa y tu gracia,
> Allí has sellado mi gloria y mi paz[8].

Restauración del río a su curso (4:10-18)

10. Y los sacerdotes que llevaban el arca se pararon en medio del Jordán hasta que se hizo todo lo que Jehová había mandado a Josué que dijese al pueblo, conforme a todas las cosas que Moisés había mandado a Josué; y el pueblo se dio prisa y pasó.

---

[8] Estrofa de un poema de Mariano San León Herrera.

No puede haber un resumen mejor que este versículo para concretar los acontecimientos del cruce del Jordán. Cada uno en el pueblo de Israel cumplió fielmente su deber. Los sacerdotes estuvieron parados en el lecho sin agua del río. Josué condujo las acciones y ejecutó lo que Dios le había indicado. El pueblo se dio prisa y pasó el Jordán. La obediencia vuelve a ser el elemento sobresaliente en el versículo, ya que todo correspondía a la ejecución de *"todas las cosas que Moisés había mandado a Josué"*. De otro modo, toda acción correspondía a lo que Dios había establecido para aquella ocasión, no solo a la comunicación personal hecha a Josué, sino a la Palabra dada por medio de Moisés.

Es notable la última referencia a la prisa del pueblo para pasar el río. Solo suposiciones podrían responder a la pregunta: ¿cuál fue la razón de *ella?* Algunos se apresurarían por temor a que las aguas pudieran volver a correr como antes; su fe, tal vez fuera débil como *"un pábilo que humea"* (Is. 42:3), y corrían presurosos al refugio seguro de la otra orilla. Otros correrían de gozo en el deseo de entrar en la tierra prometida; la realidad admirable del cumplimiento de una promesa esperada por sus antepasados por más de cuatrocientos años, hacían *"sus pies como de ciervas"* conduciéndoles raudos al disfrute de la herencia prometida. Es posible que algunos estuvieran asombrados ante el milagro de Dios y pensaran que aquel no debía extenderse más que el tiempo necesario para pasar el pueblo; cualquier otra cosa sería como tentar a Dios y corrieron hacia la orilla de Canaán. En fin, tal vez otro grupo corría al otro lado simplemente porque lo hacían los demás, en un efecto de mimetismo de masas. Fuera lo que fuera, el texto expresa lo que ocurrió: *"el pueblo se dio prisa y pasó"*. La última palabra es un canto de victoria. Dios había ejecutado su plan. El Soberano había cumplido su promesa. Toda muralla de oposición que los enemigos de Dios hubieran levantado desde el mismo momento de comenzar a caminar como pueblo en Egipto había quedado derribada por la omnipotencia de Dios. El Dios de la gracia y fidelidad se había glorificado en medio de Su pueblo. Dios era la más admirable y gloriosa realidad en aquella solemne y gozosa jornada.

El texto sugiere una sencilla aplicación personal. Si la fe impide al creyente actuar antes que Dios lo establezca, la misma fe produce la diligencia necesaria para ejecutar con prontitud Sus mandamientos. Así dice el salmista: *"Por el camino de tus mandamientos correré, cuando ensanches mi corazón"* (Sal. 119:32). La obediencia ha de ir acompañada de diligencia. Un corazón ensanchado es aquel en que el Espíritu actúa para hacerlo capaz de actuar conforme a la voluntad de Dios. Ese es el *"andar conforme al Espíritu"* del que Pablo habla (Gá. 5:16, 25). Dios mismo es el que produce el deseo de obediencia y los recursos para obedecer

(Fil. 2:13). Por tanto, la obediencia y la diligencia deben ir unidas en la experiencia de la vida cristiana, como Pablo mismo enseña: *"En lo que requiere diligencia, no perezosos; fervientes en Espíritu, sirviendo al Señor"* (Ro. 12:11). El Espíritu produce un corazón *hirviente*, esto es, con deseo y disposición para la obediencia y el servicio, provocando el deseo de hacerlo con presteza. El creyente obediente es también diligente.

11. Y cuando todo el pueblo acabó de pasar, también pasó el arca de Jehová, y los sacerdotes, en presencia del pueblo.

El relato bíblico reitera algunos aspectos del evento, como es la salida del arca del lugar donde había estado en el lecho del río mientras el pueblo pasaba (vv. 15, 17). Tal repetición de detalles hace suponer a los intérpretes liberales que se trata de documentos o tradiciones superpuestas. Sin embargo, la hipótesis no se sostiene si se tiene en cuenta que cualquier redactor detectaría la superposición de relatos idénticos o semejantes. El Espíritu de Dios desea destacar algunos aspectos, enfatizándolos en el pasaje. El hilo del relato necesitaba la incorporación del paso del arca, ya que anteriormente se indicó que todo el pueblo había pasado el río, dejando el arca a hombros de los sacerdotes en el lugar en que se había detenido mientras ellos pasaban. Ninguno del pueblo había quedado sin pasar el Jordán, tampoco los sacerdotes que portaban el arca, ellos también lo hicieron cuando todo el pueblo había terminado de pasar. Esta es la primera referencia, luego se dirá la razón por la que dejaron el lugar donde estaban y salieron también a la orilla donde todo el pueblo se encontraba. El paréntesis de las doce piedras y de los dos monumentos levantados, uno en el lecho del río y otro en Gilgal, dan paso nuevamente al hilo del relato del cruce del río.

12. También los hijos de Rubén y los hijos de Gad y la media tribu de Manasés pasaron armados delante de los hijos de Israel, según Moisés les había dicho;

13. y como cuarenta mil hombres armados, listos para la guerra, pasaron hacia la llanura de Jericó delante de Jehová.

Los ejércitos de las dos tribus y media, cuyos territorios habían sido elegidos por ellos al este del Jordán, toman su posición y asumen su compromiso en relación con la conquista de la tierra prometida. Su compromiso les conduce al primer puesto delante de todo el pueblo de Israel. Ellos eran la vanguardia de quienes entraban en la tierra de la promesa. Esa posición en la vanguardia del ejército les había sido asignada anteriormente, en tiempos de Moisés, cuando se formalizó el compromiso y se les dio en posesión las tierras de Transjordania. El cuerpo del ejército de esas tres tribus era en número menos de la mitad de los hombres de guerra que ellos disponían. En el recuento de la nueva generación de Israel, nacida en el desierto durante los cuarenta años de peregrinación, reflejaba un censo mucho más elevado de hombres de guerra en esas dos tribus y media. Los contados de la tribu de Rubén fueron cuarenta y tres mil setecientos treinta (Nm. 26:7). De la tribu de Gad, el censo arrojaba la cifra de cuarenta mil quinientos hombres (Nm. 26:18). De la de tribu de Manasés se contaron cincuenta y dos mil setecientos (Nm. 26:34). Por tanto, el número aproximado de gente de guerra que procedían de aquellas tribus alcanzaba la cifra de ciento diez mil quinientas ochenta personas. Tan solo un poco más de la tercera parte, cuarenta mil hombres armados, pasaron delante de sus hermanos.

Se entiende fácilmente que la gran extensión de territorio dada a aquellas dos tribus y media, el asentamiento de sus familias en ciudades, la expansión de sus rebaños y el cuidado de las tierras que le habían sido dadas al este del Jordán, requería la presencia de hombres de guerra para ello. Las dos terceras partes del ejército quedó al otro lado del Jordán enviando, posiblemente, lo más selecto del ejército para ayudar al resto de las tribus en la conquista de la tierra.

El compromiso de colaboración con la conquista llevaba aparejada la bendición o la maldición de Dios sobre ellos (Nm. 32:23). No entrar en la tierra prometida constituía un pecado de rebeldía, como antes había ocurrido con sus padres en Cades-Barnea (Nm. 32:8). Sin embargo, la elección del territorio de Transjordania no suponía rebeldía contra Dios, en la medida en que asumieran el compromiso de colaborar con todo el pueblo en la ocupación de sus heredades en el territorio de Canaán. Aquel cuerpo del ejército, compuesto por unos cuarenta mil hombres, pasó hacia la llanura de Jericó. Era la vanguardia armada de las miles de personas que habían cruzado el río.

El relato sigue enfatizando una acción teocrática. Los hombres de guerra pasaron *"delante de Jehová"*. Tal vez se esté refiriendo simbólicamente al arca del pacto, pero la realidad es que Dios actuaba como el responsable final y el conductor supremo de aquel pueblo en todo lo referido al cumplimiento de sus promesas. Aparentemente iban *"delante de los hijos de Israel"* (v. 12), pero realmente era *"delante de Jehová"*. Todo aquello era el programa de Dios y todo se realizaba bajo Su atenta mirada.

Una sencilla aplicación surge de la lectura de estos dos textos y tiene que ver con el cumplimiento del compromiso de servicio en el pueblo de Dios. Aquellos hombres armados de las dos tribus y media, estaban expresando visiblemente el compromiso asumido tiempo antes en presencia de Moisés. El pueblo de Dios, tanto antes como ahora, es una unidad espiritual y la interdependencia es la consecuencia natural de esa condición. El creyente debe estar dispuesto a colaborar en la obra de Dios. Su posición en el cuerpo de Cristo debe llevarle a servir a los demás. Nadie debe buscar su propio bien, sino el de sus hermanos (1Co. 10:24). El compromiso de servicio en esta esfera exige incluso la disposición a dar la vida por los hermanos (1Jn. 3:16). El creyente debe asumir su condición de siervo de Dios (Ro. 6:18), que le llevará a la disposición de renunciar incluso a su propia vida, en un compromiso claro de servicio y entrega (Lc. 14:26). Todo esto se ha considerado más extensamente antes, por lo que cabe resaltar ahora solamente que el servicio al pueblo de Dios es un servicio hecho al Señor. El creyente, como esclavo de Cristo, debe entender claramente que todo cuanto hace lo está realizando delante del Señor. Aquellos de los tiempos de Josué pasaron a ocupar sus puestos de responsabilidad *"delante de Jehová"*. Igualmente, ahora el creyente no tiene como objetivo principal servirse a sí mismo o servir a sus hermanos, sino que sirve al Señor sirviendo a los demás. Esta es la enseñanza del apóstol Pablo: *"Y todo lo que hagáis, hacedlo de corazón, como para el Señor y no para los hombres; sabiendo que del Señor recibiréis la recompensa de la herencia, porque a Cristo el Señor servís"* (Col. 3:23-24). El creyente asume un compromiso de servicio en el momento de su conversión. No es posible entender la vida cristiana sin el compromiso de servicio a quien se recibe, no solo como Salvador, sino también como Señor.

El compromiso de servicio puede llevar al creyente a tener que ocupar lugares en la vanguardia del pueblo de Dios, en donde el peligro es mayor y el riesgo más cierto. Sin embargo, nunca alcanzará —y mucho menos sobrepasará— el límite al que el Siervo de los siervos llegó en su compromiso de servicio por amor: *"obediente hasta la muerte y muerte de cruz"* (Fil. 2:8). Los puestos de compromiso son rehusados muchas veces por quienes desean la gloria temporal del reconocimiento del pueblo de Dios. Algunos que se consideran siervos de Dios desean pisar el fácil camino del púlpito, pero no asumen el reto del combate en la defensa del evangelio. Servicio es disposición al sufrimiento, renuncia plena al yo, cancelación de toda gloria personal para seguir la senda del crucificado, en un estimar como nada los beneficios temporales anhelando solo los eternos. La iglesia de Dios está sobrada de grandes hombres y precisa creyentes humildes que asuman su responsabilidad de servicio a donde el Señor determine, desinteresada y diligentemente.

14. En aquel día Jehová engrandeció a Josué a los ojos de todo Israel; y le temieron, como habían temido a Moisés, todos los días de su vida.

La promesa que Dios había hecho a Josué, tiene también cumplimiento en todo lo relativo a su propia persona. El Señor le había prometido, no solo su presencia, sino también la consolidación delante del pueblo como su nuevo líder, en lugar de Moisés, haciendo que fuera respetado, *temido* por todos. Así se lo había dicho antes de iniciar el cruce del Jordán (3:7). En aquel día, Dios colocó a Josué ante todo el pueblo como quien debe ser obedecido y respetado. No solo por el pueblo en general, sino incluso por los mismos sacerdotes, a quienes impartirá la orden de salir del Jordán, del mismo modo que les había mandado entrar en él antes (3:8). La realidad del cumplimiento de la promesa de Dios es evidente, todos le respetaron, literalmente *"temieron"* (*yir*^{eä}û), como habían respetado a Moisés. El respeto del pueblo por Josué no fue algo momentáneo, sino que se mantuvo durante *"todos los días de su vida"*.

En este aspecto Josué es figura de Jesús. El Señor fue exaltado después de haber hecho posible para el pueblo de Dios el paso de un mundo de esclavitud a una esfera de bendiciones. La Escritura enseña su exaltación: *"A este Dios ha exaltado con su diestra por Príncipe y Salvador"* (Hch. 5:31). Después de la obediencia hasta la muerte, el Señor fue exaltado hasta lo sumo y *"recibió el nombre que es sobre todo nombre, para que en el nombre de Jesús se doble toda rodilla de los que están en los cielos, y en la tierra, y debajo de la tierra; y toda lengua confiese que Jesucristo es el Señor, para gloria de Dios"* (Fil. 2:9-11). La exaltación se produjo después del cumplimiento fiel de todo cuanto el Padre le había encomendado (Jn. 17:4). La fidelidad a la obra encomendada concluyó con un *"consumado es"* (Jn. 19:30) que daba testimonio del pleno cumplimiento de la misión.

El líder bíblico ha de tomar ejemplo de esta misma situación. Dios respalda a quien le sirve con diligencia y fidelidad. La autoridad del ministro de Jesucristo no está en la imposición sobre la congregación de Dios, sino en la manifestación de la plenitud y poder de Dios en su vida y ministerio. La autoridad del maestro o del pastor está en la lealtad que preste a la Palabra de Dios. De igual modo que Josué cumplía con fidelidad todo lo que el Señor le mandaba, así también debe ser el compromiso del líder cristiano. Pablo enseña en sus escritos a Timoteo la necesidad de tal comportamiento y, de forma muy especial, en su segunda carta, que es también el último escrito del apóstol. El encargo solemne de Pablo tiene que ver con la fidelidad a la Palabra y con la labor de conducción del pueblo de Dios (2Ti. 4:1-2). El compromiso no es algo que pueda descuidarse, sino la razón misma del ministerio cristiano. Pablo dice a Timoteo: *"Te encarezco"* (διαμαρτύρομαι), que tiene que ver con un encargo solemne. Una expresión sumamente enfática, colocando a Timoteo delante de

Dios para que asuma su responsabilidad en dos materias esenciales del liderazgo bíblico: la enseñanza y la aplicación de la Palabra de Dios. Es el más solemne de todos los requerimientos expresados en los escritos de Pablo (1Ti. 5:21; 6:13-16). Dios es el testigo invisible de la fidelidad de cada uno de sus ministros. La vida de quienes sirven al Señor en puestos de liderazgo se desarrolla delante de Él, quien conoce todas sus acciones e intenciones. Nadie se librará de comparecer ante el Juez de vivos y muertos, para responder de su modo de vida y dar cuenta de sus hechos (Ro. 14:12; 1Co. 3:13; 4:5). El compromiso demandado está vinculado con la exposición de la Palabra y su aplicación. Pablo utiliza cinco imperativos para determinar el alcance del compromiso del líder bíblico. Primeramente, ha de *"predicar la Palabra"* (κήρυξον τὸν λόγον) (2Ti. 4:2). El carácter del mensaje convierte al mensajero en un embajador de Dios. La orientación de su enseñanza y las demandas que establezca para el pueblo de Dios, están determinadas por la Palabra de Dios, solo la Palabra de Dios y nada más que ella; del mismo modo que hacía Josué.

La autoridad del líder bíblico consiste en la transmisión de un mensaje procedente de Dios. Pablo pide a Timoteo que predique la Palabra, a pesar de la oposición con que pudiera encontrarse. El secreto del éxito en el ministerio va unido a la fidelidad a la Palabra. Todo avivamiento procede de la Palabra (Neh. 8:8, 9). Lo único que Dios bendice es su Palabra (Is. 55:11). La Palabra de Dios es el único instrumento eficaz frente a la rebeldía del creyente (Jer. 23:29). Solo la Palabra de Dios actúa eficazmente (He. 4:12). La segunda demanda del compromiso con la fidelidad a la Palabra lo expresa Pablo cuando dice: *"...que instes"* (ἐπιστηθι). El verbo tiene el significado de disposición a proclamar la Palabra en todo momento, más que de insistencia sobre algo o alguien. Los apóstoles perseveraban en esa actividad (Hch. 2:42). La tercera demanda del compromiso con la fidelidad a la Palabra tiene que ver con la aplicación de la Escritura a la vida de cada creyente. Pablo dice: *"redarguye"* (ἔλεγξον). Esto tiene que ver con la convicción íntima de las demandas de la Palabra de Dios. Josué lo hacía con el pueblo, llevándolo a la disposición de la necesaria obediencia a los mandatos que el Señor le comunicaba. Algunos necesitarán también ser reprendidos, a causa de su pasividad en el cumplimiento de lo que Dios establece. De ahí que Pablo, establezca un cuarto nivel de compromiso con la fidelidad a la Palabra de Dios, cuando enseña que el líder bíblico debe también *"reprender"* (ἐπιτίμησον). El verbo expresa la comunicación rigurosa de un encargo. La Escritura que reprende al rebelde lo hace para conducirle al camino de la confesión y restauración (1Jn. 1:9). Quien reprende es la Palabra, pero nunca el predicador. Finalmente, el último nivel de compromiso del líder bíblico con la Palabra tiene que ver con la exhortación. Pablo dice a Timoteo: *"exhorta"* (παρακάλεσον), verbo que esencialmente está relacionado con alentar, incluso a quien necesita ser reprendido. Exhortar es venir con ayuda al lado de quien lo necesita. Todo el que ha sido redargüido y reprendido precisa ser alentado. El ejemplo de Cristo en la restauración de Pedro es el mejor modelo para entender esto (Jn. 21:15-19). Predicar la Palabra no es solo exponer la justicia descarnada que denuncia el pecado, sino proveer el consuelo necesario para el que lo reconoce. El correcto compromiso con la Palabra denuncia el pecado, pero consuela al pecador presentándole la gracia y la misericordia que perdonan (1Jn. 1:9). Finalmente, todo compromiso con la Palabra ha de ir acompañado de paciencia. Así lo enseña Pablo: *"Con toda paciencia"* (ἐν πάσῃ μακροθυμίᾳ), esto es, con ánimo largo, capaz de proseguir aun rodeado de rechazo. La capacidad de liderazgo lleva aparejada la paciencia (2Ti. 2:24). La paciencia es una virtud distintivamente cristiana (2Co. 6:6; Ef. 4:2; Col. 1:11; 3:12; Ef. 5:10). Una actitud paciente comprende la lentitud para airarse y la amable perseverancia con los extraviados en una aplicación continua de la enseñanza de Dios a su vida. Quien actúa de este modo es honrado por Dios. Tal vez no sea apreciado por los hombres, pero tendrá el respaldo de autoridad de la Palabra de Dios.

15. Luego Jehová habló a Josué, diciendo:

16. Manda a los sacerdotes que llevan el arca del testimonio, que suban del Jordán.

17. Y Josué mandó a los sacerdotes, diciendo: Subid del Jordán.

El relato del cruce del Jordán concluye con la salida del cauce del río de los sacerdotes que llevaban el arca del pacto. Habían estado *"firmes en medio del Jordán hasta que todo el pueblo hubo acabado de pasar el Jordán"* (3:17). Ya no había necesidad de prolongar por más tiempo el milagro. El pueblo había pasado el río. Los doce hombres seleccionados para ello habían recogido las doce piedras para levantar el monumento en Gilgal. Solo restaba que el arca del pacto fuera retirada del cauce del río y que el milagro concluyera. Sin embargo, es notable observar cómo Josué actúa solo cuando Dios le ordena hacerlo. Dependencia y obediencia siguen siendo las notas que el Espíritu destaca en el texto bíblico. Dios dirigió plena y totalmente el paso del Jordán. Determinó el tiempo para hacerlo, el modo de hacerlo y hasta los más mínimos detalles para llevarlo a cabo se realizaron conforme a lo que Él había determinado.

La reiteración del relato vuelve a ocurrir aquí, como en otras ocasiones anteriores. El hilo conductor de la actuación del arca retoma de nuevo. La salida del Jordán se considera varias veces (3:17; 4:11, 15, 16). Esta insistencia da pie a la *crítica liberal* para sugerir *soluciones razonables*. De modo que hablan de duplicación del texto bíblico o de adiciones foráneas[9]. Incluso se habla de interpolaciones hechas al cabo de un tiempo al texto primitivo[10]. Sin embargo, la realidad es todo lo contrario. La figura central del episodio del cruce del Jordán es el arca del pacto; de ahí que no se tenga en cuenta los aspectos histórico-cronológicos, sino los teológicos. Es decir, el relato se establece en razón de la actuación de Dios y no de la sucesión temporal de los hechos ocurridos. Por eso el escritor vuelve una y otra vez a la situación del arca del pacto, que entró a hombros de los sacerdotes por mandato de Dios y sale del Jordán, de igual manera.

18. Y aconteció que cuando los sacerdotes que llevaban el arca del pacto de Jehová subieron de en medio del Jordán, y las plantas de los pies de los sacerdotes estuvieron en lugar seco, las aguas del Jordán se volvieron a su lugar, corriendo como antes sobre todos sus bordes.

La instrucción recibida del Señor es transmitida a los sacerdotes y estos salen del lugar en que habían estado firmes sosteniendo sobre sus hombros el arca del pacto. Nuevamente, aparece la mención de *"las plantas de los pies de los sacerdotes"*. Estos eran realmente una prolongación del arca. Simbólicamente las experiencias de los portadores eran las experiencias del arca. Los pies de los sacerdotes habían entrado antes en las aguas desbordadas del Jordán. Luego estuvieron detenidas en medio del Jordán hasta el paso de todo el pueblo. Ahora abandonan el cauce del río y salen con todo el pueblo a la tierra de la promesa.

En cuanto las plantas de los pies de los sacerdotes que llevaban el arca abandonaron el lugar que ocupaban las aguas, estas comenzaron a discurrir como antes, cubriendo el cauce del río y desbordándose por las orillas. El Jordán volvía a ser una frontera difícilmente franqueable para un pueblo que hubiera pretendido cruzarlo en ese lugar y en aquellas fechas. La presencia simbólica de Dios en el fondo del río, había concluido. Removida de aquel lugar, donde detenía las aguas del Jordán, estas siguieron de nuevo su curso.

Si la figura del arca entrando en el Jordán ilustra la obra de Cristo entrando en las aguas de la muerte para abrir el camino de la esperanza a todo Su pueblo, la salida del arca es una admirable ilustración de la obra de Cristo hacia su pueblo después de la experiencia de la cruz. Las bendiciones de Dios y la victoria de la vida cristiana, solo son posibles en unión con Cristo, el resucitado Señor. La identificación con el Resucitado lleva a su pueblo a la experiencia de victoria en Cristo Jesús: *"mas a*

---

[9] A. Schulz, *"Das Buch Josue"*, págs.16-17.

[10] F. Hummelauer, *"Josué"*, pág. 144.

Dios gracias, el cual nos lleva siempre en triunfo en Cristo Jesús" (2Co. 2:14). La firmeza en la esfera de las bendiciones de Dios está en razón de la posición que el creyente alcanza en Cristo. No es posible victoria alguna para el cristiano a no ser en vinculación íntima con el Señor (Jn. 15:5). La fe sería absurda y vana si el Señor no hubiera resucitado (1Co. 15:17). Toda bendición procede del *"Padre de las luces"* (Stg. 1:17), pero es comunicada al creyente por el *"único mediador entre Dios y los hombres, Jesucristo hombre"* (1Ti. 2:5). Jesús no solo es el Dios eterno, sino también el hombre resucitado de entre los muertos, que lo hace posible. Como Dios provee de recursos infinitos en razón de su obra redentora, como hombre es el representante delante de Dios que está en favor de su pueblo, intercediendo siempre por ellos (He. 7:24-25). El arca del pacto no quedó en el fondo del río, sino que salió con el pueblo a la ribera de las promesas y bendiciones. Así también Jesús, nuestro Señor, vencida la muerte, se levantó con poder para estar perpetuamente con Su pueblo. El poder del Resucitado es el poder de Su pueblo. Por el hecho de haber sido constituido una unidad *en Él*, los recursos de su omnipotencia están a disposición de quienes son su cuerpo. El Dios de la gloria está en medio de y rodeando a los suyos para llevarlos continuamente de triunfo en triunfo. Solo cuando el pueblo reconoce esa necesidad y da a Cristo el lugar de honor que le corresponde, entra en la experiencia de la realidad del poder del Señor.

Otra ilustración del texto tiene que ver con el río que nuevamente discurría por sus cauces. Lo que antes había sido un obstáculo infranqueable al pueblo para entrar en la tierra, marca ahora la línea de separación con la experiencia anterior. El pueblo había dejado atrás el desierto y, mucho más lejos, Egipto. Aquel río indicaba claramente hasta dónde podían llegar para estar en el terreno de la bendición. Las promesas estaban dentro de los límites establecidos por Dios en la tierra de Canaán, uno de los cuales era aquel río que discurría nuevamente por su antiguo cauce. La separación del mundo y de sus cosas es el modo de experimentar las bendiciones de Dios. Una y otra vez se reitera esta misma enseñanza en el Nuevo Testamento (2Co. 6:16b-7:1; Stg. 4:4; 1Pe. 1:14; 1Jn. 2:15). La separación de lo que corresponde al viejo modo de vida, debería ser la forma natural de la nueva vida en Cristo. Aquellas cosas que antes esclavizaban quedaron al otro lado del río que cada creyente cruzó por la obra poderosa del Salvador, para seguir en lo sucesivo una nueva experiencia de victoria y bendición en el terreno de la comunión con Dios. Es necesario recordar que la comunión con Dios implica siempre limpieza espiritual. La sencilla oración que un creyente eleve a su Padre ha de ser hecha con *"manos limpias"* (1Ti. 2:8). Las demandas de santidad son la consecuencia natural de un pueblo *"santo para Dios"*. La condición de sacerdocio santo así lo demanda. No hay un solo momento en la vida del cristiano —según la voluntad de Dios— que no esté vinculada con la santidad llevada a sus últimas consecuencias (1Pe. 1:15). Si la presencia de Dios en medio del pueblo de Israel exigía la santidad de aquellos (Lv. 11:44-45), mucho mayor alcance ha de tener esto para el cristiano. El Señor no solo está *"en medio de Su pueblo"*, sino que se ha hecho residente en el corazón de cada creyente (1Co. 3.16). Un reverente respeto debería ser el modo de vida de cada uno de los suyos, porque Dios así lo demanda. La santidad, no solo conviene a los creyentes, sino quc condiciona absolutamente la recepción de las bendiciones de Dios.

El monumento conmemorativo en Gilgal (4:19-24)

19. Y el pueblo subió del Jordán el día diez del mes primero, y acamparon en Gilgal, al lado oriental de Jericó.

El hecho histórico no queda como una leyenda mitológica relegado a un relato sin precisión temporal, la fecha queda dada y registrada de modo que el paso del tiempo no borre el momento histórico en que ocurrió el evento. El pueblo entró en la tierra con el tiempo justo para iniciar los preparativos de la pascua. El primer mes hebreo se llamó inicialmente *Abib*, en los tiempos de Moisés, tomado del sustantivo cananeo que significa *espiga* (Éx. 13:4), después, ya en tiempos del retorno del cautiverio, se usó el término babilónico de *Nisán* (Neh. 2:1). La Pascuase celebraba el *"catorce de Abib"* (Éx. 12:6). Sin embargo, había de seleccionarse el cordero pascual desde el día diez de ese mes, separándolo del resto del rebaño y guardándolo para ser inmolado entre las dos tardes del día catorce, en que se celebraba la cena pascual (Éx.12:3, 6). El pueblo llegó a la tierra con el tiempo preciso para atender a los preparativos de la pascua. Alguien dijo que *"Dios nunca corre, pero nunca llega tarde"* y esta es una de las muchas evidencias de esa verdad. Las largas jornadas por el desierto terminan en la precisión matemática del cruce del Jordán, en el tiempo preciso. Es como ocurre con los últimos granos de un reloj de arena, se vacían en el momento justo en que se cumple el tiempo. Sin duda este reloj contó un período largo de cuarenta años, pero inexorablemente el tiempo de Dios se cumple en el momento en que Él lo había determinado. Es sorprendente observar que allí estaba una nueva generación de Israel que no habían celebrado la Pascuadesde que salieran de Egipto. Cuarenta años separan —para los judíos— una generación de la otra. Es el nuevo Israel, quien entra en la tierra de la promesa para que la generación no rebelde a Dios pudiera disfrutar del privilegio de ser su pueblo, conmemorándolo con la celebración pascual (5:10-11), en esta ocasión no en el lugar de la esclavitud de Egipto (Éx.12), sino en el de las bendiciones en Canaán.

El segundo asunto de importancia en el texto, tiene que ver con un lugar: Gilgal. El nombre pudiera significar *círculo* o *rueda*, incluso también podría ser *rodar* (en base a la raíz hebrea *"gll"*). Algunos opinan que el nombre podría ser consecuencia alusiva al monumento que se levantó allí, en la llanura frente a Jericó, que bien pudo tener la forma de un círculo de piedras. Sin embargo, más adelante (5:9) el nombre se vincula con la circuncisión del pueblo, que literalmente fue *hacer un corte circular*, con lo que la raíz de *círculo* o *rueda* se autentifica por el mismo relato bíblico. No se puede determinar hoy el lugar exacto de su ubicación, si bien parece ser que estaba a unos dos kilómetros de Jericó. Algunos eruditos como Muilenbrug sitúan el lugar basándose en las referencias del Antiguo Testamento y las de escritores como Josefo, sugiriendo un lugar al norte de *Jirbet el-Mefjir*. En ese lugar se hicieron algunas excavaciones revelando la existencia de restos de la edad del hierro primitiva. Debe distinguirse este Gilgal de otro lugar con el mismo nombre en la tribu de Efraín, al suroeste de Siló (2Re. 2:1; 4:38). El nombre de Gilgal está estrechamente relacionado con la historia inicial de Israel en Canaán, siendo el punto central de toda la conquista al establecerse como el centro de operaciones de los israelitas. Fue en Gilgal donde el pueblo acampó por primera vez en la tierra prometida. En ese lugar se llevaría a cabo la circuncisión de la generación nacida y criada en el desierto (5:8). También allí cesó el maná, que les había alimentado durante los años de peregrinación por el desierto (5:11-12). Desde Gilgal, los ejércitos de Israel salieron para la conquista de la tierra, comenzando por Jericó. Fue más tarde allí donde se asignó la tierra a cada tribu y familia (14:6). Aquel lugar se convirtió para Israel en testimonio de la liberación que Dios dio a Su pueblo, como símbolo de victoria sobre sus enemigos y en recordatorio de las bendiciones cumplidas en el reparto de la heredad que Dios les daba. Cuando Israel abandonó Gilgal para trasladarse a Boquim, en tiempo de los Jueces, comenzó el juicio de Dios sobre aquel pueblo (Jue. 2:1ss). En aquella misma época, Aod uno de los jueces, salió desde Gigal para matar Eglón, el rey moabita, y librar a Israel de su opresión (Jue. 3:12-30). Podría ser también —aunque hay discrepancias— uno de los tres lugares que Samuel visitaba anualmente (1Sa. 7:16). La historia de la monarquía hebrea está también vinculada a Gilgal, siendo allí donde Saúl, el primer rey de Israel, fue investido y reconocido como rey sobre todas las tribus, después de que hubo derrotado a Nahas amonita. En aquella ocasión se hicieron sacrificios y ofrendas de paz, siendo día de alegría y regocijo para todo el pueblo (1Sa. 11:14-15). En aquel mismo lugar comenzó el declive del primer rey de Israel a causa de su rebeldía, cuando ofreció él un sacrificio al Señor ante la tardanza de Samuel en acudir a la cita (1Sa. 13:8-14); allí un poco más tarde, a causa de la persistente desobediencia de Saúl, se produjo la definitiva separación entre ambos (1Sa. 15:12-35). David, el segundo rey de Israel, también está vinculado con Gilgal, porque allí salieron a recibirle todos los hombres de Judá y la mitad de los de Israel, para darle la bienvenida después de la revuelta de su hijo Absalón (2Sa. 19:15,40). Gilgal se menciona también en la vida de Elías y Eliseo como el lugar del encuentro entre ambos (2Re. 2:1). Uno de los milagros del profeta Eliseo se realizó en Gilgal, consistente en la sanidad de la comida de los hijos de los profetas, contaminada por las calabazas silvcstres recogidas por uno de los jóvenes cuando el hambre en Israel era grande (2Re. 4:38-44). Gilgal se menciona también en la apostasía de la nación. En el reinado de Uzías y hasta el de Ezequías, Gilgal era uno de los lugares donde se practicaba el culto a Baal, en alguna de sus muchas maneras. El profeta Oseas advierte a Judá para que no caiga en el pecado de Israel acudiendo a Gigal (Os. 4:15); por esa razón, el profeta proclama la perversidad de sus obras vinculándolos con Gilgal (Os. 9:15; 12:11). El profeta Amós testifica de igual modo sobre el pecado practicado allí y anuncia el juicio de Dios sobre el pueblo y aquel lugar (Am. 5:5). Parece ser que entre Gilgal y Betel, el otro centro de idolatría, había una fácil comunicación (2Re. 2:2). Un resumen de la importancia espiritual de Gilgal aparece en la profecía de Miqueas, en donde Dios, por medio de su profeta, recuerda a Israel todo el cuidado que tuvo de él como pueblo suyo, a través del desierto y desde Sitim hasta Gilgal, como una panorámica histórica que declara *"las justicias de Jehová"* (Miq. 6:5).

Para los *críticos humanistas*, Gilgal es un importante elemento en su desesperado deseo de justificar su teoría sobre la *anfictionía* de Israel. Aseguran que el relato bíblico de las doce piedras levantadas en Gilgal no es otra cosa que una adaptación teológica para justificar a Israel como nación, pero que en realidad refleja la existencia allí de un santuario benjaminita. Insistentemente, tratan de hacer de Israel un conjunto de pueblos heterogéneos unidos por un determinado culto, que fue evolucionando desde el traspaso del culto a los dioses paternos que se manifestaban en los distintos santuarios cananeos entre los que se encontraba el de Gilgal, como asegura von Rad:

"Sin embargo, este lento trasplante del culto a los dioses paternos a los antiguos santuarios cananeos y la inserción progresiva de las figuras patriarcales en las sagas cultuales de origen cananeo, no se detuvo cuando las tribus abrazaron la fe yahavista. La familiaridad de los efrainitas con Betel y la fusión de la leyenda cultual de este santuario con Jacob (Gn.28:10s) solo se pudo llevar a término después de la asamblea de Siquem. El culto yahavista, al cual se sentía obligada la confederación anfictiónica en cuanto tal, dejaba evidentemente un amplio margen de

libertad a las prácticas religiosas de sus miembros, de modo que en esta época primitiva es necesario distinguir entre religión nacional y tribal. Así el culto yahavista fue penetrando lentamente en los santuarios de las regiones donde se habían instalado las tribus.

Nunca llegaremos a imaginar la vitalidad y el colorido de la vida cultual de aquella época, cuando las tribus vivían con una autonomía casi absoluta. Si bien todas ellas adoraban a Yahveh y se habían comprometido a cuidar su santuario, todavía quedaba un largo camino por recorrer hasta que la fe yahavista las penetrara por completo y constituyera la base de su unidad. Si, todo el pueblo de Israel se dirigía cada año en peregrinación al santuario central donde un sacerdocio yahavista velaba por la pureza de las tradiciones, pero ese Yahveh que tenía su trono sobre el arca, tenía al principio, una importancia insignificante en la vida cotidiana del campesino israelita.

La Biblia nos habla ocasionalmente de un sacrificio anual al que acudía todo el clan (1Sa. 20:6,29; 2Sa. 15:7,11s). No poseemos datos precisos sobre el contenido de este sacrificio, pero existen motivos suficientes para suponer que, sobre todo en los primeros tiempos, estas obligaciones cultuales de carácter familiar y local tenían gran importancia para los israelitas. También parece muy probable que cada ciudad poseyera un lugar de culto donde sus habitantes ofrecían sacrificios a Yahveh (1Sa. 9:12; 16:5). Ahora bien, ¿cuándo consiguió penetrar en estos santuarios locales la fe yahvista? y ¿donde permaneció la tienda santa durante todo este espacio de tiempo? En la tradición pasa a un segundo plano con relación al arca, pero es de suponer que aun después de la conquista de la tierra, ocupó una posición central en alguna comunidad de creyentes.

Según parece, Betel fue más tarde el santuario central de la confederación tribal (Jue. 20:18,26s), luego Silo (1Sa. 1s) y después de su destrucción lo debió sustituir por algún tiempo Gilgal (junto a Jericó)"[11].

La cita es suficiente para que cualquier estudioso de la Escritura se dé cuenta de la leyenda que los seguidores de la *"Teoría de las formas"* tienen que seguir para la demostración de lo indemostrable, al tratar de justificar que el Dios de Israel no fue más que el resultado de un sistema religioso para unificar a las tribus de Israel en oposición a otros muchos dioses de los pueblos cananeos. Gigal, para ellos, era un santuario que ya existía en Canaán, en donde se rendía culto a alguna divinidad familiar y que luego fue trasladado al culto a Yaweh, pasando a estar, en alguna

[11] Gerhard von Rad. o.c., pág. 45s.

manera, en competencia con otros santuarios hasta que, finalmente, el santuario central de la nación, en tiempos de la monarquía, ocupó el lugar principal en menoscabo de todos los demás. Aceptar esto es considerar a la Biblia como un relato mitológico semejante a cualquiera de los relatos de los dioses griegos. El paso del Jordán, la conquista, el establecimiento en la tierra y la supervivencia por siglos de Israel, es para los liberales tan solo una fábula mitológica que los redactores de la Biblia discurrieron para asentar la historia sobre la teología, o viceversa, ya que no es posible determinar, frente a esto, cuál de las dos cosas es prioritaria.

Dejando a un lado las hipótesis de los hombres y volviendo a la única verdad revelada, la Escritura, Gilgal es el lugar del primer asentamiento de Israel en Canaán después del paso del Jordán. La nación entera, salvo las tribus de Rubén, Gad y la media de Manasés, que quedaron al este del Jordán, acampó ya en una pequeña porción de la tierra que Dios había prometido a Abraham y confirmado luego a sus descendientes. El arca del pacto, que subió del Jordán, ocupó el lugar que le correspondía en medio del campamento de Israel. Dios mismo, simbolizado en aquel mueble, estaba ya en medio de Su pueblo en la tierra de la promesa. La comunión de un pueblo rodeando a Su Dios, se convierte también en la protección de Dios mismo rodeando a Su pueblo (Sal. 34:7).

Gilgal sugiere una lección de comunión. El mismo nombre, *rueda* o *círculo*, ilustra esto. El pueblo reunido en torno al Señor. De este modo se entiende también en el Nuevo Testamento la posición de Cristo en relación con la iglesia. No solo actúa como Cabeza del cuerpo dirigiéndolo (Ef. 1:22-23), sino como vínculo de comunión con el cuerpo y del cuerpo entre sí. El concepto de comunión no es en el Nuevo Testamento un asunto horizontal, sino vertical. Es decir, la comunión que se manifiesta en el cuerpo lo es en razón de la comunión del creyente con el Señor. Así lo enseña Juan: *"Lo que hemos visto y oído, eso os anunciamos, para que también vosotros tengáis comunión con nosotros; y nuestra comunión verdaderamente es con el Padre, y con su Hijo Jesucristo"* (1Jn. 1:3). La comunión entre los cristianos está en la unión común de todos ellos con Dios, en Cristo Jesús (Jn. 17:23). La comunión entre cristianos es posible en razón de que existe entre ellos una semejanza de naturaleza que trasciende a las diferencias externas y temporales propias de cada uno. La comunión es real solo entre verdaderos creyentes. La comunión del creyente con Dios se produce en razón de la participación en la *"naturaleza divina"* (2Pe. 1:4). Por la regeneración, el creyente viene a una experiencia de relación con Dios mismo, por tanto, a una relación con cada una de las Personas Divinas. La regeneración hace de cada creyente una nueva criatura (2Co. 5:17; 1Jn. 3:9), capacitándola para mantener los lazos de comunión personal con Dios. Cada uno viene a ser el templo en que Dios habita (1Co. 3:16; 6:19). El cristiano como hijo de Dios tiene comunión con cada una de las Personas Divinas. Con el Padre, como enseña Juan (1Jn.1:3, 6). De igual modo, cada creyente es llamado a la comunión con el Hijo (1Co. 1:9). Así también, la comunión es con el Espíritu Santo (2Co. 13:14). La experiencia individual de comunión con Dios es común a todo creyente, por tanto, la misma comunión con Dios es la que vincula en comunión a cada uno con su hermano en Cristo. No es posible hablar de comunión con Dios separada de la comunión con los hermanos. Dicho de otro modo: no se puede afirmar que se está en comunión con Dios cuando no se está también en comunión con los hermanos. Quien tiene comunión con Dios, la tiene también necesariamente con sus hermanos. La figura de Gilgal presenta a un pueblo en comunión con Dios y unos con otros. En razón de esta manifestación, se inician los preparativos para la victoria sobre los enemigos y la toma de posesión de la tierra prometida. Esta misma realidad trasciende al tiempo, por ello el salmista dice: *"¡Mirad cuán bueno y cuán delicioso es habitar los hermanos juntos en armonía!... porque allí envía Jehová bendición, y vida eterna"* (Sal. 133:1, 3). Las bendiciones de Dios se manifiestan en un pueblo que vive en comunión, no solo unido, sino en armonía. Es un tremendo error pretender que Dios escuche las oraciones y responda con bendición, cuando quienes oran no están en comunión con sus hermanos. Quien entiende la comunión con Dios como algo independiente a la relación con los hermanos, no ha comprendido todavía lo que es la comunión conforme al concepto bíblico. Afirmar que se está en comunión con Dios, pero no se puede estar en comunión con los hermanos es una forma hipócrita de mentir. La comunión entre hermanos solo queda interrumpida a causa de la disciplina por haber pecado (1Co. 5:11; 2Ts. 3:14). La unidad del pueblo es inseparable, porque es una unidad del Espíritu (Ef. 4:3), pero la comunión puede interrumpirse a causa del pecado, como se verá en otros pasajes del libro.

20. Y Josué erigió en Gilgal las doce piedras que habían traído del Jordán.

21. Y habló a los hijos de Israel, diciendo: Cuando mañana preguntaren vuestros hijos a sus padres, y dijeren: ¿Qué significan estas piedras?

22. declararéis a vuestros hijos, diciendo: Israel pasó en seco por este Jordán.

23. Porque Jehová vuestro Dios secó las aguas del Jordán delante de vosotros, hasta que habías pasado, a la manera que Jehová vuestro Dios lo había hecho en el mar rojo, el cual secó delante de nosotros hasta que pasamos;

El monumento en Gilgal fue levantado conforme a lo ordenado por Dios. Aparentemente, hay una repetición, casi a la letra, de lo que Josué había dicho antes (vv. 5-7). Sin duda aquella fue la explicación que Josué dio sobre la razón para tomar las doce piedras del Jordán. Todo ello había sido ordenado por Dios, ya que Josué actuaba conforme a las instrucciones recibidas. Ahora el relato describe la construcción e inauguración oficial del monumento conmemorativo en Gilgal. Josué erigió las doce piedras. El monumento fue construido con cuidado. No es un montón de piedras puesto de cualquier manera, sino algo correctamente colocado. No se da la forma del monumento, pero se habla de *erigir las doce piedras*.

El monumento no es, en modo alguno, el primer santuario en Canaán. Tan solo se trata de una construcción conmemorativa que había de servir para llamar la atención de futuras generaciones. En ese interés los futuros israelitas recibirían de sus padres una explicación concretada en las palabras de Josué. Aquellas doce piedras serían, desde aquel día en adelante, una manifestación visible de la grandeza de Dios.

Primero hablarían de la actuación omnipotente del Señor, ya que *"Jehová secó las aguas del Jordán"*. Aquel milagro en una ocasión en que el río desbordado corría fuera de su cauce por toda la extensión de la llanura, manifestaba la omnipotencia de Dios. Aquel era el punto concreto en que se produjo el paso del río que les permitió la entrada a la tierra prometida. Esta no era la única prueba de la actuación todopoderosa de Dios, ya que aquel mismo testimonio se debía retrotraer al paso del mar Rojo. El Dios de la Biblia hace prodigios y milagros cuantas veces sea necesario para el cumplimiento de sus designios. La omnipotencia de Dios, como una de sus perfecciones esenciales, debe ser conocida por los creyentes. Nadie puede hacer prodigios, salvo el Todopoderoso.

En segundo lugar, el testimonio tiene que ver con la inmutabilidad de Dios. El Señor es el mismo; el tiempo no lo altera; su poder se manifiesta en cada ocasión del mismo modo. A una distancia de cuarenta años, cuando la generación salida de Egipto ya había muerto, Dios manifiesta el mismo poder abriendo el Jordán, como había hecho con el mar Rojo.

En tercer lugar, era un testimonio de fidelidad que debía despertar la gratitud. Dios había hecho objeto de Sus bendiciones a aquel pueblo. Aquella tierra que poseían no había sido alcanzada por sus fuerzas, sino por la benevolencia de Dios. Las promesas dadas a los padres de la nación se habían cumplido y aquel punto indicaba el camino abierto por Dios al cumplimiento de las promesas de tierra, dadas a Abraham para su descendencia (Gn. 15:18-21).

Los padres habían de transmitir estos conceptos del Señor a las generaciones venideras, para que ellos *conocieran* a Dios. En medio de un mundo idolátrico Dios tenía que ser conocido y reconocido como totalmente distinto a los dioses de las naciones. No era un dios pequeño y reducido, tiránico y opresivo, como los dioses cananeos, sino el Dios de la fidelidad y de la gracia que, haciendo honor a sus promesas, les había dado aquella rica heredad en la cual se encontraban. Cuando el pueblo vivió honrando a Dios y recordó sus favores y misericordias fueron prosperados, conforme a lo que Él mismo había establecido en su ley (Dt. 8:1). El olvido de Dios traería graves consecuencias para ellos. Una tercera generación de los que habían atravesado el río comenzó a olvidarse de Dios, experimentando notables aflicciones a causa de ello (Jue. 2:10-12). El Señor proveía de un recordatorio por medio del monumento levantado en Gilgal. Su gracia venía en ayuda del olvidadizo pensamiento humano y de la ingratitud natural del corazón del hombre. Así lo había mandado: *"Cuando Jehová tu Dios te haya introducido en la tierra que juró a tus padres... cuídate de no olvidarte de Jehová, que te sacó de la tierra de Egipto, de casa de servidumbre"* (Dt. 6:10, 12); el monumento permitiría cumplir más fácilmente lo establecido por Él. No se trataba de recordar sus mandamientos, se trataba de recordar continuamente a Dios mismo. La memoria de los hechos benéficos en favor de ellos debía despertarles a una continua gratitud, lo que haría sencillo guardar Sus mandamientos. El amor conduce a la obediencia. Dios, que deseaba ser obedecido y adorado por Su pueblo, daba muestras de amor y fidelidad en una dimensión tal, que debería conducir continuamente a la gratitud y a la entrega para hacer su voluntad.

La iglesia actual y las generaciones venideras necesitan conocer a Dios. El secreto de una vida de compromiso y santidad depende del conocimiento personal que cada creyente tenga de la grandeza del Señor. El Dios del creyente es el Todopoderoso, capaz de operar los más grandes milagros en favor de los suyos. A Dios se le conoce por sus atributos, esto es, la manifestación de las perfecciones que le son propias. Es aquello por lo cual es distinguido del resto de los seres e identificado. Las perfecciones de Dios, conocidas como *atributos*, pueden ser parcialmente comunicables o exclusivamente divinas. Las últimas no admiten extensión hacia ningún otro ser y pertenecen solamente a Dios. Algunos de los atributos incomunicables son intrínsecos o intransitivos, porque permanecen dentro del propio Ser de Dios, y otros son inmanentes o transitivos porque proceden de Él y se manifiestan en acciones efectivas. Dios debe ser conocido como el Ser infinito, pero también personal. Para que se manifieste la personalidad de un ser, ha de poseer los elementos esenciales de la personalidad: sensibilidad, inteligencia y voluntad. El Ser Divino posee en grado infinito, estos elementos esenciales, que son manifestados por medio de sus atributos. La voluntad, como elemento esencial de toda personalidad, se manifiesta también en Dios. Por medio de la voluntad Dios ejecuta todo cuanto ha determinado. Esta parte esencial de la personalidad divina se revela ya en el principio de la Escritura, presentando a Dios en la operatividad creadora, que es expresión de Su voluntad. La voluntad de Dios se ejecuta en plenitud en razón de la omnipotencia divina. Por tanto, el atributo de la omnipotencia es una de las perfecciones ligadas con la voluntad de Dios. La omnipotencia debe ser conocida por los creyentes. Este poder sin límites es empleado para ejecutar todo lo que Su voluntad determina. Quien dijo *"sea la luz"*, operó omnipotentemente de tal modo que la luz se manifestó. La voluntad del hombre queda reducida muchas veces a meros pensamientos que expresan algún deseo. La voluntad de Dios se manifiesta en actos concretos de su omnipotencia, haciendo surgir a la existencia lo que no existía. Tal poder solo pertenece a Dios, por tanto este es uno de sus atributos *"incomunicables"*. El pueblo de Israel tenía delante evidencias históricas de la omnipotencia divina. Aquel que había puesto orden y límites a los océanos y establecido las reglas para sus astros, abrió también el mar y detuvo el discurrir del río. La omnipotencia de Dios se manifiesta de forma personal e íntima para Su pueblo en la obra salvífica, mediante la cual liberó a cada creyente de la potestad de las tinieblas y lo *"trasladó al reino de su amado Hijo"* (Col. 1:13). Es en el conocimiento de la omnipotencia de Dios que el creyente puede descansar confiadamente, seguro de que el poder de Dios está a su disposición para defenderle, sostenerle y alentarle, cualquiera que sea su situación. Como era la confianza del salmista, así también debería ser la de cada creyente: *"En Dios he confiado; no temeré; ¿Qué puede hacerme el hombre?"* (Sal. 56:4).

La segunda perfección divina que aparece en el texto y que permite un mayor conocimiento de Dios, es su *inmutabilidad*. Esta es el atributo que hace que Dios no experimente cambio alguno, ya sea por aumento o disminución; ni tampoco por evolución propia; es, por tanto, permanente, inalterable, e invariable. Dios no experimenta variación, ni está sujeto a cambio alguno. No puede llegar a ser más de lo que es, porque es infinito, ni tampoco puede llegar a ser menos, porque llena todas las cosas. El salmista da una clara descripción de lo que significa la *inmutabilidad de Dios*, cuando dice: *"Desde el principio tú fundaste la tierra, y los cielos son obra de tus manos. Ellos perecerán, mas tú permanecerás; y todos ellos como una vestidura se envejecerán; como un vestido los mudarás, y serán mudados; pero tú eres el mismo, y tus años no se acabarán"* (Sal. 102:25-27). La inmutabilidad de Dios está vinculada a su fidelidad, lo que garantiza el cumplimiento de Sus promesas, como dice el profeta:

"Porque yo Jehová no cambio; por esto, hijos de Jacob, no habéis sido consumidos" (Mal. 3:6). Del mismo modo escribe Santiago: *"Toda buena dádiva y todo don perfecto desciende de lo alto, del Padre de las luces, en el cual no hay mudanza, ni sombra de variación"* (Stg. 1:17). En razón de su inmutabilidad, sus mandamientos y principios son firmes y no cambian en el tiempo. Una sencilla aproximación a la Escritura revela que ha habido cambios profundos en el modo del culto entre el Antiguo y el Nuevo Testamento, pero los principios éticos y morales dados en la ley de Dios son los mismos, sin variación alguna para todas las dispensaciones. A pesar de que algunos textos, mal entendidos, pudieran permitir pensar en un *cambio* en Dios, al hablar de *arrepentimiento,* deben ser estudiados todos ellos bajo la luz del principio bíblico de que *"Dios no es hombre para que mienta, ni hijo de hombre para que se arrepienta"* (Nm.23:19). El *arrepentimiento,* referido a Dios, tiene que ver con selección de opciones y movilidad en la actuación de Dios, pero que no afecta, en modo alguno, a su inmutabilidad.

Como dice el Dr. Strong:

> *"Dios, aunque es inmutable, no es inmóvil. Si Él prosigue consistentemente un curso recto, Su actitud tiene que adaptarse a todo cambio moral que ocurra en el hombre. La invariable santidad de Dios requiere que Él trate al malo diferente del justo. Cuando el justo se convierte en malo, su trato hacia él tiene que cambiar. El sol no es inestable o parcial porque derrite la cera pero endurece el barro —el cambio no está en el sol sino en el objeto sobre el cual este brilla. El cambio en el trato de Dios hacia los hombres es descrito antropomórficamente, como si fuese un cambio ocurrido en el mismo Dios... Avisos de juicio no cumplido, tales como el de Jonás 3;4,10, han de ser explicados por medio de su naturaleza condicional. De ahí que la inmutabilidad de Dios asegura que su amor se adaptará a sí mismo a todos los diferentes modos y condiciones de Sus hijos, para guiar sus pasos, simpatizar con sus penas, contestar sus oraciones"*[12].

Entendiendo la verdad de los textos anteriores, se descubren efectos admirables y bendiciones notorias para quienes llegan a conocer a Dios de este modo. En razón de la inmutabilidad de Dios, el salmista afirma que *"los hijos de tus siervos habitarán seguros, y su descendencia será establecida delante de ti"* (Sal. 102:28). Esa es la razón por la que el Señor puede afirmar que su Iglesia, la que Él edifica, no desaparecerá, porque ni las puertas del Hades tendrán poder para ello (Mt. 16:18). Esa perfección divina, unida a la fidelidad, sostiene a su pueblo, en razón de sus

---

[12] Strong. *Sistematic Theology*, pág. 124.

promesas, como afirma Malaquías: *"por esto no habéis sido consumidos"* (Mal. 2:6). Finalmente, Santiago, al considerar la inmutabilidad de Dios, la liga a los dones perfectos y las dádivas generosas que descienden del Trono de Gracia para Su pueblo. ¡Qué admirable es conocer a Dios de este modo! ¡Cómo cambia la razón de vida de quien conoce al Señor en su admirable grandeza! ¡Cuán gozoso es el caminar de quien sabe que el Dios de la Biblia es su Dios personal y que la relación con Él es la de Padre a hijo! No puede haber mejor resumen de estas magníficas realidades que la frase del salmista, cuando dice: *"Bienaventurada la nación cuyo Dios es Jehová, el pueblo que Él escogió como heredad para sí"* (Sal. 33:12).

24. para que todos los pueblos de la tierra conozcan que la mano de Jehová es poderosa; para que temáis a Jehová vuestro Dios todos los días.

De esta manera termina el pasaje, con una nota de testimonio para el pueblo extensiva a todas las naciones que, en alguna medida, lo conocen. El milagro del paso del Jordán debía producir en todos los pueblos el reconocimiento de la omnipotencia del Dios de Israel. Ese era el primer movimiento de la *guerra de Dios*. Los pueblos de la tierra conocían ya la omnipotencia de Yahveh en los portentos de su mano sobre Egipto y los reyes amorreos del otro lado del río y debían seguir progresando en ese conocimiento por la acción divina continuada con Su pueblo. El testimonio de Israel a las naciones los convertía en *proclamadores del evangelio* a su generación. Sin duda el pueblo fracasó en ese compromiso, pero su labor testimonial estaba en la mente y voluntad de Dios para ellos, como el profeta enseña: *"No temáis, ni os amedrentéis; ¿no te lo hice oír desde la antigüedad, y te lo dije? Luego vosotros sois mis testigos. No hay Dios sino yo. No hay Fuerte; no conozco ninguno"* (Is. 44:8).

La segunda consecuencia de la acción de Dios debía tener repercusiones en el mismo pueblo, despertando *temor*, esto es, respeto reverente delante de Dios perpetuamente: *"todos los días"*. Es la consecuencia natural para quien conoce lo que realmente es Dios. Su presencia, en medio de Su pueblo, debía conducir a un modo de comportamiento conforme a Su voluntad. La ética unida al servicio y al culto, debían de ser llevados a cabo celosamente en obediencia incondicional a lo que Dios había determinado. Esa es la forma de expresar el *temor a Dios* que se cita en el texto.

Las dos mismas consecuencias deberían manifestarse en la iglesia hoy. Los creyentes han sido llamados a una vida de testimonio ante el mundo, como Cristo estableció para ellos (Hch. 1:8). La presencia del pueblo de Dios en el mundo debería ser ejemplo a todos cuantos lo rodean. Mientras que el poder divino actuando en medio de los suyos servirá para evidenciar la realidad admirable de Dios que debe ser proclamado entre las naciones. El secreto para una eficaz predicación del evangelio está en el respaldo que los creyentes den a aquello que anuncian. El evangelio es *"poder de Dios para salvación"* (Ro. 1:16); quiere decir, por tanto, que el poder transformador se tiene que hacer visible en las vidas transformadas de quienes lo aceptan. Evidentemente, el mundo solo podrá ver la eficacia transformadora del poder de Dios en las vidas transformadas de los creyentes. Si Dios no se hace visible en Su pueblo, el mensaje que se proclama deja de ser efectivo al convertirse en un mero discurso religioso y moralizante, una de las muchas opciones de que el mundo podría disponer. El secreto de la vida cristiana no consiste tan solo en anunciar a Cristo, sino más bien en vivir a Cristo (Fil. 1:21). Las gentes reconocerán al Dios de los creyentes en la medida en que el testimonio de estos les impacte. Ese era el caso de la iglesia primitiva conforme al relato de Hechos, en la que los cristianos transformados por el poder de Dios llevaban vidas ejemplares y *"tenían el favor de todo el pueblo"* (Hch. 2:47). Las obras que corresponden a un pueblo regenerado por el poder de Dios, hacen respetable a Dios en medio de las gentes (Mt. 5:16). No se puede dar a conocer el poder de Dios mediante la exposición teológica de la Escritura, sino haciéndolo visible en los continuos milagros que Dios puede operar entre los suyos y en los suyos.

La segunda consecuencia tiene que ver con la vida personal del creyente. El *temor de Dios* debe ser la experiencia que conduzca toda acción de quien diga ser hijo de Dios. El temor reverente se manifestará de muchas maneras, pero simplificándolas, debe manifestarse en tres áreas de la vida cristiana. Primeramente, en un profundo amor y respeto por la Palabra. Quien *teme* a Dios, honra su Palabra. La lectura y meditación cotidianas deben ser la norma general de cada creyente. Quien ha conocido a Dios personalmente *"medita en su ley de día y de noche"* (Sal. 1:2). En segundo lugar, en una vida de limpio testimonio. El salmista enseña que el hombre de Dios, no *"anda en consejo de malos ni está en camino de pecadores"* (Sal. 1:1). Significa, por tanto, una separación del pecado para vivir la experiencia de la santidad, en la esfera de la santificación personal. Como separado por Dios para ser suyo y ser Su testigo, el cristiano debe vivir santamente. Cualquier manifestación de pecado en su vida —sobre todo cuando es notorio a quienes no creen— es un descrédito para él y un mal testimonio para Dios. En tercer lugar, el *temor de Dios* generará un ardiente deseo por obedecer Sus mandamientos. Quien ama y teme a Dios guarda su Palabra (Jn. 14:15, 21, 23). La obediencia producirá un testimonio claro y limpio ante el mundo, cumpliendo así la misión para la que el creyente ha sido llamado: *ser testigo de Cristo* (Hch. 1:8). La ausencia de temor de Dios en la vida del cristiano, es la puerta que abre el paso a la senda del pecado, que termina en el fracaso personal y resiente el testimonio de la iglesia.

CAPÍTULO 5
PREPARATIVOS PARA LA CONQUISTA

Introducción

El pueblo de Israel había cruzado el Jordán, por tanto, estaban ya en la *tierra de la promesa*, aquella de la que Dios había hablado cuatro siglos antes a Abraham como lugar de asentamiento de su descendencia (Gn. 15:18-21). Delante, conduciendo al pueblo, iba el arca del pacto, manifestación de la presencia de Dios. El milagro divino operado para que el pueblo pudiera cruzar el Jordán había concluido y cerraba una etapa de la historia de Israel que comprendía cuarenta años, los cuales discurrieron en una tranquila marcha con períodos de descanso, moviéndose por la península del Sinaí hasta el límite de la tierra de Canaán. Ahora comenzaba una nueva etapa de la historia del pueblo de Dios en la que se procedería a ocupar la tierra de forma paulatina y progresiva, hasta que los actuales moradores de ella fueran eliminados, entrando Israel en posesión de aquella heredad. Toda la conquista y posesión de la tierra discurriría en medio de continuos combates contra los pueblos que la ocupaban. Sin embargo, el primer paso en aquel proceso sería sin ruido de armas, iniciándose con el cruce del río y culminando con una serie de actos establecidos por el Señor de fondo espiritual y religioso que se llevaron a cabo en Gilgal, lugar donde el pueblo había acampado tras el cruce del Jordán. La conquista de la tierra era asunto del Señor, que conduciría a los suyos de victoria en victoria. Los dos monumentos, en el Jordán y en Gilgal, señalaban la realidad de la acción divina. Atrás quedaba el desierto, más lejos aún Egipto. Dios era digno de crédito, había prometido y había cumplido; realmente podían confiar en Él porque era un Dios fiel. Podían estar seguros de que, como había cumplido sus promesas antes, también les daría la tierra, echando de ella a sus moradores. No obstante, el pueblo debía pasar por una preparación espiritual antes de involucrarse en la conquista. No era suficiente con ser el pueblo de Dios, necesitaban demostrar su identidad como tal y reconocer que el Señor es el que podía conducirlos a la victoria, dependiendo enteramente de Él y obedeciendo sus mandamientos.

Había, sin embargo, que hacer preparativos para que realmente se abriera ante ellos un futuro de bendición. La obediencia actual debía incluir actos tales como la circuncisión, que identificaba al pueblo como especial delante de Dios y único entre las naciones. Tal había sido el mandamiento de Dios a Abraham. Esta acción hecha en la carne de los varones israelitas, no tenía trascendencia espiritual a no ser que fuese acompañada de la *circuncisión del corazón*, cuyo símbolo externo era la circuncisión en la carne. Sin embargo, debía llevarse a cabo como una señal de obediencia a lo determinado por Dios. Este es el tema de la primera parte del capítulo (vv. 1-12).

Los preparativos para la conquista ponían a Josué ante el desafío de conducir a un pueblo a las batallas que necesariamente habían de ocurrir. Sin duda, tenía en mente las promesas de Dios que se comprometía a llevarlos en triunfo, sin embargo, como buen estratega militar, quería conocer directamente los obstáculos a los que debía enfrentarse, el primero de los cuales era la ciudad de Jericó. Era una ciudad amurallada, que disponía de un buen ejército y cuyas fortificaciones la hacían difícil de conquistar. En el mejor deseo de conocer bien el terreno, Josué se dirigió solo hacia ella, para observar sin interrupciones los detalles de la ciudad que debía conquistar. No sabía él que esa visita que correspondía a las responsabilidades del conductor del ejército de Israel, traería otra consecuencia, como fue el encuentro con el *Príncipe del ejército de Jehová.* Venía a su encuentro para hacerle notar que, aunque era la máxima autoridad en el pueblo de Israel, otro más alto que Él debía conducir los ejércitos de Israel, conforme a la providencia y planes divinos. La tierra no sería conquistada por el poder de los hombres, sino por la acción de Dios que la entregaba en manos de Su pueblo (vv. 13-15).

Para el comentario del texto bíblico se sigue la división temática establecida en el *Bosquejo* que se presentó en la *introducción*, como sigue:

6. Preparativos para la conquista (5:1-15).
    - 6.1. La circuncisión del pueblo (5:1-12).
    - 6.2. El Príncipe del Ejército de Jehová (5:13-15).

Preparativos para la conquista (5:1-15)

La circuncisión del pueblo (5:1-12)

1. Cuando todos los reyes de los amorreos que estaban al otro lado del Jordán al occidente, y todos los reyes de los cananeos que estaban cerca del mar, oyeron cómo Jehová había secado las aguas del Jordán delante de los hijos de Israel hasta que hubieron pasado, desfalleció su corazón, y no hubo más aliento en ellos delante de los hijos de Israel.

Dios actuaba llevando a cabo los preparativos para la conquista de la tierra. Lo hacía en dos áreas: una sobre los enemigos y otra sobre Su pueblo. La actuación divina sobre los enemigos era una acción interna que producía en ellos temor. El miedo en el corazón de los habitantes de las ciudades de Palestina ya había comenzado tiempo antes, a causa del conocimiento de los hechos ocurridos en Egipto y del triunfo de Israel sobre los reyes de Transjordania (2:9-11). Además, el paso del pueblo de Israel por un Jordán en seco como consecuencia del milagro de Dios, hizo incrementar el temor íntimo y profundo en el corazón de los cananeos. Era evidente que no servía su poderío militar ante un Dios que era capaz de secar el río para hacer pasar a Su pueblo en seco. El temor atenazaba a todos los *"reyes de los amorreos"* haciéndoles desfallecer, hasta tal punto que no *"hubo más aliento"*, literalmente *espíritu* (*rûah*), en ellos. Es decir, no había disposición para reaccionar delante de los hijos de Israel. El corazón debilitado de aquellos, derritiéndose como cera al calor del sol, era incapaz de mantener firmeza ante los acontecimientos que se producirían. Una tierra poblada, con ciudades amuralladas y ejércitos entrenados, no era suficiente garantía ante un pueblo que iba conducido por un Dios que hacía milagros tan notorios como haber detenido el curso del Jordán. El Eterno actuaba en favor de Israel, por lo que aquellos reyes sabían íntimamente que su poder había llegado a su fin. La fortaleza de antes dio paso al miedo que se había apoderado de sus corazones. Quienes en algún momento habían sido motivo de temor para el pueblo de Dios (Nm. 13:31-33), ahora eran los que temían. Antes habían adorado a sus dioses, en quienes confiaban, pero ahora temblaban ante el Dios de Israel.

Habiendo considerado ya esta lección en capítulos anteriores, basta con recordar tan solo como aplicación espiritual, el hecho de que los enemigos del creyente temen ante el pueblo de Dios, porque su poder ha sido quebrantado por Cristo en el río de la muerte. La potencia de Satanás y sus huestes ha sido quebrantada en la Cruz. Allí fueron despojados definitivamente, y son ya enemigos vencidos y derrotados (Col. 2:11-15). Ellos tiemblan ante el pueblo de Dios, sabiendo que Dios mismo, el Todopoderoso, va delante de los suyos dándoles victoria y conduciéndolos siempre en triunfo en Cristo Jesús (2Co. 2:14). Tales manifestaciones de miedo se describen en relatos recogidos en el libro de *Los Hechos*. El temor se apoderó de los sacerdotes ante la proclamación de la victoria de Cristo, quienes al oír de ella *"se enfurecían y querían matar"* a los mensajeros (Hch. 5:31-33). El mismo temor se manifestaba en el corazón de Félix ante la disertación de Pablo sobre la justicia y el juicio venidero, quien, espantado, mandó callar al apóstol emplazándolo para otra ocasión (Hch. 24:25). Es necesario que cada creyente comprenda la seguridad que se alcanza en Cristo. El Señor va delante de los suyos, por tanto, cabe confiar en la victoria que Él mismo alcanza para Su pueblo. Las palabras de Pablo son un admirable resumen de esta lección que debe ser recordada continuamente: *"Si Dios es por nosotros, ¿quién contra nosotros?"* (Ro. 8:31).

2. En aquel tiempo Jehová dijo a Josué: Hazte cuchillos afilados, y vuelve a circuncidar la segunda vez a los hijos de Israel.

Los preparativos para la conquista victoriosa comienzan por la circuncisión del pueblo. Todos los varones no circuncidados debían circuncidarse. Sin duda, desde el punto de vista humano, tal actuación era contraria a toda lógica. Los hombres de guerra habían de circuncidarse también, junto con todos los otros varones de Israel. Aquello era lo menos indicado para un ejército que tenía que estar preparado para hacer frente en cualquier momento a los enemigos. La circuncisión inhabilitaba por un tiempo, hasta que las heridas producidas por tal práctica quedaban curadas. Sin embargo, Dios considera esta actuación como fundamental en los preparativos del pueblo para la conquista de la tierra.

La circuncisión había sido establecida por Dios como distintivo o signo externo del pacto con Abraham: *"Este es mi pacto, que guardaréis entre mí y vosotros y tu descendencia después de ti: Será circuncidado todo varón entre vosotros. Circuncidaréis, pues, la carne de vuestro prepucio, y será por señal del pacto entre mí y vosotros. Y de edad de ocho días será circuncidado todo varón entre vosotros por vuestras generaciones"* (Gn. 17:10-12). El rito estaba integrado en la vida del pueblo y tenía una notoria vinculación con la celebración de la Pascua(Éx. 12:44). El pacto establecido con Abraham relacionaba a aquel y su descendencia con Dios mismo. Es decir, Dios, no solo daba promesas de tierra y bendiciones, sino que se constituía en su Dios personal. Así lo expresa en las condiciones del pacto renovado: *"Estableceré mi pacto entre mí y ti... pacto perpetuo, para ser tu Dios, y el de tu descendencia después de ti"* (Gn. 17:7). La circuncisión era una señal externa de una realidad espiritual y personal, en la que Dios consideraba como suyos a quienes Él mismo había elegido para Sí. Esta señal manifestaba la relación en gracia de Dios con Su pueblo y la consagración de estos para Él. El Nuevo Testamento habla de la circuncisión como una señal de la justificación por fe que Abraham alcanzó en su relación con Dios: *"Y recibió la circuncisión como señal, como sello de la justicia de la fe que tuvo estando aún incircunciso"* (Ro. 4:11). La circuncisión expresa, en su señal externa, la realidad de una obra de gracia mediante la cual Dios elige y marca a un pueblo como propiedad suya. La circuncisión expresaba también una realidad espiritual íntima, como un cambio interno efectuado por Dios en el corazón, que cambiaba la actitud de rebeldía natural del hombre en obediente sumisión a Dios, como la ley expresa: *"Circuncidad, pues, el prepucio de vuestro corazón, y no endurezcáis más vuestra cerviz"* (Dt. 9:16). El cambio espiritual íntimo y profundo obedece a una obra de Dios: *"Y circuncidará Jehová tu Dios tu corazón, y el corazón de tu descendencia, para que ames a Jehová tu Dios con todo tu corazón y con toda tu alma, a fin de que vivas"* (Dt. 30:6). Tales expresiones son una forma de definir el nuevo nacimiento (Ez. 36:26-27).

La circuncisión como señal del pacto, funciona en razón de la extensión familiar que liga al primero, Abraham, con su descendencia después de él (Gn. 17:7). Esta operación no tiene nada que ver con costumbres semejantes en otros pueblos, como ocurría en la sociedad egipcia, que marcaba a los varones al alcanzar la pubertad, reconociéndolos socialmente como adultos. El rito establecido para Israel era el reconocimiento de una obra divina que establecía una posición delante de Dios y una señal manifiesta de Su gracia hacia el pueblo que había llevado hasta la tierra prometida.

Todavía queda un aspecto importante del rito de la circuncisión que tiene que ver con la obediencia. La circuncisión descansaba sobre un principio de relación de obediencia que Dios estableció primero para Abraham y luego para su descendencia, recogido en el preámbulo de la confirmación del pacto: *"Yo soy el Dios Todopoderoso; anda delante de mí y sé perfecto"* (Gn. 17:1). De ahí que la obediencia sea la manifestación característica de quienes están vinculados en el pacto que Dios estableció. La obediencia demanda santidad de vida (Jer. 4:4). La circuncisión es una expresión de compromiso de obediencia, como consecuencia de la dinámica de la fe (Ro. 2:25-27). El que se circuncidaba expresaba su compromiso de obedecer al Señor en todo lo que Él había establecido en su ley. En este sentido, la circuncisión manifestaba un importante aspecto de la consagración a Dios. La señal externa debía corresponder a una realidad interna. La Biblia enseña que había quienes tenían la señal externa en su carne, pero no la realidad espiritual interior, lo que, no solo convertía aquello en un mero formalismo sin consecuencias, sino en un acto pecaminoso al que Pablo compara con una *mutilación* del cuerpo (Fil. 3:2) y con un acto de hipocresía (Ro. 2:28-29). Tal actitud es condenada por la Escritura (Ro. 2:27). La circuncisión, como mero rito, es considerada por Dios como inexistente, tal como enseña el profeta Jeremías (Jer. 9:25-26).

La *posición de los críticos*, en su afán desmitificador de la Escritura y su interés en mantener su *"teoría de las formas"*, trata de demostrar que la circuncisión de Israel procede de una costumbre pagana que los autores del Pentateuco adaptaron para vincularla con principios religiosos, especialmente del material procedente de la *"fuente documentaria sacerdotal, P"*. Históricamente —según ellos— el rito de la Pascuaes una conversión religiosa de tradiciones pastoriles. Nada mejor para ello que transcribir algunos párrafos referentes a esto, del erudito von Rad:

"Desde antiguo se viene diciendo que el rito pastoril de la Pascuaremonta con cierta probabilidad a una época muy anterior al período mosaico. Pero una vez más tropezamos con la dificultad de siempre: esta celebración cultual se encuentra ahora revestida de una interpretación histórica que se unió al rito primitivo poco después de la experiencia del éxodo. Por eso todo intento de reconstruir el antiguo rito pascual permanece siempre en el terreno de la hipótesis. Con toda seguridad practicaron ya los antepasados nómadas de Israel la circuncisión y es probable que guardaran el sábado"[1].

Los *críticos* tratan de desvincular todo aspecto sobrenatural, es decir, procedente de algo establecido directamente por Dios en el origen de la circuncisión para Israel. Para ellos no hay evidencias de que se deba a la realidad del pacto que Dios había establecido con Abraham, es más, pretenden probar que la circuncisión tal como se entendía por el pueblo postexílico, era meramente un signo distintivo en relación con los pueblos vinculados al cautiverio, como más adelante escribe el mismo autor:

"También desde hace mucho tiempo se considera un indicio importante para datar P, el relieve particular que da este documento al sábado y a la circuncisión. Estas prácticas se observaron en Israel desde tiempos antiguos; pero no poseemos ningún punto de apoyo para suponer una relación particular entre el significado de estas prácticas y la religión yahavista. La situación cambia durante el exilio, en particular para los desterrados en Babilonia. Para ellos, en efecto, que vivían en un pueblo que no practicaba la circuncisión, esta costumbre tradicional se debió convertir de repente en un signo distintivo... Así fue cómo el sábado y la circuncisión adquirieron por primera vez en el exilio el significado de una profesión de fe y lo siguieron conservando a través de los siglos"[2].

Todavía, en su búsqueda de evidencias históricas que confirmen sus teorías, pretenden hacer creer que el signo de la alianza solo se consideró así en los días del exilio, tal como afirma:

"Ahora podemos reconocer como una feliz circunstancia el hecho de que, con la centralización del culto, el rey Josías había desligado la vida cotidiana del pueblo y, en particular, la de sus campesinos, de los estrechos lazos que la unían al culto; de este modo, se convertía, sin saberlo, en maestro de los exiliados, obligados a vivir en un ambiente profano. Si el destierro les imponía la privación absoluta del culto, en el sentido estricto de la palabra, no les faltaban, en cambio, muchas oportunidades para

---

[1] Von Rad. o.c., pág.
[2] Von Rad. o.c., pág.

practicar otros usos cultuales tradicionales. No fueron encerrados en prisiones, sino instalados en poblados, donde debían procurarse por sí mismos la propia manutención... en tales circunstancias, la observancia del sábado y la circuncisión se convirtieron en una verdadera profesión de fe (status confesionis). En esta época se les empezó a considerar como signos de la alianza y la observancia de los mismos decidía sobre la pertenencia a Yahveh y a su pueblo".

Es evidente que la *Alta Crítica* pretende establecer que la teología del Pentateuco es una simple adecuación o adaptación teológica de asuntos costumbristas y prácticas históricas correspondientes a las tribus de Israel; así se descubre cuando, al referirse a la supuesta *"fuente sacerdotal"*, escribe:

"P es una obra histórica... no pretende desarrollar una teología más o menos completa del culto... su interés se limita a legitimar los diversos oficios y ritos. En casos como el mandamiento de la circuncisión (Gn. 17) o la celebración de la Pascua(Éx. 12) es evidente que la exposición de P se preocupa por demostrar que estos ritos nacieron de la historia salvífica por mandato divino. No son, en realidad, muchas las instituciones que P procura enraizar en la historia: la circuncisión (Gn. 17), la Pascua(Éx. 12), la consagración de Aarón (Éx. 28s; Lv. 8s) y los levitas (Nm. 3s; 8). El documento sacerdotal se muestra en este esfuerzo muy prolijo y locuaz. Sin embargo, en estos mismos textos de léxico abundante, el lector no encuentra respuesta alguna a la cuestión más inmediata sobre la relación que existe entre el rito de la circuncisión y la elección de Abraham; es decir, por qué razón le exigió solo este rito como prueba de su sumisión a las nuevas relaciones de alianza que ofrecía"[3].

Hasta aquí las citas que expresan el pensamiento liberal de los seguidores de la *"teoría de las formas"* y que evidencia el esfuerzo desesperado de —lo que ellos llaman— *"desmitificar"* la verdad bíblica, sin embargo, su posición aparece cubierta de marcadas contradicciones que cualquier lector puede descubrir por sí mismo al contrastar la teoría con el relato bíblico, armónicamente consecuente en la narración histórica. Pretender afirmar que la circuncisión no tenía nada que ver con una vinculación religiosa en el sentido de obedecer a un mandato divinamente ordenado como señal externa de un pacto divino donde nace realmente la circuncisión israelita, es querer desconocer las evidencias de Génesis 17, para pretender desvirtuarlas envolviéndolas en un proceso histórico elaborado como hipótesis de pensamiento, culminando en un desesperado intento de relacionar la circuncisión como distintivo entre el Israel cautivo

---

[3] Gerhard von Rad. o. c., pág. 40, 115, 121, 308.

y las naciones de su cautiverio, cuando —incluso para quienes presentan y defienden tales hipótesis— la circuncisión aparece como distintivo de la nación en *"documentos"* muy anteriores a los tiempos del exilio.

Volviendo al texto bíblico, la circuncisión que Dios establece en este mandamiento, antes de iniciar la conquista de la tierra, es la *"segunda vez"* que se hace para los hijos de Israel desde la salida de Egipto. El primer preparativo para la conquista está relacionado con la identidad de Israel como pueblo de Dios y la obediencia incondicional de ellos al Señor.

El distintivo de la obediencia es la característica del pueblo de Dios. Los creyentes en esta dispensación son llamados a la obediencia, igual que cualquier otro creyente que haya existido en dispensaciones anteriores. Este es también el modo de recibir la salvación, ya que la fe salvífica ejercida por el pecador es un acto de obediencia en respuesta a una demanda divina de conversión (Hch. 17:30). La acción poderosa del Espíritu Santo capacita al pecador para ese acto de obediencia y lo *separa* para hacerlo capaz de tal acción, contraria a su propia naturaleza caída (1Pe. 1:2). La vida de obediencia es el resultado natural de un cambio operado en el interior del corazón, pasando de una condición de desobedientes en la naturaleza adámica (Ef. 2:2) a *"hijos obedientes"* (1Pe. 1:14) en la nueva naturaleza en Cristo por la regeneración. El cristiano no tiene un signo externo de circuncisión, como ocurría con los hebreos, pero es una realidad espiritual que se produce para todo aquel que está en Cristo (Col. 2:11-12) y que se hace visible externamente en una vida transformada y cambiada por el poder de Dios, que expresa ante el mundo las *"virtudes"*, esto es, la acción del poder transformador de Dios en salvación (1Pe. 2:9). Para quien ha creído, la obediencia a los mandamientos de Dios es parte esencial de su testimonio y condición de nacido de nuevo (1Co. 7:19). Las obras nacidas del amor llevan aparejadas la obediencia a lo que Dios establece (Jn. 14:21, 23, 24), lo que evidencia la realidad de la *"circuncisión espiritual"* del corazón regenerado que actúa en amor (Gá. 5:6). Quien afirma su nuevo nacimiento y su pertenencia al pueblo de Dios, que es la iglesia de Jesucristo, ha de manifestarlo en un espíritu de obediencia plena a lo que Él demanda, como indicativo de la nueva creación (Gá. 6:15). La lección de la obediencia aparecerá una y otra vez en el libro como enseñanza precisa para cada creyente del tiempo actual.

3. Y Josué se hizo cuchillos afilados, y circuncidó a los hijos de Israel en el collado de Aralot.

Todo el entorno del inicio de la conquista está rodeado de obediencia. Lo que Dios establecía era ejecutado sin dilación por Josué. Aun aquello que —humanamente hablando— carecía de lógica porque debilitaba las condiciones físicas del ejército de Israel por unos días, era cumplido fielmente porque procedía de Dios mismo. No era algo agradable, pero era necesario. La circuncisión se llevó a cabo en el *"collado de Aralot"* (*Gib^{a}at ha^{a}*âralôt), cuyo nombre significa *"Colina de los prepucios"*, bien porque fuera el sitio donde tuvo lugar el hecho físico de la circuncisión o, tal vez, porque allí se enterraron los prepucios de los israelitas circuncidados.

4. Esta es la causa por la cual Josué los circuncidó: Todo el pueblo que había salido de Egipto, los varones, todos los hombres de guerra, habían muerto en el desierto, por el camino, después que salieron de Egipto.

5. Pues todos los del pueblo que habían salido, estaban circuncidados; mas todo el pueblo que había nacido en el desierto, por el camino, después que hubieran salido de Egipto, no estaba circuncidado.

6. Porque los hijos de Israel anduvieron por el desierto cuarenta años, hasta que todos los hombres de guerra que habían salido de Egipto fueron consumidos, por cuanto no obedecieron a la voz de Jehová; por lo cual Jehová les juró que no les dejaría ver la tierra de la cual Jehová había jurado a sus padres que nos la daría, tierra que fluye leche y miel.

7. A los hijos de ellos, que Él había hecho suceder en su lugar, Josué los circuncidó; pues eran incircuncisos, porque no habían sido circuncidados por el camino.

Las razones para la circuncisión se definen en estos cuatro textos. Primeramente, la desobediencia produjo consecuencias funestas para los hombres de guerra que habían salido de Egipto (v. 4). *"Los varones"* (*hazz^{e}karîm*), y todos *"los hombres de guerra"* (*köl ^{a}ansê hammilhämä"*), es decir, los aptos para la guerra, habían muerto en el desierto. En tal sentido, el pueblo había sido limpiado por la acción disciplinaria de Dios. Todos los mayores de veinte años que se habían rebelado contra el Señor cuando les mandó entrar en la tierra (Nm. 14:2), habían muerto como Dios mismo estableció (Nm. 14:29). Por tanto, el pueblo había quedado libre de desobedientes que no podían acceder a las bendiciones de Dios. Aquellos que habían salido circuncidados de Egipto, no habían hecho honor al significado de la circuncisión. Eran circuncisos en cuanto a la carne, pero desobedientes a Dios en cuanto al corazón. Es cierto que posteriormente a su deserción manifestaron arrepentimiento (Nm. 14:40), pero ya se habían hecho acreedores de la disciplina divina por desobediencia, que les impedía el disfrute de la tierra de la promesa, a la cual Dios había querido introducirlos.

Los israelitas que murieron en el desierto habían sido circuncidados en Egipto (v. 5). Tal vez antes de la celebración de la Pascuaen tiempos de la liberación (Éx. 12). Sin embargo, los que habían nacido durante el tiempo por el desierto no lo habían sido. La nueva generación surgida durante los cuarenta años de peregrinación permanecía incircuncisa. Se plantean diversas hipótesis sobre las razones por las que no habían sido circuncidados, a pesar de la demanda específica dada por Dios a Abraham. Una de ellas considera que la circuncisión en el tiempo de la peregrinación por el desierto, a partir de Sin, fue suspendida porque aquellos años era un tiempo en que la nación peregrinaba bajo el desagrado y la reprobación de Dios, en un ambiente de disciplina y juicio, mientras morían todos los responsables del acto de rebelión, por tanto, el pacto de bendiciones estaba suspendido temporalmente y con ello se suspendía también la expresión externa del mismo (Nm. 14:34). Otra suposición propone que, durante el tiempo del desierto, la circuncisión, que era signo distintivo entre Israel y las naciones, no era necesaria por cuanto no había naciones alrededor de Israel ya que este era un pueblo peregrino. Pudieran apuntarse otros supuestos, pero no hay evidencia bíblica que los sustente. El hecho real está en que el pueblo no había cumplido con lo establecido para ellos.

El recuerdo de la disciplina cumplida vuelve a aparecer de nuevo (v. 6). Los israelitas anduvieron por el desierto durante cuarenta años. No era necesario tal viaje, que consistió en recorrer tramos en torno a Cades Barnea en un verdadero deambular por el desierto conducidos por Dios mismo. Aquella peregrinación no era el agradable tránsito hacia la tierra prometida, sino la espera al cumplimiento total de la disciplina establecida por Dios sobre los desobedientes. Era un tiempo de muerte en lugar de vida. Durante aquellos cuarenta años los rebeldes *"fueron consumidos"*. Las promesas de Dios no se cumplieron para ellos por su desobediencia. A diferencia de Moisés, a quien Dios no permitió entrar en la tierra, pero sí verla desde el Nebo (Dt. 32:49), estos ni tan siquiera pudieron *"ver la tierra"*. Murieron caminando hacia ella, pero no la alcanzaron por su pecado. Estuvieron en el desierto, cuidados por la misericordia de Dios que proveía diariamente para su sustento, pero no alcanzaron las bendiciones de entrar en una tierra que *"fluía leche y miel"* (*ªeres zäbat häläb* ûd*ᵉbäs"*), literalmente *"que chorrea leche y miel"*.

La nueva generación, que no estaba comprendida bajo la disciplina establecida para sus padres, debía ser circuncidada (v. 7). Las disposiciones de Dios sobre el pueblo desobediente se habían cumplido plenamente. No debía mantenerse por más tiempo la disciplina, sino, más bien, debía darse paso ya a las bendiciones prometidas. Sin embargo, la señal de vinculación entre el Señor y su pueblo había de establecerse en aquellos que entraban en la posesión de la promesa, que era consecuencia de las bendiciones del pacto establecido con Abraham, en cuya confirmación estaba la señal de la circuncisión para todos los varones. Dios estaba enseñando a Su pueblo que las bendiciones se alcanzan, no por preparativos de guerra, sino por el camino de la obediencia y la lealtad a Él. La circuncisión era una manera de resaltar delante de todo el pueblo la realidad del pacto, que les daba el aliento de las promesas de victoria y bendición que Dios había establecido en él y que garantizaba la empresa de la conquista de la tierra. La práctica de la circuncisión avivaba la necesaria obediencia a todo lo establecido y ordenado por Dios. Un pueblo limpio de pecado y en la senda de la lealtad al Señor era la condición primera para alcanzar la victoria.

La lección de la disciplina destaca en los textos considerados. La disciplina es un modo divino de limpieza para Su pueblo. Mediante el ejercicio de la disciplina el creyente es despojado del peso del pecado que le impide una relación de comunión con Dios. No se trata de un juicio expiatorio por el pecado, sino de un ejercicio benevolente de la caridad divina en la restauración de las condiciones para recibir las bendiciones prometidas, resultantes de la comunión con Dios. Mediante el ejercicio de la disciplina Dios prepara a los suyos para la experiencia de la bendición. Es realmente la acción correctora del Padre del cielo sobre sus hijos, a semejanza de la acción del padre humano sobre los suyos (Dt. 8:5; He. 12:9). El creyente disciplinado por el Señor debe mostrar gratitud por la acción de gracia amorosa del Padre celestial, ya que con ella está siendo conducido a lo que es provechoso para que participe de Su santidad (He. 12:10). Sin duda, la disciplina no es *"causa de gozo"*, es decir, es en cierto modo penosa; con todo, el creyente que discierne lo que Dios hace con ello y el fin que se alcanza, no menosprecia esa actividad divina en su vida (Pr. 3:11). La disciplina es evidencia de la condición de hijo de Dios; tan solo aquel que es realmente hijo suyo es disciplinado como tal (He. 13:7-8). El amor de Dios se expresa en la disciplina para con los suyos (He. 13:6). La disciplina alcanza en ocasiones un grado muy elevado de severidad; con todo, jamás es destructiva, sino edificante y constructiva. El salmista afirma esta verdad cuando dice: *"Me castigó gravemente JAH, mas no me entregó a la muerte"* (Sal. 118:18); en modo semejante se expresa Pablo: *"como castigados, mas no muertos"* (2Co. 6:9). En ocasiones, la disciplina llega a la muerte física, como es el caso de la establecida para el incestuoso de Corinto, al que se *"entrega a Satanás para destrucción de la carne"*, con el objeto de que su espíritu sea salvo (1Co. 5:5). Igualmente, la disciplina de Dios sobre los divisionarios de aquella misma congregación dividida que persistían en mantener tal actitud mientras participaban en la cena del Señor, había enfermado y debilitado a algunos y a otros, tal vez los más rebeldes, los había separado de la iglesia por medio de la muerte (1Co. 11:30). Con todo, aun en casos como estos de extrema gravedad, la disciplina no separa al creyente del Señor, es decir, el creyente disciplinado no pierde su salvación. Es, sin duda cosa horrenda *"caer en las manos del Dios vivo"* (He. 10:31) como consecuencia de prácticas pecaminosas, pero, aun así, el creyente será salvo en el día del Señor, aunque toda su obra se pierda, como alguien que, pasando por el fuego, es arrebatado del incendio pero pierde todo cuanto tenía (1Co. 3:15).

La disciplina limpia la iglesia y permite el disfrute de las bendiciones de Dios sin impedimentos. La disciplina eclesial establecida en la Escritura debe ser aplicada, con el carácter curativo que tiene, espiritualmente hablando. La falta del ejercicio de la disciplina bíblica es más bien una falta de amor (Pr. 13:24). En la lección histórica del primer paso en los preparativos en Gilgal, debe aprenderse la necesidad de limpieza en el pueblo de Dios para alcanzar las bendiciones que Él ha prometido para los suyos. Sin limpieza no hay comunión y sin comunión no hay bendiciones ni poder.

8. Y cuando acabaron de circuncidar a toda la gente, se quedaron en el mismo lugar en el campamento, hasta que sanaron.

El pueblo debió esperar en el lugar en que estaba hasta que las heridas de la circuncisión permitieron a los hombres de guerra asumir sin problemas su lugar en el terreno del servicio. Había un tiempo de detención hasta que las heridas curasen; solo entonces estaban en condiciones de participar en la lucha. Durante todo ese tiempo el Señor estaba protegiendo a Su pueblo. El temor que Él mismo había puesto en el corazón de los habitantes de Jericó hacía que todos ellos estuvieran encerrados dentro de los muros aparentemente seguros de la ciudad, sin intención alguna de salir de ella para enfrentarse a los israelitas, sino confiando que aquellas paredes resistieran el empuje de los ejércitos de Israel en el momento en que iniciaran la conquista de la ciudad. Dios protegía a Su pueblo cuando el compromiso de fidelidad los hacía vulnerables a los hombres.

La fidelidad hace aparentemente vulnerable al creyente, que deja de confiar en su carne para someterse incondicionalmente a la voluntad de Dios. Es necesario llegar a límites de dependencia plena para ser conducidos a la victoria total en Cristo. Asumir el compromiso cristiano es tomar con gozo la cruz personal y seguir tras las huellas del crucificado. Mientras esta debilidad se experimente, el poder protector de Dios, como puerta de entrada al disfrute de las bendiciones en Cristo, se hace realidad para cada creyente, de tal modo que puede decir como Pablo: *"Cuando soy débil, entonces soy fuerte"* (2Co. 12:10).

9. Y Jehová dijo a Josué: Hoy he quitado de vosotros el oprobio de Egipto; por lo cual el nombre de aquel lugar fue llamado Gilgal, hasta hoy.

Egipto había sido el lugar del oprobio para el pueblo de Israel. Aquella nación estuvo cautiva durante más de cuatrocientos años como esclavos entre los egipcios. No había victoria en aquella situación, sino plena y total derrota. Muchos de ellos, pecaminosamente, habían desconfiado de Dios y procuraron regresar a Egipto (Nm. 14:4). Aquello había sido un oprobio que el pueblo llevó sobre sí a lo largo de los años por el desierto. Eran el pueblo de Dios, pero cargaban con el *"oprobio de Egipto"*. Volver a Egipto, desear a Egipto, era renunciar a la gloriosa libertad de Dios y someterse voluntariamente a la esclavitud de los dioses del mundo. El compromiso con Dios, señalado en la circuncisión, no se había manifestado desde la salida de Egipto. Solo en la llanura de Jericó, en Gilgal, se había asumido nuevamente. Aquellos manifestaban ser del Señor y ser Su pueblo, respaldándolo en un acto de obediencia plena a Su voluntad. De ahí que el hagiógrafo vincule el nombre del lugar con el hecho de la circuncisión. Gilgal, que significa, como se indicó antes, *"círculo"* o *"rueda"*, expresaba la misma operación de corte circular que la circuncisión producía en los hombres de Israel; con ello manifestaba la disposición de todo el pueblo de Dios a ser fiel al pacto establecido por el Señor con su antepasado Abraham, que los alcanzaba y comprendía también a ellos.

La victoria espiritual sobre los enemigos del creyente pasa por un proceso espiritual semejante. La circuncisión en Cristo, por identificación con el Señor en su muerte, libera al creyente del *"oprobio de Egipto"*, esto es, de todo aquello que el mundo puede ser de impedimento para las bendiciones de Dios. La amistad del mundo es enemistad contra Dios (Stg. 4:4). La identificación con Cristo otorga el poder sobre el mundo. Pablo lo enseña claramente: *"Lejos esté de mí gloriarme, sino en la cruz de nuestro Señor Jesucristo, por quien el mundo me es crucificado a mí, y yo al mundo"* (Gá. 6:14). La vida victoriosa consiste en *"despojarse de todo peso y de pecado"* (He. 12:1). La circuncisión espiritual es el despojamiento del cuerpo de carne: *"en Él también fuisteis circuncidados con circuncisión no hecha a mano, al echar de vosotros el cuerpo pecaminoso carnal, en la circuncisión de Cristo"* (Gá. 2:11). Es la experiencia victoriosa sobre la esclavitud del pecado: *"sabiendo esto, que nuestro viejo hombre fue crucificado juntamente con Él, para que el cuerpo del pecado sea destruido, a fin de que no sirvamos más al pecado"* (Ro. 6:6). El viejo hombre (ὁ παλαιὸ" ἡμῶν ἄνθρωπο"), referencia al voluntarioso *"yo"* que está en oposición al nuevo (Col. 3:9, 10), usado para la práctica del pecado desde la caída, degenerado y corrompido, es tratado por Dios en la cruz, en una experiencia de *"co-crucifixión"* (συνεσταυρώθη). Esta experiencia tiene lugar en el momento de creer en Cristo. El resultado es que *el cuerpo de pecado es destruido* (καταργηθῆ τὸ σῶμα τῆ" ἁμαρτίᾳ), es decir, el cuerpo al servicio del pecado queda liberado de esa esclavitud y el pecado queda sin poder para el creyente a fin de que pueda disfrutar de la verdadera libertad en Cristo. El propósito es para que *"no sirvamos más al pecado"* (τοῦ μηκέτι δουλεύειν ἡμᾶ" τῇ ἁμαρτίᾳ). No hay razón para seguir en esclavitud cuando el amo fue derrotado. Cristo en la cruz derrotó al tirano que esclavizaba (He. 2:14-15). Pablo no enseña que el creyente alcance un grado de santidad que lo haga impecable, pero la diferencia notoria está en *caer* en un pecado o *vivir* para el pecado. El que practica el pecado es esclavo del pecado (Jn. 8:34). Sin embargo aunque el creyente ha sido liberado del poder del pecado y del mundo, no lo fue aún de la presencia del pecado. El viejo hombre continua existiendo (Ef. 4:22). Ello lleva a la necesidad de confesar diariamente el pecado que cada creyente comete (1Jn. 1:9). Lo que implica en sí mismo una decidida renovación espiritual en la esfera del compromiso. El creyente vive en el mundo, pero no es del mundo, por tanto, la vida victoriosa está en mantenerse en la relación de santidad con el Señor, habiéndose despojado del oprobio del mundo (Col. 3:10).

La vida cristiana debe ser una vida espiritual, es decir, en el Espíritu, como corresponde al circuncidado en Cristo (Fil. 3:3). Para gozar esta bendición es preciso haber terminado con el control del viejo hombre y vivir en el Espíritu (Gá. 5:16). Es el Espíritu quien da victoria sobre la carne. El creyente no puede por sí mismo luchar y vencer contra esa naturaleza caída, debe, por tanto, depender enteramente del Espíritu. La vida en la carne, aun en lo que pudiera tener de aparente piedad, es derrota (Ro. 8:6-8). La carne se gloría en sí misma, incluso la mera práctica religiosa, al basarse en apariencias, ordenanzas y mandamientos humanos (Col. 2:20-23). La vida en el Espíritu se gloría en Cristo y su obra. El creyente necesita limpiarse del oprobio de Egipto, figura del mundo, separándose abiertamente de él (2Co. 6:14-7:1). Solo un pueblo santo es un pueblo victorioso.

10. Y los hijos de Israel acamparon en Gilgal, y celebraron la Pascuaa los catorce días del mes, por la tarde, en los llanos de Jericó.

De la circuncisión a la celebración de la Pascua. Esta ordenanza establecida por Dios para Su pueblo, exigía la previa circuncisión de todos los hombres que quisieran participar de ella (Éx. 12:43-49). Era la primera Pascuacelebrada en la tierra prometida, una importante y única ocasión. La primera en la historia del pueblo de Israel había sido celebrada en

Egipto cuarenta años antes, con motivo de la liberación de la esclavitud; una segunda se celebró en el desierto, un año después de la salida de Egipto (Nm. 9:1-13); esta, ahora, es la tercera celebración pascual y la primera en la tierra de la promesa. Se celebró en la fecha establecida, el catorce de Abib —luego Nisán— (Éx. 12:2; 13:4; 23:15; 34:18), por la tarde, a la puesta del sol, entre el viernes y el sábado, conforme a lo establecido (Éx. 12:6; Lv. 23:5; Dt. 16:6). La celebración pascual tuvo lugar en *"los llanos de Jericó"*, delante del rostro de sus enemigos, lo que encaja plenamente en la expresión de David, aunque no estuviera presente en su mente este acontecimiento cuando escribía en el *Salmo del Pastor* estas palabras: *"Aderezas mesa delante de mí en presencia de mis angustiadores"* (Sal. 23:5).

La segunda condición para la victoria del creyente es la de una vida de plena comunión con Dios, manteniendo constante el recuerdo de la obra hecha para la salvación que libra al creyente de la ira, y cancela para él toda condenación por el pecado (Ro. 8:1). La Pascuarecordaba la obra hecha por el Señor para liberar a aquellos de la esclavitud, librando a su pueblo de la muerte judicial establecida sobre todos los primogénitos de la tierra, en razón de la sangre del cordero pascual aplicada sobre los dinteles y los postes de las puertas en las casas de los israelitas (Éx. 12:7, 13). La comunión con Dios se lleva a cabo en una esfera de limpieza en relación con el pecado. La comunión con Dios, como se ha visto anteriormente, hace posible la victoria, ya que separados del Señor nada es posible (Jn. 15:5). El recuerdo constante de la cruz debe ser la nota dominante en la vida cristiana. Es notable observar que en la experiencia de la iglesia primitiva, quienes creían y se bautizaban pasaban a partir el pan en el cumplimiento de la ordenanza del Señor (Hch. 2:41-42). La identificación con Cristo, *"nuestra pascua"*, exige limpieza personal en el creyente. Sin embargo, tanto más sencillo será mantenerse dentro de la experiencia de santificación, cuanto más presente esté la cruz de Cristo en donde se aprecia el costo pagado por Dios para hacer posible la realidad de un pueblo santo y celoso de buenas obras. Dios entregó a su Hijo, quien se dio a sí mismo en precio por el pecado de Su pueblo, conforme a lo determinado en el plan de redención (1Pe. 1:18-20). Cuando el pueblo de Dios sea consciente de lo que le ha costado a Dios redimirlo del pecado, estará dispuesto a asumir el compromiso de santidad y servicio al que es llamado. El recuerdo de la muerte de Cristo, la conmemoración de lo que ha sido su obra, tiene lugar en los llanos de este mundo cada vez que se conmemora en el partimiento del pan. Sin embargo, no debe olvidarse el simbolismo de Gilgal, el lugar en donde tuvo lugar aquella pascua. Es el lugar del pueblo reunido en torno al Señor, desde donde partirán los ejércitos para retornar victoriosos sobre sus enemigos. El secreto de la victoria está en la comunión permanente con el Señor. La carne tiene sus propias armas, pero todas ellas juntas nunca podrán llevar al hombre de fe a la victoria; esta se obtiene en razón del poder de Jesús (Fil. 4:13). Los creyentes en Cristo —la verdadera circuncisión en el sentido espiritual— rechazan el poder de la carne, mientras descansan y se glorían en Cristo Jesús, en un total compromiso de entrega y servicio fiel (Fil. 3:3). Ante la Cruz, cualquier renuncia por grande que sea a la vista del hombre, resulta sencilla y natural para el creyente (Fil. 3:7-8). La gloria humana queda anulada ante el infinito resplandor de la gloria de Dios en la cruz de Cristo. No hay gloria que persista ante la gloria de la cruz de nuestro Señor Jesucristo. La grandeza humana, generada por la carne, cae derribada ante ella, para gloriarse tan solo en el Señor (1Co. 1:31). Es necesario tener siempre delante y caminar a la sombra de la cruz, si se desea alcanzar la victoria espiritual en Cristo Jesús (Gá. 6:14).

11. Al otro día de la Pascua comieron del fruto de la tierra, los panes sin levadura, y en el mismo día espigas nuevas tostadas.

La celebración de la Pascua incluía los *"panes sin levadura"*, que acompañaba a la comida del cordero pascual (Éx. 12:8). Durante el tiempo del desierto, no hubieran podido hacerlo debido a que tan solo tenían el maná y, sin duda, los recursos de trigo no hubieran sido suficientes. Ahora entraban en el lugar de su residencia definitiva, donde el fruto de la tierra proveía de grano de trigo para fabricar el pan. Aquel trigo no había sido sembrado por los israelitas, sino por los cananeos. Era, por tanto, una nueva provisión de Dios para Su pueblo. Los habitantes de Jericó, ante la llegada de los israelitas, se habían refugiado en la ciudad, abandonando los campos sembrados, llenos ya de espigas nuevas. Igualmente, los lugares de almacenamiento del grano para el consumo diario solían estar fuera de la ciudad, en el campo, con lo que los hebreos encontraron dispuesto todo cuanto necesitaban para la celebración de la pascua, elaborando el pan ázimo (*massôt*) conforme a lo establecido por Dios. El siguiente día de la Pascua, esto es, a partir de la puesta del sol del sábado, que era *"el mismo día"* (*b^{eä}esem hayyôm hazzeh*) debían llevar al sacerdote un omer de los primeros frutos de la tierra dispuesta para la siega, que lo presentaba delante del Señor (Lv. 23:10, 11). Las espigas tostadas al fuego, formaban parte de la ofrenda detallada en la ley (Lv. 2:14). Todo lo demandado por Dios pudo cumplirse conforme a lo establecido porque Él mismo hizo la provisión necesaria para llevarlo a cabo. Realmente se estaba cumpliendo lo que Moisés había dicho antes. Israel estaba entrando en una tierra donde encontraba casas llenas de todo bien que ellos no había llenado, y cisternas cavadas no por ellos, viñas y olivares que no habían plantado, y comida abundante para saciarse (Dt. 6:11). La fidelidad de Dios era evidente en todo, cumpliendo sus promesas mucho más abundantemente de lo que hubieran podido pensar.

Una sencilla lección se desprende del texto: la provisión de Dios para los suyos conforme a sus promesas de gracia en Cristo Jesús nunca falla. El Señor ha sacado a su pueblo de la esclavitud en que se encontraba, introduciéndolo en una esfera en la que la provisión de bendiciones celestiales se hacen realidad para los suyos en cada momento (Col. 1:13). Estas bendiciones permiten llevar a cabo las demandas que el Señor establece para esta nueva situación. Las espigas de trigo tostadas son figura de Cristo, quien en su humanidad sufrió los rigores del fuego del juicio de Dios por los suyos para convertirse en el alimento celestial que Su pueblo necesita (Jn. 6:51). Esta provisión no podía encontrarse en Egipto, formaba parte del alimento de la tierra prometida. Es algo que el mundo no puede ofrecer, pero que se encuentra en abundancia en los recurso de gracia en Cristo Jesús. Esta comida daba fuerzas suficientes para proseguir adelante en la ejecución del plan de Dios. El creyente se fortalece en la comida celestial provista por Dios.

12. Y el maná cesó el día siguiente, desde que comenzaron a comer del fruto de la tierra; y los hijos de Israel nunca más tuvieron maná, sino que comieron de los frutos de la tierra de Canaán aquel año.

Israel estaba ya en el lugar estable de la tierra prometida. El maná había sido la provisión de Dios para alimentar a Su pueblo durante los años del desierto. No había otra provisión ni otro recurso en aquellos días. Ahora estaban ya en un lugar con abundancia de todo lo necesario. La alimentación estaba asegurada con los frutos de la tierra, por tanto, no era ya necesaria la provisión diaria de maná que se había mantenido durante los cuarenta años anteriores. Sin embargo, todo lo que necesitaban era una provisión que seguía procediendo de Dios. En el desierto, la hacía descender sobre ellos cada mañana, ahora se la entrega de una tierra que era suya y que la regalaba a Su pueblo para que la poseyera.

El creyente de esta dispensación tiene, espiritualmente, una mayor bendición que aquellos de la antigua alianza, al poder seguir disfrutando del maná, alimento apropiado para el desierto, figura de Cristo que desciende del cielo, y del trigo de la tierra de la promesa, figura también de Cristo como alimento permanente y eterno. Sin embargo, la grandeza de la *mesa de Dios* es una de las lecciones más hermosas que se desprenden del pasaje. La mesa de la provisión es también la mesa de la comunión. No habrá recurso que el cristiano necesite, que no lo encuentre abundantemente provisto en la mesa de los recursos de Dios en

Cristo Jesús. Cuando sea necesario el alimento del maná, será provisto, lo mismo que cuando sea preciso el más sólido de las espigas tostadas. Todo será dado abundantemente en Cristo Jesús. En Él están todos los recursos necesarios. En la mesa de Dios están todos los bienes para ser fortalecidos. El Padre ha dado a su Hijo, que es la plenitud de Dios (Col. 2:9), con Él da también *"todas las cosas"* (Ro. 8:32). En Cristo el creyente puede gozar de la comunión con Dios y ser agradable delante de Él como *"aceptos en el Amado"* (Ef. 1:6), a la vez que se le capacita para la lucha que debe sostener cada día (Ef. 6:12).

El príncipe del ejército de Jehová (5:13-15)

13. Estando Josué cerca de Jericó, alzó sus ojos y vio un varón que estaba delante de él, el cual tenía una espada desenvainada en su mano. Y Josué, yendo hacia él, le dijo: ¿Eres de los nuestros, o de nuestros enemigos?

Los preparativos espirituales para la conquista habían terminado. La circuncisión efectuada identificaba al pueblo con Dios en la relación de pacto. La Pascua celebrada recordaba el medio de redención y liberación. Gilgal, el lugar donde el pueblo estaba acampado, era prueba de la fidelidad de Dios, que los había conducido al lugar de la promesa. Los enemigos a derrotar estaban delante de ellos, en Jericó, la primera ciudad fortificada. Josué había recibido promesas del Señor de protección y ayuda. No dudaba que estas se cumplirían oportunamente. Dios le había dicho antes de cruzar el río: *"nadie te podrá hacer frente en todos los días de tu vida; como estuve con Moisés, estaré contigo; no te dejaré, ni te desampararé"* (1:5). La confianza de Josué en el Señor, no impide la diligencia en reconocer personalmente y de cerca la primera ciudad a conquistar. El responsable directo de los movimientos del pueblo de Israel, designado por Dios para ello, dejó el campamento y solo se caminó hacia Jericó. No se dice cuáles eran sus pensamientos, pero es fácil suponer que, aun en confianza plena, habría la preocupación natural por los próximos acontecimientos. Aquel primer obstáculo en la llanura era imponente a los ojos de Josué. Los muros defensivos eran altos y seguros. Tal vez en el recuerdo de su mente sonarían las palabras con que sus compañeros espías enviados por Moisés a reconocer Canaán, habían descrito aquella y otras ciudades de la tierra: *"El pueblo que habita en la tierra es fuerte, y las ciudades muy grandes y fortificadas... no podemos subir contra aquel pueblo, porque es más fuerte que nosotros"* (Nm. 13:28, 30). Acaso, desde la perspectiva humana, le parecían razonables aquellas palabras. Tan solo un poder superior al de Israel, podría hacer que aquella imponente ciudad de la llanura fuera conquistada y destruida. La estrategia a emplear vendría de Dios, pero el conductor de Israel deseaba conocer el terreno lo mejor posible para cuando llegara el momento de entrar en combate. Se destaca en el texto la acción de Josué: inspeccionó el terreno, lo hizo personalmente, lo hizo desde la proximidad del problema a resolver.

La promesa de Dios: *"estaré contigo"* iba a ser ratificada en el momento preciso. La aparición delante de Josué de un hombre con una espada desenvainada que se le pone delante, sería la confirmación que necesitaba, de la realidad de aquella promesa. Sin embargo, Josué no reconoció a aquel varón, para él era un hombre armado que se interponía en su camino. Los enemigos estaban encerrados en la ciudad, el ejército de Israel acampado en Gilgal ¿quién podía ser aquel guerrero? No es extraña la pregunta que Josué le formula para conocer su identidad: *"¿Eres de los nuestros, o de nuestros enemigos?"*. Posiblemente la pregunta tenía otro sentido. Siendo desconocido aquel hombre para Josué, cabría pensar que podía ser un aliado, bien para Israel o para Jericó. De esta otra forma, podemos traducir la pregunta en el texto hebreo: *"¿Estás por nosotros o por nuestros enemigos?"*. Es una pregunta sincera y franca. Aquel personaje solo podía estar en uno u otro lado. Era imposible la neutralidad, como Cristo mismo dirá siglos después: *"el que no es conmigo, contra mí es; y el que conmigo no recoge, desparrama"* (Mt. 12:30).

Lecciones sobre el liderazgo bíblico aparecen constantemente en el libro de Josué. Merece la pena considerar aquí algunos aspectos que hacen eficaz la práctica del liderazgo en la congregación de Dios. La primera característica que se destaca es la visión. Josué quería tener una comprensión plena de la dimensión del problema a afrontar. La fe no impide la decisión de pasar a estudiar y conocer el problema de la forma más amplia y precisa. El líder cristiano debe tener un discernimiento profundo de los problemas que debe afrontar. La visión clara de lo que debe hacerse conducirá a la *previsión* necesaria para alcanzar los objetivos. Un verdadero líder es aquel que ve el final del problema a resolver considerando primero la dimensión del problema. Josué no estaba considerando la ciudad en sí, sino el proyecto final de su conquista. La preocupación del líder tiene que ver siempre con el bien del pueblo. La batalla a desarrollar pondría en juego la vida de sus hermanos, por tanto, debía ser planificada con todo detalle. La planificación es algo necesario en el ejercicio de un liderazgo eficaz. No significa en modo alguno, una expresión de desconfianza y carnalidad, sino todo lo contrario. Quien sigue el ejemplo de Cristo, el *"autor y consumador de la fe"* (He. 12:2), se da cuenta de la planificación en la obra que ejecutó. Había sido matizada en todos sus detalles desde la eternidad y ejecutada con toda precisión en el tiempo histórico de los hombres. La planificación era tal que le permitió decir: *"He acabado la obra que me diste que hiciera"* (Jn. 17:4). Dejar las tareas sin planificación no es una manifestación de fe, sino la expresión de desinterés y desidia en el trabajo. El líder bíblico ha de conocer el problema personalmente y de cerca.

La segunda característica es la de involucrarse en el problema. Josué, no solo quiso conocer lo que había que resolver, sino que lo hizo personalmente. No envió a otros y trabajó sobre un informe recibido; asumió la responsabilidad de un reconocimiento directo y personal que le permitiera una correcta evaluación de la situación que debía afrontar. Actuar como líder exige aceptar la responsabilidad plena. Ello conduce a implicarse en la actuación, sin evadir las situaciones más trabajosas, para llevar a cabo la tarea con éxito. Las decisiones claras solo pueden ser tomadas desde el conocimiento profundo de la situación. Eso lleva aparejado molestias personales que han de asumirse. Josué tuvo que salir de la comodidad del campamento y aventurarse en el camino que conducía a la ciudad de Jericó. De igual modo, el líder cristiano ha de dejar el lugar de la comodidad para aproximarse personalmente al problema a resolver y conocerlo en toda su dimensión. Tal vez exija horas en vela, mientras otros duermen; tiempo de acción, mientras otros descansan; soportar trabajos y asumir cargas, mientras otros siguen disfrutando de tranquilidad. Es el precio del liderazgo. Quien no esté dispuesto a tales tareas, debe ser lo suficientemente honrado como para renunciar a una posición de liderazgo para la que tal vez nunca fue llamado. Multitud de problemas en la obra de Dios están sin resolver o se han resuelto incorrectamente porque los líderes no han conocido personalmente la dimensión de aquellos, limitándose a actuar por referencias. El verdadero líder renuncia a la comodidad personal en bien de otros. Pablo mismo decía: *"Lo que sobre mí se agolpa cada día, la preocupación por todas las iglesias"* (2Co. 11:28).

La tercera característica es la decisión. Josué preguntó sin rodeos al varón que tenía delante cuál era la posición que ocupaba en relación con el problema a resolver. De igual modo, el liderazgo bíblico debe caracterizarse por la decisión a la hora de conocer quiénes están en favor del programa de Dios y quiénes están en contra. La ambigüedad lleva tan solo al fracaso en la mayoría de las empresas espirituales. No es suficiente con la apariencia, es preciso llegar a la definición. En el terreno espiritual no existe la neutralidad: o se está con Dios o contra Dios. Cristo mismo lo dijo en las palabras citadas antes: *"el que conmigo no recoge desparrama"* (Mt. 12:30). El pueblo de Dios está enfrentándose a un continuo combate, en el que su principal enemigo, Satanás, introduce entre el propio pueblo de Dios sus emisarios, con toda apariencia de piedad, para realizar una labor de destrucción en el mismo seno del pueblo de Dios. Es preciso que el líder conozca con precisión la condición de cada uno de aquellos que están en su entorno para determinar con quiénes puede o no puede contar. Ello exige del liderazgo decisión y determinación. Un líder que no enfrenta esta responsabilidad, tarde o temprano pagará un alto precio por su falta de decisión.

14. Él respondió: No; mas como Príncipe del ejército de Jehová he venido ahora. Entonces Josué, postrándose sobre su rostro en tierra, le adoró; y le dijo: ¿Qué dice mi Señor a su siervo?

15. Y el Príncipe del ejército de Jehová respondió a Josué: Quita el calzado de tus pies, porque el lugar donde estás es santo. Y Josué así lo hizo.

La respuesta no deja lugar a dudas. Una negación contundente elimina de la mente de Josué la idea de que aquel varón armado pudiera estar a favor de los enemigos de Israel. Sin embargo no se trataba de un guerrero que estuviera dispuesto para unirse a las fuerzas de Israel, ya que no lo haría con las de Jericó. Aquel varón con la espada desenvainada era el *"Príncipe del ejército de Jehová"* (*sar s^{e}ba^{ā} Yahveh"*), el Jefe del ejército de Dios. En el Trono de la Majestad, Dios se presenta rodeado de sus ejércitos (1Re. 22:19). Aquel mismo que gobierna sobre todos los ángeles y los hace ejecutores de sus propósitos (Sal. 103:21), estaba presente delante de Josué. No era de la tierra, sino de los cielos, por eso había *"venido ahora"*. Estaba allí en cumplimiento de otra promesa divina: *"He aquí yo envío mi Ángel delante de ti para que te guarde en el camino, y te introduzca en el lugar que yo he preparado. Guárdate delante de Él, y oye su voz; no le seas rebelde, porque Él no perdonará vuestra rebelión, porque mi nombre está en Él"* (Éx. 23:20-21). Era Él quien conduciría las acciones para destruir a los pobladores de la tierra (Éx. 23:23). Josué podía estar seguro del éxito de la conquista porque estaba delante de él quien dirigiría la guerra. Las batallas eran de Dios, y Dios mismo estaba allí para conducir sus ejércitos. No hay duda alguna que Josué entendió claramente que estaba en presencia de Jehová. Aquel varón con la espada desenvainada era el mismo varón que apareció de otro modo a Abraham en el encinar de Manre (Gn. 18:1). Ante la presencia de Dios solo cabe la adoración. Josué era el conductor del pueblo elegido por Dios, pero allí estaba Dios mismo, ante cuya presencia debe doblarse toda rodilla. La primera evidencia de la deidad del *"Príncipe del ejército de Jehová"*, es que aceptó la adoración de Josué. Ningún ángel, aunque sea del rango más elevado, aceptaría ser adorado (Ap. 19:9-10). Solo a Dios corresponde recibir la adoración. Ante la presencia del Señor, Josué se sitúa como lo que es, *"su siervo"*, en la actitud humilde que le corresponde para recibir las órdenes e instrucciones necesarias para su próxima actividad. No podía dudar de que la promesa de Dios de no dejarle sin amparo en ningún momento iba a cumplirse desde el principio de las actividades de la conquista. Josué podía regresar confiado al campamento, porque delante de los ejércitos de Israel iba Dios mismo.

Tal vez Josué esperaba alguna instrucción del *"Príncipe del ejército de Jehová"*, en su lugar se le requirió a un acto de reverente respeto y adoración, todavía mayor que el que había manifestado. Josué escuchó las mismas palabras que Moisés delante de la zarza que ardía (Éx. 3:5). La misma manifestación de Dios entonces se repetía también en aquella ocasión. Josué podía estar seguro de que la presencia del Señor, que había estado continuamente con Moisés, estaría también con Él. El líder de Israel debía quitarse el calzado como señal de reverencia delante de Dios. El lugar en donde Josué estaba era un lugar santo porque la presencia de Dios lo santificaba, y delante del Señor solo cabía una profunda humildad y respeto reverente. La obediencia de Josué fue, como en ocasiones anteriores, inmediata: *"Y Josué así lo hizo"*.

El pasaje presenta una *"Teofanía"* o, si se prefiere mejor, una *"Teoantropofanía"*, con una mayor precisión, ya que quien se apareció a Josué fue un *varón*. El texto sitúa al lector delante de una *"Teoandrofanía"*, es decir, manifestaciones visibles de Dios en forma humana. Dios se apareció como hombre anteriormente, afirmando la misma Escritura que era Jehová (Gn. 18: 1, 2, 33). La deidad del Ángel de Jehová se aprecia fácilmente en el pasaje. No se trataba de un ángel cualquiera, como los que habían acompañado a Jehová delante de Abraham, y que también se habían manifestado en forma humana (Gn. 18:2, 33; 19:1). El Ángel de Jehová se identifica con Dios mismo en varios lugares. Un pasaje importante es el que relata la prueba a que fue sometido Abraham cuando Dios demandó de él el sacrificio de su hijo Isaac. El relato bíblico se inicia con el llamado que Jehová hace a Abraham (Gn. 22:1). En el momento cumbre del relato, cuando Isaac está sobre el altar para ser ofrecido en sacrificio, es el Ángel de Jehová quien habla desde el cielo a Abraham (Gn. 22:11) refiriéndose a sí mismo como quien antes había reclamado el sacrificio de Isaac (Gn. 22:12). Por tanto, Jehová y el Ángel de Jehová es, en aquella ocasión, la misma persona. Otra prueba de la deidad del Ángel de Jehová es el caso de la anunciación del nacimiento de Sansón. A la madre de Sansón se le apareció *"el Ángel de Jehová"* (Jue. 13:3) y, posteriormente, la aparición y actuación en una nueva manifestación delante tanto de la madre como del padre, les hace comprender que estaban en la presencia de Dios, como el mismo pasaje afirma (Jue. 13:22). Las pruebas de la deidad del Ángel de Jehová, en el pasaje del libro de Josué, son evidentes y fueron consideradas antes. ¿Qué Persona Divina es la manifestada en el Ángel de Jehová?. La respuesta es sencilla: solo la Segunda Persona, Jesucristo, es Dios-Hombre, Emanuel, y sus salidas son desde el principio (Mi. 5:2). La Primera Persona de la Deidad es invisible, nadie le ha visto jamás (Jn. 1:18), ni nadie le puede ver (1Ti. 6:16). Las manifestaciones visibles de la deidad relacionadas con la Primera Persona Divina, son siempre apariencia de gloria, propia de la *Shekinah*. Las de la Tercera son manifestaciones corporales como *"paloma"* (Mt. 3:16), o como llama de fuego (Hch. 2:3). Solo la humanidad es propia de la Segunda Persona que, en el tiempo histórico de los hombres, tomaría una naturaleza humana, quedando revestido de humanidad y haciéndose hombre. Solo la Persona Divino-humana del Hijo de Dios, podía manifestarse en forma humana, como le sería propio en razón de una de sus dos naturalezas, en el cumplimiento del tiempo para ello. Las *"Teofanías"* son una evidencia de la *preexistencia* del Señor Jesús. El Verbo de Dios, no inició su existencia en algún momento antes de toda la creación, o en el tiempo histórico de la misma; nunca fue creado; existe eternamente en forma de Dios, como corresponde a quien es Dios, en unidad con el Padre y el Espíritu (Jn. 1:1). Antes de nacer en Belén como hombre, se manifestó visiblemente porque es Dios. De ahí que pudiera decir a los asombrados judíos: *"Antes que Abraham fuese, yo soy"* (Jn. 8:58).

Otra interesante lección del pasaje tiene que ver con la manifestación del Señor con la espada desenvainada en Su mano. Tres veces se le presenta de esa manera en relación con Israel. La primera, cuando Balaam intentaba maldecir al pueblo por orden de Balac el rey moabita (Nm. 22:21ss). Aquella artimaña de Satanás quedó anulada por la intervención del *"Ángel de Jehová"*, portando también entonces una espada desenvainada en su mano (Nm. 22:23). El Señor desbarató los propósitos diabólicos que buscaban la destrucción del pueblo. La segunda vez ocurre en el pasaje del libro de Josué que se está considerando. En esta ocasión, el Señor viene para conducir a Su pueblo en victoria. La tercera vez, en los días de David, para actuar en disciplina a causa del pecado cometido en el recuento del pueblo (1Cr. 21:16). David había cedido entonces a la tentación de Satanás (1Cr. 21:1). El rey de Israel quería conocer cuánto pueblo tenía, con lo que conocería también los recursos con que contaba. Dios intervino restando al censo que ya conocía el rey de Israel, mediante la muerte de setenta mil hombres (1Cr. 21:14). La presencia del Ángel de Jehová es una realidad con el pueblo de Dios, la iglesia de Jesucristo. La promesa del Señor asegura su presencia continuamente: *"Yo estoy con vosotros todos los días"* (Mt. 28:20). Lo mismo que con el pueblo de Israel, está al lado de los suyos. En el Egipto de cada creyente, lugar de esclavitud y opresión, intervino como Libertador. En el desierto de la peregrinación de su Iglesia, es el viajero divino que acompaña, interviniendo contra las insidias diabólicas que pretenden la destrucción de los suyos. En Canaán es el conquistador que garantiza la victoria de su pueblo. Sin embargo, también puede intervenir en disciplina, cuando el pecado en la congregación alcanza cotas que lo hacen necesario, en cuyo caso la espada actúa contra Su pueblo produciendo la limpieza necesaria. ¿No ocurrió así en el caso de Ananías y Safira? (Hch. 5). ¿No actuó en muerte en la iglesia en Corinto? (1Co. 11:29, 30). ¿No se afirma lo mismo a causa del pecado del creyente? (Stg. 5:14-16). Verdaderamente, la presencia del Señor con su pueblo infunde aliento y confianza, pero también debería generar un sincero y profundo temor reverente, conduciendo los pasos de cada cristiano por la senda de la vida santa. El que tiene la espada aguda de dos filos se ocupa en examinar a su pueblo (Ap. 2:12), descubriendo la realidad de su condición (Ap. 2:14, 15), e invitando a todos a un cambio en su vida espiritual, con una solemne advertencia: *"Por tanto, arrepiéntete; pues si no, vendré a ti pronto, y pelearé contra ellos con la espada de mi boca"* (Ap. 2:16).

Unido a estas lecciones se descubre también las condiciones personales para ser un instrumento útil en las manos de Dios. En primer lugar, la humildad. Josué se inclinó delante del Señor reconociéndose como un simple siervo. Solo el humilde será utilizado por Dios en su obra (Is. 66:2). En segundo lugar, el reconocimiento del señorío de Cristo. Del mismo modo en que actuó Josué, debería ser el proceder de cada creyente delante del Señor, en una disposición de sujeción sumisa a Su voluntad: *"¿Qué dice mi Señor a su siervo?"*. Por ultimo, la obediencia consecuente con la humildad y el reconocimiento del señorío de Dios, haciendo todo aquello que el Señor demande. Las tres condiciones personales podrían resumirse de otro modo: separación para Dios, en humildad; comunión con Dios, en santidad; y sujeción a Dios, en obediencia.

Finalmente, la presencia de Dios santifica el lugar. La vida cristiana demanda santidad porque Dios está presente en su santuario. El creyente, como templo de Dios (1Co. 6:18-20), ha sido separado para Él, a fin de que le glorifique con su vida, en un obrar consecuente con la presencia continua de su Espíritu en él. Una vida indigna, o contaminada por el pecado, es un modo de *"hacer violencia al templo de Dios"*, exponiéndose a la disciplina divina que no puede consentir una transgresión semejante (1Co. 3:16-18). Este temor reverente con el *templo personal de Dios* que es cada creyente, se extiende también al respeto que debe haber en la reunión de creyentes, donde la presencia de Dios es una realidad. El Señor, presente en su pueblo, santifica la iglesia y debería producir un profundo respeto en ella, condicionando en todo la actuación de cada creyente orientada siempre a glorificar a Dios. Tal es la causa de la exhortación de Pablo a Timoteo, sobre su comportamiento personal en la iglesia del Dios viviente (1Ti. 3:14-15).

EXCURSUS IV
LA PREEXISTENCIA DE CRISTO

La presencia del Ángel de Jehová descrito en el relato histórico del libro de Josué, y un estudio desprejuiciado sobre él mismo, conduce a la conclusión de que se trata de una Persona Divina. Nadie que no sea Dios admitiría la adoración que el Ángel de Jehová exige para sí mismo y la reverente acción de descalzar los pies en su presencia, que convierte en terreno santo aquel en que se manifestó en el camino de Gilgal a Jericó.

La preexistencia de Cristo es una de las evidencias de su deidad. Dada la importancia del tema, se presenta un breve detalle que sirva de reflexión y afirmación sobre este aspecto de la fe bíblica sobre la deidad de Jesús como Hijo de Dios manifestado en carne. Siendo al mismo tiempo divino y humano es, en su condición de hombre, semejante en todo a los hombres (Jn. 1:14; 1Ti. 3:16; He. 2:14-17), vivió como un hombre y murió entre los hombres. Al mismo tiempo, siendo eternamente Dios, en unidad con el Padre y el Espíritu, necesariamente tuvo que tener una preexistencia eterna. La Biblia afirma la irrupción de Cristo en el mundo de los hombres como una operación divina orientada hacia la salvación de los hombres, por lo que, cuando llegó el cumplimiento del tiempo en el Plan de Redención, el Hijo fue enviado por el Padre al mundo (Gá. 4:4). La eternidad del Verbo de Dios, se hace temporalidad en la humanidad asumida por la encarnación. La fe cristiana afirma la preexistencia de Jesucristo en el sentido que su existencia antecede a su encarnación, por cuanto, como Dios, es eterno, sin principio de origen, en la misma eternidad que el Padre. La eternidad de Cristo no quedó afectada por la encarnación y su existencia eterna es igual y compartida por las otras dos Personas de la Deidad.

Por *preexistencia* se quiere decir que antes de su nacimiento en Belén, Cristo existía como Dios. Uno de los títulos proféticos tiene que ver con esta existencia eterna, antecedente a su nacimiento como hombre, cuando el profeta le llama *"Padre Eterno"* (Is. 9:6). En un sentido semejante, Miqueas enseña que sus *"salidas"* son desde la eternidad (Mi. 5:2). Él se manifestó en apariencia humana en el pasado (Gn. 18:1, 2, 23). En este sentido, la manifestación de su preexistencia está vinculada al Ángel de Jehová en el Antiguo Testamento. Se identifica con Dios mismo (Gn. 22:1, 11, 12; Jue. 13:3, 22). Se aplica a Sí mismo palabras y acciones que son propias de Dios (Jos. 5:15; comp. Éx. 3:5). Recibió adoración, cosa que ningún ángel aceptó jamás (Jos. 5:14).

La profecía anuncia su nacimiento virginal y le da el nombre de Emanuel, que significa *"Dios con nosotros"* (Is. 7:14). Junto con el título de *"Padre Eterno"*, el mismo profeta lo llama *"Dios fuerte"* (Is. 9:6). En su oración al Padre, al término de su ministerio terrenal, el Señor afirmó su preexistencia cuando declaró: *"Ahora, pues, Padre, glorifícame tú para contigo, con aquella gloria que tuve contigo antes que el mundo fuese"* (Jn. 17:5) (καὶ νῦν δόξασόν με σύ Πάτερ, παρὰ σεαυτῷ τῇ δόξῃ ᾗ εἶχον πρὸ τοῦ τὸν κόσμον εἶναι παρὰ σοί). El momento de la glorificación había llegado y con un *"ahora"* enfático expresa el término de su misión terrenal. Es interesante notar la construcción de la frase con dos pronombres personales *"me"* y *"tú"* unidos al vocativo Padre, que da a la expresión una relación de confianza filial. Jesús pedía la gloria que eternamente tiene en el seno del Padre, para su humanidad. La referencia a la eterna existencia de su gloria prescindiendo de toda obra realizada y que es común al Padre y al Hijo la recoge Juan en una cita anterior (Jn. 10:30). Jesús pide la glorificación de su humanidad con la gloria que eternamente tiene como Hijo, después de ejecutar la obra de redención (Jn. 12:28). Jesús pedía volver otra vez a la misma presencia del Padre para estar junto a Él, en la experiencia eterna preexistente (Jn. 1:1). Al asumir el estado de humillación, el Verbo se había despojado de su gloria (Fil. 2:6-8). La gloria de la deidad había sido velada por la limitación de la humanidad asumida (1Ti. 3.16; 1Jn. 4:2). Aquella gloria había sido su modo natural antes de que el mundo viniera a la existencia, entendiendo aquí la palabra *"mundo"* en el sentido de creación, sentido universal de todo aquello que no es Dios. En el estado de exaltación, Jesucristo reasumió de nuevo la gloria eterna (Fil. 2:9-11). El Padre y el Hijo quedan en una dimensión sobrenatural y atemporal respecto a la gloria divina, al margen de toda creación y tiempo.

Jesús reconoció personalmente su preexistencia. La afirmación delante de los judíos, sobre el gozo de Abraham, lo manifiesta: *"Abraham vuestro padre se gozó de que había de ver mi día; y lo vio y se gozó"* ('Αβραὰμ ὁ πατὴρ ὑμῶν ἐγαλλιάσατο ἵνα ἴδῃ τὴν ἡμέραν τήν ἐμήν. καὶ εἶδεν καὶ ἐχάρη.) Abraham comprendió el anuncio de la bendición que proveería Dios a todas las naciones por medio de su descendencia (Gn. 12:3). Él sabía que la descendencia suya, conforme a Dios, comenzaría por el hijo de la promesa: Isaac. En el anuncio del nacimiento se *"rió"*, con gozo exultante (Gn. 17:17). Por fe, vio el día de la bendición, recibiéndolo y saludándolo de lejos (He. 11:13). En contraste, quienes se llaman hijos suyos no le esperaban ni le recibieron cuando vino. La reacción de los judíos no se hizo esperar: *"Entonces le dijeron los judíos: Aún no tienes cincuenta años, ¿y has visto a Abraham?"* (Jn. 8:57) (εἶπον οὖν οἱ 'Ιουδαῖοι πρὸ" αὐτόν, Περτήκοντα ἔτη οὔπω ἔχεισ καὶ 'Αβραὰμ ἑώρακα"). Entendían las palabras de Jesús conforme al sentido literal más estricto y les parecían inadmisibles. La edad física de Jesús no permitía literalmente como hombre, haber visto a Abraham. Cincuenta años era la edad límite que los judíos establecían para Jesús, en la respuesta. Para ellos, quien no había llegado a cincuenta años, afirmaba haber visto a Abraham. Como cierre de aquel diálogo Jesús hizo la afirmación más contundente sobre su preexistencia: *"Jesús les dijo: De cierto, de cierto os digo: Antes que Abraham fuese, yo soy"* (Jn. 8:58) (εἶπεν αὐτοῖ" Ἰησοῦ", Ἀμὴν ἀμὴν λέγω ὑμῖν, πρὶν Ἀβραὰμ γενέσθαι ἐγὼ εἰμί.). La solemnidad de la respuesta requiere que se le preste una profunda atención. Abraham llegó a la existencia: *"Antes que fuese"*, literalmente, *"antes que llegase a ser"*. Intencionadamente, el Señor utiliza esta forma verbal. Antes que el nacimiento de Abraham se produjera, el Señor era. Nótese la forma: *"antes que fuese" "Yo soy"*. La frase tiene una extraña construcción, en la que aparece un pasado unido a un presente. El presente solo podía entenderse como aplicable a Dios mismo, quien *es* pero que nunca *llegó a ser.* Abraham, como hombre y, por tanto, como criatura, llega a ser. Dios es eternamente existente, en un presente continuo y atemporal. Jesús, el Verbo de Dios manifestado en carne, es preexistente a Abraham y a todas las cosas, que son todas temporales mientras que Él es eterno.

Por otro lado, Pablo afirma en su escrito a los filipenses que Jesús fue *"en forma de Dios"* (Fil. 2:6-7). Una declaración paulina más explícita aparece en la Epístola a los Colosenses, donde declara que Jesucristo es antes de toda la creación, como Creador mismo, y como tal es la imagen exacta del Dios invisible (Col. 1:15-19). La misma verdad que declara que el Hijo es el Creador se encuentra en la Epístola a los Hebreos (He. 1:2-3), afirmándose su eternidad de forma concreta en otro pasaje posterior del mismo escrito (He. 13:8).

CAPÍTULO 6
JERICÓ

Introducción

Con la toma y destrucción de Jericó comienza la parte del libro que trata de la conquista de la tierra. Esta se inicia por la parte central de Palestina, a donde habían llegado los israelitas procedentes del otro lado del Jordán. El relato de la ocupación de la parte central de la tierra se extiende hasta el capítulo 8. Era, desde el punto de vista humano, el lugar menos apropiado para iniciar la conquista, ya que estarían rodeados de enemigos. Hubiera sido más lógico —siempre desde la perspectiva del hombre— haberla comenzado desde un punto más al sur, tal vez desde Cades Barnea, como habría ocurrido en tiempos de Moisés. Aquella acción no se llevó a cabo por desconfianza y desobediencia de la generación anterior. Ahora, Dios demostraría la grandeza de Su poder y la fidelidad en el cumplimiento de sus promesas a una nueva generación. Jericó era una de las ciudades-estado más importantes de Canaán. Una peculiaridad notable es su antigüedad, posiblemente la ciudad más antigua de las mencionadas en el Antiguo Testamento[1]. El relato de la toma y destrucción de Jericó es conducido por el Espíritu para hacer resaltar la grandeza de Dios, que se hizo presente en la historia de la ocupación de Canaán como el *"Príncipe del ejército de Jehová"* (5:14). Dios condujo al pueblo en este primer encuentro con sus enemigos de un modo sobrenatural, mediante un sistema totalmente opuesto a la forma de los hombres, hasta entregar a Su pueblo una ciudad amurallada y bien equipada, sin que este hubiera tenido que hacer nada más que ocuparla, sin ninguna confrontación armada para ello. La historia se hace teología al presentar la omnipotencia de Dios a través del relato bíblico o, si se prefiere, la teología se transforma en historia ya que esta es la consecuencia de lo que antes Dios había determinado que sucediera. El que hizo promesas que tenían que ver con un territorio definido, se ocupa ahora de mover los elementos para hacerlas posibles, mientras que el registro histórico es un simple testigo que lo manifiesta. El pueblo de Israel aparece aquí como instrumento en las manos de Dios para la ejecución de sus propósitos y como beneficiario de las promesas que Él había hecho siglos antes a su primer antepasado, Abraham. Dios prometió a Josué el éxito de la empresa (vv. 1-5) al mismo tiempo que pone a prueba a su pueblo ejercitando su paciencia durante una semana para aproximarse a la ciudad y rodearla (vv. 6-15). El pasaje ofrece también la evidencia de la fe de los israelitas que proclaman jubilosos la victoria antes de que esta se produjera (v. 16). Igualmente se manifiesta

---

[1] Ver detalles sobre Jericó en el *"Excursus V"*, al final del capítulo.

la fidelidad de quienes ocupaban la ciudad, privándose de tomar nada de ella para sí mismos (vv. 17-22). Hacia el final, aparece el cumplimiento fiel de las garantías dadas a Rahab en relación con su vida y la de sus familiares (vv. 22-25). Finalmente concluye con la maldición pronunciada sobre quien se atreviera a reedificar la ciudad (vv. 26-27).

Para el comentario del texto se sigue el *Bosquejo* incluido en la *introducción*, como sigue:

B. La conquista de la tierra de Canaán (6:1-12:24)

1. La conquista de la parte central (6:1-8:35).
    1.1. Victoria en Jericó (6:1-27).
        1.1.1. Los seis primeros días en la conquista de la ciudad (6:1-14).
        1.1.2. La ocupación y el anatema (6:15-21).
        1.1.3. El cumplimiento de la promesa a Rahab (6:22-25).
        1.1.4. La maldición sobre Jericó (6:26-27).

Conquista de la tierra de Canaán (6:1–12:24)

Conquista de la parte central (6:1–8:35)

Victoria en Jericó (6:1-27)

Los seis primeros días en la conquista de la ciudad (6:1-14)

1. Ahora, Jericó estaba cerrada, bien cerrada, a causa de los hijos de Israel; nadie entraba ni salía.

El primer obstáculo a salvar estaba delante de Israel. La ciudad que antes les pareció inexpugnable estaba frente a ellos. No era posible ocupar la tierra sin comenzar por tomar aquella antigua e importante ciudad. Sus murallas parecerían demasiado sólidas e imponentes ante los ojos de los hebreos. Por otro lado, desde el interior de la ciudad, los pobladores confiaban que los muros y antemuros resistirían los ataques de los ejércitos de Israel. La seguridad era prioritaria para los habitantes de Jericó. Las puertas de la ciudad se habían asegurado, de modo que estaba *"cerrada y bien cerrada"* (*sögueret* ûm^{e}*suggeret*). La razón de aquel aparato defensivo eran *"los hijos de Israel"*. Todos en Jericó conocían la intervención divina en favor de aquel pueblo desde que había abierto el mar Rojo años antes, y en aquellos días el Jordán para que pasaran en seco. La suerte que habían corrido sus vecinos del otro lado del río, los reyes de los amorreos, los había conmocionado también. Sin embargo, aún confiaban en la solidez de sus muros y la consistencia de sus puertas. Aquella ciudad se había convertido también en una cárcel de la que *"nadie entraba ni salía"*. Ninguna persona había sido enviada para negociar con Israel, ni tampoco en sentido contrario. La situación era definitiva e innegociable: las alternativas eran solo victoria o derrota. Una última observación sobre la imposibilidad de salir de la ciudad debe vincularse con una mujer y una familia, la de Rahab, a quienes los espías habían prometido salvar su vida. No era posible hacerlo acogiéndolos en el campamento de Israel; habían de ser salvados en el momento de la toma y destrucción de la ciudad. Aquellos que esperaban la salvación estaban también confinados en una ciudad de la que nadie podía salir.

Jericó es ilustración de la vida cristiana como una continua experiencia de obstáculos que Satanás pone en el camino victorioso del pueblo de Dios, procurando el fracaso de los propósitos del Señor para los suyos. La oposición se manifestará en cuanto el creyente desee realizar su vocación celestial: *"Y también todos los que quieren vivir piadosamente en Cristo Jesús padecerán persecución"* (2Ti. 3:12). En ocasiones, como el ejemplo de Jericó, las dificultades aparecerán como algo inexpugnable e invencible para los creyentes. El conflicto es continuo. Las huestes de maldad se opondrán permanentemente al avance victorioso del creyente. Así lo enseña Pablo: *"Porque no tenemos lucha contra sangre y carne, sino contra principados, contra potestades, contra los gobernadores de las tinieblas de este siglo, contra huestes espirituales de maldad en las regiones celestes"* (Ef. 6:12). Los muros y las puertas de Jericó palidecen ante la fortaleza de las huestes diabólicas. Como en aquella ocasión, Satanás procura amedrentar a los creyentes en su experiencia de triunfo en Cristo, haciéndoles vacilar en su propósito. Los gruesos muros, las sólidas puertas, los seguros cerrojos, representan obstáculos que el enemigo desea que los cristianos consideren de tal modo que lleguen a perder su valor y la firmeza para la victoria. Sin embargo, tras el aspecto colosal de las fortalezas que cierran el camino del triunfo para el cristiano, el creyente descansa confiadamente en el arma que abrirá cualquier puerta y derribará cualquier baluarte y que es la fe: *"Esta es la victoria que ha vencido al mundo, nuestra fe"* (1Jn. 5:4). Los recursos del poder de Dios pasan a serlo de cada creyente en un acto de dependencia, que no es otra cosa que la realidad de la expresión de la fe, por lo que, ante los obstáculos que cierran el paso, el cristiano afirma con la confianza nacida en el ejercicio de la fe: *"Todo lo puedo en Cristo que me fortalece"* (πάντα ἰξχύω ἐν τῷ ἐνδυναμοῦτί με), literalmente *"para todo tengo fuerza en el que me da el poder"*.

La fe hace experimentar la tranquilidad que da la confianza en las promesas de Dios. Tal era la situación de Rahab. Aquella mujer había recibido promesa en el nombre del Señor, como ella misma había demandado (2:12). Conocía la firmeza de las promesas del Dios de Israel. Sabía cómo había intervenido en Egipto liberando a Su pueblo de la esclavitud pese al poder del Faraón y sus ejércitos, por tanto, podía estar segura de que, cuando los hebreos entraran en Jericó y aquella ciudad fuese destruida, ella y los suyos salvarían su vida. Humanamente hablando, no había posibilidad alguna para ello, pero la fe hace superar lo que el hombre es incapaz para apropiarse de la victoria absoluta y plena en Cristo Jesús. El cristiano puede confiar plenamente en el Señor y decir: *El Señor lo ha prometido y lo hará.* La inquietud en Jcricó era absoluta, pero Rahab podía experimentar profunda paz, segura de la promesa del Señor. Así también el creyente. Puede ser que esté rodeado de conflictos y que el temor natural procure amedrentarle, pero aun así, la fe proclama: *Mas yo en ti confío, oh Señor; digo; Tú eres mi Dios. En tu mano están mis tiempos* (Sal. 31:14-15).

2. Mas Jehová dijo a Josué: Mira, yo he entregado en tu mano a Jericó y a su rey, con sus varones de guerra.

El tiempo de la conquista había llegado y la primera manifestación de Dios respecto a la batalla es para asegurar la victoria sobre Jericó. Aún no había llegado el momento mismo de tomar la ciudad, pero para Dios era ya un hecho seguro: *"Yo he entregado en tu mano* (heb. *"natattî* *b*^{e}*yad*^{e}*ka"*), literalmente: la he puesto en tu mano. La misma afirmación la hizo a Moisés cuando Israel se enfrentó con Sehón, el rey amorreo, que habitaba en Hesbón (Nm. 21:34; Dt. 2:24; 3:2) y el cumplimiento de la palabra del Señor no pudo ser más preciso. Aquella nación con su rey había caído en manos de Israel, no tanto por la acción del ejército de Moisés, como por la promesa y acción de Dios que se la entregó en su mano. Las mismas palabras son repetidas ahora a Josué, quien entendía ya el significado profundo de las mismas. Dios entregaba no solo a la ciudad, sino a su rey y a sus *varones de guerra.* El rey preparado para su defensa y el ejército bien entrenado para ello, serían derrotados totalmente por las fuerzas de Israel, pero siempre por la acción poderosa de Dios que ya había venido para conducir en toda la batalla (5:14).

La aplicación del texto histórico es sencilla. Las promesas de Dios son definitivamente seguras. La iglesia, como pueblo de Dios, es llevada en triunfo en Cristo (2Co. 2:14). La batalla es de Dios, aunque en ella intervengan los suyos (Ef. 6:12). En la cruz, Dios estableció la victoria en Cristo Jesús. Las *"huestes de maldad"* ya fueron definitivamente derrotadas en aquella operación divina (Col. 2:15). Por esa causa la Escritura contiene una promesa de aliento esperanzador: *"Dios aplastará en breve a Satanás bajo vuestros pies"* (Ro. 16:20). No se puede dudar de ningún modo de la victoria que Dios determina para los suyos, y que Él mismo se encarga de hacer realidad. No es posible que el creyente alcance victoria por sus propias fuerzas —ni tan siquiera lo necesita— porque ha sido alcanzada para él por Cristo Jesús, quien lo coloca sobre el terreno victorioso que Él mismo alcanzó en la cruz. La fe acepta la promesa, pero se desenvuelve en la realidad de la dependencia. No solo debe estar segura de la victoria, ha de estar dispuesta a la prueba de su misma condición. La fe ha de someterse al plan divino establecido para cada ocasión. No actúa independiente, sino dependientemente de Dios. No establece sus propios planes, simplemente espera pacientemente el que ha establecido el Señor. Las muchas ocasiones en que la derrota ensombrece la experiencia del cristiano se producen en la confianza en el poder del hombre y en el abandono del poder de Dios.

3. Rodearéis, pues, la ciudad todos los hombres de guerra, yendo alrededor de la ciudad una vez; y esto haréis durante siete días.

La fe de Israel iba a ser sometida a prueba. La estrategia divina no comienza por el entrenamiento físico de los hombres de guerra, y en las prácticas militares para la batalla, sino en el aspecto de dependencia y obediencia al Señor. Aquel sistema era, al entendimiento del hombre, un absurdo para conquistar una ciudad amurallada. Sin embargo, para Dios era uno de los pasos en una operación de guerra, por tanto el Señor convocó a *"todos los hombres de guerra"* (*köl ªnsê hammilhämä*). Ninguno podía quedarse inactivo. Cada día habían de acudir como si trataran de iniciar el combate, pero tan solo se limitaban a caminar en torno a la ciudad, rodeándola una vez. A la fe en la entrega de la ciudad se unía un notable ejercicio de paciencia colectiva. En lugar de iniciar ya la conquista de la ciudad y entablar combate con los enemigos, se limitaban a caminar alrededor de la ciudad, no solo un día, sino durante toda una semana. Una demora de siete días era algo aparentemente inútil, cuando la lógica exigiría la conquista inmediata de Jericó. Sin embargo, Dios está ejercitando al pueblo, no solo en la confianza, sino también en la paciencia.

La Escritura enseña que *"la paciencia os es necesaria"* (He. 10:36). Esta ha de ejercitarse, lo mismo que la fe. El Señor lo hace por dos caminos: primero, por el de la esperanza en su propia actuación, confiando en los recursos de su gracia y en la manifestación de Sus promesas; luego, por el camino de las pruebas que consolidan y desarrollan la paciencia (Stg. 1:2-4). El relato histórico enseña el ejercicio de la paciencia en la espera confiada de la actuación de Dios en Su tiempo. El creyente necesita ser ejercitado en la paciencia. La formación del carácter cristiano lo demanda. Los creyentes más notables en la Escritura pasaron por la escuela de la paciencia para la formación de un carácter sólido, alcanzando el grado de preparación que los hizo aptos para ser instrumentos en las manos del Señor. Moisés fue ejercitado así durante cuarenta años en Madián. David, el ungido de Jehová, tuvo que vivir errante durante un tiempo, fugitivo por el desierto y refugiándose en las cuevas y las peñas de los montes. Pablo estuvo inactivo hasta que Bernabé lo fue a buscar a Tarso (Hch. 11:25). La paciencia alcanza una obra perfecta, que tiene que ver con la madurez espiritual del cristiano. Así lo enseña Santiago: *"Mas tenga la paciencia su obra completa, para que seáis perfectos y cabales, sin que os falte cosa alguna"* (Stg. 1:4). La paciencia (ὑπομονὴ) consiste en permanecer bajo cualquier circunstancia, por adversa que sea, esperando el resultado final que Dios establece en su providencia, sin desanimarse. Al ir pasando los días, la impaciencia natural puede manifestarse; sin embargo, quien está ejercitado en la paciencia aprende a perseverar, manteniéndose firme en el programa divino. Esta paciencia, lo mismo que la fe, es algo dinámico, por lo que es preciso dejar que *"tenga su obra completa"*, esto es, alcanzar el punto de destino que Dios estableció para ello, que no tiene que ver tanto con un determinado evento puntual, sino con el carácter propio del creyente, de ahí que Santiago diga: *"para que seáis"*. La perfección del creyente, alcanzada por el ejercicio de la paciencia, tiene que ver con la madurez en el sentido espiritual, esto es, dejar el estado de infantilismo para adquirir el de personas adultas. Quien es capaz de esperar pacientemente, no le falta nada, es un creyente maduro.

4. Y siete sacerdotes llevarán siete bocinas de cuernos de carnero delante del arca; y al séptimo día daréis siete vueltas a la ciudad, y los sacerdotes tocarán las bocinas.

5. Y cuando toquen prolongadamente el cuerno de carnero, así que oigáis el sonido de la bocina, todo el pueblo gritará a gran voz, y el muro de la ciudad caerá; entonces subirá el pueblo, cada uno derecho hacia adelante.

Las instrucciones del *Príncipe del ejército de Jehová* comprendían hasta los más mínimos detalles. Los hombres de guerra de Israel debían avanzar llevando el arca en medio de ellos. Una vanguardia y una retaguardia precedería y seguiría a los sacerdotes que la portaban. Anteriormente, el arca había ido delante del pueblo (3:4). Ahora va en medio del pueblo, a hombros de los sacerdotes y precedida por siete de ellos provistos de otras tantas trompetas (*sôp^{e}rôt hayyôb^{e}lîm*). Las bocinas de los sacerdotes eran fabricadas de cuernos de carnero, utilizados habitualmente para convocar a los que iban a combatir en una guerra (Jue. 3:27; 6:34; 1Sa. 13:3; 2Sa. 20:1). No había preparativos de defensa, ni actividad propia de una acción militar; los hombres de guerra precedían al arca que, junto con el pueblo, circulaba alrededor de Jericó. La comitiva marchaba en silencio. El único sonido que se oía cada uno de los seis primeros días, era el ronco sonar de las trompetas de cuernos de carnero. La instrucción final tenía que ver con un reiterado rodear la ciudad en el séptimo día. En aquella ocasión habían de dar siete vueltas, en lugar de una. Finalmente, ante un toque prolongado de las bocinas de los sacerdotes (*bimsök b^{e}qeren hayyôbël*), el pueblo debía prorrumpir en un grito de júbilo (*yärî^{a}û t^{e}rû^{a}ä g^{e}dôlä*), confiando plenamente en la victoria que Dios les iba a proveer, aun antes de que esta se produjera, mientras contemplarían admirados cómo los muros de la ciudad se vendrían abajo, permitiendo el paso directamente en frente de cada uno de los hombres de guerra que, expedito el camino, habían de entrar en la ciudad desde sus límites hacia el centro de la misma, tomándola victoriosamente.

Una sencilla reflexión surge de la lectura de los dos textos anteriores: ¿por qué Dios establecía algo tan extraño?, ¿qué propósito tenía Dios con todo ello? Algunos sugieren la posibilidad de una acción que afectara los ánimos de los habitantes de Jericó, que verían cómo cada mañana se aproximaba a la ciudad el ejército de Israel acompañado del arca de la alianza, con el sonar de una convocatoria militar por medio de las bocinas de los sacerdotes. Sin embargo, poco pudiera representar esto para quienes ya estaban atemorizados y sin ánimo alguno para afrontar aquella situación. Mucho menos se trataba de incitar a los hombres de guerra de Jericó para una intervención armada contra los israelitas. Dios tenía el propósito de instruir a Su pueblo, tanto en la paciencia como en la fe, y para ello dedicó los siete días anteriores a la ocupación de la ciudad. Dios no habla de lucha al pueblo en ningún momento, sino de confiar en Su poder. El Señor Jesús demandó este tipo de fe que confía plenamente en Dios y deja todo a Su actuación: *"tened fe en Dios"* (Mr. 11:22). Ese es el secreto para una vida victoriosa. La única complacencia de Dios tiene que ver con la fe del creyente y el desarrollo de su vida en esa esfera: *"Pero sin fe es imposible agradar a Dios"* y esa es una fe con contenido: *"porque es necesario que el que se acerca a Dios crea que le hay, y que es galardonador de los que le buscan"* (He. 11:6). La fe es más que una creencia en el Ser divino, comprende la certeza del cumplimiento de todas las promesas que aún no han cumplido. La fe no es solo reconocer plenamente la existencia de Dios como el Soberano hacedor de cielos y tierra, el *"único y sabio Dios"* (1Ti. 1:7), sino la certeza absoluta del cumplimiento de toda su Palabra. Acercarse a Él implica una comunión plena en obediencia, aceptando, no solo la realidad de Su existencia, sino la de Su fidelidad, que lo hace digno de confianza. La fe dinámica lleva a la obediencia de todo lo que Dios determina, aunque, humanamente hablando, pudiera resultar contrario a toda lógica. Frente a las dificultades en la vida victoriosa, el creyente descansa en la manifestación del Señor: *"En el mundo tendréis aflicción; pero confiad, yo he vencido al mundo"* (Jn. 16:33). No es una primera victoria la que se producirá en la experiencia del creyente; ya ha habido otra mayor antes. La victoria plena, total y absoluta ha sido alcanzada por el Señor; el resto es una victoria resultante de la que ya se obtuvo por Cristo mismo: *"yo he vencido al mundo"*. Si Él ha vencido en toda la guerra, el triunfo sobre cada una de las batallas es seguro. La fe, viene en ayuda de cada creyente con el aliento necesario: *"Confiad, yo he vencido"*. El creyente vive en la esfera de victoria por medio de la fe: *"y esta es la victoria que ha vencido al mundo, nuestra fe"* (1Jn. 5:4). La fe hace vencedor a quien está identificado con el que tiene todos los recursos de poder y que ha vencido. La fe obtiene la victoria en la misma medida que depende absolutamente de Dios y deja a un lado toda fuerza de los hombres para aferrarse a la provisión poderosa del Señor. La victoria de la fe se obtiene por una aceptación incondicional de la voluntad de Dios y una renuncia, en la misma medida, del poder del hombre. La duda ocasiona el fracaso porque deja de ver al Señor para atender a la magnitud del problema que enfrenta. Pedro comenzó a hundirse en el mismo momento en que, apartando los ojos del Señor, comenzó a ver el mar encrespado y a sentir el impacto del viento contra él (Mt. 14:31). Frente a inquietantes *Jericó* que se levantan delante del creyente y que aparentemente cierran el camino de su triunfo, Dios demanda confianza plena en Él y disposición absoluta a seguir el camino de Su voluntad.

6. Llamando, pues, Josué hijo de Nun a los sacerdotes, les dijo: Llevad el arca del pacto, y siete sacerdotes lleven bocinas de cuerno de carnero delante del arca de Jehová.

7. Y dijo al pueblo: Pasad, y rodead la ciudad; y los que están armados pasarán delante del arca de Jehová.

La diligencia de Josué en obedecer el mandato divino, es evidente. Los sacerdotes son convocados para llevar el arca del pacto y los otros siete, portando las bocinas de cuerno de carnero, debían ir delante del arca del Señor. No indica el pasaje el momento del día en que fue comunicado el mandato a Josué, pero, evidentemente, el cumplimiento fue inmediato. El pueblo entero, es decir, todos los hombres de guerra, pasaron armados, unos delante y otros detrás del arca de Dios. Los guerreros más selectos, o tal vez, los mejor armados (*halûsin*), iban delante. Eran aquellos a quienes en otro lugar se les llama *"todos los valientes"* (Nm. 3:18). Es posible que gran parte de los que iban en la vanguardia de la marcha fueran de los hombres de las dos tribus y media, cuya heredad estaba en Transjordania y cuyo compromiso era el de pasar delante del pueblo para ayudarles en la conquista de la tierra.

Los dos textos instruyen sobre la diligencia en el cumplimiento de los mandatos divinos. La voz de Dios, que establece lo que Su pueblo debe llevar a cabo, ha de ser obedecida inmediatamente. Como ya se ha considerado reiteradamente, la obediencia es evidencia natural del nuevo nacimiento. El creyente ha sido salvo en obediencia y debe desarrollar su vida de santidad en la misma esfera. Sin embargo, lo más destacable es la presencia de Dios —en el simbolismo del arca— en medio de las fuerzas de Su pueblo. No está en la distancia establecida en el cruce del Jordán, sino en medio de las gentes de guerra, quienes, al rodearla venían a formar una unidad con el Señor, cuya presencia estaba representada por el arca del pacto. Esta es también la experiencia de la congregación de Dios. El Señor está presente con su pueblo en toda ocasión. Su promesa establece el compromiso de Su presencia y también el lugar que ocupa: *"Donde están dos o tres congregados en mi nombre, allí estoy yo en medio de ellos"* (Mt. 18:20), o de otro modo: *"He aquí yo estoy con vosotros todos los días, hasta el fin del mundo"* (Mt. 28:20). El glorioso Señor resucitado y ascendido, aquel que tiene todo el poder en el cielo y en la tierra (Fil. 2:9-11), debe estar en el centro de Su pueblo, formando una unidad espiritual con él. De este modo se le contempla en la visión de Juan, andando en medio de los siete candeleros, mientras su diestra sostiene las siete estrellas (Ap. 2:1). La seguridad de la iglesia descansa en el poder de la omnipotencia divina que actúa en su favor. Ningún enemigo podrá impedir la marcha victoriosa de aquellos que marchan en el poder del Señor. Pero no debe dejar de considerarse que, junto con el poder de Dios actuando en favor de los suyos, está también el lugar de honor que le corresponde en medio de los suyos. Comunión, poder y temor reverente se unen estrechamente. Ningún poder es posible para quienes no tienen al Señor en el lugar de honor y respeto que le corresponde.

Así escribe Barchuk:

"Es un hecho muy alentador el saber que Cristo está siempre presente en la iglesia. Lamentablemente, muchas iglesias ignoran Su presencia, manifestándole indiferencia y frialdad, o cuando menos, han perdido su primer amor. No obstante, Él no abandona a su bien amada iglesia, aún anda en medio de los siete candeleros"[2].

Es necesario recordar que el Señor vincula la victoria a la comunión íntima con Él, ya que *"separados de mí, nada podéis hacer"* (Jn. 15:5).

---

[2] Ivan Barchuk. *"Explicación del libro del Apocalipsis"*. San Francisco 1975, pág. 45.

8. Y así que Josué hubo hablado al pueblo, los siete sacerdotes, llevando las siete bocinas de cuerno de carnero pasaron delante del arca de Jehová, y tocaron las bocinas; y el arca del pacto de Jehová los seguía.

9. Y los hombres armados iban delante de los sacerdotes que tocaban las bocinas, y la retaguardia iba tras el arca, mientras las bocinas sonaban continuamente.

El centro absoluto de todo el cortejo era el arca del pacto de Jehová. Es notable la reiteración de la presencia del arca que aparece en estos dos textos. No se dice que los sacerdotes con bocinas iban tras el primer grupo de hombres de guerra, sino *"delante del arca de Jehová"*. Los portadores del arca se hacen una unidad con ella, de tal modo que el hagiógrafo afirma que *"el arca del pacto de Jehová"* seguía a los sacerdotes que llevaban las bocinas. La vanguardia y la retaguardia del ejército estaba también relacionada con el arca, yendo los primeros delante de los sacerdotes y los últimos *"tras el arca"*. Sin lugar a duda, la marcha era un asunto religioso-militar. Todo el escenario tiene que ver con la presencia de Dios manifestada en el arca de la alianza.

En este sentido debería considerarse también a la iglesia de Jesucristo. Todo cuanto ocurre en ella debería estar vinculado directamente con el Señor. Él es su cabeza (Ef. 1:22), quien debe ejercer el control pleno de todas y cada una de las acciones en las que esté involucrada. El ministerio, la orientación, el seguimiento, el testimonio, están plenamente vinculados con el Señor. No es posible entender la vida espiritual sin Cristo. La vida cristiana es la experiencia de *"vivir a Cristo"* (Fil. 1:21), y el poder para llevarla a cabo, Su propio poder (Fil. 4:13). El mayor fracaso posible, espiritualmente hablando, se produce en la congregación de creyentes que consideran suficiente la práctica religiosa como modo de vida. Estos asumen un nombre que los relaciona con la victoria, pero la realidad de fracaso, semejante a la carencia de poder en un cadáver, es su experiencia. De los tales dice el Señor: *"Tienes nombre de que vives, y estás muerto"* (Ap. 3:1). El éxito o el fracaso de la iglesia cristiana consiste en la relación viva que los creyentes mantengan con el Señor, en la realidad de la comunión plena con Él.

10. Y Josué mandó al pueblo, diciendo: Vosotros no gritaréis, ni se oirá vuestra voz, ni saldrá palabra de vuestra boca, hasta el día que yo os diga: Gritad; entonces gritaréis.

Una marcha silenciosa se desarrollaba cada día. No era la voz del pueblo la que tenía que oírse tras los muros de Jericó, sino la voz de Dios en el sonido grave de las notas emitidas por las trompetas de cuerno de carnero. El mensaje de Dios hablaba de juicio sobre aquella ciudad. Los habitantes de la ciudad sabían que sus días estaban contados. El temor se había apoderado de sus corazones (2:11). El Dios de los ejércitos estaba a punto de actuar contra ellos, por tanto, era Su propia voz —en el simbolismo del sonido de las trompetas llevadas por los sacerdotes— que lo anunciaba. La voz del pueblo no debía oírse entonces, porque el mensaje, lo mismo que la batalla, eran del Señor. El momento de alzar la voz llegaría en el día del triunfo, cuando podrían gritar jubilosamente. Mientras tanto, el silencio acompañaba a aquella comitiva que circulaba cada día entorno a la ciudad de Jericó.

La aplicación del texto bíblico es atemporal, es decir, válida para cualquier tiempo. Tal vez sea bueno levantar un momento la vista hacia el futuro y recordar el triunfo definitivo de Dios sobre la maldad de los hombres. Dios mismo ha establecido un tiempo de juicio sobre las naciones del mundo. El tiempo actual es el preludio de ese juicio. Un día el Señor emitirá su propia voz por medio de trompetas que no hablarán de esperanza sino de confusión y de derrota. La voz de los ahora proclamadores de las buenas nuevas de salvación callarán en un tiempo en que el juicio de Dios se manifestará como nunca antes en la historia de la humanidad (Ap.3:10). Habrá otros evangelistas proclamando el mensaje de gracia, pero aquellos que forman una unidad espiritual con Cristo Jesús como su iglesia, habrán dejado de pronunciar el mensaje de gracia, mientras Dios mismo emite su mensaje de juicio. Tan solo al final de ese tiempo, tras los siete años de angustiosa espera, el Señor intervendrá personalmente destruyendo el poder de todos sus enemigos; será entonces cuando la voz jubilosa de los suyos se levantará en un grito de triunfo que proclamará: *"¡Nuestro Dios reina!"* (Ap. 19:6).

11. Así que él hizo que el arca de Jehová diera una vuelta alrededor de la ciudad, y volvieron luego al campamento, y allí pasaron la noche.

El primer día de los siete establecidos por el Señor antes de la toma de la ciudad, se había cumplido. El mandamiento de Dios se llevó a cabo en la más estricta obediencia. Habían rodeado la ciudad y regresaron al campamento, esperando el nuevo día para repetir la marcha, conforme a lo establecido.

Es interesante un párrafo del profesor Irving L. Jensen, como aplicación de este texto:

"Las instrucciones de Dios, dadas a Josué con respecto a este extraño procedimiento para la toma de Jericó, no produjeron preguntas

de parte de Josué. Josué bien podría haberse preguntado: '¿Por qué prolongar esto durante varios días?' '¿Por qué guardar silencio?' '¿Por qué gritar?' Pero si anhelaba el objetivo dispuesto por Dios, también debía aceptar el método de Dios. Del mismo modo, para Israel sería suficiente oír las instrucciones de Josué para ir a marchar (6:6-11), y entonces obedecer como iluminados en la fe. ¿Acaso no había Dios elevado a Josué como su líder? Las respuestas a los interrogantes podían esperar hasta días futuros; pero el sendero de aquel día solo sería iluminado por la fe y la obediencia"[3].

La primera marcha rodeando la ciudad debió producir un alto nivel de inquietud entre los que estaban encerrados en la ciudad. El silencio impuesto por Josué permitía oír desde mucha distancia el ronco sonido de las bocinas de cuernos de carnero que los sacerdotes hacían sonar insistentemente. Los encerrados estaban sitiados, no tanto por los ejércitos de Israel, sino por Dios mismo. No sabían qué esperar de aquella marcha silenciosa y ordenada que habían visto aproximarse a la ciudad, rodearla y luego, con el mismo silencio y orden, alejarse de ella en dirección al Jordán. Tal vez en la lejanía de la llanura habían visto cómo el ejército hebreo se acercaba a la ciudad, pero no era el grupo de hombres armados lo que realmente llamaba la atención, sino que, tras ellos, a hombros de los sacerdotes iba el arca de la alianza, siguiéndole luego el resto de la gente convocada para esa marcha (posiblemente gente de guerra también) que cerraba aquel extenso y largo cortejo acompañando al *arca de Yahveh*. Era el cerco de Dios sobre Sus enemigos y el primer anuncio de la victoria que habría de ser dada por el Señor a Su pueblo. El retorno al campamento marca el epílogo de la primera jornada. Israel regresó a su lugar de reposo, mientras que las personas en Jericó habían perdido el suyo. En tanto que Israel dormía confiadamente y con el reposo alcanzaba nuevas fuerzas para la siguiente jornada, posiblemente pocos, o tal vez ninguno, habían dormido en Jericó. No era necesario este desgaste psicológico sobre los pobladores de la ciudad y sus hombres de guerra para alcanzar la victoria, simplemente era un complemento añadido a lo que Dios había comenzado a hacer en el interior de sus corazones. El miedo les había embargado mucho antes (2:9). La promesa de Dios había comenzado a cumplirse (Dt. 2:25). Poco a poco, aquel ejército antes fuerte y temible estaba siendo reducido a un grupo de gente cansada por la falta de reposo y debilitada por la tensión de los siete días precedentes a la toma de la ciudad. Ciertamente, la guerra era del Señor y esta la primera de Sus batallas en aquella tierra.

---

[3] Irving L. Jensen. *"Josué, la tierra de reposo conquistada"*. Grand Rapids, 1980.

Una y otra vez se reitera la lección de la obediencia en todo el pasaje. Nadie objetó a la marcha del primer día. Nadie expresó su desacuerdo con una actividad tan extraña en orden a la conquista de una ciudad. Aquellos estaban evidenciando la realidad de la fe, que es dependencia confiada en el Señor. Sus mandatos estaban siendo celosamente obedecidos, caminando día a día, en cada uno de los siete previos a la conquista de Jericó, el camino de las bendiciones. Eso es también la manifestación de la fe. La fe dinámica que permite, mediante la entrega personal al Salvador, alcanzar la justificación (Ef. 2:8-9); es una fe obediente. La salvación se recibe en un acto de sumisión a la voluntad de Dios en respuesta al mensaje del evangelio, creyendo con *"el corazón para justicia"* (Ro. 10:10), lo que implica un acto de obediencia al llamado de Dios. Esa misma dinámica de vida *"en la fe"* corresponde luego a la experiencia de la santificación, esto es, la salvación en el tiempo de la *"vida en la carne"* del creyente (Gá. 2:20b). No puede disociarse en ningún momento la fe de la experiencia de vida del salvo, ya que *"el justo por la fe vivirá"* (Hab. 2:4; Ro. 1:17; Gá. 3:11). La fe salvífica es también fe santificante y, tanto la una como la otra, que es la misma fe, se expresan en obediencia. Aquel que obedeció para salvación obedece también para santificación porque es salvo. La salvación implica un cambio de condición en razón de la nueva naturaleza comunicada en la regeneración. El pecador que obedeció y fue salvo por gracia mediante la fe, persevera en la obediencia como expresión natural de su condición de regenerado, ya que es un *"hijo de obediencia"* (1Pe. 1:14). El camino de las bendiciones es el de la obediencia.

12. Y Josué se levantó de mañana, y los sacerdotes tomaron el arca de Jehová.

13. Y los siete sacerdotes, llevando las siete bocinas de cuerno de carnero, fueron delante del arca de Jehová, andando siempre y tocando las bocinas; y los hombres armados iban delante de ellos, y la retaguardia iba tras el arca de Jehová, mientras las bocinas tocaban continuamente.

14. Así dieron otra vuelta a la ciudad el segundo día, y volvieron al campamento; y de esta manera hicieron durante seis días.

Las instrucciones del Señor se cumplieron diligentemente. El espíritu obediente es también diligente en el cumplimiento de las demandas. La marcha se iniciaba a primera hora del día. Del mismo modo que en días anteriores, se establecía la comitiva, con un cuerpo del ejército abriendo la marcha, seguido de los sacerdotes con bocinas, el arca de Jehová, y la retaguardia. Todo ello en silencio. Realmente era Dios quien estaba hablando, tanto a Su pueblo como a los enemigos. Cuando Dios habla el pueblo de Dios debe guardar silencio. Aquel silencio permitía también la reflexión personal. La mente de los que caminaban silenciosamente tenía bastantes horas para considerar lo que Dios estaba haciendo por ellos y todo cuanto había hecho anteriormente, era, pues, un mensaje de bendición y aliento. Mientras que para los de Jericó, el silencio, solo roto por el sonido de las bocinas y el producido por el discurrir de las pisadas de quienes rodeaban la ciudad, era un mensaje de juicio inminente. Este *hablar* de Dios iba a concluir en el séptimo día. Cada mañana aquella comitiva aparecía en la llanura, se aproximaba a la ciudad, la rodeaba y se alejaba nuevamente para reaparecer al día siguiente. Era la estrategia divina que actuaba de ese modo.

Las trompetas que emitían aquel bronco sonido incesantemente eran, a ojos humanos, sumamente vulgares; tan solo cuernos de carnero, vaciados y preparados para emitir aquel sonido. Nadie podría suponer virtud alguna en aquellos instrumentos. Como escribe Lacueva:

"Estas trompetas eran, pues, en sí, de ínfima calidad, de pobre sonido y modestísima apariencia, para que la excelencia del poder fuese de Dios"[4].

Sin embargo, aquellos instrumentos anunciaban el poder de Dios, tanto para salvación como para juicio. De igual manera, el sonido del mensaje de Dios en la presente dispensación por medio del evangelio, no tiene ningún atractivo ni importancia para los no regenerados. El evangelio, con su mensaje de redención y juicio, es *"locura a los que se pierden"* (1Co. 1:18). Este mensaje está siendo proclamado por personas de baja condición a los ojos de los hombres. Pablo los compara con *"vasos de barro"*, para que *"la excelencia del poder sea de Dios"* y no de los hombres (2Co. 4:7). No obstante, como la potencia es de Dios, el mensaje es también poderoso, aunque los instrumentos parezcan pobres a los ojos humanos: *"Porque las armas de nuestra milicia no son carnales, sino poderosas en Dios para la destrucción de fortalezas"* (2Co. 10:4). Nunca debe olvidarse que el Señor usa siempre en Su obra instrumentos humildes.

La ocupación y el anatema (6:15-21)

15. Al séptimo día se levantaron al despuntar el alba, y dieron vuelta a la ciudad de la misma manera siete veces; solamente este día dieron vuelta alrededor de ella siete veces.

---

[4] F. Lacueva. o. c., pág. 43.

El gran día de la toma de Jericó había llegado. La actividad comenzó aún más temprano que en jornadas anteriores. En esta ocasión, se inició al *"despuntar el alba"*. La prueba de la fe estaba llegando a su fin. Las primeras vueltas a la ciudad no producían ningún efecto especial. La larga marcha entorno a la amurallada Jericó pareciera que lo único que estaba produciendo era cansancio al ejército que, también desde el punto de vista humano, debería estar lo más descansado posible para enfrentarse a la lucha con los defensores de Jericó. Sin embargo, lo que es lógico para el hombre, no es siempre el más alto pensamiento de Dios. La conquista de la ciudad era asunto divino; el humano, de Su pueblo, era la obediencia y dependencia en una genuina expresión de fe.

Era el séptimo día. No se indica en el texto bíblico en cuál de la semana se había producido la primera marcha en torno a la ciudad. Pero lo que es evidente es que uno de ellos tuvo que haber sido un sábado. Algunos rabinos consideran que el séptimo día, coincidió, en aquella ocasión, con el sábado[5], día de descanso para Israel, establecido por Dios en la Ley. La prohibición divina sobre cualquier actividad que supusiera un trabajo era muy precisa: *"el séptimo día es reposo para Jehová tu Dios; no hagas en él obra alguna, tú, ni tu hijo, ni tu hija, ni tu siervo, ni tu criada, ni tu bestia, ni tu extranjero que está dentro de tus puertas"* (Éx. 20:10). ¿No estaban quebrantando, en alguna medida, el reposo establecido por Dios? El día había sido santificado por Dios, esto es, reservado para Él (Éx. 20:11), por tanto, el Señor del sábado podía destinar el día para lo que estableciera en Su propósito, porque era suyo. Por otro lado, la obediencia al mandamiento de Dios era un acto de adoración y reconocimiento de Su señorío, lo que realmente es una expresión de culto. Esta marcha en torno a la ciudad —y la propia toma de la misma— era un acto religioso y nunca militar. Era la tarea que Dios había impuesto para *"aquel"* día de reposo, suponiendo que ocurriera en sábado y era, por tanto, obedecerle y servirle.

El culto a Dios no está reservado para el cristiano a una fecha determinada, ni a un estilo particular de actividad religiosa. Se confunden, en ocasiones, estas dos cosas. Hay quienes entienden que el domingo es el día para el culto. Hay quienes consideran que ese es *"el día del Señor"*, interpretando la expresión de Juan en Apocalipsis como referente al mismo (Ap. 1:10), cuando la alusión debe entenderse como al día profético del mismo nombre. Ese es el día que muchos destinan íntegra o parcialmente a la adoración y alabanza. Pero la Escritura enseña algo totalmente diferente. El cristiano no tiene días especiales para adorar al Señor; todos los días deben revestir para él esa característica. Primero, porque Dios

[5] F. Lacueva. o. c., pág. 43.

ha santificado a cada cristiano para Sí, constituyéndolo en un adorador personal y continuo (Jn. 4:23). En segundo lugar, porque la adoración no es una actividad, sino una actitud. Cada creyente, como sacerdote de Dios, tiene el privilegio y la responsabilidad de ser un adorador permanente. Por otro lado, la adoración a Dios no está vinculada a una actividad religiosa, practicada de una determinada manera y asumida generalmente por tradición. La verdadera adoración se manifiesta en la entrega personal e incondicional al Señor, presentando el cuerpo —en el sentido de expresión plena del ser— para un servicio sacrificial (Ro. 12:1). Finalmente, en esta aplicación actual del relato histórico, el sacrificio de adoración ha de ir acompañado de la obediencia a la voluntad de Dios. Así lo enseñó Samuel a Saúl: *"¿Se complace Jehová tanto en los holocaustos y víctimas, como en que se obedezca a las palabras de Jehová? Ciertamente el obedecer es mejor que los sacrificios, y el prestar atención que la grosura de los carneros"* (1Sa. 15:22). Una adoración sin obediencia es hipocresía. En ocasiones, el pueblo de Dios se acercó a Él por medio de una manifestación meramente religiosa que fue rechazada por ser tan solo una apariencia de piedad, mientras que el corazón estaba lejos de Él (Is. 29:13).

16. Cuando los sacerdotes tocaron las bocinas la séptima vez, Josué dijo al pueblo: Gritad, porque Jehová os ha entregado la ciudad.

La prueba de la fe concluyó con el toque de las bocinas de los sacerdotes al inicio de la séptima vuelta, en el séptimo día. La fe se anticipa a la realidad, tomando el futuro de la promesa como realidad del presente. Josué afirma la seguridad de la promesa de Dios, antes de haberse cumplido literalmente. Los muros estaban intactos y los ejércitos de Jericó en sus puestos, al amparo de las murallas. Pero es ahí, donde nada ha cambiado, que la fe, gustando ya las realidades futuras de la promesa, proclama el triunfo de Dios: *"Jehová os ha entregado la ciudad"* (*natan Yahvehk lakem* [ä]*et ha*[a]îr). Era el momento de gritar (*harî*[a]û), literalmente *"lanzar el grito de guerra"*. El momento de iniciar la toma de posesión de la primera ciudad de Canaán había llegado ya. El pueblo iba a gritar jubiloso y seguro antes de que los muros se derrumbasen. La fe nos introduce a una esfera de victoria al dar por realizado lo que aún no tuvo lugar porque confía plenamente en Dios. Él pone a prueba la fe del creyente para su bendición. Le hace conocer su pequeñez. Genera en él la dependencia hacia su Persona. Esta fe no es un producto humano, sino una operación divina (Gá. 5:22).

17. Y será la ciudad anatema a Jehová, con todas las cosas que están en ella; solamente Rahab la ramera vivirá, con todos los que estén en casa con ella, por cuanto escondió a los mensajeros que enviamos.

La marcha diaria sobre la ciudad había puesto a prueba la fe de Israel. La instrucción final que Josué comunica en nombre del Señor al pueblo sobre el comportamiento en relación con Jericó, va a poner a prueba su lealtad. Dos cosas merecen ser destacadas en el texto: primero, la condición de anatema de la ciudad y cuanto en ella había. En segundo lugar, el cumplimiento de la promesa hecha a Rahab por los espías que habían sido enviados antes a reconocer la ciudad.

Josué señala el destino de Jericó: *"será anatema a Jehová"* (*Yahveh hërem*)[6]. La guerra era de Jehová de los Ejércitos y a Él, como vencedor, le correspondía el botín de la batalla. Dios se reservaba todo para Él, como primicias de las bendiciones dadas a Su pueblo. Una parte del anatema había de ser destruido, otra reservada para el tabernáculo. En la primera se encontraban todos los moradores de Jericó. Anteriormente se consideraron las razones por las que los pueblos de Canaán debían ser eliminados (Dt. 20:18). Ahora, las razones divinas se ven magnificadas por la condición dada a la ciudad y todo cuanto en ella había. Al ser considerada como *anatema*, no había redención para ella y debía ser aniquilada en su totalidad. Esto reviste la inexcusable ejecución de la sentencia de Dios sobre aquellos pueblos (Dt. 7:1, 2; 20:16, 17). Cualquiera que tomara para sí algo de lo que había en ella sería, conforme a lo establecido por Dios, considerado él mismo como *anatema*.

Aun así, en medio de un panorama de juicio y desolación, la gracia de Dios se manifiesta en la salvación de Rahab y su familia. Los comisionados por Josué para inspeccionar Jericó se habían comprometido en nombre del Señor a preservar la vida de ella y de los suyos. La razón de tal excepción está en la condición de aquella mujer, creyente en el Dios de Israel[7]. Aunque natural de la ciudad condenada a destrucción, no pertenecía al mismo mundo de sus habitantes. Aquellos habían sido idólatras y persistían en serlo, por lo que se mantenían lejos de Dios. Ella había creído —en la dimensión que su conocimiento demandaba— no solo en la existencia del Dios de Israel sino en Dios mismo. Una creyente, salva por gracia mediante la fe, no puede sufrir el castigo de los incrédulos. No había razón alguna para que ella, por distinción personal, fuera salva y los demás se perdieran. Su salvación obedeció, como en cualquier caso a lo largo de la historia humana, a la admirable gracia de Dios. La evidencia de su salvación se manifestó en el trato dado a los mensajeros de Israel llegados tiempo antes a la ciudad, al no haberlos delatado sino escondido.

---

[6] Para una consideración más extensa sobre el *anatema*, ver el *"Excursus VI"*, al final del capítulo.

[7] Ver el comentario al capítulo 2.

Estaba, pues, manifestando la realidad de una fe que, siendo dinámica, salva y conduce.

18. Pero vosotros guardaos del anatema; ni toquéis, ni toméis alguna cosa del anatema, no sea que hagáis anatema el campamento de Israel, y lo turbéis.

El mandamiento va acompañado de una solemne advertencia. El *"guardaos del anatema"* implica prestar una atención esmerada para no caer en la tentación de apropiarse de lo condenado por Dios, o de lo reservado para Él. El primer caso sería un acto de impía pecaminosidad acompañada de desobediencia. El segundo sería de igual condición, acompañado también de robo, no a un hombre, ni a una nación, sino a Dios mismo. La tentación siempre va acompañada de sutileza. De ahí que, para impedir la caída en ella apropiándose del anatema, debía evitarse todo contacto con las riquezas de la ciudad. Al *"guardaos"* se acompaña también el *"ni toquéis"*. Tener en las manos las riquezas que serían destruidas por el fuego podría traer —como así ocurrió— que alguno se interesara y tomara para sí lo que Dios había destinado para Él. Las consecuencias de una acción semejante afectarían a todo *"el campamento de Israel"*. Dios estaba considerando a todo el pueblo como una unidad de testimonio. La nación entera estaba siendo puesta a prueba en el aspecto de la lealtad a Dios. Habría mucha riqueza aprovechable en Jericó, pero la lealtad exigía obediencia.

La fe conduce a la *fidelidad*. No es suficiente con creer en Dios, la dinámica de la vida de fe conducirá siempre a obedecer a Dios con absoluta lealtad. La única vida victoriosa es aquella basada en la obediencia incondicional al Señor. Nada hay más importante que esto, y no solo en aquella dispensación, sino también en la presente. A los de entonces se les recordó que la obediencia supera a los sacrificios (1Sa. 15:22, 23). A los de esta se les enseña que la santificación va acompañada de obediencia continuada (Fil. 2:13). No es concebible desde la óptica bíblica una vida cristiana al margen de la obediencia. La obediencia es uno de los distintivos cristianos.

19. Mas toda la plata y el oro, y los utensilios de bronce y de hierro, sean consagrados a Jehová y entren en el tesoro de Jehová.

La ciudad, con todo lo que contenía, era *"anatema"*. Una parte destinada a la destrucción y otra reservada en exclusiva para el uso del culto en el santuario. Los objetos de metal, tanto de oro como de plata y de bronce, eran *"anatema"* de oblación, entrando a formar parte, como cosa sagrada, del tesoro de Jehová.

Como escribe el Dr. Lacueva:

"Todos los tesoros de la ciudad, el dinero, los utensilios y demás cosas de valor, habían de ser consagrados al servicio del tabernáculo. Dios les había prometido una tierra que fluía leche y miel, y no un país que abundase en oro y plata. Habían de considerarse suficientemente ricos con el enriquecimiento del tabernáculo"[8].

Este texto cierra la prueba de la lealtad. Lo que viene luego es el modo de aplicarla por cada israelita. El pueblo había sido ejercitado en las tres virtudes: la paciencia, esperando durante una semana y rodeando el último día siete veces la ciudad; la fe, esperando confiadamente en la promesa de Dios; y la lealtad, obedeciendo a lo establecido por Dios. En un sentido genérico todos superaron la prueba, salvo uno que fracasando en la última condición convirtió todo lo anterior en fracaso, tanto para él como para el resto del pueblo. En estas mismas tres virtudes es ejercitado también el creyente. Así testifica Pablo de una congregación de la iglesia primitiva en la que los cristianos estaban siendo ejercitados *"en la obra de fe, en el trabajo de amor y en la constancia en la esperanza en el Señor Jesucristo"* (1Ts. 1:3). No hay diferencia alguna; son las tres mismas virtudes que Dios demandaba también de su pueblo en la antigüedad. La fe que obra es la fe que espera en Dios. La constancia permite mantenerse en la actividad cotidiana, sujetándose a la voluntad de Dios aun cuando Su camino sea incluso incomprensible para el que es ejercitado en la paciencia. El trabajo de amor es equivalente a la lealtad, porque amor y obediencia leal van unidos en la experiencia del creyente, ya que como el mismo Señor dijo: *"si me amáis guardad mis mandamientos"* (Jn. 14:15). Las bendiciones, tanto antes como ahora, están condicionadas a un amor leal al Señor: *"Si guardares mis mandamientos, permaneceréis en mi amor, así como yo he guardado los mandamientos de mi Padre, y permanezco en su amor"* (Jn. 15:10).

20. Entonces el pueblo gritó, y los sacerdotes tocaron las bocinas; y aconteció que cuando el pueblo hubo oído el sonido de la bocina, gritó con gran vocerío, y el muro se derrumbó. El pueblo subió luego a la ciudad, cada uno derecho hacia adelante, y la tomaron.

Tal como habían sido instruidos por Josué, el pueblo prorrumpió en un grito de guerra (*t^erû^a*ä *g^edôlä*), que fue creciendo hasta hacerse atronador, por el vocerío. Entonces se produjo un nuevo milagro de Dios, actuando sobre el baluarte de la ciudad: *"El muro se derrumbó"*. Aquella muralla

[8] F. Lacueva. o. c., pág. 44.

que había impresionado anteriormente a los israelitas, que fue observada con cierta —y natural— preocupación por Josué, que aparentemente ofrecía un seguro refugio a los de Jericó, se desplomó sobre ella misma. El relato en el texto hebreo describe, no un derrumbe, cuyos materiales se esparcirían en muchas direcciones, dificultando el acceso de los hebreos al interior de la ciudad, ya que tendrían que hacerlo saltando sobre los grandes bloques de piedra en absoluto desorden, sino de un hundirse de las murallas, como si la tierra de sus basamentos se hubiera separado para alojar en su lugar las piedras de la construcción del muro. Eso explica que construcciones más modernas aparezcan en las excavaciones por debajo de otras más antiguas y corridas lateralmente a ellas. El propio muro en pendiente adosado a la primitiva construcción se hundió con el resto de la muralla, enterrándose sus materiales más profundamente, en algunos lugares, que las piedras de la muralla de construcción más antigua.

No hay explicación posible a este hecho sobrenatural más que la de una acción de la omnipotencia divina actuando en el ejercicio de Sus propósitos soberanos. Diversas suposiciones se han presentado para *justificar* con la lógica de los hombres un hecho que solo obedece a la acción sobrenatural de Dios.

Así se pronuncia el profesor Félix Asensio:

"Explicar la caída de la muralla como efecto del paso natural de los israelitas sobre ella, confundirla con una simple estratagema militar o interpretarla como sinónima de rendición a base de hechos con efectos mágicos ('grito de guerra', 'sonido de trompetas'), es salirse del relato bíblico, minimizar o desconocer en él la presencia activa de Dios, negarle por sistema su valor histórico con el tan socorrido recurso a las etiologías. De frente al relato, es imposible cerrar los ojos a una intervención sobrenatural que texto y contexto suponen, pero que en absoluto (aunque no parece el caso) pudiera explicarse con el fenómeno natural de un terremoto, siempre que se le encuadre en circunstancias escogidas por Dios"[9].

La admirable sencillez del relato bíblico, sin duda narrado por un testigo presencial del hecho, no se dirige a las causas de la caída de los muros, sino al hecho mismo de haberse producido. Quienes proponen la acción de elementos naturales —como pudiera ser un terremoto— como la causa del desplome de la muralla, no menguan en nada la acción de la providencia divina. El texto bíblico no dice que los muros hubieron sido

---

[9] Félix Asensio. o. c., pág. 33.

demolidos por la acción de los ejércitos de Josué —que por otro lado no hubieran podido hacerlo. No fue un asalto repentino e irresistible de Israel, sino la acción admirable del Dios de Israel. La ciudad de Jericó no se rendía a las tropas de los hebreos, sino que era entregada a ellos por Dios mismo en cumplimiento de Su promesa. Otras muchas de las conquistas de Canaán supondrían un esfuerzo grande a los israelitas, pero, en esta primera ocasión, era Dios mismo quien les entregaba en sus manos una de las ciudades fortificadas de aquella tierra. El relato bíblico considera la conquista de la ciudad desde la perspectiva teológica; aquello había sido una demostración del poder de Dios que peleaba por ellos.

Sin baluartes, la ciudad estaba a merced de los hombres de guerra de Israel. Cada uno se dirigió frente al lugar donde se encontraba para tomar posesión de lo que había sido derrotado para ellos. Los arqueólogos identificaron los restos del muro D, como la muralla de los tiempos de Josué, perteneciente al Bronce III, y aceptada como una construcción destruida *por un cataclismo* sobre el año 1400 a.C. Solo la crítica liberal —con su afán de una datación posterior a la que es consecuente bíblicamente— tuvo que recurrir a supuestas destrucciones anteriores a Josué que no han podido demostrarse documentariamente, suponiendo también como desaparecidas por la acción de elementos atmosféricos y acciones humanas a lo largo de los siglos las murallas de los tiempos de Josué. Sobre aquellos muros convertidos en puentes de paso, el ejército israelita entró a la toma bien ordenada de la ciudad. Probablemente la resistencia de los sitiados fue mínima. Atemorizados interiormente por el trabajo divino, cansados por las noches en vela, aterrorizados por el derrumbe de sus murallas defensivas, fueron presa fácil para las tropas de Josué.

La fe había actuado en aquella ocasión aceptando la promesa de Dios y haciéndola efectiva en el momento oportuno. Esa fue el arma poderosa que el pueblo de Dios utilizó entonces. Así testifica el Espíritu, por medio del escritor a los hebreos: *"Por la fe cayeron los muros de Jericó después de rodearlos siete días"* (He. 11:30). Considerando la narración de Josué a la luz de la afirmación de hebreos, surge la pregunta lógica: ¿de quién era la fe que actuó de manera tan eficaz? Pudiera pensarse que fue la fe de Josué. Sin duda era un hombre de fe; tal vez su fe descansaba en Dios más eficazmente que la del resto del pueblo a causa de haber estado dialogando personalmente con el Principie del ejército de Jehová. No obstante, el pasaje involucra a todo el pueblo.

En este sentido escribe Bruce:

"... ¿Por la fe de quién cayeron los muros de Jericó? Primariamente por la de Josué: creyó y obedeció las instrucciones divinas que se le

dieron cuando vio al ángel 'Príncipe del ejército de Jehová'. Pero también estuvo comprometida la fe del pueblo, porque llevaron a cabo fielmente las instrucciones que Josué le comunicó hasta que la ciudad cayó. Pero ellos no podían darse cuenta de cómo iban a caer; a primera vista, nada podía parecer más necio que el que hombres adultos marcharan alrededor de una sólida fortaleza durante siete días, guiados por siete sacerdotes tocando bocinas de cuerno de carnero. ¿Quién oyó alguna vez de una fortaleza que fuera capturada de ese modo? Sin embargo, cuando marcharon alrededor de la ciudad siete veces el día séptimo y escucharon el último sonido de cuerno, el pueblo gritó con gran vocería, y el muro se derrumbó. El pueblo subió luego a la ciudad, cada uno derecho hacia adelante, y la tomaron"[10].

El énfasis de Israel como pueblo es evidente en el libro de Josué. De la mima manera, la fe individual es la base de la vida cristiana. Sin embargo, la iglesia es el conjunto de todos los creyentes salvos por gracia, unidos en Cristo para ser uno en Él. Como pueblo, la iglesia se enfrenta con dificultades en su caminar que solo pueden ser superadas por la fe de aquellos que la integran. La colectividad cristiana es una colectividad de fe. Solo es concebible una iglesia triunfante cuando todos sus miembros viven en la esfera de la fe.

21. Y destruyeron a filo de espada todo lo que en la ciudad había; hombres y mujeres, jóvenes y viejos, hasta los bueyes, las ovejas, y los asnos.

El *anatema* condenaba a la destrucción total de todos los seres vivos de la ciudad. La espada de los hombres de guerra de Israel, fue utilizada para poner fin a la vida de todos los enemigos de Dios. Sin duda la lectura simple del texto pudiera herir la sensibilidad de muchos. Sobre este y semejantes se ha edificado lo que, de alguna manera, se ha dado en llamar *guerra santa*, que no es otra cosa, en el mundo de los hombres, que el exterminio de sus semejantes por contraposiciones religiosas. La historia ha presentado miles de ejemplos sobre esto a lo largo del tiempo. Sin embargo, de ninguna manera puede tomarse de ese modo el texto bíblico. La muerte de todos los habitantes de Jericó fue establecida directamente por Dios, quien es amor. Su misericordia y clemencia estuvieron deteniendo el juicio sobre la maldad de aquellos pueblos durante siglos. La gracia había dado tiempo antes de la acción judicial de Dios sobre quienes, habiéndole conocido, no le glorificaron, sino que se envanecieron, alejándose cada vez más de Él y cayendo en prácticas

---

[10] F. F. Bruce. *"La Epístola a los Hebreos"*. Grand Rapids 1987, pág. 330.

absolutamente abominables[11]. Algunos piensan que el comportamiento de Dios varía del Antiguo al Nuevo Testamento, presentándolo casi como otro Dios.

En relación con esto escribe el Dr. Lacueva:

"Todo viviente fue pasado por las armas. Si no hubiesen tenido para ello la garantía divina, sellada con prodigios, esta ejecución masiva no habría tenido justificación, ni puede justificarse hoy cosa semejante, estando seguros de que nadie puede presentar pruebas de que Dios la autoriza. El espíritu del Evangelio es muy diferente, ya que Cristo no vino a destruir vidas, sino a salvarlas (Lc. 9:56). Las victorias de Cristo habían de ser de naturaleza muy diferente"[12].

Sin embargo, el Dios del Antiguo Testamento es el mismo que el del Nuevo. La clemencia y misericordia fueron proclamadas como expresión de Su nombre (Éx. 34:6). Esta fue la continua actuación de Dios ante el pecado del mundo. Pero el tiempo de gracia y misericordia tiene un término, pasando luego a lo que, desde el principio, había sido establecido por Él como resultado y consecuencia del pecado: la muerte (Gn. 2:17). De igual manera, en el Nuevo Testamento, la admirable gracia de Dios tiene un límite frente a la rebeldía del hombre. ¿No ocurrió esto con Ananías y Safira? (Hch. 5).¿No pasó también con los divisionarios de Corinto? (1Co. 11:30). La afirmación de Cristo: *"Porque el Hijo del Hombre no ha venido para perder las almas de los hombres, sino para salvarlas"* (Lc. 9:56; Jn. 3:17), nada tiene que ver con una actuación diferente de Dios hacia los hombres en esta dispensación. Aquella fue la respuesta al espíritu vengativo de alguno de sus discípulos que preguntaban al Maestro si quería que descendiera fuego del cielo sobre la ciudad de los samaritanos, cuyos moradores no los habían recibido. Sin embargo, este Dios-hombre que ha dado su vida por los hombres en una cruz, será el juez que, sentado sobre el estrado de juicio, envíe castigo sobre los moradores de la tierra cuando concluya el tiempo de la gracia abierto por Dios para esta dispensación (Ap. 3:10); época en la que muchos buscarán la muerte, a causa de la intensidad del juicio de Dios (Ap. 9:6). No debe olvidarse que las perfecciones de Dios, sus atributos, son iguales en dimensión y presencia. Lo mismo es de infinito el amor que la justicia, por tanto, igual que se manifiesta la gracia se manifiesta el juicio. Tal lección de la historia debería servir de reflexión para el tiempo presente, a fin de considerar las consecuencias que el pecado acarrea en la vida de quien lo practica.

---

[11] Ver el capítulo de introducción, sobre aspectos de Canaán.

[12] F. Lacueva. o.c., pág. 45.

El cumplimiento de la promesa a Rahab (6:22-25)

22. Más Josué dijo a los dos hombres que habían reconocido la tierra: Entrad en casa de la mujer ramera, y haced salir de allí a la mujer y a todo lo que fuere suyo, como lo jurasteis.

Toda la muralla de Jericó se había hundido, salvo un pequeño paño de la misma, adosado al cual estaba la casa de Rahab. Esta es una nueva evidencia de la intervención milagrosa de Dios. La promesa de los dos espías había sido hecha en el nombre de Dios, bajo juramento. El Señor, por tanto, estaba comprometido con la promesa que aquellos habían dado a la mujer que los había escondido, manifestando la prueba de su fe con aquella conducta. Los habitantes de la ciudad habían sido condenados a muerte como consecuencia de su continua rebeldía contra Dios. De toda aquella ciudad, solo una mujer había aceptado el mensaje de la historia sobre los hechos portentosos de Dios y había creído en Él. Rahab no podía contarse con los pecadores incrédulos y desafiantes que eran el resto de la población de Jericó. Dios no condena al justo —que había alcanzado tal condición por la fe— con el impío. Su justicia impedía tal acción. Aquella mujer, por tanto, no podía correr la misma suerte que sus compatriotas. Dios garantizaba seguridad para quien había testificado de la fe en Él. Una prostituta encuentra la fidelidad de Dios que la protegía a ella y a los que se habían refugiado en su casa. No solo las personas se librarían de la destrucción, sino también *"todo lo suyo"*. Por la fe Rahab pertenecía a Dios, en quien había creído. Todo lo que ella tenía era, en ese sentido, de Dios y, por tanto, estaba libre de la maldición que caería sobre los moradores de Jericó y sus pertenencias. La diferencia entre aquella mujer y el resto de sus compatriotas no consistía más que en el objeto de la fe. Dios no hace distinción de personas y como todos los hombres son pecadores, solo reconoce la diferencia en materia de fe. Mientras que una prostituta, socialmente reprobable, había depositado su fe en el único Dios, el resto de la ciudad la había depositado en ídolos, que son vanidad y mentira. Las consecuencias de tal condición espiritual —como mujer creyente en un mundo incrédulo— no podían por menos que manifestarse, porque solo *"el justo, por la fe vivirá"* (Hab. 2:4).

23. Y los espías entraron y sacaron a Rahab, a su padre, a su madre, a sus hermanos y todo lo que era suyo; y también sacaron a toda su parentela, y los pusieron fuera del campamento de Israel.

La obra de la gracia no admite dilación. Del mismo modo que el juicio se ejecutó inmediatamente, así también el perdón y la misericordia. Los que se habían comprometido en la seguridad de Rahab bajo juramento, intervenían para sacarla del entorno de juicio, condenación y muerte, que era Jericó. La gracia de Dios se extendió también a sus familiares inmediatos, y aun a otros más distantes. Dios es *"rico en misericordia"* (Ef. 2:4). La integración de Rahab en el pueblo de Dios con todos los derechos seguía un determinado proceso. Fue sacada de Jericó y conducida a un lugar *"fuera del campamento de Israel"*. Seguramente que este tiempo de separación tenía que ver con la purificación legalmente establecida para quienes estuvieran contaminados, a fin de mantener posicionalmente limpia la congregación de Dios, de modo que pudiera ser objeto de bendición y pueblo en comunión con el Señor. No importa demasiado la razón que hubo para mantenerlos fuera del campamento, pero la realidad es que el tiempo de separación fue corto. La ley establecía siete días para la purificación (Nm. 5:2; 19:11; 31:19).

Dios daba la razón para establecer la disciplina temporal de separación o de exclusión del campamento de Israel: *"fuera del campamento los echaréis, para que no contaminen el campamento de aquello entre los cuales yo habito"* (Nm. 5:3). La comunión con Dios solo es posible desde la santidad de Su pueblo. Los israelitas entonces eran el pueblo de Dios: *"Y pondré mi mirada en medio de vosotros, y mi alma no os abominará; y andaré entre vosotros, y yo seré vuestro Dios, y vosotros seréis mi pueblo"* (Lv. 26:11-12). El lugar donde Dios mora tiene que corresponder a la santidad de Dios. Nada impuro puede estar en Su presencia (Sal. 24:3-4). La santidad se requiere también para ser bendecido por Dios (Sal. 24:5). Además, corresponde a la condición natural de aquellos que buscan a Dios y andan a la luz de Su rostro (Sal. 24:6). La iglesia, como pueblo de Dios en la actual dispensación, tiene que buscar la santidad y limpieza de la congregación de Dios, lo que exigirá en ocasiones la práctica disciplinaria que impida la identificación en la congregación de aquellos que necesiten un proceso de purificación a causa de la contaminación por el pecado. Esta cuestión se ha tratado anteriormente y habrá de considerarse nuevamente en el siguiente capítulo; tan solo requiere ahora hacerla notar como aplicación de este versículo. La mejor frase para resumir esta enseñanza puede ser la del Salmo: *"La santidad conviene a tu casa"* (Sal. 93:5). De otro modo: *"La santidad es propia de tu casa"*[13]; o aun de otra forma: *"La santidad adorna tu casa, oh Jehová, a través de los años"*[14]. Por tanto, la limpieza de la congregación no puede ser dejada a un lado, o considerada como asunto de poca importancia.

---

13 Versión Biblia Cantera-Iglesias.

14 Versión Biblia Reina Valera Actualizada.

24. Y consumieron con fuego la ciudad, y todo lo que en ella había; solamente pusieron en el tesoro de la casa de Jehová la plata y el oro, y los utensilios de bronce y de hierro.

El texto refuerza la obediencia de Israel en el cumplimiento de lo que Dios había establecido. La ciudad fue incendiada con todo cuanto tenía en su interior. Las excavaciones arqueológicas demuestran que la destrucción de Jericó fue por el fuego. Poca importancia tiene que los arqueólogos modernos e historiadores modernos, influenciados por la teoría de las formas, pretendan atribuir el testimonio de una ciudad quemada a una supuesta acción de los egipcios contra sus enemigos, de lo que no existe evidencia documentaria alguna. La Escritura narra el hecho histórico de la destrucción de Jericó por el fuego, en una acción directa de los ejércitos de Israel. Tan solo se salvaron de ser consumidos por las llamas los objetos valiosos de metal, que pasaron al tesoro del tabernáculo.

25. Más Josué salvó la vida a Rahab la ramera, y a la casa de su padre, y a todo lo que ella tenía; y habitó ella entre los israelitas hasta hoy, por cuanto escondió a los mensajeros que Josué había enviado a reconocer a Jericó.

El tiempo de purificación de Rahab y su familia llegó a su fin y fueron integrados en el campamento de Israel. Ellos pasaron a *"habitar entre los israelitas"* como uno más del pueblo de Dios. La razón para tal actuación fue el comportamiento de aquella mujer con los mensajeros que Josué había enviado. Como se indicó anteriormente[15], su comportamiento evidenciaba su fe. La fe de Israel en el Señor le hacía su comunidad en la tierra, el pueblo escogido para Él. El testimonio bíblico del Nuevo Testamento confirma la fe de aquella mujer y la razón por la que no pereció juntamente con los habitantes de Jericó: *"Por la fe Rahab la ramera no pereció juntamente con los desobedientes, habiendo recibido a los espías en paz"* (He. 11:31). No eran pueblo de Dios por condición racial, sino por descendencia espiritual de uno que anteriormente había sido justificado por fe, abandonando su tierra y su familia para seguir al Señor obedeciendo su llamado. Aquella mujer era también de la fe de Abraham, por tanto, no podía ser excluida de su pueblo. La gracia de Dios fue mucho más allá de lo que hubiera imaginado Rahab y su familia. La integración en el pueblo de Dios era ya un privilegio notorio, al ser titulares, junto con el resto de Israel, de las promesas y pactos que Dios había establecido hasta entonces y que establecería en el futuro. Sin embargo, cuando la gracia se manifiesta, el raudal de su bondad es tan amplio como la misericordiosa

[15] Ver comentario al capítulo 2.

actuación de Dios. Ella no solo entró en el pueblo de Dios, sino en la línea de ascendencia del Mesías. Esa mujer destinada a condenación y salvada por gracia, quedó registrada en la historia de la redención dentro de la línea genealógica de Jesús (Mt. 1:5).

La comunión de la congregación de Dios ahora, como iglesia de Jesucristo, no puede excluir a nadie que sea de la misma fe en el Señor. La fe viva, que es salvífica, es el denominador común que incorpora a quien cree en la misma unidad espiritual como pueblo de Dios y cuerpo de Cristo. Nadie puede excluir de la iglesia de Jesucristo a quien ha sido salvo por gracia mediante la fe. El pueblo de Dios hoy es uno solo. No hay varias iglesias, sino la única iglesia de Jesucristo. La incorporación al pueblo de Dios es asunto divino y no humano. Todos los que han creído son unidos vitalmente a Cristo con el propósito de la formación de un cuerpo en Él (1Co. 12:13). No existe, pues, razón alguna que permita el mantenimiento fuera de la comunión eclesial de quien ha nacido de nuevo. Tan solo el pecado puede conducir a una experiencia de separación de comunión, en aplicación de la disciplina bíblicamente establecida. Nadie puede romper aquello que Dios ha unido en Cristo por su Espíritu (Ef. 4:3).

La maldición sobre Jericó (6:26-27)

26. En aquel tiempo hizo Josué un juramento, diciendo: Maldito delante de Jehová el hombre que se levantare y reedificare esta ciudad de Jericó. Sobre su primogénito eche los cimientos de ella, y sobre su hijo menor asiente sus puertas.

La maldición pronunciada por Josué sobre Jericó podría estar refiriéndose tan solo a la reconstrucción de la ciudad como plaza fuerte y lugar amurallado. En tal caso, no sería una prohibición que impidiera ser habitada posteriormente. Dios había dado todo el país para ser ocupado por Israel sin limitación alguna. Las ciudades de aquellos pueblos serían con el tiempo ciudades de los israelitas (Dt. 6:10). En este caso, el juramento condenaba la ciudad a exterminio perpetuo, en el sentido de no volver a ser reedificada con puertas y murallas[16]. Sin embargo, pudiera tratarse de la reconstrucción de la misma ciudad. Parece que eso demandaba la ley del anatema: *"Y juntarás todo su botín en medio de la plaza, y consumirás con fuego la ciudad y todo su botín, todo ello, como holocausto a Jehová tu Dios, y llegará a ser un montón de ruinas para siempre; nunca más será edificada"* (Dt. 13:16). Esto debió ser lo que Israel entendió en relación con el juramento de Josué. Quien se atreviera a reedificarla como ciudad

---

[16] Tal es la opinión de eruditos como Ryrie (Biblia Anotada); Lacueva, o. c., pág. 45

tendría que exponerse al juicio de Dios, establecido en el juramento de Josué. Su hijo mayor moriría a la colocación de los cimientos y el menor al término de la obra. Algunos consideran que, más que dos hijos, lo que Josué establecía en el juramento era la pérdida de toda su descendencia, desde el mayor hasta el menor de ellos[17]. En este sentido, el mayor moría al principio del trabajo de reedificación, el resto seguiría durante el transcurso de la obra y el menor de ellos cuando esta se rematase.

Como escribe el Dr. Lacueva:

"Los hombres edifican para la posteridad, pero el que edificase a Jericó quedaría sin posteridad que disfrutase de lo edificado"[18].

La maldición contenía mucho más que una expresión de ira vengativa frente al lugar que había sido residencia de los enemigos. El montículo con las ruinas de la ciudad debía ser ejemplo permanente del juicio de Dios sobre la idolatría y corrupción moral, que tenía como expresión a Jericó. Aquella ciudad antes floreciente, convertida en un montón de ruinas, sería un testigo mudo, pero elocuente, a las generaciones venideras de lo que acarrea la práctica pecaminosa de vicios abominables, a lo que estaban entregados los moradores de la ciudad. Tal vez por esta razón nadie osó edificar la ciudad. La edificación se levantó fuera del montículo que contenía los restos de la antigua Jericó. Aquella población, aunque pequeña, estaba consolidada ya en tiempos de David, siendo en ella donde se albergaron por un tiempo los mensajeros que habían sido enviados por el rey a expresar el pésame a Hanún, el hijo de Nahas, el rey de Amón, por la muerte de su padre, y que habían sido ultrajados por este (2Sa. 10:1-5).

Nadie se atrevió a lo largo de la historia de Israel a desafiar la maldición pronunciada en el juramento. Aunque el declive de la nación fue evidente en muchos momentos, tuvieron que transcurrir más de quinientos años hasta que, en la época del idólatra rey Acab, sobre el año 870 a.C., Hiel de Betel se atrevió a reedificar la ciudad. Entonces se cumplió la maldición pronunciada en el nombre del Señor, muriendo su hijo mayor al colocar el cimiento y el menor de ellos al cerrar el muro con puertas. El relato bíblico de esos acontecimientos alude a la maldición de Josué: *"En su tiempo Hiel de Bet-el reedificó a Jericó. A precio de la vida de Abiram su primogénito echó el cimiento, y a precio de la vida de Segub*

---

[17] Félix Asensio. o. c., pág. 34.

[18] F. Lacueva, o. c., pág. 45.

su hijo menor puso sus puertas, conforme a la palabra que Jehová había hablado por Josué hijo de Nun" (1Re. 16:34)[19].

No es necesario extender mucho más las aplicaciones que ofrece el texto bíblico-histórico de la conquista de Jericó. Es suficiente con recordar que la fidelidad de Dios exige el cumplimiento de Su palabra. El Señor lo dijo enfáticamente: *"El cielo y la tierra pasarán, pero mis palabras no pasarán"* (Mt. 24:35). Las advertencias y amonestaciones de Dios son *atemporales*, es decir, el tiempo no las afecta. De igual modo que la maldición sobre la desobediencia se cumplió cinco siglos después de haberse pronunciado, así también toda advertencia sobre resultados que acarrea la desobediencia tendrán efectividad conforme a lo dispuesto por Dios. La ciudad de Jericó es una muestra de ello. Al mismo tiempo que es ejemplo de juicio por pecado, lo es también de misericordia divina. La población levantada en las proximidades de la primitiva Jericó y que llevó el mismo nombre, aparece como lugar favorecido por Dios. La presencia de dos grandes profetas como fueron Elías y Eliseo lo ponen de manifiesto (2Re. 2:4-5, 18-22). El mismo Señor estuvo en la ciudad de Jericó para bendición de la ciudad y sus habitantes. Jesús había venido para salvar a quienes estaban bajo maldición, no por vivir en Jericó, sino por el pecado que les afectaba. Fue en esa ciudad, lugar de maldición, donde Zaqueo, un publicano, encontró al Salvador (Lc. 19:1ss). Dos personas socialmente proscritas, una ramera y un publicano, quedan registrados en el texto bíblico como ejemplos de fe salvífica. Ante ellos se descubre un poco más del alcance de la frase de Pablo: *"Cuando el pecado abundó, sobreabundó la gracia"* (Ro. 5:20).

27. Estaba, pues, Jehová con Josué, y su nombre se divulgó por toda la tierra.

Este es el epílogo que el Espíritu hizo registrar al final del relato de la toma de Jericó. La grandeza de Josué no estaba en sus méritos personales, sino en la presencia y ayuda de Dios en su vida. El Señor le había prometido su compañía permanente (Jos. 1:9) y lo cumplía. Los hechos de Josué, iniciados con el paso del Jordán y la caída de Jericó corrían por toda la tierra de Canaán. El nombre del servidor de Dios se hacía notable entre sus enemigos. Todos temían al oír aquel nombre, no por lo que Josué era, sino por el Dios a quien servía.

---

[19] No se indica en el texto bíblico las causas de las muertes del mayor y menor de los hijos de Hiel. Algunos eruditos consideran la posibilidad de que se tratase de sacrificios rituales, al estilo cananeo.

El éxito de un ministro de Jesucristo no está en lo que él haga para el Señor, sino en lo que el Señor es capaz de hacer por medio de él. No sirven, en el campo de Cristo, títulos académicos que certifiquen la categoría ministerial, sino el poder de Dios actuando por medio del ministro. Un ministerio eficaz es aquel que se manifiesta en las tareas de quien es instrumento dócil en las manos del Señor. No son herramientas las que conducen al éxito, sino el Espíritu de Dios que las maneja en la vida del ministro. Se cuenta de un joven que había sido puesto en un taller de ebanistería para que aprendiera el oficio, bajo la dirección de un afamado tallista de madera. El maestro le dotó de herramientas y le dio como primera tarea un trabajo sencillo. El joven no era capaz de conseguir salir adelante. Cansado de intentarlo sin fruto, un día que el maestro salía del taller, el joven aprendiz le pidió prestadas sus herramientas. El maestro accedió y le entregó al joven lo que pedía. Un operario que observaba todo aquello, cuando el maestro salió dijo al joven aprendiz: Lo que tú necesitas, no son las herramientas, sino el espíritu del maestro. Sin duda alguna puede ser una buena ilustración para cada creyente y, especialmente, para quienes tienen el privilegio y la bendición de estar dedicados al ministerio del Señor. La iglesia de Cristo necesita ministros con el espíritu del Maestro. Personas que se dejen conducir por Dios en una plena renuncia personal, en el camino del seguimiento fiel de Aquel, que, siendo ejemplo en Sí mismo, dijo: *"Aprended de mí que soy manso y humilde de corazón"* (Mt. 11:29).

Hay una gran riqueza en el pasaje que se ha considerado, por tanto, es difícil destacar unas enseñanzas sobre otras; todas son extraordinariamente importantes. Sin embargo, brillando con luz propia está la lección de la fe. Una fe que conduce a la obediencia y a la lealtad. Hay tres grandes razones por las que la fe del creyente se hace una realidad inseparable y constituye un modo de vida. En primer lugar, por las promesas que pueden alcanzarse por ella. En segundo lugar, por la integridad del que hace las promesas. En tercer lugar, por la seguridad de que las promesas se cumplirán absolutamente, porque es *"fiel el que prometió"*. Estas son las tres grandes razones de la fe cristiana. La esperanza humana descansa en un aforismo: *"ver para creer"*; la del cristiano, en algo totalmente inverso: *"cree y verás"* (Jn. 11:40). Todo ello hace que la fe sea *"la certeza de lo que se espera, la convicción de lo que no se ve"* (He. 11:1). Los objetos de esperanza se cambian en objetos que se ven por medio de la fe. Esa fe se engendra en el alma cristiana por Dios mismo. Su Palabra la estimula y hace desarrollar. La convicción íntima de la realidad del poder de Dios hace eficaz la fe, hasta tal punto, que el Señor mismo dijo que una fe pequeña sería suficiente para hacer mover una montaña y trasladarla al corazón del mar (Mt. 17:20). Tal seguridad de fe permite dar gracias por aquello que aún no se ha recibido, como si ya fuera realidad.

La fe afecta necesariamente la vida del creyente. El mundo discurre por caminos subjetivos y sensuales. Los sentidos naturales del hombre le hacen rechazar o aceptar propuestas en razón de condicionantes que los alagan o disgustan. Una persona puede realizar acciones con promesas placenteras o con miedos generados. El creyente, aunque influenciable por realidades temporales, tiene los ojos puestos en una esfera celestial y en unas dimensiones que trascienden al mundo temporal.

Como escribía Meyer:

"La fe no descuida acerca del tiempo, pero piensa más en la eternidad. La fe no menosprecia el poder de los hombres, pero ensalza la omnipotencia. La fe no se endurece respecto al dolor actual, sino que lo contrapesa con el gozo futuro. Contrapesa las ganancias mal adquiridas, con tesoros eternos; contrapesa el odio humano, con la recompensa de la remuneración; contrapesa la fatiga del curso, con la corona de amaranto; contrapesa las lágrimas de la siembra en el invierno, con las exultaciones al traer las gavillas en otoño; contrapesa la incomodidad de la tienda con la ciudad permanente"[20].

La fe establece la grandeza de los hombres. Los hombres de Josué y él mismo no brillan en el firmamento de la humanidad con su propia luz, sino con la grandeza de la confianza en la soberanía de Dios y en su infinita fidelidad. El texto final del pasaje que se ha considerado habla del engrandecimiento de Josué, resultado indiscutible de la confianza en Dios. La fe puede ser prenda distintiva de pequeños para los hombres que son grandes para el Señor. Cristo mismo dio testimonio de ello cuando, viendo la confianza de la sirofenicia, le dijo: *"Oh mujer, grande es tu fe"* (Mt. 15:28). La fe puede incrementarse. El mismo que la hizo brotar puede incrementarla. Los discípulos elevaron este ruego: *"Señor: Auméntanos la fe"* (Lc. 17:5).

La fe permite alcanzar victorias asombrosas y controlar las mayores dificultades. Fue por ella que los muros de Jericó se desplomaron y la ciudad cayó en manos de Israel. Es imposible para el mundo vivir como un peregrino, pero es la condición natural de vida para un cristiano. Es imposible para el mundo una vida ajena a las riquezas, a la fama, al encumbramiento, porque eso forma parte de la naturaleza adámica gozosa de la *"vanagloria de la vida"*, pero es secundario en la vida de quien tiene su vista puesta en el cielo (Col. 3:1-4) y en el galardón que le está prometido (He. 11:26). No es concebible para el mundo despreciar la posición de

---

[20] F. B. Meyer. *"El camino hacia el Lugar Santísimo"*, pág. 191.

honor para arrostrar una vida de desprecio, pero lo es para el creyente que, como Moisés, se *"sostiene como viendo al Invisible"* (He. 11:27).

La vida victoriosa delante de la que caen fortalezas es la vida de fe. En ocasiones, serán ciudades amuralladas las que se alcen en el camino. Otras, mares encrespados y vientos huracanados que amenacen con aniquilar la barca de la vida, estorbando el progresar hacia la meta establecida por Dios. El reino de las tinieblas levantará los reinos del mundo en persecución contra los creyentes, procurando amedrentarlos para que no proclamen la libertad en Cristo. La mayores dificultades podrán hacerse sentir haciendo fluir lágrimas, infringiendo dolores, abriendo la experiencia de la prisión y aun arrebatando la vida. Pero la fe ha resultado ya victoriosa sobre todo esto, conduciendo al creyente a la experiencia de un triunfo continuado en Cristo Jesús. La fe hará de un mar encrespado camino seguro para los pies; de un horno ardiente lugar de reposo; las bocas de los leones se cerrarán ante el que cree; toda dificultad será superada tan solo por creer en Dios. La fe vendrá en las más adversas circunstancias para dar el ánimo oportuno, al decir a quienes estén en conflicto, como el pueblo de Israel delante del rey asirio: *"Esforzaos y animaos; no temáis, ni tengáis miedo del rey de Asiria, ni de toda la multitud que con él viene; porque más hay con nosotros que con él. Con él está el brazo de carne, mas con nosotros está Jehová nuestro Dios para ayudarnos y pelear nuestras batallas"* (2Cr. 32:7-8). La vida de fe es posible solo en dependencia del Espíritu, ya que la fidelidad demandada por Dios es Su fruto en el creyente (Gá. 5:22). El secreto de la vida victoriosa es tan solo obedecer el mandamiento: *"andad en el Espíritu"* (Gá. 5:16).

EXCURSUS V
JERICÓ

Los restos de la antigua ciudad de Jericó deben ser los que están bajo el montículo conocido como *"Tell es-Sultan"*, situado a unos 19 km al NO de la desembocadura del Jordán en el mar Muerto, en la parte occidental del valle del río, y a 2 km de *"er-Riha"*, la actual Jericó, que está a unos 27 km de Jerusalén. Este montículo, probablemente formado por materiales de las sucesivas transformaciones y reconstrucciones de la ciudad, tiene forma de pera, con unos 500 m de largo en dirección N-S, y entre 200 y 250 m en la parte más ancha del extremo septentrional; el espesor del montículo es, por término medio, de unos 20 m. En el extremo oriental del montículo, existe un manantial de agua que brota abundantemente y que origina la lámina de agua del actual oasis de *"Eriha"*, que se extiende hasta el río Jordán. Tal vez, a causa de ese manantial, la zona atrajo a los primeros colonizadores, cuyo asentamiento, que originó la construcción de la primera ciudad, se sitúa, por algunos, entre 7500 y 8000 años a.C., datación basada en el procedimiento del Carbono-14. Parece ser que aquella primera población tenía una extensión de unas 3 Ha, estando amurallada. Por tanto, puede hablarse, casi sin duda, de la ciudad más antigua que se conoce en el mundo. Posiblemente, los agricultores más primitivos de Palestina, aun antes de la fecha indicada, construyeron chozas en torno al manantial. Parece probado arqueológicamente que la primera ciudad del octavo milenio a.C. tenía una muralla de piedra, que incluía por lo menos una torre. En el recinto amurallado se construyeron casas redondas, que más tarde fueron sustituidas por construcciones de forma rectangular.

Jericó se encuentra en la depresión del Jordán, por lo que su altitud es de 25 m bajo el nivel del mar. A consecuencia de esto, el clima es prácticamente tropical, con temperaturas que alcanzan y aun superan los 48º C durante el verano. La ubicación de la ciudad hizo que fuera un lugar estratégico, especialmente en relación con el comercio de productos extraídos del mar Muerto, como sal, azufre y betún; a ello se une el hecho de estar construida en el lugar de entrada a la zona montañosa de Palestina. La gran importancia de la ciudad se mantiene hasta el segundo milenio a.C. en que fue destruida por Josué, durante la conquista de Canaán.

Las excavaciones arqueológicas se suceden en el promontorio bajo el que se encuentran los restos de la ciudad. Una de las primeras fue dirigida por Charles Warren, en 1867, haciendo un trabajo de prospección en la parte sur del promontorio, descubriendo una pared de adobe de la Edad del bronce inferior, sin otro resultado entonces, lo que llevó al arqueólogo a suponer que no había nada importante que descubrir en el lugar en relación con la primitiva ciudad. Una nueva expedición trabajó entre los años 1907-1909, siguiendo las excavaciones de Warren, llegando a alcanzar los niveles del neolítico. Sin embargo, la tecnología de dataciones propia de ese tiempo no permitió determinar la importancia de los hallazgos del yacimiento. Una nueva expedición de excavación y estudio, bajo la dirección de John Garstang, miembro de la Escuela Británica de Arqueología, trabajó entre los años 1930-1936. Fruto de estas excavaciones, se pusieron de manifiesto descubrimientos importantes de la época neolítica precerámica de unos 5000 años a.C. Igualmente, se encontraron más de 20 tumbas de distintos períodos, que iban desde tiempos del Bronce inferior hasta la Edad del hierro II. Todo ello puso de manifiesto la importancia que tuvo la ciudad de Jericó, ya en la Edad del bronce antigua y media. El responsable de estas excavaciones anunció el descubrimiento de lo que llamó *"Ciudad IV"*, perteneciente al último período de la edad del bronce y que, según este especialista, fue destruida alrededor del 1400 a.C. Lo que coincidiría con el tiempo de la conquista por el ejército de Josué.

La tecnología aplicada a la arqueología permitió una mayor profundización y determinación de los hallazgos que posteriores excavaciones revelaron en el lugar. Sin duda, una de las máximas figuras en este sentido fue el profesor Kathleen M. Kenyon, muchas de cuyas publicaciones son referencia obligada en el estudio de Jericó. Bajo su dirección se produjeron excavaciones desde 1952 a 1958. Las técnicas de excavación estratificada permitieron descubrir una rica información sobre la historia de la ciudad. Asimismo, se procedió al estudio y clasificación de restos arqueológicos procedentes de otras excavaciones anteriores, muchos de los cuales no habían sido tenidos en cuenta y estaban en medio de los deshechos de otras excavaciones. Este trabajo minucioso y científico permitió llegar, por medio de los restos descubiertos —especialmente adobes— a establecer cómo había sido la primera ciudad de Jericó. El arqueólogo y su equipo elaboraron un detallado informe que se iniciaba con el tiempo de la primera colonización y establecimiento del primer asentamiento en la ciudad, hasta los años de la destrucción por los ejércitos de Josué. La fecha dada para el inicio de la ciudad fue la de unos 8000 años a.C. A los descubrimientos importantes de cerámicas, aperos de labranza, objetos de trabajo, armas, e incluso ornamentos personales, se añadió el descubrimiento de enterramientos representados por 505 tumbas. Todos estos materiales permitieron establecer el comienzo de la ciudad y las siguientes etapas hasta su destrucción en tiempos de Josué. El proceso histórico de la ciudad, podría resumirse —en base a los informes de Kenyon— de la siguiente manera:

Mesolítico. La primera colonización produjo un asentamiento en torno al manantial de Jericó. No es posible precisar su procedencia, aunque bien pudiera tratarse de un grupo de *"natufianos"*, que estaban asentados en el Carmelo. Restos de madera quemados, que pudieron ser un altar religioso, fueron datados por el sistema del C-14 dándoles una antigüedad del 7800 a.C. Entre los descubrimientos en ese nivel aparecen también algunos pedernales. En esos niveles de excavación hay restos de viviendas circulares, probablemente forradas de cueros, que fueron el modelo de habitación de aquellos tiempos. La datación de estos elementos sitúa a Jericó como la ciudad más antigua de las mencionadas en el Antiguo Testamento. Los historiadores consideran que este asentamiento es el ejemplo más característico del inicio de vida sedentaria en lugares construidos por el hombre para su residencia, al margen ya de la utilización de albergues naturales como cuevas. Sin embargo, en el texto bíblico no se mencionan tales circunstancias, en las que el hombre habitaba en cuevas, apareciendo la construcción de ciudades desde el mismo inicio de la humanidad, tal como ocurre con Caín, el hijo mayor de Adán, que construyó una ciudad (Gn. 4:17). No debe olvidarse que la historia de la humanidad está muy condicionada por la teoría de la evolución, que postula un progreso del hombre desde una prehistoria infrahumana a un desarrollo civilizado a lo largo de muchos milenios.

Neolítico. Los trabajos en el área de Jericó ponen de manifiesto distintas culturas a lo largo de un período que va desde 7000 a 4000 años a.C. De ellas hay dos precerámicas que se denominan *"Precerámica Neolítica A y B"*. Otras dos se designan como *"Cerámica Neolítica A y B"*.

En el período *"Precerámica Neolítica A"*, se construyó una muralla que rodeaba la ciudad y que convirtió a Jericó en la primera ciudad amurallada del mundo. Esta muralla tenía unos 2 m de ancho y se extendía de forma circular con un diámetro de casi 1 km, y con una altura probable de unos 8 m, ya que un paño de la muralla excavado alcanza los 4 m. El material empleado fue la piedra y la construcción de esta muralla fue un trabajo prácticamente manual, en el que no se utilizaron elementos de transporte, ni herramientas metálicas. El basamento de la muralla es roca, apareciendo incrustadas en ella las piedras del nivel más inferior, mediante talla en la roca de la base, con una profundidad de 3 m y una anchura de 8 m. Dentro de la muralla se descubre la construcción de una torre de forma circular, como las edificaciones primeras, y que podía tener unos 9 m de altura. El método C-14 aplicado a restos de madera de edificaciones de ese nivel, les da una antigüedad de 6850 años a.C. Por tanto, la muralla defensiva y la torre podrían situarse en el 7000 a.C.

Evidentemente se trataba de una ciudad rica para aquellos tiempos. Algunos piensan que su riqueza se debía a la fertilidad de sus tierras, regadas por el abundante manantial que brotaba en el área de la ciudad. Otros opinan que posiblemente su riqueza se deba al comercio de productos procedentes del mar Muerto, como el betún, la sal y el azufre.

En cuanto al período *"Precerámica Neolítica B"*, se aprecia que la ciudad debió haber sido abandonada, ocupándose luego por otros pobladores cuya cultura era diferente, ya que las edificaciones que se excavan correspondientes a ese tiempo son rectangulares y no circulares como las primitivas. En las edificaciones se utilizaron materiales diversos, entre ellos —y principalmente— adobes. En el solado de las mismas se utilizaron materiales calizos y, especialmente, yeso barnizado. Se hicieron reconstrucciones en las murallas sobre los restos anteriores. Este asentamiento debió ser largo en el tiempo y, debido a los materiales utilizados para la construcción, elevó el montículo de escombros que estaba cimentado sobre roca a una altura de 14 m.

Los enterramientos se hacían bajo el piso de las viviendas. Aún sin conocer el sistema religioso de aquellos, cabe suponer que había una creencia de vinculación entre los muertos y los vivos. Prueba de ello pudieran ser las 10 calaveras enyesadas que se desenterraron. Retiradas tiempo después del enterramiento, fueron limpiadas y recubiertas con yeso. En las cuencas de los ojos se introdujeron conchas, e incluso se aprecian signos de haber sido dibujado el bigote sobre el revestimiento. Los especialistas creen que la veneración por los muertos era grande, con lo que la calavera del antepasado, debidamente acondicionada, constituía un modo de presencia entre la familia de quien ya había fallecido. Sin duda esta situación influenciaba notablemente en el sistema social y religioso de aquellos pobladores.

En cuanto al período de *"Cerámica Neolítica A y B"*, se inicia con una nueva colonización de la ciudad sobre el año 4750 a.C. Aunque conocedores de las técnicas para la elaboración de cerámica, la cultura de estos nuevos pobladores parece ser menos importante que la de los anteriores pueblos *"precerámicos"*. Las edificaciones se construían en gran parte subterráneas y los lugares comunes son menos importantes que los anteriores. Los nuevos pobladores pudieron tener vínculos con otros pueblos del valle del Yarmuk, incluso con Biblos, ya que los adobes utilizados en las construcciones de las poblaciones son semejantes, tanto en forma como en técnica de elaboración. Hacen suponer que los pobladores de Jericó en el período de *"Cerámica Neolítica"* procedieron del Norte, del *Creciente Fértil*.

Edad del Bronce inferior. Las excavaciones revelan asentamientos nómadas sobre el montículo a partir del 3250 a.C., lo que hace suponer un nuevo tiempo de abandono de la ciudad, probablemente desde el año 4000 a.C. De este tiempo hay tumbas excavadas en roca. En alguna de ellas aparecen restos calcinados, lo que hace suponer que se procedía a la cremación de los cadáveres, o tal vez se quemaban los restos de enterramientos anteriores para un mejor aprovechamiento del lugar que permitiría nuevos enterramientos en las mismas tumbas. La cremación de los restos pudo llevarse a cabo en un crematorio urbano, posiblemente situado en una construcción subterránea dentro de la ciudad. El sorprendente hallazgo de 300 calaveras en una sola tumba, hace suponer que lo único que se conservaba del cadáver era el cráneo, siguiendo un poco la tradición de culturas anteriores, especialmente la del yeso.

La ciudad ofrece una variedad de trabajos de reconstrucción de sus murallas. Según los expertos que la excavaron, especialmente el profesor Kenyon, hay evidencias de por lo menos dieciséis reconstrucciones. Estas debieron ocurrir entre los años 2900 y 2300 a.C. Los materiales de la pared eran adobes, apreciándose derrumbes en la muralla, probablemente originados por terremotos de los que hay referencias históricas durante ese período. Restos de matorrales quemados, junto con otros propios de la muralla, como maderos de sustentación e incluso vigas se encontraron en la parte sur de la ciudad, lo que hace suponer que en las múltiples escaramuzas guerreras por que pasó Jericó, en alguna ocasión se acumuló una gran cantidad de materiales combustibles que se usaron prendiéndoles fuego para derribar la defensa y permitir el acceso a la ciudad. Pueblos nómadas invadieron la ciudad sobre el 2400 a.C. introduciendo en tiempo próximo al *"Bronce Intermedio"* una nueva cultura.

Edad del Bronce intermedio. El período de referencia se extiende entre los años 2300 y 1900 a.C. Diversos instrumentos de cobre, desde adornos hasta armas, se encontraron en las casi 400 tumbas descubiertas y que corresponden a este período. A diferencia de las colectivas del período anterior, la mayoría de ellas son individuales. Las pocas construcciones estables descubiertas en ese nivel hacen suponer que el asentamiento fue más bien nómada, con un campamento estable muy pequeño.

Las tumbas encierran vestigios culturales, no solo de armas y útiles, sino incluso de alimentos. Se han descubierto en ellas vasos con sedimentos de líquidos que no pudieron identificarse, así como restos de ovinos asados, e incluso de frutas, entre ellas, granadas. Por el lugar en que se encontraron los restos, debía haber una conexión religiosa entre los enterramientos y los alimentos. Posiblemente se trate de expresiones de creencias en una vida después de la muerte, semejante a la de los egipcios. No se encuentran símbolos de toros, lo que hace suponer que la adoración a Baal no existía entre ellos, o estaba en un período muy temprano. Algunos de estos enterramientos corresponden al tiempo de los hicsos (1750-1550 a.C.), ya que se encontraron restos correspondientes a aquella cultura.

La muralla de la ciudad adquirió una forma diferente debido a la aparición de máquinas de guerra consistentes en primitivos arietes. A fin de impedir la aproximación a la muralla, se construyó una defensa adosada, en forma de pendiente con un una gran extensión que alcanza hasta los límites más exteriores del promontorio y sobre la que se edificó la verdadera muralla de la ciudad. La pendiente de la parte inferior de la rampa de piedras revocadas tenía una inclinación de unos 35º.

Edad del Bronce superior. La ciudad de Jericó fue nuevamente destruida en un tiempo inmediatamente siguiente al período de los hicsos que termina en el año 1550 a.C., considerándose que estuvo ocupada hasta el año 1400 a.C.

Edad del Hierro. Los restos de Jericó no presentan evidencias de asentamientos durante aquel período, excepto algunos restos fechables en el s. VII a.C., así como algunas estructuras de aquel tiempo en el montículo, pero sin que apareciera ningún tipo de fortificación.

Josué y Jericó. El relato del capítulo 6 del libro de Josué ofrece una panorámica de Jericó como de una ciudad amurallada, con un notable sistema de fortificación. Las murallas de la ciudad se vinieron abajo en el séptimo día desde que el pueblo de Israel y sus hombres de guerra precedidos de los sacerdotes iniciaran una marcha diaria alrededor de la ciudad, salvo el último día en que la rodearon por siete veces. En la última vuelta, los ejércitos de Josué gritaron al tiempo que los sacerdotes hacían sonar insistentemente sus bocinas de cuerno de carnero; en ese momento, los muros de la ciudad se derrumbaron y los ejércitos entraron sobre la ciudad, tomándola, exterminando a sus habitantes e incendiándola completamente, quedando en pie tan solo un paño de muralla a la que estaba adosada la casa de Rahab.

Las excavaciones arqueológicas procuraron establecer la realidad de este acontecimiento, iniciándose un trabajo meticuloso dirigido por John Garstang, cuyos resultados se detallan en sus hojas de trabajo, entre las que hay una, fechada el 2 de marzo de 1930, que dice así:

"Las principales defensas de Jericó en la edad del Bronce superior seguían en el borde superior del promontorio de la ciudad y abarcaban

dos murallas paralelas, la exterior de 2 m y la interior de 4 m de espesor. Las investigaciones a lo largo del lado occidental muestran constantes rastros de destrucción y conflagración. La pared exterior sufrió más, cayendo sus restos por la falda, la muralla interior se preservó solo donde colinda con la ciudadela o torre, a una altura de 5,5 m. [...] Trazas de fuego intenso son fáciles de ver, incluyendo las masas rojizas de ladrillo, las piedras partidas, la madera carbonizada y las cenizas. Las casas a lo largo de la muralla se encontraron quemadas hasta el piso, sus techos caídos sobre la cerámica doméstica adentro"[1].

Las excavaciones pusieron al descubierto ruinas de la ciudad, entre las que se encontraron incluso resto de provisiones de comida ocultos en el interior de una pared en un cuarto de una de las casas, que evidencia el acopio de alimentos propio de un tiempo de asedio. El fuego consumió totalmente el palacio real de la ciudad, en donde se encontraron los almacenes calcinados con todo lo que había en ellos. El fuego calcinó literalmente toda la ciudad, de tal manera que no pudo haber sido fortuito, o provocado ocasionalmente por los invasores, al estilo habitual de aquellas guerras, sino deliberadamente preparado para causar tal destrucción. La capa de cenizas que se encontró en aquella excavación es de más de 1,5 m. Todo ello es una evidencia notable de la realidad del relato bíblico, en el que aquella ciudad fue considerada como *"anatema"* y consumida como holocausto, con todo lo que había en ella (Jos. 6:24).

Una nueva prueba consistió en el hallazgo de escarabajos sagrados en alguna de las tumbas excavadas, correspondientes al reinado de Amenhotep III, que reinó hasta el 1385 a.C., por lo que los escarabajos no podían ser fechados más tarde del 1385 a.C. y la destrucción de la ciudad podría fijarse alrededor del año 1400 a.C. Esta fecha coincidiría plenamente con la datación temprana, que puede establecerse en base a la referencia bíblica que la sitúa 480 años antes del inicio de la construcción del templo de Salomón. El profesor Garstang, llegó a la conclusión que el relato del libro de Josué tenía que ser de un testigo presencial del acontecimiento.

Sin embargo, el trabajo antes mencionado, que fue aceptado plenamente durante muchos años y se incluye aún ahora como evidencia de la datación de los acontecimientos conforme al relato bíblico, ha sido cuestionado por el arqueólogo profesor Kenyon, que excavó entre los años 1952 a 1958. La influencia de la teoría de Wellhausen y la posterior de *"las formas"* pretendiendo la reconstrucción histórica de Israel desde la *desmitificación* de la Biblia, condicionó en parte el análisis de los

[1] Charles F. Pfeiffer. o. c., pág.362.

resultados de la excavación. Según afirmó el excavador, valiéndose del análisis de los estratos descubrió que las paredes de la ciudad descubiertas en las excavaciones de Garstang, correspondían a construcciones de la edad del *"Bronce Inferior"*, por tanto, de unos mil años antes del tiempo de Josué. Por otro lado, parte del terraplén amurallado del período de los hicsos cubría las dos murallas. Otro dato descubierto en los estratos, sitúa a la muralla que quedó en pie como del tiempo del *"bronce intermedio"*, por lo menos de unos 150 años antes de Josué. Por tanto, parece que no existen edificaciones de la época del *"bronce superior"*. El palacio de la ciudad corresponde a la edad del *"bronce intermedio"*, y se supone que pudo haber sido destruido por los egipcios después de la expulsión de los hicsos de Egipto. Esto lleva, a los arqueólogos e historiadores que no están dispuestos a reconocer las fechas bíblicas, a formular una nueva hipótesis según la cual Jericó debió haber estado abandonada desde el año 1550 al 1440 a.C., ya que las cenizas de la ciudad cubrieron los restos de la edad del *"bronce intermedio"* hasta una profundidad de 1,5 m, anticipándose en 150 años a la fecha más antigua posible para la llegada de los israelitas.

Las conclusiones de la *crítica liberal humanista*, son cada vez más aceptadas por quienes consideran la Biblia como un libro que contiene errores e imprecisiones, cuyos relatos históricos están condicionados por la teología, siendo usados y adaptados por el escritor para sustentar las bases de fe y que, por tanto, se sirve de la historia conformándola a los principios religiosos que la tradición sostiene, especialmente en lo que tiene que ver con la de Israel. Esto ocurre con las conclusiones a que llega Kenyon, pero que, al analizarlas, se advierte el condicionante de la *"teoría de las formas"*.

En relación con las paredes de la ciudad excavadas por Garstang, se llega a la conclusión de que pertenecían a la *"Edad del Bronce Inferior"*, por consiguiente, de por lo menos mil años antes del tiempo de Josué. Ese descubrimiento no supone evidencia alguna, ya que las construcciones encontradas de períodos anteriores demuestran que los sucesivos pobladores de la ciudad utilizaron lo que valía de aquellas construcciones añadiendo nuevos elementos. En tal sentido, las murallas de la edad del *"Bronce Inferior"* fueron mantenidas, añadiendo las rampas como complemento a la fortificación de la ciudad. No es de extrañar, pues, que aparezcan elementos muy anteriores a los tiempos de Josué. Es más, tales restos evidencian que no se produjo la destrucción de la ciudad por los egipcios a consecuencia de la expulsión de los hicsos como se pretende demostrar.

Otro argumento tiene que ver con la superposición de parte de los materiales de las rampas construidas por los hicsos, sobre las murallas de la ciudad. Tal cuestión puede representar un obstáculo para quienes no admiten la descripción bíblica de la toma de la ciudad. En ella se lee: *"y aconteció que cuando el pueblo hubo oído el sonido de la bocina, gritó con gran vocerío, y el muro se derrumbó. El pueblo subió luego a la ciudad, cada uno derecho hacia adelante, y la tomaron"* (Jos. 6:20). Si el pueblo pudo pasar hacia adelante en dirección a la ciudad, quiere decir que los restos del muro no impedían tal acción, por lo que el derrumbe debió ser más bien un hundimiento de la muralla sobre sus basamentos, dejando tan solo algunos paños en pie, entre los que estaba el que sostenía la casa de Rahab. Una vez cedido el terreno y hundida la muralla, no es extraño, sino más bien lógico, que partes de las rampas adosadas a los muros y elevadas hasta una determinada altura de ellos, cedieran desplomándose sobre las murallas que se habían hundido, por lo que los restos de las construcciones posteriores quedaron sobre las primitivas, según se encontraron. Y, aun en el caso inverso, es decir, que elementos más antiguos estuvieran sobre otros más modernos, justificaría que la destrucción de los muros y antemuros se debió a una acción sobrenatural, semejante a la que ocurre con un terremoto, en el que restos más modernos están bajo otros más antiguos debido a la dinámica del elemento destructivo.

La supuesta destrucción de Jericó por los egipcios en los tiempos de la expulsión de los hicsos, no tiene evidencia histórica alguna, sustentándose solo en la hipótesis que Kenyon presenta en sus trabajos sobre Jericó. Es dudoso que los egipcios destruyeran lugares fortificados en Palestina, sobre todo si se tiene en cuenta que la política que habían seguido era la de mantener las ciudades-estado y a sus reyes como tributarios, utilizándolos para la recaudación de impuestos y la provisión de suministros agrícolas tales como el trigo, que necesitaban en el estado. Tan solo intervenían contra las ciudades si se producía alguna rebelión o si las guerras entre ellas ponían en dificultades la entrega de los suministros establecidos, pero esas intervenciones consistían en sujetar a los revoltosos, nunca en destruir aquellos elementos que necesitaban en su administración colonial. La dinastía que se establece después de la expulsión de los hicsos mantuvo por un tiempo su hegemonía sobre Palestina, hasta la llegada de los invasores, como se evidencia por la correspondencia de Tell-el-Amarna. Es, pues, muy dudosa la destrucción y aniquilamiento de Jericó por los egipcios hasta tal grado, teniendo en cuenta su modo de actuar y la importancia de la ciudad en las rutas comerciales de entonces. Realmente, la destrucción de Jericó por medio del fuego es una notable evidencia de la exactitud del relato bíblico.

Finalmente, el hecho de no haber encontrado restos de la supuesta época de Josué, sobre el 1300-1200 a.C., es la mejor confirmación a la datación temprana de los acontecimientos del libro, producidos alrededor del 1450 a.C. Sin embargo, es notable apreciar la disposición a contradecir el relato bíblico, pretendiendo que después de conquistada por Josué la ciudad, esta fue abandonada y los restos del tiempo de la conquista desaparecieron arrastrados por las lluvias y deteriorados por los factores del tiempo. Unas simples preguntas bastan para cuestionar esta hipótesis: ¿por qué se mantienen tan perfectamente los restos de un incendio provocado por los egipcios, distante por lo menos, según la datación tardía del libro, unos 200 años a los tiempos de Josué y no hay nada más de importancia sobre tales restos?, ¿quienes reconstruyeron la ciudad que estaba en pie en tiempos de Josué, después de haber sido destruida por la supuesta intervención egipcia?, ¿por qué aferrarse a las dataciones por el método C-14 para hablar de construcciones fechadas unos 150 años antes de Josué y negar la existencia de obras contemporáneas a la conquista, cuando se sabe que a tales distancias en el tiempo la precisión del método puede tener diferencias de hasta 200 años? Simplemente debe llegarse a la conclusión de que el relato bíblico es preciso, como corresponde a lo que es Palabra de Dios. La fe en la inspiración e inerrancia del escrito bíblico es suficiente para el creyente, por lo que no necesita ninguna confirmación. Sin embargo, la arqueología ha puesto de manifiesto suficientes descubrimientos que demuestran su fiabilidad.

EXCURSUS VI
ANATEMA

"Anathema" es una forma secundaria del griego helenístico que procede de la preposicion *"ana"*, que equivale a *"sobre"*, y el verbo *"tithëmi"*, que significa *"poner"*, *"situar"* o *"colocar"*. Unidas ambas, *"anathema"* significa *"lo dispuesto"*, *"lo colocado"*, o *"lo sometido"* a algo. Es desde aquí que se desarrollan los tres significados conceptuales de la palabra: a) *la ofrenda votiva*, dedicada a una divinidad, en acto de culto; b) *lo dedicado a un dios para destrucción*, esto es, lo consagrado a una divinidad para ser exterminado; c) *lo que por derecho se reservaba un conquistador*, que equivale, en ocasiones, al botín de una batalla. La segunda acepción vinculó el *anatema* con lo maldito y execrable. Este concepto de dedicación a una divinidad, reserva exclusivamente para ella bien el exvoto, es decir, lo dedicado, o bien lo aniquilable, por tanto, nadie podía apropiarse para su uso del *anatema* porque era usurparlo a la divinidad.

Los traductores de la LXX utilizaron el término *anatema* para trasladar al griego la palabra hebrea *"herem"*, con el sentido árabe que correspondía a su raíz como *"consagrar"*, *"apartar"* o *"aniquilar"*. Tal es el caso del uso de la palabra en Números 21:3, donde se describe la destrucción de las ciudades cananeas y en el que se traslada como *anatema* el verbo *destruir*, e incluso el nombre de la ciudad *"Horma"*, que aparece literalmente como *"Anathema"*. Así ocurre también en el texto de Josué 6:17, en clara alusión a la destrucción reservada para la ciudad de Jericó. Con un sentido semejante aparece en Josué 7:17, referido a la condición de maldición que había recaído sobre Israel a causa de haberse apropiado de lo que estaba reservado para Dios y era, por tanto, *anatema*. Vuelve a utilizarse el término en Jueces 1:17 para hablar de la *destrucción* de ciudades cananeas por la acción de las tribus de Judá y Simeón, nominando también a la ciudad de Sefat como *"Horma"*, literalmente *"Anathema"*[1]. El desarrollo del pensamiento teológico condujo a la utilización del término para referirse a lo que es maldito. Tal acepción aparece en la profecía de Zacarías 14:11, donde la LXX traslada como *anathema* la palabra *"maldición"*.

En el *anatema* como ofrenda a Dios, se aprecia el derecho divino de posesión de lo ofrendado. Estaba reservado a Dios siendo asunto prohibido para los hombres. Dios mismo, sin embargo, establecía por ley el modo de *rescatar* lo ofrendado mediante un pago allí estipulado. Algunas de las

---

[1] Lectura LXX, según Iud. B. B.

valoraciones de rescate eran sumamente complejas, como ocurría con el caso de la tierra dedicada a Jehová (Lv. 27:16ss).

En otro aspecto, el *anathema* representaba también la expresión del derecho del conquistador para hacer lo que mejor le pareciera con lo conquistado, especialmente importante cuando el conquistador es Dios mismo. Ese es el concepto de la palabra en 1 Samuel 15:3, donde Dios ordena a Saúl, por medio de Samuel, que hiriera a Amalec y *"destruyera"* (gr. LXX *"anathematieis"*) todo lo suyo. Este derecho de conquistador traía aparejado en muchas ocasiones el exterminio o aniquilación de todo lo que Dios había reservado para sí, si no había establecido un destino diferente. Un alcance absoluto de la aniquilación tenía que ver con las personas declaradas como *anatema*, para quienes la ley establecía indefectiblemente su muerte, sin posibilidad de rescate (Lv. 27:29). Esa es una de las razones por la que los moradores de las ciudades declaradas como *anatema* habían de ser muertos. Tal actuación no aparece como novedad en tiempos de la conquista, que pudiera interpretarse como *justificación necesaria* para el desarraigo de la tierra de Canaán de los pueblos que estaban asentados en ella. Anteriormente aparece ya la práctica como cumplimiento de un voto a Dios hecho por Israel a Dios si les liberaba de sus oponentes cuando los habitantes del Neguev atacaron a Israel en su peregrinación por el desierto, de ahí que al lugar del aniquilamiento de aquel pueblo se le llamara *"Horma"* que, como antes se dijo, está recogido en el griego de la LXX como *"Anathema"* (Nm. 21:1-3). Tales actos de destrucción eran considerados como un *holocausto* a Dios (Dt. 13:16). Los objetos dedicados a Dios, para los que Él directamente no hubiera establecido otro destino, eran consumidos por el fuego, a fin de que no pudieran ser utilizados en otras labores, ya que ello hubiera sido profanar los utensilios que eran sagrados por estar dedicados exclusivamente a Dios. Esta actuación estaba también establecida para aquellas ciudades cuyos moradores, de origen hebreo, hubieran instigado a sus conciudadanos al pecado de idolatría, ya que con ello estaban profanando a un pueblo que había sido consagrado por Dios para Sí. Los utensilios de aquellas ciudades que recibirían el castigo por tal pecado habían de ser consumidos por el fuego (Dt. 13:16). Con todo, no siempre el *anatema* —como algo consagrado a Dios y de Su exclusiva posesión— terminaba en su destrucción. En algunos casos era asignado a los sacerdotes para su sustento (Nm. 18:14; Ez. 44:29).

Quien se apropiaba para sí de lo que estaba consagrado a Dios, esto es, del *anathema*, o impedía que se consumara la destrucción de lo consagrado, según el caso, se hacía anatema a sí mismo, recayendo sobre él el castigo por tal pecado. La ley establecía esto enfáticamente: *"no traerás cosa abominable a tu casa, para que no seas anatema; del todo la aborrecerás y la abominarás, porque es anatema"* (Dt. 7:26). El Antiguo Testamento ofrece dos ejemplos de esa situación. El primero, en cuanto al castigo por apropiación de objetos del *anatema,* en el caso de Acán (Jos. 7). El segundo, por haber dejado con vida a un hombre condenado a muerte a causa del *anathema*, como ocurrió con Acab, que permitió vivir a Ben-adad, el rey de Siria (1Re. 20:42).

La idea de juicio y castigo se incorporó al concepto de *anatema,* de manera que algunos profetas utilizaron esa palabra para referirse a la destrucción mayoritaria de Israel y Judá a manos de sus enemigos, como consecuencia de su pecado de rebeldía contra Dios. Tal es el caso de Isaías (740-680 a.C.) que profetiza de la nación considerándola —salvo el remanente escogido por gracia— como *anatema*, destinada a destrucción (Is. 43:27-28). Esta acepción de la palabra es utilizada por Zacarías (520-518 a.C.) para profetizar sobre la restauración futura de Israel, apuntando a un tiempo en que dejaría de ser *anatema*, para ocupar nuevamente un lugar de bendición (Zac. 14:11).

Pasando de una esfera de juicio literal y físico sobre personas u objetos, la palabra comenzó a usarse en tiempos post-exílicos, para referirse a la excomunión de la comunidad israelita, separando a alguien del propio pueblo. No implicaba con ello la aplicación el anatema total, sino la exclusión para dejar de ser contado como fuera de las promesas y bendiciones de Dios para Su pueblo (Esd. 10:8).

Los conceptos pasaron plenamente al Nuevo Testamento, aunque el de ofrenda dedicada a Dios aparece una sola vez, para hacer referencia a los adornos del templo como ofrendas votivas, en donde se lee literalmente *"anathemasin"*. Pablo utiliza el fonema en el sentido técnico más usual entre hebreos, *lo consagrado a Dios* y *lo maldito*. El apóstol estaba dispuesto a ser considerado como *anatema* si con ello lograba la salvación de Israel (Ro. 9:3). En este sentido, estaba dispuesto a ser excluido, o separado de la unión con el Salvador —si ello hubiera sido posible— para entrar en la condición de *anatema* como maldito y, por tanto, reservado para muerte eterna, por separación de Dios, y a sufrir el juicio escatológico y el infierno eterno, si ello pudiera servir para salvar a Israel. En el uso de este concepto se aprecia claramente la utilización de conceptos propios del judaísmo tardío, en el que la palabra había evolucionado hasta tales significados. Cuando enseña sobre el uso de los dones, refiriéndose posiblemente al de lenguas, afirma que nadie que llame *anatema* a Jesús lo hace bajo el control y al impulso del Espíritu Santo (1Co. 12:3). Quienes utilizan tal término aplicándolo a Cristo están siendo instrumentos del demonio al afirmar la condición de maldito, separado de Dios y condenado a destrucción, de quien es Bendito eternamente y que, habiendo soportando en Sí mismo el juicio de Dios a causa del pecado, ha recibido el supremo nombre que le manifiesta como Señor sobre cielos y tierra (Fil. 2:9-11). Una fórmula anatematizante aparece al final de la Primera Carta a los Corintios (1Co. 16:22). La fe salvífica, que permite el contacto personal para salvación, obra necesariamente por el amor y encuentra su expresión definitiva en el amor al Salvador. Quienes no aman a Cristo con amor inalterable, resultado de la comunicación del amor de Dios por el Espíritu (Ro. 5:5), no están en Él y, por tanto, siguen excluidos de la salvación de Dios, bajo condenación y juicio. La expresión paulina no es una fórmula utilizable por alguna autoridad humana para introducir a un semejante en tal situación, sino la expresión divina como fallo de Su justicia, que condena al pecador por su rebeldía. En este mismo sentido, vuelve a ser usada para referirse al que predica un falso evangelio, que es mentiroso por ser diferente al único evangelio. Quien miente en nombre de Dios, proclamando lo que Él no ha establecido, pero haciéndolo como si el mensaje procediera de Él —con lo que induce a un engaño diabólico a quien escucha— ha de ser considerado como *anatema*, esto es, maldito de Dios, entregado a la cólera divina (Gá. 1:8, 9).

Finalmente, el *anatema*, llegó a ser fórmula de compromiso en las decisiones tomadas bajo juramento. En tal sentido acompañó al juramento bajo maldición (gr. *"anemathematisamen"*) conque se juramentaron los enemigos de Pablo, para darle muerte (Hch. 23:11).

CAPÍTULO 7
CONSECUENCIAS DE LA DESOBEDIENCIA

Introducción

La victoria sobre Jericó llenó de gozo al pueblo y el nombre de Josué se divulgó por toda la tierra (6:27). Posiblemente la gente de guerra de Israel pensó que ya nada podría detenerles y que la conquista del resto del territorio sería, más que una guerra con batallas difíciles, un sencillo paseo militar de ocupación, donde nada ni nadie podría resistir su avance victorioso.

La toma de Jericó —desde la perspectiva humana— infundió en ellos un exceso de confianza en sus propias fuerzas. Tal vez pensaron que era suficiente su propio poder para alcanzar victoriosamente cualquier objetivo. Esta situación les llevó a dejar de depender de Dios e iniciar la nueva acción contra otra de las ciudades próximas, sin consultar al Señor. Para ellos Hai era insignificante comparada con Jericó. Ni siquiera era necesario utilizar todo el ejército para alcanzar con éxito el objetivo militar; sería suficiente con un grupo reducido para conquistar la ciudad. Este sentimiento de poderío humano es una de las causas de la derrota que iban a experimentar.

Como escribe H. Rossier:

"Después de una conquista semejante (refiriéndose a Jericó) *Israel marchará de victoria en victoria, podríamos asegurar. De ninguna manera, el capítulo séptimo se abre con una derrota: una pequeña ciudad, un obstáculo insignificante comparado a Jericó: unos pocos hombres bastan para poner en fuga a tres mil de Israel y disolver como agua el corazón del pueblo entero. Si hay secreto para la victoria, lo hay también para la derrota; y sin temor a equivocarnos, podemos decir que el primer peligro se halla escondido en la victoria misma. ¿Cómo? Después de haber obtenido un triunfo con una verdadera fe y dependencia de Dios, en presencia de los deslumbrantes resultados, los combatientes se atribuyen fácilmente algo de gloria y satisfacción de sí mismos; desde entonces, el combate próximo está ya comprometido"*[1].

No haber consultado con el Señor antes de iniciar la nueva operación militar les hacía desconocer lo que Dios conocía: la existencia de pecado oculto en medio de ellos. Ese pecado cortaba la comunión con

---

[1] H. Rossier., o.c., pág. 77.

Dios dejándolos sin los recursos de poder necesarios para la victoria sobre los enemigos. El Señor les iba a enseñar la lección de la santidad necesaria para ser bendecidos, y lo haría mediante una derrota que iba a servirles de dolorosa lección.

El pasaje ofrece también una importante enseñanza sobre el efecto que el pecado produce en el pueblo de Dios. La desobediencia de uno solo de sus miembros traería graves consecuencias a toda la congregación de Israel. El pasaje presenta: a) el pecado de Acán en relación con el anatema (v. 1); b) la derrota de Israel en el intento de apoderarse de Hai, a consecuencia de aquel pecado (vv. 2-5); c) la reacción de Josué ante el fracaso (vv. 6-9); d) las instrucciones de Dios para descubrir el pecado en medio del pueblo (vv. 10-16); e) el descubrimiento, interrogatorio, condena y ejecución del que había cometido el pecado (vv. 16-26).

Haremos una sola referencia al pasaje de la derrota y posterior conquista de Hai desde el punto de vista liberal, además de lo dicho ya en capítulos anteriores —especialmente en la introducción al libro. La idea de una conquista lenta y tribal de la tierra es uno de los argumentos que habitualmente utilizan. Al referirse a los relatos bíblicos, los consideran más bien como un problema a resolver, tal como escribe Brigth:

"Los problemas dimanan en parte de la Biblia misma, porque nos presenta varios relatos, no siempre coherentes, de la conquista. Según el relato principal (Jos. 1-12), la conquista representa un esfuerzo conjunto de todo Israel y fue, además, repentina, sangrienta y total. Después del paso maravilloso del Jordán y el derrumbamiento de las murallas de Jericó, tres fulgurantes campañas, hacia el centro del país (caps. 7 al 19), hacia el norte (cap. 11) y hacia el sur (cap. 10), dieron a los israelitas el control de toda Palestina (cf. 11:16-23). Los habitantes indígenas fueron totalmente exterminados, el país repartido entre las tribus (caps. 13 al 21). Pero junto a esto, la Biblia presenta otro cuadro de la ocupación de Palestina que prueba claramente que hubo un largo proceso, llevado a cabo por los esfuerzos de clanes individuales y, además, solo parcialmente conseguido. Esto se ve bien en Jueces, cap. 1, aunque algunos pasajes de Josué (13:2-6; 15:13-19, 63; 23:7-13) revelan que conocen esta realidad. Aquí podemos ver claramente cuán lejos estuvo de ser completa la ocupación israelita de Palestina. Y lo que es más, ciudades citadas como conquistadas ya por Josué y por todo Israel (p.ej.: Hebrón , Debir, Jos. 10:36,39), son conquistadas aquí por una acción individual (Jue. 1:9-15)"[2].

---

[2] John Bright. o. c., pág. 155.

Voluntariamente desconocen estos que fue un problema de las tribus no erradicar los restos de poblaciones que no habían sido eliminados en la conquista, y no una lenta progresión a la ocupación de la tierra por acciones tribales independientes e individuales, conforme explica el libro de los Jueces al que apelan (Jue. 1:27ss). Las estructuras generales del pensamiento liberal sitúan a Josué dentro de un gran relato histórico de Israel que, partiendo del Deuteronomio, se extiende hasta Reyes con una fecha tardía de composición, situada sobre el siglo VII a.C. En esa línea de pensamiento, algunos consideran que el relato de la conquista e invasión conjunta de Palestina por Israel como un pueblo unido, es una idealización del autor o compilador del relato bíblico. Para estos, los relatos históricos, al ser de un carácter marcadamente etiológico, tienen un contenido histórico mínimo, lo que involucra principalmente a las acciones de conquista de Palestina en tiempos de Josué, considerando los relatos que aparecen en el libro desconectados entre sí históricamente y, en su mayor parte, sin conexión alguna con Josué, un héroe de la tribu de Efraín que secundariamente fue puesto como jefe de la unidad conquistadora de la tierra[3]. Esto afecta también a Hai, sobre la que no hay unanimidad de criterio, sino posiciones inconexas, ocupándose algunos en el problema de identificación, aunque para la mayoría Et-Tell es el único emplazamiento adecuado para Hai en aquella zona. Otros han procurado argumentar sobre un emplazamiento distinto, concretamente en Jirbet Hayan, pero que recientes descubrimientos han demostrado que nunca estuvo ocupado antes del periodo romano[4]. Sin salida posible formulan la teoría de que el relato sobre Hai es una referencia a la conquista de Bet-el, que aparece en el libro de Jueces, pero que no se menciona en el libro de Josué, como si se tratara del asentamiento cananeo precursor de Bet-el, fundamentalmente por la proximidad geográfica de los dos lugares.

Para el estudio del pasaje, se sigue el *Bosquejo* que aparece en la *introducción*, como sigue:

1.2. Derrota en Hai (7:1-26).
 1.2.1. Causas de la derrota (7:1-5).
 1.2.2. La reacción de Josué ante la derrota (7:6-9).
 1.2.3. Las instrucciones divinas (7:10-15).
 1.2.4. El pecado quitado (7:16-26).

---

[3] Tal es el pensamiento, entre otros, de A. Alt, en *"The Settlement of the Israeltias in Palestine"*. (Enssays on Old Testament). Oxford, Brackwell, 1966.

[4] J. A. Callaway y M. B. Nicol, BASOR, 183 (1966), pág. 12-19.

Derrota en Hai (7:1-26)

Causas de la derrota (7:1-5)

1. Pero los hijos de Israel cometieron una prevaricación en cuanto al anatema; porque Acán hijo de Carmi, hijo de Zabdi, hijo de Zera, de la tribu de Judá, tomó del anatema; y la ira de Jehová se encendió contra los hijos de Israel.

La conjunción adversativa *"pero"* inicia el párrafo sirviendo de enlace para establecer la contraposición entre lo que antecede, como final del capítulo anterior, y lo que sigue en el presente. De esta forma se establece el contraste: *"Estaba, pues, Jehová con Josué, y su nombre si divulgó por toda la tierra.* ***Pero*** *los hijos de Israel cometieron una prevaricación"*. A una posición de bendición se contrapone una de pecado. Esta conjunción que aparece varias veces en la Biblia sirve para llamar la atención, en muchas ocasiones, sobre el fracaso del hombre a las instrucciones divinas. Así aparece, por ejemplo, en el relato de la caída de nuestros primeros padres: *"Pero la serpiente era astuta..."* (Gn. 3:1); igualmente cuando se dan las razones que motivaron el fracaso del rey Salomón: *"Pero el rey Salomón amó a muchas mujeres extranjeras"* (1Re. 11:1); ocurre también en el relato del primer juicio de Dios sobre la iglesia primitiva por el pecado de un matrimonio: *"Pero cierto hombre llamado Ananías, con Safira, su mujer..."* (Hch. 5:1). No hay diferencia alguna con el texto de Josué; Israel había fracasado ante Dios.

El pecado consistió en la apropiación de una parte del anatema establecido para la ciudad y sus cosas (6:17). A pesar de la advertencia solemne pronunciada por Josué antes de la caída de los muros de la ciudad (6:18), alguno no le había prestado obediente atención. El anatema (*hërem*) no había sido completo. Los hijos de Israel habían cometido una prevaricación (*bahërem*). Habían obedecido en *casi todo*, habían obedecido *mayoritariamente,* pero la desobediencia en algo revestía un acto de prevaricación que Dios no podía tolerar. Tomar del anatema era, no solo desobediencia, sino un claro desafío a las sanciones y responsabilidades impuestas para el mismo. El pecado de codicia se había manifestado en medio de Israel, como escribe el Dr. Lacueva:

"En el saqueo de Jericó se observó el olvido de la compasión en obediencia a la ley, pero prevaleció sobre la ley la codicia. La codicia de los bienes del mundo es aquella raíz de amargura que, entre todas las demás, es la más fuertemente arraigada[5].

---

[5] F. Lacueva. o. c., pág. 47.

El pecado había sido cometido por un solo hombre. El texto precisa con todo detalle el que lo cometió. Fue Acán, hijo de Carmi, hijo de Zabdi, hijo de Zera, de la tribu de Judá[6], el que se atrevió a quebrantar el compromiso del pacto. Dios había hecho anatema la ciudad de Jericó con todo cuanto había en ella, quien se atreviera a tomar del anatema se hacía anatema a sí mismo y, lo que era más grave, involucraba a Israel entero en esa situación. Satanás había susurrado un pensamiento codicioso y Acán lo aceptó, llevando a todo Israel a una situación de *"prevaricación"* contra Dios. La razón de la transmisión de responsabilidad de un hombre a todo el pueblo consistía en la identidad de Israel como comunidad de Dios. El pecado en un miembro contaminaba a todo el pueblo. Israel fue considerado por Dios como responsable del pecado en el sentido de que lo que Acán hizo extendió la culpabilidad a toda la nación de la que él era miembro.

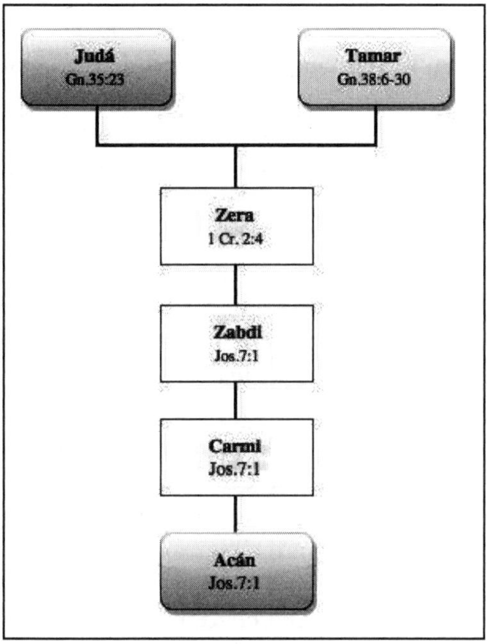

Genealogía de Acán.

La consecuencia de aquel pecado fue grave: *"la ira de Jehová se encendió contra los hijos de Israel"*. Nadie en el pueblo se había dado cuenta del pecado cometido y de la situación generada por él, pero Dios iba a hacérsela conocer prontamente. La ira de Dios[7] (*aph*) se encendió

[6] Ver el *Cuadro Genealógico.*

[7] Sobre el concepto bíblico de *"ira de Dios"*, ver *"Excursus VIII"* al final del capítulo.

contra Israel. La LXX utiliza aquí el término griego ὀργή, utilizado habitualmente para referirse a la reacción de Dios contra el pecado del hombre. La reacción es la consecuencia natural: *"los hijos de Israel cometieron una prevaricación... y la ira de Jehová se encendió contra los hijos de Israel"*. Un solo hombre fue el desobediente, abandonando el camino del temor de Dios por el de la codicia humana. El pecado de uno viene a ser el pecado de toda la nación y el juicio de Dios —como expresión de su ira— iba a caer sobre la colectividad de Israel.

El texto presenta la unidad del pueblo de Dios como conjunto para bendición o maldición. Esa misma realidad continua en el Nuevo Testamento. No significa que la Iglesia sustituya a Israel; cada uno de los pueblos son distintos y las bendiciones son también diferentes, pero ambos, Israel en la antigua alianza y la Iglesia en la nueva, son una unidad espiritual delante de Dios. La Iglesia es un cuerpo en Cristo (Ef. 1:23). La doctrina sobre la unidad de la iglesia es una de las fundamentales en la eclesiología[8]. La unidad es la característica trascendental de todo ser, por estar integrado en sí y diferenciado de cualquier otro. La unidad es una de las señales de la iglesia como conjunto de creyentes en Cristo. Formado por personas que están divididas —en el sentido de diferenciados— entre sí, por cuanto son diferentes, quedan unidas como cuerpo en el Señor. Esta unidad, sustentada en Cristo, es una unidad espiritual. Los creyentes adquieren en Cristo una nueva vida y son integrados en la nueva unidad espiritual que es *el cuerpo de Cristo*, mediante la unión vital del Espíritu (1Co. 12:13). Desde ese instante vienen a ser miembros de la casa y familia de Dios (Ef. 2:19). La unidad alcanza y comprende a todos, estableciendo vínculos comunes tales como una misma mente, la de Cristo (1Co. 2:16), y un mismo modo de sentir, el de Cristo (Fil. 2:5). A su vez, individual y colectivamente son morada de Dios en Espíritu (Ef. 2:22). La unidad corporativa de la iglesia es el propósito y deseo de Cristo para ella (Jn. 17:21). La unidad que el Señor demanda no es temporal o imperfecta, sino absoluta y eterna: *"que sean uno así como nosotros"* (Jn. 17:11, 21). Es, pues, una unidad perfecta semejante a la unidad divina. Por tanto, como es imposible la *segregación* entre las Personas Divinas, puesto que Dios es uno, así tampoco es posible que se rompa la unidad espiritual que alcanza en Cristo cada uno de los creyentes, una vez integrado el cuerpo de Cristo. El modo de la unidad se produce mediante la regeneración espiritual, que implanta a Cristo en el creyente: *"Yo en ellos"* (Jn. 17:23). El creyente en Cristo y Cristo en el creyente es la razón y base de la unidad cristiana. El Agente de la unidad es el Espíritu Santo (Ef. 4:3), y

---

[8] Para una mayor extensión sobre la doctrina de la iglesia, ver mi libro *"La Iglesia"*, de la serie *"Curso de Exégesis Bíblica"*. Terrassa 1994.

el medio de conseguirla es por *"el bautismo del Espíritu"* (1Co. 12:13), donde se lee, literalmente traducido del griego, *"porque en verdad, en un Espíritu, nosotros todos para un cuerpo fuimos bautizados"* (καὶ γὰρ ἐν ἑνὶ πνεύματι ἡμεῖ" πάντε" εἰ" ἕν σῶμα ἐβαπτίσθημεν). Es decir, bautizados con el propósito de formar un cuerpo en Cristo. Jesucristo es la cabeza del cuerpo (Ef. 1:22) y todos los creyentes quedan revestidos de Él (Gá. 3:27). La realidad de la unidad de la iglesia como pueblo de Dios se aprecia en las figuras que se utilizan en el N.T. para referirse a ella. La iglesia se presenta como un rebaño (Jn. 10:16); como esposa (Ef. 5:24-27; 2Co. 11:2; Ap. 19:7; 22:17); como cuerpo (Ef. 4:11-16); como un edificio (Ef. 2:20-22); como una vid y sus pámpanos (Jn. 15:1, 2).

La iglesia como cuerpo está formada por miembros (Ro. 12:5; 1Co. 10:17; 12:12). Todos ellos son del mismo cuerpo (1Co. 12:27; Ef. 5:30) y han sido colocados en él conforme al propósito soberano de Dios (1Co. 12:11, 18), dependientes todos de la cabeza que es Cristo (Ef. 1:22, 23). Los creyentes no forman un cuerpo *con* Cristo, sino que son un cuerpo *en* Cristo. La corporatividad confiere a los miembros la misión de la ayuda mutua (Ef. 4:16). Todos deben trabajar en bien del cuerpo mediante el ejercicio de los dones (1Pe. 4:10). Si esta actividad positiva redunda en beneficio de la iglesia como pueblo o cuerpo, de igual manera las acciones pecaminosas de un miembro, como elemento integrante de la misma unidad, afectan también al colectivo que es la iglesia. El pecado de un miembro introduce un elemento extraño, contaminante, en el ámbito del cuerpo, que se ve afectado por aquel (He. 12:15), cortando las bendiciones a todo el pueblo, considerado como una unidad delante del Señor (1Co. 10:17).

El concepto de unidad como pueblo, con las diferencias que existen entre Israel y la Iglesia, se aprecia por los efectos que el pecado produce en él. En tal sentido se entienden oraciones de confesión personal, como la de Daniel, por el pecado del pueblo incluyéndose él también, aunque no lo hubiera cometido, porque se trataba de un juicio de Dios sobre la nación considerada como una unidad, titular de derechos y deberes (Dn. 9:5). Lo mismo ocurrió con Nehemías (Neh. 1:6). Por tanto, la enseñanza del texto puede resumirse sencillamente de este modo: el pecado de un creyente en el seno de la iglesia puede privar de bendiciones a toda la congregación.

2. Después Josué envió hombres desde Jericó a Hai, que estaba junto a Bet-avén hacia el oriente de Bet-el; y les habló diciendo: Subid y reconoced la tierra. Y ellos subieron y reconocieron a Hai.

3. Y volviendo a Josué, le dijeron: No suba todo el pueblo, sino suban como dos mil o tres mil hombres, y tomarán a Hai; no fatigues a todo el pueblo yendo allí, porque son pocos.

El pueblo no regresó a Gilgal, desde donde habían salido para la conquista de Jericó siguiendo instrucciones del Señor. Es desde el lugar de la victoria, donde Josué planifica la acción siguiente en relación con la conquista de la ciudad de Hai. No tenía la importancia de Jericó, ni en tamaño ni en poderío[9]. El texto bíblico da una información detallada del lugar donde estaba situada la ciudad. Estaba próxima a Bet-avén (*Bêt-*ªÄwen), que significa *"casa de iniquidad"*, al oriente de Bet-el (*Bêt-*ªËl), que significa *"casa de Dios"*. El lugar distaba unos 20 km al norte de Jerusalén y a la misma distancia al noroeste de Jericó.

La actuación de Josué no parece diferir de cómo había obrado antes de la toma de Jericó. En esta ocasión envió también personas que reconocieran *"la tierra"*. Sin embargo, lo que entonces era el camino de Dios se cambió luego en el actuar del hombre. La tierra ya había sido examinada antes y el veredicto de los primeros exploradores era claro: *"Jehová ha entregado toda la tierra en nuestras manos"* (2:24). En esta repetición aparente de la estrategia anterior hay una notoria diferencia: *Josué no consultó al Señor*. No buscó la dirección del Príncipe del ejército de Jehová, que había establecido el sistema para ocupar Jericó y les había entregado la ciudad. Es Josué quien manda a los exploradores que envió a Hai: *"Subid y reconoced la tierra"* (ªälû *wᵉraggᵉlû"*), literalmente *"subid y espiad"*. El problema principal no estriba en el hecho de que Josué hubiera enviado los espías a reconocer el terreno. Cualquier estratega militar lo haría antes de emprender una campaña militar. No debe, pues, condenarse la acción de Josué por sí misma. El problema consistió en haberlo hecho sin consultar a Dios en oración y esperar su respuesta. La oración debe preceder siempre a la acción o, en caso contrario, se abre el camino hacia el fracaso.

La respuesta que recibió de ellos fue la propia de hombres ufanos que valoran sus fuerzas, tal vez a la luz de la victoria de Jericó, olvidándose de la dependencia de Dios. La apariencia de la ciudad y sus pobladores era, para ellos, de poca entidad. Dos graves errores de valoración se establecieron desde la perspectiva del hombre, pero lejos de la realidad: a) no es preciso la actuación de *"todo el pueblo"*, sino solo la de dos o tres mil hombres; b) el enemigo es pequeño, *"son pocos"*. La consecuencia de este modo de apreciación trae aparejada una autosuficiencia confiada, que descansa en el poderío del hombre y no en la providencia de Dios. La frase final del informe de los espías es elocuente: *"tomarán a Hai"*. Ya no era Jehová que entregaría la ciudad, sino que la conquista sería consecuencia de la actividad de un pequeño grupo del ejército de Israel.

[9] Ver *"Excursus VII"* al final del capítulo.

Es el razonar de la naturaleza humana, que no dependía en aquella ocasión del poder de Dios, ni tan siquiera había sido consultado.

La aplicación espiritual es sencilla. Las victorias del creyente demandan una total dependencia de Dios. El poder para la victoria proviene siempre del Señor y se alcanza en comunión y dependencia de Él (Fil. 4:13). Los medios humanos y el poder del hombre son siempre un fracaso en las cosas de Dios (Jer. 17:5). Los planes que no comprenden a Dios son siempre camino seguro al fracaso (Ap. 3:17). La Iglesia es un pueblo fracasado en la medida en que confíe en su poder y deje al margen a Cristo (Ap. 3:20). La enseñanza bíblica es determinante; se necesita un poder superior al que el creyente tiene para mantenerse victorioso frente a los enemigos (Zac. 4:6). Los enemigos del creyente no son pocos y débiles, sino muchos y fuertes. No es posible confiar en el poder personal o eclesial para vencerlos (Ef. 6:12). La victoria ha de asentarse en una base de comunión con Dios y separación del mundo. No puede resultar victoriosa la estrategia humana desde Jericó, sino la de dependencia desde Gilgal. El mismo Señor lo advirtió: *"separados de mí, nada podéis hacer"* (Jn. 15:5, 7). Toda acción fuera de la dependencia divina se convierte en un fracaso humano. La confianza personal es elemento de derrota, de ahí la advertencia de Pablo: *"nadie tenga más alto concepto de sí que el que debe tener"* (Ro. 12:3).

Otra lección que surge del texto apunta a la necesidad de que la oración preceda siempre a la acción. La vida victoriosa se alcanza y mantiene sobre las rodillas, juntamente con un rostro que se inclina reverentemente a tierra, esperando las indicaciones del Señor. La oración de Pablo debería ser la actitud continua de cada creyente: *"Señor ¿qué quieres que yo haga?"* (Hch. 9:6). Cualquier otra cosa conduce generalmente al fracaso más lamentable. O el creyente dobla sus rodillas en oración antes de enfrentarse al enemigo, o las doblará después en confesión a causa del fracaso.

4. Y subieron allá del pueblo como tres mil hombres, los cuales huyeron delante de los de Hai.

5. Y los de Hai mataron de ellos a unos treinta y seis hombres, y los siguieron desde la puerta hasta Sebarim, y los derrotaron en la bajada; por lo cual el corazón del pueblo desfalleció y vino a ser como agua.

El informe de los que subieron a reconocer la tierra fue aceptado sin más por Josué. Confiado en las palabras de aquellos, envió un destacamento del ejército de Israel. Los exploradores habían afirmado que serían suficientes dos mil —o a lo sumo tres mil— hombres para derrotar a los de Hai, y este es el número que Josué envió. *"Eran pocos, según los espías, los habitantes de Hai, pero, aun siendo pocos, fueron demasiados para ellos"*[10]. Realmente era la primera vez que Israel se enfrentaba a sus enemigos en Canaán. La ciudad de Jericó les había sido entregada por Dios. El pensamiento de aquellos evidencia un desconocimiento real de la condición de la guerra en que estaban involucrados. Tal vez consideraban que había sido demasiado lenta la toma de Jericó y que el prolegómeno a la acción, con los continuos rodeos a la ciudad, debía evitarse en lo sucesivo. No era, pues, preciso que todo el pueblo tomara parte en la conquista; sería suficiente con unos pocos hombres. El éxito de Jericó había cubierto de un falso sentido de poder a todo el ejército de Israel, que incluía también a Josué. Es posible que creyeran erróneamente que Dios garantizaba con la primera promesa (1:9), cualquier acción que ellos emprendieran. Esta lección les haría reflexionar sobre sus limitaciones, incapaces de enfrentarse con garantía de victoria a una ciudad considerada como pequeña, es decir, de poca importancia. Los tres mil hombres de Israel marcharon confiadamente a la conquista de Hai. Pero, mientras se aproximaban a la ciudad ascendiendo por la cuesta del montículo, los habitantes de Hai se lanzaron contra los tres mil del ejército de Israel y los pusieron en fuga.

La retirada de los israelitas no fue ordenada. No se trataba de un repliegue militar debidamente establecido. Era simple y llanamente una huida, un correr cada uno por su propia vida. En la precipitada carrera por las laderas del promontorio de la ciudad de Hai, quedaron sin vida unos treinta y seis hombres de las fuerzas de Josué. Qué decepcionante resultado para quienes consideraban la toma de Hai como un paseo militar. Algunos muertos; todos huidos y perseguidos por los enemigos que los hicieron correr hasta Sebarím[11]. La retirada de la ciudad fue en completo desorden y la derrota se produjo ya en la misma bajada, batiéndolos sin resistencia. Los israelitas no se ocupaban más que de correr para salvar su vida.

Junto con el fracaso militar, estaba la derrota moral e íntima, manifestada por el miedo profundo que se apoderó de los huidos y de *"todo el pueblo"*. Israel desfalleció. El corazón de todos había perdido la fortaleza que tuvo delante de Jericó. El grito de júbilo de todo el pueblo se cambió ahora por el silencio atenazador del miedo, que debilitó los ánimos hasta hacerlos escurrir como *"aguas"*. Lo que había sido hecho sentir por Dios a los habitantes de la zona, conforme al testimonio de Rahab (2:11); lo que los primeros espías habían testificado como resultado del reconocimiento

---

[10] F. Lacueva. o.c., pág., 48.

[11] *Sebarím,* lugar no identificado en la llanura central de la tierra, cercano a Jericó y Hai.

de la tierra (2:24); lo que es testimonio bíblico en relación con los reyes amorreos y cananeos (5:1), era la experiencia del pueblo de Dios expresada con un tremendo simbolismo en el texto bíblico: *"el corazón del pueblo desfalleció y vino a ser como agua"* (*wayyimmas l^{e}bad hä^{a}*äm *way^{e}hî l^{e}mäyim*), literalmente *"se fundió el corazón del pueblo y se redujo a agua"*. Sin embargo, no debería resultar sorprendente esta condición de debilitamiento anímico, porque Dios mismo lo había anunciado antes por medio de Moisés. La obediencia al Señor traería victoria hasta el punto que *"cinco de vosotros perseguirá a ciento, y ciento de vosotros perseguirán a diez mil, y vuestros enemigos caerán a filo de espada delante de vosotros"* (Lv. 26:8). Pero, de igual manera también había advertido el Señor: *"Pero si no me oyereis, ni hiciereis todos estos mis mandamientos, y si desdeñareis mis decretos, y vuestra alma menospreciare mis estatutos, no ejecutando todos mis mandamientos, e invalidando mi pacto, yo también haré con vosotros esto: enviaré sobre vosotros terror... pondré mi rostro contra vosotros, y seréis heridos delante de vuestros enemigos"* (Lv. 26:14-16). La fidelidad de Dios estaba empeñada en el cumplimiento de sus promesas y lo ocurrido en Hai era la manifestación propia de Su fidelidad.

Las consecuencias de la estima personal acompañada del pecado oculto son la derrota espiritual del pueblo de Dios en cualquier dispensación. En la medida en que la estima personal aumenta, así disminuye el poder de la gracia actuante en favor de los creyentes. La soberbia es arrogancia delante de Dios y está en abierta oposición al Señor. Quien tiene corazón soberbio se constituye en enemigo de Dios, siendo resistido personalmente por Él (Stg. 4:6). El verbo traducido como *"resiste"* (ἀντιτάσσεται), compuesto de ἀντι, que significa *"en contra de"*, y τάσσω que quiere decir *"disponer" o "arreglar"*, indica una acción contraria que desarregla algo. En ocasiones se usa para referirse al despliegue ofensivo de un ejército. La gracia solo es disfrute del humilde, esto es, de quien sabiendo que no tiene ningún poder en sí mismo, descansa plenamente entregado al poder de Dios. El soberbio es aquel que se cree autosuficiente. Los humildes son los que desconfían de sí mismos para depender de Dios. Estos reflejan las características de Cristo (Mt. 11:29; Fil. 2:7, 8). Los orgullosos están en el ambiente pecaminoso de Satanás (Is. 14:13-14).

Como escribe el Dr. Carballosa:

"El poder de la gracia de Dios es mayor que el del pecado. Aquel creyente que viene a Dios en humildad y reconoce su insuficiencia, recibe las bendiciones que provienen de las reservas de la gracia de Dios. Aquellos que persisten en sus caminos, considerándose autosuficientes, son resistidos por Dios de manera directa y personal. La gracia de Dios

significa que el Señor es fiel a Su pacto y que Su misericordia es inagotable para los que le buscan"[12].

La reacción de Josué ante la derrota (7:6-9)

6. Entonces Josué rompió sus vestidos, y se postró en tierra sobre su rostro delante del arca de Jehová hasta caer la tarde, él y los ancianos de Israel; y echaron polvo sobre sus cabezas.

Un líder derrotado. Josué, antes victorioso, estaba después postrado delante del arca de Dios, acompañado de los *"ancianos de Israel"*, aquellos que eran sus consejeros y asesores, como habían sido otros antes, en tiempos de Moisés (Nm. 11:16, 25; Dt. 27:1; 31:9). Era algo más que una deshonrosa derrota de un cuerpo de ejército que había sentido miedo ante los enemigos. Josué, conocedor del modo de actuar de Dios, seguro de la realidad de Sus promesas, entreveía en aquella derrota una manifestación del desagrado divino. Es por ello que está postrado delante del arca del Señor. Lugar desde donde Dios había conducido a Su pueblo en las jornadas del desierto y les había abierto milagrosamente el cauce del río para introducirlos en la tierra de la promesa.

Algunas cosas son destacables en el texto. Primeramente, el silencio del entorno. Josué y los ancianos de Israel, estuvieron postrados delante del arca desde la mañana hasta la caída de la tarde. Este postrarse con el rostro en tierra, era expresión de profunda humillación, asumiendo una actitud de humildad, dolor y reverencia. Postrado con el rostro en tierra había estado antes Josué delante del Ángel de Jehová, en condiciones muy diferentes (5:14). Esa fue la posición que adoptó Abraham delante de Jehová en la renovación y confirmación del pacto (Gn. 17:3). Pero fue antes el modo de expresar el dolor de Job delante de Dios (Job. 1:20). Los cánticos de júbilo y los gritos de victoria de Jericó habían sido cambiados por el silencio reflexivo y doloroso consecuencia de la derrota en Hai. En segundo lugar, se aprecia la expresión de dolor intenso e impotencia personal manifestada en el *rasgarse* los vestidos[13]. Tal costumbre se venía practicando desde mucho tiempo antes. Fue la acción de Rubén al no encontrar a su hermano José en la cisterna (Gn. 37:29). También la

---

[12] Evis L. Carballosa. *"Santiago"*. Michigan. 1986, pág. 205.

[13] La costumbre de *rasgarse* los vestidos no ocasionaba la destrucción de estos, sino que consistía en rasgar una pequeña porción desde el borde superior de los mismos, con una extensión del ancho de la palma de la mano. En ocasiones de intenso dolor, como pudiera ser la muerte de un familiar, la rasgadura era mayor. Había de mantenerse la rotura durante un tiempo determinado, dependiendo de la causa que la había producido, y que comprendía entre ocho días y un mes.

de Jacob ante las noticias de la desaparición de su hijo (Gn. 37:34). Del mismo modo, la reacción de los hermanos de José al descubrir la copa real en el costal de Benjamín (Gn. 44:13). Josué había roto sus vestidos anteriormente ante el desánimo y la rebeldía del pueblo dudando de Dios, que les mandaba subir a la tierra, durante la peregrinación por el desierto (Nm. 14:6). En tercer lugar, aparece la nota de lamento propio de la pérdida de un ser querido consistente en poner polvo sobre la cabeza. Esa era la expresión visible de un dolor intenso. Tal fue la forma en que compareció delante de Elí en Siló el benjaminita que dio la noticia de la captura del arca por los filisteos y la derrota de Israel delante de ellos (1Sa. 4:12 ss.). Ese fue el modo de expresar dolor por parte de los amigos de Job ante la contemplación de la situación a que había llegado (Job. 2:12). El dolor por la destrucción de Jerusalén fue manifestado de ese modo por los ancianos de la ciudad (Lam. 2:10). En la restauración espiritual de los días de Nehemías, el pueblo vino para confesar su pecado delante de Dios, expresando el dolor por lo cometido como nación, mediante vestidos de luto y tierra sobre sus cabezas (Neh. 9:1). Si Josué se hubiera inclinado delante del Señor antes de subir a Hai, no hubiera tenido que hacerlo luego en la tristeza de la derrota.

El pecado trae consecuencias graves y lamentables para el pueblo de Dios. El creyente ha sido llamado a una vida de victoria en Cristo (2Co. 2:14). Por tanto, la victoria y el triunfo son siempre en Cristo, pero nunca en el poder del hombre. El pecado oculto en la congregación se manifestará en derrota, como se verá más adelante. La alegría de la vida victoriosa, puede convertirse en el lamento de la derrota, cuando la congregación se aparta del Señor. Sin embargo, la situación de dolor producida por el Espíritu es beneficiosa porque conduce al arrepentimiento y al retorno a la relación correcta con Dios, desde donde se puede volver a disfrutar de Sus bendiciones (2Co. 7:10). Dios permite, en ocasiones, dificultades y derrotas para que en la situación de fracaso el creyente vuelva a Él. Esa fue la experiencia del pródigo en la provincia apartada. Solo cuando sintió realmente su miseria, fue cuando tomó la decisión de retornar a la casa de su padre para ser restaurado y recibido a misericordia (Lc. 15:17ss).

7. Y Josué dijo: ¡Ah, Señor Jehová! ¿Por qué hiciste pasar a este pueblo el Jordán, para entregarnos en las manos de los amorreos, para que nos destruyan? ¡Ojalá nos hubiéramos quedado al otro lado del Jordán!

Es sorprendente la oración de Josué. Aparentemente es una oración que pudiera haber sido puesta en boca de otros que son calificados como murmuradores y que habían muerto en el desierto. Esa era la expresión de aquellos que, en una rebeldía íntima lejos de la fe, culpaban a Dios de un interés malsano contra su pueblo (Éx. 14:11, 12; 16:3; 17:3; Nm. 14:2, 3). Sin embargo, las palabras no salían de la boca de Josué en el espíritu rebelde de aquellos, sino desde la angustia de un fracaso que se hacía incomprensible para él.

Es fácil, desde la perspectiva limitada del conocimiento humano, culpar a Josué de negligencia y juzgar su intimidad como si pudiera ser conocida por la inteligencia del hombre. Lo más sencillo ante situaciones sorprendentes como la que el texto bíblico ofrece, es acusar al que se expresa así desde una situación aparentemente incorrecta. Es fácil juzgar la actitud de Josué.

De este modo escribe Rossier:

"El corazón piadoso de Josué reconoce pues su valor, está postrado en tierra en Su presencia... aniquilado; ignora el anatema escondido en el real, y se deshace en lamentos: '¡ah, Señor Jehová! ¿por qué hiciste pasar a este pueblo el Jordán para entregarnos en las manos de los amorreos y que nos destruya... ¡ay, Señor...!' *No lamenta sus errores ni la falsa dirección que tomó su ejército... Josué lamenta lo que Dios mismo ha hecho; porque les hizo pasar el Jordán... (algo como: 'la mujer que tú me diste, me ha dado del fruto...'). ¡Que retroceso...! ¡Ojalá nos hubiésemos quedado de la otra parte del Jordán ¡Cómo estas palabras revelan la debilidad y falta de comunión del jefe para con Dios!... Canaán, la tierra prometida, es el lugar que Josué hubiese deseado evitar. El tono de sus lamentos manifiesta su error, pero muestra que lo que ocupa sus pensamientos es ante todo: 'Israel ha vuelto sus espaldas delante de sus enemigos, los cananeos y todos los moradores de la tierra oirán, y raerán nuestro nombre de sobre la tierra... Solo al final de sus lamentos Josué agrega: '¿Qué harás Tú a tu gran nombre?'"*[14].

Sin duda hay debilidad en Josué, error en la falta de oración inicial, pero, tal vez deba considerarse el texto desde otra óptica y abrir un camino nuevo a la exégesis del mismo. Primeramente, Josué ora desde el desconocimiento de las razones de la derrota. No cabe duda que debió haber consultado antes a Jehová y hubiera evitado la situación. No obstante, Josué actuaba confiado en la promesa que Dios le había dado de asistencia en toda la conquista de la tierra (1:9). En segundo lugar, es una oración hecha desde el reconocimiento de la soberanía de Dios. Josué sabe que nada escapa al control del Todopoderoso. Sabe también que en todo lo relativo a promesas, la fidelidad de Dios está en juego. Conoce

---

[14] H. Rossier. o. c., pág. 84.

que la promesa de entregar la tierra, no encaja con la derrota ocurrida en Hai, por tanto, ora reclamando sabiduría divina. Él sabe también que la derrota del pueblo tiene necesariamente que estar involucrada con la ira de Dios anunciada en Su ley. Las primeras expresiones de la oración son las que salen de un corazón herido por el sufrimiento y la muerte ocurrida a su pueblo, que es también el pueblo de Dios. Esa oración se inicia con el tremendo lamento: *"¡Ah, Adonai Yahveh!"* (heb. *"aahäh Adonay Yahveh"*). Un lamento como el de Jeremías, también desde la vivencia de lo inexplicable (Jer. 1:6; 4:10); o el de Ezequiel desde esa misma situación (Ez. 4:14; 9:8). En tercer lugar, ora desde la sorpresa de la acción inquiriendo de Dios una respuesta: *"¿Por qué hiciste pasar a este pueblo el Jordán?"*. Josué está pidiendo sabiduría para entender las razones de tal acontecimiento. En modo alguno aborrece la tierra de Canaán, que era la tierra de la promesa. No está dudando entre uno y otro lado del Jordán. La frase de su oración, en el lamento delante del Señor, expresa la extrañeza de una actuación que no concuerda con las promesas de Dios en relación con esta tierra. Humanamente hablando estaban mejor al otro lado del río, donde habían visto la continua provisión de Dios a lo largo de los cuarenta años por el desierto. Él está preguntando a Dios las razones de esta derrota cuando fue Él quien les había hecho cruzar el Jordán. En su ignorancia —no sin culpa por no haberle consultado antes— está suplicando una respuesta que satisfaga su sano interés por conocer las razones de aquel actuar de Dios. Nunca estuvo censurado el interés humano del creyente en conocer las causas que motivan una acción de Dios (Stg. 1:5). No es posible sustentar, a la vista del inicio de esta oración, un espíritu de justificación personal delante de Dios de acciones cometidas torpemente. Es, con toda posibilidad, otro bien diferente el espíritu que estaba moviendo la oración de Josué.

En esta dispensación el creyente se encontrará muchas veces en el conflicto de la prueba, sin que sea capaz de entender las razones que la motivan. No cabe duda que, en algunas ocasiones, las dificultades vendrán tomadas de la mano de la incorrecta actuación del cristiano. Pero, también, en otras muchas, es la providencia de Dios que conduce al cristiano a situaciones límite para enseñarle lecciones que, de otro modo, no hubiera podido comprender. Es la gracia que le conduce al borde del abismo para que aprenda a extender la mano de la fe que le permita asir con fuerza la segura mano de Dios. En ocasiones extremas, cuando parece que todo se ha desmoronado, el creyente debe, en una humilde oración, preguntar al Señor la causa, el porqué de tal situación. Algunos piensan que un verdadero creyente nunca debe preguntar a Dios el *porqué* de las cosas, sino el *para qué* de las mismas. No cabe duda que los grandes en la fe necesitan tal vez menos respuestas y se conforman con la proyección futura de las cosas. Les es suficiente con saber que Dios conduce todo para bien de los suyos y son capaces de guardar silencio delante del Señor. Pero para otros cuya fe es más débil y que como cañas a punto de quebrarse son incapaces de resistir sobre ellos el peso de la prueba, o que como una vela a punto de extinguirse están dando los últimos y pequeños resplandores de una luz que se apaga, necesitan de Dios sabiduría para contestar la pregunta que es propia de las circunstancias muchas veces inexplicables: ¿Por qué, *Señor?* No está condenada por la Escritura una oración así, sino todo lo contrario. Santiago enseña a orar de ese modo: *"Si alguno de vosotros tiene falta de sabiduría, pídala a Dios, el cual da a todos abundantemente y sin reproche, y le será dada"* (Stg. 1:5). Este reconocer de falta de entendimiento para comprender las razones del problema es el camino que lleva a la dependencia de Dios. Fue Job, el hombre sometido a la prueba, quien pregunta dónde puede encontrar sabiduría (Job. 28:12), y es Santiago quien le responde desde el Nuevo Testamento: *"Pídala a Dios"*. Es un aproximarse en oración a Dios por medio de Aquel en quien están escondidos los tesoros de la sabiduría y del conocimiento (Col. 2:3), esperando del Padre de las luminarias el don del conocimiento que necesita y que, como toda buena dádiva, procede del cielo (Stg. 1:17). Esta oración, conforme a las palabras de Santiago, no tendrá reproche, sino respuesta. El texto de Santiago concluye con la promesa de recibir la sabiduría necesaria: *"Le será dado"*. Dios cumplirá la promesa de dar al que pide (Mt. 7:7), por tanto, la actitud de Josué es el ejemplo y estímulo necesarios para inquirir ante Dios, en medio de las dificultades, y recibir el conocimiento preciso para entender las razones y causas por las que Dios obró en un determinado modo.

8. ¡Ay, Señor! ¿qué diré, ya que Israel ha vuelto la espalda delante de sus enemigos?

La oración de Josué progresa ahora demandando una respuesta que dar ante quienes se enterasen de que Israel había huido delante de sus enemigos. En la versión Reina-Valera 60, se inicia esta segunda petición con un lamento: *"¡Ay, Señor!"* (*ªahäh ªadönäy Yahveh*), sin embargo, el original exige más bien la forma de un ruego, como si dijera: *"¡Por favor, Señor!"*, (*bî ªadönay*) como aparece en otras muchas versiones[15]. Josué deseaba encontrar una solución para el desánimo del pueblo, que sin duda se produciría. Los hombres de guerra habían vuelto las espaldas a sus enemigos. Él sabía por experiencia lo dados que eran sus hermanos al desaliento y lo volubles que eran ante cualquier adversidad. No solo

---

[15] Nacar-Colunga, Cantera-Iglesias. Otras traducen: *"Perdón, Señor"* como la Biblia de Jerusalén.

estarían desalentados los que habían quedado en la retaguardia, sino también el mismo ejército. Habían sido derrotados y no habían tenido ánimo para enfrentarse al enemigo, sino que le habían vuelto las espaldas huyendo de él.

Pudiera, a simple vista, parecer que lo que preocupaba a Josué era el buen nombre del ejército de Israel.

De este modo escribe Rossier:

"El tono de sus lamentos manifiesta su error, pero muestra que lo que ocupa sus pensamientos es ante todo: Israel, la fama del pueblo, luego los cananeos, y el mundo: 'Israel ha vuelto sus espaldas delante de sus enemigos..."[16].

Sin embargo, la oración de Josué, como hombre de fe, se centra en la dificultad de enfrentar la solución de un pueblo desalentado. Necesitaban ser alentados y animados para proseguir en la tarea de conquistar la tierra prometida y ese aliento solo podía venir del Señor.

El líder bíblico dedica tiempo a la oración cuando el problema se presenta. Sin duda, en el caso concreto de Josué, se debió, en gran parte, a la falta de oración antes de que se produjera, pero, en cualquier caso, la enseñanza conduce reiteradamente en el pasaje a la necesidad de llevar los problemas a la presencia del Señor. Cuando el pueblo está confrontando desaliento y vuelve la espalda ante el enemigo, la única solución está en la acción poderosa de Dios que aliente a la tarea aun en medio de las dificultades. La oración es el recurso que todo líder debe utilizar continuamente.

9. Porque los cananeos y todos los moradores de la tierra oirán, y nos rodearán, y borrarán nuestro nombre de sobre la tierra; y entonces, ¿qué harás tú a tu grande nombre?

Josué estaba luchando en oración. Las palabras que utiliza recuerdan a las de Moisés en otras dos ocasiones de dificultades para el pueblo, con motivo del becerro de oro (Éx. 32:12), y en la rebelión de Cades-Barnea (Nm. 14:13-16). La causa del problema era la misma en todos casos. El pecado del pueblo había encendido la ira de Dios, en tiempos de Moisés en el desierto, a causa del pecado de idolatría y de desobediencia. El Señor había decidido destruir a Su pueblo y levantar otra nación grande (Éx. 32:10). Sin embargo, la destrucción del pueblo de Israel afectaría al

---

[16] H. Rossier. o. c., pág. 84.

testimonio del nombre de Dios delante de Sus enemigos. Los egipcios entonces acusarían a Dios de incapacidad de llevar el pueblo a la tierra prometida, o de haberlos sacado de la esclavitud para destruirlos en el desierto. En alguna medida el nombre de Dios está unido al testimonio de Su pueblo y queda afectado delante de las gentes por esa causa. Ahora no eran los egipcios, sino los pueblos de Palestina. Josué presenta delante del Señor el peligro de que Su pueblo fuera barrido (*kärat*) de la tierra. El gran problema teológico estriba en la condición de Israel como el pueblo de Dios. El *"gran nombre"*, la fama entre todas las naciones del Dios omnipotente que actuó liberando al pueblo y trayéndolo por el desierto, quedaría en entredicho si las naciones de Canaán, cuyos dioses estaban en oposición al Dios verdadero, vencían sobre Su pueblo. El nombre del Señor quedaría cuestionado y se vería afectado ante los ojos de las naciones por la misma suerte que Su pueblo: exterminado y borrado de la tierra. Dios sería cuestionado como incapaz de haber cumplido Su promesa. Ya antes Moisés había orado de este modo: *"...los habitantes de esta tierra, los cuales han oído que tú, oh Jehová, estabas en medio de este pueblo...; y las gentes que hubieren oído tu fama hablarán, diciendo: Por cuanto no pudo Jehová meter este pueblo en la tierra de la cual les había jurado, los mató en el desierto"* (Nm. 14:14, 15, 16).

Josué, sin duda, amaba al pueblo. No es una oración egoísta por algo que afectaba a su persona; era el pueblo de Dios lo que le preocupaba intensamente. No estaba deseando más que el bien del pueblo, ya que unida a él y en alguna medida estaba comprometida la gloria de Dios entre las naciones. Josué había llegado a la posición más elevada en la oración. Se estaba ocupando de la gloria de Jehová. No podía imaginar que el brillo de la gloria de Dios quedara empañado a la vista de las naciones pecaminosas de Canaán. Israel no tenía importancia como nación, la importancia de aquel pueblo radicaba en la vinculación con la gloria de Dios. El corazón de Josué latía, en último extremo, no tanto por la existencia de Israel como nación, sino por la gloria de Dios que podía ser menospreciada entre las naciones. El prestigio del Señor entre las gentes debía conservarse a cualquier precio. Josué intercedía para que el nombre de Aquel a quien amaba sobre todo, no fuese puesto en entredicho por los habitantes de aquella tierra, de tal manera que llegasen a decir de Él: *"no pudo hacerlo"*. La oración de Josué es, sobre todo, la expresión de solicitud por la gloria del Señor, pero, junto con ella estaba la bendición del pueblo.

La oración ejemplar de Josué debería hacer reflexionar sobre el modo de orar en los momentos de fracaso del pueblo de Dios. El líder bíblico debe orar en razón de la gloria de Dios comprometida por estar vinculada al testimonio de Su pueblo. No es de tanta importancia lo que pueda ocurrir a la iglesia por el fracaso que pueda experimentar, sino que, junto con esa situación, está comprometida la gloria de Dios entre las gentes. La iglesia es un pueblo establecido para testificar a las naciones de lo que Dios es (Hch. 1:8). Cuando este pueblo entra en un fracaso espiritual el testimonio de Dios queda afectado. Lo era en tiempos de Josué por el pecado de un hombre; lo es hoy también por la misma razón. Cuando tal cosa se produzca en la congregación del Señor, el líder bíblico que ora en sintonía con Dios, debería rogar ante todo por la recuperación de la gloria del Señor y de su buen nombre entre las gentes. Esa forma de oración está en consonancia con la voluntad de Dios, quien salvó a los suyos para *"alabanza de la gloria de su gracia"* (Ef. 1:6, 12, 14). Si la oración va siempre orientada hacia la gloria de Dios, la respuesta será segura y eficaz.

Las instrucciones divinas (7:10-15)

10. Y Jehová dijo a Josué: Levántate; ¿por qué te postras así sobre tu rostro?

Un día entero de lucha en oración concluye con una respuesta concreta del Señor. No había razón para continuar en una situación de angustia y postración. No era tiempo para seguir lamentándose, sino para actuar. Josué había estado por mucho tiempo quebrantado en la presencia del Señor (v. 6), ahora iba a recibir la respuesta a su oración. Las tres peticiones iban a ser respondidas. Sabría el porqué de la situación; conocería lo que tenía que hacer para superarla; y la gloria del Señor no se vería afectada por todo aquello, sino que saldría fortalecida,delante de las naciones y delante de Su pueblo.

La ausencia de bendiciones y los fracasos del pueblo de Dios estriban siempre en el pueblo y nunca en Dios. Los canales limpios son necesarios para conducir los recursos de la gracia. El que es consciente de ello ora postrado delante del Señor y lo hace insistentemente hasta recibir respuesta. Cualquier situación de fracaso debe ser llevada delante del Señor, aprendiendo a *no quejarse del Señor*, sino a *quejarse al Señor*. Solo entonces llegarán los recursos de gracia para superar la crisis porque *"él da mayor gracia"* (Stg. 4:6). El proceso siempre es el mismo: primero oración e inmediatamente acción, conforme a la respuesta de Dios.

11. Israel ha pecado, y aun ha quebrando mi pacto que yo les mandé; y también han tomado del anatema, y hasta han hurtado, han mentido, y aun lo han guardado entre sus enseres.

Dios revela que había pecado oculto en el pueblo e informa con todo detalle cuál era aquel pecado. La respuesta es clara: *"Israel ha pecado"* (*Israel häta*^{ä}). No debía seguir postrado delante del Señor, sino actuar en razón de lo ocurrido. No había declarado aún quién era el que lo había cometido, pero mantiene la vinculación con todo Israel. Sin embargo, el Señor expresa la dimensión del pecado.

Primeramente, consistió en *"quebrantar mi pacto que yo les mandé"* (*w*^{e}*gam* ^{a}äb^{e}*rû* ^{ä}*et b*^{e}*rîtî*). El pacto tenía que ver con el anatema establecido para Jericó. Con todo detalle había sido determinado antes de la toma de la ciudad (6:17). Josué había advertido enfáticamente de las consecuencias que acarrearía una acción contraria. La transgresión del pacto convertiría en *"anatema el campamento de Israel, y lo turbaría"* (6:18). El primer pecado es de desobediencia y deslealtad, quebrantando un pacto y rompiendo un compromiso. El pecado adquiere una alta gravedad porque consideraba los mandamientos de Dios como cosa sin importancia. Todavía más: era un pecado de desprecio al tener en mayor estima los intereses personales que los mandamientos de Dios, primando aquellos sobre estos.

En segundo lugar, el pecado de desobediencia condujo al de impiedad. No solo había sido quebrantado el pacto, sino que *"habían tomado del anatema"* (*w*^{e}*gam läq*^{e}*hû min hahërem*). El honor de Dios había sido despreciado. El Señor había establecido como suyo el despojo de Jericó, pero Israel había decidido lo contrario. El mandamiento del Señor había quedado reducido al mero valor de disposiciones humanas. Un hecho que se repite en la historia de Israel, como Isaías reconoce en su profecía: *"su temor de mí no es más que un mandamiento de hombres que les ha sido enseñado"* (Is. 29:13). La posesión del anatema traería consecuencias graves para toda la nación, como la ley establecía[17].

Un tercer pecado es señalado por Dios: *"y hasta han hurtado"*. Era un robo sacrílego. Habían sustraído del anatema sigilosamente. No había sido un robo con violencia, sino un hurto de cosas santas que escondidamente habían sido tomadas de Jericó. El robo estaba condenado en la ley (Éx. 2015). El mandamiento comprende, no solamente el robo, sino toda acción injusta que conduzca a apropiarse de lo ajeno en beneficio personal, lo que comprendía el rapto, la usura y todo daño causado responsablemente. Como escribe Lacueva:

---

[17] Ver *Excursus VI* sobre el anatema.

"El mandamiento concierne a los bienes nuestros y de nuestro prójimo: 'No hurtarás". Este mandamiento prohíbe el robarnos a nosotros mismos nuestro patrimonio mediante un derroche culpable, ya sea gastándolo indebidamente o enajenándolo inconsideradamente, así como el robar a otros de muchas maneras: retirando, a nuestro favor, los antiguos linderos, invadiendo los derechos ajenos, apropiándonos los bienes del prójimo, de su persona, de su casa o campo, por la fuerza o solapadamente, excediéndonos en el precio, disminuyendo en el peso o en la calidad de los artículos, no devolviendo lo prestado o encontrado, no pagando a tiempo justas deudas, rentas o jornales y, lo que es peor, robar al público en dinero o beneficios, o en lo que está dedicado al servicio de la religión"[18].

La ley establecía penas que variaban según la categoría de lo robado. Cuando se trataba de un rapto, la ley exigía la muerte del raptor (Éx. 21:16). El hurto de animales era sancionado con la restitución de lo robado incrementado en una cuarta o quinta parte, según fuera (Éx. 22:1). Aquí, el pecado adquiere una notoria dimensión porque el hurto era cometido contra Dios mismo, que era Padre, Creador y Redentor de Israel. Al amor divino se respondía con el hurto de lo que Le pertenecía. Aquel pecado, aunque individual, afectaba colectivamente a toda la nación.

Dios revela a Josué el cuarto pecado cometido en Israel: *"han mentido"*. ¿En qué habían mentido? ¿Acaso se había preguntado a alguien sobre el anatema? ¿No era algo que Josué y, seguramente el resto del pueblo, ignoraba? La mentira consistió en la hipócrita entrega de *"la plata, el oro y el bronce"* para el tesoro del Señor, con todo lo que había de valor en la ciudad, cuando uno del pueblo se había reservado algo para sí (6:24). La hipocresía, como simulación, es una forma perversa de mentira. Tal vez el mismo ladrón había estado presente con el resto de sus hermanos en el momento de la entrega del botín de la ciudad. El pecado había sido hecho ocultamente a los ojos de los hombres, pero nunca pasó desapercibido a la omnisciencia de Dios.

Todavía el Señor revela a Josué un quinto pecado cometido contra Él; era un pecado de profanación: *"y aun lo han guardado entre sus enseres"*. Eran cosas de propiedad divina y fueron tratadas como algo común (*w^{e}gam sämû kiklêhem*) poniéndolas entre los enseres ordinarios y las cosas de uso corriente. Eran cosas de Dios que se trataban irreverentemente como algo propio.

---

18 F. Lacueva. Éxodo. Matthew Henry, pág. 384.

Los pecados manifestados en el pasaje que conducen al fracaso de Israel, son considerados con la misma pecaminosidad y consecuencias para la iglesia. El quebrantamiento del pacto implica una expresión de desobediencia y rebeldía contra la voluntad de Dios. Anteriormente, se ha reflexionado sobre esto, remitiendo al lector a las muchas referencias hechas entonces. Sin embargo, es preciso recordar que la condición de desobediencia es la natural de aquellos que no han nacido de nuevo (Ef. 2:2). La norma de vida del creyente debe corresponder a la esfera de obediencia a que fue trasladado por la regeneración, y del poder de que ha sido dotado para vivir en sumisión al Señor. La vida nueva que nació en un acto de obediencia (1Pe. 1:2), debe continuar en esa misma condición como corresponde a la expresión natural de vida de quienes son ahora *"hijos de obediencia"* (1Pe. 1:14). La desobediencia no puede ser bendecida por Dios. Introducido el elemento en la congregación, toda ella queda afectada. Esa desobediencia es la puerta de acceso al resto de los pecados manifestados en el texto de Josué. Quien es capaz de desobedecer conscientemente al Señor es capaz de despreciar el honor de Dios, considerando antes sus propios intereses personales.

Tal situación conducirá, con toda certeza, al tercer pecado de *"hurtar a Dios"*. Al estar aplicando la enseñanza de la historia de Israel al tiempo presente, adquiere una dimensión espiritual notablemente mayor. El creyente no debe practicar el robo. Tal pecado cometido habitualmente es prueba de una falsa profesión de fe, ya que es característico de quienes no tienen parte en el reino de Dios (1Co. 6:9-10). El ladrón —cualquiera que fuere el modo de robo practicado— debe ser excluido de la comunión de la iglesia (1Co. 5:11,13). El hurto puede adquirir diversas manifestaciones, apropiándose de muchas formas de lo ajeno en beneficio propio. Puede practicarse en un sistema de negocio fraudulento, aunque sea en una pequeña medida. Puede revestir la forma de defraudación en los impuestos. Puede manifestase en la demora del pago de deudas intencionadamente. Puede consistir en la apropiación del tiempo de la empresa para actividades propias o, simplemente, la falta de rendimiento en el trabajo. Muchas formas de hurto, debido a la práctica habitual de una sociedad corrupta, han dejado de ser alarmantes para el creyente. Pero, sin duda, la gran lección del texto tiene que ver con el *"hurto de las cosas de Dios"*. El profeta lo diría con palabras muy claras, en el nombre del Señor: *"Vosotros me habéis robado... en vuestros diezmos y ofrendas"* (Mal. 3:8). El robo toma muchas veces la forma de retención ilícita de las ofrendas para el Señor. Una conciencia cauterizada por el pecado desafía a Dios. Las ofrendas materiales son un claro exponente que mide la espiritualidad del creyente. Algunas veces se argumenta que la medida del Nuevo Testamento, en cuanto a ofrendas, es libre, de tal manera que cualquier apreciación personal es válida en este sentido. La conciencia cauterizada se cubre siempre con un manto de hipocresía cuando dice: *"no estamos bajo la ley, sino bajo la gracia"* (Ro. 6:14). Un proceder así en relación con las ofrendas tiene que ver, casi siempre, con la exclusión del diezmo como medida mínima de ofrenda del creyente. Ciertamente, era la medida obligada por ley en el Antiguo Testamento (Dt. 12:6). No se dice ahora que sea este el modo de ofrendar en la dispensación de la iglesia. Sin embargo, no ha nacido en la institución legal, sino que el diezmo fue la medida de ofrenda anterior a la ley. Al creyente se le enseña a ofrendar proporcionalmente a las bendiciones recibidas (1Co. 16:1-2). No se establece el diezmo ahora como norma para medir la ofrenda porque el creyente no tiene nada suyo al haber sido comprado por precio (1Co. 6:20; 1Pe. 1:18-19). El cristiano es ahora un simple administrador de sus bienes, porque todo cuanto tiene es del Señor; por tanto, se supone que el creyente ha de ofrendar por encima de la exigencia legal de antaño. El creyente ha recibido una mayor bendición que el pueblo de Israel; en la comprensión de lo que ha recibido ha de ofrendar más que aquellos. No debe olvidarse que cuando un creyente ofrenda el diezmo está reteniendo para sí el noventa por ciento de lo que es de Dios. La ofrenda ha de ser considerada como un sacrificio espiritual (He. 13:15-16), por tanto ha de ser generosa (Pr. 11:24-25; 2Co. 9:7).

Las ofrendas manifiestan claramente el grado de espiritualidad del pueblo de Dios. En tiempos de Israel, coincidiendo con la decadencia espiritual, había una escasez de recursos por falta de ofrendas (Mal. 3:7-12; Hag. 2:15-16). El secreto de una ofrenda generosa empieza por la entrega personal del creyente (2Co. 8:3-5). Sin embargo, el *"hurtar"* a Dios no solo se manifiesta en una ofrenda mezquina, sino en la falta de compromiso con Su obra, cuando no se da tiempo para la colaboración en la iglesia local. Algunos cristianos están comprometidos con sus cosas y con otras que tienen carácter espiritual, pero que rechazan el compromiso con la iglesia local en que son miembros. El compromiso cristiano está, primeramente, con la congregación local y, desde ella, con las áreas de ministerio a que sea llamado. Al hurto sigue también la mentira. La hipocresía que trata de ocultar la infidelidad a Dios, vistiéndola con aspecto de dedicación. Es una falsedad hablar de comunión con Dios cuando no se tiene comunión con los hermanos (1Jn. 3:10). Es inconsecuente hablar de generosidad cuando se ha dejado de ofrendar en la medida que debe hacerse. Es un engaño hablar de compromiso con la obra de Dios, cuando no hay compromiso con la iglesia local.

Finalmente, a los pecados citados se añade el último de los cometidos por Israel: *"la profanación"*, esto es, considerar las cosas de Dios como algo común, que pueden ser tratadas del mismo modo que las personales. Este proceder cauteriza la conciencia y la hace insensible, profanándose el creyente y profanando la asamblea de Dios. Es como el proceder de la mujer adúltera del libro de Proverbios que *Come, y limpia su boca y dice: no he hecho maldad"* (Pr. 30:20). La comisión del pecado es tan grave como intentar ocultarlo. Es comer del fruto prohibido, limpiar la apariencia externa e hipócritamente proclamar una vida correcta afirmando que no se ha cometido maldad. Es el sistema que Satanás emplea para arruinar la vida de muchos cristianos, que llegan a llamar a lo malo bueno, ahogando su propia conciencia para justificar sus acciones pecaminosas.

12. Por esto los hijos de Israel no podrán hacer frente a sus enemigos, sino que delante de sus enemigos volverán la espalda, por cuanto han venido a ser anatema; ni estaré más con vosotros, si no destruyereis el anatema de en medio de vosotros.

Dios explica a Josué las consecuencias del pecado. Aquella esperanzadora promesa *"Jehová tu Dios estará contigo dondequiera que vayas"* (1:9), se ha convertido en *"no estaré más con vosotros"*. Retirado el apoyo divino, los hijos de Israel no podían enfrentarse a sus enemigos. Israel había pecado con muchos agravantes. Había quebrantado un pacto solemne, había hurtado lo que era de Dios, y había mentido. No importa que el pecado fuese de uno, era el pecado de todos mientras no se hubiera purificado el pueblo. Toda la nación era maldita; la protección de Dios estaba suspendida y no podían esperar otra cosa que derrota mientras no se destruyera el anatema que había en la congregación de Israel. Dios está enseñando a Josué el camino para la restauración de la comunión con Él. El pueblo tenía que limpiarse de la contaminación interior que le afectaba.

13. Levántate, santifica al pueblo y di: Santificaos para mañana; porque Jehová el Dios de Israel dice así: Anatema hay en medio de ti, Israel; no podrás hacer frente a tus enemigos, hasta que hayáis quitado el anatema de en medio de vosotros.

Dios da las instrucciones sobre cómo actuar en aquella situación. Primeramente, Josué debía convocar al pueblo para una solemne reunión en la presencia del Señor, que tendría lugar a la mañana del siguiente día. Él había estado orando hasta la caída de la tarde, por tanto, había poco tiempo para estos preparativos, pero el suficiente para que el pecador volviera en arrepentimiento a Dios. Las causas de la derrota debían ser proclamadas a todo el pueblo. La razón de ello era el anatema que había en medio de la nación. Aquellos que estuvieran dudando sobre cuál había sido la causa de la derrota debían salir de sus reflexiones. La causa no había sido el poco número de la gente de guerra que había intervenido, ni la cobardía de ellos ante los enemigos, ni el potencial de los hombres de guerra de Hai. El problema había sido el pecado oculto en medio del pueblo de Dios. El Señor advierte que solo una limpieza real del pecado y la santificación del pueblo les permitiría hacer frente a sus enemigos. En caso contrario, la derrota que habían experimentado persistiría porque la guerra ya no era del Señor, sino de ellos. Israel había de prepararse para venir a la presencia de Dios. No podían hacerlo de cualquier manera, tenían que *"santificarse"*, mediante las purificaciones rituales que la ley prescribía; todas ellas conducentes a hacer conscientes a los israelitas de la santidad personal que Dios requería de cada uno como pueblo suyo. Era un tiempo de reflexión personal que la gracia de Dios concedía a toda la nación, incluido el que había cometido el pecado del anatema. Anteriormente habían sido llamados también a santificarse para ver las maravillas que Dios haría entre ellos, con motivo del paso del Jordán (3:5). En esta ocasión, Dios había de mostrar su gloria en la limpieza del pecado del pueblo.

Muchas aplicaciones podrían hacerse del texto, pero, tal vez sea buena una breve reflexión sobre el pecado del creyente. Es una parte esencial de la doctrina bíblica. La vida cristiana debe desarrollarse en la esfera de la luz, lo que Juan expresa como *"andar en la luz"* (1Jn. 1:7). Eso no significa estar sin pecado, sino responder a las demandas de la luz y estar en continua comunión con Dios, rechazando abiertamente la práctica del pecado. El cristiano ha sido llamado a una vida de identificación con Cristo que conlleva un testimonio de dignidad y santidad como corresponde a la vocación con que fue llamado (Ef. 4:1). Una vida santa es la experiencia de lo que Pablo llama *"vivir a Cristo"* (Fil. 1:21). El sentimiento del Señor es establecido en el creyente en razón de la identificación con Él, por lo que se le demanda que *"haya en vosotros este sentir que hubo también en Cristo Jesús"* (Fil. 2:5). Esta forma de visión y comprensión espiritual alcanza todos los campos de la vida cristiana y hace posible la experiencia de la santificación. No debe olvidarse que el cristiano está llamado a una proclamación al mundo de la operación que la gracia produjo en él: *"Mas vosotros sois linaje escogido, real sacerdocio, nación santa, pueblo adquirido por Dios, para que anunciéis las virtudes de Aquel que os llamó de las tinieblas a Su luz admirable"* (1Pe. 2:9). El cristiano entra en un conflicto continuo de tentación en las tres áreas contrarias y opuestas a la voluntad de Dios: el demonio, el mundo y la carne. El demonio, con artimañas, procurará hacer caer al creyente en la práctica del pecado. El conflicto con Satanás se describe en la Palabra como una lucha (Ef. 6:12). El cristiano ha de mantener en perfecto estado y utilizar la armadura divina que ha recibido para esta lucha (Ef. 6:10-

11). El modo victorioso sobre Satanás es la fortaleza del Señor en una vida de comunión con Él. Juan enseña que los cristianos alcanzan victoria porque *"mayor es el que está en vosotros, que el que está en el mundo"* (1Jn. 4:4). Las fuerzas personales resultan estériles contra tal oponente. El mismo arcángel Miguel descansó en la fortaleza de Dios para oponerse a Satanás (Jud. 1:9). La fe que ha vinculado al creyente con el Salvador para la justificación es también vínculo para la victoria: *"al cual resistid firmes en la fe"* (1Pe. 5:9). El secreto, pues, en este área lo establece Santiago cuando escribe: *"Someteos, pues, a Dios; resistid al diablo, y huirá de vosotros"* (Stg. 4:7).

El segundo elemento de oposición al creyente es el mundo. Este es el sistema organizado contra la voluntad de Dios. Tuvo su origen, en cuanto a orden, en Satanás, que es su dios y su príncipe. El creyente está en el mundo, pero no es del mundo, como tampoco lo fue Cristo, por tanto no debe conformarse al modelo del mundo. La victoria sobre el mundo es mediante la fe: *"y esta es la victoria que ha vencido al mundo, nuestra fe"* (1Jn. 5:4). La tercera esfera de pecado tiene que ver con la carne, el elemento que conforma la moral del no regenerado. En la experiencia cristiana, el pecado está en continuo conflicto con el Espíritu Santo. La victoria se alcanza en la medida en que el cristiano deja operar al Espíritu en una entrega incondicional a Dios (Gá. 5:16).

Una provisión para victoria en la vida cristiana tiene que ver con la Palabra. El salmista dice: *"En mi corazón he guardado tus dichos, para no pecar contra ti"* (Sal. 119:11). En la medida en que el creyente obedece a la Palabra está en el camino de evitar la derrota espiritual por el efecto que la misma Escritura produce en él (2Ti. 3:16, 17). La santificación cristiana descansa en la Palabra, por lo que Cristo rogó al Padre *"santifícalos en tu verdad; tu Palabra es verdad"* (Jn. 17:17). El secreto victorioso no está solo en conocer la Palabra, sino, esencialmente, en vivir conforme a la Palabra. Acán había pecado por desobedecer la voluntad de Dios; igual situación se produce por la misma práctica en la vida del cristiano.

El pecado del creyente produce efectos notorios. Primero, sobre quien ha cometido el pecado. La comunión con Dios se ve afectada y las relaciones de bendición que se experimentan en ella cesan. La luz de Dios, que ilumina, se oscurece a causa del pecado (1Jn. 1:6). El gozo de la salvación deja de experimentarse (1Jn. 1:4; Sal. 51:12). La paz deja de sentirse (1Jn. 3:4-10). Pero también alcanza al conjunto de la iglesia. El pecado oculto en medio de la congregación impide las bendiciones de Dios sobre ella. De ahí la importancia que Pablo da a la limpieza congregacional, como era el caso de Corinto (1Co. 5:1-13).

La solución al pecado del creyente está en la confesión (1Jn. 1:9). *Confesar* significa *"decir lo mismo"*, esto es, decir acerca del pecado lo mismo que Dios dice. Confesar es retornar a una identificación con el pensamiento de Dios tocante al pecado. Es confrontar el pecado abiertamente, sin ocultarlo ni buscar excusas (Pr. 28:13). La respuesta a la confesión es evidente: *"Dios es fiel y justo para perdonar nuestros pecados y limpiarnos de toda maldad"*. Dios perdona el pecado como una deuda que Él remite restaurando al deudor. Dios restaura *limpiando* de maldad para que el pecador pueda retornar a la plena comunión con Él (Is. 1:18). Dios lo hace porque es fiel y justo. La fidelidad de Dios es una de sus perfecciones (2Ti. 2:13). Lo hace en razón al compromiso del nuevo pacto (Jer. 31:34), en base al sacrificio de Cristo. Hay un tiempo de gracia para confesión, como ocurría también en el caso de Israel.

14. Os acercaréis, pues, mañana por vuestras tribus; y la tribu que Jehová tomare, se acercará por sus familias; y la familia que Jehová tomare, se acercará por sus casas; y la casa que Jehová tomare, se acercará por los varones;

15. Y el que fuere sorprendido en el anatema, será quemado, él y todo lo que tiene, por cuanto ha quebrantado el pacto de Jehová, y ha cometido maldad en Israel.

Un tiempo de gracia se mantiene todavía para el ofensor. Tenía hasta la mañana para reconocer y confesar su pecado. Dios iba a actuar en justicia sobre la maldad del pueblo para limpiarlo, a fin de que pudiera proseguir en la senda de la comunión y vencer sobre los pueblos de Canaán, en la tarea de ocupar y posesionarse de la tierra prometida. La manifestación del culpable iba a ser asunto divino. Dios mismo seleccionaría y pondría al descubierto delante de todo el pueblo al que había cometido el pecado. La frase *"os acercaréis"* infiere que el pueblo había de comparecer ante la presencia de Jehová, lo que exigiría hacerlo en el Santuario y ante el Sumo Sacerdote. Con toda probabilidad fue lo que se hizo. No hacía falta una gran afluencia de personas para determinar quién era el culpable. Inicialmente, tan solo la presencia de los representantes de cada tribu, sería suficiente. Después, a medida que se hiciese la selección, se irían llamando a los representantes de los sectores familiares, luego de las casas y, finalmente sería seleccionado el culpable.

La forma de hacerlo no se especifica, pero con toda seguridad sería hecha la selección por medio de las *"suertes"*. Este era el sistema que Dios mismo había establecido para tales casos. Pudo haber sido mediante la consulta del *"Urim y Tumim"* del Sumo Sacerdote[19], como el Señor

[19] Ver *Excursus IX*.

había establecido. Esta selección descubriría primero la tribu, luego la familia, después la casa y, finalmente, la persona.

Descubierto el delincuente *"sorprendido en el anatema"* había de sufrir el castigo de ser quemado con todo cuanto poseía. No era una sentencia nueva que se establecía sobre alguien, sino la conclusión de lo que se había determinado al principio en relación con el anatema de la ciudad y todas sus cosas. La destrucción no había terminado, por cuanto alguien tenía parte de lo que había en la ciudad. La comunión con el anatema hacía anatema también al que lo había retenido, y a todos los que habían estado en contacto con él. Las razones divinas para tal acto están claramente expresadas en el texto. Era un delito de sacrilegio, por haber *"quebrantado el pacto de Jehová"*, y lo era también de infamia, como una acción *"loca"* (heb. *"nebälä"*), o *"vil"* en Israel y contra Israel, al haber traído el mal sobre toda la nación.

Podría destacarse en los dos textos el *"tiempo de gracia"* que Dios concede al pecador. No cabe duda que Acán hubiera podido confesar su pecado desde el primer momento y restituir lo robado. Sin embargo, Dios extiende el tiempo de su paciencia en espera del arrepentimiento del transgresor. La ira de Dios pudo haber caído sobre el infame desde el momento en que cometió el hurto. Sin embargo, hay un tiempo de paciente espera en una manifestación personal de Su gracia. Algunos consideran que el tiempo de gracia es una impotencia de Dios o Su negativa para actuar contra el pecador, pero, conforme a la enseñanza de Pedro, *"el Señor no retarda su promesa, según algunos la tienen por tardanza, sino que es paciente para con nosotros, no queriendo que ninguno perezca, sino que todos procedan al arrepentimiento"* (2Pe. 3:9).

El profeta Sofonías hace una advertencia semejante sobre aquellos que están tranquilos mientras dicen en su corazón, *"Jehová ni hará bien ni hará mal"* (Sof. 1:12). Sin embargo, Dios actuará sobre el pecado de Su pueblo. El escritor a los hebreos advierte sobre el pecado hecho con premeditación, para el que no queda sino una *"horrenda expectación de juicio, y hervor de fuego que ha de devorar a los adversarios"* (He. 10:27). Pudiera suponerse que esas palabras se refieren a inconversos rebeldes, pero la realidad es que están dirigidas a creyentes. El Señor enseña continuamente en su Palabra que el pecado del creyente puede conducir a una actuación personal suya. Sin embargo, la gracia da siempre un tiempo de reacción para el retorno a Él en confesión y arrepentimiento.

El pecado quitado (7:16-26)

16. Josué, pues, levantándose de mañana, hizo acercar a Israel por sus tribus; y fue tomada la tribu de Judá.

17. Y haciendo acercar a la tribu de Judá, fue tomada la familia de los de Zera; y haciendo luego acercar a la familia de los de Zera por los varones, fue tomado Zabdi.

18. Hizo acercar su casa por los varones, y fue tomado Acán hijo de Carmi, hizo de Zabdi, hijo de Zera, de la tribu de Judá.

El tiempo de gracia había terminado y comenzaba el día de juicio contra el prevaricador.

La operación comenzó por la mañana. No había tiempo que perder en la ejecución de lo que Dios había dispuesto. Probablemente fueron hechos pasar los representantes de las tribus de Israel (*s^{e}bätîm*) delante del Sumo Sacerdote, que estaría a la puerta del Tabernáculo de Reunión. La elección recayó sobre la de Judá. El que había cometido la transgresión pertenecía, pues, a aquella tribu. Se ha considerado a Judá como la tribu más ilustre de todas las de Israel. De ella procedería la familia real conforme al corazón de Dios. Dice la tradición judía —según el Dr. Lacueva— que, cuando la suerte cayó sobre la tribu de Judá, los valientes de esta tribu desenvainaron su espada y protestaron que no la envainarían de nuevo mientras no viesen castigado al criminal y a sí mismos exculpados del crimen como inocentes[20]. Judá fue el cuarto hijo de Jacob, nacido de su esposa Lea (Gn. 29:35). La etimología de su nombre (*Yehûdâ*), significa *"alabado"*. Su carácter le llevó a ocupar una posición de liderazgo entre sus hermanos, según puede apreciarse en el relato de José (Gn. 37:26-27; 43:3-10; 44:16-34; 46:28). La bendición de Jacob antes de morir confiere a esta tribu la promesa del linaje real de Israel, vinculado con el cetro permanente en Judá hasta la venida de Siloh (Gn. 49:10), en clara referencia al Mesías, que procedería de aquella tribu. La honorable tribu estaba ahora vinculada, no con la nobleza, sino con la vileza.

Los representantes de cada una de las familias de la tribu fueron convocados seguidamente. La suerte determinó que el responsable del anatema era de la familia de Zera. El origen de los *"zerahitas"* o *"zerajitas"*, se remonta a los días de Judá. El nacimiento del primero de la familia ocurrió de un modo anómalo y pecaminoso. Concebido por el mismo Judá de su nuera Tamar, la que había sido esposa de su hijo

20 F. Lacueva. o.c., pág. 51.

primogénito Er, a quien Dios había quitado la vida por su pecaminosidad (Gn. 38:6-7). Tamar había engañado a Judá fingiéndose una ramera; tal vez Judá la consideró como una prostituta sagrada de Astarté. El pecado de Judá fue más bien de adulterio o fornicación que de incesto, ya que este no fue cometido voluntaria y conscientemente, al desconocer el parentesco que le unía con aquella mujer. De tal relación nacieron los gemelos Fares y Zara, o Zera. La suerte cayó sobre esta familia[21].

En seguida se hicieron comparecer a los varones de las casas que integraban aquella familia. Zabdi, el abuelo de Acán, hijo mayor de Zera, a quien se le llama también Zimri (1Cr. 2:6), fue la línea seleccionada. La manifestación del culpable era ya solo asunto de seleccionar, dentro de la linea de Zabdi al responsable. Los varones cabeza de las familias se hicieron pasar y la suerte cayó sobre Acán. No había duda alguna. Dios mismo había señalado y puesto al descubierto a quien había cometido la prevaricación.

Nada hay que pueda ocultarse al conocimiento de Dios. El pecado podrá pasar desapercibido para los hombres, pero no pasará desapercibido para el Señor. El salmista reflexiona sobre tal cuestión y se pregunta: *"¿A donde me iré de tu Espíritu? ¿Y a donde huiré de Tu presencia?"* (Sal. 139:7). Dios está en todo lugar. Él es Espíritu infinito omnipresente. El hombre en general —y el creyente en particular— está siempre en la presencia del Señor. Las tinieblas no son refugio para acciones que no pueden ocultarse a la mirada de Dios: *"Si dijere: Ciertamente las tinieblas me encubrirán, aun la noche resplandecerá alrededor de mí. Aun las tinieblas no encubren de ti, y la noche resplandece como el día; lo mismo te son las tinieblas que la luz"* (Sal. 139:11-12). Algunas acciones perversas quedan ocultas a los hombres por las tinieblas de la noche, pero estas, aliadas de quienes se ocultan de los hombres, se hacen transparentes y luminosas para quien pretende huir de Dios. La luz del sol nada tiene que ver con quien es el *"Sol de justicia"* (Mal. 4:2), que se califica a sí mismo como *"la luz del mundo"*, y que puede decir: *"el que me sigue no andará en tinieblas, sino que tendrá la luz de la vida"* (Jn. 8:12). Cuán inconsecuente es la vida de quien practica el pecado en medio del pueblo de Dios ocultando su acción, pensando que si pasa desapercibida para sus hermanos lo será también para Dios.

Sin embargo, como antes se ha dicho, no es posible que Dios esté con su pueblo para bendiciones si en la congregación hay pecado oculto sin confesar. La comunión real y sus consecuencias solo es posible desde

---

[21] Ver el cuadro genealógico de Acán.

la plataforma de la santidad (1Jn. 1:5-10). Cada creyente debe pasar bajo la mirada escudriñadora de Dios rogándole como el salmista, que le revele la existencia de cualquier pecado oculto, de modo que pueda, volviendo a Él, restaurar la comunión y seguir siendo un canal limpio de bendiciones para la iglesia. Cuando esto no se produce y el pecado persiste, Dios mismo se encarga de ponerlo en evidencia para ser disciplinado a fin de que la asamblea quede en condiciones de seguir recibiendo Sus bendiciones. La historia antigua y la reciente enseñan esta realidad. En tiempos apostólicos, el Señor sacó a la luz el pecado encubierto de Ananías y Safira (Hch. 5). Pero no es menos cierto que, muchas veces, se ha visto la iglesia sobresaltada por el descubrimiento *"casual"* del pecado cometido por alguno de sus miembros que había estado celosamente oculto durante tiempo. No quiere decir esto que el pecado cometido en oculto ha de ser confesado en público. La confesión es personal al Señor y exige un cambio de vida consecuente con esa confesión (1Jn. 1.9). Quien confiesa el pecado y se aparta alcanza misericordia (Pr. 28:13). No dude nadie que ocultar el pecado, en el sentido de falta de confesión y arrepentimiento, va a pasar desapercibido para Dios y que el Señor no va a actuar en el momento oportuno. No hay nada oculto que no haya de ser revelado (Lc. 8:17) y, como se enseña en Eclesiastés, Dios traerá a juicio toda acción juntamente con lo que se ocultó celosamente (Ec. 12:14). Tal reflexión debería conducir a una inmediata confesión personal de todo pecado que pudiera estar ocultándose y que, sin duda, estará causando grave quebranto al pueblo de Dios del que todo creyente forma parte.

Como escribe el Dr. Lacueva:

"Cuánto hemos de preocuparnos, cuando Dios nos vuelve el rostro al otro lado, de investigar diligentemente cuál es el pecado que nos priva de su comunión, y suplicar urgentemente como Job: 'Hazme entender por qué contiendes conmigo" (Job. 10:2)[22].

19. Entonces Josué dijo a Acán: Hijo mío, da gloria a Jehová el Dios de Israel, y dale alabanza, y declárame ahora lo que has hecho; no me lo encubras.

El perverso estaba descubierto delante de todo Israel. Sin embargo, a pesar de su acción y condición, Josué no utilizó un lenguaje duro contra quien había cometido tal pecado. La bondad de quien era, en su condición de líder, el pastor de Israel en aquellos momentos, trataba con cariño pastoral a quien había cometido la iniquidad. El que podía menospreciarlo

---

[22] F. Lacueva. o.c., pág. 52.

con saña y calificarlo de ladrón le llama *"hijo mío"* (*b^enî*). El cariño hacia el transgresor no supone aminorar la disciplina que su pecado merecía. Josué no se sentía afectado personalmente, pero estaba en juego la gloria y el prestigio del Dios de Israel, puesto en entredicho por quienes habían conocido la derrota en Hai. Con cariño, pero con firmeza, le sitúa ante la necesidad de una confesión personal que glorificase y alabase el nombre de Dios. Acán debía dar gloria (*käbôd*) y alabanza (*tôdä*) al Señor, confesando la verdad que había ocultado por tanto tiempo. Posiblemente toda la frase envuelve una fórmula de juramento, poniendo al que había sido señalado bajo la obligación de revelar el pecado cometido. Ya no había ocasión para seguir encubriendo la acción perversa cometida, dado que el pecador había sido descubierto.

Lo que Josué demandaba era la confesión del hecho. Como el líder establecido por Dios para conducir a Su pueblo, estaba capacitado para recibir, en nombre del pueblo y delante de Dios la confesión del pecado de Acán. Sin duda, antes hubiera podido hacerse en secreto, pero ya no quedaba otra opción que hacerlo en público. La confesión del pecado era motivo de gloria para Dios, al reconocerle como omnisciente y justo. El pecado oculto había ofendido el honor y la santidad de Dios, por tanto, públicamente debía hacerse la confesión.

Una sencilla lección resalta en el texto y tiene que ver con el cariño con que debe ser tratado todo aquel que haya sido descubierto en pecado. Ninguno de los líderes del pueblo de Dios está autorizado para vituperar a ninguno de sus hermanos, por grande que haya sido el pecado cometido. Jamás el Buen Pastor actuó de tal manera con el pecador. La severidad del juicio sobre el pecado no faculta a añadir mayor pena sobre quien ya tiene sobre sí la de su propia falta. El conmovedor ejemplo de Cristo en la negación de Pedro da la pauta de comportamiento en relación con cualquiera que haya sido descubierto en pecado. Es preciso recordar siempre que, si alguien no ha caído en la falta cometida por su hermano, no se debe a su propio poder personal, sino a la actuación de la gracia de Dios en él. Por tanto, es bueno recordar el consejo del apóstol: *"Así que el que piensa estar firme, mire que no caiga"* (1Co. 10:12). La permanencia en firmeza de un cristiano obedece a la acción de la gracia, lo que debiera impedir que surja la soberbia personal que enorgullece frente al pecado de un hermano, debiendo recordar también que: *"...tú por la fe estás en pie. No te ensoberbezcas, sino teme"* (Ro. 11:20). Es fácil en momentos en que el pecado de un hermano, oculto y descubierto, pone en evidencia la condición del mismo, dejarse llevar por la ira de la situación y expresarla en desprecios o denuestos contra el transgresor. Será necesario, especialmente para el liderazgo de la iglesia, recordar que *"la ira del hombre no obra la justicia de Dios"* (Stg. 1:20). La calidad y madurez de un líder bíblico se mide, entre otras cosas, por su capacidad para mantener la tranquilidad y no dejarse llevar por la ira. Santiago exhorta a ser *"tardo para la ira"*. El enfado humano actúa al impulso de emociones subjetivas y se expresa sin el control del amor. Cualquier manifestación iracunda es contraria a las acciones justas que Dios demanda de los suyos. La ira del hombre nunca puede producir la clase de justicia que agrada a Dios, porque el fruto de justicia se siembra en paz (Stg. 3:8).

20. Acán respondió a Josué diciendo: Verdaderamente yo he pecado contra Jehová el Dios de Israel, y así y así he hecho.

El transgresor reconoció la transgresión. El pecador confesaba el pecado. La confesión se llevó a cabo con todo detalle. Primero reconoce la condición de su acción: *"verdaderamente he pecado contra Jehová el Dios de Israel"* (*ªomnä* ªänökî *hätäªtî*). Es una confesión pública de su desobediencia sacrílega. Juntamente con el reconocimiento del pecado va la confesión de la acción: *"así y así he hecho"*. Acán puntualiza el modo como llevó a cabo el pecado.

Para aplicar la disciplina conforme a la enseñanza general de la Escritura —y la particular del Nuevo Testamento— es necesario el reconocimiento del pecado por parte del pecador, o que las pruebas sean tan evidentes que no haya posibilidad de equivocación respecto al hecho cometido. En alguna ocasión, la precipitación en establecer una disciplina ha llevado a algunos al pecado de aplicarla sobre acciones que, al no haber sido debidamente probadas, no podían servir de acusación para el disciplinado. Es más, la iglesia tiene multitud de ejemplos de disciplina no bíblica en base a opiniones personales, a costumbres quebrantadas que se consideran como doctrina, cuando simplemente son tradiciones de hombres o, lo que es más escandaloso, en razón de intereses personales que, como en el caso de Diótrefes en los tiempos apostólicos, disciplina a todo aquel que no apoya sus pretensiones de primacía en la iglesia (3Jn. 9-10). El reconocimiento del pecado es el mejor modo para acceder a la aplicación de la disciplina correctora para la restauración del caído.

21. Pues vi entre los despojos un manto babilónico muy bueno, y doscientos siclos de plata, y un lingote de oro de peso de cincuenta siclos, lo cual codicié y tomé; y he aquí que está escondido bajo tierra en medio de mi tienda, y el dinero debajo de ello.

La confesión detallaba el pecado cometido. La codicia desmesurada fue el elemento de tentación que le llevó a la comisión del delito. El primer objeto que le llamó la atención fue un *"manto"* (*ªaderet*) babilónico (*sinª*är). El manto era muy fino, de alto valor, tal vez la vestidura de un noble o incluso el vestido sacerdotal de alguno de los líderes religiosos de la ciudad. Aquel manto, como era costumbre, tendría figuras de animales, plantas, o cualquier otro adorno, bordado, con toda seguridad, con materiales costosos que incluían el hilo de oro. El manto había sido importado de la tierra de Shinar, origen de Babilonia (Gn. 10:10; 11:2; 14:1,9), solía ser una de las prendas más costosas con que traficaban los comerciantes que se movían en la ruta entre Siria y el oriente. Sin ser visto por sus compañeros, en medio del saqueo e incendio de la ciudad, le fue fácil apropiárselo para sí. Junto con el manto una porción de plata de doscientos siclos. Algunos piensan que se trata de monedas de plata acuñadas[23]. El peso de la plata suponía unos dos kilos y trescientos gramos. Iniciada ya la acción codiciosa no podía detenerse para dejar el lingote de oro que también había encontrado, tal vez todo el tesoro estaba junto en una de las casas que saquearon de la ciudad. El peso del oro era de cincuenta siclos, unos seiscientos gramos. Debió haberle sido relativamente fácil sacar los objetos, teniendo en cuenta que todo el oro, plata, hierro y bronce, debía ser entregado para el tesoro de Jehová (6:19), nadie sospecharía al ver a un hombre de guerra sacar las riquezas descritas, porque lo estarían haciendo todos para situarlas en el lugar destinado a ellas fuera de la ciudad. Tal vez las sombras de la noche le permitieron luego hacerse con lo que debía haber sido entregado para el Señor. El robo había sido cometido, sin pensar que Dios lo pondría al descubierto.

La caída siguió el proceso natural en la tentación. La confesión de Acán lo evidencia: *"vi"*, *"codicié"* y *"tomé"*. Así ocurrió con Eva, así también con David. El pecado se inicia por la vista, sigue luego el deseo íntimo de poseer lo ilícito y termina por posesionarse de lo que Dios había prohibido.

Finalmente, el anatema estaba en medio de la congregación de Israel por cuanto lo había ocultado Acán en su misma tienda. Aquella tienda era, en razón del anatema oculto en ella, parte de Jericó y, por tanto, lugar de maldición. Tal situación se había introducido en medio del pueblo de Israel, donde el pecado oculto se había mantenido, produciendo las consecuencias de la derrota.

La confesión de Acán debería hacer reflexionar a cada creyente en relación con el pecado que, sin duda, es experiencia en mayor o menor

---

23 William J. Deane. o.c., pág. 84.

grado en la vida personal de cada uno. La caída sigue los mismos pasos que siguió con Acán. Juan los detalla en su epístola cuando habla de: *"... los deseos de los ojos, de los deseos de la carne, y de la vanagloria de la vida"* (1Jn. 2:16). Los deseos de los ojos (ἡ ἐπιθυμία τῶν ὀφθαλμῶν), son como puertas a la lujuria que abren deseos pecaminosos y conducen a la caída. Una mirada codiciosa está en la categoría de pecado (Mt. 5:28). Los deseos de la carne (ἡ ἐπιθυμία τῆ" σαρκὸ") son el paso siguiente en la cuesta descendente de la caída. Incluye esto todo lo que tiene que ver con la concupiscencia (Stg. 1:14, 15), los atractivos que ofrece el mundo en este área. Todo ello despierta la codicia y se opone al mandamiento de Dios (Éx. 20:17; Dt. 5:21). Satisfacciones propias del cuerpo, que es el significado más usado por Juan para la palabra *"carne"*, que conducen al desenfreno. Finalmente, en el descenso hacia la caída se alcanza la *"vanagloria de la vida"* (ἡ ἀλαζονεία τοῦ βίου), que es el modo jactancioso de vivir (Stg. 4:16); lo que equivale a la arrogancia del modo de vida y el deseo de ostentación y de opulencia. Esto incluye la ostentación de bienes y riquezas para provocar la admiración y la envidia. Tales deseos concatenados conducen al quebrantamiento de la fidelidad a Dios. El pecado de Acán era de desobediencia, de igual manera, el pecado relacionado con la actitud del creyente contrario a la voluntad de Dios es también de desobediencia. La voluntad de Dios es clara: *"no améis al mundo, ni las cosas que están en el mundo"*. Cualquier acción contraria a esta demanda es de abierta oposición a la voluntad de Dios. Tal situación ocasiona la introducción encubiertamente del pecado en medio de la congregación de Dios.

22. Josué entonces envió mensajeros, los cuales fueron corriendo a la tienda; y he aquí estaba escondido en su tienda, y el dinero debajo de ello.

23. Y tomándolo de en medio de la tienda, lo trajeron a Josué y a todos los hijos de Israel, y lo pusieron delante de Jehová.

La confesión iba a ser confirmada por la presencia del anatema (heb. *"hërem"*) que estaba enterrado en su tienda. Los mensajeros enviados por Josué lo recogen del lugar donde había permanecido y lo traen a la presencia de Israel delante del Señor. El anatema rescatado de la destrucción de la ciudad había sido puesto delante de Jehová en su tesoro; faltaba, sin embargo, la porción que había sido ocultada por Acán. Ahora, todo lo que había de valor en la ciudad había sido entregado a Dios, cumpliendo Su voluntad. Nada había ya que pudiera llevar anatema a Israel. El pueblo estaba despojado de todo lo que era objeto de maldición.

24. Entonces Josué, y todo Israel con él, tomaron a Acán hijo de Zera, el dinero, el manto, el lingote de oro, sus hijos, sus hijas, sus bueyes, sus asnos, sus ovejas, su tienda y todo cuanto tenía, y lo llevaron todo al valle de Acor.

No era un hombre pobre que hubiera codiciado por necesidad. Acán tenía posesiones personales que lo situaban dentro de un nivel de familia acomodada, con ganado mayor y una porción de ovejas. No había sabido valorar las bendiciones de Dios sobre él. El Señor le había dado una familia de varios hijos e hijas. Esa es, conforme al Salmo, la bendición del Señor sobre aquellos a quienes ama (Sal. 127:3-5; 128:3-4). Había despreciado todas las riquezas de Dios por un manto babilónico, una porción de plata y un lingote de oro. El carácter profano de este hombre queda evidenciado también. De la misma manera Esaú había vendido su primogenitura, la bendición de Dios, por un plato de comida (Gn. 25:31). La transacción del pecado siempre es igual, lo pasajero por lo perdurable, lo efímero por la sólido, la maldición por la bendición. Una impresionante procesión se estableció en aquel momento. Todos sabían que el final de aquella acción pecaminosa conducía inexcusablemente, conforme a lo que Dios había establecido, a la muerte del infractor (7:15). La ejecución no podía realizarse en el mismo lugar donde se encontraban para que el campamento de Israel no quedara contaminado por la muerte de aquellos. Saliendo del área del campamento se trasladaron hasta Acor. El lugar es difícil de identificar —como otros muchos en Palestina— si bien la tradición, tanto judía como cristiana, lo sitúan al Norte de Jericó. Sin embargo, casi todos los modernos lo ubican al Suroeste, entre el *Wadi et-Tisün* y *Nebî Mûsâ*, lugar que coincidiría con la referencia siguiente (15:7), cercano a la frontera entre Judá y Benjamín.

25. Y le dijo Josué: ¿Por qué nos has turbado? Túrbete Jehová en este día. Y todos los israelitas los apedrearon, y los quemaron después de apedrearlos.

Un juego de palabras hebreas abre el versículo. Josué con la máxima solemnidad dicta la sentencia sobre el transgresor, que ya antes había sido establecida por el Señor. La pregunta es contundente: *"¿Por qué nos has turbado?"* (^{a}ákartänû). Aquel acto había ocasionado la turbación de toda la nación. La sentencia es procedente de Dios: *"Túrbete ahora Jehová"* (*Yahveh ya^{a}kor^{e}kä*). La misma medida de turbación iba a serle aplicada al turbador. La ley de la siega y la siembra se repite en toda la Escritura. Es la manifestación de la justicia de Dios en respuesta al pecado cometido. Los israelitas que ejecutarían la sentencia a muerte, eran solo instrumentos en manos de Dios. Primeramente, Acán y luego todos los suyos, fueron apedreados y luego quemados. La ley establecía sentencia de lapidación y cremación para pecados graves como la prostitución y la idolatría (Lv. 21:9; Dt. 13:1, 17). En esta ocasión la razón para tal actuación venía dada por el hecho de haberse convertido todos ellos en *"anatema"*, al haberse contaminado con el anatema de Jericó, establecido por Dios mismo para la ciudad, sus personas y sus cosas. La tienda de Acán era, en razón del anatema oculto en ella, una parte de Jericó aún no pasada por el fuego. No habiéndose concluido la eliminación total del anatema, transferido a los que se habían apropiado de las cosas sagradas, se llevó a cabo totalmente cumpliendo así plenamente la disposición divina sobre Jericó.

Surge siempre la pregunta de por qué junto con Acán sufrió la misma suerte toda su familia. Más adelante se dirá que *"no pereció solo en su iniquidad"* (22:20). Hay quienes, para suavizar desde el punto de vista humano una situación semejante, consideran que la familia de Acán fue llevada al lugar de ejecución para presenciar la muerte de su padre, pero que no fueron ejecutados ellos. El texto bíblico pudiera favorecer esta postura.

Son interesantes dos párrafos de William J. Deane:

"Algunos críticos; mirando únicamente las disposiciones benignas de la ley, y descuidando aquellas consideraciones que han sido presentadas anteriormente aquí, y que envuelven una idea de severidad, han opinado que la esposa y los hijos de Acán fueron llevados al lugar de su ejecución únicamente para que presenciaran el castigo infligido al criminal; que fueron solamente espectadores, mas no víctimas. En el lenguaje hay una ambigüedad que parece favorecer esta opinión. Después de mencionarse que Acán, su familia y sus posesiones fueron llevados al valle, se dice: 'Todo Israel le mató a pedradas' y, 'levantaron sobre él un gran montón de piedras'. Pero luego, en seguida, leemos: 'los quemaron a fuego después de apedreados'; y aunque se ha supuesto que estas palabras no se refieren a la esposa y a los hijos de Acán, sino solamente a las ovejas y ganados y a otras propiedades, hay razones que hacen seguro el hecho de que los miembros de aquella familia perecieron juntamente con él. Es muy indefinido en el hebreo el uso del singular y del plural, y no podemos basar una declaración acerca de tal expresión, sin apoyarnos para ello en otra evidencia.

Más adelante, en el libro, leemos qué dijo Josué, refiriéndose a este incidente impresivo: 'Aquel hombre no pereció solo en su iniquidad' (cap. 22:20)[24].

---

[24] William J. Deane. o.c., pág. 86

Sin embargo, ¿cómo es posible que el pecado del padre alcance de ese modo a los hijos? ¿No contradice la misma disposición de la ley?: *"Los padres no morirán por los hijos, ni los hijos por los padres; cada uno morirá por su pecado"* (Dt. 24:16). En razón de la perfecta justicia de Dios, hace necesario establecer una razón consonante con la Escritura para justificar tal acción. Es muy probable que los familiares de Acán conocieran la acción cometida y sabían donde se ocultaba lo robado, convirtiéndose en cómplices, por lo que los hijos no morían por la acción de su padre, sino por haber sido consentidores con ella. No habrían participado en el robo, pero sabían dónde estaba oculto lo robado y no habían hecho nada para devolverlo.

La santidad práctica del pueblo de Dios, como conjunto de creyentes, debe ser considerada como uno de los asuntos más importantes en la congregación. La iglesia está vinculada con Cristo y llamada a una verdadera comunión con Él: *"Fiel es Dios, por medio de quien fuisteis llamados a la comunión con su Hijo Jesucristo, nuestro Señor"* (1Co. 12:13). La santidad se establece como un estado de separación del mundo (1Jn. 2:15) para una dedicación plena a Dios. No solo el creyente como individuo, sino la iglesia en conjunto tiene que mantener la santidad en razón de la posición espiritual que ahora ocupa delante de Dios. La demanda de santidad colectiva está claramente enseñada en la Palabra en razón de lo que la iglesia es: *"Porque vosotros sois el templo del Dios viviente"* (2Co. 6:16), por tanto, *"el templo de Dios, el cual sois vosotros, santo es"* (1Co. 3:17). La santidad colectiva ha de ser mantenida mediante la disciplina bíblica correctamente aplicada. La reacción de quien es santo debe ser apartarse de la comunión íntima con los inmundos, tal como enseña el apóstol Pablo: *"Por lo cual salid de en medio de ellos, y apartaos, dice el Señor, y no toquéis lo inmundo; y yo os recibiré, y seré para vosotros por Padre, y vosotros me seréis hijos e hijas, dice el Señor Todopoderoso. Así que, amados, puesto que tenemos tales promesas, limpiémonos de toda contaminación de carne y de espíritu, perfeccionando la santidad en el temor de Dios"* (2Co. 6:17-7:1). En relación con la santidad congregacional, se instruye a la iglesia en Corinto a separar de su seno al que había cometido un pecado notorio, que afectaba al testimonio. El apóstol Pablo lo establece claramente: *"Quitad, pues, a ese perverso de entre vosotros"* (1Co. 5:13). La disciplina debe ser aplicada por el liderazgo de la iglesia en unión con toda la congregación como asunto irrenunciable. Un amor mal entendido es permisivo, un amor sincero es orientador y restaurador mediante el ejercicio correcto de la disciplina. Algunas veces la desidia y otras el temor a lo que pueda producir, impiden el ejercicio correcto de la disciplina, manteniendo la contaminación del pueblo de Dios e impidiendo las manifestaciones de bendición establecidas para una esfera de santidad. La disciplina es necesaria en la congregación para un comportamiento correcto en la iglesia (1Ti. 3:15). Para una separación de aquellos que, estando en medio de la congregación y llamándose cristianos, no viven conforme a las demandas de Dios en la esfera del testimonio (2Ti. 3:14, 15). Es precisa también para no profanar el testimonio de la Cena del Señor, que puede dar lugar al juicio de Dios sobre la congregación, como ocurría en Corinto (1Co. 11:27-30). Se requiere para el sostenimiento de un temor reverente entre los miembros de la iglesia (1Ti. 5:20). De igual modo la disciplina es el elemento eficaz para producir vidas sanas espiritualmente (Tit. 1:13). Otra consecuencia de la disciplina es la que suscita al arrepentimiento del que se desvía de la senda correcta según Dios (2Ts. 3:14). Dios establece un continuo ministerio de corrección en la asamblea, mediante la exposición y aplicación de la Palabra (2Ti. 4:2). Cuando los guías de la iglesia no aplican la disciplina, Dios mismo lo hace para el sostenimiento limpio de Su testimonio ante el mundo (1Co. 11:30). Sin limpieza no hay comunión, sin comunión no hay poder. Dios solo puede bendecir y manifestar Su presencia en medio de un pueblo que vive santamente. Finalmente, queda la solemne advertencia de Pablo sobre aquellos que con sus acciones afecten a la paz y armonía dentro de la iglesia, o detengan, por su modo de vida, las bendiciones en la congregación: *"Si alguno destruyere el templo de Dios, Dios le destruirá a él; porque el templo de Dios, el cual sois vosotros, santo es"* (1Co. 3:17). La misma situación se repite, tanto en tiempos de Josué, como ahora.

26. Y levantaron sobre él un gran montón de piedras, que permanece hasta hoy. Y Jehová se volvió del ardor de su ira. Y por esto aquel lugar se llama el Valle de Acor, hasta hoy.

El pasaje comienza con un pecado y termina con la sepultura del pecador. No se había preparado, sino que las mismas piedras arrojadas sobre él y los suyos, amontonadas sobre sus cuerpos, sirvieron de sepultura, a la vez que de monumento recordatorio para las generaciones futuras de las consecuencias que el pecado acarrea en la nación y en el individuo. La segunda enseñanza se refiere a la ira de Dios aplacada[25], al haber quedado definitivamente resuelto el problema que el pecado había ocasionado. En tercer lugar, se habla de una puerta de esperanza en que queda convertido el valle de la turbación. El nombre *"Valle de Acor"*, equivale a *"Valle de la turbación"*, donde el turbador de la nación fue turbado por Dios. Sin embargo, la gracia de Dios convierte aquello que, a ojos humanos, era la expresión de un fracaso, en la puerta de esperanza que restaura a la

[25] Sobre el significado de ira, ver el *"Excursus VIII"*

comunión y al poder con Dios. En el mismo lugar y momento en que se destruyó el anatema se abrió de nuevo la esperanza para Israel.

Una sencilla aplicación resume la amplia enseñanza del capítulo. El *"Valle de Acor"* se mencionará mucho tiempo después por uno de los profetas de Israel, Oseas, relacionándolo con la restauración futura de Israel, al decir: *"Yo la atraeré y la llevaré al desierto, y le hablaré a su corazón. Y les daré sus viñas desde allí, y el valle de Acor por puerta de esperanza; y allí cantarán como en los tiempos de su juventud, y como en el día de su subida de la tierra de Egipto"* (Os. 2:14-15). La experiencia de restauración futura y gloriosa de Israel tendrá lugar en el reino de Jesucristo, que será establecido en la tierra. Anterior a él habrá un tiempo de angustia y aflicción por el que pasarán todas las naciones, y que afectará de un modo especial a Israel. En ese tiempo y, durante tres años y medio, el pueblo de Dios será llevado al desierto, después de la ruptura del pacto por el anticristo, en cuyo lugar de provisión, custodiado por Dios mismo, oirán la voz de Dios hablándoles al corazón (Ap. 12:14-16). La profecía de gracia y amor que escribió Oseas tendrá cumplimento entonces. De igual manera que cuando salió de Egipto, el desierto será un lugar de purificación y enseñanza, donde el gozo de la renovada relación con Dios se manifestará en toda su dimensión. Esa interpretación que la profecía exige, tiene una aplicación para la iglesia en el tiempo presente. La bendición es dada en el lugar donde la limpieza, la confesión y la restauración se alcanzan. Es así donde retorna el gozo, como decía David: *"Mi pecado te declaré, y no encubrí mi iniquidad. Dije: Confesaré mis transgresiones a Jehová; y Tú perdonaste la maldad de mi pecado"* (Sal. 32:5), para añadir seguidamente: *"con cánticos de liberación me rodearás"* (Sal. 32:7). Fue en Acor donde Josué encontró la fuerza necesaria para marchar de nuevo en victoria. Es imprescindible restaurar la limpieza espiritual delante de Dios, como exhorta Pablo: *"limpiaos, pues, de la vieja levadura, para que seáis nueva masa, sin levadura como sois; porque nuestra pascua, que es Cristo, ya fue sacrificada por nosotros. Así que celebremos la fiesta, no con la vieja levadura, ni con levadura de malicia y de maldad, sino con panes sin levadura, de sinceridad y de verdad"* (1Co. 5:7-8). Un poco antes escribía: *"No es buena vuestra jactancia"*. Aquellos estaban orgullosos de ellos mismos, teniendo en el interior de la iglesia un pecado notorio que exigía limpieza. No había ninguna razón para estar orgullosos del estado de la iglesia, más bien debían estar alarmados. La limpieza no es de algún pecado concreto, sino de todos los que pudieran existir. Es precisa la separación de toda impiedad para vivir vidas santas. La limpieza en la iglesia es necesaria porque en ello está comprometido el testimonio de Dios en el mundo. Como el sacrificio del cordero pascual exigía la limpieza de toda la congregación, así también, al haber sido sacrificado una vez y para siempre Cristo, el Cordero de Dios, exige una completa santidad de vida para Su pueblo, que está en continua experiencia de *"la pascua"*, que demanda limpieza. Para el cristiano, la celebración pascual no dura una semana sino toda la vida. El recuerdo gozoso de la muerte de Cristo debe ser continuo en el creyente. Pablo exhorta a que la vida cristiana sea una permanente festividad sagrada, con la entrega personal en sacrificio vivo (Ro. 12:1). La vida que Dios demanda está al margen de la levadura de malicia —el carácter propio del malo— y de maldad, que tiene que ver con hacer mal con deleite y persistencia. Es la malicia reflejada en la voluntad y el carácter propio de los demonios (Ef. 6:12). La vida cristiana victoriosa se manifiesta en tres modos: (1) Santidad; *"panes sin levadura"*; condición de separación del pecado. (2) Sinceridad, esto es, nada que ocultar o tapar. (3) Verdad, la rectitud en forma activa, la firmeza inflexible, la constancia en la fe, el estado interior que se corresponde con la verdad. Andar en verdad es *"vivir a Cristo"*, quien dijo: *"Yo soy la verdad"* (Jn. 14:6).

EXCURSUS VII
HAI

La ciudad de Hai, escrita también como Ai o Ay, aparece en hebreo escrita siempre con artículo definido, *"hä'ai"*, era una de las ciudades fortificadas de los cananeos, situada en las cercanías de Bet-el y relacionada en los relatos bíblicos con esta ciudad. Entre ella y Bet-el, acampó Abraham, después de haber dejado el encinar de Manre (Gn. 12:8), haciéndolo también a su regreso de Egipto (Gn. 13:3). Hai se menciona varias veces en la Escritura, en relación con la historia de Israel. Después de haber sido destruida por Josué, fue reedificada pasando a ser una de las ciudades de Efraín (1Cr. 7:28). El relato histórico del avance del ejército asirio hacia Jerusalén, hecho por Isaías, menciona su paso por Hai, a la que denomina como Ayat (Is. 10:28). Después del exilio pasó a ser una ciudad benjaminita (Neh. 11:31).

Hai se identifica generalmente con el actual *"Et-Tell"*, lugar que corresponde a la segunda ciudad conquistada por Josué después de Jericó, y donde también se produjo la primera derrota de la conquista. Como en otros muchos lugares históricos también se hicieron excavaciones en *Et-Tell*, que si la identificación es correcta corresponde a la ciudad bíblica de Hai. Entre las primeras más importantes destacan las realizadas en 1928 por Hohn Garstang, en el tiempo en que era director del Departamento de Antigüedades de Palestina. Sin embargo, la excavación en el montículo fue bastante superficial. No obstante, los restos cerámicos desenterrados, permitieron tanto a él como al arqueólogo W. Albright, llegar a la conclusión de que la ciudad fue conquistada por Josué entre los siglos XV o XVI a.C., dataciones que corresponden al tiempo de la conquista conforme a la cronología bíblica.

Entre los años 1933 a 1935 se hicieron nuevas excavaciones a cargo de un grupo especializado conocido como la *"expedición Rothschild"*, que estuvieron dirigidas por una mujer, la experta J. Marquet-Krause. Estas excavaciones probaron la existencia de una floreciente ciudad ya en el tercer milenio a.C., habitada por semitas, que construyeron una muralla defensiva de unos cuatro a seis metros de espesor sobre el año 2800 a.C. Las excavaciones demostraron la organización de la ciudad que tenía, además de la muralla, casas de piedra de buena construcción y un palacio ubicado en la cima del montículo. Dicha expedición arqueológica descubrió que la ciudad había sido destruida sobre el año 2000 a.C. en circunstancias no precisadas. Esa fecha, calculada con la aproximación arqueológica más fiable en aquellos días, podría fluctuar hasta situarla en los de la conquista de Josué, demostrándose que posteriormente no fue habitada desde el 1.200 a.C. salvo por una pequeña población, que utilizó para su asentamiento las ruinas.

Algunos expertos afirman que la conquista de Hai no fue la de una ciudad, sino la de un puesto militar avanzado de Bet-el, la ciudad más próxima al lugar. Tal es la opinión de Huguess Vicent, quien explica que la batalla por Bet-el se libró en Hai, donde el ejército principal fue derrotado. Sin embargo, no han podido aportarse pruebas definitivas en ese sentido. Especialistas como Simons consideran que Hai debe estar situada en una zona más próxima a Bet-el, basándose en la expresión del texto hebreo que la sitúa *"al lado de Bet-el"*, lo que, según su opinión tendría que estar a menos de los 3,2 km que separan a los dos lugares[1].

Nuevas excavaciones se han producido, siendo una de las más recientes la que se llevó a cabo en 1964 bajo la dirección de Joseph A. Callaway. Los resultados no han podido demostrar la ocupación del lugar en los períodos intermedio o superior de la edad de bronce. Parece que es evidente la presencia de pobladores durante la edad del hierro, pero el grupo que la habitó debía ser muy reducido, ya que el asentamiento tuvo lugar en la zona más elevada del montículo. Parece probado que debían depender de una población próxima, posiblemente Bet-el.

Quienes afirman la destrucción de la ciudad sobre el año 2000 a.C. y propugnan que lo que Josué hizo fue eliminar un pequeño asentamiento que se había situado en el promontorio entre 1200 - 1050 a.C., entran en conflicto con la datación bíblica[2]. La mayoría de los que se esfuerzan en tales afirmaciones lo hacen bajo la influencia de las teorías liberales que niegan las referencias y cronología del relato bíblico, tratando la historia como un relato mitológico producido para darle un carácter sobrenatural al origen de Israel. Para ellos Hai no es otra cosa que Bet-el, que posteriormente fue cambiado por Hai en el relato bíblico, para dar una mayor grandiosidad a las acciones del héroe Josué. Tal es el caso de la excavadora Marquet-Krause, así como de R. Dussaud[3], A. Lods [4], que niegan la historicidad del relato bíblico de Josué. M. Noth define el relato bíblico —en palabras textuales— *"como una tradición local con abundancia de rasgos etiológicos, que solo podía formarse en una época en la que ya nada se sabía de los comienzos de la colonización*

[1] E. J. Brill. *"The Geographical and Topographical Text of de Old Testament"*. Leiden, 1959, pág. 270.

[2] Ver notas sobre datación del libro, en el capítulo de introducción.

[3] Syr 16, 1935, pág. 325-352.

[4] *"Mélanges Cumont"*, Bruselas 1936, pág. 847ss.

benjaminita"[5]. F. Albright apoya decididamente la teoría de que no es posible identificar El-Tell con Hai, y que debería considerarse mejor con Bet-el, o incluso con algún lugar desconocido[6]. En el mismo sentido se pronuncia también J. Simons[7]. Sin embargo, L. H. Vincent se levanta en defensa de la historicidad del relato bíblico, indicando que las ruinas de la ciudad primitiva pudieron haber sido repobladas y fortificadas en el período final de la edad del bronce[8].

Como siempre en estos casos, es necesario reafirmarse en la inerrancia del relato bíblico, frente a las *teorías* propuestas —pero nunca debidamente documentadas— que lo contradicen. Buena prueba de este sentir se expresa en la frase del *"Bible-Lexicon",* recogida en el apartado sobre Hai del *"Diccionario de la Biblia"* que, al referirse a la defensa de la historicidad bíblica hecha por L. H. Vicent, y las propuestas formuladas por este para adecuar los hallazgos arqueológicos con el relato bíblico dice: *"Malo es siempre poner en duda hallazgos arqueológicos seguros basándose en argumentos histórico-literarios; y, por otra parte, también los católicos reconocen el innegable carácter etiológico de muchos relatos de Josué"*[9].

No existe ninguna prueba que apoye las teorías liberales, siendo sorprendente que en un relato de carácter etiológico se introduzca el fracaso inicial del héroe que se pretende ensalzar —como sería el caso de Josué en la derrota inicial de la conquista de Hai— después de presentar la brillante victoria de una ciudad más importante como era Jericó. Aun la hipótesis de que Hai fue una fortaleza avanzada de la ciudad de Bet-el no tiene argumentación suficiente. Más bien debe considerarse a Hai, tal como la Biblia presenta, como una de las ciudades de la llanura central de Palestina con su organización como *"ciudad estado"* y su propio rey. Los esfuerzos hechos más recientemente para situar a Hai en otro lugar no han podido presentar pruebas evidentes para ello.

---

[5] Palästinajahrbuch 31, 1935, I-29; *Josua* 23ss.
[6] Artículos escritos en BASOR.
[7] J. B. Simons. *"Jaarbericht van het Vooraziatisch-Egyptisch Genootschap Ex Oriente Lux*", 6, 1939; 9, 1944, 157.162).
[8] L. H. Vincent. *"Revue Biblique"*. 46, 1937, pág.231-266.
[9] *Diccionario de la Biblia*. Barcelona 1963. 8ª edición 1981, pág.184.

EXCURSUS VIII
LA IRA

La ira es una pasión del alma que mueve a indignación y enojo. Es, por tanto, una disposición anímica que conduce a acciones aunque estas no lleguen a realizarse. En el griego se diferenciaban ambas partes de este proceso psíquico: la intimidad en que se producía una cólera instantánea se denominaba θυμό" (*"thumos"*), cuando el ánimo encolerizado se manifestaba al exterior, recibía el nombre de ὀργή (*"orgë"*). La ira ὀργή (*"orgë"*), incorpora una determinada orientación que canaliza la cólera íntima y la orienta hacia algo o hacia alguien. En el texto del Nuevo Testamento, ambas palabras se utilizan de modo sinónimo, haciendo difícil encontrar siempre las matizaciones que existían en el griego clásico.

En la LXX no se hace distinción entre θυμό" (*"thumos"*), como expresión de un proceso íntimo de apasionamiento, y ὀργή (*"orgë"*), que manifestaría la intimidad al exterior en acciones de ira. Ambos vocablos se utilizan indistintamente para trasladar los varios del hebreo que se utilizan para expresar aspectos de la ira y sus manifestaciones.

Los diferentes términos que expresan ira se usan tanto en relación con el hombre, como con Dios. En el primero de los casos se hace diferenciación entre una expresión correcta o incorrecta de la ira. En el segundo, relacionado con Dios, solo es posible entenderlo en la infinita perfección de Dios y de sus manifestaciones.

1. Ira (θυμός)

Aparece 18 veces en el Nuevo Testamento, siendo Juan quien más la utiliza usándola 10 veces en Apocalipsis, seguido de Pablo que la usa 5 veces.

1.1. En relación con el hombre

Normalmente se utiliza el término para referirse a aspectos íntimos de cólera que pueden manifestarse externamente. Como antes se ha dicho, en el uso bíblico de la palabra no se hace una distinción marcada entre θυμό" y ὀργή, por lo que, en ocasiones una y otra expresan accesos de cólera, bien interna o externa (p. ej. Ef. 4:31). En ocasiones aparece vinculada a otras manifestaciones pecaminosas, tales como *"contienda"* (ἔρι"), *"celos"* (ζῆλο"), *"rivalidades"* (ἐριθεῖαι) (2Co. 12:20; Gá. 5:20). En otros lugares se utiliza para expresar aspectos de cólera interna que saturan a la persona y se manifiestan luego en arrebatos de ira (Lc.

4:28; Hch. 19:28). Las manifestaciones de ira humana tienen asiento en la naturaleza adámica no regenerada que se denomina *"carne"*, y una de cuyas obras es la ira (Gá.5:19). La acción del Espíritu es la única fuerza sobrenatural que puede sujetar las manifestaciones propias de la carne (Gá. 5:16), debiendo estar ausente de la vida cristiana asentada sobre el nuevo hombre (Ef. 4:24).

1.2. En relación con Dios

La ira de Dios —como manifestación contra el pecado— que aparece ampliamente en el Nuevo Testamento, en ocasiones utiliza el término indistintamente en lugar de ὀργή y en otras aparecen juntos, traducido como *"enojo"* (Ro. 2:8). El enojo de Dios, como actividad de la actitud justa de Su ira, ha tenido diversas expresiones a lo largo de la historia humana y se manifestará definitiva y totalmente en lo que la Biblia llama *"el día de la ira"* (ἡμέρᾳ ὀργῆ"), en el que se verán involucrados todos aquellos que han sido desobedientes a la verdad y persistieron en la práctica pecaminosa contraria a la voluntad de Dios (Ro. 2:5). Es en Apocalipsis donde la manifestación del θυμό" *"furor"* de la ira de Dios se revela con mayor dimensión. La ira de Dios descargada sobre quienes practican el pecado se describe gráficamente en la profecía de Jeremías, como un dar a beber o derramar el *"vino del furor de Dios"* (Jer. 25:15ss). Tal sentido se aplica a expresiones semejantes en el Apocalipsis, en las que se alude al vaciarse íntimo de la indignación divina sobre la humanidad corrupta (Ap. 14:10; 16:19; 19:15). Previo a ese *"derramarse"* de Su furor, aparece la figura de la disposición interna de ira como si se tratase de las uvas puestas en el lagar que producen el vino de la ira (Ap. 14:19). Una vez elaborado ese *"vino de ira"* —siempre en el simbolismo del Apocalipsis— se ofrece a la humanidad impía en la *"copa del furor* (θυμό") *de Dios"* (Ap. 16:1). La manifestación escatológica de la ira de Dios sobre el mundo llegará a su expresión definitiva con el retorno de Cristo, que en el lenguaje parabólico del libro se presenta como *"pisando el lagar del vino del furor de la ira de Dios"* (πατεῖ τὴν ληνὸν τοῦ οἴνουυ τοῦ θυμοῦ τῆ" ὀργῆ" τοῦ θεοῦ) en una victoria radical y definitiva contra los enemigos que se oponían en lucha contra Dios y su Ungido (Ap.19:15).

2. Ira (ὀργή)

La raíz de la palabra la vincula también con *"orgaö"* (ὀργάω), que expresa la idea de llenar hasta rebosar o desear algo con vehemencia. En ese sentido, la primera acepción puede aplicarse a un determinado sentimiento o a un impulso íntimo y personal. El segundo sentido expresaría una profunda emoción pasional, por lo que equivale a *"enfurecimiento"*, *"irritación"*, *"indignación"*, *"ira"*, etc. El vocablo se utilizaba en el griego clásico para referirse a la ira de las divinidades orientada hacia otros dioses, o hacia los hombres.

En el Antiguo Testamento aparecen varias palabras que se traducen indistintamente en la LXX por ὀργή o por θυμό", por lo que, las consideraciones sobre el uso de los términos hebreos que se hacen en relación con ὀργή, son aplicables también a θυμό". La voz traducida como *"ira"*, se usa en el Antiguo Testamento tanto para referirse a Dios, como a los hombres, por ello es conveniente marcar tal diferencia en el estudio de la palabra.

2.1. Ira relacionada con Dios en el A.T.

Por el número de veces que aparece en el texto bíblico, la primera palabra hebrea es *"'aph"*, que figura doscientas diez veces y que tiene que ver con *"la nariz"* (Gn. 2:7; 7:22, 24:47; Nm. 11:20; Sal. 18:8; Is. 2:22; Am. 4:10; etc.). También se usa una vez para referirse al rostro (Sal. 10:4). El vocablo vino a designar la ira como el *"resoplar"* de la furia interna (Job. 4:9), por ello significa también las *"ventanas de la nariz"* y una vez se utiliza para referirse al hocico de un animal (Pr. 11:22). Esta palabra se usa mayormente en el A. T. vinculada y relacionada con la ira. En este sentido aparece ciento setenta y una veces traducida por *"ira"* (cf. Gn. 27:45; Éx. 4:14; Nm. 24:10; Sal. 27:9; Lam. 1:12). Otras cuarenta y dos veces designa *"rabia"*, *"cólera"*, *"furor"* (cf. Nm. 25:11; Dt. 29:23; Est. 7:7; Jer. 18:20).

Una segunda voz traducida como ira es *"hëmäh"*, que aparece unas ciento quince veces en el Antiguo Testamento. La palabra se usa para referirse a *"veneno"* o algo *"venenoso"* (cf. Dt. 32:24, 33; Job. 6:4; Sal. 58:4; 140:3). También designa un recipiente que puede ser una botella o incluso una copa (Os. 7:5). Sin embargo, las acepciones relacionadas con sentimientos íntimos vinculados con la ira son las más abundantes, apareciendo una vez como *"indignación"* (Ez. 3:14); sesenta y cuatro veces como *"furia"*, *"enojo"*, *"hostilidad"* y sinónimas (cf. Gn.27:44; Lv. 26:28; Is. 27:4; 34:2; 63:15; Jer. 7:20; Lam. 2:4; Ez. 13:13; Da. 8:6; Mi. 5:15; Nah. 1:6; Zac. 8:2); tres veces como *"furor"* (Dt. 9:19; Sal. 6:1; 38:1); una vez como *"ira"* en el sentido de "indignación" (Est. 5:9); dos veces para referirse a *"enojo" o "enfado personal profundo"* (2Re. 5:12; Pr. 6:34); treinta y tres veces aparece como *"furor"*, *"rabia"*, *"cólera"*, *"ira"* (cf. Nm. 25:11; Dt. 29:28; 2Sa. 11:20; 2Re. 22:13; 2Cr. 34:21; Est. 3:5; Job. 21:20; Sal. 76:10; Pr. 16:14; Jer. 18:20; Ez. 13:15).

Una tercera palabra hebrea *"häröη"* —que significa *"hervor"*— aparece treinta y tres veces en el A.T. y sirve unas veces asociada con *"'aph",* y otras independientemente para expresar el furor de la ira a modo de un *"hervor"* de juicio, siendo Jeremías quien la utiliza vinculada con *"'aph"* más que ningún otro escritor del A. T. (cf. Nm. 32:14; Jer. 4:8, 26; 12:13; 25:37, 38; 30:24; 49:37; 51:45; Lam. 1:12; 4:11; Jon. 3:9; Sof. 2:2; 3:8). Una vez se usa para expresar furor (Job. 20:23). Nueve veces aparece sola para referirse a la ira ardiente de Dios (Dt. 13:17; Jos. 7:26; 2Re. 23:26; 2Cr. 30:8; Sal. 78:49; 85:3; Jer. 25:38; Os. 11:9; Nah. 1:6). Una vez se usa para referirse al juicio de Dios sobre los rebeldes (Sal. 2:5). Otras cinco veces se utiliza para referirse al furor desatado de Dios que se manifiesta en juicio y ruina y se opone directamente al pecador (Éx. 15:9; Neh. 13:18; Sal. 58:9; 69:24; 88:16; Ez. 7:12, 14).

La cuarta palabra hebrea *"'ebräh",* aparece 34 veces en el A. T. y sirve para designar tanto a la ira, como al acaloramiento o furia. De ellas treinta y tres veces se refiere a *"ira"* (cf. Gn. 49:7; Job. 21:30; Sal. 90:9; Pr. 14:35; Jer. 48:30; Ez. 7:9). Dos veces se relaciona directamente con *"furor"* (Job. 40:11; Sal. 7:6). Una vez con la ira del hombre (Pr. 22:8).

Una quinta voz hebrea *"queseph",* se encuentra 27 veces en el A. T. y se usa para referirse a la ira producida por un disgusto o un desengaño, a causa de una acción improcedente. Así, aparece veintitrés veces, traducida por *"ira"* la mayoría de ellas (cf. Nm. 1:53; Jos. 9:20; 1Cr. 27:24; 2Cr. 19:10; Est. 1:18; Sal. 102:10; Ec. 5:17; Is. 54:8; Jer. 21:5; Zac. 7:12). Tres veces figura con el sentido de indignación (Dt. 29:28; 2Re. 3:27; Is. 34:2). Una vez se utiliza con el significado de *"espuma",* en sentido de algo pasajero que desaparece pronto bajo la ira de Dios (Os. 10:7).

La sexta acepción hebrea es *"za'am",* que aparece veintidós veces en el A. T. para referirse a la ira de Dios. Realmente la palabra tiene que ver más directamente con indignación, aunque se traduzca por *"ira"*; en este sentido, se encuentra veinte veces de las veintidós en que aparece la palabra (cf. Sal. 69:24; 78:49; Is. 10:5,25; Jer. 10:10; 50:25; Lam. 2:6; Ez. 22:24; Dn. 8:19; Nah. 1:6; Hab. 3:12; Sof. 3:8).

Finalmente, una séptima voz hebrea, *"rögez"*, cierra la serie de vocablos que, en uno u otro sentido, expresan el concepto de ira. Esta palabra aparece una sola vez en el A. T. traducida como *"ira"* (Hab. 3:2).

Relacionado con los conceptos semánticos de las distintas voces que expresan conceptos de ira, aparecen en el Antiguo Testamento las distintas manifestaciones de la ira de Dios. La Escritura revela a Dios en muchas ocasiones como airado, utilizándose descripciones sumamente elocuentes de la manifestación del sentimiento íntimo de Dios en la expresión de Su ira, como con rostro encendido, lengua como llamas de fuego consumidor y aliento como un raudal de inundación (Is. 30:27-28). En otras ocasiones, el énfasis de la expresión de la ira de Dios está en la efectividad de una decisión divina que ni se detiene, ni puede detenerse hasta que se ejecute el cumplimiento de Su propósito (Jer. 30:23-24). El diálogo de Dios en ira es turbador para los que se rebelan contra Su voluntad (Sal. 2:5). La ira —como expresión de desagrado frente al pecado del hombre— debe producir en el creyente un reverente respeto ante la presencia de Dios, rodeada siempre de santidad y justicia (Is. 6:5). Sin embargo, no puede considerarse como la descripción modelo de Dios en el A. T., la de un Dios permanentemente airado contra el hombre descargando continuamente las diversas manifestaciones de Su ira, ya que el nombre que lo define como el Dios del pacto, es también el que expresa la vinculación afectuosa con el hombre —a pesar de su pecado— hasta el extremo de hacerse solidario con él en gracia. La relación de Dios con el hombre descansa esencialmente en la manifestación de su misericordia y el ejercicio del perdón (Éx. 34:6-7). Nunca debe olvidarse que la gracia es la corona de la manifestación de Dios hacia el hombre. La Persona Divino-humana de Jesucristo no vino para expresar la ira de Dios por el pecado del hombre, sino el ejercicio libre de su misericordia, ya que vino *"lleno de gracia y de verdad"* (Jn. 1:14). La ira de Dios en las relaciones con Israel se produce como respuesta a la conducta pecaminosa de la nación, en quebrantamiento voluntario de lo establecido por Él (Nm. 25:3; 32:10; Dt. 29:24-25; Jos. 7:1; Jue. 2:14, 20). Los profetas hablan en muchos lugares de la ira de Dios como consecuencia natural del pecado del pueblo y de conductas socialmente reprobables. Tales actuaciones condujeron finalmente al cautiverio de toda la nación.

Así escribe Plath:

"La ira de Dios es siempre una reacción proporcionada a la infracción del mandamiento o a la resistencia ofrecida a su acción que determina la historia; con su ira Dios no quiere solo castigar la infracción o la resistencia, sino que quiere al propio tiempo restablecer y mantener el orden establecido entre Él mismo y los hombres"[1].

Es en esta dimensión en la que la ira de Dios aparece como reacción natural al rechazo, desprecio y ofensa contra Su amor. En respuesta al

---

[1] S. Plath. *"Furcht Gottes"*. Pág.105. Diccionario Teológico del N.T. Salamanca 1980, pág. 358.

afecto entrañable manifestado en tantas actuaciones que lo evidencian, los objetos de Su amor responden con menosprecio y aún con negación hacia la afirmación de amor procedente de Dios (Mal. 1:2). Tal actuación provoca la ira en el afecto íntimo de Dios (Mal. 2:2). Al no haber en Dios acepción de personas, las naciones que pudieron ser utilizadas como instrumentos en la manifestación de Su ira hacia el pueblo rebelde, pueden ser también consumidas por la misma ira en razón de su propio pecado, como es el caso de Egipto, Babilonia, y otras (Jer. 50:13-15; Ez. 30:15; Mi. 5:15). La ira, que con derecho pudiera caer instantáneamente sobre el transgresor, se detiene temporalmente a causa de la gracia. Dios, airado por el pecado, advierte siempre al pecador de las consecuencias del mismo (Jer. 7:3-7), de modo que el castigo se produce por no oír la advertencia de la voz de Dios (Lam. 3:42, 43). Esta ira puede destruir (Hab. 3:12), extinguir (Jer. 25:37), asolar (Jer. 50:13) y, en general, se expresa como hiriendo a los pueblos y haciéndoles beber el cáliz de su enojo (Is. 51:17; Jer. 25:15). Sin embargo, mientras que el amor de Dios es eterno, la ira suele manifestarse temporal y ocasionalmente. La Biblia habla continuamente de la ira de Dios como *"de un momento"* (Sal. 30:5), y de un momento breve (Is. 26:20), para volver a brillar el sol de gracia que descubre un horizonte de esperanza (Os. 14:4). El arrepentimiento genuino abre la entrada a la experiencia de la restauración y del perdón, de ahí que el profeta, en medio de torrente de la ira de Dios vertida sobre el pueblo a causa del pecado, pida a Dios mismo que genere en el pueblo el espíritu de una conversión verdadera (Lam. 5:21-22).

2.2. Ira relacionada con Dios en el N.T.

Habiendo sido descargada la ira de Dios por el pecado sobre Cristo en la cruz (Gá. 3:13), el énfasis del mensaje novotestamentario es de salvación para todo aquel que cree (Jn. 3:16). Por tanto, la ira de Dios se manifiesta en expresiones puntuales sobre actitudes abiertamente contrarias a Él mismo. Sin embargo, el tiempo de gracia es también tiempo de advertencia ya que, el hombre está en un mundo bajo una ira de Dios, que aparece como suspendida sobre él y dispuesta para ser ejecutada a causa del pecado (Ro. 1:18-3:20; Ef. 2:3). La ira de Dios por el pecado queda definitivamente detenida para aquél que en un acto de fe se refugia en Cristo y se apropia creyendo de la obra sustitutoria del Crucificado. Para él, ya no existe posibilidad de condenación (Ro. 8:1). De ahí que el evangelio sea un llamado de Dios a la fe que salva, librando de la ira (Hch. 16:31). Por tanto, quien se condena quedando bajo la ira, es aquel que rehúsa obedecer al mensaje del evangelio (Jn. 3:36). Quien rechaza el mensaje de salvación, entra de lleno en la esfera de la ira, haciéndose a sí mismo objeto de reprobación como vaso de ira (Ro. 9:22). El que no se acoge a la gracia presente, se verá envuelto en la ira futura. Debe hacerse también una distinción relativa a la ira de Dios en la escatología bíblica, diferenciando la condenación eterna, con la ira que será desatada sobre el mundo en preparación de Israel y las naciones para el retorno de Jesucristo. El creyente, incorporado en un cuerpo en Cristo por la acción del Espíritu (1Co. 12:13), queda introducido y vinculado a una dimensión de salvación que —teniendo una proyección eterna— la tiene también en el tiempo futuro de la historia humana, cuando la ira de Dios se derrame sobre las naciones del mundo en juicio (Ap. 3:10), de cuyo tiempo será librada la iglesia (1Ts. 1:10). Un párrafo de Bultmann puede resumir con precisión el sentido de la ira sobre el pecador desobediente en el ámbito del N. T.:

"Dios es juez siempre, y la fe cristiana en la gracia de Dios no consiste en la convicción de que la cólera de Dios no existe y de que no tenemos ante nosotros, amenazante, su juicio (2Co. 5:10), sino que consiste en la convicción de que podemos salvarnos de la ira de Dios"[2].

El N.T. —al estilo de los profetas del A.T.— advierte al hombre de una ira escatológica y futura que descenderá sobre los pueblos y las gentes y que tendrá una expresión definitiva en la condenación eterna de los pecadores impenitentes (Ap.11:18). Sorprendentemente, la ira está vinculada al que ahora es Salvador de todo aquel que cree, de ahí que se la denomine como *"la ira del Cordero"* (Ap.6:16). Al estilo veterotestamentario, la ilustración de la ira de Dios se expresa como el *"pisar el lagar del vino del furor y de la ira del Dios Todopoderoso"* (Ap.14:19-20; 19:15).

2.3. Ira relacionada con el hombre

La voz ὀργή define también la ira de los hombres. Es, como se ha dicho antes, sinónimo de θυμό". Si en el sentido divino solo puede hablarse de ira santa, en el humano puede relacionarse con la expresión de una *"ira correcta"* en la medida que sintoniza y se manifiesta en razón de identidad moral con Dios, y otra *"incorrecta o pecaminosa"* que surge de las pasiones activadas por la *"carne"*. Cristo enseñó la pecaminosidad de toda ira que se oriente hacia el prójimo (Mt. 5:22), y que comprende también aquella que genera exasperación en el hijo a quién el padre no trata correctamente según el Señor (Ef. 6:4). La ira humana, carnal, adámica, no es conforme a la justicia de Dios (Stg. 1:19). La ira aparece siempre entre los pecados que figuran en las listas del Nuevo Testamento (Ef. 4:31;

---

[2] R. Bultmann, Theología. Pág. 288.

Col. 3:8; Tit. 1:7), así como entre las obras de la carne (Gá. 5:20) aunque, en esa ocasión se usa el término θυμό" en lugar de ὀργή . La ira impide que la oración sea oída y, por tanto, respondida (1Ti. 2:8).

Sin embargo, existe una *"ira correcta"* en la experiencia humana, que no es generada por el hombre natural como algo propio, sino que resulta de la participación del creyente en la ira de Dios. De esa manera se entiende la ira del Señor Jesús ante el acecho de que era objeto por los fariseos cuando sanaba a alguien en sábado (Mr. 3:5). Esta ira divina, expresada en el plano humano, se expresa en palabras duras contra la conducta de aquellos al final del ministerio de Jesús (Mt. 23). Esa expresión de ira ocurría cuando el pecado de los hombres les llevaba a apropiarse para sus fines de lo que correspondía y era propiedad de Dios, como en el caso de la limpieza del templo (Jn. 2:13-17), indicando el texto bíblico que aquèlla actuación se producía como resultado del íntimo *"consumidor del celo de Dios"*. Sin embargo, como quiera que la ira de Dios *"es por un momento"*, así también la de aquel que está en sintonía con ella como consecuencia de la comunión con Dios, como instruye su Palabra: *"no se ponga el sol sobre vuestro enojo"* (Ef. 4:26). Extender más allá lo que Dios limita, es entrar dentro del campo de los propósitos satánicos.

EXCURSUS IX
URIM Y TUMIM

Para que el pueblo de Israel pudiera tomar decisiones correctas conforme a la voluntad de Dios en asuntos para los que no hubiese especificaciones escritas sobre la decisión a tomar, Dios estableció que el Sumo Sacerdote estuviera provisto del *"Urim y Tumim"*, colocados en el llamado *"Pectoral de Juicio"* (Éx. 28:30). Este pectoral, *"obra primorosa"* (Éx. 28:14), estaba formado por dos cuadros de un palmo de largo y ancho adornados con cuatro hileras de piedras preciosas que hacían un total de doce piedras debidamente engarzadas en oro y sujetas al pectoral (Éx. 28:16-20). En cada una de esas piedras se había grabado el nombre de cada una de las doce tribus de Israel (Éx. 28:21). Mediante la consulta por medio del *"Urim y Tumim"*, Dios manifestaba su decisión y orientación para el pueblo y, especialmente, para los líderes de la nación (Nm. 27:21). Los términos *"Urim y Tumim"* pueden designar dos o más objetos de naturaleza desconocida, o incluso uno solo, incluidos y situados en el interior del pectoral del sumo sacerdote. Después del reinado de David deja de mencionarse el empleo del *"Urim y Tumim"*. Parece seguro que al retorno del exilio ningún sacerdote poseía estos elementos (Esd. 2:63; Neh. 7:65). Josefo afirma que dejaron de usarse solo 200 años antes de su época (Ant. 3:8, 9), sin embargo, escritos de los rabinos afirman que en el templo de Zorobabel no hubo ni *"Urim"*, ni *"Tumim"*.

El significado de las palabras *"Urim y Tumim"* es dudoso y no ha sido posible darle una explicación etimológica satisfactoria. Según la vocalización masorética, *"Urim"* podría significar *"luz"*, y *"Tumim"* *"perfección"*. Otras proposiciones, como la que hace Lowley[1], vinculan *"Urim"* con la voz *"'ärar"*, que significa maldecir, con lo que *"Urim"* sería la respuesta negativa o, en su caso, de maldición; y *"Tumim"*, procedería de *"täman"*, que equivale a *"ser perfecto"*, lo que equivaldría a dar la respuesta positiva o de bendición. Esto concordaría con la utilización del procedimiento en tiempos de Saúl, en donde el rey pide a Dios: *"da suerte perfecta"* que determinase la culpabilidad entre él y su hijo Jonatán o el pueblo, quedando este libre al caer la suerte sobre él y su hijo Jonatán (1Sa. 14:41). En este sentido Saúl habría dicho: "Si el pecado es mío o de mi hijo Jonatán da *"Urim"*, y si es del pueblo da *"Tumim"*.

Si el significado de las palabras es dudoso, lo es también el modo de utilizar los objetos (si realmente se trata de objetos). La mayoría de los eruditos bíblicos creen que eran dos piedras preciosas diferenciadas

---

[1] H. H. Lowley. *"The Faith of Israel"*, 1956, pág. 28ss.

bien por su color o por alguna inscripción en ellas. Una daría el *"sí"* y otra el *"no"*, en respuesta a la consulta realizada. Se cree que el modo de utilizarlas era haciéndolas salir de su bolsa por lo que podría salir el *"Urim"*, el *"Tumim"*, o ambos, en cuyo caso no habría respuesta de parte de Dios, como ocurrió en la consulta de Saúl sobre si debía perseguir o no a los filisteos (1Sa. 14:37). Sin embargo, no puede hacerse una precisión real por desconocimiento del modo de manejar estos dos elementos.

"Urim y Tumim" van ligados a la práctica de las suertes —método para determinar la voluntad de Dios— ya que, como enseñan *"Los Proverbios"*, *"la suerte se echa en el regazo; mas de Jehová es la decisión de ella"* (Pr. 16:33). Por medio de la suerte se elegía el macho cabrío que serviría a Azazel en el día de la expiación (Lv. 16:8). Del mismo modo se produjo la distribución de la tierra (Nm. 26:55ss; Jos. 18:5-10). En tiempos de los jueces, la elección de la tribu que inició las acciones contra los pobladores que habían quedado en Canaán, se hizo también por suertes (Jue. 1:1-3), así como posteriormente en relación con la guerra contra los benjaminitas (Jue. 20:9). El sistema de suertes, en un sentido y significado diferente al de Israel, se utilizó también por gentiles, como ocurrió con los navegantes en la huida de Jonás a Tarsis (Jon.1:7). La designación del primer rey de Israel, Saúl, fue hecha por el mismo modo (1.S.10:19ss).

Para concluir se traslada el párrafo del Dr. Lacueva en su comentario sobre el pasaje de Éxodo 28:15-30:

"Atendiendo a su significado,vemos que el sumo sacerdote era investido del poder de conocer y dar a conocer la voluntad de Dios en los casos dudosos y difíciles referentes al estado de la nación israelita. El régimen era teocrático; Dios era su Rey; el sumo sacerdote era, como delegado de Dios, su gobernante; el Urim y Tumim eran como el consejo de ministros; y así, teniendo a mano el consejo de Dios en cualquier emergencia relacionada con el bien de la comunidad, el sumo sacerdote sería instruido por Dios para tomar las medidas y dar las amonestaciones que quería. La respuesta se daría mediante una voz desde el Cielo o mediante un impulso divino en la mente del sumo sacerdote. Este oráculo fue de gran utilidad y por ello fue empleado con frecuencia en Israel; Josué lo consultó (Nm. 27:21), y podemos suponer que también lo harían los jueces que le sucedieron. Se perdió en la cautividad de Babilonia, y ya no se volvió a encontrar. Pero era sombra y figura de los bienes venideros, y su realidad se halla en Jesucristo. Él es nuestro oráculo, pues mediante Él se nos ha dado a conocer Dios en estos últimos días (Jn. 1:18; He. 1:1-2). En Él se centra y por Él nos llega la revelación Divina"[2].

---

[2] F. Lacueva. o.c, vol.1. pág. 421.

CAPÍTULO 8
VICTORIA EN HAI

Introducción

Con la muerte de Acán se produjo la limpieza espiritual en Israel. El pueblo estaba de nuevo en condiciones de ser instrumento en las manos de Dios y de recibir las bendiciones prometidas detenidas a consecuencia del pecado cometido. No había pues, razón alguna para no avanzar en la conquista iniciada con Jericó. Hai era el obstáculo que había que superar y que serviría además para alentar a un pueblo entristecido y, tal vez, receloso frente al fracaso sufrido. Dios iba a dar nuevas lecciones a Su pueblo en base a las acciones que tuvieron que llevarse a cabo para tomar aquella ciudad. Dios enseñaría a no confiar en las fuerzas propias sino en Su poder; les recordaría también que no debe considerarse nunca de poca importancia al enemigo; a su vez, afirma que en todo debe manifestarse una estricta obediencia a Dios y mantener la santidad real en la congregación.

En el capítulo se destaca primeramente el aliento divino, animando a Josué y asegurándole la victoria sobre Hai (vv. 1-2). Sigue el relato con la actuación de Josué estableciendo la estrategia a seguir para la batalla, en la que él se incorpora como uno más entre las fuerzas de Israel (vv. 3-8). Se introduce luego el relato sobre la primera acción de los ejércitos, desplazándose hasta el lugar de la batalla y estableciendo las emboscadas ordenadas por Dios mismo (vv. 9-14). El éxito de la estrategia da el resultado esperado, tomando la ciudad e impidiendo cualquier acción al enemigo (vv. 15-22). La toma de la ciudad, seguida del incendio que la destruyó totalmente, así como la muerte de todos sus pobladores y de su rey, ocupan los siguientes textos del capítulo (vv. 23-29). El relato concluye con la reunión solemne de todo el pueblo congregado para la lectura de la ley hacia el Ebal y el Gerizim (vv. 30-35).

Entre las muchas lecciones que se pueden obtener del texto bíblico, hay tres importantes que deben ser consideradas en la aplicación que tienen para el tiempo presente: a) La lección de la humildad, en la que Israel debía aprender a no sentir orgullo por acciones anteriores ni a despreciar al enemigo; b) La lección de la unidad en la que Josué y el pueblo se integran en un conjunto de actuación y de propósito; y c) La lección de la obediencia, en la que el pueblo entero ejecuta sin reservas todas las instrucciones de Dios para concluir con la enseñanza sobre la adoración y el compromiso de todo un pueblo delante del Señor.

En el comentario del capítulo se seguirá el *Bosquejo* que aparece en *Introducción al libro*, como sigue:

- 1.3. Victoria en Hai (8:1-29).
  - 1.3.1. Instrucciones divinas (8:1-2).
  - 1.3.2. La estrategia para la batalla (8:3-9).
  - 1.3.3. El inicio de la acción militar (8:10-13).
  - 1.3.4. La batalla de Hai (8:14-22).
  - 1.3.5. El final de la batalla (8:23-29).
- 1.4. La adoración en Ebal (8:30-35).

La victoria en Hai (8:1-29)

Instrucciones divinas (8:1-2)

1. Jehová dijo a Josué: No temas ni desmayes; toma contigo toda la gente de guerra, y levántate y sube a Hai. Mira, yo he entregado en tu mano al rey de Hai, a su pueblo, a su ciudad y a su tierra.

Pareciera como que Josué tenía temor a actuar contra Hai después de la derrota en la primera expedición contra la ciudad. Como todo líder en momentos difíciles, necesita una palabra de aliento que le estimule a seguir adelante. Dios mismo es el que habla a Josué. No sabemos el modo en cómo lo hizo, el texto bíblico guarda silencio en esto. Sin embargo, lo importante no es saber el modo que Dios utilizó para comunicarse con Josué, sino el hecho mismo de que se produjo. El Señor sabía lo que Josué necesitaba y se lo proveyó inmediatamente. El divino *"no temas ni desmayes"* de los momentos decisivos, se repitió entonces. El aliento era además un mandato divino, tal como había ocurrido antes (1:9). El problema que había ocasionado la derrota estaba cancelado y la mano de Dios conducía de nuevo a Su pueblo hacia la victoria.

Josué no debía menospreciar al enemigo que tenía enfrente. No era cuestión de la actuación de unos pocos, sino de todo el pueblo: *"toma contigo toda la gente de guerra"*. Los espías habían dado una opinión humana de las fuerzas necesarias para conquistar la ciudad, precisando que con dos o tres mil hombres sería suficiente (7:3). Dios involucra a todo el ejército. Era necesaria la colaboración de todos los hombres de guerra. La conquista de la tierra no era asunto de individuos, ni de grupos fragmentados del pueblo, sino de todo Israel, que debía ocuparla como un pueblo y distribuirla luego conforme al designio de Dios.

El aliento divino viene acompañado también de la instrucción *"levántate"*. Después de la derrota Josué había estado postrado en oración durante todo un día (7:6-9). Luego actuó conforme a lo que Dios había establecido para el caso. Era el momento de tomar otra orientación, debía *"levantarse"* para actuar, lo que implica decisión y ánimo, no en la resolución de un problema de pecado, sino en la prosecución de las bendiciones de Dios.

El Señor remarca todo ello con una admirable promesa: *"Yo he entregado en tu mano, al rey de Hai, a su pueblo, a su ciudad y a su tierra"*. De otro modo: *"todo es tuyo"*. Podía estar seguro de que cuando Dios dice *"lo he entregado"*, aunque no fuera todavía una realidad material, lo era potencialmente porque la palabra y fidelidad de Dios estaban comprometidas en Su promesa. Aquellas palabras le recordarían la victoria sobre Jericó. Estaba de nuevo en el terreno de la bendición, que es siempre un terreno de victoria. El anatema destruido había sido la puerta que restauraba la amistad y compañía de Dios. Aquella condición de *"no estaré más con vosotros, si no destruyereis el anatema de en medio de vosotros"* (7:12), se había cumplido, por tanto, la comunión restaurada permitía la compañía de Dios y Su acción poderosa actuando en y con Su pueblo. Josué debía aprender que la conquista de la tierra y la toma de posesión de ella eran un regalo de la gracia. La ciudad de Hai sería tomada por Israel mediante la acción de su gente de guerra, pero la realidad no era otra que la ocupación de un lugar entregado por Dios como regalo a Su pueblo, en cumplimiento de Sus promesas. El Señor estaba diciendo a Josué: *"Entiende bien que no eres tú quien conquista la ciudad, soy Yo quien la entrega en tus manos"*.

El creyente necesita aprender continuamente la lección de la humildad. Para ello el Señor permite muchas veces dificultades en la vida de los suyos que los colocan en situaciones humanamente insuperables, para que aprendan a vivir en dependencia de Él. La lección de la humildad, considerada ya anteriormente, vuelve a repetirse en el primer texto de ese capítulo. Dios no utilizará jamás en Su obra instrumentos que no estén revestidos de humildad. Quienes son llevados continuamente en triunfo (2Co. 2:14), son los que están en Cristo, tanto para salvación como para comunión. No debe olvidarse nunca que las matemáticas de Dios son muy diferentes de las nuestras y que las fuerzas del creyente junto con las de Dios, son siempre menos que las de Dios solo actuando en el creyente. El secreto para la victoria desde la óptica divina es la humildad dependiente que genera la verdadera fe porque, *"Dios resiste a los soberbios y da gracia a los humildes"* (Stg. 4:6). La experiencia de triunfo se alcanza cuando el creyente descansa en la victoria que Cristo alcanzó para él. Al cristiano se le enseña a mantenerse en el terreno que Dios conquistó para él en Cristo Jesús. Vida victoriosa es vida de seguimiento fiel al crucificado, lo que exige aprender de quien fue *"manso y humilde de corazón"*, y que permitirá la profunda paz del alma que descansa plenamente en Él (Mt. 11:29).

2. Y harás a Hai y a su rey como hiciste a Jericó y a su rey; solo que sus despojos y sus bestias tomaréis para vosotros. Pondrás, pues, emboscadas a la ciudad detrás de ella.

La acción para tomar la ciudad difería notoriamente de lo hecho en Jericó. No había tiempo que demorar rodeando la ciudad por siete días. La acción aquí sería rápida. Tampoco se tomaría la ciudad en una acción milagrosa de la omnipotencia divina derribando los muros, sino en una estrategia militar orientada y dirigida por Dios en la que la intervención obediente del ejército de Josué tendría un papel importante. Antes de establecer la estrategia contra Hai, se estableció lo que debía hacerse con la ciudad y sus pobladores una vez conquistada. El rey debía ser tratado de idéntica forma que el de Jericó, esto es, había de ser muerto. Aunque no se indica en el texto una actuación directa sobre la ciudad, se sobreentiende que debían ser eliminados al igual que los habitantes de Jericó. La muerte de los pobladores de Canaán había sido establecida por Dios a causa del pecado y degradación de aquellos pueblos, por tanto, era un mandato establecido con anterioridad que debía ser respetado continuamente y aplicado sin excepción a todas las ciudades de la tierra[1]. Sin embargo, hay una diferencia notoria relativa a lo que se debía hacer con las riquezas de la ciudad de Jericó y de Hai. Si en el caso de Jericó todo lo de la ciudad pertenecía y se reservaba para el Señor como anatema, en esta ocasión el botín sería íntegramente para el pueblo de Israel.

La acción bélica se desarrollaría en una estrategia consistente en colocar emboscadas tras la ciudad, seguramente en los repliegues montañosos que forman los montículos entre Bet-el y Hai. Esta fuerza militar oculta para los habitantes de Hai serviría, como se aprecia más adelante, para la ocupación de la ciudad.

La gracia de Dios otorga dones y concede oportunidades de servicio a todos los creyentes. La bendición de servir a Dios en leal obediencia tiene promesa de galardón. Los planes de Dios en su obra son muy diversos y en muchas ocasiones difieren notoriamente de los que hubieran sido elaborados por Su pueblo. La obediencia a la voluntad de Dios es siempre el secreto de la victoria cristiana. El servicio a Dios trae remuneración, como enseña Pablo: *"Y todo lo que hagáis, hacedlo de corazón, como*

---

[1] Ver razones sobre esta determinación divina en el capítulo 1.

para el Señor y no para los hombres; sabiendo que del Señor recibiréis la recompensa de la herencia, porque a Cristo el Señor servís" (Col. 3:23-24). La promesa a quienes le sirven en humildad y reverencia es segura: *"Riquezas, honra y vida, son la remuneración de la humildad y del temor de Jehová"* (Pr. 22:4). No quiere decir esto que el creyente fiel alcance riquezas temporales por ser fiel; sus riquezas son riquezas eternas, pero el Señor hace la provisión necesaria para cada día de los bienes temporales que sean precisos. La palabra hebrea *"recompensa"* significa *"la consecuencia de"*, por tanto, las bendiciones temporales y eternas son consecuencia de la humildad y el temor de Dios. De otro modo lo expresaba el Señor: *"Porque cualquiera que se enaltece, será humillado; y el que se humilla, será enaltecido"* (Lc. 14:11). Tal vez, las palabras de un himno resumen en forma poética la lección de la humildad en el servicio que se desprende el texto considerado:

Placer verdadero es servir al Señor,
No hay obra más noble ni paga mejor.
Servirle yo quiero con fe y con amor.
Servirle prometo desde hoy.

La estrategia para la batalla (8:3-9)

3. Entonces se levantaron Josué y toda la gente de guerra, para subir contra Hai; y escogió Josué treinta mil hombres fuertes, los cuales envió de noche.

4. Y les mandó, diciendo: Atended, pondréis emboscada a la ciudad detrás de ella; no os alejaréis mucho de la ciudad, y estaréis dispuestos.

El aliento junto con el mandamiento produce el efecto y la disposición en Josué para actuar. Dios le había dicho *"levántate"*, y Josué se levantó. Unida a él estaba toda la gente de guerra. Josué y los ejércitos formaban una misma unidad de acción. La estrategia de conquista descansaba fundamentalmente en la división del ejército en dos grupos, uno situado detrás de la ciudad, cuya presencia pasó inadvertida a los de Hai, y otro que actuaría en descubierta delante de ella. Josué seleccionó de las fuerzas un grupo de treinta mil hombres que debían emboscarse tras la ciudad.

En relación con el número de hombres enviados, existen discrepancias con las cifras que se dan en el Texto Masorético, algunos de cuyos párrafos son aliviados en la LXX con la omisión total de los mismos. Parece que treinta mil hombres eran demasiados para una emboscada que tendría que situarse tras la ciudad y pasar desapercibida a sus habitantes. Se proponen varias soluciones al problema, que sin duda existe en la transmisión del texto hebreo. Unos sugieren la posibilidad de que los *"treinta mil"* (*s^e^losîm ^a^elep"*) fueran *"tres mil"* (*s^e^löset ^ä^elep"*)[2]. Otra propuesta es que en lugar de *"mil",* se lea *"jefes"*, ya que las letras hebreas para las dos palabras son las mismas[3], en cuyo caso, Josué envió a emboscarse tras la ciudad a treinta hombres escogidos de los capitanes de su ejército, número suficiente para una operación como la planeada. La mayor parte de los eruditos se inclinan por la primera propuesta, es decir, que no fueron treinta mil los enviados para la emboscada tras la ciudad. Con todo, hay opiniones diferentes a la hora de precisar el número de los enviados por Josué, inclinándose una mayoría por considerar aquí un error en la copia de algún manuscrito, entendiendo que probablemente había escrito en el original cinco mil hombres, lo que coincidiría con la referencia posterior (v. 12). Salvando las diferencias en el número, lo que el relato deja claro es que un grupo seleccionado del ejército fue enviado durante la noche desde el campamento en Gilgal, con el mayor sigilo posible para pasar desapercibidos a los de Hai, hasta situarse en la parte posterior de la ciudad.

Al grupo de ejército de la emboscada les da instrucciones concretas: primeramente, no debía alejarse demasiado de la ciudad. Los barrancos situados al occidente de la ciudad eran suficientes para ocultar a cinco mil personas que hubieran llegado allí de noche sin necesidad de alejarse excesivamente de la ciudad —lo que haría inoperante la emboscada— cuya acción debía ser rápidamente ejecutada, por lo que exigía que los emboscados estuvieran lo más cerca posible del lugar de la acción. En segundo lugar, debían estar todos dispuestos para actuar en el momento indicado.

La lección del fracaso anterior condujo a una obediencia incondicional y a la sujeción perfecta de lo que Dios demandaba. Los fracasos en la vida cristiana son usados por Dios para tocar la sensibilidad del creyente y conducirle hacia la puerta que abre a una nueva esfera de comunión en obediencia y lealtad. Continuamente, el liderazgo bíblico debe aprender las lecciones que se desprenden de situaciones comprometidas, e incluso de fracasos abiertos, para reconducir al pueblo hacia las disposiciones que Dios establece en su Palabra. Quienes están en tareas de conducción, puestos por el Espíritu, deben llamar continuamente a una atenta disposición de hacer cuanto el Señor ha establecido, conscientes de que solo en la senda de obediencia hay bendición y victoria. El dolor del fracaso es un buen remedio hacia un mayor compromiso con el Señor.

---

[2] Félix Asensio. o. c. pág. 41.
[3] Charles Ryrie. Biblia de Estudio. pág. 334.

No cabe, pues, un persistente sentimiento de imposibilidad o miseria, ya que Dios ha llamado a Su pueblo a una continua experiencia de triunfo en Cristo (2Co. 2:14). Solo es necesario confesar el problema e iniciar una nueva andadura más cerca del Señor.

5. Y yo y todo el pueblo que está conmigo nos acercaremos a la ciudad; y cuando salgan ellos contra nosotros, como hicieron antes, huiremos delante de ellos.

6. Y ellos saldrán tras nosotros, hasta que los alejemos de la ciudad; porque dirán: Huyen de nosotros como la primera vez. Huiremos, pues, delante de ellos.

El segundo movimiento dentro de la estrategia general consistía en hacer llegar cerca de Hai el mayor cuerpo de ejército de los dos en que estaba dividido. Josué, al frente de este grupo, se aproximaría a la ciudad a plena luz del día y frontalmente a ella. Los de Hai, confiados en la victoria anterior sobre Israel, estarían dispuestos a presentar batalla como hicieron antes, y de la misma forma que en aquella ocasión, los hombres de Israel huirían delante de ellos, antes como una triste realidad, ahora como una acción fingida previamente establecida. La estrategia de la huida consistía en alejar a los defensores de la ciudad, dejando libre el campo para la actuación de la emboscada situada tras ella.

Josué como líder y el pueblo formaban una unidad en todas las acciones a realizar en la conquista de la tierra. Una importante enseñanza debe observarse aquí. Iglesia y el liderazgo deben caminar juntos. En ocasiones hay una marcada separación entre ambos, en la que puede apreciarse un distanciamiento notable. Los líderes van por un camino y la congregación por otro. En esta situación no es posible esperar ningún tipo de avance. La iglesia es una unidad espiritual en Cristo (Ef. 1:23) en la que todos los miembros están incorporados. Los líderes deben procurar la integración de toda la congregación en el trabajo para el Señor, siendo ellos mismos ejemplo de compromiso. Debe tenerse en cuenta que ningún miembro del cuerpo es imprescindible, pero nadie es innecesario. Tanto los que presiden, como la congregación, están involucrados en una misma tarea de mantenerse firmes en el terreno de victoria, en una lucha común (Ef. 6:12). El compromiso de todos se manifiesta desde el mismo sentimiento común. Las iglesias primitivas eran de una *"misma alma y de un mismo corazón"* (Hch. 4:32), por lo que la provisión de gracia se manifestaba en abundancia entre ellos (Hch. 4:33). La responsabilidad de mantener esta vinculación está en cada uno, la de los líderes buscar la integración e incorporación de todos a la actividad común y los demás seguir integrándose voluntariamente y asumiendo la responsabilidad que les corresponde. Cualquier actuación llevada a cabo de otro modo que no sea la vinculación en comunión, está condenada al fracaso.

7. Entonces vosotros os levantaréis de la emboscada y tomaréis la ciudad; pues Jehová vuestro Dios la entregará en vuestras manos.

8. Y cuando la hayáis tomado, le prenderéis fuego. Haréis conforme a la palabra de Jehová; mirad que os lo he mandado.

La emboscada actuaría en el momento en que el campo quedara libre y los habitantes de la ciudad la hubieran abandonado. La consigna para iniciar la acción de los emboscados sería dada por Josué mediante el blandir de su lanza (v. 18). La actuación del grupo oculto al oeste de la ciudad sería decidida con la confianza de que *"Jehová, vuestro Dios la entregará en vuestras manos"*. Seguidamente, Hai tenía que ser quemada mediante un incendio debidamente provocado, de modo que no quedara nada de ella. Una solemne advertencia cierra las instrucciones de Josué a los hombres de la emboscada: debían hacer todo conforme a lo que Dios estableciera. Reforzando esta advertencia está la autoridad de Josué mismo como jefe humano del ejército de Israel: *"Mirad que os lo he mandado"*. La obediencia a todas las disposiciones de Dios tenía que ser atentamente cumplida. La experiencia de la derrota en Hai podía repetirse en cualquier ocasión en que las demandas de Dios fueran desobedecidas.

No hay otro camino en la vida victoriosa que el de la obediencia sin reservas a la voluntad de Dios. Ya se ha considerado ampliamente este asunto antes. Baste un breve recordatorio en esta ocasión. Será de bendición que, en el estudio de este capítulo, el relato bíblico disponga el pensamiento para hacer al final del mismo las tres aplicaciones espirituales que se han mencionado en la introducción: la aplicación de las lecciones sobre la humildad, y la obediencia. Bastará, pues, mencionar, muy ligeramente lo más destacable en cada uno de los textos que se consideran.

9. Entonces Josué los envió; y ellos se fueron a la emboscada, y se pusieron entre Bet-el y Hai, al occidente de Hai; y Josué se quedó aquella noche en medio del pueblo.

Los hombres de guerra escogidos, cinco mil con mucha probabilidad, salieron amparados en la noche para ocupar sus posiciones. No se dice en el relato bíblico el camino que siguieron, pero probablemente desde los llanos de Jericó, descendieron sobre el *Wady Suweinit* hasta cerca de *Micmas*, para retroceder seguidamente y, aprovechando las vaguadas del *gran wady*, se situaron al occidente de Hai, entre la ciudad y Betel, en donde había una serie de barrancos distantes de la ciudad como a un cuarto de milla[4]. Josué quedó con el resto del pueblo durante toda aquella noche.

De nuevo, la presencia de Josué en medio del pueblo evidencia la unidad como congregación de Dios. No había distanciamiento entre quién ejercía la tarea de conducción y quienes eran conducidos. Un grupo fue separado del grueso del ejército y enviado durante la noche hacia la ciudad, pero no había escisión en ello; tanto los que quedaban con Josué como los que iban a la emboscada eran de un mismo sentir y formaban parte de la unidad inseparable de Israel.

Hay un notable ambiente de comunión y relación entre ambos. La comunión es el vínculo de relación entre los creyentes. En la iglesia, la comunión es la evidencia del nuevo nacimiento y de la correcta relación con Dios. Es, precisamente en la esfera de la comunión y unidad donde se manifiestan las bendiciones de Dios (Sal. 133:1, 3). Al pueblo de Dios no le es suficiente con estar juntos, necesita hacerlo en armonía. La unidad de los creyentes es el resultado visible de la unidad con Cristo y en Él. Las divisiones son el arma que Satanás utiliza para impedir el avance victorioso del pueblo de Dios y aminorar su poder en Cristo.

El inicio de la acción (8:10-14)

10. Levantándose Josué muy de mañana, pasó revista al pueblo, y subió él, con los ancianos de Israel, delante del pueblo contra Hai.

Nada podía quedar sin la supervisión de Josué. En la ocasión anterior quedó en la retaguardia y envió a los tres mil del ejército contra Hai (7:3-4). La lección aprendida le lleva a participar personalmente en todos los detalles de la nueva acción bélica. Despachados la noche anterior los cinco mil hombres de la emboscada, se levanta muy de mañana, al amanecer del día —como ya había hecho para la toma de Jericó (6:15)— a fin de pasar revista al pueblo, es decir, al ejército que iba a tomar parte en la batalla, una fuerza alrededor de los treinta mil hombres. En esta ocasión, junto a él están también los ancianos de Israel, quienes le habían acompañado antes en el lamento y la oración por la derrota (7:6)[5]. Los que eran sus consejeros pasan con él revista a las tropas, para ponerse en marcha seguidamente hacia Hai. Israel vuelve a ser una unidad en todo esto. No es un grupo aislado que interviene, es el conjunto de todo el pueblo asumiendo cada uno su propia responsabilidad.

---

[4] William J. Deane. o.c., pág.88.

[5] Ver comentario a 7:6.

La obra de Dios no debe demorarse. El que preside debe hacerlo *"con solicitud"* (Ro. 12:8). El don de presidir es necesario para el ejercicio del liderazgo en la iglesia. Este don podría ser uno de los *exigibles* para el oficio de anciano. *"El que preside"* (ὁ ποϊστάμενο"), significa literalmente *"el que está delante",* y se relaciona con la obra del anciano (1Ti. 5:17). El don debe ser ejercido con solicitud, esto es, con diligencia y prontitud. La desidia alcanza a los hombres, pero no debería manifestarse jamás en el liderazgo bíblico en la iglesia. Tal solicitud es la consecuencia natural de quien vive a Cristo con todas las consecuencias. El liderazgo bíblico no está sin supervisión ya que sobre ellos está el Gran Pastor de las ovejas, que dejó ejemplo de diligencia y perseverancia en el trabajo que le había sido encomendado por el Padre, y ante quien los líderes de la iglesia deben rendir cuentas.

11. Y toda la gente de guerra que con él estaba, subió y se acercó, y llegaron delante de la ciudad, y acamparon al norte de Hai; y el valle estaba entre él y Hai.

Desde el campamento de Israel, situado entre Jericó y Gilgal, el ejército hebreo subió hacia Hai, situándose frente a ella al noreste, teniendo entre ellos y la ciudad el valle profundo del *Wady Mutyah*[6]. El cuerpo de ejército llegó a la zona durante el día, habiendo salido de Gilgal a primera hora de la mañana. Estos no pasaron desapercibidos para los de Hai, que estarían preparados para la defensa en caso de ser atacados por los hebreos.

12. Y tomó como cinco mil hombres, y los puso en la emboscada entre Bet-el y Hai, al occidente de la ciudad.

El Texto Masorético habla del envío en ese momento, es decir, cuando el ejército que salió de los llanos de Jericó llegó al campamento al norte de Hai, de los cinco mil hombres para una emboscada situada al lado contrario de la ciudad, en la zona occidental, en dirección a Bet-el. La dificultad de reconciliar todo el relato ordenadamente es evidente. La LXX, como se indicó antes, lo soluciona suprimiendo completamente este texto y el siguiente. Algunos consideran esto como una segunda glosa, una interpolación, o una tradición diferente que se incorporó al relato posteriormente[7]. Es dudoso que una fuerza de cinco mil hombres segregada de los treinta mil que estaban acampados ya al norte de la ciudad, pudiera pasar inadvertida a los moradores de Hai, sobre todo si

---

[6] William J. Deane. o. c. pág. 88.
[7] Félix Asensio. o. c. pág. 43.

se tiene en cuenta que el grueso del ejército salió de Gilgal al amanecer, por la vigilancia lógica a que el ejército de Israel estaría sometido. Por otro lado, no es posible establecer una emboscada próxima a la ciudad, con un grupo numeroso de ejército tomado de tropas acampadas al otro lado del valle que los separaba de Hai. Todo hace suponer que el relato tiene dificultades de transmisión tal y como se ha recibido. Hay quienes proponen que esa fuerza de cinco mil hombres fue enviada mucho más al oeste para prevenir un posible ataque desde Bet-el si acudía en ayuda de Hai[8]. Podría ser una buena explicación, si Josué estaba pensando en la posibilidad de que si se producía un ataque desde Betel, no alcanzasen a los cinco mil emboscados que se habían situado ya a la espalda de la ciudad. Pero además, ¿eran realmente cinco mil y no los treinta capitanes emboscados como también se sugiere? Una posible solución al problema puede venir de la interpretación del texto siguiente:

13. Así dispusieron al pueblo: todo el campamento al norte de la ciudad, y su emboscada al occidente de la ciudad, y Josué avanzó aquella noche hasta la mitad del valle.

El hagiógrafo reitera la posición de las tropas de Israel, haciendo constar que el ejército estaba dividido en dos grupos, los de la emboscada, al occidente de la ciudad, y el resto del pueblo al norte de la misma. Puede confirmar la idea de que la emboscada estaba formada por cinco mil hombres en la retaguardia de la ciudad y el resto del ejército estaba estacionado al norte de la misma. Durante la noche Josué inició un movimiento de sus fuerzas, haciéndolas descender de los llanos al otro lado de la quebrada hasta situarlas a la mitad del valle. Algunos sugieren que de todo el ejército emplazado ya en el valle, Josué pudo haber tomado como unos cinco mil de sus hombres y ascender hacia la ciudad de Hai por la orilla que daba a la ciudad, así se entendería la reiteración de los cinco mil de la emboscada mencionada en el texto anterior. Todo hace suponer que el cuerpo principal de ejército se situó en el valle y que algunos de ellos acompañaron a Josué ascendiendo por las laderas del valle para aparecer de pronto delante de la ciudad. En ese movimiento, Josué debió haber subido a alguna de las pequeñas colinas cercanas para hacerse visible claramente a todas las tropas, tanto las que estaban en el valle, como las de la emboscada.

Tal es la opinión de Deane:

"Josué despachó, durante el día, la mayor parte de sus fuerzas ordenándoles que ocuparan un puesto avanzado al norte de Hai sobre el

[8] Charles Ryrie. o.c., pág. 334.

lecho angosto y profundo del Wady Mutyah, y él mismo, con un cuerpo escogido de tropa, ascendió al valle tras recorrer la gradual elevación que conduce al mismo, y apareció delante de la población en el llano abierto que se extiende hacia el este y el sur. Allí fueron vistos la mañana siguiente por el rey de Hai, quien ignoraba absolutamente aquella emboscada, y el número de soldados que se hallaban ocultos en los cerros detrás de él"[9].

La batalla de Hai (8:14-22)

14. Y aconteció que viéndolo el rey de Hai, él y su pueblo se apresuraron y madrugaron; y al tiempo señalado, los hombres de la ciudad salieron al encuentro de Israel para combatir, frente al Arabá, no sabiendo que estaba puesta emboscada a espaldas de la ciudad.

15. Entonces Josué y todo Israel se fingieron vencidos y huyeron delante de ellos por el camino del desierto.

Los hombres de Hai descubrieron el grupo del ejército de Israel, que se aproximaba con Josué al frente, por el terreno llano delante de la ciudad. Ignorantes de la emboscada puesta al occidente, salieron como en la ocasión anterior para combatirlos. La frase *"se apresuraron y madrugaron"*, indica que el descubrimiento de los israelitas fue hecho temprano, iniciándose la acción de defensa con apresuramiento y a primera hora del día. Una nueva dificultad surge con la expresión *"y al tiempo señalado"*, ya que algunos traducen *"y a la bajada"* (*lammôräd*), el camino que conducía desde Hai en dirección al Arabá y que discurría en una bajada a las afueras de la ciudad. Esto coincidiría plenamente con la referencia del primer episodio, lugar donde Israel fue perseguido por quienes salieron de Hai contra ellos (7:5). Probablemente fue al iniciar la bajada donde los israelitas se fingieron derrotados y retrocedieron ante los que salían de la ciudad. Los dos grupos, el de Israel huyendo, fingiéndose derrotado, y el de Hai persiguiéndolos, iniciaron la marcha campo a través, descendiendo al valle que conduce en dirección este, hacia el Arabá, situado *"en frente"*. El camino para la huida fue el del desierto, arrastrando tras de ellos al ejército de Hai que tampoco contaba con los veinte mil que estaban estacionados un poco más al norte en las cercanías.

El pueblo estaba actuando conforme al plan de Dios. Se habían dado cuenta de que la estrategia humana no es eficaz, y que debe ser evitada en toda medida para aceptar la que Dios establece. Desde el punto de vista humano, podría considerarse como algo menospreciable. Habían de fingirse derrotados y huir delante del enemigo, pero todo ello estaba

---

[9] William J. Deane. o.c., pág. 88.

en el plan y programa de Dios. La estrategia divina siempre resultará menospreciable a los ojos humanos, pero se transforma en poder de Dios para el creyente. El pensamiento del Señor es siempre más alto que el de Su pueblo. En ocasiones, el plan divino no será comprensible para el creyente y, en esa situación, recibirá como respuesta a su desconcierto la misma que le fue dada a Pedro: *"lo que yo hago, tú no lo comprendes ahora; mas lo entenderás después"* (Jn. 13:7). Lo que el Señor pide es obediencia sin reservas a Su voluntad. El creyente no está capacitado para juzgar a priori lo que Dios establece, porque no alcanza a conocer la intimidad de Su pensamiento. Sin embargo, Su plan queda claro después de haber surtido el efecto para el que fue programado. Muchas veces, las experiencias por las que ha de pasar el pueblo de Dios son incomprensibles para ellos, pero la iluminación del Espíritu, la Palabra de Dios y el resultado final de la obra divina, les lleva a comprender lo que antes no entendieron. Muchas veces, los acontecimientos más difíciles y las adversidades más notorias, son lo mejor para la salud espiritual del alma. Debe aprenderse a aceptar el método divino como el mejor para conseguir los resultados victoriosos.

16. Y todo el pueblo que estaba en Hai se juntó para seguirles; y siguieron a Josué, siendo así alejados de la ciudad

17. Y no quedó hombre en Hai ni en Bet-el, que no saliera tras de Israel; y por seguir a Israel dejaron la ciudad abierta.

Los que estaban en la ciudad entusiasmados por la perspectiva de una nueva huida de los israelitas, como en la anterior ocasión, decidieron unirse a los que habían salido contra ellos fuera de la puerta de la ciudad para perseguirles por la bajada y en el camino hacia el desierto. Cada uno deseaba participar en la persecución de los enemigos, seguros de un nuevo triunfo contra el invasor. Si eso ocurría nuevamente, ya no habría razón alguna para considerarlos como un peligro, con lo que desaparecería la inquietud que con su sola presencia producían, quitando el ánimo a los pobladores de la tierra (2:9). Las consecuencias son evidentes: decididos a perseguir al grupo de Israel, fueron alejados de la ciudad, que quedó desguarnecida y literalmente *"abierta"*. Las puertas de acceso sin custodia, y la misma ciudad, sin protección alguna.

Pero no solo Hai, sino también Bet-el, cuyos defensores salieron contagiados con la perspectiva de triunfo en persecución de los hebreos. Ese movimiento desde Bet-el permite planear la hipótesis sobre la Bet-el-Hai, tan del gusto liberal, como si Bet-el fuera la ciudad principal y Hai una posición avanzada de defensa[10]. Sin embargo, ambas ciudades

[10] Ver *"Excursus VII"*.

se mencionan con su rey (12:9, 16), lo que confirma que ambas eran ciudades-estado, forma habitual en la Palestina Central. El hecho de que el libro de Josué guarde silencio sobre la conquista de Bet-el en este período, permite suponer que lo ocurrido a Hai se extendió también a Bet-el en aquel mismo día. No obstante, Hai y Bet-el se complementaban en cuanto a defensa. La ciudad de Hai, o la fortaleza de Hai, era vital para el sostenimiento de Bet-el y viceversa.

Sin necesidad de otra acción que la obediencia a lo que Dios había determinado, el pueblo fue llevado hacia una victoria segura. Es pues, preciso que la lección sobre la obediencia permanezca firmemente establecida en la mente y corazón de cada creyente. Cuando se asume el compromiso de hacer todo lo que Dios establece, la victoria de Dios, siempre segura, es la experiencia del creyente. Los fracasos que la iglesia experimenta están absolutamente vinculados con la desobediencia parcial o total a lo que Dios establece en su Palabra.

18. Entonces Jehová dijo a Josué: Extiende la lanza que tienes en tu mano hacia Hai, porque yo la entregaré en tu mano. Y Josué extendió hacia la ciudad la lanza que en su mano tenía.

La intervención de Dios se manifiesta de nuevo. La estrategia llevada a cabo había dado el resultado previsto. La ciudad estaba desguarnecida y todos los hombres de guerra, tanto de Hai como de Bet-el, perseguían a Israel por el camino del desierto como si de una huida real se tratara. Dios ordenó entonces a Josué que se detuviera y extendiese su lanza, literalmente *"su dardo"* (*kîdôn*), hacia Hai. Tal vez se tratara de una espada ancha, al estilo de una cimitarra (la voz hebrea permite tal concepto). La instrucción va acompañada de la promesa: *"Yo la entregaré en tu mano"*. El modo verbal puede traducirse tanto en futuro como en presente. El Señor había prometido entregarle la ciudad, ahora era el momento de entrar en posesión de la promesa dada. La fidelidad se manifiesta otra vez más. El Dios de la Biblia cumple siempre Sus compromisos y hace honor a Sus promesas. Josué obedeció inmediatamente el mandato de Dios. Detuvo su carrera como fugitivo y, como se indicó antes, pudo haberse subido a alguna de las ondulaciones del terreno para ser visto por todos. Extendió el talabarte que tenía en su mano hacia la ciudad. Aquello fue la señal convenida para todo el ejército, tanto los que se fingían huidos, como el grueso de las tropas estacionadas cerca de la ciudad y los de la emboscada.

19. Y levantándose prontamente de su lugar los que estaban en la emboscada, corrieron luego que Él alzó su mano, y vinieron a la ciudad, y la tomaron, y se apresuraron a prenderle fuego.

La lanza o espada, extendida hacia la ciudad, debió haberse establecido anticipadamente como señal para iniciar la acción de los que estaban en la emboscada entre Hai y Bet-el. Habían pasado desapercibidos tanto para los unos como para los otros. Es más, los que habían salido de Bet-el en ayuda de Hai, perseguidores también de los aparentemente huidos, tuvieron que superar las posiciones de los que estaban escondidos cerca de la ciudad sin percatarse de su presencia. Naturalmente, la zona de la Palestina Central no era entonces un lugar con escasa vegetación. Los bosques cubrían una gran parte de ese territorio[11], por lo que era relativamente fácil establecer una buena emboscada que hiciera pasar desapercibido a un grupo de cinco mil personas.

Es difícil también precisar el lugar donde Josué se había situado. Aparentemente, él junto con los que le habían acompañado hasta la frontal de la ciudad, habían huido delante de los de Hai llevándolos hacia el desierto, en dirección al Arabá. ¿Cómo podían ser vistos por los de la emboscada detrás de la ciudad y a la distancia en que se encontraban? Se han propuesto distintas posibilidades, todas ellas con buen fundamento. Para algunos, Josué pudo haberse subido a un montículo de forma que fuera visible para los que huían y para los que estaban en la emboscada[12], sin embargo, se presentan dos problemas. Primero: ¿cómo podrían estar atentos a la señal de Josué los que fingían huir? Segundo: ¿cómo podrían verlo los de la emboscada? Otros[13] suponen que el sol brillando sobre la hoja de la espada fue una señal claramente visible para todos. Es también posible que, desde la emboscada, habiéndose antes planeado la estrategia a seguir, hubiera alguno apostado en algún lugar esperando la señal de Josué para transmitirla a los que estaban preparados para tomar la ciudad. No importa demasiado entrar en tales precisiones, que no dejan de ser meras hipótesis en ausencia de razones tomadas del texto bíblico; lo importante en el pasaje tiene que ver con la acción de los que estaban esperando la señal. Con rapidez, se apresuraron a entrar en la ciudad desguarnecida, tomándola y procediendo a incendiarla como habían hecho antes con Jericó. Con toda probabilidad, mientras unos rescataban de la ciudad el botín que Dios había dado para Israel y la desalojaban de los ganados que había en ella, otros procedían al incendio programado de la misma. No hay duda de que algunos de los habitantes de la ciudad, que por no ser gente de guerra no estaban siguiendo a Israel por el camino del desierto, lograron escapar en medio de la confusión reinante con motivo de la entrada de los emboscados de Israel. Estos serán hechos prisioneros y ejecutados posteriormente.

---

[11] Ver aspectos geográficos en el capítulo de Introducción.
[12] William J. Deane. o.c., pág. 88.
[13] C. Ryrie. o.c., pág.335.

20. Y los hombres de Hai volvieron el rostro, y al mirar, he aquí que el humo de la ciudad subía al cielo, y no pudieron huir ni a una parte ni a otra, porque el pueblo que iba huyendo hacia el desierto se volvió contra los que les seguían.

21. Josué y todo Israel, viendo que los de la emboscada habían tomado la ciudad, y que el humo de la ciudad subía, se volvieron y atacaron a los de Hai.

22. Y los otros salieron de la ciudad a su encuentro, y así fueron encerrados en medio de Israel, los unos por un lado, y los otros por el otro. Y los hirieron hasta que no quedó ninguno de ellos que escapase.

El descuido del rey de Hai y sus gentes es sorprendente. Dejaron la ciudad sin ningún tipo de protección en un momento de guerra. No habían pensado que Israel había empleado un gran contingente militar para la toma de Jericó y que no aceptarían —desde el punto de vista de la estrategia de guerra— una derrota como la ocurrida anteriormente, por lo que tendrían que enviar el grueso del ejército que antes no habían utilizado. El exceso de confianza los condujo a caer en la emboscada puesta a espaldas de la ciudad. Sin duda, es evidente que sobre todo esto estaba la mano del Señor actuando. Fue Él quien estableció el procedimiento para la batalla y fue Él quien prometió a Josué la victoria.

En un determinado momento, después de que los que huían se habían ya vuelto contra ellos, fue cuando tal vez pensaron en retroceder a la seguridad de los muros de la ciudad, pero era ya tarde. Una densa humareda, procedente de los incendios, se elevaba hacia el cielo. Los ánimos de aquellos tuvieron que decaer inmediatamente. Por el camino de la ciudad se divisaban ya los que habían participado en el saqueo de ella. Eran un grupo numeroso de las tropas de Israel que venían dispuestos a combatir a quienes hasta entonces se sentían dueños de la situación.

La sorpresa aumentó aún más y el pánico cundió sobre ellos al ver surgir en una operación envolvente al resto del ejército de Israel que, hasta entonces, debió permanecer oculto en la zona norte de la ciudad. Literalmente, quedaron *"envueltos"* por todas partes. Aquello fue una tenaza irresistible que mataba a cuantos quedaron encerrados en ella. No era posible salir del cerco puesto por Israel y en poco tiempo ninguno de los que habían salido, tanto de Hai como de Bet-el, quedaba con vida. Un campo lleno de cadáveres, una ciudad ardiendo, ganados dispersos por los alrededores y algunas personas aisladas huyendo al campo y refugiándose en los bosques, era el espectáculo imponente de aquella situación.

Una nueva vía interpretativa al dificultoso pasaje puede abrirse tratando de coordinar todos los datos, sin omitir ningún texto ni forzar la traslación del Masorético. Primeramente, el ejército de Israel volvió junto con el resto del pueblo del Valle de Acor, donde había sido muerto Acán y los suyos. Con toda probabilidad acamparon en el lugar próximo a Gilgal, desde donde se organizó la expedición para la conquista de Hai. El cuerpo de ejército que iba a participar era de treinta mil hombres, conforme a lo que Dios había ordenado (v. 3). La primera noche Josué, después de haber seleccionado un grupo de cinco mil hombres, los envió para que tomasen posiciones en la parte occidental de la ciudad, como se indicó antes, dando un rodeo para aproximarse por el lado contrario a donde estaba acampado Israel, de tal manera que pasaran totalmente desapercibidos para los habitantes de Hai y la vigilancia que hubiera sido puesta sobre el muro de la ciudad. Al amanecer del día siguiente, estando ya la emboscada constituida, Josué con los veinticinco mil hombres del resto de la fuerza militar dispuesta para la conquista de Hai, salió del campamento y tomó dirección Norte-Noroeste, por la parte norte de la quebrada que conduce en sentido contrario al Arabá o mar Muerto, deteniéndose a una prudente distancia de Hai donde pasaron el día. Durante la noche, con otros cinco mil hombres seleccionados, Josué se dirigió a la ciudad situándose frente a ella en medio del valle, lugar desde donde pudo haber sido localizado por los hombres de Hai al amanecer del segundo día. Ese grupo, que constituía el señuelo para sacar a los de Hai fuera de su ciudad, subió por la ladera, desde el valle, en dirección a la ciudad. Los defensores de ella consideraron que era un destacamento relativamente pequeño, semejante al de la primera ocasión, que venía dispuesto a la batalla, y suponiendo que podrían derrotarlos del mismo modo y con la misma facilidad que la vez anterior, salieron contra ellos. Los hombres que quedaron en la ciudad fueron convocados para seguir a los fugitivos, dejándola desguarnecida y abierta. Josué dirigió al grupo que fingía huir por el camino del desierto; desviando a los perseguidores en otra dirección del lugar, estaban estacionados el resto de los veinte mil hombres del ejército, dejándolos a la izquierda de donde ellos iban. En un determinado momento, y por indicación de Dios, Josué extendió su lanza en dirección a la ciudad, sirviendo de señal a los que estaban en la emboscada al oeste para salir rápidamente de su posición, entrar en la ciudad e incendiarla. El humo del incendio sirvió para mostrar a los de Hai la situación en la que habían caído, cuando ya no podían hacer nada para impedirlo porque los que huían se volvieron perseguidores. En aquel momento, el cuerpo de ejército que había quedado atrás, salió al encuentro de los que escapaban ahora delante del grupo de Josué y, junto con los de la emboscada que salían de la ciudad, envolvieron materialmente a todos los hombres de guerra de Hai exterminándolos en el valle y en el desierto.

El final de la acción (8:23-29)

23. Pero tomaron vivo al rey de Hai, y lo trajeron a Josué.

El rey de Hai, antes victorioso, era un prisionero de guerra. Él sabía que no había piedad para los tales. Mientras podía ver como sus hombres caían en combate, esperaba resignado su suerte, que no era otra que morir como el resto de los suyos. Lo habían traído como prisionero ante Josué, quc dictaría sentencia de muerte contra él. El responsable de la conducción del pueblo, tipo muchas veces de Jesucristo, había derrotado otra vez a los enemigos de su pueblo. El rey que poseía el dominio absoluto sobre la ciudad y sus gentes era simplemente un derrotado más. Todo su poderío había quedado reducido al mismo nivel que las cenizas humeantes de su ciudad.

24. Y cuando los israelitas acabaron de matar a todos los moradores de Hai en el campo y en el desierto a donde los habían perseguido, y todos habían caído a filo de espada hasta ser consumidos, todos los israelitas volvieron a Hai, y también la hirieron a filo de espada.

Una frase sorprendente determina el término de la batalla. Los israelitas *"acabaron de matar"*. Habían comenzado por el ejército de las dos ciudades, que quedaba exterminado sobre el campo de batalla. Luego, unidos todos los que habían participado en ella, retornaron a la ciudad ya destruida, con el gozo de la victoria alcanzada. Sin embargo, todavía quedaban con vida aquellos de la población que habían logrado salir de la ciudad ante la presión de los invasores y que habían procurado salvarse escondiéndose en los campos, en los lugares del desierto y en los bosques que rodeaban la ciudad. Los ejércitos de Israel dedicaron el tiempo que restaba del día a buscar y eliminar a los fugitivos.

El texto es un tanto confuso al afirmar que los hombres de Israel volvieron a Hai y *"también"* la hirieron a filo de espada. ¿Cómo puede ser esto? ¿Es una reiteración de lo dicho antes? Tal vez se esté refiriendo a Bet-el, uniéndola en el mismo relato con Hai. Los de Bet-el habían salido para acompañar a los de Hai en la persecución de los que huían hacia el Arabá. Por tanto, después de haber aniquilado a los dos ejércitos, y quemada la ciudad de Hai, entraron también en Bet-el haciéndola correr la misma suerte. Esto explicaría el texto en una sintonía concordante de lo que allí se recoge. No debe olvidarse que la Biblia no es un libro de historia, sino que los relatos históricos, que son siempre ciertos y precisos, como corresponde a la Palabra de Dios, recogen datos generales de situaciones ocurridas con el propósito de revelar a Dios. Es el Señor quien dio la victoria sobre una ciudad que antes había sido instrumento de derrota para Su pueblo. Es Hai el obstáculo superado, por tanto, el relato se desarrolla y centra en torno a aquella ciudad, incluyendo con toda probabilidad la de Bet-el en el mismo.

25. Y el número de los que cayeron aquel día, hombres y mujeres, fue de doce mil, todos los de Hai.

La ciudad de Hai, a la que vuelve a referirse el relato bíblico, era relativamente pequeña. Todos sus habitantes sumaban tan solo doce mil, en los que se incluían hombres, mujeres y niños. Ninguno de los moradores de la ciudad salvó la vida. ¿Es un número absoluto o una expresión genérica? Sin ninguna otra referencia con el que pueda compararse, ha de ser tomado como lo que es: *"palabra inspirada"*, aceptándolo como el numero de los que cayeron bajo la acción del ejército de Israel. La referencia final es expresiva, fueron destruidos *"todos los de Hai"*.

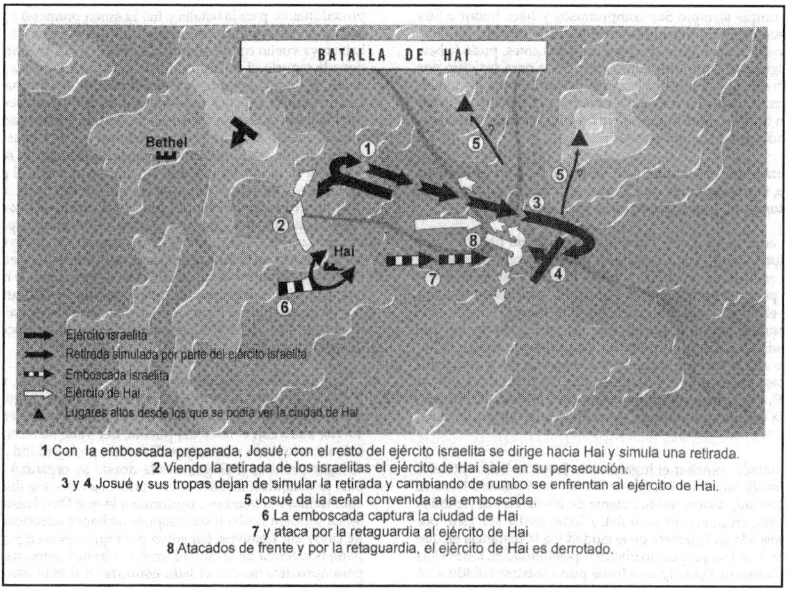

Detalle de la batalla de Hai.

26. Porque Josué no retiró su mano que había extendido con la lanza, hasta que hubo destruido por completo a todos los moradores de Hai.

La semejanza con la victoria sobre Amalec en tiempos de Moisés es notable. En aquella ocasión los brazos de Moisés se mantuvieron alzados mientras duró el combate, prevaleciendo sobre los enemigos. La vara en manos de Moisés serviría también para orientar y dirigir la batalla desde la cima del montículo, pero no cabe duda que en el relato del Pentateuco se aprecia allí un aspecto de intercesión en favor del pueblo (Nm. 17:8 ss). En esta ocasión no hay una vara en las manos del conductor del pueblo de Dios, sino una lanza extendida, pero el efecto es idéntico. La expresión en el texto no debe hacer suponer que Josué se mantuvo con la lanza extendida durante todo el día, sino que más bien tiene un significado genérico que equivale a decir que no dio tregua alguna hasta que los moradores de Hai fueron destruidos y la victoria completa se produjo.

Todo el relato está rodeado y destaca un ambiente de obediencia incondicional a Dios. No solo habían seguido diligentemente las instrucciones y aplicado la estrategia para el combate, sino que habían concluido la acción obedeciendo la demanda del exterminio total de los pueblos conquistados, como el Señor les había ordenado por medio de Moisés (Dt. 20:16-18). La obediencia es el camino que les condujo a la victoria y que se destaca notablemente en todo el pasaje.

27. Pero los israelitas tomaron para sí las bestias y los despojos de la ciudad, conforme a la palabra de Jehová que le había mandado a Josué.

Aún en medio del combate hubo tiempo para el saqueo. Las bestias y los despojos de valor fueron tomados para beneficio de quienes habían estado combatiendo. El anatema de Jericó, que antes produjo graves consecuencias por apropiarse de lo que Dios había reservado para Sí, es ahora una bendición enriquecedora por regalo del Señor. Jericó representaba también las primicias de aquella tierra, y como tales, debían ser ofrecidas a Dios. Hai era ya parte de la abundante cosecha de bendiciones que Dios proveía para los suyos. Sin embargo, la nota dominante del versículo vuelve a vincular la acción con la obediencia. Todo había sido hecho *"conforme a la palabra que Jehová había mandado"*. Es una de las lecciones que el Espíritu desea enfatizar por medio del pasaje para los lectores de todos los tiempos. En la obediencia incondicional a la voluntad de Dios se abre la puerta a las bendiciones que descienden de Él.

28. Y Josué quemó a Hai y la redujo a un montón de escombros, asolada para siempre hasta hoy.

El texto resume el final de la batalla. La ciudad de Hai quedó convertida en un *"montón perpetuo de ruinas"* (*tël* ^{ä}ôläm). El lugar de su asentamiento se distinguía, no por la presencia de un punto fortificado, sino por un montón de escombros marcado por el fuego que había consumido las construcciones.

Es interesante notar la expresión que cierra el texto: *"asolada para siempre hasta hoy"*. Evidentemente, cuando fue escrito el relato no había sido reconstruida la ciudad, lo que evidencia la antigüedad del escrito. Solo después del exilio se menciona un lugar habitado llamado Hai, junto con Bet-el (Esd. 2:28; Neh. 7:32), sin embargo, la ciudad levantada con ese nombre pudiera estar situada en algún lugar vecino y no precisamente sobre el asentamiento de la primitiva, en tiempos de Josué. Tal vez el texto procura destacar la realidad impactante de las consecuencias del juicio de Dios sobre el pecado de los hombres, en un lugar donde nunca más se asentaría una nueva población.

Dios cumple siempre sus promesas. Él había indicado que no quedaría un enemigo que impidiera la posesión de la tierra a Israel, y Su palabra fue cumplida. Las ciudades destruidas y los ejércitos derrotados debían servir al pueblo de Dios para confiar en Él y vivir en temor reverente delante de Él. Dios es el Todopoderoso que interviene en juicio sobre los transgresores cuando el pecado de estos alcanza los límites permisibles de Su justicia. Posiblemente es una de las lecciones que deben ser aprendidas y recordadas por los cristianos en esta dispensación. El Señor, que es Salvador, es también juez y no transigirá siempre con el pecado de los suyos. Se hace necesario que, ante los ejemplos de la historia, se alcance un claro discernimiento de la lección. El creyente debe recordar la advertencia de la Palabra sobre la práctica consciente del pecado: *"horrenda cosa es caer en las manos del Dios vivo"* (He. 10:30).

29. Y al rey de Hai lo colgó de un madero hasta caer la noche; y cuando el sol se puso, mandó Josué que quitasen del madero su cuerpo, y lo echasen a la puerta de la ciudad; y levantaron sobre él un gran montón de piedras, que permanece hasta hoy.

Junto con el final de la ciudad, el de su rey. La suerte de la ciudad estaba ligada entonces a la de su rey. La ciudad destruida y el rey muerto. ¿Cómo murió el rey que había sido hecho prisionero en la batalla? Había sido traído vivo a Josué (v. 23), por tanto, tuvo que ser ejecutado. Los ejércitos de las naciones entonces solían mantener con vida a los reyes prisioneros para que vieran el final de sus dominios; incluso en ocasiones se ejecutaba delante de ellos a sus hijos y súbditos más leales como castigo moral. Tales prácticas se mantuvieron por mucho tiempo y eran normales entre los ejércitos de Babilonia, trato que recibió Sedequías, en la destrucción de Jerusalén (2Re. 25:7). No solían ahorcar a los condenados a muerte en Israel. Las ejecuciones se hacían por lapidación, o con espada en el caso de prisioneros de guerra. Como todos los habitantes de la ciudad, así como su ejército, habían sido pasados a filo de espada, debe suponerse que el mismo modo sirvió para matar al rey de Hai.

La importancia del texto está en el modo en que fue expuesto durante todo el día el cadáver del rey, *colgado de un madero*. Tal modo era el utilizado para exhibir ante el pueblo al que era considerado como un *maldito de Dios*. Así se actuaba contra el que hubiere cometido *"algún crimen digno de muerte"* (Dt. 21:22). Colgado en un madero después de muerto era exponer el cadáver al máximo grado de deshonra. El simbolismo semita rodeaba tal acción: era como un expulsado de la tierra y del cielo, colgado entre ambos, manifestaba el abierto rechazo tanto de Dios como de los hombres. El colgado en un madero era maldito de Dios, no por el hecho mismo de haber sido colgado, sino que había llegado a tal situación por ser antes de morir un *maldito de Dios*. La pecaminosidad del reo ejecutado se proclamaba a todos en el hecho de colgarlo en un madero. Sin embargo había gracia aún en esa situación. El ejecutado no podía estar expuesto a la vista pública más allá de la puesta del sol del día de la ejecución. No importaba cuando hubiera sido muerto. Podría ser muy al principio del día o en la tarde, el resultado final era el mismo, a la puesta del sol debía ser descolgado y sepultado. Así lo había establecido Dios mismo: *"No dejaréis que su cuerpo pase la noche sobre el madero; sin falta lo enterrarás el mismo día"* (Dt. 21:23). Josué, en una leal obediencia a todo cuanto el Señor había establecido, hace descolgar al rey de Hai del madero en que había estado expuesto y lo entierra bajo un montón de piedras a la puerta de la ciudad. Aquella puerta por donde había entrado y salido con la pompa propia de un rey, se convirtió para él en el marco de su sepultura. Las piedras de los muros de la ciudad, fortaleza en otro tiempo, eran ya un simple cúmulo que marcaba la existencia de una sepultura. No tenía lápida nominal que indicara quien estaba enterrado bajo ella, pero el Espíritu de Dios, registrándolo en la Palabra, lo hace trascendente al tiempo histórico haciéndolo llegar hasta nuestros días. Allí estaba la tumba de uno que fue considerado como un *maldito de Dios*. Había luchado contra Dios y había sucumbido por Su poder. La gloria de los hombres es efímera, más la de Dios permanece para siempre.

En el transcurso de la historia humana se invertiría la situación descrita en el pasaje. En días de Josué, un maldito de Dios a causa de *su* pecado fue colgado en un madero. En el *"cumplimiento del tiempo"* (Gá. 4:4), un inocente, santo, puro, *"más sublime que los cielos"* (He. 7:26), ocuparía el lugar de maldición que correspondía al pecador, a fin de que, siendo Él *"hecho maldición"* en su lugar (Gá. 3:16), redimiendo a quienes eran por sus pecados hijos de ira y de maldición, los malditos de Dios por justicia pudieran ser hechos por Su gracia *"justicia de Dios en Él"* (2Co. 5:21).

Varias aplicaciones personales se pueden obtener del pasaje comentado. No significa esto que sean las principales o que no haya otras muchas más, simplemente se destacan algunas de ellas.

Israel tuvo que aprender la lección de la humildad. Se habían sentido poderosos después de la conquista de Jericó, y la confianza en sus fuerzas, unida al pecado en el pueblo, les llevó a experimentar la primera derrota en la conquista de la tierra. Cuando iniciaron la segunda acción contra Hai, no podían sentirse orgullosos. Necesitaron muchos hombres frente a pocos enemigos (7:3c). Tuvieron que subir en medio de la noche, en lugar de hacerlo a plena luz del día. Debieron fingirse derrotados y huir delante de sus enemigos. Dios quiso enseñarles que no es posible experimentar victoria sin revestirse de humildad.

De la misma manera, el Señor enseña a Su pueblo la necesidad de correr en el camino de la humildad. Comienza por hacer valorar realmente el poder del enemigo al que se enfrenta la iglesia y el creyente. La Escritura advierte: *"Porque no tenemos lucha contra sangre y carne, sino contra principados, contra potestades, contra los gobernadores de las tinieblas de este siglo, contra huestes espirituales de maldad en las regiones celestes"* (Ef. 6:12). El mantenerse en el terreno de victoria no depende en absoluto de las fuerzas personales del cristiano, sino de la provisión de los recursos que proceden de Dios. Por otro lado, la lucha no es de unos pocos sino de todos. Tal como ocurrió en el caso de Hai, en el que Dios hizo subir a todo el pueblo, así también es la misma enseñanza para el creyente de hoy: *"combatiendo unánimes por la fe del evangelio"* (Fil. 1:21). A la humildad va ligada la comunión con Dios, sin la que no puede alcanzarse la experiencia de victoria a la que Dios llama a Su pueblo (Co. 1:11a; Ef. 3:16). Ya que la lucha espiritual no puede librarse con armas humanas, debe hacerse con las que son provisión de Dios (Ef. 6:13). La fortaleza solo puede obtenerse en dependencia plena del Señor. La iglesia primitiva da ejemplo de ello cuando, en el momento de enfrentarse a las dificultades externas que el enemigo levantaba contra ella, elevaba su oración al Señor en expresión de sometimiento y dependencia (Hch. 4:29, 30). Dios usa solo instrumentos dóciles y humildes para ejecutar Su obra. Así lo enseña el profeta hablando en Su nombre: *"...miraré al que es pobre y humilde de espíritu, y que tiembla a mí Palabra"* (Is. 66:2). En un tiempo en que la derrota espiritual es apreciable en muchas iglesias, el texto bíblico debería resultar de advertencia para una reflexión personal. Sin duda alguna, la iglesia está sobrada de *grandes*, pero necesitada de *humildes*. En la medida en que los títulos académicos llenen las paredes de los despachos de los ministros del evangelio; en la medida en que los púlpitos se saturen con calificativos altamente distinguidos para el expositor; en la medida en que se luche por ocupar lugares destacados; así, en la misma medida, disminuye el poder de Dios en la iglesia y en el ministerio. Por ello, en muchas ocasiones la gracia de Dios permite sentir a los suyos el amargor de la derrota para que conozcan su debilidad (2Co. 12:9). Dios se muestra poderoso en medio de un pueblo dependiente de Él, que reconoce su necesidad y pobreza espiritual (Sof. 3:11, 12, 15, 17). Todo aquel que se considera suficiente al margen de Dios es ya un fracasado (Ap. 3:17). El Señor llama a Su pueblo a una posición humilde que le permita retornar a Él desde la provincia apartada. Es un solemne llamado a comunión y bendición, expresado por el Señor: *"He aquí, yo estoy a la puerta y llamo; si alguno oye mi voz y abre la puerta, entraré a él, y cenaré con él, y él conmigo"* (Ap. 3:20).

Igualmente es notable la aplicación sobre la unidad y la comunión. El pasaje destaca la idea de un solo pueblo delante de Dios. Israel es un solo pueblo en la victoria de Jericó, un solo pueblo en el anatema, un solo pueblo en la derrota de Hai, un solo pueblo en el juicio del pecado en Acor, un solo pueblo en la restauración y un solo pueblo en la victoria.

Por otro lado, la figura de Josué es tipo de Jesús, quien, en comunión y unidad con Su pueblo, lo conduce en triunfo. No se puede entender la historia de Israel —en ese periodo— desvinculada de Josué. De igual manera, la Biblia enseña la unidad espiritual del nuevo pueblo de Dios en esta dispensación, que es la Iglesia de Jesucristo. El concepto de unidad va íntimamente vinculado al de comunión. Sin embargo, la comunión, lo mismo que la unidad, se expresa en acciones, por tanto, no es posible hablar de unión ni de comunión si no se vive la unidad y la comunión.

El propósito de Dios para esta dispensación tiene que ver con la formación de un cuerpo en Cristo (Ef. 4:11-13), dotado de una Cabeza dada por Dios mismo para que ejerza Su señorío y autoridad (Ef. 2:22). Jesucristo, como antitipo de Josué, realiza actividades vivientes por medio de una gran diversidad de miembros que son los creyentes, a quienes capacita para efectuar los cometidos necesarios en el cuerpo (1Co. 12:12, 27). La idea de unidad y comunión es evidente en todo el pasaje anterior; baste con detenerse en algunos de los textos del mismo (1Co. 12:14, 20, 21). El cuerpo de Cristo, que es Su iglesia, es un cuerpo interrelacionado (Ro. 12:4-5). No existe en el Nuevo Testamento el concepto de *independencia eclesial*, sino de *vida propia interrelacionada*, esto es, cada iglesia es capaz de su propio funcionamiento, porque ha sido dotada por Dios para ello, pero, siendo parte de un todo, el cuerpo de Cristo no puede desvincularse ni en unión ni en comunión del resto del cuerpo.

El alcance de la unidad está expresado por Cristo mismo en la oración sacerdotal, recogida por Juan (Jn. 17). El Señor habla de una unidad para la Iglesia, a semejanza de la unidad divina trinitaria. Con notoria claridad lo expresa cuando dice: *"...para que todos sean uno; como tú, oh Padre, en mí, y yo en ti, que también ellos sean uno en nosotros; para que el mundo crea que tú me enviaste. La gloria que me diste, yo les he dado, para que sean uno, así como nosotros somos uno. Yo en ellos, y tú en mí, para que sean perfectos en unidad"* (Jn. 17:21-23). El modo de la unidad se efectúa por inmanencia divina (Jn. 17:23). La presencia Trinitaria en el cuerpo de cristianos trasciende en ellos la expresión de la indisoluble unidad existente entre las Personas Divinas. Por otro lado, la inseparable posición del creyente en Cristo, traslada la experiencia unitaria extra trinitaria de la inmanencia, a la intratrinitaria en el Hijo, convirtiéndose en el nexo unitario por excelencia: *"...que también ellos sean uno en nosotros"* (Jn. 17:21). Por tanto, el modo divino de realizar la unidad solo puede ser efectuado por la operación vinculante ejecutada por Dios mismo, mediante la Persona del Espíritu Santo, quien une vitalmente a cada creyente con el Hijo de Dios, introduciéndolo a modo de *"bautismo" "hacia"*, esto es, la formación de un cuerpo en Cristo (1Co. 12:13). Las consecuencias que ello produce son evidentes: primero, la dotación de la vida de Dios a cada uno de los elementos del cuerpo de Cristo por posicionamiento en el Mediador (1Co. 1:30) y único comunicador de la vida eterna (Jn. 1:4; 10:28); en segundo lugar, la dotación de una nueva naturaleza (2Co. 5:17). Esta nueva naturaleza permite a cada miembro y al cuerpo en su globalidad, un funcionamiento celestial. Los sentimientos son renovados para identificarlos a los de Jesús (Fil. 2:5); los pensamientos se hacen celestiales por la acción de la mente de Cristo con que son dotados (1Co. 2:16); el amor vinculante intra y extracorporativo procede también de Dios, y es Su mismo amor (Ro. 5:5). Este cuerpo, en razón de la experiencia de cada uno de los miembros que lo forman, entra en una funcionalidad nueva, de modo que la Cabeza ejerce el señorío total y absoluto, así como la plena conducción del mismo, hasta el punto de conseguir una subordinación tal, que Pablo la expresa de este modo: *"Con Cristo estoy juntamente crucificado, y ya no vivo yo, mas vive Cristo en mí; y lo que ahora vivo en la carne, lo vivo en la fe del Hijo de Dios, el cual me amó y se entregó a Sí mismo por mí"* (Gá. 2:20). Debe apreciarse que todo ello es común a cada creyente y está en relación con Cristo. Este concepto bíblico de comunión entre creyentes deriva de la comunión con Él, sin la cual es imposible. La comunión es consecuencia de la posición *en Cristo*, por tanto, no es un aspecto humano, sino divino. Todo aspecto de comunión, especialmente en la teología paulina, está estrechamente vinculado con Cristo. La salvación es llegar a la *"comunión con el Hijo"* (1Co. 1:9).

La comunión solo es posible en el Espíritu (2Co. 13:14). La comunión es la *"solidaridad"* en los sufrimientos de Cristo *"a fin de conocerle, y el poder de su resurrección, y la participación de Sus padecimientos, llegando a ser semejante a Él en su muerte"* (Fil. 3:10). Comunión es, pues, la expresión participativa de una vida común que actúa conforme a la fe expresando a Cristo, tal como Pablo escribe a Filemón: *"para que la participación de tu fe sea eficaz en el conocimiento de todo el bien que está en vosotros por Cristo Jesús"* (Flm. 6). No hay diferencia en la teología juanina respecto al pensamiento de Pablo en cuanto al concepto de comunión, que lo liga y amplia. Para Juan, el énfasis en relación con la comunión proviene de una relación vertical que se extiende a otra horizontal. La comunión cristiana es la consecuencia de la comunión con el Padre y con su Hijo Jesucristo (1Jn. 1:3). En razón de la vinculación con Cristo, Su vida es el modelo de la comunión (1Jn. 2:6). La comunión es para Juan, una expresión visible de la unidad con Dios en Cristo. La unión como pueblo de Dios y la comunión, tanto de acción comunitaria como de amor fraterno, es otra gran lección que se desprende del relato histórico de los tiempos de Josué. Al creyente se le pide la solicitud en el mantenimiento de la unidad vinculada a la concordia y respeto que se manifiesta en la paz: *"Solícitos en guardar la unidad del Espíritu en el vínculo de la paz"* (Ef. 4:3). Las bendiciones de Dios se derraman sobre el pueblo que está, no solo junto, sino en armonía (Sal. 133:1).

La tercera lección destacable en el pasaje es la de la obediencia, manifestada en un pueblo obediente a la voluntad de Dios. Todo cuanto el Señor había ordenado fue ejecutado con fidelidad.

La obediencia es lo más importante delante de Dios. Con mucha claridad lo expresó por medio del profeta: *"¿Se complace Jehová tanto en los holocaustos y víctimas, como en que se obedezca a las palabras de Jehová? Ciertamente el obedecer es mejor que los sacrificios, y el prestar atención que la grosura de los carneros. Porque como pecado de adivinación es la rebelión, y como ídolos e idolatría la obstinación"* (1Sa. 15:22-23). Una obediencia parcial es una desobediencia. Cristo vinculó la obediencia del cristiano a su amor personal hacia Él (Jn. 14:15, 21, 23, 24). No hay amor sin obediencia, porque la desobediencia expresa rechazo y el rechazo es la antítesis del amor, que en la Escritura, relativo a Dios, consiste fundamentalmente en presentarse como sacrificio vivo y personal, entregándole todo en una acción de renuncia plena al yo, para aceptar sin reservas el Tú divino (Ro. 12:1). Las bendiciones de las promesas de Dios solo se experimentan en obediencia plena, siendo insuficiente para Dios una obediencia parcial (Jn. 2:5).

La adoración en Ebal (8:30-35)

Cerrado el relato de la conquista y destrucción de Hai, el pasaje cambia hacia una manifestación de adoración nacional a Dios. Ciertamente, se plantean problemas de localización y aún de datación del acontecimiento. Aparentemente, la adoración en Ebal se produjo inmediatamente después y el relato no deja lugar para suponer una datación posterior a la secuencia natural del tiempo siguiente al hecho militar de la conquista.

30. Entonces Josué edificó un altar a Jehová Dios de Israel en el monte Ebal,

31. como Moisés siervo de Jehová lo había mandado a los hijos de Israel, como está escrito en el libro de la ley de Moisés, un altar de piedras enteras sobre las cuales nadie alzó hierro; y ofrecieron sobre él holocaustos a Jehová, y sacrificaron ofrendas de paz.

La situación del monte citado genera problemas interpretativos a la hora de determinar si se trata del que está situado en la región montañosa central de la tierra, al nordeste de Siquén, o por el contrario es una elevación en algún lugar próximo a la ciudad de Hai. En base a las consideraciones históricas y geográficas, se considera más concordante esta última[14] ubicación. Es muy difícil aceptar que Josué, con todo el pueblo y los hombres de guerra de Israel, haya subido desde Hai hasta el Ebal, cercano a Siquem, recorriendo una distancia de unos cincuenta kilómetros que llevaría unos dos días a un grupo tan numeroso. Además, el recorrido tendría que llevarse a cabo a través de un país hostil, poblado por enemigos de Israel. Esta situación, aparentemente contraria al pensamiento y lógica del hombre, conduce a diversas propuestas para *ajustar* el texto bíblico a la realidad histórica lógica.

Es interesante reseñar aquí el pensamiento de alguno de los rabinos hebreos sobre la interpretación del pasaje, en donde se aprecian también posturas opuestas. Incluso alguno de los maestros hebreos sostiene que la ascensión al Ebal y Gerizim ocurrió el mismo día del cruce del Jordán, como expresa el Rabí Judam:

"Ved cuantos milagros acontecieron ese día; los israelitas cruzaron el Jordán y fueron al monte Gerizim y al monte Ebal, una distancia mayor de sesenta millas, que nadie puede soportar caminarlas. Trajeron piedras para construir el altar, revocándolas con cal, e inscribiendo las

[14] Ver *"Excursus X"*, al final del capítulo.

palabras de la Tora en sesenta idiomas, como está escrito: 'con mucha claridad'. Luego ofrecieron ofrendas de incienso, comieron y bebieron y se regocijaron, pronunciaron la bendición y la maldición, levantaron las piedras y acamparon en Guilgal, como está escrito: 'Los llevaron con ellos al campamento de la noche y los dejaron allí'. ¿Podría ser cualquier campamento de la noche? Por eso la Torá especifica: 'En el lugar donde pasarás la noche' (Sota 36a)".

El rabí Rashi se apoya en el mandato de Moisés para la lectura de la ley en Ebal y Gerizim para considerar como real la subida del pueblo al Ebal y al Gerizim, escribiendo:

"Para bendecir al pueblo cuando hayáis pasado. Seis tribus ascendieron a la cima del monte Guerizim y las otras seis a la cima del monte Ebal, los sacerdotes y los levitas y el Arca quedaron abajo. En la mitad, los levitas se volvieron al monte Guerizim y comenzaron la bendición: 'Bendito sea el hombre que no haga cualquier imagen grabada, esculpida o fundida'... Y ambos, estos y aquéllos (las 12 tribus) respondieron: 'Amén'. Luego se volvieron al monte Ebal y comenzaron a recitar la maldición: 'Maldito sea el hombre que haga cualquier imagen grabada, esculpida o fundida'. Y estos subirán al monte Ebal para maldecir: Rubén Gad, Aser, Zabulón, Dan y Neftalí. Y todo Israel, y sus ancianos, y sus oficiales, y sus jueces, estaban de pie a ambos lados del Arca, ante los sacerdotes levitas que portaban el Arca del Pacto del Eterno, así los extranjeros como los hijos de Israel, la mitad frente al monte Guerizim y la otra mitad frente al monte Ebal, como a Moisés siervo del Eterno se le había ordenado al principio para que bendijeran al pueblo de Israel".

Por el contrario, el rabí Radak interpreta que el pueblo no subió realmente al monte Ebal y al Gerizim, sino que quedaron en el mismo lugar donde se encontraban. En este sentido escribe:

"Monte Guerizim y monte Ebal. Existe una diferencia de opiniones entre nuestros sabios con respecto a lo sucedido, luego del cruce del Jordán. Rabí Judán dijo: 'Mas allá del camino del oeste" donde el sol se levanta, cerca de Elón Moré. Antes leemos: 'Y pasó Abram por el país hasta llegar a Siquen, y hasta Elón More'. Así como Elón Moré en este versículo es Siquen, también es Elón Moré en este versículo Siquen. Esta es la ubicación del monte Guerizim y del monte Ebal, donde los cutiítas (samaritanos) habitaron. R. Eleazar dice: Esto no es una referencia el monte Guerizim y al monte Ebal donde los cutiítas habitaron, pues ¿no están ellos más allá del Jordán? Aquí estamos cerca del Jordán, en el

camino oeste (lit.: el camino del poniente), en el lugar donde se pone el sol, en la tierra de los cananeos —la tierra de Guilgal— ¡Pero ellos no podían haber visto Guilgal! En el Talmud de Jerusalén, Rabí Eleazar dice: ¿Qué son el monte Guerizim y el monte Ebal? Dos lomas, a una de las cuales la llamaron monte Guerizim y a la otra monte Ebal"[15].

Desde el campo conservador se afirma la literalidad del texto. Entendiendo que realmente el pueblo de Israel salió de Gilgal y caminaron hasta el monte Ebal y el Gerizim, donde leyeron la ley. Por contra, algunos críticos consideran que esta narración ha sido una interpolación en este capítulo y que realmente debía estar en el lugar que le es más propio, al final del capítulo 11, donde se afirma la ocupación de toda la tierra. En algunos mss. de la LXX, el párrafo se encuentra a partir de 9:3. Sin embargo, sorprende que si el libro de Josué —como asegura la *alta crítica*— es el resultado del trabajo de varios redactores en diversos tiempos, no haya sido corregido el lugar del pasaje para colocarlo en un sitio *más acorde* dentro del libro.

Es evidente que el texto bíblico ofrece una pausa en la acción de conquista militar, para ofrecer la perspectiva de un acto religioso que tenía el aspecto de obediencia a lo establecido antes por medio de Moisés, y también de afirmación nacional. El pueblo expresaba la decisión de que fuese la Ley de Dios, de ahí en adelante, el principio que regularía la vida y gobierno del país. Era, en cierta medida, la dedicación de Canaán al Señor. La Ley iba a ser inscrita en un lugar céntrico de la tierra a fin de que el pueblo presente y las generaciones futuras reconocieran el propósito divino de la conquista de la tierra, la gracia que se la entregó en posesión, y las responsabilidades que estaban aparejadas a la condición de pueblo de Dios. La Ley traía consigo la bendición como consecuencia de la obediencia y la maldición que debía evitarse.

Moisés había establecido la lectura de la Ley en el monte Ebal y Gerizim. Él mismo dispuso las seis tribus que estarían sobre uno y otro monte: *"Estos estarán sobre el monte Gerizim para bendecir al pueblo: Simeón, Leví, Judá, Isacar, José y Benjamín. Y estos estarán sobre el monte Ebal para pronunciar la maldición: Rubén, Gad, Aser, Zabulón, Dan y Nefatlí"* (Dt. 27:12-13). Igualmente, determinó el modo de llevar a cabo la ceremonia religiosa. Los levitas serían los encargados de leer la bendición y la maldición, en alta voz, para que todos entendieran las responsabilidades que como pueblo de Dios tenían (Dt. 27:14). Los términos de la bendición y de la maldición estaban registrados también

[15] Eliezer Shulman. o. c., pág. 89.

en el mismo pasaje (Dt. 27:15-28:14). Sin embargo, sorprende que no se especifique el momento en que debía llevarse a cabo esta concentración religiosa, tan solo queda escrita una referencia general: *"cuando hayas pasado el Jordán"*. En este sentido, podía ser en cualquier momento después del cruce.

Es muy posible que Josué, experimentado ya en las consecuencias que acarrea la desobediencia, decidiera cumplir en aquel momento el mandato de Moisés. Es muy probable que suspendiera las acciones militares y tomara consigo al pueblo que estaba acampado en Gilgal para ascender hasta Siquen y dar lectura a la Ley sobre los montes Ebal y Gerizim. En aquellos momentos el camino hacia el norte próximo estaba abierto. Las ciudades de la parte central de la tierra que podían impedir el paso en aquella dirección, Jericó, Hai y Bet-el, habían sido aniquiladas. La noticia de la destrucción de aquellas urbes debió extenderse rápidamente por el territorio, incrementando el terror que los hebreos producían en los pueblos de Canaán. No es imposible, desde el punto de vista humano, una misión como aquella en la que todo el pueblo tenía que participar. La distancia entre Gilgal y Siquem, de unos cincuenta kilómetros, no podía recorrerse por una multitud como aquella en menos de dos o tres días. Al mismo tiempo, no debe olvidarse la hostilidad de los pueblos que quedaran en el recorrido del pueblo que, aunque de importancia relativa, eran enemigos de Israel y luchaban por su supervivencia. Cualquier pensamiento que pudiera estar en la mente de Josué quedaba supeditado al deber que para él tenía la dedicación del nuevo reino y el cumplimiento de los mandamientos establecidos para aquel tiempo. Fueran cuales fuesen los peligros y dificultades que pudieran producirse, la obediencia a la ley de Dios y la fe en el poder protector del Altísimo le daban seguridad. Por tanto, pudiera ser que decidiese llevar a cabo la ceremonia establecida por Moisés en el lugar determinado por él y en aquel preciso momento. Esto avala, no solo la realidad histórica del pasaje, absolutamente indiscutible, sino también el orden cronológico de los acontecimientos tal como aparecen en el texto bíblico.

En ese caso Josué subió hasta Siquén, no para una conquista militar, sino para un acto de adoración. El propósito, además de la lectura de la ley, era edificar un altar que, conforme a lo establecido en la ley, debía ser construido con piedras que no habían sido trabajadas (Éx. 20:25). Israel estaba convocado para ofrecer sacrificios y decir *Amén* a las bendiciones y maldiciones expresadas en la Ley. La adoración se expresaba mediante sacrificios ofrecidos sobre el altar levantado en el monte Ebal. El holocausto, que era una ofrenda totalmente quemada de un animal muerto, significaba el reconocimiento y la confesión del pecado, aceptando que la pena de muerte por causa del pecado quedaba simbólicamente cumplida en la vida del animal, y el mismo sacrificio expresaba la petición de misericordia ante Dios y la fe de que el Señor aceptaría el holocausto como expiación por el pecado (Lv. 1:4). Las ofrendas de paz eran la expresión de gratitud ante la bondad de Dios (Lv. 7:11-12). Todo aquel ceremonial religioso de la construcción del altar y de los sacrificios efectuados sobre él, creaban un espíritu apropiado para aceptar la conquista como una provisión de Dios en su gracia para con ellos. El corazón del pueblo, antes entristecido por la derrota ocurrida en Hai, se llenaría de gozo, que era uno de los propósitos del sacrificio, como enseñaba la Ley: *"y te alegrarás delante de Jehová tu Dios"* (Dt. 27:7).

Con todo, es sorprendente el silencio que guarda el texto sobre un posible movimiento del pueblo desde Gilgal hasta Ebal, por tanto, en lugar de suponer que la ciudad fortaleza de Siquem, que protegía la entrada al valle entre el monte *Ebal y Gerizim,* pudo haberse rendido sin guerra ante el ejército de Josué, o incluso que fue capturada o era amistosa en ese tiempo, como algunos suponen. De manera que la mejor solución es entender que Josué llevó a cabo la acción prescrita para hacer que todo el pueblo, en los montes Ebal y Gerizim, sobre dos lomas situadas en el entorno de Hai —a fin de hacer notar a todo el ejército la necesidad de obedecer sin reserva los mandamientos de Dios— se mantuviera en el terreno de victoria. A la vez, el altar levantado llevaba al pensamiento de todo el cuerpo de guerra de Israel la expresión de gratitud por lo que Dios estaba haciendo con ellos, y orientaba su vista hacia quien era el Conquistador de la tierra prometida. Ante Él era necesario adorar, como se hizo en aquella ocasión, levantando para ello un altar.

De nuevo, la lección de la obediencia se manifiesta en el pasaje remitiendo al lector a la aplicación que se ha escrito antes. El camino de la prosperidad comienza por Dios: *"mas buscad primeramente el reino de Dios y su justicia, y todas estas cosas os serán añadidas"* (ζητεῖτε δὲ πρῶτον τὴν βασιλείαν καὶ τὴν δικαιοσύνην αὐτοῦ καὶ ταῦτα πάντα προστεθήσεται ὑμῖν (Mt. 6:33). El objetivo principal del creyente es ocuparse en las cosas de Dios. En esa búsqueda debe centrarse todo el afán del creyente. No es lógico afanarse por lo menos importante, sino buscar lo mejor. El reino de Dios no es comida ni bebida, sino justicia, gozo y paz en el Espíritu Santo (Ro. 14:17). No son cosas materiales, sino espirituales. La justicia que debe ser la ocupación cristiana, no se refiere a la imputada para salvación, sino a la practicada como expresión de una vida justa. Se trata del modo natural de vida en la esfera de la santificación. El cristiano tiene la responsabilidad de vivir ese tipo de vida, por cuanto ha recibido poder para ello en la regeneración. Esto contrasta abiertamente con el tipo de justicia propio de los legalistas, que el Señor repudia (Mt. 5:20). El Señor enseña a dar prioridad absoluta al reino de Dios. El deber no es conformarse con lo que ya se tiene en el reino, sino *"buscar"* en un progresivo compromiso con el Señor. La meta completa no se alcanzará en esta vida (Fil. 3:12), pero debe proseguirse en un cada vez mayor compromiso. Este *buscar* exige ponerse bajo el control del Espíritu para conducción (Gá. 5:16). Junto con el compromiso, está la bendición prometida: *"y todas estas cosas os serán añadidas"*. Israel estaba empeñado en la conquista y posesión de la tierra. Para el cristiano, las cosas que serán añadidas tienen que ver con todas las necesidades cotidianas, tanto materiales como espirituales. La piedad tiene promesa para la vida presente (1Ti. 4:8). *"Serán añadidas"*, quiere decir que se darán con generosidad (Lc. 6:38). Dios da siempre más de lo que sus hijos pueden pedir o pensar (Ef. 3:20). Como hijos de Dios, el Padre asume el cuidado espiritual y material de los suyos (Fil. 4:19). La vida de piedad tiene también promesa para la eternidad (Mt. 6:19-20).

Junto con la lección de la obediencia está también la de la gratitud. El pueblo estaba reconociendo en los sacrificios que Dios es misericordioso y perdonador. No solo había confesión del pecado y reconocimiento de la culpa, sino una expresión de alabanza y agradecimiento por la provisión de Dios hacia ellos. La Biblia exhorta a la gratitud: *"Sed agradecidos"* (Col. 3:15). La gratitud mayor tiene que ver con la bendición suprema de la salvación de Dios en Cristo: *"Gracias a Dios por su don inefable"* (2Co. 9:15). La gratitud al Señor lleva aparejado el compromiso personal de una entrega incondicional estimulada por todo lo recibido: *"Hermanos, os ruego por las misericordias de Dios, que presentéis vuestros cuerpos en sacrificio vivo, santo, agradable a Dios, que es vuestro culto racional"* (Ro. 12:1). Es la consideración personal de los favores recibidos por gracia lo que impulsa a vivir para Dios, dedicándole plenamente la existencia en la búsqueda de su reino y sus cosas: *"Porque el amor de Cristo nos constriñe, pensando esto: que si uno murió por todos, luego todos murieron; y por todos murió, para que los que viven, ya no vivan para sí, sino para aquel que murió y resucitó por ellos"* (2Co. 5:14-15).

32. También escribió allí sobre las piedras una copia de la ley de Moisés, la cual escribió delante de los hijos de Israel.

La copia de la Ley había sido puesta en la llanura de Jericó, después del cruce del Jordán. Aquí, un nuevo monumento de piedra se erige en el monte Ebal, o en el lugar que así llamaron del entorno de Hai. Es difícil determinar cuanta extensión comprendía lo que se llama *"una copia de la ley de Moisés"*. Moisés había enfatizado la necesidad de hacerlo con claridad: *"Y escribirás muy claramente en las piedras todas las palabras de esta ley"* (Dt. 27:8). Es muy probable que se estuviera refiriendo a las palabras que siguen al mandamiento. Seguramente, las palabras de las *maldiciones y bendiciones* quedaron escritas sobre el encalado puesto sobre las piedras. Aquellas maldiciones y bendiciones que iban a ser leídas delante de todo el pueblo, quedarían así registradas en piedra para posteriores generaciones de Israel.

El creyente debe tener presente que las bendiciones dependen de la obediencia a la Palabra. Dios resiste al soberbio, pero da gracia al humilde (1Pe. 5:5). La obediencia es expresión de humildad. Pedro enseña que el creyente debe *vestirse*, literalmente *ceñirse*, o *envolverse* en el vestido humilde del siervo dispuesto siempre a obedecer. La altanería y la arrogancia no valen delante de Dios (Sal. 18:27). El Señor atiende al humilde y rechaza al altivo (Sal. 138:6; Is. 66:2). El mismo Señor hizo una solemne advertencia: *"porque el que se enaltece será humillado, y el que se humilla será enaltecido"* (Mt. 23:12).

33. Y todo Israel, con sus ancianos, oficiales y jueces, estaba de pie a uno y otro lado del arca, en presencia de los sacerdotes levitas que llevaban el arca del pacto de Jehová, así los extranjeros como los naturales. La mitad de ellos estaba hacia el monte Gerizim, y la otra mitad hacia el monte Ebal, de la manera que Moisés, siervo de Jehová lo había mandado antes, para que bendijesen primeramente al pueblo de Israel.

La concentración de todo el pueblo se había llevado a cabo. El altar edificado sobre el Ebal, la ley escrita en piedras y los sacrificios ofrecidos, habían sido el comienzo de la ceremonia solemne en presencia de todo el pueblo. No había quedado nadie excluido de aquella solemnidad. Las tribus de Simeón, Leví, Judá, Isacar, José y Benjamín, estaban sobre el monte Gerizim para testificar de las bendiciones prometidas por la obediencia. Al otro lado, sobre el Ebal, las de Rubén, Gad, Aser, Zabulón, Dan y Neftalí, que serían testigos de las maldiciones a causa de la desobediencia. Ahora bien, debe notarse que no dice que estaban en el monte Ebal o en el Gerizim, sino *hacia* ellos, en el sentido de realizar un acto que se llevaría a cabo tiempo después, como se verá más adelante, en el lugar donde realmente estaban aquellos dos montes. En el valle, el arca a hombros de los sacerdotes levitas, como manifestación de la presencia de Dios que establecía las bendiciones y las maldiciones, y que sería capaz de llevar a cabo tanto unas como otras en razón de su poder y fidelidad. Los levitas que se habían dividido en dos grupos, orientados uno hacia el Ebal y otro hacia el Gerizim pronunciarían las bendiciones y las maldiciones, a las que todo el pueblo expresaría su aceptación con un solemne *Amén.* Es interesante notar que, junto con los nativos (*ªezrä*), estaban también los forasteros (*gër*); unos y otros formaban parte del *"pueblo de Israel"* (*kol qehal Yisräª*ël), incluidos también los niños y las mujeres, quienes material y espiritualmente vivían en medio de Israel, y por primera vez en la tierra prometida. La esencia de todo aquel servicio religioso era recordar a los israelitas que entraban en una tierra de bendición, que esto sería posible solo después de la obediencia y que, aun cuando era la tierra de la promesa, la desobediencia acarrearía la suspensión de las bendiciones prometidas, trayendo de forma inevitable la maldición. El texto enfatiza el propósito divino de bendición: *"para que bendijesen primeramente al pueblo de Israel"*. Mientras que la ley condena, la misericordia provee de bendición.

La bendición era posible porque sobre el Ebal, donde se debían pronunciar las maldiciones, se había levantado un altar y sobre él se habían ofrecido holocaustos a Dios. Las maldiciones que iban a ser pronunciadas sobre este monte, podrían tener cumplimiento inmediato, sin embargo, quedaban canceladas en razón del reconocimiento del pecado y del sacrificio que se había ofrecido antes sobre el altar.

Las bendiciones que Dios provee para la iglesia son el resultado de la obra expiatoria de Cristo. En razón de lo que Jesús hizo en la cruz, la sentencia penal por el pecado quedó cancelada definitivamente para el creyente (Ro. 8:1). La maldición sobre el pecado persiste en la justicia de Dios, pero el pecador creyente queda amparado bajo el sacrificio del Calvario. El creyente confiesa ahora su pecado para la restauración de la comunión plena con Dios, que elimina de su experiencia los obstáculos para recibir las bendiciones. El trono de ira se cambia para el creyente en un trono de gracia, de donde fluye abundante provisión para cada necesidad cotidiana.

34. Después de esto, leyó todas las palabras de la ley, las bendiciones y las maldiciones, conforme a todo lo que está escrito en el libro de la ley.

La lectura de la ley cerró el solemne acto religioso llevado a cabo en el lugar donde estaba acampado el pueblo que había pasado el Jordán. De una simple lectura del texto podría desprenderse que fue Josué quien leyó las bendiciones y las maldiciones de la ley: *"Después de esto, leyó todas las palabras de la ley"*. Pero, por el siguiente versículo se advierte que la lectura de la ley fue hecha por los levitas bajo las instrucciones de Josué. El lugar para llevar a cabo la lectura de la ley era, físicamente hablando, uno de los mejores de todo Canaán. En el extremo oriental del valle formado por los dos montes, hay un escenario natural que está exactamente a igual distancia de los dos montes. Todas las personas de aquella multitud, situadas en las laderas de las dos montañas, podían ver y oír lo que se llevaba a cabo en el centro del valle —dentro de lo que la voz humana pudiera alcanzar— que era mucho en aquel lugar. Las condiciones acústicas del lugar permitían oír en los dos montes las palabras pronunciadas en el valle.

35. No hubo palabra alguna de todo cuanto mandó Moisés, que Josué no hiciese leer delante de toda la congregación de Israel, y de las mujeres, de los niños, y de los extranjeros que moraban entre ellos.

La lectura de la ley fue completa. Podrían haberse enfatizado más las bendiciones que las maldiciones, o al revés, pero Josué se limitó a dar cumplimiento cabal a lo establecido por Moisés, leyendo la totalidad de las bendiciones y de las maldiciones. No está tampoco claro el modo en que eran leídas. Algunos piensan que primeramente se leyeron todas las bendiciones y luego las maldiciones. Otros opinan que fue una lectura sucesiva en la que primero se leía una bendición y seguidamente una maldición. Incluso podría haberse producido una lectura antifonal en la que a cada bendición leída el pueblo respondía con un *Amén*, al que seguía la lectura de una maldición con la misma respuesta por parte del pueblo. No tiene importancia el modo en que se llevó a cabo, sino el resultado final de la reunión. Las bendiciones por la obediencia y las maldiciones que causaría la desobediencia fueron leídas ante todos y recibieron el compromiso de todo el pueblo con el solemne *Amén* expresado al final de las mismas. Nada se evitó en la lectura, nada tampoco se añadió a ella de lo que había sido establecido.

La extensa ceremonia religiosa fue presenciada por todo el pueblo. Nadie pudo excusarse de asistir, nadie fue excluido para que no asistiera. Junto con los nobles del pueblo, estaban los extranjeros, algunos prosélitos y otros tal vez siervos en medio de la nación. Las mujeres, que entonces tenían derechos muy limitados socialmente hablando, estaban también en aquella solemne ocasión. Ellas tenían la posibilidad de influenciar a los niños que estaban criando. Pero también los niños estaban presentes en la congregación. Sin duda aquel ceremonial religioso, la solemnidad de los amenes que retumbaban en la montaña, la lectura solemne de la ley, y la reverencia que rodeaba todo el acto, quedarían indeleblemente grabados en la mente de los niños. Ser del pueblo de Dios y objeto de sus bendiciones no era algo de poca importancia. La vida del israelita debía desarrollarse en un ambiente en el que la presencia de Dios fuese una realidad vivencial y no solo intelectual para ellos.

La Palabra de Dios debe ser leída y enseñada en la iglesia. Nada debe dejar de enseñarse de ella a la congregación. El apóstol Pablo tenía la enseñanza bíblica general como meta en su ministerio: *"porque no he rehuido anunciaros todo el consejo de Dios"* (Hch. 20:27). La única manera de mantener una vida correcta es la obediencia a la Palabra. La obediencia está ligada con el conocimiento de la misma. Todo avivamiento procede de la Palabra aplicada a la vida por el Espíritu. La mayor necesidad en la iglesia es la enseñanza sistemática de toda la Escritura.

EXCURSUS X
EBAL Y GERIZIM

1. Datos geográficos

La Cordillera Central de la tierra sigue una línea paralela con la costa. Situándose desde el mar y extendiendo la vista hacia los montes centrales a una distancia prácticamente igual desde el borde del mar, se encuentran en línea, de Norte a Sur, los lugares bíblicos de Tirsá, Siquén, Bet-el, Jerusalén y, más al sur, Hebrón. En la parte norte de esta línea imaginaria, al sur de Tirsá, flanqueando a Siquén, se encuentra al Nordeste el monte Ebal y más próximo a ella, al Sur, el monte Gerizim. Desde la lejanía se divisan como dos cerros que rompen la línea del horizonte, entre los cuales se aprecia la existencia de un valle.

Los montes no son —como casi todos en Israel— de gran elevación. El Ebal es el más alto de los dos, con una elevación de 940 m sobre el nivel del mar; el monte Gerizim alcanza una altitud de 881 m. Las diferencias entre ambos son pequeñas. Desde el monte Ebal se obtiene una perspectiva que permite una panorámica de casi todo el país, salvo el Neguev. Al pie del monte está la población de Nablus, cercana al lugar donde se sitúa la antigua Siquén. Desde la cima del monte, mirando hacia el sur, se aprecia el valle formado entre las dos montañas, observándose en toda su dimensión el próximo monte Gerizim. La cordillera sigue extendiéndose en una sucesión de cumbres de montes hasta divisar Nebi Samwil, desde cuyo punto se encuentra Jerusalén a unos 8 km. Volviendo la vista hacia el Oeste, aparece una sucesión, cada vez más baja de lomas, que descienden hasta la llanura, suavemente ondulada, que termina en la costa. Al mirar hacia el Norte-Noroeste, se distinguen las laderas del Carmelo, distante unos 65 km, seguidas de la gran llanura del Meguido. Un poco más al Norte, aparecen las lomas que bordean el mar de Galilea y, con el horizonte despejado, se puede distinguir las laderas situadas al Sur del Monte Hermón.

2. Datos históricos

Aunque el monte Ebal es el más elevado, la historia ha distinguido el Gerizim como lugar sagrado para los samaritanos. Samaria fue la capital del reino de Israel, el reino del norte, después de la división de la tierra. Edificada por Omri sobre un monte situado a unos 11 km al Noroeste de Siquén, en un lugar estratégico que controlaba las rutas comerciales que atravesaban la llanura de Esdraelón. El lugar donde se edificó Samaria fue comprado a Semer, que era su propietario, por dos talentos de plata (1Re.

16:24). De la capital derivó el nombre genérico dado al reino del Norte. Su hijo Acab concluyó la construcción de la ciudad, dotándola de edificios notables, como la casa decorada con paneles de marfil (1Re. 22:39). No cabe duda de que en Samaria había un templo dedicado a Baal de Sidón, cuya adoración idolátrica fue protegida por la acción de su esposa Jezabel (1Re. 18). Como era habitual, junto con el templo de Baal se levantaba el lugar de adoración de Asera, señalado por una columna levantada por Acab, que sería retirada por su hijo Joram (2.R.3:2). Este lugar, capital de Israel como reino del Norte, fue el centro de practica y difusión de la idolatría. Ben-adad II, rey de Siria, sitió la ciudad de Samaria en dos momentos. El primero ocurrió en tiempos de Acab, quien derrotó totalmente al ejército sirio (1Re. 20:1). El mismo rey volvió a intentar la conquista de Samaria un año después, siendo también derrotado y perdonada su vida por Acab. El segundo sitio ocurrió en días de Joram, hijo de Acab, en el que Samaria se vio sometida al hambre hasta el punto de que alguna mujer mató y comió a su propio hijo (2Re. 6:28-29). El reino del Norte terminó en manos de los asirios, iniciándose el declive definitivo en los días de Peka, en cuyo reinado Tiglat-pileser ocupó varias poblaciones (2Re. 15:27-31). Finalmente, en días de Oseas, Salmanasar V de Asiria, hizo tributario al rey de Israel (2Re. 17:3). Posteriormente, Sargón II, que sucedió en Asiria a Salmanasar V, descubrió que Oseas conspiraba contra él habiendo enviado embajadores al rey de Egipto, por lo que, en una rápida campaña militar, invadió el territorio de Israel, llevando cautivo al pueblo en una deportación masiva, distribuyéndolo en distintos lugares de Siria, Asiria y Babilonia. La situación de un territorio despoblado trajo como consecuencia la presencia de fieras, especialmente leones, que causaban estragos en la tierra, por cuya razón el rey asirio trasladó personas de Babilonia, Cuta, Ava, Hamat y Sefarvaim, a las ciudades deshabitadas de Samaria (2Re. 17:24). Estos nuevos pobladores sufrieron por la presencia de leones en el territorio, por lo cual —creyendo que sería consecuencia de desconocer los principios religiosos del judaísmo— les fueron enviados por los asirios algunos de los sacerdotes de la deportación procedentes de Samaria, enseñandoles aspectos generales de la religión judía que, unidos a sus creencias personales, dieron origen a un sincretismo religioso notable en aquella zona y, probablemente, relacionado con algunos judíos de los que no fueron llevados en cautividad (2Cr. 30), que adoraban a Jehová y a otros dioses (2Re. 17:29ss). Estos *samaritanos* intentaron asociarse a los judíos subidos a Jerusalén en días de Esdras para la reconstrucción del templo, siendo rechazados en sus pretensiones (Esd. 4:1-3).

Sin embargo, debemos preguntarnos si los *samaritanos* de los tiempos de Cristo, que no se relacionaban con los judíos (Jn. 4), eran los descendientes de los establecidos por los asirios en el territorio del reino del Norte, ya que aparecen, conforme al evangelio, como pobladores de Siquén. Tal situación debe relacionarse con un grupo distintivo del período helenístico de fines del S. IV a.C., época en que se reconstruyó Siquén. Es posible que la enemistad mencionada por Juan entre judíos y samaritanos tenga sus raíces en el rechazo de los pobladores de la parte norte del país, cuando la reconstrucción del templo de Esdras antes mencionado. Sin embargo, las raíces del distanciamiento entre ambos grupos se entroncan también con la expulsión del sacerdocio en tiempos de Esdras de uno de los hijos menores de Joiada, que había emparentado con Sanbalat.

CAPÍTULO 9
ALIANZA CON GABAÓN

Introducción

Iniciada la conquista de la tierra por la parte central, Israel consiguió introducir una cuña en el territorio desde el Jordán seccionando Canaán en dos partes. La conquista de las ciudades más importantes de la parte central como eran Jericó, Hai y Betel, les había permitido llegar hasta Siquén para la celebración de las solemnidades detalladas en el capítulo anterior. Pero, esencialmente, lo que Israel había conseguido era dividir Canaán y propiciar dos acciones de conquista, primero hacia el sur y luego hacia el norte. Debe tenerse en cuenta que aunque las ciudades de la parte central tenían cierta importancia, la ocupación de aquella franja de territorio no suponía un golpe a un solo enemigo, como sería en el caso de que fuera una solo pueblo quien habitara Canaán. El enemigo estaba formado por una diversidad de pueblos, ciudades-estado que defendían su territorio y que se aliaban con otros reyes, incluso enemigos anteriormente entre sí, para luchar contra el invasor. No cabe duda de que la ocupación de la parte central permitía a Israel una campaña, tanto hacia el norte como hacia el sur, sin el peligro de coaliciones norte-sur.

La amplitud de detalles que aparecen en el texto bíblico sobre la campaña de la parte central son decisivos para entender el fondo teológico del relato histórico. La abundancia de datos no se produce porque fuese la parte más difícil de la conquista, sino porque es la preparación de Israel para su asentamiento como nación y su futuro como pueblo de Dios en medio de las naciones. La conquista de la parte central fue un tiempo de prueba, de lecciones, de reflexión y, sobre todo, de dedicación al Señor. Las lecciones que tenían que aprender detuvieron o demoraron en muchos aspectos la dinámica de la conquista. Dios deseaba que los suyos fueran instruidos en todo lo que tenía relación con la vida de santidad y testimonio, con la dependencia y confianza en el Señor. Las lecciones fueron aprendidas con muchas limitaciones, como se apreciará en distintos momentos de la historia siguiente. Las experiencias del resto de la conquista fueron, sin duda, enseñanzas importantes. La fidelidad de Dios se hizo notoria en cada una de las acciones militares. Sin embargo, en la experiencia de la conquista de la parte central se alcanzó la cima de lo que significaba el cumplimiento de las promesas de Dios, las consecuencias de la fama y la experiencia de la victoria. Las conquistas del resto del libro son simplemente la progresión victoriosa del proyecto de Dios para su pueblo y el cumplimiento fiel de sus promesas.

La conquista no significaba solo posesionarse de la tierra, sino expulsar de ella al enemigo constituido por una larga serie de pueblos como los heteos, amorreos, cananeos, ferezeos, heveos, jebuseos y otros. Estos pueblos nunca estuvieron coaligados, por tanto Josué tenía que planificar la estrategia individualmente para cada uno de ellos. Sin duda, la conquista de la parte central permitió disponer de una excelente base para ir derrotando a los pueblos situados tanto al norte como el sur de Jericó. Esto suponía entrar en combate y derrotar a los ejércitos enemigos uno a uno, comenzando por los más próximos, tanto en dirección norte como en dirección sur. Tal vez, representaba algo más fácil para Israel iniciar las acciones hacia el sur que hacia el norte. Los pueblos situados al norte de Jericó, asentados algunos de ellos en las montañas, se presentaban como más difíciles de conquistar, o por lo menos, con mayores problemas que los del sur. Esto determinó quizá el inicio de la campaña en dirección sur.

Josué no debía esperar mucho tiempo después de la conquista de Hai para iniciar la compaña del sur. Los pueblos de toda la tierra estaban afectados por las noticias del milagro del cruce del Jordán (2:9-10; 5:1) y su ánimo se había resentido notablemente. Las conquistas de los ejércitos de Israel sobre las ciudades de la parte central habían añadido mayor preocupación y desaliento. Era el momento oportuno para continuar las acciones de conquista y posesión de la tierra. Haciendo base en Gilgal, de donde había partido para la primera conquista, Josué inició una campaña hacia el sur que le permitiría ocupar un amplio territorio de Canaán. La primera etapa había sido la escuela de aprendizaje del pueblo, entre otras cosas, sobre la obediencia a Dios y la dependencia de Él. La ayuda divina estaba a disposición de ellos en la medida en que mantuviesen la linea de conducta requerida por la alianza.

El capítulo ofrece una narración homogénea en toda su extensión. El movimiento *antihistórico* tiene que acudir al insostenible recurso de la *etiologí*a para presentar el texto como un producto de tradiciones y documentos diferentes (gabaonita, israelita-Josué)[1], y también como un relato alterado por incorporaciones y añadidos. Pero la aproximación desprejuiciada al texto bíblico no deja lugar para tales supuestos, que obedecen al subjetivismo propio de una determinada posición teológica, sobre todo por la ligazón de todo el relato y de los personajes que intervienen a lo largo del mismo, y que hubiera sido preciso dejar de tener en cuenta para sostener las hipótesis anteriores.

---

[1] A. Alt. *Josua. Beihefte zur Zeitschrift für die alttestamentliche Wisenschaft.* Berlín, 1936. Pags. 13-29.

La división del pasaje es sencilla: comienza con el detalle de la confederación de los reyes cananeos contra Israel (vv. 1-2); luego presenta la astucia de los gabaonitas para engañar a Israel y salvar su vida (vv. 3-13); sigue el pacto hecho con ellos (vv. 14-15); después relata el descubrimiento y resultado del engaño (vv. 16-19); y finaliza con los gabaonitas asignados a perpetuidad al servicio del santuario como leñadores y aguadores (vv. 19-27).

Para el desarrollo del comentario se sigue el *Bosquejo* que aparece en la *introducción* como sigue:

2. La conquista del sur de Canaán (9:1-10:43).
    2.1. El pacto con los gabaonitas (9:1-27).
        2.1.1. La coalición de los reyes del sur (9:1-2).
        2.1.2. La astucia de los gabaonitas (9:3-13).
        2.1.3. El pacto con los gabaonitas (9:14-15).
        2.1.4. El engaño descubierto (9:16-19).
        2.1.5. Los gabaonitas servidores del santuario (9:20-27).

La conquista del sur de Canaán (9:1–10:43)

El pacto con los gabaonitas (9:1-27)

La coalición de los reyes del sur (9:1-2)

1. Cuando oyeron estas cosas todos los reyes que estaban a este lado del Jordán, así en las montañas como en los llanos, y en toda la costa del mar Grande delante del Líbano, los heteos, amorreos, cananeos, ferezeos, heveos y jebuseos,

2. se concertaron para pelear contra Josué e Israel.

Los efectos del cruce del Jordán habían sido desmoralizadores para los reyes de aquella tierra (2:9-11). Tal situación había facilitado las cosas en el momento de la conquista de Jericó, pero la derrota de Israel en Hai probablemente supuso un aliento para los reyes de la tierra. El pensamiento de unirse para luchar contra Israel es el tema dominante en estos dos primeros textos. La idea de coaligarse se extiende según el relato, a todo el territorio de Canaán, sirviendo de introducción para la conquista tanto del sur, como la posterior del norte. Los límites de la tierra vuelven a expresarse en modo genérico en el texto y la noticia de la victoria de Josué en la parte central de la tierra se había extendido a todo el territorio de Canaán: *"a este lado del Jordán"*. El texto ofrece una sencilla división de la tierra: las montañas, los llanos y la costa del mar

Grande. La parte montañosa (*här*), que atraviesa de norte a sur Galilea, Samaria y Judea; los llanos (*s^e^pëlä*), tierras bajas entre la montaña y el Mediterráneo; la zona costera (*köl hôp hayyäm haggädôl*), todo el litoral del *"mar Grande"* (Nm. 34:6-7) desde el Líbano en el norte hasta el sur. Se trata del territorio prometido a Israel para el tiempo de la conquista de Canaán. Junto a las demarcaciones geográficas, figuran los pueblos que se confederaban contra Israel. La descripción de estos y otros pueblos habitantes de Canaán en tiempos de la conquista se hizo anteriormente[2].

Es notable el propósito común de todos aquellos pueblos: *"se concertaron para pelear contra Josué e Israel"*. Las diferencias étnicas e incluso sociales, que llevaron a aquellos pueblos a confrontaciones a lo largo de la historia, quedaban superadas en razón del peligro común que representaban Josué e Israel. Al paso del Jordán y a la conquista de Jericó, Hai y Bet-el, se unía la solemne ceremonia religiosa de Ebal y Gerizim. Los pueblos de la tierra entendieron que Josué se consideraba ya dueño del territorio y lo dedicaba a Jehová. Conocían el compromiso solemne que Israel había aceptado en aquella ocasión y los amenes con que concluía la ceremonia religiosa. Era para ellos un pueblo con su religión y sus leyes que se introducía en Canaán, no para compartir el territorio y vivir en él, sino para adueñarse de la tierra y exterminar a sus pobladores. No podían perder el tiempo en disputas tribales, la unidad de todos ellos frente a un enemigo común era esencial para sus intereses y supervivencia. Por unanimidad, *"se concertaron para pelear"*. Todos aquellos pueblos dejaron a un lado sus diferencias para acudir a la formación de un frente común coaligado. El objetivo común de todos ellos eran *"Josué e Israel.*

La realidad espiritual de la introducción del pasaje es mucho mayor que la simple descripción de unos datos históricos. La conquista de la tierra tenía que ver con un plan divino que conllevaba la destrucción de aquellos pueblos a causa de su pecado y rebeldía contra Dios. El propósito divino era establecer un *"reino de sacerdotes y gente santa"* (Éx. 19:6) que sirviera de testimonio de Dios entre las naciones. Este propósito divino se enfrentaba directamente a Satanás, cuyo intento inicuo es establecer su propio reino en oposición al reino de los cielos (Is. 14:13-14). Desde el principio controló los reinos del mundo y su gloria, que vinieron a ser suyos no en razón de derecho, sino a causa de la derrota de nuestros primeros padres en Edén. Allí, el cetro de autoridad que Dios había puesto en mano del hombre como gobernante en la tierra, como parcela de la creación (Gn. 1:28), fue arrebatado en el combate espiritual librado contra Satanás (Gn. 3:1ss.) cediéndole el cetro de autoridad sobre el gobierno

---

2 Ver el correspondiente apartado en la Introducción del libro, en el capítulo 1.

de la tierra, de ahí que Satanás pudiera decir a Cristo: *"A ti te daré toda esta potestad, y la gloria de ellos; porque a mí me ha sido entregada, y a quien quiero la doy"* (Lc. 4:6). La administración de los reinos de este mundo y su gloria ha venido a parar a mano de pecadores controlados, influenciados y dirigidos por Satanás o sus ministros angélicos caídos. Sin embargo, todo el universo está bajo el control divino, al que ningún ángel caído pudo escapar, ni tan siquiera el propio Satanás. En ocasiones, cuando los planes satánicos habrían podido alcanzar niveles que hicieran fracasar los propósitos divinos, Dios interviene deteniendo el sistema satánico e impidiendo la ejecución de sus planes. El programa divino tiene el proyecto final del establecimiento de un reino gobernado y regido por el *hombre*. La restauración de ese reino tendrá lugar en el *Hombre perfecto*, Jesucristo, quien actúa con la suprema autoridad que le corresponde en razón del nombre recibido y de la obra realizada en la Cruz (Fil. 2:9-11). Esa es la base por la que el escritor a los Hebreos habla de un reino futuro que no estará *"sujeto a ángeles"* (He. 2:5). El mundo actual está sometido a los ángeles. El proyecto de Satanás es tener un trono que le permita ser semejante al Altísimo en cuanto a gobernar independientemente de Él.

En la tentación, Cristo no llamó mentiroso a Satanás cuando afirmó que los reinos del mundo son suyos y los da a quien quiere. El diablo es un usurpador del gobierno de Dios en los ángeles caídos (Ef. 2:2). Satanás ejerce el control en el *"presente siglo malo"*, como dios de este siglo (2Co. 4:4). Ejerce autoridad, da los reinos y controla los gobiernos del mundo por medio de sus ángeles, como sirve de ejemplo Persia (Dn. 10:20), o Grecia (Dn. 10:20). Satanás establece sus huestes para oponerse a la voluntad de Dios. Procuró impedir la respuesta a la oración y la revelación del futuro glorioso que Dios tiene programado para el mundo (Dn. 10:13). El gobierno diabólico se produce en la esfera de las tinieblas (Ef. 6:12). El proyecto diabólico para el reino consiste en colocar un hombre en su trono (2Ts. 2:3-4). Este será el Anticristo, que ocupará el gobierno mundial por un tiempo corto, gobernando bajo la autoridad de Satanás (Ap. 13:4, 7). El Espíritu Santo está impidiendo esa acción hasta el arrebatamiento de la iglesia (2Ts. 2:6-7). El reino de los cielos en el futuro tiene expresiones diferentes. El reino milenial primero (Ap. 20), luego el estado eterno (2Pe. 3:13). En el programa divino el asentamiento de Israel en Palestina tenía una importancia capital. Con toda certeza Satanás lo sabía, por ello actuaba con toda su astucia en diversos frentes para evitar el programa divino en relación con el pueblo de Israel y su asentamiento en la tierra de la promesa. Este programa divino tenía que ver con un aspecto importante, que era la eliminación de los reyes ocupantes de aquel territorio y sus pueblos, para evitar una mezcla entre ellos y el de Israel, de manera que no pudiera ser desviado del propósito con que Dios lo establecía en aquel territorio. El pasaje va a mostrar dos aspectos de la estrategia satánica: por un lado, la presentación de una coalición guerrera que distraería la atención de Israel; por otro, y sobre la atención que Israel prestaría a la coalición de reyes enemigos, introducir por medio de alianzas a los enemigos en el corazón de la nación.

La pelea tenía un doble objetivo: *"Josué e Israel"*. La tipología es evidente. Josué, como tipo de Cristo, es uno de los objetivos satánicos. En la Cruz se enfrentaría al usurpador consiguiendo su derrota definitiva y la de todas sus huestes (Col. 2:15). Pero el combate de Satanás y sus ángeles continúa abierto contra el pueblo de Dios, la iglesia de Jesucristo. Es un combate en el que la iglesia, y el creyente como individuo, tienen en frente a toda una coalición enemiga dispuesta a pelear (Ef. 6:12), al tiempo que el diablo busca una estrategia apropiada a cada ocasión para que se produzca la derrota (1Pe. 5:8). Esta derrota individual y colectiva del pueblo de Dios tiene resultados adversos para el programa del testimonio del reino de Dios en el momento presente, como lo tuvo también en el pasado y lo tendrá en el futuro. El diablo lucha contra el Señor derrotando a los suyos. A lo largo de la historia todo fracaso de un creyente ha tenido repercusión en el testimonio. En el tiempo de la Tribulación, la lucha satánica será contra todo aquel que esté relacionado con el testimonio de Dios (Ap. 12:3-5, 13, 17) para culminar en una confrontación abierta y directa contra el Señor mismo (Sal. 2:1-3; Ap. 19:19-21). El creyente no debe perder de vista que la unidad espiritual entre él y Jesucristo traerá consecuencias directas al testimonio y afectará al buen nombre del Señor (1Pe. 1:14-16).

Un modo de la estrategia satánica consistirá en amedrentar a los creyentes poniendo ante ellos graves peligros. La amenaza contra la iglesia por medio de los impíos comenzó ya desde el principio a través de amenazas que ponían en peligro la vida de los creyentes. Por esta razón, la iglesia oraba pidiendo fuerzas para seguir testificando con denuedo en medio del conflicto (Hch. 4:21). Los peligros potenciales hacen que, en ocasiones, la iglesia esté atenta solo a lo que pueda ocurrir, mientras desatiende otros frentes que Satanás utiliza en su provecho para la ejecución de su plan. La exhortación del Señor es clara: *"No temas en nada lo que vas a padecer. He aquí, el diablo echará a algunos de vosotros en la cárcel, para que seáis probados y tendréis tribulación por diez días. Sé fiel hasta la muerte, y yo te daré la corona de la vida"* (Ap. 2:10).

La astucia de los gabaonitas (9:3-13)

3. Mas los moradores de Gabaón, cuando oyeron lo que Josué había hecho a Jericó y a Hai,

4. usaron de astucia; pues fueron y se fingieron embajadores, y tomaron sacos viejos sobre sus asnos, y cueros viejos de vino, rotos y remendados,

5. y zapatos viejos y recosidos en sus pies, con vestidos viejos sobre sí; y todo el pan que traían para el camino era seco y mohoso.

6. Y vinieron a Josué al campamento en Gilgal, y le dijeron a él y a los de Israel: Nosotros venimos de tierra muy lejana; haced, pues, ahora alianza con nosotros.

La conjunción adversativa "*mas*" abre el relato sobre los gabaonitas. Como en muchas ocasiones, esta conjunción merece una seria atención por lo que sigue. Es como una advertencia al lector para que preste atención al relato de forma más estricta. Los que venían al campamento de Israel procedían de Gabaón. Esta era una de las ciudades reales de Canaán. Estaba situada a unos 10 km al norte de Jerusalén y a la misma distancia al sur de Bet-el[3]. Se identifica actualmente con *"el-Jîb"*. Estaba edificada sobre una prominencia montañosa caliza, que a modo de escalones se levanta sobre la llanura. El acceso a la ciudad era muy dificultoso. Situada al comienzo del paso de *Bet-horón*, su posición elevada ofrecía una perspectiva muy extensa. Desde ella podía alcanzarse con la vista hasta Jope, junto con la llanura occidental y el mar Mediterráneo; volviendo la vista al otro lado, se podía llegar a divisar los cerros de Moab, más allá del Jordán y del mar Muerto; muy cerca, se veían Jerusalén y el Monte Olivete. Frente a la ciudad, se extendía una campiña muy fértil que producía abundantes cosechas de trigo y otros cereales, así como diversas frutas y aceite. La importancia de esta ciudad era grande. De ella se dice que era *"una gran ciudad, mayor que Hai y todos sus hombres eran fuertes"* (10:2), lo que añade la importancia de un ejército poderoso. Además, situada en el camino real hacia el sur, era llave de paso para alcanzar la ciudad de Jerusalén, distante a solo 10 km. Gabaón debía ser, como ciudad principal, la que daba nombre al territorio en donde se encontraban también las otras tres ciudades: Cafira, Beerot y Quiriat-jeraim (v. 17).

La coalición de reyes (v. 2) posiblemente los comprendía también a ellos. No obstante, la presencia israelita estaba a las puertas de esas ciudades. El territorio ocupado con la conquista de Hai los distanciaba tan solo unos 10 km a unos de otros. Las noticias de lo ocurrido a Jericó y Hai los llenaron de terror. Conocían cómo las ciudades y sus moradores habían sido materialmente borradas del mapa y ellos no querían correr la misma suerte. Las noticias del comportamiento de Israel con los territorios conquistados y las instrucciones que tenían para con el resto de la tierra,

---

[3] Ver *Excursus, XI*, al final del capítulo

les hicieron comprender que su situación era crítica. Aunque sus fuerzas militares conjuntas podían representar un potencial superior al que tenía Jericó y Hai, las acciones divinas en favor de Israel eran también conocidas, de modo que procuraron por todos los medios evitar un enfrentamiento armado con los ejércitos de Josué. El gobierno de estas cuatro ciudades era, en cierto modo, diferente al de las otras ciudades-estado de Canaán. En lugar de rey, tenían una cierta forma de república, gobernada por ancianos elegidos con un conjunto de leyes que eran, a todos los efectos, una especie de constitución. La decisión sobre su futuro no se pudo hacer de un modo más inteligente. Solo una operación diplomática, llevada a cabo con una astucia altamente elaborada, podía evitar que ocurriera con ellos lo mismo que con las ciudades de Jericó, Hai y Bet-el. Sabían que la guerra era una operación de exterminio y, por tanto, si los hebreos llegaban a conocer que eran habitantes de aquel entorno, solo podían esperar la misma suerte que la ocurrida a las otras poblaciones.

Los israelitas eran gente decidida, pero sumamente crédula. Como suele ocurrir, los hijos de este mundo son más astutos que los creyentes. Estos son conducidos por la verdad de Dios, mientras que aquellos están imbuidos por la mentira de la que participan y a la que son impulsados por su propia naturaleza y la acción diabólica que actúa en ellos. De este modo, los gabaonitas, actuando con astucia, urdieron una trama que pudiera resultar aceptable a los hebreos con el solo propósito de llevarles a establecer un compromiso pactado que garantizase su seguridad personal. Confesarse habitantes de Canaán era pronunciar sobre ellos mismos sentencia de muerte. Aparentemente, parece que sabían que los israelitas podían hacer paz con otras naciones fuera de Canaán (Dt. 20:10-15), mientras que estaban obligados a destruir completamente a todos los cananeos para no ser contaminados con sus abominaciones (Dt. 20:16-19). Era preciso que hicieran creer a los hebreos que su procedencia no eran las ciudades próximas, sino tierras muy lejanas. Se presentarían a Josué como embajadores de aquellos lejanos territorios. Para dar mayor verosimilitud a sus propuestas, se disfrazaron convenientemente. No podían afirmar su procedencia de *"tierras muy lejanas"* (v. 6) si su aspecto era de gente recién salida de sus casas. Con todo cuidado, se rodearon de un aspecto que pudiera confirmar la mentira de sus palabras. Sobre sus asnos pusieron sacos viejos para sus pertenencias; los cueros de vino también daban la impresión de un largo tiempo a lomos de sus animales, viejos, sucios del polvo del camino y, como era normal en un largo viaje, estaban remendados como si los movimientos bruscos de alguna jornada o el cargarlos y descargarlos de lomos de las bestias, hubieran producido las naturales roturas que habían subsanado inmediatamente. Los zapatos resistían también un examen que confirmara sus astutas palabras: estaban viejos y recosidos, consecuencia del largo camino recorrido para llegar hasta ellos. Los vestidos eran también otra evidencia, viejos y ajados por los días de peregrinación. Una última evidencia fue presentada a la vista de los israelitas, el pan se había endurecido y enmohecido a consecuencia del tiempo de viaje. Todo el panorama ofrecía la aparente realidad que certificaba la verdad de su historia. Con todo este bagaje habían urdido la astucia (*b^ea^ormä*) con la que se presentaron ante Josué en Gilgal (v. 6).

Los *críticos* tratan de demostrar que este Gilgal donde estaba el campamento de Israel no es el Gilgal de la llanura de Jericó, donde habían acampado al cruzar el Jordán (4:20). Proponen que el Gilgal del pasaje debía estar situado cerca del encinar de Mamre, próximo a Siquén y a pocas millas al norte de Bet-el, que se conoce actualmente como *"Jiljilia"*. Argumentan, para sostener esta postura, que no es concebible mover tan enorme cantidad de personas para un acto religioso y hacerlas volver nuevamente a las proximidades del Jordán, cuando el lugar de Mamre, en la parte central de la tierra, era mucho más apropiado para que Josué situara su cuartel general y desde allí dirigiese las operaciones de conquista, bien hacia el sur o hacia el norte. Dos argumentos anulan la propuesta de los *liberales*: primero, el hecho de que el texto bíblico utiliza la expresión *"campamento en Gilgal"*, sin indicación alguna que haga suponer al lector ese cambio de lugar al usar la misma expresión que anteriormente utilizó para referirse al lugar donde acamparon al entrar en la tierra; en segundo lugar, se dice que para acudir en ayuda de los moradores de Gabaón, *"Josué subió toda la noche desde Gilgal"* (10:9), cosa innecesaria si se tratase de un lugar situado en la zona de Mamre.

Los embajadores gabaonitas se presentaron como venidos de lejos y manifestaron la razón de su viaje: que Israel hiciera alianza con ellos (v. 6).

La acción de Satanás introduce un nuevo elemento para el que Israel no estaba preparado: *la astucia* (v. 4). Ese ha sido el modo natural de actuación de aquel que la Biblia presenta como *astuto* desde el principio (Gn. 3:1). Como en otras ocasiones, se disfraza para engañar. En el texto se lee claramente que *finge* (v. 4), es decir, presenta una visión deformadora para ocultar la verdad. Como padre de mentira, utiliza la mentira y miente: *"venimos de tierra muy lejana"* (v. 6). Envuelto en toda esta astucia mentirosa, el propósito de Satanás es claro: *"haced, pues, ahora alianza..."* (v. 6). No podía demorarse mucho tiempo, tenía que ser *ahora*. La urgencia de Satanás era apremiante. Una demora en el tiempo significaría el descubrimiento de la mentira y los planes diabólicos serían frustrados. Lo que no hubiera conseguido en combate, lo iba a lograr por astucia, introduciendo a los enemigos que debían ser eliminados en medio del pueblo de Dios, en contra de la voluntad divina.

La obra de Satanás no ha variado. Está introduciendo cada vez, nuevos elementos en su lucha para los que el pueblo de Dios no siempre está preparado. A pesar de la solemne advertencia de la Escritura: *"Sed sobrios y velad; porque vuestro adversario el diablo, como león rugiente, anda alrededor buscando a quien devorar"* (1Pe. 5:8). El creyente puede caer en la astucia satánica. Nunca vendrá frontalmente para ser descubierto con facilidad, sino rodeado de aspectos inocentes. Satanás vendrá siempre disfrazado como ángel de luz (2Co. 11:14), de modo que su presencia no sea advertida y pueda realizar su acción sin ser descubierto. Ese modo de disfrazarse —siempre cambiante— le permitirá introducirse en medio del pueblo de Dios, como escribe Judas: *"Porque algunos hombres han entrado encubiertamente, los que desde antes habían sido destinados para esa condenación, hombres impíos, que convierten en libertinaje la gracia de nuestro Dios, y niegan a Dios el único soberano, y a nuestro Señor Jesucristo"* (Jud. 4). El interés de Satanás es que el creyente *pacte* con la iniquidad, en cualquiera de sus manifestaciones, para impedir la victoria o cortar las bendiciones de Dios. La propuesta es, en ocasiones, la formación de alianzas. No importa qué tipo de alianza contraiga el creyente con el mundo, será siempre un fracaso personal y eclesial. En ocasiones, las alianzas vienen del campo político, cuando la iglesia establece compromisos con los gobiernos de este mundo que limiten y condicionen su libertad espiritual, haciendo de la iglesia un elemento para la ejecución de sus planes. Otras veces, las alianzas serán familiares o personales, por medio de amistades y vínculos personales que alcanzan situaciones mucho más graves, como es el caso de matrimonios mixtos. Este sistema de pacto ha llevado a la ruina espiritual a centenares de matrimonios y deshecho igual número de hogares. No es menos cierto que en muchas ocasiones, la gracia de Dios se ha manifestado en la salvación del incrédulo con quien el creyente se había unido en yugo desigual, pero eso es solo la excepción y no la regla. Otras veces, las alianzas son de tipo religioso. El mal llamado *ecumenismo* —no bíblico— está trayendo como consecuencia una amalgama entre cristianos verdaderos y nominales que nunca han experimentado el nuevo nacimiento. La astucia diabólica en este sentido consiste en limitar la doctrina de modo que todos puedan unirse en un mismo consenso. No es de sorprender, que en organizaciones mundiales de este tipo tengan cabida junto a cristianos otras religiones del mundo. Nadie que esté en correcta relación con Dios y en obediencia a su Palabra, tendrá interés en pactar con otros creyentes porque ya está unido a ellos en la misma fe. La advertencia doctrinal y la historia debieran poner en guardia a todo creyente y a las iglesias para desconfiar de aquellos que buscan alianzas con denodado esfuerzo.

7. Y los de Israel respondieron a los heveos: Quizás habitáis en medio de nosotros. ¿Cómo pues, podremos hacer alianza con vosotros?

Los israelitas podían hacer alianzas con pueblos que estuvieran fuera del límite de Canaán. Específicamente, se hace referencia a pueblos que estuvieran *"muy lejos de ti"* (Dt. 20:10-15). Pero había prohibición expresa de pactar con cualquiera de los pueblos de Canaán, pues debían *"destruirlos del todo; no harás con ellas alianza, ni tendrás de ellas misericordia"* (Dt. 7:2). El primer contacto de los gabaonitas al llegar a Gilgal no fue solo con Josué, sino con *"los de Israel"*, es decir, hombres del pueblo. La propuesta de un pacto (*b^erît*) hecha por extranjeros (*hiwwî*)[4], les hace vacilar y recapacitar. El discernimiento espiritual de los tales es consecuente. Es posible que sea un engaño y que pertenezcan a alguna de las naciones de Canaán. Los israelitas manifiestan este recelo claramente: *"Quizás habitáis en medio de nosotros"*, en cuyo caso, todo pacto era imposible.

Es notable observar cómo Israel ha tomado conciencia de que la tierra en donde estaba era de ellos. La relación de propiedad les obliga a expresarse de ese modo. No eran ellos, los israelitas, quienes estaban *en medio de los pueblos de Canaán*, como si la tierra fuera de los canaanitas, era justamente al revés, los canaanitas eran los ocupantes de una parecela que correspondía a Israel, por tanto, eran ellos los que habitaban *"en medio"* de ellos. La tierra era de Israel, por tanto, en razón de la fe, era necesario echar de en medio de ella a los enemigos que la ocupaban. En el pensamiento del pueblo era más bien una *reconquista* en la que se expulsaba al enemigo ocupante, que una *conquista* que actuaba al revés.

El pueblo tenía muy presente las alianzas prohibidas. Ellos habían renovado recientemente una relación pactada con Dios en la que se comprometían a una leal y total obediencia. Habían prestado su conformidad a las maldiciones que caerían sobe ellos por desobediencia a la voluntad de Dios. Conocían claramente la prohibición divina sobre la vinculación con las naciones de la tierra, y habían recibido continuas advertencias sobre el comportamiento exigido para con ellas. El mandamiento de Dios era claro: *"No harás alianza con ellos, ni con sus dioses"* (Éx. 23:32). El mismo Dios había prohibido expresamente la misericordia con aquellas naciones: *"Cuando Jehová tu Dios las haya entregado delante de ti, y las hayas derrotado, las destruirás del todo; no harás con ellas alianza, ni tendrás de ellas misericordia"* (Dt. 7:2). El razonamiento del pueblo es evidencia de un conocimiento claro de la Palabra de Dios y una notable disposición a obedecerla sin concesiones.

---

[4] En la LXX se lee χορραῖον

Este discernimiento espiritual es una necesidad constante para el pueblo de Dios. Satanás procurará introducir sus mensajeros en medio de los hijos de Dios, que lleven al creyente a acciones contrarias a Su voluntad. La misma separación entre Israel y las naciones se demanda para el creyente en el mundo (2Co. 6:4-7:1). Las alianzas prohibidas persisten para esta dispensación. La única manera de evitar el fracaso es por conocimiento y obediencia a la Palabra. Contrastar sobre la Escritura las palabras de quienes se dicen ser apóstoles y no lo son, evitaría muchos fracasos. El éxito de la iglesia en ese sentido viene de confrontar directamente la enseñanza y propuestas que le son formuladas y las exigencias y enseñanzas de la Palabra: *"Yo conozco tus obras, y tu arduo trabajo y paciencia; y que no puedes soportar a los malos, y has probado a los que se dicen ser apóstoles, y no lo son, y los has hallado mentirosos"* (Ap. 2:2). La necesidad, pues, está en conocer y usar las Escrituras. Esto es elemento imprescindible en el combate contra Satanás: *"Y tomad el yelmo de la salvación, y la espada del Espíritu, que es la palabra de Dios"* (Ef. 6:17). Esto requiere dar prioridad absoluta a la enseñanza de la Escritura en las iglesias cristianas. ¿Están los creyentes dedicando tiempo en su vida privada al estudio sistemático de la Biblia? La respuesta a esta pregunta evidenciará el grado de éxito o fracaso de los creyentes y de la iglesia.

Sin duda, esto requiere determinación personal, esto es, que cada creyente vuelva a la Biblia, porque ella santificará al creyente (Jn. 17:17). Es el único elemento en manos del Espíritu que logra en el interior del creyente la distinción entre los pensamientos y las intenciones del corazón (He. 4:12). La Biblia es la luz que alumbra la senda conforme a Dios, alumbrando los pasos divinamente (Sal. 119:105). Por eso, el salmista dice: *"en mi corazón he guardado tus dichos, para no pecar contra ti"* (Sal. 119:11). Una Biblia cerrada es absolutamente ineficaz. La Escritura no necesita ser defendida, tan solo predicada, ella se defiende sola.

8. Ellos respondieron a Josué: Nosotros somos tus siervos. Y Josué les dijo: ¿Quiénes sois vosotros, y de dónde venís?

9. Y ellos respondieron: Tus siervos han venido de tierra muy lejana, por causa del nombre de Jehová tu Dios; porque hemos oído su fama,

10. y todo lo que hizo en Egipto, y todo lo que hizo a los dos reyes de los amorreos que estaban al otro lado del Jordán: a Sehón rey de Hesbón, y a Og rey de Basán, que estaba en Astarot.

11. Por lo cual nuestros ancianos y todos los moradores de nuestra tierra nos dijeron: Tomad en vuestras manos provisión para el

camino, e id al encuentro de ellos, y decidles: Nosotros somos vuestros siervos; haced ahora alianza con nosotros.

12. Este nuestro pan lo tomamos caliente de nuestras casas para el camino el día que salimos para venir a vosotros; y helo aquí ahora ya seco y mohoso.

13. Estos cueros de vino también los llenamos nuevos; helos aquí ya rotos; también estos nuestros vestidos y nuestros zapatos están ya viejos a causa de lo muy largo del camino.

Frente a la perspicacia del pueblo, contrasta la ingenuidad de Josué. Los visitantes fueron conducidos a su presencia y Josué mismo les interrogó sobre su procedencia (v. 8). La pregunta es problemática, pero recibirá una respuesta ambigua y mentirosa. La primera cosa que Josué debió haber percibido es la continua reserva sobre el nombre del país de donde procedían. Ni a los hombres de Israel, ni a Josué, dicen nada concreto del lugar de su procedencia, simplemente se limitan a esa respuesta tan ambigua como *"venimos de tierra muy lejana"*. Pero todo aquello queda diluido en la aparente humildad que presentan aquellos hombres: *"somos tus siervos"*, que evita responder a la primera parte de la pregunta de Josué: *"¿quiénes sois?"*. El conductor del pueblo de Dios les había preguntado por su origen geográfico y etnográfico. Si Josué hubiera insistido y demandado una respuesta concreta a la pregunta, hubieran tenido que responderle: *"somos gabaonitas"*. Esto hubiera sido suficiente para dictar su propia sentencia de muerte. Ocultan su identidad y lo sorprendente es que Josué no insista en ello. El peligro en que estaba era, sin embargo, evidente. Satanás conocía bien esta dificultad e introdujo, junto con la respuesta mentirosa, un motivo no menos mentiroso que justificara la razón de un viaje tan largo para encontrarse con Israel y proponerle una alianza como la que pedían. Esos motivos son religiosos y tiene que ver directamente con el Dios de Israel (v. 9). Las intenciones son aparentemente santas. Reconocían a Dios y habían venido a causa de Su renombre. Aceptaban sin reservas su poder: *"todo lo que hizo en Egipto"* (v. 9). Sin embargo, guardaron silencio sobre los hechos recientes en Canaán, como si fueran noticias desconocidas para ellos cuando salieron de su lejana tierra. La astucia de ellos es singular. Una nueva relación de hechos vinculados con el Dios de Israel, hacen referencia a los pueblos del otro lado del Jordán y al tiempo de la peregrinación de Israel (v. 10). Ni una sola referencia a Jericó ni a Hai para alcanzar el éxito del engaño.

Sin dejar opción a ninguna a otra pregunta, son los gabaonitas los que toman las riendas del diálogo, convirtiéndolo prácticamente en un coloquio en el que van introduciendo elementos convincentes para envolver a los hebreos. La referencia inmediata es a la comisión recibida (v. 11). Hacen una velada insinuación al impacto que Dios había producido en su tierra, hasta el punto de que los dirigentes de la nación, los *"ancianos"*, les habían comisionado para ir a establecer una alianza con ellos. Las condiciones de la alianza son cautivadoras, piden que se les reconozca como siervos de Israel: *"nosotros somos vuestros siervos"* (v. 11). Lo único que les interesaba era un reconocimiento por parte de Israel que les garantizase la amistad. Realmente se presentan como embajadores por causa del nombre de Jehová, pero son canaanitas disfrazados.

Captada ya la atención de Josué y de los representantes del pueblo por medio de la astucia de las respuestas anteriores, prosiguió el monólogo de los gabaonitas conduciendo la atención de los israelitas hacia el aspecto y condición de ellos y de sus provisiones. Las mentiras precisan de otras mentiras para sostenerse hasta convertir toda la conversación en una burda y total mentira. Son hombres mentirosos, como corresponde a enviados del mentiroso supremo, que es Satanás, el padre de mentira (Jn. 8:44). De un modo similar a la primera tentación en Edén, una vez captada la atención, puesta la mentira delante del oyente, siguen las pruebas que conducirán a una deformación de la visión espiritual y a la caída del creyente. Allí estaban evidencias incuestionables: odres remendados, zapatos recosidos, ropa raída, alimentos resecos y algunos hasta en mal estado. *"Ved la prueba de nuestra verdad y la evidencia de que venimos de tierras lejanas"*. Bien podría Josué haberse dado cuenta de algunas cosas que no encajaban en esa escenificación. Aparte de la respuesta vaga y ambigua a la pregunta que les había formulado sobre su procedencia, había algo que debería haberle hecho reflexionar y era el esfuerzo demasiado grande en un viaje para hacer una alianza con un pueblo que nunca habría tenido interés en un territorio tan distante como del que ellos afirmaban proceder. ¿Por qué ese interés tan especial? Cuán fácil les resultó llevar a Josué a una conclusión engañosa. La propuesta podría traducirse de este modo: *"Conocemos a Jehová como vosotros, podemos combatir juntos, podemos ayudaros y serviros, por tanto, haced alianza con nosotros"*.

Ese es el lenguaje y los métodos astutos del ecumenismo no bíblico. Las afirmaciones son semejantes: *Tenemos un interés común que es el mismo Dios.* Sobre esta base, bien se pueden dejar a un lado las diferencias que puedan haber para trabajo y edificación juntos en una alianza de amistad. Es, sin duda, un engaño satánico para desvirtuar el concepto de unidad de los creyentes. No es el creyente quien tiene que *hacer* la unidad, eso es algo definitivamente concretado en Cristo (1Co. 12:13); se le exhorta a mantener esa unidad con solicitud (Ef. 4:3), pero nunca a hacer lo que ya está hecho. Las alianzas propuestas en el terreno de la amistad y colaboración han de ser examinadas a la luz de proposiciones concretas, y no de generalidades. Toda propuesta de colaboración y amistad ha de estar regulada por la obediencia a la Palabra. No se enseña en ningún lugar de la Biblia a que el creyente claudique del principio bíblico en pro de la unidad. Esta es una aberración absoluta, ya que la base de la colaboración está en la medida de obediencia y sujeción de cada uno a la palabra de Dios. Muchas veces, los pactos, acuerdos y compromisos entre grupos exigen renunciar a principios bíblicos fundamentales. En ocasiones, haciendo una mala exégesis de textos como: *"Así que, todos los que somos perfectos, esto mismo sintamos; y si otra cosa sentís, esto también os lo revelará Dios. Pero en aquello a que hemos llegado, sigamos una misma regla, sintamos una misma cosa"* (Fil. 3:15-16), se induce al cristiano de buena voluntad, pero de corto discernimiento espiritual, a formar alianzas que, si hubieran sido contrastadas con la Biblia, nunca se habrían establecido. No se enseña que Pablo hubiera rebajado el nivel de compromiso doctrinal para satisfacer las demandas de otros, sino todo lo contrario. Lo que Pablo está enseñando allí es que la madurez del creyente es progresiva. Unos alcanzaron ya un determinado nivel, y otros están en ese camino bajo la enseñanza directa de la Palabra, que lleva a la madurez. Creyente *perfecto* equivale a *maduro,* el que por la palabra deja de ser un niño inmaduro (He. 5:13-14). Estos creyentes tienen un sentimiento común. Podrá haber diferentes opiniones, pero el sentir es el mismo, caminar hacia la perfección. El cristiano *maduro* tiene la misma opinión que Pablo había alcanzado. No cabe duda de que el creyente *maduro* tiene el admirable pensamiento de Pablo, que no impone su modo de pensar sobre otros en cuestiones opinables, pero sí en doctrina fundamental. Pablo deja eso en las manos de Dios para que su Espíritu conduzca a los creyentes a una misma unidad de pensamiento basada en la Palabra (Jn. 6:45; Ef. 1:17).

No se trata de aceptar discrepancias sobre doctrinas fundamentales, sino sobre asuntos opinables. El Espíritu que había llevado a Pablo a una determinada comprensión, llevaría a cada creyente a la misma en su momento. Sin embargo, el creyente que va madurando alcanza un progresivo nivel espiritual. Unos pueden haber avanzado más y otros menos. Cada uno debe mantenerse firme en lo que había alcanzado y que es común a lo que otros ya tenían y comprendían. No significa que los que avanzaron más se reduzcan al pensamiento de los que avanzaron menos, sino que se mantengan en lo que ya les era común a todos. Dios irá revelando por su Espíritu a todos la misma forma de entendimiento que Pablo tenía (Sal. 25:14; Mt. 7:7; Lc. 19:26; Jn. 7:17; 16:13). El creyente debe mantenerse en lo que ya ha conseguido. Avanzando unidos en lo que habían llegado a comprender, progresarían hacia una identidad plena aun en cosas secundarias. Un nivel de comprensión sobre la distancia de alcanzar la perfección debe unir ya en el propósito irrenunciable de alcanzarla. Por tanto, el que ha adquirido un mayor nivel de madurez debe mantenerse allí hasta que otros vayan llegando, continuando juntos en la misma regla. Tal vez, el mejor resumen a la enseñanza espiritual del pasaje que se considera, sean las palabras de Pablo: *"Mas os ruego, hermanos, que os fijéis en los que causan divisiones y tropiezos en contra de la doctrina que vosotros habéis aprendido, y que os apartéis de ellos. Porque tales personas no sirven a nuestro Señor Jesucristo, sino a sus propios vientres, y con suaves palabas y lisonjas engañan a los corazones de los ingenuos. Porque vuestra obediencia ha venido a ser notoria a todos, así que me gozo de vosotros; pero quiero que seáis sabios para el bien, e ingenuos para el mal"* (Ro. 16:17-19). Los creyentes deben ser observadores. Deben estar atentos a quienes *"causan divisiones"*. Los creyentes, que deben saludarse entre sí con *"ósculo santo"*, deben fijarse también en quienes practican lo contrario a la comunión. La congregación debe cuidarse de los que procuran perturbar la armonía y crear divisiones. Otro campo de atención tiene que ver con *"los que causan tropiezos"*, los que causan problemas en la vida de otros creyentes y disturbios con su conducta dentro de la congregación. Esa actitud es contraria a la doctrina enseñada por los apóstoles. El comportamiento cristiano es parte de la enseñanza apostólica.

Las divisiones y tropiezos no son solo un mal en la iglesia, son una oposición a la doctrina. Con aquellos que traen consigo —como los gabaonitas— propuestas contrarias a la doctrina, el apóstol enseña a apartarse de ellos. No pide Pablo que se *discuta* o se *polemice* con ellos, sino que se evite totalmente a tales personas. Los hermanos poco formados pueden ser desviados fácilmente por la astucia de los que procuran introducir asuntos contrarios a la doctrina que resulte en una pérdida de bendiciones e incluso en la división de la iglesia. El mejor método es apartarse de ellos. Esencialmente, ese comportamiento corresponde a quienes *"no sirven a nuestro Señor Jesucristo"*. Se llaman a sí mismos *cristianos*, servidores de Cristo, pero no es verdad. No sirven al Señor, se sirven a ellos mismos. Dan imagen de santos en provecho propio. Como los gabaonitas con Israel, así ellos vienen también *"con suaves palabras"*. Palabras razonables expresadas con un aparente amor por el Señor, como si estuvieran lamentando la poca espiritualidad de los otros. Son auténticos *"bocados suaves"* del chismoso o maldiciente (Pr. 18:8) que hace alarde de espiritualidad. Además de palabras suaves, Pablo dice que usan *"lisonjas"*, esto es, adulan a los demás para hacerse agradables y creíbles (Jud. 16). De esta manera, pueden hacerse pasar para algunos como extraordinarios maestros cuando son solo hábiles engañadores. En su propósito diabólico consiguen engañar *"los corazones de los ingenuos"*. Arrastran la voluntad de los ingenuos con sutileza diabólica. Los ingenuos son los que no sospechan y que no se dan cuenta del engaño a que son sometidos.

Como escribe Hendriksen:

"En realidad no están ayudando a nadie aunque pretendan hacerlo... son los corazones de los simples, confiados, ingenuos, crédulos, los que son descarriados por estos charlatanes"[5].

Los verdaderos creyentes deben ser obedientes, *"sabios para el bien e ingenuos para el mal"*. No se trata de un conocimiento mental, sino de sabiduría espiritual que permite discernir y escoger lo que es bueno. Dicho de otro modo, creyentes que no se mezclan con el mal. Esta es una enseñanza reiterada por Pablo (cf. 1Co. 14:20; Fil. 2:15; 1Ts. 5:21, 22). Idéntico pensamiento del Señor (Mt. 10:16). La enseñanza histórica de pactos mal hechos debería servir de motivo para una seria y solemne reflexión para el tiempo actual.

El pacto con los gabaonitas (9:14-15)

14. Y los hombres de Israel tomaron de las provisiones de ellos, y no consultaron a Jehová.

Este es el principal problema de todo el pasaje. Otra vez Israel incurrió en el mismo y funesto error. En Hai no habían consultado a Jehová y fueron derrotados. Lo mismo ocurrió con los gabaonitas. Los *"hombres de Israel"* eran los príncipes en las tribus (*ha^{ä}anäsîm*)[6] (Nm. 1:16; 7:2). Los ancianos colaboradores de Josué y el mismo Josué tomaron de las provisiones poco agradables que los gabaonitas les mostraron. No se dice qué hicieron con las provisiones que tomaron, pero en caso de que hubieran comido de ellas habría sido, según las costumbres orientales, señal de amistad y paz con ellos. Todo ello es la consecuencia de no consultar a Jehová. El texto hebreo enfatiza el hecho contra lo que debería haber sido la lógica del sistema Teocrático de la conquista; ellos *"no consultaron"* (^{ä}*et pî*), literalmente *"sin consultar la boca"*, es decir, no tuvieron en cuenta a Jehová. Lo más triste de todo esto es que Dios había establecido que Josué le consultara en todos estos asuntos especiales: "Él *se pondrá delante del sacerdote Eleazar, y le consultará por el juicio del Urim delante de Jehová"* (Nm. 27:21). Antes había consultado al Señor,

---

[5] Guillermo Hendriksen. *"Romanos"*. Grand Rapids, 1980.
[6] Como traduce la LXX *"los jefes de las tribus"* (heb. *"hann^{e}sî^{a}*îm).

pero en aquella ocasión se consideraba suficiente para resolver un asunto aparentemente de poca importancia.

Se inicia la comunicación con el mundo cuando no se consulta la *voz* de Dios en su Palabra. Una decisión humana sin oración y reflexión delante de Dios es un fracaso en el orden espiritual. La consulta al Señor en cada caso debería ser la norma general y no una forma ocasional de comportamiento. La realidad es que muchas iglesias y creyentes convocan reuniones especiales de oración o dedican individualmente un tiempo extra para orar en ocasiones excepcionales, dejando luego en un segundo plano la oración continua en la experiencia de su vida, bien eclesial o individual, sin darse cuenta de que Satanás aprovecha los más mínimos detalles para irrumpir en la vida del creyente y hacer su obra destructora. La Biblia establece para el creyente, como norma general de comportamiento cristiano, el mandamiento de consultar permanentemente al Señor antes de tomar cualquier decisión: *"orando en todo tiempo con toda oración y súplica en el Espíritu, y velando en ello con toda perseverancia"* (Ef. 6:18). Esto es reiterado también cuando dice: *"Perseverad en oración, velando en ella con acción de gracias"* (Col. 4:2). Ciertamente, la enseñanza de Jesús no se tiene muy en cuenta *"sobre la necesidad de orar siempre y no desmayar"* (Lc. 18:1). Frente a las tentaciones y astucias de Satanás, el creyente debe orar para *no entrar en tentación* (Lc. 22:40). La clara conciencia de incapacidad para la defensa eficaz en situaciones de conflicto espiritual debería ser el elemento impulsor a la oración de dependencia y a la consulta reverente de la palabra de Dios (Is. 66:2).

15. Y Josué hizo paz con ellos, y celebró con ellos alianza concediéndoles la vida; y también lo juraron los príncipes de la congregación.

El final había llegado y Satanás había conseguido introducir un elemento discordante en medio del pueblo de Dios haciendo que este quebrantara las normas establecidas y fuera desobediente al compromiso pactado con Dios. Todo sería mucho más fácil en el futuro para restar bendiciones sobre la nación. Los gabaonitas habían venido a dialogar como si se tratara de una conquista por parte de Israel de toda la tierra que comprendiera también posibilidades expansionistas en países muy lejanos, de donde supuestamente procedían. Josué, ajustándose a la Ley para el caso de guerra, establecía un compromiso que aquella recogía con quienes no se opusieran al avance de Israel (Dt. 20:10-11). Esta promesa sagrada exigía un juramento religioso de los príncipes de la congregación, que comprometía a toda la nación, como representantes de ella. Todo aquello obligaba definitivamente, so pena de perjurio, a la nación de Israel en relación con aquellos con quienes habían establecido alianza.

El engaño descubierto (9:16-19)

16. Pasados tres días después que hicieron alianza con ellos, oyeron que eran sus vecinos, y que habitaban en medio de ellos.

17. Y salieron los hijos de Israel, y al tercer día llegaron a las ciudades de ellos; y sus ciudades eran Gabaón, Cafira, Beerot y Quiriat-jeraim.

No duró mucho el engaño: *"el labio veraz permanecerá para siempre; mas la lengua mentirosa solo por un momento"* (Pr. 12:19). Así ocurrió con la mentira gabaonita. No está claro cuál fue la razón por la que al tercer día de haber firmado el pacto y establecido el juramento, se descubrió la procedencia real de aquellos hombres. No eran de lejanas tierras, ni había sido largo el camino, sino unos pocos kilómetros los separaban de los israelitas y del campamento en Gilgal. Eran sus vecinos, y como el pueblo se temía en un primer momento, *"habitaban en medio de ellos"*. Tal vez, ellos mismos se descubrieron frente a los preparativos bélicos que para la conquista se llevaban a cabo en el campamento de Israel. Es posible que los planes militares comprendieran, en primer término a la tetrápolis gabaonita. Todo queda en suposiciones más o menos acertadas. La única realidad bíblica es que el despertar de los israelitas fue verdaderamente doloroso. No habían consultado a Jehová y se encontraban con un pacto hecho con sus enemigos. Estaban cometiendo el mismo pecado de Acán. Aquel se había reservado para sí parte del anatema (*hërem*), por cuya causa se convirtió a sí mismo y a sus cosas en anatema y fue destruido. En aquel momento, ellos estaban perdonando la vida a quienes habían sido declarados malditos por Dios mismo y a quienes Dios había ordenado eliminar.

Tal vez por la gravedad de la situación, tal vez por los informes de los mismos gabaonitas que hubieran podido describir las ventajas de ese pacto en relación con la ocupación de toda la tierra hacia el sur, el ejército de Israel salió para reconocer y tomar posesión de aquellas ciudades. Solo se necesitaron tres días para llegar a ellas desde Gilgal. Allí estaban como un tesoro que habrían podido conseguir por el poder y ayuda de Dios, colocadas sobre los montes, las cuatro ciudades gabaonitas. Los nombres de las ciudades aparecen en el texto: *"Gabaón, Cafira, Beerot y Quiriat-jeraim"*. No ofrece duda situarlas geográficamente. Todas ellas conformaban un conjunto especial en medio de los otros pueblos tanto por situación, como por gobierno. Pertenecía a la etnia hevea. Gabaón tendrá un notable interés en la historia de Israel y su nombre aparecerá en varios pasajes del Antiguo Testamento vinculado con la historia, tanto religiosa, como política. No obstante, en varias ocasiones el lugar queda ligado a experiencias dolorosas e impropias de la historia de la nación. Allí fue librada la batalla entre Abner y Joab por la posesión del trono, después de la muerte de Saúl (2Sa. 2:12-17). Allí fue muerto Amasa a manos de Joab, general de David (2Sa. 20:8). A Gabaón acudió Salomón para hacer sacrificio como principal lugar alto, cosa que trajo serios problemas de idolatría en la historia posterior de Israel (1Re. 3:4). Sin olvidar que también hubo manifestaciones de Dios en bendición, como la primera aparición en sueño a Salomón (1Re. 3:5). La otra ciudad, Cafira, es la actual *Kefireh*, a 8 km al suroeste de Gabaón. Beerot no ha sido identificada con precisión, aunque se la supone situada sobre el risco visible desde Jerusalén. Finalmente, Quiriat-jeraim, a unos 10 km al sureste de Gabaón, la actual *El-Jib*, se la conoce como la *ciudad de los bosques*, situada también en una elevación de unos mil pies sobre el nivel del mar. Había escarpaduras muy profundas a ambos lados y el acceso a la ciudad se tenía que hacer por una sola vía. No hubiera sido fácil para Josué la conquista de esas ciudades —siempre desde la perspectiva humana— pero la conquista de la tierra era una operación divina, por lo que lo escarpado de la posición de la tetrápolis gabaonita, sus hombres aguerridos y cualquier otra dificultad, habría sido superada, si fuera preciso, por un milagro divino. La visita a estas ciudades sirvió a Josué para darse cuenta de lo que suponía la posesión de este territorio en la conquista del sur. Podía avanzar con enorme velocidad al no tener el paso cortado por estas cuatro ciudades vinculadas a Israel por la alianza firmada con sus embajadores.

18. Y no los mataron los hijos de Israel, por cuanto los príncipes de la congregación les habían jurado por Jehová el Dios de Israel. Y toda la congregación murmuraba contra los príncipes.

19. Mas todos los príncipes respondieron a toda la congregación: Nosotros les hemos jurado por Jehová Dios de Israel; por tanto, ahora no les podemos tocar.

Las condiciones del pacto les obligaban a quebrantar la voluntad de Dios. Les habían jurado por Jehová, Dios de Israel, y no podían quebrantar el juramento. Habían obrado con precipitación y ligereza, pero el hecho era ya inevitable. Los ejércitos de Israel estaban dispuestos a eliminar aquellas poblaciones siguiendo las instrucciones de Dios, pero fueron contenidos por sus jefes. No podían violar el juramento hecho en el nombre de Jehová. Las dificultades eran grandes, pero el tratamiento dado por Josué a este asunto, demuestra las grandes dotes de eficacia que tenía como líder de la nación. La situación era muy delicada, ya que la congregación murmuraba contra sus jefes. Aquel pueblo era dado a la murmuración, pecado que habían practicado sucesivamente en la vida de Moisés —en aquella ocasión sin razón alguna– pero ahora había un aspecto que sí justificaba una actitud de rebeldía y les prestaba una aparente razón para discrepar de los jefes. Este asunto era el *anatema*, que comprendía a todos los pueblos de la tierra de Canaán (Dt. 7:1-5). La respuesta que fue dada al pueblo por medio de los príncipes, tenía que ver con otro aspecto que el pueblo no podía ignorar. No se podía quebrantar el compromiso con los gabaonitas sin incurrir en la cólera divina por perjurio. Un juramento falso era una profanación para el nombre de Dios: *"No jurarás falsamente por mi nombre, profanando así el nombre de tu Dios. Yo Jehová"* (Lv. 19:12). Allí se ampliaba más esa obligación: *"Cuando alguno hiciere voto a Jehová, o hiciera juramento ligando su alma con obligación, no quebrantará su palabra; hará conforme a todo lo que salió de su boca"* (Nm. 30:2). Por su naturaleza, ese pacto hecho en ignorancia era inquebrantable y había que cumplirlo.

Sin duda, las consecuencias de este obrar ligero serían soportadas por Israel a lo largo de su historia. La presencia de extraños en medio de ellos se iba a perpetuar y cuatrocientos años después, el quebrantamiento por Saúl del juramento hecho a los gabaonitas, trajo un serio problema sobre la congregación de Israel (2Sa. 21:1). Las consecuencias del pecado no siempre son posibles de restaurar. Hay pasos mal dados por el pueblo de Dios que permanecen con su consecuencia en forma definitiva. El arrepentimiento es necesario, pero no siempre es posible extinguir las consecuencias que produce una mala acción. Con todo, es notoria la enseñanza sobre el mantenimiento de los compromisos contraídos y de las promesas hechas. Cuan fácil habría sido, considerando el engaño de que se valieran los gabaonitas, no cumplir el compromiso, acusarlos de engañadores y exterminarlos como a los otros pueblos, pero así no se habría remediado el mal, tan solo se habría cambiado por otro aspecto distinto. La Escritura sitúa la palabra dada en la esfera del testimonio, hasta tal punto que el verdadero creyente debe hacer honor a sus compromisos sin la necesidad de acompañarlos con juramento (Mt. 5:33-37). El creyente que anda en la verdad *"habla verdad con su prójimo"*, y una manera de expresar la verdad es cumplir los compromisos adquiridos. Tanto en el ámbito familiar, como en el laboral, el comercial, etc. La más triste manifestación de contratestimonio es oír de un creyente que no hace honor a la palabra dada. En un mundo en el que la permisividad y el engaño son habituales, el creyente debería ser un verdadero punto de referencia sobre la honestidad. Cuán triste es oír de un creyente que no cumple sus compromisos. Esto tiene que ver con toda la amplitud de ese concepto. Compromiso de fidelidad entre esposos, compromiso de lealtad entre los miembros de la familia, compromiso de honestidad en los negocios, compromiso de laboriosidad en el trabajo, etc. Incluso el compromiso ha de mantenerse aún en perjuicio propio: *"El que aun jurando en daño suyo, no por eso cambia"* (Sal. 15:4). ¿Es esa la forma habitual de comportamiento y testimonio del creyente?

Los gabaonitas como servidores del santuario (9:20-27)

20. Esto haremos con ellos: les dejaremos vivir, para que no venga ira sobre nosotros por causa del juramento que les hemos hecho.

21. Dijeron, pues, de ellos los príncipes: Dejadlos vivir; y fueron constituidos leñadores y aguadores para toda la congregación, concediéndoles la vida, según les habían prometido los príncipes.

La normativa legal por la que regularon el compromiso con los gabaonitas prescribía una situación de servidumbre para los pueblos que firmaran la paz con Israel: *"Y si respondiere: Paz, y te abriere, todo el pueblo que en ella fuere hallado te será tributario, y te servirá"* (Dt. 20:11). Es por eso que la determinación se expresa en dos sentidos: primero, en cuanto a su vida: *"les dejaremos vivir"*; en segundo lugar, en cuanto a relación, venían a una condición de siervos: *"constituidos leñadores y aguadores para toda la congregación"*. Ciertamente, lo estipulado en la Ley tenía que ver con pueblos alejados de Canaán, pero en razón del compromiso pactado con ellos, les aplican esta legislación dictada para alianzas con gentes no canaanitas. En los textos siguientes se especifican las condiciones del servicio y la relación de los gabaonitas con el santuario.

22. Y llamándolos Josué, les habló diciendo: ¿Por qué nos habéis engañado, diciendo: Habitamos muy lejos de vosotros, siendo así que moráis en medio de nosotros?

23. Ahora, pues, malditos sois y no dejará de haber de entre vosotros siervos, y quien corte la leña y saque el agua para la casa de mi Dios.

Josué zanjó toda discusión y estableció la situación definitiva de los gabaonitas. La acusación que les formula es precisa. Aquellos hombres eran mentirosos y engañadores. Con brevedad, les recuerda el argumento de su engaño, fingiéndose habitantes de naciones muy distantes, cuando en realidad habitaban en medio del territorio que debía ocupar a Israel. Un pacto de paz con juramento impedía su ejecución, no solo por ser pueblos de Canaán, sino por haber engañado con premeditación a Israel.

Josué reconoce también que ellos son parte del *anatema* (heb. *"herem"*), que eran todos los pueblos de Palestina, por tanto, no podían ser calificados de otro modo que de *"malditos"*. No tanto por el engaño que indujeron a Israel, sino por el hecho de ser de los sentenciados a muerte por causa de sus pecados. La maldición de Dios había caído sobre los canaanitas por su idolatría y perversidad. Estos eran preservados de la muerte por el compromiso contraído por los ancianos de Israel y por Josué mismo, pero no les retiraba su condición de malditos de Dios. Por ley, eran obligados a la servidumbre, por tanto, la sentencia de esclavitud perpetua se establecía sobre ellos (v. 23). Con todo, la gracia se manifiesta en el trabajo encomendado; no era un trabajo arduo y fatigoso como el que había sido impuesto sobre Israel en Egipto, sino uno mucho más sencillo y sano, ya que su actividad se desarrollaba al aire libre. Habían de proveer de la leña para el fuego y del agua para la congregación de Dios. Probablemente, esta sentencia establecida en dos vertientes fue ejecutada en relación con la congregación solo en el período de la conquista en que el campamento de Israel sería surtido de los elementos necesarios de leña y agua por los gabaonitas, pero, posteriormente, el trabajo de ellos tendría que ver directamente con la provisión de estos dos elementos para el templo, la casa de Dios en el lugar que Él escogiera. Las dos cosas tenían importancia en relación con la conducta de estos extranjeros introducidos en medio del pueblo de Dios. El grave peligro consistía en que pudieran influenciar sobre los israelitas y que, como consecuencia, se produjesen matrimonios mixtos que apartaran el corazón de Israel del servicio fiel a Dios para orientarlo hacia los ídolos de las naciones. Los dos problemas se superan, al menos teóricamente, con los gabaonitas: por su condición de esclavos no eran fácilmente deseables para contraer matrimonio con los hebreos, ninguno de ellos tenía posesiones personales que pudieran hacer apetecible la unión y, además, sus tareas en el servicio del santuario les ponían en contacto con aquellos que conocían la ley de Dios e instruían al pueblo, los sacerdotes y levitas, de modo que ellos mismos serían instruidos en el conocimiento del verdadero Dios.

Ellos estarían poco a poco al servicio único del santuario. Las grandes cantidades de leña y agua, precisas para el servicio en el templo, eran aportadas por estos siervos perpetuos. Asistían ellos a los levitas en sus tareas, viniendo a llamarse más tarde *asistentes* (*nethinim*), como también los sacerdotes llamaban a los levitas. Su fidelidad en el servicio va mucho más allá de los tiempos de la conquista, e incluso de la monarquía, y pasa los límites del exilio en Babilonia, para aparecer como colaboradores de Nehemías en la reconstrucción del muro de la ciudad de Jerusalén (Neh. 7:25). Como esclavos del templo, fueron trasladados con los deportados a Babilonia y regresaron por esa misma razón con ellos a Jerusalén.

24. Y ellos respondieron a Josué y dijeron: Como fue dado a entender a tus siervos que Jehová tu Dios había mandado a Moisés su siervo que os había de dar toda la tierra, y que había de destruir a todos los moradores de la tierra delante de vosotros, por esto temimos en gran manera por nuestras vidas a causa de vosotros, e hicimos esto.

25. Ahora, pues, henos aquí en tu mano; lo que te pareciere bueno y recto hacer de nosotros, hazlo.

La confesión de los gabaonitas explica la razón que les llevó a urdir el engaño a Israel. Ellos conocían y aceptaban como una realidad que Dios le entregaba toda la tierra a Israel como posesión y que ellos debían destruir, conforme a Su voluntad, a todos los moradores de la tierra. Era una comprensión semejante a la que tenía Rahab y que expresó delante de los exploradores que habían sido enviados por Josué (cap. 2). No tratan de justificar su mentira, en realidad están confesándola públicamente y pidiendo perdón por ella, apelando a que lo habían hecho solo para salvar su vida. No es justificable una mentira engañosa, pero debe comprenderse la acción de ellos como un acto de supervivencia.

Los gabaonitas reconocen también que Josué actuaría en todo momento con misericordia y justicia para con ellos. Estaban en sus manos (v. 25), pero no en una situación desesperada, sino confiada: *"lo que te pareciere bueno y recto hacer de nosotros, hazlo"*. Sabían que era hombre de palabra, que cumplía sus compromisos. Sabían que era persona cuidadosa en cuanto a la obediencia de la ley divina, y tal vez conocían la Ley que protegía a los esclavos. Era la mejor situación que podían desear. Más valía una vida de esclavitud distendida al servicio del santuario de Dios, que la pérdida de la misma.

26. Y él lo hizo así con ellos; pues los libró de la mano de los hijos de Israel, y no los mataron.

27. Y Josué los destinó aquel día a ser leñadores y aguadores para la congregación, y para el altar de Jehová en el lugar que Jehová eligiese, lo que son hasta hoy.

El relato concluye con la indicación de que el trabajo de aguadores y leñadores se extendía hasta el momento de la redacción del libro, lo que confirma las consideraciones sobre la datación del mismo hechas en la introducción. Malamente podría decirse tal cosa en tiempos de la monarquía, cuando Saúl procuró y casi consiguió eliminar a los gabaonitas, quebrantando así el pacto hecho con ellos y acarreando tan serios problemas a Israel (2Sa. 21:1).

Buena será para todos una reflexión personal sobre las enseñanzas del pasaje. La vida victoriosa es una vida dependiente de Dios. Una vida que permanentemente aguarde la respuesta divina para acometer cualquier empresa; una vida que se esfuerza por cumplir el mandato de Dios y no confía en el propio discernimiento, sino que lleva los asuntos a la presencia de Dios en oración y busca la solución a cualquier situación en el recurso de la voz divina a través de su Palabra. El secreto está en evitar que el mal penetre en la congregación de Dios. No hay vida victoriosa sin santidad.

EXCURSUS XI
GABAÓN

Fue la capital de los heveos, situada 8 km al noroeste de Jerusalén, sobre el camino de Jope. Era la ciudad principal y daba nombre al territorio donde se encontraban también las ciudades de Cafira, Beerot y Quiriat-jeraim. Durante el tiempo de la conquista, los gabaonitas, valiéndose del engaño, lograron un tratado con Josué y los ancianos de Israel (Jos. 9); al descubrirse el engaño, Josué estaba ya ligado con pacto de juramento a respetar su vida y se les asignó la tarea de cortar leña para el santuario (Jos. 9:10). El tratado de los gabaonitas con los israelitas enojó a los reyes vecinos de Gabaón, quienes atacaron la ciudad. Josué corrió a su defensa, y allí se produjo el milagro en que el sol se detuvo sobre Gabaón (Jos. 9; 10). Allí estuvo el Tabernáculo varios años (1Cr. 16:39).

Gabaón está muy ligada a varios acontecimientos que la Biblia relata. Es notable observar que la Escritura no habla de Gabaón hasta tiempos de David, aproximadamente dos siglos después de la conquista. Después de la muerte de Saúl, su hijo Isboset fue coronado por el general Abner como rey en lugar de su padre. David se había situado en Hebrón dentro del territorio al sur de Jerusalén que estaba bajo su dominio. Las fuerzas de David, comandadas por el general Joab, se encontraron con las de Abner en Gabaón. Una proposición de decidir la suerte del reino mediante la lucha de doce hombres por cada lado, tuvo como resultado la muerte de los doce, lo que condujo a un enfrentamiento militar en el cual las fuerzas leales a Saúl, comandadas por Abner, fueron derrotadas (2Sa. 2:12-17).

Saúl había dado muerte a un número elevado de gabaonitas, quebrantando el pacto hecho con ellos en tiempos de Josué. Tal acción trajo un juicio divino sobre Israel durante el reinado de David. Los gabaonitas demandaron la muerte de siete de los hijos de Saúl. David les entregó cinco nietos y dos hijos, quienes fueron ahorcados por aquella acción (2Sa. 21:1-14).

En Gabaón estuvo durante un tiempo el Tabernáculo y era, por tanto, un lugar importante en relación con el sacerdocio. David dejó allí el Arca del pacto, el grupo de levitas cantores y al sacerdote Sadoc (1Cr. 16:37-39; 21:29). El tabernáculo continuaba en Gabaón al comienzo del reinado de Salomón (2Cr. 1:3, 13). El Arca estaba en la ciudad de Quiriat-jeraim (1Sa. 7:1, 2; 1Cr. 13:6), una de las ciudades de la confederación gabaonita en tiempos de la conquista.

Gabaón fue después una ciudad levítica en el territorio de Benjamín (Jos. 21:17). Esta ciudad fue escenario de otros incidentes, como la victoria de David sobre los filisteos (1Cr. 14:16). Allí recibió Salomón una revelación divina relativa a su reinado (1Re. 3:5-15). En la profecía de Jeremías se cita a Gabaón como el lugar de donde era el profeta Hananías (Jer. 28:1).

Posteriormente, Gabaón se cita entre las ciudades conquistadas por el faraón egipcio Sisac, el 918 a.C. Josefo afirma que con motivo de las revueltas que ocurrían contra los romanos, el gobernador romano de Siria, Cestio, acampó en Gabaón en octubre del 66 d.C., tanto en el viaje de ida a Jerusalén, como en el de vuelta. La ruta que siguió Cestio fue la que usaron más de mil años antes los cananeos bajo Adonisedec cuando huían de Josué, atravesando entre el alto y el bajo Bet-horón, desde Gabaón a la costa. Podría ser también la misma ruta que usaron los filisteos cuando huían de David (1Cr. 14:15; 2Sa. 5:25).

La ciudad estaba situada sobre una colina que elevaba la ciudad unos 70 m sobre la llanura que la rodea y que está a unos 770 m sobre el nivel del mar. Dista cerca de 10 km al norte de Jerusalén. Al noroeste del paso de la montaña está la pequeña aldea árabe de *El-Jib.* Varias personas sugirieron desde 1666 en adelante que el asentamiento de la actual *El-Jib* era el único lugar que podría identificarse con Gabaón. En 1838 Edward Robinson hizo notar que las dos primeras letras del nombre árabe correspondían a las dos primeras del hebreo, confirmando la idea de sus predecesores que identificaban el asentamiento árabe con Gabaón. Expertos arqueólogos influenciados por las teorías liberales se opusieron sin efectuar excavaciones. De forma especial actuó en ese sentido Albrecht Alt, que propuso otras identificaciones en la zona. Algunas fueron excavadas, como el *Tell en-Nasbe*, demostrándose que no correspondía. Siguió oponiéndose a *El-Jib*, considerando el lugar como el asentamiento de la antigua Beerot. Sin embargo, durante los años 1956 a 1957, 1959 a 1960 y 1962, se efectuaron excavaciones en *El-Jib*, bajo la dirección de James B. Pritchard, que han probado sin lugar a dudas que es el lugar que ocupaba la antigua Gabaón. Una vez más, el movimiento crítico liberal contra la historia de Israel según la Escritura, ha tenido el inevitable fracaso. Las excavaciones han demostrado que la ciudad de Gabaón es un asentamiento poblacional muy antiguo, remontándose a la Primera Edad del Bronce.

1. Primera Edad del Bronce (3100 a 2100 a.C.)

Gabaón fue fundada al principio de ese período. Bajo los cimientos de la muralla que corresponde a la edad del hierro, apareció una habitación de vivienda que contenía 14 jarrones de almacenaje rotos al derrumbarse el techo a causa de un fuego que quemó las vigas. Los recipientes de barro tenían marcas que permitían relacionarlos con la ocupación de Hai, y posiblemente con Mizpa e incluso con Jericó. Las acciones militares de los ingleses en 1917 hicieron imposible seguir con la estratificación del montículo. Es muy probable que Gabaón tuviera un muro de fortificación en su entorno. Los enterramientos de la Primera Edad del Bronce se efectuaban en cuevas cortadas en la roca al este del monte donde estaba situada la ciudad. Los objetos de cerámica encontrados en sus tumbas son similares a los encontrados en las tumbas de Hai y Tell en-Nasbe (probable localización de Mizpa). Entre los objetos de cerámica aparecen unos pocos que tienen huellas de carbón en sus bordes superiores, lo que hace suponer que fueron utilizados como lámparas.

2. Edad del Bronce medio (2100 a 1550 a.C.)

Se distingue del período anterior por el modo de construcción de algunas tumbas, en las que aparecen pilares de piedra empotrados en la roca del suelo mediante talla. Aparece un fuste de columnas de más de 1 m de diámetro introducidas en la roca, algunas cerca de 2 m. Una puerta conducía al interior de la tumba, de unos 3 m^2, y con una altura media de 1 m. Una puerta formada por una piedra lisa cerraba la tumba. En el lugar de las excavaciones se desenterraron veintiséis tumbas en las que había materiales correspondientes al *Bronce medio,* entre las que hay cabezas de jabalinas de bronce, dagas, jarrones funerarios e incluso alguna lámpara. Los diseños de los objetos son simples, carentes de trabajo artesanal importante, lo que hace suponer que los habitantes de Gabaón en el *Bronce medio* eran gente sencilla, incluso nómadas que enterraban a sus muertos en un lugar determinado. La cerámica y los objetos metálicos coinciden con los encontrados en otros lugares, incluyendo Jericó.

Las excavaciones correspondientes al período final del *Bronce medio* —el que se conoce como *Bronce Medio II*— ponen de manifiesto que Gabaón fue la segunda ciudad construida sobre el monte. Uno de los descubrimientos era un cuarto que afloró en el desenterramiento bajo cuatro metros de escombros y una gruesa capa de cenizas y ladrillo quemado, en el cual había dieciséis vasijas de cerámica utilizadas para almacenaje, típicas del periodo del *Bronce medio II.* El derrumbe del cuarto se produjo al quemarse la columna central de sustentación que era una viga de madera de olivo. Los restos cerámicos que había eran muy superiores a los que pertenecían al período anterior, aventajándolo tanto en diseño como en calidad. Habían conseguido espesores muy finos, tanto es así, que podían confundirse con cáscaras de huevos.

Las 29 tumbas encontradas de ese período contenían un rico muestrario de objetos de aquella época, entre los que hay trabajos muy elaborados en hueso, adornos de bronce, loza fina, armas y algunos escarabajos. Los enterramientos de esa época se diferenciaban de los de la anterior especialmente en un sentido de enterramientos múltiples en la misma tumba, frente a los individuales anteriores. Los gobernadores hicsos de Egipto en el siglo XVI a.C., pudieron haber sido la causa de un incendio que destruyó la ciudad en aquel tiempo, suponiendo algunos expertos que pudo haber sido causada por alguna acción imperial en el tiempo en que se depuso a los hicsos en el gobierno de Egipto.

3. Edad del Bronce final (1550-1200 a.C.)

De este período proceden 6 tumbas desenterradas. Hay evidencias conclusivas de haber sido ocupada la ciudad por Josué en ese período, en contraste con Jericó y Hai. Gabaón tuvo un floreciente comercio durante ese período. Junto con restos de mercaderías de diversas procedencias, que van desde Chipre, de donde procedía un jarro de cuello alargado hasta Egipto, de donde proceden escarabajos sagrados del faraón Thutmosis III (1490-1436 a.C.) y del faraón Amenhotep II (1435-1414 a.C.). Junto con piezas de alfarería chipriota y micena, aparecen algunas elaboradas por alfareros de Gabaón que procuraban imitar la alfarería importada sin conseguirlo porque el material es más ordinario y el diseño diferente. Otros restos de alfarería tienen que ver con lámparas, jarros, ollas de cocina... El declive de Gabaón se produce en esta edad del *Bronce final.* No se aprecian en las excavaciones incendios que hubieran destruido la ciudad, como sí ocurre con otras del área y especialmente de la zona central de Palestina, lo que hace suponer que en razón de la condición de esclavitud a que se vieron reducidos los habitantes a causa del pacto con Josué, la ciudad quedó marginada de la vida hebrea y posiblemente abandonada definitivamente cuando se construyó la ciudad en la *Edad del Hierro.*

4. Edad del Hierro (1200-500 a.C.)

Los descubrimientos arqueológicos correspondientes a este período son los más importantes en relación con la historia de Gabaón y al mismo tiempo los más espectaculares. Los desenterramientos pusieron a la vista un gran túnel, un estanque de agua de gran envergadura, lugares para la producción de vino y otras construcciones de gran interés. Del *Hierro I* (1200-900 a.C.), es probablemente la muralla exterior de la ciudad. Tenía un espesor de 1,5 m y una altura máxima de 4 m. Sin embargo, al estar construida sobre lo escarpado de la montaña, constituía una formidable defensa mucho más que las características y dimensiones del muro en sí. Tenía un perímetro de algo más de 1000 m. En tiempos de David o Salomón, la ciudad tenía un perímetro fortificado de 6 ha, mayor que Jerusalén, y con una muralla nueva añadida por la parte interior de la antigua. Este muro tenía una altura media de 7 m, con un espesor de 4 m. En la esquina noroeste y en el lugar de acceso al túnel se levantaron dos torres de fortificación, aumentando la anchura de la muralla en esos lugares a 7 m. La puerta principal de la ciudad debió haber estado situada al norte y por su ubicación era prácticamente inaccesible. La muralla fue destruida con la ciudad en el siglo VI a.C. En la cantera próxima a la ciudad de donde habían sido traídos los bloques para la muralla se descubrieron tres totalmente cortados en todos sus lados y descansando en el mismo sitio. Solo faltaba que se hubieran introducido las correspondientes cuñas de madera, que al mojarlas hinchaban y rompían los bloques ya cortados separándolos entre sí.

Entre las edificaciones del período del *Hierro I,* y contemporánea a la edad de la muralla, se encontró una casa que por su porte debió pertenecer a una familia de gran importancia en la ciudad. Se encontraron los pilares de piedra que habían sostenido las vigas a lo largo de la parte central del edificio. En la cocina había dos grandes hornos. Entre las edificaciones del *Hierro II* apareció una del siglo VIII, atestiguada por la inscripción en el asa de un jarrón. Esta casa estaba situada cerca del estanque. Los cuartos del edificio estaban separados por un patio que a su vez conducía a una gran estancia. Según se aprecia, en el cuarto usado para cocina se encontraba una dependencia usada como almacén. Aparecieron también instrumentos como molinos de mano, cuchillos y cerámica diversa. La sala mayor, situada en la parte posterior del patio, se usaba para tareas propias del hogar entre las que estaba el tejido de la ropa, como lo demuestra la presencia de una piedra de contrapeso de telar. Las paredes de la vivienda tienen un gran espesor, lo que hace suponer que fueran base para una planta superior.

De la misma época del *Hierro II* apareció en la esquina noreste de la muralla el acceso a un túnel de 53 m de largo que supera la muralla bajo ella y conduce al norte del túmulo y a la más importante de las ocho fuentes de agua cercana a ella. Tiene una escalinata para descender al túnel de 93 escalones cortados en la misma roca. Se aprecia que para alcanzar la fuente fue hecha bajo el túnel una trinchera de tierra desde donde se escavó hacia abajo para llegar a la fuente, y hacia arriba hasta llegar a la superficie dentro de la muralla de la ciudad. El túnel conduce a una cámara con una cisterna de 12 m de largo, 7 m de ancho y 2 m de altura media. A esta cisterna fluía el agua de la fuente, distante unos 34 m en la roca de la montaña. Se aprecia la construcción paralela de otro túnel con el que probablemente se pretendía aumentar el caudal de agua. A la cisterna se accedía a través de una puerta que podía encajarse mediante la colocación de piedras lisas sobre ranuras que habían sido hechas desde el interior, lo que supondría una excelente defensa de la cisterna. La iluminación del túnel se hacía mediante lámparas de aceite que se colocaban en nichos abiertos en las paredes. Los escalones aparecen muy desgastados, así como las paredes del interior del túnel por el roce de las manos. Se supone que eran las huellas que dejaron en el tiempo los aguadores en la realización de su trabajo.

Otra impresionante obra se descubre en la sección noreste de la muralla, donde aparece el borde norte de un gran embalse de agua que tenía unos 11 m de diámetro y no menos de 10 m de profundidad. Cuenta con una escalera de 40 escalones de 1,5 m de longitud, con una balaustrada de 33 cm que se hizo al ser excavado el embalse. Estos escalones conducen a un túnel que desciende en una escalera de caracol hasta alcanzar una cota de 13,7 m bajo el piso del embalse, donde se encuentra un cuarto de unos 7 m de largo por 3,30 m de ancho y 2,3 m de alto. En las paredes aparecen los nichos cortados en la roca para soportar las lámparas de aceite que iluminaban la estancia. Además de esto, dos claraboyas perpendiculares al techo de la escalera de caracol aportaban luz desde la superficie. El embalse aportaba agua a unos 25 m bajo las calles de la ciudad. En el estanque se encontraron dos jarrones pertenecientes a la edad del *Hierro II.* Algunos expertos consideran que este descubrimiento, por el desgaste menor de los escalones, pudo haberse construido en días de Ezequías (715-687 a.C.) O incluso de Manasés (687-642 a.C.). Complementaban el abastecimiento de agua para una ciudad que se supone habitada por unas 5000 personas, una serie de cisternas a las que llegaba el agua desde la cima del monte. Se aprovechaba también el agua de los aleros de las casas, conducida a una represa que la filtraba con una capacidad de unos 600.000 litros.

Entre los descubrimientos de importancia está la recuperación de distintas asas de jarros en los que aparece la inscripción de la palabra GB'N (Gabaón), unida a otros nombres de personas. Era bastante infrecuente encontrar objetos que tengan el nombre de la ciudad en el mismo sitio y mucho menos la cantidad tan importante que apareció en Gabaón. En el hallazgo de objetos aparecen también 80 asas de jarros con el sello real grabado en ellas y consonantes que corresponden al nombre de ciudades importantes en tiempos de Josué y posteriores. Da la impresión de que estas ciudades gabaonitas suministraron productos agrícolas a las ciudades de Israel asentadas en el sur de Canaán.

Otros descubrimientos arqueológicos lograron desenterrar estanques labrados en la roca, así como cubas de reposo, que solo podrían corresponder a la producción vinícola en gran escala. Esto llevó a la conclusión de que Gabaón tenía una verdadera industria de vitivinícola, con una capacidad de almacenaje de más de 130.000 litros. Los envases de barro que aparecieron en los huecos de la zona de almacenamiento debían ser utilizados para enviar vino hacia otros lugares.

No ha sido posible identificar el *"lugar alto"* de Gabaón. Algunos sugieren que posiblemente no estuviera en la misma ciudad, sino en algún otro lugar del área.

La ciudad de Gabaón de la época del *Hierro II*, fue destruida hacia la mitad del siglo VI a.C. Durante el período persa (550-330 a.C.), Gabaón fue una de las ciudades ocupadas por ellos, como aparece en grabados en el asa de un jarrón en escritura aramea del siglo V. Otros objetos del período persa son un sello de oro y un anillo de plata de finales del siglo VI que tienen grabado el nombre de su propietario.

Hay pocas evidencias de la ocupación de Gabaón en el período helénico, si bien aparecen algunas monedas de Tolomeo II, Antíoco III y Juan Hircano I.

Los romanos ocuparon Gabaón, que era considerada como una ciudad abierta. Estos construyeron un camino sobre el fundamento de la muralla de la edad del *Hierro II.* De la época romana se han descubierto varios baños con los escalones que conducían a ellos. Algunos de los lugares de almacenamiento de vino fueron utilizados por los romanos como cisternas. Incluso algunos de los nichos de las paredes fueron aprovechados para enterramientos. Las lámparas encontradas en esta tumba sugieren que debió haber sido utilizada sobre el 300 d.C. También se encontró un estanque romano que fue revocado cuatro veces durante el tiempo en que se utilizó.

Los siglos siguientes difuminan la historia de la ciudad en el período romano-bizantino. Una mujer llamada Paula, amiga de S. Jerónimo, afirma haber visto la ciudad cuando subía por el paso de Bet-horón, a finales del siglo IV.

CAPÍTULO 10
GUERRA CONTRA CINCO REYES

Introducción

La conquista y ocupación del sur de la tierra es narrada en el capítulo 10 del Libro de Josué. Israel va posesionándose de la tierra paulatinamente. Se sirvieron de varios modos para ello. Un milagro les había entregado Jericó; una emboscada había servido para conquistar Hai; la rendición mediante alianza les había permitido incorporar otra amplia extensión del territorio hacia el sur de Canaán. Sin duda, no iban muy rápidas las operaciones de la conquista y es posible que fuera la idea e incluso la murmuración de algunos, a lo que tan acostumbrado estaba aquel pueblo. Dios había dispuesto que la conquista de la tierra fuera efectuada en forma progresiva y lenta. No iba a ser cuestión de un año, sino de bastante más tiempo. Así les había dicho el Señor: *"Poco a poco los echaré de delante de ti, hasta que te multipliques y tomes posesión de la tierra"* (Éx. 23:30). La razón era natural, la conquista exigía la eliminación total de las ciudades y de sus moradores, lo que convertiría la tierra en un desierto, es decir, sin pobladores, en cuyo caso las fieras sin control se multiplicarían de tal modo que llegarían a ser un peligro potencial para Israel. Lentamente, pues, se hacía la conquista de la tierra. A cada ciudad desposeída y cada pueblo exterminado, correspondía un asentamiento de Israel y la multiplicación progresiva del pueblo sustituía a los que habían muerto en la guerra. No es por tanto Josué, el que toma la iniciativa. Había bastante territorio para el pueblo y esperaba la iniciativa de sus enemigos, así como las indicaciones de Dios, para continuar con la conquista. La nueva acción militar vendría por medio de la coalición de reyes amorreos cuyo evento se detalla en el texto del capítulo.

El capítulo ofrece una secuencia de acontecimientos perfectamente hilados entre sí. Se inicia con el detalle de la coalición amonita que se disponía a atacar a la tetrápolis gabaonita (vv. 1-5); luego, relata la petición de ayuda que los gabaonitas hacen llegar a Josué, ante el inminente ataque de la coalición de reyes (vv. 6-8); seguidamente, se narra la derrota de los reyes amonitas y la acción de Josué en la batalla contra ellos (vv. 9-11). El milagro de la prolongación del día ocupa la siguiente división del pasaje (vv. 12-14). La ejecución de los reyes amonitas cierra el episodio de la destrucción total de la confederación que se había coaligado contra Gabaón (vv. 15-27). Por último, el relato concluye con un detalle de la conquista y destrucción de las ciudades más importantes del sur de Canaán (vv. 28-43).

Los críticos liberales han procurado interpretar el pasaje siguiendo su socorrido recurso de una serie de documentos que fueron compilados en un determinado momento, recurriendo a la etiología histórica propuesta por ellos mismos, contra lo que la Biblia enseña de forma natural y sencilla.

Como resumen de esta situación nada mejor que un párrafo del profesor Félix Asensio de la Universidad Gregoriana de Roma:

"Explicar el alcance de este capítulo con el sistemático recurso a elementos originalmente dispersos y más tarde conectados, mejor o peor, sobre la base de etiologías antihistóricas, quizás vaya ya resultando más ingenuo que ingenioso, frente a la histórica 'campaña del sur' con su serie de episodios en torno a un eje único"[1].

Para el comentario del pasaje, se sigue el *Bosquejo* que se indicó en la *introducción*, como sigue:

2.2. Destrucción de la coalición amonita (10:1-43).
- 2.2.1. La coalición contra Gabaón (10:1-5).
- 2.2.2. Petición de ayuda de Gabaón (10:6-8).
- 2.2.3. La coalición amonita derrotada (10:9-11).
- 2.2.4. El milagro de la prolongación del día (10:12-14).
- 2.2.5. La ejecución de los cinco reyes (10:15-27).
- 2.2.6. Toma y destrucción de las ciudades del sur (10:28-43).

Destrucción de la coalición amonita (10:1-43)

La coalición contra Gabaón (10:1-5)

1. Cuando Adonisedec rey de Jerusalén oyó que Josué había tomado a Hai, y que la había asolado (como había hecho a Jericó y a su rey, así hizo a Hai y a su rey), que los moradores de Gabaón habían hecho paz con los israelitas, y que estaban entre ellos,

2. tuvo gran temor; porque Gabaón era una gran ciudad, como una de las ciudades reales, y mayor que Hai, y todos sus hombres eran fuertes.

Las noticias se transmitían rápidamente por todo el territorio de Canaán. Así llegó hasta la segura Jerusalén (*Yerûsalaim*), ciudad grande y amurallada, geográficamente segura, la noticia de la derrota de Hai. Antes había sido Jericó, la gran ciudad amurallada. Pero, lo más inquietante era el pacto concertado con la tetrápolis gabaonita. La única seguridad para impedir el paso de las tropas israelitas hacia el sur era que las cuatro

[1] Félix Asensio. o.c., pág. 50.

ciudades de Gabaón las resistieran cerrándoles el paso. La coalición de todos los reyes de la tierra (9:1) parece como si quedase reducida más a intenciones, que a un pacto militar firme y efectivo. Los gabaonitas, que casi con toda seguridad formaban parte de la coalición, se habían retirado de ella traicionándola y estableciendo la paz separadamente con el invasor. La paz era efectiva de modo que el texto bíblico afirma que *"estaban contra ellos"*. Israel estaba dentro de sus tierras, es decir, habían cedido pacíficamente su territorio entregándolo a Israel sin combatir. Estas noticias resultaban altamente alarmantes y sobrecogedoras para Adonisedec[2]. No solo era temible el ejército israelita por sí mismo, sino que ahora contaba con la alianza y colaboración de los hombres de Gabaón, que tenía un ejército fuerte. El enemigo, en lugar de debilitarse con el paso del tiempo, se fortalecía y lentamente iba adueñándose de la tierra de Canaán.

La ciudad mencionada como *"Jerusalén"* se corresponde, con toda seguridad, con la Jerusalén bíblica. Fue la *"Salem"* de los tiempos de Abraham (Gn. 14:18) y también la *"Jebús"* de los tiempos de los jueces (Jue. 19:11), nombre tomado de sus habitantes, quienes se llamaban *jebuseos* (*Yᵉbûsi*). La ciudad de Jerusalén era muy importante en el sur de Canaán y contaba con las seguras defensas de sus murallas y las naturales del Cedrón por el este, el Hinom por el sur y el valle central llamado por los romanos Tiropeón, al oeste, pero a pesar de todo ello, no se sentía segura. Su rey Adonisedec tenía un nombre compuesto por dos voces: *Adoni* que equivale a *señor* y *Sedec* que es de significado dudoso. Unidas equivalen a *Sedec es mi señor*, o si se prefiere de un modo más enfático, *Sedec es el dios.* Antiguamente, en los tiempos de Abraham, había tenido un rey llamado Melquisedec, cuyo nombre equivale a *rey de Salén,* o *rey de paz* (Gn. 14:18). Aquel era sacerdote del Dios Altísimo, pero el actual rey nada tenía que ver con la fe de su antepasado, ni siquiera se sabe que fuera del mismo linaje. Este no servía al Dios Altísimo, por tanto, temblaba delante de Sus ejércitos. Quien sirve a Dios no tiene miedo de Él, sino que tiene su bendición, pero quien es rebelde a Dios debe temblar ante su ira (Sal. 2:10-12).

3. Por lo cual Adonisedec rey de Jerusalén envió a Hoham rey de Hebrón, a Pieram rey de Jarmut, a Jefía rey de Laquis y a Debir rey de Eglón, diciendo:

4. Subid a mí y ayudadme, y combatamos a Gabaón; porque ha hecho paz con Josué y con los hijos de Israel.

---

[2] Su nombre significa *"Mi señor es el dios Sedeq"*, para otros equivale a *"rey de justicia"*.

No sabiendo que hacer para solucionar el problema acuciante, decide poner en marcha la gran coalición militar que ya se había planeado antes (9:1-2). Nada mejor que integrar las fuerzas de las cuatro ciudades vecinas a Jerusalén, todas ellas poderosas e importantes. Los mensajeros del rey fueron despachados con presteza hacia esas ciudades y, entrevistándose con los respectivos reyes, los invitan a formar una unidad militar para una defensa común. No solo se mencionan las ciudades, sino también el nombre de cada uno de sus reyes.

La primera ciudad mencionada es Hebrón, cuyo nombre equivale a *unión o liga*. Era una ciudad antiquísima existente en tiempos de Abraham, con el nombre de Quiriat-arba (Gn. 23:2; Jos. 20:7). Fue edificada antes que la ciudad egipcia de Zoan- Tanis (Nm. 13:22) y existía antes que Abraham, quien estuvo durante un tiempo en las proximidades de Hebrón, en el encinar de Mamre (Gn. 13:18; 35:27). En Hebrón murió Sara y Abraham compró una pequeña propiedad donde había una cueva llamada Macpela, como sepulcro de su esposa (Gn. 23:2-20). Los patriarcas Isaac y Jacob moraron por un tiempo en Hebrón (Gn. 35:27; 37:14). Los doce espías enviados por Moisés para explorar Canaán, descubrieron que había anaceos morando en Hebrón (Nm. 13:22). El rey de Hebrón coaligado con el de Jerusalén en los días de Josué, se llamaba Hoham. Hebrón aparecerá más adelante en este mismo libro como ciudad de refugio. Siglos después, David la convirtió en capital de su reino durante los primeros siete años de su reinado. Absalón proclamó desde allí su rebelión contra su propio padre David (2Sa. 15:7-10). Los muros de la ciudad fueron fortificados por Roboam (2Cr. 11:5, 10, 11). Durante el cautiverio, Hebrón cayó en manos de los edomitas, que ocuparon el sur de Judá, y Judas Macabeo reconquistó esta y otras ciudades. Para entonces, Hebrón era una fortaleza dotada de torres y dominaba las otras ciudades (1 Mac. 5:65).

La segunda ciudad de la coalición de reyes amonitas es Jarmut. Situada a unos 20 km al suroeste de Jerusalén. Se sabe muy poco de esta ciudad. Se menciona entre las ciudades de Judá (15:31). También se la cita como una de las ciudades de Israel después del regreso del cautiverio en Babilonia (Neh. 11:29). Se ha identificado con la actual *"hirbet Yarmûk"*, situada a unos 15 km al noroeste de Eleuterópolis. Las piedras de sus ruinas manifiestan la grandeza de la ciudad. Su rey se llamaba Piream.

La tercera ciudad era Laquis, la *"Lakisa"* de los escritos de Tell el- Amarna[3]. Era una ciudad realmente importante (se remite al lector al *"Excursus XII"*, donde se dan detalles de la ciudad). Esta ciudad llegó a

[3] Ver *Introducción*, lo referente a la correspondencia de Tell el-Amarna.

su mayor apogeo en los tiempos del imperio egipcio, y se identifica con la actual *Tell ed-Duweir*, situada a la mitad del camino entre Hebrón y Ascalón. Al rey se le llama Jafía.

Finalmente, está la ciudad de Eglón, a quien los LXX dan el nombre de *"Odollam"* (Οδολλαμ), situada al suroeste de Laquis e identificada con la actual *'Aglân*, próxima a Tell el-hesi. El nombre de su rey era Debir, el mismo que correspondía a una de las ciudades más destacadas históricamente hablando de Canaán.

El propósito de la coalición era claro: reconquistar la tetrápolis gabaonita retirando con ello el apoyo que estas ciudades significaban para Josué. Además, la operación militar castigaría la deserción de aquellas ciudades que habían firmado la paz con Israel. Una vez en mano de los coaligados, el sur de Canaán estaría seguro, ya que Israel se vería obligado a tomar nuevamente aquellas ciudades si quería avanzar en aquella dirección.

Para aquellos tiempos la coalición militar que se formó era imponente. Literalmente, representaba todas las fuerzas militares del sur de Canaán en donde todas las ciudades mencionadas eran de una importancia mayor que cualquiera de las conquistadas, salvo, tal vez, la ciudad de Jericó.

5. Y los cinco reyes de los amorreos, el rey de Jerusalén, el rey de Hebrón, el rey de Jarmut, el rey de Laquis y el rey de Eglón, se juntaron y subieron, ellos con todos sus ejércitos, y acamparon cerca de Gabaón, y pelearon contra ella.

Los ejércitos confederados se pusieron en marcha hacia el norte, situándose cerca de Gabaón dispuestos a emprender la batalla contra ella. Los cinco reyes coaligados no se atrevieron a atacar a Josué y sus ejércitos; el temor que infundía sobre ellos era notable. Todos lo consideraban tanto a él como a sus ejércitos, sostenidos por el poder de Dios. Los gabaonitas pudieron ver desde sus alturas el imponente ejército desplegado en las proximidades. No se dice cómo se enteraron de sus intenciones, pero conocían que todos estaban allí para pelear contra ellos. La deserción de sus compromisos con los demás reyes del sur de Canaán, los había hecho despreciables. El texto afirma que *"pelearon contra ella"*. Posiblemente quiera decir que se habían concentrado con el propósito de combatirla, aunque la acción militar no había tenido lugar aún.

Petición de ayuda de Gabaón (10:6-8)

6. Entonces los moradores de Gabaón enviaron a decir a Josué al campamento en Gilgal: No niegues ayuda a tus siervos; sube prontamente a nosotros para defendernos y ayudarnos; porque todos los reyes de los amorreos que habitan en las montañas se han unido contra nosotros.

De alguna manera, los gabaonitas pudieron enviar recado a Josué informándole de la situación desesperada para ellos. Los hombres de Gabaón solos no podían derrotar a un ejército tan potente y numeroso aún teniendo a su favor la orografía del terreno en que estaban asentados. Eran precisos con toda urgencia los refuerzos que pudieran venir del ejército de Israel. Las tropas israelitas ya no eran, con toda seguridad, aquel ejército poco entrenado que iniciara las acciones militares en Canaán. Llevaban un largo tiempo de campaña militar y eran, con toda seguridad, una extraordinaria máquina de guerra para aquellos tiempos. No tenían, que se sepa, carros herrados, ni caballería, como otros ejércitos de naciones canaanitas, pero su constante entrenamiento en acciones sobre las ciudades de Canaán les había convertido en una fuerza militar poderosa. Además, fuera como fuera, eran la única garantía para los sitiados. La cuestión era lo que haría Josué. Allí tenía la ocasión más propicia para deshacerse de los gabaonitas y dejar que otros quitasen de en medio a los que ellos deberían haber exterminado de no ser por la alianza concertada con ellos. Era una ocasión excelente para desembarazarse de las consecuencias de un pacto prohibido por Dios con las naciones que ocupaban la tierra prometida. Pero, ¿donde estaría la rectitud ante Dios? ¿Aprobaría el Señor una acción de abandono de aquellos que eran ya siervos de la nación y de la casa de Dios?

Hacer honor a la palabra dada y a los compromisos contraídos se ha considerado en el capítulo anterior, bastará pues, recordar que el creyente podrá cometer equivocaciones por no consultar al Señor (9:14), pero la palabra dada debe ser mantenida porque no puede mentir. Esta es la regla de oro: *"No mintáis los unos a los otros, habiéndoos despojado del viejo hombre con sus hechos"* (Col. 3:9). El creyente mentiroso está expuesto a la disciplina de Dios. *"Los labios mentirosos son abominación a Jehová; pero los que hacen verdad son su contentamiento"* (Pr. 12:22), literalmente *"los que obran fielmente son su deleite"*. De otro modo, se reitera la enseñanza: *"El testigo falso no quedará sin castigo, y el que habla mentiras no escapará"* (Pr. 19:5). Sorprende ver cómo en algunas ocasiones los cristianos mienten en sus negocios. Estudiantes cristianos que mienten en sus exámenes, falseando los resultados al copiar las respuestas a las preguntas que les formulan. Matrimonios cristianos que no se dicen entre sí toda la verdad. Hay iglesias que retienen la falsedad de su profesión de fe y dedicación sin atreverse a decir, como la mujer enferma, toda la verdad al Señor. La mentira tiene muchas manifestaciones y formas. No consiste solo en palabras falsas, sino en actitudes engañosas: *"Si alguno dice: Yo amo a Dios, y aborrece a su hermano, es mentiroso. Pues el que no ama a su hermano a quien ha visto, ¿cómo puede amar a Dios a quien no ha visto?"* (1Jn. 4:20). La actuación del amor verdadero se manifiesta en la ayuda al prójimo, especialmente cuando se trata de un hermano. Cada creyente debería reflexionar profundamente sobre la realidad de una vida de *verdad* delante del mundo.

7. Y subió Josué de Gilgal, él y todo el pueblo de guerra con él, y todos los hombres valientes.

8. Y Jehová dijo a Josué: No tengas temor de ellos; porque yo los he entregado en tu mano, y ninguno de ellos prevalecerá delante de ti.

Josué recibió la llamada de ayuda y cumplió el compromiso del juramento. De nuevo, el nombre de Gilgal aparece en pasaje. Gilgal representa el lugar de la comunión y del compromiso con Dios. Desde ese lugar de dependencia salieron para la batalla (v. 7) y regresaron victoriosos nuevamente (v. 15). Es todo el ejército de Israel que subió con Josué, no solo el grueso de las tropas, *"el pueblo de guerra"* (*[a]am hammilhämä*), sino también los hombres *selectos*, los *"hombres valientes"* (*gibbôrê hahayin*) —los guerreros valerosos de Israel— aquellos que habían tomado parte en acciones especiales como la emboscada en la batalla de Hai (8:3). No había lugar para el descanso, la batalla es de todo Israel y todo el pueblo, como un solo hombre, se aprestó para la lucha. Sin duda, en la mente de Josué tenía que estar la preocupación propia al saber del numeroso grupo de tropas con que va a enfrentarse. No es una ciudad como las que había tomando, sino un conjunto de ejércitos de todas las que había al sur del país. Esas fuerzas estaban acampadas en torno a Gabaón y habían comenzado las operaciones militares para conquistarla. El hecho de haberse desplegado delante de ella con intenciones belicosas ya era el inicio de la guerra. En medio de esta situación, la voz de Dios alienta a Josué (v. 8). Nuevamente, se lee el conocido *"No tengas temor de ellos"* que fue percibido por Josué, junto con la promesa ya oída en otras ocasiones *"Yo los he entregado en tu mano"*. No es algo futuro que Josué debe ganarse con su esfuerzo personal junto con sus ejércitos, es un compromiso divino que puede darse por hecho porque, *"¿Quién ha resistido a su voluntad?"* (Ro. 9:19). Josué podía estar seguro de que el poder del enemigo era nulo frente al poder de Dios. Con cuánta confianza subiría Josué aquella noche. A su lado estaba el Señor de los Ejércitos, de Él era la batalla y Él daría la victoria.

La comunión con Dios es el punto de partida para la victoria. El creyente debe partir desde su Gilgal espiritual, desde el lugar de la separación para que Dios esté como base de una vida victoriosa (2Co. 7:1). Esa es la esfera de victoria irresistible: *"Porque nosotros somos la circuncisión, los que es espíritu servimos a Dios y nos gloriamos en Cristo Jesús, no teniendo confianza en la carne"* (Fil. 3:3). ¿Alguien se ha encontrado alguna vez frente a una coalición de fuerzas que lo superan absolutamente? Tal vez, el creyente no sea consciente de ello, pero la coalición enemiga que se opone al paso victorioso del cristiano está presente continuamente (Ef. 6:12). En ocasiones, tomará el aspecto de un ejército dispuesto para destruir y en otras, será por medio del desaliento de las circunstancias. No importa cuál sea la forma que revista, el creyente tiene a su lado la poderosa fortaleza del Señor (Mt. 28:20). Frente a sus enemigos puede decir como Pablo: *"Si Dios es por nosotros, ¿quién contra nosotros?"* (Ro. 8:31). Lo mismo que el salmista, el creyente puede decir: *"Aunque un ejército acampe contra mí, no temerá mi corazón; aunque contra mí se levante guerra, yo estaré confiado"* (Sal. 27:3). ¿Qué importancia podrá tener la enorme coalición de enemigos a quienes pueda enfrentarse el creyente? ¿Qué valor podrán tener todas las fuerzas del maligno luchando contra él, si son más los que están con nosotros que contra nosotros? (2Re. 6:16). Es cuestión de una clara visión de fe. Es necesaria la oración del profeta frente a la debilidad y miedo de su ayudante: *"Te ruego, oh Jehová, que abras sus ojos para que vea"* (2Re. 6:17), para que la visión espiritual ofrezca la perspectiva de la imponente fuerza espiritual que rodea al creyente. Y si esto fuera poco, la presencia del Señor protegiendo a los suyos será suficiente para enfrentarse con cualquier tipo de oposición: *"El Ángel de Jehová acampa alrededor de los que le temen y los defiende"* (Sal. 34:7).

La coalición amonita derrotada (10:9-11)

9. Y Josué vino a ellos de repente, habiendo subido toda la noche desde Gilgal.

10. Y Jehová los llenó de consternación delante de Israel, y los hirió con gran mortandad en Gabaón; y los siguió por el camino que sube a Bet-horón, y los hirió hasta Azeca y Maceda.

Toda una noche de marcha permitió al ejército de Israel recorrer los 30 km que aproximadamente separaban Gilgal de Gabaón. La presencia de Josué y su ejército tuvo que haber desconcertado a la coalición amonita. Antes de que se dieran cuenta de que los ejércitos de Israel habían abandonado el campamento, ya estaban estos en el campo de batalla. Debió haberles producido una enorme sorpresa ver surgir, como milagrosamente, las tropas israelitas a través de los desfiladeros que conducían a la zona de Gabaón. Probablemente, la acción militar se inició al rayar el alba, cuando comenzaba a haber luz suficiente para los movimientos seguros de las tropas. Los amonitas estarían confiando en la victoria sobre aquellas ciudades. Su número era suficiente para establecer un férreo cerco en torno a Gabaón hasta llevarlos a la rendición y a presentar batalla, lo que seguramente hubiera ocasionado la derrota de los gabaonitas frente al número de sus enemigos. La iniciativa de la batalla correspondía a las tropas de Israel, que debieron caer de improviso sobre el campamento amonita sembrando la confusión entre sus desprevenidos ejércitos. No era un ataque desesperado de los gabaonitas, eran las tropas de Israel, a las que temían por las noticias de sus victorias anteriores, las que estaban peleando.

Dios había hablado alentando a Josué y formulando la promesa de segura victoria (v. 8). Él había dicho que entregaría a aquellos ejércitos en su mano, por tanto, tenía que intervenir. Esto es precisamente lo que ocurrió: *"Jehová los llenó de consternación"*. Como se lee en el texto hebreo, *"los desconcertó"* (*y^{e}hummën*). La actuación divina comenzó por el interior, creando terror en los corazones de sus enemigos. Es el sistema divino. Así lo había prometido: *"Yo enviaré mi terror delante de ti, y consternaré a todo pueblo donde entres, y te daré la cerviz de todos tus enemigos"* (Éx. 23:27). Así había actuado con Israel desde el principio. Él fue quien trastornó el campamento de los egipcios cuando perseguían a Israel produciendo tal consternación entre ellos que los indujo a abandonar la persecución (Éx. 14:24-25). Dios fue el que produjo el terror y desánimo en los corazones de los habitantes de Canaán cuando cruzaron el Jordán (Jos. 2:9, 11). Sería Él quien quebrantaría del mismo modo, años más tarde, el ejército de Sísara (Jue. 4:15). Asimismo, actuaría con los ejércitos filisteos en los días de Samuel (1Sa. 7:10)[4]. El desconcierto entre los ejércitos amonitas fue de tal dimensión, que muchos de ellos fueron muertos por los israelitas en el primer ataque sin apenas ofrecer resistencia: *"y los hirió con gran mortandad en Gabaón"*. De este modo, queda reflejado en los MSS.: *"les infringió una gran derrota"* (*yallëm makkä g^{e}dôlä*). Los que pudieron escapar huyeron aterrorizados para salvar sus vidas a través del único camino posible para ellos desde donde se encontraban, que se dirigía hacia Bet-horón, distante

---

[4] En todas las referencias anteriores aparece la palabra hebrea *"y^{e}hummën"* que se traduce como *"trastornar"*, *"desconcertar"* o similares.

unos nueve kilómetros del lugar de la batalla. Pero, incluso los fugitivos fueron perseguidos por Dios que *"los hirió"* (*yird^e^pëm*), literalmente *"los persiguió"*. No era Josué quien los perseguía, era Dios mismo que lo hacía por medio de ellos. Las tropas de Israel eran un instrumento más en las manos de Dios para el cumplimiento de Su promesa y la ejecución de Su plan. Aquellos fugitivos fueron perseguidos a lo largo del camino mientras iban cayendo a medida que eran alcanzados. La persecución no fue corta, algunos de ellos tenían su vista puesta en Laquis, una de las ciudades de donde había salido parte de las fuerzas coaligadas. Pero, quienes pensaban llegar hasta esa ciudad, cayeron bajo la espada de Israel bastante cerca del lugar donde pensaban encontrar su refugio. Así se traduce del texto hebreo: *"y los hirió"* (*yakkëm*), literalmente *"los batió"*, y también fueron heridos, como figura en el texto transcrito, por lo que no pudieron llegar más allá de Azeca y Maceda, situadas al norte de Laquis.

11. Y mientras iban huyendo de los israelitas, a la bajada de Bet-horón, Jehová arrojó desde el cielo grandes piedras sobre ellos hasta Azeca, y murieron; y fueron más los que murieron par las piedras del granizo, que los que los hijos de Israel mataron a espada.

Algunos de aquellos pareciesen haber logrado su propósito. Habían alcanzado la Bet-horón alta y sin pensarlo se precipitaron desde las escarpadas cimas hacia la Bet-horón baja por el camino difícil que conducía a la parte llana (*S^e^pëlä*). Aquella bajada es sumamente dificultosa. Prácticamente es una cortada barrancosa llena de piedras y rocas sueltas con salientes rocosos. La verticalidad de algunos tramos hizo necesario tallar escalones en la roca. Por allí, a tumba abierta, se lanzaron hacia la parte baja los que pudieron alcanzar la cima de la colina. Estos podrían escapar —los que llegaran sanos al fondo de la cortada— de los israelitas. Algunos podrían al fin salvar su vida huyendo, pero Dios había dicho: *"yo los he entregado en tu mano, y ninguno de ellos prevalecerá delante de ti"* (v. 8), y Su palabra tendría absoluto y total cumplimiento. El cielo plomizo estalla en una impresionante tormenta de granizo. Dios ponía a la naturaleza a Su servicio. Lanzó sobre ellos piedras de granizo (*^ä^abnê habbäräd*), que tuvieron que ser enormes, golpeando de tal modo a los que huían hacia Azeca, que murieron sin alcanzarla. Los críticos *antihistóricos,* en su afán *desmitificador* de la Biblia, han sugerido que las piedras que alcanzaron a todos estos fueron las desprendidas de la montaña en su alocada huida monte abajo, y que la expresión: *"Jehová arrojó desde el cielo grandes piedras"* es la propia de un lenguaje figurado que ve caer sobre las cabezas de los fugitivos envolviéndolos y despeñándolos como si cayeran del cielo. Podría admitirse esa hipótesis, si no fuera por la indicación bíblica de que las piedras no eran rocas de la montaña, sino granizo. La gloria seguía siendo del Señor. Como en otros momentos, Dios intervino con su creación al servicio de sus propósitos mediante el granizo, que ya había sido utilizado contra Egipto (Éx. 9:18-35). El libro más antiguo de la Biblia ya enseña que Dios tiene reservado el granizo para *"el tiempo de la angustia, y para el día de la guerra y de la batalla"* (Job. 38:22-23). La voz del Altísimo está acompañada de granizo (Sal. 18:13). El profeta Isaías recuerda también que la potente voz de Jehová hará descender *"piedra de granizo"* (Is. 30:30)[5]. El texto concluye con otra admirable afirmación: *"fueron más los que murieron por las piedras de granizo, que los que los hijos de Israel mataron a espada"*.

Junto con las manifestaciones de la omnipotencia soberana y la fidelidad de Dios que se resalta en la narración, hay diversos aspectos de innegable valor formativo para el creyente. Casi se puede decir que cada uno de los textos contiene una aplicación personal para el tiempo presente. A través de tantos siglos de distancia, a pesar de los miles de años transcurridos, estos versículos contienen todo lo necesario para la enseñanza del creyente en nuestros días. No es posible presentar *todas* las lecciones y enseñanzas contenidas en ellos y aplicarlas al tiempo actual. Una aplicación exhaustiva de cada texto haría interminable este comentario. La Biblia es un libro de Dios, por tanto, inagotable en su aplicación y enseñanza. Será, pues, suficiente destacar algunos de los tesoros contenidos en el texto, como la diligencia de Josué en la ejecución de su cometido (v. 9). No esperó a que amaneciese, sino que caminó durante toda la noche con los suyos. La cuestión a resolver no era algo que afectaba a Israel, sino que correspondía a un aspecto de la obra de Dios. Las cosas personales podrán demorarse, pero no así las que conciernen al Señor. La diligencia en atender los asuntos de la obra de Dios ha de ser prioritaria en todo. La exhortación del Nuevo Testamento es precisa: *"En lo que requiere diligencia, no perezosos; fervientes en espíritu, sirviendo al Señor"* (Ro. 12:11). En el trabajo para el Señor la diligencia comprometida es la norma establecida. Cuántas veces la obra se detiene y se resiente; cuántas veces el avance de la obra se hace lento; cuántas veces se llega tarde a lo que se ha acudido por falta de diligencia. Esto contrasta notablemente con la sociedad en general. Se requieren personas diligentes en la ejecución de los cometidos que comportan todos los aspectos del mundo moderno. Debe prestarse diligencia a los negocios para no perder las oportunidades. Se debe ser diligente en los estudios debido a las altas cotas demandadas para ellos. Debe ocuparse con diligencia en la administración familiar para estar *al día* en los adelantos del hogar. En fin, diligencia es la regla

---

[5] En todas las citas referenciadas aparece la misma expresión que en el texto del libro de Josué.

para una vida de éxito. Pero, mientras esto se practica en relación con las cosas seculares, la diligencia está ausente en muchos aspectos de la obra del Señor. No se presta diligencia para asistir a las reuniones. No se presta diligencia para las labores pastorales, considerándose como una gran carga la visitación y ayuda a las necesidades espirituales de la congregación —tratándose esto negligentemente— especialmente en la visitación a los miembros que lo precisan en la congregación a pesar de que la Escritura dice: *"Sé diligente en conocer el estado de tus ovejas, y mira con cuidado por tus rebaños"* (Pr. 27:23). No se actúa diligentemente con el estudio de la Escritura, de modo que hay predicadores que suben al púlpito con escasa o nula preparación de su sermón dando a la congregación vanalidades, cuando no imprecisiones o incluso errores, como alimento. Se trata negligentemente la evangelización escudándose en la situación social de desinterés y rechazo al mensaje de la cruz para dejar de cumplir la gran comisión (Mr. 16:15-16). No se actúa con diligencia en los trabajos de formación y discipulado de nuevos convertidos, dejando que estos vayan descubriendo por sí mismos las verdades de la Escritura, y descansando en que ya preguntarán sobre lo que no entiendan cuando lo necesiten. No se actúa con diligencia en la limpieza moral y espiritual de la congregación mediante la aplicación sana y llena de gracia de una correcta disciplina bíblica, con la triste consecuencia de congregaciones en las que el pecado está arraigado en su medio y son un mal testimonio para el evangelio. En fin, la diligencia de Josué en el ejercicio de su compromiso con la obra de Dios, debería ser un toque de atención sobre la diligencia personal de cada creyente. El cristiano dará cuenta a Dios de su diligencia y de su negligencia, de ahí la exhortación del apóstol: *"Procura con diligencia presentarte a Dios aprobado, como obrero que no tiene de qué avergonzarse"* (2Ti. 2:15).

Junto con la diligencia, el seguimiento fiel. No fueron algunos los que siguieron a Josué, sino todo el pueblo de guerra con él (v. 7). Si Josué es tipo de Cristo, aquí se encuentra una aplicación al modo de vida de los creyentes. Estos, unidos al Señor, suben con Él para llevar a cabo la labor establecida. En la obra del Señor no hay quien pueda excusarse en el trabajo. Todos los creyentes tienen un puesto en la actividad, puesto al que Dios ha llamado a todos y los ha equipado para la misión que les encomienda a cada uno. Los creyentes irán aprendiendo las dificultades del trabajo comprometido, pero junto a ellos, el ejemplo del Señor, para quien la razón de su vida era *"hacer la voluntad del que le enviara y acabar su obra"* (Jn. 4:34). No es hora de descanso, sino de estar en vela y manifestar el compromiso cristiano de un seguimiento fiel al Señor. La vida de fe exige esto de cada uno. Nadie puede ser discípulo de Cristo a no ser que esté dispuesto a renunciar a todo cuanto posea incluyendo su propia vida (Lc. 14:26, 27, 33). Los tiempos difíciles del momento presente demandan un compromiso real. No es asunto de *teorías espirituales*, sino de vivencias auténticas y comprometidas. Llegará el momento del reposo, cuando los enemigos hayan sido derrotados definitivamente y la tierra prometida pueda ser disfrutada en plenitud. Mientras tanto, solo queda el camino del compromiso con el Señor: *"Si alguno me sirve, sígame; y donde yo estuviere, allí también estará mi servidor. Si alguno me sirviere, mi Padre le honrará"* (Jn. 12:26). Cristo abrió el camino del compromiso con su propio ejemplo, por tanto, ese ha de ser el sentir de cada cristiano si realmente es un discípulo de Cristo y hace honor a su compromiso cristiano. La senda del compromiso es, sin duda, la senda de las dificultades y del sufrimiento, pero en eso también Cristo nos dejó el ejemplo que el creyente necesita: *"Porque también Cristo padeció por nosotros, dejándonos ejemplo, para que sigáis sus pisadas"* (1Pe. 2:21).

Por último, la enseñanza sobre la acción del creyente es notoria. Josué y su ejército eran instrumentos en las manos de Dios para llevar a cabo Su obra. La situación no varía en el tiempo. El cristiano es también un instrumento que Dios usa en la ejecución de Su programa. Como instrumentos, la eficacia depende de la docilidad para ser usados por Él. Cuando un instrumento de trabajo deja de ser útil, se desecha. Así ocurre también con el creyente. La docilidad del cristiano hará de él un instrumento *"para honra, santificado, útil al Señor, y dispuesto para toda buena obra"* (2Ti. 2:21). En caso contrario, será desechado como inútil para el trabajo. Se cuenta de un hombre que visitaba el taller de un herrero. Este estaba fabricando aperos de labranza. El visitante observaba las operaciones del herrero: tomaba un trozo de hierro, lo introducía en el fuego, lo golpeaba sobre el yunque para darle forma, luego lo sumergía en el agua para templarlo y finalmente lo afilaba, haciéndolo pasar bajo los efectos de la piedra de esmeril. De vez en cuando, el visitante observaba cómo el herrero desechaba algún pedazo de hierro arrojándolo a un montón de deshechos. Movido por la curiosidad, preguntó la razón, y la respuesta fue que aquello que desechaba no era apto para ser usado como herramienta porque no tenía el temple necesario. Al salir de la casa del herrero, el visitante, cristiano consecuente, elevó una sencilla oración al Señor y le dijo: *"Señor, haz de mí lo que quieras, golpéame si es necesario, ponme en el fuego de la prueba cuantas veces precise, pero, para Tu gloria, no permitas que mi vida termine entre los desperdicios espirituales"*. Así debería ser el deseo de cada cristiano cuando toma conciencia de que todo cuanto se haga en la obra del Señor fuera del poder y comunión con Cristo es inútil. Un apóstol que extendía el evangelio por todo el imperio romano, pudo segurar que había trabajado más que todos y decir inmediatamente: *"pero no yo, sino la gracia de Dios conmigo"* (1Co. 15:10).

El milagro de la prolongación del día (10:12-14)

12. Entonces Josué habló a Jehová el día en que Jehová entregó al amorreo delante de los hijos de Israel, y dijo en presencia de los israelitas:
Sol, detente en Gabaón;
Y tú, luna, en el valle de Ajalón.

13. Y el sol se detuvo y la luna se paró,
hasta que la gente se hubo vengado de sus enemigos.
¿No está escrito esto en el libro de Jaser? Y el sol se paró en medio del cielo, y no se apresuró a ponerse casi un día entero.

14. Y no hubo día como aquel, ni antes ni después de él, habiendo atendido Jehová a la voz de un hombre; porque Jehová peleaba por Israel.

La jornada terminaba excesivamente rápido para concluir la tarea de destruir totalmente a los ejércitos coaligados, así como a sus cinco reyes. Sería necesario que el día se prolongase con un tiempo adicional. ¿A quien recurrir en esa necesidad? La solución solo podría venir de quien había hecho los prodigios asombrosos en la naturaleza para favorecer a Israel desde el paso del mar Rojo hasta la travesía del Jordán. Él, y solo Él, podría extender el día el tiempo necesario para la derrota total de los enemigos que aún quedaban en el campo de batalla.

Así escribe F. Lacueva en la adaptación de Matthew Henry:

"La gran fe de Josué y el poder de Dios coronando la fe de Josué, con el estupendo milagro de detener la marcha del sol, haciendo así que se prolongase el día de la victoria de Israel hasta la total derrota del enemigo. Las piedras de granizo no caían de un lugar más alto que las nubes, pero, para mostrar que el auxilio le venía a Josué de un lugar más alto, el sol mismo, que con su constante movimiento presta sus servicios a la tierra entera, se detuvo en esta ocasión para hacer un favor especial a los israelitas"[6].

La oración de Josué recibía respuesta inmediata. Esta fue pronunciada delante de los hijos de Israel (v. 12) y el milagro divino se producía inmediatamente. La fe de Josué tuvo que haber sido grande para ordenar al Sol que se detuviera sin duda en el nombre del Señor (v. 12). En una fase crítica de la batalla, se pronunciaron las contundentes palabras

[6] F. Lacueva. o.c., pág. 71.

de Josué que recoge el texto hebreo: *"Sol, detente en Gabaón y, luna, en el valle de Ajalón"* (*Semes b^{e}gib^{a}*ôn *dôm w^{e}yä rëah b^{ea}*ëmeq ^{ä}*Ayyälôn*). La respuesta divina a la oración de Josué producía un inmediato efecto. El sol (*yiddöm*) y la luna (^{a}ämäd) se detuvieron. No fue una invocación al sol y a la luna que Dios refrendase, sino todo lo contrario, Josué oró a Dios y luego en Su nombre ordenó al sol y a la luna que se detuvieran, cumpliéndose absolutamente sus palabras.

El milagro tenía que ver con las necesidades de la operación militar que se estaba desarrollando: *"El sol se detuvo y la luna se paró, hasta que la gente se hubo vengado de sus enemigos"* (v. 13). Un hecho tan prodigioso había de ser recogido en el libro que registraba hechos sobrenaturales, que aquí se le denomina como el *"libro de Jaser"*, que parece ser recogía poemas ordinarios que relataban acontecimientos importantes (2Sa. 1:18), y de cuyo texto no existe copia alguna. Libros de este tipo había más de uno en Israel, como el llamado *"libro de las batallas de Jehová"* (Nm. 21:14). Posiblemente, de estos volúmenes y de otros cronicones, fue tomado material para la composición de parte de los libros históricos[7]. Al margen de las referencias poéticas (ya que el texto tiene parte en prosa y parte en verso) tomadas, tal vez, de ese libro de Jaser, el relato histórico vuelve sobre la cuestión para hacer otra afirmación notable: *"El sol se detuvo en medio del cielo* (heb. *"ya^{a}*ämöd*")*, y no se apresuró a ponerse casi un día entero* (*w^{e}lö^{ä}* ^{ä}äs *läbô^{ä}*). Todavía reiterando por tercera vez el milagro (v. 13a, 13b, 14), se indica que *"no hubo día como aquel, ni antes ni después"* y la razón de esa singularidad no estaba en la victoria alcanzada sobre la coalición amonita, como algunos sostienen, sino en lo que el mismo texto enfatiza: *"habiendo atendido Jehová a la voz de un hombre"*. Esa voz de hombre que hace referencia a Josué, tuvo que ver con el mandato al sol y a la luna para que se detuvieran.

Se ha escrito mucho en torno a este milagro. Las posturas se radicalizaron según las apreciaciones y conceptos bíblico-teológicos de quienes las mantienen. Se ha pretendido dar una explicación coherente al milagro, para ponerlo en armonía con la ciencia y con la lógica. Pero ¿qué es realmente un milagro? ¿Se puede, de algún modo, expresar por medio de la lógica y de la ciencia lo que de por sí las trasciende? Cualquier explicación científica de un milagro agota, en ese instante, tal condición. Aún aquello que pueda expresar con el lenguaje de la ciencia sus procesos y sus consecuencias, no deja de ser un hecho sobrenatural. Dios utiliza sus medios naturales para ejecutar Su voluntad en muchas ocasiones actuando sobre ellos providencialmente, pero en otras muchas, esos elementos

---

[7] Ver el apartado sobre *"fuentes"*, en la *Introducción*.

son puestos a Su servicio invirtiendo, cuando así es necesario para el cumplimiento del propósito divino, su modo habitual de comportamiento. En uno y otro casos se trata de un milagro, es decir, una acción sobrenatural que no puede ser explicada ni producida por el hombre. La Biblia no es un libro de ciencia. Sin duda, las expresiones que se relacionan con la ciencia de los hombres, son exactas y precisas, pero no ha de pretender el teólogo buscar una explicación por medio de la ciencia de las verdades teológicas recogidas en el Santo Libro. La Escritura tiene que ser aceptada por medio de la fe. Eso ha de ocurrir también con el milagro del largo día de Josué.

En un afán por razonar toda obra sobrenatural registrada en la Escritura, se han adoptado varias posiciones frente al milagro descrito en el pasaje.

Una de ellas pretende situar la oración de Josué al principio de la jornada, es decir, el hagiógrafo inició el relato de la batalla, pero luego retrocedía cronológicamente para referir algo que tuvo lugar antes del relato antecedente. En este caso, Josué lo que pretendía era una prolongación de las sombras del amanecer, es decir, que continuara la penumbra para poder caer por sorpresa sobre los amonitas, antes de que el día clarease y el sol brillara con fuerza como correspondía al tiempo de verano en que discurre la historia. La respuesta, por tanto, vino en la tormenta de granizo que prolongaría las sombras por la densidad de las nubes, añadiendo así el tiempo que para darle una forma de expresión comprensible, se dice que *"no se apresuró a ponerse casi un día entero"*. Esta opinión necesita hacer ajustes considerables en la narración bíblica, ya que se dice que el granizo cayó sobre las tropas amonitas cuando estas huían de Josué, para lo cual se elabora una argumentación según la cual parte de los ejércitos amonitas, asustados de la irrupción de las tropas de Israel, salieron huyendo precipitadamente mientras que otro grupo, apostado en otro lugar del área de Gabaón, tuvo que ser derrotado en el mismo campo, para cuya operación Josué pidió oscuridad en lugar de luz.

Un segundo modo de ver el milagro propone que el calor del sol estaba produciendo un problema entre los hombres de Israel, de modo que la oración de Josué tenía que ver con que el sol mitigase su fuerza. Para ello, se insinúa que la expresión hebrea (*yiddöm*), traducida como *"detente"*, referida al sol, podría traducirse con mayor precisión como *"cesa"*, tal como aparece en otros lugares (2Re. 4:6; Lm. 2:18). En este caso, la respuesta a la oración de Josué se producía por medio de la tormenta de granizo, que cubría la luz del sol y refrescaba el ambiente haciendo posible que los ejércitos de Josué concluyesen la misión militar destruyendo las tropas que aún quedaban en el campo de batalla. Esta propuesta trae serios problemas en relación con la tormenta de granizo, que produce la muerte de un contingente que huye, mientras sirve de ayuda para los que están en el combate. Por otro lado, la duración de esa granizada tendría que ser muy grande para dar la impresión de que comenzaba otra vez el día. Ante esta argumentación, quienes sostienen esta segunda postura aplican las palabras del versículo a la duración de la tormenta de granizo: *"No hubo día como aquel, ni antes ni después de él"*. Como fácilmente se aprecia, solucionando un aspecto del milagro se crea un problema adicional para la protección física de los israelitas a quienes no les afectó el granizo. Claro está que siempre hay posibilidad de presentar una nueva hipótesis sobre que el granizo no cayó por igual en todo el teatro de la guerra, sino que revistió una incidencia y fuerza mayor hacia Bet-horón.

La tercera proposición *histórico-política* tiene muchos adeptos incluso dentro del campo evangélico. Se considera que en el relato hay dos elementos, uno el histórico narrativo y otro el político hiperbólico, y que no deben ser tratados del mismo modo. Lo que tiene que ver con el elemento histórico está registrado en la prosa del texto, siendo tan solo históricamente precisa la tormenta de granizo. El segundo elemento, el político, tomado del libro de Jaser y en lenguaje poético hiperbólico, ante la necesidad de hablar de un día singular, introdujo la idea de que el sol se había detenido y la luna parado. Estas dos fuentes, la política del libro de Jaser y la de prosa tomada de otro lugar, fueron unidas posteriormente por el redactor del libro que tenía una idea popular de la cuestión, dando lugar a lo que aparece en el texto tal como se tiene actualmente.

Sobre esta posición escribe el Dr. Deane:

"Podemos decir que la versión que no presenta la historia con respecto a este hecho, es el mejor ejemplo de glosa moderna: 'Todo el ejército de Israel marchó para forzar a los cinco reyes a levantar el sitio de Gabaón. El ejército cananeo fue sobrecogido de terror y pánico; huyó desde Bet-horón hasta Maceda. Josué persiguió, destruyó y mató, según se dice, a los cinco reyes y los crucificó. Un canto popular que fue conservado en Israel, celebró aquella victoria. En él se hallan estos dos versos:

'Sol, detente en Gabaón,
y tu, luna, en el valle de Jalón'

El poeta deseaba expresar el asombro de la naturaleza ante la contemplación de los esfuerzos prodigiosos de los israelitas. Esta figura retórica dio origen, con el tiempo, a algunas equivocaciones curiosas. Las dos líneas de letras fueron puestas en labios de Josué, y cambiando la significación de la palabra, que es 'se detuvo asombrado', se suponía que el sol realmente se detuvo por mandato de Josué. Así se eliminaba de la narración el milagro. Hay dos preguntas que bien pueden hacer allí los creyentes en lo sobrenatural: ¿Fue absolutamente necesario el referido milagro? ¿Las palabras de la narración de la Escritura, exigen que sostengamos la significación literal del pasaje, con exclusión de otra cualquiera? Dios nunca interrumpiría lo que hemos aprendido a llamar las fuerzas de la naturaleza, sin que tuviese para ello un motivo suficiente. En ciertos casos interpone su voluntad, así como un hombre puede contrarrestar la fuerza de gravedad por medio de una fuerza superior; pero esto lo hace solamente cuando no efectúa su propósito el curso ordinario de las cosas. Los milagros son obrados donde y cuando se necesitan, y cuando el agente ordinario es demasiado débil para producir el efecto que se requiere.

Dando por sentado que los hebreos necesitaban más luz del día para completar su victoria, esto no podía haberse obtenido como algo menor que la asombrosa maravilla narrada por el compilador. Una reflexión extraordinaria de la luz del sol; una parhelia, o algún otro fenómeno natural, podían muy bien haber producido la anhelada prolongación del día. No había realmente una verdadera necesidad para una larga extensión del día. Una hora más, o dos, era todo lo que se necesitaba. Después de la marcha durante la noche, la batalla sostenida en la mañana, y la persecución tenaz sobre el terreno difícil, los israelitas deben haberse hallado completamente exhaustos de fuerzas al final de un día ordinario. La naturaleza de ellos no podía haber soportado otras doce horas de combate y de tensión nerviosa y otro nuevo milagro habría sido necesario para que pudiesen haber aprovechado el tiempo extra que se les concedía. Pero, ¿es preciso considerar que la narración sea en realidad la afirmación de un hecho histórico? ¿No tenemos razón para suponer que la hipérbole oriental y el adorno poético hayan alterado la sencillez de la verdad?

Si el milagro se relata llanamente en el Libro de Josué, seguramente habría sido mencionado por escritores subsiguientes; habría sido descrito por poetas y profetas, como se cantan las maravillas del Éxodo; habría sido enumerado por el escritor de la Epístola a los Hebreos, entre las grandes proezas de Josué y de los Jueces; habría aparecido en la profecía de Isaías, cuando habla de la batalla de Gabaón (He. 11:30; Is. 28:21); pero no se hace alusión alguna a él en toda la Escritura Canónica. El pasaje de Habacuc 3:11, que algunos han supuesto que se relaciona con el hecho que discutimos, realmente no tiene nada que ver con él. Las palabras se traducen en nuestra Versión (Valera): 'El sol y la luna se pararon en su estancia', esto es, se retiraron en temor y horror, y es parte de la descripción general de los efectos de la gran Teofanía. El milagro no se menciona sino en la Apócrifa; donde el autor del Eclesiástico habla así de aquél: '¿No se retiró el sol por medio de él? ¿Y no fue un día tan largo como dos? (Ecle. 46:4). El hijo de Sirac ha alterado la tradición que se dio en el libro de Jasher, y representa al sol retirándose, en lugar de parándose; lo cual demuestra que la historia fue transmitida vagamente, y que no se halla basada sobre una declaración definitiva en la Escritura inspirada. Josefo la narra así: 'Allí también Josué entendió que Dios estaba presente para ayudarle, señalando su ayuda por truenos y relámpagos, y lluvias de pedriscos más grandes que por lo regular. Además de estas cosas, el día fue alargado, por temor de que el valor de los hebreos fuese restringido por la aproximación de la noche... El que lo largo del día fuese aumentado por ese tiempo, y prolongado más allá de su medida acostumbrada, es hecho evidente por los documentos conservados en el templo'.

La maravilla se aminora aquí, mencionándose el mero hecho de que en esta ocasión el día fue alargado. Se omiten del todo el medio y el modo; ni puede probarse que el escritor judío tuviese delante el mismo texto que se halla en nuestra Biblia hebrea. La referencia a los documentos guardados en el templo, tiende a hacer impresión en las mentes de aquellos para cuya edificación Josefo escribió; pero es imposible para ellos comprobar la alusión, así como lo es para nosotros en nuestros días. Un retardo del movimiento diurno de la tierra, habría trastornado los cálculos astronómicos de los observadores en todo el mundo; pero no se ha hallado ni una mención acerca de tal perturbación. De manera que si alguno argüía que el milagro no había tenido lugar conforme a lo narrado por el presente texto, no podía ser refutado por alguna de las evidencias que ahora se tienen. Es bastante extraño que los anales de Asurbanipal narren un milagro parecido a este; pero como de aquel milagro se afirma que fue producido por un dios pagano, y a favor de un déspota sanguinario, tenemos que considerarlo como ficticio. Las palabras del documento son traducidas así por el señor Jorge Smith: 'La oscuridad de la vela de la mañana, causó el retardo de la salida del sol; y esto fue la causa de que se retardase tres días más, con el fin de que el rey de Elim fuese destruido'... Si esta descripción es una exageración o figura poética, ¿por qué no podría considerarse la cita del Libro de Jasher y el comentario sobre ella como el adorno de algún evento más sencillo? Puede ser que Josué nunca enunciara el apóstrofe que se le atribuye por el bardo que cantó su proeza. El narrador, o un editor más reciente, insertó la cita en su historia; un glosador, imbuido rectamente en la verdad de que había de esperarse en aquel caso la intervención milagrosa, agregó al margen el comentario, y con el tiempo, dicho comentario pasó a formar parte del texto"[8].

Esta postura, aunque cautiva a muchos, tiene un serio problema en relación con la inspiración plenaria de la Escritura. Si esto ha sido añadido procedente de fuentes imprecisas, ¿cuándo ocurrió la incorporación? Y si según parece por la ligación del relato, procede del mismo tiempo de la confección de todo el libro, se está ante una inspiración parcial, y si fue plenaria cabe preguntarse si permitiría el Espíritu Santo tal fraude. ¿No lleva acaso esto a ser un modo encubierto de *desmitificación* bíblica? ¿Qué parte se debe creer como precisa y cuales son meras figuras del lenguaje, rodeado de hipérboles que deforman la realidad? Además de esto, todo el párrafo anterior está basado sobre suposiciones, deducciones e hipótesis, incluyendo la afirmación —francamente difícil de sostener— de que Josefo utilizó engaño conscientemente en su relato histórico para darle una mayor aceptación y peso delante de sus lectores. Finalmente, el párrafo del Dr. Deane contiene otra preocupante afirmación, y es que puesto que el relato del milagro de la prolongación del día no se menciona en ningún otro lugar de la Escritura, incluyendo los ejemplos seleccionados por el autor de la Carta a los Hebreos, no es demasiado digno de crédito. Pero, no es cierto que porque un enorme volumen de datos históricos del Antiguo Testamento no se mencionen en ningún otro lugar de la Escritura, se hayan de poner, por esa razón, en tela de juicio, dudando de su autenticidad. ¿No es verdad que hechos portentosos de los tiempos históricos no se mencionan en la Carta a los Hebreos y por eso no dejan de ser absolutamente fidedignos, entre otras cosas, por la inspiración plenaria de la Escritura? ¿Deja de ser verdad que *"Dios es espíritu"* por el hecho de que se menciona en un solo texto de la Escritura (Jn. 4:24)? *"Toda la Escritura es inspirada por Dios"* (2Ti. 3:16). ¿Se cree esto como doctrina fundamental y base de fe?

La posición *histórica* se ajusta plenamente al relato bíblico, sosteniendo que en él hay un fenómeno astronómico bien diferenciado del atmosférico del granizo. Este fenómeno, absolutamente inexplicable por medios científicos, tuvo origen en la intervención sobrenatural y omnipotente de Dios por la que el día fue prolongado pudiendo observarse que el sol retrasó su curso habitual y que la luna estuvo presente en el mismo sitio del cielo por un tiempo superior al normal.

Sin duda, esta posición afecta directamente a la *lógica científica*, ya que para ello habría sido necesario retardar el ciclo rotacional de la

---

[8] William J. Deane. o.c., págs. 122-125.

tierra, lo que, según los postulados científicos de astro-física hubiera desencadenado un verdadero cataclismo en el planeta. Pero, de todos modos, lo único que se puede manifestar en este sentido son tan solo hipótesis basadas en la lógica de la ciencia humana para racionalizar lo que es, en definitiva, una acción sobrenatural de Dios. La interpretación literal es el método más seguro para una correcta exégesis, de modo que siempre que se pueda es el método que debe ser aplicado. No hay razón en este pasaje que exija utilizar otro para dar un sentido diferente al que aparece en el relato. Expresado en forma poética no contradice en nada la afirmación histórica en prosa que asegura que *"no hubo día como aquel"*, referido a todo el conjunto de acontecimientos entre los que está la prolongación milagrosa del tiempo en esa jornada: *"Y el sol se paró en medio del cielo, y no se apresuró a ponerse casi un día entero"* (v. 13). La acción divina sobre el tiempo no es un caso aislado. En otra ocasión, el reloj se retardó en diez grados, como señal dada por Dios al rey Ezequiel. El detalle se recoge en la profecía de Isaías, en donde se lee: *"He aquí yo haré volver la sombra por los grados que ha descendido con el sol, en el reloj de Acaz, diez grados atrás. Y volvió el sol diez grados atrás, por los cuales había ya descendido"* (Is. 38:8). ¿Se pretende encontrar una razón lógica a este problema? La acción omnipotente de Dios en manifestaciones sobrenaturales no tiene ninguna explicación lógica porque es un milagro y debe ser aceptado por fe. Además ¿será para Dios muy difícil detener la rotación de la tierra —si eso fue lo que ocurrió— y hacer por su omnipotencia que ese fenómeno fuese contrarrestado por otra fuerza que impidiese el cataclismo *lógico* que eso hubiera debido producir? ¿Qué explicación puede darse al hecho tan portentoso como la detención de las aguas de un río sin que se inundara toda la zona en donde fueron detenidas? ¿Qué razón científica puede darse a un temporal desencadenado en la mar de Galilea que se calma por la sola palabra de Jesús? Si a la Biblia se la despoja de la acción sobrenatural de Dios para razonarla científicamente, se habrá eliminado la evidencia más importante de la revelación sobre Dios mismo. El día se extendió en el caso de Josué. La referencia no es solamente al sol, sino también a la luna, lo que evidencia una acción sobrenatural de Dios actuando sobre la marcha del planeta.

Sobre esto escribe el Dr. L. Archer:

"El libro de Josué registra varios milagros, pero tal vez ninguno tan notable ni tan universalmente discutido como el día que fue prolongado veinticuatro horas durante la lucha librada en la batalla de Gabaón. Se ha objetado que si verdaderamente la tierra hubiera dejado de rotar durante veinticuatro horas, se hubiera provocado una inconcebible

catástrofe sobre todo el planeta y lo que estaba en la superficie terrestre. Si, los que creen en la omnipotencia de Dios difícilmente aceptarían que Jehová no hubiera podido prevenir semejante catástrofe y sujetase las leyes físicas que la hubieran provocado, no parece ser absolutamente necesario sostener (en base al propio texto hebreo) que el planeta cesó súbitamente de rotar sobre su eje. El versículo afirma que el sol 'no se apresuró a ponerse casi un día entero'. La expresión 'no se apresuró' parece indicar un retardo en el movimiento de tal manera que la rotación empleara cuarenta y ocho horas y no veinticuatro. En apoyo de esta interpretación las investigaciones han permitido descubrir relatos de un día prolongado en fuetes egipcias, chinas e indonesias. Harri Rimmer nos dice que algunos astrónomos han llegado a la conclusión de que falta un día completo en nuestros cálculos astronómicos. Rimmer afirma que el profesor Pickering, del observatorio de Harvard, estableció que ese día que faltaba coincidía con la época de Josué. A la misma conclusión arriba el Dr. Tottey de Yale. Sin embargo, Ramí nos informa que le ha resultado imposible hallar algún documento que apoye este informe"[9].

Antes de dejar este asunto, es interesante transcribir el párrafo final del profesor Félix Asensio de la Universidad Gregoriana de Roma:

"Tres posturas diversas: las tres tratan de salvar la intervención de Yahveh en una victoria extraordinaria, pero solo la 'histórica' admite una 'parada', más o menos propia, del sol, que en la 'poética' y la 'histórico-poética' no existe sino como reflejo literariamente atrevido de la tempestad de 'piedra-granizo'. Para poder cancelar esta segunda intervención divina, se ha recurrido, prescindiendo un tanto de todo el contexto, a la explicación ingeniosa, pero muy problemática, de una serie de términos o expresiones (dämam y ªämad, *paralelos al acádico 'nâhu', con el significado de 'cesar de iluminar'; bôª = entrar 'en el cielo'; 'kᵉyôm tämîn = como un día 'normal') y la comparación con textos bíblicos que, por su alcance directa y explícitamente metafórico o poético (Je. 5:20; Ez. 32:7-8; Hab. 3:11), difícilmente pueden orientar en el mismo sentido un pasaje sin paralelismo en lo básico. La 'parada' del sol, en uno y otro sentido, testifica una nueva intervención extraordinaria de Yahveh, y 'es inútil intentar racionalizar este y otros muchos milagros de la Biblia"*[10].

Finalmente, la razón de la intervención divina obrando este milagro es clara: *"Jehová peleaba por Israel"* (v. 14). Esa batalla había de ser librada hasta la consumación porque era un combate divino. Dios estaba

---

[9] Gleason L. Archer (jr). o.c., pág. 303.
[10] Félix Asensio. o.c., pág. 54.

volviendo a evidenciar ante los ojos de los hombres,que sus dioses no tienen ningún valor ante el único Dios verdadero. Aquellos idólatras que adoraban al sol y la luna, quedaron consternados viendo cómo el Dios de Israel volvía a mostrarse superior a sus dioses trastornado su actuación natural.

La ejecución de los cinco reyes amonitas (10:15-27)

El combate había terminado. Allí, sobre el campo de batalla, extendidos a lo largo de un territorio que llegaba hasta Maceda, los cadáveres de los enemigos caídos en combate señalaban la derrota total de la coalición amonita. El camino hacia el sur estaba abierto, y prácticamente por la destrucción de aquellos ejércitos, no había oposición para ocupar la tierra en esa dirección. Josué podía regresar con sus tropas a Gilgal. Nuevamente, se pude observar la identidad del conjunto Josué-Israel: *"Y Josué, y todo Israel con él, volvió al campamento en Gilgal"*. No dice *"volvieron"* sino *"volvió"*, Israel y Josué formaban una unidad inseparable del pueblo de Dios y del líder que Dios había establecido para él.

La omnipotencia de Dios se ha manifestado en acciones prodigiosas, como queda recogido en el texto bíblico. El creyente, admirando estos portentos, puede afirmar como los jóvenes hebreos compañeros de Daniel: *"Nuestro Dios, puede"* (Dn. 3:17). Con cuánta tranquilidad puede el verdadero creyente descansar confiadamente en el poder de Dios. No habrá obstáculo alguno que Él no derribe para llevar a cabo Su propósito y hacer Su obra. El cristiano tiene que estar seguro tan solo de que sus planes coinciden con los de Dios. En este caso, la victoria es segura. No obstante, hay un énfasis muy marcado otra vez en la figura de Josué como tipo de Cristo. Es quien conduce al pueblo (v. 7), como también Cristo: *"Mas a Dios gracias, el cual nos lleva siempre en triunfo en Cristo Jesús"* (2Co. 2:14). Oyendo la voz de Josué, como también oye siempre la voz de su Hijo (Jn. 11:41-42), verdad expresada mucho antes por el salmista (Sal. 2:8). Dios oye a Cristo en toda ocasión. Al comienzo de la batalla, en la angustia de Getsemaní, fue oída su oración (He. 5:7). La victoria sobre los enemigos es completa (Col. 2:13-15). Del mismo modo, la identificación de Josué con el pueblo en la victoria es ejemplo de la realidad espiritual de la victoria del creyente en Cristo. La victoria cristiana descansa en la promesa del Señor: *"De cierto, de cierto os digo, que todo cuanto pidiereis al Padre en mi nombre, os lo dará. Hasta ahora nada habéis pedido en mi nombre; pedid, y recibiréis, para que vuestro gozo sea cumplido"* (Jn. 16:23b-24). No obstante, hay una condición para este cumplimiento: *"Si permanecéis en mí, y mis palabras permanecen en vosotros, pedid todo lo que queréis, y os será hecho"* (Jn. 15:7).

15. Y Josué, y todo Israel con él, volvió al campamento en Gilgal.

16. Y los cinco reyes huyeron, y se escondieron en una cueva en Maceda. Y fue dado aviso a Josué que los cinco reyes habían sido hallados escondidos en una cueva en Maceda.

17. Y fue dado aviso a Josué que los cinco reyes habían sido hallados escondidos en una cueva en Maceda.

18. Entonces Josué dijo: Rodad grandes piedras a la entrada de la cueva, y poned hombres junto a ella para que los guarden;

19. y vosotros no os detengáis, sino seguid a vuestros enemigos, y heridles la retaguardia, sin dejarles entrar en sus ciudades; porque Jehová vuestro Dios los ha entregado en vuestra mano.

El escrito abre un paréntesis en la narración. Ha situado a Josué y a todo Israel en Gilgal como lugar a donde fueron después de la batalla. En la descripción anterior había terminado. Pero faltaba por detallar lo que tuvo que ver con los cinco reyes que comandaban los ejércitos de la coalición. Por ello, retoma nuevamente la narración trasladándola a un tiempo anterior, durante la batalla.

Llegado el momento en que las fuerzas de la coalición amonita huyeron derrotadas, los reyes quedaban sin la protección de sus fuerzas, y aprovechando la confusión de la batalla, se dirigieron hacia Maceda como muchos de sus fuerzas habían hecho antes. Ellos pensaban que en aquel lugar encontrarían refugio seguro. La situación en Maceda no era buena. Dios había enviado el granizo que produjo una gran mortandad y los israelitas habían acosado a los huidos hasta los límites de Azeca y Maceda (v. 10). Allí, próxima a la ciudad, a la vista de las murallas aparentemente seguras, estaba una cueva de las muchas oquedades del terreno escarpado y pedregoso. Esta permitía el cobijo de las cinco personas. Tal vez pensaban que estarían a salvo y que nadie se ocuparía de ellos, en el afán perseguidor a sus fuerzas con que estaba comprometido el ejército de Israel. Es probable que esto hubiera sido posible humanamente hablando, pero la batalla no era de Israel, sino de Dios. Al Soberano no le pasa desapercibido el lugar en donde estaban los reyes enemigos. Allí mismo, al refugio a donde habían huido y donde se sentían seguros, en el lugar donde pensaban dejar pasar el día y en la oscuridad de la noche, alcanzar la ciudad, fueron descubiertos por gentes de Israel (v. 17). No podían dejar de dar aviso a Josué del hallazgo. Este no puede dejar la acción de la batalla para ocuparse de cinco personas, pero tampoco puede dejar de retener a quienes habían iniciado la ofensiva. La solución es lo mejor en aquellas circunstancias, asegurar la cuerva para que no puedan salir de ella (v. 18).

La cueva de Maceda, situada en un bosquecillo próximo a la ciudad en donde se habían refugiado los cinco reyes, quedó convertida en una prisión segura. Grandes piedras fueron amontonadas en la única salida (v. 18). No había problema para ello ya que la zona es sumamente rocosa. Pero, para mayor seguridad, una guardia fue puesta delante de la puerta de acceso a la cueva, con instrucciones concretas de que impidiesen cualquier movimiento que pretendieran hacer para salir de la cueva, en el supuesto de que pudieran aquellos cinco reyes retirar las piedras que la cerraban. El lugar de refugio se convertía en prisión para aquellos que esperaban pasar desapercibidos escondiéndose en ella.

La batalla debía proseguir. El hecho de haber localizado a los reyes en la cuerva no debía detener las acciones del ejército en su tarea de eliminar a los enemigos (v. 19). El peligro estaba en que el grueso de las fuerzas amonitas que huían alcanzaran las ciudades. Allí, bajo la seguridad de sus murallas, podrían volver a reorganizarse y proseguir la lucha contra Israel. Tenían que ser alcanzadas antes que consiguieran llegar a sus refugios, por eso Josué ordena al ejército hebreo: *"heridles la retaguardia, sin dejarles entrar en sus ciudades"*. Dios los había entregado en su mano y era su deber acabar con sus enemigos siguiendo las instrucciones de Dios.

20. Y aconteció que cuando Josué y los hijos de Israel acabaron de herirlos con gran mortandad hasta destruirlos, los que quedaron de ellos se metieron en las ciudades fortificadas.

21. Todo el pueblo volvió sano y salvo a Josué, al campamento en Maceda; no hubo quien moviese su lengua contra ninguno de los hijos de Israel.

La victoria sobre la coalición amonita fue total. Los hijos de Israel los hirieron hasta aniquilarlos prácticamente. De aquel formidable ejército no quedaban sino unos pocos que habían logrado alcanzar las ciudades fortificadas. No constituían peligro alguno. Eran un puñado de hombres aterrorizados. Habían perdido sus mandos, sus compañeros y, lo que era más triste, toda esperanza (v. 20). Por otro lado, la diferencia era notable en relación con Israel: *"Todo el pueblo volvió sano y salvo"*. Dios había peleado contra Sus enemigos, pero sus instrumentos habían sido preservados por Su mismo poder. El salmista cantaría del cuidado divino muchos años después con estas palabras: *"No temerás el terror nocturno, ni saeta que vuele de día... Caerán a tu lado mil, y diez mil a tu diestra; mas a ti no llegará. Ciertamente con tus ojos mirarás y verás la recompensa de los impíos"* (Sal. 91:5, 7, 8). La victoria era completa. Mientras que solo algunos lograron alcanzar las ciudades, todo el pueblo de Israel volvió a salvo, en paz. Nadie se atrevía a hablar contra los hijos de Israel, en el sentido de proponer alguna alianza contra ellos. La frase es muy gráfica, como corresponde al modo proverbial de expresión hebrea para referirse a la completa seguridad y tranquilidad que podían disfrutar los israelitas.

22. Entonces dijo Josué: Abrid la entrada de la cueva, y sacad de ella a esos cinco reyes.

23. Y lo hicieron así, y sacaron de la cuerva a aquellos cinco reyes: al rey de Jerusalén, al rey de Hebrón, al rey de Jarmut, al rey de Laquis y al rey de Eglón.

24. Y cuando los hubieron llevado a Josué, llamó Josué a todos los varones de Israel, y dijo a los principales de la gente de guerra que habían venido con él: Acercaos, y poned vuestros pies sobre los cuellos de estos reyes. Y ellos se acercaron y pusieron sus pies sobre los cuellos de ellos.

25. Y Josué les dijo: No temáis, ni os atemoricéis; sed fuertes y valientes, porque así hará Jehová a todos vuestros enemigos contra los cuales peleáis.

26. Y después de esto Josué los hirió y los mató, y los hizo colgar en cinco maderos; y quedaron colgados en los maderos hasta caer la noche.

27. Y cuando el sol se iba a poner, mandó Josué que los quitasen de los maderos, y los echasen en la cuerva donde se habían escondido; y pusieron grandes piedras a la entrada de la cuerva, las cuales permanecen hasta hoy.

Quedaba todavía una cuestión pendiente antes de dar por finalizada la principal tarea de aquella jornada que se extendería allí a otras acciones de conquista. Los cinco reyes que dirigían a los ejércitos y formaban la coalición contra Israel estaban allí, en el interior de la cueva donde se habían refugiado (v. 17). Josué ordenó abrir la cueva y sacar de ella a los reyes. La frase es interesante. No debían esperar que salieran por su propia voluntad, por fuerza tenían que ser presentados delante de Josué en obediencia a sus instrucciones (v. 22).

La cueva fue abierta. Las piedras amontonadas fueron retiradas y la luz del día entró en el interior del refugio, hasta entonces en oscuridad, para iluminar con fuerza su interior. Aquellos cinco hombres salieron a la luz del día, pero no para alcanzar la libertad, sino para enfrentarse con su propia destrucción. Uno a uno, los cinco reyes fueron presentados delante de Josué (v. 23). Allí estaba el vencedor. La derrota es evidente.

Ninguno de los suyos está para librarlos, todos habían sido derrotados y aniquilados. En torno a Josué estaba el ejército vencedor (v. 24) con los jefes militares (*q*[e]*sînîm*), los *"principales de la gente de guerra"*. Es a ellos, en representación de todo el ejército, a quienes Josué ordenó poner los pies sobre los cuellos de los reyes. Es la señal de una victoria completa. Aquellos enemigos fueron puestos por estrado de sus pies. La ineficacia de los tales es probada. Nada pueden hacer ya sobre el pueblo victorioso. Josué estaba dando cumplimiento con esta acción a la promesa hecha por Moisés: *"Bienaventurado tú, oh Israel. ¿Quién como tú, pueblo salvo por Jehová, escudo de tu socorro, y espada de tu triunfo? Así que tus enemigos serán humillados, y tú hollarás sobre sus alturas"* (Dt. 33:29). Estuvieron enaltecidos... tanto, que incluso se habían opuesto a Dios considerándose superiores en todo. Estuvieron enaltecidos pensando que ellos podrían combatir victoriosamente al ejército de Israel desconociendo la realidad de la protección divina. Habían subido hasta las alturas de su orgullo; ahora estaban abatidos hasta la muerte. Los pies de los que habían sido considerados como que podían ser derrotados se apoyaban victoriosos sobre sus cuellos. Ese es el final del impío.

Todavía hay palabras de aliento para el pueblo (v. 25). No hay lugar para el temor en la vida del que sirve a Dios. Esos cinco reyes suponen el ejemplo de cómo actuaría Dios con cualquier otro enemigo que pueda aparecer para oponerse a Sus planes. Es una llamada a la firmeza. Del mismo modo que Dios les había dado victoria sobre estos enemigos, lo haría sobre todos los que puedan aparecer en el futuro. Todas las fuerzas enemigas están ya derrotadas por el Señor.

La escena concluye con la muerte de los cinco reyes (v. 26). Posiblemente, fueron ejecutados por Josué mismo y por aquellos que habían puesto sus pies sobre sus cuellos. La espada acabó con la vida de los que quisieron escapar de la muerte refugiándose en la cueva. Los cadáveres fueron expuestos a la vista de todos colgados de maderos, probablemente de cinco árboles de aquel lugar. Eran malditos de Dios y por tanto recibían el trato que correspondía a esa condición: colgados de maderos hasta la puesta del sol (v. 27), tiempo máximo permitido por la Ley para no contaminar la tierra. Fueron descolgados y puestos en la misma cueva donde se habían refugiado. Allí, de nuevo, las piedras que habían cubierto la entrada para que no salieran de ella, fueron amontonadas otra vez para cerrar el lugar donde estaban sus cuerpos ya sin vida. Allí quedaban reducidos a definitiva impotencia aquellos que habían querido impedir el propósito divino y el avance de los ejércitos del Señor. Allí, como monumento al poder de Dios y a la impiedad del hombre, quedaban para no amedrentar jamás al pueblo de Dios quienes los habían inquietado por un tiempo. Definitiva y totalmente eliminados. Así quedaron *"hasta hoy"*.

El pasaje contiene una interesante ilustración tipológica en relación con la victoria de Cristo sobre los enemigos del creyente en la Cruz. Los ocho pasos de la actuación en relación a los cinco reyes amorreos la representan. Obsérvese: 1) los reyes huyen en la derrota (v. 20); 2) se refugian en una cueva (v. 17), 3) Josué los encierra en esa cueva (v. 18); 4) se produce una derrota absoluta (v. 21); 5) los reyes son juzgados (v. 23); 6) puestos bajo los pies del pueblo de Dios (v. 24); 7) definitivamente destruidos y expuestos como malditos en un madero (v. 26); 8) retirados para siempre de delante del pueblo de Dios y encerrados en el mismo lugar donde se habían refugiado (v. 27). Josué es figura de Cristo y los reyes representan las fuerzas malignas que se oponen a los planes de Dios y luchan contra los suyos. Cristo ha derrotado amplia y totalmente a los *"principados y potestades"* en la Cruz (Col. 2:13-14; He. 2:14-15; 1Jn. 3:8). Los demonios han sido reservados para juicio definitivo sujetos en prisiones de oscuridad. *"Y a los ángeles que no guardaron su dignidad, sino que abandonaron su propia morada, los ha guardado bajo oscuridad, en prisiones eternas, para el juicio del gran día"* (Jd. 6). De igual modo que Josué aseguró a los cinco reyes para que no pudieran huir, esperando el momento del juicio, así también Cristo con Satanás y sus huestes: *"Porque si Dios no perdonó a los ángeles que pecaron, sino que arrojándolos al infierno los entregó a prisiones de oscuridad, para ser reservados al juicio"* (2Pe. 2:4).

El mismo Satanás será atado y sus huestes reducidas a inoperancia durante el triunfo del Rey de reyes y Señor de señores en el día de su victoria, cuando establezca el reino milenial sobre la tierra (Ap. 20:2-3). El pueblo de Dios está destinado para juzgar a los ángeles caídos. Del mismo modo que Josué llamó a todo Israel para que participara en el juicio de los cinco reyes, así también Cristo llamará a su iglesia en el momento en que sean juzgados los ángeles. De esta verdad escribe Pablo: *"¿O no sabéis que hemos de juzgar a los ángeles?"* (1Co. 6:3). Dios dio todo juicio a su Hijo, el Padre no juzgará a nadie (Jn. 5:22), pero como en el caso de Josué, la iglesia está asociada ónticamente al Señor en todo, por tanto, tomará parte en el juicio de sus enemigos. Es interesante notar cómo los reyes comparecieron doblando sus rodillas delante de Josué. Esto, tipifica exactamente lo que ocurrirá con aquellos que no han querido doblar sus rodillas voluntariamente delante del Señor. En el día de su triunfo final lo tendrán que hacer por fuerza: *"Por lo cual Dios también le exaltó hasta lo sumo, y le dio un nombre que es sobre todo nombre, para que en el nombre de Jesús se doble toda rodilla de los que están en los cielos, y en la tierra, y debajo de la tierra; y toda lengua confiese que Jesucristo es el Señor, para gloria de Dios padre"* (Fil. 2:9-11). Nótese cuán completo es el aspecto tipológico del pasaje. Los representantes del pueblo, como si todo el pueblo lo hiciera, ponen sus pies sobre los cuellos de los reyes. Obsérvese lo que dice la Escritura en relación con la iglesia: *"Y el Dios de paz aplastará en breve a Satanás bajo vuestros pies"* (Ro. 16:20). Finalmente, los reyes fueron colgados en un madero, puestos a exhibición pública de su derrota. Esto ocurrió absolutamente en la Cruz, donde las fuerzas del mal fueron expuestas en pública vergüenza por el Señor (Col. 2:15). De ahí, serán arrojados a la prisión eterna donde jamás volverán a afectar al creyente ni a disputar el dominio del lugar de bendición al pueblo de Dios (Ap. 20:10).

La aplicación del pasaje puede hacerse de muchos modos. Entre ellos, cabe destacar la que tiene que ver con el lugar en que se hallaban los reyes y sobre el que ejercían su dominio. Ese lugar era destinado por Dios para que su pueblo lo ocupase y disfrutase, para lo cual había que expulsar a los reyes que lo estaban dominando. El hombre de esos lugares tiene un interesante significado que puede servir para una buena aplicación.

El primer rey ejerció su domino sobre *Jerusalén*. El nombre significa *fundamento* o *posesión de paz*. El creyente ha sido llamado por Dios a vivir una experiencia continua de paz. Ha alcanzado, por Cristo, la paz con Dios (Ro. 5:1); recibe de Cristo la paz perfecta (Jn. 14:27); está en condiciones de experimentar la paz de Dios en su vida por medio del Espíritu Santo (Gá. 5:22). La paz se extingue, en ocasiones, por intereses contrapuestos, incomprensiones, infidelidad y siempre por egoísmo. Al creyente se le exhorta a mantenerse dentro de la esfera de la paz (Ef. 4:3). Los efectos de una vida en la que no gobierna la paz pueden ser funestos, ya que son un obstáculo para la oración, es decir, una oración elevada a Dios cuando existen diferencias sin solucionar no será respondida porque tiene puesto un obstáculo (1Pe. 3:7). Esto incluye, de forma muy directa, los problemas de diferencias en el matrimonio. En otras ocasiones, la paz desaparece por conflictos e inquietudes de esta vida, cuando el creyente deja de descansar en Dios. Cuando Satanás hace que el creyente considere el viento y se detenga temeroso frente al mar, que inquieta y asusta, desviando su vista de Cristo y olvidando la seguridad cerca de Dios, no puede decir ya: *"Aunque ande en valle de sombra de muerte, no temeré mal alguno, porque tú estarás conmigo; tu vara y tu cayado me infundirán aliento"* (Sal. 23:4). La paz entonces desaparece. De igual modo, la paz puede verse afectada cuando el creyente rehúsa servir al

Señor en obediencia a un determinado llamado suyo. El *rey* que ocupa el lugar y posesión de la paz personal debe ser eliminado.

El segundo rey administraba y reinaba sobre *Hebrón.* El nombre significa *sociedad o alianza.* La alianza espiritual entre el creyente y el Señor es un hecho que se inicia en el momento de la conversión. El creyente no solo ha recibido a Cristo como Salvador, sino que lo ha hecho también como su Señor. El creyente tiene que ser, por razón de su propia condición de discípulo, una persona comprometida con Cristo. Las promesas de fidelidad al Señor son, en ocasiones, quebrantadas por el creyente pasando a ocupar esa posición de victoria algún otro *rey* adversario del cristiano y del Señor. Todas esas alianzas rotas en la vida del creyente evidencian el fracaso de un terreno sin conquistar. Para ello, es preciso eliminar al *rey* que se ha posesionado de esa parcela de bendición en la vida cristiana.

El tercer rey había sometido a Jarmut, que significa *altura.* Notable ilustración para señalar los fracasos en el terreno de la santidad. El profeta dice que el creyente debe andar en terreno de altura (Hab. 3:19). La vida del cristiano tiene que ocupar el terreno victorioso y posesionarse plenamente de la vida santa elevada en las alturas de la comunión plena con Dios. Santidad no es una opción en la única comunión con Dios. Al creyente se le demanda practicar la santidad en todos los aspectos de su vida, separándose de la sumisión a la impiedad del mundo y a la concupiscencia de la carne (2Pe. 2:11-12). La vida de santidad y testimonio solo es posible cuando el Espíritu ocupa plenamente y controla la vida del creyente (Gá. 5:16). Hay personas que se salvan por gracia y pretenden santificarse por obras. Esta situación es ya una derrota espiritual. En ocasiones esta parcela de la vida cristiana victoriosa está ocupada por un *rey* que la controla y detenta el lugar que corresponde solo al Señor. La victoria en este aspecto exige la desposesión de la parcela no controlada por Dios de la vida del creyente —en sentido figurado— la derrota y eliminación del *rey* que en oposición al Señor subyuga ese aspecto de la vida cristiana.

Había un cuarto rey cuyo dominio era sobre Laquis. Esa palabra significa *inexpugnable.* El cristiano está llamado a vivir una vida de triunfo para lo cual ha sido colocado en lugares inexpugnables, puesto en la Roca eterna de los siglos, de modo que nadie pueda alcanzarlo en su posición segura y retirarlo de un lugar de victoria plena. El fracaso del creyente se produce cuando desciende de ese lugar inexpugnable al valle de derrota en el mundo para gozarse con sus cosas. Esa situación le lleva a sentir la interrupción en su vida de las bendiciones de Dios (1Jn. 2:15; Stg. 4:4). La vida de victoria depende de retirar al *rey* que ocupa el lugar de la posesión inexpugnable al que el creyente es llevado en Cristo.

El quinto rey subyugaba en Eglón. El significado de Eglón es *círculo*, lo que ilustra el fracaso en el plano de la comunión con Dios. Este rey ocupaba el centro de un espacio que corresponde plenamente al Señor. La amonestación de Cristo a la iglesia en Laodicea es un claro exponente de la derrota en el plano de la comunión. Mientras que el Señor de la Iglesia debía estar en el centro de ella, gobernándola y recibiendo el reconocimiento y honor de toda la congregación, había sido colocado al margen de la vida de ella, situándolo a la puerta. Las consecuencias se evidencian en la derrota que señalan las palabras de Jesús: *"no sabes que tú eres un desventurado, miserable, pobre, ciego y desnudo"* (Ap. 3:17). Es necesario eliminar el dominio de este *rey* que ocupa el terreno de la bendición en la experiencia del cristiano.

Los hombres de Israel pusieron los pies sobre los cuellos de los reyes en obediencia a la autoridad de Josué. Así también, el creyente, en razón de su unidad con Cristo, dispone de los recursos de autoridad y poder del Nombre del Señor en relación con Satanás y sus huestes. La autoridad de Cristo puede ser utilizada para anular las acciones de Satanás y gozar de la plenitud de bendiciones alcanzadas para él por Cristo Jesús. Cuando venga la tentación y cuando el terreno de victoria esté en peligro de caer en mano de los enemigos del cristiano, hay una solución segura: la autoridad de Cristo. De igual modo que Satanás tuvo que retirarse por la palabra autoritativa de Jesús, tendrá que hacerlo si un creyente, en plenitud de fe y confianza en el Señor, le ordena en Su nombre diciendo: *"Vete, Satanás"*. Tan solo se pide al creyente *valentía* para poner sus pies —espiritualmente hablando— sobre el cuello de los reyes que pretenden despojarlo de sus posesiones y victoria en Cristo Jesús. El Señor hará el resto de la obra para gloria de Su nombre.

Toma y destrucción de las ciudades del sur (10:28-43)

El relato se extiende a reseñar las ciudades del sur de Canaán, conquistadas y destruidas por Josué. Estas ciudades han sido localizadas y excavadas, apareciendo señales inequívocas de haber sido incendiadas y destruidas en las fechas bíblicas de los tiempos de la conquista de Canaán.

28. En aquel mismo día tomó Josué a Maceda, y la hirió a filo de espada y mató a su rey; por completo los destruyó, con todo lo que en ella tenía vida, sin dejar nada; e hizo al rey de Maceda como había hecho al rey de Jericó.

En la ciudad de Maceda se habían refugiado varios huidos del ejército amonita. Allí, tras sus murallas, se consideraban seguros, pero *"Jehová peleaba por Israel"* (v. 14). No era posible que esos enemigos salieran airosos de la pelea contra el Dios de Israel. Ellos eran simples hombres que por sus pecados tenían sobre sí la sentencia de muerte dictada por el Justo. Ahora la sentencia se ejecutaba. Josué conquistó la ciudad de Maceda e hizo con ella lo mismo que había hecho con Jericó. Toda la tierra era *anatema* (*hërem*), reservada íntegramente con todo cuanto había en ella para Dios, salvo las ocasiones en que Él mismo indicaba lo contrario. Allí, en la ciudad de Maceda, el ejército de Israel alcanzó una nueva victoria y el tratamiento que recibió fue de eliminación total. Nada que tuviera vida quedó en ella. Ningún superviviente quedó en aquella ciudad. Una nueva porción fue ocupada victoriosamente por Israel en aquella tierra de la promesa. La conquista de toda la parte meridional de la tierra se detallará en el resto del capítulo, comenzando, como es lógico, por Maceda, la ciudad más próxima al lugar donde se había detenido el ejército de Josué.

29. Y de Maceda pasó Josué, y todo Israel con él, a Libna; y peleó contra Libna;

30. y Jehová la entregó también a ella y a su rey en manos de Israel; y la hirió a filo de espada con todo lo que en ella tenía vida, sin dejar nada; e hizo a su rey de la manera como había hecho al rey de Jericó.

La siguiente ciudad que caía en manos de Israel era Libna, cuyo nombre equivale a *blanca*. Esta ciudad posiblemente estaba asentada sobre un cerro de piedra caliza de aspecto blanco, de donde recibía su nombre. Se suele identificar con la *Blanca Guardia*, famosa en el tiempo de los cruzados y hoy identificada como *Tell es-Sâfiyeh* o *Tell Bornât*. Existen discrepancias sobre la identificación correcta, discordando los expertos en esto. No importa, más o menos, conocer el lugar preciso donde estaba la ciudad en relación con los lugares actuales, lo que se dice en el texto es que una vez conquistada por Josué siguió la misma suerte que el resto de las ciudades. El texto hebreo dice que cuantas personas (*nepes*) había en ella, fueron muertas por la espada de los israelitas. El rey de la ciudad, considerado *maldito de Dios* al igual que el de Jericó, corrió la misma suerte que aquel, muerto y colgado en un madero hasta la caída de la tarde.

31. Y Josué, y todo Israel con él, pasó de Libna a Laquis, y acampó cerca de ella, y la combatió;

32. y Jehová entregó a Laquis en mano de Israel, y la tomó al día siguiente, y la hirió a filo de espada, con todo lo que en ella tenía vida, así como había hecho en Libna.

Laquis era una de las ciudades coaligadas para atacar a Gabaón. Su rey había sido ejecutado en el campo de batalla. Al día siguiente, cayó en manos de Josué. Se dice en el texto que el ejército acampó cerca de ella y la combatió y que Dios la entregó en sus manos. No se dice el modo en que fueron derrotadas estas ciudades, pero todas ellas fueron entregadas por Dios a los israelitas. Laquis era una ciudad importante. Algunos de los hombres de guerra habían conseguido escapar del campo de batalla y organizar la resistencia en la ciudad, pero con todo, Dios *"luchaba por Israel"* (v. 14), lo que hacía inútil toda actividad defensiva de los hombres. La ciudad se defendió denodadamente e incluso llegó a solicitar ayuda de otro rey, Horam de Gezer (v. 33). Dos días de sitio ocuparon a los israelitas, pero cayó en sus manos porque Dios así lo había prometido a Josué.

33. Entonces Horam rey de Gezer subió en ayuda de Laquis; más a él y a su pueblo destruyó Josué, hasta no dejar a ninguno de ellos.

La ciudad de Gezer, hoy *Tell el Gezer,* está situada más al norte. Josefo la llama Gadara. Estaba edificada sobre un promontorio que le permitía una excepcional vista de una gran extensión de la tierra. Estaba a unos 8 km de Ecrón. Al occidente, y a unos 24 km estaba el mar. Tenía al oriente un gran manantial de agua que aún existe, del que se proveía de agua la ciudad. Frente a ella, en dirección al mar, la llanura con campos fértiles y trigales, que cuando estaban doradas las mieses, se podían ver como un mar ondulándose con el viento. El panorama que se contemplaba desde la ciudad era muy hermoso. La llanura de Sarón se extendía hacia el norte salpicada por las muchas poblaciones que se asentaban en ella. Otra gran llanura podía verse hacia el sur, la llanura de Filistea. En ella, además de abundancia de vegetación, había un continuo movimiento de bulliciosa actividad producida por las gentes que habitaban los muchos asentamientos de la zona. Al fondo, mirando al este, se levantaban, en la lejanía, las montañas de Judea, y quien volviera la vista desde ese lugar hacia el oeste, podía ver el azul Mediterráneo extendiéndose hasta el horizonte. La situación de la ciudad, mucho más al norte de los lugares en donde Josué estaba empezando la conquista, hizo que esta se concretara a derrotar al ejército en el campo de batalla, reservándose la toma de la ciudad para otro momento más propicio. El rey Horam pereció en el entorno de la ciudad de Laquis.

34. De Laquis pasó Josué, y todo Israel con él, a Eglón; y acamparon cerca de ella, y la combatieron;

35. y la tomaron el mismo día, y la hirieron a filo de espada; y aquel día mató a todo lo que en ella tenía vida, como había hecho en Laquis.

El rey de Eglón había sido ejecutado por Josué al término de la batalla en los campos de Gabaón. Posiblemente, algunos de sus hombres de guerra habían podido huir del desastre en aquella ocasión y se refugiaron en el interior de la ciudad. Esta, amurallada sólidamente, ofrecía una cierta garantía frente a sus enemigos. La distancia entre Laquis y Eglón era pequeña, aproximadamente unos 5 km. Hoy se conoce como *[a]Aglân*. Está en el camino de Jerusalén a Gaza. No existe un yacimiento arqueológico que certifique los restos antiguos del asentamiento, posiblemente por la construcción de los edificios en la zona, principalmente de adobe encalado, que con el paso del tiempo desaparece. Parece que la ciudad ofreció una ligera resistencia. Duró un día el asedio y la toma. En la misma jornada que empezó el combate, terminó con la derrota de la población que siguió la misma suerte que todas las de la zona. Josué no dejó con vida nada de lo que en ella había. El cumplimiento fiel de las exigencias divinas se llevaba a cabo obedientemente por los hijos de Israel.

36. Subió luego Josué, y todo Israel con él, de Eglón a Hebrón, y la combatieron.

37. Y tomándola, la hirieron a filo de espada, a su rey y a todas sus ciudades, con todo lo que en ella tenía vida, sin dejar nada; como había hecho a Eglón, así la destruyeron con todo lo que en ella tenía vida.

El ejército de Josué tomó luego otro rumbo, dejando la llanura para dirigirse hacia el este y ascender hacia las montañas a través del paso conocido como *Beit-Gibrîn*. Allí, enclavada en la serranía, estaba Hebrón. A diferencia de otras muchas ciudades edificadas sobre montes, esta se encontraba en un valle rodeado de montañas. Entre sus pobladores se conservaba una raza de gigantes, los hijos de Anac, distinguidos entre toda la población amorrea. Es posible que una vez muerto su rey en Maceda (v. 28), ocupara su lugar alguno de sus hijos, o bien ellos mismos eligieron otro rey, ya que se le menciona en el texto (v. 37). Hebrón tenía además otras poblaciones, pequeñas villas y aldeas, que dependían jurídicamente de ella y que corrieron el mismo destino que la ciudad principal. El impacto que debió haber causado a las tropas de Israel llegar a las alturas del entorno y contemplar allí en el valle la ciudad de Hebrón, debió ser admirable. Estaban viendo un lugar muy entroncado con la historia antigua de los patriarcas, especialmente de Abraham. Allí había levantado su campamento, en el encinar de Manre, después de la separación de su sobrino Lot (Gn. 13:18). Allí había fallecido su esposa Sara (Gn. 23:2), y allí había sido enterrada en la cueva de Macpela, situada al extremo de la heredad de Efrón (Gn. 23:9). Allí estaban sepultados Isaac y Jacob, y en esos momentos se encontraba delante de ellos la ciudad de Hebrón. Con cuánta reverencia habrán observado el panorama antes de lanzarse montaña abajo para rodear y conquistar la ciudad. El trato dado fue idéntico al de las otras poblaciones (v. 37). Por fin, la ciudad de tantos recuerdos estaba en manos de Israel. La promesa dada a Abraham de que toda aquella tierra le sería dada a su descendencia se estaba cumpliendo conforme a la fidelidad de Dios.

38. Después volvió Josué, y todo Israel con él, sobre Debir, y combatió contra ella;

39. y la tomó, y a su rey, y a todas sus ciudades; y las hirieron a filo de espada, y destruyeron todo lo que allí dentro tenía vida, sin dejar nada; como había hecho a Hebrón, y como había hecho a Libna y a su rey, así hizo a Debir y a su rey.

Conquistada y destruida Hebrón, Josué y sus tropas retrocedieron sobre sus pasos para salir del valle y descender hacia el suroeste llegando a la ciudad de *Quiriat-sefer*, nombre antiguo de la ciudad de Debir (Jos. 15:15-16). Estaba situada en el extremo meridional, dominando los caminos que venían de Egipto y los que procedían de Gaza y Beer-seba. Su nombre antiguo equivale a *Ciudad de los Libros*, lo que permite suponer que esta era un centro de cultura cananea, incluso se supone que pudiera haber un oráculo en la ciudad. Jerónimo interpreta el nombre Debir como *Oráculo*. Era por su situación un centro importante en la defensa de todo el país. Las excavaciones demuestran que aquella ciudad era grande y bien fortificada. Tenía, como ocurría con Hebrón, un grupo de villas satélites que dependían de ella. La ciudad estaba asentada en la montaña a unos 20 km de Hebrón. Volvía a repetirse la historia de todas las otras ciudades. Esta, al igual que aquellas, no pudo resistir a las tropas de Israel y caía también en sus manos. La vida de la ciudad quedó extinguida bajo la espada israelita, sin excepciones, desde el rey, hasta el último de sus súbditos. Con la conquista de Debir quedaba prácticamente en posesión de Israel toda la zona sur de Canaán.

40. Hirió, pues, Josué toda la región de las montañas, del Neguev, de los llanos y de las laderas, y a todos sus reyes, sin dejar nada; todo lo que tenía vida lo mató, como Jehová Dios de Israel se lo había mandado.

41. Y los hirió Josué desde Cadesbarnea hasta Gaza, y toda la tierra de Gosén hasta Gabaón.

42. Todos estos reyes y sus tierras los tomó Josué de una vez; porque Jehová el Dios de Israel peleaba por Israel.

El pasaje se cierra con un resumen de las conquistas realizadas por Josué en la zona sur del país. Vuelve a presentarse la división de la tierra en los tres sectores mencionados con anterioridad (9:1). El resumen contiene los tres elementos fundamentales como resultado de la conquista: primeramente, este es territorial y geográfico; en segundo lugar, el religioso. La conquista fue posible porque *"Jehová el Dios de Israel peleaba por Israel"* (v. 42); y en tercer lugar, el aspecto militar, en el que se destaca que en una campaña de esta naturaleza, todo el ejército que había salido para la lucha regresó con Josué al campamento en Gilgal (v. 43).

En cuanto al aspecto geográfico y territorial, es señalado con toda precisión: la acción militar fue rápida y exitosa; en muy poco tiempo quedaron bajo el control de Israel *"las montañas"*, el altiplano de la zona centro-sur; *"el Neguev",* toda la parte de la zona meridional de Palestina; *"los llanos"* y la *"Sepela"*, toda esa llanura que se extiende desde las montañas hacia el oeste. La vida de esas ciudades quedó extinguida —al menos— todo lo que había con vida dentro de los muros de las que eran conquistadas. Los límites territoriales de la zona sur quedan establecidos de forma genérica pero evidente (v. 41). Por el norte de la península del Sinaí, estaba Cades-barnea, al límite del desierto (Dt. 1:19); la ciudad de la rebelión contra el mandato de Dios para subir a conquistar Palestina en los tiempos de Moisés (Dt. 9:23), situada a unos 100 km al suroeste del mar Muerto, era el límite sur de la tierra de Israel. Luego se cita Gaza. Límite también del territorio cananeo (Gn. 10:19), situada al oeste de Hebrón, era uno de los centros comerciales más importantes de los filisteos, muy cerca del Mediterráneo. Este era el límite suroeste. Los israelitas, partiendo de Gabaón, habían lanzado dos ofensivas, una en dirección oeste y otra en dirección suroeste. En la primera, ciudades como Gaza y Libna quedaron en sus manos; en la segunda, llegaron hasta Gaza y Cades-barnea. En su avance hacia el sur, atravesaron las zonas montañosas y el Neguev, ocupando el territorio llamado en el texto *"la tierra de Gosén"* (v. 41), que es el territorio entre la montaña y el Neguev.

El segundo aspecto mencionado en el texto es el religioso. No hubiera sido posible un éxito de tal dimensión si el Dios de Israel no hubiera peleado por su pueblo (v. 42). Debe notarse que la conquista de todo aquel extenso territorio se llevó a cabo en una sola campaña militar y en un tiempo muy corto. Esta era la promesa dada por Dios a Moisés y reiterada especialmente a Josué, su sucesor (1:2-9). Esa es la razón del comportamiento de los ejércitos conquistadores en relación con los habitantes de la tierra a quienes quitaban la vida inexorablemente. Algunos lectores del libro sienten repugnancia frente a un comportamiento semejante, pero deben hacerse notar algunas cosas importantes: en primer lugar, el mandato de eliminar a todos esos pueblos procedía de Dios y no de Josué. Dios había sido muy preciso: *"las destruirás del todo; no harás con ellos alianza, ni tendrás de ellos misericordia"* (Dt. 7:2). El trato con otras ciudades, en caso de guerra, sería diferente. Aquellas que estuvieran lejos del territorio de Canaán serían tratadas más benévolamente, ya que solo los hombres de guerra serían muertos, mientras que las mujeres y los niños, junto con todos los animales, serían perdonados e integrados a la vida de la nación de Israel, por posesión suya (Dt. 20:14). Pero una vez más, al término de la recopilación de la ley, Moisés escribe en el nombre del Señor la misma instrucción para las naciones de Canaán: *"Pero de las ciudades de estos pueblos que Jehová tu Dios te da por heredad, ninguna persona dejarás con vida"* (Dt. 20:16). ¿Por qué un trato así a esos pueblos? El pecado de los pueblos amorreo y cananeo había llegado a un límite intolerable. Dios había tenido en su gracia misericordiosa mucha paciencia con ellos. Así lo había dicho ya a Abraham quinientos años antes cuando le reveló el proceso histórico por el que su descendencia llegaría a ocupar aquella tierra: *"Y en la cuarta generación volverá acá; porque aún no ha llegado a su colmo la maldad del amorreo hasta aquí"* (Gn. 15:16). Aquellos pueblos habían tenido suficiente revelación de Dios como para que le adorasen como el único Dios. Desde los tiempos de Noé, el conocimiento sobre Dios y sus atributos de justicia que le habían llevado a castigar el pecado con el diluvio, eran conocidos perfectamente por todos ellos. La tradición oral había llegado a ellos con la noticia de la intervención divina sobre el pecado, de manera que no tenían excusa.

La idolatría había alcanzado grados terribles. El politeísmo más vergonzoso era la religión de esos pueblos. Los sacrificios humanos a los dioses eran manifestaciones habituales entre ellos. Inocentes criaturas eran puestas vivas en los altares de sus ídolos y hechos pasto del fuego como ofrenda especial a sus terribles y despreciables dioses. La decadencia moral era claramente apreciable entre esas naciones. Las influencias de tales pueblos harían peligrar la vida moral y ética de Israel. Ejemplo claro de ello había tenido lugar en la historia próxima del pasado de la nación (Nm. 25:1-2). La presencia de tales perversos en la tierra produciría en breve plazo uniones matrimoniales entre ambos pueblos, con consecuencias deplorables para Israel, por cuyas acciones acarrearían la misma ira de Dios que aquellos pueblos (Dt. 7:3-4). Nadie podrá decir que Dios no había dado tiempo y oportunidad a esos pueblos para rectificar su comportamiento y volverse a Él. Más de quinientos años de paciente espera son suficientes para manifestar la gracia divina sobre el pecador endurecido. Por otro lado, la Biblia enseña claramente que el testimonio de Dios que revela *"su eterno poder y deidad"*, son manifestados naturalmente a los hombres, por lo que son inexcusables

(Ro. 1:20). Si conociendo la realidad del Dios de los cielos, cambian este conocimiento fabricándose dioses para sí —como las religiones de ellos— trocando la imagen de Dios en abominaciones salidas de las manos del hombre (Ro. 1:22-23). Esta situación idolátrica no es otra cosa que la adoración a los demonios, lo que trajo como consecuencia la inmoralidad y degeneración en que aquellos pueblos se encontraban. Todo ello les hizo acreedores de un total y radical juicio de Dios sobre su pecado. Dios ha tenido que intervenir drásticamente en algunas ocasiones, para controlar el límite del pecado del hombre. La primera vez, por medio del diluvio, que prácticamente borró la vida entera de la superficie del planeta; una segunda vez, mediante el fuego que redujo a cenizas las ciudades de la llamada *pentápolis maldita*, entre las que estaban Sodoma y Gomorra. En el tiempo de Josué, en forma limitada, sigue manifestando Su justicia sobre el pecado y la rebeldía del hombre que, desoyendo la voz divina en el tiempo de gracia, resiste a Dios, practicando el pecado en forma desafiante. Algunos piensan que tal vez debería haberse castigado solo a los mayores, dejando a los niños. Nada puede apuntarse bíblicamente sobre las razones que Dios tuvo para tal acción, pero de lo que no hay duda alguna es que junto con su soberanía, actuó también con todos los otros atributos divinos en su eterna infinitud. Dios no solo es justicia, es también amor misericordioso.

La Biblia hace una admirable afirmación de los sentimientos divinos ante actos judiciales necesarios e inevitables: *"¿Quiero yo la muerte del impío? dice Jehová. ¿No vivirá, si se apartare de sus caminos?"* (Ez. 18:23); y todavía dice más: *"Mas el impío, si se apartare de todos sus pecados que hizo, y guardare todos mis estatutos e hiciere según el derecho y la justicia, de cierto vivirá; no morirá"* (Ez. 18:21). Con una afirmación clara vuelve a expresarse el Señor: *"Diles: Vivo yo, dice Jehová el Señor, que no quiero la muerte del impío, sino que se vuelva el impío de su camino, y que viva. Volveos, volveos de vuestros malos caminos: ¿por qué moriréis?"* (Ez. 33:11). Algunos argumentan que Dios no les había comunicado a aquellos pueblos un claro mensaje y que si lo hubiera hecho, tal vez se habrían apartado de sus pecados. La respuesta bíblica es que Dios ha escrito en la conciencia de cada hombre la obra de la ley (Ro. 2:15), cuya acción actúa sobre el razonamiento humano señalándole lo que es bueno y lo que es malo. Tales pueblos habían llegado a cauterizar su conciencia de tal modo que la muerte de miles de inocentes, los pecados más abyectos y las barbaries más grandes, eran practicados sin límite por ellos. La verdad bíblica de la siega y la siembra se cumplía en esta ocasión: *"No os engañéis; Dios no puede ser burlado: pues todo lo que el hombre sembrare, eso también segará"* (Gá. 6:7). La muerte de niños inocentes, aún en la actualidad, es la más trágica y terrible expresión del pecado del hombre. Cientos de inocentes criaturas mueren diariamente a causa del sida y otras enfermedades producidas como consecuencia de la degradación y degeneración humanas. Guerras y hambres se extienden acabando con miles de niños, como manifestación de hasta dónde puede llegar el egoísmo del hombre. Mientras que el gasto en armamento es elevadísimo, mientras que el despilfarro es la norma de comportamiento de la sociedad del *primer mundo*, millones de personas entre las que están centenares de recién nacidos, mueren por hambre cada día. ¡Cuán tremendas lecciones deberían ser aprendidas por la manifestación del pecado! Todo ello debería traer una consecuencia natural en la vida del creyente: la separación clara del pecado para vivir una vida en santidad que glorifique a Dios.

El tercer aspecto del resumen del capítulo tiene que ver con el aspecto militar. Llama poderosamente la atención que una campaña tan rápida, pero sin duda tan violenta en combates y acciones militares, pueda ser resumida con estas palabras: *"Todos estos reyes y sus tierras los mató Josué de una vez; porque Jehová el Dios de Israel peleaba por Israel"* (v. 41). El ejército manifestaba una eficacia absoluta. Había funcionado como una máquina de guerra perfectamente segura y eficiente. Todavía un milagro mayor queda registrado en el texto bíblico: *"Y volvió Josué, y todo Israel con él, al campamento en Gilgal"* (v. 43). El secreto estaba en que ellos eran instrumentos en las manos de Dios para el cumplimiento del programa divino. Esos instrumentos, dóciles a las instrucciones del Señor, obedientes a su Palabra, fueron llevados de triunfo en triunfo para la gloria de Dios.

43. Y volvió Josué, y todo Israel con él, al campamento en Gilgal.

El pasaje se cierra con esas palabras precisas. El texto se omite en la LXX, y en la Peshita. Algunos piensan que es una repetición del v. 15. Tal vez al revés, el 15 debería ser —en ese supuesto— una intercalación del texto final. No tiene mayor importancia, ya que está escrito antes. Dios había defendido a Su pueblo para que ninguno pereciera. Al final de la campaña, regresaban todos al lugar de donde habían salido para la victoria; el lugar de la comunión con Dios, de la consagración y de la obediencia. Desde ese lugar, saldrán para nuevas conquistas y otras victorias en el nombre del Señor.

Queda por hacerse notar, que si bien el texto afirma una y otra vez que las poblaciones fueron exterminadas sin dejar nada vivo (vv. 30, 32, 33, 35, 37, 39, 40), más adelante aparecerán pobladores de estos pueblos en las mismas ciudades. La causa es esta: algunos de los moradores de aquellas ciudades se escaparon de las matanzas, bien porque no estaban dentro de las ciudades o porque consiguieron huir hacia los campos y las montañas antes de la llegada del ejército de Israel, donde permanecieron escondidos mientras duraban las acciones militares para regresar luego a sus lugares de origen y reconstruir lo necesario para seguir viviendo. Ya se ha hecho notar que Dios no tenía el propósito de entregar la tierra eliminando de una sola vez a todos sus habitantes. Los israelitas no estaban preparados para ocupar cada una de las parcelas conquistadas simultáneamente, por lo que extinguir toda vida humana de la tierra hubiera sido condenarla a la desolación y hacerla habitación de las fieras del campo. La tierra del sur de Canaán, que era muy productiva, era también muy propensa a la desertización debido a las altas temperaturas del verano, lo que requiere una intensa labor de cultivo y cuidado. La consecuencia de un abandono de los cultivos sería sumamente peligrosa, como lo demuestra el avance del desierto que ocurrió en muchos lugares de Palestina, que está siendo ahora recuperado mediante arduas labores de regadío y cuidado.

Nada más asombroso y admirable que lo revelado en la Escritura hasta este momento a través del *Libro de Josué*. Las perfecciones divinas se manifiestan constantemente y el Dios de la Biblia, con todo su poder, gloria, fidelidad y amor, se revela como el hacedor de maravillas. Este es el Dios del creyente en todas las dispensaciones. La admirable manifestación de Dios debería ser suficiente motivo para que los suyos le adoren y tributen honor como le pertenece y corresponde. El Dios de la Escritura no es un Dios distante, como los dioses de las naciones, es un Dios real y comunicativo con los suyos, es el único Dios fiel y verdadero que no deja pasar por alto ninguna de sus promesas y hace honor a todas sus palabras. Pero, sin duda, es también el Dios que desea ser obedecido por los suyos. Él está dispuesto a bendecir a su pueblo, pero exige que este, a su vez, manifieste el compromiso de obediencia y lealtad a su Palabra en acatamiento de sus mandamientos. Las bendiciones recogidas en el libro descansan sobre la obediencia y son para quienes obedecen, mientras que toda desobediencia recibía justa retribución. La lección ha de ser aprendida a través del relato histórico por cada creyente en el tiempo presente. Dios es capaz de hacer las más asombrosas acciones que causan admiración a todo el que las conozca, con un pequeño puñado de personas a quienes utiliza y en quienes manifiesta su poder. Esta acción divina puede darse también ahora. Dios es un Dios de poder y este poder está dispuesto a evidenciarlo en medio de su pueblo, con la única condición de que los creyentes reconozcan que no son capaces personalmente para tales proezas y, en esta comprensión, subordinarse y depender en todo de Él. El combate del cristiano es un combate espiritual y, por tanto, es el combate de Dios contra las fuerzas del mal. Esta batalla no es posible coronarla con éxito si no es con el poder de Dios. Recuérdese la afirmación del profeta en el nombre del Señor: *"Esta es la palabra de Jehová a Zorobabel, que dice: No con ejército, no con fuerza, sino con mi Espíritu, ha dicho Jehová de los ejércitos"* (Zac. 4:6).

EXCURSUS XII
CIUDADES DEL SUR DE CANAÁN

En la conquista de la parte sur de la tierra, se menciona el nombre de varias ciudades. Algunas son de dudosa ubicación por ahora, otras están plenamente localizadas. Entre ellas, hay las que destacan por su importancia histórica, y también hay otras de relativa importancia apenas mencionadas en el texto bíblico. En este *excursus* se aportan algunos datos complementarios en relación con las ciudades conquistadas en la zona sur de Canaán.

1. Jerusalén

Es, sin duda, la ciudad más importante históricamente hablando, de todas las situadas al sur de Gilgal. Es una ciudad *sagrada* para las tres religiones monoteístas: Judíos, árabes y cristianos. Jerusalén vino a ser el centro religioso y político de Israel desde que David la hizo capital del reino sobre el año 1000 a.C. Era ya, en tiempos de Abraham, un lugar importante con su rey Melquisedec, a quien el patriarca pagó los diezmos (Gn. 14:18-20). Ha sido el lugar más excavado de todos enclaves antiguos en Canaán. Esos trabajos demuestran que la ciudad cananea de 1800 a.C. ya tenía importantes murallas defensivas.

1. 1. Nombres

Hay referencias en inscripciones egipcias del s. XIX a.C., sobre un lugar llamado *Urushalim.* En la correspondencia de Tell el-Amarna[1], aparece el nombre de *Urusalim.* Igualmente, registros asirios de tiempo posterior utilizan el nombre de *Ususilimmu.* Sin duda, todos ellos son nombres que corresponden a la misma localidad. El registro bíblico aporta algunos nombres dados a Jerusalén. Uno de los más antiguos en el tiempo es el de *Salem* o *Shalem*, capital del reino sacerdotal de Melquisedec (Gn. 14:18). Después de la conquista y en el tiempo de los jueces, el nombre de la ciudad era el de *Jebus*, en el territorio dominado por los jebuseos (Jue. 19:10, 11). Cuando David la conquistó e incorporó definitivamente al reino haciéndola capital de la nación, se le llama por el nombre de *Jerusalén* (2Sa. 5:6-9). Este fue el nombre que persistió a lo largo del tiempo. Destruida por los romanos en el año 70 d.C., fue reconstruida años más tarde por ellos mismos y el romano Aelius Hadrianus la denominó como Aelia Capitolina. En el s. IV, el emperador Constantino volvió a denominarla Jerusalén. El nombre hebreo *Yerushalaim* equivale a ciudad

[1] Sobre este asunto ver el apartado correspondiente en el capítulo de *Introducción*.

de paz. Parece ser que los nombres dados a la ciudad por los amorreos tenían que ver con una deidad del lugar.

1.2. Situación

Está construida y rodeada por las colinas de la meseta central. Establecida en el centro de la antigua ruta que unía Siquem con Hebrón. La ciudad está a unos 800 m sobre el nivel del mar y a 25 km aproximadamente al occidente de la costa mediterránea. En tiempos de David, Siquem era una ciudad más importante que Jerusalén. La importancia religiosa de Jerusalén proviene especialmente de la construcción en ella del templo de Salomón.

Debido a su situación geográfica, es una ciudad en la que se producen frecuentes cambios de temperatura. No está situada en una zona de alta pluviometría, con apenas unos 70 cm de lluvia entre octubre y mayo. En ocasiones, especialmente en los meses de invierno, la lluvia suele caer torrencialmente. El resto de los meses apenas llueve y especialmente entre mayo y octubre se experimenta el agobiante calor del verano. En contadas ocasiones, el viento que sopla sobre la ciudad en este período procede del mar. Es más común que sea un viento oriental calentado por el desierto, de tal naturaleza que cuando sopla durante más de tres días seguidos, marchita hasta las hojas de los árboles y vuelve irritables a los animales, e incluso a las personas.

1.3. Topografía

Jerusalén está enclavada en una serie de lomas unidas entre sí y rodeada de valles bastante profundos, excepto por el norte. Estos valles constituyen verdaderas defensas naturales que fueron utilizadas a lo largo del tiempo y sirvieron para la edificación de las primeas defensas de la ciudad. Al oriente de la ciudad, está el valle del Cedrón, que rodea la ciudad con laderas muy empinadas con una inclinación media de 40º. Al sur de la ciudad, está el valle de Hinom con unas laderas de pendiente semejantes a las del Cedrón, al que se une en la zona suroriental de la ciudad. El valle central, denominado por los romanos Tiropeon, se extiende desde la puerta de Damasco hacia el sur, hasta el estanque de Siloé, en donde se une también al valle del Cedrón. El curso de los valles por el interior de la ciudad, se rellenó con escombros a lo largo de los siglos, de modo que prácticamente ha desaparecido. No obstante, las calles escalonadas de la antigua ciudad permiten adivinar el curso del valle central.

Las lomas son el asiento y entorno de la ciudad. Un montículo relativamente bajo que no supera los 55 m, llamado en tiempos bíblicos

Monte de Sión, era el lugar del enclave de la ciudad cananea conquistada por David. Este montículo es el vértice de los valles Cedrón y Tiropeon. Las laderas del monte fueron ampliadas y escalonadas para ser capaces de permitir el desarrollo de la ciudad y mantener lugares fortificados en el monte de Sión.

Al norte del monte de Sión está el monte del templo, con la roca sagrada actualmente bajo la cúpula musulmana de la roca. Herodes el Grande amplió artificialmente el área del templo creando una zona soportada por arcos que se conoce como los *establos de Salomón.*

Un monte escalonado al lado suroeste que domina la ciudad se llamó hasta el s. XIX, el monte de Sión, y se creía que la ciudad cananea primera estaba situada en él. Las excavaciones recientes pusieron de manifiesto que el sitio fue ocupado mucho después de los montes orientales y que su extremo sur fue fortificado durante el reinado de Herodes Agripa I, aproximadamente en el año 42 d.C.

1.4. Trabajos arqueológicos

La ciudad ha sido objeto de más excavaciones que ninguna otra de Palestina. Con todo, quienes excavaron en ella ha obtenido resultados pobres en relación con el esfuerzo hecho, posiblemente a causa de los métodos de excavación utilizados. Antes de 1870, se utilizaron métodos de pozos y túneles. Como fue la técnica del capital Charles Warren, que excavó alrededor del área del monte del tempo, pero que no fue capaz de penetrar el área prohibida del templo y descubrir lo que había bajo la mezquita musulmana. El mismo sistema fue utilizado en 1881 por H. Guthe, sin resultados fiables. Excavaciones siguientes (1894 y 1897) dirigidas por J. Bliss y A.C. Dickie en el límite sur del montículo occidental, descubrieron una gran pared que conectaba los montículos suroriental y suroccidental. La pared no pudo ser fechada con exactitud. Otros excavaron en el montículo suroriental, como Montague Parker. Estas exploraciones permitieron descubrir los túneles que procedían de la fuente de Gihón y el sistema de canales para la conducción del agua. Esta misma exploración permitió descubrir las tumbas de los primeros habitantes del montículo suroriental fechadas en el s. XXI a.C. Fue Raymond Weill quien con sus trabajos entre 1913 y 1914 demostró que el montículo sureste fue el sitio original del monte de Sión. Posteriormente, dirigió una segunda serie de excavaciones entre 1923 y 1924 con descubrimientos del s. II a.C. Las excavaciones de J. W. Crowfoot y G. M. Fitgzgerald abrieron un foso desde la cima del montículo sureste. Llegaron a descubrir una puerta y una pared de la ciudad, lo que demostró que el montículo estuvo rodeado de murallas. Se pretendió datar los descubrimientos como del tiempo de David, pero no hay pruebas suficientes para ello. Fueron descubiertas por otros excavadores —E. L. Sukenik y L. A. Mayore— secciones de las murallas de Herodes Agripa I (40-44 d.C.). La muralla se extiende hacia el este, pero no ha sido posible relacionarla con las murallas de más al sur. Las excavaciones a gran escala quedaron suspendidas después de la Segunda Guerra Mundial a causa de la beligerancia entre judíos y árabes, reanudándose en 1961. La dirección de estas excavaciones fue de Kathleen M. Kenyon y de R. de Vaux. Las técnicas utilizadas están dando resultados, siendo posible establecer las secuencias de las ocupaciones de la ciudad.

1.4.1. Edad del Bronce inferior. Se supone que alrededor del año 300 a.C., tribus nómadas acamparon en el montículo sureste, siendo los primeros habitantes conocidos. Tres tumbas fueron descubiertas en excavaciones de 1909-1911. Cerca de la roca del montículo aparecieron cerámicas pertenecientes a la edad del *Bronce inferior.*

1.4.2. Edad del Bronce intermedio. Corresponde a los tiempos patriarcales de Abraham. Fue Jerusalén la ciudad que visitó cuando pagó los diezmos al rey sacerdote Melquisedec (Gn. 14). Una sección de la muralla de la ciudad correspondiente a aquel período fue excavada en 1961-62. Se encontraba a unos 50 m bajo la cima de la montaña y más al este de la Jerusalén del Antiguo Testamento. La muralla demuestra que la extensión de la ciudad en el *Bronce intermedio* era semejante a la de los tiempos de los jebuseos. No se ha podido localizar el lugar sagrado de los tiempos de Melquisedec, pero se supone que estaba en el *monte del templo*, identificado bíblicamente con el monte Moriah, donde Salomón comenzó la construcción del templo (2Cr. 3:1) y donde se supone que Abraham llevó a su hijo Isaac para ser sacrificado (Gn. 22:1-19). El lugar que estaba fuera de los muros fue incorporado a la ciudad en tiempos de Salomón para la construcción del templo.

1.4.3. Edad del Bronce superior. En la correspondencia de Tell-el-Amarna hay varias alusiones a Abdi-Hiba, rey de Jerusalén, que pedía ayuda al Faraón. Guerreros llamados *habiru* estaban invadiendo y tomando la región. Como se ha considerado ampliamente en la introducción al libro, estos *invasores* son con la mayor probabilidad los ejércitos de Josué, en el s. XIV a.C. En esa época, se alteró en alguna medida la topografía del montículo del sureste. Se procuró modificar la bahía que había en la base rocosa, sobre la fuente de Gihón mediante la construcción de terrazas artificiales procurando elevar su nivel hasta la cima de la colina. Para ello tuvieron que construirse plataformas que sirvieron para contención del enorme relleno escalonado en la falda de la fuente del Gihón. Las terrazas artificiales sirvieron de soporte para la construcción de algunas edificaciones. Estas obras llegaron a extender la ladera del monte en unos 18 m hacia el oriente. El enorme peso del relleno y la inclinación de la ladera las hacían muy vulnerables a deslizamientos de tierra por las aguas pluviales y sobre todo, a movimiento sísmicos. Distintos derrumbes a lo largo del tiempo —probablemente por terremotos— aparecen en las excavaciones. Sobre el último derrumbe del s. VII a.C. y los restos de edificaciones destruidas como consecuencia de la invasión babilónica se construyeron nuevas casas. Estas edificaciones desaparecieron a causa de la erosión de la ladera del 587 a C. Sin embargo, las terrazas permanecieron hasta que fueron excavadas en 1961.

1.4.4. Edad del Hierro I. La primera conquista de la ciudad se produjo en días de Josué con la derrota de los ejércitos y la muerte de su rey Adonisedec (Jos. 10:1-26). Sin embargo, aparece ocupada otra vez por los jebuseos a quienes expulsó definitivamente David. Se menciona en el texto bíblico del *Libro de los Jueces* que Judá tomó Jerusalén y quemó la ciudad (Jue. 1:1-8), pero debió ser por un tiempo relativamente corto. En el libro de Josué se dice que la tribu de Judá no fue capaz de desarraigar a los jebuseos de Jerusalén quedando como habitantes de ella en medio de Israel (Jos. 15:63). Esta presencia jebusea en la ciudad debió extenderse hasta tiempos de David. La fortaleza de la ciudad era sólida y los jebuseos la consideraban como un baluarte inexpugnable capaz de defender la ciudad, aunque en ella solo hubiera ciegos y sordos (2Sa. 5:6-9). Es difícil determinar cómo David consiguió conquistar la ciudad que tenía un sistema de protección que la hacía casi invulnerable a un ataque frontal. Posiblemente, David utilizó una estrategia de alcanzar la ciudad por el túnel que subía desde la fuente del Gihón hasta la superficie de la ciudad. Es posible que se entienda de este modo la expresión de David: *"Y dijo David aquel día: Todo el que hiera a los jebuseos, suba por el canal y hiera a los cojos y ciegos aborrecidos del alma de David"* (2Sa. 5:8). Seguramente que Joab fue el primero de los hombres de David que fueron capaces de alcanzar la ciudad y nombrado jefe del ejército del rey (1Cr. 11:6). El canal fue identificado con el pasaje de Warren, que era un túnel cortado en la roca caliza de la montaña que iba desde la fuente del Gihón hasta la superficie de la ciudad, unos 25 m más arriba. David edificó la ciudad constituyéndola como capital del reino.

Durante el reinado de Salomón fueron reparadas las murallas y extendida la ciudad. Algunos piensan que *Milo* era parte de las extensiones en planicies adosadas a las laderas del montículo (1Re. 9:15), ya que el término significa *relleno.* Las excavaciones pusieron al descubierto piedras de grandes dimensiones que aseguraban las terrazas y permitían estabilizar el sistema de relleno. La cerámica encontrada pertenece a la edad del *Hierro I*. Posiblemente, toda la estructura era de la época del reinado de Salomón. Con todo, el trabajo más importante abordado en los días de este rey, fue la edificación del templo y la integración del monte del templo en la ciudad. Es sorprendente —según los expertos— que nada que perteneciera al templo de Salomón pudiera ser identificado de una manera cierta. El templo de Salomón solo puede ser definido, en cuanto a edificación, por los relatos bíblicos.

1.4.5. Edad del Hierro II. La ciudad preexílica se suponía sobre la colina al suroeste de la ciudad, el monte de Sión. Sin embargo, las excavaciones no han puesto al descubierto ninguna muralla de esa época hasta el punto que no existen evidencias arqueológicas que vinculen el montículo suroccidental con la ciudad de Salomón. En las obras pertenecientes a la ciudad preexílica aparece el llamado *Túnel de Ezequías*, realizado para el sitio de Jerusalén en 701 a.C. Con motivo de las acciones bélicas y de conquista de los asirios sobre Judá, Ezequías hizo el estanque y el conducto para el agua que la introducía en la ciudad (2Re. 20:20) hasta el estanque de Siloé. Era una obra de gran envergadura consistente en un túnel abierto en la roca sólida del monte de Sión, con una extensión de 548 m. En la entrada del valle central apareció una inscripción del tiempo de Isaías que registra la excavación del túnel por dos grupos de obreros. Las obras comenzaron simultáneamente por los dos extremos y se encontraron en la mitad del monte cuarenta y cinco metros bajo la superficie superior. El túnel de Ezequías hacía seguro el suministro de agua, en sustitución de los canales exteriores, siempre vulnerables en caso de conflicto. Las excavaciones han puesto de manifiesto obras israelitas asentadas sobre las antiguas construcciones cananeas. La invasión babilónica rompió las fortificaciones y redujo a cenizas gran parte de las edificaciones levantadas en las laderas del monte Sión. La cerámica aparece enterrada en cenizas de los pisos de yeso, lo que evidencia la violenta acción sobre la ciudad.

1.4.6. Período postexílico. En el año 20 de Artajerjes I (440 a.C.) Nehemías fue autorizado para regresar a la ciudad y reconstruirla (Neh. 2:1-8). Los relatos bíblicos de la reconstrucción recogen aspectos topográficos de la ciudad de forma precisa (cf. Neh. 2:12-15; 3:1-32; 6:15; 8:1; 9:4; 12:1-43). El plano de la ciudad aparece como asentada, especialmente en el montículo suroriental de la ciudad. En el montículo apareció una muralla que posiblemente corresponda a la construida por Nehemías. Esta muralla se levanta sobre una roca escarpada, cortada para la construcción, que evita el acceso a la muralla por el lado exterior. Parece ser que la ciudad estuvo limitada al área de la cima del montículo, de algo más de 2 ha.

1.4.7. Período macabeo. Cuando los Macabeos conquistaron el poder la ciudad estaba en ruinas. Una guarnición siria ocupaba la ciudadela. Jonatán comenzó a reconstruir la ciudad sobre el 153 a.C., rodeando el montículo suroriental con una muralla de piedras cuadradas (1 Mac. 10:11). Una muralla de albañilería sobre el montículo corresponde a edificaciones del s. II a.C. y debió ser el trabajo de Jonatán. La ocupación macabea se limitó a una parte muy pequeña sobre la parte superior de la cima de la ladera de la montaña sin alcanzar los límites de las laderas y de las murallas antiguas de la ciudad. Una de las cosas que no ha sido encontrada es la ciudadela mencionada por Josefo, capaz de dominar el patio del templo. Es probable que fuera una edificación levantada sobre la ladera nororiental del lomo de la montaña occidental.

Por debajo de la puerta Jafa, se encuentran cimientos de construcciones del período helénico. Igualmente, se encuentran evidencias de la incorporación a la ciudad durante ese tiempo del montículo occidental.

1.4.8. Período herodiano. Las edificaciones y trabajos de este tiempo superan en todo a cuantos se hicieran antes, incluyendo los de Salomón. Una de las construcciones que abordó Herodes el Grande fue la reconstrucción y ampliación de la fortaleza situada en el ángulo noroeste del templo. La fortaleza era una construcción cuadrada con torres macizas en cada uno de sus cuatro ángulos, alcanzando alguna de ellas los 30 m de altura. El patio central estaba pavimentado con grandes piedras lisas. Se piensa que ese lugar era el escenario de grandes actos del gobierno e incluso se supone que fue ahí donde Jesús compareció delante de Pilato (Jn. 19:13). Herodes dio a la fortaleza el nombre de *Torre Antonia*, en honor de Marco Antonio. Hasta el momento de construir su propio palacio, Herodes hizo de la torre su residencia.

En el montículo occidental se levantaron tres torres macizas que se llamaban Fasael, Hípico y Mariamne. Restos de las edificaciones son visibles hoy en la antigua puerta Jafa. Herodes construyó su palacio, que fue también residencia de los gobernadores romanos posteriores cuando visitaban Jerusalén. El palacio tenía suministro de agua a través de un acueducto. El agua procedía de un manantial cercano a Belén. Otra construcción de Herodes fue un gimnasio para competiciones atléticas junto con un anfiteatro y un teatro.

Sin duda alguna, la construcción más notable de Herodes fue el templo. Una edificación que no concluyó nunca. El lugar del templo fue ensanchado sobre las áreas de los anteriores hasta el doble de su mayor tamaño, rodeado de murallas sobre la base de roca. Las piedras eran enormes, perfectamente unidas entre sí sin mezcla. Un bloque incrustado en la muralla de la parte sureste se estima que pesa aproximadamente unas diecinueve toneladas. Para extender el área del patio del templo, hizo grandes rellenos en una parte del valle del Cedrón, donde construyó pilares y arcos de apoyo de piedra. Con ello, el área del patio se extendió tanto al sur como al este. Igual actuación se llevó a cabo en la esquina suroeste, rellenando el valle del Teropeon y permitiendo le extensión del patio del templo en esa dirección. Bajo el pavimento del patio, que se sustenta por los pilares, existe un espacioso piso a nivel llamado los *establos de Salomón*. Una de las construcciones de Herodes en el área del templo es perfectamente visible hoy en lo que se llama *Muro de las Lamentaciones"*. La superficie ocupada por el templo se extendió también hacia el norte mediante el relleno de la hondonada. En la esquina, la Torre Antonia dominaba y servía para guardar la muralla del templo.

Del templo de Herodes se conservan hoy dos piedras que contienen inscripciones prohibiendo la entrada de los gentiles al recinto interior bajo pena de muerte. Sin embargo, no hay evidencias arqueológicas del edificio del templo.

Además de las construcciones reseñadas, Herodes reconstruyó las murallas de Jerusalén. En la cima del montículo occidental donde tenía su palacio, se supone que había una guarnición militar de defensa y servicio del rey. Una muralla corría desde un lugar cercano a las torres Hípica, Fasael y Mariamne, limitando el lado norte del palacio en dirección a la Torre Antonia. Esta muralla tiene mucha importancia en relación con la identificación del Gólgota y del Jardín de la Tumba.

Esta fue la ciudad que visitó y en la que ministró y murió Jesús. Los evangelios dan detalles de construcciones y lugares y sirven como la mejor referencia sobre la ciudad en el tiempo de la dinastía de Herodes.

La ciudad de Jerusalén fue destruida por los romanos en el 70 d.C. y posteriormente en los años 132-35 d.C., siendo después rediseñada y reconstruida como Aelia Capitonlina. En el s. IV se despertó un gran interés por la localización de los lugares santos asociados a los tiempos y ministerio de Jesús, sin embargo, para ese tiempo, la topografía de la ciudad y el diseño de la misma había cambiado notablemente.

2. Hebrón

El nombre hebreo *hebrön*, es el reciente de la antigua *Quiriat-Arbá* (Jos. 14:15). El significado es dudoso, optando algunos por *"cuatro ciudades"* y otros —la mayoría— por el de *"ciudad de Arbá"*.

Está situada a unos 30 km al suroeste de Jerusalén. La altitud a nivel del mar es de 927 m, lo que la convierte en la ciudad de mayor altitud de Palestina.

Conocida en tiempos de los patriarcas, Abraham pasó mucho tiempo en el encinar de Manre que está en sus cercanías (Gn. 13:18; 35:27). Es más antigua que la ciudad egipcia de Zoan-Tanis (Nm. 13:22). Está situada en un lugar montañoso de Judá (Jos. 15:48, 54). En Hebrón murió Sara, la esposa de Abraham y fue enterrada en la cueva de Macpela comprada a los heteos, habitantes entonces de la ciudad, para darle sepultura (Gn. 23:2-20). Isaac y Jacob residieron temporalmente en Hebrón (Gn. 35:27; 37:14). Poblada en tiempos pre israelitas por los *anaceos* o *anaquitas*, como descubrieron los doce espías que exploraron el país en días de Moisés (Nm. 13:22). Algunos de estos hijos de Anac, estaban en Hebrón en días de la conquista (Jos. 15:13-14).

Es indudable que los supervivientes a la expedición de la primera conquista volvieron a construir y fortificar la ciudad (Jos. 14:12). Incluso después de la muerte de Josué, Caleb, que reivindicó ese territorio, atacó y reconquistó la ciudad (Jue. 1:10, 19, 20) que antes le había sido dada en el reparto de la tierra (Jos. 15:13-19).

La ciudad de Hebrón fue asignada a los sacerdotes como ciudad de refugio (Jos. 20:7; 21:10-12; 1Cr. 6:54-57). Muy vinculada a la historia de Israel, allí se refugió David cuando huía de Saúl (1Sa. 30:31). Fue en Hebrón donde se proclamó rey a David (2Sa. 2:1-4; 5:1-5), haciéndola capital del reino durante los primeros siete años de su reinado. En Hebrón fue asesinado y enterrado Abner, el general del ejército de Saúl que durante un tiempo apoyó a Is-boset (2Sa. 3:27-32), y también fue allí donde David mató y colgó a los asesinos de Is-boset (2Sa. 4:12). La importancia de la ciudad disminuyó después de que David trasladase la capital del reino a Jerusalén. Con todo, Absalón se hizo proclamar rey en Hebrón rebelándose contra su padre David (2Sa. 15:7-9). Después de la división del reino, Roboam fortificó la ciudad (2Cr. 11:5-12). Hebrón cayó en manos de los edomitas a consecuencia del cautiverio. Después del destierro hubo un asentamiento hebreo en los días de Nehemías (Neh. 11:25). Posteriormente Hebrón fue una posesión idumea sometida transitoriamente por Judas Macabeo junto con otras ciudades del sur de Judá dotadas de una fortaleza y torres (1 Mac. 5:65). En el N. T. no se hace mención de Hebrón. La ciudad fue arrasada por los romanos en el 69 d.C. y posteriormente reconstruida.

El emplazamiento de la antigua Hebrón no se ha fijado con exactitud. En el supuesto lugar de identificación se muestra una tumba como la de los patriarcas y un santuario custodiado por musulmanes. La mezquita se construyó sobre un templo reformado del tiempo de los cruzados edificado sobre una muralla herodiana.

3. Jarmut

Asentada en una posición elevada y dominante sobre el *wadi Surar*, a 5 km al sur de Bet-semes. Las excavaciones desenterraron en al área que se supone ocupaba la ciudad, en una extensión de aproximadamente 300 áreas, vasijas de la edad del *bronce tardío*, lo que hace suponer que tuvo una población anterior a los tiempos de la invasión israelita de unos 2000 habitantes. Jarmut fue una de las ciudades amorreas de importancia en Palestina en los días de la conquista.

4. Laquis

La importancia de esta ciudad fue muy grande, semejante a la de Jericó, Hebrón y otras. Ha sido excavada y su localización está muy determinada. Situada en el suroeste de Palestina, en la Sefela, aparece mencionada en un papiro egipcio del s. XX a.C. En tiempos del faraón Tutmosis III estuvo bajo la dominación egipcia (1453 a.C.). En la correspondencia de Amarna aparece por lo menos cinco veces el nombre de la ciudad. Los registros asirios llaman a la ciudad *Lakisi.*

4.1. Localización

Laquis fue buscada insistentemente. Primero en *Umm Lakis*, y más tarde en *Tell ed-Duweir*[2], al suroeste de Jerusalén y a 24 km al oeste de Hebrón. Eusebio mencionaba el lugar como la población contemporánea de Laquis, en el km 11 del Eleuterópolis, a 8 km al sureste de Beit Jibrin, la antigua Eleuterópolis. Las excavaciones revelaron semejanzas sorprendentes entre las ruinas de la *edad del hierro* en *Tell ed-Duweir* y las descripciones de Laquis en escritos y pinturas de Nínive. La ubicación se sitúa en la parte baja del terreno montañoso de Judea. Manantiales abundantes de agua cerca de la superficie favorecieron los poblamientos. Las excavaciones comenzaron en 1933 y prosiguieron luego. La cima tiene una extensión de 7ha, lo que da idea de la dimensión de la ciudad si se la compara con las 4ha de Jerusalén y las 3ha de Debir.

4.2. Primeros poblamientos

Las lomas del entorno evidencian que el lugar fue habitado en el paleolítico (8000 a.C.). Las habitaciones cavernarias fueron utilizadas

---

[2] W. F. Albright, *ZAW 6* (1929), pág. 3.

hasta la edad del bronce (3000-2000 a.C.). Se pone de manifiesto una notable influencia egipcia en la edad del *bronce medio* (2000-1600 a.C.), especialmente desde la XII dinastía en adelante. Durante la dominación de los hicsos (1720-1550 a.C.), Laquis era una plaza militar que contaba con un foso artificial para la defensa delante de la muralla de la ciudad que alcanzaba una altura de 30 m. Da la impresión, en base a la correspondencia de Amarna[3], de que las autoridades de la ciudad eran partidarias de un compromiso con los *habiru*, probablemente a razón de las noticias que tenían de las acciones militares de los ejércitos de Israel. Esta disposición a pactos no era posible a causa de la condición de *anatema* asignada a los pueblos de Palestina.

4.3. Edad del Bronce superior

Corresponde a dicho período la construcción de un templo asentado sobre los escombros en la base de la fosa que rodeaba la ciudad. Este templo fue destruido, con toda seguridad, por los hebreos en la conquista de la tierra. Se calcula que fue construido sobre el 1550 y ampliado posteriormente con una estructura mayor. Las paredes del templo eran de arcilla dura revocadas con cal; el techo se sostenía mediante una columnata de madera. Una serie de pequeños altares de barro para ofrendas se habían construido en el lugar interior del culto. Alrededor del altar principal y en los fosos entorno al templo destinados a basureros aparecen huesos de animales, desde aves hasta rumiantes e incluso peces, todos correspondientes a animales jóvenes.

Varios objetos pertenecientes a la edad del bronce fueron excavados[4]. Entre ellos pueden destacarse una daga de bronce que tiene cuatro señales grabadas probablemente acrofónicas. Hay también un sello con el nombre de Amenhotep II (1439-1406 a.C.). Un escarabajo recuerda la cacería de leones de Amenhotep III, que según datos históricos, dio muerte a 102 leones durante los diez primeros años de su reinado. Aparecen también algunas piezas de cerámica con signos alfabéticos de tipo sinaítico, entre los que están la conocida como *taza de Laquis.* Los restos de cerámica aportan un dato importante, como es un aguamanil decorado con líneas rojas que tiene una inscripción con trece letras similares a las de Serabit el Khadem (1500-1450 a.C.), las minas de turquesa labradas por el pueblo semita de cerca de Tanis y que se relacionan con las primeras formas de inscripciones fenicias del s. X. Esta última pieza cerámica datada como de los años 1500-1450 a.C., es una evidencia más que favorece la datación

---

[3] Sobre la correspondencia de Amarna, ver el correspondiente apartado en el capítulo de introducción.

[4] Charles F. Pfeiffer. o.c., pág.400 ss.

temprana de la conquista de Canaán. Todavía una evidencia, tal vez más conclusiva sobre la destrucción de la ciudad, aparece en la grabación de una taza, aparentemente de un cobrador de impuestos egipcio, como registro de entrega de trigo de las cosechas locales. Hay referencias a fechas correspondientes al cuarto año del reinado de uno de los faraones. Los caracteres corresponden plenamente con el tipo de escritura que aparece en otros objetos egipcios de los años 1500-1400 a.C., aunque algunos expertos influenciados por las teorías liberales tratan de hacerlos pasar como escritos del s. XIII, o incluso del XII a.C. Esta taza debió haber sido rota en la confrontación con los hebreos en la conquista de la ciudad, apareciendo junto con otros restos de esa época.

4.4. Hebrón israelita

Laquis fue prácticamente abandonada después de la conquista e incluso durante el tiempo de los jueces. Es probable que fuera en tiempos de David cuando se rehabilitó nuevamente la ciudad. Aparecen restos de un palacio construido sobre las ruinas de los antiguos edificios de la época cananea. A pesar de que no se conserva casi nada del edificio, se aprecia claramente la base de cimentación que lo sustentaba, con una superficie de unos 1000 m^2 y una altura de 7 m. Otra edificación situada al lado de lo que debió haber sido el palacio, estaba construida con ladrillo, teniendo salones y pisos altos para conservar el grano, lo que hace pensar en el almacén de provisiones para el palacio. Es muy probable que el palacio fuera el lugar de residencia de un administrador de David, y que el edificio colindante se utilizara como almacén de granos, ambos integrados en algún tipo de estructura administrativa propia del reinado de David.

Roboam fortificó Laquis (992 a C.) como uno de los lugares para la defensa de Judá, tanto de los filisteos, como de los egipcios (2Cr. 11:5-12). La fortificación es importante para la época. La cima del promontorio de la fortaleza tiene muros de 6 m y torres defensivas. En la ladera del montículo, aparece un muro defensivo construido con grandes piedras y ladrillos, de 4 m de espesor, en el que aparecen huecos para la defensa y torres ubicadas en lugares estratégicos. Por la parte oeste del promontorio, había un camino para acceso a la ciudad con puerta fuertemente protegida. La base del palacio de tiempos de David fue ampliada entre 32 y 78 m, añadido hecho en la parte este. Parece que el añadido en la base se hizo entre los años 900 a 750 a.C. Un dato curioso es que en los escalones de piedra que llevan a la plataforma de la ciudadela están grabadas las primeras cinco letras del alfabeto hebreo en orden tradicional.

Las excavaciones pusieron al descubierto muchas asas de jarrones de los s. VIII y VII a.C., en las que aparece una escritura similar a la inscripción de Siloé fechada en 700 a.C., con las letras correspondientes a la frase *"para el rey"*, seguidas del nombre de Hebrón.

Senaquerib (705-681 a.C.), en sus acciones militares, con intención de impedir la ayuda de Egipto a Jerusalén, sitió Laquis (2Re. 18:13-17; 2Cr. 32:1-9; Is. 36:1 ss.) enviando desde la ciudad mensajeros a Ezequías con la demanda de rendición. Una representación del sitio de Laquis aparece esculpida en paredes correspondientes al palacio de Senaquerib en Nínive, en las que aparece el rey asirio sentado en su trono mientras pasan delante de él el botín de Laquis. Las almenas de las torres defensivas de la falda del montículo estaban construidas con madera, por lo que aparecen restos calcinados en las ruinas. Entre ellas apareció la parte superior de un yelmo de bronce semejante a los usados por los soldados asirios. Las rampas de terreno aparecen en la zona próxima a las fortificaciones y a la puerta de la ciudad, suponiéndose que formaban parte de los preparativos de los sitiadores para la conquista de la misma.

Sorprendió la aparición de un gran foso que debió haber sido una tumba común, y que contenía restos humanos de unas 1500 personas. Sobre ellos aparecían restos de animales, mayormente cerdos. Se supone que pudo haber sido una fosa común donde los asirios echaron los cadáveres después de la limpieza de la ciudad en el sitio de Senaquerib.

Hay evidencias de las dos invasiones de Nabucodonosor tanto en Laquis como en Debir (a 13 km), como son las destrucciones del palacio y de la fortificación de la ciudadela arrasados y las estructuras de ladrillo esparcidas alrededor de las construcciones. Estas destrucciones corresponden a obras de reconstrucción efectuadas en la ciudad durante el tiempo del rey Joaquín (609-597 a.C.). Durante el tiempo de la conquista de Judá por Nabucodonosor, Laquis resistió más tiempo (Jer. 34:7). La destrucción de la ciudad fue total, consumida por el fuego que destruyó incluso la albañilería. Entre los escombros apareció un sello con la inscripción *"Gedalías mayordomo de la casa"*, probablemente del que fue uno de los últimos administradores de Judá (2Re. 22:3, 8-12; Jer. 39:14; 40:5, 6; 41:2)

4.5. La correspondencia de Laquis

En las ruinas pertenecientes a los años 586-450 a.C. se encontraron varias cartas en un pequeño recinto junto a lo que pudiera ser el cuarto de la guardia junto a la puerta de la ciudad. Están sobre restos de cerámica y escritas con tinta negra, con caracteres fenicios en forma típica del modo de correspondencia propia en Judá en los tiempos de Jeremías. Solo son legibles algunas de ellas. Catalogadas convenientemente, hay tres de ellas que tienen una gran importancia. La número 3 fue escrita por Osías, un oficial militar a su superior. En ella hace referencia a Conías, que viajaba a Egipto buscando ayuda, y hace referencia también a un escrito de Tobías con una advertencia de un profeta, cuyo nombre pudiera ser Jeremías. La número 4 concluye con estas palabras: *"y permítase saber que estamos esperando por las señales de Laquis, según todas las indicaciones las cuales mi señor me ha dado, porque no podemos ver a Azeca"*. En la número 6 se lee: *"y he aquí las palabras de los príncipes no son buenas; pero para debilitar las manos y para aflojar las manos de los hombres a quienes se les informa acerca de ellos"*[5]. Estas últimas palabras concuerdan con las registradas por Jeremías en su profecía (Jer. 34:7).

4.6. Período postexílico

Después de la conquista de Judá por Babilonia, Laquis pasó pertenecer a la provincia de Arabia e Idumea, a diferencia de Jerusalén, que estaba en la quinta satrapía persa de *"más allá del río"*. El gobernador de Laquis era un árabe llamado Gesem, cuyo nombre se cita en el libro de Nehemías (Neh. 6:1). Tenía una elegante residencia edificada en el lugar de la ciudadela, donde se encontró un altar con un texto en arameo, del que se pudo leer parte de la inscripción en la que figura la palabra *"incienso"* y también *a Yah el Señor"*. Esto habla del sincretismo religioso producido como consecuencia de la invasión babilónica y asiria en la zona Palestina. A partir del s. II a.C. Laquis fue abandonada.

5. Gezer

5.1. Datos generales

Es una de las principales ciudades en la Palestina prerromana, como población fronteriza en el extremo oriental del territorio de los filisteos. Su existencia está confirmada desde antes de 1800 a.C. Se encontraba en la ruta de Jerusalén a Jope, en la cadena montañosa septentrional de la Sefela. Estaba situada a unos 12 km de la carretera principal entre Egipto y Mesopotamia. El faraón Tutmosis III destruyó las defensas cananeas sobre el año 1400 a.C., quedando la ciudad bajo control egipcio. En la correspondencia de Amarna se menciona varias veces la ciudad, destacándola como fiel a Egipto y solicitando protección contra la invasión de los *habiru* que estaban conquistando el país. El rey cananeo Horam trató de ayudar a Laquis en la conquista de Josué y fue derrotado junto con los otros reyes de la coalición (Jos. 10:33; 12:12). En el tiempo próximo

---

[5] Charles F. Pfeiffer. o.c., pág. 405.

a la derrota de los reyes, los habitantes que lograron huir volvieron a acomodarse en la ciudad, como demuestra la existencia de una población a la que los hebreos no pudieron eliminar (Jos. 16:10; Jue. 1:29). La ciudad se adjudicó a los levitas (Jos. 21:21). Gezer pasó a ser posesión israelita cuando el faraón de Egipto se la dio a su hija al casarse con Salomón, quien reconstruyó la ciudad y las defensas (1Re. 9:15-17).

5.2. Arqueología

Clermont Ganneau, en 1874 descubrió en el Tell Jezer, una inscripción en griego y hebreo en la que se leía *"límite de Gezer"*, lo que fue suficiente para iniciar una serie larga de excavaciones que pusieron al descubierto la importancia de la ciudad. Dominaba la llanura del norte y del oeste. Se descubrió una torre de vigilancia que permitía ver la llanura en una extensión considerable, así como observar el camino que iba a Egipto. Las excavaciones ponen de manifiesto que la ciudad fue destruida y reconstruida por lo menos cuatro veces antes del reinado de Salomón.

En el periodo cavernario hubo asentamientos de poblaciones demostrados por los hallazgos de restos humanos correspondientes a enterramientos en la zona. Una característica diferencial es la cremación de los cadáveres.

El faraón Thutmosis III registró sobre las paredes del templo de Amun, en Karnak, la captura de Gezer. Escarabajos y otros restos arqueológicos egipcios prueban la relación de Egipto y especialmente la del faraón Thutmosis III con Gezer. En la correspondencia de Tell el-Amarna hay abundantes referencias a la ciudad. Cinco de esas cartas son de Milki-ili, el rey de Gezer, y otras tres de su hijo Yapahu, dirigidas a los faraones Amenhotep III y Amenhotep IV pidiendo ayuda contra el *Saagaz*[6], referencia más que probable a los movimientos militares de los ejércitos israelitas en días de Josué. Una inscripción en la Estela de Merneptah dice: *"... Canaán es despojada, Askalón es tomada, Gezer es capturada... Israel es reducido a escombros, su semilla no será más..."*[7]. Igualmente, aparece mencionada Gezer en la lista de las ciudades conquistadas por Sisac, escrita sobre la muralla sur del templo de Amor Re, en Karnak. Esta acción ocurrió en los días de Roboam, rey de Judá (1Re. 14:25; 2Cr. 12:2-9). Las excavaciones en la zona proporcionaron una gran cantidad de piedra calcinada, prueba del ataque del faraón Sisac a Judá (918 a.C.).

---

[6] Sobre la correspondencia de Amarna, ver el apartado correspondiente en el capítulo I de introducción.

[7] Charles P. Pfeiffer. o.c., pág. 313.

El asentamiento de los tiempos de dominación egipcia y filistea se atestigua por enterramientos de aquella época con tumbas construidas de albañilería. Los cuerpos estaban enterrados con joyas y otros valores artísticos. Los enterramientos estaban orientados de este a oeste, y los restos aparecen totalmente estirados en lugar de la posición contraída habitual en otros sistemas. Un arte muy refinado aparece en las tumbas de los enterramientos filisteos. Algunos restos aparecen cortados por la mitad, lo que permite especulaciones sobre sacrificios humanos a los dioses, pero que todavía no han podido comprobarse. Un esqueleto de grandes proporciones aparece en los enterramientos filisteos, lo que coincide con la afirmación bíblica de gigantes en los entornos filisteos.

En las excavaciones aparece un túnel con escaleras de 6 m que conducían a un descanso desde donde se descendía por otras escaleras a una profundidad de 23 m y que permitían el acceso a una oquedad en la que se encontró un abundante manantial de agua del que se suministraría para las necesidades de la ciudad. Se aprecia que en tiempos patriarcales el agua del manantial subía hasta la superficie. En razón a la abundancia de agua de este manantial, los antiguos llamaron a Gezer *"la ciudad de nuestro señor Noé"*, basados en una leyenda que afirmaba la rotura de la superficie por la presión de agua del manantial.

Un hallazgo arqueológico con diez monolitos, junto a los cuales se descubrieron diez tumbas con restos de niños, hace suponer la existencia de un lugar de culto en el que se ofrecían sacrificios humanos. Otras cuevas cercanas contenían restos humanos mezclados con huesos de animales, lo que confirma, para los expertos, que se trataba de un centro de gran importancia en el culto cananeo.

Simón Macabeo capturó Gezer en 142 a.C. y construyó un castillo dentro de sus murallas. Las excavaciones pusieron al descubierto los cimientos de esta edificación. Las excavaciones de las ciudades de Hazor y Meguido muestran puertas idénticas a la descubierta en Gezer, lo que confirma que el arquitecto era el mismo (1Re. 9:15).

5.3. El calendario de Gezer

Uno de los descubrimientos arqueológicos más importantes se produjo en 1907 al desenterrarse una placa de piedra caliza de 11cm de largo por 8cm de ancho grabada con caracteres hebreos. Debió ser usada por un estudiante hebreo para sus ejercicios en la escuela en tiempos de Salomón. Era una tableta de escritura, porque aparecen evidencias de otros escritos borrados. La escritura presenta las estaciones agrícolas con una actividad para ser fáciles de memorizar. El texto dice:

Dos meses de cosecha de oliva.
Dos meses para plantar el grano.
Dos meses para plantar tardío.
El mes de azadonar lino.
El mes de cosechar la cebada.
El mes de la cosecha y festividad.
Dos meses para la vendimia.
El mes del fruto del verano.

El calendario comienza con el mes de la cosecha de oliva en el otoño, tiempo del año nuevo judío, a mediados de septiembre y que se extendía hasta mediados de noviembre. Luego, los dos meses siguientes hasta mediados de enero, se utilizaban para sembrar y cultivar el trigo. Un mes más para plantaciones tardías coincidiendo con tiempos de lluvia. El corte del lino tenía lugar entre marzo y abril, utilizando para cortar las plantas una azada, de modo que se aprovechaba todo el tallo de la planta para hacer cordones y telas de lino (Jos. 2:6). En abril era el tiempo para la cosecha de la cebada y del trigo, celebrándose la festividad correspondiente de los frutos. Durante el verano se atendían las vides. Terminaba el calendario con la actividad de la recogida de las frutas de verano, como granadas, uvas e higos.

El calendario de Gezer tiene la importancia de establecer la descripción de las actividades agrícolas y un ejemplo de cómo era la escritura hebrea y el lenguaje en tiempos de Salomón.

6. Eglón

Era una de las ciudades reales cananeas situada cerca de Laquis. La identificación es dificultosa porque hay dos "tell" que pueden ser los lugares bajo los que se encuentran los restos de la ciudad.

Generalmente, se acepta el lugar como Tell el-Hesy, situado a unos 11 km al suroeste de Tell ed-Duweir que corresponde a Laquis. Está en el extremo de un grupo de colinas que se extienden hasta la llanura costera al oeste de Hebrón. La ciudad estaba situada a la entrada de un valle que conducía al terreno montañoso. Según los resultados de las excavaciones, los primeros asentamientos en el lugar corresponden al 2600 a.C.

La excavación de Tell el-Hesy tiene la importancia de ser uno de los primeros lugares en Palestina al que se aplicó el método estratigráfico de prospección arqueológica.

Establecidas las comparaciones entre los restos cerámicos encontrados y otros de enterramientos egipcios fechables, se pone de manifiesto un asentamiento de notable importancia alrededor del 1500 a.C. Esta población debió ser la que estaba plenamente desarrollada en tiempos de la conquista de Josué.

El Tell puso de manifiesto restos de ocho asentamientos sucesivos. En la parte más baja de los estratos apareció un hacha de cobre en forma de medialuna, semejante a otra encontrada en una tumba en Jericó perteneciente a la época del *bronce primero.* Esto permite suponer un asentamiento de población el 2600 a.C.

En el periodo del *bronce medio* aparecen restos de fortificaciones entre los que figuran una muralla con cimentación muy sólida y en forma de rampa, revestida con mortero de arena o arcilla muy compacta. La ciudad fue destruida al mismo tiempo que Betel y Debir. La datación del tiempo de la destrucción de la ciudad varía según el pensamiento de los excavadores, situándolos entre 1400-1200 a.C. Las formas que presenta la destrucción de la ciudad y otras de su entorno, son una buena prueba arqueológica de una campaña planeada como la que figura en el relato bíblico referente a las acciones de Josué.

Nuevamente, las excavaciones pusieron de manifiesto la relación de todas las ciudades del sur con la correspondencia de Tell el-Amarna. En el Tell apareció una tablilla con escritura cuneiforme idéntica a las del soporte de la correspondencia de Amarna. Otro descubrimiento relativo a la escritura y alfabetización cananea aparece en los restos de un tiesto inscrito con tres caracteres semíticos semejantes a los protosinaíticos de la inscripción de Serabit el Khadem. Este descubrimiento permite conocer que existía una escritura y alfabeto propios de Canaán distintos a los de Egipto y Babilonia.

7. Debir

El relato bíblico sitúa la ciudad en algún lugar al sur de Judea, y era una antigua ciudad cananea en el territorio montañoso del sur de Judea (Jos. 10:38; 12:13). Estaba en poder de los anaceos antes de la invasión de los israelitas. Se la equipara con Quiriat-sefer, y con Quiriat-sana (Jos. 15:49). Los expertos dudan sobre la localización de la ciudad. La mayor parte se inclina por Tell bet-Mirsim a 28 km al suroeste de Hebrón[8]. Otros se inclinan por Tell Tarrame, en razón de las fuentes de aguas del lugar (Jos. 15:19)[9].

---

[8] Entre otros Albrigth.

[9] Entre otros M. Noth.

Las excavaciones de Tell bet-Mirsim pusieron al descubierto un asentamiento desde la Edad del Bronce medio (2100-1900 a.C.), que corresponde a los asentamientos de población de la época patriarcal en los días de Abraham. Como el resto de las ciudades del área sur de Judea, estuvo bajo dominación egipcia hasta la Edad del Bronce medio.

La ciudad, como las otras del entorno, fue destruida violentamente. Estaba bien asentada y protegida con una muralla de tierra estable. Las excavaciones pusieron al descubierto objetos de cerámica, metal, marfil, hueso y piedra muy elaborados y de gran valor artístico. Tuvo una gran relevancia en el tiempo de los hicsos. Esta ciudad fue destruida por el fuego en algún momento del s. XIII a.C., lo que evidencia la acción de los ejércitos israelitas conforme al relato bíblico.

La ciudad construida por los israelitas estuvo posteriormente en manos filisteas, como evidencian las piezas de cerámica propias de estos pueblos. Posiblemente, fue destruida en el tiempo de la invasión filistea junto con otras poblaciones como Silo (1Sa. 4). David reconstruyó la ciudad y la fortificó con dobles murallas. Fue destruida otra vez probablemente por la acción del faraón Sisac (918 a.C.) (1Re. 14:25-28; 1Cr. 12:9 ss.). Una nueva reconstrucción de la ciudad debió ser efectuada en tiempos de Asa (913-873 a.C.). Hay evidencias de confrontaciones posteriores, probablemente en tiempos de Senaquerib, siendo destruida por Nabucodonosor (587 a.C.) y no ha sido reconstruida desde entonces.

Conclusiones

Los descubrimientos arqueológicos son de tal dimensión que las teorías liberales sobre el origen del pueblo de Israel, en discrepancia con la enseñanza bíblica, quedan cada vez en mayor evidencia. Algunos autores se ven en la obligación de reconocer este hecho, como escribe John Bright:

"...se sabe que varios lugares del sur de Palestina, de los que se nos dice que fueron tomados por Israel, fueron destruidos a finales del s. XIII. Entre ellos están Debir, o Kiryat-sefer (Jos. 10:38 ss.) y Lakis (vv. 31 ss.). La primera (probablemente Tell Beit Mirsim, en el suroeste de Judá) fue completamente destruida por un gran incendio; la subsiguiente ocupación es típica de los primeros tiempos de Israel. La segunda (Teel ed-Duwei) fue igualmente saqueada y según parece permaneció desierta durante dos siglos. Una fuente hallada en las ruinas lleva anotaciones que datan del año cuarto de un faraón. Si ese era Menefta —lo cual ajustaría espléndidamente— Lakis debió caer poco después del 1220.

En todo caso, debe indicarse una fecha no muy alejada de este tiempo. Además de estas, también fue destruida en el s. XIII Eglón (vv. 34 ss.) —si se identifica con Tell el Hei, como parece probable— pero en este caso es imposible una mayor precisión. También se dice que Josué destruyó Jasor (11:10), ciudad importante de Galilea, localizada en Tell el-Qedah, al norte del lago de Galilea. Recientes excavaciones han mostrado que Jasor, que por entonces era una de las ciudades más grandes de Palestina, fue igualmente destruida en la última parte del s. XIII, la gran ciudad inferior que hemos mencionado antes, nunca fue reconstruida, pero en el s. XII hubo durante algún tiempo, en la cima de la colina, un asentamiento similar a los israelitas de Galilea superior por aquella misma época.

Las pruebas aducidas son, sin duda, impresionantes y ofrecen sólido apoyo a la opinión, ampliamente difundida, de que la conquista israelita fue violenta y tuvo lugar en la última parte del s. XIII. Aunque no podemos, por supuesto, demostrar que los destructores de estas ciudades fueran los israelitas (raras veces aporta la arqueología esta clase de pruebas), la hipótesis que los considera autores de estos hechos no es en modo alguno caprichosa"

Más adelante sigue:

"Todo lo anterior equivale a confesar que, en el estado actual de nuestros conocimientos, no tenemos datos seguros sobre la fecha de la fase principal de la conquista de Israel. Aun así, el siglo XIII sigue contando con numerosos indicios a su favor y es seguro que seguirán teniendo partidarios. Pero aumenta también el número de especialistas que, ya sea por razones arqueológicas o de otro tipo, argumentan que la fecha debería rebajarse al siglo XII. Es dudoso que puedan demostrar que su hipótesis es correcta. Por el momento, la cuestión debe quedar sub judice. *Pero no parecen existir muchas dudas sobre el hecho de que la fase principal tuvo lugar en la transición del bronce reciente a la edad del hierro (poco antes o, más probablemente, poco después del 1200 a.C.) Y que fue mucho más que una infiltración pacífica de pastores nómadas, ya que llevó aparejados rudos combates y una gran catástrofe política y socioeconómica".*[10]

Nuevamente la arqueología viene a refrendar los relatos bíblicos a pesar de la marcada oposición de la crítica antihistórica de estos relatos.

---

[10] John Bright. o.c., págs. 161Sa.

CAPÍTULO 11
LA POSESIÓN DE TODA LA TIERRA

Introducción

Las victorias militares de Israel y la conquista de toda la parte central y sur de Canaán llenaron de terror a los reyes del norte. Los ejércitos israelitas habían arrasado todas las grandes ciudades del centro y sur del país. Las fuerzas militares, en otros tiempos fuertes, de aquellos pueblos, eran ya un recuerdo en la historia de la humanidad. No quedaba nadie en aquella parte de Palestina que pudiera enfrentarse con un mínimo de garantía a los israelitas. Estos habían conquistado, destruido y eliminado ciudades, ejércitos y reyes. ¿Que ocurriría si decidiesen subir hacia el norte? Por otro lado, aquel pueblo no podía estar inactivo por mucho tiempo. La tierra conquistada debía ser habitada y posesionada realmente por el pueblo de Israel, pero aún faltaban por alcanzar los límites del norte del territorio prometido por Dios a los antepasados del pueblo. Debía tenerse en cuenta que el norte era un territorio más poblado y rico que el sur, y que ejércitos muy poderosos, bien entrenados para la guerra, estaban dispuestos a vender muy caras sus posesiones que les habían de ser disputadas. Todo ello suponía que en alguna ocasión el curso de la guerra de conquista debería cambiar y que el pueblo de Israel debería ser derrotado y detenido en su avance arrollador. Ya había tenido algún tropiezo en el inicio de las operaciones militares. ¿No era cierto que había tenido que salir huyendo en Hai? ¿Por qué no podía repetirse esto mismo en algún lugar del norte del país? Todos aquellos pueblos sabían de posibilidades en el campo de batalla de los hombres, pero lo que no sabían y tampoco querían admitir es que esa guerra no era como otras, de hombres contra hombres y de ejércitos contra ejércitos, era la guerra decidida y declarada de Dios contra aquellos pueblos. Era un combate desigual y perdido de antemano para los reyes y sus ejércitos. No habrá tantos milagros en las actividades de conquista de la zona norte de Canaán, pero no es menos evidente la intervención divina actuando en favor de Su pueblo. Los milagros iniciales tuvieron como propósito hacer comprender a los israelitas el poder de Dios y su firme decisión de darles la tierra y también de manifestar a los pueblos de la tierra que verdaderamente Él es el único Dios. Demostrada en gran parte esa verdad y alentado el pueblo con las intervenciones divinas en los primeros tiempos de la conquista, no hacía falta más que la conducción e intervención silenciosa de Dios, quien favoreciendo a los suyos sobre sus enemigos, los llevará de triunfo en triunfo hasta darles la posesión de toda la tierra prometida.

El pasaje tiene una sencilla división que se establece por el mismo texto. Primeramente, se presenta el panorama de la coalición de los reyes del norte de Canaán (vv. 1-5). Después, y mediante la formulación de la promesa tantas veces repetida de victoria sobre los enemigos (v. 6), se pasa al relato de la derrota de todos aquellos reyes y sus ejércitos (vv. 7-9). Descrita la derrota de los reyes, el relator bíblico se ocupa de las acciones militares de ocupación de las ciudades y exterminio de sus pobladores (vv. 10-15). Sigue luego un breve resumen de la conquista del norte de Canaán (vv. 16-20). Junto con los pobladores de la tierra estaban los anaceos, descendientes de Anac, pueblos que tenían hombres de gran envergadura física, verdaderos gigantes; estos pueblos fueron también eliminados por Israel en la conquista del norte del territorio (vv. 21-22). El pasaje concluye con un breve texto que expresa la conquista total de la tierra y el cese de sus actividades militares (v. 23).

Para el comentario del pasaje se sigue la división establecida en el *Bosquejo* dado en la *introducción*, como sigue:

3. La conquista del norte de Canaán (11:1-23).
    3.1. La coalición de los reyes del norte (11:1-5).
    3.2. La derrota de los reyes (11:6-9).
    3.3. La conquista de las ciudades del norte (11:10-15).
    3.4. Resumen de la conquista (11:16-20).
    3.5. Destrucción de los anaceos (11:21-22).
    3.6. Conclusión de la conquista del norte (11:23).

La conquista del norte de Canaán (11:1-23)

La coalición de los reyes del norte (11:1-5)

1. Cuando oyó esto Jabín rey de Hazor, envió mensaje a Jobab rey de Madón, al rey de Simrón al rey de Acsaf,

2. y a los reyes que estaban en la región del norte de las montañas, y en el Arabá al sur de Cineret, en los llanos, y en las regiones de Dor al occidente;

3. y al cananeo que estaba al oriente y al occidente, al amorreo, al heteo, al ferezeo, al jebuseo en las montañas, y al heveo al pie del Hermón en tierra de Mizpa.

Mientras que el relato de la conquista de la parte sur de la tierra ocupa los capítulos 9 y 10, la referencia a la conquista del norte de la tierra queda abreviado en los quince primeros versículos del capítulo 11.

El relato se inicia con la acción de Jabín el rey de Hazor para formar una nueva coalición de reyes y sus ejércitos contra Israel. La primera acción del enemigo fue de desaliento, que permitió la conquista de Jericó y Hai; el segundo paso fue una alianza de ejércitos para impedir el avance hacia el sur; la tercera acción de los enemigos de Israel tiene que ver, no solo con impedir el avance hacia el norte, sino con enfrentarse directamente a ellos y reconquistar la parte sur de la tierra. No estuvo, por tanto, mucho tiempo inactivo el ejército de Israel. Las noticias de las conquistas del sur, junto con la destrucción de sus ejércitos, fueron el detonante que motivó la actuación de Jabín para coaligar las fuerzas militares más importantes del norte contra Israel. Esta es ya una guerra total en la que todas las fuerzas disponibles se emplearían en lo que serían los combates decisivos que establecerían el pueblo de Israel en la tierra de Canaán tomando posesión de ella.

El rey de Jabín es el autarca de la ciudad de Hazor. El nombre *"Jabín"* significa "él es sabio", y ese "él" podría referirse tanto al hombre como a Dios, lo que podría significar *Dios es sabio* o el rey es sabio. Según la opinión de algunos eruditos, ese nombre parece ser el título hereditario de los reyes de esa área geográfica de Palestina; de igual modo que *faraón* lo era para los egipcios, y *cesar* para los romanos. No se puede ir más allá de estas conjeturas, sobre todo apoyados en la Escritura, que guarda silencio sobre esto. De igual modo que se supone un título hereditario o genérico el del rey, así también opinan otros sobre el nombre de la ciudad, que parece ser un término genérico para referirse a un lugar fortificado. La situación de la ciudad está identificada plenamente con la actual *Tell el-Quedah* o *Tell Waqqâs*. Era el centro cananeo más poderoso en la alta Galilea[1]. Anterior a la conquista, era ya un lugar de gran importancia históricamente hablando, la *Hdwr*[2] de los egipcios, y la *Hasûra*[3] de la correspondencia de Amarna. La ciudadela era muy importante durante todo el periodo desde la época del *Bronce I* hasta la del *Hierro.* Estaba situada al suroeste del lago Huleh, en una de las zonas más hermosas de Palestina, llena de abundantes praderas y plantaciones, con una notable mancha de árboles de distintos tipos. En este vergel se encontraba Hazor, la importante capital del reino de Jabín[4].

Del mismo modo que Adonisedec, el rey de Jerusalén, había formado una coalición militar contra Israel, así también Jabín concretó

---

[1] Ver *Excursus XII* al final del capítulo.
[2] J. Simons, *Egiptians Topographical Lists.* Leiden, 1937.
[3] J. A. Knudtzon, *Die el-Amarna Tafeln.* Leipzig, 1915.
[4] William J. Deane. o.c., pág. 141.

una semejante con los reyes del norte. Los representantes diplomáticos del rey de Hazor se desplazaron con un mensaje personal del rey para los otros reyes cercanos. El primero de los cuales se cita con el nombre de Jobab, cuya ciudad capital era Madón. Se identifica el lugar de esta población con el actual *Hirbet Madîn*. Estaba situada al oeste del mar de Tiberiades. Junto a ella estaban dos pequeñas elevaciones conocidas como *Cuernos de Hattin*. La tradición sitúa en esa zona el lugar desde donde fue pronunciado el Sermón del Monte. También fue allí donde en el año 1187, después de una dura batalla, el sultán Saladino derrotó a los cristianos asegurando el reino de Jerusalén bajo dominio mahometano.

Otro mensaje para formar la coalición fue enviado al reino de Simrón, situado a unos 12 km al oeste de Nazaret. Era conocido ya en tiempo de la dominación egipcia con el nombre de *Sman*, citándose también como *Samhuna* en las cartas de Amarna, siendo conocida en la época helenística como *Simonias*. En la actualidad, se identifica como *Tell Semûniyeh*. Estaba situada sobre un cerro en el límite septentrional de la llanura de Esdraelón.

Otro de los mensajeros fue despachado hacia el rey de Acsaf. La ciudad aparecerá también en la correspondencia de Amarna. Se han formulado varias propuestas para su identificación, situándola en lugares muy distantes, de modo que alguna de las localizaciones propuestas se encuentra a solo 10 km de la localidad de Akko, mientras que para otros se encuentra localizada a 60 km del mismo lugar. Es muy probable que fuera la actual *Tell Keisän*, situada a 8 km al sur de Akko.

Mensajes semejantes llegaron a distintos reyes de la zona (v. 2), cuyos nombres no se citan, tal vez por ser de menor importancia que los mencionados en el primer versículo del capítulo. Jabín tenía el propósito de reunir los ejércitos de todo el territorio de Galilea. Fueron invitados todos los de las *montañas* al norte del país; los que estaban en las tierra llanas del *Arabá*, por el valle del Jordán, al sur del *Cineret* o *Kinarot*, la actual *Tell el Oreimeh*, en la orilla noroeste del mar de Galilea. También se invitó a los moradores del oeste, los de la *Sepela*, las tierras bajas, al pie de las montañas del mar de Galilea, al norte del Carmelo y hasta el Mediterráneo. Finalmente, la invitación para formar parte de la coalición llegó a las regiones de *Dor*, al oeste, que significa *alturas*, en razón de la cadena de colinas que se extiende al sur del Carmelo y a lo largo del Mediterráneo situada entre Haifa y Cesarea.

El texto cita luego al *cananeo* (v. 3), que estaba al oriente y al occidente, así como a los *heteos,* los moradores de las montañas, *ferezeos* y *jebuseos,* junto con los *heveos* que residían al pie del Hermón, en la tierra de Mizpa, de dudosa identificación, en la zona de las fuentes del río Jordán.

4. Estos salieron, y con ellos todos sus ejércitos, mucha gente, como la arena que está a la orilla del mar en multitud, con muchísimos caballos y carros de guerra.

La coalición ser formó rápidamente, aprestándose a dar la batalla a Israel. Junto con los pueblos nativos de la zona había algunos restos de los pueblos derrotados en el sur: cananeos, amorreos, heteos, etc. El número de las fuerzas era muy superior a la coalición formada en el sur. Se dice en el texto que era *"mucha gente, como la arena que está a la orilla del mar"*. Esta coalición tenía un arma que no se mencionaba en la del sur: *"muchísimos caballos"*, algunos de los cuales arrastraban *"carros de guerra"*.

5. Todos estos reyes se unieron, y vinieron y acamparon unidos junto a las aguas de Merom, para pelear contra Israel.

El contingente de ejércitos aliados se situó *"junto a las aguas de Merom"*, lugar no identificado, pero que probablemente sea el que ocupa la actual *Meirôn*, al noroeste de Tiberiades, junto a una zona montañosa que es muy indicada para una guerra de ataque y repliegues.

El propósito de estos reyes queda claro: *"pelear contra Israel"*. Los carros de guerra que se mencionan aquí por primera vez en acciones bíblicas eran realmente temibles en aquellos días. Generalmente, eran carros ligeros tirados por un grupo de dos a cuatro caballos. Estos carros estaban dotados de gran movilidad con un blindaje que los hacía prácticamente invulnerables a las armas arrojadizas de entonces. Podían moverse fácilmente por cualquier tipo de terreno. Los cananeos se estaban dando cuenta de que solo con un ejército conjuntado podrían derrotar a Israel. Habían perdido la gran oportunidad cuando la coalición del sur atacó Gabaón. En aquella ocasión habrían podido —humanamente hablando, y sin tener en cuenta la ayuda de Dios a Israel— producir un descalabro en los ejércitos de Josué, atacándolos conjuntamente por el norte y el sur. Pero todos estos pueblos estuvieron siempre muy divididos entre sí, luchando entre ellos por cuestiones de intereses localistas, y nunca fueron demasiado dados a alianzas generales. Posiblemente, ni se habían unido antes a la coalición del sur por carecer de un líder político-militar que los agrupase a todos. Cuando se dieron cuenta de la situación a la que habían llegado, era ya realmente tarde. Los israelitas dominaban todo el centro y sur de Canaán y no tenían que temer ninguna acción por su retaguardia al haber destruido todos los pueblos y sus ejércitos de aquella zona. La acción militar combinada de estos pueblos del norte era la última definitiva y desesperada acción ante una situación insostenible y peligrosa. Era el último intento para frenar al ejército de Israel.

El combinado militar de todos estos ejércitos podía dar lugar al orgullo lógico de los reyes que los mandaban, y en especial a Jabín, el promotor de la acción. Las civilizaciones del norte eran más avanzadas que las del sur y su capacidad militar muy superior. Contaban con fortificaciones excelentes. Los carros de guerra y la numerosa caballería inspiraban un profundo temor a los pueblos que pensaban en alguna acción contra ellos. Los israelitas tenían sus tropas solo de infantería, por tanto, nunca habían empleado la caballería en sus combates y desconocían en la práctica las técnicas guerreras contra ella. Los ejércitos del sur eran generalmente semejantes en estilo al de Israel. Habitantes de lugares montañosos y de ciudades amuralladas acostumbraban a pelear cuerpo a cuerpo, como era natural. En estos momentos, sobre la llanura se extendía un enorme ejército con caballos y carros de guerra. Los israelitas iban a tener que enfrentarse a métodos de guerra totalmente desconocidos para ellos. Los carros, ocupados por dos personas, una que guiaba los caballos y otra que hacía uso de las armas, eran realmente medios de guerra de excepcional potencia para aquellos días. Afrontar un combate con estos medios disponiendo tan solo de fuerzas de infantería, requería dos cosas: primero un enorme valor, y en segundo lugar una gran experiencia. Era muy difícil que los carros retrocedieran ante la firmeza de la infantería que saliera a detenerlos. Solo en ocasiones fuerzas muy entrenadas conseguían frenar el ímpetu de la caballería. ¿Tenía acaso Israel esas tropas entrenadas y bien equipadas? ¿Podía contar Josué con el arrojo y la firmeza suficientes de los suyos para un combate de esa naturaleza?

La guerra en Palestina no era, como se ha dicho antes, una guerra de invasión y conquista. Es la guerra de Dios contra los poderes diabólicos que intentan evitar el cumplimiento de Su propósito y oponerse a las bendiciones que Él determinó para su pueblo. Satanás trataba de impedir, en un esfuerzo final, la conquista de la tierra. Pretendía ahogar al pueblo de Dios por medio del número de los enemigos que le enfrenta. La unidad de propósito era clara: *"luchar contra Israel"*. Esta es también la situación de permanente oposición satánica contra la iglesia de Jesucristo, desde los primeros días de su existencia. Así ocurría en tiempos apostólicos: *"ellos entonces les amenazaron y les soltaron, no hallando ningún modo de castigarles, por causa del pueblo; porque todos glorificaban a Dios por lo que se había hecho"* (Hch. 4:21). No importaba que fuese un intento contra algunos de los apóstoles o contra uno solo de ellos, como había ocurrido con Pablo: *"Entonces vinieron unos judíos de Antioquía y de Iconio, que persuadieron a la multitud, y habiendo apedreado a Pablo, le arrastraron fuera de la ciudad, pensando que estaba muerto"* (Hch. 14:19). Otra multitud se levantó contra él y su compañero Silas: *"Y se agolpó el pueblo contra ellos; y los magistrados, rasgándoles las ropas, ordenaron azotarles con varas"* (Hch. 16:22). A lo largo de la historia, Satanás opuso sus fuerzas contra la iglesia procurando su destrucción. Este propósito, frustrado permanentemente por el poder de Dios, sigue en el proyecto de Satanás. Llegarán, por fin, las últimas acciones contra el pueblo de Dios cuando la iglesia haya sido arrebatada, volviendo a presentar batalla conjunta contra Israel (Ap. 12:14-17). A estas acciones generales sucederá la penúltima tentativa satánica contra Dios mismo: *"Y vi a la bestia, a los reyes de la tierra y a sus ejércitos, reunidos para pelear contra el que montaba el caballo, y contra su ejército"* (Ap. 19:19). Por último, la postrera acción de las huestes del infierno tendrá lugar en la tierra y significará la derrota definitiva y la victoria final de Dios (Ap. 20:7-10).

La derrota de los reyes (11:6-9)

6. Mas Jehová dijo a Josué: No tengas temor de ellos, porque mañana a esta hora yo entregaré a todos ellos muertos delante de Israel; desjarretarás sus caballos, y sus carros quemarás a fuego.

Palabras de aliento para alguien que, como Josué, iba a enfrentarse con un ejército superior a sus posibilidades y a modos de combate que nunca antes había conocido. Josefo estableció el número de las fuerzas de la coalición de reinos del norte en trescientos mil hombres de infantería, diez mil de caballería y veinte mil carros, si bien no indica en sus escritos de donde tomó esos datos. Algunos piensan que los informes de esta concentración de tropas llegaron a Josué cuando ya había salido de Gilgal para enfrentarse a ellas y que el desaliento cundió entre sus fuerzas ante el número tan elevado de sus enemigos. Pero la conocida promesa dada por Dios, reiterada en tantas ocasiones anteriores desde el principio de la conquista de Canaán y aun desde antes del cruce del Jordán (1:5-9), se había cumplido con fidelidad probada. No podía, por tanto, dejar de cumplirse una vez más en esa ocasión y circunstancia. Inmediatamente se repite casi al pie de la letra otra promesa de Dios: *"yo entregaré a todos ellos"* (ªänökî *nötën kulläm*) *"muertos delante de Israel"*. Literalmente, Dios aseguraba que entregaría a todos aquellos ejércitos, numerosos y fuertes, *"como víctimas para la muerte delante de Israel"*. El énfasis está en una derrota total de los enemigos. Todavía más, si Josué necesitaba ser animado, si el ánimo de aquel hombre necesitaba el aliento de la promesa divina reiterada otra vez más, recibe allí una mayor provisión de gracia de parte del Señor, al fijarle la hora en que entregaría a todo aquel ingente número de ejércitos enemigos en las manos del ejército de Israel: *"mañana a esta hora"*. Es como si el Señor dijera a Josué: *"¿Qué hora es, Josué?"* y este le respondiera: *"es esta hora, Señor"*, para recibir seguidamente la promesa divina: *"A esta misma hora no existirá ya este ejército frente a ti, como un poderoso enemigo, sino como derrotados que habrás de eliminar, porque yo los entregaré en tus manos en ese plazo"*.

Junto a la promesa, las instrucciones de comportamiento para Israel en aquella ocasión. Los enemigos habían de ser muertos, los caballos desjarretados y los carros debían ser quemados a fuego. Es importante esta determinación del Señor para que su pueblo aprendiera a no confiar en carros ni en caballos. Dejarlos abandonados en la llanura donde había tenido lugar el combate sería acaso dar provisión a algunos de los que pudieran haber huido con vida para utilizar el armamento contra Israel. Los caballos debían quedar inutilizados como animales de tiro y carga. *Desjarretar* un animal significa, literalmente, cortar la parte baja de la pierna, con lo que queda cojo, pero con vida. Los carros debían ser quemados para que no sirvieran jamás ni a los enemigos ni a Israel. Las instrucciones son de Dios mismo, quien como *"Príncipe del ejército de Israel"* las comunica a su servidor Josué; y este se aprestaría a cumplir fielmente todo cuanto Dios le había indicado.

7. Y Josué, y toda la gente de guerra con él, vino de repente contra ellos junto a las aguas de Merom.

Josué no esperó a que los ejércitos enemigos tomaran la iniciativa. Lo más probable es que los enemigos pensaran atacar a los israelitas cuando estos aparecieran en la llanura procedentes del sur. Es muy probable que los cananeos no pensaran en atacar ellos a los israelitas, sino más bien esperarlos en la llanura donde estaban sus ejércitos, ya que los carros no maniobran fácilmente en terreno montañoso, pero son excelentes en la llanura. Lo que es evidente es que ninguno de aquellos estaba preparado para contrarrestar la acción militar planeada por Josué. Josué usó una estrategia semejante a la que utilizó en Gabaón. La distancia entre Gilgal y Merom puede estimarse en unos 115 km aproximadamente. Según Josefo, emplearon cinco días en alcanzar el objetivo militar donde estaban concentrados los ejércitos del norte. Era el tiempo mínimo para mover el numeroso ejército de Israel. Posiblemente, Josué recibió en el área de Genezaret informe de la situación y dimensión de los ejércitos concentrados en la llanura por medio de espías que habría enviado, como era costumbre entonces, aunque la Biblia no informa sobre esto. Los ejércitos coaligados esperaban a los ejércitos de Israel desde el sur, por tanto, al no tener noticias de ellos y no ser divisados en aquella dirección, estarían en una espera distendida. Repentinamente y cuando menos lo esperaban, considerando aún lejos a las fuerzas de Josué, el ejército de Israel bajó por uno de los pasos de la montaña y cayó como un torrente sobre el enemigo. Antes de que pudieran reaccionar, tomar posiciones defensivas ordenadamente, disponer la estrategia de la batalla, tomar los carros de guerra y hacerlos maniobrar, Josué y sus fuerzas estaban entre ellos acabando con la resistencia y matando a un número enorme de enemigos.

8. Y los entregó Jehová en manos de Israel, y los hirieron y los siguieron hasta Sidón la grande y hasta Misrefotmaim, y hasta el llano de Mizpa al oriente, hiriéndolos hasta que no les dejaron ninguno.

El desorden que debió haberse producido entre los ejércitos unidos debió ser considerable. Las fuerzas de Israel eran una máquina de guerra precisa y rapidísima. Alentados por la promesa de Dios, entraron en combate sabiendo que también para ellos aquella era la última oportunidad. El afán de supervivencia y, sobre todo, la fe en la promesa de Dios, dieron valor y entereza a un ejército mucho menor y menos equipado.

El secreto de la victoria no estaba en la estrategia de Josué, ni siquiera en el valor de sus fuerzas de guerra, sino en la acción de Dios: *"Jehová los entregó en manos de Israel"*. Josué y sus hombres de guerra solo tenían que ser ejecutores de las instrucciones de Dios: *"y los hirieron y los siguieron"*. Habían sido puestos en sus manos y tenían un mandato preciso que cumplir, por lo que con toda decisión acometieron la labor que se les había encomendado, que no era otra que destruir a sus enemigos. Estos, sorprendidos sobre su campamento, solo pudieron retirarse y escapar por sus vidas. Dos vías de escape principales fueron utilizadas, al menos por la mayor parte de los huidos. Una se dirigía hacia *Sidón la grande* (heb. *Sîdôn Rabbä*), hoy *Saida*, una de las célebres capitales fenicias sobre el Mediterráneo (Gn. 10:15; Jos. 19:28). Por tanto, al norte del lugar de la batalla. Llegarían allá recorriendo cerca de 60 km pasando por las montañas y desplazándose a lo largo de la llanura hasta la costa marítima. Otros siguieron la ruta del oeste hasta alcanzar Misrefotmaim, lugar cuyo nombre significa *"combustiones de aguas"*. Quizá había allí manantiales termales, pudiendo identificarse con la moderna *hirbet- el Museirefeh*, al sur de *Ras en-Näqürah*, entre Tiro y Akko. Otra banda de derrotados se dirigió hacia el este hasta el llano de Mizpa, o *valle de Mispeh*, al este y nordeste del Hermón.

La destrucción de aquellos ejércitos fue total: *"no les dejaron ninguno"*. Ninguno de los grupos de ejército se salvó de la derrota, los de a pié corrieron la misma suerte que la caballería. Solo grupos de fugitivos corrían a la desesperada por los caminos que los llevaban, según ellos, a lugares seguros donde podrían refugiarse como supervivientes del descalabro bélico. Los que fueron alcanzados por los israelitas fueron muertos sin misericordia conforme a lo establecido por el Señor para las naciones de Palestina.

9. Y Josué hizo con ellos como Jehová le había mandado: desjarretó sus caballos, y sus carros quemó a fuego.

El Cumplimiento fiel de las instrucciones dadas por Dios alcanzaba también a los carros y a los caballos. Josué había hecho con los hombres *"como Jehová le había mandado"*, pero tenía también que hacer lo mismo con los pertrechos de guerra que habían quedado abandonados en la llanura. Sin duda, humanamente hablando, fue también una prueba de fe para ellos. Allí había abundante material de guerra para equipar al ejército de Israel y hacer de él una unidad de combate que no hubiera otra semejante en toda aquella tierra. Pero lo que aquellos necesitaban era la bendición de Dios, solo posible por medio de una obediencia incondicional a Su palabra y acatamiento de Su voluntad. Los caballos fueron *desjarretados*, de modo que nunca más habían de tirar de carros de guerra, ni ser usados para tal fin. Los carros de combate fueron quemados a fuego, haciéndolos inservibles, tanto para Israel como para cualquier otro pueblo de la tierra. Todo ello *"como Jehová había mandado"*. Dios quería evitar con ello que Su pueblo tomase para sí los equipos de guerra y organizase un ejército que pusiera su confianza en sus pertrechos y no en el Señor. Siglos más tarde, el lamento del profeta en nombre del Señor sobre Su pueblo, tenía que ver con esa confianza equivocada: *"¡Ay de los que descienden a Egipto por ayuda, y confían en caballos; y su esperanza ponen en carros, porque son muchos, y en jinetes, porque son valientes; y no miran al Santo de Israel, ni buscan a Jehová!"* (Is. 31:1).

La dependencia de Dios es la única fuerza eficaz para el creyente. Cuanto no vaya en esa dirección será fracaso. La batalla es del Señor, por tanto, será Él quien provea de fuerzas y de los recursos para sostenerla. Es en el Señor y en el poder de su fuerza en quién ha de confiarse. Los recursos de los hombres son limitados, no así los de Dios. Él es omnipotente, por tanto, cuanto el creyente necesita en el combate espiritual al que se está enfrentando ha de provenir de Dios. Los enemigos del cristiano son tantos e innumerables como parecían los ejércitos de la coalición de Jabín a los ojos de Israel, pero frente a estos poderosos enemigos está Aquél que tiene todo poder en el cielo y en la tierra, en cuyo nombre sus enemigos doblarán las rodillas derrotados (Fil. 2:9-11). En razón de esa autoridad, el creyente puede enfrentarse en la batalla seguro del éxito final. La bendición está en confiar solamente en Dios, sintiendo la flaqueza personal, para que toda la gloria sea para Aquél que es poderoso para guardar sin caída al creyente (Jud. 24-25).

La conquista de las ciudades del norte (11:10-15).

10. Y volviendo Josué, tomó en el mismo tiempo a Hazor, y mató a espada a su rey; pues Hazor había sido antes cabeza de todos estos reinos.

11. Y mataron a espada todo cuanto en ella tenía vida, destruyéndolo por completo, sin quedar nada que respirase; y a Hazor pusieron fuego.

Jabín había levantado la coalición contra Israel, por tanto, era el primero de los reyes que fue muerto. No pensaba que sería posible derrotar un ejército tan numeroso, ni arrasar a un conjunto militar tan potente. Allí, sobre los campos, cientos de cadáveres de lo mejor de sus hombres de guerra mostraban la omnipotencia del Dios de Israel. No quedó otro recurso para el líder de la coalición que refugiarse en su ciudad. Allí, al amparo de sus gruesos muros, se sentía reconfortado. Había perdido la guerra, pero confiaba en no perder su vida. Los israelitas estaban muy ocupados en los despojos de la batalla, en desjarretar a los caballos y en quemar los carros como para ocuparse de él. Esperaría el momento oportuno para huir hasta que todo quedase apaciguado y la acción preparada contra Israel fuese olvidada, para rehacer su reino y su propia vida de alguna manera. Pero Josué iba a asestar el primer golpe sobre Hazor y su rey. No esperó al otro día, en el mismo del combate fue capturada también la ciudad. Josué la quemó totalmente, como capital del reino que había organizado la coalición de reinos contra Israel y, por tanto, la primera sobre la que debía manifestarse el castigo establecido por Dios mismo contra aquellas naciones y sus gentes. El rey fue muerto a espada. El exterminio de la vida de todo cuanto había en la ciudad está claramente integrado dentro del *anatema* (heb. *herem*) total establecido por Dios para Canaán y siguiendo el trato aplicado a todas las ciudades del sur (10:28, 30, 32, 35, 37, 39), *"destruyéndolo por completo, sin quedar nada que respirase"*.

12. Asimismo tomó Josué todas las ciudades de aquellos reyes, y a todos los reyes de ellas, y los hirió a filo de espada, y los destruyó, como Moisés siervo de Jehová le había mandado.

Los demás reyes y sus ciudades que se habían empeñado en la guerra fueron cayendo uno a uno en manos de Josué. Todos ellos experimentaron el mismo comportamiento que habían dado a Hazor y a su rey. La aplicación del exterminio de todos ellos era mandato dado al pueblo de Israel por medio de Moisés, y recogido en sus escritos (Nm. 33:50-52; Dt. 7:2; 20:16, 17). Es interesante notar que Dios no había dado instrucciones a Josué sobre las ciudades, sino sobre lo que debía hacer con los ejércitos coaligados. Pero Josué no ignoraba lo que tenía que hacer. Dios había hablado por medio de Moisés y sus mandamientos estaban claramente recogidos en la Ley. Josué, como buen conocedor de ella, tenía suficiente instrucción sobre las acciones contra las ciudades conquistadas y el pueblo que las habitaba. La Palabra era atendida y obedecida puntualmente. La obediencia corona victoriosamente toda esta etapa de la vida de Israel en la conquista de la tierra.

13. Pero a todas las ciudades que estaban sobre colinas, no las quemó Israel; únicamente a Hazor quemó Josué.

No todas las ciudades del norte de Canaán fueron destruidas y quemadas por Josué. Las que estaban edificadas sobre alturas, salvo Hazor, no fueron quemadas. Surge la pregunta sobre el por qué de esta actuación, especulándose bastante sobre ella. Algunos opinan que tal vez esas ciudades no habían tomado parte directa en la guerra. Otros aportan otras razones. Pero, ¿hay alguna base bíblica que pueda ser tomada y que de algún modo responda a la pregunta? La lectura del Deuteronomio podría ser esta base. En uno de sus pasajes, cuando Moisés exhorta al pueblo a que no se olvide de Dios después de poseer la tierra, les dice: *"Cuando Jehová tu Dios te haya introducido en la tierra que juró a tus padres Abraham, Isaac y Jacob que te daría, en ciudades grandes y buenas que tú no edificaste, y casas llenas de todo bien, que tú no llenaste, y cisternas cavadas que tú no cavaste, viñas y olivares que no plantaste, y luego que comas y te sacies, cuídate de no olvidarte de Jehová, que te sacó de la tierra de Egipto, de casa de servidumbre"* (Dt. 6:10-12). Claramente, se habla de habitar ciudades y edificios bien construidos y comer de plantaciones que no habían sido trabajadas por ellos. Sin duda, en el propósito de Dios estaba dejar algunas poblaciones sin ser totalmente destruidas. Es posible que se le revelase a Josué que el *anatema* era solo sobre las personas y las vidas, pero no sobre las ciudades edificadas y sus contenidos, como había sido el caso de Hai. Cuando Israel se posesionaba de ellas, quedaba cumplida la palabra de Dios dada a través del escrito de Moisés. Los lugares desiertos y las ciudades destruidas serían lugares idóneos para cobijo de alimañas y fieras salvajes que abundaban en Canaán. Dios mismo había dicho que no echaría a las naciones totalmente por esa misma causa (Dt. 7:22).

14. Y los hijos de Israel tomaron para sí todo el botín y las bestias de aquellas ciudades; mas a todos los hombres hirieron a filo de espada hasta destruirlos, sin dejar alguno con vida.

El regreso del ejército victorioso trayendo consigo el botín de la batalla es el cuadro final del relato de la conquista de la parte norte de Canaán. No debe suponer la expresión del versículo que la conquista de todos los lugares mencionados en el pasaje fuese completa en aquel tiempo. No todos los pobladores de aquellas ciudades fueron exterminados. Algunos escaparon en el combate y otros huyeron de las ciudades. Tampoco se pretendía exterminar absolutamente a toda la población, lo que hubiera resultado un grave inconveniente. Sin pobladores, muchas tierras cultivables hubieran quedado desiertas y se hubieran deteriorado pronto. Lo que sí está claro es que toda oposición había sido vencida y los ejércitos bien equipados de todo Canaán ya no existían. La posesión de la tierra era tan solo cuestión de tiempo mientras las tribus se asentaban en ella. Los israelitas podían atravesar sin oposición de enemigos todo el país de norte a sur. Los enemigos solo deseaban que los dejaran vivir en los lugares a donde habían huido, contemplando cómo los invasores se repartían entre sí la tierra que antes habían ocupado.

15. De la manera que Jehová lo había mandado a Moisés su siervo, así Moisés lo mandó a Josué; y así Josué lo hizo, sin quitar palabra de todo lo que Jehová había mandado a Moisés.

La conquista del norte de Canaán concluye con un marcado énfasis en la obediencia completa de Josué en el cumplimiento de los mandatos de Dios. Tres veces se hace alusión a la obediencia (vv. 9, 12, 15), y en las tres se resalta no una obediencia parcial, sino total. Josué no cumplió solo una gran parte de los mandamientos dados por Dios, el cumplimiento obediente fue completo y preciso: *"De la manera que Jehová lo había mandado a Moisés su siervo... así Josué lo hizo, sin quitar palabra de todo lo que Jehová habían mandado"*. No podía esperarse un final distinto para el relato sumergido en la obediencia. La bendición para el obediente es clara y este es uno de los ejemplos bíblicos que lo confirman. Todo un territorio conquistado, despojado de enemigos y en disposición de ser ocupado y repartido definitivamente por aquellos a quienes Dios había traído con ese propósito desde Egipto. El cumplimiento de la promesa dada a Abraham y a su descendencia era una admirable realidad.

De alguna manera el Espíritu Santo quiso dar un énfasis notable a la obediencia y sus consecuencias a lo largo de este libro y, por el contrario, las consecuencias que la desobediencia acarrea. La Palabra de Dios es la guía infalible al pueblo victorioso. Es muy notable observar que la obediencia bendecida es la obediencia plena e incondicional, aquella que no quita nada a lo establecido por Dios (v. 15). Tal vez, no se entiendan las razones y el alcance de todo lo que deba ser obedecido, pero debe ser suficiente con saber que es Palabra de Dios. La obediencia y la victoria van unidas íntimamente a lo largo de la Escritura. La enseñanza de Juan es muy precisa: *"Os he escrito a vosotros, jóvenes, porque sois fuertes, y la palabra de Dios permanece en vosotros, y habéis vencido al maligno"* (1Jn. 2:14). Vencen al maligno porque son fuertes, pero son fuertes porque la Palabra de Dios actúa continuamente en ellos: *"permanece en vosotros"*. Esa palabra fue implantada en ellos y permanece en su corazón gobernando plenamente su existencia. La vida cristiana no es solo disfrutar del perdón de los pecados y de la comunión con Dios, sino mantenerse firmes frente al enemigo. El perdón de los pecados debe ir seguido de una liberación del poder del pecado: *"Sabiendo esto, que nuestro viejo hombre fue crucificado juntamente con Él, para que el cuerpo del pecado sea destruido a fin de que no sirvamos mas al pecado"* (Ro. 6:6). El creyente debe preguntarse si su nuevo nacimiento se manifiesta por medio de una vida de santificación real. La victoria de esa vida está en la obediencia a la Palabra de Dios, que es poderosa para salvar —en el sentido de santificar— la conducta o la manera de vivir (Stg. 1:21).

Para una verdadera obediencia, la Palabra debe ser recibida con mansedumbre, esto es, con una disposición plena a aceptarla sin reservas. No consiste en *conocer* la Palabra, sino en *obedecer* la Palabra. Conocimiento intelectual no es sinónimo de espiritualidad obediente. Lo que distingue a un creyente espiritual de un creyente carnal es la obediencia y respeto por la Palabra. Claramente lo enseña Santiago: *"Pero sed hacedores de la Palabra, y no tan solamente oidores, engañándoos a vosotros mismos. Porque si alguno es oidor de la Palabra pero no hacedor de ella, este es semejante al hombre que considera en un espejo su rostro natural. Porque él se considera a sí mismo, y se va, y luego olvida cómo era. Mas el que mira atentamente en la perfecta ley, la de la libertad, y persevera en ella, no siendo oidor olvidadizo, sino hacer de la obra, este será bienaventurado en lo que hace"* (Stg. 1:22-25). El creyente debe perseverar en la obediencia a la Palabra. Los fracasos de muchas vidas cristianas e incluso de iglesias, consisten en una abierta desobediencia a la Biblia. Satanás es derrotado por el ejercicio correcto de la Palabra. En las tentaciones y pruebas, el arma eficaz es la Escritura (Ef. 6:17). No debe olvidar el cristiano el ejemplo supremo de Cristo, quien derrotó a Satanás en el plano de la tentación, mediante el uso directo de la Escritura. Sin embargo, la Biblia usada a modo de amuleto, es inoperante en el terreno de la victoria. No es tanto que se puedan recitar largos pasajes de memoria y tener siempre a mano el texto oportuno para cada circunstancia, sino la obediencia y sumisión a ella. Es decir, que la Biblia controle la vida diaria del cristiano. Es mejor conocer menos y obedecer más. La vida victoriosa es el resultado de *guardar* lo establecido por Dios en su Palabra. Así lo establece la enseñanza del salmista: *"¿Con qué limpiará el joven su camino? Con guardar tu Palabra"* (Sal. 119:9). Con todo, no debe olvidarse la necesidad que los jóvenes tienen de ser enseñados en el hogar, sobre todo con el ejemplo de sus padres, en cuanto a sujeción y respeto por la Biblia (2Ti. 1:5; 3:14-15). No debe pedirse a un joven lo que no están dispuestos a cumplir sus mayores. La fe verdadera de un creyente procede, en muchas ocasiones, del ejemplo vivido en su hogar por quienes tienen una fe genuina. La victoria está, pues, en la obediencia: *"En mi corazón he guardado tus dichos, para no pecar contra Ti"* (Sal. 119:11). Si la Biblia controla el corazón, controla la vida. La regla de conducta cristiana no puede ser otra que la Palabra: *"Escogí el camino de la verdad; he puesto tus juicios delante de mí. Me he apegado a tus testimonios; oh Jehová, no me avergüences. Por el camino de tus mandamientos correré, cuando ensanches mi corazón"* (Sal. 119:30-32). La lectura y meditación diaria de la Biblia son el secreto para una vida cristiana plena. Debe recordarse también que la respuesta a las oraciones está basada en la obediencia a la Palabra de Dios (Jn. 18:23-24; 15:7).

Un segundo aspecto destacable —segunda condición para la victoria— es la fe en Dios. Cuando Dios hace una promesa, el creyente debe descansar plenamente en ella porque Dios es fiel. Esas promesas excluyen toda confianza en los hombres y sus planes. Cuando Dios dice: *"Yo entregaré"*, déjese cualquier otro camino, que solo él lo hará. La gloria del triunfo ha de ser para Dios, por tanto, será Él quien ha de conducir todo hacia la victoria. Cuando Israel confió en sus fuerzas (7.3-4) fue derrotado. Esta norma de vida no ha variado. El secreto para una vida cristiana victoriosa es la fe: *"... y esta es la victoria que vence al mundo, nuestra fe"* (1Jn. 5:4). El pasaje ha de servir para enseñar donde está el poder de los hombres. Toda aquella multitud, con *"muchísimos caballos y carros de guerra"* (v. 4), quedó convertida en caballos desjarretados, carros quemados y una multitud de hombres de guerra muertos (vv. 6b, 9). Esa es la puerta de la victoria, la de la dependencia total del poder de Dios. Así se traslada a la experiencia de la iglesia: *"He aquí, he puesto delante de ti una puerta abierta, la cual nadie puede cerrar; porque aunque tienes poca fuerza, has guardado mi palabra, y no has negado mi nombre"* (Ap. 3:8). La condición divina para dar la victoria es la poca fuerza del creyente. Esa es la mayor bendición posible: *"pero miraré a aquel que es pobre y humilde de espíritu, y que tiembla a mi palabra"* (Is. 66:2). El estado espiritual que Dios desea para su pueblo es precisamente este: *"Y dejaré en medio de ti un pueblo humilde y pobre, el cual confiará en el nombre de Jehová"* (Sof. 3:12). La única condición en que puede manifestarse el poder de Dios es la de la debilidad reconocida por el creyente que le obliga a depender de Dios. Así lo entendía Pablo cuando escribe la respuesta del Señor a su petición de ayuda: *"Y me ha dicho: Bástate mi gracia; porque mi poder se perfecciona en la debilidad. Por tanto, de buena gana me gloriaré más bien en mis debilidades, para que repose sobre mí el poder de Cristo. Por lo cual, por amor a Cristo me gozo en las debilidades, en afrentas, en necesidades, en persecuciones, en angustias; porque cuando soy débil, entonces soy fuerte"* (2Co. 12:9-10). La fe descansa en el poder del Eterno, quien *"da esfuerzo al cansado, y multiplica las fuerzas al que no tiene ningunas. Los muchachos se fatigan y se cansan, los jóvenes flaquean y caen; pero los que esperan a Jehová tendrán nuevas fuerzas; levantarán alas como las águilas; correrán y no se cansarán; caminarán, y no se fatigarán"* (Is. 40:29-31). La vida de fe tiene estrecha relación con el testimonio. Negar a Jesús es desconocerle a Él y al poder de su resurrección (Fil. 3:10). ¡Cuán gloriosa debilidad es la que lleva al creyente a depender totalmente de Dios! Cuántos fracasos se escriben en la historia del pueblo cristiano, como consecuencia de una autosuficiencia necia. La iglesia de Jesucristo está sobrada de *grandes hombres* y necesitada de *hombres humildes.*

Resumen de la conquista (11:16-20)

Un breve resumen de la conquista de la tierra y los límites de su territorio, ocupa los últimos versículos del capítulo. A medida que el libro avanza, los relatos de acciones bélicas dan paso a aspectos más amplios de lo que fue la conquista y ocupación de toda la tierra.

16. Tomó, pues, Josué toda aquella tierra, las montañas, todo el Neguev, toda la tierra de Gosén, los llanos, el Arabá, las montañas de Israel y sus valles.

17. Desde el monte Halac, que sube hacia Seir, hasta Baal-gad en la llanura del Líbano, a la falda del monte Hermón; tomó asimismo a todos sus reyes, y los hirió y mató.

Con la afirmación *"tomó, pues, Josué toda aquella tierra"*, no se pretende —como se dijo antes— referirse al exterminio total y pleno de todos sus habitantes. La realidad es que la tierra pasó a ser dominada por los hijos de Israel, pero algunos de sus pobladores quedaron en el territorio, hasta el punto que algunas de las ciudades de que habían sido desposeídos volvían a ser ocupadas por los que quedaban, teniendo que ser tomadas de nuevo. No obstante, la prolongada campaña aseguró ya a

Israel el dominio de toda la tierra con la facilidad de sobreponerse a los pocos que quedaban de aquellos pueblos. La labor posterior consistía en una sencilla limpieza del territorio exterminando a los que pudieran haber quedado, a medida que iban asentándose en los lugares conquistados. La tierra poseída se extendía de norte a sur de Canaán y el resumen dado por el hagiógrafo es sencillo, pero concreto: *"las montañas"*, refiriéndose a la zona montañosa de Judá en el sur (9:1; 10:40); *"todo el Neguev"*, que se extiende por la parte meridional de la tierra, región árida y semidesértica del territorio; *"toda la tierra de Gosén"*, situada más al norte del Neguev (10:41); *"los llanos"*, la *"Sepela"*, la llanura de Judá entre las montañas y el Mediterráneo; *"el Arabá"*, la hondonada del Jordán, que forma la estepa al este del río; *"las montañas de Israel"*, que se llamarán más adelante en este mismo libro *"montañas de Efraín"* (17:15), extensión montañosa al oeste del Jordán; y finalmente, *"los valles"*, la zona conocida como *"sepëlätöh"*, llanura al oeste de las montañas que se extendía hacia Samaria.

La conquista fue total y el autor hace referencia a los límites extremos entre el norte y el sur de la tierra (v. 17). Comienza por el sur, situándolo en el *"monte Halac"*, una cadena de montañas sin arbolado que se extiende hasta los campos de Seir o Edom (Gn. 32:3; 36:8; Dt. 2:4-8). En el límite norte sitúa *"Baal-gad"*, en valle del Líbano, al pie del monte Hermón.

Una nueva referencia a la derrota de los reyes cierra el versículo. Es la consecuencia plena del *anatema* (heb. *herem*) de toda la tierra de Canaán y que ocasionó la muerte de todos los reyes y sus ejércitos (v. 17b).

18. Por mucho tiempo tuvo guerra Josué con estos reyes.

Una observación sobre lo prolongado de la conquista: una lectura superficial del libro podría hacer suponer que en muy pocos días, tal vez semanas, Josué ocupó toda la tierra, pero realmente la conquista duró entre seis y siete años. Fue un largo período de tiempo en el que no hubo tregua alguna, sino que la guerra era la tónica dominante. Guerra continua, ya que no era posible hacer la paz con aquellos pueblos por mandato divino, ni ellos lo hubieran aceptado, en caso de ser posible.

19. No hubo ciudad que hiciese paz con los hijos de Israel, salvo los heveos que moraban en Gabaón; todo lo tomaron en guerra.

Ningún pueblo de la tierra pretendió hacer alianza alguna con Israel, salvo los heveos (gabaonitas) de la tetrápolis, usando el engaño. Lejos de ser ejemplo al resto de los pueblos de Canaán, la alianza de los heveos de Gabaón los exasperó hasta el extremo, a la vez que los llenó de temor. Al pacto de paz gabaonita el resto de los pueblos respondió con una abierta declaración de guerra (10:1-5; 11:1-5). No hubo otra opción para Israel que conquistar palmo a palmo el territorio de la promesa, al que Dios mismo los había conducido conforme a Su fidelidad.

20. Porque esto vino de Jehová que endurecía el corazón de ellos para que resistiesen con guerra a Israel, para destruirlos, y que no les fuese hecha misericordia, sino que fuesen desarraigados, como Jehová lo había mandado a Moisés.

La dureza de corazón de los pueblos de Canaán era lo que les conducía a que resistiesen a Israel con guerra. Sin embargo, la afirmación del texto es contundente: la dureza del corazón de aquellos pueblos venía del Señor. Esta afirmación genera muchas discusiones sobre una actuación divina de tal naturaleza. Aparentemente, estaban todos condenados de antemano por Dios mismo y, por tanto, sentenciados irremisiblemente a muerte. Esta acción de endurecimiento parece contraria a lo que debería ser la actuación de Dios, que se define a sí mismo como clemente y misericordioso (Éx. 34:6-7). Si los pueblos fueron endurecidos por Dios para una disposición de enfrentamiento con Israel, no podían actuar en otro sentido. Dios había declarado bajo maldición a todos aquellos como consecuencia de sus muchos pecados. La maldad de los tales fue en aumento desde mucho antes de Abraham y continuó ascendiendo en perversidad hasta la conquista de la tierra. Esa rebeldía y obstinación manifestada de tantas maneras, y de forma especial en actuaciones morales y cultuales de marcada degradación, los había convertido en impíos que debían recibir en sí mismos lo que convenía a sus desvaríos. Dios *"por la impiedad de estas naciones las arroja de delante de ti, y para confirmar la palabra que Jehová juró a tus padres Abraham, Isaac y Jacob"* (Dt. 9:5). La hechicería, la magia, adivinación y prácticas infamantes eran el modo religioso de aquellas naciones, todo lo cual *"es abominación para con Jehová cualquiera que hace estas cosas, y por estas abominaciones Jehová tu Dios echa estas naciones de delante de ti"* (Dt. 18:12). La paciencia de Dios había hecho que a lo largo de tantos siglos soportara con misericordia aquellas gentes dándoles ocasión para el arrepentimiento y la rectificación, pero se mantuvieron en sus perversidades. Había llegado el momento definitivo en el que la paciencia y misericordia dan paso a la acción de la justicia, para lo cual Dios mismo confirma la dureza del corazón de los tales. No es que Él los endureciese desde su soberanía para manifestar en ellos los efectos de la justicia divina sobre el pecado y ponerlos como ejemplo de esa actuación, eso equivaldría a crear máquinas que no les quedase otra alternativa que la destrucción eterna. Dios en su soberanía no estableció que algunos de entre los hombres se pierdan definitivamente sin ninguna otra posibilidad de salvación. Simplemente, el endurecimiento de corazón es la confirmación divina a la impiedad rebelde de los hombres. El endurecimiento del corazón no precede al pecado, sino que lo sigue y es su consecuencia. Es el hombre quien endurece el corazón antes de que Dios lo haga confirmando esa actitud. Una vez endurecidos sus corazones, no tienen más alternativa que continuar en la práctica de sus pecados y en la rebeldía manifiesta contra Dios con las consecuencias que el libro ha detallado en los capítulos antecedentes. La rebelión contra Dios era de tal naturaleza que los ejemplos de los pueblos que habían tomado otro rumbo en su vida, tales como los gabaonitas haciendo alianza con Israel, lejos de estimularlos en dirección a Dios, los confrontó de tal modo que pretendieron eliminarlos de la tierra combatiendo contra ellos. La vuelta a Dios en arrepentimiento de todos aquellos pueblos les hubiera permitido compartir la tierra con Israel, ya que Dios en su misericordia y gracia no desea la muerte del impío.

Destrucción de los anaceos (11:21-22)

21. También en aquel tiempo vino Josué y destruyó a los anaceos de los montes de Hebrón, de Debir, de Anab, de todos los montes de Judá y de todos los montes de Israel; Josué los destruyó a ellos y a sus ciudades.

El texto bíblico hace una mención aparte sobre el episodio anaceo o anaquita. No se concreta cuando ocurrió esto, sino que la referencia es vaga: *"en aquel tiempo"*, indicando los tiempos de la conquista. Algunos consideran que es una anticipación a las acciones de conquista llevadas a cabo bajo la dirección de Caleb contra una raza de hombres fuertes con ciudades bien fortificadas, como las de Hebrón, Debir y Anab[5], descritas con detalle más adelante (14:13-15; 15:13-19). Los anaceos son los descendientes de Anac y habitantes preisraelitas en Palestina. El nombre Anac aparece sin artículo solo en dos pasajes del Pentateuco (Nm. 13:33; y Dt. 9:2); el resto de las referencias aparecen con artículo, posiblemente como nombre colectivo de un pueblo, equivalente a anaceos o anaquitas. La ciudad de Quiriat-arba, luego llamada Hebrón, se relaciona con el origen de los anaceos, llamándola el texto bíblico *"padre de Anac"* (Jos. 15:13); lo que pudiera indicar que un hombre llamado Arba fue el primero de los nombrados como anaceos, a no ser que se tome el nombre simplemente como un toponímico. Lo que parece claro es que Hebrón,

[5] Entre otros Félix Asensio. o.c., pág. 61.

antes Quiriat-arba, fue la población ancestral de los anaceos. La raza anacea se distinguía por su estatura y corpulencia además del carácter arrogante y desafiante de sus gentes. Los israelitas tomaron a los anaceos como referencia comparativa con otros pueblos, de ese modo establecen la relación con los emitas (Dt. 2:10) y los refaitas (Dt. 2:21). El término *gigantes* es utilizado por los LXX para verter por lo menos tres palabras distintas: a) *"nefilîm"* (Gn. 6:4; Nm. 13:33), personajes de origen oscuro, que aparecen en el relato del Génesis; b) *"rafa"*, que podría estar vinculada con *refaitas* (cf. Jos. 12:4; 13:12; 15:8), término que se traduce en varios lugares indistintamente por *gigantes*, según las versiones (cf. 2Sa. 21:16, 18, 20, 22; 1Cr. 20:4, 6, 8). El segundo concepto puede identificarlos como hombres de gran estatura (2Sa. 21:19-20); c) *"gibbôr"*, que significa *"hombre poderoso"* (Gn. 6:4; Jos. 1:14; 1Sa. 9:1); traducido también como *"gigante"* en otros lugares (Job 16:14); en cierta medida podría tener el significado de *héroe*, como daría a entender la versión LXX en algunos lugares (Gn. 6:4; 10:8-9; 1Cr. 1:10; Sal. 19:5; 33:16; Is. 3:2; 13:3; 49:24 s.; Ez. 32:12, 21, 27; 39:18, 20).

Los anaceos habían causado temor a los primeros espías enviados por Moisés para reconocer la tierra. La estatura de aquella raza se describe muy gráficamente por los exploradores de Moisés cuando decían que habían visto *"allí gigantes, hijos de Anac, raza de los gigantes, y éramos nosotros, a nuestro parecer, como langostas; y así les parecíamos a ellos"* (Nm. 13:33). En el texto hebreo se lee *"nefilim"*, el término traducido como gigante.

Es muy difícil de precisar, tanto histórica como teológicamente, el origen de estos hombres, pero su existencia se remonta a los tiempos antediluvianos, cuando la Biblia enfatiza la enormidad de pecado sobre la tierra en tiempos de Noé. Algunos, con buena base bíblica, piensan que se trata del resultado de la unión entre algunos ángeles caídos, *"los hijos de Dios"*, con las mujeres de la tierra, *"las hijas de los hombres"* (Gn. 6:1-2). Otros, por el contrario, también con razones bíblicas, enseñan que esa unión se refiere a la de la línea de Set, hijo de Dios, con la de Caín, hijo del maligno. Es, sin embargo, difícil de entender —a no ser que se alegorice el pasaje— cómo una relación entre creyentes —*hijos de Dios*— e incrédulos —*hijos del maligno*— pueda dar lugar a *"hombres de renombre"*, *nefilim* o *héroes* (Gn. 6:4). Más bien debería ser todo lo contrario, por transgresión pecaminosa de la voluntad de Dios. Los tiempos a que se refiere el Génesis, son los más oscuros de la humanidad, en donde el pecado había tomado tal incremento y expresión que Dios tuvo que intervenir drásticamente destruyendo toda vida, salvo la de los que se refugiaron en el arca, tanto de hombres como de animales. Aunque no es lugar, ni ocasión, para considerar un tema tan delicado como este, será bueno, sin embargo, hacer una breve reflexión sobre un argumento utilizado habitualmente por quienes sostienen que los ángeles caídos nunca habrían podido mantener relaciones con las hijas de los hombres, referidas en este sentido a las mujeres de la raza humana. Suelen sustentar su argumentación sobre dos bases: a) Los ángeles son espíritus y, por tanto, no pueden mantener relaciones físicas con las mujeres. b) Cristo dijo que en la resurrección, los hombres ni se casan ni se dan en casamiento, sino que son *"como los ángeles que están en los cielos"* (Mr. 12:25). Antes de aceptar como definitivos los elementos sustentantes de esa posición, deben hacerse dos precisiones que, como mínimo, servirán para una reconsideración de la argumentación: a) Los ángeles de Dios obedecen absolutamente a Dios y todas sus acciones se sujetan a Su voluntad; no así los demonios, en abierta oposición y desobediencia a Dios. Los ángeles santos se materializaron en muchas ocasiones, naturalmente por instrucción divina y siempre en sujeción y servicio a la voluntad de Dios. Baste citar como ejemplo, entre otras, la materialización de los ángeles que acompañaban a Jehová en el encuentro con Abraham (Gn. 18:2), en donde el texto bíblico dice claramente que eran ángeles (Gn. 19:1).

En el pasaje se hace otra afirmación en relación con el comportamiento de los ángeles materializados visibles para Abraham como *varones*, al decir que Abraham *"tomó también mantequilla y leche, y el becerro que había preparado, y lo puso delante de ellos; y él se estuvo con ellos debajo del árbol, y comieron"* (Gn. 18:8). Los ángeles se comportaron como los hombres al comer las viandas puestas delante de ellos. b) Los ángeles que no se casan ni se dan en casamiento, dice Cristo que son los que están en los cielos, referencia aplicable únicamente a los santos ángeles de Dios, pero no a los demonios. Esa comparación se utiliza para enseñar que en la vida venidera los salvos no aumentan por procreación, sino que el número de glorificados permanece, como el de los ángeles, perpetuamente el mismo. No existe suficiente fuerza en los dos elementos propuestos, ni hay contundente base bíblica para negar la posibilidad de que los demonios, en un determinado tiempo, hubieran podido materializarse para procrear y dar origen a una raza conforme a la voluntad de Satanás en su afán impío de tener un reino propio sobre quien actuar en contra del propósito y plan de Dios. Las argumentaciones podrán ser aceptadas o no, y las discusiones seguirán en la defensa de una u otra. Sin tomar partido por ninguna de ellas, la realidad bíblica es que en la tierra había *gigantes* y que estos estaban vinculados con un estado de impiedad y pecado muy importante. Transcurridos los siglos desde el diluvio, vuelve a aparecer la referencia a los gigantes en la tierra de Canaán. Parece ser que estos descendientes de Anac habían emigrado desde Babel (Babilonia) mucho antes, estableciéndose en los territorios de Edom y Moab y pasando luego a Canaán para asentarse en las ciudades de la tierra y de forma especial en las de Hebrón, Debir y Anab, y esparcidos también por las montañas de Judá y de Israel.

El resumen de la acción de Josué contra los anaceos incluidos en el *anatema* total de la tierra es que fueron destruidos ellos y sus ciudades, como había ocurrido con otros pueblos y otras ciudades de la tierra en las acciones de conquista y posesión.

22. Ninguno de los anaceos quedó en la tierra de los hijos de Israel; solamente quedaron en Gaza, en Gat y en Asdod.

Josué destruyó a los anaceos que estaban en las ciudades citadas en el versículo anterior, pero esta acción no impidió que algunos de ellos o bien lograran escapar en aquellos momentos y se refugiaran en algún otro lugar, o bien habitaran en otras zonas y no se viesen afectados por la guerra de la conquista. Sea como fuere, volverán a aparecer más tarde en este mismo libro, y siglos después se menciona en las ciudades filisteas que serían conquistadas por David: Gaza, Gat y Asdod.

Dios había hablado de esos gigantes y prometido la victoria sobre ellos, no por el pueblo de Israel y sus fuerzas, sino por la intervención directa del Señor sobre ellos, como antes había dicho por medio de su siervo Moisés: *"Oye, Israel: tú vas hoy a pasar el Jordán, para entrar a desposeer a naciones más numerosas y más poderosas que tú, ciudades grandes y amuralladas hasta el cielo; un pueblo grande y alto, hijos de los anaceos, de los cuales tienes tú conocimiento, y has oído decir; ¿Quién se sostendrá delante de los hijos de Anac? Entiende, pues, hoy, que es Jehová tu Dios el que pasa delante de ti como fuego consumidor, que los destruirá y humillará delante de ti; y tú los echarás, y los destruirás en seguida, como Jehová te ha dicho"* (Dt. 9:1-3). Dios había cumplido su promesa.

Conclusión de la conquista del norte (11:23)

23. Tomó, pues, Josué toda la tierra, conforme a todo lo que Jehová había dicho a Moisés; y la entregó Josué a los israelitas por herencia conforme a su distribución según sus tribus; y la tierra descansó de la guerra.

Superadas las dificultades, los israelitas estaban en posesión de la tierra según la promesa de Dios a Moisés. Dios había cumplido su palabra una vez más. Israel podía proclamar a las naciones, asentada ya en la tierra, la fidelidad del Señor. No cesarían de tener enfrentamientos con los enemigos que aún quedaban en la tierra, pero esta era ya *su tierra*, como regalo de Dios. La tierra estaba ya dispuesta para ser repartida, lo que será descrito en los próximos capítulos del libro. Esta tierra sería dada en herencia a cada una de las tribus. Cada familia tendría su parte y su heredad en Canaán por gracia y benevolencia divina. Ninguna otra frase mejor para concluir el relato de esta primera parte del libro que la inspirada conque concluye el pasaje: *"y la tierra descansó de la guerra"*. Después de seis o siete largos años de guerra continuada, había llegado el momento del *descanso* entrando a disfrutar de los bienes que Dios les otorgaba en su misericordia. Quienes no eran siquiera un pueblo, pasan a disponer de una tierra rica enclavada en la mejor zona del mundo de entonces, nudo de comunicaciones entre distintas culturas y civilizaciones, desde cuya privilegiada posición podrían seguir adelante con el propósito de Dios de hacer de ellos un pueblo que testificase entre las naciones sobre el verdadero Dios, sirviéndole con fidelidad. Los esclavos fueron libertados por Dios, conducidos por Él y asentados en la tierra que Él mismo les dio por heredad.

Josué llevó de triunfo en triunfo al pueblo de Israel. Es también el *Josué* del cristiano, Cristo Jesús, el Señor, quien lleva a los suyos del mismo modo. Cristo da al creyente la posesión de la herencia reservada en los cielos (1Pe. 1:4). Por ahora hay lucha (Ef. 6:12). El creyente ha de mantenerse firme ocupando el terreno de victoria en que fue puesto por Cristo mismo. Mientras tanto, los ojos se levantan hacia el momento del reposo definitivo, cuando el pueblo de Dios esté en su presencia y los reyes que se oponen y que han sido definitivamente derrotados no estén ya para siempre mientras el Señor victorioso hace entrar a los suyos al disfrute de la herencia de los santos en luz. Herencia esta de cuya dimensión el creyente tiene el anticipo de las arras del Espíritu (Ef. 1:13-14). El creyente no debe temer si realmente camina con Dios. ¿Qué puede ser un hombre de seis codos y un palmo de altura con una coraza de planchas metálicas de cinco mil siclos delante del Dios soberano, Creador de los cielos y Señor de toda la tierra? ¿Qué poder tiene Satanás, el gigante derrotado y sus fuerzas, ante el cristiano a quien se le asegura que pronto lo hollará bajo sus pies? (Ro. 16:20). La victoria está en Jesús y solo es preciso saber que es más fuerte su poder que el poder de Satanás. Tan solo se demanda obediencia para ser bendecidos, por ello nada mejor que la oración tomada de la misma Escritura, para hacerla propia por cada creyente: *"Enséñame, oh Jehová, el camino de tus estatutos, y lo guardaré hasta el fin. Dame entendimiento, y guardaré tu ley, y la cumpliré de todo corazón. Guíame por la senda de tus mandamientos, porque en ella tengo mi voluntad.*

Inclina mi corazón a tus testimonios, y no a la avaricia. Aparta mis ojos, que no vean la vanidad; avívame en tu camino. Confirma tu palabra a tu siervo, que te teme. Quita de mí el oprobio que he temido, porque buenos son tus juicios. He aquí yo he anhelado tus mandamientos; vivifícame en tu justicia" (Sal. 119:33-40).

EXCURSUS XIII
HAZOR

1. Historia

Hazor fue el centro cananeo más importante de la alta Galilea en los días de la conquista de la tierra. Estaba situado al suroeste del lago Huleh y a corta distancia de este. El relato bíblico del libro de Josué cita a Hazor como capital del rey Jabín, que organizó y dirigió la coalición de ejércitos del norte de Canaán en contra de Israel. Los ejércitos enemigos fueron sorprendidos por una acción fulminante de las tropas de Josué que descendiendo de las montañas cayeron sobre ellos en lo que la Biblia llama las *"aguas de Merón"* (Jos. 11:7). Por algún tiempo, se consideraron como una referencia al lago Huleh, pero actualmente se asocian con las fuentes que fluyen hacia el suelo por la ciudad de Meirón, al oeste de Safed. La ciudad fue destruida por Josué, pero es evidente que fue reconstruida, ya que otro rey del mismo nombre fue un opresor de Israel en tiempo de los jueces (Jue. 4:2). Debió haber sido destruida definitivamente por Barac después de la muerte de Sísara, capitán del ejército de Jabín, el rey de Hazor (Jue. 4). Fue incorporada al territorio de Neftalí y fortificada posteriormente por Salomón (1Re. 9:15).

Hazor estaba situada en los límites norte del territorio de Israel. En el s. VIII fue conquistada por Tiglat-pileser, el rey de Asiria en la conquista de Israel (2Re. 15:29). Como otros pueblos, los habitantes de Hazor fueron llevados en cautiverio y la ciudad nunca volvió a tener la importancia anterior. Su ubicación se identifica con el promontorio conocido como *Tell-el Quedah*, situado a 8 km al suroeste del lago Huleh. Las excavaciones del Tell comenzaron en 1926, pero de forma más intensa y eficaz a partir de 1955 cuando Yigael Yadin dirigió las excavaciones para la Expedición Arqueológica de la Universidad Hebrea James A. de Rothschild. Sobre estas excavaciones se recoge el siguiente párrafo en el *Diccionario Bíblico Arqueológico:*

"Yadin se propuso determinar los límites de la antigua Hazor, investigar los niveles de su ocupación, fijar las fechas de la destrucción final de la ciudad y conocer todo lo posible en cuanto a la historia social, económica, política y militar de Hazor. Antes que las excavaciones empezaran, hubo una amplia evidencia de que Hazor fue una de las grandes ciudades de la antigüedad. Se la menciona en los textos de execración egipcia escritos ca. 1900 a.C., los cuales citan enemigos potenciales del imperio egipcio entre las provincias. Varias cartas de Mari (Tell Hariri) en el Eúfrates medio (ca. 1700 a.C.) menciona a Hazor.

Un poco más tarde, leemos de embajadores que viajaron de Babilonia a Hazor para ver a su rey"[1].

Hazor fue incorporada al imperio egipcio durante los s. XV y VIV a.C., citándose como una de las ciudades conquistadas por los faraones Thutmosis III, Amenhotep II y Seti I. La correspondencia de Amarna también hace referencia a la ciudad. Nuevamente aparece su nombre en el papiro egipcio del s. XIII conocido como *papiro Anastasi I.*

2. Arqueología

El profesor Garstang llevó a cabo reconocimientos del montículo en el año 1928. La primera investigación le llevó a la conclusión de que la ciudad había sido destruida por Josué alrededor del 1400 a.C. Sin embargo, no había evidencia suficiente para una afirmación definitiva.

Las excavaciones se repitieron sin la debida intensidad hasta que en 1955 el profesor Yigael Yadin comenzó a efectuar excavaciones bajo el patrocinio de James A. De Rothchild. Estas excavaciones siguieron durante años llegando a contar con doscientos trabajadores, junto con un personal técnico de cuarenta y cinco arqueólogos, arquitectos, fotógrafos y estudiantes de arqueología.

La excavación constaba de dos partes. La ciudadela con 37 m de altura y que cubre una superficie de 10ha. En la parte norte se encuentra una meseta rectangular de gran tamaño con una superficie aproximada de 71ha usada en ocasiones como campamento y en otras como zona residencial. Las fortificaciones de toda la ciudad estaban formadas por murallas sólidas y baluartes de tierra aprisionada con una solidez grande que podían inspirar confianza a los que habitaban la ciudad.

En la parte de la ciudadela se hallaron diez niveles de la ciudad, lo que denota que las construcciones se hicieron unas sobre otras a lo largo del tiempo. En el nivel salomónico se encontró una puerta muy parecida a la descubierta en Meguido y en Gezer. Esto llevó a la deducción de que las tres fueron construidas por el mismo arquitecto.

En la meseta inferior se encontró un templo cananeo de 17 por 24 m. En el santuario se encontraron una colección de muebles y utensilios rituales para el culto. Había también cuatro estatuas de bronce y muchos sellos cilíndricos junto con uno que tenía un escarabajo sagrado egipcio, perteneciente a Amenhotep III (1413-1376 a.C).

---

[1] *Diccionario Bíblico Arqueológico,* pág. 336 s.

Como resumen general, se puede decir que las excavaciones en el promontorio revelaron cuatro estratos distintos. El primero ofrece restos sencillos del asentamiento de menor importancia, posiblemente del s. VII a.C. El asentamiento de los días de Israel aparece en el segundo nivel, destruido por Tiglat-pileser en 732 a.C. Las excavaciones en este nivel aportaron vasos de cerámica y algo sorprendent: piezas de telar y herramientas de artesanía intactas colocadas en sus lugares habituales de uso, lo que hace suponer que la población huyó apresuradamente y no regresó. Una empuñadura hecha en hueso contiene figuras que representan una divinidad alada semejante a las del árbol de la vida fenicio. Esta pieza procede el nivel correspondiente a los s. VIII a X a.C. En el nivel israelita apareció un edificio con dos hileras de columnas de piedra, la mayoría intacta, probablemente del tiempo de Acab (874-852 a.C.). La parte norte del promontorio y la cerca de extensión que sigue pusieron de manifiesto restos de una ciudad importante en construcciones. La ciudad fue destruida en el s. XIII y no fue ocupada después. Los pisos de las casas estaban cubiertos con cerámica micena del *bronce superior.* En los niveles sucesivos se descubrieron dos templos cananeos con diversas estatuas y estelas. Entre las esculturas hay una que representa a un león. Los edificios del s. XIII están levantados sobre restos de ocupaciones anteriores, muchas de las cuales pertenecen al período de los hicsos (s. XIV a.C.). Varias tumbas escavadas en la roca ofrecieron restos de objetos sagrados, entre ellos escarabajos. En la ciudad fueron descubiertos dos hornos, uno de ellos debió haberse utilizado para fundir metales y el otro era, con toda probabilidad, para trabajos con cerámica. Un trozo de un jarrón del s. XIII tiene grabadas dos letras del llamado *alfabeto protosinaítico* antecesor del alfabeto hebreo. Las excavaciones ofrecen una perspectiva de la ciudad que fue conquistada por Josué, y que debía tener una población entorno a los cincuenta mil habitantes, lo que da idea de la importancia de aquella ciudad en la época de la conquista.

CAPÍTULO 12
LA TIERRA CONQUISTADA

Introducción

Las acciones recientes llevadas a cabo por Josué y sus ejércitos, podrían hacer olvidar las dirigidas por Moisés antes del paso del Jordán. La ingratitud es un mal patrimonio del hombre, y lamentablemente se manifiesta en ocasiones en la vida del creyente. Conocedor profundo del hombre y sus miserias, Dios establece el modo para que el recuerdo de las tareas llevadas a cabo por quienes antecedieron en la vida de la fe sea posible para ejemplo de las nuevas generaciones y, sobre todo, para Su propia gloria. Alguien ha dicho que *"el pueblo que olvida su historia está condenado a repetirla"*, por tanto, aquí quedan registradas por escrito en el libro acciones ocurridas antes de Josué, a fin de que la historia del pueblo se escriba en toda su dimensión.

A las acciones llevadas a cabo en la Transjordania, esto es, territorios al este del Jordán, se sigue una relación sintética de los reyes derrotados por Josué en la Cisjordania al oeste del Jordán, en la tierra que Dios había prometido para los tiempos de la ocupación, después de la salida de Egipto. Una lista detallada de los reyes vencidos, establecida según parece, en el orden en que fueron derrotados, resume la actuación de la conquista y ocupación de la tierra. Casi todos los reyes relacionados se mencionan en los capítulos anteriores (6-11), sin embargo, aparecen algunos que no se citaron antes. El escritor cierra la etapa de conquista con el resumen general de las acciones militares y sus resultados, que permiten a Israel poseer la tierra y proceder a su distribución.

Este capítulo cierra la segunda parte del libro y sirve a su vez como introducción a la tercera que comienza en el capítulo siguiente. El actual capítulo se trata de una especie de apéndice que sitúa retrospectivamente la historia en el momento final de la conquista a base de una relación de los reyes vencidos durante ella. El esquema del capítulo es sencillo:

Resumen de la conquista (12:1-24).
- 4.1. La conquista de Transjordania (12:1-6).
  - 4.1.1. El territorio de la Transjordania (12:1).
  - 4.1.2. Conquista del reino amorreo (12:2-3).
  - 4.1.3. Conquista del reino de Basán (12:4-6).
- 4.2. La conquista de Cisjordania (12:7-24).
  - 4.2.1. El territorio de Cisjordania (12:7-8).
  - 4.2.2. Conquista de la parte centro y sur (12:9-18).
  - 4.2.3. Conquista de la parte norte (12:19-24).

Resumen de la conquista (12:1-24)

Conquista de Transjordania (12:1-6)

El territorio de Transjordania (12:1)

1. Estos son los reyes de la tierra que los hijos de Israel derrotaron y cuya tierra poseyeron al otro lado del Jordán hacia donde nace el sol, desde el arroyo de Arnón hasta el monte Hermón, y todo el Arabá al oriente.

Durante las jornadas del desierto, a lo largo de cuarenta años, hubo distintas escaramuzas con pueblos que se cruzaban con Israel, como el caso de Amalec (Éx. 17). Pero es cerca ya de la tierra prometida cuando se producen algunas confrontaciones bélicas contra reyes de la zona que suponen las primeras conquistas y la toma de posesión de tierras por parte de Israel. Tal es el caso de los reyes de la zona transjordana mencionados en el Pentateuco (Nm. 21:21-35; Dt. 1:4; 2:3). La primera observación se hace sobre la zona en que tuvieron lugar esas conquistas, a las que se refiere la primera parte del pasaje. Estas ocurrieron al *"otro lado del Jordán"*. El texto hebreo es muy preciso (b^{ea}ëber *hayyardën*), literalmente *"en la otra parte del Jordán"*. La zona geográfica de las conquistas de Moisés estaba situada al oriente de Palestina *"hacia donde nace el sol"*. La demarcación del territorio comienza por los límites del sur, que alcanzaban hasta *"el arroyo de Arnón"* (heb. *"minnanahal"*), desde el *torrente* o valle del Arnón, actualmente *Wâdî el-Môgib*, un pequeño río que desemboca en el mar Muerto por su lado oriental. Se extendía luego hasta el monte Hermón, mencionado en forma poética por el salmista (Sal. 42:6; 89:12), llamado *Siriyon* por los sidonios y *Senir* por los amorreos (Dt. 3:9), llamado también *Saniru* por los asirios y *Sariyana* por los hititas, el actual *Gebel es-Seih* y *Gebel et-Talg* de los árabes que se encontraba en el extremo norte del territorio. Entre estos dos límites se sitúa la llanura del Jordán (*hä*^{a}*aräbä mizrähä*) y como se lee en texto *"todo el Arabá"*.

Dios había cumplido fielmente su promesa de introducir a Su pueblo en la tierra que les daba para habitar. Los territorios del este del Jordán habían sido ocupados por las dos tribus y media a quienes Moisés les había dado el territorio, por tanto, la defensa exterior por el oriente del territorio de las otras tribus en Canaán, estaba asegurada por el asentamiento de parte del pueblo *"al otro lado del río"*. Una extensión a lo largo del Jordán de sur a norte, sin reinos sólidamente establecidos, era como un baluarte defensivo para el pueblo establecido en Cisjordania.

Conquista del reino amorreo (12:2-3)

2. Sehón rey de los amorreos, que habitaba en Hesbón, y señoreaba desde Aroer, que está a la ribera del arroyo de Arnón, y desde en medio del valle, y la mitad de Galaad, hasta el arroyo de Jabo, término de los hijos de Amón;

3. Y el Arabá hasta el mar de Cineret, al oriente; y hasta el mar del Arabá, el mar Salado, al oriente, por el camino de Bet-jesimot, y desde el sur al pie de las laderas del Pisga.

La extensa zona determinada en los versículos anteriores constituía el territorio de uno de los dos importantes reinos de la zona. Los dos textos detallan la extensión territorial del reino amorreo que estaba gobernado en el tiempo de Moisés por el rey Sehón. A este reino pertenecía el territorio desde el sur sobre el arroyo de Arnón, hasta las proximidades del mar de Galilea en el norte. La capital de ese reino era Hesbón, tomada en guerra a los moabitas con una gran extensión de su territorio, conforme se describe en el Libro de los Números (Nm. 21:26). Estaba situada al norte-noroeste del monte Nebo. Al sur estaba la ciudad de Madaba, como a unos 12 km. Subiendo hacia el norte desde Aroer y siempre en la orilla oriental del Jordán, comenzaban los llanos de Moab, zona fértil y llana que en hebreo se llama la *"mîsor"*, que significa *llanura*. En la llanura había muchas poblaciones de las que se hace referencia en el Deuteronomio (Dt. 3:10). Siguiendo en dirección al norte, más o menos a la altura de la ciudad de Adam, se extendía un territorio que se llamaba Galaad (Dt. 3:12-13), y que llegaba hasta el arroyo de Jaboc, el actual *Nar ez-Zerqâ*, que era la frontera del otro rieno del norte, el de Basan. El pequeño afluente del Jordán servía, por tanto, de frontera natural entre los dos reinos y señalaba el límite norte del reino de Amón. No obstante, una pequeña cuña territorial superaba este límite y, siguiendo por el Jordán, llegaba hasta el sur del mar de Galilea. La extensión territorial se determinaba entre los dos mares, el de Galelea por el norte y el Salado, mar Muerto, o del Arabá, por el sur. Los israelitas habían ocupado todo este territorio partiendo del Jordán hasta las laderas del Pisga —en realidad una cadena montañosa en la que se encontraba el Nebo— desde donde Moisés pudo ver una gran extensión de la tierra de Canaán antes de su muerte (Dt. 34:1)[1].

[1] Para un mayor detalle sobre el reino amonita, ver el *"Excursus XIV"* al final del capítulo.

Conquista del reino de Basán (12:4-6)

4. Y el territorio de Og rey de Basán, que había quedado de los refaítas, el cual habitaba en Astaror y en Edrei.

5. Y dominaba en el monte Hermón, en Salca, en todo Basán hasta los límites de Gesur y de Maaca, y la mitad del Galaad, territorio de Sehón rey de Hesbón.

6. A estos derrotaron Moisés siervo de Jehová y los hijos de Israel; y Moisés siervo de Jehová dio aquella tierra en posesión a los rubenitas, a los gaditas y a la media tribu de Manasés.

El segundo territorio conquistado por Moisés estaba situado al norte del anterior, haciendo frontera con él. El nombre de su rei era Og y al reino se le llama Basán. Se llamaba a ese país *"la tierra de los gigantes"* (Dt. 3:13). El propio Og debía ser un hombre de gran corpulencia. Dado su peso, dormía en una enorme cama de hierro con una longitud de nueve codos, aproximadamente cuatro metros (Dt. 3:11). Tenía este reino dos capitales, residencias reales, una era Astarot y otra Edrei (v. 4). La primera de las ciudades llevaba el nombre en honor del cielo, razón suficiente para suponer que el culto traído de la religión de Babel estaba bien arraigado en ese reino[2]. En la parte norte se incluía la cadena montañosa en la que estaba el Hermón. Por el sur se menciona Salca, situada a unos sesenta kilómetros al este de[3] su capital Edrei. El país de Basán era sumamente fértil, conocido por las grandes praderas naturales donde los rebaños encontraban pastos abundantes. De ese modo se utiliza en la profecía en alusión a las mujeres de Samaria (Am. 4:1). También se usa para referirse a la abundancia de provisiones y de la esperanza futura para Israel (Miq. 7:14). El territorio quedaba limitado por las fronteras de los reinos del norte, Gesur y Maaca, la que hoy es El Golán. Por último, aparece en el texto otra referencia al sur, *"la mitad de Galaad"*, lo que indica que una parte del mismo, la occidental, pertenecía al reino del amorreo Sehón y la oriental era del reino de Basán. La feracidad de la tierra, tanto en el norte como en el sur, entusiasmó a las tribus con mayor interés en la ganadería y con mayor número de cabezas de ganado, que eran las de Ruben, Gad y Manasés. Estas solicitaron de Moisés la concesión de los territorios conquistados al este del Jordán (Nm. 32). Al norte del territorio conquistado por Israel en tiempos de Moisés, se estableció la media tribu de Manasés, haciendo frontera por el Jordán con la de Neftalí y, por tanto,

---

[2] Para mayor extensión sobre la religión de los pueblos de Canaán y su entorno, ver el apartado correspondiente en la *Introducción*.

[3] Ver mapa de la distribución de las tribus.

con el resto de la heredad en Cisjordania. La parte central que comprendía gran parte de lo que fuera el reino de Sehón, fue dada a la tribu de Gad. El sur, bordeando el mar Muerto y hasta los límites con Moab, era la posesión de la tribu de Rubén.

El resumen de las conquistas correspondientes a la época de Moisés se hace con la brevedad final de estas palabras relativas a los reyes derrotados: *"A estos derrotaron Moisés siervo de Jehová y los hijos de Israel"* (v. 6).

La derrota de los enemigos y la ocupación de sus tierras fue hecha por un siervo y un pueblo de siervos. El Espíritu puso el énfasis en la condición de Moisés como *"siervo de Jehová"*. No fue un estratega al frente de un ejército poderoso quien hizo posible la ocupación del territorio al este del Jordán. La guerra, tanto en este lugar como posteriormente en Transjordania, era un asunto de Dios. Los éxitos se alcanzaban en la disposición de servicio que permitía a todos ellos, tanto Moisés en el ejercicio del liderazgo, como el resto del pueblo, alcanzar victorias como instrumentos en la mano de Dios. La victoria se alcanza en la fuerza de Dios y la derrota se establece en la de los hombres (Jer. 17:5). La resistencia de Dios es para con los soberbios que se consideran a sí mismos como algo sin serlo y la gracia provee de bendición para los que son humildes servidores (1Pe. 5:5). La gracia de Dios supera con creces en provisión a cualquier necesidad de Su pueblo. La promesa dada a Israel para el momento de la conquista de Canaán se limitaba a la extensión de la Palestina Cisjordana. Sin duda, la extensión de la promesa comprendía un territorio mucho mayor, sin embargo, la conquista de los reinos de Transjordania representaba una seguridad añadida a la ocupación del territorio al oeste del Jordán. El establecimiento de un amplio territorio ocupado por las dos tribus y media en la parte oriental del río suponía una garantía defensiva a las acciones de pueblos situados fuera de Canaán. No debe olvidarse que muchos de los huidos de las batallas podrían haberse refugiado en los territorios limítrofes si no hubieran estado ocupados por Israel. Dios hizo provisión para el cumplimiento de la promesa y para la seguridad de los suyos en la tierra prometida.

Conquista de Cisjordania (12:7-24)

El territorio de Cisjordania (12:7-8)

7. Y estos son los reyes de la tierra que derrotaron Josué y los hijos de Israel, a este lado del Jordán hacia el occidente, desde el Líbano hasta

el monte de Halac que sube de Seir; y Josué dio la tierra en posesión a las tribus de Israel, conforme a su distribución,

8. en las montañas, en los valles, en el Arabá, en las laderas, en el desierto y en el Neguev; el heteo, el amorreo, el cananeo, el ferezeo, el heveo y el jebuseo.

El resumen de lo ocurrido en Cisjordania concuerda con la narración del libro hasta este momento. Es un resumen sintetizado de lo que ocurrió en los años de la conquista bajo la conducción de Josué. En el relato aparece el detalle total de los reyes derrotados, algunos de los cuales no están reseñados en la parte narrativa del libro.

Comienza el resumen fijando los límites de la tierra ocupada de norte a sur (v. 7). Estos son ya conocidos por el detalle dado anteriormente (11:17). El redactor es alguien situado en Cisjordania *"a este lado del Jordán"*. El territorio se describe mirando *"hacia el occidente"*, esto es, *"hacia el mar"* (*yämmä*). Antes se hizo la misma observación (5:1). La división por regiones es una reiteración de referencias anteriores (10:40; 11:16). En esta división regional se incluyen los seis pueblos que habitaban en ella, como también consta anteriormente en el libro (3:10; 9:1; 11:3)[4].

Es notable la referencia al reparto de la tierra (v. 7) que anticipa el relato de la siguiente división del texto. No se trata de dos relatos distintos que han sido compaginados quedando de uno de ellos esta referencia que se amplía luego con documentos tomados de otra fuente, sino más bien, es una referencia intencionada al territorio repartido después de la conquista que se detalla pormenorizadamente en la siguiente sección del libro. El escritor consideró escribir el relato cuando ya se produjo el reparto de la tierra, haciendo referencia aquí al territorio que fue distribuido entre las tribus conforme a los límites que establece en el texto.

Otra novedad del relato es la incorporación de reyes y ciudades conquistadas que no aparecen en la parte anterior del libro que narra la conquista de *"toda la tierra"*. Estos nombres se introducen en el detalle de conquistas de la parte centro-sur (vv. 9-18) y en el de la parte norte (vv. 19-24). Las ciudades no especificadas antes tal vez tenían menos importancia que las otras, pero deben ser incluidas entre las conquistadas con *"toda la tierra"* (10:40-42; 11:16-18, 23).

---

[4] Ver comentario a los textos citados, así como la descripción de los pueblos de Canaán en la *Introducción*.

Ningún pueblo de Canaán pudo resistir la acción de Dios utilizando a los ejércitos de Israel bajo la dirección de Josué. Aquellos pueblos asentados por siglos en el territorio, con una organización política y militar acorde para aquellos tiempos, fueron eliminados en gran medida y expulsados de sus lugares de residencia tradicional, conforme al propósito y programa de Dios. Sus dioses, conque habían cambiado la imagen del verdadero, no sirvieron para librarles. La guerra no fue una acción militar de los hombres, sino la intervención directa del Soberano. La fidelidad, junto con la omnipotencia, actuaron para dar a los descendientes de Abraham, *"Su amigo"* (Is. 41:8), la tierra que le había prometido. Con razón los tres jóvenes hebreos de siglos más tarde, prisioneros bajo Nabucodonosor, podían decir con plena seguridad: *"Nuestro Dios... puede"* (Dn. 3:17). Nada es imposible para Dios; nada puede oponerse a Su voluntad.

Indudablemente, la omnipotencia está unida a todas las demás perfecciones de Dios. En el relato del libro y también en el pasaje que se considera, la omnipotencia se manifiesta en la eliminación de los pueblos residentes en Canaán, en la gracia manifestada al colocar a Israel en su lugar, en la fidelidad que cumple el compromiso dado a Abraham y sus inmediatos descendientes en las promesas de tierra que les había hecho. Dios se revela como es en la historia para que le conozcamos y entendamos, por medio de los hechos, la grandeza divina y la gracia que como Dios manifiesta en una infinita dimensión.

Conquista de la parte centro y sur (12:9-18)

9. El rey de Jericó, uno; el rey de Hai, que está al lado de Bet-el, otro;

10. el rey de Jerusalén, otro; el rey de Hebrón, otro;

11. el rey de Jarmut, otro; el rey de Laquis, otro;

12. el rey de Eglón, otro; el rey de Gezer, otro;

13. el rey de Debir, otro; el rey de Geder, otro;

14. el rey dey de Horma, otro; el rey de Arad, otro;

15. el rey de Libna, otro; el rey de Adulam, otro;

16. el rey de Maceda, otro; el rey de Bet-el, otro;

17. el rey de Tapúa, otro; el rey de Hefer, otro;

18. el rey de Afec, otro; el rey de Sarón, otro.

El detalle de los reyes que fueron derrotados en los combates con Israel se establece en una lista concreta que los va mencionando y que está agrupada comenzando por el territorio sur y centro, siguiendo el orden de los capítulos 6 al 10, expresado en los vv. 9 al 18. En esta, lo mismo que en la relación de conquistas del norte, se introducen los nombres de los reyes y sus ciudades que no se mencionaron en los relatos anteriores. En la lista correspondiente a los reyes del centro y sur aparecen ocho nuevas ciudades con sus correspondientes reyes. Junto a las conocidos y extensos relatos de las ciudades de la zona central y los más resumidos de la parte sur, se citan ocho nuevas ciudades no mencionadas antes. El orden de la lista puede corresponder al mismo en que fueron atacadas por los israelitas.

La primera de ellas es Geder (v. 13), cuya identificación no es precisa. Se dan como posibles lugares el de *Gedera* (15:36) (*hag-G*^{e}*dërä*); aunque más probable es que se trate de *Gedor* (15:58), que aparece también en las Crónicas (1Cr. 4:39) situada a unos 13 km al norte de Hebrón.

La segunda referencia que no aparece antes es la de Horma (v. 14), nombre aplicado a la antigua *S*^{e}*pat*, situada a unos 40 km al sur de Hebrón, como consecuencia del juicio sobre ella en tiempos de Moisés, considerada como *anatema (hërem).* Se dice en el Pentateuco que fue destruida por Israel como consecuencia del ataque cananeo contra Israel sin que hubieran sido provocados (Nm. 21:1-3). Probablemente, como ocurría con las mismas conquistas de Josué, los pobladores que pudieron haber escapado a la destrucción regresaban a las ciudades destruidas, las reedificaban y se multiplicaban nuevamente en ellas hasta formar una nueva unidad territorial y política. Horma es famosa también porque hasta ella llegaron huyendo los israelitas que, a pesar de la advertencia de Moisés, pretendieron ocupar la tierra atacando a sus habitantes después de la deserción a causa del informe desfavorable de los espías (Nm. 14:39-45).

Una tercera mención, no registrada antes, corresponde a la ciudad llamada Arad (v. 14), identificada con *Tell* ^{a}*Arad*, a unos 30 km al sur de Hebrón. Su historia está plenamente ligada con la de Horma (Nm. 21:1). Probablemente, Arad era la capital del reino cananeo que habitaba en el Neguev que tenía varias poblaciones y que fueron destruidas por Moisés, llamando al lugar principal de aquella destrucción Horma.

La cuarta ciudad que aparece en la lista de conquistas no mencionada antes corresponde a Adulam (v. 15), situada en la *S*^{e}*pëlä* de Judá. Se identifica con la actual árabe de Îd *el-Mîyeh*, al nordeste de *Beit-Gebrîm*, la antigua *Eleuterópolis.* Adulam es un lugar destacado en la historia antigua. De allí procedía Hira, el amigo de Judá que sería enviado por este para pagar el precio que pensaba que debía a una ramera con la que había mantenido relaciones, siendo en realidad su nuera Tamar (Gn. 38:1; 12 ss.). También se menciona más tarde en la vida de David como un lugar donde se refugió cuando huía de su suegro Saúl (1Sa. 22:1). La zona de Adulam tenía muchas cavernas naturales en un suelo rocoso, cualquiera de las cuales habrá servido de escondite a David.

En quinto lugar, dentro de las ciudades no mencionadas antes en el libro, aparece Tapúa (v. 17). Su localización es incierta, aunque pudiera tratarse de *Seih Abû Zarad,* cerca de la actual *Yasur*, en la frontera de Efraím y Manasés (16:8; 17:8) a unos treinta kilómetros al norte de Jerusalén.

Sigue luego la mención a Hefer, que tampoco aparece en los relatos más extensos de la conquista (v. 17). Estaba situada en la tribu de Manasés y no lejos de Tapúa (17:2-3; 1Re. 4:10). La localización es incierta.

En sexto lugar, aparece la ciudad de Afec (v. 18), situada cerca de la llanura de Esdraelón (1Sa. 4:1; 29:1). Fue el lugar donde años más tarde tuvo lugar la confrontación entre Israel y los filisteos en tiempos de Samuel, y de donde saldría derrotado Israel, perdiendo por un corto tiempo el arca de la alianza.

Finalmente, se cita la octava ciudad no reseñada anteriormente que se le llama Sarón (v. 18). Posiblemente se refiera a toda la llanura de este nombre situada a unos 6 km al nordeste del Tabor más que a una determinada ciudad, o tal vez había una ciudadela en la llanura que llevaba el mismo nombre. Sarón es la llanura del litoral, entre Jope y el Carmelo, hacia el interior, que llega hasta las colinas de Samaria. Era un lugar muy fértil (Is. 35:2) y especialmente apto para pastoreo de rebaños (1Cr. 27:29; Is. 65:10). Lugar con abundancia de flores, entre las que se destacaban los lirios, narcisos y las *"rosas de Sarón"* junto con las anémonas. Mide alrededor de 80 km de longitud y entre 14 y 16 de anchura; ondulante, y salpicada de encinares, poseía excelentes pastos, a excepción de algunos lugares en los que abundaban las espinas y cardos. En la actualidad hay plantaciones de agrios.

Conquista de la parte norte (12:19-24)

19. El rey de Madón, otro; el rey de Hazor, otro;

20. el rey de Simron-merón, otro; el rey de Acsaf, otro;

21. el rey de Taacnac, otro; el rey de Meguido, otro;

22. el rey de Cedes, otro; el rey de Jocneam del Carmelo, otro;

23. el rey de Dor, en la provincia de Dor, otro; el rey de Goim en Gilgal, otro;

24. el rey de Tirsa, otro; treinta y un reyes por todos.

En la lista de reyes derrotados correspondiente al territorio del norte aparecen también, como había ocurrido con la del centro y sur, nuevos reyes que no se mencionaron en la descripción extensa de la conquista del norte (cap. 11). La primera de ellas hace referencia a Taanac (v. 21). Sin duda, tenía importancia como enclave situado en el límite de la llanura de Esdarelón, muy próxima a la ciudad de Meguido. La ciudad aparece en las listas egipcias de Tutmosis III y en la correspondencia de Tell el-Amarna[5]. Se identifica con *Tell Ta*[a]*annek* o tal vez mejor con *Tell-el Mutasallim*, en la vía Haifa-Gennin, una villa que se encuentra en la llanura de Esdraelón, a 12 km al suroeste de Jezreel y 12 al sur de Legioo Lejjun.

Una segunda mención, nueva en la relación de ciudades conquistadas, es la de Meguido (v. 21). Otra ciudad de importancia en el mundo antiguo, habitada ya en el período del *Bronce I,* mencionada también en las listas egipcias de Tutmosis III, así como en la correspondencia de Amarna con el nombre de *Magidda.* Se identifica generalmente con Legio o Lejjun, siendo muy interesante el estudio sobre la identificación en el actual *Tell Mutesellim*[6]. Estaba situada en una altura y en una situación topográfica muy importante, por lo que se la consideraba como inexpugnable en las referencias egipcias de Tutmosis III, que la conquistó después de una gran batalla. Debido a su situación en el camino real y dominando uno de los pocos pasos transitables que conducían desde el norte hasta la región montañosa, Meguido fue testigo de grandes acontecimientos sobre todo por su difícil acceso, y por tanto, difícil de conquistar (Jue. 1:27; 1Re. 4:12; 9:15). Algunos sitúan en esta zona el lugar donde ocurrirá la última batalla de la guerra del Armagedón, en que las tropas del anticristo se reunirán con los reyes de la tierra para luchar contra el Señor inmediatamente antes de Su segunda venida (Ap. 16:16).

La tercera ciudad no mencionada en los relatos anteriores es Cedes (v. 22), identificada con la actual *Qadas*. Estaba situada en el territorio de la tribu de Neftalí (20:7) y era una de las ciudades de refugio. Estaba

---

[5] Sobre la correspondencia de Amarna, ver apartado correspondiente en el capítulo 1.

[6] Cf. A. Alt, *Kleine Schriften I* (1953) pgs. 256-273. R. S. Lamon-G. S. Schipton. *Meggido I, Seasons of 1925-1934* (Chicago, 1939). G. Loud, *Megido II, Seasons 1935-1939.* (Chicago, 1948). E. Wright. *The Discoveries at Meggido II.* B Arch 1950.

cerca del lago Huleh, al noroeste del mismo. Era el lugar de origen de Barac (Jue. 4:6).

En cuarto lugar, aparece el nombre de la ciudad de Jocnean del Carmelo (v. 22), (*Yoqno*ªäm *Lakkarmel*) identificada con *Tell Qaimûml,* al noroeste del Meguido, al pie del Carmelo. Lugar muy fructífero cubierto de bosques y árboles frutales, lo que hace del área del Carmelo un símbolo de belleza y feracidad. El sistema montañoso del Carmelo se extiende sobre unos 23 km de longitud teminando en un promontorio. A unos 18 km del promontorio y dominando el paso principal a través de la cordillera, estaba situada la ciudad de Jocnean del Carmelo.

Figura también Dor como novedad en la lista de las conquistas del norte (v. 23). Probablemente, se trate de la población principal en una región llamada Dor, que equivale a *altura* u *ondulación.* Anteriormente, se cita a Dor como una región y no como una ciudad (cf. 11:2); la misma idea aparece en la descripción de la distribución de la tierra (17:11).

Otra de las nuevas menciones corresponde a Goim (*Gôyim laggälîl*), que equivale a *paganos de Gilgal*, conforme al texto masorético o tal vez *paganos de Galilea*, siguiendo a los LXX (v. 23). La identificación más segura es con la de *Haröset haggôyim* (Jue. 4:2), la actual *Tell ªAmr*, a unos 15 km al sudeste de Haifa Lugar de residencia de Sísara, el capitan del ejército de Jabín, rey de Hazor, en el tiempo de Débora y Barac (Jue. 4:2). No tiene que ver este Gilgal con el lugar del campamento de Israel después del cruce del Jordán; el Gilgal mencionado en el pasaje se encontraba al norte, en las proximidades del mar Mediterraneo.

Por último, se hace referencia como novedad en la relación de las conquistas del norte, a Tirsa (v. 24). Estaba situada en lo que sería el fértil territorio de Manasés (17:1-6; Nm. 27:1 ss.). La identificación actual es incierta, aunque existen muchas probabilidades de que se trate de *Tell el-Färªah*, a unos 15 km al nordeste de Nâblus (Siquem). Tuvo una gran importancia histórica posterior al ser la ciudad capital del reino de Israel en el momento de la división, lugar en que Jeroboam I hizo su residencia (1Re. 14:17), y que como consecuencia vino a ser la capital del reino del norte (1Re. 15:21, 33; 16:6, 8, 9, 15, 17) hasta que Omri construyó Samaria y estableció allí su residencia (1Re. 16:23, 24; 2Re. 15:14, 16). Por lo hermoso de su situación, era conceptuada por los poetas como el tipo de todo lo bello. Así aparece en el texto del Cantar de los Cantares (Cnt. 6:4).

El resumen de las acciones militares de Josué y los ejércitos de Israel suman la cifra de *"treinta y un reyes derrotados"*. La LXX omite tres reyes en su texto y añade uno, resumiendo las conquistas como de *veintinueve* reyes derrotados, mientras que el TM y la Vg mencionan los treinta y uno. Si se acepta que Sarón (v. 18b) no se trata tanto de una nueva ciudad-reino, sino más bien de una especificación de Afec, el número de reyes derrotados podría fijarse en treinta, como el más exacto. Sin embargo, son meras especulaciones interpretativas, por lo que es preferible dejarlo tal como aparece en la RV60.

Como resumen del pasaje, un párrafo escrito por el Dr. Lacueva:

"Aquí tenemos un compendio de las conquistas de Josué.

I. Los límites de la región que conquistó. La comarca limita con el Jordán por el este, y con el mar Mediterráneo por el oeste, extendiéndose desde Baal-gad, cerca del Líbano,al norte, hasta Halac, asentado sobre el país de Edom en el sur. Estas fronteras se describen con más detalle en Nm. 34:2 y siguientes. Dios había quedado tan bueno como su palabra, y les había dado posesión de todo cuanto les había prometido por medio de Moisés.

II. Las diversas clases de suelo que se hallaron en esta región, lo cual contribuía grandemente tanto a su belleza como a su fertilidad. Había montañas, pero no eran montes escarpados, rocosos, estériles, sino collados fértiles, de los que dan el fruto más fino (Dt. 33:15). Tampoco los valles eran musgosos ni pantanosos, sino cubiertos de mieses (Sal. 65:13). Había llanuras campestres y fuentes para regarlas; pero incluso en tierras tan ricas había desiertos o, más bien, bosques densos sin población.

III. Los diversos grupos étnicos que habían habitado en ese país —heteos, amorreos, cananeos, etc.— todos los cuales descendían de Canaán, el maldecido hijo de Cam (Gn. 10:15-18). Se habla de ellos como de siete naciones (Dt. 7:1), pero aquí se mencionan solo seis, siendo eliminados (o quizá se habían perdido) los gergeseos, aunque los hallamos en Gn. 10:16 y 15:21. Ya sea que fuesen incorporados a alguna de las otras naciones aquí enumeradas o que, según una tradición judía, ante el avance de Josué y de los israelitas bajo su mando, se retirasen al África, lo cierto es que no se nos habla de ellos en este lugar.

IV. Tenemos después una lista de los reyes que fueron derrotados y subyugados por la espada de Israel, los reyes de Jericó y Hai, el rey de Jerusalén y los príncipes del sur que entraron en coalición con él, y después los de la confederación del norte. Esto muestra cuán fértil era esta región de Canaán para poder mantener a tantos reinos"[7].

---

[7] F. Lacueva. o.c., pág. 80.

El capítulo anterior se cerró con la frase: *"tomó, pues, Josué toda la tierra"*. En este se da una relación resumida de las conquistas y de los reyes derrotados de esas naciones. Potencialmente la tierra había sido tomada por Israel. Los ejércitos victoriosos habían pasado de un extremo a otro de Canán derrotando a sus enemigos. Pero, aunque potencialmente era una realidad, virtualmente había que proceder a los asentamientos y, sobre todo, a la consecución de una limpieza total del territorio que debería ser llevada a cabo por las tribus, bien individualmente o bien coaligadas entre ellas, a fin de que todos los moradores idólatras y degenerados fueran eliminados conforme al propósito divino, a fin de que no sirvieran para desviar a Israel de su compromiso santo para con Dios. Las ventajas que Israel tenía debían ser aprovechadas para proseguir con esta tarea. Algunas zonas, especialmente la franja marítima que sería asignada a Judá, estaban habitadas por los filisteos, que tenían ciudades muy importantes tales como Gaza, Asdod, Acalón y Gad. Esto sería un problema permanente contra Israel, y orígen de serios contratiempos y sufrimientos, ya que no fueron desarraigados por los judíos. Los fenicios, en el norte, constituirían también una dificultad para el pueblo de la promesa. Allí se rendía culto a Tammuz, llamado en occidente Adonis, y a Astarte, influyendo perniciosamente en la historia de Israel. Todo esto será tema del libro de Jueces, e incluso de los de Samuel y Reyes.

La segunda parte de la división del libro de Josué concluye con el pasaje considerado. Atrás quedan las escenas descritas de muchos combates en la guerra de la conquista. Casi puede percibirse el ruido de las armas y las derrotas de los enemigos que no lograban escapar en los combates. Con un poco de imaginación podrían verse las ciudades ardiendo y los montones de ruinas humeantes después de las acciones militares. De pronto, en medio de todo este fragor de batallas, la paz se produce como se descubre en la sencilla expresión del autor: *"La tierra descansó de la guerra"* (11:23). Todo el contexto del libro exige una detenida reflexión sobre tres aspectos de aquellos nueve largos años de guerra. Primeramente, el origen de la guerra procedía de Dios mismo. Anteriormente, se ha dicho varias veces que la guerra no era la guerra de Israel, sino la guerra de Dios. Él mismo fue quien vino antes de comenzar la primera de las batallas, la de Jericó, para dar instrucciones sobre el desarrollo de la misma y hacer conocer a Josué que aquella guerra tenía más de espiritual que de material, por lo que Dios mismo se ponía al frente de sus tropas para dar la batalla a sus enemigos. El resultado final no podía ser otro que el que se había producido. Dios entregó toda aquella tierra en mano de su pueblo. La acción divina en la guerra volvía a demostrar, ante todo, que Él es el Soberano y que nada ni nadie puede oponerse a Su voluntad y poder.

El segundo aspecto es el de la instrumentalidad de Israel. Dios usó a ese pueblo como instrumento para llevar a cabo sus planes en la tierra de Canán. Además, el instrumento era *santo*, es decir, separado por Dios y para Dios. Escogido de entre todos los otros pueblos de la tierra. Todo cuanto ellos hacían en obediencia a la voluntad de Dios revestía una condición admirable, era una obra santa. La misma tierra prometida era un lugar santo, ya que Dios manifestaba en ella su presencia desde el principio. El Señor indicó claramente esto a Josué antes de iniciar la conquista de Jericó: *"El lugar que pisas es santo"* (5:15). Ciertamente, aquella tierra, en su aspecto físico-geográfico, no tenía mucha diferencia con otras tierras. Algunas las aventajarían incluso en belleza. Pero todo eso era relativo, la tierra era la única tierra santa por haber sido separada por Dios para ser entregada como regalo personal a su pueblo, Israel. La instrumentalidad de Israel es incuestionable en la enseñanza del libro de Josué. Por medio de ellos, Dios estaba castigando el pecado y la maldad de los hijos de los hombres, que por siglos se habían revelado contra Él. La muerte de todos ellos era la justa recompensa de su pecado. Las acciones, tal vez drásticas a ojos de los hombres, de los ejércitos de Israel que no dejaban con vida nada de lo que había en las ciudades y exterminaba en el campo de batalla no solo a los que se oponían, sino también a los que huían, eran santas acciones, puesto que habían sido ordenadas por Dios. El Omnipotente había castigado el pecado de muchas maneras, en otro tiempo por su naturaleza, obrando la destrucción universal de la vida mediante el diluvio, y en forma más limitada con una destrucción parcial de ciertas ciudades por medio del fuego. Aquí es la guerra la que utiliza Dios para la muerte del pecador a causa de su pecado y rebeldía.

La tercera reflexión tiene que ver con los resultados espirituales de todas esas acciones militares: *"La tierra descansó"*. No era realmente el propósito definitivo de Dios la guerra de exterminio contra las naciones pecadoras, ni tampoco el cumplimiento fiel de sus promesas —aunque ambas cosas estaban en Su propósito— la meta final de Dios era el reposo para los suyos en una tierra pacífica y libre de enemigos. Aquellos que nunca habían tenido una patria, tenía ahora un lugar de reposo donde podían desarrollar su vida bajo la ayuda continua de Dios y servirle como un pueblo libre en medio de las naciones, teniendo todos como referencia a las que, habiendo sido esclavas de sus pecados, habían desaparecido por ello. La prosperidad material estaba asegurada en una tierra que *"fluía leche y miel"*, según la expresión semita para referirse a un lugar de abundancia. Pero también estaba garantizada la prosperidad espiritual. Sobre los montes Ebal y Gerizim, las bendiciones por la obediencia y las maldiciones como consecuencia de la desobediencia, eran la porción puesta delante de aquellos. Solo tenían que seguir en fidelidad a Dios, obedeciendo su palabra, para que fuesen bienaventurados en aquella tierra. Dios se ocuparía de su protección y derramaría sobre ellos y su tierra bendiciones sobreabundantes.

Los tres aspectos anteriores deben ser asumidos espiritualmente para el presente del pueblo de Dios. El cristiano debe entender que la guerra en que está involucrado no es una guerra suya, sino de Dios. El combate cristiano es contra los opositores de Dios, las *"huestes de maldad en las regiones celestes"* (Ef. 6:12). Por ello, es Dios mismo quien por medio de los recursos puestos para el creyente, libra ese conflicto (Ef. 6:13-17). El creyente es un instrumento en las manos de Dios para su servicio. A Ananías le fue dicho eso mismo de Pablo: *"instrumento escogido me es este"* (Hch. 9:15). Habría de servirle en medio de grandes contratiempos y sufrimientos personales para el cumplimiento de la misión asignada: *"llevar mi nombre en presencia de los gentiles"*. La misma misión se encomienda a cada creyente. El testimonio de Dios ante el mundo ha sido puesto en manos de cada cristiano (Hch. 1:8) que se convierte en instrumento del Espíritu, que le potencia y capacita para la comisión de ese servicio. La esfera del ministerio consiste en hacer la obra de Dios, cuyas múltiples manifestaciones han sido determinadas anticipadamente para que el creyente se limite a dejarse conducir por ellas. Dios es el que actúa plenamente en el cristiano y por medio de él, en la medida que esté rendido a su voluntad produciendo el deseo íntimo para el servicio y dando la fuerza para ejecutarlo (Fil. 2:13). Esta acción divina no convierte al creyente en un mero instrumento ajeno a la situación y fuera de ella, sino que lo involucra abiertamente en ella. El creyente puede asumir su condición de instrumento en manos de Dios con gozo, o puede oponerse a ella en rebeldía. Las fuerzas del cristiano son potenciadas por las de Dios, para que sea apto para el ejercicio de su misión. Esta instrumentalidad del creyente debe ser considerada como la expresión máxima de la santificación experimental en la que el cristiano no es una mera máquina en la mano de Dios, sino un instrumento sensible a las indicaciones suyas que se ocupa reverentemente en la santificación personal, por medio de la obediencia (Fil. 2:12). La instrumentalidad del creyente debe llevar a este a la comprensión de su necesaria santidad, ya que está sirviendo al Dios santo y su tarea es separada por y para Dios y, por tanto, santa. También deberá mantenerse en es esfera de santidad personal, sin cuyo requisito no habrá bendiciones ni posibilidad de victoria.

Finalmente, la tercera condición es la del reposo que Dios proyecta para los suyos en esta contienda espiritual. El reposo de una tierra conquistada por Dios y llena de promesas será alcanzado definitivamente en el momento en que sea recogida para estar *"para siempre con Jesús"*

(1Ts. 4:17). Sin embargo, ese reposo que nace de la experiencia de ocupar un terreno de victoria en Cristo, debe ser la vivencia cotidiana en el tiempo presente. El poder de Jesús está a disposición de los suyos, que pueden decir como Pablo: *"Todo lo puedo en Cristo que me fortalece"* (Fil. 4:13). Aunque el creyente espera el disfrute del reposo eterno en un estado de bendición definitivo, lejos ya de todos sus enemigos, puede ya gozarse en una vida de paz que se hace posible aquí y ahora. Vivir el reposo es participar en comunión con Cristo mismo (He. 3:14). Todas las bendiciones prometidas pueden ser disfrutadas por aquél cuyo pensamiento está en Cristo y en Él tiene su confianza (Is. 26:3). La inquietud viene cuando confiando en sus propias fuerzas, experimenta la amargura de la derrota. La calma y el reposo se experimentan cuando por la fe se descansa plenamente en los recursos divinos y se dice al Señor: *"En ti está mi fortaleza"*. Cuán necesario es que cada creyente aprenda y viva las lecciones admirables que Dios nos enseña por medio del libro de Josué.

EXCURSUS XIV
EL REINO DE MOAB

El Moab bíblico, en el entorno del libro de Josué, era una nación situada al este del Jordán que limitaba con la parte centro-sur de Canaán, habitada, según parece, por descendientes semitas que se asentaron en el territorio desde 1400-600 a.C., conocidos genéricamente como moabitas.

1. Geografía

Los límites de Moab pueden establecerse con bastante precisión ya que los delimitan elementos que constituyen en sí mismos barreras geográficas muy precisas. Por el oeste estaba el mar Muerto y la parte baja del Jordán. Hacia el oriente, la meseta de las tierras fértiles del territorio terminaba en el desierto en donde se alzaban algunas fortalezas de protección que delimitaban la extensión del reino. Por el norte, estaba el profundo cañón del río Arnón que establecía la frontera con los reinos limítrofes. Al sur, el cañón del arroyo Zered servía de frontera con el territorio de Edom. La necesidad de buscar tierras de pasto fuera de sus fronteras naturales llevó a Moab a emprender acciones de conquista, haciendo fluctuar en ocasiones los límites del norte hasta alcanzar el Wadi Minrin a la altura de Jericó. Sin embargo, en el momento de mayor extensión territorial del reino moabita, sus límites no superaron los 100 km de largo por 50 km de ancho.

La mayor parte del territorio lo forma un altiplano con algunas ondulaciones suaves y con una altitud media de 900 m que se eleva tanto hacia el norte como hacia el sur. Por la parte oeste, el altiplano desciende bruscamente hacia el mar Muerto; por el contrario, hacia el este, apenas se nota el descenso que termina en el desierto. Varios valles de lados muy escarpados aparecen en distintos puntos del altiplano en dirección hacia el mar Muerto. De todos ellos, el más importante y espectacular es la garganta del Arnón que alcanza alturas de 200 m y llega, en algunos lugares, a una anchura de 4 km medidos entre los bordes superiores de la garganta. El suelo del altiplano es fértil, especialmente en la parte norte, donde recibe lluvias anuales de 40 a 50 cm. La tierra es de color rojizo y su fertilidad disminuye a medida que el altiplano se aproxima al desierto. Aunque la lluvia en la región es limitada, permite obtener cosechas de trigo y cebada. Sin embargo, en ocasiones de veranos secos y calurosos, el territorio solo es apto para el pastoreo de rebaños de cabras y ovejas que han estado ligados a la historia de Moab como una de sus principales riquezas.

Una llanura totalmente diferente del altiplano está situada en la península de Lisán, en la parte suroriental del mar Muerto, con muy poca elevación sobre el nivel de las aguas y a unos 400 m bajo el nivel del Mediterráneo. Debido a la depresión en que se encuentra es una región extremadamente calurosa y prácticamente sin precipitación alguna. Otra llanura semejante en características es la conocida como la *"llanura de Moab"*, que va desde el norte del mar Muerto hasta el Wadi Minrin, y desde el Jordán hasta la frontera oriental. Sin embargo, ambas llanuras son atravesadas por pequeños regatos de agua que permiten algunos cultivos de regadío. En los llanos de Moab fue el lugar donde Israel estuvo acampado antes de iniciar el cruce del Jordán para entrar en Canaán.

Debido a su situación geográfica, la principal vía de comunicaciones fue la que seguía de norte a sur a través del altiplano. Esta arteria de comunicaciones que aparece ya en la edad del bronce, persiste en la del hierro y se consolida durante la dominación romana conocida como el camino de Trajano. En la actualidad, una vía moderna sigue la misma orientación y sustituye a las antiguas rutas. Debido al trazado de este camino, las principales ciudades se situaron a ambos lados del mismo. La capital de Moab, Kir Haroseth (actualmente Kerak), así como sus defensas principales, estaban situadas dominando las alturas entre el Arnón y el Zered. Otras ciudades importantes en la historia moabita, como Medeba, Dibón y Hesbón, que constituían las mayores concentraciones humanas, estaban situadas en el altiplano.

2. Historia

En su prehistoria, Moab fue habitada por un pueblo de gran estatura, conocido en la Biblia como Refaim (Gn. 14:5; 15:20). El último rey de Moab, llamado Og, derrotado por Israel en tiempo de Moisés, pertenecía a esta raza de gigantes y su cama era de nueve codos de largo por cuatro de ancho (Dt. 3:11). Restos de construcciones y tumbas megalíticas encontradas en la zona coinciden con el relato bíblico. Enormes dólmenes y menhires se encuentran todavía en cantidades significativas en el territorio de Moab.

Los primeros asentamientos aparecen en el altiplano y tuvieron lugar durante el principio del tercer mileno a.C. Las ciudades moabitas se caracterizan por tener fuertes defensas en muros sólidos alrededor de ellas. Los lugares de población se situaron en zonas estratégicas de difícil acceso y con buenas conducciones de agua. Estas poblaciones y sus fortalezas protegían la ruta que discurría de norte a sur del territorio, así como las tierras altas de Transjordania. Posiblemente, esta vía de comunicaciones permitió el acceso al territorio moabita de los reyes mesopotámicos que se detalla en el Génesis (Gn. 14:5). Las excavaciones ponen de manifiesto la presencia de poblaciones asentadas en Moab durante el período del *bronce inferior* (2000 a.C.) de cuyo tiempo se datan dos estelas, la de Blu'ah y la de Shihan.

A final del *bronce inferior*, al término del tercer milenio a.C. varias poblaciones próximas al Jordán y a ambos lados de este, sufrieron daños a causa de incursiones de pueblos seminómadas que se introdujeron en la región. A consecuencia de esto, aparecen destrucciones masivas de poblaciones que se supone trajeron el fin de la cultura moabita en la edad del *bronce inferior*. A principios del segundo milenio a.C., se restauran los asentamientos de población en el área del Jordán, especialmente en el sector occidental; sin embargo, hasta bien entrado el mileno (1900 - 1300 a.C.) no aparecen asentamientos en el resto del territorio de Moab, siendo eminentemente nómada la población en el altiplano. La procedencia de dichas poblaciones nómadas que se van convirtiendo en sedentarias a medida que transcurre el tiempo, debía proceder de una rama de los amorreos semíticos, como se aprecia en algunos nombres que aparecen en registros de la época. Probablemente, los nómadas procedentes del noroeste se movieron a lo largo de las primeras centurias por las llanuras de Moab. El nombre genérico de *amorreos* debía designar a diversos grupos étnicos semejantes y aun procedentes de las zonas de Siria y del norte de Mesopotamia, ascendientes de los moabitas y de los hebreos. La evidencia bíblica en este sentido aparece en la profecía de Balaam, donde Moab aparece en paralelo con los hijos de Set (Nm. 24:17). Todos estos pueblos pudieran ser las tribus nómadas de origen semita llamadas *Sutu* en textos mesopotámicos y egipcios del segundo milenio a.C. El Antiguo Testamento los cita con el término *"moabitas"*, indicando que son descendientes de Moab, hijo de la hija mayor de Lot, concebido incestuosamente de su padre (Gn. 19:30-38). Generalmente, el territorio es el que da nombre patronímico al pueblo que lo habitaba. En el caso de los moabitas, probablemente ocurre a la inversa, es decir, se denominó Moab al territorio ocupado por ellos y que llegó a ser su patria.

Procediendo de Lot, sobrino de Abraham, debe considerarse a los moabitas como una rama semítica del mismo tronco que los israelitas, tanto en idioma como en costumbres. Así se manifiesta en el escrito de la llamada *"Piedra de Moab"*, en donde aparece el moabita como un idioma semítico del noroeste de Palestina y que era prácticamente idéntico al hebreo. El descubrimiento de la *"Piedra de Moab"* se produjo en agosto de 1868, cuando un jeque árabe mostró en la villa de Dhiban —el Dibón bíblico— a un misionero alemán una estela que medía 1,15 m de altura, por 0,61 m de ancho y 0,26 m de grosor. El descubrimiento fue de una importancia tal, que los funcionarios consulares de Alemania y Francia procuraron adueñarse de ella. Conscientes de que la estela tenía un gran interés para el mundo occidental, los árabes determinaron destruirla para que no cayera en manos extrañas procediendo a calentar la piedra mediante fuego, para luego mojarla con agua una vez caliente, lo que provocó la rotura de la estela en varios fragmentos. Pensando que sería alguna leyenda religiosa, pusieron los trozos de la roca en sus sembrados como elemento de bendición. Sin embargo, los franceses habían conseguido un facsímil de la inscripción antes de que fuera destruida la estela. Posteriormente, se hicieron esfuerzos para recuperar los fragmentos esparcidos en los campos consiguiéndose recuperar una buena parte de ella. La piedra fue reconstruida y llevada al museo del Louvre. El texto de la estela está escrito en hebreo primitivo o paleohebreo. La inscripción de la *"Piedra de Moab"* hace referencia al festejo que el rey moabita Mesa hace de su acción contra Israel durante los últimos años del reinado de Acab. El rey moabita atribuye a su dios Quemós el éxito de la acción. La escritura de la estela hace referencia a Israel con estas palabras:

"Omri, rey de Isarel, humilló a Moab muchos días porque Quemós estaba airado contra su tierra. Su hijo le siguió, y él también dijo, 'yo humillaré a Moab'. En mi tiempo él dijo esto, pero yo he triunfado sobre él y sobre su casa, mientras que Israel ha perecido para siempre. Omri había ocupado la tierra de Medeba e Israel había habitado allí durante su tiempo, y la mitad del tiempo de su hijo (Acab), cuarenta años; pero Quemós habitó allí en mi tiempo"[1].

El resto del texto de la estela menciona las ciudades de Moab edificadas por Mesa, así como las que conquistó a Israel. Se alude a la construcción de un palacio con ayuda de esclavos israelitas, cisternas y otras edificaciones. El rey Mesa construyó una vía en el valle de Arnón.

El territorio de Moab se pobló al hacerse sedentarias varias tribus nómadas que se habían establecido en el territorio sur de Transjordania levantando lugares permanentes de población. Solo se puede hablar de Moab como nación asentada en un territorio a partir del siglo XIII a.C., como parecen poner de manifiesto las excavaciones de Dhiban. La primera mención a Moab aparece en los escritos egipcios de Ramesés II, en el s. XIII. Moab, como nación, precedía a Israel en cuanto a nación establecida y asentada. Los israelitas tenían que pasar por su territorio en su marcha hacia Canaán, en tiempos de Moisés.

---

[1] Tomada del *"Diccionario Bíblico Arqueológico"*, pág. 471.

Antes de la acción israelita contra Moab, el territorio moabita del norte hasta el Arnón fue conquistado por Sehón, el rey amorreo de Hesbón, que incorporó a su reino todo aquel territorio. La Biblia hace referencia a ese hecho histórico (Nm. 21:26-30). Por tal motivo, la red de fortalezas establecidas por Moab, que habrían sido —humanamente hablando— demasiado poderosas como para ser tomadas por Israel, se hallaban muy debilitadas debido a la situación geo-política de la región. Dios mismo había advertido de eso a Moisés (Dt. 2:9). La acción militar israelita contra Sehón permitió a Israel distribuir el territorio de Transjordania a las tribus de Rubén y Gad (Nm. 32:2-5, 34-38), quienes se instalaron en el territorio y renombraron algunas de las ciudades que eran antes moabitas.

Israel estuvo acampado en las llanuras de Moab después de que el territorio hubiera sido ocupado por la conquista de Sehón, al oriente del Jordán frente a Jericó (Nm. 22:1 ss.). Fue en esa ocasión cuando Balac, el rey moabita, procuró que Balaam maldijese a Israel (Nm. 22). La estancia de Israel en las llanuras de Moab propició la seducción moral de muchos de ellos por las mujeres moabitas, cayendo en los pecados de fornicación e idolatría (Nm. 25:1-9). Tales referencias a Moab confirman que la acción militar de conquista de Sehón sobre el norte del territorio moabita no impidió la presencia de aquellos en lo que había sido su lugar habitual de residencia.

Tendrían que pasar los años de la conquista de Josué y el asentamiento del pueblo de Israel, para que se produjera una nueva situación de dominio territorial de los moabitas en los espacios ocupados por sus tribus en Transjordania que habían sido antes suyos, cruzando el Jordán para sojuzgar territorios cananeos llegando hasta Jericó durante el reinado de Eglón (Jue. 3:12-14). Esta opresión moabita concluyó por la acción de Aod, que dio muerte al rey moabita y abrió la puerta para la expulsión del territorio de las fuerzas ocupantes (Jue. 3:12-30). Sin embargo, los asentamientos moabitas restablecidos en Transjordania trajeron como consecuencia la práctica absorción de la tribu de Rubén. Las relaciones entre Israel y Moab no fueron tan tensas como con otros pueblos, como se desprende del estudio del libro de Rut.

La monarquía hebrea durante el reinado de David redujo a los moabitas a la condición de vasallos de Israel (2Sa. 8:2; 1Cr. 18:2, 11). Durante el reinado de Salomón continuó la situación, figurando mujeres moabitas en el harén real, levantando un altar al dios moabita Quemós en las cercanías del templo de Jehová en Jerusalén (1Re. 11:1-7). Después de la división del reino posterior a la muerte de Salomón, Moab recobró su independencia. Sin embargo, con la ascensión de Omri (876 a. C) al trono del reino del norte, Moab fue reducido nuevamente a la condición de vasallo de Israel, pagando un fuerte tributo anual en ovejas y lana (2Re. 3:4). La *"Piedra de Moab"* complementa la historia bíblica ofreciendo un nuevo resurgir de Moab frente a Israel durante el reinado de Mesa. La acción bélica, que incluyó el sacrificio del hijo del rey de Israel y heredero al trono sobre el muro de la ciudad (2Re. 3:24-27), determinó la retirada israelita de los territorios de Moab. Este resurgir y declinar moabita va acompasado a la situación de Israel. La invasión asiria de la región norte de Israel y de Siria, en días de Tiglatpilser III (738 a.C.), puso a Moab bajo vasallaje asirio. La situación debió extenderse durante más de un siglo, ya que aparecen reyes moabitas en las referencias asirias de reyes vasallos, tanto en las relaciones de Senaquerib, como en las de Esar-Haddon y Asurbanipal. Las tribus árabes del desierto asirio, aprovechando las circunstancias de lucha civil en Asiria durante el reinado de Asurbanipal (650 a.C.), invadieron y destruyeron los asentamientos de Moab y otros muchos del territorio de Transjordania. Esa situación condujo a la desaparición de Moab como estado autónomo.

El imperio Babilónico estableció su autoridad sobre la porción de territorio de Siria y Palestina norte. Nínive, la capital de Asiria, cayó en manos babilónicas el 612 a.C. Siete años después, sojuzgaba todos los territorios que le habían pertenecido en la zona siro-palestina. Los reinos del entorno, entre los que se encontraban Judá y Moab, se sometieron a un vasallaje voluntario. La insurrección de Judá, ocurrida unos tres años más tarde, fue represaliada por los babilonios mediante la utilización de moabitas y otros pueblos que les eran leales (2Re. 24:2). La enemistad generada por años de ocupación israelita de su territorio convirtió a Moab en uno de los enemigos más activos de Judá, lo que quedaba del reino de Israel. Los profetas hablaron contra Moab, en el nombre del Señor, anunciando su destrucción (cf. Is. 15, 16; Jer. 48; Ez. 25:8-11; Sof. 2:8-11). Moab, junto con Edom, Tiro, Sidón y Judá procuraron una coalición que sirviera de base para levantarse contra Babilonia. Jeremías, el profeta, habló a los embajadores que esos pueblos enviaban a Joacim, el hijo de Josías, rey de Judá, comunicándoles, en nombre del Señor, lo estéril de aquel intento (Jer. 27:1-11). Esta situación condujo a la rebelión de Judá contra Babilonia, que trajo como resultado la destrucción de Jerusalén y la transmigración de una gran parte del pueblo a Babilonia (587 a.C.) La destrucción de Moab se produjo años después (582 a.C.), según referencia histórica de Josefo[2], a manos de Nabuzaradán, coincidiendo con la deportación del tercer grupo de cautivos de Judá (Jer. 52:30). La arqueología confirma el relato histórico de Josefo. Moab dejó de existir

[2] Josefo. *Antigüedades* V. ix. 7.

como nación en el s. VI a.C. El territorio moabita dejó de ser lugar de asentamiento de la nación para volver a ser tierra de nómadas.

3. Religión

Las excavaciones y otras bases históricas permiten considerar la religión de Moab como parte de las religiones de los pueblos de Canaán. La adoración a Baal estaba asentada, como ponen de manifiesto nombres de algunos lugares moabitas, tales como Bamot-baal (Nm. 22:41; Jos. 13:17), Bet-baal-meón (Jos. 13:17) y Bet-baal-peor (Jos. 13:20). Los sacrificios rituales a los distintos baales, según las manifestaciones locales del dios, se mencionan en la Biblia (Nm. 22:40; 23:2; 25:2). Junto con los sacrificios se llevaban a cabo orgías sexuales que acompañaban a la adoración de Baal, como ocurría en la fiesta religiosa de Baal-peor (Nm. 25:3-6; 31:16; Jos. 22:17). Las excavaciones desenterraron figurines de fertilidad moabita representando a la diosa Astarté, que indican la relación que existía entre las prácticas religiosas de Moab y las de los pueblos canaanitas. El dios nacional moabita parece ser que era Quemos, considerado como el señor de la guerra, pero que tenía poder sobre todo en general. La inscripción de la *"Piedra de Moab"* lo presenta con aspectos semejantes a los de Jehová, trayendo el bien o el mal sobre su pueblo según fuese obediente o desobediente a su voluntad. Como dios de la guerra, conquistaba pueblos en favor de Moab y permitía la esclavitud de Moab en caso de desobediencia. La autoridad de Quemos estaba mediada por el rey moabita de turno, quien poseía una cierta autoridad sacerdotal. Quemos se propiciaba por medio de sacrificios, que incluían los humanos (2Re. 3:26-27). Era adorado en los lugares altos, y se supone que tenía un templo en Dibón. Para Israel Quemos era una abominación (1Re. 11:7; 2Re. 23:13).

4. Dibón

Mención final merece la ciudad moabita de Dibón, identificada con las ruinas de Dhiban en Jordania situadas a 64 km de Amán, al norte de *Wadi Mijib*, el río Arnón, y a 21 km al este del mar Muerto. Debido a la conquista del amorreo Sehón, la ciudad y su área de influencia quedaron bajo el control de estos siendo liberada por la acción israelita contra Sehón, incorporándola a las tribus de Rubén y Gad (Nm. 32:2-5; 32:34-38). Específicamente la ciudad de Dibón fue adjudidada a Rubén (Jos. 13:17).

Las excavaciones arqueológicas modernas datan de 1950 bajo la dirección de la Escuela Americana de Investigación Oriental en Jerusalén. La presencia en el lugar de los primeros asentamientos humanos data de la *edad del bronce I,* estando representados los otros niveles correspondientes al *bronce intermedio y al bronce final.* Sin embargo, hay una interrupción de materiales culturales nuevos en los dos períodos finales de la edad del bronce. La edad del *hierro I y II* presentan una notable ocupación de la ciudad, seguida por otro período de abandono.

Las excavaciones pusieron al descubierto unas fortificaciones defensivas complejas tanto en el perímetro oriental como en el suroriental del promontorio. No ha sido posible datar la fecha de las construcciones. La muralla más notable es la que discurre hacia el oriente con una gran construcción en la falda formada por piedras cuadradas de gran tamaño que dan idea de la imponente fortaleza defensiva de la ciudad.

En la excavación aparecieron granos carbonizados, posiblemente de trigo, que por el procedimiento de radio-carbono fueron datadas como del 858 a.C., coincidiendo con la fecha determinada para estos niveles por la cerámica hallada junto a ellos. En el área norte apareció una de las entradas a la ciudad con tres caminos que conducían al interior de la misma. Grandes torres de esquina se situaban en este sector de la muralla, con cuarto de guarda en cada una de ellas. Del período inmediatamente anterior a la edad del hierro se desenterraron grandes cantidades de grano carbonizado y se pusieron al descubierto murallas de ladrillo.

Como hallazgo interesante cabe destacar un edificio de la administración moabita cuya extensión no se pudo precisar en las excavaciones aludidas antes. Las paredes de la construcción son de metro y medio de espesor, con suelos de piedras lisas. La cerámica encontrada en el edificio es de la más perfecta elaborada en el mundo antiguo, sumamente fina y delgada. Los hallazgos cerámicos y otros objetos, junto con la calidad de la construcción, hacen suponer que se trataba de un templo o tal vez un palacio y templo.

Los nabateos colonizaron el lugar en tiempos próximos a la era cristiana, siendo abandonado en los últimos tiempos de los árabes. De este tiempo aparecen estructuras de edificios en el sector suroriental del promontorio, entre las que se destacan una puerta, un templo nabateo y otro bizantino. En una piedra del pavimento del templo aparece la inscripción griega con la fecha de construcción de una torre romana de defensa fechada en el año 557, lo que, si se asume que era seléucida, supondría el 245 d.C.

CAPÍTULO 13
REPARTO DE TRANSJORDANIA

Introducción

Israel podía decir con propiedad que Canaán era suyo. Nunca antes había tenido una tierra propia. Desde la promesa de Dios a Abraham habían pasado casi cinco siglos, y en todo ese largo tiempo no habían entrado en posesión de ningún territorio que pudiera convertirse en su posesión nacional. Desde los tiempos de su predecesor Abraham no había tenido en propiedad nada de la tierra prometida. Aquel había muerto en posesión de una pequeña parcela donde enterrara a su esposa Sara, en Macpela, en Hebrón, comprada a su propietario Efón hijo de Zohar, pagando por ella cuatrocientos siclos de plata (Gn. 23:15-16). Desde entonces, los descendientes de Abraham habían llegado a la condición de esclavos al servicio del faraón, rey de Egipto. Nada habían llegado a poseer en la tierra que Dios había prometido a su siervo y amigo Abraham. Realmente, aquella tierra era demasiado extensa para una sola familia y mucho más para un solo hombre. Incluso cuando la descendencia de Abraham se había multiplicado y sus bisnietos eran ya un grupo numeroso, no eran, ni con eso, suficientes para ocupar y controlar una tierra tan extensa. Dios sabía lo que tenía que hacer. Aquel pueblo debía multiplicarse hasta llegar a convertirse en un número de personas suficientemente grande como para posesionarse y controlar toda la tierra prometida. El trabajo divino consistió en permitir aquella experiencia de esclavitud en Egipto, donde el pueblo creció en tal manera que llegó a convertirse en una preocupación para aquellos que eran sus dueños. Dios controlaba toda la situación. La providencia divina estaba trabajando para que aquella nación de esclavos no perdiera su identidad, por lo que no fueron desarraigados de la tierra en donde se habían instalado cuando se trasladaron a Egipto. Aquellos esclavos, aun en esa condición, podían relacionarse entre ellos con toda libertad. Los matrimonios se celebraban entre ellos, de modo que no se mezclaron con otros pueblos. Ese mismo tiempo de esclavitud fue una preparación continua en la escuela de la dependencia de Dios. Solo el Eterno podía ser su ayudador, ya que, por sí mismos, nunca hubieran podido librarse del yugo de esclavitud puesto sobre ellos. Las lecciones del desierto, más tarde, forjaron el carácter de ese pueblo, enseñándoles al mismo tiempo verdades sobre Dios, su santidad, justicia, gracia y omnipotencia. Ese pueblo estaba ya preparado para recibir en posesión la tierra que Dios había designado para ellos desde los tiempos de Abraham. Aquella tierra era ya realmente suya. Era el momento en que podían entrar a poseerla, construir sus hogares y vivir en paz.

El libro de Josué entra ahora en su tercera división. En los cinco primeros capítulos, el autor hizo la introducción histórica que permite comprender el período de guerra dando los detalles relativos a la preparación nacional para ese tiempo. En los siguientes siete capítulos (6-12), los relatos de las batallas llenan totalmente su contenido. Esta tercera sección se compone de doce capítulos (13-24) y relata el reparto de la tierra y la posesión de las heredades. Estas se distribuyeron entre todas las tribus de manera que las familias que las componían recibieron su parte y así llegó a los individuos.

La estabilidad territorial quedaba garantizada por el respeto a los límites entre las tribus, de modo que por uniones familiares no podían añadirse tierras a las que constituían el territorio de una determinada tribu. No había posibilidad de transferencias de propiedad de una tribu a otra (Nm. 36:9). Posiblemente, para un lector superficial esta sección del libro resulta un tanto ardua. Los muchos nombres de personas y lugares pudieran hacer suponer que tiene poca importancia. Eso trae como consecuencia el poco interés que para algunos despierta esta sección del libro, y aún por el libro en general, suponiendo que se trata solo de detalles históricos y geográficos de tiempos pretéritos que no revisten interés alguno para el momento actual. Este tratamiento es una clara equivocación, ya que *"toda la Escritura es inspirada por Dios, y útil para enseñar, para redargüir, para corregir, para instruir en justicia, a fin de que el hombre de Dios sea perfecto, enteramente preparado para toda buena obra"* (2Ti. 3:16-17), por tanto, el estudio de cada uno de los versículos de libro de Josué, tiene algún contenido para enseñar al creyente en cada tiempo. De este modo se debe enfocar el estudio de todos los textos bíblicos. Así se pronuncia Irving L. Jensen:

"Esta sección de Josué, referida a la tarea de adjudicación, a primera vista puede dar la impresión de ser insípida y carente de interés. La multitud de términos geográficos contribuye a dificultar su estudio. Dos formas de enfocar este problema ayudarían indeciblemente al estudiante de la Biblia. En primer lugar, el estudiante debe reconocer que todo cuanto incluye el texto bíblico, sea fácil o difícil, colorido u opaco, sea exhortación o historia, todo ha sido divinamente designado para la edificación del lector. En su contexto, sea breve o extenso, también esta sección tiene algo que decir sobre el hombre y sobre Dios. Por ejemplo, se debería comprender que las extensas listas de nombres geográficos referentes a los repartos de la tierra, enseñan la bendita verdad de que la promesa de Dios del reposo de Canaán era tanto para familias individuales como para Israel en su totalidad. Por así decirlo, cada familia había de tener su propio domicilio. William Blaikie lo ha expresado diciendo: 'En

cada uno de estos lugares... la fe puede descubrir la inscripción como con letras celestiales de la dulce palabra REPOSO'. El segundo enfoque que hará fructífero el estudio de este pasaje es la búsqueda de las grandes verdades que se leen entre líneas por medio de los numerosos detalles, identificando los principios eternos y universales implícitos"[1].

De este modo, se va a considerar la tercera sección de este admirable libro. En ella, la fidelidad y la gracia de Dios se hacen patentes por el cumplimiento de todas sus promesas y la entrega de la tierra a Su pueblo. Dios les había dado la victoria completa y ahora les reparte sus heredades, por tanto, todo el honor y la gloria corresponden al Señor. Como David diría siglos después: *"Tuya es, oh Jehová, la magnificencia y el poder, la gloria, la victoria y el honor; porque todas las cosas que están en los cielos y en la tierra son tuyas, Tuyo, oh Jehová, es el reino, y tú eres excelso sobre todos. Las riquezas y la gloria proceden de ti, y tú dominas sobre todo; en tu mano está la fuerza y el poder, y en tu mano el hacer grande y el dar poder a todos. Ahora pues, Dios nuestro, nosotros alabamos y loamos tu glorioso nombre... Pues todo es tuyo, y de lo recibido de tu mano te damos"* (1Cr. 29:11-14).

Con este capítulo comienza la división y distribución de la tierra de Canaán entre las tribus y las familias. La distribución se efectúa por suertes, quedando obligada la nación a guardar esa distribución para evitar transferencias de propiedad de una tribu a otra (Nm. 36:9). La división del capítulo para su estudio es sencilla: primeramente, están las instrucciones generales que Dios da a Josué (vv. 1-7); luego, la división del territorio al este del Jordán —lo que se conoce como Transjordania— comenzando por la demarcación del territorio (vv. 8-14), siguiendo por la parte de la tierra entregada a la tribu de Rubén (vv. 15-23), la heredad de Gad (vv. 24-28) y, finalmente, la heredad de la media tribu de Manasés (vv. 29-33).

Para el comentario del pasaje se sigue el *Bosquejo* que se indica en la *introducción*, como sigue:

División de la tierra de Canaán (13:1–21:45).

1. Instrucciones de Dios a Josué (13:1-7).
2. División de Transjordania (13:8-33).
   2.1. Territorio de Transjordania(13:8-14).
   2.2. Heredad de Rubén (13:15-23).
   2.3. Heredad de Gad (13:24-28).
   2.4. Heredad de la media tribu de Manasés (13:29-33).

[1] Irving L. Jensen. o.c., pág. 85

DIVISIÓN DE LA TIERRA DE CANAÁN (13:1–21:45)

Instrucciones de Dios a Josué (13:1-7)

1. Siendo Josué ya viejo, entrado en años, Jehová le dijo: Tú eres ya viejo, de edad avanzada, y queda aún mucha tierra por poseer.

Josué era ya un hombre viejo. La Escritura le define aquí como *"viejo y entrado en años"*. Posiblemente tendría sobre los 90 años. Había salido de Egipto cerca de los cuarenta. Había sobrevivido a los que murieron durante los cuarenta años de peregrinación por el desierto. Había estado dedicado a la conquista de la tierra por otros ocho o nueve años. Era un hombre mayor. Debía ser de una edad similar a la de su compañero Caleb, que contaba ochenta y cinco años entonces (14:10). Había otros tan mayores como él, pero solo dentro de la línea sacerdotal que no había sido incluida entre los que se revelaron contra Dios en tiempos de Moisés, por cuya causa cayeron en el desierto (Nm. 13 y 14). Fuera de esos, ninguno en el pueblo llegaba a la edad de Josué. No era, sin embargo, tan viejo que no pudiera ejercer algunos importantes aspectos del liderazgo en el pueblo; Moisés le había superado con creces antes de su muerte. Otros podían hacer muchas cosas con su edad; ese era el caso de Caleb. No obstante, el Espíritu dice que era viejo y entrado en años. La vida del hombre es considerada por el salmista como de setenta años: *"Los días de nuestra edad son setenta años; y si en los más robustos son ochenta años, con todo, su fortaleza es molestia y trabajo, porque pronto pasan, y volamos"* (Sal. 90:10). No es posible calcular la edad que tenía Josué, pero si se considera que la afirmación sobre su vejez vuelve a repetirse más adelante, en la introducción al discurso de despedida (23:1), debía estar ya próximo a su muerte, y esta ocurrió cuando tenía ciento diez años (24:29). No importa, sin embargo, cuantos años tenía, es suficiente con lo que el Espíritu revela sobre su siervo.

El trabajo de Josué comprendía tres actuaciones. La primera consistía en introducir al pueblo en la tierra pasando el Jordán; la segunda era la conquista de aquella tierra con la expulsión de los enemigos; la tercera tenía que ver con la posesión absoluta de la tierra en el reparto de las heredades, no solo a las tribus, sino a las familias, para que todos tuvieran su posesión en Canaán. Sin embargo *"quedaba aún mucha tierra por poseer"* (heb. *"kol g^{e}lîlôt happ^{e}listîm"*), entre otros, los territorios filisteos y de pueblos que se citan seguidamente.

Dios estaba indicando a Josué que comenzara con la tercera etapa, repartiendo la tierra ya que no estaba en edad de continuar él mismo dirigiendo las actividades que faltaban en relación con la expulsión de los enemigos que aún estaban en la tierra. Josué tenía que experimentar lo que antes había experimentado Moisés, que otro tenía que tomar su ministerio y continuar con el programa divino para su pueblo. Muchos años por delante le restaban Israel para confrontaciones con los enemigos en Canaán. Solo en tiempos de David, el rey *"conforme al corazón de Dios"* (1Sa. 13:14), se concluiría esta tarea. Ahora, Josué debía terminar el trabajo que le había sido encomendado, y dar paso para que otro ocupara su ministerio. Él continuaría sirviendo al Señor, pero desde otra posición. Dios iba a aliviarle de las agotadoras tareas de la responsabilidad militar y de combatir contra los enemigos. Había llevado adelante la tarea encomendada con fidelidad. Todas las batallas, salvo la del primer intento contra Hai, fueron dirigidas personalmente por él. Ahora es ya *"viejo y entrado en días"*. Esta manifestación de Dios es como una advertencia sobre lo corto de su futuro: no iba a vivir por mucho tiempo. Josué debía atender a la nueva tarea de repartir la tierra con la misma diligencia conque llevó a cabo todas las encomendadas antes.

Todo el que ocupa puestos de responsabilidad en la obra de Dios ha de tener una visión clara de la necesidad de tener personas preparadas para continuar adelante el cometido encomendado por Dios. De ahí las instrucciones que Pablo da a Timoteo al indicarle que se rodee de creyentes idóneos que sean capaces de preparar a otros para que estos a su vez lo hagan con los siguientes (2Ti. 2:2). No es útil, ni sabio, ni bueno, pretender mantenerse indefinidamente en el puesto que se ha venido ocupando. Es necesaria la sabiduría divina para aceptar que la edad física afecta a la persona y es indicativo del término de su ministerio. Josué podía decir como Pablo: *"he acabado la carrera"* (2Ti. 4:7). Este es el objetivo que debería presidir la actividad de todo líder en la obra de Dios. La vista puesta al final de la carrera como término claro de la ejecución de la encomienda recibida. El gran ejemplo de Cristo debería servir para cada uno de los que de algún modo están sirviendo en la obra de Dios. Lo importante es poder decir como el Maestro: *"He acabado la obra que me diste que hiciese"* (Jn. 17:4). No hay mayor gozo que ver el pasado con la seguridad de haber cumplido, en el poder de Dios, la obra encomendada. Pero no es menor gozo ver que han quedado nuevos valores convenientemente preparados, de modo que la obra continuará sin alteraciones ni traumas. Qué importante y de bendición es para el que sirve al Señor poder retirarse a labores más sencillas y ver cómo otros toman la iniciativa que él tenía que asumir antes mientras puede sentir la satisfacción de dejar tras de sí *hijos espirituales* que caminan fielmente en la verdad (3Jn. 4). Lamentablemente, no es siempre esta la tónica dentro del liderazgo bíblico, con las incidencias y dificultades que esto crea en la buena marcha de la obra de Dios.

2. Esta es la tierra que queda; todos los territorios de los filisteos, y todos los de los gesureos;

3. desde Sihor, que está al oriente de Egipto, hasta el límite de Ecrón al norte, que se considera de los cananeos; de los cinco príncipes de los filisteos, el gazeo, el asdodeo, el ascaloneo, el geteo y el ecroneo; también los eveos

Faltaba mucho aún para llegar a la ocupación de toda la tierra prometida y el exterminio de los habitantes de ellas. Los límites establecidos como promesa territorial al principio del libro estaban aún lejos de ser alcanzados (1:4). Esta tierra sería propiedad absoluta de Israel conforme a los compromisos del pacto abrahámico, donde Dios mismo establece el territorio para Su pueblo, determinando que los ocupantes que la poseían habían de ser destruidos delante de los hijos de Israel (Gn. 15:18-21). La instrucción divina de ocupar aquella tierra aparece ya en el libro de Deuteronomio (Dt. 1:7-8), así como la promesa fiel de que todo el territorio establecido por Dios sería de ellos: *"todo lo que pisara la planta de vuestro pie será vuestro, desde el desierto hasta el Líbano, desde el río Éufrates hasta el mar occidental, será vuestro territorio"*. Sin duda, faltaba aún mucha tierra por conquistar (v. 2), y entre ella la tierra de los filisteos, indicándose claramente los límites de su territorio y señalando hacia ellos. Con ellos se incluyen también *"todos los de los gesureos"*. Parece ser que los filisteos procedían de Creta[2], mientras que los gesureos ocupaban territorios al otro lado del Jordán, en la Transjordania, haciendo frontera con Basán por el norte y rodeando el mar de Galilea por la parte meridional. Estos todos persistirían hasta los tiempos de David, quien lucharía contra los gesureos que, junto con los gezritas y los amalecitas dominaban sobre aquella tierra (1Sa. 27:8). Seguidamente, se detallan las áreas geográficas comprendidas dentro de los límites anteriores. Comienza el escritor por la parte sur, *"desde Sihor"*, situado al oriente de Egipto (v. 3), es decir, frente a la frontera con Egipto. Este límite debe ser el mismo que se cita en tiempos de David con motivo de la convocatoria para el traslado del Arca desde Quiriat-jeraim, y que se le llama *"Sihor de Egipto"* (1Cr. 13:5). Al límite sur se le llama también *"arroyo de Egipto"* (15:4), *"río de Egipto"* (15:47; 1Re. 8:65; 2Re. 24:7) y *"torrente de Egipto"* (Is. 27:12). El límite norte del territorio se situaba en Ecrón, identificada hoy por *"Aqir"*, al nordeste de Asdod. Este territorio era originariamente cananeo (Dt. 2:23), por tanto, una porción de la tierra prometida por Dios a su pueblo que estaba en el momento del reparto en manos de los filisteos. Estos habían establecido una confederación de cinco distritos o provincias

---

[2] Ver detalle de los distintos pueblos que ocupaban Palestina, en el apartado correspondiente de la *Introducción*.

(heb. *"g^{e}lîlôt"*) que tenían al frente de cada una un *príncipe* o *sátrapa* (heb. *"s^{e}ränîm"*). Estos cinco príncipes seguían ocupando la tierra en tiempos de los jueces (Jue. 3:3; 1Sa. 6:16). Los cinco territorios filisteos eran *Gaza*, situada al oeste, sobre la llanura de la costa mediterránea (10:41; 11:22); *Asdod*, al noroeste de la anterior también sobre la llanura costera (11:22). Esta ciudad y su distrito se citan en otras muchas ocasiones a lo largo de la historia de Israel y en la profecía (1Sa. 5:7; 6:17; 2Cr. 26:6; Jer. 25:20; Sof. 2:4), y fueron, junto con los árabes, quienes procuraron evitar que las obras de reconstrucción de la ciudad de Jerusalén se llevaran a cabo por Nehemías después del regreso de algunos contingentes a la ciudad de los deportados antes a Babilonia (Neh. 4:7); el tercer distrito filisteo era *Ascalón*, al norte de Gaza y al suroeste de Asdod, que fue tomado por Judá después de la muerte de Josué (Jue. 1:18); el territorio de Gat, situado más interior, al sureste de Asdod, continuaba siendo importante en tiempos de David (2Sa. 1:20), de donde procedía Itaí, uno de sus siervos más leales (2Sa. 15:18). Este territorio se menciona en la profecía como lugar de los filisteos (Am. 6:2); finalmente *Ecrón* , citado ya anteriormente y situado al noroeste de Asdod y al sur de Ecrón.

Es interesante la referencia a los eveos, grupo étnico pre-filiseo que ocupaba el territorio entonces en manos de los filisteos y que eran descendientes de Canaán (Gn. 10:17). Se habían asentado en la franja costera desde Gaza hasta el río de Egipto, de donde fueron expulsados por los filisteos antes de los tiempos de Moisés (Dt. 2:23). Sin embargo, bajo control filisteo, un núcleo importante de ese grupo étnico estaba aposentados en el territorio filisteo en tiempo de Josué, ocupando una parcela en la parte sur.

4. al sur toda la tierra de los cananeos, y Mehara, que es de los sidonios, hasta Afec, hasta los límites del amorreo.

El segundo territorio que quedaba sin poseer se delimita al sur por *"toda la tierra de los cananeos"*. Esta no era el interior desde Seir hasta Baal-gad (11:17), sino la zona costera ocupada también por ellos. En esta, en los límites del sur se encontraba también Mehara, en hebreo *M*^{ea}ärä, que significa *gruta*, probablemente el actual *Mugar Gezzîn,* que quiere decir *Grutas de Gezzîn*, situada a unos 13 km al oeste de Meguido, y en posesión de los sidonios. El territorio se extendía hacia el norte hasta Afec y seguía hasta el límite de la tierra amorrea. Con toda seguridad, no puede tratarse de los límites amorreos en los montes palestinos al este de la llanura de Sarón (Dt. 1:7, 19, 20), sino de sus territorios situados al norte de Sidón, en donde se encontraron santuarios cananeos de la edad del bronce, de ahí que se sitúen al sur los términos de Afec y Mehara.

5. la tierra de los giblitas, y todo el Líbano hacia donde sale el sol, desde Baal-gad al pie del monte Hermón, hasta la entrada de Hamat.

La última porción de tierra sin poseer se denomina como *"la tierra de los giblitas"*, literalmente *el territorio de los guiblitas* (heb. *"hä*[a]*äres* *haggiblî"*), cuya capital era Guebal —la antigua Biblos— situada al norte de Sidón, también como ella en la costa. Esa ciudad tuvo una gran importancia comercial a partir del II milenio antes de Cristo, siendo centro de exportación de madera del Líbano hacia Egipto para sus construcciones navales, así como mercado principal de cobre procedente del Cáucaso. Biblos fue también centro de los cultos idolátricos de los Fenicios, donde se veneraba a Osiris, cuyo féretro, según la leyenda, había arribado milagrosamente a sus costas. También se veneraba a Adonis. El pueblo de Biblos construyó templos a Baal Gebal (*La señora de Gebal)* y a Reshep. Los monumentos descubiertos en las excavaciones durante el s. XIX, revelan la importancia religiosa de esta ciudad. Desde ese límite occidental del territorio ocupado se extendía hacia el este por *"todo el Líbano"* desde Baal-Gad, en el valle del Líbano, al pie del monte Hermón, hasta Hamat (heb. *"l*[e]*bo*[a] *Hamät"*), el lugar de partida del camino para entrar hacia Hamat. Este camino se dirigía de sur a norte partiendo de un lugar situado entre el Líbano y el Hermón, conocido como *Merg* [a]*Ayûn,* hacia Hamat, la *Hamatu* asiria, hoy *Hama*, al nordeste de Biblos.

6. todos los que habitan en las montañas desde el Líbano hasta Misrefotmaim, todos los sidonios; yo los exterminaré delante de los hijos de Israel; solamente repartirás tú por suerte el país a los israelitas por heredad, como te he mandado.

El hagiógrafo establece un resumen de las dos zonas delimitadas en los versículos anteriores (vv. 4-5) citando a los habitantes de las montañas que ocupaban el Líbano y llegaban hasta *"Misrefotmaim",* situada en la costa al sur de Tiro. Pero, junto con el resumen del territorio aún no ocupado por Israel, está la promesa del Señor de seguir actuando en favor de su pueblo: *"yo los exterminaré delante de los hijos de Israel"*. Cuando se prestasen a ocupar sus territorios, Dios actuaría como anteriormente. Es cierto que aquellos eran pueblos poderosos, pero ¿qué podían hacer ante el Todopoderoso? La conquista de la tierra no es una guerra de Israel, sino del Señor, por tanto, Josué, aun cuando no había tomado posesión de aquellos territorios, debía distribuirlos ya entre las tribus de Israel. Esa tierra sería repartida *"por suertes"*, en herencia (heb. *b*[e]*najalä*).

Cuántos pueblos rodeando al pueblo de Dios, cuánto territorio sin ser ocupado... pero la confianza de los hijos de Israel debía ser plena. Dios había dispuesto que toda aquella tierra sería para ellos y podía cumplir su promesa. De igual manera, el creyente en Cristo Jesús tiene grandes y gloriosas promesas. Aún queda tiempo de espera para ocupar la posesión plena en la Canaán celestial, pero mientras tanto, está siendo llevada de *"triunfo en triunfo"* (2Co. 2:14). La herencia de gloria prometida por Dios mismo es una herencia cierta de la que se puede estar seguro. Las bendiciones actuales dependen en gran medida de la fidelidad de los creyentes, pero el futuro de gloria está garantizado. En ocasiones, los enemigos serán grandes y fuertes, pero la certeza de la compañía de Dios hace nulos esos poderes y lleva tranquilidad y descanso al alma cristiana. Frente a las dificultades y oposición, el creyente se pregunta: *"Si Dios es por nosotros ¿quién contra nosotros?"* (Ro. 8:31) y la calma, procedente de la plena certeza, hace renacer la tranquilidad. En ocasiones, el enemigo de la duda podrá enfrentar al creyente y la pregunta del tentador surgirá de improvisto: *"¿Será Dios capaz de cumplir lo prometido?"* o de otro modo: *"¿Crees que tu pobreza espiritual te permitirá algún día poseer todo lo que Dios te ha prometido?"*. En ese instante la Palabra vendrá en ayuda disipando las dudas: *"El que no escatimó ni a su propio Hijo, sino que lo entregó por nosotros ¿cómo no nos dará también con Él todas las cosas?"* (Ro. 8:32). Esa es una gloriosa seguridad. Todas las promesas y la herencia están reservadas en los cielos para los que han creído. Bien puede el cristiano entrar a disfrutar ahora de los bienes eternos como si ya se hubiera producido la plena posesión de los mismos. Solo un poco de distancia aún para el alcance real de la promesa, pero ya es absolutamente cierta porque ha sido establecida en un compromiso de Aquel que es eternamente fiel.

7. Reparte, pues, ahora esta tierra en heredad a las nueve tribus, y a la media tribu de Manasés.

Dios recalca otra vez a Josué que su tiempo para conducir al pueblo en la conquista de la tierra había terminado. No tenía que dirigir la ocupación de los territorios que estaban aún en poder de los enemigos, sino que debía ocuparse en repartirlos y adjudicarlos a las tribus. Otros llevarían a cabo la labor de echar fuera a los enemigos con la ayuda y el poder de Dios. La herencia sería dada a nueve tribus y media, ya que las otras dos y media tenían sus territorios, por elección propia, en Transjordania. La tierra debía ser repartida por herencia y loteada entre las nueve tribus y la mitad de la de Manasés, que no había recibido herencia al este del Jordán.

La distribución de la tierra rompería el sistema tradicional de vida que el pueblo había llevado. Ya no tenían que seguir viviendo como peregrinos, habitando en tiendas y desplazándose continuamente de un lugar a otro, sino que cada uno tendría una porción de la tierra en la que vivir, administrar y guardar libre de los enemigos, expulsando a los que quedaban en ella. Esa tierra había sido dada por heredad, porque ellos eran los hijos de quien había recibido la promesa de Dios. El territorio, pues, les llegaba a ellos como herederos de sus mayores, quienes alcanzaban entonces en ellos la materialización de las promesas que les habían sido dadas por Dios en su tiempo. Las propiedades serían luego transmitidas a sus hijos, guardando los límites de cada tribu y permaneciendo inalterables por sucesión directa. No podían incorporarse por herencia territorios a otras tribus.

La división de la tierra había quedado establecida ya en los tiempos de Moisés, quien había nombrado los príncipes de cada una de las tribus para que presidieran el reparto (Nm. 34:16 ss.). El sistema de suertes era el que Moisés, en nombre de Dios, había establecido para efectuar el reparto el territorio. La forma de hacerlo quedaba también recogida en las instrucciones que había dejado escritas. El censo establecido en los llanos de Moab (Nm. 26) daba el número de hombres por cada una de las tribus; en razón de ese número sería repartida la tierra. Conforme al número, así la porción que les correspondería (Nm. 26:52-54). Sin embargo, lo que no se había establecido entonces eran las partes asignadas a cada uno. Esa partición de la tierra, proporcional al número censado, sería adjudicada por medio de suertes. No es posible, sin embargo, determinar a ciencia cierta el modo en que se dividió la tierra en parcelas para ser entregada a sus propietarios ni cómo llegaron a establecerse los territorios. Se cree que la tierra se dividió en cuatro grandes parcelas, correspondientes a cada uno de los sectores geográficos, y dentro de ellos se establecieron parcelas en las que se tendría en cuanta, a la hora de hacerlo, que el valor fuese proporcional al tamaño de cada tribu, siendo normal considerar el número de las ciudades que había en ellas, las provisiones de agua, etc. Esto determinaría las parcelas y luego, en suertes, se adjudicarían a cada tribu. Las tribus más numerosas recibirían un territorio más extenso, y cada uno debería dirigirse a donde le hubiera tocado en suerte (Nm. 26:52-56; 33:54). Los rabinos afirman que se emplearon dos urnas, conteniendo una de ellas los nombres de las tribus y la otra los nombres de los distritos. Se extraía el nombre de la tribu y el del territorio que iba a ser su posesión. El número de miembros de la tribu decidía a continuación la extensión real del distrito que había caído en suerte. Es posible que la comisión de partición eligiera un distrito sin delimitarlo estrictamente, determinando solamente a qué tribu iba a corresponder.[3]

[3] Nuevo Diccionario Bíblico Ilustrado en CD-Rom.

La tierra sería distribuida por suertes de modo que todo quedase en las manos de Dios. Generalmente, antes de echar las suertes se oraba pidiendo a Dios que revelara Su voluntad en el asunto en cuestión (ej. Hch. 1:23-26). En las Escrituras hay una importante declaración relativa al modo de las suertes: *"La suerte se echa en el regazo; mas de Jehová es la decisión de ella"* (Pr. 16:33). Sin duda, Josué, hombre prudente, habría podido hacer esta obra con toda equidad, pero debía ser hecha en forma que nunca nadie se sintiera perjudicado. Las suertes serían echadas y a cada uno le correspondería su heredad según lo que Dios determinase, pero Josué, el que había pasado los días difíciles de la conquista es el que repartiría la tierra en nombre del Señor.

También en esto es tipo de Cristo, ya que el Señor, vencedor de la muerte y de los enemigos del cristiano, reparte la herencia eterna abriendo para el creyente el acceso a la posesión de ella para que en su debido tiempo cada uno pase a disfrutar de la herencia reservada en los cielos (1Pe. 1:4).

La división de Transjordania (13:8-33)

Territorio de Transjordania (13:8-14)

8. Porque los rubenitas y gaditas y la otra mitad de Manasés recibidon ya su heredad, la cual les dio Moisés al otro lado del Jordán al oriente, según se la dio Moisés siervo de Jehova;

Las tribus de Rubén, Gad y la media de Manasés no recibieron heredad en Cisjordania porque su parte les había sido adjudicada por Moisés en el territorio de Transjordania, al este del Jordán. Siendo tribuos ganaderas, no tenían ningún interés en el cultivo de la tierra, ni en la posesión de ciudades que pudieran generar otras actividades. Los ricos pastos de la llanura al este del Jordán eran los terrenos que habían deseado para sí. Pero estos territorios habían de estar, lo mismo que los de Cisjordania, perfectamente delimitados. La heredad al oriente se les adjudicó, pero no debían considerar como suyo más de lo que Dios les entregaba. Esos territorios habían sido conquistados en días de Moisés (Nm. 21.21-35; 32:33-42; Dt. 3:11-13).

9. desde Aroer, que está a la orilla del arroyo de Arnón, y la ciudad que está en medio del valle, y toda la llanura de Medeba, hasta Dibón;

10. todas las ciudades de Sehón rey de los amorreos, el cual reinó en Hesbón, hasta los límites de los hijos de Amón;

11. y Galaad, y los teritorios de los gesureos y de los macateos, y todo el monte Hermón, y toda la tierra de Basán hasta Salca;

12. todo el reino de Og en Basán, el cual reinó en Astarot y en Edrei, el cual había quedado del resto de los refaítas; pues Moisés los derrotó, y los echó.

Los límites del territorio se establecen en forma genérica (vv. 9-10) para delimitarlos con todo detalle más adelante (vv. 15-31). Por el sur con Aroer y Dibón, ciudades del reino de Moab, situadas cerca del río Arnón que hace frontera natural al territorio. Este se extendía luego hacia el norte ocupando toda la llanura de Medeba y siguiendo hasta los límites del antiguo territorio de los amonitas. Incluía también las ciudades de Sehón, el rey de los amorreos, entre las que estaba su antigua capital Hesbón, situada en la divisoria norte del territorio de la tribu de Rubén al sur, por tanto, de la de Gad. El territorio de Galad estaba también dentro de esta extensa porción detallada al este del Jordán (v. 11). En esta porción se encontraban los territorios de los gesureos y de los maacateos, enclavados en la porción que tocó en suerte a la tribu de Manasés, que ocupó el territorio de mayor extensión ya al norte de Transjordania, comprendiendo una porción de tierra cercana al monte Hermón. Los gesureos habitaban una extensión de tierra entre Basán, Maaca y el monte Hermón. Por el este, en la parte norte, llegaba hasta Salca, situada al este de Astarot, lo que da idea de un territorio —sobre todo en su parte norte— mucho más ancho que la propia Canaán, asentamiento de las otras nueve tribus y media. Al occidente estaba todo el territorio que había sido de Og, conocido como Basán, del que se citan las dos ciudades residencias reales: Astarot, en la parte central del reino de Basán y Edrei, situada muy cerca de la frontera sur con el reino de Galaad. El rey Og era descendiente de los últimos restos de los refaitas, pueblos palestinos anteriores tanto de los moabitas como de los amonitas. Algunos refaítas eran célebres por su estatura, como el mismo Og, cuya cama de hierro[4] media nueve codos de largo por cuatro de ancho (Dt. 3:11). Según parece, era un pueblo de elevada estatura, lo que hace que algunos eruditos identifiquen las palabras *refaitas y anaquitas* como un nombre genérico que equivale a *gigantes*, aplicado a las poblaciones diferenciadas de los pueblos propios de Canaán, que los israelitas encontraron en la primera observación de la tierra en tiempos de Moisés. La referencia a la estatura de esos pueblos se encuentra en escritos muy posteriores, como el de la profecía de Amós, que dice: *"Yo destruí delante de ellos al amorreo, cuya altura era como la altura de los cedros, y fuerte como una encina"* (Am. 2:9). La capital del reino de Og era Astarot, ciudad cuyo nombre fue dado

---

[4] Algunos traducen como sarcófago de basalto.

en honor de la diosa semita adorada en todo el próximo oriente. Esta diosa es muy similar a la Istar asirio-babilónica, diosa de la fertilidad animal y especialmente de la fertilidad femenina, cuyo culto incluía la prostitución religiosa. A estos derrotó Moisés, que los expulsó del territorio (v. 12b). Los límites del territorio transjordánico por el occidente no se establecen a causa de la propia frontera natural que los separaba verticalmente de norte a sur, comenzando por el gran mar Salado o mar Muerto en el sur y corriendo hacia el norte por la vertical del Jordán, para introducirse hasta los límites del valle del Hermón. Al oriente los límites son imprecisos, pero se consideran como fronteras las propias de los pueblos desposeídos por Moisés.

La tierra al este del Jordán era un lugar codiciable para las tribus que, teniendo ganado como posesión principal, no deseaban instalarse en otro lugar que para ellos era desconocido. Cambiaban los bienes temporales por la vida de fe. Habla esto de la condición de creyentes cuyo objetivo es el de buscar los tesoros temporales, dedicándose principalmente a cuestiones propias de esta vida sin un compromiso destacable en la vida de fe. Están dispuestos a acudir para ayudar a sus hermanos en cuestiones generales de la obra del Señor, pero una vez concluida esa tarea vuelven de nuevo a sus quehaceres sin otro objetivo que aumentar sus posesiones y alcanzar mejores posiciones temporales.

13. Mas a los gesureos y a los maacateos no los echaron los hijos de Israel, sino que Gesur y Maaca habitaron entre los israelitas hasta hoy.

Se aprecia un marcado contraste entre el modo de actuar que tuvo Moisés y el que luego siguieron los israelitas, especialmente referido a las dos tribus y media que prefirieron posesiones al este del Jordán. Moisés los había derrotado y expulsado (v. 12b), ahora se permite que dos pueblos, los de Maaca y Gesur, continúen viviendo entre ellos. Habrá momentos en que las fuerzas de los hijos de Israel no serían suficientes para expulsar a sus enemigos, pero en esta ocasión, es por condescendencia que estos permanecían en sus tierras. Maaca y Gesur conservaron su independencia, quedando como dos enclaves en medio de las tierras de Israel al este del Jordán. La idea de vasallaje que proveyera de servidores para las tareas más ingratas y necesarias, llevó a muchas alianzas con pueblos diversos a lo largo de la historia hebrea. En tiempos de David, el rey de Maaca formó una coalición con otros pueblos de Siria y amonitas, para guerrear contra él, siendo derrotados y sojuzgados plenamente durante su reinado y los siguientes de Salomón y Jeroboam I (2Sa. 10:6-8, 19).

Esos pueblos en medio del pueblo de Dios serían de continuo tropiezo espiritual, induciendo a la adoración de otros dioses y a las prácticas mundanas y pecaminosas que les eran propias. Poco a poco, irían induciendo a los creyentes a separarse de Dios y abandonar la obediencia a su Palabra, para llegar poco tiempo después a la trágica consecuencia de una generación que no conocía a Dios y que practicaba abiertamente el pecado y la idolatría (Jue. 2:10-12).

Llevada esta enseñanza al terreno espiritual, la lección es clara: mientras el adversario posea una sola porción en la vida cristiana, no habrá gozo espiritual completo. Toda alianza con el mundo trae siempre graves problemas y lamentables consecuencias, sin importar el tipo de convenio que sea. Poco a poco, el cristiano será debilitado y llevado a la comisión de actos que no le son propios, ni hubieran llegado a ellos sin ser inducidos. La derrota espiritual está en dejar a Dios para unirse al mundo y sus cosas. Esa es la solemne advertencia de Santiago, cuando dice: *"¡Oh almas adúlteras! ¿No sabéis que la amistad del mundo es enemistad contra Dios? Cualquiera, pues, que quiera ser amigo del mundo, se constituye enemigo de Dios!"* (Stg. 4:4). Todos los principios mundanos e idolátricos, como en el caso de Israel, no tardarán en introducirse en la vida del creyente que hace alianzas y vive conforme al mundo. Las abominaciones de las gentes vendrán a ser la triste porción del pueblo de Dios y las bendiciones divinas desaparecerán de la experiencia del cristiano. Es tiempo de reflexionar sobre esta situación y oír la exhortación divina: *"Así que, amados, puesto que tenemos tales promesas, limpiémonos de toda contaminación de carne y de espíritu, perfeccionando la santidad en el temor de Dios"* (2Co. 7:1).

14. Pero a la tribu de Leví no dio heredad; los sacrificios de Jehová Dios de Israel son su heredad, como Él les había dicho.

Dios había seleccionado a la tribu de Leví como la tribu sacerdotal. Su trabajo era el del santuario y la disposición de todo lo necesario para llevar a cabo el culto y ofrecer los sacrificios establecidos por Dios. Las tareas seculares, el pastoreo, la labranza de las tierras, el comercio, etc., serían un lastre en la vida de aquellos cuyo objetivo principal y prioritario era servir al Señor. La vida de aquella tribu debía manifestarse en la esfera de la lealtad y el servicio, dependiendo de Dios para su provisión cotidiana. Habían sido llamados por Dios y era Dios quien había de hacerles llegar lo necesario para cada día.

Dios había establecido claramente la parte de la herencia que correspondería a quienes servían en las tareas del santuario, o de otro modo, quienes dedicaban su vida exclusivamente al servicio del Señor y de Su pueblo. Los planes de Dios en este sentido habían sido revelados directamente a Aarón, el primero de la familia sacerdotal (Nm. 18:1-24), reforzándolo también por la revelación a Moisés (Nm. 18:25-32). Ellos habían recibido el servicio como un don de Dios. El llamado para ellos provenía del cielo y era un regalo de la gracia: *"Yo os he dado en don el servicio de vuestro sacerdocio"* (Nm. 18:7b). Pero, junto con este don y el privilegio del servicio, estaba el cuidado providente para su sostenimiento. Las primicias de los frutos que trajeran las tribus al santuario, las ofrendas de las cosas santas y los diezmos (Nm. 18:12, 19, 26), eran dados por el Señor para sus siervos. Ellos tenían el compromiso divino: *"Yo soy tu parte y tu heredad en medio de los hijos de Israel"* (Nm. 18:20). Las restantes tribus tendrían como heredad la que en suerte les hubiera correspondido. Las heredades se adjudicaban según la voluntad de Dios, distribuyendo por medio de suertes lo que su providencia había destinado a cada uno. Pero, en el caso de la tribu de Leví, las responsabilidades del servicio y la dedicación a la obra del Señor eran recompensadas de tal modo que no llegarían a comprender todo su alcance. Ellos no tenían herencia material en posesión de tierras, pero el Señor que daba las heredades a cada tribu era su propia porción. No tendrían tierras, pero tenían al Señor. La provisión divina para aquellos era abundante. Primeramente, su propio oficio era un don divino (Nm. 18:7). En segundo lugar, los recursos humanos y espirituales para cumplir la misión encomendada provenían también del Señor, sobre todo el espíritu de responsabilidad para sus tareas, ya que ellos llevaban continuamente la iniquidad al santuario, de modo que su servicio responsable traía como consecuencia que la ira de Dios estuviera detenida para los hijos de Israel como consecuencia del continuo ofrecer de sacrificios (Nm. 18:5). En tercer lugar, Dios proveía de ayuda para el trabajo por medio de los levitas, que funcionaban en íntima comunión con los sacerdotes y que, según Dios mismo estableció, les habían sido dados como ayudantes (Nm. 18:6). Una cuarta provisión consistía en el compromiso divino de suplir sus necesidades materiales mediante la participación en las ofrendas y en los sacrificios. Y finalmente, Dios se daba a sí mismo como don supremo a sus servidores (Nm. 18:20).

En el tiempo presente, el creyente es un sacerdote espiritual. No hay algunos que sean sacerdotes de Dios y otros que no lo sean. La enseñanza del Nuevo Testamento es precisa en este sentido (1Pe. 2:4-5, 9). La ciudadanía de este sacerdocio es celestial (Fil. 3:20). No esperan los sacerdotes de Dios en el tiempo presente una herencia terrenal sino celestial (1Pe. 1:3-4). Esto exige que la dependencia de los tales sea plenamente del Señor y que su visión sea celestial. Lo mismo que a los levitas, el Señor dice a los suyos ahora: *"Yo soy tu parte y tu heredad"*. Él enseña a los que ha llamado ahora para sí a buscar riquezas celestiales para que el corazón esté donde esté el tesoro (Mt. 6:19-21). Con todo, hay una aplicación más específica y limitada. Dentro del pueblo de Dios, el Señor soberanamente llama a algunos para un servicio que exige dedicación exclusiva al ministerio. Son del pueblo de Dios, no están sobre el pueblo, ni son sus sacerdotes. Su ministerio se realiza en una esfera de dependencia total del Señor. No son una casta aparte y superior, simplemente son llamados por Dios para un ministerio especial. La importancia del tema merece un paréntesis explicativo en el estudio, para considerar algunos aspectos de este servicio especial para el Señor.

La elección de estos creyentes obedece, como todas las acciones específicas dentro de la iglesia, a un acto de la soberanía de Dios. Es la elección dentro de su pueblo de aquellos a quienes Él va a dedicar para una labor de evangelización a todas las naciones, enviándolos como misioneros (Hch. 9:15), y a una labor de enseñanza poniéndolos como maestros para edificar a su Iglesia (Ef. 4:11-13). Este llamamiento es un don de la gracia. Necesariamente, Dios llama para su servicio a quienes son sus hijos, es decir, el llamado es solo para quienes han nacido de nuevo. El nuevo nacimiento es vital, pues dota al siervo del Espíritu de Dios, única fuente de poder, dirección y autoridad. Principio de vida que el siervo de Dios ha de evidenciar en toda ocasión (1Ti. 1:18-19). Es sumamente importante esta cuestión en momentos en que se ha dejado de hacer énfasis en la espiritualidad del siervo de Dios para enfatizar su capacidad intelectual. Si la elección es un asunto de soberanía divina, la iglesia solo puede reconocer aquello que Dios ha determinado ya (1Co. 12:11). Es necesario llegar a una clara comprensión de esto. El siervo de Dios es un instrumento divino, por tanto, es del Señor escoger al que considere adecuado para hacer su obra. La iglesia no tiene la capacidad para determinar quiénes han de ser sus misioneros y los que serán sus maestros, según el concepto bíblico. Si este reconocimiento fuera algo general, se evitarían los fracasos de enviar y separar para el ministerio a quienes Dios nunca ha llamado para tal servicio. La iglesia, y mucho menos cualquier organización humana paralela a ella, puede escoger los instrumentos para la obra de Dios.

La separación de los siervos de Dios es otro asunto de vital importancia. Semejante a la preparación sacerdotal del Antiguo Testamento, el ministro ha de ser un creyente formado bíblicamente, maduro espiritualmente, y dependiente del Señor. Estas demandas son claras en la enseñanza apostólica (2Ti. 2:2). La esfera de preparación del siervo de Dios, conforme al Nuevo Testamento, comienza en la iglesia local. Si acaso esta lo enviara al lado de maestros que le puedan instruir de un modo más amplio que lo que hubiera podido recibir en la propia iglesia local, no supone que la formación integral para la obra deba recibirse en un marco ajeno al de la iglesia. La misma enseñanza debiera proveerse desde el marco de la congregación, si no fuera por la debilidad espiritual de muchas de ellas. Sin embargo, debe reconocerse que el proceso de formación del siervo de Dios es, según el Nuevo Testamento, dentro de este marco como lugar de enseñanza (Hch. 11:25-26) donde debe enseñarse la Escritura (2Ti. 4:13), siguiendo el proceso establecido para capacitar maestros que sean aptos para enseñar a otros (2Ti. 2:2). El siervo de Dios ha de tener una capacidad probada en el conocimiento y manejo de la Escritura, para que no caiga en tres problemas bastante comunes: primero, que no enseñe doctrina diferente; en segundo lugar, que su enseñanza no sea meramente académica, sino aplicativa; y en tercer lugar, que no produzca disputas y contiendas. Esto exige que el siervo de Dios comience por creer formalmente en la inspiración plenaria de la Escritura, como única norma autoritativa en materia de fe y conducta (2Ti. 3:16). La enseñanza que el siervo de Dios dé, debe ser la expositiva y aplicativa, fuera de la cual se desconoce todo otro modo en el Nuevo Testamento (2Ti. 4:15-16).

La madurez espiritual es tan importante como la capacidad intelectual bíblica. Esto exige que no pueda ser un recién convertido (1Ti. 3:6). Debe haber tenido tiempo para mostrar una vida ejemplar (1Ti. 3:7) y haber sido probado en múltiples misiones dentro de la iglesia en el servicio del Señor (2Co. 8:22). Habrá debido manifestar su interés y capacidad para el servicio, sin pretender ningún tipo de primacía sobre nadie (1Pe. 5:2-3).

Es fundamental su dependencia del Señor. Esto comprende, además de las indicaciones divinas para su ministerio, el modo en que espera recibir los recursos precisos para su sostenimiento. La misión del siervo comienza por una identificación de la iglesia local con su ministerio. Esto sin duda requiere que la misma congregación se haga cargo de proveer para sus necesidades, pero ha de saber que el llamado para el servicio procede del Señor y es de Él de quien han de venir los recursos necesarios para llevar a cabo su misión. Esto evitará encontrar asalariados que busquen su propio beneficio en base al ministerio que ejercen. El compromiso de la iglesia local con quienes Dios llama soberanamente a dedicar todo el tiempo a su servicio es claro. La ofrenda para proveer de los medios necesarios para el sostenimiento de los creyentes a pleno tiempo en la obra del Señor ha de ser asunto sentido y continuado de la congregación (Fil. 4:18). La ofrenda para la obra misionera no deber ser mezquina, sino abundante (Fil. 4:18). Todo siervo de Dios ha de predicar el evangelio y, por tanto, debe vivir del evangelio (1Co. 9:14). Pero ello no excluye que el ministro del Señor dependa enteramente de Él. En primer lugar, para alcanzar los recursos cotidianos que necesita (Fil. 4:10-13); en segundo lugar, para la fortaleza espiritual en el servicio (He. 13:9); y finalmente, para recibir ayuda en el mantenimiento de su testimonio personal. Aun dependiendo absolutamente del Señor, el que dedica su vida a alguna tarea específica en el ministerio, debe sujeción a la iglesia local. Retorna a ella cuando el ministerio lo permita (Hch. 14:26); informa a la iglesia de sus actividades (Hch. 14:26); no es un elemento independiente, un obrero aislado, sino un miembro de la iglesia *desplazado* por causa del ministerio.

El siervo de Dios debe estar dispuesto al vituperio de Cristo. El sufrimiento y la incomprensión serán parte, muchas veces, de su ministerio y, lo que es más triste, pueden provenir de los mismos creyentes (2Ti. 3:12). Cuanto más fiel sea al Señor, mayores riesgos habrá de correr en este aspecto. El siervo de Dios tendrá que estar dispuesto a renunciar a todo por Cristo (Fil. 3:7). Muchos de sus hermanos estarán afanosos y llegarán a conseguir posesiones terrenales, mientras que el verdadero obrero del Señor tendrá como meta servir a sus hermanos. De igual manera que Dios no dio herencia a los levitas, así tampoco el que sirva a todo tiempo en la obra del Señor deberá estar interesado por alcanzar riquezas temporales que, de alguna manera, suelen apartar la atención de las tareas espirituales. Pero, de la manera que Dios dijo a aquellos de Israel: *"Yo soy tu heredad"*, así también la presencia y compañía del Señor en todo momento es la provisión gloriosa que el servidor de Cristo debe esperar. La presencia del Señor a su lado en todo momento será suficiente para sí en su experiencia, siendo lo más hermoso, al final de su tiempo de servicio, poder hacer suyas las palabras que fueron el resumen del servicio de Pablo: *"He peleado la buena batalla, he acabado la carrera, he guardado la fe. Por lo demás, me está guardada la corona de justicia, la cual me dará el Señor, juez justo, en aquel día, y no solo a mí, sino también a todos los que aman su venida"* (2Ti. 4:7-8).

Heredad de Rubén (13:15-23)

15. Dio, pues, Moisés a la tribu de los hijos de Rubén conforme a sus familias.

La tierra fue repartida conforme a las necesidades de cada tribu. Se menciona en primer lugar a la de Rubén, el primogénito de Jacob, hijo de Lea (Gn. 29:32). Este había cometido un grave pecado al unirse a Bilhá, la concubina de su padre (Gn. 35:22), pecado que llegó al conocimiento de Jacob y que costó a Rubén la descalificación como primogénito (Gn. 49:3-4). Los derechos de la primogenitura, que comprendían la transmisión directa hacia sus herederos, fueron repartidos entre Judá y José (Gn. 49:8-10, 22-26). La tribu de Rubén era la séptima en densidad demográfica cuando Israel salió de Egipto, pero más tarde, en el censo de los llanos de Moab, había disminuido en el número de sus hombres de guerra en casi tres mil personas (Nm. 1:21, comp. 26:7). Esa tribu, según predijeran tanto Jacob como Moisés (Gn. 49:3-4; Dt. 33:6), no sería demasiado importante entre el conjunto de las restantes tribus. Su afán personalista y sus intereses ganaderos hicieron, ya en tiempos de los jueces, que se desentendiera de acudir en ayuda del resto de sus hermanos, prefiriendo oír el balido de las ovejas que entrar en batalla contra los que oprimían a su pueblo (Jue. 5:15, 16). Humanamente hablando, no tenía ningún merecimiento para entrar en posesión de una parcela de tierra obtenida por gracia y puro don divino, pero, esta es la enseñanza tantas veces repetida, que Dios no hace acepción de personas y las bendiciones que estos recibían eran el resultado del pacto incondicional que Dios hizo con Abraham.

El Espíritu de Dios señala para el cristiano la misma verdad. Si Dios no ha despreciado a ninguno por su pecaminosidad, sino que salva a todo aquel que por fe acude a Cristo para recibirlo como Salvador personal, así también los suyos no deben hacer acepción de personas (Stg. 2:1). La distinción entre hermanos diferenciándolos partidariamente es pecado delante de Dios (Stg. 2:9). Los hijos del Padre Celestial han de evidenciarlo en una manera de vida concordante con el carácter de Dios, quien no hace acepción de personas (Hch. 10:34; Ro. 2:11; Gá. 2:6; Ef. 6:9; Col. 3:25). Esta condición permitirá olvidar fácilmente las ofensas recibidas y tratar benévolamente a cuantos, desde el punto de vista humano, no hubieran sido merecedores de ningún tipo de afecto personal.

16. Y fue el territorio de ellos desde Aroer, que está a la orilla del arroyo de Arnón, y la ciudad que está en medio del valle, y toda la llanura hasta Medeba;

17. Hesbón, con todas sus ciudades que están en la llanura; Dibón, Bamot-Baal, Bet-baal-meón,

18. Jahaza, Cademot, Mefaat,

19. Quiriataim, Sibma, Zaret-sahar en el monte del valle,

20. Bet-peor, las laderas del Pisga, Bet-jesimot,

21. Todas las ciudades de la llanura, y todo el reino de Sehón rey de los amorreos, que reinó en Hesbón, al cual derrotó Moisés, y a los príncipes de Madián, Evi, Requem, Zur, Hur y Reba, príncipes de Sehón que habitaban en aquella tierra.

22. También mataron a espada los hijos de Israel a Balaam, el adivino, hijo de Beor, entre los demás que mataron.

23. Y el Jordán fue el límite del territorio de los hijos de Rubén. Esta fue la heredad de los hijos de Rubén conforme a sus familias, estas ciudades con sus aldeas.

Los límites territoriales de los rubenitas se indican comenzando por el sur de su territorio, donde estaba la ciudad de Aroer (heb. *ªArô*ªër) en la parte más oriental del territorio, precisando el texto bíblico que estaba situada cerca del arroyo de Arnón (v. 16), para diferenciarla de cualquier otra con el mismo nombre. El arroyo de Arnón dicurre por un profundo lecho excavado entre los montes llevando agua procedente de las lluvias invernales hacia el mar Muerto. Su nombre, *Río Rugiente,* le habrá correspondido por el ímpetu de las aguas cuando bajan caudalosas por su lecho. Incorporaba el territorio toda la llanura (heb. *hammîsör*) que se extendía hasta Medeba (heb. *Mêdebä*), y de la que recibía el nombre como una de las ciudades importantes del área. Más al norte, estaba la ciudad de Hesbón en el límite territorial de la tribu de Rubén, residencia real de los reyes amorreos, entre los que figuraba Sehón, a quien derrotó Moisés (Nm. 21:21 ss.). Esta ciudad daba nombre a la llanura en donde estaba ubicada, zona muy poblada con varias ciudades y aldeas (v. 17). El escritor menciona algunas de las poblaciones más importantes de la zona. Dibón, situada muy próxima a Aroer, en la zona sur del territorio y al noroeste de ella. Bamot-baal (*Bämôt-Baªal*), que significa *alturas de Baal*, mencionada ya en tiempos de Moisés como uno de los lugares desde donde el rey moabita Balac pretendió que Israel fuese maldecido por Balaam (Nm. 22:41), estaba situada al sur del monte Nebo. Otra de las poblaciones mencionadas se la denomina Bet-baal-meón, literalmente *la casa de Baal-meón*, situada al sur de la anterior y como ella, en la llanura, a unos 8 km al suroeste de Medeba. Otra ciudad que se menciona por nombre es Jahaza (*Yahsä*), lugar de difícil identificación y que habitualmente se sitúa al sureste de la anterior. Fue un lugar decisivo en la conquista del territorio en los tiempos de Moisés, donde tuvo lugar la batalla contra Sehón (Nm. 21:23). Aparece luego Cademot (*Qedëmöt*), otro lugar de difícil localización, que suele situarse al sureste de Jahaza y al nordeste de Dibón; desde allí había enviado Moisés los mensajeros a Sehón pidiéndole autorización para atravesar su territorio (Dt. 2:26).

Se cita después a Mefaat, identificada con la actual Mefaac, al nordeste de Hesbón, pero probablemente fuera un lugar situado bastante más al sur, al nordeste de Hesbón (Jer. 48:21). Fue una de las ciudades levitas en el territorio de Rubén (1Cr. 6:79). El texto menciona también a Quiriataim, que significa *dos ciudades*, posiblemente una población establecida en dos grupos de edificaciones, a unos 20 km al sureste, prácticamente al este de Medeba. El emplazamiento exacto de la ciudad no se ha logrado determinar. Eusebio la sitúa a unas 10 millas romanas al oeste de Medeba[5]. Fue una de las ciudades reconstruidas por los rubenitas después de la conquista del territorio de Sehón (Nm. 32:37). Volverá a aparecer más tarde en la profecía contra Moab (Jer. 48:1, 23). Aparece luego Sibma, posiblemente la forma femenina de *Sᵉbäm* (Nm. 32:3), al suroeste de Hesbón y al norte del Nebo. Esta ciudad era famosa por sus uvas, siendo una tierra de grandes extensiones de viñedos (Is. 16:6-11; Jer. 48:32). Se cita a continuación a Zaret-sahar. Como con otras muchas poblaciones, existe también un problema de identificación, sobre todo por la referencia al *"monte del valle"*. Por regla general, se la sitúa a orillas del mar Muerto, al sur de la desembocadura del Arroyo Najaliel[6] (*Wadi Zerqa Maᵃ*în). Sin embargo, parece poco probable esa localización teniendo en cuanta que el escritor está detallando ciudades de la llanura de Hesbón, notándose que todas las referencias están situadas dentro de esa área geográfica. Dos poblaciones se mencionan seguidamente (v. 20). Bet-peor (*Bêt-Pᵉᵃ*ôr), literalmente *Casa de Peor*, uno de los nombres dados a Baal. Probablemente, se trata de un lugar alto donde se quemaba incienso en honor al dios. Estaba situado al noroeste de Hesbón, lo que confirma la hipótesis de localización de Zaret-sahar del versículo anterior, ya que lo contrario hubiera significado un salto en la geografía de norte a sur y nuevamente de sur a norte. Es probable que sea uno de los lugares a donde Balac llevo a Balaam para que viese al pueblo de Israel y lo maldijese (Nm. 23:28). El culto y las festividades en honor de Baal-peor llevaron al pueblo de Israel a una situación delicada durante su estancia en Sitim (Nm. 25:3). La localización de Bet-peor debe hacerse en el territorio amorreo del rey Sehón (Dt. 4:46), un poco al noroeste del monte Nebo. Moisés fue enterrado frente a Bet-peor (Dt. 34:6). Viene luego la referencia a *"las laderas del Pisga"*, que en hebreo se lee *"ᵃAsdôt hap-Pisgä*, una población en las laderas de la referida montaña, desde cuya cima pudo contemplar Moisés la tierra prometida antes de morir (Dt. 34:1-4). Cita luego a Bet-jesimot (*Bêt hay-Yᵉsimôt*), situada al suroeste de Hesbón y en la orilla norte del mar Muerto. Finalmente, al establecer los límites y situación del territorio de Rubén se incluyen en él todas *"las ciudades de la llanura"* (heb. *hammîsor)* de Moab, algunas de las cuales se mencionan en Números (Nm. 32:3, 4). A la descripción detallada de poblaciones se une la extensión general de *"todo el reino de Sehón rey de los amorreos"*, detallado anteriormente, que comprende la totalidad del

[5] Eusebio. *Onomast.* 112, 14 ss.

[6] Félix Asensio. o.c., pág. 69

territorio amorreo. El escritor aprovecha para recordar la derrota de ese rey a manos de Moisés, junto con los cinco príncipes madianitas, reyes vasallos de Sehón y que siguieron la misma suerte de aquel (Nm. 31:8). Junto con los príncipes fue muerto Balaam, el adivino utilizado por Balac para maldecir a Israel (Nm. 31:8). El límite occidental del territorio de Rubén era el Jordán (v. 23).

Heredad de Gad (13:24-28)

Inmediatamente al norte del territorio ocupado por la tribu de Rubén, estaba la heredad de Gad. Ambas tribus, junto con la de Simeón, habían tenido sus puestos al sur del tabernáculo durante la marcha por el desierto. En el reparto de la tierra les corresponde hacer frontera de protección a sus hermanos, cuyas tribus ocupaban territorio al oeste del Jordán. El territorio de Gad se extendía hacia el norte, en dirección al mar de Galilea, hasta el rió Jarmut que desemboca en el Jordán. La parte occidental del territorio estaba limitada por el Jordán, frontera natural de la tierra. La extensión hacia el este se determina también: *"hasta Aroer, que está delante de Rabba"*, cerca del lugar donde nace el Jaboc. La heredad de Gad ocupaba la parte central de la tierra, al este del Jordán, comprendiendo una parte de la tierra de Galaad y la mitad de la tierra de los amonitas que Sehón había ocupado a dicho pueblo. Siendo territorio ocupado por Sehón, pudo pasar a ser parte de la tierra de Gad, ya que el Señor había prohibido a los israelitas atacar a los amonitas (Dt. 2:19).

El territorio de Gad era una hermosa tierra. Vista desde el Jordán, parece una tierra montañosa, pero la planicie, después de las estribaciones montañosas, está interceptada en todas direcciones por valles y desfiladeros cubiertos de árboles y arbustos que hacen del territorio un lugar muy verde. Hay extensas praderas de hierba extraordinariamente aptas para la ganadería. Las propiedades saludables del país hicieron que los romanos la llamaran *Palestina Salutaris.* Las praderas están divididas entre sí por los profundos desfiladeros de ríos que desembocan en el Jordán. El Jarmut está situado más al norte y es una corriente de agua con bastante caudal, llegando a ser en ocasiones más caudaloso que el Jordán. Más arriba del río están los manantiales de termas, conocidas por los romanos. En el centro del territorio aparece el desfiladero del Jaboc, cuyo curso describe las tres partes de un círculo. Después de su nacimiento corre hacia el este, luego el curso tuerce hacia el norte, gira hacia el oeste y describe otro giro en dirección sur para desembocar en el Jordán, a la mitad de la distancia entre el mar Muerto y el mar de Galilea. Hay muchos bosques de encinas en el curso del río. Es uno de los lugares con mayor cantidad de lluvias, lo que permite mantener praderas extensas muy aptas para la ganadería.

24. Dio asimismo Moisés a la tribu de Gad, a los hijos de Gad, conforme a sus familias.

Como ocurría con Rubén, el territorio correspondiente a la tribu de Gad había sido concedido ya en vida de Moisés, accediendo a la petición de las dos tribus y la mitad de la de Manasés (Nm. 32:1-5).

25. El territorio de ellos fue Jazer, y todas las ciudades de Galaad, y la mitad de la tierra de los hijos de Amón hasta Aroer, que está enfrente de Rabá.

26. Y desde Hesbón hasta Ramat-mizpa, y Betonim; y desde Mahanaim hasta el límite de Debir;

27. Y en el valle, Bet-aram, Bet-nimra, Sucot y Zafón, resto del reino de Shón rey de Hesbón; el Jordán y su límite hasta el extremo del mar de Cineret al otro lado del Jordán, al oriente.

28. Esta es la heredad de los hijos de Gad por sus familias, estas ciudades con sus aldeas.

Varias ciudades importantes tocaron en suerte a Gad, algunas de las cuales eran renombradas. El escritor detalla los límites del territorio dado a la tribu de Gad (vv.24-28). Con la misma precisión y minuciosidad se determina la extensión de la heredad gadita. El área geográfica corresponde a la Transjordania media. Comienza refiriéndose a Jazer (v. 25) (heb. *Ya^{â}zër*), cuidad principal en el sur de Galaad (Nm. 21:32; 32:35), junto con todas las otras situadas en la llanura de ese nombre. Pasa luego a determinar aspectos del territorio que se extendía hacia el norte, y que comprendía la posesión que había sido de los amonitas —a quienes habían expulsado los amorreos— llegando hasta Aroer (^{â}*Arô*^{â}ër), diferente a la citada anteriormente del territorio moabita (vv. 9, 16) y que para diferenciarla de aquella la sitúa *"frente a Rabá"* (literalmente *"La Grande")*, capital amonita (Dt. 3:11; 2Sa. 11:1)y hoy Amán, en Jordania. Desde el sur donde estaba Hesbón, seguían hacia el norte hasta llegar a Ramat-mizpa (v. 26). Algunos sugieren que pueda tratarse de la Ramot de Galad[7] (Dt. 4:43), sin embargo supondría un salto demasiado brusco hacia el norte para retornar nuevamente a zonas del sur del territorio. Siguiendo más al noroeste de Rabá, aparece Betonim (*B^{e}tönîm*). La ciudad de Mahanaim (*Mahanayim*) figura a continuación de Betonim y cuya localización es incierta, como muchas de las ciudades del área, siendo la más probable la del noroeste de Jazer, en el límite del territorio con Manasés. El nombre Mahanaim, significa *"dos campamentos"* y aparece por primera vez como el nombre

[7] Félix Asensio. o.c., pág. 70.

que Jacob dio al lugar donde se le apareció el Señor mientras huía de su hermano Esaú (Gn. 32:2). Esta sería la localización más conforme con ese acontecimiento. El territorio marcaba una línea que se extendía desde Mahanaim hasta el límite de Debir. De nuevo, aparece aquí la dificultad para determinar el lugar en donde estaba situada Debir, que nada tiene que ver con la Debir del territorio rubenita. Lo más probable es que estuviera situada en Lodebar, cerca del arroyo Yaboc (2Sa. 9:4; 17:27), próximo a Mahanaim. La descripción territorial pasa por la cita de la generalidad del área situada al borde del Jordán, la que en sí había sido parte del territorio amorreo de Sehón (v. 27). La franja de terreno se extendía desde el mar Muerto por el sur hasta el mar de Galilea o de Cineret por el norte. En ese territorio se situaban las ciudades de Bet-aram, en la parte sur del territorio (Nm. 32:36) al noroeste del Nebo. La otra población se la llama Bet-minra, situada más al norte, al suroeste de Jazer y de Betomin. Aparece luego Sucot, situada al borde del rio Jaboc en el límite norte de lo que había sido el reino de Sehón, al noroeste de Mahanaim. Finalmente menciona a Zafón, situada al norte de la anterior. Se cierra la descripción del territorio de Gad con la frase admirable que da las razones del por qué ese territorio había pasado a ser posesión de los gaditas: *"Esta es la heredad* (heb. *nahalä*)de *los hijos de Gad"*, lo que es igual al regalo que Dios había señalado para la tribu de Gad. Lo mismo que a sus hermanos de las otras nueve tribus y media, también a estos, al otro lado del Jordán, en la antesala de la tierra prometida, su posesión es un regalo de la gracia. Dios les entregó a ellos lo mismo que a sus hermanos, un lugar del que posesionarse y en donde podrían disfrutar de Sus bendiciones, mientras servian de testimonio permanente a las naciones que los rodeaban.

Heredad de la media tribu de Manasés (13:29-33)

La mayor extensión del territorio de Transjordania correspondió a la heredad de la media tribu de Manasés. Hombres de esta tribu, hijos de Maquir, fueron a Galaad y la tomaron y echaron al amorreo que estaba en ella (Nm. 32:39). Esto ocurrió en tiempos de Moisés, que dio el territorio a la media tribu de Manasés (Nm. 32:41). Sin duda, el carácter conquistador y valeroso de la tribu de Manasés la hacía apta para instalarse en el oriente y defender a la parte occidental de la tierra cerrando los pasos del Ante-Líbano y el Haurán. La tribu había aumentado en número durante los años de peregrinación por el desierto, como fácilmente se aprecia en el contraste de los censos. En el primero, al pie del Sinaí, eran treinta y dos mil doscientos (Nm. 1:35), y tras los cuarenta años, en el censo de Moab, tenía cincuenta y dos mil setecientos (Nm. 26:34). Tal vez, el carácter pastoril de la tribu fue dejando paso al de valerosos guerreros, capaces de conquistar y defender lo conquistado. En la tribu se apreciaban los dos sectores, el pastoril y el militar. Los menos inclinados a las acciones bélicas decidieron pasar el Jordán e instalarse al oeste del río, con el resto de sus hermanos, los otros prefirieron el territorio amplio y sugestivo del este. Los hombres de guerra de esta tribu habían demostrado sus habilidades y valentía en los combates que Moisés sostuvo con los habitantes de Transjordania al aproximarse a Canaán. Habían sido ellos quienes despojaron de su territorio a uno de los pueblos más fuertes en aquella zona como eran los amorreos (Nm. 32:39). Tal vez, fuera esa una de las razones por las que Moisés dio esta tierra a los hijos de Manasés (Dt. 3:12-13). La parte norte de la tierra estaría bien protegida en manos de gentes como estas, valerosos y decididos.

El territorio de Transjordania sería dado a uno de los hijos de Manasés, el primogénito, hijo de su concubina siria, llamado Maquir (1Cr. 7:14; Gn. 50:23). Sus descendientes se distinguieron en la conquista de la tierra, como se dijo antes, manteniendo esa responsabilidad incluso en tiempos de los jueces, cuando se les ve actuando en la guerra contra Jabín y Sísara (Jue. 5:14). Es probable que hubiera una diferencia entre los descendientes de Maquir, por la línea de Galaad y por la línea de Abiezer y sus hermanos; estos, parece ser que conservaban más bien las costumbres pastoriles que las guerreras, siendo lentos en la ocupación y desalojo de sus tierras en Cisjordania, mientras que los descendientes de Maquir habían adquirido costumbres guerreras que les caracterizaban como conquistadores, y parece probable que por medio de sus acciones bélicas aumentaran su territorio extendiéndose hacia el norte. Este grupo estaba siempre dispuesto a defender lo que habían conquistado. El territorio pues, estaba bien protegido en su parte norte, en mano de la media tribu manasita.

El territorio de la media tribu de Manasés se describe en términos generales como el reino de Og, la parte septentrional de Galaad y todo Basán. El límite occidental era el mar de Galilea y el Jordán Alto. Por el este se extendía hasta bien al interior de Arabia Desierta. En el territorio había una gran extensión de llanuras con pastos y excelentes regadíos salpicados con rocas de basalto, terrenos capaces de alimentar con sus pastos a grandes rebaños. La llanura se extiende hacia el sur hasta que es cortada por el desfiladero del Jarmuk. Sigue luego una extensión con ondulaciones de terreno, en donde se encuentran zonas de bosques finalizando en las montañas de Galaad. La llanura en dirección oeste-sudoeste termina en las estribaciones cortadas del mar de Galilea. Las estribaciones más bajas del Hermón, en el distrito norte, están seguidas de campiñas que son regadas por las abundantes aguas que descienden del macizo montañoso.

29. También dio Moisés heredad a la media tribu de Manasés; y fue para la media tribu de los hijos de Manasés, conforme a sus familias.

30. El territorio de ellos fue desde Mahanaim, todo Basán, todo el reino de Og rey de Basán, y todas las aldeas de Jair que están en Basán, sesenta poblaciones.

31. Y la mitad de Galaad, y Astarot y Edrei, ciudades del reino de Og en Basán, para los hijos de Maquir hijo de Manasés, para la mitad de los hijos de Maquir conforme a sus familias.

Los límites territoriales están plenamente detallados (v. 30). Era la mayor porción territorial distribuida al este del Jordán. Se calcula que podía tener cerca de 4500 km^2. Por el sur estaba en el límite territorial la ciudad de Mahanim, mencionada en la descripción del territorio de Gad (v. 26). Hacia el norte se extendía por todo el territorio de Basán, que había tenido por rey a Og, y que limitaba por el sur con el arroyo de Jarmut, alcanzando por la parte septentrional el monte Hermón. Próxima a esa zona se encontraba la ciudad de Damasco. En el territorio estaban las *"aldeas de Jair"* (*Hawwôt Yä*$^{\hat{a}}$îr), es decir, las poblaciones que Jair, uno de los hijos de Galaad, había conquistado (Dt. 3.14). El número de estas era de veintitres (1Cr. 2:22), que se fue incrementando con el tiempo hasta llegar a las cuarenta que uno de sus descendientes, con el mismo nombre, regía en el tiempo de los jueces (Jue. 10:4). Había otras ciudades en el territorio que sumadas a las aldeas llegaban hasta un total de sesenta poblaciones. Si bien, algunos interpretan que estas sesenta no tienen nada que ver con las aldeas de Jair, a las que consideran como lugares de asistencia típicos de nómadas[8]. El territorio de Basan era muy fértil y la ganadería se desarrollaba intensamente, por lo que sería identificado más tarde por sus rebaños de vacuno y ovinos, los toros y carneros de Basán (Sal. 22:12; Am. 4:1). Se supone que, entre sus arbolados había gran cantidad de encinas, de las que habla el profeta Zacarías (Zac. 11.2).

De todo el territorio de Galaad al sur, la mitad pertenecía a esta media tribu de Manasés (v. 31), cerrado por la frontera natural del rio Jarmut. Dos ciudades se citan por nombre dada la importancia que tenían en aquella época: Astarot y Edrei. Eran las dos ciudades reales de Og, el rey de Basan. La primera de ellas recibía su nombre en honor de la diosa Astarot o Astoret. Esta ciudad ha sido identificada como *Tel-Astara*, situada en una elevación sobre un desfiladero en donde brota una de las fuentes principales del rio Jarmut. Los restos de la ciudad ofrecen tres hileras de muros defensivos, teniendo por un lado el desfiladero del río y

---

[8] Félix Asensio. o.c., pág. 71.

al otro la profunda cortada del desnivel del terreno, lo que hacía de ella una fortaleza casi inexpugnable.

El territorio hacía frontera por el oeste con el tramo norte del Jordán desde su nacimiento hasta el mar de Cineret o mar de Galilea, pasando antes por el lago Hule. La ribera oriental del mar de Genezaret estaba toda ella en el territorio manasita y luego todo el curso inferior del Jordán hasta más allá de la mitad de su recorrido, justamente con el entronque del río Jabot. Todo esto pone de manifiesto una tierra con rica provisión de agua, lo que la convertía en un admirable pastizal para que los rebaños pudieran desarrollarse con facilidad en ella.

La historia bíblica es rica en hechos acaecidos en el territorio transjordánico de Manasés. En él se encontraba Mizpa, lugar donde se formalizó el acuerdo que pondría fin a las desavenencias entre Jacob y su tío Laban (Gn. 31:46 ss.). De sus gentes saldrían personajes tan famosos como los jueces Jair y Jefté (Jue. 10:3-5; 11:1 ss.). El profeta Elías era natural de Galaad (1Re. 17:1) y fue en el territorio de Manasés en donde estuvo escondido en las cuevas de la ribera del arroyo de Querit (1Re. 17:8). En las proximidades del mar de Galilea estaba la ciudad de Betsaida donde nacerían, siglos más tarde, los apóstoles Felipe, Andrés, Pedro y Juan (Jn. 1:44; 12:21). Un poco más al norte, la otra Betsaida, conocida en la historia como la Betsaida-Julias, asentada sobre una colina y distante del mar de Galilea unos 7 km, a cuyo pie se extendía una hermosísima vega. Ciudad engrandecida por Felipe, el tetrarca de Iturea (Lc. 3:1). En su entorno se produjeron muchos milagros de Cristo (Mt. 11:21), entre los que se destaca por conocido el de la multiplicación de los cinco panes y los dos peces con los que fue alimentada una multitud muy superior a cinco mil personas (Mt. 14:13-21). De ahí la solemne admonición de Cristo sobre las poblaciones incrédulas que habían tenido el privilegio de ser bendecidas con la presencia del Señor y sus manifestaciones de poder.

Para no recalcar más la lección espiritual de las bendiciones recibidas como enseñanza notable del reparto de la tierra, basta con destacar la tragedia histórico-espiritual que la Escritura registra sobre la actuación de estos que habían recibido tantos bienes de parte de Dios. No supieron aprovechar las bendiciones manteniendo una vida de fidelidad al Señor, por lo que a lo largo del tiempo atravesarían serias dificultades y sufrirían problemas innumerables. La reprensión de Cristo es estremecedora, advirtiéndoles de una mayor condescendencia con los infieles de Tiro y Sidón que con ellos en el día del juicio por haber despreciado y tenido por vanas las bendiciones de Dios (Mt. 11:22). Ese problema es algo que aún no ha desaparecido. La ingratitud y desprecio por el amor divino, son nota destacable en tantos creyentes hoy en día. La liviandad conque muchos toman las cosas de Dios, la falta de testimonio ante el mundo que rodea a los creyentes, la desidia en la obra de Dios, la falta de visión sobre la condición de un pueblo santo, la vinculación y práctica del pecado... hacen que Dios pueda intervenir en juicio con su iglesia y, por lo menos, si no lo manifiesta en toda la intensidad por su gracia, es la causa y razón de la falta de bendiciones que afecta a la gran mayoría del pueblo de Dios. La advertencia profética es una invitación para el cristianismo de hoy: *"Volveos a mí, y yo me volveré a vosotros"* (Mal. 3:7).

32. Esto es lo que Moisés repartió en heredad en los llanos de Moab, al otro lado del Jordán de Jericó, al oriente.

La nota de obediencia cierra el reparto de la tierra al oriente del Jordán. Lo había establecido Moisés, el siervo de Jehová, y se había hecho conforme a sus palabras. Las instrucciones de Moisés estaban registradas en sus escritos, por tanto, no eran palabras de hombre, sino la Palabra de Dios. La obediencia a aquellas instrucciones era obediencia a la Escritura y acatamiento pleno de la voluntad de Dios expresada por medio de su siervo.

El *Libro de Josué* enseña reiteradamente la bendición que se deriva de la obediencia fiel a la Palabra de Dios y la problemática que surge cuando se quebranta. La lección desde la historia es vital para este tiempo en el que la Palabra de Dios está siendo tan cuestionada por quienes deberían ser los primeros interesados en honrarla y defenderla. Dudas sobre su inerrancia, sobre su autoridad, sobre su actualidad, etc. se extienden entre los que se consideran como evangélicos y cuya *tradición* descansa sobre el postulado: *"Sola Scriptura"*. Las consecuencias de esta rebeldía contra la Palabra de Dios son bien notorias. La falta de creyentes maduros y de iglesias poderosas son la nota de tristeza en el panorama actual. El apóstol recuerda la razón por la que el Espíritu mantiene y preserva a lo largo del tiempo estos ejemplos históricos: *"Estas cosas les acontecieron como ejemplo, y están escritas para amonestarnos a nosotros, a quienes han alcanzado los fines de los siglos"* (1Co. 10:11). La condición primaria para todo cristiano —y no puede separarse cristianismo bíblico y discipulado, es decir, seguidores de Cristo— es la obediencia a los mandamientos del Señor (Lc. 6:46). El amor real hacia Cristo es algo que se expresa de una única manera: por la obediencia a sus mandamientos (Jn. 14:15, 21, 23, 24). La amistad —comunión íntima con Cristo— solo es posible para quien esté dispuesto a obedecerle (Jn. 15:14). La obediencia parcial es desobediencia y el mismo Señor estableció para los que serían alcanzados por la predicación del evangelio, que debería enseñárseles a guardar todos sus mandamientos (Mt. 28:20). Sirvan estas consideraciones como reflexión personal, formulando cada creyente la pregunta que le permita calificar su situación y condición espiritual: *"¿Qué nivel de obediencia a la Palabra estoy practicando en mi vida?"*

33. Mas a la tribu de Leví no dio Moisés heredad; Jehová Dios de Israel es la heredad de ellos, como Él les había dicho.

Los lugares de residencia de la tribu de Leví habían de estar esparcidos a lo largo y ancho de la tierra prometida, no solo en la parte occidental, sino también al este del Jordán. Como se consideró antes (v. 14), Dios era su cuidador y su herencia. Las tribus de Israel tenían la obligación de proveer para ellos por medio de sus ofrendas y diezmos. Ese era el privilegio y la responsabilidad de la tribu sacerdotal. Debían enseñar al pueblo la vida de dependencia y confianza en Dios, pero esa enseñanza tenía que ser probada y refrendada con su propio ejemplo.

Así es toda enseñanza en la Escritura. Nunca se puede disociar doctrina y práctica. La dependencia de Dios no es algo para predicar, sino algo para vivir. La fe no es una teoría espiritual que puede expresarse mediante una definición teológica, sino la vivencia cotidiana de cada creyente (Gá. 2:20). El salmista podía considerar la herencia procedente de Dios y exclamar: *"Las cuerdas me cayeron en lugares deleitosos, y es hermosa la heredad que me ha tocado"* (Sal. 16:5-6). Como también dice: *"¿A quién tengo yo en los cielos sino a ti? Y fuera de ti nada deseo en la tierra. Mi carne y mi corazón desfallecen; mas la roca de mi corazón y mi porción es Dios para siempre"* (Sal. 73:25-26). Esta tendría que ser la expresión genuina de cada cristiano, los nuevos sacerdotes de Dios en esta dispensación. ¿De donde podrá venir la ayuda necesaria fuera de Dios? El vacío en la vida de tantos creyentes está en su desorientación espiritual; han resucitado con Cristo para buscar las cosas celestiales (Col. 1:1-3), pero en su lugar están como el pródigo, buscando algarrobas para satisfacerse en la provincia apartada. La prueba más grande de la espiritualidad y madurez cristiana, es el deseo ferviente y sincero del creyente por su Señor. Según Pablo el objetivo fundamental del creyente es *"conocerle"* (Fil. 3:10) pero, naturalmente, eso es para quien puede decir también: *"para mí el vivir es Cristo"* (Fil. 1:21). ¿No es acaso el mismo pensamiento del salmista? Es notable apreciar que el salmista tenía su pensamiento puesto en donde estaba su tesoro. El Dios eterno estaba en el cielo, por tanto solo ese era su deseo, pero el mismo Dios era todo su anhelo en la tierra. Esa es genuina vida de fe. Lo que se desea fervientemente como el más codiciable tesoro eterno, ha de ser también el centro del deseo y la razón de la existencia mientras se transita como peregrino temporalmente por la tierra. Quien piensa de este modo vive en la consecuencia de su fe: *"Dios es mi porción"*. Este pensamiento general es la tranquilidad que el alma necesita. No esta solo, porque Dios está a su lado. Aquel que puede *"aderezar mesa delante de sus angustiadores"* (Sal. 23:5), camina a su lado. Desear, pues, otra cosa en la tierra es el mayor de los absurdos. Todavía peor es *"afanarse"* por las cosas terrenales. Si el creyente busca anhelantemente las cosas temporales, si pone su mira en las terrenales, está dejando de ver las celestiales y procurando llenar su necesidad y satisfacer su sed con lo que no puede darle jamás satisfacción personal. ¡Ah, cuán necesario es que cada creyente vuelva sus ojos al cielo donde está el Señor y lo sienta a su lado cada día aquí en la tierra! Solo así la vida adquiere una nueva y gloriosa realidad. Solo así se puede decir: *"Todo lo puedo en Cristo que me fortalece"* (Fil. 4:13).

CAPÍTULO 14
HERENCIA Y COMPROMISO

INTRODUCCIÓN

Israel estaba en disposición de tomar los territorios que Dios le otorgaba en la tierra de Canaán. Años de guerra habían debilitado y reducido considerablemente a los pobladores que ocupaban el territorio. Al este del Jordán se habían establecido las dos tribus y la media de Manasés que, en alguna medida, garantizaban fronteras seguras a sus hermanos que se asentarían en Cisjordania. Dios había establecido por medio de Moisés el reparto de la tierra que se llevaba a cabo bajo la dirección y administración de Josué. A pesar de que faltaba aún mucho por conquistar (13:1), era tiempo para la parcelación de Canaán entre cada una de las tribus que tendrían heredad al oeste del Jordán. Las promesas de Dios son firmes, por tanto solo faltaba que su pueblo pasase a ocupar en triunfo lo que Él les había dado como heredad. La herencia había sido aceptada por fe por los antepasados de la nación. Esa misma fe era de vital importancia para la ocasión de posesionarse de la promesa, ya que la fe se establece en profunda dependencia de Dios, con la desconfianza en las propias fuerzas y sujetando en obediencia al creyente a la voluntad de Dios.

La presente perícopa sirve de enlace entre la distribución de Transjordania y la de Cisjordania, en la que dando por hecha aquella conforme a lo ordenado por Dios y ejecutado por Moisés, abre paso a la distribución general al oeste del Jordán, conforme a lo que también había sido establecido por Dios y especificado por Moisés. Siendo el reparto de la tierra por medio de suertes, se entra de lleno en una esfera de intervención divina, por lo que junto con Josué aparece la figura de Eleazar, el sumo sacerdote, de tal manera que tanto en tiempo de guerra, como luego en tiempo de paz, la nación reconociera que eran un pueblo especial entre todas las naciones, por su condición de pueblo de Dios.

El pasaje presenta en primer lugar y a modo de introducción el sistema empleado para la división y distribución de la tierra (vv. 1-5). Seguidamente, aparece la figura de Caleb y la petición que hace a Josué para que le entregue la tierra que ya le había sido prometida por Moisés. Caleb expone las razones que tiene para solicitar aquella parcela dentro de la tierra prometida (vv. 6-12). Finalmente, aparece la respuesta de Josué accediendo a lo solicitado por Caleb (vv. 13-15).

Para el comentario sobre el pasaje, se sigue el *Bosquejo*, que se ha dado en la *Introducción*, como sigue:

3. División de Canaán (14:1-19:51).
   3.1. Introducción (14:1-5).
   3.2. Heredad de Judá (14:6-15:63).
      3.2.1. Episodio de Caleb (14:6-15).
         a) Petición de Caleb (14:6-12).
         b) Heredad de Caleb (14:13-15).

División de Canaán (14:1–19:51)

Introducción (14:1-5)

El escritor sagrado relata lo que se hizo con los territorios de Canaán situados al oeste del Jordán, lo que se conoce como Cisjordania. La tierra no se había conquistado para dejarla desierta, sino para ser ocupada por los descendientes de Abraham a quién Dios había hecho promesa de entregarles la tierra. Sin embargo, nadie ocuparía el territorio a su albedrío, sino conforme a un plan previamente establecido por Dios mismo, cuyo detalle había sido dado a Moisés y había quedado registrado por él mismo.

1. Esto, pues, es lo que los hijos de Israel tomaron por heredad en la tierra de Canaán, lo cual les repartieron el sacerdote Eleazar, Josué hijo de Nun, y los cabezas de los padres de las tribus de los hijos de Israel.

Un cambio notable se aprecia en este texto relativo a la posición de Josué. Hasta este momento había sido el líder supremo de la nación como correspondía a quien era el sucesor de Moisés. Había sido designado por Dios para ocupar esta posición y había sido colocado en el ejercicio de este servicio en vida de Moisés, conductor indiscutible de la nación desde antes de su salida de Egipto hasta su muerte sobre el monte Pisga. Israel había entrado ya en la tierra prometida. Josué había conducido sus ejércitos y dirigido personalmente la conquista. Las decisiones que se tomaron, no importa cual haya sido la trascendencia de las mismas, fueron suyas. Ahora se trata de asentar una nación en su territorio nacional y, lo más importante, hacerlo entrar en posesión de una herencia que es el resultado de un compromiso pactado por Dios con Abraham su amigo (Gn. 15:18-21). La cuestión del reparto de la tierra es, por tanto, un asunto más bien teológico que político. La conquista se había llevado por la intervención directa de Dios, quien había desalojado a los enemigos y expulsado milagrosamente a los que ocupaban aquella tierra. Por esta razón, la persona que repartiría Canaán y, tal vez mejor, quien intervenía presidiendo el reparto, no era un militar, como Josué, sino un sacerdote, el sumo sacerdote Eleazar[1]. Dios quería dar con ello una importante lección que el pueblo debía aprender, pero que lamentablemente no aprendió.

La tierra de Transjordania había sido repartida por Moisés y debía considerarse como un asunto diferente al reparto de Cisjordania donde realmente estaba el vínculo de la tierra del pacto de la promesa. Dios estaba cumpliendo el compromiso de su pacto, por tanto, el reparto de la tierra —como todo lo relativo a la conquista— debe ser considerado como un tema teológico. Así pues, algo reservado para ser tratado directamente por Dios, quien había designado para presidir a los sacerdotes y dirigir toda la acción a la tribu sacerdotal, quienes en el nombre del Señor habían de enseñar al pueblo cual era la voluntad de dios y guiarlo en el cumplimiento de ella por medio de la instrucción de la Ley, que comprendía los escritos inspirados que Moisés había producido.

El texto es claro: *"lo que los hijos de Israel tomaron por heredad"*. Esta adquisición del disfrute de lo prometido tenía que ajustarse también a lo que el Dador había establecido con anterioridad. La distribución de este territorio estaba ya regulada por Moisés en el nombre del Señor (Nm. 26:52-56; 33:54; 34:13). Debían, por tanto, ajustarse a lo establecido y puesto que se trataba de aplicación e interpretación de la Ley, el reparto debía estar presidido por el sumo sacerdote. La herencia que recibían estaba regulada por las instrucciones dadas para ello; en lo que había de tenerse en cuenta varios factores entre los que estaba el número de familias de cada tribu. Considerando todos los aspectos, se determinaban los lotes con la extensión y los límites de cada heredad, que llegaba a las familias por sorteo (*b*ᵉ*gôral*) (Nm. 23:55; 33:54; 34:13) para que fuese la providencia divina la que actuaba en el reparto final según su soberana voluntad. La intervención divina se aprecia al observar que hay una gran semejanza entre la distribución de las tribus en el territorio repartido y la que ocupaban en torno al santuario en el tiempo de la peregrinación[2].

Un grupo de hombres supervisaba el proceso. Primero el sacerdote Eleazar[3]. Podría verse ya una representación de los tres grupos que integraban la nación: el estamento sacerdotal con Eleazar, el militar con Josué y el pueblo por medio de los representantes de cada tribu. El primero citado, el sumo sacerdote Eleazar (*Eleazar hakkönën*),

---

[1] Para una referencia más amplia sobre Elezar consultar el apartado correspondiente en el capítulo 1, de *introducción*.

[2] Sobre este aspecto ver el apartado correspondiente en el capítulo 1, de *introducción*.

[3] Para más detalles sobre esta persona, así como de su genealogía, ver el apartado correspondiente en el capítulo 1, de *introducción*.

literalmente el sacerdote Eleazar (Nm. 27:21; 34:17), era el tercer hijo en la genealogía de Aarón (Éx. 6:23). Su madre era Elisabet, la hija de Abinadab, quien a su vez era hija de Aram, un príncipe de la tribu de Judá y uno de los antecesores de Cristo por la línea de María (Lc. 3:33). El nombre Eleazar significa *"Dios ha ayudado"*, o también *"Auxilio de Dios"*, muy interesante en una ocasión como la del reparto de la tierra en la que la ayuda divina sería fundamental para llevarlo a cabo. Sus dos hermanos mayores que eran Nadab y Abiú, consagrados juntamente para el sacerdocio, habían muerto por haber ofrecido fuego extraño delante del Señor al encender el incienso del modo que Dios no había establecido (Lv. 10:1-2). Dios había establecido a Eleazar como sumo sacerdote para ocupar el lugar de su padre Aarón antes de la muerte de este (Nm. 20:22-29). La experiencia sacerdotal al frente de los levitas le hacía muy capaz para cualquier misión extraordinaria que le fuera encomendada (Nm. 3:32). Otro dato importante que es preciso destacar ocurrió en la vida de Moisés cuando Eleazar, junto a él, dirigió el censo de Israel en los llanos de Moab (Nm. 26:1-2). Esto le hacía una persona capaz para resolver cualquier dificultad y dirimir cualquier cuestión que pudiera plantearse en el reparto de la tierra. Por otro lado —y esto como lo más importante— había sido establecido por Dios para que Josué consultase por medio de él cuantas cuestiones se relacionaran con actuaciones y movimientos del pueblo de Dios (Nm. 27:21). La segunda persona citada es Josué. No hace falta reiterar lo que ya se dijo de él en su momento. Dios lo había puesto para que repartiera la tierra y por ello había de estar presente en ocasión tan solemne. Finalmente, los representantes del pueblo formaban parte del grupo que supervisaba la distribución y reparto de la tierra en sus lotes o heredades llamados aquí *"los cabezas de los padres de las tribus de Israel"*, es decir, los cabezas de familias (*rā*[a]*sê* [a]*abôt*). Estos también habían sido nombrados con anterioridad (Nm. 34:17 ss.). Como cabezas de familias eran los *príncipes*, o jefes de ellas. Un príncipe por cada tribu (Nm. 34:18-28).

2. Por suerte se les dio su heredad, como Jehová había mandado a Moisés que se diera a las nueve tribus y a la media tribu.

La forma establecida para el reparto de los lotes era la de las suertes. Este asunto, vinculado a cuestiones pecaminosas en el mundo actual era, como se ha dicho antes, el sistema que Dios había establecido para manifestar su voluntad referente a algunos asuntos. Hasta los tiempos inmediatos a la dispensación de la iglesia se utilizaba este medio. La última resolución tomada en un entorno propio del sistema del Antiguo Testamento fue la elección de Matías para suceder a Judas (Hch. 1:26). Los israelitas estaban convencidos de la intervención divina en lo que se establecía por suertes, por tanto, el resultado era inapelable considerándolo como la voluntad de Dios sobre esa cuestión. Como en otras ocasiones, también aquí se usaba el método de las suertes por indicación divina. Por tanto, a cada heredad se la denominaba *la suerte de su heredad.* Había, según referencias, distintos modos de determinar las suertes. Uno debía efectuarse por medio de piedras de distintos tamaños y colores, y tal vez por otros materiales perfectamente distintivos y que se situaban en el regazo en la ropa de alguna persona, donde se agitaban antes de ser retirados por los interesados. A este tipo de suertes se refería Salomón cuando escribió: *"la suerte se echa en el regazo, más de Jehová es la decisión de ella"* (Pr. 16:33). Otra forma de hacer los repartos era por medio de cuerdas con las que se medían y repartían las heredades y de la que David hace referencia tomándola como ejemplo de las bendiciones recibidas de Dios y afirmando que también intervenía directamente haciendo recaer la herencia sobre quien Él deseaba (Sal. 16:6). El reparto tenía que ver con las nueve tribus y la media tribu de Manasés, ya que las restantes habían recibido su parte al otro lado del Jordán, como ya se ha considerado.

Dos lecciones interesantes se desprenden del texto. La primera tiene que ver con la fidelidad divina, que entregaba a pleno disfrute de las tribus de Israel lo que había prometido antes. Aquello que recibían, por tanto, era un don de Dios que debían valorar como tal y ser agradecidos. No es posible comparar esta bendición temporal y terrenal con la herencia que el creyente recibirá de Dios por estar en Cristo reservada en los cielos (1Pe. 1:3-5). La segunda lección tiene que ver con la dedicación que determinará el hecho de entrar en posesión de su herencia. Cada uno de ellos tendría que cuidar de su parte y evitar que los enemigos la tomaran. De igual manera el creyente, en el tiempo presente, ha de considerar que toda riqueza espiritual es superior a cualquier abundancia material. Los ojos del cristiano estarán puestos en donde esté su riqueza y su heredad, y esta, como tesoro preciado, orientará su propio corazón (Mt. 6:21). El deseo del cristiano, su compromiso, su orientación y su manera de vivir, dependerán de lo que represente para él la heredad celestial en Cristo. La evidencia de ser cristiano está, entre otros aspectos, en *buscar las cosas de* arriba, su lugar de promesa (Col. 3:1). Cualquier otro interés o preferencia pone de manifiesto dos cosas: que no tiene valorado en su justa medida lo que le ha tocado o, lo que sería más grave, que no es realmente un heredero aunque a sí mismo se llame cristiano. La heredad del creyente es hermosa, nada de lo que pudiera alcanzar en la tierra sería comparable, pero la triste realidad es que muchos herederos de las riquezas eternas se afanan angustiosamente en adquirir las transitorias, momentáneas y terrenales, perdiendo con ello el gozo y la perspectiva celestiales para su vida. Un rico heredero no se preocupa de las estrecheces que pudiera pasar en algún viaje lejos de su patria, todo ello queda superado y pierde valor e interés cuando considera lo que le aguarda a su regreso. De igual modo ocurre con el creyente que tiene conciencia clara de su ciudadanía celestial (Fil. 3:20) y de la transformación que le aguarda (Fil. 3:21); no duda en considerar como nada la riqueza o pobreza temporal, ya que aguarda el disfrute pleno de sus riquezas en gloria, cuya sustancia conoce íntimamente por la fe (He. 11:1).

3. Porque a las dos tribus y a la media tribu les había dado Moisés heredad al otro lado del Jordán; mas a los levitas no les dio heredad entre ellos.

Al entrar en el detalle de la distribución de Cisjordania se aprecia que solo nueve tribus y media toman parte en ella. Otra vez se reitera la razón por la que *"las dos tribus y la media tribu"*, referidas a Rubén, Gad y la media de Manasés, no tenían parte con sus hermanos en el reparto de Canaán. Estas tribus habían recibido heredad al este del Jordán, otorgada ya por Moisés. Sus territorios se detallaron en el capítulo anterior, por tanto, tenían ya su provisión *"al otro lado del Jordán"*. Ellos mismos habían renunciado a su parte en Canaán, cambiándola por los territorios de Transjordania, como se ha considerado antes con detalle. Es necesario recordar que la tribu de José se había dividido en dos —Manasés y Efraín— por lo que seguía habiendo el mismo número de tribus para repartir la tierra, toda vez que la de Leví quedaba excluida en la distribución. La provisión de los levitas no quedaría determinada del mismo modo que la de sus hermanos. No tendrían heredad ni a uno ni a otro lado del Jordán, porque Dios mismo era su parte y su heredad (13:14, 33). Solo tendrían en la tierra ciudades para su residencia y los ejidos de ellas para sus ganados y rebaños.

4. Porque los hijos de José fueron dos tribus, Manasés y Efraín; y no dieron parte a los levitas en la tierra sino ciudades en que morase, con los ejidos para ellas para sus ganados y rebaños.

La tribu de José se dividía en dos: Manasés y Efraín. Esta división permitía el reparto de la tierra entre doce tribus con la exclusión de la de Leví. Manasés y Efraín eran dos de los hijos de José. Hay una razón histórica para que el reparto se hiciera entre las tribus de Manasés y Efraín, dado que no obedecía a un capricho arbitrario para que hubiera doce porciones, hecho que favorecería a la tribu de José en menoscabo de cualquiera de las otras que tenían los mismos derechos al distribuir a José doble porción de territorio entre cualquiera de sus dos hijos. Ambos habían nacido en Egipto, de la esposa que le dio el faraón cuando le nombró su segundo en el reino (Gn. 41:50-52). Jacob, el padre de José, había tenido doce hijos varones. El primogénito era Rubén, hijo de Lea (Gn. 29:32). A este le correspondían los derechos de primogenitura consistentes en una doble porción de herencia respecto del resto de sus hermanos (Dt. 21:15-17), así como la bendición principal de su padre. Esta regulación de derechos era necesaria en culturas donde se practicaba la poligamia. Pero este había cometido un grave pecado al mantener una relación íntima con la concubina de su padre (Gn. 32:22). Este hecho reprobable y pecaminoso sería condenado años más tarde por la Ley (Lv. 18:8), y hecha extensiva la prohibición para la iglesia (1Co. 5:1) como un pecado merecedor de la más drástica disciplina. Por esta razón, los derechos de primogenitura de Rubén le fueron retirados por su padre y dados a José (Gn. 48:15-16), como claramente se expresa en el Primero de las Crónicas (1Cr. 5:1). Para ello, Jacob tomó como si fueran sus propios hijos cada uno de los dos nietos, Manasés y Efraín, hijos de José (Gn. 48:5). La bendición de Jacob pasó a estos dos nietos como si fueran sus propios hijos, distribuyéndose una porción de la tierra entre ambos como correspondería al resto de sus herederos directos. Aunque no es tema del este libro, es notable observar cómo en el caso de estos dos hijos de José vuelve a repetirse la *elección del menor sobre el mayor*, ya que la bendición correspondiente al primogénito que era Manasés, se la otorga a Efraín, el segundo. Esta llegaría a ser la tribu dominante en el reino del norte y su nombre sinónimo de Israel en varias ocasiones (Is. 7:2; Os. 4:17; 13:1). El derecho, pues, de la doble porción de herencia se cumplía plenamente en el reparto de la tierra distribuyéndose la que correspondería a José entre las dos tribus de sus hijos, Manasés y Efraín, con lo que cada tribu recibió la misma parte proporcional de herencia desdoblándose la porción del primogénito entre dos tribus.

Los levitas no tenían heredad —como se consideró antes— pero ello no quita que tuviesen residencias aseguradas en medio del pueblo de Israel. Las familias de los levitas recibieron ciudades con sus ejidos entre las tribus, tanto al este como al oeste del Jordán. El número de esas ciudades fue de cuarenta y ocho y su distribución será objeto de estudio en el capítulo 21. La provisión de ciudades para los levitas fue establecida en tiempos de Moisés (Nm. 35:2). Estos recibieron también una pequeña extensión de tierra alrededor de cada una de las ciudades, para poder alimentar los ganados —siempre poco numerosos— que pudieran poseer. En razón de su dedicación exclusiva al servicio del santuario no tenían rebaños como sus hermanos, sino los pocos animales para su provisión cotidiana, por ello la extensión de tierra se establecía en un área de mil codos, aproximadamente cuatrocientos cincuenta metros perimetrales, con una extensión de dos mil codos más, unos novecientos metros desde el límite de la anterior. Comparando las posesiones de los levitas con las del resto de Israel, eran extensiones muy pequeñas prácticamente insignificantes. Dios que era su heredad hacía provisión de todo lo necesario para su vida cotidiana.

La primera enseñanza que se desprende del texto tiene que ver con las consecuencias del pecado en la vida del creyente. Rubén, el primogénito de Jacob, perdió sus bendiciones a causa del pecado que había cometido. El pecado del creyente trae las mismas consecuencias en su vida. Es cierto que no hay creyentes *impecables.* Todos, quien más y quien menos, pecamos ocasionalmente (1Jn. 1:8) y por ello se establece la provisión de la confesión que restaura la comunión interrumpida por el pecado (1Jn. 1:9). Pero no es menos cierto que en ocasiones el pecado del creyente puede llegar a ser manifiestamente perverso y ocasionar un notable perjuicio al testimonio. Es entonces cuando la disciplina bíblica llegará a extremos tan altos que el creyente dejará de ser instrumento de bendición definitivamente y, por tanto, el mismo dejará de recibir la bendición de su recompensa en la presencia del Señor. Este es el caso, a modo de ejemplo, de una disciplina que retira al creyente de la congregación temporalmente por una enfermedad o definitivamente por la muerte (1Co. 11:30). En otras circunstancias, el pecado dejará una secuela perdurable en la vida de un creyente cuando le impida la bendición de poder acceder al liderazgo de la iglesia por haber dejado de ser *irreprensible* (1Ti. 3:2). La Escritura pone como ejemplo el caso del profano Esaú, por cuya causa perdió su primogenitura (He. 12:16) aplicándola como una solemne advertencia para cada cristiano. El pecado en el creyente no es cuestión de importancia relativa, sino la causa por la que las bendiciones de Dios quedan detenidas afectando en muchas ocasiones no solo al creyente, sino también a su iglesia local e incluso a su familia. La segunda enseñanza está en la provisión de lo necesario para la vida de los miembros de la tribu sacerdotal. La ilustración es muy notable. Ellos recibieron del Señor lo que necesitaban para cada día. De igual modo, el creyente, sacerdote espiritual en esta dispensación, debe saber que sus bendiciones materiales son suficientes cuando cubran las necesidades básicas: *"Así que, teniendo sustento y abrigo, estemos contentos con esto"* (1Ti. 3:8). El cristiano debe aprender a *contentarse cualquiera que sea su situación* (Fil. 4:11) bendiciendo al Señor con gozo cuando en su gracia provea de sustento y abrigo. Nada más debiera anhelar quien es un peregrino en tránsito hacia la Canaán celestial. Pablo enseña que *"gran ganancia"* no es la acumulación de riquezas, aunque estas no están reñidas con la espiritualidad, sino la vida de piedad *"acompañada de contentamiento"* (1Ti. 6:6). El gozo en lo mucho y en lo poco es la evidencia de la acción del Espíritu Santo en una actuación libre de obstáculos en el creyente (Gá. 5:16, 22).

5. De la manera que Jehová lo había mandado a Moisés, así lo hicieron los hijos de Israel en el repartimiento de la tierra.

Con una nota sobre la obediencia a los mandamientos de Dios se resume el modo de actuación de aquellos en el reparto de la tierra. No era cuestión de discusiones, sino de obediencia. No era asunto de envidia por lo que a otro le había correspondido, sino de aceptación voluntaria de la suerte que Dios había ordenado y dirigido. El contentamiento era el resultado de una comprensión clara de que recibían lo que no habrían podido conseguir sin la intervención de Dios. Aquellos esclavos en Egipto hubieran continuado de ese modo de no ser por la intervención divina. Ese pueblo no hubiera podido cruzar el Jordán y enfrentarse victorioso a los pueblos de Canaán a no ser porque Dios les había dado victoria. Ahora les entregaba en posesión una parcela de aquella tierra, ¿qué más podían desear? Algunos tendrían un terreno que, humanamente hablando, hubiera sido codiciable para otros, pero la óptica para llegar a una plena conformidad no era la comparación con lo que otros tenían, sino la bendición de lo que cada uno había llegado a poseer como un regalo de la gracia. Ninguno en el pueblo había quedado sin heredad, ninguno había quedado sin posesiones, esa era pues, la razón del gozo de cada uno.

El mayor gozo para un creyente es la obediencia incondicional a las instrucciones del Señor y la aceptación gozosa de sus provisiones sabiendo que eso es lo mejor que el Padre da a cada uno de aquellos a quienes realmente ama (Ro. 8:28). El amor divino hace provisión adecuada para cada creyente conforme al alto conocimiento que tiene de cuál es la necesidad de cada uno. Al creyente le corresponde tan solo ajustarse a los mandamientos de Dios en su Palabra y disfrutar de las bendiciones recibidas, que son *"nuevas cada mañana"* (Lm. 3:23).

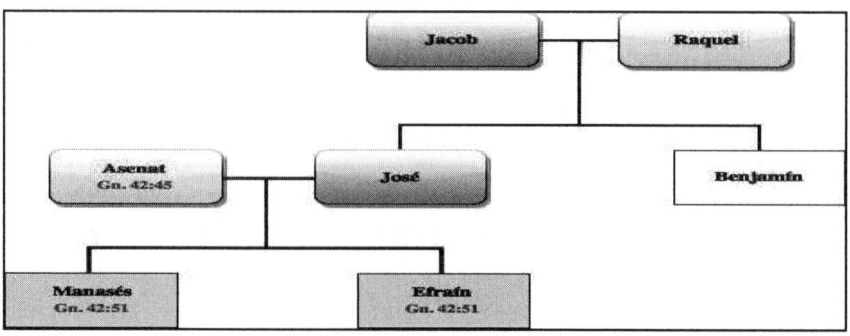

Cuadro genealógico hasta Manasés y Efraín.

Heredad de Judá (14:6-15:63)

Episodio de Caleb (14:6-15)

Petición de Caleb (14:6-12)

6. Y los hijos de Judá vinieron a Josué en Gilgal; y Caleb, hijo de Jefone cenezeo, le dijo: Tu sabes lo que Jehová dijo a Moisés, varón de Dios, en Cades-barnea, tocante a mí y a ti.

Los hijos de Judá comparecieron delante de Josué, de Eleazar y de los representantes del pueblo para recibir la tierra que por suertes les había tocado. El reparto se hacía desde Gilgal, de cuya importancia y significado se ha considerado ampliamente antes. La tribu vino como el resto de ellas representada por los cabezas de familias. Entre los pertenecientes a ella estaba la familia de Caleb, hombre vinculado a Josué desde hacía muchos años. Era uno de los mayores en edad entre todo el pueblo de Israel. El texto da datos personales muy concretos que permiten una clara identificación del personaje. Este Caleb era hijo de Jefone, y tal vez mejor fonéticamente *Yefunné* (Nm. 13:6, 30). La referencia a su padre identifica claramente a Caleb como uno de los enviados por Moisés para el reconocimiento de la tierra desde el desierto de Paran (Nm. 13:6). Caleb iba entonces como representante por la tribu de Judá.

Algunos[4] consideran que Caleb descendía de antepasados no israelitas. Según ellos, era un descendiente directo de Esaú. Como principal base que sustenta ese argumento aluden a que su padre conservara el patronímico propio de su ascendiente, conociéndosele como *Jefone cenezeo*, considerándolo como uno de los hijos de Elifaz, descendiente de Esaú (Gn. 36:10-11). Se aprecia en ello la influencia de la teoría liberal de la formación del pueblo de Israel.

Así escribe Jonh Bright, quien refiriéndose a Israel en el desierto dice:

"Por otra parte, ellos mismos eran un grupo mixto, de ningún modo descendientes todos de Jacob. Había allí (Éx. 12:38; N. 11:4) una compleja multitud, una chusma; por implicación, su número era considerable. Se trataba probablemente de esclavos fugitivos, quizá 'apiru, e incluso hasta egipcios (Lv. 24:10). Los nombres egipcios mencionados arriba pueden argüir sangre egipcia en Israel. Había también sangre madianita. El suegro de Moisés era un madianita, de cuyo clan se dice que se unió a Israel en la marcha (Nm. 10:29-32). Más tarde, encontramos a sus

---

[4] Entre los modernos Félix Asensio. o.c., pág. 73.

descendientes tanto en medio de Israel (Jue. 1:16; 4:11) como entre los amalecitas del Negueb (1Sa. 15:6). Por otra parte, Caleb figura eminente en la tradición, y cuyo clan se estableció más tarde en el área de Hebrón (p. e., Jos. 14:13ss); (Jue. 1:10-20), lo mismo que Otoniel, que ocupó Debir (p. e., Dt. 15:16-19; Je. 1:11-15), es llamado cananita, es decir, perteneciente a un clan edomita (cf. Gn. 36:11, 15). Aunque no eran judíos, los calebitas llegaron a ser reconocidos como de aquella tribu en medio de la cual se habían establecido (Jos. 15:13). Las pruebas no se agotan con esto. Pero bastan para mostrar que Israel en el desierto fue una reunión de grupos de origen diverso, algunos de los cuales, sin duda, no procedían ni de Egipto ni del Sinaí, pero que, podemos decir, se hicieron conversos"[5].

En relación con estas teorías liberales ya se ha considerado con bastante extensión en la introducción[6]. Sin embargo, es notable apreciar una y otra vez una absoluta falta de argumentación histórica, sustituidas por simples hipótesis a las que se dan valor probatorio como si se tratase de datos históricos verificables. En relación con la *"incorporación"* del clan del suegro de Moisés, el relato bíblico afirma la visita de ellos en el desierto y la invitación que les hizo Moisés para que les acompañaran en el recorrido por ser ellos conocedores del territorio por donde iban a pasar (Nm. 10:32-33). Posiblemente, algunos de ellos se incorporaron al pueblo de Israel por la vía habitual establecida para los prosélitos. Así aparecen luego como del pueblo en el libro de Jueces (Jue. 1:16). Hay pues, en este caso, una indicación bíblica que señala la ascendencia de algunos de los que estaban incluidos en el pueblo. Sin embargo, no ocurre así en el caso de Caleb, lo que produce dos o tres preguntas que necesitan respuesta: ¿Dónde y en *que momento se incorporó uno de los descendientes de Esaú por la línea de Cenaz (Gn. 36:11)?* ¿Por qué motivo Caleb estaba con el pueblo cuando salió de Egipto? Es evidente que Caleb había estado con Josué desde el principio, esto es, desde la salida de Egipto. Cuando Dios determinó eliminar a todos los hombres de guerra mayores de veinte años, hace mención expresa de *"los que subieron de Egipto"* (Nm. 32:11) y establece, por su conducta, como exentos de ese juicio a Josué y a Caleb (Nm. 32:12). Si había salido de Egipto en la liberación del pueblo, ¿cómo se había incorporado en el período de la esclavitud? Sería harto difícil de determinar históricamente esto. Por tanto, es preciso determinar en primer lugar y bíblicamente la genealogía de Caleb, entroncándola con uno de los descendientes de Judá.

---

[5] John Bright. o.c., pág. 161.

[6] Véase el correspondiente apartado en el capítulo 1.

La Escritura hace mención del matrimonio de Jacob y Lea (Gn. 29:23). Señala también los hijos habidos en esta unión (Gn. 29:31ss.), entre los que estaba Judá (Gn. 29:35). Judá engendró de su nuera, esposa de su primogénito Er, nacido de Bat-Shua (hija de Shua), adulamita (Gn. 38:1-3). A este primogénito suyo le dio por mujer a Tamar (Gn. 38:6). Debido a la condición de Er, Dios le quitó la vida (Gn. 38:7). Tamar fue dada por mujer a Onán, hermano de Er, quien también perdió la vida a causa de su pecado (Gn. 38:9-10). Pasado el tiempo, Judá engendró gemelos de su nuera Tamar (Gn. 38:13-27), uno de los cuales se llamó Fares (Gn. 38:29). Fares tuvo dos hijos, uno de los cuales se llamó Hezrón (Gn. 46:12). Este tuvo tres hijos: Jerameel, Ram y Quelubai (1Cr. 2:9). La genealogía de Caleb (1Cr. 2:18) lo relaciona directamente con Hezrón, por tanto, Hezrón y Jefone, padre o ascendiente de Caleb es la misma persona, ya que se dice que Caleb fue hermano de Jerameel (1Cr. 2:42). Así que Caleb tiene que ser el Quelubai citado en Crónicas, según se desprende de la descripción de su territorio.

La genealogía de Caleb se detalla en el siguiente cuadro:

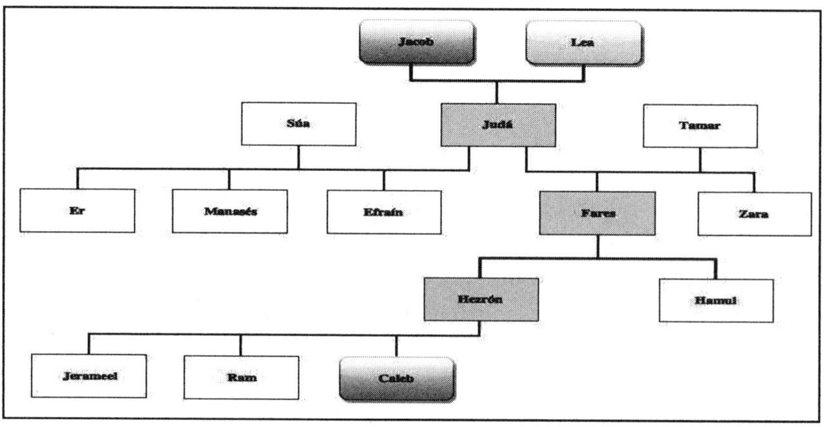

Genealogía de Caleb.

La vinculación de Caleb con Josué es evidente. Eran las dos personas que se opusieron directa y firmemente al grupo de exploradores incrédulos que dieron un informe desfavorable en relación con la tierra que debían conquistar. Fue Caleb quien hacía callar a los derrotistas delante de Moisés (Nm. 13:30a). Su firmeza en Dios le hacía un hombre de fe. Tal vez no era un hombre de una gran fe, pero tenía fe suficiente en su gran Dios. Su arrojo descansaba en el conocimiento que había adquirido de Dios a lo largo de sus muchos años de experiencia en relación con Él. Fue en esta firmeza de fe que formuló la propuesta decidida —frente a los informes desfavorables de sus otros diez compañeros— de subir inmediatamente, conforme al propósito de Dios para ocupar la tierra. Caleb consideraba que Israel era más poderoso que sus enemigos porque contaba con el poder de Dios, lo que le permitiría posesionarse del territorio ocupado por pueblos fuertes con ciudades bien establecidas y equipadas para la defensa (Nm. 13:30b). La actitud decidida de Caleb y Josué en aquella ocasión está claramente descrita en el texto bíblico. La fe genuina descansaba en Dios y el poder para ocupar la tierra provendría del Señor que había ordenado al pueblo subir y tomarla (Nm. 14:7-9). Ambos, Caleb y Josué, comprendían que aquel acto de rechazo por parte del pueblo era una clara muestra de rebeldía contra Dios. Ambos eran capaces de ver más allá de la realidad aparente de pueblos poderosos y ciudades amuralladas porque su mirada era una mirada de fe que descansaba plenamente en el poder de Dios y que les permitía decir: *"su amparo se ha apartado de ellos, y con nosotros está Jehová; no los temáis"* (Nm. 14:9). Dios es quien conocía realmente la espiritualidad de Caleb. El Señor testifica de él: *"Pero mi siervo Caleb, por cuanto hubo en él otro espíritu, y decidió ir en pos de mí, yo le meteré en la tierra donde entró, y su descendencia la tendrá en posesión"* (Nm. 14:24). Más tarde le llama *"perfecto"* (Nm. 32:12). Por esta fidelidad recibiría la recompensa de entrar en la tierra prometida mientras que el resto de la gente de guerra mayores de veinte años morirían durante los cuarenta años de peregrinación en el desierto (Nm. 32:11-12). Moisés, en nombre de Dios, reconoció la fidelidad de Caleb: *"...Caleb hijo de Jefone... por cuanto ha seguido fielmente a Jehová"* (Dt. 1:36).

Junto con el reconocimiento de su lealtad está la recompensa de Dios, que honra la fidelidad de Caleb. Una pequeña parcela de aquel territorio iba a ser suya y de sus descendientes. Esta porción del territorio se define como *"la tierra que pisó"* (Dt. 1:36). Muy probablemente se tratase del territorio que Caleb había explorado personalmente. Por el relato de Moisés sabemos que parte de ese territorio era en donde se asentaba Hebrón, ocupado por descendientes de Anac, la raza de gigantes mencionados en el texto bíblico (Nm. 13:32). Desde ese monte había oteado la tierra (Nm. 13:17) y Dios mismo le había conferido promesa por medio de Moisés de entregársela. Los gigantes habían persistido en el territorio hasta los tiempos de la conquista produciéndose combates entre ellos y sus gentes de guerra y los israelitas (Jos. 11:21). Con toda seguridad no habían sido expulsados totalmente, como ocurrió con otros muchos pueblos que habitaban la tierra y parte de sus ciudades fortificadas estaban sin conquistar. Aquellas ciudades y sus moradores habían atemorizado a los otros compañeros de Caleb años atrás (Nm. 13:28). Pero es de esto mismo de lo que Caleb habla a Josué antes de iniciarse el reparto de la tierra correspondiente a su tribu, la de Judá. Le recuerda lo que Josué conocía, la promesa de Jehová por medio de Moisés, en Cades-barnea, *"tocante a mí y a ti"*. Era un hombre de fe y tenía derecho sobre la posesión de la tierra en base a la fidelidad mostrada al Señor.

7. Yo era de cuarenta años cuando Moisés siervo de Jehová me envió de Cades-barnea a reconocer la tierra; y yo le traje noticias como lo sentía en mi corazón.

La demanda de Caleb se apoyaba en un hecho histórico que había tenido lugar hacía cuarenta años. Aquella incursión por territorio cananeo tenía un relato final. Este fue dado desde dos ópticas distintas: la del temor y la de la fe. En esta última se encontraba Caleb, quien dio su informe *"como lo sentía en su corazón"*. No era un alarde externo de arrogancia personal ni la expresión de un corazón temerario, sino la manifestación de un alma que descansaba plenamente en el poder de Dios y lo aceptaba como suficiente. Lo que llena el corazón se manifiesta en las palabras que lo revelan (Mt. 14:34). Un corazón lleno de auténtica fe genera palabras de confianza. Por otro lado, un verdadero creyente, solo expresa la verdad en relación con su confianza íntima. El falso creyente y el creyente carnal manifiestan en muchas ocasiones el engaño de su hipocresía, no lo que realmente sienten en su corazón. Caleb era, pues, un creyente honesto que expresaba la realidad de sus convicciones tal como lo *"sentía en su corazón"*.

Sin duda, esta es una importante lección para cada creyente. La sinceridad debe formar parte de la vida cristiana. Cualquier otra cosa es una forma de mentira condenada abiertamente por la Palabra (Col. 3:9). Esta advertencia de la historia bíblica debería hacer reflexionar a cada creyente, sobre todo en una sociedad en la que la hipocresía está al orden del día. Esta situación ha sido contagiada, en alguna medida, a muchos creyentes, que aparentan vidas de piedad pero que niegan la eficacia de ella (2Ti. 3:5). Tales personas procuran manifestar con sus palabras lo que debería haber en su corazón, pero que realmente no hay, convirtiendo su espiritualidad en una manifestación de abierta hipocresía.

8. Y mis hermanos, los que habían subido conmigo, hicieron desfallecer el corazón del pueblo; pero yo cumplí siguiendo a Jehová mi Dios.

La Escritura sigue revelando características personales de Caleb. Dos nuevas virtudes se manifiestan en el texto. Primeramente, Caleb era un creyente positivo en contraste con la negativa actitud de sus compañeros que había hecho *"desfallecer el corazón del pueblo"*. En segundo lugar, Caleb era un creyente comprometido. Mientras otros se apartaban del Señor, él permanecía fiel: *"yo cumplí siguiendo a Jehová mi Dios"*.

Las dos características deben verse en cada creyente. Un hombre de Dios es un hombre positivo. El creyente espiritual busca la edificación de sus hermanos, el bien del pueblo de Dios. Trasladando esto al momento presente, el cristiano consecuente manifestará en su vida estas dos virtudes que se evidenciaban en la de Caleb. Primeramente, será un creyente positivo, es decir, animoso. Sus palabras serán solo para edificación y ayuda de sus hermanos, como enseña Pablo: *"Ninguna palabra corrompida salga de vuestra boca, sino la que sea buena para la necesaria edificación"* (Ef. 4:29). Serán palabras de aliento en los momentos de dificultad, conduciendo el pensamiento de sus hermanos hacia el poder de Dios comprometido con los suyos en la batalla espiritual. Podrá ser un tiempo de aparentes dificultades para la obra de Dios, pero el creyente de fe sincera alienta a los que le rodean haciéndoles ver que hay más con ellos que con sus enemigos y que estos ya han sido derrotados de antemano por Dios. Sin duda, podrán manifestarse en aspecto imponente que pudiera causar terror, pero la fe ve lo que la carne no puede discernir, que esos enemigos están encadenados y no pueden actuar sin permiso divino. Las palabras alentadoras surgirán para levantar el ánimo de los apocados: *"Fortaleced las manos cansadas, afirmad las rodillas endebles. Decid a los de corazón apocado: Esforzaos, no temáis; he aquí que vuestro Dios viene con retribución, con pago; Dios mismo vendrá, y os salvará"* (Is. 35:3-4). La iglesia de Jesucristo necesita cristianos consecuentes con su fe que sean animosos, que colaboren en la ayuda de sus hermanos infundiéndoles aliento en lugar de desánimo con su palabra y con su ejemplo.

No menos importante es la segunda característica de Caleb: un hombre fiel que sigue a su Dios. Es notable destacar que Caleb consideraba al Eterno como su Dios personal. Con toda claridad lo manifiesta en el texto: *"yo cumplí siguiendo a Jehová mi Dios"*. No era un Dios genérico, sino su Dios personal. De este modo se entiende su seguimiento fiel. Aunque todo el pueblo retrocediera, él no lo haría porque *"su Dios"* lo demandaba así. Caleb conocía personalmente a su Dios. Esta es la gran necesidad para un discipulado fiel, conocer bien al Maestro. Así lo enseña Jesús: *"y las ovejas le siguen, porque conocen su voz"* (Jn. 10:4). Cuando un creyente conoce a Dios, le sigue comprometidamente. Ese conocimiento es algo experimental. No se adquiere solo por la lectura de la Biblia, sino que se consolida cotidianamente al ver la actuación de Dios en la vida diaria. El Dios de la Biblia cumple sus promesas y el creyente va adquiriendo un mayor conocimiento de su Dios. El llamado a un seguimiento fiel del discípulo es un asunto individual. Jesús dice a cada uno: *"venid en pos de mí"*. El compromiso es, pues, individual y corresponde a lo que cada creyente entienda sobre este aspecto de su llamamiento.

9. Entonces Moisés juró diciendo: Ciertamente la tierra que holló tu pie será para ti, y para tus hijos en herencia perpetua, por cuanto cumpliste siguiendo a Jehová mi Dios.

La fidelidad sin reservas al Señor trajo como resultado una promesa solemne dada por medio de Moisés: *"No verá hombre alguno de estos, de esta mala generación, la buena tierra que juré que había de dar a vuestros padres, excepto Caleb hijo de Jefone; él la verá, y a él le daré la tierra que pisó, y a sus hijos; porque ha seguido fielmente a Jehová"* (Dt. 1:35-36). Con toda seguridad, Josué conocía bien esta promesa de Dios a Caleb. Sin duda, este, durante los días de la conquista cuando recorría la tierra, al volver a pisar el camino que hiciera años antes con el resto de los espías enviados por Moisés recordaría y abrazaría por fe la promesa en la que Dios expresaba su compromiso con él. No era una excepción que Dios hacía con Caleb, había prometido bendiciones para la obediencia manifestadas en la posesión de tierra: *"Ahora, pues, si diereis oído a mi voz, y guardareis mi pacto, vosotros seréis mi especial tesoro sobre todos los pueblos; porque mía es toda la tierra"* (Dt. 4:30). La tierra que es del Señor sería dada a quienes fuesen su tesoro especial a causa de la obediencia. En la obediencia está empeñada la bendición de Dios, quien ahora hacía conforme a su promesa, misericordias a Caleb (Éx. 20:6). La herencia que Caleb esperaba recibir como una provisión especial y personal de Dios, sería una *"herencia perpetua"*. ¿En qué medida debe considerarse aquí como una herencia perpetua para él y sus hijos después de él esa parcela del territorio de Canaán? ¿No es cierto que llegaría un día en que sus descendientes serían llevados cautivos y el territorio pasaría a otras manos? No cabe duda que esto ha ocurrido así. Sin embargo, habrá un tiempo en que definitivamente las promesas de tierra dadas por Dios a su pueblo en conjunto y a sus hijos individualmente tendrán cumplimiento. En ese tiempo en que el Rey de reyes gobierne en el mundo, las promesas de tierra para Israel se cumplirán plenamente. Como buen creyente, Caleb recibía la promesa de Dios y la hacía suya por medio de la fe. No dudaba en que Aquel que había hecho una promesa tan especial la cumpliría llegado el momento oportuno. Para Caleb había llegado la ocasión y estaba dispuesto a entrar en la experiencia de poseer aquello que antes le había sido dado por Dios.

La obediencia a Dios será siempre recompensada en bendiciones. No solo en lo que se refiere a la antigua alianza, sino también dentro del nuevo pacto. Santiago afirma que *"el que mira atentamente en la perfecta ley, la de la libertad, y persevera en ella, no siendo oidor olvidadizo, sino hacedor de la obra, este será bienaventurado"* (Stg. 1:25). La felicidad del creyente y las bendiciones aparejadas a ella, son el resultado del compromiso de la obediencia. La vida de fidelidad traerá como resultado bendiciones del Señor. Pablo enseña esto cuando escribía a los corintios y les decía: *"Así que, hermanos míos amados, estad firmes y constantes, creciendo en la obra del Señor siempre, sabiendo que vuestro trabajo en el Señor no es en vano"* (1Co. 15:58). Unida a la obediencia está la fe profunda, que se sustenta y acepta como cumplidas las promesas de Dios esperando recibirlas en el momento oportuno. Los hombres de fe se sostuvieron aceptando las promesas y saludándolas de lejos. El creyente descansa y espera en el Señor continuamente sabiendo que su fidelidad es inalterable y que cumplirá todo lo que ha prometido.

10. Ahora bien, Jehová me ha hecho vivir, como Él dijo, estos cuarenta y cinco años, desde el tiempo que Jehová habló estas palabras a Moisés, cuando Israel andaba por el desierto; y ahora, he aquí, hoy soy de ochenta y cinco años.

Un hombre mayor, de edad avanzada, anciano, no debía esperar poder ocupar una parcela de la tierra que aún estaba sin conquistar para echar fuera a sus moradores y posesionarse de ella. ¿Qué seguridad movía a Caleb para demandar tal cosa? La evidencia que sustentaba su fe en la promesa de Dios era su propia vida. El Señor le había *"hecho vivir"* como había dicho, por tanto, si lo había hecho, sí había permitido que alcanzara esa edad librándolo de peligros y dificultades a lo largo de tantos años, era porque sin duda quería cumplir la promesa que le había hecho antes. La promesa había sido formulada cuando *"Israel andaba por el desierto"*. Durante todos aquellos años miles habían muerto. Otros muchos que habían entrado en Canaán no habían alcanzado aquellos días del reparto de la tierra. Sin embargo, Caleb, el anciano de ochenta y cinco años estaba allí. Es evidente que Dios había determinado cumplir en su vida la promesa que le había formulado. Cuarenta y cinco años habían pasado desde el día que se la comunicó Moisés. Largo tiempo sin duda en la vida de un hombre. Caleb había esperado aquel momento durante más de media vida. La espera paciente en Dios traía el resultado que todos podían ver. No solo había sido guardado durante los cuarenta y cinco años desde la salida de Egipto hasta aquel momento, sino que había sido guardado durante los ochenta y cinco años de su vida. Caleb entendía que Dios lo había dejado vivir durante tanto tiempo y lo preservaba en vigor físico para otorgarle la promesa que le había hecho por medio de Moisés.

La fe no solo espera, sino que se solidifica por medio de las evidencias que Dios le da en la vida cotidiana. Un hombre de fe considera todo cuanto le rodea desde la perspectiva de la fe. Mientras que otros se desalentarían en una situación tan dilatada como había sido la de Caleb, el creyente considera todo ello como evidencia de la fidelidad de Dios permitiéndole aferrarse más todavía a la fe que le sostiene.

11. Todavía estoy tan fuerte como el día que Moisés me envió; cual era mi fuerza entonces, tal es ahora mi fuerza para la guerra, y para salir y para entrar.

Caleb era un anciano lleno de vigor. Esta era otra de las evidencias que fortalecía su fe. La protección divina le había preservado tanto la vida como las fuerzas. Caleb reconocía sus muchos años, pero sabía que era apto para la guerra lo mismo que cuando era más joven. Es más, no solo era apto para la guerra, sino que tenía capacidad para disfrutar de su heredad, porque podía *"salir y entrar"*, un hebraísmo que equivale a libertad de actuación y capacidad para poder llevarla a cabo. Es la frase que Jesús utilizó para referirse a la libertad que capacita a sus ovejas, las cuales *"entrarán y saldrán y hallarán pastos"* (Jn. 10:9). Si Dios lo había preservado con su vigor físico y le había dado una buena salud, era claro que en Su propósito estaba que poseyera la heredad prometida, que pudiera limpiarla de quienes la ocupaban y que pudiera disfrutarla por algún tiempo.

Las fuerzas del creyente son el resultado de la fidelidad de Dios. Es en su provisión que el creyente es renovado continuamente y capacitado para disfrutar la vida de fe. El propósito del Señor es que los suyos gocen de las bendiciones de la herencia que Dios les otorga en Cristo. Tomando como ilustración la parábola del Buen Pastor, el creyente entra por la puerta a una vida de fe. La salvación se alcanza por gracia mediante la fe y Cristo mismo enseñó esta verdad cuando dijo: *"Yo soy la puerta; el que por mí entrare, será salvo"* (ἐγώ εἰμι ἡ θώρα δι᾽ ἐμοῦ ἐάν τισ εικσελθῃ σωθήσεται). La puerta debe considerarse como entrada a la salvación. Jesús no solo es la puerta *"de"* las ovejas, sino la puerta *"para"* las ovejas que por Él acceden a ser ovejas de su rebaño. *"Entrar"* equivale a *"creer"* (Jn. 3:16). Por tanto, el que entra es una persona de fe. Quien es puerta de salvación lo es también de protección, comunicando vida y vida abundante, por tanto *"entrará, y saldrá, y hallará pastos"*. El Hijo que salva libera (Jn. 8:32, 36). La vida en la esfera de la salvación no esta sujeta a la esclavitud de la religión legalista, sino abierta al pleno disfrute de lo que el creyente obtiene y es en Cristo. Junto con la promesa de libertad, la seguridad de provisión: *"hallará pastos"*. Los halla porque el pastor conduce a ellos (Sal. 23:1-2). Provisión de alimento tanto cuando está en el campo, como cuando está en el redil. La oveja del rebaño de Dios es protegida por Dios mismo, por tanto, puede *"salir"* con la seguridad de que volverá a *"regresar"* (Sal. 121:8).

Como escribe el Dr. Lacueva:

"Al que sale no se le cierra la puerta como a un extraño, sino que es libre para regresar a casa; y al que entra, no se le tiene por intruso, pues viene a su propia casa; pueden ir al campo, al quehacer diario, por la mañana, y volver al redil, a descansar, por la tarde; y en ambos lugares hallará pastos"[7].

La vida de fe es exactamente igual en cualquier tiempo. El creyente es sostenido por Dios para disfrutar de las bendiciones que se derivan de ser un creyente que espera en Dios y espera a Dios. Por eso el salmista puede decir: *"Gustad, y ved que es bueno Jehová; dichoso el hombre que confía en Él. Temed a Jehová, vosotros sus santos, pues nada falta a los que le temen. Los leoncillos necesitan, y tienen hambre; pero los que buscan a Jehová no tendrán falta de ningún bien"* (Sal. 34:8-10). Quien formula promesas es el mismo que capacita para esperarlas y disfrutarlas en plenitud cuando llegue el momento. Hay quienes creen que la vida de fe debe producirse en un ambiente de continua solemnidad donde la risa ha sido sustituida por el rostro serio y el disfrute gozoso de las cosas lícitas por el aislamiento de todo cuanto tenga que ver con la sociedad que rodea al cristiano. Verdaderamente, estos conceptos son absolutamente contrarios al mismo ejemplo del Señor, quien como hombre disfrutó de la expansión lícita de las cosas que se producían en el entorno social en que vivía, asistiendo a ciertos actos sociales, aceptando invitaciones para comer con fariseos, incluso llegando a ser censurado por los hipócritas de su tiempo como un *"comilón y bebedor"* (Mt. 11:19). Una forma tan equivocada de entender la vida de fe, produce frustración y desaliento en los recién convertidos y desanima y aleja a los que, aproximándose a los creyentes buscando a Cristo, descubren cargas religiosas en lugar de encontrar al Señor.

12. Dame, pues, ahora este monte, del cual habló Jehová aquel día; porque tú oíste en aquel día que los anaceos están allí; y que hay ciudades grandes y fortificadas. Quizá Jehová estará conmigo, y los echaré, como Jehová ha dicho.

La petición de Caleb es singularmente extraña a ojos humanos. Estaba pidiendo con verdadera determinación que le fuese asignada la montaña de Hebrón, el territorio que había desalentado a los exploradores enviados por Moisés hacía cuarenta y cinco años. El informe que aquellos habían dado a todo el pueblo era desalentador, los moradores de aquel

---

[7] F. Lacueva. o.c., pág. 244.

sector de Canaán eran pueblos fuertes, vivían en ciudades muy grandes y fortificadas, y con ellos vivían los hijos de Anac, los anaceos, gentes de gran corpulencia y estatura designados muchas veces como los *"gigantes"* (Nm. 13:28). Parte del territorio había sido ocupado provisionalmente por Josué (Jos. 10:3, 5, 36, 37), pero los gigantes anaceos persistían en él. Las ciudades fortificadas estaban también en el territorio (Nm. 13:28; Dt. 1:28; 3:5; 9:1, 2). ¿Por qué Caleb tenía tanto interés en territorio tan hostil? ¿Por qué, mientras otros miraban con cierto miedo la montaña de Hebrón, él la reclamaba con tanta decisión? Hay dos razones principales para esa petición y ambas descansan en un modo especial ver las cosas desde la óptica de la fe. La primera razón para este proceder está en la promesa que Dios le había hecho en días de Moisés (Nm. 14:24). Si el Señor le había asegurado que aquel territorio, con tierras de gran calidad, sería para él y su descendencia, no había razón alguna para dudar que sería suyo y que sería capaz de ocuparlo posesionándose de él y arrojando a quienes lo ocupaban.

La segunda razón procede también de una especial visión de fe. Aquel monte estaba relacionado con personas de fe que habían abrazado las promesas de Dios saludándolas desde lejos, desde Abraham y sus descendientes inmediatos. Hebrón era para Caleb una porción de la tierra prometida que debía ser ocupada conforme al propósito del Señor. Allí había morado Abraham por algún tiempo (Gn. 14:18), también su hijo Isaac (Gn. 35:27) y más tarde su nieto Jacob. Todos ellos habitaron en el lugar de Canaán como peregrinos, aunque poseedores del pacto y de las promesas de Dios. Caleb podía hacer realidad en él y sus descendientes la bendición prometida a su antepasado Abraham. En Hebrón estaba también la cueva de Macpela, único pedazo de aquella tierra que había poseído Abraham, al comprársela a su dueño el heteo Efrón, por cuatrocientos siclos de plata (Gn. 23:15). En ese lugar habían sido sepultados varios de sus antepasados. Allí estaba el sepulcro de Sara, la esposa de Abraham, madre de Isaac, primera de los enterrados en ella (Gn. 23:19). Más tarde sería enterrado en ella Abraham, por sus hijos Ismael e Isaac (Gn. 25:9). Sería Isaac el tercero en ser enterrado en la cueva (Gn. 35:27-29). Finalmente, el cuerpo de Jacob fue depositado también en ella, subiendo desde Egipto con todo el boato que correspondía al padre del segundo hombre en importancia en el reino después del Faraón (Gn. 50:5-14). Caleb acertaba a ver bajo el prisma de la fe lo que el hombre natural no puede ver desde su propia visión. Durante tantos años en el desierto Caleb había abrazado aquel lugar que reclamaba ante Josué. Posiblemente, todo aquello relacionado con la cueva de Macpela, fue lo que llevó a Caleb a aquella parte de Canaán cuando tuvo que explorarla y le hizo desearla como heredad para sí más que cualquier otra parte de aquel territorio.

Cuando volvió para informar al pueblo cuarenta y cinco años antes, su corazón estaba lleno de una realidad superior a la temporal que podían captar los ojos naturales del hombre, y esas realidades superiores a cualquier otra impresión terrenal se tornaron durante el tiempo de su peregrinación como objeto de esperanza y deseo.

Todo aquello alentaba la fe y hablaba a Caleb de fe y firme confianza en las promesas de Dios. Sin duda, habían muerto *"todos estos sin haber recibido lo prometido, sino mirándolo de lejos, y creyéndolo, y saludándolo, y confesando que eran extranjeros y peregrinos sobre la tierra"* (He. 11:13). Hebrón formaba parte de la patria del peregrino. Habían muerto *"conforme a la fe"*. Quienes vivieron por fe, murieron en fe. *"Todos estos"* se refiere a Abraham y sus descendientes. Las promesas de Dios no se llegaron a cumplir en sus días, sin embargo, la realidad de su fe era tal que murieron *"mirándolo de lejos, y creyéndolo, y saludándolo"* (ἀλλὰ πόρρωθεν αὐτὰ" ἰδόντε" καὶ ἀσπασάμενοι). La fe hacía realidad para ellos las promesas que se cumplirían en el tiempo, porque la fe es *"la certeza"* de lo que se espera (He. 11:1). Como si vieran a un amigo en la distancia y mientras se aproximaba le saludaran, así sentían la realidad de las promesas venideras. La fe daba por realizado lo que Dios había prometido, aunque se demorase algo más en el tiempo de los hombres. Abraham se gozó en su tiempo con la promesa lejana de la venida del Salvador (Jn. 8:56). Todos ellos testificaban también de su condición de peregrinos *"confesando que eran extranjeros y peregrinos sobre la tierra"* (καὶ ὀνολογήσαντε" ὅτι ζένοι καὶ παρεπίδημοί ἐσιν ἐπὶ τῆ" γῆ"). Eran un pueblo con promesa y no ciudadanos de este mundo. Por tanto, se confesaron peregrinos sobre la tierra de la promesa (Gn. 17:8; comp. con 23:4). Sin duda, la proyección de la fe en los antepasados de Caleb iba más allá, por cuanto esperaban la ciudad celestial, viéndola y saludándola de lejos. El hombre de fe vive con la vista puesta en el cielo abrazando realidades espirituales que ningún otro puede ver.

Finalmente, Caleb afirma su seguridad en el Señor para alcanzar el objetivo de desalojar a los ocupantes y ocupar sus ciudades. Su poder consistía en el amor por el monte prometido y en la desconfianza de sus propias fuerzas: *"Quizá Jehová estará conmigo, y los echaré, como Jehová ha dicho"*. A simple vista podría parecer que la fe de Caleb flaqueaba y que no estaba muy seguro de poder cumplir lo que se proponía. La expresión es más sencilla *"si Yahveh conmigo* (*Yahveh* ^{a}*ittî*), Él se encargará de conquistar y reducir a los pobladores de Hebrón utilizándome a mí y a los míos". Caleb no duda, simplemente depende de Dios, porque esa es la calidad de la verdadera fe. No son sus fuerzas, aunque siga vigoroso a los ochenta y cinco años, sino las fuerzas de Dios actuando en él.

La fortaleza del creyente está en conocer la limitación de sus fuerzas para depender enteramente de las de Dios. Es Dios quien provee de fuerzas al cansado y multiplica las fuerzas del que no tiene ningunas (Is. 40:29). El que confía y espera al Señor tendrá nuevas fuerzas que le permitirán levantarse poderosamente de cualquier situación, en modo semejante a un águila que batiendo sus alas se eleva hacia lo alto, haciendo posible que aun teniendo que correr no se canse y teniendo que caminar no se fatigue (Is. 40:31). La gran necesidad es que cada creyente pueda sentir la necesidad de humillarse ante el Señor, reconociendo su debilidad para las empresas divinas de modo que sea dotado, en su flaqueza, de la omnipotente fuerza de Dios, como decía Pablo: *"Por lo cual, por amor a Cristo me gozo en las debilidades... porque cuando soy débil, entonces soy fuerte"*. Ese es el contraste permanente de la vida de fe y de la vida en la carne. Solo desde la perspectiva de la fe se puede decir con plena certeza: *"Todo lo puedo, en Cristo que me fortalece"* (Fil. 4:13). Esa es la fuerza para el estilo de vida en la fe. El alcance de las fuerzas es ilimitado para emprender la obra de Dios, *"todo lo puedo"* equivale a *"para todo tengo recursos"* o *"para todo tengo fuerzas"*. El *"todo"* se refiere a cualquier situación o experiencia en la vida cristiana, a la máxima extensión posible de cualquier otra cosa o situación. La seguridad de la fortaleza es absoluta porque es *"Cristo que me fortalece"*. Del Señor proceden todos los recursos de poder para la vida cristiana, y separados de Él no es posible nada (Jn. 15:5). La gloria de la *debilidad* del creyente es que permite que repose sobre él el poder de Cristo (2Co. 12:9). La fortaleza está siempre al lado de sus hijos (1Ti. 1:12) y el ayudador supremo nunca se aparta de su compañía (2Ti. 4:17). El secreto de la fortaleza está en tener poca fuerza (Ap. 3:8). Esa es la bendición suprema para quien vive en la fe, como dice el salmista: *"Gustad y ve que es bueno Jehová; dichoso el hombre que confía en Él. Temed a Jehová, vosotros sus santos, pues nada falta a los que le temen. Los leoncillos necesitan y tienen hambre; pero los que buscan a Jehová no tendrán falta de ningún bien"* (Sal. 34:8-10).

Heredad de Caleb (14:13-15)

13. Josué entonces le bendijo, y dio a Caleb hijo de Jefone a Hebrón por heredad.

Josué escuchó con agrado la petición y argumentación de Caleb. Él conocía ya desde el tiempo de Moisés que Hebrón era heredad de Caleb y de su descendencia. Sin embargo, hay una nota de alabanza que merece ser destacada. Antes de entregar Hebrón a Caleb, Josué *"le bendijo"*. No es tanto un entorno religioso de algún tipo de bendición pronunciada sobre Caleb —aunque pudiera haberse producido— sino más bien el reconocimiento público que Josué hizo de la vida y fe de su amigo y compañero durante tantos años. Seguramente ensalzó su bravura y alabó la demanda sobre Hebrón. Aquel anciano era el ejemplo ante todo el pueblo de un hombre que vivió la fe manifestándola en una constante fidelidad y obediencia al Señor y sus promesas. Había dedicado los años de la conquista a colaborar con sus hermanos. Había guardado silencio en recogida esperanza durante la peregrinación en el desierto y solo después de aquel tiempo de servicio estaba demandando lo que Dios mismo le había otorgado antes. Con gusto Josué le entregó en herencia (*l*[e]*nahalä*) la región de Hebrón, con pleno derecho sobre las ciudades y los campos fértiles de Escol (Nm. 13:22-23; 32:9; Dt. 1:24).

14. Por tanto, Hebrón vino a ser heredad de Caleb hijo de Jefone cenezeo, hasta hoy, por cuanto había seguido cumplidamente a Jehová Dios de Israel.

La porción de tierra que estuvo siempre en el corazón de Caleb vino a ser definitivamente suya y de sus herederos. Otra vez se mencionan el nombre y ascendencia de Caleb. Generalmente, son los hijos quienes se benefician del prestigio de los padres, pero en este caso es el hijo quien engrandece el linaje de donde procede. El Espíritu insiste nuevamente en la razón de la bendición de Caleb: *"había seguido cumplidamente a Jehová Dios de Israel"*. La obediencia y fidelidad son honradas por Dios.

15. Mas el nombre de Hebrón fue antes Quiriat-arba, porque Arba fue un hombre grande entre los anaceos. Y la tierra descansó de la guerra.

La ciudad de Hebrón, que había sido alcanzada por Josué en el tiempo de la conquista (10:3, 5, 36, 37), sería definitivamente ocupada por Caleb (15:12-14; Jue. 1:10, 20). Esa ciudad se llamó por algún tiempo *"Quiriat-arba"*. El significado del nombre es dudoso, pudiera ser tanto *ciudad de los cuatro,* o tal vez mejor en consonancia con el texto, *la ciudad de Arba,* que había sido *"un hombre grande"* (*hä*[a]ädäm *haggädôl*) *"entre los anaceos"*, los que junto con otros pueblos habían sido pobladores de Hebrón y sus montes (11:21-22). Posiblemente, se tratase del mayor gigante entre todos los hijos de Anac. El nombre antiguo de Hebrón representaría un continuo recuerdo de la fortaleza de algunos de sus moradores, en concreto, de los gigantes anaceos que habían causado pavor a los exploradores que Moisés envió desde Parán.

El capítulo se cierra con una nota alegre: *"Y la tierra descansó de la guerra"*. La conquista y ocupación de Canaán había sido llevada a cabo. Es cierto que aún quedaban largos años de asentamiento y que los hebreos debían eliminar de todo el territorio a los restos de los pueblos que había logrado mantenerse en él a pesar de la intensidad de la guerra de conquista. Esto era una tarea que ya no correspondía a Josué ni a las fuerzas de Israel que habían participado con él en la ocupación de Canaán.

De alguna manera esta situación es ejemplo de lo que Cristo hizo por su pueblo. No debe olvidarse que Josué es tipo del Señor. En la cruz derrotó completamente a los enemigos despojándolos de sus poderes sobre los hombres redimidos (Col. 2:15). La acción de Cristo en la cruz es clara: *"despojó"*, literalmente *"y despojando"* (ἀπεκδυσάμενο"). Dios vence al pecado no solo como *culpa*, sino como *poder*. El pecado es un poder operante en el hombre (Ro. 6:6). Los despojados fueron los enemigos que ocupaban la porción de victoria que le había sido arrebatada al hombre a causa de la derrota por el pecado en la tentación. Estos que impedían ocupar el terreno de victoria son llamados por Pablo *"los principados y potestades"* (τὰ" ἀχὰ" καὶ τὰ" ἐξουσία"). Pablo describe cómo se produjo el desarme de esos principados y potestades, que son ángeles caídos (Col. 1:16; 2:10; 1Co. 15:24; Ef. 3:10). Estos utilizaban la ley contraria al pecador para acusarlo delante de Dios. La Ley es la acusadora impersonal y los demonios los acusadores personales. Estos enemigos se manifiestan en oposición y resistencia a Dios al conducir al hombre mediante tentación a acciones contrarias a Su voluntad expresadas en la Ley. Las demandas de la Ley fueron satisfechas por Cristo (Ro. 8:1-4). Ahora ya no hay acusación posible para el creyente, en el sentido de condenación (Ro. 8:33). Pero la derrota no quedó en una realidad anónima, sino que se proclamó cósmicamente mediante la exhibición que Dios hizo de los derrotados en la Cruz y que muestra el resultado de esa obra (Col. 2:15b): *"Los exhibió públicamente"* (ἐδειγμάτισεν ἐν παρρησίᾳ) Los demonios acusadores son mostrados por Dios cósmicamente como agentes sin poder. En este sentido el verbo *exhibió* tiene el significado de exponerlos a desprecio universal, como un vencedor que pone a los vencidos a la vista de todos y quedan expuestos a espectáculo y burla pública. El modo del triunfo se produjo mediante la obra de la Cruz: *"Triunfando sobre ellos en la cruz"* (θριαμβεύσα" αὐτού" ἐν αὐτῷ). El triunfador es Cristo y el lugar del triunfo, la Cruz. *Triunfar* tiene que ver con el desfile triunfal de un conquistador (2Co. 2:14) referido en este caso, no a los acompañantes del vencedor, sino a los derrotados que exhibe. Cristo es Señor dominando sobre sus enemigos. Para estos el desfile triunfal es *"olor de muerte para muerte"* (2Co. 2:16). En la Cruz, Cristo privó a Satanás y sus huestes del fundamento legal en que basar sus acusaciones. En la cruz el hombre fuerte fue atado. Tras los *"príncipes de este mundo"* que crucificaron a Jesús, estaban los *"principados y potestades"* (1Co. 2:8). Si estos príncipes del mundo hubieran conocido el resultado que se iba a derivar de la cruz, no hubieran crucificado al Señor de gloria (1Co. 2:8). Ahora, al creyente le queda asegurarse y disfrutar del triunfo en vinculación por fe con el Vencedor (1Jn. 5:4). Los vencedores son los creyentes *"porque todo lo que es nacido de Dios",* todos los que han nacido de nuevo, que por estar en Cristo son llevados en triunfo continuamente (2Co. 2:14). La victoria no está en el creyente sino el poder victorioso consistente en haber nacido de Dios. El nuevo nacimiento introduce al creyente en una experiencia de libertad y victoria (Col. 1:13). La esfera de victoria es que *"vence al mundo",* es la experiencia victoriosa sobre el sistema y sobre el maligno que lo dirige (1Jn. 2:13, 14; 4:4). El mundo ha sido vencido por Jesús (Jn. 16:33). Esto representa un aliento para el creyente que debe enfrentarse a la oposición presente de los enemigos, de ahí que el Señor diga a los suyos *"confiad"*. La victoria de Cristo es ya el triunfo del cristiano (Ro. 8:37; 1Jn. 4:4; 5:4; Ap. 12:11). Por medio de la cruz el poder del mundo quedó anulado para el que cree (Gá. 6:14). Cristo derrotó completamente tanto al diablo como al mundo (Ef. 4:8; Col. 2:15). El creyente en Cristo es, por tanto, un vencedor. El modo de la victoria se establece en la fe: *"Y esta es la victoria que vence al mundo, nuestra fe"*. La victoria sobre el mundo, que es de Cristo, se hace realidad en el creyente por la fe. Puntual o continua, la victoria de la fe es una realidad para el creyente sobre el mundo y sus cosas. La fe es el instrumento de victoria que hace al creyente un vencedor porque lo vincula con Cristo y Su poder, descansando plenamente en Él en una entrega sin reserva. De ahí, el consejo apostólico en general en el que Pablo exhorta a armarse del escudo de la fe (Ef. 6:16) y Pedro a resistir firmes en ella (1Pe. 5:8).

EXCURSUS XV
HEBRÓN

Antigua ciudad de Palestina cuyo nombre original fue *"Quiriat-arbá"* (Gn. 23:2; Nm. 13.22; Jos 14:15; 20:7). Se hallaba a unos 32 km al suroeste de Jerusalén y a unos 927 m sobre el nivel del mar, lo que la convierte en la ciudad de mayor altitud de Palestina. Situada en una zona muy fértil, tenía abundantes viñedos y una extensión grande de olivares. El agua era muy abundante en la región, con varios manantiales de importancia. El nombre de *Quiriat-Arbá* (*ciudad de cuatro*) fue el más antiguo de la ciudad, que después se llamaría Hebrón (Gn. 23:2; Jos. 14:15; 15:13).

Es una de las poblaciones más antiguas en Palestina, siendo edificada siete años antes que Zoan-Tanis en Egipto (Nm. 13:22). Su existencia se remonta a tiempos anteriores a los de Abraham, quien residió temporalmente en las proximidades de Hebrón, en un lugar de encinas llamado Manre (Gn. 13:18; 35:27) donde también lo hicieron sus descendientes Isaac y Jacob (Gn. 35:27; 37:14). Allí murió Sara, la esposa de Abraham, para cuyo enterramiento compró la cueva de Macpela a los heteos que habitaban en Hebrón (Gn. 23:2-20):

La ciudad de Hebrón y su entorno geográfico fue uno de los lugares más vinculados con los patriarcas Abraham, Isaac y Jacob, que no solo vivieron allí por largos espacios de tiempo, sino que todos ellos fueron sepultados allí en la cueva situada en Macpela, lo que podría llamarse un sepulcro familiar. Los familiares más próximos a los patriarcas fueron también sepultados en aquella cueva (Gn. 23:19, 20; 49:30, 31; 50:13).

Durante el tiempo del discurrir del Israel por el desierto, Moisés envió desde el desierto de Parán un grupo de espías para reconocer la tierra, quienes llegaron hasta Hebrón y observaron la dimensión de sus ciudades amuralladas y también la presencia en ellas de personas de gran corpulencia, gigantes descendientes de Anac. Se mencionan los nombres de algunos de ellos, como Ahimán, Sasai Falmai (Nm. 13:22, 33), a los que Josué capturó durante las acciones militares de la conquista (Jos. 10:39; 11:21–23). Hoham, el rey de Hebrón formó parte de una coalición de reyes que se opusieron a Josué, siendo hecho prisionero y ejecutado (Jos. 10:1, 27). Las tropas de Israel se apoderaron entonces de Hebrón, destruyéndola y dando muerte a sus habitantes (Jos. 10:36-39). No cabe duda que los supervivientes que pudieron huir en aquella ocasión volvieron a reconstruir y fortificar la ciudad (Jos. 14:12). La ciudad fue asignada a Caleb (Jos. 14:12; Jue. 1:20) y más fue cedida para ser una de las ciudades de los levitas (Jos. 21:11-13), manteniendo Caleb la posesión del resto del territorio. Asimismo, Hebrón fue una de las llamadas *"ciudades de refugio"* en la parte occidental de Canaán, al oeste del Jordán, junto con Cedes y Siquem (Jos. 20:1-7).

Fue una ciudad muy vinculada a la monarquía y la historia de Israel, tanto antes como después del cautiverio. David fue ungido rey en Hebrón (2Sa. 2:11) y allí le nacieron seis de sus siete hijos (2Sa. 3:2–5). En esta ciudad estuvo asentado durante los siete años y seis meses que reinó sobre Judá, pasando luego a Jerusalén donde estableció su trono y convirtió la ciudad en la capital del reino (2Sa. 5:5). Absalón, uno de los hijos de David, se sublevó contra su padre pretendiendo el trono y deseando apoderarse de él a la fuerza, organizó la revuelta contra su padre desde la ciudad de Hebrón (2Sa. 15:10). Tiempo después Roboam fortificó sus muros (2Cr. 11:5, 10, 11).

Parece ser que Hebrón pudo haber sido un centro de cerámica real durante el s. VIII a.C., por las numerosas piezas cerámicas, especialmente asas, que fueron encontradas en distintos lugares de Palestina y que tienen la inscripción: *"pertenecientes al rey: Hebrón"*. Es posible que Hebrón quedara abandonada durante el tiempo del cautiverio en Babilonia, pero cuando regresaron los grupos de retornados fue ocupada nuevamente y reconstruida (Neh. 11.25). Después de esto, en el período intertestamentario, fue conquistada por los idumeos, recobrándola Judas Macabeo (164 a.C.). Hebrón era una ciudad fortificada y dotada de torres defensivas que dominaba sobre las ciudades del entorno (1 Mac. 5:65).

No se menciona Hebrón en el Nuevo Testamento. Si bien, se sabe que la ciudad, destruida y quemada por los romanos en el año 69 d.C., fue nuevamente reconstruida por los árabes que la llaman *el-Halil*. Los territorios fueron anexionados militarmente por Transjordania hasta que en junio de 1967 con motivo de la llamada *"Guerra de los seis días"*, Israel volvió a dominar sobre ellos ocupando militarmente los territorios de Hebrón.

CAPÍTULO 15
LA HEREDAD DE JUDÁ

INTRODUCCIÓN

La distribución de la tierra se había iniciado. Las instrucciones dadas por Dios a Josué se estaban llevando a cabo como el Señor había dispuesto. Cada una de las tribus iba a recibir lo que en suertes le había tocado en el territorio ocupado y conquistado de Canaán. Después del episodio de Caleb, a quien Josué entregó en primer lugar la porción dentro de la tribu de Judá que le había sido asignada anteriormente por Moisés —en el nombre del Señor— como recompensa prometida por su fidelidad. Otorgándole Hebrón y su zona, se procede a describir la herencia de la tribu de Judá. La descripción del reparto de la tierra comienza, en cierta manera, de sur a norte, comenzando por la parte más al sur que era la de Judá y prosiguiendo con la de Efraín, luego la de Manasés y el resto de la tierra. El texto bíblico detalla la parte correspondiente a la tribu de Judá, con una detallada descripción de los límites, las regiones y las ciudades de su territorio. Como un paréntesis en el relato se detallan algunos aspectos de la acción de Caleb y Otoniel en la ocupación del territorio que había recibido antes. En todo lo que aparentemente resultaría monótono por la detallada lista de ciudades y los límites del territorio, se asientan las lecciones espirituales que Dios da por medio del relato histórico, y a las que se debe prestar atención personal.

La división del pasaje para su estudio se puede establecer del siguiente modo: las fronteras de Judá (vv. 1-12); el episodio de Caleb y Otoniel (vv. 13-19); el detalle de las ciudades de Judá que se agrupan primero por las del sur (vv. 21-32); luego las que estaban situadas en las llanuras (vv. 33-36), siguiendo con dos grupos de ciudades sin determinación de epígrafe que las agrupe, el primero comprende dieciséis de ellas (vv. 37-41) y el segundo otras nueve (vv. 42-44). Continua con la relación de las ciudades filisteas (vv. 45-47) y concluye con el detalle con las ciudades asentadas en las montañas (vv. 48-63).

Para el comentario del pasaje se sigue el *Bosquejo* que se encuentra en la *introducción*, como sigue:

3.2.2. Fronteras de Judá (15:1-12).
3.2.3. Episodio de Caleb y Otoniel (15:13-19).
3.2.4. Las ciudades de Judá (15:20-63).
- a) Ciudades del sur (15:21-32).
- b) Ciudades en las llanuras (15:33-47).

c) Primera división de la Sefela (15:33-36).
d) Segunda división de la Sefela (15:37-41).
e) Tercera división de la Sefela (15:42-44).
f) Ciudades filisteas (15:45-47).
g) Ciudades de las montañas (15:48-60)
   1. Primera división de las montañas (15:48-51).
   2. Segunda división de las montañas (15:52-54).
   3. Tercera división de las montañas (15:55-57).
   4. Cuarta división de las montañas (15:58-59).
   5. Quinta división de las montañas (15:60).
   6. Ciudades del desierto (15:61-62).
   7. Los jebuseos (15:63).

Fronteras de Judá (15:1-12)

1. La parte que tocó en suerte a la tribu de los hijos de Judá, conforme a sus familias, llegaba hasta la frontera de Edom, teniendo el desierto de Zin al sur como extremo meridional.

Judá y José fueron los hijos de Jacob sobre los que recayó la primogenitura al ser Rubén desposeído de ella (Gn. 49: 3,4) a causa de su pecado, al haber mantenido relaciones con la concubina de su padre (Gn. 35:22, 23). Seguramente, por esta razón la distribución comienza por el que tenía los derechos de primogenitura, que era Judá. La distribución del territorio se hizo *"conforme a sus familias"*, es decir, proporcionalmente al número de familias que integraban la tribu. Es muy probable que Josué y Elezar hicieran primero la distribución general del territorio que correspondía a cada tribu y luego subdividieron este entre las familias que la formaban, dando la porción a cada familia y finalmente dando la parte a cada casa que componían las familias. El resultado de *"las suertes"* asignó un lote (*haggôräl*) a la tribu de Judá que sería la herencia mayor al oeste del Jordán, con una extensión aproximada de unos 4140 km^2. Este territorio tenía como frontera más avanzada por el sur la del país de Edom, que Moisés se había visto forzado a rodear en los días del tránsito del pueblo por el desierto (Nm. 20:14-21). Judá fue la tribu real y había recibido una extensa bendición entre sus hermanos (Gn. 49:8-12). La tierra que le fue adjudicada cumplía tres profecías de Jacob. La de un conflicto permanente con sus enemigos (Gn. 49:8-9). La heredad estaba rodeada por los moabitas al este, los filisteos al oeste, los edomitas al sur y los amalecitas al sudoeste. La presencia de estos enemigos requería la fortaleza de los hijos de Judá así como su decisión y valentía. Un claro ejemplo de esto sería David. La segunda profecía que se cumplía en el territorio asignado era la de una tierra de viñedos (Gn. 49:11-12). Los exploradores enviados por Moisés a reconocer la tierra destacaron la abundancia de viñas en el territorio (Nm. 13:22-24). La tercera profecía tenía que ver con un cetro real (Gn. 49:10). Jerusalén, la ciudad de David y capital del reino, estuvo inicialmente en la parte que correspondió a Benjamín, pero con el tiempo llegó a identificarse con Judá.

2. Y su límite por el lado del sur fue desde la costa del mar Salado, desde la bahía que mira hacia el sur.

El límite territorial al oriente se situaba en el borde sur del mar Muerto, zona entonces desértica con algunas lagunas de agua salobre en una zona totalmente desprovista de árboles. Solo había una provisión de agua dulce en el oasis situado hacia el occidente conocido con el nombre de *Es-Safieh.* Está estableciendo el límite sur de forma muy concreta, partiendo de la lengua sur del mar Muerto. Indudablemente, los límites se ajustaban plenamente a los que Moisés había determinado antes en el desierto (Nm. 34:4).

La sujeción de Josué en obediencia a lo dispuesto por Moisés fue total. La lección de la obediencia es continua a lo largo del relato bíblico, a la que debe prestársele profunda atención.

3. Y salía hacia el sur de la subida de Acrabim, pasando hasta Zin, y subiendo por el sur hasta Cades-barnea, pasaba a Hezrón, y subiendo por Adar daba vuelta a Carca.

En dirección hacia el occidente, la línea fronteriza pasaba a lo largo del lado meridional de *Ma'aleh-Acabbim*, *La cuesta de los escorpiones*, (*ªAqrabbîm*), a unos 36 km del mar Muerto (Nm. 34:4) por la abundancia que había en el territorio de estos arácnidos venenosos de cuerpo plano, actualmente conocido como *Wadi Zouara.* Avanzando en esa dirección pasaba por el desierto de Sin (Nm. 34:3), que se halla entre *Elim y Sinaí* (es posible que *Sinaí* venga de la palabra *Sin*), corriendo paralelo al gran muro formado por la montaña. En donde la frontera descendía hacia el sur hasta pasar por *Cades-barnea* (Nm. 20:1; 33:16; Dt. 32:11), situado en la península del Sinaí a unos 100 km al sudoeste del mar Muerto, lugar con abundancia de agua en medio de una región desértica. En ese lugar los israelitas se rebelaron contra Dios, lo que originó el tiempo de peregrinación por el desierto. Allí se había producido la rebelión de Coré (Nm. 16), y allí también fue sepultada María, la hermana de Moisés y Aarón (Nm. 20:1). En ese mismo lugar, Moisés golpeó la peña en lugar de hablarle, como Dios le había dicho, lo que le ocasionó la disciplina de no entrar en la tierra prometida de Canaán (Nm. 20:2-13), dándole al lugar por haber contendido Israel con Dios, el nombre de *"Meriba"*, literalmente *rencilla* o *"aguas de la rencilla"*, como traduce literalmente RV (Nm. 20:13). Desde allí pasaba a *Hezrón,* dirigiéndose la linea de frontera hacia el noreste para pasar por Adar, siguiendo por el *Wadi- el-Qedeirät* hasta Carca.

Los límites del sur de Judá traen al recuerdo hechos de grave trascendencia para el pueblo y para el liderazgo que lo había sacado de Egipto en el nombre del Señor. El desierto de Sin y especialmente la zona de Cades-barnea señalaban históricamente las consecuencias de la desobediencia y de la rebelión contra Dios, tema didáctico del libro continuamente. El desobediente nunca podrá esperar bendiciones de Dios, sino todo lo contrario. La desobediencia trajo consecuencias lamentables para Israel. Por causa de ella tardaron cuarenta años en entrar en posesión de la heredad prometida por Dios para ellos y hacia donde los condujo el Señor poco tiempo después de la salida de Egipto (Nm. 13). Por esa rebelión murieron en el desierto todos los hombres de guerra mayores de veinte años de los que habían salido de Egipto (Nm. 14:29). La desobediencia a Dios en aquel mismo lugar ocasionó la muerte de la familia de Coré, bisnieto de Leví, que se había rebelado contra Moisés y Aarón, induciendo también a ello a los levitas Datán y Abiram (Nm. 16:24-35). Tiempo después, la desobediencia de Moisés trajo sobre él la disciplina de Dios impidiéndole introducir al pueblo en la tierra (Nm. 20:2-13). Lecciones sucesivas que están escritas para la enseñanza del creyente en el tiempo actual sobre la inevitable dimensión que ocasiona la rebeldía contra Dios. Tales enseñanzas se han considerado ampliamente en muchos lugares anteriores en este libro. Será suficiente recordar que la desobediencia era la forma natural de vida del creyente antes de su conversión (Ro. 11:30), pero que ha sido cambiada en obediencia y lealtad en razón de la regeneración espiritual producida en el nuevo nacimiento (1Pe. 1:14). De ahí la exhortación y solemne advertencia recogida en la carta a los Hebreos: *"Mirad que no desechéis al que habla. Porque si no escaparon aquellos que desecharon al que los amonestaba en la tierra, mucho menos nosotros, si desecháremos al que amonesta desde los cielos"* (He. 12:25). Dios desea que se preste profunda atención para evitar el desprecio de su Palabra. La atención requerida es no *"desechar"* al que habla. Este término debe aplicarse hoy a despreciar, negándose a acatar la voz de Dios. Despreciar al que habla es despreciar a Dios mismo. Las consecuencias actuales al rechazo son semejantes a las consecuencias que se produjeron en los que despreciaron a Dios en el desierto. Moisés era quien amonestaba a los creyentes del antiguo pacto en el desierto. Aquellos no escaparon al juicio de Aquel que hablaba desde los cielos por medio de Moisés, su portavoz, por lo que no era Moisés sino Dios quien hablaba. Mucho más para el creyente de la actual dispensación en un estado de mayores privilegios que aquellos. Dios es el mismo, por tanto, las consecuencias de rebeldía tienen que ser semejantes. *Desechar* (παραιτησάμενοι) tiene el significado de poner disculpas para no atender a una invitación (cf. Lc. 14:18b, 19). Cuando se exhorta al creyente de hoy a no *desechar*, la palabra tiene el significado de *volverse* o *dar las espaldas* (ἀποστρεφόμενοι) a algo, lo que constituye una actitud de rebeldía y desprecio. La advertencia solemne sobre dos actitudes alcanza plenamente al creyente de este tiempo. La primera tiene que ver con poner disculpas para no aceptar el compromiso cristiano. La segunda con desobedecer abiertamente a Dios. La conclusión es que si aquellos que actuaron de esa manera no escaparon, tampoco escaparán los creyentes que actúen así hoy.

4. De allí pasaba a Asmón, y salía al arroyo de Egipto, y terminaba en el mar. Este, pues, os será el límite del sur.

Prosiguiendo con el detalle de los límites de la frontera sur, sigue el relato describiendo la línea de la frontera que desde Carca pasaba hasta Asmón, determinada antes por Moisés (Nm. 34:4) para alcanzar el *"Arroyo de Egipto"*, lo que es el *Wadi-el- ªArîs* y de cuya descripción se trató en la introducción[1]. Siguiendo el curso natural del arroyo, se alcanzaba en su desembocadura el límite de la frontera sur que terminaba en el mar Mediterráneo (Nm. 34:5) por la parte más occidental de la misma.

5. El límite oriental es el mar Salado hasta la desembocadura del Jordán. Y el límite del lado del norte, desde la bahía del mar en la desembocadura del Jordán.

Mientras que el límite occidental se determinaba por el Mediterráneo, el oriental, en toda la extensión del territorio de Judá estaba determinado por el mar Muerto, o mar Salado. La frontera por ese lado iba desde la bahía del sur del mar Muerto hasta la desembocadura del Jordán por el Norte. No es necesario determinar puntos de referencia para establecer la línea de separación del territorio por el lado oriental, basta seguir la natural del mar Muerto, por tanto, no se hace mención de otros datos geográficos para determinar los límites orientales del territorio de Judá.

6. Y sube este límite por Bet-hogla, y pasa al norte de Bet-arabá, y de aquí sube a la piedra de Bohán hijo de Rubén.

---

[1] Ver notas sobre Geografía en la *Introducción*.

Partiendo de la desembocadura del Jordán, los límites del territorio de Judá por el norte seguían una línea ascendente y bastante difícil de establecer con exactitud en el momento actual. La frontera del territorio de Judá seguía dirección norte-noroeste hasta llegar a *Bet-hogla,* situada a unos 4 km del río, conocida actualmente como *Ain Hajlah*, con abundante agua procedente de un manantial y rodeada de bosques. Seguía subiendo en dirección noroeste dejando al sur la ciudad de *Bet-arabá*, literalmente *casa del desierto* (*Bêt-hä-ªAräbä*), en el territorio de la tribu de Benjamín (18:22) —hoy *ªAin Garbeh*— situada al sur de Gilgal. Seguidamente se sitúa otro punto de referencia en los límites del norte llamado *"piedra de Bohán"* (*ªEben Göhan*), que significa *Piedra del pulgar*. Se la relaciona con *el rubenita*, posiblemente un monolito levantado en honor de alguna hazaña llevada a cabo por un descendiente de Rubén en las batallas de la conquista de la tierra. Para algunos, un rubenita fue enterrado allí y marcada su sepultura con un monolito[2]. Este lugar, de difícil identificación, está situado por algunos en el lugar conocido como *Hagar-el-Asbah*, y por otros más al sur, junto al *Wadi-Markafet*[3].

7. Luego sube a Debir desde el valle de Acor; y al norte mira sobre Gilgal, que está enfrente de la subida de Adumín, que está al sur del arroyo; y pasa hasta las aguas de En-semes, y sale a la fuente de Rogel.

Los límites de la tribu de Judá proseguían hacia el noroeste para alcanzar Debir, distinta a la Debir llamada Quiriat-sana (v. 49; 10:38.39; 11:21; 12:13; 13:26), situada junto al actual *Wadi Daber*, pasando por el valle de Acor situado entre Bet-arabá y Debir, un valle seco llamado Acor —que significa *angustia*— donde los israelitas apedrearon a Acán y a su familia por haber traído la maldición sobre Israel al haber tomado del anatema de Jericó para sí (Jos. 7:24-26) al norte del Wadi Qumram. El límite volvía luego un corto trecho en dirección norte orientándose hacia Gilgal, el lugar principal y central en toda la conquista, desde donde salieron y entraron victoriosos los ejércitos de Israel al mando de Josué y bajo la dirección del Señor[4]. Sin embargo, cabe la posibilidad de que este Gilgal aquí (*Gᵉlîlôt*) fuese una pequeña población que llevara ese mismo nombre y que estaba situada frente a la subida de *Adumin* (*ªAdummîn*), literalmente *rojos,* un pasillo en el camino que sube de Jericó a Jerusalén donde hoy está la *Posada del Buen Samaritano* y donde tradicionalmente ocurrió el relato del asalto del viajero que iba de Jerusalén a Jericó

[2] F. Lacueva. o.c., pág. 89.
[3] Entre los primeros F. M. Abel *Géographie Palestina* II pág. 48; entre los segundos A. Fernández.
[4] Sobre Gigal, ver notas en el capítulo 5.

relatado por el Señor (Lc. 10:30ss.). *Adumín* se identifica hoy con *Tal^{a}at ed-Damm*, *castillo de la sangre*, junto a *hän Hatrûr*, tan solo a unos 20 km de Jerusalén y *"al sur del arroyo"*, el *Wadi el-Qelt*. Desde allí, la línea del límite pasaba hasta *"las aguas de En-semes"* (*En-Semes*), o *fuente del Sol*, hoy identificada como *^{a}Ain el-Hôd*, *Fuente de los Apóstoles*, al oeste de Betania, ya en las proximidades de Jerusalén. El límite venía a salir a *Rogel*, la *Fuente del Batanero*, probablemente *Bi^{a}r Ayyûb*, el *Pozo de Jacob*, al sudoeste de Jerusalén en un lugar hermoso y fértil del valle del Cedrón, un poco más abajo de la unión de este con el valle de Hinom. Este lugar se menciona en la rebelión de Absalón (2Sa. 17:17), siendo también el lugar donde fue coronado Adonías cuando intentó usurpar el trono (1Re. 1:9ss).

Merece la pena destacar que en medio de todos estos límites, que seguramente tienen otras interesantes aplicaciones, se citan por un lado el valle de Acor y por otro la subida de Adumín. El primero de ellos tiene una íntima relación con la ejecución de Acán y su familia a causa de la apropiación de parte del anatema de Jericó que había traído como consecuencia la derrota de Israel en Hai. Mencionar el nombre de Acor en la relación a los límites del territorio traería permanentemente a la memoria de los de Judá que un miembro de esa tribu había traído aquel desastre a toda la nación de Israel. Ya se ha considerado esta enseñanza ampliamente antes[5]. La enseñanza de los fracasos debe servir de reflexión personal a cada creyente para evitar la caída en situaciones semejantes. Es bueno recordar que los relatos históricos recogidos en la Biblia tienen como principal objeto advertir a los creyentes de cualquier tiempo sobre los problemas que otros tuvieron que afrontar antes de modo que puedan ser evitados por quienes han recibido la lección dependiente de aquellos hechos (1Co. 10:6, 11). En este caso, el recuerdo de la acción pecaminosa de un hombre que trajo aflicción y derrota a toda la congregación debe hacer reflexionar sobre el mismo mal que puede producir hoy en la iglesia un hecho semejante.

Pero también está la referencia a Adumín, el lugar de sangre en el camino de Jericó a Jerusalén. Jerónimo dice que aquel valle llevaba el nombre de *Rojo* en alusión a la sangre vertida por los ladrones que habían invadido aquel lugar. Sin embargo, más bien lleva el nombre por algún aspecto orográfico como son las piedras y tierra de color rojizo que se encuentran en la zona. No obstante, frente al pecado de Acán que acarreó la muerte a él y su familia, está la gracia admirable del Buen Samaritano que alcanza al que se hubiera perdido a no ser por su afecto entrañable.

---

[5] Ver comentario en el capítulo 8.

La advertencia sobre el pecado va seguida de la dimensión de la gracia. No hay pecado que confesado no tenga perdón delante del Señor. Es cierto también que el pecado deja muchas veces secuelas imborrables que acompañan al pecador por toda su existencia, sin embargo, es necesario recordar la provisión que Dios ha hecho para restaurar la comunión con el pecador creyente mediante la confesión (1Jn. 1:9), recordando que siempre *"la sangre de Jesucristo nos limpia de todo pecado"* (1Jn. 1:7).

Representa esto el equilibrio que debe haber en la enseñanza a la iglesia. No es posible dejar de denunciar el pecado y sus consecuencias, si se desea ser fiel a la Palabra, pero tampoco se puede dejar de señalar la gracia admirable que restaura al pecador. Un énfasis en uno solo de esos dos aspectos trae malas consecuencias. Quienes señalan solo el pecado y sus miserias hacen de los creyentes personas con profunda sensación de fracaso, sumiéndolas en una experiencia de angustia espiritual impropia. De igual modo los que dejan de advertir sobre el pecado, en razón de un amor mal entendido que transige con el mal, convierten al creyente en una persona irrespetuosa ante Dios y decididamente carnal en su comportamiento. Sin embargo, la presentación de la gracia infinita de Dios genera en el creyente el compromiso de santidad y servicio que la Palabra demanda para su vida (2Co. 5:14-15) estimulándolo a darla en sacrificio vivo como culto permanente a Dios (Ro. 12:1). En los límites de Judá están ambas cosas señaladas por el Espíritu, la ruina del pecado y la gracia del perdón.

8. Y sube este límite por el valle del hijo de Hinom al lado sur del jebuseo, que es Jerusalén. Luego sube por la cumbre del monte que está enfrente del valle de Hinom hacia el occidente, el cual está al extremo del valle de Reaim, por el lado norte.

Los límites siguen rodeando Jerusalén en dirección noroeste subiendo por el *"valle del hijo de Hinom"*, dejando ya el torrente del Cedrón. Al este del Cedrón está el monte de los Olivos, que estaba incluido en la heredad de Judá. Frente al monte Moriah, donde se edificó el altar para el sacrificio de Isaac (Gn. 22), se levantaría siglos después el templo, que como la mayor parte de la ciudad, pertenecía a la tribu de Benjamín. El *"valle del hijo de Hinom"* era un valle profundo al sur de Jerusalén. La mayoría de los expertos lo identifican con el *Wadi al-Rabadi*, que actualmente rodea la ciudad de Jerusalén hacia el oeste y sudeste. La parte más ancha que da al Cedrón se le llama *Tofet* (2Re. 23:10; Jer. 7:31-32: 19:2-6). En Hinom fue donde Salomón levantó lugares de adoración a Moloc (1Re. 11:7), y donde Acaz y Manasés ofrecieron a sus hijos en sacrificio al dios (2 R 16:3; 2Cr. 28:3; 33:6; Jer 32:35). Para evitar definitivamente tales abominaciones Josías profanó el lugar con huesos humanos y otras contaminaciones (2Re. 23:10, 13, 14; 2Cr. 34:4, 5) y lo convirtió en el crematorio para los desechos de Jerusalén de tal modo que simbolizaba un lugar de horror y deshonor, y el fuego permanentemente encendido una figura de la ira divina a causa del pecado (cf. Is 30:33; 66:24). Los judíos aplicaron el nombre del valle, que en la versión LXX es traducido como *Gena* (derivado del arameo *"gue-hinnan"*), al lugar de sufrimiento por el castigo eterno a que serán sometidos los pecadores sin salvación y los ángeles rebeldes (cf. Mt. 5:22, 29s; 10:28; Mr. 9:43, 45, 47; Lc. 12.5; Stg. 3:6). Saliendo ya del territorio de Jerusalén y dejándola al norte de la línea, el límite seguía corriendo en dirección oeste hasta la cumbre del monte que está situado frente al valle de Hinom —hoy *Ras en-Nädir*— que hacía separación por el oeste del *Valle de Himón* y de la llanura de Refaim (12:4) donde David enfrentaría a los filisteos (2 S 5:18, 22; 23.13), en la actualidad *el-Baqä*[a].

9. Y rodea este límite desde la cumbre del monte hasta la fuente de las aguas de Neftoa, y sale a las ciudades del monte de Efrón, rodeando luego a Baala, que es Quiriat-jeraim.

El limite giraba desde la cima del monte para bajar hasta la fuente de Neftoa (*Neptôa*) a unos 4 km al noroeste de Jerusalén, identificado hoy como [a]*Ain Liftä.* Desde ese punto seguía en dirección a las ciudades de la región montañosa de *Efrón*, lugar que no ha podido ser identificado actualmente, girando luego hacia *Baala*, cuyo nombre antiguo era *Quiriat-jeraim* (*Quryat-Y*[ea]ärîm) (9:17)[6], que equivale a *Ciudad del Bosque*, una de las principales ciudades gabaonitas, situada a unos 15 km de Jerusalén, en el camino hacia Jope, cerca de la actual *Abu Ghosh*. A ese lugar fue llevada el Arca del Testimonio cuando fue devuelta por los filisteos en días de Elí, permaneciendo allí por bastante tiempo (1Sa. 6:21–7:2; 2Sa. 6:2–5). En esa ciudad nacería siglos después el profeta Urías, que sería muerto por el rey Joacim (Jer. 26:20-23). Después del cautiverio fue una de las ciudades habitadas por los que retornaron con Esdras (Esd. 2:25).

10. Después gira este límite desde Baala hacia el occidente al monte de Seir; y pasa al lado del monte de Jearim hacia el norte, el cual es Quesalon, y desciende a Bet-semes, y pasa a Timna.

En un giro hacia el occidente desde Baala, se dirigía el límite al monte de Seir (probablemente en la región de Saris) pasando por el norte del monte Jeraim, literalmente *de los bosques*. Ese límite se conocía como

---

[6] Ver comentario al texto en el capítulo 7.

Queslón o *K^e^sälôn,* identificado hoy como *Keslah*, desde donde bajaba hasta *Betsemes* (*Bêt-Semes*), que significa *casa del sol*, identificado hoy como *Tell Rumeileh* [7], en un lugar próximo a otro punto conocido como *Ain-Semes* o *pozo del sol*, en la línea de ferrocarril de Jerusalén a Jafa. La linea del territorio llegaba a *Timna*, identificada hoy con *Hirbet Tibneh*, a unos 6 km al oeste, lugar que sería famoso tiempo después por estar vinculado con algunas hazañas del juez Sansón.

11. Sale luego al lado de Ecrón hacia el norte; y rodea a Sicrón y pasa por el monte de Baala, y sale a Jabneel y termina en el mar.

El límite del territorio seguía luego dirección norte-noroeste por unos 20 km hasta llegar al flanco norte de la ciudad filistea de Ecrón (13:3), situada a unos 15 km al este de la costa mediterránea de Palestina del Sur. Esta era la ciudad situada más al norte en el territorio filisteo y a donde sería llevada el arca cuando la capturaron en días de Elí (1Sa. 5:8-10). Desde ahí giraba hacia Sicrón (*Sikk^e^rôn*), lugar no identificado, pasando luego por el monte de Baala, que tampoco es posible identificar, aunque posiblemente se trate de una linea de cerros más abajo de *Wady es Surah*, hasta llegar a *Jabneel* (*Yabn^eä^*ël), ciudad citada como *Jabnia* en las acciones militares de Uzías (2Cr. 26:6). El límite terminaba en el Mediterráneo.

12. El límite del occidente es el mar Grande. Este fue el límite de los hijos de Judá, por todo el contorno, conforme a sus familias.

El límite de todo el territorio de Judá por la parte occidental era el mar Grande o mar Mediterráneo. El territorio comprendía unas medidas aproximadas de unos 80 km de largo por 90 de ancho, era muy variado y de notable importancia en todos los aspectos. Tenía cuatro regiones distintas, la del Neguev, la del mediodía, la parte árida comprendida entre los cerros centrales y el desierto. Lo que puede llamarse el desierto está formado por pequeñas lomas, más bien —en muchos casos— por ondulaciones del terreno cubiertas por escasas matas de hierbas resistentes al calor y a la baja humedad. Desprovisto de árboles e incluso de arbustos, da una sensación de esterilidad. Sin embargo, fue un lugar de pastos donde habían tenido sus rebaños los patriarcas. El distrito estuvo poco habitado, posiblemente por la carencia de manantiales de agua permanentes. Se citan unas treinta ciudades como de dicha región, sin embargo, la mayor parte eran de poca importancia.

---

[7] Ver Excursus XVI.

Episodio de Caleb y Otoniel (15:13-19)

13. Mas a Caleb hijo de Jefone dio su parte entre los hijos de Judá, conforme al mandamiento de Jehová a Josué; la ciudad de Quiriat-arba padre de Anac, que es Hebrón.

Como introducción al episodio de la hija de Caleb, el escritor vuelve a recordar la donación de Hebrón y su territorio a Caleb. Prácticamente es la reiteración de lo que se dijo antes (14:13). La heredad de Caleb se la había entregado Josué en obediencia al mandamiento que Dios había dado antes por medio de Moisés (14:9; Dt. 1:36). Sin embargo, es notable apreciar en el texto cómo Josué toma el mandamiento como si Dios se lo hubiera dado personalmente: *"conforme al mandamiento de Jehová a Josué"*. La demanda que el Señor le había establecido al principio de su ministerio seguía siendo atendida por él. Dios le había exigido obediencia cuando le dijo: *"Solamente esfuérzate y sé muy valiente, para cuidar de hacer conforme a toda la ley que mi siervo Moisés te mandó; no te apartes de ella ni a diestra ni a siniestra"* (1:7). Por tanto, los mandamientos que había recibo de Moisés, entre los que estaba el relativo a la herencia de Caleb, los consideraba como si el Señor se los hubiera encomendado personalmente a él mismo. La ciudad de Hebrón se menciona de nuevo por su nombre antiguo de *Quiriat-arba*, vinculándola otra vez con la presencia de los gigantes hijos de Anac que habitaban en ella.

14. Y Caleb echó de allí a los tres hijos de Anac, a Sesai, Ahimán y Talmai, hijos de Anac.

En la conquista de Hebrón Caleb y su gente expulsaron de allí a los anaquitas, probablemente jefes de tres grupos de gentes de guerra que ellos lideraban. Los nombres de los tres gigantes se citan en otros lugares de la Escritura, y conforme al relato bíblico, ya vivían allí cuando los espías que Moisés envió desde Parán reconocieron la tierra (Nm. 13:22). Aunque el texto bíblico aquí dice que *"Caleb los echó de allí"*, el libro de Jueces complementa el relato de lo ocurrido diciendo que habían sido muertos, literalmente *"heridos"* por Caleb (Jue. 1:10). En la ocupación militar de la tierra por los ejércitos de Josué durante la conquista habían destruido a los anaceos que habitaban en el territorio (21). Sin embargo, estos tres hijos de Anac habían logrado huir de la muerte, por lo que de nuevo se asentaron en Hebrón, después de la acción militar (10:36, 39).

15. De aquí subió contra los que moraban en Debir; y el nombre de Debir era antes Quiriat-sefer.

La conquista total y definitiva de Debir se produjo por las acciones de Caleb y sus gentes en la ocupación del territorio que les había sido asignado. Después de tomar Hebrón la atención de Caleb se dirigió a Debir, otra de las ciudades importantes de su parcela en la tierra de Judá. Josué había tomado la ciudad en la conquista del sur de Canaán (10:38-39). En aquella ocasión, su rey y todas las personas que quedaron en la ciudad fueron muertas. Pero los que consiguieron escapar a la matanza volvieron a ocupar Debir y se asentaron en ella al no haber una guarnición militar permanente que la defendiera, por lo que fue necesaria otra acción militar para conquistarla definitivamente. Posiblemente, los que habían regresado a la ciudad y la ocuparon de nuevo iniciaron obras de reconstrucción de sus baluartes e incluso los habrían ampliado de modo que se hiciera muy difícil su conquista. La antigüedad del libro queda evidenciada al llamar a la ciudad de Debir por el nombre antiguo de *"Quiriat-sefer"*, anterior al de Debir, como ya se llamaba en aquel tiempo. El significado del nombre antiguo es incierto, aunque podría ser *Ciudad de los libros*. Esta ciudad tenía también el nombre de *Quiriat-sana* (*Qiryat-Sannä*) (v. 49).

16. Y dijo Caleb: Al que atacare a Quiriat-sefer, y la tomare, yo le daré mi hija Acsa por mujer.

Caleb presentía difícil la conquista de Debir. Sus gentes habían estado empeñadas en la toma y ocupación de Hebrón y tal vez estarían cansados. El estímulo para una nueva hazaña militar era necesario, por lo que Caleb pensó recompensar al que fuera capaz de ocupar la ciudad dándole a su hija Acsa por esposa. Parece ser que esta era una costumbre arraigada y que seguiría practicándose en el tiempo, porque ese fue el premio establecido por Saúl años después para quien derrotase a Goliat (1Sa. 17:25). Sin duda, sorprende en el entorno social actual que un padre pudiera disponer libremente de la vida de su hija para darla en matrimonio a quién considerase mejor, pero es evidente que esa era la forma natural de aquellos tiempos.

17. Y la tomó Otoniel, hijo de Cenaz hermano de Caleb; y él le dio a su hija Acsa por mujer.

El texto reviste cierta dificultad en determinar quien era realmente Otoniel, el conquistador de Debir. Según la genealogía bíblica[8], Caleb tuvo dos hermanos, Jerameel y Ram (1Cr. 2:9), siendo Caleb el menor de todos los hermanos. A la vista de esto caben dos interpretaciones sobre Otoniel, la primera es que fuese uno de los hijos del hermano *menor* de

[8] Ver la genealogía de Caleb y el cuadro genealógico en el capítulo 14.

los que aparecen en la genealogía bíblica de Caleb y que sería Ram. Otra posibilidad es que se tratase de un hermano nacido después de Caleb y que no aparece en las genealogías, lo que concordaría plenamente con la expresión *"hermano de Caleb"*, tanto en este versículo como en Jueces (Jue. 1:13; 3:9). Sin embargo, esa expresión *"hermano menor"* puede tomarse perfectamente como si se tratase de un descendiente de la familia de Caleb *más joven* que él, teniendo en cuenta el modo de expresarse de los semitas que llamaban padre o hijo, en muchas ocasiones, a ascendientes o descendientes de una persona, sin que fuesen directamente su padre o su hijo. En este caso, Otoniel sería sobrino de Caleb, hijo de uno de sus hermanos, y *menor* en el sentido de más joven, que él. Necesariamente tenía que ser más joven que Caleb porque nadie más que él y Josué entraron en la tierra de Canaán, de todos los varones de guerra que tenían más de 20 años cuando la rebelión en Cades-Barnea (Nm. 32:11). La referencia a Otoniel como *"hijo de Cenaz"* es simplemente una referencia a que tanto Otoniel como Caleb tenían un antepasado común y que ambos descendían de él[8], pero no alude necesariamente a una paternidad directa, como ocurre a menudo en el A.T.

La conclusión de la relación de parentesco depende de lo que se entienda por la expresión *"hermano menor de Caleb"*. Si Otoniel era hermano menor de Caleb, estaría casándose con su sobrina Acsa. En caso de que sea hijo de un hermano de Caleb, se habría casado con su prima hermana. Ante las dos disyuntivas es preferible entender que Otoniel, que sería luego uno de los jueces de Israel (Jue. 3:7-11), era sobrino de Caleb, como hijo de uno de sus hermanos. Algunos sugieren que tal vez Caleb ya tenía en su pensamiento a Otoniel para esposo de su hija cuando hizo la oferta de darla al conquistador de la ciudad[9]. No hay duda que Otoniel seguía fielmente los pasos de su tío Caleb en el compromiso de conquistar la tierra, sin embargo, antes de recibir el premio debía manifestar su capacidad en la lucha de las batallas del Señor. Es cierto que en las prohibiciones legales sobre matrimonios en parentesco próximo, no aparece la de un tío hermano del padre con su sobrina. Sin embargo, sí está la prohibición de un sobrino con su tía, hermana de su padre (Lv. 18:12). Con todo, es un asunto difícil de precisar y que no reviste mayor importancia en el sentido interpretativo.

18. Y aconteció que cuando la llevaba, él la persuadió que pidiese a su padre tierras para labrar. Ella entonces se bajó del asno. Y Caleb le dijo: ¿Qué tienes?

---

[9] Entre otros F. Lacueva. o.c., pág. 90.

La dote de la hija de Caleb era sin duda abundante y consistía en tierras del Neguev. Sin embargo, las tierras de labranza en aquellos parajes necesitan agua abundante para regarlas y hacerlas productivas. Realmente, unas tierras en el Neguev sin agua para regadío no podían ser consideradas como *"tierras para labrar"*. Así debe entenderse la sugerencia de Otoniel a su esposa Acsa para que pidiera a su padre *"tierras para labrar"*, es decir, que no solo le diera tierras como dote, sino también fuentes de aguas para hacerlas productivas. Acsa entendió rápidamente la sugerencia de su esposo como se aprecia en el versículo siguiente. Descabalgando del asno en que iba tras su esposo, volvió a su padre Caleb para formularle la petición indicada por su marido. La actitud de Acsa sorprendió a su padre, que le preguntó cuál era la razón de aquella actitud.

19. Y ella respondió: Concédeme un don; puesto que me has dado tierra del Neguev, dame también fuentes de aguas. Él entonces le dio las fuentes de arriba, y las de abajo.

La petición de Acsa a su padre debió haber sido considerada por él como la demanda de un regalo especial de bodas. La dote ya la tenía en las tierras que su padre le había dado, pero ella buscaba un *don*, esto es, un regalo personal. Debe entenderse la petición como si dijera a su padre: *Hazme un regalo digno, ya que me diste tierra desierta, dame el agua necesaria para regarla.* Acsa formuló la petición a su padre en una actitud respetuosa. No habló con él en la cabalgadura, sino que descendió a tierra y, probablemente, se inclinó delante de él. La petición fue formulada desde la seguridad de que su padre atendería a la petición. Dos razones servían a esta mujer para esperar una respuesta positiva a lo que pedía. Era un regalo de bodas lo que buscaba, y además se casaba con Otoniel en obediencia al mandato de su padre. Las dos razones, el afecto de padre y la obediencia de hija sustentaban la esperanza de Acsa. La petición fue concedida. Caleb entregó a su hija y además del terreno que le había dando antes, dos parcelas más que contenían manantiales de agua. Posiblemente, Caleb dio a su hija terrenos cerca de Debir, donde hay abundancia de agua. Se conocen por lo menos catorce manantiales de agua en aquella zona que no se agotan aún en veranos calurosos y secos. Estos manantiales están, unos en la parte alta del valle, y otros en la parte baja. De ahí que el texto se refiera a *"fuentes de arriba, y las de abajo"*.

Tres asuntos merecen destacarse en el relato sobre la petición de Acsa a su padre Caleb. En primer lugar, es lícito desear y procurar lo que conviene en el aspecto material para una vida mejor. No cabe duda que el creyente tiene objetivos celestiales y no terrenales (Col. 3:1-4), sin embargo, no olvidando esta orientación, no hay nada desordenado en procurar lo mejor para la vida cotidiana. El deseo de Dios no es el de una vida miserable para los suyos, sino el disfrute de aquello que sea lícito. Esto no evitará los momentos de prueba y dificultades que pudieran ocurrir en la vida cristiana como resultado de la permisión divina orientada al bien de aquellos a quienes Dios ama (Ro. 8:28). El problema de los bienes temporales está en no establecer una correcta escala de valores en relación con ellos. Jesús enseñó claramente esto cuando dijo que debía buscarse *primeramente* el reino de Dios y su justicia (Mt. 6:33). En la búsqueda de las cosas de Dios debe centrarse todo afán del creyente. No es lógico afanarse por lo que es menos importante, sino buscar lo mejor. El reino de Dios no es comida, ni bebida, sino justicia, gozo y paz (Ro. 14:17). Es decir, no son cosas materiales sino espirituales. La justicia que el creyente debe buscar sobre todas las demás cosas no se refiere a la imputada para salvación, sino a la práctica de una vida justa. Se trata del modo natural de vida en la esfera de la santificación. El creyente tiene la responsabilidad de vivir ese estilo de vida. Contrasta abiertamente con el tipo de justicia de los fariseos que Cristo repudia (Mt. 5:20). El Señor enseñó a dar prioridad absoluta al reino de Dios. El deber no es conformarse con lo que ya se tiene en el reino, sino *buscar* en un progresivo compromiso con el Señor. Esta meta completa no se alcanza en esta vida (Fil. 3:12). Este *buscar* exige ponerse bajo el control del Espíritu para conducción (Gá. 5:16).

La bendición prometida para el que establece una correcta escala de valores está definida: *"Y todas estas cosas os serán añadidas"* (Mt. 6:33). *"Estas cosas"* son los bienes materiales necesarios para la vida. La piedad tiene promesa para la vida presente (1Ti. 4:8). Cuando Cristo dice que *"serán añadidas"*, está diciendo que se darán con generosidad (Lc. 6:38). Dios da más de lo que sus hijos pueden pedir o pensar (Ef. 3:20). Como hijos suyos, el Padre asume el cuidado espiritual y material de ellos (Fil. 4:19). Además, la vida de piedad tiene también promesas para la eternidad (Mt. 6:19-20). En segundo lugar, hay una enseñanza para el hogar cristiano bajo el ejemplo de Otoniel y Acsa. El marido y la esposa deben consultar juntos, aconsejarse mutuamente y llegar a un acuerdo conjunto sobre los intereses del hogar. No debe olvidarse que en el origen de la historia humana Dios delegó, tanto en el hombre como en la mujer, el gobierno del hogar. Es necesario recordar que la disposición divina para ejercer el señorío y juzgar en la tierra —hogar del primer matrimonio establecido por Dios— se expresa en plural: *"llenad la tierra y sojuzgadla"* (Gn. 1:28). Es muy revelador apreciar que Otoniel no *exigió* ni *mandó* a Acsa, su esposa, para que pidiese las fuentes de aguas, sino que la *persuadió*. Este término habla de reflexión, diálogo y convicción mutua. Cuando la Biblia enseña que el marido es la *cabeza* del hogar, no está refiriéndose a una *autoridad* que gobierna sobre toda la familia, sino a un agente responsable delante de Dios por la marcha del hogar. El apóstol Pablo enseña que en el hogar debe regir el principio de la *sumisión mutua: "someteos unos a otros en el temor de Dios"* (Ef. 5:21). Claramente expresa la sumisión recíproca entre los creyentes que alcanza a las relaciones familiares. La ética del cristiano en el hogar y en el mundo descansa en la premisa de sumisión. Pablo no habla de sujeción, sino de sometimiento. El verbo griego ὑποτάσσω, en participio de presente de la voz media-pasiva, indica subordinación. La subordinación espiritual es lo que permite el correcto funcionamiento de la familia cristiana. Esta disposición conducirá a llevar a cabo las acciones del amor generoso que busca siempre el bien ajeno (1Co. 10:24). Todo ello debe producirse en el temor de Cristo, es decir, por respeto a Cristo. Cuando Dios creó a la mujer como ayuda idónea del hombre (Gn. 2:18) la creó a causa de que no se encontró en toda la creación existente una ayuda idónea para él (Gn. 2:20). El concepto de *ayuda idónea* tiene que ver esencialmente con *alguien con quien dialogar.* El matrimonio tiene un alto contenido de diálogo, compañerismo y reflexión mutua. Normalmente, son las religiones paganas y algunas sectas las que enseñan que el hombre es el líder en el hogar y no debe consultar ninguna de sus decisiones con la esposa, sino ejercer él la autoridad indiscutible. Quienes piensan y enseñan esto desconocen la verdad de la Biblia y la adaptan a sus caprichos voluntariosos y deshonestos. Una tercera enseñanza tiene que ver con la generosidad de los padres hacia los hijos. Ningún padre debe entender como pérdida aquello que da a sus hijos, sino como una expresión desinteresada de amor a la manera del amor de Dios hacia los suyos. Un principio de armonía con los hijos descansa más en dar que en recibir, en conducir que en prohibir, en enseñar que en imponer, en dialogar más que en mandar. El ejemplo de Caleb con su hija es una enseñanza permanente para la forma propia de actuar de un creyente.

Las ciudades de Judá (15:20-63)

20. Esta, pues, es la heredad de los hijos de Judá por sus familias.

La heredad de Judá comprendía cinco regiones bien diferenciadas entre sí. Al sur, las áridas llanuras (15:21-32); al oeste, las colinas lindantes con las llanuras de la costa (15:33-36); luego, una extensa parte central de la tierra (vv. 37-42); a continuación, las ciudades filisteas (vv. 45-47); y por último, las ciudades de las montañas (vv. 45-47). Destaca una abundancia de ciudades en el territorio, lo que indica el valor de la tierra de Judá, ya que donde había ciudades establecidas había manantiales de agua, tierras de cultivo y fortificaciones defensivas. El pasaje detalla la lista general de las ciudades comprendidas dentro de los límites del territorio.

Ciudades del sur (15:21-32)

21. Y fueron las ciudades de la tribu de los hijos de Judá en el extremo sur, hacia la frontera de Edom: Gabseel, Edar, Jagur.

La descripción de las ciudades se inicia con las del Neguev en la parte sur y en dirección a la frontera de Edom. Esta parcela de la tierra podría dividirse a su vez en cuatro distritos o circunscripciones. La primera quedaría establecida por las ciudades citadas en los vv. 21-23; la segunda por las de los vv. 24-25; en la tercera estarían las que aparecen en los vv. 26-28; y finalmente la cuarta formada por las ciudades expresadas en los vv. 29-32. Muchas de estas ciudades son difíciles de identificar y algunas no es posible hacerlo de ningún modo. La lista es sin duda premonárquica, a pesar de los esfuerzos hechos por los liberales. Especialmente destacable en este aspecto concreto es la propuesta de M. Noth[10], que sugiere hasta doce circunscripciones en el territorio para llegar a la conclusión de que la lista de esas ciudades tiene que venir de la época de Josías.

La primera ciudad se le llama *Cabseel*, que correspondería al hebreo *Qabs*^{ea}ël. Estaba situada en dirección a la frontera de Edom. De este lugar era Benaía hijo de Joiada, uno de los valientes de David (2Sa. 23:20; 1Cr. 11:22). En los tiempos de Nehemías se le llama al lugar *Y*^{e}*qabs*^{ea}ël (Neh. 11:25). Es difícil determinar su localización. Sigue la ciudad de Edar —sin identificar— para la que se dan distintas localizaciones, desde *el-Adar*, al sur de Gaza, hasta *Tell* ^{e}*Arad* a unos 30 km al sur de Hebrón. Viene a continuación Jagur o *Yägûr*, aún más difícil de situar. Algunos la identifican con *Tell Gurr*, al sudeste de Beerseba.

22. Cina, Dimona, Adada.

Cina o *Qinä* estaba situada en el Wadi *el-Qeini*, al sudeste del mar Muerto y Dimona, sin identificar. Sigue después la ciudad de Adada (^{e}*Ar*^{e}ärä), identificada con *hirbet* ^{e}*Ararah*, al sur de Beerseba.

23. Cedes, Hazor, Itnán.

La primera ciudad, Cedes (*Qedes*), identificada con ^{e}*Ain Qedeis*, a unos 80 km al sur de Beerseba. Debe distinguirse de la otra ciudad con el mismo nombre situada al norte de Canaán y citada antes en el resumen de los reyes derrotados en la conquista (12:22). La localización, dificultosa como la mayoría de las ciudades, podría tratarse de Cades-Barnea. En este caso sería un lugar que traería constantemente recuerdos de un pasado

---

10 M. Noth. o.c., pág. 91-100.

triste para Israel. De ser correcta esta localización —siempre dudosa— se trataría de una de las ciudades situadas en los límites del territorio por el suroeste en la península del Sinaí. Era conocida por la abundancia de agua en medio de un lugar desértico. Se identifica el lugar con la fuente de *Ain el-Quedeirat* y también con la de *Ain Qudeis* en el desierto de Sin, a unos 80 km al sudoeste de Beerseba. El hecho de que este último lugar conserve la forma arábiga del nombre de Cedes contribuye a su identificación. Sin embargo, es probable que los israelitas utilizasen las dos fuentes en su estancia en aquel lugar. Sobre la historia de Cades-Barnea se ha considerado ya antes (v. 3). Es evidente que Cades fue un lugar de provisión de aguas usado ya en el tiempo de los patriarcas (Gn. 16:14). Los datos bíblicos sugieren que la localización de la ciudad estaría situada cerca del arroyo de Egipto (*Wadi el-Arish*), al sur del límite del territorio israelita. En la zona hay actualmente una extensa tierra de pastos y los restos de una fortaleza israelita que se data como del siglo X a.C.

En cuanto a la segunda ciudad, Hazor (*Häsôr*), no ha sido posible identificarla y no debe confundirse con la ciudad del mismo nombre en el norte de Israel.

En tercer lugar, se nombra a Itnán (*Yitnän*). Su localización se establece en el desierto de Sin en la zona del *Wadi Umm Etnan*.

24. Zif, Telem, Bealot.

Estas tres ciudades estarían situadas en lo que podría llamarse el segundo distrito de la posesión de Judá, junto con las siguientes del v. 25. La primera ciudad es Zif (*Zîp*), identificada con la actual *ez-Zeifeh*, al sudoeste de *Kurnub*, en el sur del Neguev occidental, a unos 6 km al sudeste de Hebrón. Cerca de este lugar, siglos después, David sería perseguido por su suegro Saúl (1 S 23:15, 19, 24). Posteriormente, en la historia de la monarquía, el rey Roboam la fortificó (2 Cr 11:8). Sigue luego Telem (*Telem*), sin haber sido identificada. Se sugiere como probable *Umm es-Saläfeh*, pero no hay evidencias claras para esa localización. La tercera ciudad se nombra como Bealot (*B*[ea]älôt), que no está identificada.

25. Hazor-hadata, Queriot, Hezrón (que es Hazor).

Estas otras tres ciudades cerrarían el número de poblaciones en esta segunda partición de la tierra de Judá en el Neguev. Se nombra en primer término a Hazor-hadata (*Häsôr-Hädattä*), probablemente *el-Hudeirah*, en dirección al mar Muerto. Debía tratarse de una aldea cercana a la ciudad de Hazor. Queriot (*Q*[e]*ryyôt*), tal vez el actual *el-Qaryatein*. Situada a unos

19 km al sur de Hebrón. Hezrón, citada ya en la definición de los límites (v. 3). Lugar que no ha sido posible localizar. Se supone que esta podía haber sido la ciudad de Judas, el traidor, de donde derivó su patronímico de *Iscariote*, que significa *hombre de Queriot*. Esto tendría la importancia de identificarlo como el único *judío* —es decir, perteneciente a Judá— de todo el grupo de discípulos, ya que el resto eran del norte, de Galilea.

26. Amam, Sema, Molada.

Este grupo de tres ciudades estaría situado en la tercera división del Neguev de Judá (vv. 26-28). La primera ciudad mencionada es Amam (^{a}Ämän), cuya localización no es posible. Volverá a mencionarse más adelante relacionada con el territorio de Simeón (19:2). La localidad de Amam se citará en los tiempos de Nehemías como un lugar donde habitaban los retornados de Babilonia (Neh. 11:26). Sigue la ciudad de Sema (*S^{e}ma^{a}*), con la misma dificultad en cuanto a localización. La ciudad de Molada (*Môläda*), localizada como *Tell el-Milh*, al este de Beerseba. Era una pequeña población situada a unos 19 km al sureste de Beerseba, en el límite meridional de Palestina. Según el libro de Crónicas era una de las ciudades de Simeón (1Cr. 4:28), concordando con la distribución que hizo Josué (19:2). Vuelve a mencionarse más tarde como una de las poblaciones ocupadas por los retornados del cautiverio de Babilonia (Neh. 11:26).

27. Hazar-gada, Hesmón, Bet-pelet.

Sigue siendo difícil no solo la localización, sino incluso la identificación. Esto pasa con Hazar-Gada, que tal vez se trate de *hirbet Gazzah*. Sigue luego Hesmón (*Hesmôn*), que debe tratarse de la Hasmona cercana a Cades-Barnea que se menciona en la historia de Israel en el desierto (Nm. 33:29-30) en el relato de las etapas de acampada en la peregrinación. La ciudad de Bet-pelet (*Bêt-Pelet*) acaso sea posible identificarla con *hirbet el-Mesâs*, al oeste de *Tell el-Milh*. Lo mismo que Molada se cita como una de las ciudades ocupada por los retornados del cautiverio (Neh. 11:26).

28. Hazar-sual, Beerseba, Bizotia.

La ciudad de Hazar-sual (*Hasar-Sû^{e}*äl) debía ser una aldea en el entorno de Beerseba. Junto con estas pequeñas ciudades de difícil localización, aparece Beerseba (*B^{ea}*ër-Seba^{e}), la metrópolis de las pequeñas poblaciones del área. Beerseba está asociada con la historia de los patriarcas. Por aquella zona anduvieron errantes Agar e Ismael después de haber sido despedidos de la casa de Abraham (Gn. 21:14). Más adelante se asocia el nombre de Beerseba con uno de los pozos excavados por Isaac, hijo de Abraham (Gn. 26:33). Como población, es la ciudad principal en el Neguev de Judá, situada en la vía hacia el sur, desde Hebrón hasta Egipto y la que va hacia el norte desde Arabá a la costa. Sirvió como límite en la especificación del territorio de Israel, por lo que se designaba como *"desde Dan hasta Beerseba"* (Jue. 20:1). Actualmente, la ciudad de Beerseba se encuentra a 78 km al sur de Jerusalén, a mitad del camino entre el Mediterráneo y el mar Muerto, separada unos 3 km de su localización original. En el área se encuentran varios pozos, el mayor de ellos tiene 4 m de diámetro y unos 13 de profundidad. La excavación del pozo requirió cortar más de 5 m de roca. Abraham vivió en Beerseba por algún tiempo (Gn. 22:19) y fue allí de donde salió con su hijo Isaac dispuesto a ofrecerlo en holocausto conforme a lo que Dios le había pedido. También Isaac vivió en Beerseba cuando era anciano. Allí bendijo a Jacob y desde allí partió este para Mesopotamia huyendo de su hermano Esaú (Gn. 28:10). En la historia posterior de Israel, Beerseba fue lugar de prácticas religiosas idolátricas por las que Dios traería juicio sobre Su pueblo (Am. 5:5; 8:14). Beerseba fue una de las ciudades ocupadas por los retornados después del cautiverio (Neh. 11:27). Arqueológicamente, las excavaciones en el sector sur de la ciudad pusieron al descubierto restos del período calcolítico (4000-3000 a.C.).

El *Departamento Israelita de Antigüedades* descubrió en 1954 evidencias del uso de piedra y cobre en ese período, cuando los habitantes de la zona vivían en cuevas subterráneas. Posteriormente, las construcciones progresaron a chozas, con hoyos que se utilizaban para almacenaje. Los restos de estas construcciones ponen de manifiesto que eran muy sencillas, hechas con techo de madera y de paredes formadas por barro. La cerámica del período era de buena calidad, trabajada en placas giratorias muy rudimentarias. Algunos utensilios y adornos que se encontraron estaban confeccionados en piedra y hueso. Artesanos del área trabajaron con cobre, importando el mineral de Arabia. Los cultivos más sobresalientes de la zona eran trigo, cebada y lentejas. En cuanto a ganadería, se sabe de rebaños de ovejas, bueyes y cabras. En el aspecto religioso se adoraba a la diosa de la fertilidad que, como era habitual en el mundo antiguo, iba acompañado de ritos de prostitución sagrada. Después de Beerseba aparece el nombre de Bizotia, una de las aldeas filiales.

29. Baala, Lim, Esem.

Una nueva triada de poblaciones aparecen en el texto. Todas ellas debían situarse en el cuarto distrito en que se puede dividir el territorio del

Neguev judío. La ciudad de Baala (*Ba^{a}alä*), debe distinguirse de otra con el mismo nombre que se menciona en este capítulo (v. 9). Probablemente se trate de la ciudad asignada luego a Simeón (19:3). Aunque es difícil la localización, podría ser *Tulûl el-Mediba.* Lim (*^{e}Iyyîm*), sin identificación. Esen (*^{e}Esem*) identificada actualmente como *Umm el-^{e}Azäm*, que equivale a *madre del hueso* y que estaría situada al sudoeste de Adada (v. 22).

30. Eltolad, Quesil, Horma.

La ciudad de Eltolad (*^{a}Eltôlad*) es otra de las muchas localidades sin identificar. Lo mismo ocurre con Quesil (*K^{e}sîl*). Horma (*Hormä*) es más conocida históricamente que las otras dos, y probablemente estaban en su área de influencia. Es probable que esta ciudad sea la que dio nombre a la región de varios otros enclaves cananeos en el Neguev, destruidas por los israelitas en tiempo de Moisés (Nm. 21:1-3). Debe suponerse que se trate también de la ciudad cananea de Sefat, conquistada por Judá y Simeón en los días de los jueces, a la que llamaron Horma (Jue. 1:17). El rey de Horma fue derrotado por Josué, como se ha considerado antes (Jos. 12:14). Esta ciudad, que entró en el reparto de la posesión de Judá, fue cedida luego a Simeón (Jos. 19:4; 1Cr. 4:30). Vinculada con la historia de Israel en el desierto al ser el lugar a donde los israelitas rebeldes fueron perseguidos por los amalecitas y cananeos (Nm. 14:45). Vinculada también a la historia de la monarquía, ya que David dio a los habitantes de la ciudad parte del botín tomado a los amalecitas que habían saqueado Siclag durante el tiempo de la persecución que David sufrió por parte de su suegro Saúl (1Sa. 30:30). Aunque es dudosa su identificación, suele considerarse como situada en el paso de Sufa, entre Petra y Arad.

31. Siclag, Madmana, Sansana.

Siclag (*Siq^{e}lag*) está identificada con *Tell el-huweilifeh*, en el territorio filisteo. Como otras ciudades, fue transferida a la tribu de Simeón (19:5). La ciudad estuvo muy ligada a la vida de David, a quien el rey filisteo Aquis se la dio, viviendo en ella durante un año y cuatro meses (1Sa. 27:6, 7). Durante aquella etapa, la ciudad fue capturada por los amalecitas, siendo reconquistada nuevamente por David (1Sa 30:1ss.). En Siclag le fue comunicada a David la noticia de la muerte de Saúl (2Sa. 1:1; 4:10). En el tiempo del retorno de los cautivos de Babilonia, Siclag fue una de las ciudades que habitaron (Neh. 11:28). Madmana (*Madmannä*), la segunda ciudad mencionada en el versículo, está identificada en la actualidad con *Umm Deimneh*, a unos 20 km al nordeste de Beerseba. Sigue luego Sansana (*Sansannä*), en *hirbet es-Samsanîyat,* al sur de Madmana.

32. Lebaot, Silhim, Aín, Rimón; por todas veintinueve ciudades con sus aldeas.

La parte sur del Neguev se cierra con las cuatro ciudades que figuran en el versículo. Lebaot (*L^{e}bä^{a}*ôt), la misma que aparecerá más adelante en la posesión de Simeón como Bet-lebaot (16:6). Estaba situada al oeste de Beerseba en dirección hacia el Mediterráneo. Silhim (*Silhîm*), probablemente la *Saruhen* de Simeón (19:6), situada también al oeste de Beerseba en dirección al mar. Se sugiere como localización *Tell el-Färi^{a}ah*, en cuyo caso la ciudad estaría situada a unos 27 km al sur de Gaza. Aín, que algunos consideran como un primer nombre de Rimón, leyendo *En-Rimmon* (*^{e}En-Rimmôn*), en cuyo caso sería la ciudad del mismo nombre citada en la relación de poblaciones de los retornados de Babilonia (Neh. 11:29). Probablemente una aldea dependiente de la segunda ciudad, sin localizar. Finalmente, Rimón (*Rimmôn*), identificada hoy como *Umm er-Rammänîn*, al nordeste de Beerseba.

El versículo cierra el resumen de ciudades de la zona del Neguev perteneciente a la heredad de Judá. La cifra de ciudades es, según la última frase del versículo, *"veintinueve ciudades con sus aldeas"*. Sin embargo, un recuento de las citadas en el párrafo (vv. 21-32) da un número de 37, lo que produce una aparente contradicción. El TM da 36, si se considera como una sola En-Rimmon. La diferencia pudiera producirse por revisiones posteriores del texto apoyándose en las listas de Nehemías (Neh. 11:25 ss.). Otros consideran que las diferencias entre el número de ciudades registradas y los totales se debe a la inclusión o exclusión de suburbios o casares adyacentes a las ciudades principales[11]. Pero tampoco deben pasarse por alto, en las diferencias con respeto a la tribu de Judá, las transferencias de ciudades a la de Simeón, que se relacionan más adelante. No obstante, a pesar de estas aparentes diferencias, el territorio de la zona sur queda perfectamente delimitado: por el lado oeste se situaba en Silhim, a unos 27 km al sur de Gaza; por el este se extendía hacia Edom; al norte el área geográfica se centra en el entorno de Madmana, a unos 20 km al norte de Beerseba; y finalmente, hacia el sur estaba Beerseba y su entorno geográfico natural.

Ciudades en las llanuras (15:33-47)

Primera división de la Sefela (15:33-36)

[11] Irving L. Jensen. o.c., pág. 93.

33. En las llanuras, Estaol, Zora, Asena.

La división siguiente queda vinculada a *"las llanuras"*, que comprendía las tierras bajas, la *Shefela*[12] (*S*[e]*pëlä*). Lo mismo que en el caso del territorio sur de Judá —el Neguev— también la Shefela puede dividirse en tres territorios: el primero incluye las ciudades mencionadas en los vv. 33-36; el segundo las de los vv. 37-41; y el tercero las citadas en los vv. 42-44.

La primera ciudad de esta división de la tierra es Estaol (*Estä*[a]ôl), identificada con muchas probabilidades con *Eswa*[a]. Más adelante, se transferirá junto con Ir-semes y Zora a la tribu de Dan (19:41). Una de las ciudades relacionadas con el comienzo de la vida de Sansón. La segunda población era Zora (*Sor*[a]*a*), identificada hoy como *Sar*[a]*ah*, a unos 22 km al norte de *Beit-Gibrîm.* Igual que la anterior, está relacionada con los lugares de la vida de Sansón. Fue entre estas dos ciudades donde comenzó a manifestar su fuerza (Jue. 13:25) y donde fue enterrado (Jue. 16:31). La ciudad de Zora fue la residencia de los padres de Sansón y el lugar donde nació (Jue. 13:2, 25). De esta ciudad saldrían los danitas con Lais buscando un territorio mayor para ellos (18:2, 8, 11). En el período de la monarquía, Roboam fortificó la ciudad (2 Cr 11.10). Igualmente se cita como una de las poblaciones de los retornados del cautiverio (Neh. 11:29). Asena (*Asnä*), distinta de su homónima mencionada como Asán (v. 43). De difícil localización, tal vez se trate de [a]*Aslîn,* entre las ciudades de Zora y Estaol.

34. Zanoa, En-ganim, Tapúa, Enam.

Zanoa (*Zänöah*), identificada como *hirbet Zänû*[a]*a*, al sur de Zora. Los habitantes de esta ciudad en días de Nehemías colaboraron en los trabajos de reedificación del muro de la ciudad de Jerusalén bajo la dirección de Hanún, reparando un sector del muro en que estaba la *"Puerta del Valle"* (Neh. 3:13). Sigue En-ganim ([a]*En-Gannîm*), que significa *"fuente de los jardines"*, no localizada, aunque pudiera tratarse de *Umm Ginä*, o de *Ain Fatir*. Viene después Tapúa (*Tappûah*), que debe diferenciarse de otra con el mismo nombre citada antes en la relación de reyes derrotados por Josué (12:17). Esta ciudad está localizada hoy como *Beit Nettif,* al sur de Zanoa. Enam (*Ha-Enam*), que quiere decir *"las dos fuentes"*. Con localización imprecisa, tal vez la *Enaim* donde se dio el encuentro entre Jacob y su nuera Tamar (Gn. 38:14), o tal vez sea posible identificarla con *Beit-Ikä*.

---

[12] Ver notas de geografía en la *Introducción*.

35. Jarmut, Adulam, Soco, Azeca.

Jarmut (*Yarmût*) es una ciudad mencionada varias veces en el libro (10:3, 5, 23; 12:1), por lo que ya se han considerado antes algunos aspectos relativos a la misma. Era una ciudad importante, situada a unos 20 km al suroeste de Jerusalén, sin embargo, se sabe poco de ella. Volverá a citarse en relación con las ciudades de Israel después del regreso del cautiverio en Babilonia (Neh. 11:29). Se ha identificado con la actual *hirbet Yarmûk*, situada a unos 15 km al noroeste de Eleuterópolis. Las piedras de sus ruinas manifiestan la grandeza de la ciudad. Adulam (*ªAdulläm*), como la anterior, se ha considerado antes (12:15). Se identifica con la actual árabe de Îd el-Mîyeh, al nordeste de *Beit-Gebrîm*, la antigua *Eleuterópolis*. Adulam es un lugar destacado en la historia antigua. De allí procedía Hira, el amigo de Judá que sería enviado por este para pagar el precio de lo que Judá pensaba que debía a una ramera con la que había mantenido relaciones, siendo en realidad su nuera Tamar (Gn. 38:1; 12 ss.). También se menciona más tarde en la vida de David como un lugar donde se refugió cuando huía de su suegro Saúl (1Sa. 22:1). La zona de Adulam tenía muchas cavernas naturales en un suelo rocoso, cualquiera de las cuales habrá servido de escondite a David. Sigue luego la mención de Soco (*Sôköh*), identificada como *hirbet Suweikeh*, en el *Wadi es-Sant*, el *valle del terebinto*; otros la sitúan más al este, en *hirbet ªAbbäd*. Debe distinguirse de su homónima en las montañas (v. 48). Estaba situada cerca de Azeca, al sudoeste de Jerusalén. En la historia posterior de Israel se haría famosa por ser allí donde se concentraron los ejércitos de los filisteos para luchar contra Israel, con los cuales estaba desafiante el gigante Goliat (1Sa. 17:1).

En la monarquía, bajo el reinado de Salomón, Soco formaba parte del territorio gobernado por uno de los doce gobernadores del rey (1Re. 4:10). Posteriormente, Roboam fortificó la ciudad (2Cr. 11:5-7). Durante el reinado de Acaz cayó en manos de los filisteos junto con otras ciudades (2Cr. 28:18). Azeca (*ªAzëqä*) es la cuarta población registrada en el versículo. Se citó antes en el libro con motivo de la derrota de la coalición de los cinco reyes de la coalición amonita (10:10-11). La ciudad primitiva se identifica como *Tell ez-Zakariyeh*. Es un promontorio en forma triangular de unos 305 m de largo y 152 m en el lugar más ancho. Está situado en el *Wadi es-Sunt*, el valle de Ela del A. T. El *Tell* fue excavado por Frederick J. Bliss y en 1889, siguiendo más tarde acompañado de R. A. S. Macalister en 1898 y 1899. Se descubrieron algunos edificios, el mayor de los cuales era una ciudadela construida con materiales similares a los que Herodes usó en las edificaciones de Jerusalén. Sin embargo, los restos de cerámica de los niveles más profundos determinan la existencia de la ciudad en tiempos de la conquista de Israel. Un hallazgo importante consistió en un ánfora que contenía escarabajos sagrados en los que aparecían los nombres de los faraones Tutmosis III y Amenhotep III. La ciudad fue un fuerte cananeo en el tiempo de la conquista de la tierra por Israel. Más tarde, en tiempos de la monarquía, fue fortificada por Saúl (1Sa. 17:1). David desafió allí a Goliat el paladín del ejército filisteo que estaba asentado entre Soco y Azeca (1Sa. 17:1). Es probable que los restos de fortificaciones de la ciudad sean de la época de Roboam (2Cr. 11:9). Azeca fue uno de los últimos lugares que cayeron en manos de los babilonios en la invasión de Israel (Jer. 34:7). En una carta descubierta en Laquis se hace mención de ausencia de señales procedentes de Azeca, lo que indica que la ciudad había caído en manos de los babilonios, siguiéndola luego Laquis y finalmente Jerusalén. Los judíos que sobrevivieron a la invasión fueron llevados en cautiverio a Babilonia. En el retorno de los cautivos se menciona la ciudad como un asentamiento en días de Nehemías (Neh. 11.30).

36. Saaraim, Aditaim, Gedera y Gederotaim; catorce ciudades con sus aldeas.

Saaraim (*Sa^{a}arayim*), que equivale a *las dos puertas*. Era una población próxima a Ecrón y Gat. Es mencionada en la historia de la monarquía como el lugar por donde pasaron los ejércitos filisteos huyendo de los de Israel después de la muerte de Goliat (1Sa. 17:52). La localización es difícil. Aditaim (*^{a}Adîtayim*), que significa *los dos adornos*, es otra de las poblaciones sin identificar. Gedera (*Hag-G^{e}dërä*), identificada con la actual *Gedireh*, localidad cercana a *el-Atrûn*. Gederotaim, probablemente un caserío en el exterior de Gedera. Con la última de las ciudades mencionadas concluye el recuento de las comprendidas en la primera división de la tierra baja de la *Sefela*. El número de las ciudades recontadas es de catorce, aunque realmente, contado Gederotaim como una ciudad sería de quince en lugar de catorce. Como explicación a esta aparente discrepancia sirve lo sugerido para la zona del Neguev descrita antes[13].

Segunda división de la Sefela (15:37-41)

37. Zenán, Hadasa, Migudal-gad.

Con las tres ciudades mencionadas en el versículo se inicia la relación de las poblaciones de la segunda división de las tierras de la Sefela (vv. 37-41). Se aprecian algunas diferencias en el nombre de algunas de las poblaciones entre en texto hebreo y la versión griega

---

[13] Ver comentario al v. 32.

LXX, que se hará notar. La primera población es Zenán (*S^e^nän*), con una posible identificación como *^a^Aräq el-harba*, situada entre Gat y Laquis. A continuación, Hadasa (*Hadasa*) *la nueva*. Se identifica con muchas probabilidades con *herbet el-Gudeideh*, que equivale a *Ruina de la Nueva*, situada entre Zenan y Eglón. Sigue Migudal-Gad (*Migdal-Gäd*), que quiere decir "*torre de Gad*", identificada como *herbet el-Megeleh*, al sudoeste de Laquis.

38. Dileán, Mizpa, Jocteel.

Dileán (*Dil^a^*än), otro de los muchos lugares mencionados en el texto bíblico que no ha sido posible identificar, aunque podría situarse en lo que hoy se llama *Tell en-Najileh*. Mizpa (*Ham-Mispeh*), que equivale *al observatorio*. Podría tratarse de *hirbet-Safîyeh* al nordeste de *Beit-Gibrïn*, aunque no se puede precisar la localización exacta. No debe confundirse con otro lugar del mismo nombre al este del Jordán frente al río Jaboc, donde Labán y Jacob hicieron un pacto solemne, y levantaron una señal pronunciando las palabras que se conocen como *la bendición de Mizpa* (Gn. 31:45–52). Jocteel (*Yoqt^ea^*ël), sin identificar, tal vez se tratase de una pequeña aldea en el distrito.

39. Laquis, Boscat, Eglón.

Laquis es una población mencionada otras veces en el libro especialmente relacionada con la derrota de la coalición amonita (10:3, 5, 23, 31, 34). La tercera ciudad era Laquis, la *"Lakisa"* de los escritos de Tell el- Amarna[14]. Era una ciudad realmente importante[15]. Esa ciudad llegó a su mayor apogeo en los tiempos del imperio egipcio, y se identifica con la actual *Tell ed-Duweir*, situada a la mitad del camino entre Hebrón y Ascalón. Al estar situada al lado de la vía principal entre Egipto y las tierras del norte, fue un punto estratégico desde los tiempos más antiguos. Es muy probable que el lugar estuviese poblado desde el s. VIII a.C. Sigue Boscat (*Bosqat*), otro lugar sin identificar. La ciudad fue el lugar de nacimiento de Jedida, la hija de Adaía, que fue la madre del rey Josías (2Re. 22:1). Eglón (*^a^Eglôn*), mencionada también con anterioridad con motivo de la derrota de la coalición amorrea que había subido contra Gabaón y la conquista de aquel territorio (10:3, 5 ss.). Como ya se indicó antes, la ciudad de Eglón, a quien los LXX dan el nombre de *"Odollam"* (Οδολλαμ), estaba situada al suroeste de Laquis, e identificada con la actual *'Aglân*, próxima a Tell el-hesi.

---

[14] Ver *Introducción*, lo referente a la correspondencia de Tell el-Amarna.

[15] Ver datos sobre la ciudad en el *Excursus. XII.*

40. Cabón, Lahmam, Quitlis.

La ciudad de Cabón (*Kabbôn*), pudiera tratarse de *hirbet-Hebrah*, al este e Migdal-Gad, aunque no es posible una identificación precisa. Lahman (*Lahmäs*), tal vez *hirbet el-Lahm*, al sur de *Beit Gibrîm*. Luego Quitlis (*Kitlîs*), que en la LXX aparece como Μααχω" y que como la mayoría de estas pequeñas poblaciones no es posible identificar.

41. Gederot, Bet-dagón, Naama y Maceda; dieciséis ciudades con sus aldeas.

Siguiendo la relación de las poblaciones de la segunda región de la Sefela, aparece Gederot (*G^e^dërôt*), identificada hoy con *Qatrah*, al sudoeste de Ecrón. Su nombre significa "*cierres*", o "*cercados*". Esta fue una de las poblaciones que cayeron en manos de los filisteos en días de Acaz, el rey de Judá que había pedido ayuda a los asirios a causa de los ataques continuados de pueblos enemigos, como los propios filisteos y los edomitas (2Cr. 28:16-18). La siguiente mención corresponde a Bet-dagón (*Bêt-Dägôn*), que significa *Casa de Dagón* y que se identifica con *Beit-Degan*, al sudeste de Jafa. Sin duda, la ciudad tenía una influencia filistea, ya que Dagón era el dios principal de ellos. En los textos de *Ras Samra,* a Baal se le llama *hijo de Dagón.* Había dos grandes templos dedicados al ídolo, uno en Gaza y otro en Asdod (Jue. 16:23; 1Sa. 5:2). Cuando los filisteos tomaron el arca al final de la vida de Elí, la pusieron en el templo de Dagón, el cual cayó dos veces delante del arca (1Sa. 5:1-4). El templo de Gaza fue destruido por Sansón en su última acción después de un tiempo prisionero de los filisteos (Jue. 16:23-30). El de Asdod fue destruido en el periodo intertestamentario, como se relata en el apócrifo de Macabeos (1 Mac. 10:83, 34). No puede decirse con certeza cómo era la figura del ídolo, aunque una tradición sin base histórica dice que tenía cuerpo de pescado. Se cita también la ciudad de Naama (*Na^a^amä*), lugar de difícil localización, probablemente *hirbet Fered*, junto a la actual *^a^Aräq-Na^a^amän*, al noroeste de Maceda. La última ciudad es Maceda (*Maqqëdä*), cuya referencia aparece antes en el libro (10:16-21; 12:16). Esta era una de las ciudades cananeas que Josué conquistó al principio de la conquista de la parte sur de la tierra luego de derrotar a la coalición de cinco reyes amorreos, entre los que estaba el rey de Maceda, que murió en aquella ocasión (Jos. 10:28, 29).

El resumen del territorio correspondiente a este segundo sector de la Sefela da el número de dieciséis ciudades con sus aldeas. En esta ocasión coincide el número del resumen con el de las ciudades citadas.

Tercera división de la Sefela (15:42-44)

42. Libna, Eter, Asán.

La tercera parte en que se divide el territorio de la Sefela comprende nueve ciudades. La primera se menciona con el nombre de Libna (*Libnä*) y aparece en otros lugares del libro (10:29, 31, 32, 39; 12:15). Como se dijo antes[16], el nombre significa "*blanca*", tal vez por su asentamiento sobre un cerro de piedra caliza de aspecto blanco. Estaba situada entre Maceda y Laquis. Se suele identificar con la *Blanca Guardia*, famosa en el tiempo de los cruzados y hoy identificada como *Tell es-Sâfiyeh* o *Tell Bornât*, aunque existen discrepancias sobre el lugar de identificación. En la historia de la monarquía está vinculada con la rebelión en el reinado de Joram (2Re. 8:22; 2Cr. 21:10). Fue también en la ciudad de Libna donde murieron ciento ochenta y cinco mil soldados del ejército de Senaquerib (2Re. 19:8). Libna era la ciudad natal de Hamutal, esposa de Josías y madre de Joacaz y Sedequías, reyes de Judá (2Re. 2:31; 24:18). Figura después Eter (*ªEter*), identificada como *hirbet el ªAter*. La tercera mencionada es Asán (ªÄsän), tal vez sea la Corasan en el pasaje de la destrucción de los amalecitas por David y sus tropas (1Sa. 30:30). Se identifica con *hirbet-*ªÄsän al norte de Berseba.

43. Jifta, Asena, Nezib.

Otras tres ciudades se agrupan en el versículo. Jifta (*Yiptäh*), sin identificar. Asena (*ªAsnä*), que figura en la LXX como Ιδνα, identificada en la actualidad como Idnä entre Hebrón y Beit-Gibrim, y que lo mismo que la anterior y otras ciudades no hay referencias históricas destacables vinculadas a ella. Nezib (*Neşîb*), situada al este de Beit-Gibrim.

44. Keila, Acizb y Maresa; nueve ciudades con sus aldeas.

Keila (*Qeä*îlä), identificada con *hirbet-Qeilä*, al este de Beit-Gibrin, a unos 14 km al nordeste de Hebrón. Era una de las ciudades amuralladas de Judá. En el tiempo en que David se hallaba huido de Saúl, atacó a los filisteos que combatían la ciudad y robaban sus sembrados, ocasionándoles una importante derrota (1Sa. 23:5). Sobre la ciudad de Keila vino Saúl con el propósito de prender a David, quien al conocer el propósito de Saúl y que los habitantes de Keila no lo defenderían, sino que lo entregarían en manos de Saúl, huyó al desierto de Zif (1Sa. 23:13, 14). Keila fue

[16] Ver notas en el capítulo 11.

una de las ciudades habitadas por los retornados de Babilonia después del cautiverio en días de Nehemías (Neh. 3:17). Sigue Acizb (^{a}*Akzîb*), cuya identificación es difícil, sugiriéndose entre otras *Tell el Beida*, al suroeste de la cueva de Adulam. Podría tratarse de *Quezib*, la ciudad en que nació Sela, hijo de Judá y de Súa (Gn. 38:5). Se menciona por nombre también en la profecía (Miq. 1:14). No debe confundirse con la Acizb de la tribu de Aser, situada en la costa mediterránea.

La última ciudad relacionada en esta tercera división de la Sefela llevaba el nombre Maresa (*Märë*^{a}*sä*), identificada con el *Tell Sandahanna*, cerca de Lakis. Históricamente, se destaca como la ciudad natal del profeta Miqueas (Jer. 26:18; Miq. 1:1, 13-15) y de Eliezer, hijo de Dodava, que profetizó contra Josafat (2Cr. 20:37). El montículo fue excavado por Bliss y Macalister, entre 1898 y 1900, desenterrándose en los trabajos puertas y edificios de la época helenística (333-63 a.C.). El nivel helenístico se encontraba sobre el de la antigua ciudad de los tiempos de la conquista y de la vida de los profetas. En 1902 J. P. Peters descubrió a corta distancia, al nordeste de el *tell* una serie de tumbas que se conocen como *Tumbas Pintadas de Maresa*, cuya belleza de decoración supera a todas las demás tumbas desenterradas en Palestina. Posiblemente, las tumbas eran sepulturas de inmigrantes sidonios que vivieron en Maresa en el s. III a.C. En tiempos de la monarquía hebrea, Roboam fortificó la ciudad (2Cr. 11:8). Posteriormente, Assa fortificó de nuevo la zona y le sirvió como base de operaciones para derrotar a las tropas etíopes bajo el mando de Zera (2Cr. 14:12).

El resumen que da de la tercera división de la Sefela es de nueve ciudades con sus aldeas, que coincide en número con las referenciadas en los textos anteriores. Con esta referencia el texto bíblico cierra el detalle de ciudades en las tres divisiones que se establecen para detallar el territorio.

Ciudades filisteas (15:45-47)

El territorio filisteo se describe haciendo referencia a las tres ciudades principales de la pentápolis filistea, mencionada antes en el libro relacionada con sus reyes: Ecrón, Asdod y Gaza (13:3). En torno a ellas se establecían poblaciones menores que dependían de cada una de las principales y de las que se hace una referencia simple —*"con sus villas y sus aldeas"*— sin mencionar el nombre de cada una como se hizo con las ciudades de la Sefela. Los límites del territorio se establecen hacia el sur por el *Torrente de Egipto* y al oeste por el *Mediterráneo*, el resto del territorio está rodeado por los otros sectores del territorio de Judá.

45. Ecrón con sus villas y sus aldeas.

La primera ciudad filistea mencionada en el relato es Ecrón (*ªEqrôn*), que estaba situada más al norte dentro de la pentápolis filistea. Esta ciudad fue ocupada por Josué en la conquista de la tierra y posteriormente por los hombres de la tribu de Judá en el período de los jueces (Jue. 1:18). Sin embargo, fue recuperada por los filisteos, en cuya posesión está en los días de Elí y Samuel, a donde fue llevada desde Gat el arca del pacto tomada en combate a los hebreos y desde aquí devuelta a Bet-semes en Israel (1Sa. 5:10-6:12). La ciudad tuvo muy diversas situaciones a lo largo de su historia, destacando los acontecimientos que tuvieron lugar al final del período de la monarquía hebrea en relación con el asirio Senaquerib, tiempo en que Padi, su rey, que permaneció leal a los asirios, perdió temporalmente su trono como consecuencia de las acciones de un grupo de rebeldes, recuperándolo por la acción de los asirios en días de Ezequías. Las crónicas de Esar-Haddon mencionan a Ecrón como una ciudad filistea leal a los asirios. Ecrón tenía como dios a Baal-zebúb, a quien iba a consultar el impío rey Ocozías, enviando una delegación cuando fue interceptada por el profeta Elías (2Re. 1:1-6). Como se ha considerado antes[17], el nombre del dios podría significar *señor de las moscas*, que podría ser una alteración intencional de los hebreos de su verdadero significado, que podría ser *Baal exaltado.* Este título parece ser como un sinónimo de Satanás en el Nuevo Testamento, como *príncipe de los demonios* (Mt. 12:24-29). En el período intertestamentario, el rey de Siria, Alejandro Balas, transfirió Ecrón al gobernador macabeo Jonatán (1 Mac. 10:89), en el año 147 a.C. Según Eusebio, la ciudad tenía una gran población judía durante el s. III d.C. Como ocurrió con otras poblaciones a partir de este tiempo, la población fue disminuyendo hasta abandonar totalmente la ciudad, siendo difícil identificar actualmente el lugar de su ubicación, aunque según Edward Robinson, podría ser identificada con *Akir,* a 16 km al noroeste de Asdod. También suele identificarse con *Khirbet el.Muquenna*, a 10 km al sureste de *Akir*.

46. Desde Ecrón hasta el mar, todas las que están cerca de Asdod con sus aldeas.

Mediante una indicación general se hace referencia al territorio que iba desde Ecrón hasta el Mediterráneo. Este sector tenía como ciudad principal Asdod (*ªAsôd*), con una serie de villas y aldeas en su entorno. Esta era posiblemente la ciudad de mayor importancia militar para los filisteos. Estaba situada en una colina de forma redondeada, a 14 km de

[17] Consultar el apartado correspondiente en la *Introducción general.*

Ascalón antiguo y a unos 5,6 km al sureste de la actual colonia judía de Asdod. El Tell en donde se encuentra tiene una extensión de unas 40ha, con una acrópolis y una ciudad más abajo. En la ciudad había un templo dedicado al dios Dagón. Fue aquí a donde trajeron el arca capturada a los israelitas en días de Elí y Samuel, encontrándose al dios Dagón postrado delante del arca de Dios (1Sa. 5:3). En el declive de la historia de la monarquía de Israel y Judá, Isaías relata que Sargón, rey de Asiria, envió a Tartán, su general, para conquistar la ciudad de Ecrón (Is. 20:1). Durante algún tiempo, la crítica liberal consideró incorrecta esta afirmación de la profecía porque no había ninguna referencia histórica secular a este rey. Sin embargo, en 1842, M. Botta excavó Khorsabad y encontró un cilindro con una inscripción en la que aparecen los nombres y las ciudades de aquella acción militar, ocurrida entre 705-721 a.C. Herodoto relata que el faraón Psamtik I (610-633) sitió la ciudad por veintinueve años para poder someterla al dominio egipcio. Ya en el N. T., Felipe, el evangelista, fue a Azoto, nombre entonces de Asdod, después del bautismo del eunuco etíope (Hch. 8:40). Las excavaciones más recientes de Moshe Dotán y David Noel Freedman en 1962 pusieron al descubierto veinte niveles de estratos de la ciudad en varios asentamientos en el tiempo, lo que pone de manifiesto que el lugar estuvo ocupado desde el s. XVII a.C. hasta el período bizantino. En los estratos correspondientes al período filisteo (XIII-XI) aparecieron una puerta de la ciudad, un templo, restos de lugares de operaciones agrícolas, como graneros, lagares y hornos, así como herramientas agrícolas, casas, materiales de guerra y sellos con inscripciones en lengua desconocida. La misma excavación demostró la destrucción de la ciudad por Uzías, rey de Judá (2Cr. 26:6). También aparecieron tres mil esqueletos de hombres muertos durante la conquista de la ciudad por Sargón.

47. Asdod con sus villas y sus aldeas; Gaza con sus villas y sus aldeas hasta el río de Egipto, y el mar Grande con sus costas.

La tercera ciudad del territorio filisteo es Gaza (*ªAzzä*). Si Asdod era la ciudad militar por excelencia de los filisteos, Gaza, era la principal en importancia de todo el territorio. Estaba situada más al sur del resto de las ciudades de la pentápolis filistea y fue la principal de las cinco ciudades confederadas en la lucha contra Josué. Se habla de ella en el tiempo inmediato al diluvio, en la descripción de los descendientes de Noé y de sus lugares de asentamiento (Gn. 10:19). La ciudad tenía importancia al ser un cruce de rutas de las caravanas que iban hacia Egipto y otros lugares al suroeste, hacia el sur en dirección a Arabia por el camino de Beer-seba, al sureste en dirección a Edom, y al norte, a lo largo de la costa mediterránea hacia Damasco. En el tiempo de influencia territorial del imperio egipcio sobre Palestina, la ciudad fue un centro administrativo y de supervisión de los egipcios (1550-1450 a.C.). Los filisteos procuraron entrar en Egipto durante el reinado de Ramsés III, pero fracasando y dirigiéndose al norte ocuparon Gaza y su entorno. Durante la conquista pasó a manos de los ejércitos de Josué, pero en tiempos de los jueces volvió a ser una plaza fuerte filistea. Fue en Gaza donde Sansón estuvo preso y le sacaron los ojos, haciéndole moler en la prisión (Jue. 16:21). En ese mismo lugar causó la muerte de una gran multitud reunida en el templo de Dagón, al recuperar por última vez sus fuerzas y derribar los pilares de la estructura principal del templo (Jue. 16:28-30). El dominio de Israel sobre la ciudad se produjo durante el reinado de David y luego del de Salomón, aunque nunca fue un dominio fuerte (1Re. 4:24). La plaza fue asediada en muchas ocasiones, registrándose una serie de batallas por la posesión de Gaza por los ejércitos sirios. Tiglat-pileser III la capturó en el 734 a.C. Hanno, el gobernador de la ciudad, pudo escapar con vida y se refugió en Egipto, de donde regresó para apoyar una rebelión contra Asiria. Sargón combatió contra la ciudad y llevó cautivo a Hanno a Asiria. No cabe duda que durante la campaña de Senaquerib contra Judá (701 a.C.) Gaza era una ciudad leal a Asiria, porque Senaquerib dio a Sillibel, rey de Gaza, el territorio que había ocupado a Judá. Sin embargo, no pasó mucho tiempo hasta que la ciudad pasó otra vez a estar bajo el dominio egipcio, lo que ocurriría en tiempos de Jeremías (Jer. 47:1). Gaza siguió un poco el curso natural de la historia pasando a estar bajo el dominio babilónico, luego formó parte del territorio del imperio medo-persa. Alejandro el Grande puso sitio a la ciudad durante varios meses hasta que consiguió tomarla (332 a.C.), pasando a ser una ciudad del imperio greco-macedónico. No obstante, a la muerte de Alejandro, la soberanía de la ciudad fue desafiada tanto por los Tolomeos egipcios como por los seleucos sirios. En 198 a.C. fue conquistada y anexionada por Antíoco III. La ciudad fue destruida bajo el gobierno del macabeo Alejandro Janneo, con otras ciudades de la costa (93 a.C.). El emperador romano Pompeyo declaró a Gaza ciudad libre en 61 a.C. En el periodo nabateo Gaza tuvo una gran importancia comercial. Fue el general romano Gabinio, a las órdenes del emperador Pompeyo quien reconstruyó la ciudad en un nuevo emplazamiento un poco más cerca del Mediterráneo y algo más al sur de la primitiva localización. Actualmente, Gaza es la ciudad más importante de la llamada franja de Gaza. El promontorio *Tell el-Ajjul* se consideraba como el lugar de la antigua Gaza, pero excavado por Flinders Petrie desde 1930 a 1934, no encontró las evidencias necesarias, sino restos de colonizaciones de las edades del bronce medio y último, así como restos pertenecientes a los hicsos en un lugar que había sido un puerto de ellos.

Ciudades de las montañas (15:48-60)

Primera división de las montañas (15:48-51)

48. Y en las montañas, Samir, Jatir y Soco.

Cerrando por el norte el territorio de Judá está la región que se llama en el texto bíblico *"las montañas"*. Es una o tal vez la más importante división del territorio. Comenzaba en el Negev, en el área de Hebrón y se extendía hacia el norte hasta Jerusalén. Al este limitaba con el desierto del mar Muerto y por el oeste con la Sefela. El territorio, geográficamente hablando, se ha considerado en el correspondiente apartado de la introducción[18]. Aunque se llaman *"las montañas"*, la orografía de la zona no presenta grandes elevaciones. El punto más alto alcanza unos 1500 m sobre el nivel del mar. La piedra de la zona es calcárea, que se disgrega y mezcla con elementos vegetales haciendo de la región un buen lugar para cultivos. A esto debe unirse el agua, que canalizada permitía un regadío extenso de las áreas cultivadas. Los cerros muestran evidencias de haber sido una zona muy poblada. Las divisiones que presenta el texto bíblico difieren de la LXX, que incorpora un texto más en el pasaje, situado entre el versículo 59 y 60, con el número 59bis. En el comentario se considerarán solo los textos que aparecen en la versión RV, dejando el que incorpora la LXX para ser tratado en el *"excursus"* al final del capítulo.

La primera ciudad citada de *"las montañas"* dentro de la primera división de ese territorio era Samir (*Sämîr*), identificada como *hirbet-Sômera*, situada al suroeste de Hebrón. Después de Jatir *(Yattîr*), sería luego una ciudad de los levitas en el territorio de Judá (21:14), identificada como *hirbet-ªAttîr*, al suroeste de la anterior. La tercera mencionada es Soco (*Sôköh*), que no debe confundirse con la del mismo nombre citada antes (v. 35) y perteneciente a la Sefela. Se identifica con *hirbet Suweikeh*, situada al este se Samir.

49. Dana, Quiriat-sana (que es Debir).

Dana (*Dannä*), de difícil localización, pudiendo tratarse de *Deir es-Sems*, pero no hay seguridad. En caso de ser cierto el lugar propuesto, estaría situada cerca de Hebrón. Sigue Quiriat-sana (*Quiryat-Sanna*), también *Quiryat-Sëper,* que el propio texto aclara que se trata de Debir. De esta ciudad se ha considerado ya en este mismo capítulo al estudiar el episodio de Caleb y Otoniel (vv. 16-19) y de forma más extensa en el *"Excursus 15"*[19]. Este nombre antiguo era el de Hebrón (14:15).

---

[18] Ver notas en la *Introducción*.

[19] Ver *Excursus, XV*, al final del capítulo anterior.

50. Anab, Estemoa, Anim.

Otras tres ciudades correspondientes a la primera división de *las montañas* se citan en el versículo. Comienza por Anab (*ªAnäb*), se ha citado anteriormente en el libro en relación con la destrucción de los anaceos en el monte Hebrón (11:21). Estemoa (*ªEsteмöh*), la misma que volverá a aparecer más adelante (21:14). En días de David era una de las poblaciones a donde envió el botín capturado a los amalecitas (1Sa. 30:28) dentro del territorio que le sirvió de refugio en el conflicto con su suegro, el rey Saúl. Actualmente, se localiza en *es-Semüªa*, al este de Soco. En tercer lugar aparece Anim (ªÄnîm), hoy *hirbet-guwein*, al este de Jatir.

51. Gosén, Holón y Gilo; once ciudades con sus aldeas.

La primera referencia es a Gosén (*Gösen*), tal vez identificable con *ed-Däharîyeh*, en lo que se llamó entonces la tierra de Gosén, de la que se hizo referencia antes (10:41; 11:16). Holón (*Hölön*), sería luego una de las ciudades de los levitas (21:15). Se identifica hoy con *hirbet-ªAlîn*, junto a Gilo. Gilo es la última ciudad mencionada de la primera división del territorio de *las montañas,* probablemente *hirbet-Gälä,* al noroeste de Hebrón. De esta ciudad era natural Ahitofel, que tuvo un destacado papel durante la rebelión de Absalón contra David (2Sa. 15:12) y en el mismo lugar se quitó la vida (2Sa. 17:23). El resumen numérico de esta primera división del territorio da la cifra de once ciudades con sus aldeas, esto es, las pequeñas poblaciones circunvecinas del lugar principal; coincidiendo con el número de las referenciadas.

Segunda división de las montañas (15:52-54)

52. Arab, Duma, Esán.

La segunda sección en que se divide el territorio de *las montañas* comienza con Arab (*ªArab*), identificada hoy con *hirbet er-Räbîyen*, al nordeste de Duma. Entre los llamados *valientes de David* había uno natural de Arab, que se llamaba Paarai (2Sa. 23:35). Duma (*Dûmä*), identificada actualmente con *ed-Daumeh*, al norte de Arab. Sigue Esán (*ªEsª*än), identificada con *hirbet-Samªah,* al oeste de Duma.

53. Janum, Bet-tapúa, Afeca.

Janum (*Yänûm*), que como ocurre con otras muchas ciudades está sin identificar. Bet-tapúa (*Bêt-Tappûah*), identificada como *Taffûh* a unos 9 km al oeste de Hebrón. Su nombre significa *Casa de las Manzanas*, y el lugar de identificación tiene extensas plantaciones de frutales y viñas. Afeca (ªApëqä), también sin identificar, y que no debe confundirse con su homónima que aparece anteriormente cuando se establecen los límites del territorio de Israel (13:4).

54. Humta, Quiriat-arba (la cual es Hebrón) y Sior; nueve ciudades con sus aldeas.

Humta (*Humtä*), es otra ciudad sin identificar. De nuevo Quiriat-arba (*Qiryat-ªArbaª*), de la que se ha considerado ampliamente antes (14:14-15). La ciudad más importante de Hebrón, y nombre antiguo de la capital del territorio. Sior (*Sîª*ör), identificada con *Sa*ªör, al nordeste de Hebrón. En total el número de poblaciones junto con las otras menores situadas en su área geográfica y de influencia suman nueve ciudades.

Tercera división de las montañas (15:55-57)

55. Maón, Carmel, Zif, Juta.

Como primera población de la tercera división de *las montañas* aparece Maón (*Mäª*ôn). Esta ciudad del altiplano se identifica con *Tell Mäª*în, a unos 20 km al suroeste de Hebrón. En este lugar vivían Nabal y Abigail, su mujer, que sería más tarde esposa de David, luego de la muerte de su marido (1Sa. 25:2 ss.). Carmel (*Karmel*), que se identifica con *el-Kermel* al norte de Maón. Aquí tenía sus rebaños Nabal, el primer marido de Abigail (1Sa. 25:2). Zif (*Zîp*), situado entre Hebrón y Maón, identificado como *Tell-Zif*. Tanto esta como las otras ciudades limítrofes tuvieron relación con la historia de David cuando huía de Saúl. En los alrededores de Zif corrió peligro al ser descubierto por los pobladores de la ciudad que dieron aviso de su presencia al rey (1Sa. 23:15, 19, 24). La ciudad fue una de las fortificadas por el rey Roboam (2Co. 11:8). Juta (*Yûttä*), identificada con la actual *Yattah*, al suroeste de Zif. Volverá a mencionarse más adelante en la relación de las ciudades de los levitas (21:16).

56. Jezreel, Jocdeam, Zanoa.

Jezreel (*Yizrªeªl*), sin identificar, aunque posiblemente se trate de las ruinas de *Kirbet Tarrama*, a unos 10 km al suroeste de Hebrón. Ahinoham, una de las esposas de David, era de Jezreel (1Sa. 25:43). No debe confundirse esta ciudad con su homónima situada en el territorio correspondiente a la tribu de Isacar. Jocdeam (*Yoqdªª*äm), probablemente identificable con *hirbet-Raqaª*, entre Zif y Juta. Zanoa (*Zänôah*), situada en el *Wadi Abû-Zenah*, al oeste de las anteriores.

57. Caín, Gabaa y Timna; diez ciudades con sus aldeas.

Caín (*Haq-Qayin*, identificada como *hirbet-Yaqîn*, al nordeste de Zif. Gabaa (*Gib*^{a}*a*), que se identifica con *Geba*^{a}, al suroeste de *Bêt-Lehem*. Timna (*Timnä*), hoy *Tibneh,* al noroeste de Gabaa. El resumen de la tercera división de *las montañas*, comprende en total diez ciudades con sus aldeas, o poblados próximos.

Cuarta división de las montañas (15:58-59)

58. Halhul, Bet-sur, Gedor.

La primera ciudad de la cuarta división del territorio de Juda, conocido como *las montañas,* se llamaba Halhul (*Halhûl*), situada a unos 8 km al norte de Hebrón. Luego se cita a Bet-sur (*Bêt-Sûr*), que significa "*Casa de la Roca*", posiblemente por el lugar en que estaba edificada. Se identifica con *hirbet et-Tubeiqah*, al noroeste de Halhul, entre Hebrón y Belén. Fue fortificada por Roboam para la defensa del territorio de Judá (2Cr. 11:7). Durante la dominación Medo-Persa tenía un territorio con un gobernador que ayudó a Nehemías en la reconstrucción de Jerusalén (Neh. 3:16). En el período intertestamentario fue una de las fortificaciones macabeas más importantes, y el lugar donde Judas Macabeo derrotó a los griegos que mandaba Lisias, en el año 165 a.C. Gedor (*G*^{e}*dôr*), identificada como *hirbet Gedûr*, al norte de Bet-sur, edificada sobre la cima de uno de los montículos de la zona y de donde eran dos de los valientes de David (1Cr. 12:7).

59. Maarat, Bet-anot y Eltecón; seis ciudades con sus aldeas.

Maarat (*Ma*^{a}*arät*), sin identificar con precisión, pudiera ser *Beit-Ummar*, a unos 10 km al norte de Hebrón. Se le llama Marot, en la profecía de Miqueas (Miq. 1:12). Bet-anot (*Bêt-*^{a}*Anôt*), que se identifica como *Beit-*^{a}*Ainûn*, al sudeste de Halhul. Luego Eltecón (^{ä}*Elt*^{e}*qön*), tal vez *hirbet ed-Deir*, sobre *Ain et-Taqa*. En la relación aparecen seis ciudades con sus aldeas, que integraban la cuarta división del territorio de *las montañas*.

Quinta división de las montañas (15:60)

60. Quiriat-baal (que es Quiriat-jeraim) y Rabá; dos ciudades con sus aldeas.

Tan solo dos ciudades se relacionan en la última división del territorio que se describe. La primera de las citadas era Quiriat-baal

(*Qiryat-Ba^{a}al*), que era también conocida como *Quiriat-jeraim* (*Qiryat* Y^{ea}ärîm), citada ya al principio del capítulo en el detalle general de los límites del territorio (v. 9) y situada a unos 15 km al oeste de Jerusalén en el camino hacia Jope. Estaba situada en las proximidades de la villa árabe *Abu Ghosh*, nombre que correspondía a un jeque árabe de principios del siglo XIX, quien dominaba el área de ese territorio y exigía tributo de peaje a todos los peregrinos que iban a Jerusalén. A este lugar sería llevada el arca del pacto, donde permaneció desde la devolución a Israel por los filisteos hasta el reinado de David, quien la llevó a Jerusalén (1Cr. 13:5-8). Se mencionó antes en el libro, al nombrar las ciudades gabaonitas (9:17). Por su nombre debía ser un lugar con fuerte presencia del culto a Baal, llamada también Baala, como se consideró antes en el libro (15:9). Fue la ciudad del profeta Urías (Jer. 26:20 ss.) y refugio para algunos de los retornados después del cautiverio (Esd. 2:25). Durante la época bizantina se construyó en el lugar una basílica para conmemorar la permanencia del arca allí. Monjes benedictinos hicieron excavaciones en la zona en el año 1928, desenterrando instrumentos de pedernal y vasijas de piedra. En 1944 excavaron dos tumbas y encontraron los restos de una represa de gran tamaño que se atribuye a construcciones de la X Legión Romana, que estuvo estacionada en el lugar. Una de las tumbas tenía una piedra redonda similar a la que cubrió la tumba del Señor. R Newwille cavó zanjas que dieron pocos resultados arqueológicos. Durante las excavaciones realizadas en 1950 y 1967 se encontraron casas con pisos de yeso y doce esqueletos, dos de los cuales estaban sepultados bajo el piso de la casa. La segunda ciudad mencionada es Rabá (*Hä-Rabbä*), que aparece en la LXX como Σωτηβα, posiblemente se trate de las ruinas de Rubba, que está entre aquellos cerros. Otros la identifican con *kirbet Bir el-Hilu* a 8 km al este de Gezer en el camino a Jerusalén. El número de ciudades con sus aldeas en la quinta división del territorio de *las montañas* es solamente dos.

Ciudades en el desierto (15:61-62)

61. En el desierto, Bet-arabá, Midín, Secaca.

La última división del territorio de Judá se llama aquí *el desierto*. Un sector árido, con muy poco arbolado, más bien una zona de escasa hierba. Pocos arroyos en época de lluvias suministran el agua imprescindible para mantener alguna vida vegetal en un suelo calcinado por el sol. Por es misma razón era una zona poco poblada. Se dan un número de seis ciudades que merecen ser mencionadas en todo el territorio. La primera de ellas Bet-arabá (*Bet-hä-^{a}Äräbä*), citada antes en la definición general de los límites (v. 6) y de la que se dan algunos aspectos destacables. Luego

Midín (*Middîn*), tal vez identificable con *hirbet-Qumrán*, en la costa del mar Muerto. En tercer lugar, Secaca (*S*[e]*käkä*), en el *Wadi ed-Dakakin*, al noroeste del mar Muerto.

62. Nibsán, la Ciudad de la Sal y Engadi; seis ciudades con sus aldeas.

Nibsán (*Han-Nibsän*), sin identificar. La Ciudad de la Sal (*[a]Ir-ham-Melan*), en las orillas del mar Muerto. Engadi (*[a]En-Gedî*), que significa "*La fuente del cabrito*", identificado como *Tell- eñ-Gurn*, junto a la actual *[a]Ain-Gidî*, en una loma hacia la mitad de la costa occidental del mar Muerto. Es un lugar donde nacen varias fuentes de agua tibia que brotan bajo los riscos de piedras calizas, descendiendo luego hacia una llanura pequeña y fértil, de unos 800 m de ancho y 1,5 km de largo. En épocas antiguas se cultivaban viñas, palmeras, caña de azúcar, melones, frutas diversas y también bálsamo, alcanfor y goma arábiga. Posiblemente, la ciudad de Engadi estaba en la llanura, por debajo de los manantiales. En los alrededores, sobre algunos riscos, hay un lugar conocido como *floresta de Engadi*, muy adecuado para refugio. En las numerosas cuevas de la zona se refugió David con sus seguidores, habitando allí por algún tiempo en los lugares seguros de Engadi (1Sa. 23:29). El rey Saúl buscó a David en el lugar y fue en una de las cuevas existentes en la zona donde David cortó el borde del manto de Saúl (1Sa. 24:22). Seis son las ciudades que se mencionan en el área del territorio de Judá llamado el desierto.

Los jebuseos (15:63)

63. Mas a los jebuseos que habitaban en Jerusalén, los hijos de Judá no pudieron arrojarlos; y ha quedado el jebuseo en Jerusalén con los hijos de Judá hasta hoy.

El detalle de las fronteras de Judá y la relación de las ciudades que había en sus límites se cierra con una nota histórica referida a los jebuseos. Es una de las evidencias internas que demuestran que el libro tuvo que haberse escrito antes de los tiempos de la monarquía, ya que Jerusalén fue conquistada por David y convertida en capital del reino (2Sa. 5:6-9). Sin embargo, la ciudad quedaría fuera de los límites de Judá al asignarla dentro del territorio de Benjamín (18:16, 28). Esa ciudad debió haber sido ocupada temporalmente por los benjaminitas (Jue. 1:21), que la perderían luego, como ocurrió con otros muchos lugares en tiempos de los jueces. Los hombres de Judá hirieron y quemaron las zonas residenciales cercanas a Jerusalén que no tenían muros de protección (Jue. 1:8), sin embargo, lo mismo que ocurrió con los de Benjamín, nunca fueron capaces de expulsar a los jebuseos de aquella zona (Jue. 1:21). El problema nace en el tiempo de la ocupación de la tierra y de la campaña de Josué contra los seis reyes (cap. 10). Josué derrotó al rey de Jerusalén, pero no tomó al mismo tiempo la ciudad. Con el tiempo, los jebuseos se habían hecho fuertes, reforzando las defensas de la ciudad y no se dejarían expulsar de ella hasta los días de David. Un problema añadido es que los israelitas habitaron allí, junto a los jebuseos, durante años (2Sa. 5:6-7), de cuya relación y familiaridad surgió la inevitable conformidad con la idolatría que resquebrajaría en gran medida el culto a Dios.

A la luz de un relato tan extenso y detallado de las ciudades correspondientes a la tribu real de Judá, cabe volver a destacar la fidelidad de Dios en el cumplimiento de las promesas hechas a Su pueblo y que se cumplían en el reparto de la tierra. Dios cumple Su palabra, lección vital para el tiempo presente en que el creyente de esta dispensación debe reconocer la inerrancia, autoridad y actualidad de la Biblia como Palabra de Dios. Sin embargo, la heredad que recibían era una provisión admirable de la gracia de Dios. El salmista podrá considerar la herencia procedente de Dios y decir: *"Las cuerdas me cayeron en lugares deleitosos, y es hermosa la heredad que me ha tocado"* (Sal. 16:5-6). Y también decir: *"¿A quién tengo yo en los cielos sino a ti? Y fuera de ti nada deseo en la tierra. Mi carne y mi corazón desfallecen; más la roca de mi corazón y mi porción es Dios para siempre"* (Sal. 73:25-26). La misma experiencia se traslada al pueblo de Dios en el tiempo presente. La seguridad de la herencia debe llevar a una proyección celestial de la vida, sus valores, sus prioridades y sus recursos (Col. 1:1-3). En el tránsito de los creyentes, como peregrinos pueden decir también *"Dios es mi porción"*. Este pensamiento produce la tranquilidad que cada cristiano necesita. No está solo, porque Dios está a su lado. Aquel que puede *"aderezar mesa delante de sus angustiadores"* (Sal. 23:5) camina a su lado. Desear, pues, otra cosa en la tierra es el mayor de los absurdos. Todavía peor es *afanarse* por las cosas terrenales. Si el creyente busca anhelantemente las cosas temporales, si pone su mira en la tierra, está dejando de ver las bendiciones celestiales y procurando llenar su necesidad con lo que nunca podrá darle satisfacción personal. Esta es la mayor necesidad de cada uno: levantar los ojos al cielo donde está el Señor y sentirlo al lado en cada momento. Solo así la vida adquiere una nueva y gloriosa realidad. Solo así se puede decir: *"Si Dios es por nosotros, ¿quién contra nosotros?"* (Ro. 8:31)

EXCURSUS XVI
OTRAS CIUDADES EN LA LXX

1. La versión Septuaginta

La versión griega más destacable y conocida del Antiguo Testamento, se conoce como *La de los Setenta*, o *Alejandrina*, generalmente bajo la abreviatura LXX, que suele llamarsela como *Septuaginta,* técnicamente *Interpretatio Septuaginta Virorum.*

Título

El título de la versión procede de la leyenda transmitida por la epístola de Aristeas, según la cual un grupo formado por setenta y dos judíos, seis de cada tribu, había traducido todo el Antiguo Testamento del hebreo al griego en setenta y dos días.

Origen

La versión griega *Septuaginta* no es en sí misma una obra unitaria, sino la traducción de los libros del Antiguo Testamento en varios momentos. Probablemente, el Pentateuco fue traducido al griego durante el reinado de Ptolomeo II Filadelfo, alrededor del año 250 a.C. Es muy posible que la traducción del Pentateuco haya dado base a la leyenda referida en la epístola de Aristeas. La traducción del resto de los libros se hizo paulatinamente quedando concluida la traducción alrededor del año 150 a.C. Sobre el 130 a.C., la versión griega del libro apócrifo *Eclesiástico,* destinada a los judíos de Egipto, parece que procede del nieto del autor del libro en hebreo, Jesús ben Sirac. El traductor hace referencia en el prólogo a la traducción griega de *"la Ley, de los Profetas y de los demás libros"* (Prólogo 20). El traductor, que utiliza en el prólogo los recursos retóricos de la lengua griega, afirma que *"no tienen la misma fuerza las cosas dichas originalmente en hebreo cuando son traducidas a otra lengua".* Sin embargo, también asegura como traductor que: *"...dediqué muchas vigilias y muchos conocimientos a concluir el libro y editarlo para uso de aquellos que en el extranjero quieren instruirse y están dispuestos por sus costumbres a vivir según la Ley"* (Prólogo 30, 35). De ahí que la fidelidad de la versión sea excelente en algunos lugares como el Pentateuco, pero no así en la traducción de Isaías y los profetas menores. Incluso debe afirmarse que en relación con el libro de Daniel, es más una elaboración libre que una traducción del texto hebreo. La versión adquirió una importancia notoria por el hecho de ser la versión que se utilizaba en la sinagoga y que la iglesia primitiva usó para la lectura del Antiguo Testamento. Muchas de las citas que se encuentran en el Nuevo Testamento de textos del Antiguo, están trasladadas directamente de la LXX.

Desde el punto de vista de la *crítica textual*, la LXX tiene la importancia de ser un texto independiente, en donde no aparecen las contaminaciones que se producen especialmente en los siglos I y II procurando la uniformidad de los originales. El proceso de uniformidad alcanza también a ciertos textos de la LXX que han sufrido este mismo proceso, mostrando algunas diferencias las citas tomadas de la versión griega que aparecen en algunos MSS del Nuevo Testamento con el texto que figura en la LXX. El descubrimiento de los MSS de Qumrán plantea nuevos problemas con algunos textos de la versión griega que aun no han podido resolverse.

Historia

La LXX, destinada en principio a los judíos residentes en Egipto, alcanzó una valoración tan grande que traspasó los límites del territorio y se extendió por todos los lugares de la dispersión hebrea, usándola como texto *oficial* en prácticamente todas las sinagogas del judaísmo helenístico. Al ser citada con tanta frecuencia por los escritores del Nuevo Testamento, la versión pasó a ser el texto usado mayoritariamente por el cristianismo para la lectura y estudio del Antiguo Testamento. Las controversias que se produjeron desde el principio de la proclamación del evangelio y la extensión del cristianismo entre judíos y cristianos, trajeron como consecuencia un debilitamiento progresivo de la aceptación de la LXX entre los judíos como traducción del Antiguo Testamento. En las discusiones sobre la persona y la obra de Jesucristo, los judíos negaban la LXX como traducción fiel del Antiguo Testamento. Sin duda, tenían razón en cierta medida por las diferencias con el texto hebreo en algunos casos, como ya se consideró antes. Algunos ejemplos de esto son evidentes: en Is. 7:14 se traduce "παρθένο" por la hebrea *"'almäh";* en el Sal. 95:10, según la división de la LXX, se lee: "ὁ κύριο ἐβασίλευσεν", a lo que se añadió posteriormente por cristianos las palabras ἀπὸ ξύλου. Podrían añadirse algunas diferencias más. Los judíos alegaban también que la LXX no era la traducción real de la Biblia Hebrea, por cuanto tenía los libros apócrifos, que los católicos llaman *deutero canónicos.* A todo esto se añade que cuando se tradujo la LXX no se había establecido el texto hebreo, por lo que ofrece varios pasajes con texto diferente al que aparece luego de la labor de uniformización del texto hebreo que era el oficial para los judíos del s. II d.C. En un afán extremadamente sectario, algunas escuelas rabínicas en el s.II, como era la del rabí Aquibá, llegaron a un literalismo de tal dimensión que desembocaron en verdaderas especulaciones teológicas basadas en asuntos realmente insignificantes del texto hebreo. Como quiera que los traductores de la *septuaginta* no tuvieron en cuenta tales minucias, la versión no podía satisfacer a las especulaciones teológicas de las escuelas rabínicas, por lo que no era válida entre los estudiosos más ortodoxos de los hebreos. Esa es la razón por la que en el s. II aparecieron otras versiones griegas que se adaptaban al literalismo exigido por las escuelas teológicas de los rabinos. Entre las más importantes cabe mencionar las de Teodición, Símmaco y la de Áquila. Es notable el desconocimiento que se tiene sobre la historia de la LXX en la iglesia primitiva antes de Orígenes, aunque algunos papiros[1] han aportado alguna luz sobre esto. Las variantes que se fueron introduciendo en el texto de la LXX, llevaron a Orígenes a la tremenda labor de eliminar las variantes introducidas para llegar al texto original. Esa impresionante labor, para aquella época, se conoce como de las *Héxaplas*, consistente en poner en seis columnas el texto bíblico a fin de hacer las comparaciones necesarias para alcanzar el texto original: en la primera columna puso el texto hebreo en letras hebreas; en la segunda el texto hebreo transcrito en letras griegas; en la tercera la traducción de Áquila; en la cuarta la de Símmaco; en la quinta estaba la traducción de los LXX; y en la sexta la de Teodoción. Orígenes notaba en la traducción de los LXX signos críticos en relación con el texto hebreo, que consideraba como el genuino, de donde había partido la traducción de la versión griega. Todo cuanto encontró de falta en el texto griego de la LXX lo completó con otras versiones, sobre todo con la de Teodoción, marcándolo al borde con un asterisco. Lo que halló de más lo marcó con obelo. Para que no pasara nada desapercibido, el fin y principio de los trozos que comenzaban con asterisco o con obelo, los resaltó con un metobelo. El trabajo de Orígenes en las *Héxaplas* es un elemento valiosísimo para el trabajo de la crítica textual de las versiones griegas del texto hebreo. Sin embargo, no es una solución definitiva, por cuanto las correcciones hechas por Orígenes, resultado de la comparación con el texto hebreo, aumentan las posibilidades de nuevas variantes. Muchos de los signos críticos de Orígenes fueron confundidos, otras veces no se tuvieron en cuenta, de modo que la LXX reformada vino a ser muy parecida al texto de Teodoción. Es lamentable que la obra de escribir la quinta columna de las *Héxaplas* no se haya llevado a cabo íntegramente, lo que supondría trasladar los cincuenta tomos de la obra. Algunos fragmentos de la obra se encuentran en diversos materiales, especialmente en la versión sirohexaplar y en manuscritos de los escritos de la patrística. Entre los años 1871 a 1875, el profesor F. Field reunió todos los fragmentos que se tenían entonces. Posteriormente aparecieron otros en la Geniza del

---

[1] Entre otros Chester Beatty, Scheide.

Cairo, con parte del Salmo 22 en seis columnas. También, en el año 1896 apareció en la Ambrosiana de Milán un palimpsesto de las Héxalas, con once salmos en cinco columnas, descubierto por G. Mercati. A la obra de Orígenes siguió el trabajo de varios otros que procuraron mejorar el texto de la *Septuaginta.* Tales esfuerzos dieron lugar a otras tantas recensiones, sin embargo, ninguna de ellas logró sustituir al primitivo texto de los LXX. Algunas de las recensiones se aceptaron como texto oficial griego en algunas zonas, tal como ocurrió con la de Eusebio de Cesarea y Pánfilo en base a la quinta columna de las Héxaplas, que predominaba en Palestina. Luciano, el fundador de la escuela catequística antioquena, comparó el texto existente con el hebreo e hizo los ajustes en la LXX, mejorando el lenguaje y aceptando las variantes más extensas. Jerónimo habla también de una recensión hecha por Hesiquio sobre el 300 d.C. que posiblemente fue más conocida en Egipto.

Manuscritos

Se conocen casi 1600 mss. de la *Septuaginta.* Con todo, la comparación con el TM del Antiguo Testamento, apoyado en muchas ocasiones por los descubrimientos recientes de Qumram, justifica el alto valor del masorético en comparación con la *Septuaginta.* Es más, en algunos lugares se podría considerar como un Targum griego en lugares donde más que traducir parafrasea el texto hebreo, y en pasajes enteros, especialmente de los libros de Daniel y Esther, se separa absolutamente del TM.

Ediciones

Hay notables ediciones de la *Septuaginta*, entre las que caben destacar la *Editio Vaticana Sixtina* de 1587 y la *Editio Complutensis*, dentro de la *Políglota Complutense* del 1517.

2. Otras ciudades en la Septuaginta

En la versión griega del Antiguo Testamento conocida como LXX, figura un versículo intercalado entre el 59 y el 60 de las versiones generales de la Biblia, que lleva el número 59 bis. Según esta versión hay otras ciudades en lo que sería la quinta división del territorio de Judá, en total 11 ciudades con sus aldeas, todas ellas en las cercanías de Jerusalén.

Τεκω', que sería la conocida como Tecoa, identificada con *hirbet Teqû^{a}a,* estaba enclavada sobre una pequeña meseta a 16 km al sur de Jerusalén. Fue una de las ciudades fortificadas por Roboam (2Cr. 11:6). En la historia de Israel, Tecoa fue la ciudad a donde Joab mandó a buscar una *mujer astuta* para conseguir el regreso de Absalón, desterrado por causa de la muerte de su hermano (2Sa. 14:1). De la misma ciudad era oriundo el profeta Amós (Am. 1:1). En el tiempo del retorno de los desterrados en Babilonia fue una de las ciudades ocupadas por los retornados, y sus habitantes ayudaron a Nehemías en la reconstrucción de Jerusalén, si bien los hombres de renombre entre ellos negaron su ayuda (Neh. 3:5, 27). Las ruinas de la antigua ciudad sobre el montículo apenas se han excavado.

βηθλεεμ, la conocida y pequeña ciudad de Belén, identificada como *Beit-Lahm* (2Cr. 11:6). El nombre hebreo significa *casa de pan.* Situada a unos 8 km al suroeste de Jerusalén, cercana a la vía que une Jerusalén con Hebrón. Es un asentamiento de población que existía ya en tiempos de los patriarcas con el nombre de Efrata. En las cercanías de la ciudad, como a media legua, dio a luz Raquel a su hijo Benjamín, el último de los hijos de Jacob, a consecuencia de cuyo parto moriría, siendo sepultada cerca de Belén, en las proximidades del camino que conducía a la ciudad (Gn. 35:19; 48:7). En tiempo de los jueces, uno de los sacerdotes que sirvió en el santuario idolátrico de Micaía, en el monte de Efraín, era natural de Belén (Jue. 17:7-13). De Belén era también la concubina del levita que residía en el interior de la zona montañosa de Efraín, y que ocasionó la guerra contra los benjaminitas por la violencia que hicieron de la mujer en Gabaa (Jue. 19). La mayor parte de los hechos relatados en el libro de Ruth tuvieron lugar en Belén, lugar de donde eran los hijos de Elimelec y Noemí (Rt 1:1, 2, 19–22; 2:4; 4:11). Sin embargo, la ciudad se identifica en el Antiguo Testamento con David, conociéndose como la *ciudad de David.* Durante un tiempo vivió en Belén (1Sa. 17:12, 15; 20:6, 28), donde había nacido y en donde fue ungido por Samuel como rey de Israel (1Sa. 16). En Belén había un asentamiento filisteo antes de que David llegara al trono (2Sa. 23:14). En la ciudad de Belén fue enterrado Asael, hermano de Joab, y uno de los siervos, llamados *los valientes de David*, muerto por Abner, el jefe del ejército de Is-boset, hijo de Saúl (2Sa. 2:32). De la misma ciudad era Elhanán, uno de los treinta hombres de élite de David (2Sa. 23:24; 1Cr. 11:26). Cada uno de estos que moría en batalla era remplazado por otro de modo que se mantenía el número de ellos. Belén fue una de las ciudades fortificadas por Roboam en el entorno de Jerusalén (2Cr. 11:6). Después de la muerte de David, la ciudad fue perdiendo importancia hasta quedar reducida a una pequeña villa. Los retornados del cautiverio la repoblaron y reconstruyeron como lugar de asentamiento (Esd. 2:21; Neh. 7:26). En días de Herodes, Belén seguía siendo una pequeña aldea en la que había un mesón para viajeros. Dios anunció por medio de Miqueas que Belén sería la cuna del Mesías y ello haría imperecedero su nombre e importancia (Miq. 5:2; Jn. 7:42).

Sin embargo, la importancia suprema del lugar se produce a causa del nacimiento del Señor (Mt. 2:1, 5, 6, 8; Lc. 2:15, 16). Su nombre quedó ligado también a la matanza de los inocentes por orden de Herodes bajo el interés del rey en eliminar a Jesús (Mt. 2:16).

Φαγωρ, *P*[ea]ôr, hoy identificada con *hirbet-Fagûr* situada al sur de Belén.

Αιταμ, [a]Êtam, que se identifica con *hirbet el-hauh,* junto a *Ain Atán,* la ciudad que fortificó Roboam, en el área defensiva de Jerusalén, a 3 km de Belén (2Cr. 11:6).

Κουλον y Ταταμ, ambas sin identificar.

Σορη", *Sores*, al suroeste de *el-Qerîyeh.*

Καρευ, *Kerem*, identificada con [a]*Ain-Karim.*

Γαλλιμ, *Galîm,* identificada con *hirbet-Ka*[a]*akul* o con *Beit Gala.* De Galim era natural Palti, a quien dio Saúl por mujer a su hija Mical, que era la mujer de David (1Sa. 25:44). El nombre de esta ciudad aparece también en la profecía de Isaías (Is. 10:30).

Βαιθηρ, *Bittîr*, localizada en *hirbet el-Yehûd* junto a la actual *Bittîr.*

Μανοχω, *Manahat*, identificada con *el-Mâlhah*, fue la ciudad a donde transportaron a los benjaminitas (1Cr. 8:6).

Esta es la relación de ciudades que figuran en el texto de la versión LXX.

CAPÍTULO 16
LA HEREDAD DE EFRAÍN

Introducción

Terminado el reparto del sur de la tierra que constituyó la heredad de la tribu de Judá, pasa el relato a la distribución de otro de los grandes sectores en que fue dividido Canaán situado en la parte central-norte del país que correspondió a la segunda tribu en tamaño e importancia que era la de José[1]. La tribu es considerada como una aunque la distribución del territorio se establece en relación con las familias de los dos hijos de José: Manasés y Efraín. Los comisionados, entre los que estaban, Eleazar, el sumo sacerdote y Josué, distribuían la tierra por el sistema de suertes. En razón de ser considerada como una sola tribu a efectos del reparto de la tierra, una sola suerte determinó la porción que recibirían. Esto permitía también que no se distanciasen territorialmente las dos fracciones correspondientes a la porción de los dos hijos de José en que se subdividía la tribu. La descripción del reparto de la tierra debería considerarse como una sola unidad en el texto bíblico, aunque aparece dividida en capítulos. Por tanto, hay una continuidad después del pormenorizado detalle del territorio de Judá, la tribu del sur. En contraste, la descripción tanto de los límites del territorio como de las ciudades de las parcelas de Manasés y Efraín, es mucho menos detallada que la de Judá. Prácticamente, en la parte que se refiere a Efraín solo hay detalles generales de los límites y poco más para el territorio de Manasés. El relato comienza por Efraín porque, aunque era el menor de los dos hermanos, Jacob invirtió el orden entre ellos, considerando al menor como si fuera el mayor.

La división del pasaje para su estudio es sencilla: primero, aparece el detalle general de los límites del territorio de la tribu de José, que incluye las parcelas de Efraín y Manasés (vv. 1-4); y en segundo lugar, los detalles relativos al territorio de Efraín (vv. 5-10). El capítulo es el de menor extensión en todo el libro.

Para el comentario del pasaje se sigue el *Bosquejo* que aparece en la *introducción*, como sigue:

3.3. Heredad de José (16:1-10).
  3.3.1. Límites de la heredad (16:1-4).
  3.3.2. Heredad de Efraín (16:5-10).

---

[1] Ver *Excursus* al final del capítulo.

Heredad de José (16:1-10)

Límites de la heredad (16:1-4)

1. Tocó la suerte a los hijos de José desde el Jordán de Jericó hasta las aguas de Jericó hacia el oriente, hacia el desierto que sube de Jericó por las montañas de Bet-el.

Como se indicó en la introducción, en la distribución de la tierra la tribu de José se desdobla en dos, correspondiente a los descendientes de Efraín y a los de Manasés. Sin embargo, es considerada como una *"los hijos de José"*, por el común origen de ambos en la casa de uno de los hijos menores de Jacob. La distribución se hizo como para el resto de las tribus, por medio de suertes. De este modo se distribuía el territorio teniendo en cuenta el número de los pobladores de cada tribu. El relato comienza refiriéndose a la suerte que favorecía a los hijos de José, con la expresión *"Tocó la suerte" (wayyëṣëᵃ haggôräl),* común en el relato de la distribución (cf. 19:1, 17, 24, 40). Los hijos de José fueron adoptados por Jacob como sus propios hijos, elevándolos a la misma categoría que el resto de sus otros descendientes, a pesar de ser nietos y no hijos. Jacob lo había expresado claramente hablando con José: *"Y ahora tus dos hijos Efraín y Manasés, que te nacieron en Egipto, antes que viniese a ti a la tierra de Egipto, míos son; como Rubén y Simeón, serán míos"* (Gn. 48:5). Considerándolos como descendientes directos, recibieron la bendición de Jacob en igual forma que los restantes hijos suyos, tíos de los dos hijos de José (Gn. 48:20). La genealogía de Efraín no ofrece tantas dificultades como la de Manasés, especialmente en lo que tiene que ver con precisar los hijos directos, ya que el modo hebreo de considerar a los descendientes permitía llamar o tener por hijos a los nietos e incluso a sucesores más lejanos. Esto ha sido definitivo en el establecimiento de la descendencia de Manasés. La tribu de José desdoblada en las porciones de cada uno de sus hijos, llega a ser los *dos cuernos poderosos,* semejantes a las astas de búfalo, a los que alude Moisés (Dt. 33:17).

Las fronteras de la tribu de José se establecen también en un sentido genérico mucho menos preciso que las de la tribu de Judá. La suerte común para la tribu de José consistía en el territorio que ocupaba una gran extensión en la parte centro-norte de Palestina. Los límites por el oriente llegaban hasta el Jordán, frente a Jericó, siguiendo luego *"hasta las aguas de Jericó"* –tal vez la *fuente* de Jericó– que algunos identifican con la *fuente de Eliseo*, lugar donde el profeta hizo potable las aguas del manantial cercano a Jericó (2Re. 2:19, 22) identificado el lugar con *ᵃAin es-Sultän*. Para otros, ese límite debe situarse más al norte de Jericó, en *ªAin Nuªeimeh* y *ªAin ed-Dûq*. Hacia el oriente, el siguiente límite lo formaba el desierto, que seguía en dirección oeste por todo el territorio despoblado que seguía desde Jericó pasando por las estribaciones montañosas del área donde estaba asentada Bet-el. Este límite, por tanto, seguía dirección noroeste. El área despoblada del territorio se mencionó antes con motivo de la conquista de Hai, cuando el grupo del ejército de Israel que se presentó delante de la ciudad, fingió una huida delante de los enemigos en dirección al desierto (8:15 ss.). Suele situarse en *la montaña* el lugar donde ocurrieron las tentaciones de Jesús después del bautismo en aguas del Jordán (Mt. 4:1; Mr. 1:12; Lc. 4:1). Betel es una referencia en el libro en la descripción del mandato de Josué a los que envió a reconocer la tierra antes de iniciar la conquista para fijar la situación de la ciudad de Hai (7:2; 8:9).

2. Y de Bet-el sale a Luz, y pasa a lo largo del territorio de los arquitas hasta Atarot.

Como se ha considerado antes, algunos consideran que la Bet-el de los patriarcas (Gn. 12:8; 28:19; 35:6) se convirtió luego en Luz, la ciudad cananea. Esta interpretación surge especialmente de la versión griega LXX[2], que hace referencia a una sola ciudad *Betel-Luz*. Es preferible considerarlas como dos ciudades. Bet-el se identifica hoy con *Burg Beitîn*, a 1 km al sudeste de la ciudad primitiva. El límite seguía luego en dirección a Luz, que aunque su nombre era *Bet-el Luz,* se cita con uno solo de ellos para evitar la repetición. Siguiendo en dirección oeste corría la frontera de la heredad de José por el territorio de los *arquitas*, de donde era Husai el consejero que David envió para interferir entre los consejeros de Absalón (2Sa. 15:32; 16:16; 17:5, 14). El territorio de los arquitas estaba en la región de *el-Biªreh*; en ese territorio se cita una de sus ciudades principales llamada *ªAtärôt*, el *Atarot-Adar* del versículo 5, identificada con la actual *hirbet ªAttärah* situada junto a la ladera meridional de *Tell en-Nasbeh*, a unos 7 km al sudeste de Betel.

3. Y baja hacia el occidente al territorio de los jafletitas, hasta el límite de Bet-horón la de abajo, y hasta Gezer; y sale al mar.

Desde Atarot, los límites de la heredad de la tribu de José descendían en dirección suroeste al *"territorio de los jafletitas"*. Es difícil identificar quienes dieron nombre al territorio. Un hijo de Heber, nieto de Beria, a su vez hijo de Aser, se llamaba *Jaflet.* Sin embargo, es difícil pensar en él como quien da nombre a un territorio muy alejado de la porción que

[2] Ver *Excursus XVI,* al final del capítulo anterior.

correspondió en el reparto a la tribu de Aser, situada en el extremo norte de Canaán. Siguiendo en la dirección hacia occidente, alcanzaba el límite de *Bet-horón, la de abajo.* Dos ciudades con el mismo nombre que se distinguían entre sí por su situación geográfica. La Bet-horón de arriba quedaba a unos 16 km al noroeste de Jerusalén. La *Bet-horón de abajo*, estaba frente a la otra, a unos 2 km más al noroeste y unos 270 m más baja que la primera. Seera, hija de Bería, nieta de Efraín, edificó, o tal vez mejor, reedificó las dos ciudades que estaban en el territorio que correspondería a su tribu (1Cr. 7:24). Las dos ciudades se mencionaron juntas antes con el nombre de Bet-horón (10:10). Estas dos ciudades tuvieron importancia en la historia de Israel. Una de las dos fue ciudad de los levitas (Jos. 21:22). Bet-horón fue uno de los objetivos militares de los filisteos en días de Saúl (1Sa. 13:18). El rey Salomón reconstruyó las dos ciudades y las habilitó como fortalezas defensivas en área (2Cr. 8:5). Después del cautiverio en Babilonia fueron ocupadas como lugares de residencia de los retornados. Sambalat, gobernador de Samaria en el tiempo del retorno del cautiverio, era natural de Bet-horón (Neh. 2:10). Según los libros apócrifos de Judit y 1 Macabeos, las dos ciudades fueron fortificadas nuevamente (Jdt. 4:4, 5; 1 Mac. 9:50). Desde Bet-horón de abajo, el límite territorial de José seguía en dirección oeste-sudoeste hasta la ciudad de Gezer[3] (*Gezer*), identificada actualmente como *Tell el-Jezer*, sobre una colina de 11ha desde donde se dominaba la llanura marítima, a unos 29 km al oeste de Jerusalén. Esta era una de las ciudades más importantes de Palestina desde el punto de vista estratégico de su situación. A causa de esta situación privilegiada, Salomón la haría en su reinado el asentamiento de una sección de carros de guerra (1Re. 9:16-17). Partiendo de Gezer en dirección oeste-noroeste, el límite terminaba en el Mediterráneo. La situación del territorio de José en el límite sur se extendía desde el Jordán al Mediterráneo en la parte centro-norte de la tierra.

4. Recibieron, pues, su heredad los hijos de José, Manasés y Efraín.

El escritor hace énfasis en la herencia común de la tribu de José, heredad que le correspondió en suerte en el reparto de la tierra conquistada y ocupada por los ejércitos de Israel en Canaán. Esta heredad común a la tribu se subdividía a su vez entre los dos hijos de José, Manasés y Efraín. Se los nombra aquí en el orden que les correspondía en el seno de la familia, Manasés el mayor y Efraín el menor de los hijos de José, nacidos en Egipto de su esposa Asenat, hija de Potifera sacerdote del dios On (Gn. 41:50-52).

---

[3] Ver *Excursus XVII,* al final del capítulo.

Heredad de Efraín (16:5-10)

Los descendientes de Efraín aparecen especialmente en las genealogías de Crónicas (1Cr. 7:20-28). Aparecen bien ordenados y es relativamente fácil establecer la genealogía correspondiente auxiliándose también del detalle que aparece en el Libro de los Números (Nm. 26:35). En líneas generales permite establecer un cuadro genealógico para el reparto de la tierra.

5. Y en cuanto al territorio de los hijos de Efraín por sus familias, el límite de su heredad al lado del oriente fue desde Atarot-adar hasta Bet-horón de arriba.

Aunque la heredad global era para la tribu de José en conjunto, cada uno de sus hijos recibió una parte de la heredad común, con separación de fronteras que delimitaban el territorio de cada uno de ellos. Los límites del territorio efrainita se fijan comenzando por el oriente, como también se detalló en relación con la frontera general de la tribu de José. El punto del territorio de Efraín más al oriente se situaba en las cercanías de Jericó, en la ciudad de Atarot-adar (*ªAtrôt ªAddär*), situada a unos 7 km al sudeste de Betel. Seguía luego el mismo trazado que se consideró antes para los límites sureños de la tribu de Judá, en dirección oeste hasta Bet-horón de arriba (*Bêt-Hôrön*), considerada anteriormente (v. 3). La Bet-horón baja era limite en la demarcación del territorio y pertenecía a la tribu de Benjamín (18:13).

6. Continúa el límite hasta el mar, y hasta Micmetat al norte, y da vuelta hacia el oriente hasta Taanat-silo, y de aquí pasa a Janoa.

No hace falta especificar con más detalles los límites territoriales por el sur, ya que seguían la línea descrita para la tribu común de José, considerada antes. El texto contempla el extremo occidental del límite situado en el Mediterráneo. Pasan a describirse los límites norte del territorio, desplazándose desde el punto de encuentro con el mar hacia el oriente, expresado con las palabras *"da vuelta al lado del oriente"*. La línea norteña debía describir un trazado prácticamente recto, siguiendo la orografía del territorio, lo que supondría algunas variantes ajustadas al terreno. En ese correr hacia el oriente se fija una referencia del límite en la ciudad de Micmetat, o como se lee en textos hebreos Ham-Micmetat (*Ham-Mikmᵉtät*). Esta ciudad estaba situada frente a Siquem y se suele identificar como la moderna *Khirbet Makhneh el-Fôqä*. Sin embargo, es difícil determinar la ubicación del lugar. Incluso hay quienes piensan que podría tratarse de un accidente del terreno, como un desfiladero angosto o incluso la falla del *Wadi Beidàn*, no lejos de *Naplusa-Siquem*.[4] Siguiendo hacia el este, la frontera de la tribu de Efraín llegaba a Taanat-silo (*Taªanat-Shilöh*), identificado como el moderno *Taªanah el-föqä*. Desde ese punto discurre el límite hasta alcanzar Janoa (*Yänôhä*), identificada como *hirbet Yänûn*, al sudeste de Siquem.

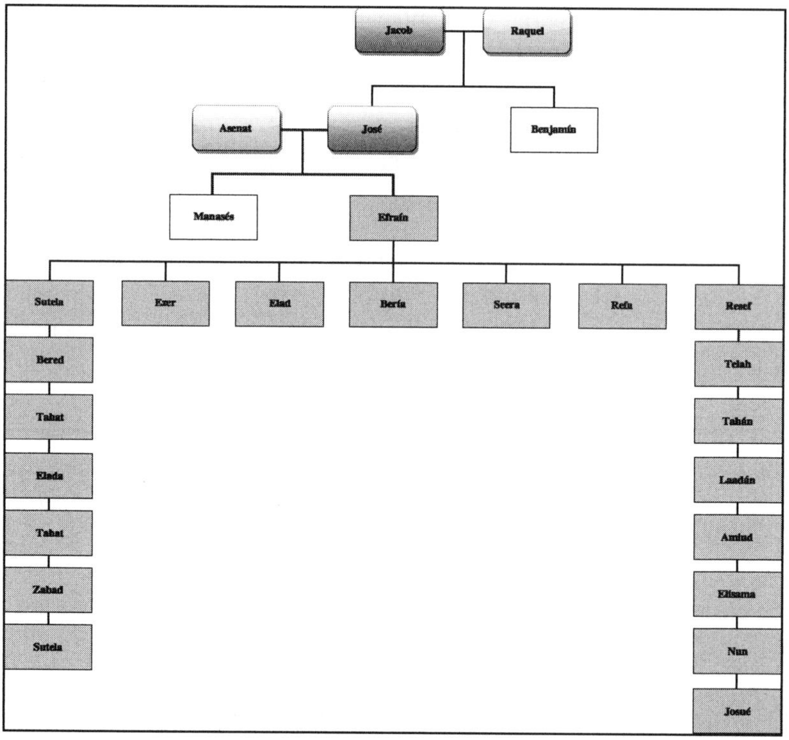

Descendencia de Efraín.

7. De Janoa desciende a Atarot y a Naarat, y toca Jericó y sale al Jordán.

Desde Janoa, la frontera tomaba dirección sur- sudeste hasta llegar a Atarot, distinta a su homónima de los versículos 2 y 5, bordeando con toda probabilidad el cordón montañoso que servía de límite natural a la región. La referencia de Atarot no es posible localizarla y, por tanto, no identificable con ningún lugar actual, aunque Gluek la identifica con *Tell el- Mazar* y otros con *Tell Seih ed-diyâb*. Continuando la misma dirección

---

[4] Es prácticamente seguro que hay algunas palabras que se han perdido en el texto hebreo antes de Micmetat y que complementarían con la descripción la ubicación del límite.

alcanzaba Naarat (*Naªarät*), hoy *Tell el-Jirs*, cerca de *ªAin ed-Dûq*. Derivaba desde Naarat orientándose más al este y descendiendo un poco al sur, hasta Jericó[5] (*Jerico*), la primera ciudad de la conquista en la parte central de la tierra, tal vez la más importante ciudad —históricamente hablando— de toda Palestina, como se ha considerado en su momento. Desde Jericó, el límite discurría ya en dirección este hasta alcanzar el Jordán, frontera natural de toda la tierra.

8. Y de Tapúa se vuelve hacia el mar, al arroyo de Caná, y sale al mar. Esta es la heredad de la tribu de los hijos de Efraín por sus familias.

La descripción de los límites fronterizos del territorio de Efraín salta del este, en el Jordán, al oeste en el interior de la heredad. Tomando como referencia Tapúa (*Tappûah*), al sur de Micmetat, corría el límite en dirección oeste hasta alcanzar el Mediterráneo, siguiendo el cauce del *Arroyo de Caná* —con toda probabilidad el actual *Wadi-Qänä*— afluente del *Yarqom*, conocido también como *Nahr el- ªAuga,* que desemboca un poco al norte de Jafa o Jope. Descritos los límites del territorio, se concreta que aquel territorio era la heredad que había correspondido al menor de los hijos de José, en cuanto a nacimiento, pero considerado como el primogénito en cuanto a bendición.

9. Hubo también ciudades que se apartaron para los hijos de Efraín en medio de la heredad de los hijos de Manasés, todas ciudades con sus aldeas.

Efraín tenía una bendición mayor que la de Manasés como Jacob, su abuelo, había establecido (Gn. 48:19). Ocupando el lugar del primogénito, tenía derechos superiores sobre la heredad que se distribuía. Posiblemente, es esta la razón por la que se reservaron ciudades para Efraín dentro del territorio herencia (*nahalä*) que correspondía a Manasés. Tal vez, estas ciudades habían sido ocupadas por los efrainitas antes de la distribución de la tierra y siendo de ellos, las reservaron para sí. Las ciudades de Efraín dentro del territorio de Manasés no suponían conflictos entre ellos, sino más bien debían servir como vínculos de unión entre las dos tribus que ocupaban, potenciando sus relaciones fraternas. Las ciudades que retuvieron los efrainitas en el territorio de Manasés eran principales y estaban rodeadas de aldeas en su entorno. No se da un detalle de todas esas ciudades.

---

[5] Sobre Jericó ver *Excursus V*, al final del capítulo 7.

10. Pero no arrojaron al cananeo que habitaba en Gezer; antes quedó el cananeo en medio de Efraín, hasta hoy, y fue tributario.

El pasaje se cierra con una nota negativa. Los dueños de la herencia no pudieron desalojar a quienes estaban ocupando parte de ella. De la misma manera que Jerusalén estaba ocupada por los jebuseos dentro del territorio de Judá-Benjamín, así ocurre con Gezer en la heredad de Efraín. Una pregunta surge inmediatamente en la lectura y análisis del versículo: ¿Por qué no expulsaron a los *cananeos?* Podría suponerse que eran fuertes, bien arraigados en su terreno, al que conocían mejor que los nuevos ocupantes, por lo que se hizo imposible para los efrainitas sacarlos de él. Sin embargo, la lectura detenida sugiere otra razón. No se dice que no pudieron expulsar de la heredad al cananeo, simplemente se afirma que *"no lo arrojaron"*. Los cananeos que vivían en Gezer resultaban útiles como siervos a los nuevos dueños del territorio. El egoísmo natural del hombre condujo a desobedecer las instrucciones de Dios en relación con los pueblos de Canaán. Todos los habitantes del territorio debían ser exterminados por las razones consideradas anteriormente y que Dios mismo había manifestado. Aquellos pueblos habían llegado a un alto nivel de degradación y corrupción que los hacía acreedores del juicio divino sobre su pecado. Habían tenido un largo período de gracia y habían rechazado toda relación y obediencia al Señor. El exterminio de aquellas naciones representaba la seguridad futura para Israel y la ausencia de elementos corruptores para el pueblo de Dios. Los efrainitas vieron en los cananeos la utilidad del trabajo que podían proporcionarles además de los recursos que suponían los tributos a que los sometían a cambio de dejarles en la ciudad de Gezer. Sin embargo, el tratar con ellos y hacerlos tributarios, les llevaba a mantener una permanente relación con los cananeos que les traería el peligro de la contaminación idolátrica de aquellos pueblos, como ocurrió no mucho tiempo después.

Todos los adversarios de Israel en Canaán estaban vencidos. Todos los pueblos habían sido derrotados por el Señor utilizando como instrumento los ejércitos de Israel conducidos por Josué. Pero no todos los enemigos habían desaparecido. Israel debía desalojarlos de territorio. No podía haber gozo completo en la tierra de la promesa para quienes tenían que compartir algo con los enemigos. Cuando los que se oponen al Señor con sus prácticas idolátricas siguen operativos, no importa cuanto tiempo tengan que permanecer en una apariencia sumisa al creyente, más pronto o más tarde se reharán, tomarán sus armas y combatirán nuevamente al pueblo de Dios. ¿Qué resultará para Israel de esta situación y la influencia de los enemigos entre ellos? Los principios mundanos e impíos de los cananeos se trasladaron al pueblo de Dios. Todo aquello que motivó la acción judicial de Dios sobre los pueblos cananeos, vino a ser la triste porción del pueblo del Señor. En el transcurrir del tiempo, aquellos gérmenes del pecado persistieron en Israel hasta llegar a la culminación de levantarse contra el ungido de Dios. Esta lección, sorprendentemente reiterada en todo el libro —como otras muchas— es una solemne advertencia para los cristianos en el tiempo presente. Cualquier tipo de alianza con el mundo traerá malas consecuencias para la iglesia. El apóstol enfatiza la necesidad de una separación del mundo y de los mundanos cuando dice: *"No os unáis en yugo desigual con los incrédulos"* (2Co. 6:14). La Biblia enseña tanto en el Antiguo como en el Nuevo Testamento la inconsecuencia de toda vinculación entre un creyente vivo y una persona espiritualmente muerta. Más que la unión en sí, apunta a las consecuencias (1Co. 5:9, 10). El primer gran problema nace en el deleite íntimo de estar y colaborar con intereses y actividades propias de quienes están al margen de la justicia (1Co. 6:14b-16a). El concepto de *injusticia* indica licencia pecaminosa. Dios ama la justicia (Sal. 45:7). Cristo vino a redimir a su pueblo de toda injusticia (1Co. 1:30; Gá. 1:4; Tit. 2:14). Dos formas de vida contrastan en la relación íntima entre el creyente y el incrédulo. Este sirve al pecado en enemistad con Dios; el creyente manifiesta la operación de la gracia en santificación. Al binomio *justicia-injusticia*, se une también el de *luz y tinieblas* (2Co. 6:14c). Dos esferas morales incompatibles no pueden subsistir juntas. La luz corresponde a Dios, las tinieblas a Satanás. De ahí que los perdidos estén en el ámbito esclavizante de las tinieblas (Jn. 3:18-21). En contraste, el que vive a Cristo está en la luz (Jn. 8:12). El creyente ha sido liberado de la esclavitud de las tinieblas y trasladado al reino luminoso del Hijo, quien es luz en sí mismo (Col. 1:13). Los cristianos, a causa de la identificación con Cristo, son luz en el Señor (Ef. 5:8-14) y deben manifestar la vida luminosa de la separación del pecado. La comunión con Dios, que permite alcanzar las bendiciones que proceden de lo alto, solo es posible en la esfera de la luz (1Jn. 1:5-7). La luz tiene que ver con la perfección divina que se mueve siempre en la verdad. El cristiano participa de ese carácter y pasa a ser luz en las tinieblas (Mt. 5:14-15; Fil. 2:15; Ef. 5:14). Por esa causa, es imposible ser luz y estar en comunión con los que andan en tinieblas. El concepto de comunión en este sentido es la relación íntima de intereses con los del mundo. Otra doble relación de contraste se manifiesta en la oposición *Cristo-Belial* (2Co. 6:15). Cristo, el Ungido y enviado por Dios, vino para deshacer las obras del diablo (1Jn. 3:8). Belial, nombre dado en el Antiguo Testamento a personas impías[6], evidencia la incompatibilidad entre la santidad y pureza de Cristo con la maldad e impureza de Belial. Aún otro binomio de contraste: *Creyente-Incrédulo* (2Co. 5:15b). La parte

[6] Ver Jue. 20:13; Dt. 13:13; 1Sa. 25:25; 2Sa. 16:7.

de los incrédulos corresponde a la escala de los valores del pecado. El creyente ha sido rescatado de esa vana manera de vivir (1Pe. 1:18-20). La vida vieja de la corrupción da paso en la experiencia del cristiano a una nueva forma de vivir que ya no es mundana sino celestial (Ro. 6:4; Col. 3:1-3). Finalmente, otro contraste enseña la necesidad de no estar en yugo desigual con los incrédulos, el antagonismo *templo de Dios-ídolos* (2Co. 6:16a). La unión de mente y voluntad en algo acordado previamente. El creyente es el santuario de Dios. En períodos de apostasía se practicaron abominaciones en el lugar santo (2Re. 21:7; 23:6, 7; Ez. 6:3-18). Al mandato de separación corresponde la promesa de bendición (2Co. 6:18). El sacerdocio santo debe salir de la corrupción del mundo. El mandamiento de Dios se expresa mediante tres verbos: *Salid, apartaos, sed santos*. Dios no puede acoger con simpatía a quienes voluntariamente se entremezclan con el mal y pactan con los malos. La promesa para la separación espiritual tiene la garantía del Todopoderoso.

EXCURSUS XVII
JOSÉ

1. José

José es el undécimo hijo de Jacob, el primero que nació de su esposa Raquel (Gn. 30:22-24). Su nombre (*Yōsēf*) significa *Dios añade* (Gn. 30:24). José nació en Haram o Padan-aram (Gn. 31:17-18), donde Jacob, su padre, vivía con su suegro Labán (Gn. 29:4), lugar de la antigua Mesopotamia, hoy Irak. Cuando todavía era muy joven, se trasladó con sus padres y familia a Canaán (Gn. 31:17-18). Desde niño se dedicaba al pastoreo de las ovejas de su padre, oficio que le ocupó hasta los 17 años (Gn. 37:2). Posiblemente por ser hijo Raquel, fue el predilecto para su padre (Gn. 37:3). José tenía por costumbre acusar a sus hermanos delante de su padre, contándole de su pecado y mala conducta (Gn. 37:2). Por esta razón, unido a la predilección que este sentía por él, se generó un notable aborrecimiento de sus hermanos mayores contra él, que se manifestaba, entre otras cosas, en un trato colérico e iracundo (Gn. 37:4). En esa época, José tuvo dos sueños que fueron proféticos en relación con la posición que ocuparía en el futuro dentro de la familia (Gn. 37:5-9). Los sueños de José suscitaron además de rencor, la envidia de sus hermanos (Gn. 37:11). La situación de enemistad contra José llegó a extremos tales que sus hermanos planearon matarlo (Gn. 37:18-20). Su hermano mayor Rubén evitó el homicidio, planeando salvarlo y devolverlo a su padre, poniéndolo a salvo en una cisterna excavada en el campo (Gn. 37:22). En ausencia de Rubén, el resto de los hermanos lo vendió como esclavo a unos mercaderes madianitas que pasaron por el lugar por veinte piezas de plata, diciendo a su padre que lo había matado algún animal salvaje (Gn. 37:26-35). Llegados a Egipto, los madianitas vendieron a José a Potifar, capitán de la guardia del faraón.

A causa de su honradez e inteligencia, José llegó a ocupar el puesto de mayordomo en la casa de Potifar (Gn. 39:1-4). La esposa de este, encaprichada por José, trató de seducirlo sin lograrlo. Despechada, lo calumnió acusándolo de intento de violación, lo que le causó un largo tiempo de prisión (Gn. 39:1-20). En la cárcel, Dios siguió bendiciéndolo, hasta el punto de ser nombrado por el jefe de la prisión como guarda de todos los presos (Gn. 39:21-23).

Fue en el período de prisión cuando interpretó los sueños de dos oficiales al servicio del faraón, lo que le llevó a interpretar un sueño que tuvo el mismo faraón. Como recompensa, y como persona de confianza, en razón de los intereses de Egipto, fue sacado de la prisión y elevado al puesto político más alto del imperio después del faraón, quedando el gobierno de la nación en sus manos (Gn. 41:1-44). La prosperidad de Egipto acompañó la acción de gobierno de José, alcanzando un grado de prosperidad muy grande (Gn 41:49). Probablemente, el faraón del sueño pertenecía a la dinastía de los Hicsos. Estos eran de origen semita y entraron en Egipto desde Canaán, llegando a dominar el país por un largo periodo de tiempo.

Durante el gobierno de José se produjeron siete años de escasez de alimentos en las tierras de Egipto y su entorno. Sin embargo, los graneros egipcios habían acumulado abundante trigo, lo que permitió vender provisiones a otros pueblos, enriqueciendo al imperio egipcio hasta adquirir para el faraón grandes extensiones de terreno dentro y fuera de Egipto (Gn. 41:46-49, 53-57; 47:13-26). Durante este tiempo, Jacob envió a sus hijos a Egipto para adquirir alimentos (Gn. 42:1ss.). José reconoció a sus hermanos, sin embargo, les puso un período de prueba para ver su conducta, comenzando por hablarles ásperamente (Gn. 42:6, 7). En cada nuevo encuentro con ellos, añadía exigencias que debían cumplir, hasta solicitar la presencia de su hermano menor, Benjamín. Cuando lo tuvo en su presencia se emocionó de tal manera que tuvo que retirarse para llorar sin ser visto por sus hermanos (Gn. 42:29-30). En una nueva visita a Egipto para comprar trigo, José se reveló a sus hermanos (Gn. 45:1-14), procurando hacerles sentir que su acción del pasado había sido una providencia de Dios para el presente (Gn. 45:5). José hizo venir a su padre y hermanos a Egipto, asentándolos en Gosén (Gn. 46:34) una de las mejores tierras del país para la práctica de la agricultura y ganadería.

Faraón cambió el nombre de José por el de Zafnat-panea y le dio como esposa a Asenat, hija del sacerdote de On, joven de la más alta sociedad egipcia (Gn. 41:45-46). De este matrimonio nacieron dos hijos: el mayor recibió el nombre de Manasés, cuyo nombre tiene que ver con la situación a que llegó su padre José en Egipto; al segundo lo llamó Efraín, como expresión de la bendición de una familia fructífera en la tierra donde solo debía esperar aflicción (Gn. 41:51-52). Transcurrido el tiempo y después de haber traído a Egipto a su padre y hermanos, los dos hijos de José, Efraín y Manasés, fueron adoptados por Jacob como hijos suyos (Gn. 48:8-20), siendo cabezas de las dos tribus de Israel en que se dividió la de su padre, José.

Antes de morir, Jacob recibió la visita de José acompañado de sus hijos Manasés y Efraín, recibiendo estos una bendición especial de Jacob como extensión de la bendición a José. En esa ocasión Jacob invirtió la posición de sus manos sobre los nietos, colocando la derecha sobre el menor y la izquierda sobre el mayor. El menor, Efraín, recibió la bendición correspondiente a la primogenitura (Gn. 48:15-20). Esas bendiciones tuvieron un fiel cumplimiento en la distribución de la tierra.

Muerto Jacob, los hermanos de José recelaron sobre un posible cambio en la actitud de la relación con ellos. Cuando José conoció la inquietud de sus hermanos, les dio garantías de afecto entrañable y de muestra de amor filial (Gn. 50:15-23).

José murió en Egipto a los ciento diez años. Fue embalsamado y depositaron sus restos en un sepulcro en Egipto (Gn. 50:24-26). Cuando Israel salió libre de la esclavitud, llevaron consigo los restos de José (Éx. 13:19), enterrándolos en Siquén después de la conquista de la tierra (Jos. 24:32).

José se cita en la relación de los *héroes de la fe* (He. 11:22).

2. Tribu de José

José tuvo de su esposa Asenat dos hijos, el mayor de ellos recibió el nombre de Manasés y el menor el de Efraín. Ambos nacieron en Egipto (Gn. 41:45-51). Aunque era el mayor, la bendición de la primogenitura correspondió a su hermano menor, según se consideró antes. La tribu de Manasés formó parte de la unidad tribal de José, por lo que en el reparto de la tierra le fue distribuido un territorio que correspondía a una sola suerte (Jos. 16:1). Si bien, se distribuyeron luego dos partes del mismo territorio para cada una de las tribus. La tribu de Manasés ocupó dos partes en la tierra de Canaán. Una de ellas distribuida ya por Moisés al oriente del Jordán (Dt. 3:12-15). La otra repartida por Josué en la Cisjordania en una extensión que iba desde el Jordán hasta el Mediterráneo. De la tribu de Manasés salieron algunos de los jueces más notables de Israel, Gedeón y Jair (Jue. 6:11; 10:3). Durante la monarquía, bajo el reinado de David, la tribu de Manasés dio valiosos soldados que sirvieron en el ejército del rey (1Cr. 12:20-22, 37). Hombres manasitas tomaron parte en las reformas religiosas de Asa (2Cr. 15:9) y de Ezequías (2Cr. 30:1, 10, 11, 18). A causa de su rebeldía espiritual fue deportada por los asirios, bajo la dirección de Tiglatpileser (1Cr. 5:26). La genealogía de los descendientes de Manasés es una de las más complejas de establecer, siendo imposible de determinar muchos aspectos de la misma. Probablemente, por corrupciones de los textos hebreos del Antiguo Testamento en que se encuentran.

Los descendientes de Efraín formaron la otra tribu en que se dividió la de José. A esta correspondió una extensa y rica región en la parte centro-norte del país. De la descendencia de Efraín y, por tanto, de su tribu, era José[1]. Roboán, el primer rey de las diez tribus del norte en que se fragmentó la nación después de la muerte de Salomón, pertenecía a esta tribu (1Re. 12:20, 25). De la tribu de Efraín sería también el profeta Samuel (1Sa. 1:1). Una característica típica de la tribu era su radical regionalismo, hasta el punto de tener su propio dialecto (Jue. 12:5, 6). La actitud dominante propia de la tribu de Efraín le dio una distinción notoria entre las otras diez tribus del reino del norte, llegando incluso a denominar al territorio entero por el nombre de la tribu, especialmente en los mensajes proféticos (Os. 4:17). El profeta Oseas habla de la caída del reino del norte como el fracaso de Efraín, al que se achaca falta de amor por el Señor (Os. 11:1-12).

---

1 Ver cuadro genealógico de Josué, en el capítulo de *Introducción*.

EXCURSUS XVIII
GEZER

1. Datos históricos

La antigua Gezer se conoce hoy como *Tell el-Jezer*, situada en una colina de 11ha que domina la llanura marítima, a unos 29 km al oeste de Jerusalén. Era una de las ciudades fronterizas en la Sefela, en el extremo oriental del territorio filisteo. El lugar estaba situado estratégicamente dominando la llanura en el paso de Jope a Jerusalén y en la antigua vía que iba de Egipto a Siria. Esta era una de las ciudades mejor situadas de toda Palestina, dominando desde ella tanto el camino costero hacia Lyda y Afec, como el que descendía hacia Jerusalén. A unos kilómetros al suroeste se levantaba una torre de vigilancia que permitía a los habitantes de Gezer controlar el camino que iba hacia Egipto. En el curso de la historia, la ciudad estuvo en ocasiones bajo el control de Egipto y en otras perteneció a Palestina. Por esta causa está relacionada ampliamente con la historia de los dos países. Al comienzo del reinado de Salomón la ciudad pertenecía a Egipto y fue dada por el faraón a su hija como dote con ocasión de su casamiento con Salomón. Este reconstruyó la ciudad para hacer de ella un lugar de emplazamiento de sus carros de guerra (1Re. 9:16-17). Posteriormente al cautiverio, en el período greco-macedónico, Simón Macabeo, el sumo sacerdote, capturó Gezer en el 142 a.C., poblándola con judíos y construyendo para sí una casa fortificada dentro de sus murallas. La historia, a la luz de los datos arqueológicos, revela que el asentamiento de Gezer estuvo ocupado desde los tiempos más antiguos de la humanidad, hasta la época más reciente de las cruzadas. Semitas, egipcios, cananeos, filisteos e israelitas vivieron en agrupaciones humanas durante un largo período de tiempo.

2. Arqueología

El especialista francés en temas orientales, Charles Clermont-Ganneau, estudiando la *Crónica de Mujir ed-Din*, historiador árabe medieval, descubrió la descripción de una acción militar del gobernador de Jerusalén contra un beduino que había hecho incursiones en la llanura costera. En el relato se detallaba cómo el gobernador alcanzó el promontorio de Jezar oyendo el griterío de los combatientes en la población cercana llamada Khuldeh. El especialista francés consideró que Jezar, —cambiando la letra inicial por la equivalente hebrea— podía ser el lugar bíblico de Gezer. Como las dos poblaciones cercanas de Khuldeh y Ramleh habían sido identificadas, pensó que Gezer tenía que estar en un promontorio cercano. En 1871 visitó los dos lugares antes mencionados preguntando por algún promontorio cercano, indicándosele que había uno próximo que era conocido por los árabes como *Tell el-Jazar.* Buscando apoyo para iniciar las excavaciones, una sociedad francesa de expertos en el mundo bíblico le sugirió que procurase encontrar alguna inscripción que identificase el lugar con el nombre antiguo. Tres años después, en 1874, recorriendo el entorno del promontorio fue llevado a un lugar distante 1 km, en donde descubrió una inscripción en griego y hebreo. En la hebrea podía leerse: *Límite de Gezer.* El descubrimiento puso al descubierto la evidencia que buscaba para iniciar la excavación del montículo.

Las excavaciones llevadas a cabo por R. A. S. Macalister de 1902 a 1905 y luego desde 1907 a 1909, así como las efectuadas bajo la dirección de A. Rowe en 1934, pusieron de manifiesto que los primeros pobladores de Gezer no eran semitas. Se descubrió que vivieron inicialmente en cuevas del lugar, algunas naturales y otras excavadas por ellos mismos, ya que las rocas de la zona eran calizas blandas que se tallaban fácilmente. En algunas cuevas se encontraron escaleras primorosamente talladas. En algunas de las paredes de las cuevas se encontraron pinturas que ponían de manifiesto la religiosidad de quienes las habitaron y las prácticas agrícolas y de caza de aquel pueblo.

Las excavaciones pusieron de manifiesto que sobre el año 2500 a.C. un pueblo de origen semita ocupó el lugar, permaneciendo en él hasta finales de la monarquía hebrea.

En extractos superiores se puso de manifiesto que el lugar estuvo poblado en distintas intensidades hasta cerca del año 100 a.C.

Entre lo que fue desenterrado apareció un antiguo lugar de culto dedicado a Baal y Astoret (Astarté) que arrojó mucha luz sobre la religión cananea. El lugar estaba formado por una hilera de columnas de piedra trabajadas toscamente, la más alta de 3,28 m y la más corta de 1,8. En algunos lugares, las piedras presentaban un pequeño campo pulido producido por el contacto de manos o tal vez por haber sido besadas por miles de personas. En las arcillas encontradas alrededor de las columnas aparecieron algunas placas de alfarería con figuras exageradas de órganos sexuales, que son indicios de las prácticas sensuales del culto cananeo.

Se descubrió también, en la parte sudeste de la ciudad, un túnel escalonado cavado en la roca de 4 m de ancho por 6 m de alto y con una longitud de 29 m en sentido descendente, que se dató entre el 2000 y el 1400 a.C. y que conducía a un manantial de agua de gran tamaño. La iluminación del túnel se hacía por medio de lámparas de aceite soportadas en nichos cavados en la roca. Las manchas del humo demuestran que el aceite que se consumía para el alumbrado era de olivos. Tal vez el manantial subterráneo llegó a agotarse, construyéndose un enorme depósito en el exterior con capacidad para unos 7,5 millones de litros de agua.

Como una pieza que reviste bastante importancia, apareció una piedra de altar con una inscripción a Heraclus. Esta procedía de un altar hebreo, por cuanto se mencionaba a Jehová en la inscripción. Pudo haber sido utilizada posteriormente para usarla en el altar de la divinidad pagana.

Bajo la dirección de Macalister se desenterró una edificación almenada con una magnífica puerta. Por su aspecto consideró que podía tratarse de una construcción de Simón Macabeo para su residencia (142 a.C.) (1 Mac. 13:47-48). Sin embargo, posteriores descubrimientos en las excavaciones de Meguido y Hazor, ponen de manifiesto la identidad con las construcciones de Salomón, considerándose que las construcciones atribuidas por Macalister a Simón Macabeo, son en realidad del reinado de Salomón y correspondientes a los trabajos de reconstrucción y fortificación de ciudades, acometidos en sus días. Un aspecto interesante que identifica las construcciones como de Salomón, son las medidas, forma y construcción de la puerta de Gezer, idénticas a las construcciones de Meguido y Hazor.

El cuarto nivel de excavación corresponde al período semítico datado en la última parte del s. X a.C. Entre los objetos desenterrados apareció una placa de piedra caliza, de 11cm de largo por 7 de ancho, que resultó ser la tarea escolar de un niño, escrita en caracteres hebreos y que se data de los tiempos del reinado de Salomón (920 a.C.). En esa tabla apareció un calendario con el orden de las principales tareas agrícolas, escritas de una forma fácil para memorizar y que decía:

Dos meses de cosecha (de oliva);
dos meses para plantar (el grano);
dos meses para plantar tardío:
el mes de azadonar el lino;
el mes de cosechar la cebada;
el mes de cosecha y festividad;
los dos meses de retirar el viñedo;
el mes del fruto del verano.

El calendario comienza con la cosecha de oliva en el otoño. Esta empezaría probablemente al comienzo del año nuevo judío, en la segunda o tercera semana de septiembre y se extendía hasta mediados de noviembre. El aceite era un producto importante en la economía hebrea.

Se utilizaba como grasa para cocinar (cf. 1Re. 17:14); como combustible para las lámparas; y tenía mucha aplicación en tratamientos medicinales (cf. Is. 1:6). También se usaba como cosmético en un clima caliente y poco húmedo propicio para resecar la piel. Desde mediados de noviembre hasta mediados de enero se dedicaba el tiempo a las labores de siembra del grano. En el tiempo de las lluvias tempranas se hacían las tareas de rastrillado del campo para plantar luego la cebada. Los dos meses siguientes de enero a marzo, se plantaban las cosechas de verano, especialmente gamínidas como mijo, garbanzos, lentejas y otras plantas como melones, pepinos, calabazas, etc. Los siguientes tres meses se dedicaban a azadonar el lino. La planta se cortaba con azadones a ras del suelo para no desperdiciar nada del tallo, que luego se secaba para hacer cordones y telas (cf. Jos. 2:6). Seguía, desde primeros de abril hasta mayo, el tiempo de la cosecha, que comenzaba con la cebada y terminaba con el trigo, celebrándola con una festividad que se conocía como Pentecostés. Los meses del verano, sin lluvias, se dedicaban a trabajar las viñas, siguiendo luego el tiempo de la fruta de verano, recogiendo los higos, granados y otras frutas.

Además de los objetos citados, apareció una tablilla asiria con el nombre de un gobernador egipcio del 649 a.C. En ella se describe la entrega de Gezer como dote de la esposa de Salomón. Esto no equivalía a una entrega de la ciudad a Salomón, sino más bien un modo de que las rentas públicas de la ciudad fuesen entregadas a la hija del faraón. Sin embargo, en la práctica era una entrega política y administrativa al esposo de aquella mujer.

También fue desenterrada una pieza de reloj que marcaba el tiempo por el ángulo de la luz del sol, en lugar de los sistemas más antiguos que se utilizaban entonces. Algunos la llamaron la tablilla del zodíaco babilónico.

CAPÍTULO 17
HEREDAD CISJORDANA DE MANASÉS

Introducción

El capítulo 17 es una unidad inseparable del anterior. En los dos se contempla la distribución de la heredad única que correspondía a la tribu de José. Los dos hijos del patriarca toman un lugar como tribus independientes entre las otras de Israel. Si bien la porción del territorio se determinó por una sola suerte, las dos porciones que corresponden a la tribu de Efraín y Manasés se consideran independientemente y se establecen los límites correspondientes a cada una de las tribus. El reparto del territorio que corresponde a Manasés traía ciertas dificultades, ya que uno de los descendientes no había tenido hijos varones, por lo que sus hijas participan en la distribución al mismo nivel del resto de los hombres. Sin duda, esto representaba en aquellos tiempos un notable avance social. En el testimonio histórico de la distribución se aprecia también el carácter de estas dos tribus que, no satisfechas con el territorio asignado, pretendían una mayor extensión de la que les había correspondido. Posiblemente, el carácter de estas dos tribus era bastante arrogante. Los recuerdos de la bendición especial otorgada por Jacob y reiterada por Moisés, los habían llevado a considerarse como preeminentes entre las demás tribus. Esta exigencia y actitud orgullosa condujeron a una rivalidad que trajo fatales consecuencias en años posteriores.

La división del capítulo para su estudio es sencilla. En primer lugar, aparece la distribución general de la heredad (vv. 1-2); luego la parte demandada por las descendientes de Zelofehad (vv. 3-6); a continuación, aparece la delimitación del territorio manasita (vv. 7-11) y la incapacidad de expulsar a los habitantes cananeos (vv. 12-13); finalmente, con el detalle de la reclamación territorial de las dos tribus (vv. 14-18), se cierra el pasaje.

Para el comentario se sigue el *Bosquejo* que aparece en la *introducción*, como sigue:

3.4. Heredad de la media tribu de Manasés (17:1-18).
- 3.4.1. Distribución general de la heredad (17:1-2).
- 3.4.1. La parte de Zelofehad (17:3-6).
- 3.4.2. Delimitación del territorio (17:7-11).
- 3.4.3. Incapacidad de los habitantes cananeos (17:12-13).
- 3.4.4. Reclamación territorial de la tribu de José (17:14-18).

Heredad de la media tribu de Manasés (17:1-18)

Distribución general de la heredad (17:1-2)

1. Se echaron también suertes para la tribu de Manasés; porque fue primogénito de José. Maquir, primogénito de Manasés y padre de Galaad, el cual fue hombre de guerra, tuvo Galaad y Basán.

La división del territorio correspondía en una sola suerte a la tribu de José, uno de los doce descendientes de Jacob, a la que ya se le había asignado la heredad (16:1-3). Sin embargo, la heredad se subdivide a su vez entre sus dos hijos, Efraín —considerado en el capítulo anterior— y Manasés. La unidad de la tribu de José se enfatiza a pesar de la subdivisión de la misma: *"Recibieron, pues, su heredad los hijos de José, Manasés y Efraín"*. La identificación de Manasés es muy precisa: *"fue primogénito de José"*. Este Manasés era hijo de Asenat, hija del sacerdote de On, dada por el Faraón como esposa a José (Gn. 41:50-51). El territorio de Manasés ocupaba dos parcelas, una al oriente del Jordán y otra en la Cisjordania, al lado del resto de las tribus. El primogénito de Manasés fue Maquir, nacido en Egipto (Gn. 50:23). A su vez el nieto de Manasés, hijo primogénito de Maquir, fue Galaad (Nm. 26:29). La característica destacada en el texto bíblico para este descendiente de Manasés era su condición guerrera. Debió haber tomado parte muy activa en la derrota de los reyes amorreos de la Transjordania (Dt. 2 y 3) y recibió en posesión los territorios de Galaad y Basán[1], que se extendían desde el Jordán hasta el desierto árabe, y desde Basán al norte hasta Moab, al sur. El territorio transjordano era famoso por sus bosques (Jer. 22:6, 7), de donde procedían maderas finas, plantas medicinales y perfumes (Gn. 37:25; Jer. 8:22; 46:11). La región era famosa por la abundancia de pastos (Nm. 32:1; Cnt. 4:1; 6:5; Miq. 7:14). El territorio correspondiente a la media tribu de Manasés debió gozar de un largo periodo de paz, lo que tal vez influyó en el rechazo a participar en la guerra contra Sísara en tiempos de Débora, juez en Israel (Jue. 5:16, 17). Como el resto de los territorios ocupados por las tribus, los madianitas y amalecitas los amenazaron, siendo defendidos por Gedeón (Jue. 6). Otros jueces, como Jair y Jefté, actuaron en defensa de los territorios al este del Jordán (Jue. 10:3-12:7). En la monarquía, Saúl los defendió de otras invasiones (1Sa. 11:1-11). Tal vez, como muestra de gratitud, fueron hombres de Galaad quienes recogieron el cadáver del rey (1Sa. 31:8-13).

---

[1] Para un mayor detalle sobre los territorios transjordanos, ver el capítulo 14.

2. Se echaron también suertes para los otros hijos de Manasés conforme a sus familias: los hijos de Abiezer, los hijos de Helec, los hijos de Asriel, los hijos de Siquem, los hijos de Hefer y los hijos de Semida; estos fueron los hijos varones de Manasés hijo de José, por sus familias.

La suerte de la tribu de Manasés en Cisjordania completa el territorio que recibió en herencia al otro lado del Jordán y del que se hace referencia en el versículo anterior. La mitad de la descendencia de Manasés había recibido sus posesiones al oriente del Jordán. Sin embargo, aquí comienza la complejidad para establecer la descendencia que recibió parte en Cisjordania. Se dice antes que la mitad de la descendencia de Manasés recibió su parte en los territorios orientales, en los hijos de Maquir (13:31). En el texto anterior se afirma que Maquir fue el hijo primogénito de Manasés y padre de Galaad. Este Galaad, o sus descendientes, recibieron las tierras al oriente según se describe tanto en el Pentateuco, como en este mismo libro (Dt. 3:15; Jos. 13:31). Además, parece como si Manasés tuviese otro hijo llamado Jair (Nm. 32:41). Sin embargo, a la luz de las genealogías generales de Crónicas, Jair fue hijo de Segub, nacido de una hermana de Maquir, el padre de Galaad (1Cr. 2:22), del que se dice que tuvo veintitrés ciudades en la tierra de Galaad. ¿Se trata este del Jair de Números 32:41? ¿Son estas las ciudades de Jaír mencionadas también en este libro? (Jos. 13:30). Si se trata del mismo personaje, no sería hijo de Maquir, sino uno de sus descendientes, que estaría en la quinta o sexta generación, como puede deducirse fácilmente: Manasés nació a José en Egipto; su hijo Maquir, nieto de José, nació también en Egipto (Gn. 50:23); después de esto pasan los años de la esclavitud, en números redondos cuatro siglos, lo que supone unas cinco generaciones como mínimo; Galaad —según Números— hijo de Maquir, que ocupó tierras al oriente del Jordán, no podía ser nieto de Manasés, sino uno de sus descendientes por la linea de Maquir. Nuevamente, se está ante la idea bíblica de cronologías que no le interesa tanto la sucesión cronológica de generaciones, sino la línea general que vincula a un descendiente con un determinado antepasado suyo. Ante esta situación genealógica resulta muy difícil establecer la de Manasés, que por alguna razón no está resuelta en la Escritura. Sin embargo, puede establecerse una hipótesis razonable que resuelva, en alguna medida, la dificultad: tal vez Manasés tuvo un solo hijo llamado Maquir. Este tuvo en sus descendientes uno llamado Jair, que ocupó parte de los territorios de Transjordania (Dt. 3:14). En la descendencia de Maquir hay otro llamado Galaad, cuya descendencia está vinculada con la distribución de tierras en Transjordania y en Cisjordania (1Cr. 7:14-19). Dentro de la linea de descendencia de Galaad aparece Jefer (Nm. 26:32), que tuvo que haber muerto en el desierto, lo mismo que su hijo Zelofehad, de cuyo fallecimiento sin descendencia de hijos varones se da cuenta en la Escritura (Nu. 27:3) ocupando la línea sucesora para el reparto de la tierra sus hijas. Sobre la base de esto se puede determinar un cuadro genealógico de Manasés, en relación con el reparto de las tierras de Palestina.

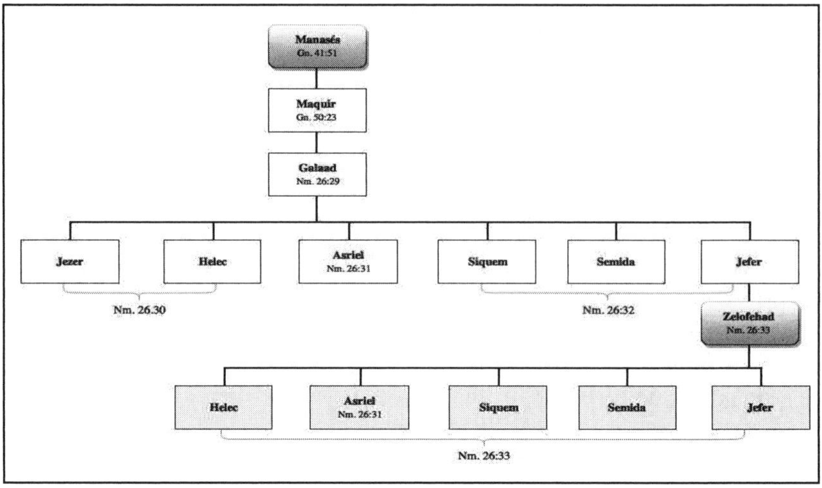

Genealogía de Manasés en la distribución de su heredad.

La distribución del territorio correspondiente a la media tribu de Manasés se hace en favor de los descendientes de Maquir, el primogénito de Manasés, a través de Galaad. Las partes correspondieron a las familias de Abiezer (ä*Abîaezer*), a quien en Números se le llama Jezer (Nm. 26:30), Helec (*Hëleq*), Asriel (ä*Asrîa*ël), Siquem (*Sekem*), Hefer (*Hëper*) y Semida (*Semîda*), todos ellos considerados en el Pentateuco como hijos de Galaad (Nm. 26:30-33). La lista corresponde a los varones de Manasés, hijo de José, establecidos por los jefes de familias en la media tribu que recibe la porción de territorio en Cisjordania.

La fidelidad de Dios es asombrosa. No hubo descendiente de Jacob que no tuviera su parte en la tierra que Él mismo había prometido a Abraham. Dios los había llevado a través del desierto, conducido en la conquista y distribuido la tierra entre ellos. El aspecto de la fidelidad se destaca continuamente en el libro. Dios es fiel, porque hace honor a la palabra dada. Sus promesas son en Él sí, y en Él amén. No hay lugar para la duda en la vida del creyente, por difícil que se presente a los ojos de los hombres el cumplimiento de una promesa del Señor. Las generaciones siguientes a quienes recibieron la promesa y su confirmación, habían muerto, pero eran sus descendientes quienes entraban en el disfrute de aquellas realidades. Cabe aquí el recuerdo de las palabras de Moisés relativas a la fidelidad de Dios: *"Conoce, pues, que Jehová tu Dios es Dios, Dios fiel, que guarda el pacto y la misericordia a los que le aman y guardan sus mandamientos, hasta mil generaciones"* (Dt. 9:5). Las realidades cristianas superan en todo a las promesas terrenales de la historia hebrea. Como aquellos, se puede afirmar con gratitud: *"Señor, hasta los cielos llega tu misericordia, y tu fidelidad alcanza hasta las nubes"* (Sal. 36:5).

La parte de Zelofehad (17:3-6)

3. Pero Zelofehad hijo de Hefer, hijo de Galaad, hijo de Maquir, hijo de Manasés, no tuvo hijos sino hijas, los nombres de las cuales son estos: Maala, Noa, Hogla, Milca y Tirsa.

De nuevo, las genealogías se establecen en modo general vinculando a un descendiente con su ascendiente más lejano. Maquir, hijo de Manasés, nació en Egipto cuando el pueblo de Israel no había entrado en el periodo de esclavitud. Maquir fue conocido por José durante bastante tiempo, por cuanto conoció a los hijos de Efraín, hermano de Manasés hasta la tercera generación y a los hijos de Maquir (Gn. 50:23). En una observación de genealogías completas, como puede ser la de Josué[2], o incluso la de Efraín, se observa que hay mucho más de cuatro lineas de descendientes desde el patriarca que da nombre a la tribu hasta el personaje final. Sin embargo, en la genealogía de Manasés ocurre todo lo contrario. Es evidente que se trata de una forma habitual de establecer las genealogías en el entorno hebreo. La Biblia está interesada en vincular las personas desde una generación hasta el origen de la misma, sin buscar la sucesión absoluta de padres a hijos, como ocurre en varios casos. La Escritura establece la vinculación de Zelofehad con Manasés, a través de Hefer, Galaad y Maquir. Este descendiente de Manasés no tuvo hijos varones. Su descendencia eran cinco hijas cuyos nombres aparecen en el texto. Se dice que Zelofehad *"murió en el desierto"* (Nm. 27:3). La expresión debe relacionarse con la acción judicial de Dios sobre los hombres de guerra de Israel mayores de 20 años que no habían obedecido para ocupar Canaán desde Cades-barnea (Nm. 14:28, 29-30). Su muerte se produjo de forma natural en el tránsito de los cuarenta años por el desierto. Se hace énfasis en que este fue su

[2] Ver genealogía de Josué en la *Introducción.*

"pecado personal", y que no estuvo involucrado en la rebelión de Coré (Nm. 27:3). Dios había prometido que los descendientes de los hombres que morían en el desierto entrarían en la tierra prometida y tendría porción en ella (Nm. 26:31). Sin embargo, Zelofehad no tenía descendientes masculinos, asunto de gravedad en el contexto social de la época en donde las mujeres no eran consideradas para acceder a la herencia de sus padres y mucho menos para recibir en propiedad parte de una tierra al mismo nivel que los varones. A la muerte de su padre, las hijas de Zelofehad presentaron un recurso de su situación ante Moisés. Si como mujeres no entraban en el reparto de la tierra, el nombre de su padre se extinguiría de entre el de sus hermanos en la posesión de la herencia prometida (Nm. 27:1-5). Hasta entonces no había legislación sobre un caso semejante. La Ley que había sido dada por Dios a Moisés no lo contemplaba antes. Solo se establecía el modo de heredar a los descendientes varones. La petición de las hijas de Zelofehad era algo único y distinto de cuanto se había legislado antes. Con tal motivo, Moisés presentó el caso al Señor. Era una práctica habitual del líder de Israel en el desierto (cf. Nm. 9:8). Dios mismo dio legislación a Moisés estableciendo un principio de justicia impensable entonces: en caso de muerte de un padre sin descendientes varones, las hijas heredarían en igualdad con los hombres (Nm. 27:6-11). Con todo, las mujeres tendrían derecho a la heredad mientras se casaran con hombres pertenecientes a la misma tribu, a fin de que las porciones dadas a cada una de las tribus se mantuviesen inalterables en el tiempo (Nm. 36:5-12). No cabe duda que, a diferencia de su padre que no creyó a Dios sobre la entrega de Canaán, sus hijas eran mujeres de fe. No hubieran reclamado heredad para ellas si no estuvieran seguras de que Dios les entregaría la tierra que había prometido.

4. Estas vinieron delante del sacerdote Eleazar y de Josué hijo de Nun, y de los príncipes, y dijeron: Jehová mandó a Moisés que nos diese heredad entre nuestros hermanos. Y él les dio heredad entre los hermanos del padre de ellas, conforme al dicho de Jehová.

La fe dinámica actúa en la vida de los creyentes. Las hijas de Zelofehad conocían lo que Dios había establecido para ellas y en general para todas las mujeres en su misma situación. Ellas estaban en igualdad de condiciones con cualquier otro descendiente varón en Israel para tomar posesión de la porción de tierra que correspondía a su padre en el reparto. Sin duda, la distribución del territorio, el establecimiento de los límites, la resolución de discrepancias territoriales, que sin duda se producían, ocupaban las jornadas de Josué y Eleazar, el sumo sacerdote. Ante ellos vinieron las hijas de Zelofehad, no con peticiones sin regulación legal, sino con el derecho que legalmente les asistía. Es probable que los parientes próximos de aquel hombre no estuvieran muy interesados en que se le repartiese la tierra a sus hijas, lo que sin duda no les beneficiaba territorialmente a ellos. Es también probable que Josué no se hubiera percatado de la situación. Sea cual fuese la razón, las cinco hijas de Zelofehad reclamaron lo que les correspondía por ley. Dios mismo lo había establecido. Moisés lo había transmitido. Ellas confiaban en la fidelidad de Josué para hacerlo cumplir. La petición se hace delante de todos los que estaban estableciendo las suertes para cada heredad, Josué, Eleazar y los príncipes de Israel designados para ello (14:1). Josué como líder del pueblo, considera a estas cinco mujeres como herederas legítimas de la porción de su padre, contándolas entre aquellos a quienes se repartía la heredad de Manasés.

Dos interesantes lecciones surgen de los textos anteriores. La primera tiene que ver con el trato que Dios otorgó siempre a la mujer. Tanto en el Antiguo como en el Nuevo Testamento, las mujeres han sido elementos valiosos en la obra que Dios realiza en el mundo por medio de su pueblo. No hay distinción alguna entre hombres y mujeres delante de Dios, salvo lo que tiene que ver con el ejercicio de autoridad que, en razón del orden establecido por Dios, queda reservado al hombre (1Co. 11:3). Esa es la única razón por la que se limita el ejercicio de determinados servicios en la iglesia local y la causa de prohibición del ejercicio de autoridad en la iglesia del Señor (1Ti. 2:12). Sería necesario estudiar y determinar qué quiere decir Pablo con el verbo *enseñar* y qué con la expresión *ejercer autoridad*. No es este tema ni ocasión en el comentario del libro. Sin embargo, nada hay que pueda, bíblicamente hablando, limitar el ministerio femenino salvo lo que tiene que ver con ejercer un liderazgo de conducción establecido sobre normas dogmáticas de la Palabra. La mujer, delante de Dios, está en igualdad con el hombre en los demás aspectos. Una segunda lección surge en el texto. Las tradiciones entorpecen y dificultan la justicia. Lo que aquellas mujeres pretendían no era *costumbre* y *nunca antes se había hecho*. Estas son las expresiones que justifican el legalismo de la tradición. Es fácil prohibir o negar algo que es razonable simplemente porque *nunca lo hicimos así*. Las tradiciones pesan muchas veces tanto como la doctrina y convierten la gracia en pesado legalismo. Esa razón constriñe la causa esencial de la misma Ley, cuyo objeto es la misericordia y la justicia. Jesús mismo se enfrentó con quienes, en un vano esfuerzo por mantener las tradiciones dándoles categoría de Palabra de Dios, estaban esclavizando a quienes Dios había hecho libres. Tales actuaciones persistieron luego en la época apostólica por algunos que visitaban las iglesias fundadas por los apóstoles para exigir a los creyentes el cumplimiento de preceptos legales, enseñándoles que si no los guardaban no podía salvarse (Hch. 15:1). El concilio de Jerusalén resolvió esta situación instruyendo a las iglesias para que no consintieran en poner ninguna carga sobre los creyentes, salvo las necesarias actuaciones en algunas materias de comportamiento para no ser escándalo (Hch. 15:28-29). Con todo, el mal del legalismo no se extinguió, a pesar de la carta circular enviada a las iglesias, de modo que Pablo tiene que reiterar sobre el problema de las tradiciones y de las costumbres en escritos como la Epístola a los Colosenses, donde hace una reflexión muy profunda sobre quienes se dejaban sujetar a leyes y costumbres sobre diversos aspectos de la vida cristiana (Col. 2:8-23). De forma muy especial, como consecuencia del contexto de la enseñanza del libro de Josué en este pasaje, están las limitaciones que se quieren establecer sobre las mujeres en el ministerio sacerdotal cristiano. Quienes pretenden algunas limitaciones se aferran a textos aislados que aparentemente prohíben cualquier acción ministerial a la mujer en la congregación. Son generalmente autodidactas de la exégesis bíblica a quienes les falta la capacidad de coordinación general de la enseñanza general de la Palabra. En otras ocasiones, estos *maestros* están interesados en mantener un sistema que privilegia solo a algunos de entre todos los miembros de la iglesia. Será bueno que a la luz del texto se observe que no todas las *buenas costumbres* que nos fueron enseñadas concuerdan con la doctrina general establecida por Dios. Es una reflexión necesaria que el Espíritu pone para la iglesia tomada de acontecimientos históricos del pueblo de Dios en el pasado a los que se debe prestar atención (1Co. 10:6).

5. Y le tocaron a Manasés diez partes además de la tierra de Galaad y de Basán que está al otro lado del Jordán,

6. porque las hijas de Manasés tuvieron heredad entre sus hijos: y la tierra de Galaad fue de los otros hijos de Manasés.

Las familias de la casa de Manasés que recibieron porciones dentro de la heredad de la tribu eran diez, representadas por el nombre de cabeza de familia: Abiezer, Helec, Asriel, Siquem, Hefer, Semida. La parte de Hefer distribuía esa parte en otras cinco más, conforme al número de hijas que lo sucedían en la distribución de la heredad como descendientes de Zelofehad, hijo de Hefer. El resto de los descendientes de Manasés que tenían sus posesiones en Transjordania no tuvieron parte en el territorio cisjordano. A estos se les identifica como *"los otros hijos de Manasés"*, la misma frase que se utilizó antes para referirse a quienes entraban en la suerte del reparto de Canaán (v. 2). La tierra de Galaad al este del Jordán fue posesión de la otra media tribu que ya la había recibido antes en días de Moisés (Nm. 32:1 ss.).

Delimitación del territorio (17:7-11)

7. Y fue el territorio de Manasés desde Aser hasta Micmetat que está enfrente de Siquem; y va al sur, hasta los que habitan en Tapúa.

Los límites se establecen también de forma mucho más genérica que los de Judá. Comienza el detalle en lo que era la frontera norte de Efraín. La frontera sur de Manasés presenta como referencia a Micmetat frente a Siquem, de la que ya se ha considerado en la descripción del territorio de Efraín. Siguiendo la misma línea establecida antes, gira la frontera hacia el sur, hasta Tapúa.

8. La tierra de Tapúa fue de Manasés; pero Tapúa misma, que está junto al límite de Manasés, es de los hijos de Efraín.

Un marco fronterizo estaba en la ciudad de Tapúa. El territorio del entorno de la ciudad pertenecía a la tribu de Manasés. La descripción de la ciudad se hizo para el territorio de Efraín (16:8). Si el territorio del entorno de la ciudad de Tapúa pertenecía a Manasés, la ciudad en sí era de los hijos de Efraín. El texto hebreo ofrece aquí algunas dificultades, posiblemente a causa de corrupción de copias, como por ejemplo *"la tierra de Tapúa pertenecía a Manasés";* la palabra resulta muy ambigua (*mĕ*ᵃäsër), que podría ser una dictografía del anterior *Mᵉnasseh* o la alteración de otra palabra que no se conoce. Igualmente ocurre con *Aser*, que pudiera estar refiriéndose a la tribu de Aser, que situada mucho más al norte era limítrofe con Manasés, o a algún otro lugar llamado de ese modo que no puede precisarse hoy. La localización sirve a los críticos para hacer afirmaciones sobre la inexactitud de las referencias y del mismo texto bíblico.

9. Desciende el límite al arroyo de Caná, hacia el sur del arroyo. Estas ciudades de Efraín están entre las ciudades de Manasés; y el límite de Manasés es desde el norte del mismo arroyo, y sus salidas son al mar.

Desde Tapúa, el límite busca el curso del Arroyo de Caná, considerado también en la descripción de los límites de Benjamín. La frontera tenía un entronque hacia el *"sur del arroyo"*, discurriendo luego por la orilla norte hasta su desembocadura en el Mediterráneo. Una nueva dificultad en el texto corresponde a la expresión: *"Estas ciudades de Efraín están entre las ciudades de Manasés"*. ¿A qué ciudades se refiere? Es posible que se trate de una alteración del texto, o incluso que no haya llegado el complemento necesario que detallase las ciudades a que se refiere. Acaso pueda ser el influjo de 16:9.

10. Efraín al sur, y Manasés al norte, y el mar es su límite; y se encuentra con Aser al norte, y con Isacar al oriente.

Las fronteras se establecen en un plano general al sur vinculadas a las descritas para el norte de Efraín. Al este por el Jordán y al norte por la tribu de Aser. En la misma posición, pero más al oriente, hacía frontera con la tribu de Isacar. Las fronteras eran comunes a las tribus de Manasés, Aser e Isacar. Con este sencillo resumen se establecen las fronteras generales del territorio de Manasés. Habrá que esperar al detalle de las fronteras de las tribus norteñas para poder delimitar correctamente el territorio de Manasés.

11. Tuvo también Manasés en Isacar y en Aser a Bet-seán y sus aldeas, a Ibleam y sus aldeas, a los moradores de Dor y sus aldeas, a los moradores de Endor y sus aldeas, a los moradores de Taanac y sus aldeas, y a los moradores de Meguido y sus aldeas; tres provincias.

Otra vez se aprecia el paralelismo entre las tribus de Efraín y Manasés. Como ocurría con Efraín, que tenía ciudades en el territorio de Manasés (16:9-10), así también ocurre con Manasés, que tenía ciudades en los territorios de Isacar y Aser. No es posible determinar con certeza las razones de estas posesiones en territorios de otras tribus. Podría deberse al tiempo mismo de la conquista en la que algunas de las ciudades conquistadas sirvieran de asentamiento a familias de una tribu que las conservó por estas razones en la división de la tierra. Sin embargo, es una mera hipótesis sin base bíblica segura. Entre las ciudades de Manasés fuera de sus límites se menciona a Bet-seán (Bêt-Seään), situada en el extremo oriental del valle de Jezreel en el margen izquierdo del río Jalud, casi en la desembocadura con el Jordán. Era un lugar estratégico capaz de cerrar el paso entre los valles de Jezreel y del Jordán[3]. Esta fue la ciudad griega

---

[3] Sobre la ciudad de Bet-seán, ver *Excursus XIX,* al final del capítulo.

de Scythopolis (2Mac. 12:29-30). Se identifica plenamente como Tell el-Husn Betsán, en las cercanías de la actual Betsán. Otra de las ciudades manasitas fuera de su territorio fue Ibleam (Yibleaam), identificada como Tell Belaameh, así como las aldeas de su entorno. También la ciudad de Dor (Döär), situada al borde del mar Mediterráneo, entre Cesarea y el Carmelo. Otra ciudad fuera del territorio de Manasés era Endor (aÊn-Dör, más tarde Endûr), situada en la falda norte del G. Nebî-Dahî, al sur del Tabor, identificada con la actual Kh. Es-Safsefa. Famosa en la historia de Israel por ser el lugar donde vivía la adivina consultada por Saúl, que dio origen al famoso episodio de la aparición de Samuel después de muerto (1Sa. 28:7 ss.). Figura también Taanac (Taanak), la actual T.Tiinik, al sudeste de Meguido, al borde del valle del Armagedón, citada ya antes en la relación de reyes derrotados durante la conquista de la tierra (12:21). Fue excavada entre 1901 y 1904 por el profesor Ernst Sellin, quien encontró cuatro niveles en el montículo. El más antiguo procede de los años 2500 a 1700 a.C. y manifiesta la importancia de la ciudad en la época patriarcal, cuando Abraham vino a Canaán. La ciudad fue ocupada por los israelitas en tiempos de los jueces (Jue. 1:27). Fue una ciudad de abastecimiento en los reinados de David y Salomón (1Re. 4:12). Es muy posible que Salomón haya situado algunos carros de guerra en la ciudad, atestiguado por las excavaciones en las que aparecieron varios lugares para amarre de caballos. Aparecieron también establos semejantes a los que fueron descubiertos en Meguido, Gezer y Hazor. El nombre de Taanac aparece en las paredes del templo de Amón en Tebás como una de las ciudades atacadas por Sisac (Sesonk I) durante la invasión de Palestina (922 a.C). Finalmente, se cita a Meguido[4] (Megiddô), citada también en la relación de reyes de la conquista (12:21). Identificada como Tell el-Mutasallim. Era una ciudad importante por la situación estratégica en que se encontraba. El texto se cierra con una frase difícil: "tres provincias", que podría ser también un tercio de Náfat, en cuyo caso tal vez se tratase de un tercio de la provincia de Dor, lo que encajaría con 12:23 y que representaría otro problema de localización. Es difícil precisar con exactitud todos los puntos del pasaje por deficiencias en la transmisión del texto hebreo.

Una enseñanza general se desprende del relato histórico. Había intereses de las tribus en el territorio de otras. En el caso de las más importantes, como eran las de Judá y José, dividida a su vez en Efraín y Manasés, tenían ciudades asignadas en el territorio de otras tribus hermanas. La absoluta territorialidad podría hacer que las mayores se desentendieran de las menores y que pasado el tiempo no hubiese relación

---

[4] Sobre Meguido, ver *Excursus XVIII*, al final del capítulo.

entre ellas. No podían olvidar su condición de pueblo, esto es, un conjunto que viviendo cada uno en su heredad eran todos el pueblo de Dios. Esta revelación histórica tiene una interesante aplicación para la iglesia como pueblo de Dios en la presente dispensación. Cada congregación local, formada por los creyentes salvos por gracia mediante la fe, que se reúnen en un determinado punto, son parte de la única iglesia de Cristo y miembros del único pueblo de Dios. Cada congregación local no es una isla que vive aislada del resto de las otras congregaciones, sino un conjunto dentro de todo el cuerpo que es la iglesia del Señor. Las iglesias no son *independientes*, son *individuales.* No existe, a la luz de la Escritura, la independencia de la iglesia local. Tampoco lo que a veces se llama *autonomía* de la congregación local. *Autónomo* significa ley propia o ley a sí mismo, y ciertamente la ley que regula la iglesia y cada una de sus congregaciones locales es la misma para todas: la Palabra de Dios. Sin embargo, cada iglesia es *individual.* Tiene los elementos propios para ejercer su función de crecimiento interno y expansión al exterior sin necesidad de depender jerárquicamente de nadie más que del Señor, del Espíritu y de la Palabra. Esta individualidad es propia entre otras cosas en razón de su idiosincrasia, propia del lugar donde se encuentra y del pueblo que la forma. La individualidad hace diferente a una congregación de otra, pero no las hace *independientes* por cuanto son todas parte de un único cuerpo cuya cabeza es el Señor (Ef. 1:22). La iglesia de Hechos refleja ese concepto de interrelación eclesial, ocupandose cada una de los intereses de las otras. De ese modo, las iglesias atendían a las necesidades de otras mediante ofrendas, como en el caso de la necesidad de Jerusalén y las iglesias de Asia (1Co. 16:1-4; 2Co. 8:1-9:5).

Igualmente, las iglesias se interesaban por la obra misionera en lugares fuera de su ámbito presencial, como era el caso de los filipenses que colaboraban con Pablo y su equipo continuamente (Fil. 4:15). La ayuda a nuevas obras era de interés de las iglesias consolidadas, como ocurrió con la iglesia naciente en Antioquía y la iglesia establecida en Jerusalén, que proveyó de la ayuda necesaria para el desarrollo y asentamiento de la nueva congregación, enviándole a uno de sus hombres más capaces (Hch. 11:19-22). La visión total de la iglesia hace que desaparezcan los *territorios* que se consideran exclusivos de una congregación determinada, para que nazca el interés general por lo que es parte total del pueblo de Dios en la tierra. Quien habla de la *independencia* de iglesia local no ha entendido convenientemente la verdad general de la doctrina bíblica sobre la Iglesia.

Incapacidad sobre los habitantes cananeos (17:12-13)

12. Mas los hijos de Manasés no pudieron arrojar a los de aquellas ciudades; y el cananeo persistió en habitar en aquella tierra.

Los hijos de Manasés habían recibido posesiones en la tierra y ciudades en otros territorios. Pero, aunque eran dueños de la tierra, no podían controlarla plenamente por la persistencia en algunos lugares de los antiguos pobladores cananeos. Es evidente que durante la conquista habían sido reducidos a grupos aislados sin importancia militar, pero pasado el tiempo se rehicieron, agruparon y ocuparon nuevamente algunas ciudades fortificadas. Habían llegado a conocer bien a Israel y sus fuerzas y logrando atrincherarse en ciudades estratégicas y bien defendidas, reconstruyeron las defensas y se hicieron inexpugnables para Israel. Anteriormente, fue el Señor quien desalojó a los pobladores y derrotó a sus ejércitos, ahora es Israel el que manifiesta la incapacidad de hacerlo, porque no dependía como antes del poder de Dios. Las fuerzas del pueblo son siempre limitadas, las de Dios absolutas. El pueblo es débil, Dios es omnipotente. Los cananeos resistieron tenazmente los sucesivos intentos de conquista por parte de la tribu de Manasés. Persistieron así a través del tiempo de los jueces y solo en la monarquía, cuando Israel fue un pueblo unido, logró reducirlos y someterlos a la condición de trabajadores forzados (1Re. 2:9:20-21, 23, 25).

13. Pero cuando los hijos de Israel fueron lo suficientemente fuertes, hicieron tributario al cananeo, mas no lo arrojaron.

Los hijos de Israel no arrojaron a los cananeos. Primero, porque no pudieron hacerlo, luego porque no quisieron. Al principio, conocían la dimensión de sus fuerzas y dependían enteramente de Dios. Cuando quisieron actuar por ellos mismos fueron derrotados, como ocurrió con Hai (7:3-5). En la medida en que dependieron de Dios, vencieron a sus enemigos. Cuando el hombre crece, en la misma proporción decrece el valor de Dios para él. Pasó el tiempo de la debilidad y el pueblo se hizo fuerte. Ese era el momento de demostrar la lealtad a las demandas de Dios que había ordenado el exterminio de todos los pueblos cananeos a causa de su perversidad. Las fuerzas del hombre crecen y disminuye del mismo modo el compromiso con el Señor. Los cananeos fueron hechos tributarios. En cierta medida, servían a los hebreos y no podían causarles problemas debido a la condición social a la que habían llegado. Sin embargo, Dios no bendice la desobediencia y la retribución a esa siembra sería una siega de tristeza y miseria a lo largo del tiempo.

El secreto para ser bendecido es todo lo contrario a la actuación del pueblo de Israel. La iglesia es fuerte en la medida en que sus fuerzas propias dan paso a las de Dios en ella. Dios abre una puerta de victoria en la medida en que la iglesia actúe conociendo que tiene *"poca fuerza"*, por tanto, necesita los recursos del poder de Dios; cuando obedece plenamente a Dios guardando *su palabra*; y que no niega el nombre de Dios, mediante una vida de testimonio consecuente con su fe (Ap. 3:8). Cualquier otro comportamiento, toda otra relación contraria a la voluntad de Dios, trae graves consecuencias de fracaso. Esta lección, reiterada continuamente, es una de las llamadas de atención más solemne que se descubren en el relato histórico del Libro de Josué.

Reclamación territorial de la tribu de José (17:14-18)

14. Y los hijos de José hablaron a Josué, diciendo: ¿Por qué nos has dado por heredad una sola suerte y una sola parte, siendo nosotros un pueblo tan grande, y que Jehová nos ha bendecido hasta ahora?

Las tribus de Manasés y Efraín, aunque eran dos fueron tratadas como una, por cuanto estaban recibiendo la heredad de su padre José, uno de los doce hijos de Jacob. No habían recibido menos que las otras tribus, es más, fueron tratadas conforme a su condición y a las promesas establecidas para ella. La primera en recibir posesión de la tierra fue la gran tribu de Judá, cuya heredad se situó al sur del territorio. Luego se distribuyó otra gran porción de la tierra que ocupaba toda la parte centro-norte a la tribu de José, distribuida entre las de sus dos hijos. No había razón alguna para reclamar un territorio mayor que el recibido. Aquellos consideraban poco el territorio en razón de ser una tribu especialmente bendecida. Jacob había formulado una bendición amplia y especial sobre los descendientes de José (Gn. 48:15, 16). Ciertamente, el pueblo que formaba el censo de las dos tribus en los llanos de Moab era importante. En conjunto, las dos tribus juntas consideradas en la distribución como una sola, la de José, suponía un número mayor que la de Judá, por tanto, el territorio a repartir era mayor que la de las otras tribus que le seguían.

La reclamación que formulaban a Josué no hubiera cambiado mucho el reparto de la tierra, aunque se les hubiera considerado como dos tribus diferentes, ya que las cifras de gente de guerra era proporcionalmente el mismo. Con todo, ellos apelan a las bendiciones que Jehová les había otorgado tanto por boca de Jacob como de Moisés (Gn. 48:15-20; 49:22.26; Dt. 33:13-17) para presentar su reclamación territorial. Sin embargo, en las palabras de los representantes de las dos tribus se aprecia un cierto matiz de arrogancia, considerándose superiores al resto de sus hermanos. La argumentación que justifica su reclamación presenta primero el numeroso pueblo que habían llegado a ser a causa de las bendiciones que Dios había dispuesto para ellos; en segundo lugar, que una parte de su heredad estaba en manos de cananeos.

Las cifras de hombres de guerra por tribus al comienzo de la conquista eran así:

Tribu	Hombres
Rubén	43.730
Simeón	22.200
Judá	76.500
Isacar	64.300
Zabulón	60.500
Manasés y Efraín	85.200
Benjamín	45.600
Dan	64.400
Aser	53.400
Neftalí	45.400
Total	**601.730**

Cifras de hombres de guerra.

15. Y Josué les respondió: Si sois pueblo tan grande, subid al bosque, y haceos desmontes allí en la tierra de los ferezeos y de los refaítas, ya que el monte de Efraín es estrecho para vosotros.

La respuesta de Josué es contundente. Ya que eran un pueblo tan importante, no habría problema alguno para ellos en entrar en la zona boscosa ocupada por los ferezeos (11:3), limpiar el monte y establecerse en el territorio ocupado por aquellos. Además, tenían también la zona ocupada por los refaítas (12:4; 13:12). Las dos grandes áreas en las montañas proveerían de suficiente espacio para los que se asentaban en Canaán, ya que el *"monte de Efraín"* (*har* [a]*Efraím*), situado entre Betel y Siquem, no era suficiente para ellos. Josué les está presentando la alternativa natural a la reclamación que presentaban. No era cuestión de más tierras fáciles de ocupar, sino de limpiar y posesionarse de las que les había tocado en suerte.

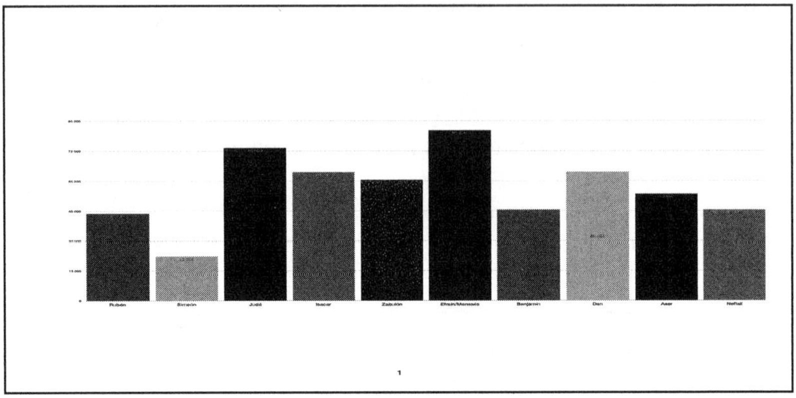

Cuadro comparativo de los ejércitos por tribus.

16. Y los hijos de José dijeron: No nos bastará a nosotros este monte; y todos los cananeos que habitan la tierra de la llanura, tienen carros herrados; los que están en Bet-seán y en sus aldeas, y los que están en el valle de Jezreel.

La respuesta de Josué produjo la reacción de los peticionarios de la tribu de José. En ella se aprecia claramente el temor a una acción para desalojar a los ferezeos y refaítas de su territorio. El temor hacia los ocupantes cananeos se disimula considerando como poco aún el territorio de las montañas. Pero tampoco podían hacerlo en las llanuras por temor a los carros de guerra que poseían los cananeos. La presencia de carros herrados atemorizaba a quienes no tenían más recursos bélicos que hombres armados convencionalmente. Se sentían impotentes ante sus enemigos bien equipados para ocupar las montañas, la región de Bet-seán (v. 11) y la llanura de Jezreel, más tarde Esdraelón y hoy *Merg Ibn-ªAmir*, entre Meguido y Bet-seán (19:18). Si realmente fuesen un pueblo como se consideraban, no necesitarían ocupar más terreno, el que habían recibido sería suficiente; pero habrían podido desalojar a los enemigos que poseían grandes parcelas de su heredad. Los carros herrados, las coaliciones de ejércitos y las ciudades amuralladas no habían representado dificultades insalvables en la conquista general de la tierra. No había disminuido la potencialidad del ejército de Israel, ni el número de sus componentes, lo que se había reducido considerablemente era la fe de sus hombres. Habían dejado de confiar en el Señor para ver sus propios recursos personales. Se habían olvidado que la guerra no era tanto suya como de Dios mismo, que luchaba a su lado. Mientras que un coloso de la fe, como era Caleb, reclamó como heredad un monte habitado por gigantes, seguro de que Dios le daría los recursos necesarios para expulsarlos (14:12). Todos los hijos de José, sin embargo, sentían temor de los enemigos instalados también en las montañas y en las llanuras.

17. Entonces Josué respondió a la casa de José, a Efraín y a Manasés, diciendo; Tú eres gran pueblo, y tienes grande poder; no tendrás una sola parte,

18. sino que aquél monte será tuyo; pues aunque es bosque, tú lo desmontarás y lo poseerás hasta sus límites más lejanos; porque tú arrojarás al cananeo, aunque tenga carros herrados, y aunque sea fuerte.

Una respuesta llena de sabiduría a las demandas de los hijos de José, Efraín y Manasés. Josué reconoce que es un pueblo grande. No hay duda alguna. Es suficiente con ver el número de los guerreros de cada tribu y de las dos conjuntamente. Además, reconoce que siendo tantos tienen también poder para iniciar la conquista de lo que seguramente era la porción menos poblada, la de las montañas, que permitiría el acceso fácil sobre las llanuras del norte y que debería terminar con la limpieza y expulsión de todo el territorio de los pueblos cananeos que lo ocupaban. Una acción semejante unida a la planificación del terreno montañoso les daría a las dos tribus el terreno que reclamaban como una segunda porción. Aquellos pensaban que no era justo recibir una porción sola de la tierra y que deberían tener otra, por cuanto eran dos tribus. Josué les dice que el territorio recibido, debidamente administrado, sería como una segunda parte: *"no tendrás una sola parte"*. Aquel pueblo, si realmente era grande y fuerte, como decían, tendría que tener la capacidad de tomar lo que les parecía poco y engrandecerlo hasta hacerse un pueblo con un territorio importante. Aquel monte imponente y habitación de enemigos sería suyo. La solución propuesta comprende una doble acción: primero, tendría que esforzarse para desmontar el bosque. Eso representaría el esfuerzo de talar parte del mismo para convertirlo en terrenos cultivables y lugares para asentar poblaciones. Da la impresión de que las dos tribus buscaban un territorio grande que no supusiera un trabajo arduo para hacerlo apropiado. Ellos tenían muchas bocas que llenar, pero también tenían el doble de brazos para trabajar. La primera condición era la laboriosidad y sacrificio. La segunda parte de aquella doble acción era actuar contra los enemigos. Una vez posesionados de las montañas estarían en las mejores condiciones para descender sobre los carros herrados en las llanuras. Josué no podía hacer acepción de personas. Aquellos enemigos serían eliminados aunque fuesen aparentemente fuertes. La gran tribu del sur, Judá, tenía un extenso territorio, pero debía defenderse de los enemigos en los límites de sus fronteras. Así también habrían de hacer Efraín y

Manasés. Las palabras de Josué representaban una respuesta de aliento y desafío para aquellas dos tribus.

La respuesta de Josué es una formidable enseñanza para el pueblo de Dios en la actualidad. La iglesia es también un *gran pueblo.* No por sí mismo, sino por la posición que ocupa en Cristo. Pedro escribió sobre ese pueblo (1Pe. 2:9-10). Es un pueblo que se salva en contraste con los incrédulos que tropiezan y se pierden. Por esta causa es un tesoro precioso para Dios, por cuanto es un pueblo escogido (γένο" ἐκλεκτόν), desde antes de la constitución del mundo, en un acto amoroso de Dios (Ef. 1:4). Además, a diferencia de Israel, que tenía una tribu sacerdotal, este pueblo de Dios es un sacerdocio regio (βασίλειον ἱεράτευμα), constituido así por Cristo y unidos a Él para ser sacerdotes espirituales y ofrecer sacrificios de adoración a Dios. La iglesia es también una nación santa (ἔθνο" ἅγιον). El propósito de Dios para Israel era que fuese una nación santa, apartada y dedicada a Él de entre todos los demás pueblos (Éx. 19:6). Para hacer de la iglesia un pueblo santo, lo segregó del mundo, separándolo para sí mismo (Jn. 17:16). La posición del pueblo de Dios se hizo posible al ser rescatado, esto es, comprado por Dios, de ahí que Pedro diga que es un *"pueblo adquirido"* (λαὸ" εἰ" περιποίησιν), un pueblo de propiedad privada. Adquirido para ser posesión de Dios (Ef. 1:14). Dios compró a este pueblo mediante el pago de un precio infinito (1Co. 6:20; 7:23): la sangre de Cristo (1Pe. 1:19). Este gran pueblo está puesto en el mundo para anunciar a las naciones las virtudes del Salvador (ὅπω" τὰ" ὀρετὰ" ἐξαγγείλητε), es decir, las proezas y excelencias del Señor. La proeza de Dios sacándolo de las tinieblas y trasladándolo a la luz (Col. 1:13). Esta luz se califica por Pedro como *"admirable"*. Fue el resultado del cambio de posición de los ídolos y las tinieblas a Dios (1Ts. 1:9-10). El propósito de este pueblo es hacer evidente y visible el cambio de vida que produce la gracia salvadora como respuesta al mensaje del evangelio (Hch. 26:28; Ef. 5:8). Un pueblo puesto para manifestar el testimonio limpio de vidas renovadas y luminosas que brillan en las tinieblas del mundo.

Además, la iglesia es un pueblo con *poder*. El poder de la iglesia y de cada creyente que la forma no es propio ni adquirido, sino el resultado de la presencia de Cristo en ellos. El Señor tiene toda autoridad y poder tanto en el cielo como en la tierra (Mt. 28:20). El Señor tiene el nombre de suprema autoridad en cielos y tierra (Fil. 2:8-9). El Espíritu Santo comunica al creyente y a la iglesia el poder de Cristo. No hay resistencia posible al poder omnipotente de Dios actuando en los suyos. Pablo, el prisionero de Jesucristo, podía afirmar que tenía capacidad para todo en razón del poder de Cristo (Fil. 4:13). *"Todo lo puedo"* equivale a tener recursos para cualquier situación o experiencia en la vida cristiana, en la máxima extensión posible. Del Señor proceden todos los recursos de poder y separados de Él no es posible nada exitoso (Jn. 15:5).

La iglesia es también un pueblo llamado a servir durante el tiempo de su peregrinación. Josué dijo a los hijos de José: *"Aunque es bosque, tú lo desmontarás"*. El servicio y el trabajo están relacionados íntimamente con el mismo hecho de ser cristiano (1Ts. 1:9). Dios encomendó a la iglesia labores entre tanto que el Señor no venga a buscarla. Ha dispuesto para cada uno los recursos de poder y las capacidades para llevar a cabo la misión encomendada. El cristiano debe permanecer en la responsabilidad del servicio como consecuencia de la identificación con Cristo. El servicio, como todos los demás aspectos de la vida cristiana, no es por imposición, sino por comunión. Es decir, no se sirve por mandamiento establecido, sino como consecuencia de vivir la vida de Cristo, cuya manifestación entre los hombres fue de servicio. De ahí que para el cristiano el *vivir* es Cristo (Gá. 2:20).

Finalmente, la iglesia es un pueblo en triunfo. Josué dijo a los hijos de José: *"tú arrojarás al cananeo"*. El propósito de Dios es una vida de triunfo para los suyos. Pablo expresó esta verdad cuando escribió a los Corintios: *"Mas a Dios gracias, el cual nos lleva siempre en triunfo en Cristo Jesús"*. La idea en la carta es la de un desfile con esclavos. Pablo se consideraba a sí mismo como un esclavo de Cristo (Ro. 1:1; 1Co. 4:1). El triunfo es de Cristo, y como esclavo forma parte del cortejo del vencedor (Ef. 4:8). El triunfo es continuo, siempre, no en alguna ocasión, sino permanentemente, en toda circunstancia. A semejanza del pueblo de Israel, el creyente debe enfrentarse a enemigos que le rodean. La victoria sobre la esfera del mundo consiste en una vida vinculada y dependiente de Cristo mismo. Juan escribiría también sobre esta esfera de victoria: *"y esta es la victoria que vence al mundo, nuestra fe"* (1Jn. 5:4-5). Se refiere a la experiencia victoriosa sobre el sistema y sobre el maligno que lo dirige. El mundo fue vencido por Cristo (Jn. 16:33). Esto representa un aliento para el creyente, expresado por el mismo señor cuando dijo: *"confiad"*. La victoria de Cristo es el triunfo del cristiano (Ro. 8:37; 1Jn. 4:4; 5:4; Ap. 12:11). Por medio de la cruz, el poder del mundo quedó anulado para el creyente (Gá. 6:14). Cristo derrotó completamente al diablo y al mundo (Ef. 4:8; Col. 2:15). El creyente ahora en Cristo es vencedor sobre el mundo. La victoria sobre el mundo, que es de Cristo, se hace realidad en el creyente por la fe. La victoria está vinculada a la fe, que es consecuencia del nuevo nacimiento. Puntual o continua, la victoria de la fe es una realidad para el creyente sobre el mundo y sus cosas. La fe es el instrumento de victoria que hace al creyente un vencedor, porque lo vincula con Cristo y Su poder, descansando plenamente en Él, en una entrega sin reservas. La victoria sobre la *carne*, otro de los enemigos potenciales para el cristiano, procede de la misma fuente de poder victorioso de la Cruz (Gá. 5:16). El creyente no puede hacer nada de sí mismo contra la carne, ya que forma parte de su propia naturaleza. Cualquier acción hecha en el poder del hombre es también carne (Jn. 3:6). Solo en el poder de una nueva naturaleza, mediante la regeneración por el Espíritu, es posible vivir una vida victoriosa (Jn. 3:3, 5). El creyente que vive en la plenitud del Espíritu vivirá una vida victoriosa sobre la carne (Gá. 5:25). Satanás y sus huestes son los enemigos que se oponen a la marcha triunfal del creyente. Es primordialmente *"nuestro adversario"* (1Pe. 5:8-9). El acusador en un proceso. Esa es una de sus perversas ocupaciones (Ap. 12:10). Acusa falsa o injustamente al creyente (Job 1:6-12). Se presenta, como en el ejemplo histórico de los pueblos cananeos que ocupaban parcialmente el territorio de Efraín y Manasés, para amedrentar, como *león rugiente*. No está lejos del cristiano, sino que *anda alrededor*. De la misma manera que los pueblos enemigos rodeaban parte de la heredad del pueblo de Dios en la posesión de la tierra, así también con la iglesia en el tiempo actual. La intención diabólica es derribar espiritualmente a los que son el pueblo de Dios, haciéndoles fracasar. El poder para la victoria frente a estas huestes de maldad está a disposición del cristiano. Se exhorta en varios lugares a *resistirle.* Nunca se llama al creyente a derrotar a Satanás, sino a resistirle. La derrota tuvo lugar en la cruz (Col. 2:15). Desde entonces, en Cristo, el cristiano ocupa un lugar de victoria en el que debe perseverar. El modo de la firmeza en esta área de victoria está vinculado con la fe: *"Al cual resistid firmes en la fe"* (1Pe. 5:9). La derrota se produce cuando el creyente deja de depender del poder de Dios para actuar en sus propias fuerzas. La victoria plena del creyente está en la dependencia absoluta del poder de Dios (Gá. 5:16). La victoria de la iglesia está siempre en función de la victoria de cada cristiano. Es un cuerpo, por tanto, la potencialidad de cada miembro influye en la potencialidad de todo el cuerpo. El secreto para una vida victoriosa consiste en mantenerse bajo el control del Espíritu (Zac. 4:6).

EXCURSUS XIX
BET-SEÁN Y MEGUIDO

1. Bet-seán

Historia

La ciudad de Bet-seán (*Bêt-S*^{eä}än) estaba situada en el extremo oriental del valle de Jezreel, en el margen izquierdo del río Jalud. Era un lugar estratégico capaz de cerrar el paso entre los valles de Jezreel y del Jordán. Cerca del cerro, donde están los restos de la antigua ciudad, hay una villa moderna con el mismo nombre. Es uno de los lugares plenamente identificados, no solo por las referencias bíblicas, sino por textos egipcios encontrados en excavaciones que citan la ciudad por nombre y la sitúan geográficamente. El lugar del antiguo asentamiento es *Tell el-Hosn Betsan.* El lugar fue excavado por la Universidad de Pensilvania entre 1921-1933, bajo la dirección de C. S. Fisher (1921-1923), luego de Allan Rowe (1925-1928) y finalmente de G. M. Fitzgerald (1930-33). Los hallazgos arqueológicos pusieron de manifiesto la importancia del enclave en la historia de tres pueblos destacables en la zona: Egipto, Filistea e Israel. Las excavaciones pusieron de manifiesto nueve niveles de ocupación. En el primer nivel de ocupación aparecieron evidencias de población que se remontaban al 4000 a.C. Otras excavaciones pusieron al descubierto asentamientos cananeos en la edad del bronce antiguo e intermedio. Durante el período de 3300 a.C. y hasta, por lo menos, 1500 a.C. la ciudad no estaba amurallada. Aparecieron en las excavaciones muchos elementos culturales como alfarería, escultura, joyas y escarabajos sagrados, así como una olla de oro dedicada a Baal.

No se sabe con seguridad cuando Bet-seán pasó a manos de Israel, aunque lo más probable es que ocurriera en tiempos de David. Se menciona la ciudad en tiempos de Salomón, junto con Meguido y Taanac en el distrito administrativo correspondiente a Baana, hijo de Ahilud (1Re. 4:12). La ciudad fue atacada por Sisac en tiempos del rey Roboam I (1Re. 14:25). Sisac, que fue Sesonk I, registró el acontecimiento en tiempo de Karnak, en Egipto.

Desde el final de la monarquía israelita hasta los tiempos helenísticos, la ciudad estuvo deshabitada. Los griegos la llamaron Escitópolis. Pasó, como toda la región a manos romanas, y finalmente quedó en poder de los árabes en el año 636 d.C.

Niveles de las excavaciones

El nivel IX, data probablemente del s. XIV a.C. estaba ocupado por una guarnición militar egipcia posiblemente desde el tiempo de Amenhotep III (1390-1353) y tenía un entorno amurallado para protegerla. La puerta de entrada estaba construida parcialmente por piedra. Se descubrió un templo de grandes dimensiones dedicado a *Mekal, Baal de Bet-seán.* En el templo se encontraron diversos objetos del culto, así como los restos de un buey que había sido sacrificado. No obstante, parece ser que la influencia egipcia se concretó en el s. XV a.C. por el faraón Tutmosis III, que tenía a Bet-seán como una de las ciudades bajo el control egipcio en el alto Retenu, ocupada después de la batalla de Meguido, sobre el 1468 a.C. En el nivel IX aparecieron varios escarabajos con referencias al faraón. Una de las cartas de Amarna hace referencia al refuerzo de la guarnición egipcia en la ciudad.

El nivel VIII puede datarse como de finales del s. XIV, cuando Seti I era el faraón de Egipto. Este faraón buscaba la restauración del control egipcio sobre el Asia occidental. Parece ser que ocupó Bet-seán en el primer año de su reinado. En la estela desenterrada hay referencias al ataque sobre la ciudad por parte de reyes de ciudades vecinas, y de un levantamiento del pueblo de la ciudad contra los egipcios.

El nivel VII, correspondería al s. XIII a.C. y en él se descubrió un templo de Ramsés II. En el templo se encontró una estela representando a una diosa con un gorro de dos cuernos. El templo se mantuvo también en el período del nivel VI, probablemente del s. XII a.C., en la época de Ramsés III. Aparece una estatua de este faraón sentado, que pudo haberse colocado como recuerdo conmemorativo de la victoria del faraón sobre los pueblos del mar de Galilea, ocurrida sobre el 1182 a.C. A este período corresponden algunos ataúdes de arcilla que aparecieron en el cementerio de la ciudad. Ataúdes similares aparecieron más al sur, en las áreas habituales de los filisteos. Esto hace suponer que los egipcios pudieron haber usado tropas mercenarias filisteas para sus intereses militares en el norte. Parece ser que la ciudad fue lo suficientemente fuerte para que los israelitas la ocuparan durante el tiempo de la conquista y de los jueces (Jos. 17:11, 16; Jue. 1:27). En el tiempo de la monarquía, los filisteos colgaron la armadura de Saúl en el templo de Astarot (Astarté) y el cuerpo muerto del monarca lo colgaron en el muro de la ciudad (1Sa. 31:8-10).

En el nivel V, que se data como del s. XI a.C. aparecieron dos templos dedicados, uno al dios Reshep y el otro a la diosa Antit. Al templo de la diosa se hace mención en los libros históricos (1Sa. 31:10). El templo del dios Reshep era de unos 24 por 19 m. Contenía un salón central con bases circulares. Los excavadores concluyeron que este templo tenía que ser el filisteo de Dagón en donde colgaron la cabeza de Saúl (1Cr. 10:10). La ciudad del quinto nivel parece haber sido capturada por David cerca del año 1000 a.C.

El nivel IV contiene restos de la ciudad del período de la monarquía hebrea, especialmente de los días de Salomón.

El nivel III corresponde ya a los tiempos helenísticos.

El nivel II contiene restos de las últimas ocupaciones helenísticas y romanas. En ese nivel aparecen algunas tumbas excavadas en rocas en el lado norte del valle.

El nivel I contiene restos de la muralla de la ciudad restaurada. Aparecieron también restos de un templo cristiano de forma circular. También se desenterraron mosaicos pertenecientes a un monasterio fundado en el s. VII d.C.

Estelas

Varias estelas fueron desenterradas. Dos de ellas llevaban inscripciones de los faraones Seti I (1318-1301 a.C.) y de Ramsés II (1301-1234 a.C.). También se desenterró una estatua de Ramsés III (1198-1167 a.C.). La primera estela, correspondiente al tiempo del faraón Seti I, relata el envío del ejército egipcio para sofocar una rebelión de habitantes locales que se levantaron contra Egipto. La siguiente estela, en la que se hace referencia al faraón Ramsés II, cita a los *"apirú"*[1] de las montañas del Jordán que buscaban expansión territorial en la zona. Podría tratarse de los manasitas que no pudieron arrojar a la gente de Bet-seán ni a sus colonizaciones circunvecinas (Jue. 1:27). En la estela de Ramsés II, de 2,74 m de altura, lleva fecha del año IX de su reinado. Tiene veinticuatro renglones de escritura, algunos bastante borrosos. Con todo, permite leer la descripción que se hace del faraón como de *"un águila entre las aves"*, que hacia volar a sus enemigos *"como plumas en el viento"*. Se menciona entre sus grandezas egipcias la ciudad de Rameses. Por una mala información, algunos entendieron que la estela hacía referencia a Ramsés II como el constructor de la ciudad de Rameses, por tanto, su hijo Merenptah, sería el faraón del Éxodo, sin embargo, la estela menciona la ciudad como grandeza de los tiempos de Ramsés II, pero no vincula al faraón con su construcción.

---

[1] Sobre los *"apirú"*, ver en la *Introducción*, lo relativo a la *Correspondencia de Amarna.*

2. Meguido

Historia

Estaba situada en el camino principal que cruza la llanura de Esdarelón, al comienzo de un puerto de montaña que conduce a la llanura costera. Se identifica con *Tell el-Mutasallim*. Meguido fue una ciudad fortificada que pasó por distintos ocupantes que la conquistaban: egipcios, cananeos, israelitas, filisteos, asirios, persas, griegos y romanos. El lugar donde se asentaba la ciudad conserva aún una notable importancia estratégica como vía de paso. Incluso modernamente, la importancia de Meguido se puso de relieve cuando las fuerzas aliadas al mando del general Ellenby ocuparon el norte de Palestina para liberarla de los turcos, en 1918.

La primera referencia histórica a Meguido procede del reinado del faraón Thutmosis III como consecuencia de una referencia a la derrota de una coalición de reyes cananeos, dirigida por el de Cades en 1468 a.C. Una referencia a este acontecimiento aparece en una inscripción del corredor del templo de Amun en Karnak. El hijo de Thutmosis III, Amenhotep II, llevó a cabo una campaña militar en la misma zona unos treinta años después. Una inscripción referente a esta acción hace referencia a Amenhotep II como un juez que actuó sobre los *príncipes rebeldes de Meguido.*

En un texto descubierto en Taanac, al sureste de Meguido, fechado en el 1450 a.C., recoge las instrucciones de un general egipcio al rey de Taanac para que pagase sus tributos: *"Envíame tus cocheros y caballos, regalos para mí y envía todos tus prisioneros. Envíalos mañana a Meguido"*. No cabe duda que Meguido era un centro administrativo egipcio durante el s. XV a.C.

La *Correspondencia de Amarna*, descubierta en Egipto en 1887, revela en sus tablillas las cartas enviadas al faraón Amenhotep IV (Akhenatón) por Biridiya, rey de Meguido. En ellas se afirma la lealtad del rey cananeo a Egipto mediante el pago de sus tributos. Advierte al faraón de la necesidad de un contingente del ejército egipcio para salvar Meguido de los invasores del área, evidenciando que el poderío y la influencia de Egipto habían menguado notablemente en Canaán.

Durante la época de la conquista, Josué derrotó al rey de Meguido (Jos. 12:21). En el reparto de la tierra, la ciudad fue asignada a la tribu de Manasés (Jos. 18:11). Los manasitas fueron incapaces de ocupar la ciudad (Jue. 1:27), quedando el área bajo el control cananeo.

En el tiempo de los jueces, las fuerzas de Israel, en los días de Débora, lucharon contra los cananeos en Taanac, junto a las aguas de Meguido (Jue. 5:19). Algunos críticos consideran que la ciudad no estaba habitada en aquellos días. Parece que las ciudades de Meguido y Taanac alternaron en importancia, con poblaciones más numerosas en una y otra población en el transcurso del tiempo.

Durante la monarquía, y especialmente en el reinado de Salomón, Meguido fue una de las ciudades importantes de la zona. Reconstruida y fortificada por el rey durante el s. X a.C., fue una de las ciudades con asentamiento de carros de guerra (1Re. 9:15). Unos cien años después, en ese lugar fue herido Azarías, rey de Judá, por una flecha disparada por Jehú, que marcó el fin de la dinastía de Omri en Israel. Azarías se refugió en la fortaleza de Meguido, donde murió (2Re. 9:27). En ese mismo lugar, murió trágicamente Josías, en el año 610 a.C. El rey se había trasladado a Meguido para impedir el paso al faraón Necao, que acudía en ayuda de Asiria para resistir al emergente ejército del imperio babilónico. El rey fue herido y sus siervos lo pusieron en un carro y lo trajeron muerto a Jerusalén desde Meguido para sepultarlo (2Re. 23:30).

El nombre está ligado a la profecía como referencia al área donde se desarrollará la guerra del Armagedón. Lugar donde Cristo manifestará el poder de Dios en la destrucción sobre sus enemigos (Ap. 16:16).

Arqueología

El trabajo arqueológico en el montículo comenzó en 1903 con Gottlieb Shumacher bajo los auspicios de la Sociedad Alemana Palestinense. Durante tres años se cavó una trinchera desde la cima del montículo que permitió establecer siete niveles de ocupación. El quinto nivel correspondía al período de ocupación israelita. En las excavaciones se descubrieron cerámicas, cuchillos de bronce y escarabajos sagrados chapados en oro que se dataron como anteriores al 2000 a.C. Entre los objetos del período israelita, localizado entre los restos de un palacio, apareció un sello que representaba un león con la inscripción: *Perteneciente a Sema, el siervo de Jeroboam.* El trabajo de Schumacher puso de manifiesto la importancia del promontorio. No obstante, la evaluación de los resultados no fue todo lo satisfactoria que en realizad era a causa del conocimiento limitado que había entonces sobre la cerámica.

En 1925, el Instituto Oriental de Chicago envió una expedición para excavar en el promontorio dirigida por J. H. Breasted. Las excavaciones siguieron luego dirigidas por C. S. Fisher (1925-1027), por P. L. O. Guy

(1927-1935) y G. Loud (1935-1939). El objetivo del Instituto Oriental de Chicago era el de remover el promontorio totalmente de nivel a nivel. Estos equipos consiguieron la identificación de veinte niveles diferentes de ocupación. El más antiguo se sitúa a principios del cuarto milenio a.C. Los cuatro niveles superiores fueron totalmente removidos. Este trabajo fue suspendido a causa del comienzo de la Segunda Guerra Mundial y la excavación de los niveles anteriores a la edad del hierro no fue completada.

En 1958, la Comisión para Mejoramiento y Preservación de las Antigüedades del gobierno de Israel reanudó el trabajo y Yigael Yadín dirigió un periodo de excavaciones y trabajos hasta 1960.

Las excavaciones pusieron de manifiesto que el proceso de fortificación llevado a cabo por Salomón era tan importante que, si alguien pudiera por la fuerza atravesar la puerta de la fortaleza, se encontraría con un recinto de pequeñas dimensiones encerrado entre grandes murallas y ante una puerta notoriamente sólida que daba acceso a la ciudad, resultando todo ello un obstáculo casi insuperable dentro de un espacio pequeño que no permitiría maniobrar a un ejército. La puerta interior, mucho más sólida que la exterior, daba acceso a cuartos para guardias a ambos lados. La descripción de la puerta y sus dependencias es semejante a la que Ezequiel hace en su profecía (Ez. 40:6-10). No cabe duda que la puerta de Meguido fue diseñada con el mismo modelo arquitectónico que Salomón usó para la puerta oriental del templo. Los restos excavados de la época de las actuaciones salomónicas ofrecen murallas de fortificaciones con amplias plataformas.

De la misma forma aparecieron murallas cananeas y el palacio de los reyes cananeos, en donde apareció una colección de 282 figuras de marfil labradas que datan del s. XII o XIII a.C. También se encontraron platos, cucharas, cosméticos y marfiles labrados en forma de jeroglíficos egipcios, así como una placa representativa de una victoria real. Esa placa da una visión de la vida social en el palacio del rey cananeo. El gobernador aparece sentado sobre el trono bebiendo en una taza. Tras él, dos sirvientes, un jarrón y un ave. Frente al rey aparece un servidor en pie y una mujer tocando un instrumento de música. Tras ella, aparece una procesión encabezada por un soldado armado con escudo y lanza. Seguidos, dos prisioneros con las manos atadas a la espalda, atados a un carro tirado por dos caballos. En el carro aparece un hombre vestido con uniforme militar de alto rango, que bien pudiera ser un general, con una apariencia semejante a la del rey que estaba sentado en el trono. Es muy posible que se trate del mismo personaje, como una historia en dos partes, en la que el rey regresa victorioso de alguna operación militar y luego se sienta en el trono para festejar la victoria. La placa es importante porque revela los conceptos sociales y el lujo de la corte cananea.

En la parte occidental del promontorio aparecieron restos de un sistema de traslado de agua que data probablemente del s. XII a.C. Los constructores excavaron un receptáculo a unos 36 m de profundidad. Desde el fondo perforaron otro túnel a través de 90 m hasta un manantial fuera de la ciudad. De esta manera el abastecimiento de agua a la ciudad podía continuar ininterrumpidamente aunque estuviese sitiada. El manantial estaba escondido por una muralla artificial de rocas cubiertas de tierra, de modo que sería muy difícil localizarlo por quienes no estuviesen familiarizados con el sistema de abastecimiento de agua en la ciudad.

Llaman la atención también los establos para los caballos de Salomón. Frente a ellos, había un patio cerrado de 3000 m^2, con piso encalado y provisto de una cisterna para dar de beber a los caballos. Los establos se distinguen fácilmente por los pilares de piedra que alternan con los pesebres. Los pilares servían para soportar los techos y también como amarre para los caballos. Se encontraron aquí cinco grupos de establos conteniendo veintidós compartimentos en dos conjuntos de once cada uno. Esto permitía que cada unidad pudiera tener caballerizas individuales para veinticuatro caballos. Entre las dos hileras de establos había un corredor donde estaban estacionados o a través de los que se sacaban los carros de guerra, facilitando el enganche de los caballos, de modo que salían al exterior totalmente preparados para el combate. Aparecen también lugares para ejercitar los caballos y algunos restos de pequeñas edificaciones que se supone pertenecían a los cuidadores de los caballos. Al oriente del área de establos aparecen los restos de un gran edificio rodeado por una muralla cuadrada que se supone podía ser la residencia del gobernador de la ciudad.

En el centro del promontorio aparecieron restos de un silo, datado como del s. VIII a.C. en forma de cono invertido con gradas que descienden situadas a los dos lados.

Entre los edificios destinados a culto fueron descubiertas las ruinas de tres templos cananeos del tercer mileno a.C. Cada uno tiene un altar al fondo de la cámara principal rodeado por dos pedestales. Uno de los templos tiene una serie de escalones que conducen a un lugar circular elevado. Otro de los templos, construido con adobes, fue dedicado probablemente al dios sol. Desde el altar se domina una espléndida vista de la salida del sol sobre el monte Tabor y el valle del Jordán.

Los críticos, siempre severos con los descubrimientos arqueológicos que coinciden con el texto bíblico, actúan del mismo modo con las excavaciones de Meguido, presentando los edificios del tiempo de Salomón como construcciones posteriores de los días de Omri. El excavador judío Yigael Yadin atribuye los establos al reinado de Acab, de quien se sabe que tenía una fuerza de dos mil carros en su batalla contra Salmanasar III. Sin embargo, es mucho más probable que Acab utilizara para sus carros las construcciones de Salomón, *"quien tuvo cuatro mil caballerizas para sus caballos y carros, y doce mil jinetes, los cuales puso en las ciudades de los carros, y con el rey en Jerusalén"* (2Cr. 9:25).

CAPÍTULO 18
REPARTO DEL RESTO DE LA TIERRA

Introducción

La encomienda de Dios a Josué para repartir la tierra entre las nueve tribus y media que tenía heredad en Cisjordania no se había llevado a cabo más que para tres de ellas. La tribu de Judá había recibido una gran extensión de terreno al sur de Canaán. Estaba aposentada en su territorio y comenzaba a disfrutar de su posesión. Las tribus de Efraín y Manasés, consideradas como una tribu, la de José, tenían también asignado un territorio semejante en la parte centro-norte del país. Sin embargo, quedaban aún siete tribus que no habían recibido su parte en Canaán. Otras dos tenían también sus posesiones al este del Jordán: eran las de Rubén y Gad, junto con la mitad de la de Manasés. Sus posesiones les habían sido asignadas, a petición propia, por Moisés. La tribu de Leví tendría otro trato, como se verá más adelante. Era necesario terminar la tarea que Dios había establecido a Josué en cuanto al reparto de la tierra entre las tribus (13:7). La diligencia en el cumplimiento de los mandatos de Dios había sido una de las características de Josué, pero no así para una gran parte del pueblo. Las siete tribus que no habían tomado sus posesiones en Canaán, pareciera como si se encontrasen cómodas en su nomadismo. No tenían prisa en ocupar lo que les correspondía, tal vez porque aquello comportaba eliminar a los enemigos que ocupaban algunos lugares de sus parcelas y luchar con ellos para desalojarlos. Por otro lado, las grandes tribus de Judá, Efraín y Manasés, estaban contentas con los territorios que ya eran suyos y se olvidaban de que sus hermanos se establecieran como ellos en la tierra. Tal vez, estaban tan ocupados en atender a sus nuevas posesiones que se olvidaban ya de la situación de sus hermanos. Era necesario que Josué llamara a todos los que aún no habían recibido su porción en la tierra, a que se apresurasen para hacer lo que aún faltaba para recibir su heredad. La primera tarea era recorrer toda la tierra no distribuida para establecer siete divisiones, una por cada tribu que no tenían territorio propio. La segunda sería echar suertes sobre las parcelas y darlas mediante suertes a las siete tribus. Detener por más tiempo esa tarea era considerado por Josué como una negligencia.

El pasaje comienza con el asentamiento del tabernáculo en Silo (v. 1). Luego se detalla la división del resto de la tierra, describiendo primeramente el reconocimiento del territorio (vv. 2-7), luego la división del territorio en las siete parcelas (vv. 8-10), pasando a detallar la heredad que correspondió a la tribu de Benjamín con el detalle de los límites del territorio (vv. 11-20), y una relación de las principales ciudades que había en él (vv. 21.28).

Para el comentario se utilizará el *Bosquejo* que se incluyó en la *Introducción*, como sigue:

3.5. División del resto de la tierra (18:1–19:51).
  3.5.1. La parte a repartir (18:1-10)
  3.5.2. Heredad de Benjamín (18:11-28).

División del resto de la tierra (18:1–19:51)

El lugar del santuario (18:1)

1. Toda la congregación de los hijos de Israel se reunió en Silo, y erigieron allí el tabernáculo de reunión, después que la tierra les fue sometida.

La congregación de Israel debió haber sido convocada para una reunión general en Silo con el propósito de situar en un nuevo emplazamiento el tabernáculo de reunión. Era el santuario de Israel que Dios había mandado construir a Moisés en el desierto de Sinaí después de la salida de Egipto[1]. El tabernáculo de reunión se había instalado en Gilgal después de la entrada de Israel en Canaán mediante el cruce del Jordán. En cada una de las paradas que el pueblo hizo a lo largo de su tiempo de peregrinación, todas las tribus rodeaban el santuario[2]. El tabernáculo se había quedado en un extremo del territorio de Canaán, por tanto, debía ser trasladado a un lugar central en la tierra, a fin de que continuara simbolizando la presencia de Dios en medio de su pueblo, asentado ya en las posesiones que el Señor les había dado. La tienda que había sido diseñada para ser trasladada de un lugar a otro, acompañando a un pueblo peregrino en movimiento, debía ser asentada en un lugar fijo, como correspondía al reposo que Israel alcanzaba en Canaán. El lugar que determinaron para erigir el tabernáculo fue Silo[3], identificada hoy como *Seil*. Una ciudad situada a unos 16 km al norte de Bet-el, al lado oriental del camino que sube a Siquem (Jue. 21:19). En este lugar aislado se congregaron las tribus de Israel para levantar el tabernáculo en un lugar definitivo dentro de la tierra que Dios les había entregado. Probablemente,

---

[1] Ver *Excursus XIX.*

[2] Ver gráfico de distribución de las tribus en torno al tabernáculo, en *Introducción*.

[3] Ver *Excursus XX.*

el tabernáculo en sí sufrió alguna modificación en cuanto a estructuras para convertirlo en una *casa* más permanente dedicada al lugar en que el Señor moraba entre su pueblo en la tierra. Se dice en la Escritura que el sacerdote Elí estaba sentado junto a un pilar de la casa de Jehová (1Sa. 1:9), lo que podría indicar que el tabernáculo se asentó sobre una base más sólida que la tierra natural donde se levantó a lo largo de los cuarenta años de peregrinación en el desierto. No cabe duda que en el entorno del tabernáculo se habían levantado habitaciones para los servidores del santuario donde se hospedaba el sumo sacerdote y algún otro servidor del templo, como se aprecia en el relato de la historia de Elí y Samuel (1Sa. 3:2, 3). Silo era un lugar central en el territorio que Israel había ocupado, conservando así el simbolismo del tabernáculo en el desierto, en donde Dios moraba rodeado de su pueblo. A Silo subirían a lo largo de los años venideros los peregrinos que de distintos lugares de Canaán acudían a la celebración de las fiestas anuales (cf. 1Sa. 1:9). No hay evidencia alguna que Silo fuese un asentamiento cananeo anterior a la conquista, aunque no puede ser desechada totalmente la posibilidad de una población sin importancia allí, pero más bien parece ser que fue un lugar seleccionado por los israelitas para levantar el tabernáculo y que una población creció en torno al santuario. Desde la entrada en Canaán, pasando por todos los años de conquista de la tierra, el tabernáculo había estado en Gilgal. Parece ser que el culto se había limitado grandemente. La situación se había modificado. Las dos grandes tribus, Judá al sur y José, formada por las de Manasés y Efraín, al norte, así como la posesión pacífica del centro del país, permitían escoger un lugar más adecuado para el santuario con el propósito de establecer el culto conforme a lo que Dios había regulado por medio de Moisés. Aquel punto era también un lugar de encuentro en comunión de todas las tribus de Israel. Las dificultades que ya habían surgido entre las tribus con el reclamo de territorio en menoscabo de otros requerían un retorno del pueblo al culto a Dios, con un reconocimiento de la soberanía del Señor. Moisés había ordenado al pueblo que levantara el santuario en el lugar de la tierra que Jehová escogiere, a donde debían llevar todo lo que tenía que ver con el culto: sacrificios, ofrendas y el cumplimiento de votos (Dt. 12:11). No se da detalle de cómo se escogió Silo para establecer el tabernáculo. Probablemente, hubo dos elementos determinantes para la elección del lugar. El primero es que estaba en el centro del país, en el corazón de la tierra. Así como el tabernáculo había estado en el centro del pueblo durante el tiempo de la peregrinación, así también ahora en la tierra prometida. El nombre del lugar, Silo, podía hacerles recordar al otro Shilo que se había prometido a los hijos de Jacob.

El tabernáculo fue erigido con toda solemnidad en el lugar escogido para ello. Toda la congregación de Dios (*kol* ^{a}*adat*) se había reunido en torno al tabernáculo (^{ä}öhel *mô^{a}*ëd) de reunión para rendir honor a Dios que entraba en la representación del Arca de la Alianza al santuario, señal de Su presencia entre el pueblo. El interés principal de todo el pueblo se centraba especialmente en el Arca, desde cuyo propiciatorio el Señor se manifestaba. El arca iba a estar en ese lugar hasta los días de Elí, en que sería capturada por los filisteos (1Sa. 4:1 ss.) como consecuencia del pecado de los hijos del sumo sacerdote, dando lugar a la destrucción del lugar. Las ruinas del lugar servirían, mucho tiempo después, como amonestación visible de la acción de Dios sobre el pecado del pueblo: *"Andad ahora a mi lugar en Silo, donde hice morar mi nombre al principio, y ved lo que le hice por la maldad de mi pueblo Israel"* (Jer. 7:12).

Una aplicación surge del texto anterior sobre la necesidad de la presencia de Dios en medio de su pueblo. No importa en qué dispensación. De igual modo que en tiempos de Israel, así también en la dispensación de la iglesia. El secreto de la bendición está en que Dios ocupe realmente ese lugar. El profeta enseña las consecuencias que la presencia de Dios trae para el pueblo. Será un lugar de bendición porque la presencia de Dios en medio de su pueblo excluye a los soberbios: *"quitaré de en medio de ti a los que se alegran en tu soberbia, y nunca más te ensoberbecerás en mi santo monte"* (Sof. 3:11). La soberbia es el elemento que impide la manifestación de la gracia y sus bendiciones poderosas, por eso *"Dios resiste a los soberbios y da gracia a los humildes"* (Stg. 4:6). La presencia de Dios producirá un pueblo *"humilde y pobre, el cual confiará en el nombre de Jehová"* (Sof. 3:12). La humildad es el único camino para ser instrumentos utilizables en la mano del Señor. Cuando el pueblo de Dios es humilde está en el seguimiento de las pisadas del Maestro (1Pe. 2:21), que fue humilde de corazón (Mt. 11:29). La presencia del Señor en medio de su iglesia producirá también una experiencia de protección espiritual: *"Jehová ha apartado tus juicios, ha echado fuera tus enemigos; Jehová es Rey de Israel en medio de ti; nunca más verás mal"* (Sof. 3:15). El poder victorioso de la iglesia, como se ha considerado tantas veces en las aplicaciones de este libro, no está en sus fuerzas propias, sino en las del Señor en ella. El poder del Espíritu de Dios es esencial para el desarrollo victorioso de la vida de la iglesia (Zac. 4:6). Así advirtió el Señor de esto cuando dijo que *"separados de mí, nada podéis hacer"* (Jn. 15:5). La presencia de Dios producirá el gozo de la experiencia victoriosa en Cristo. Este es siempre el modo de operar divino, hacer primero santo al pueblo, para hacerlo luego feliz y victorioso. En cuarto lugar, la presencia de Dios en medio de su pueblo produce *salvación*. El texto de la profecía es elocuente: *"Jehová está en medio de ti, poderoso, él salvará; se gozará sobre ti con alegría, callará de amor, se regocijará sobre ti con cánticos"* (Sof. 3:17). Frente a todos los enemigos poderosos que se levanten en el camino de la iglesia, el Dios de las batallas salvará a su pueblo. *"La salvación es de Jehová"* (Sal. 3:8; Jon. 2:9). No hay salvación sin la acción poderosa de Dios que acompaña la proclamación del mensaje del evangelio. La iglesia que no depende absolutamente del poder salvador de Dios, no alcanzará a los perdidos con un mensaje eficaz, cuando Dios no esté ocupando el lugar de honor central en la iglesia. Cuando Dios no está ocupando el trono de poder en medio de su pueblo, no hay ministerio eficaz ni acción salvadora amplia que respalde el testimonio de la iglesia. Además, la salvación aquí alcanza también a la *sanidad*: *"y salvaré a la que cojea"* (Sof. 3:19). No es tanto una alusión a la enfermedad. Los dones de sanidad propios del testimonio de la iglesia en los tiempos apostólicos, no están operativos en el tiempo actual. No significa que un ministerio de intercesión en favor de los enfermos no produzca sanidades físicas, pero no en el ejercicio de un don concreto de sanidad. Sin embargo, es preciso recordar que cuando no está la presencia de Dios en medio de su pueblo, estará la presencia del hombre y su pecado. Esta manifestación de carnalidad que suplanta la gloria de Dios, es juzgada disciplinariamente por el Señor enviando, en ocasiones, enfermedades que separan físicamente al rebelde de la congregación en donde está causando un efecto contario al propósito de Dios.

Así ocurrió en la iglesia en Corinto, donde algunos de los divisionarios de la congregación habían sido disciplinados por el Señor con debilidades físicas, otros con enfermedades y posiblemente, los que estaban pecando conscientes de lo que hacían, habían sido disciplinados con la muerte física (1Co. 11:30). Esta es la consecuencia a que conduce algún determinado pecado personal (1Jn. 5:16). Cuando en una iglesia la presencia de Dios ocupando el lugar central no se produce, será sustituida por el hombre con su apariencia de riqueza y poder. En tales circunstancias, la situación será grave. La espiritualidad será solo una mera apariencia de piedad, y las riquezas tan solo oropel. Esa condición general para la iglesia como pueblo de Dios se traslada a la individualidad del creyente como *templo de Dios.* La presencia de Dios en su santuario es la mayor necesidad para habilitarlo como tal. No se puede hablar del santuario de Dios si la presencia de Dios no está en el santuario. Esta presencia de Dios en poder se manifiesta en la vida rendida a su voluntad. Solo cuando el cristiano se ofrece en la dimensión de sacrificio santo y agradable a Dios (Ro. 12:1), es cuando verdaderamente adquiere la dimensión de templo de Dios en Espíritu. Es así la única manera en que el cristiano puede decir: *"Todo lo puedo en Cristo que me fortalece"* (Fil. 4:13).

Reconocimiento de la tierra (18:2-7)

2. Pero habían quedado de los hijos de Israel siete tribus a las cuales aún no habían repartido su posesión.

Cinco de las tribus habían recibido ya sus posesiones. Las tribus de Gad, Rubén y la mitad de la de Manasés entraron en posesión de los territorios de Transjordania. Las de Judá, Efraín y la otra mitad de Manasés tenían las posesiones que se consideraron antes. Faltaban todavía por distribuir y posesionarse de su herencia en Canaán las siete tribus restantes: Simeón, Dan, Neftalí, Aser, Isacar, Zabulón y Benjamín. Todas las tribus tenían heredad en Canaán, pero estas siete no habían entrado aún en posesión de lo que les correspondía.

3. Y Josué dijo a los hijos de Israel: ¿Hasta cuando seréis negligentes para venir a poseer la tierra que os ha dado Jehová el Dios de vuestros padres?

La situación anormal de una tierra conquistada, pero no ocupada, era una negligencia. Josué, que había recibido la encomienda de repartir la tierra en heredad a cada tribu, no había sido negligente nunca en lo que Dios le había mandado. Todas las instrucciones recibidas del Señor habían sido llevadas a cabo con diligencia. Josué interviene reconviniendo a las siete tribus que no habían ocupado partes en el territorio. Se estaban acostumbrando a un modo de vida irregular en la tierra conquistada. El botín tomado a los cananeos les había hecho ricos momentáneamente, de modo que podían vivir cómodamente en la tierra. Esta abundancia que tenían en el presente generaba en ellos la negligencia de no pensar en el futuro. No solo era un asunto de negligencia, entraba ya en el terreno de la desobediencia. Dios había instado a Josué a que repartiese la tierra a cada tribu y solo lo había hecho con dos y media de ellas. Josué las insta a que se posesionen de la tierra que *"os ha dado Jehová"* (*nätan läle, Yahveh*). Si Dios se la había dado, era un acto de menosprecio no entrar a posesionarse de ella. Canaán era una herencia divina de la que urgía posesionarse.

La diligencia es una bendición en la experiencia del creyente. La Escritura enseña que *"El indolente ni aun asará lo que ha cazado; pero haber precioso del hombre es la diligencia"* (Pr. 12:27). La enseñanza es muy ilustrativa. El indolente ha hecho lo más difícil, conseguir la comida, pero la echa a perder porque no se interesa por cocinarla. En contraste con esta situación, el bien del hombre es la diligencia. Especialmente marcada la enseñanza para todo cuanto tiene que ver con la obra de Dios. Pablo enseña que *"en lo que requiere diligencia, no perezosos; fervientes en espíritu, sirviendo al Señor"* (Ro. 12:11). La diligencia es la virtud de quien se entrega con ánimo al trabajo. El cumplimiento de las demandas divinas requiere diligencia. Las actividades que Dios determina no deben admitir demora alguna, de ahí que Pablo haga un contraste como el escritor de Proverbios con el perezoso. *"No perezosos"* equivale a *"no haraganes"*, esto es, quienes no hacen nada. Sobre el perezoso y su comportamiento hay una extensa enseñanza en Proverbios. El carácter del perezoso queda manifestado con mucho detalle. Es alguien que no suele comenzar nada (Pr. 6:9, 10). Para evitar la acción tiene siempre a manos preguntas cuyas respuestas le permitan justificar su desidia. Si, por casualidad, el perezoso ha comenzado algo, con seguridad no lo terminará. Cualquier esfuerzo es demasiado grande para él. Esa es la razón por la que deja que se estropee la caza, como se dijo antes. Es tan desidioso que deja que la comida se enfríe a causa de la fatiga que representa llevarla a la boca (Pr. 19:24; 26:15). El perezoso no quiere trabajar en ninguna cosa, para lo que cree en excusas propias que justifiquen su desidia (Pr. 22:13). Cuando alguien quiere aconsejarle, no admite consejo alguno porque se considera un sabio (Pr. 26:16). No se esfuerza en ninguna cosa (Pr. 20:4) porque considera todo dificultoso de realizar (Pr. 15:19). Además, suele ser una persona impaciente (Pr. 13:4; 21:25-26). A causa de no ver realizado nunca nada provechoso en su vida es una persona insatisfecha. El perezoso es inútil para quien tenga la desdicha de trabajar con él (Pr. 18:9; 10:26). Para evitar la desidia en la obra de Dios, el creyente necesita el estímulo e impulso del Espíritu.

El espíritu que condiciona y conduce a la acción humana en el creyente *hierve* al impulso del Espíritu de Dios. Es notable la diferencia y el contraste entre la desidia del perezoso y la dinámica de vida del creyente espiritual. La diligencia es una demostración de la identificación con Cristo (Jn. 4:34). La orientación del fervor tiene que ver con el servicio: *"fervientes en espíritu sirviendo al Señor"*. El cristiano es llamado a servir (Ro. 6:22), no por imposición de mandamiento legal, sino como consecuencia de la identificación con Cristo, el siervo perfecto (Fil. 2:6-8).

4. Señalad tres varones de cada tribu, para que yo los envíe, y que ellos se levanten y recorran la tierra, y la describan conforme a sus heredades, y vuelvan a mí.

El reparto de lo que faltaba por distribuir debía hacerse comenzando por un reconocimiento de la tierra que debía distribuirse. Tendría que ser recorrida minuciosamente anotando las ciudades que estaban en ella y los detalles generales de su situación. Basándose en estos datos, debía confeccionarse un plano detallado que permitiera parcelarla en siete partes para darlas por suertes a cada una de las tribus que aún no tenían su territorio. Para esta tarea se asignan tres varones por cada tribu, de modo que un grupo de veintiuna personas eran las que tenían que realizar el reconocimiento de la tierra y regresar a Josué con el informe detallado para que procediera a distribuir el territorio que faltaba. Siendo tres varones por cada tribu se evitaban las envidias y se obtendría una mayor imparcialidad en la distribución de lo que faltaba de la tierra.

5. Y la dividirán en siete partes; y Judá quedará en su territorio al sur, y los de la casa de José en el suyo al norte.

La tierra que tenía que ser revisada y descrita era todo el territorio que no perteneciera ni a la tribu de Judá, situada ya al sur, ni a las de Manasés y Efraín, los de la casa de José que estaban ya ocupando la parte norte del país. Aquellos comisionados tenían que recorrer la tierra y parcelarla en siete porciones.

6. Vosotros, pues, delinearéis la tierra en siete partes, y me traeréis la descripción aquí, y yo os echaré suertes aquí delante de Jehová nuestro Dios.

Nadie podría acusar a Josué de favoritismo ni de acepción de personas. La herencia que se distribuiría estaba señalada y parcelada por los que habían sido elegidos de entre los que iban a recibir la herencia. Josué esperaba en el santuario la llegada del equipo enviado a reconocer la tierra con los detalles de la descripción de cada una de las siete partes en que se dividía. Tan solo intervendría Josué para *echar suertes* y lo haría, como en el reparto anterior, *"delante de Jehová"*. No era, pues, intervención suya, sino decisión de Dios. Aquel que les había conducido e introducido en la tierra, el que había derrotado a los ejércitos de los pueblos que habitaban en Canaán, era el que iba a determinar el lugar que correspondería a cada una de las tribus como heredad.

El líder debe evitar toda sospecha en sus actividades dentro de la iglesia. El reparto de ofrendas para el sostenimiento de viudas necesitadas se hizo en un principio por los apóstoles. Pronto surgieron problemas de celos y divisiones entre los propios cristianos. La situación llevó a los apóstoles a dejar esa actividad material para que recayese sobre personas que la misma iglesia escogió de entre ellos, basándose en parámetros espirituales que los apóstoles determinaron (Hch. 6:2-6). La delegación de actividades en favor de otros resuelve situaciones de murmuración contra el liderazgo de la iglesia. De igual manera ocurrió con la actuación de Pablo en relación con la ofrenda que promovió para las necesidades de la iglesia en Jerusalén. Las iglesias nombraron a quienes debían acompañar al apóstol para la entrega de la ofrenda. La propuesta en ese sentido partió de Pablo mismo (1Co. 16:3). No hay forma más negativa y que produzca mayores problemas en el ejercicio del liderazgo bíblico que la resistencia a delegar tareas en otros. En muchas ocasiones esto trae un debilitamiento notable en el interés de los creyentes por la participación en trabajos de la obra. La principal responsabilidad del liderazgo es la conducción. El principal gozo de un líder es ver a otros capacitados para servir en la obra de Dios.

7. Pero los levitas ninguna parte tienen entre vosotros, porque el sacerdocio de Jehová es la heredad de ellos; Gad también y Rubén, y la media tribu de Manasés, ya han recibido su heredad al otro lado del Jordán, al oriente, la cual les dio Moisés, siervo de Jehová.

En la partición de la tierra no debía contarse a los levitas. La tribu de Leví había sido designada por Dios mismo para el ministerio del santuario. De aquella tribu salía la familia sacerdotal, descendientes de Aarón. La heredad de estos no era material, sino espiritual. Moisés ya lo había establecido antes del reparto de la tierra (13:33). La entrega de ciudades donde pudieran vivir en la tierra se tratará más adelante en el libro. Los sacrificios de Jehová eran la heredad para ellos (Nm. 18:20; Dt. 18:1-2). La heredad de la tribu de Leví era por una parte Dios mismo, y por otra los sacrificios dedicados a Dios. Igualmente, no debía considerarse para el reparto de la tierra a las tribus que habían recibido porciones al este del Jordán. Aquellas tribus, Rubén, Gad y la mitad de Manasés habían obtenido su parte como respuesta a la petición hecha por ellos a Moisés antes del cruce del Jordán (13:8).

División del resto de la tierra (18:8-10)

8. Levantándose, pues, aquellos varones, fueron; y mandó Josué a los que iban para delinear la tierra, diciéndoles: Id, recorred la tierra y delineadla, y volved a mí, para que yo os eche suertes aquí delante de Jehová en Silo.

El reconocimiento, delimitación y parcelación de la tierra eran el cumplimiento de un mandato que Josué había establecido. Los varones escogidos de entre las siete tribus, tres por cada una de ellas, salieron para cumplir la misión encomendada. Junto con el inicio del trabajo está el mandamiento expreso de Josué recogido al final del versículo. Aquellos debían recorrer la tierra, informarse de su extensión, cuántas ciudades había en ella, las posibilidades de vida para los nuevos moradores hermanos suyos que debían establecerse en ella y, con todos los datos obtenidos, elaborarían un plano general de lo que faltaba por distribuir y regresar a Silo para entregarlo a Josué, quien a la vista de la tierra por repartir, llevaría el asunto a la presencia del Señor para que determinase, por medio de suertes, a que tribu correspondería cada una de las partes en que se había dividido la tierra. Sería Dios y no Josué, ni ninguno otro de Israel, quien distribuiría la tierra a cada una de las tribus, conforme a la sabiduría divina y no humana.

9. Fueron, pues, aquellos varones y recorrieron la tierra, delineándola por ciudades en siete partes en un libro, y volvieron a Josué al campamento en Silo.

Los hombres de Israel encomendados para recorrer, revisar, delimitar y dividir la tierra en siete porciones salieron a cumplir su misión. Lo hicieron conforme a lo que se les había comisionado, recorriendo con detenimiento el territorio, recontando las ciudades y dividiendo la tierra en siete partes. Trayendo a Josué el resultado de su tarea. El mapa de la tierra se había establecido y registrado en *un libro*, rollo de piel, que detallaba el territorio que había de repartirse.

Es notable la última frase del texto: *"y volvieron a Josué al campamento en Silo"*. La misión que se había encomendado a los veintiún seleccionados, tres por cada tribu, de las siete que no tenían aún posesión asignada. La tierra de Canaán no estaba desposeída de enemigos. Aunque la conquista general había debilitado a los pobladores que estaban asentados en ella cuando Israel cruzó el Jordán, todavía representaban un serio obstáculo para los planes de asentamiento del pueblo. Algunas tribus fuertes y numerosas como las de Efraín y Manasés, habían solicitado más territorio porque parte del que les había sido asignado estaba ocupado por pueblos fuertes, con ejércitos bien entrenados y con carros de guerra, de modo que no podían desalojarlos de sus posesiones (17:12).

Cabe destacar primeramente, que el grupo de exploradores eran personas valientes. Debían recorrer la tierra con detalle, no por los montes y lugares desiertos, sino en las proximidades de las ciudades para registrarlas en el mapa que debían levantar. Las poblaciones residuales que habían resistido el primer tiempo de conflicto con Israel estaban luchando por la supervivencia, por tanto, no era fácil pasar por sus territorios y mucho menos si los viajeros eran de los invasores de Israel. La valentía de aquellos hombres descansaba, con toda seguridad, en el conocimiento que tenían de Dios, a quien habían visto actuar a lo largo de la campaña de conquista que había terminado. En segundo lugar se aprecia, y esto es lo más destacable, la providencia divina cuidando a aquel pequeño grupo de hombres para que pudiera llevar a cabo la misión que les había sido encomendada. No se dice cuánto tiempo duró el recorrido por la tierra, pero sin duda debió haberse prolongado bastantes días. Dios estuvo al cuidado de los suyos, los guardó de los enemigos y los trajo sanos y salvos al lugar de su morada en Silo. La protección del pueblo de Dios en el propósito que Dios tiene para él, se lleva a cabo a causa de la providencia divina para él: *"El ángel de Jehová acampa alrededor de los que le temen, y los defiende"* (Sal. 34:7). En todo ministerio que el creyente reciba del Señor, contará con Su protección para llevarlo a cabo.

10. Y Josué les echó suertes delante de Jehová en Silo; y allí repartió Josué la tierra a los hijos de Israel por sus porciones.

Con el plano de la tierra y las divisiones establecidas para las siete tribus que aún faltaban por recibir su heredad, Josué procedió a asignarlas mediante el método de las suertes como había hecho antes con las otras tribus. La dirección y decisión divina en este caso fue igual que para las otras heredades entregadas ya. Aquello no era una asignación humana, sino una transacción sagrada. Dios conducía y determinaba el resultado de las suertes. Más tarde, escribiría el salmista: *"Jehová es la porción de mi herencia y de mi copa; Tú sustentas mi suerte. Las cuerdas me cayeron en lugares deleitosos, y es hermosa la heredad que me ha tocado"* (Sal. 16:5-6). La tierra repartida era la solemne elección que había hecho Dios para cada una de las tribus. La copa es el lugar que se utilizaba para colocar las suertes que se sacaban. Dios garantizaba a Su pueblo equidad y justicia en la distribución y entrega de la tierra. Cada heredad debía ser *deleitosa* para sus poseedores porque era un regalo procedente de Dios.

El cielo es nuestra heredad. No hay hermosura semejante. Allí está el lugar del reposo eterno. El mundo por el que se transita debe ser visto desde la óptica celestial. Es simplemente el camino que conduce a la posesión de gracia, reservada para los que son el pueblo de Dios. El que puede decir como el salmista: *Dios es mi porción*, no puede desear nada más, y el gozo inundará su vida dando razón a su misma existencia aquí.

Heredad de Benjamín (18:11-28)

Límites (18:11-20)

11. Y se sacó la suerte de la tribu de los hijos de Benjamín conforme a sus familias; y el territorio adjudicado a ella quedó entre los hijos de Judá y los hijos de José.

La distribución de la tierra que aún faltaba se inicia por la tribu de Benjamín; la primera suerte *cayó* ([a]ālā), literalmente *subió* sobre esta tribu. La porción de territorio era proporcional al número de sus familias. En el desierto del Sinaí, la tribu tenía 35.400 hombres de guerra censados por descendencia, familias y casas (Nm. 1:36-37). Al comienzo de la conquista, el ejército de Benjamín estaba formado por 45.000 hombres (Nm. 26:41). Benjamín fue el último hijo de Jacob y Raquel, hermano de José tanto por parte de padre como de madre. En la bendición de Jacob se le llamó *"lobo arrebatador"*; y dijo de él que *"a la mañana comerá la presa, y a la tarde repartirá los despojos"* (Gn. 49:27). Esta tribu iba a dar el primer rey a la nación (1Sa. 9:1-2).

Proféticamente, Jacob definió el carácter guerrero de Benjamín como una tribu fuerte y atrevida, que se enriquecería con los despojos de sus enemigos. La tribu estuvo muy asociada con Efraín y Manasés, tal vez como consecuencia de un parentesco común en sus orígenes por parte de su madre Raquel. Era un pueblo dispuesto para la guerra. Manejaba bien las armas y en tiempo de los jueces tuvo un grupo de honderos zurdos con una precisión sorprendente, de tal modo que *"tiraban una piedra con la honda a un cabello, y no erraban"* (Jue. 20:16).

La intervención de Benjamín al lado de otros en un combate era garantía de éxito. Moisés vinculaba la tribu de Benjamín a la de Judá y en la bendición que tuvo para ella les llamó como *"El amado de Jehová"*, anunciando la protección divina sobre ellos y que *"entre sus hombros morará"* (Dt. 33:12). La suerte de Benjamín comprendía el territorio rocoso y de valles profundos que rodean Jerusalén. Con lo que la profecía, en ambos sentidos, se cumpliría en el reparto de la tierra. El territorio estaba situado entre las tribus de Judá por el sur y de José, Efraín y Manasés, por el norte.

12. Fue el límite de ellos al lado del norte desde el Jordán, y sube hacia el lado de Jericó al norte; sube después al monte hacia el occidente, y viene a salir al desierto de Bet-avén.

La frontera septentrional estaba situada por el río Jordán. En el límite norte seguía la frontera sur de Manasés, pasando por la espalda ([a]*el ketep*) *hacia el flanco septentrional* de Jericó, que quedaba incluida en la tribu de Benjamín. El límite corría luego al occidente, hacia la montaña, hasta llegar al desierto de Bet-avén (*Bêt-*[a]*Awen*) (7:2; 16:2).

13. De allí pasa en dirección de Luz (que es Bet-el), y desciende de Atarot-adar al monte que está al sur de Bet-horón la de abajo.

Siguiendo la misma frontera de Efraín, el límite sur del territorio efraimita era la frontera norte de Benjamín, hasta Bet-el (7:2; 16:2)[4], que quedaba excluida del territorio de Benjamín. Siguiendo la frontera, llegaba a la ciudad de Atarot-adar (*ᵃAtrôt-Addär*), desde donde descendía hasta llegar al monte situado al sur de Bet-horón la baja (10:10; 16:3).

14. Y tuerce hacia el oeste por el lado sur del monte que está delante de Bet-horón al sur, y viene a salir a Quiriat-baal (que es Quiriat-jeraim), ciudad de los hijos de Judá. Este es el lado del occidente.

Desde Bet-horón, la frontera de Benjamín seguía dirección sur hasta llegar ha Quiriat-baal (*Qiryat-Baᵃal*), que también se conocía como Quiriat-jeraim (*Qiryat-Yᵉᵃarim*), ciudad que pertenecía a la tribu de Judá. De esta manera se definía el límite correspondiente al territorio de Benjamín por el occidente.

15. El lado sur es desde el extremo de Quiriat-jeraim, y sale al occidente, a la fuente de las aguas de Neftoa.

La frontera sur de Benjamín corresponde, en parte, a la frontera norte de Judá, ya que la tribu limitaba por el norte y el sur con la de José y la de Judá respectivamente. Los limites se dirigían desde Quiriat-jeraim hasta la fuente de las aguas de Neftoa. Todos estos lugares han sido considerados ya en la descripción de los límites de la tierra de Judá (15:9)[5].

16. Y desciende hasta el límite al extremo del monte que está delante del valle del hijo de Hinom, que está al norte en el valle de Refaim; desciende luego al valle de Hinom, al lado sur del jebuseo, y de allí desciende a la fuente de Rogel.

Los límites detallados aquí corresponden a los mismos descritos para la frontera norte de Judá. Discurriendo en dirección este, pasaban por los montes que rodean Jerusalén, para correr cercana a Jerusalén, por el flanco sur de *Yᵉbûs*, que es Jerusalén (15:8)[5], la ciudad que sería capital del reino desde los días de David. Desde este lugar se dirigía hasta la *fuente de Rogel* (ᵃÊn-Rögël (15:7). Todos estos límites fueron considerados ya en el detalle de la frontera norte de la tierra de Judá.

---

[4] Sobre Bet-el y Atarot-adar, ver notas a 16:2 en el capítulo 17.

[5] Ver notas en el capítulo 16.

17. Luego se inclina hacia el norte y sale a En-semes, y de allí a Gelilot, que está delante de la subida de Adumín, y desciende a la piedra de Bohán hijo de Rubén,

Los mismos límites que se detallaron para la frontera de Judá se repiten en esta ocasión por cuanto son fronteras comunes. Los detalles de cada una de las referencias en los límites de la frontera fueron considerados en su lugar. Desde En-semes, el límite discurría en dirección a Gelilot (*G*^{e}*lîlôt*), posiblemente Gilgal, deteniendo la variante del límite en la subida de Adumín (15:7), volviendo en dirección sudeste hasta encontrarse con la piedra de Bohán (^{a}*Eben Böhan* (15:6).

18. Y pasa al lado que está enfrente del Arabá, y desciende al Arabá.

La referencia de la frontera incluye aquí al Arabá (*Hä*^{a}*aräbä*) (8:14). Genéricamente, se conoce con este nombre a la depresión que se extiende desde el mar de Galilea al golfo de Acaba en el sur. Especialmente designa en este texto a la parte norte del mar Muerto. Se trata de las estepas desérticas de los llanos de Jericó, en donde actuaron los ejércitos de Josué en la emboscada y toma de Hai (8:14). También se citó la zona en relación con los reyes derrotados por Moisés (12:1, 3, 8).

19. Y pasa el límite al lado norte de Bet-hogla, y termina en la bahía norte del mar Salado, a la extremidad sur del Jordán; este es el límite sur.

20. Y el Jordán era el límite al lado del oriente. Esta es la heredad de los hijos de Benjamín por sus límites alrededor, conforme a sus familias.

Corriendo por la frontera de Judá, el límite llegaba a Bet-hogla (*Bêt-Hoglä*), considerado como los anteriores al considerar los límites de la tribu de Judá (15:5)[5]. La frontera descendía hacia Arabá y llegando a Bet-hogla (*Bêt-Hoglä*) terminaba en la lengua del mar Salado, corriendo luego una corta distancia hasta la desembocadura del Jordán, que cerraba por el este el territorio que había correspondido en herencia a los hijos de Benjamín. Aun cuando el territorio no era tan extenso como los descritos antes, su situación geográfica y su orografía le proveían de terrenos muy fértiles que podían producir todo lo necesario para sostener a su población. Una vez asegurados los pasos de los lugares montañosos y establecidos en el territorio, los hombres de guerra de la tribu hicieron de ella un territorio muy difícil de conquistar. Como ejemplo, está la resistencia que hicieron en días de los jueces cuando pretendieron sojuzgarla (Jue. 20:21).

Ciudades (18:21-28)

El territorio de Benjamín se dividía en dos distritos o provincias, en los que se agrupaban las ciudades que se describen. Sin duda, no eran todas las ciudades que había en el territorio, pero sí las más importantes. El primero tenía doce ciudades y el segundo catorce.

Las ciudades de la primera sección (18:21-24)

21. Las ciudades de la tribu de los hijos de Benjamín, por sus familias, fueron Jericó, Bet-hogla, en valle de Casis.

La primera de las doce ciudades que corresponden a la primera división es Jericó (*Yerîhô*), con la que se inició la conquista de la tierra. Sobre esta ciudad se ha considerado al estudiar el capítulo 6 del libro, y los datos complementarios más extensos se plasmaron en el correspondiente *Excursus*[6]. Era, quizás, la ciudad más importante de la parte central de la tierra de Canaán. Aunque era una de las ciudades del territorio de Benjamín, no podía ser reconstruida ya que se había pronunciado maldición para quien lo hiciese (6:26). Luego figura Bet-hogla (*Bêt-Hoglä*), que apareció anteriormente (15:6), situada a unos 4 km del río, conocida actualmente como *Ain Hajlah*, con abundante agua procedente de un manantial y rodeada de bosques. El tercer lugar mencionado se traduce como *el valle de Casis* (*aEmeq-Qesîs*), posición que no ha sido posible identificar.

22. Bet-arabá, Zemaraim, Bet-el.

La ciudad de Bet-arabá (*Bêt-hä-aAräbä*), de la que se hizo mención antes en el libro (15:6, 61) y de la que ya se dijo que literalmente significaba *casa del desierto,* identificada hoy como *aAin Garbeh*, situada al sur de Gilgal, al oeste del Jordán. Estaba también Zemaraim (*Semärayim*), situada entre Jericó y Betel. Bet-el (*Bêt-äEl*), de la que se hizo una referencia en relación con el entorno de Hai (7:2), cuyo nombre significa *casa de Dios*. Es nombrada con mucha frecuencia en el Antiguo Testamento. Situada a unos 35 km al norte de Jerusalén y a 29 km al sur de Silo. Era un lugar con abundancia de agua que motivó su asentamiento de poblaciones. No tenía defensas naturales. Probablemente, en Bet-el hubo un santuario al dios El. Sin embargo, el nombre hebreo procede de la visión que Jacob tuvo de Dios en ese lugar (Gn. 28:10-12). Fue el lugar donde Abraham levantó un altar (Gn. 12:8; 13:3, 4). Dios mismo se llama a Sí mismo *Dios de Bet-el* (Gn. 31:13), ordenando a Jacob regresar al lugar. En ese mismo

---

6 Ver *Excursus V,* al final del capítulo 7 del libro.

sitio, Dios cambió el nombre de Jacob por el de Israel, renovando el pacto con Abraham (Gn. 35:10-15). El Dr. Albright, de las Escuelas Americanas de Investigación Oriental, llevó a cabo sondeos arqueológicos en el lugar en 1927. Otros equipos excavaron en 1934, reanudando la investigación en 1954. Los descubrimientos arqueológicos ponen en evidencia que el asentamiento de población es anterior al 2000 a.C. y que la ciudad fue consumida por un incendio que pudo haberse producido durante la conquista de la tierra.

23. Avim, Pará, Ofra.

La ciudad de Avim (*Hä-Awwîm*), pudiera estar relacionada con la ciudad de Hai, pero su localización no ha sido posible. Para (*Hap-Pärä*), identificada hoy con el nombre de *Abu Mussarrah,* como *Tell Fârah*, en el W. Farah, al norte-nordeste de Jerusalén. Ofra (^{a}*Oprä*), situada más al límite norte del territorio, a unos 7 km al nordeste de Betel.

24. Quefar-haamoni, Ofni y Geba; doce ciudades con sus aldeas.

La ciudad de Quefar-haamoni (*K*^{e}*parhä-*^{a}*ammönäy*), que significa *villa del amonita*, podría tratarse de *Kafr-*^{a}*Anah*. Ofi (*Hä-*^{a}*Opnï*), que pudiera tratarse de *Gifneh*, al noreste de Betel. La última ciudad mencionada en esta primera división del territorio benjaminita era Geba (*Geba*^{a}), al noroeste de Para, a unos 10 km al norte de Jerusalén, separada de Micmas por un valle. Era ciudad gemela con Ramá y aparecen juntas en varios lugares (1Re. 15:22; Neh. 7:30; Is. 10:29). Será una ciudad levítica en el territorio de Benjamín (Jos. 18:24; 1Cr. 8:6). Entre Geba y Gezer tuvo lugar una batalla en la que David derrotó a los filisteos (2Sa. 5:25). Las ciudades mencionadas eran las doce más importantes de la primera división hecha del territorio que correspondía a la tribu de Benjamín. Todas estas poblaciones tenían otras menores, caseríos y lugares donde habitaban algunas familias, que dependían jurisdiccionalmente de la principal, por eso se dice que estas ciudades tenían también sus aldeas.

Las ciudades de la segunda sección (18:25-28)

25. Gabaón, Ramá, Beerot.

Muchas de ellas aparecieron antes en los detalles de la conquista de la tierra. La primera mencionada es Gabaón (*Gib*^{a}ôn), conocida hoy como *Al Jib*, situada a unos 13 km al noreste de Jerusalén. Ciudad principal de los gabaonitas (9:3). Se ha detallado antes al comentar el capítulo correspondiente[7]. En Gabaón estuvo también el tabernáculo por un tiempo después de trasladarlo de Nob mientras se construía el templo de Salomón. El Dr. James B. Pritchard realizó excavaciones en el lugar, limpiando de escombros un estanque cavado en la roca de unos 11 m de diámetro y 10 m de profundidad. Estaba provisto de una escalera de piedra de aproximadamente 1,5 m que descendía hasta el fondo del estanque, en donde aparecieron 27 asas de jarras de barro que tenían grabado el nombre de Gabaón en lengua hebrea. Algunas de estas asas tenían también otros nombres como Hananías, Azarías, etc. Todos ellos son nombres de personajes bíblicos. Hananías, el adversario de Jeremías, era de Gabaón (Jer. 28:1). Desde el fondo del estanque partía un túnel que conducía a un manantial situado a unos 15 m más abajo con un gran caudal de agua que abastecía el depósito, desde donde se distribuía a la ciudad. Es probable que en este lugar se produjera la contienda entre los hombres de Joab y de Abner (2Sa. 2:13 ss.). Ramá (*Hä-Rämä*), identificada como *er-Räm* a unos 8 km al norte de Jerusalén. Cerca de esta ciudad estaba el lugar donde acostumbraba a sentarse Débora para su ministerio como jueza en Israel (Jue. 4:5). En la época de la monarquía divida, Baasa, rey de Israel, fortificó Ramá (1Re. 15:17). Una referencia profética de Jeremías sobre Ramá (Jer. 31:15) fue aplicada a la matanza de los niños ordenada por Herodes (Mt. 2:18). Beerot (*B*^{eä}ërôt), citada ya antes (9:17), sin identificar con seguridad.

26. Mizpa, Cafira, Mozah.

El versículo presenta otro grupo de tres ciudades. La primera era Mizpa (*Ham-Mispeh*), identificada tradicionalmente con la aldea Nebi Samwil, situada sobre un pico solitario a unos 8 km de Jerusalén. Este es uno de los lugares en la Palestina central que no ha sido excavado. Está relacionada con la guerra contra Benjamín, en tiempos de los jueces, como el lugar donde se reunió para los preparativos el pueblo de Israel (Jue. 20:1). Fue en este lugar donde Samuel oró por Israel y comenzó a actuar como juez en el pueblo (1Sa. 7:5 ss.). Sin embargo, es desde hace relativamente pocos años que se está prestando atención a la colina del Tell en-Nasba, situada a unos 13 km de Jerusalén en la carretera que sigue rumbo norte hacia Samaria. El Dr. W. F. Bade, con la ayuda de las Escuelas Americanas de Investigación Oriental de Jerusalén, dirigió ya varias actuaciones en el lugar desde 1926 a 1935 encontrando los muros de la ciudad que tenían una anchura de 5 m, alcanzando en algunos tramos de la muralla los 8 m. Los excavadores consideran que este debió haber sido el muro que edificó Asa, el rey de Judá, como defensa frente al reino

[7] Ver notas a 9:1-3, en el capítulo 10 de este comentario.

de norte (1Re. 15:22). Entre los restos de cerámica aparecen varias asas de jarras con la inscripción *"perteneciente al Rey"*, lo que da a entender que se trataba de jarras de propiedad real. Entre ellas, aparecen varias jarras con la palabra *"Mizpa"* en hebreo antiguo. Entre los descubrimientos más destacables figura un antiguo sello en el que aparece un ave que pudiera ser un gallo de pelea junto a la inscripción *"Perteneciente a Jaazanías, funcionario del Rey"*. También se descubrió una puerta orientada hacia Silo, el punto religioso y de adoración principal durante los años de Samuel. Después del cautiverio en Babilonia, uno de los que trabajaron en la reconstrucción de la muralla de Jerusalén, bajo la dirección de Nehemías, vivía en Mizpa (Neh. 3:7). De igual manera, la restauración de la parte de la muralla que tenía la *Puerta de la Fuente* corrió a cargo de Salum, que era gobernador de la región de Mizpa (Neh. 3:15). La ciudad de Cafira (*Hak-K^{e}pîrä*), mencionada ya antes en el libro (9:17). Una de las poblaciones en los límites del territorio con la tribu de Efraín. Se identifica como *Tell-Kefira*. La tercera ciudad era Mozah (*Ham-Mösä*), situada al sudoeste de la anterior.

27. Requem, Irpeel, Tarala.

De la misma forma que el versículo anterior, este presenta otro grupo de tres ciudades que comienza con Requem (*Requem*), lugar que no ha sido posible identificar. Sigue Irpeel (*Yirp^{eä}*ël), identificada con *Rafar*, al oeste de Ramah. En tercer lugar aparece Tarala (*Tar^{ä}alä*), otro de los lugares que no se ha identificado todavía.

28. Zela, Elef, Jebús (que es Jerusalén), Gabaa y Quiriat; catorce ciudades con sus aldeas. Esta es la heredad de los hijos de Benjamín conforme a sus familias.

La segunda división de la tribu de Benjamín concluye con la relación de otras cuatro ciudades principales con los poblados de sus entornos. Zela (*Sëla^{ä}*), sin identificar plenamente, y que pudiera ser *hirbet Salah,* al noroeste de Jerusalén. Igual ocurre con Elef (*Hä-Elep*), lugar no identificado pero que por la situación de las ciudades mencionadas pudiera estar en el área de Jerusalén. Después Jebús (*Y^{e}bûs*), que el mismo texto identifica con Jerusalén (*Y^{e}rûsälaim*), mencionada antes en el libro (15:8) y de la que se da un detalle en el *Excursus 21* al final del capítulo para no ocupar aquí en el comentario un lugar excesivo en la descripción de aspectos de la ciudad que fue capital del Reino Unido de las doce tribus y luego capital del Reino de Sur, compuesto por las de Judá y Benjamín, después de la partición del reino en días de Roboam, el hijo de Salomón. Gabaa (*Gib^{a}at*), que se haría famosa por ser el lugar de Benjamín (*Gib^{a}at*

Binyämin) donde tuvo lugar la violación y muerte de la concubina del levita que transitaba hacia el monte de Efraín y pernoctó buscando un lugar seguro en esa ciudad (Jue. 19:12ss.). Más tarde se llamaría Gabaa de Saúl (*Gib^{a}at Sä*^{ä}ûl) por su relación con el que fue el primer rey de Israel (1Sa. 11:4; 15:34). La ciudad se identifica actualmente con *Tell el-Fûl,* a unos 6 km al norte de Jerusalén. La última de las ciudades de esta segunda división de la tribu de Benjamín era Quiriat (*Qiryat*), probablemente se refiera a Quiriat-Jeraim, situada en el límite sur de la frontera, llamada antes por los cananeos Quiriat-baal. En la LXX aparece el nombre completo en este texto. La misma se mencionó antes (15:60)[8].

Toda la segunda división de la tierra tenía un total de catorce ciudades principales con las aldeas, grupos de población mucho menores cercanos a la más importante, que en muchos casos se trataba simplemente de caseríos construidos a la vista de la ciudad. Es interesante apreciar que la tribu de Benjamín tuvo un territorio en que estaban asentadas una gran cantidad de poblaciones antiguas. Entre las que cabe destacar la presencia de Yebus, que sería luego Jerusalén.

El escritor hace notar que esta era la heredad de los hijos de Benjamín, que les correspondió conforme al número de sus familias. Posiblemente, aunque en extensión menor que el territorio de otras tribus, era una zona mejor preparada para asentar la población de la tribu por el número elevado de ciudades que ya estaban en el territorio. Tan solo tenían que, como las otras tribus, hacer una limpieza en la heredad echando fuera a los pobladores que aún quedaban y ocupar las ciudades ellos. En otros lugares se verían obligados a la reconstrucción de aquellas que, a causa de la guerra, necesitaban ser restauradas.

Nadie en Israel quedó sin posesión. Nadie tuvo menos de lo que necesitaba. La gracia de Dios y su fidelidad se ve manifestada claramente en la distribución de la tierra, según había prometido siglos antes a sus antepasados. La aplicación espiritual para el tiempo presente se deja para el final del siguiente capítulo, puesto que, prácticamente se trata de una unidad en el relato del libro.

---

[8] Ver notas en el capítulo 16.

EXCURSUS XX
EL TABERNÁCULO

El Tabernáculo podía definirse como un santuario portátil que Dios ordenó construir a Moisés durante el tiempo de peregrinación en el desierto y que cobijaba una serie de muebles diseñados conforme a la revelación que Dios le dio en el Monte Sinaí, donde también estaba el Arca del Pacto. Este santuario sirvió a Israel como lugar de culto desde su construcción en el Sinaí (Éx. 19:1) hasta la edificación del templo de Salomón.

Se le dan cinco nombres distintos. (1) El más simple es *Tabernáculo*, que en hebreo equivale a morada (Éx. 40:24, 25). (2) Se le llama también *Tabernáculo del testimonio* (Nm. 10:11), en el sentido de ser un lugar en el que Dios se revelaba a sí mismo en muchas de sus perfecciones para conocimiento del pueblo. (3) *Tabernáculo de reunión* (Ex, 40:34-35), como lugar de convocatoria de todo el pueblo para momentos solemnes y de culto. (4) *Casa de Yahveh* (Éx. 34:26), ya que era la edificación en la que Dios moraba en medio de su pueblo. (5) *Tabernáculo de Yahveh* (1Re. 2:28), como referencia más directa a la tienda de campaña en la que el Señor moraba en medio de su pueblo.

El tabernáculo estaba diseñado para montarlo y desmontarlo fácilmente, ya que tenía que ser transportado de un lugar a otro cuando el pueblo se movía en el camino del desierto hacia Canaán. El tabernáculo lo armaban en un patio, conocido como el *Atrio,* sin techo, formado por un cierre de columnas que sustentaban un paramento de tela de lino.

Una columna de fuego en la noche o una nube por el día regulaba, regía y dirigía los movimientos del tabernáculo. Cuando la nube se detenía sobre un lugar, allí se instalaba el tabernáculo, permaneciendo allí hasta que la nube se levantaba de nuevo. Los sacerdotes desmontaban el tabernáculo que se transportaba pieza a pieza a hombros de los levitas hasta el nuevo lugar donde debían levantarlo, todo ello conforme a un orden minuciosamente establecido (Nm. 3:25-37). Al tener que levantar el campamento, los sacerdotes desarmaban el tabernáculo y lo cubrían cuidadosamente, y los levitas lo transportaban según un orden establecido (Nm 3.25–37).

1. Simbolismo

El tabernáculo era el lugar que simbolizaba la presencia de Dios en medio del pueblo. Cuando Israel quebrantó la voluntad de Dios adorando al becerro de oro que habían elaborado con el oro de las ofrendas del pueblo, Dios manifestó su ira por aquel pecado y Moisés sacó el tabernáculo del lugar central que ocupaba entre el pueblo a otro lugar fuera del campamento (Éx. 33:7), simbolizando con ello el alejamiento que Dios manifiesta cuando hay pecado en la congregación de los suyos. Solo mediante la confesión y restauración se reanuda la comunión y el tabernáculo pudo volver al lugar central que antes ocupaba, situándose seis tribus delante y otras seis detrás (Nm. 2:17). El simbolismo del tabernáculo se cumple plenamente en Cristo cuando el Verbo de Dios encarnado vino al mundo de los hombres y puso su tabernáculo entre nosotros (Jn. 1:14). En Él habita corporalmente toda la plenitud de la deidad (Col. 2:9). Es interesante recordar la enseñanza que Pablo desarrolla en ese texto. Jesucristo manifiesta la inhabitación divina: "*Porque en Él habita corporalmente toda la plenitud de la deidad*" (ὅτι ἐν αὐτῷ κατοικεῖ πᾶν τὸ πλήρωμα τῆ" θεότητοσ σωματικῶ"). Es una referencia directa a Cristo, Jesús de Nazaret, que es Emanuel, Dios con nosotros (Is. 7.14; 8:8; Mt. 1:23). El verbo expresado como *"habita"* (κατοικεῖ). Esto lleva a algunos a pensar que se establece aquí una referencia a la inhabitación de la deidad en la humanidad de Jesucristo[1]. Lo que equivaldría a decir *"en Jesucristo hombre"*. Esta interpretación concuerda con diversos pasajes (Jn. 1:14; Gá. 4:4; He. 10:5). Sin embargo, contra esto se presentan algunas objeciones: a) El verbo habitar está en presente (κατιοικεῖ), lo que supone literalmente *está habitando.* Si se refiriese a la inhabitación, tendría que estar en pasado (cf. Jn. 1:14). Este morar la plenitud tiene que ver con el Cristo preencarnado. *Corporalmente*, como adverbio modifica la cláusula si se refiere a la inhabitación. b) Otro punto de vista interpreta el adverbio *corporalmente* dándole el significado de *concentradamente,* como si fuese visible y tangible. En este sentido, la fe puede ver claramente la deidad en Cristo. La idea sería que la totalidad de la esencia divina está concentrada en Cristo como en un cuerpo. De ahí que Cristo sea la imagen del Dios invisible. Pablo califica esta inhabitación como *corporal*, en el sentido de real o verdadera. Eso se opone a la falsa enseñanza de una mera apariencia de la deidad. Pablo enseña la presencia de Dios en la humanidad de Jesús, de la misma manera que Juan (Jn. 1:14). La plenitud de la deidad mora en Jesucristo, como en su propio hogar, no alguna expresión de la deidad, sino toda la *esencia* de la deidad. Es decir, que la absoluta dimensión, la plena esencia del Ser Divino, está en Cristo. De otro modo: no hay nada de la esencia misma de Dios que no esté en Jesús. Es interesante notar que Pablo utiliza aquí θεότη", *deidad,* que expresa la totalidad absoluta de la esencia y naturaleza divinas. Es un concepto mucho más amplio que el de θειότη", que se refiere a alguna cualidad o perfección divina (Ro. 1:20). Pablo afirma que Cristo es Dios mismo, con toda la esencia

---

[1] Lightfoot, J. B. *Saint Paul's Epistle to the Colossians*. pág. 182, 183.

de la deidad morando en Él (Jn. 14:9-11; 2Co. 4:6; He. 1:3). Los atributos incomunicables que manifiestan la *esencia* divina están en Jesucristo y le son propios. Los atributos comunicables que manifiestan la *naturaleza* divina, están en Jesucristo y le son propios. No es la deidad implantada en Jesús, sino que Jesús es Dios mismo manifestado en carne.

Todo cuanto hay en el tabernáculo enfoca en figura a Jesucristo. El verdadero tabernáculo de Dios entre los hombres. No es aquí lugar para analizar el simbolismo de cada una de las partes, los muebles, los materiales y los colores del tabernáculo. Hay magníficos textos que estudian la tipología del tabernáculo. Sin embargo, merece la pena resaltar algunas cosas: (1) Los muebles en general eran un compuesto de madera de acacia forrada de oro, salvo los del atrio. Ambos elementos son figuras de Cristo. La madera figura de su humanidad y el oro figura de su deidad. La plata sobre los capiteles de las columnas en el atrio y las bases en el santuario son figura de redención. El bronce es símbolo de juicio y está en los muebles del exterior del santuario. Símbolo del juicio de Dios sobre su Hijo que cancela la deuda contraída por el pecado. El lino blanco es figura de santidad y justicia, y los colores, el azul habla del cielo; el rojo de la sangre que santifica por expiación del pecado; y el púrpura, figura de magnificencia.

2. Divisiones del Tabernáculo

Esencialmente, se dividía en tres partes: (1) El atrio, parte exterior donde estaba el cierre de la tienda y donde se encontraban los muebles de sacrificio y limpieza: el altar de bronce y el lavacro. (2) La tienda del tabernáculo, que tenía a su vez otras dos divisiones. La primera, de mayor dimensión, se llamaba el Lugar Santo. En ella estaban varios muebles: la mesa de los panes de la proposición, el candelero y el altar de oro o del incienso. Separada por un velo se encontraba la segunda división de la tienda llamada el Lugar Santo, en donde se encontraba solo un mueble: el arca de la alianza. Las dimensiones del tabernáculo y cada una de sus partes se encuentran detalladas en Éxodo. Las medidas del atrio que rodeaba el tabernáculo eran de cien codos de largo por cincuenta codos de ancho (Éx. 27:9-19). La tienda estaba formada por tablas de madera de acacia. Cada una medía diez codos de alto por un codo y medio de ancho (Éx. 36:20-21). Quedaban unidas entre sí por dos espigas que las enlazaban (Éx. 36:22). La parte mas larga de la tienda tenía veinte tablas, que daba una longitud total de treinta codos (Éx. 36:23). Las tablas se sustentaban sobre cuarenta bases de plata en las que se introducían los espigos hechos en las bases de las tablas (Éx. 26:19). La parte más estrecha de la tienda estaba formada por seis tablas de las mismas dimensiones y colocadas de igual manera (Éx. 36:27). Los anclajes en las esquinas de las dos formaciones de tablas se aseguraban mediante esquineros formados por dos tablas que se unían a los paramentos mediante goznes (Éx. 36:29). Para dar consistencia a los laterales y el fondo, se unían todas las tablas mediante una barra central de madera y cuatro que se colocaban dos a dos por cncima y por debajo de la barra central que pasaba longitudinalmente por todas las tablas de las paredes (Éx. 36:31-33). Las barras de sujeción estaban cubiertas de oro, siendo también de oro los anillos por donde se deslizaban. A la primera parte del santuario, el *Lugar Santo,* tenían acceso diariamente los sacerdotes para el oficio del culto, la reposición de los panes de la proposición, la conservación del alumbrado y la ofrenda del incienso sobre el altar de oro. La longitud de la tienda del tabernáculo era de trece metros y medio, y de casi siete metros su anchura.

3. Cubiertas, velos y puertas

El santuario estaba cubierto por tres cortinas superpuestas. Los detalles de cada una se recogen en Éxodo 26. La primera, que estaba en contacto con las tablas de la tienda y se veía desde el interior constituyendo el primer techo, se formaba por diez piezas de lino torcido, en las que se habían bordado figuras de querubines. Cada una de las piezas tenía veintiocho codos y con una anchura de cuatro codos. Las diez cortinas se unían cinco y luego otras cinco, formando dos grandes unidades que a su vez se ligaban una a otra mediante cincuenta lazos de color azul a otros tantos corchetes de oro (Éx. 26:1-7). La segunda cortina sobre esta primera estaba formada por once unidades de pelo de cabra, con una longitud cada una de treinta codos, y con un ancho de cuatro codos. Las cortinas se unían en dos grupos, en los que había seis y cinco respectivamente, doblandose la sexta cortina en el frontal del tabernáculo, cayendo la longitud sobrante de la cortina por la parte exterior de los laterales del tabernáculo. Las uniones entre los dos grupos de cortinas se hacían mediante cincuenta lazadas sujetas a otros tantos corchetes de bronce. Lo cubrían tres cortinas (Ex 26:7-13). La tercera cubierta era de pieles de carnero teñidas de rojo (Éx. 26:14a), y sobre ella, a modo de cierre exterior final, otra cubierta de pieles de tejones. Las dos últimas cubiertas medían aproximadamente dieciocho por trece metros y medio cada una.

El *Lugar Santo* estaba separado del *Santísimo* por medio de un velo, de lino torcido, en que había bordados querubines con azul, púrpura y carmesí, semejantes a los bordados de la primera cubierta que se veía en el techo de la tienda desde su interior. Sustentaban el velo cuatro columnas de madera de acacia cubiertas de oro, con los capiteles y las bases de plata (Éx. 26:31-32).

La empalizada exterior del santuario estaba formada por columnas de madera de acacia, veinte por cada lado mayor y diez para el lado más estrecho, sobre bases de bronce y con capiteles de plata que sostenían una cortina de lino torcido de cien codos de longitud para cada lado mayor y otra de cincuenta codos para el lado menor que coincidía con el ancho del atrio (Éx. 27:9-15). La entrada estaba constituida por la misma estructura de columnas, pero con una longitud de la cortina exterior de quince codos a cada lado, lo que permitía una puerta de entrada formada también por una cortina de veinte codos bordada con azul, púrpura y carmesí, sostenida por cuatro columnas de madera semejantes al resto del cerramiento exterior (Éx. 27:16). Las medidas del recinto cuadrangular eran aproximadamente de unos 45 m de largo por 22.5 m de ancho, y se orientaba de este a oeste (Éx. 27:18).

4. Muebles del tabernáculo

El tabernáculo se construyó con materiales que podían encontrarse en el desierto, y con el oro, piedras preciosas y materiales nobles que habían traído de Egipto cuando salieron de la esclavitud.

Muebles del atrio

En el atrio del tabernáculo se colocaban dos muebles. El primero se llamaba el *Altar de Bronce*. Estaba construido con madera de acacia y tenía cinco codos de longitud, otros cinco de ancho y tres de alto. Estaba forrado de planchas de bronce. En las cuatro esquinas tenía cornijales también de bronce. Un enrejado de bronce sujeto por cadenas a cuatro anillas del mismo material colgaba por la parte interior del altar a la mitad de la altura total del mueble. Para el transporte se habilitaron dos varas de madera de acacia forradas de bronce que se introducían por cuatro anillos de bronce situados en dos laterales del altar. En este mueble se quemaban los holocaustos y sacrificios (Éx. 27:1-8).

El segundo mueble del atrio era un lavacro, conocido como *Fuente de Bronce*. El bronce utilizado en la construcción del lavacro procedía de los espejos de las mujeres israelitas. Estaba situado entre el altar del holocausto y la puerta de entrada al *Lugar Santo* (Éx. 30:17-18). Era destinado a las abluciones rituales de los sacerdotes que ministraban en el santuario antes de entrar en el tabernáculo (Éx. 30:19-21).

Muebles del Lugar Santo

Tres muebles estaban colocados en el *Lugar Santo*: el candelero, la mesa de los panes de la proposición y el altar de oro o del incienso.

En la parte norte del Lugar Santo estaba colocado *El Candelero.* Es el único mueble del tabernáculo del que no se dan medidas. Era un conjunto hecho de oro puro, labrado a martillo, compuesto por una caña central que sostenía tres brazos a cada lado, rematados por copas en forma de flor de almendro, sobre una manzana y una flor. Cada uno de los siete brazos se remataba en la parte superior por una lamparilla de oro que portaba aceite y mecha para el alumbrado, que debían arder continuamente tanto de día como de noche. El oro utilizado para la construcción de este mueble fue de un talento, aproximadamente unos 35kg (Éx. 25:31–40; 27:20s.; 37:17–24; Lv. 24:3s.).

En el otro lado, la parte sur del Lugar Santo, se encontraba la *Mesa de los Panes de la Proposición,* hecha de madera de acacia, cubierta de oro, sobre la que se hallaban doce panes ordenados en dos hileras de seis panes cada una (Éx. 25:23–30; Lv. 24:5–7). La traducción literal del hebreo de *panes de la proposición* es *panes de cara.* Simbolizaba la presencia delante del rostro benéfico de Dios de cada una de las tribus de Israel. Se llamaba también *pan continuo* (Nm. 4:7), y también *pan sagrado* (1Sa. 21:6). Era consumido por los sacerdotes después de cada cambio, que se hacía renovándolos cada sábado (Lv. 24:8; 1Sa. 21:6). Los panes estaban hechos con harina selecta de primera calidad, *flor de harina,* sal e incienso, y no podían tener levadura.

El tercer mueble, situado en el frontal delante del velo que separaba el *Lugar Santo* del *Lugar Santísimo*, se encontraba un altar hecho de madera de acacia y recubierto de oro. Cuadrado, de un codo por cada lado y de dos codos de alto. Provisto también de cuatro cornijales de oro situados en las cuatro esquinas superiores. Rodeando la cubierta tenía una cornisa de oro. Dos anillas también de oro, situadas en dos laterales del altar, permitían el paso de dos varas de madera de acacia cubiertas de oro, para el transporte del mueble (Éx. 30:1-5; 37:25-28). Era relativamente pequeño, de escasamente 50cm por cada lado y de 1 m escaso de altura. Sobre él se quemaba cada día incienso aromático, por la mañana y por la noche, excepto el día de la expiación (Lv. 16:12, 19). En esa ocasión se rociaba sobre los cuernos del altar parte de la sangre del sacrificio de la expiación (Éx. 30:10).

Muebles del Lugar Santísimo

Solo un mueble estaba en el departamento más pequeño del santuario, el *Arca del Pacto, o Arca de la Alianza.* Era un mueble rectangular de 2,5 codos de largo y 1,5 codos de ancho y de alto. Prácticamente 1,12 m de largo por 0,67 de ancho y alto. Como todos los otros muebles del tabernáculo, estaba hecha de madera de acacia y forrada de oro por dentro y por fuera. En dos de los laterales mayores había dos anillas de oro puro que permitían el paso de dos varas de madera de acacia cubiertas de oro con las que se transportaba el arca y que permanecían en esa posición incluso cuando el tabernáculo estaba instalado (Éx. 25:10-14). La tapa del arca tenía una plancha de oro puro, con las mismas medidas que el ancho y largo del mueble, sobre la que se vertía anualmente parte de la sangre del sacrificio de expiación que el sumo sacerdote ponía sobre ella, entrando una sola vez al año al *Lugar Santo* (Éx. 25:17). Sobre el propiciatorio y situados a los dos extremos del mismo, había dos querubines de oro, uno frente al otro, con el rostro orientado hacia el propiciatorio y con sus alas extendidas de modo que cubrían el propiciatorio (Éx. 25:18-22).

Dentro del arca se hallaban las dos tablas de piedra en las que se había escrito la Ley (Éx. 40:20; Dt. 10:5). Generalmente, se piensa que en el interior del arca se encontraba una urna con una porción del maná y la vara de Aarón (He. 9:4, 5). El escritor a los Hebreos dice: *"En la que estaba una urna de oro que contenía el maná"* (ἐν ᾗ στάμνο" χρυση' ἔχουσα τὸ μάννα). Dios había establecido que se tomase una muestra del maná y se introdujera *delante* de Jehová (Éx. 16:33-34). Esto significa que debía ser puesta en Su presencia, esto es, delante del arca, en el Lugar Santísimo. El escritor parece colocar el *gomer* de maná dentro del arca. Sin embargo, en tiempos de Salomón solo había en el interior del arca las tablas de la Ley (1Re. 8:9). El texto de Reyes podría hacer pensar que tal vez hubo anteriormente otras cosas en el interior del arca. La tradición rabínica enseñaba que la vasija del maná y la vara de Aarón no estaban en el arca sino a su lado, junto con el cofre de joyas de oro que los filisteos habían enviado cuando devolvieron el arca a Israel (1Sa. 6:4, 8, 11, 15). Igual ocurre con la vara de Aarón, de la que Hebreos dice: *"La vara de Aarón que reverdeció"* (καὶ ἡ ῥάβδο" 'Ααρὼν ἡ βλαστήσασα). De igual manera que el maná, la vara fue puesta *delante* de la presencia del Señor (Nm. 17:10). La vara de Aarón había reverdecido, echado flores y frutos en una noche, como señal de aprobación divina a su condición sacerdotal (Nm. 17:7-9). Algunos suponen que se guardaron en el interior del arca para mayor seguridad y que se perdieron posiblemente en el tiempo en que fue tomada por los filisteos. Siendo la vara que estaba *delante del Señor,* podría suponerse que fue la que Moisés tomó y con la que golpeó la peña (Nm. 20:8-11). No es clara la evidencia, ya que podría más bien tratarse de la vara con la que Moisés hizo los milagros desde antes de la liberación de Egipto y que tenía en el monte cuando fue comisionado por Dios (Éx. 4:1ss). Lo que sí había en el interior del arca eran *"las tablas del pacto"* (καὶ αἱ πλάκε" τη'" διαθήκη"). Las dos tablas que contenían los diez mandamientos. Sin duda, se trataba de las segundas tablas (Dt. 10:1-4), ya que las primeras fueron rotas por Moisés al bajar del monte (Éx. 32:19; Dt. 9:15-17). Dios mismo dio a esas tablas el calificativo del *"testimonio"* (Éx. 25:16, 21; 31:18; 32:15). Las tablas fueron colocadas dentro del arca (Es. 25:16; 40:20; 1Re. 8:1). La tradición rabínica coloca también en el arca un ejemplar de la Ley (*"Torah"*), posiblemente basándose en el pasaje de Deuteronomio (Dt. 31:26). Se le llama *"del testimonio"* en el sentido de testificar en favor o en contra del pueblo en relación con el compromiso que habían contraído delante de Dios de obedecer sus demandas (Éx. 24:7). Las bendiciones y la disciplina del pacto eran la consecuencia de la obediencia o rebeldía del pueblo. Esto tiene un notable simbolismo. La ley manifiesta el pecado y, por consiguiente, la responsabilidad del transgresor que lleva aparejada su muerte. La sangre sobre el propiciatorio permitía a Dios ser propicio, claramente manifestado en el ejemplo del publicano que se acercaba a Dios en razón de la propiciación, que era su confianza personal (Lc. 18:17). El escritor a los Hebreos se refiere también a los querubines de gloria (He. 9:5) que dice estaban sobre el propiciatorio: *"Y sobre ella los querubines de gloria que cubrían el propiciatorio"* (ὑπεράνω δὲ αὐτη'" Χερουβὶν δόξη" κατασκιάζοντα το ἱλαστήριον). Eran dos querubines con alas extendidas y los rostros hacia el propiciatorio que cubrían la tapa del arca (Éx. 25:28-22; 37:7-9). Sobre el propiciatorio y en medio de los querubines se manifestaba la presencia de Dios, por eso dice Samuel que Dios *"Moraba entre los querubines"* (1Sa. 4:4). Debido a esta ubicación simbólica, se les llama aquí *"querubines de gloria"* porque allí se manifestaba la gloria de Dios (Éx. 29:43; 40:32). Dios gobernaba a Su pueblo e instruía a Moisés en el modo de gobierno desde el propiciatorio, en medio de los querubines (Éx. 25:21-22). Es en este sentido que Moisés hablaba con Dios *"cara a cara"* (Éx. 33:11). El ministerio de los querubines tiene que ver con la custodia de la santidad de Dios. Nada impuro puede entrar en Su presencia (Sal. 24:3-4). Por esa causa fueron puestos en el camino al árbol de la vida después de la caída (Gn. 3:24). De ahí que se diga que Dios habita entre querubines (Sal. 80:1; 99:1). El propiciatorio era figura de Cristo que es también el *"propiciatorio"* (Ro. 3:25). Los querubines no están con espada, sino en actitud de adoración al que proveyó el sacrificio definitivo por los pecados (He. 7:27).

Resumiendo, el arca tenía un doble significado para el pueblo de Israel. Por un lado, era conceptuada como el trono de Dios (1Sa. 4:4; Is. 6:1). De una manera especial Dios se manifestaba entre los querubines. En segundo lugar, tenía el significado relativo a la Ley que estaba dentro del arca, cubierta simbólicamente con la sangre del sacrificio de la expiación (Lv. 16). En ese día, el momento culminante era la entrada del sumo sacerdote al Lugar Santísimo con la sangre para rociar el propiciatorio.

Era cuando Dios se mostraba especialmente misericordioso dispuesto a perdonar los pecados.

Los israelitas, siempre más religiosos e incluso algo supersticiosos, atribuían al arca poderes sobrenaturales que les garantizaban la victoria sobre sus enemigos. Por eso la llevaron a la batalla que los enfrentaba con los filisteos, pensando que así se aseguraban la victoria (1Sa. 4:3-9). Sin embargo, se olvidaban que la aceptación de Dios no es asunto de religión sino de disposición del corazón. Por eso perdieron la batalla y los filisteos capturaron el arca. Con todo, por haberla llevado a sus templos paganos, padecieron siete meses de plagas (1Sa. 5), por lo cual decidieron devolverla a Israel haciéndola llegar a Quiriat-jeraim (1Sa. 6:1–7:2). Durante el reinado de David, el arca estuvo en una tienda en Jerusalén (2Sa. 6). Salomón la colocó en el interior del *Lugar Santo* en el templo que había edificado (1Re. 8). Después de la reforma de Josías, no se vuelve a mencionar el arca (2Cr. 35:3). Probablemente fue destruida durante la desolación de Jerusalén en la invasión de Nabucodonosor (587 a.C.).

EXCURSUS XXI
SILO Y JERUSALÉN

1. Silo

La ciudad de Silo, conocida hoy como *Seilum*, estaba situada a unos 16 km al norte de Bet-el y *"al lado oriental del camino que sube de Bet-el a Siquem"* (Jue. 21:19). Fue el lugar donde Israel instaló el tabernáculo cuando, ya conquistada la tierra de Canaán, procedieron al reparto de las heredades. En este lugar, donde estaba el santuario, el joven Samuel ministraba delante del Señor y se convirtió en el primero de una larga serie de profetas. Conforme a la profecía que dio Samuel, los filisteos derrotaron a Israel y capturaron el arca. Silo fue reduciendose a un poblado insignificante. Un incendio acabó con el lugar dejándolo reducido a un lugar de desolación descrito por Jeremías unos 450 años más tarde (Jer. 7:12).

Los daneses hicieron excavaciones en Silo en los años 1922, 1926, 1929 y 1931, bajo la dirección del Dr. Aage Smith, descubriendo restos que dataron como del s. XIII a.C. Sin embargo, esas excavaciones no sacaron a la luz nada correspondiente al periodo de 1050 a 300 a.C. Esto concuerda con lo que la Biblia afirma sobre la destrucción de Silo por los filisteos después de la batalla de Eben-ezer y de la captura del arca (1Sa. 4:10-11).

Las excavaciones sacaron a la luz un cuadrángulo labrado en piedra de 24 por 122 m, que supusieron debía corresponder al rectángulo donde se habría colocado el tabernáculo. Sin embargo, posteriores investigaciones demostraron que se trataba de construcciones del período bizantino (323-636 d.C.). Es probable que los cristianos edificaran una iglesia en ese lugar, en lo que debió haber sido el sitio del tabernáculo. Los eruditos palestinos concuerdan conque los descubrimientos de las excavaciones danesas son una manifestación exacta de lo que está escrito en el Antiguo Testamento. Posiblemente, la estructura de las construcciones cristianas esté levantada en el lugar donde estaba la base de sustentación del tabernáculo y hayan destruido todo vestigio de las construcciones antiguas.

2. Jerusalén

Es imposible, en lo que tiene que ser un *excursus*, dentro del estudio del Libro de Josué, dar una panorámica histórico-geográfico-arqueológica sobre Jerusalén. La extensión del trabajo superaría con creces lo que debe comentarse como complemento de la descripción de las ciudades señaladas en los límites de la tribu de Benjamín. Por tanto, se limitará la extensión a indicar algunos aspectos que permitan un conocimiento mayor de la importancia de la ciudad de Jerusalén.

Importancia

Puede afirmarse, sin temor a equivocarse, que Jerusalén es la principal ciudad de Palestina. Sagrada para cristianos, judíos y musulmanes. Su importancia histórica arranca desde David (1000 a.C.). Sin embargo, la ciudad existió muchos siglos antes, siendo mencionada en textos egipcios del s. XIX a.C. En la época patriarcal, la ciudad tenía una notoria importancia y Abraham dio diezmos del botín de guerra a su rey Melquisedec (Gn. 14:18–20), siendo también allí, en uno de los montes de su entorno donde Dios puso a prueba su fe (Gn. 22; 2Cr. 3:1). En el transcurso del tiempo adquiere una importancia capital al ser constituida capital del reino y residencia real de David. La importancia capital de la ciudad está vinculada para el cristianismo con la vida y obra de Jesucristo. Fue en Jerusalén donde se produjo su crucifixión, sepultura, resurrección y ascensión. A pesar de los siglos, la importancia, sobre todo religiosa de la ciudad, produjo enfrentamientos permanentes entre quienes la consideran como lugar sagrado. A partir del año 1948, en que se produjo la fundación del moderno estado de Israel, Jerusalén estuvo en el punto de mira de los judíos para hacer de ella la capital de su estado y también del pueblo árabe palestino con un propósito semejante. Esta situación conflictiva ha venido produciéndose prácticamente desde entonces y agravada notoriamente desde el conflicto árabe-israelí conocido como la *guerra de los seis días.* Jerusalén resucita una vez más de sus cenizas para convertirse en un núcleo de primera dimensión histórico-político-religiosa que alcanza hasta el momento presente.

Situación

La ciudad está situada sobre una serie de colinas pertenecientes a la cordillera central de Palestina. La altitud de Jerusalén es de unos 700 m sobre el nivel de mar Mediterráneo, que está situado a unos 50 km al oeste de la ciudad. La altitud sobre la depresión del mar Muerto, situado a 32 km al este, es de 1.145 m. La ciudad domina los antiguos caminos desde Siquen a Hebrón y del valle del Jordán al Mediterráneo. Dos pequeños valles, o más bien depresiones del terreno, rodean la ciudad. Por el suroeste está el Valle de Hinom, y por el este el Valle del Cedrón, que sirvieron de defensas naturales a la ciudad. La parte más vulnerable era la del sector norte, por donde se unía con la región montañosa. Atravesando la ciudad desde el norte, próximo a la puerta de Damasco, y corriendo en dirección sur-sudeste, aparece otra depresión conocida como el Valle de Tiropeón, que se unía al sudeste con los otros dos valles dividiendo la ciudad en dos colinas. Sin embargo, a través de los siglos, la topografía fue alterada por los rellenos, de modo que el valle está casi rellenado ahora. En la colina del sudeste, la mas baja de las dos, se encontraba la antigua fortaleza de los jebuseos, conocida como el monte de Sión. En la colina del nordeste estaba edificado el templo, por lo que se conoce como el Monte del Templo. Era de opinión generalizada que la colina más alta de Jerusalén era la Sión de David, pero la arqueología puso de manifiesto que las murallas no pertenecían al tiempo de David, sino al de los macabeos.

Situado al este del Valle del Cedrón se encuentra una pequeña elevación que es el Monte de los Olivos, de notoria relevancia en el relato bíblico de los evangelios. Frente al monte Moriah está el huerto de Getsemaní. Mas al sudeste, en el lugar del encuentro de los valles, está un lugar conocido como *Huerto del Rey,* lugar que se menciona en el relato de la reconstrucción de la ciudad y el muro en tiempos de Nehemías (Neh. 3:15). Cercana está también la *Fuente de Rogel.* En la entrada del Valle del Tiropeón, entre el monte de Sión y la colina del sudoeste, aparece el estanque de Siloé. En todo el entorno de los valles, tanto de Hinom como del Cedrón, a causa de la orografía propia del lugar, hay muchas cuevas, y tumbas subterráneas.

Nombres de la ciudad

A lo largo de la historia la ciudad fue llamada de distintas maneras. Posiblemente, el más antiguo sea el de *Urushalim*, que pudiera significar *Fundación de Shalem. Shalem* era el dios de la prosperidad para los amorreos. La misma profecía vincula el origen de la ciudad con los amorreos (Ez. 16:3). Por otro lado la palabra *Shalem* y sus derivados hasta el hebreo *Shalom*, están relacionados con la paz. Por esa causa el escritor de la Epístola a los Hebreos dice que Jerusalén era la ciudad de paz (He. 7:2). El nombre de la ciudad en el período patriarcal era *Salem* (Gn. 14:18). Tanto en la conquista como en el período de los jueces, la ciudad se conocía como Jebús (Jue. 19:10 s.). Desde la conquista por David, el nombre de la ciudad fue el de Jerusalén. Otros nombres con los que suele denominarsela son los de Sión, Ciudad de David, Ciudad del Gran Rey, y Ciudad Santa.

Datos históricos

Edad del Bronce

Los primeros asentamientos de población en este tiempo se produjeron en la colina del sudeste de la ciudad, debido fundamentalmente a la presencia en el lugar de abundancia de agua, especialmente del manantial del Gihón. Las primeras poblaciones se asentaron en el lugar durante el tercer y cuarto milenio a.C. En el período patriarcal correspondiente al Bronce medio, había una población con una estructura socio-política propia de las ciudades estado de aquel tiempo. El rey de la ciudad, Melquisedec, salió al encuentro de Abraham con alimento y bendición (Gn. 14:18). El lugar donde el templo se edificó era, según tradición judía, donde Abraham estuvo dispuesto a sacrificar a su hijo Isaac, quedando entonces fuera de la ciudad. Los harrias entraron en Palestina en el Bronce Reciente (ca. 1500 a.C), ocupando la ciudad. La correspondencia de Amarna[1] testifica del vasallaje de la ciudad a Egipto. Los relatos bíblicos de Josué y Jueces señalan a Jerusalén como una fortaleza jebusea. Al lado este de la colina del sudeste aparecieron restos de murallas datadas del 1800 a.C. Mediante un sistema de terrazas artificiales y de rellenos era posible acceder a los manantiales de aguas aun en momentos de sitio de la ciudad. Una serie de túneles excavados en la roca permitían el paso interiormente. La ciudad fue conquistada por fuerzas de Judá y Simeón al principio del período de los Jueces (Jue. 1:8), volviendo luego a manos de los jebuseos, que la administraron hasta el tiempo de David.

Desde la monarquía hasta el cautiverio

David tomó a los jebuseos la ciudad de Jerusalén (2Sa. 5:6-10), llamándola *Ciudad de David,* y trasladando la capital administrativa que estaba en Hebrón a Jerusalén (2Sa. 5:9). La capital del reino ganó estratégicamente por la situación privilegiada de la ciudad en la ruta central de Palestina. Además, situada en la frontera de las tribus de Judá y Benjamín, permitió alcanzar mejor la unificación del país. La ciudad en tiempos de David era relativamente pequeña, poco más extensa que la fortaleza jebusea, ya que no pudo el rey dedicarse a muchas construcciones, sin embargo, las obras contribuyeron a fortificarla aún más. Es muy probable que una de las obras acometidas por David fuese un relleno exterior que se llamó Milo (2Sa. 5:9). David construyó un palacio posiblemente en el extremo sur de la colina (Neh. 12:37). En esa construcción utilizó personal especializado enviado por su amigo Hiram, el rey de Tiro (2Sa. 5:11). Es muy posible que los sepulcros de David se encontrasen en el lado sudeste de la colina (1Re. 2:10; Neh, 3:16).

Las construcciones más notables tuvieron lugar en el reinado de Salomón. Especialmente destacables sus palacios y, sobre todo, el templo (1Re 6). El edificio del templo se levantó en la colina del nordeste,

---

[1] Ver referencia sobre esta correspondencia en la *Introducción*.

construyéndose en ese mismo lugar al sur del santuario el palacio del rey (1Re. 7:1). La ciudad se engrandeció y hermoseó notablemente en aquellos días. Cabe destacar lo que se llamó *La casa del bosque del Líbano*, construcción palaciega rodeada de grandes cedros (1Re. 7:2-12).

La monarquía hebrea terminó dividiendo el reino con el acceso al trono del cuarto rey, tercero de la dinastía de David, Roboam. Jerusalén era una ciudad situada cerca de la frontera entre el reino del norte, Israel, y el del sur, Judá. Esta situación trajo continuos conflictos que, de algún modo, afectaron también a Jerusalén. En la medida en que el reino de Judá se iba debilitando, de la misma manera sufría su capital. Los egipcios saquearon el palacio real y el templo en el quinto año del reinado de Roboam (925 a.C.) (1Re. 14:25-26). El reino del norte, Israel, también participó en conflictos contra la ciudad, de tal modo que durante el reinado de Amasías, sus fuerzas invadieron Jerusalén y derribaron parte de las murallas (2Re. 14:11-14; 2Cr. 25:21-24). Los destrozos de esta acción bélica fueron reparados más tarde por el rey Uzías (2Cr. 26:9). Conocedor de la situación crítica por la que estaba atravesando Judá, el rey Ezequías llevó a cabo una admirable obra de ingeniería consistente en la construcción de un túnel horadado en la colina donde se asentaba Jerusalén, de 600 m de largo, que conducía agua desde el manantial del Gihón hasta el estanque de Siloé. La obra fue realizada por dos equipos de perforadores cavando desde cada uno de los extremos del túnel y encontrándose en el centro, como lo puso de manifiesto una inscripción en la roca del túnel descubierta en el año 1800 (2Re. 20:20; 2Cr. 32:30). Ya debilitada y a punto de ser conquistado el reino del sur por los babilonios, los asirios ocuparon casi toda la nación menos Jerusalén (701 a.C.) durante el reinado de Ezequías. La ciudad se libró por intervención divina (2Re. 18:13-19:37; 2Cr. 32:1-22; Is. 36, 37). Los egipcios no cejaron en posesionarse de la ciudad, así que el 609 a.C. el faraón egipcio Necao tomó la ciudad y puso a Eliaquim como rey (2Re. 23:33-35). Sin embargo, el peligro real no estaba en el sur, sino en Babilonia. El 605 a.C. Nabucodonosor, el emperador babilónico, la volvió a conquistar (2Cr. 36:10; Dn. 1:1, 2), despojando al templo de muchos de sus utensilios de culto y trasladando a parte de los nobles emparentados con la familia real a Babilonia durante el reinado de Joacim. En el año 586 a.C., Jerusalén fue arrasada totalmente, el templo quemado y prácticamente toda la población que la habitaba entonces fue llevada en cautiverio a Babilonia (2Re. 25; 2Cr. 36:17-21).

Desde el cautiverio hasta la destrucción por los romanos

Por el decreto del rey persa Ciro, en el primer año de su reinado, retornó a Jerusalén el primer grupo de cautivos con el objeto de reedificar el templo. Tras un periodo de inactividad, la construcción, más que una reconstrucción, de este segundo templo concluyó el 520 a.C. Sin embargo, habría que esperar hasta el reinado de Artajerjes para que tuviese lugar un nuevo decreto imperial persa que permitía a Nehemías iniciar la reconstrucción de la ciudad y del muro, destruidos desde el tiempo de la segunda acción de los babilonios. La ciudad reconstruida era muy pequeña en comparación con la de los tiempos de la monarquía hebrea. La muralla que rodeaba la colina del sudeste se reconstruyó, no sobre el lateral del montículo como anteriormente, sino sobre la cima. Realmente, no era necesaria una fortificación defensiva tan grande cuando el problema principal en caso de asedio, que era el agua, estaba resuelto gracias al túnel de Ezequías que no hacía necesario llegar al manantial del Gihón. Estas murallas reconstruidas tenían un espesor medio entre 2,50 y 3 m.

Los griegos, bajo Alejandro Magno (332 a.C.), conquistaron Palestina y, con ello, Jerusalén volvió a pasar a nuevas manos. Con todo, esta nueva situación junto con el dominio de los tolomeos, no afectó notablemente a la vida en la ciudad. El conflicto principal se produjo con la actuación de los seléucidas, un grupo sirio, el 193 a.C. La influencia de ellos fue notoria, dando a la ciudad un marcado carácter helenista que trajo serios conflictos entre los judíos. Antíoco IV Epífanes aprovechó las circunstancias para convertir el templo en un santuario de Zeus, profanándolo al ofrecer sacrificios de animales inmundos sobre el altar del holocausto. Una situación semejante provocó la resistencia de judíos ortodoxos, produciéndose un tiempo de represión notable que produjo la rebelión de los Macabeos, quienes restauraron el culto a Jehová y expulsaron a los griegos de la fortaleza situada en el suroeste del templo. Esta etapa histórica se caracterizó por conflictos y crueldades, sin embargo, fue un tiempo de expansión para la ciudad, que se extendió especialmente hacia el valle del Tiropeón y la colina del sudoeste. Los asmoneos edificaron un palacio y un puente sobre el valle.

En el año 63 a.C. la ciudad cayó en manos de los romanos al mando del general y estadista Cneo Pompeyo Magno. Los romanos nombraron rey a Herodes I el Grande en el año 37 a.C. Este rey inició una serie de importantes construcciones en Jerusalén. La acción inicial más importante de las construcciones fue la fortaleza llamada *Antonia*, situada al noroeste del templo. Seguido a esto hizo profundas reparaciones en las murallas de la ciudad fortificándolas considerablemente, construyendo al mismo tiempo un palacio fortaleza con tres torres en la colina del sudoeste. Construyó también una plaza abierta, el *xystus*, dedicada a competiciones de atletismo. También incorporó a la ciudad un anfiteatro y un teatro. Pero, sin duda, la construcción más importante fue la reedificación del templo, extendiendo el atrio hacia el sur y el este por medio de plataformas elevadas sobre grandes rellenos, circundando todo mediante un notable complejo de arcos sustentados sobre columnas. Este Herodes era el rey sobre Judea en el tiempo del nacimiento de Jesús y de su presentación en el templo (Mt. 2:1; Lc. 2:22). Arquelao fue el rey que sucedió a Herodes y gobernaba en los días en que Jesús regresó con sus padres desde Egipto (Mt. 2:22). La situación con la monarquía derivó en un gobierno directamente bajo procuradores romanos, uno de los cuales fue Pilato. Jesús hizo varias visitas durante su ministerio a la capital de la nación con motivo de las festividades religiosas de los judíos, según el relato de los evangelios, especialmente el de Juan. De todos los lugares mencionados en los evangelios, son perfectamente identificables hoy el lugar del templo, el estanque de Betesda, el del Siloé, el lugar de la torre Antonia y algunos otros. Sin embargo, es imposible localizar hoy algunos de los mencionados en los relatos de los evangelistas, dependiendo en gran medida de la tradición religiosa. La dificultad radica especialmente en la elevación del terreno actual sobre las cotas correspondientes a los días de Cristo, lo que supone que la actual Vía Dolorosa quede aproximadamente unos 7 m más alta que la que recorrió Jesús. El problema se produce también en relación con la identificación del lugar de la crucifixión y del sepulcro de Cristo. La tradición hacía suponer el lugar de la crucifixión en donde está edificada la Basílica del Santo Sepulcro, sin embargo, es difícil admitir esa ubicación al encontrarse dentro de lo que eran los muros de la ciudad en los días del Señor. Es más probable que el lugar del llamado *Monte de la Calavera* sea el conocido como *Calvario de Gordon.*

Entre los años 30 a 70 d.C. hubo bastante agitación política en la ciudad, produciéndose algunas revueltas sangrientas lideradas por sediciosos. Algunos de los procuradores romanos favorecieron a los judíos, como ocurrió con Agripa I, constructor de la tercera muralla de la ciudad. Con todo, otros muchos representantes del imperio romano maltrataron a los judíos, despreciándolos a ellos y sus instituciones y tratándolos como lo que realmente eran para Roma, un pueblo ocupado y dominado. En el tiempo de Cristo comenzó a tomar fuerza un movimiento nacionalista conocido como el de los *zelotes*, quienes declararon la guerra a Roma procurando la independencia de Palestina. Los ejércitos romanos pusieron sitio a la ciudad de Jerusalén en el año 66 d.C. Finalmente, en el año 70 d.C., las tropas romanas, bajo el mando de Tito, destruyeron totalmente la ciudad, derribaron sus construcciones distintivas, arrasaron el templo y mataron a miles de judíos.

Desde la destrucción por los romanos

El emperador romano Adriano visitó la ciudad, que se encontraba en ruinas en su mayor parte, e inició su reconstrucción. Sin embargo, una nueva rebelión de los judíos dirigida por Simón Barcokebas inició un conflicto que duró desde el 132 al 135. Aplastada la última rebelión judía, el emperador Adriano convirtió Jerusalén en una colonia romana cambiándole el nombre por el de *Aelia Capitolina*, e hizo de la ciudad un lugar pagano de culto a los dioses, dedicando el área del tempo en honor a Zeus, y prohibiendo a los judíos entrar en la ciudad. Tal vez por la trayectoria histórica de la ciudad, redujo su dimensión, especialmente por el lado sur. El auge del cristianismo bajo el emperador Constantino produjo una presión político-religiosa hacia la restauración del nombre antiguo de la ciudad, consiguiendo que volviera a llamarse Jerusalén. Entre los monumentos que datan de ese tiempo está la Iglesia del Santo Sepulcro, que fue construida por orden expresa del emperador. Jerusalén se convirtió en una ciudad cristiana, habitada por cristianos venidos de distintos lugares del imperio. La evidencia está en monumentos de esas fechas, como la Iglesia de San Esteban al norte de la ciudad, mandada construir por la emperatriz bizantina Eudocia y la Iglesia de Santa María en la colina del templo, edificada por orden del emperador bizantino Justiniano I.

Los persas, bajo mandato del rey Cosroes II, conquistaron y ocuparon la ciudad en el año 614, siendo recobrada nuevamente por el emperador bizantino Heraclio en el año 628.

Los musulmanes se adueñaron de la ciudad en el año 636 d.C. bajo el califa Omar I, construyendo en el lugar del tempo la mezquita llamada *Cúpula de la Roca* y también *Mezquita de Omar*, que permanece en la actualidad. La ocupación islamita de la ciudad limitó las actividades de los cristianos. Bajo la autoridad de los fatimíes egipcios que comenzaron a gobernar en el año 969, convirtieron la situación, ya mala, en una precariedad inquietante para los cristianos. Los turcos seleúcidas conquistaron Jerusalén en el año 1071, y su maltrato a los cristianos fue notorio, incluyendo en sus acciones la destrucción de la Iglesia del Santo Sepulcro. Esta situación dio origen en el año 1099, bajo la dirección del noble francés Godofredo de Bouillón, a una larga serie de conflictos bélicos que enfrentó a cristianos especialmente europeos con los mahometanos que ocupaban la ciudad y que se conoce como las *Guerras de Las Cruzadas*. Los cruzados reconquistaron la ciudad y la mantuvieron casi un siglo, entre el XII y el XIII, perdiéndola nuevamente en 1187 bajo el sultán Saladino I, que prácticamente terminó con el reino cristiano de oriente. Las actuales murallas fueron construidas por los turcos durante su dominación, en 1542.

En el año 1917, el ejército británico ocupó la ciudad, conquistándola a los turcos y creando allí lo que llamaron la *Patria Judía*. Este hecho desencadenó una escalada de violencia entre árabes y judíos, que no se ha podido detener desde entonces. En 1948 los británicos abandonaron Jerusalén y el territorio palestino ocupado, coincidiendo con la fundación del moderno estado de Israel. El conflicto entre árabes e israelies se produjo inmediatamente, dando lugar a la primera guerra árabe-israelí, que trajo como consecuencia la división de la ciudad en dos sectores: el oriental, bajo dominación jordana, que en la práctica era la ciudad antigua, y el occidental, bajo el control de Israel, que fue designado como capital del Estado de Israel en 1960. Esta división duró 19 años, hasta el armisticio de la llamada *Guerra de los Seis Días*. En 1967 Israel unificó la ciudad incorporándola a su estado y declarándola capital del Estado de Israel. La ciudad moderna de Jerusalén está edificada parcialmente en lo que era la vieja Jerusalén en la extensión de las murallas turcas, y una parte nueva que se extiende hacia el norte y el oeste de la antigua ciudad. La población censada en ese año era de 602.100 habitantes.

Actualmente, un muro levantado por los otomanos hace unos 400 años separa la ciudad antigua de la moderna que se extiende a su alrededor. Dentro del recinto amurallado están los lugares sagrados para las tres grandes religiones monoteístas: cristianismo, judaísmo e islamismo. Representadas por tres construcciones: el Muro de las Lamentaciones, símbolo para los judíos; la Iglesia del Santo Sepulcro, como principal monumento cristiano; la Mezquita de la Roca, referente para el mundo islámico. En contraste con una ciudad antigua, llena de historia y de peregrinos venidos de todo el mundo, se encuentra la ciudad moderna, dotada de rápidas vías de comunicación y elevados edificios, dividida en distritos árabes e israelíes.

Arqueología

La ciudad de Jerusalén es uno de los lugares absolutamente localizados. No hay duda alguna que el lugar de la actual ciudad es el lugar que tuvo el asentamiento desde los tiempos patriarcales y tal vez antes. La enorme dificultad arqueológica estriba en poder excavar en el lugar. La ciudad ha sido destruida a lo largo de la historia en muchas ocasiones y vuelto a reedificar sobre la destrucción anterior. Los materiales se han ido acumulando unos sobre otros, elevando el nivel de la ciudad nueva en cada reconstrucción, hasta el punto de que el nivel actual de muchas de las calles antiguas está entre 7 y 12 m más alto que el que correspondía en los tiempos de Jesucristo. Esto se complica y amplía mucho más cuando se buscan restos de localizaciones anteriores. Por otro lado, al estar edificada sobre el lugar la ciudad actual y en la parte antigua monumentos de indudable valor, no es posible excavar como se puede hacer en otros montículos sin habitar o ligeramente habitados. La mayor parte de la ciudad es inaccesible a las excavaciones directas, teniendo que conformarse con la apertura de túneles y calicatas para investigar cortes del terreno en lugares concretos. A todo esto deben unirse también los destrozos que se produjeron en el tiempo al utilizar piedras y elementos de construcción antiguos para las modernas construcciones. Algunos descubrimientos son consecuencia de casualidades, como ocurre con los recientes descubrimientos, celosamente guardados por los judíos, de túneles bajo el templo.

En las excavaciones del año 1838, dirigidas por el Dr. Edward Robinson, se desenterraron piedras que formaban parte de un arco de trece metros de ancho en el sector del ángulo sudoeste del templo. Las piedras eran de dimensiones considerables, algunas medían hasta 8 m de largo. Correspondían a un puente mandado construir por Herodes I sobre el valle del Tiropeón, que unía el templo con el monte Moriah. Años más tarde, Charles Warren descubrió la base de un pilar en el lado opuesto del valle que sustentaba el otro extremo del puente. La cimentación se encontraba a 9 m por debajo de la superficie actual. Bajo el nivel de cimentación, a unos 4 m de profundidad, se descubrió un alcantarillado con 4vm de profundidad y 1 m de ancho que corría paralelo al valle del Tiropeón. En otro período de excavaciones, Sir Charles Wilson descubrió otro arco de semejantes proporciones situado a unos 170 m al norte del arco localizado en primer lugar por el Dr. Robinson. Este arco era de un puente que atravesaba también el valle del Tiropeón, situado más arriba de los anteriores. El historiador Josefo afirma que al atrio exterior del templo se accedía por cuatro puertas, dos de las cuales se encontraban en el lugar en donde se localizaron los arcos de Robison y Wilson.

Las excavaciones sacaron a la luz numerosas tumbas. En 1850 el experto Felicien de Sauley descubrió una sepultura de dimensiones considerables con una puerta de entrada ricamente trabajada y con espacios para más de setenta tumbas en el interior. Se consideró que este sepulcro debía ser la tumba de los reyes de Judá. Sin embargo, más adelante se demostró que correspondía a la reina de Mesopotamia, Helena de Adiabene, conversa al judaísmo y que se había traslado a vivir en Jerusalén durante el s. I d.C.

Otro descubrimiento casual se produjo en el año 1852 cuando José Barclay caminaba por el lado norte del muro de Jerusalén y su perro se introdujo por una abertura en forma de cueva que había debajo del muro a menos de 100 m de la puerta de Damasco. Retiraron los escombros de la entrada y descubrieron una gran cueva subterránea que pasaba por debajo del muro y se extendía por unos 213 m. Las paredes presentaban marcas de haber sido producidas por la extracción de grandes bloques de piedra caliza. Algunos piensan que esta debía ser la cantera de Salomón, de donde se sacó y trabajó la piedra para el templo, arrastrándolas luego desde aquí al lugar de la construcción a fin de evitar el trabajo artesanal en dicho lugar, colocándolas directamente sin herramientas metálicas en el lugar para el que habían sido talladas (1Re. 6:7).

En el valle del Tiropeón se abrieron fosas en el año 1865 bajo la dirección de Esarren y Wilson, de 27 m de profundidad. Al inspeccionar las paredes enterradas del templo, descubrieron que la construcción fue hecha con grandes piedras, primorosamente trabajadas, con una precisión asombrosa de encaje unas con otras, de tal modo que apenas se distinguían las uniones. Las piedras se supone que correspondían a las construcciones de Herodes I el Grande. Junto con muchos restos de alfarería se descubrió un segundo piso a 7 m del actual. Por debajo de este piso se desenterró el sello de piedra con la leyenda: *"Hageo, hijo de Sebanías"*. Tal sello se menciona por el profeta (Hag. 2:23). Los mismos arqueólogos llevaron a cabo tres calicatas de 27, 30 y 38 m de profundidad en el ángulo sudeste de la pared del área del templo. De cada una de ellas partían galerías horizontales a distintos niveles que permitieron inspeccionar el entorno a distintas profundidades. Los descubrimientos demostraron que las obras de construcción fueron hechas con una meticulosidad asombrosa, comparable con los trabajos de los egipcios en sus construcciones y, sobre todo, en las pirámides. En el ángulo sudeste, a 29 m de profundidad apareció una piedra angular de 1,1 m de alto por 4,3 m de longitud y que se calcula de un peso superior a 100 tm. La discusión sobre quién colocó allí ese basamento sigue abierta. Algunos se decantan por pensar que pudo haber sido puesta como una de las bases durante las obras de construcción de Salomón. Los intentos de conocer el trazado de la antigua muralla de la ciudad permitieron descubrir en una extensión de 122 m la muralla de los tiempos de David. Los trabajos más importantes se deben a las actuaciones de Raymond Weile, Macalister, Dunca, Sikenik y Moyer. Las excavaciones permitieron descubrir también la alineación de la tercera gran muralla de la ciudad correspondiente a las construcciones de Herodes Agripa. En estas investigaciones se descubrió también que parte de los muros modernos edificados por Suleimán el Magnífico en los años 1537-1542, fueron levantados sobre basamentos de los muros antiguos.

Otro descubrimiento casual se produjo en 1880 cuando un grupo de estudiantes se bañaba en el estanque de Siloé. Uno de ellos se introdujo por dentro del conducto y descubrió en las paredes marcas como de escritura, dando aviso del descubrimiento al profesor Conrad Shick, que con el Dr.

Sayce investigaron personalmente, copiando la inscripción establecida en seis renglones escritos en hebreo antiguo, y que decía: *"Ahora esta es la historia del perforado; mientras los excavadores estaban aún levantando sus picos, cada uno hacia su compañero, y mientras había aún tres codos por excavar, se oyó la voz de uno que llamaba a otro, porque había una grieta en la piedra, hacia la derecha. Y en el día que completaron el perforado, los cortadores de piedra golpearon pico contra pico, el uno contra el otro; y las aguas fluyeron del manantial a estanque, una distancia de 1000 codos. Y de cien codos era la altura de la roca por encima de las cabezas de los cortadores de piedra".* Todos los expertos coinciden en que este túnel corresponde a las obras de Ezequías, del año 702 a.C. (2Re. 20:20). La obra de ingeniería, de la que se hizo mención antes, llevó a dos grupos de cavadores a iniciar las obras distantes uno del otro por más de 500 m cavando un túnel de una altura media de 1,80 m a través de roca sólida, utilizando para ellos picos de hierro, encontrándose en el centro del túnel, lo que es verdaderamente una proeza para la tecnología y medios de la época. La inscripción es prueba evidente de una escritura alfabética en tiempos de Ezequías, que fue utilizada por los profetas de la época para sus escritos.

Como muestra final de los descubrimientos que se producen continuamente, en el año 1871, Clermont-Ganneau puso al descubierto una piedra con inscripción que había sido parte de las construcciones del templo de Herodes y que marcaba el límite intraspasable para los gentiles dentro del atrio del templo, cuya inscripción decía: *"Ningún extraño ha de entrar dentro de la balaustrada alrededor del templo ni en el recinto. Quienquiera que sea atrapado será responsable ante sí mismo por su muerte inmediata".* Esto permite comprender el conflicto producido en los días de Pablo cuando fue descubierto en el recinto del templo, más allá del lugar permitido para gentiles, pensando que había metido a Trófimo en el sector prohibido (Hch. 21:28).

La inscripción en arameo más extensa de la época de Cristo fue descubierta por el profesor Kuknik en 1931 y decía: *"Hasta aquí fueron traídos los huesos de Uzías, rey de Judá. No se abra".* Es posible que el nuevo enterramiento del rey se debiera a las necesidades de remover terrenos ocupados por sepulturas antiguas con motivo de las obras que estaba llevando a cabo Herodes Agripa II en Jerusalén.

CAPÍTULO 19
LAS HEREDADES RESTANTES

Introducción

El capítulo es una unidad con el anterior. Ambos están describiendo las heredades de las siete tribus que habían quedado sin recibir sus porciones en la tierra. La introducción hecha para el capítulo anterior sirve también de introducción para el presente. Sin embargo, debe hacerse notar que a medida que se describen las heredades va enfatizándose más en las ciudades que reciben en posesión y que en los límites del territorio. Cuando se detallaron las heredades de Judá y Benjamín se describieron los límites y luego se relacionaron las principales ciudades que había en el territorio. Todo lo contrario ocurre ahora, especialmente en relación con la tribu de Simeón, en que se dan los nombres de las ciudades pero no se establecen los límites. Para el resto de las tribus que cuyas posesiones se describen, se establecen límites bastante genéricos, pero se mencionan con detalle las ciudades. Probablemente se produce esto por ser territorios más pequeños y porque algunas heredades, como ocurre con Simeón, están en el interior del territorio de otra tribu y, especialmente en este caso, más que recibir una porción de territorio con ciudades, reciben algunas ciudades dentro de un territorio asignado ya a otro en el reparto inicial. Por esta razón la introducción anterior es suficiente también para este.

Para el comentario se sigue la división detallada en el *Bosquejo* que se encuentra en la *introducción*, como sigue:

3.5.3. Heredad de Simeón (19:1-9).
3.5.4. Heredad de Zabulón (19:10-16).
3.5.5. Heredad de Isacar (19:17-23).
3.5.6. Heredad de Aser (19:24-31).
3.5.7. Heredad de Neftalí (19:32-39).
3.5.8. Heredad de Dan (19:40-48).
3.5.9. Heredad especial de Josué (19:49-51).

Heredad de Simeón (19:1-9)

1. La segunda suerte tocó a Simeón, para la tribu de los hijos de Simeón conforme a sus familias; y su heredad fue en medio de los hijos de Judá.

Del grupo de siete tribus que no habían recibido heredad en Canaán, la primera en suerte fue la de Benjamín y la segunda suerte correspondió a

Simeón. La tribu recibía el nombre de su primer ascendiente, hijo segundo de Jacob y Lea (Gn. 29:33). Fueron él junto con su hermano Leví los que castigaron duramente a los habitantes de Siquem por la violación de su hermana Dina (Gn. 34). Cuando visitaron Egipto para proveerse de grano, José retuvo a Simeón como rehén en Egipto mientras sus hermanos regresaban para traer a Benjamín, que había quedado con Jacob (Gn. 42 y 43). Simeón tuvo seis hijos, uno de ellos, Saúl, descendiente de una mujer cananea (Gn. 46:10). Todos ellos, salvo Ohad, figuran como cabezas de familias dentro de la tribu (Nm. 26:12-14). Antes de morir Jacob, en la despedida de sus hijos, expresó un reproche sobre Simeón y Leví, debido a la acción cometida contra los siquemitas (Gn. 49:5-7). Jacob profetizó que su hijo Simeón sería apartado de Jacob y esparcido en Israel. Por esta causa no se le asigna un territorio concreto entre las otras tribus, sino que vive *esparcido* en la heredad de Judá. No hubo oposición alguna por parte de Judá a que se asignasen ciudades de su territorio para los descendientes de Simeón. Sin duda, el territorio de Judá era tan extenso que excedía las necesidades de la tribu. Cuando Moisés dio sus bendiciones a las tribus, omitió por completo a Simeón, tal vez porque quedaría absorbida como tribu en la de Judá. La heredad que reciben son una serie de ciudades con sus áreas de influencia en el entorno, todas ellas dentro de los límites asignados a Judá. Esta es la causa por la que no se precisan los límites de la tribu, como sucede con todas las demás, enumerando solo las ciudades que le fueron asignadas. Las ciudades asignadas estaban, la mayor parte, en el Neguev. Algunas de ellas debieron estar habitadas conjuntamente por lo que se identifican unas veces con Judá y otras con Simeón. Después de la muerte de Josué, iniciado el tiempo de los Jueces, las dos tribus son las primeras en tomar acciones contra los antiguos pobladores que aún quedaban en sus territorios, haciéndolo conjuntamente (Jue. 1:1-19). La heredad se circunscribía a dos grupos de ciudades. En el primero, había trece o catorce con sus poblados limítrofes, *aldeas*, y en el segundo, otras cuatro ciudades con sus *aldeas*.

2. Y tuvieron en su heredad a Beerseba, Seba, Molada.

La primera ciudad asignada a Simeón en el primer grupo de ciudades, fue Beerseba (*B*^{ea}ër-Seba^{ä}). Como ya se dijo antes[1], Beerseba está asociada con la historia de los patriarcas. Por aquella zona anduvieron errantes Agar e Ismael después de haber sido despedidos de la casa de Abraham (Gn. 21:14). Más adelante, se asocia el nombre de Beerseba con uno de los pozos excavados por Isaac, hijo de Abraham (Gn. 26:33). Como

[1] Ver detalles sobre Beerseba, Sema y Molada en las notas correspondientes a 15:28, en el capítulo 16.

población, es la ciudad principal en el Neguev de Judá situada en la vía hacia el sur, desde Hebrón hasta Egipto, y la que va hacia el norte desde Arabá a la costa. Sirvió como límite en la especificación del territorio de Israel, por lo que se designaba como *"desde Dan hasta Beerseba"* (Jue. 20:1). También se les asignó Seba (*S*^{e}*ma*^{ä}), ciudad de difícil localización, como se consideró anteriormente en la relación de ciudades de la tribu de Judá (15:26)[1]. La tercera de las ciudades traspasadas a Simeón fue Molada (*Môlädä*), referida también en la descripción hecha de las ciudades relacionadas anteriormente (15:26)[1]. Era una pequeña población situada a unos 19 km al sureste de Beerseba, en el límite meridional de Palestina.

3. Hazar-sual, Bala, Ezem.

Las otras tres ciudades de la primera división de las adjudicadas a Simeón eran primeramente Hazar-sual (*Hasar-Sû*^{a}äl), que debía ser una aldea en el entorno de Beerseba de la que no puede precisarse su localización; Bala (*Ba*^{a}*alä*), en la misma situación que la anterior, sin identificar, mencionada anteriormente en el libro (15:29); la tercera población se trataba de Ezem (^{a}*Esem*), mencionada también entre las ciudades de Judá (15:29) e identificada actualmente como *Umm el-*^{e}*Azäm*, que equivale a *madre del hueso* y que estaría situada al sudoeste de Adada.

4. Eltolad, Betul, Horma.

La ciudad de Eltolad (^{a}*Eltôlad*), citada antes con las ciudades del sur de Judá (15:31), sin identificar. Betul (*B*^{e}*tûl*), igualmente sin localizar y citada también en el correspondiente capítulo del libro sobre las ciudades de Judá (15:30). Horma (*Hormä*), una de las poblaciones más destacadas de la zona en aquel tiempo y más conocida históricamente que las otras dos, que probablemente estaban en su área de influencia. Como se dijo antes, es probable que esta ciudad sea la que dio nombre a la región de varios otros enclaves cananeos en el Neguev destruidas por los israelitas en tiempo de Moisés (Nm. 21:1-3). Debe suponerse que se trate también de la ciudad cananea de Sefat, conquistada por Judá y Simeón en los días de los jueces, a la que llamaron Horma (Jue. 1:17). El rey de Horma fue derrotado por Josué, como consideramos antes (Jos. 12:14). Esta ciudad, que entró en el reparto de la posesión de Judá, fue cedida luego a Simeón (Jos. 19:4; 1Cr. 4:30), vinculada con la historia de Israel en el desierto al ser el lugar a donde los israelitas rebeldes fueron perseguidos por los amalecitas y cananeos (Nm. 14:45). Vinculada también a la historia de la monarquía, ya que David dio a los habitantes de la ciudad parte del botín tomado a los amalecitas que habían saqueado Siclag durante el tiempo de la persecución que David sufrió por parte de su suegro Saúl (1Sa. 30:30).

Aunque es dudosa su identificación, suele considerarse como situada en el paso de Sufa, entre Petra y Arad.

5. Siclag, Bet-marcabot, Hazar-susa.

Otra dc las ciudades asignadas a Simeón fue la de Siclag (*Siq^{e}lag*), mencionada en la descripción de las ciudades de Judá (15:31). Como ya se dijo entonces, Siclag está identificada con *Tell el-huweilifeh*, en el territorio filisteo. Como otras ciudades, fue transferida luego a la tribu de Simeón (19:5). La ciudad estuvo muy ligada con la vida de David, a quien el rey filisteo de Aquis se la dio, viviendo en ella durante un año y cuatro meses (1Sa. 27:6, 7). Durante aquella etapa, la ciudad fue capturada por los amalecitas, siendo reconquistada nuevamente por David (1Sa 30:1ss.). En Siclag le fue comunicada a David la noticia de la muerte de Saúl (2Sa. 1:1; 4:10). En el tiempo del retorno de los cautivos de Babilonia, Siclag fue una de las ciudades que aquellos habitaron (Neh. 11:28). Sigue Bet-marcabot (*Bêt-ham-Markäbôt*), que significa *Casa de los Carros,* cuya localización no es todavía posible. Lo mismo ocurre con Hazar-susa (*Hasar-Sûsä*), que significa *Parque de Caballería.* Por esta causa algunos las identifican con las ciudades de los carros de Salomón, en cuyo caso serían los nombres nuevos de las ciudades Madmana y Sansana, citadas entre las de Judá (15:31). Sin embargo, no hay evidencia cierta.

6. Bet-lebaot y Saruhén; trece ciudades con sus aldeas.

De las últimas de las ciudades mencionadas en la primera unidad de las adjudicadas a Simeón eran la de Bet-lebaot (*Bêt-L^{e}baä*^{ä}ôt), que quiere decir *Casa de los leones.* Posiblemente sea la Lebaot de Judá (15:32). Y la ciudad de Saruhen (*Sä rûhen*), situada probablemente en la costa, al sur de Gaza, en el territorio filisteo. El resumen de este grupo de ciudades se cierra con la cita numérica de las mismas, *"trece ciudades"* principales, con las aldeas y poblaciones dependientes de ellas. Vuelve a surgir el problema de la falta de coincidencia del resumen con el número de ciudades citadas. En el resumen se dice que son trece y el número de las referenciadas es de catorce. Posiblemente, como ya se indicó antes, se produce por haberse incluido entre las ciudades principales alguna aldea o ciudad de menor importancia. Por tanto, el resumen alude al número de ciudades principales y el detalle al de estas más una de menor entidad.

7. Aín, Rimón, Eter y Asán; cuatro ciudades con sus aldeas.

En la segunda división de ciudades figura en primer lugar Aín. Se produce una discrepancia entre el texto hebreo y el TM, LXX y Vg. En este último grupo aparecen dos nombres Aín y Rimón, mientras que en el texto hebreo aparece como un solo nombre, En-Rimón. Se observa que existe un cierto deterioro en los originales que producen estas variantes, evidentemente sin importancia para lo esencial del texto. La ciudad no ha podido identificarse. Rimón (ªÊn-Rimmôn), citada ya entre las ciudades de Judá (15:32), en cuya lectura debe incluirse Aín, que algunos consideran como un primer nombre de Rimón, en cuyo caso sería la ciudad del mismo nombre citada en la relación de poblaciones de los retornados de Babilonia (Neh. 11:29). Es probable que se trate de una aldea dependiente de la segunda ciudad, sin localizar. Si se trata de dos ciudades, aparece en segundo lugar Rimón (*Rimmôn*), identificada hoy como *Umm er-Rammänîn*, al nordeste de Beerseba. La tercera ciudad era Eter (*ªEter*), citada también entre las ciudades de Judá (15:42), sin identificar. La cuarta y última ciudad era Asán (ªÄsän), también mencionada antes (15:42). En este segundo sector de ciudades figuran cuatro principales con las aldeas bajo su influencia.

8. Y todas las aldeas que estaban alrededor de estas ciudades hasta Baalatbeer, que es Ramat del Neguev. Esta es la heredad de los hijos de Simeón conforme a sus familias.

Junto con las ciudades principales citadas, se le adjudicaron también pequeñas poblaciones, más bien caseríos dependientes de ciudades principales, que estaban levantados alrededor de las ciudades citadas y que se extendían hasta Baalatbeer (*Baªalat-B*ᵉᵃër), la Bealot de Judá (15:24), en la zona del Neguev. Se dice en el texto que Baalatbeer es Ramat del Neguev, en cuyo caso se extendería el territorio de las aldeas adjudicadas un poco más al este, siempre dentro del territorio del Neguev. Las dos ciudades mencionadas, tanto Baalatbeer como Ramat del Neguev, no están plenamente identificadas. El hagiógrafo cierra la relación indicando que esta era la heredad de los hijos de Simeón, que fue adjudicada en razón del número de familias que formaban la tribu.

9. De la suerte de los hijos de Judá fue sacada la heredad de los hijos de Simeón, por cuanto la parte de los hijos de Judá era excesiva para ellos; así que los hijos de Simeón tuvieron su heredad en medio de la de Judá.

Según se aprecia en el territorio de Judá, las heredades adjudicadas a Simeón formaban una extensa línea desde la costa hasta las extremidades orientales del Neguev de Judá sin establecer un territorio con límites como para el resto de las tribus. Las ciudades adjudicadas a Simeón, dentro del territorio de Judá, eran el resultado de una porción excesivamente grande para ellos. Por tal motivo, ciudades, aldeas y sus entornos seleccionados fueron entregados a los hijos de Simeón, proveyendo para ellos heredad dentro de la tierra de Canaán. Judá, con la cesión de las ciudades de su territorio, encontró la protección que necesitaba en la parte sur de su heredad, asumiendo Simeón como una guardia permanente para esta frontera y una barrera para las bandas armadas que merodeaban en el desierto. La tribu procuró tiempo después afirmar su independencia haciendo conquistas territoriales en el sur (1Cr. 4:38-40) y también en el monte de Seir, destruyendo a los que se habían establecido en él de los amalecitas (1Cr. 4:42). En tiempos del rey Ezequías, los territorios del sur fueron ocupados por invasores destruyendo las ciudades de Simeón. La tribu de Simeón fue absorbida poco a poco por la de Judá. Algunos creen que parte de la tribu emigró a las montañas de Edom, donde aún existen algunos grupos nómadas que se distinguen del resto de los habitantes del desierto y que se hacen llamar como Hijos de Israel.

Una sencilla aplicación se desprende del reparto de heredad para Simeón. A pesar de su pasado de pecado y violencia, la gracia de Dios supera las circunstancias y permite al indigno recibir, sin mérito, las bendiciones del Señor. No hay pecado que no pueda ser perdonado, ni comunión rota que no pueda restaurarse. Cuando el pecado abunda, siempre sobreabunda la gracia (Ro. 5:20). En los fracasos personales, en las dificultades, en los momentos en que la fe declina, cuando parece que no hay solución para una restauración, la promesa de gracia está siempre presente: *"Pero Él da mayor gracia"* (Stg. 4:6). Es por gracia, sin mérito alguno, que el creyente recibe las promesas que el Señor ha dispuesto para él. Quién no merecía nada, y había sido marginado de promesas específicas que sus hermanos habían alcanzado, recibe por gracia ciudades donde podía morar con los suyos y disfrutar de la benéfica tierra que Dios les entregaba como heredad. Es interesante destacar también la generosidad de Judá, que no vio egoístamente su territorio como algo que no podía compartirse con otros. Es cierto que le heredad que le había correspondido era demasiado grande para sus necesidades, pero, aun así, la disponibilidad en favor de su hermano fue un hecho. De igual manera, cada creyente debe estar dispuesto a ver con corazón generoso las necesidades de los demás. El apóstol enseña a dejar de ver los intereses propios para orientar la visión a las necesidades ajenas: *"Ninguno busque su propio bien, sino el del otro"* (1Co. 10:24). Ese es el carácter que nace de la identificación con Cristo. Como el Señor no tuvo en cuenta sus derechos, sino que rehusó a su ejercicio por amor, haciéndose pobre para enriquecernos, así también quien vive a Cristo en el poder del Espíritu no puede albergar egoísmo personal, porque ya no vive él, sino que su *yo* fue sustituido por el *Tú* de Cristo, quien se dio a sí mismo por nosotros. La generosidad es expresión real del nuevo nacimiento.

Heredad de Zabulón (19:10-16)

10. La tercera suerte tocó a los hijos de Zabulón conforme a sus familias; y el territorio de su heredad fue hasta Sarid.

Las cuatro tribus restantes se establecerán en el norte del país. Comienza la descripción por la heredad que correspondió a los hijos de Zabulón. La tribu recibe, como todas, el nombre del patriarca que originó el grupo. Fue el sexto hijo varón del matrimonio entre Jacob y Lea. Nació en Mesopotamia (Gn. 30:19, 20). El nombre de Zabulón está muy ligado al de su hermano Isacar, apareciendo juntos varias veces en el texto bíblico. No hay muchas referencias históricas a este personaje. Sin embargo, se apunta como cabeza de la tribu que lleva su nombre (Gn. 46:14; Nm. 1:30). Es notable observar que aun cuando había nacido después de Isacar, es bendecido antes que él tanto por Jacob como por Moisés (Gn. 49:13, 14; Dt. 33:18). En la bendición de Jacob sobre su hijo anunció que *"Zabulón en puertos de mar habitará; será para puerto de naves y su límite hasta Sidón"* (Gn. 49:13). Igualmente, la bendición de Moisés la vincula con el mar: *"Alégrate, Zabulón, cuando salieres; y tú, Isacar, en tus tiendas. Llamarán a los pueblos a su monte; allí sacrificarán sacrificios de justicia, por lo cual chuparán la abundancia de los mares, y los tesoros escondidos de la arena"* (Dt. 33:18-19). No es fácil encontrar una explicación a las promesas, que sin duda se cumplieron o se cumplirán para estas dos tribus. Según Josefo, la posesión de Zabulón se extendió desde Genezaret hasta el Carmelo y el mar. No obstante, en la descripción detallada de los límites, tanto el mar de Galilea como el Mediterráneo, caen fuera de ellos. La tribu de Zabulón estuvo muy ligada con la historia de Israel. Ya en tiempos siguientes a la época de la conquista y posesión de la tierra, los días de los Jueces, Débora indicó a Barac, el general del ejército de Israel, que buscara para la lucha contra Sísara, hombres de Zabulón (Jue. 5:4). Estos expusieron su vida en los campos de batalla (Jue. 5:18). Parte del ejército de Gedeón estuvo también formado por hombres procedentes de la tribu de Zabulón (Jue. 6:35). Uno de los jueces que juzgó a Israel durante diez años, llamado Elón, era de esta tribu (Jue. 12:11-12). Durante el tiempo de la monarquía davídica, en su ejército hubo un contingente de cincuenta mil zabulonitas a los que se destaca por su integridad *"sin doblez de corazón"* (1Cr. 12:33). En las profecías mesiánicas, especialmente en las de Isaías, se menciona a la tribu de Zabulón al anunciar la venida del Salvador (Is. 9:1, 2). Como a las restantes tribus, la adjudicación del territorio fue hecha por medio de *suertes*. Dios mismo actuó para dar a esta tribu la heredad que en Su soberanía determinaba para ella. El territorio adjudicado era proporcional a las necesidades del conjunto de familias que la formaban: *"conforme a sus familias"*.

Genéricamente, se dice que *"el territorio de su heredad fue hasta Sarid"*. Situada la frontera de la herencia en el punto central de Sarid (*Särîd*), identificada con el nombre moderno de *Tell Sadûd*, al norte de la llanura de Esdraelón, a unos 10 km al suroeste de Nazaret. Es interesante observar que la frontera de esta tribu, como la del resto de las tribus del norte, se detalla muy genéricamente, distando mucho de la precisión conque se describieron las de Judá, Efraín y Manasés. La razón es desconocida y todo cuando pueda decirse sobre esto es mera hipótesis. Los liberales presentan esto como la consecuencia de varias fuentes bíblicas y extrabíblicas reelaboradas, como dice A. Alt[2], o como afirma M. Noth[3], que es el resultado de una combinación de Josué 19, con Josué 21 y Jueces 1, tratándose como la anterior de una mera hipótesis. Sin duda, es una poderosa razón del Espíritu, que reserva esos detalles ajenos al interés que puedan tener para el efecto espiritual del lector de la Palabra.

11. Y su límite sube hacia el occidente a Marala y llega hasta Dabeset, y de allí hasta el arroyo que está delante de Jocneam.

Partiendo de Sarid y siguiendo en dirección oeste, el límite pasa a Marala (*Mar^{a}alä*), identificada probablemente con *Tell-Tora*, otros con *Tell-Galta*. Luego seguía hacia el oeste hasta Dabaset (*Dabbeset*), identificada sin absoluta certeza con *Tell-esh-Shamman*. La frontera corría hasta llegar al torrente *Qîsôn*, que el texto llama *"el arroyo que está delante de Jocneam"*, al pie del Carmelo, mencionada en la relación de los reyes derrotados durante la conquista (12:22), un pequeño torrente que baja de las montañas del entorno.

12. Y gira de Said hacia el oriente, hacia donde nace el sol, hasta el límite de Quislot-tabor, sale a Daberat, y sube a Jafía.

Habiendo situado a Said como una referencia central en la frontera, vuelve nuevamente a ella para describir la frontera en dirección este, *"hacia donde nace el sol"*. Pasaba la frontera por Quislot-tabor (*Kislöt-Täbör*), identificada con *et-Tiret*. Siguiendo en dirección este, alcanzaba la población de Daberat (*Dabûrîyeh*), en la falda noroeste del Tabor, identificada con la población actual de Daburiya. Desde ese punto, virando el límite hacia el norte-nordeste, subía hasta Jafía (*Yäpîa^{a}*), actualmente *Yâfâ* a unos 2 km al suroeste de Nazaret.

---

[2] A. Alt. *Eine Galiläische Ortsliste in Jos. 19*. Zeitschrift für di Alttestamentliche Wissenschart (Berlín). NF 4 (1927) 59-81.

[3] M. Noth. o.c., pág. 114.

13. Pasando de allí hacia el lado oriental a Gat-hefer y a Ita-cazín, sale a Romón rodeando a Nea.

Nuevamente, giraba la frontera en dirección este hasta Gat Hefer (*Gittä-Hëper*), identificado actualmente como *hirbet ez- Zurräª,* la antigua *Gat-hä-Hëper*, de donde era oriundo el profeta Jonás (2Re. 14:25) y en donde, según una tradición antigua, fue sepultado. Situada a unos 7 km al noroeste de Nazaret, en el camino a Tiberias. Desde ahí, pasaba por Itá-cacim (*ªIttä-Qäsîn*), lugar sin identificar. El límite variaba en dirección norte hasta alcanzar Rimón (*Rimmôn*), identificada con *Rummâneh*, en el extremo sur de la llanura de *Sahl el-Battöf*. Giraba nuevamente en dirección norte hasta rodear Nea (*Han-Nëª*ä), lugar sin identificar.

14. Luego, al norte, el límite gira hacia Hanatón, viniendo a salir al valle de Jefte-el.

En su retorno hacia el occidente, la frontera venía a alcanzar Hanatón (*Hannätôn*), con toda probabilidad la *Hinnatuna* en el- ªAmârna, y hoy identificada con *Tell el-Bedewîyeh*. La linea fronteriza iba a salir al valle de Jefte-el (*valle de Yiptah-*ªËl), actualmente *Wady el-Melek* o también *Sahl el-Battöf*.

15. Y abarca Caltat, Naalal, Simrón, Idala y Belén; doce ciudades con sus aldeas.

El límite de Zabulón incluía las ciudades de Caltat (*Qattät*), identificada hoy con *hirbet Qateinah,* a unos 8 km al sur de Jocneam. Naalal (*Nahaläl*), identificada con *Tell en-Nahl*, o *Maªlûl*, al oeste de Nazaret. Deben ser las las ciudades de Quitrón y Naalal de las que los zabulonitas no expulsaron a sus antiguos pobladores, conviviendo con ellos y haciéndolos tributarios (Jue. 1:30). Estaba también la población de Simrón (*Simrôn*), mencionada antes en relación con la federación de reyes liderada por Jabín, rey de Hazor (11:1). Figura también Idala (*Yidªalä*), identificada hoy con *hirbet el-Huwwârah*, en las proximidades de la siguiente ciudad, Belén (*Beit-Laham*), que nada tiene que ver con Belén de Judá, a unos 8 km de Jerusalén, que se conoció como Efrata, la ciudad de David. Esta, la de Zabulón, fue posiblemente el lugar de nacimiento y sepultura de Ibzán, uno de los jueces de Israel (Jue. 12:8, 10). Estaba situada a unos 11 km al noroeste de Nazaret. El resumen final es de doce ciudades, que como ocurre en otros lugares, no coincide con las relacionadas. En esta ocasión exceden las señaladas al número de las que se dicen eran las ciudades de la heredad de Zabulón. Lo dicho antes para situaciones semejantes vale también para esta ocasión.

16. Esta es la heredad de los hijos de Zabulón conforme a sus familias; estas ciudades con sus aldeas.

Reitera otra vez que la condición de la parte de tierra que recibió Zabulón, era una heredad para sus hijos. La heredad estaba situada en una tierra que no había sido suya nunca, ocupada por otros pueblos a los que Dios despojó de sus posesiones para darla a los hijos de Su pueblo. Sin duda, fueron despojados a causa de su pecaminosidad. Pero, no es menos cierto, que la heredad es una manifestación de gracia y fidelidad. Dios cumplió lo prometido a los antepasados de Israel. La heredad era suficiente para las familias de la tribu y conforme a ellas le fue delimitada. Había en la tierra ciudades y aldeas, asentamientos mayores y caseríos. Tenían que reconstruir lo dañado, levantar nuevas casas y asentarse gozosos sobre la provisión que Dios les había otorgado.

Zabulón fue otra tribu que tuvo su parte en Canaán conforme a las promesas hechas para el pueblo de Israel. Junto con la gracia provisora de Dios, destaca la fidelidad del Señor a sus promesas. Todas ellas son en Él sí y en Él amén (2Co. 1:20). Sirva esto de ejemplo para los creyentes en la presente dispensación. Las promesas de Dios tienen cumplimiento en el momento necesario. Es suficiente con que se tomen por fe sabiendo que Él hace siempre honor a Su palabra. Mirando la heredad que se alcanza en Cristo, sintiendo ya que cada creyente es plenamente heredero de Dios y coheredero con su Hijo (Ro. 8:17), se puede descansar gozoso y sentir la paz que brota íntimamente apoyada en la certeza de que Dios es fiel. En cualquier caso, sirve la pregunta que formulada por Pablo no puede tener otra respuesta más que una absoluta afirmación: *"El que no escatimó ni a su propio Hijo, sino que lo entregó por todos nosotros ¿cómo no nos dará también con Él todas las cosas?"* (Ro. 8:32).

Heredad de Isacar (19:17-23)

17. La cuarta suerte correspondió a Isacar, a los hijos de Isacar conforme a sus familias.

En las suertes, lo mismo que en las bendiciones, Isacar fue detrás de Zabulón, aunque había nacido antes que este. Era la cuarta de las siete suertes para las tribus que no habían participado en el primer reparto de la tierra (18:1). Isacar fue el quinto hijo nacido del matrimonio de Jacob y Lea (Gn. 30:18). Entró en Egipto con sus cuatro hijos y la familia de Jacob (Gn. 46:13). Antes de morir, Jacob profetizó sobre una situación de servidumbre a la que llegaría la tribu: *"Isacar, asno fuerte que se recuesta entre los apriscos; y vio que el descanso era bueno, y que la tierra era deleitosa; y bajó su hombro para llevar, y sirvió en tributo"* (Gn. 49:14-15). La bendición de Moisés es compartida, al ser la misma, que la de Zabulón (Dt. 33:18-19). La historia secular presenta a Isacar como una tribu agrícola e indolente. Parece como si no tuviera más aspiraciones que disfrutar de la excelente tierra que le había correspondido en heredad; una de las más fértiles de Canaán. Conforme a la bendición de Moisés, se aprecia que la tribu llevaría una vida semi-nómada aún en el asentamiento que le había correspondido, ya que habla de *gozarse en sus tiendas.* No cabe duda que la tribu era grande, ya que en el censo de los llanos de Moab dio la cifra de sesenta y cuatro mil trescientos hombres de guerra (Nm. 26:25). Tan solo la superaban en número las tribus de Judá y Dan. Sin embargo, esta superioridad numérica no los hizo destacar en guerras o liderazgo. Incluso cuando se libró la batalla contra Sísara en el territorio de Isacar, no se deduce del canto de Débora que la tribu participase en ella. Con todo, demostraron una cierta sagacidad política cuando ayudaron a David para que fuese aceptado rey de todo Israel, por lo que se dice de ellos que eran *"entendidos en los tiempos, y que sabían lo que Israel debía hacer, cuyo dicho seguían todos sus hermanos"* (1Cr. 12:32). Posiblemente, el carácter de la tribu hizo que aceptasen mejor ser tributarios de otros pueblos mientras les permitiesen disfrutar de su buena tierra, que enfrentarse en guerra contra ellos. El territorio que les correspondió en suerte está vagamente determinado con la enumeración de una serie de trece ciudades situadas al norte del territorio de Manasés y al este del de Zabulón, llevando luego la frontera norte con una línea que iba desde el Tabor hasta el Jordán, pasando por Sahazima y Bet-semes.

18. Y fue su territorio Jezreel, Quesulot, Sunem.

La primera mención corresponde a Jezreel (*Yizr*^{ea}*ë*^{ä}*l*), identificada como *Tell-Yireh,* que no debe confundirse con la homónima de Judá (15:56), vinculada esta última con la historia de Acab y Jezabel y Jehú (1Re. 18-21) y que estaba situada —la de Judá— cerca de Meguido. La segunda ciudad tenía por nombre Quesulot (*K*^{e}*sûlôt*), identificada hoy como *Iksal,* la misma mencionada en relación con el límite del territorio de Zabulón como Quislot-tabor (v. 12). Siempre en dirección norte-sur del extremo occidental del territorio de Isacar, y entre las dos anteriores, estaba la ciudad de Sunem (*Sûnëm*), situada a 9 km al sur de Tabor y a 8 km al norte de Gilboa, identificada actualmente como *Sulam*. Vinculada con la historia de Israel en diversos momentos. Allí acamparon los filisteos antes de pelear contra Saúl, el primer rey de Israel, en la batalla de Gilboa (1Sa. 28:4). La joven que buscaron para que cuidase de David en su vejez era de Sunem (1Re. 1:3, 15; 2:17). En esa ciudad estaba la casa de una mujer cuyo esposo construyó un aposento para que el profeta Eliseo se hospedara cuando visitaba el lugar (2Re. 4:8ss). Esta debe ser también la Sulem de la *sulamita* del Cantar de los Cantares.

19. Hafaraim, Sihón, Anaharat.

La ciudad de Hafaraim (*Hapä-rayim*), de difícil identificación, probablemente sea *et-Tayyîbeh*, a 15 km al noroeste de Beisán. Sihón (*Sî*[a]ön), que podría ser *[a]Ayûn es-Se[a]aîn*, al pie del Tabor. Sigue Anaharat (*[a]Anäharat*), tal vez *Tell el-Mukharkhash*, en *en-Na*[a]ûrah, al sur de Endor.

20. Rabit, Quisión, Abez.

Orientándose los límites de la frontera sur hacia el sureste estaba la ciudad de Rabit (*hä-Rabbît*). Como muchas de difícil localización, algunos creen que podría ser Daberat, ciudad de los levitas en esta tribu (21:28), sin ninguna evidencia cierta. Luego Quisión (*Qisyôn*), de dudosa identificación, aunque puede tratarse de *Tell Qeisûn* o *Tell el Aggûl*. La siguiente ciudad mencionada era Abez (*[a]Ebes*), igualmente sin identificar, aunque pudiera ser *el-[a]Abus* cercana al Jordán.

21. Remet, En-ganim, En-hada y Betpases.

La ciudad de Remet (*Remet*), que algunos la identifican con Jarmut (21:29) y que nada tiene que ver con la del mismo nombre (15:35). Otra de las ciudades era En-ganim ([a]Ên-Gannîm), situada ya en los límites norte del territorio de la tribu. Es una ciudad distinta a la del mismo nombre citada antes (15:34) y está al sur de la llanura de Esdraelón. Procurando una identificación actual, algunos la consideran como la actual *El-Olam* próxima al Jordán. La siguiente ciudad mencionada era En-hada ([a]Ên-Haddä), identificada con *Tell-En-Haddä*, un poco al sur de En-ganim. Otra de las ciudades tenía por nombre Betpases (*Bët-Passës*), sin identificar.

22. Y llega este límite hasta Tabor, Sahazima y Bet-semes, y termina en el Jordán; dieciséis ciudades con sus aldeas.

De una forma muy genérica se establece el límite norte del territorio de la tribu de Isacar. El límite en dirección oeste alcanzaba la frontera con Zabulón, retornando al este por Tabor (*Täbôr*), de ahí nombres relacionados con Tabor en las fronteras de Isacar, Zabulón y Neftalí (vv. 12, 34). Pasaba por Sahazima (*Sahasîm*), sin identificar, corriendo luego hasta Bet-semes (*Bêt-Semes*), de dudosa localización, que algunos identifican con *hirbet [a]Abeidîyeh*, sobre el Jordán. La línea terminaba en el extremo este en el río Jordán, que hacía frontera natural al oriente del territorio de la tribu. El número de ciudades era de dieciséis coincidiendo con el de las descritas antes.

23. Esta es la heredad de la tribu de los hijos de Isacar conforme a sus familias; estas ciudades con sus aldeas.

El territorio de la heredad comprendía la mayor parte de la llanura de Esdraelón, uno de los lugares más fértiles de toda Palestina. En ella están las montañas de Nazaret. La llanura tiene una inclinación hacia el occidente. La superficie de todo el territorio de Isacar se sembraba de trigo, cebada, mijo y algodón. En las faldas de los cerros nacían naturalmente higueras y había muchos olivos que descendían hasta la llanura. Una extensión semejante, libre de bosques o desiertos, era excepcional en Palestina. En el territorio se asentaban las ciudades antes citadas con sus aldeas o, como se ha dicho antes, caseríos que dependían de las ciudades principales. La heredad se adjudica conforme a las familias. De este modo se entiende que el territorio era suficiente para que en él residiera y subsistiera la población que tenía la tribu de Isacar.

Dios había cumplido también con esta tribu sus promesas. No hace falta reiterar las verdades bíblicas citadas antes en relación con las otras tribus. Simplemente, como resumen de toda esta actuación de Dios, cabe recoger las palabras que Moisés dijo a Israel cerca ya de la tierra prometida: *"Jehová tu Dios te introduce en la buena tierra, tierra de arroyos, de aguas, de fuentes y manantiales, que brotan en vegas y montes; tierra de trigo y cebada, de vides, higueras y granados; tierra de olivos, de aceite y de miel; tierra en la cual no comerás el pan con escasez, ni te faltará nada en ella; tierra cuyas piedras son hierro, y de cuyos montes sacarás cobre. Y comerás y te saciarás, y bendecirás a Jehová tu Dios por la buena tierra que te habrá dado"* (Dt. 8:7-10).

Heredad de Aser (19:24-31)

24. La quinta suerte correspondió a la tribu de los hijos de Aser conforme a sus familias.

La quinta tribu en recibir heredad fue la de Aser. Recibe su parte en el territorio por el mismo procedimiento que las otras, mediante suertes que Josué y el sacerdote Eleazar sacaban para ellos delante del Señor. Era, pues, una herencia divina, conforme al conocimiento de Dios en relación con aquel grupo de Su pueblo. El territorio recibido era una porción feracísima de la tierra prometida. Ya había sido profetizada esta riqueza en la bendición que Jacob pronunció para él: *"El pan de Aser será substancioso, y él dará deleites al rey"* (Gn. 49:20). De la misma manera se pronunció Moisés: *"Bendito sobre los hijos sea Aser; sea el amado de sus hermanos, y moje en aceite su pie. Hierro y bronce serán tus cerrojos, y como tus días serán tus fuerzas"* (Dt. 33:24-25). La porción que le correspondió en suertes se extendía desde el sur, en la frontera con Manasés en la región del Carmelo, hasta el norte en las cercanías de Tiro, haciendo frontera al este con las tribus de Zabulón y Neftalí. Aser fue el segundo de los hijos que Jacob tuvo con Zilpa, la sierva de Lea, su mujer (Gn. 30:9-13). Entró en Egipto con sus cinco hijos acompañando a Jacob su padre y al resto de sus hermanos (Gn. 46:17). Los hombres de guerra pertenecientes a esta tribu, contados en los llanos de Moab, arrojaban la cifra de cincuenta y tres mil cuatrocientos (Nm. 26:47), lo que suponía casi el 9% del total de los hombres de guerra que llegaron al Jordán. Fue otra de las tribus que no consiguió eliminar a los cananeos de su territorio (Jue. 1:31, 32). Por el cántico de Débora se entiende que Aser no participó en la batalla contra Sísara (Jue. 5:17). Sin embargo, ayudaría a Gedeón en su lucha contra los madianitas (Jue. 6:35; 7:23). En el período de crisis de la monarquía, algunos hombres de esta tribu acudieron a la celebración de la Pascua convocada por el rey Ezequías (2Cr. 30:11). De esta tribu era Ana, la profetisa que reconoció al niño Jesús cuando fue llevado por sus padres al templo (Lc. 2:36).

Como ocurre con las tribus asentadas al norte, los límites territoriales son bastante limitados por lo que es difícil precisar con exactitud la línea fronteriza. En este caso, mejor determinada que en otras tribus por los límites de las tribus al sur y parcialmente al este, quedando perfectamente definido el límite occidental por el mar Mediterráneo.

25. Y su territorio abarcó Helcat, Halí, Betén, Acsaf.

La descripción de los límites comienza por la parte centro-sur de su frontera. Se menciona primeramente a Helcat (Jelqath), de identificación dudosa, pero que aparece en las listas de Tutmosis III. Algunos la identifican con Yerma, a 13 km al noroeste de Acre, pero en la actualidad se propone Tell-el-Harbaj, cerca de Haifa. La segunda ciudad mencionada era Halí *(Halî)*, al oeste de la anterior, identificada como *Tell el-^{a}Ali*. Sigue luego Betén (*Beten*), de difícil identificación, tal vez *irbi-Itin*. Luego Acsaf ($^{\ddot{a}}$*Aksäp*), que aparece anteriormente en relación con la federación de reyes que se opuso a la conquista norte de Canaán (11:1), y en la relación de los reyes derrotados (12:20), situada cerca de Betén, al sureste.

26. Alamelec, Amad y Miseal; y llega hasta Carmelo al occidente y a Sihorlibnat.

Continuando con el detalle de poblaciones en los límites, se cita a Alamelec ($^{\ddot{a}}$*Alammelek*), sin identificar, cuyo nombre pudiera tener relación con el *Wady el-Melek*. Luego figura Amad (^{a}*Am*^{a}äd), sin identificar. La tercera población citada era Miseal (*Mis*$^{\ddot{a}}$äl), de ubicación muy dudosa, algunos la sitúan en el interior del territorio, cosa poco probable. El límite hacia el oeste llegaba hasta Carmelo (*Karmel*) que es el sistema montañoso que aparece en la llanura de Esdraelón, y que termina en el Mediterráneo. Es distinto al Carmelo que figura con el mismo nombre en la relación de los reyes derrotados por Josué (15:55). La frontera se extendía hasta Sihorlibnat (*Sîhôr-Libnät*), como extremo del límite sur, probablemente en lo que es *Nar-ez-Zerqä*, que desemboca en el Mediterráneo a unos 10 km de *Tanturäh*.

27. Después da vuelta hacia el oriente a Bet-dagón y llega a Zabulón, al valle de Jefte-el al norte, a Bet-emec y a Neiel, y sale a Cabul al norte.

Cerrada la frontera sur pasa a describir la más oriental en la parte norte, citando primero la ciudad de Bet-dagón (*Bêt-Dägôn*), posiblemente *Gelamet el-^{ä}Atîqah*, al pie del Carmelo. El límite dice que llegaba a Zabulón, es decir, seguía el límite correspondiente a la tribu de Zabulón, hasta el valle de Jefte-el (*Yip-tah*^{a}ël), también frontera común con Zabulón. Corriendo hacia el norte el límite pasaba por Bet-emec (*Bêt-ha-*^{a}Ëmeq), de difícil localización, ya que si se considera el lugar como *Tell Mîmäs*, al nordeste de Acra, la frontera sufriría una notoria orientación y estrechamiento hacia la costa, que no es probable. Es muy posible que hubiera dos poblaciones con el mismo nombre, una más al oriente y otra más cerca de la costa. Seguía luego a Neiel (*N*^{ea}î^{ä}ël), posiblemente *hirbet-Ya*^{a}*nîn*, saliendo a Cabul (*Käbûl*), a unos 15 km al este de Acra y al sur de la anterior. Surge aquí otro problema al trazar los límites, por cuanto la línea tendría que retroceder unos kilómetros hacia el sur. Es muy posible que esta fuese más tarde una de las ciudades que Salomón regaló a Hiram, el rey de Tiro, que no le gustaron y las definió en conjunto como la *"tierra de Cabul"* (1Re. 9:13).

28. Y abarca a Hebrón, Rehob, Hamón y Caná, hasta la gran Sidón.

Dentro del límite se encontraba la ciudad de Hebrón (^{a}*Eqrôn*), la Abdón (^{ä}*Abdôn*) levita (21:30) que nada tiene que ver con Hebrón de Caleb en el territorio de Judá (14:14; 15:13). Esta ciudad de Aser se identifica como *hirbet-*^{a}*Abdeh*, al este de la actual *ez-Zib*. No era una ciudad fronteriza, sino que estaba dentro de los límites del territorio. También Rehob (*R*^{e}*höb*), que aparecerá más adelante como otra de las ciudades levitas en el territorio de Aser (21:31), donde hay otra población con el mismo nombre. La localización es difícil y tal vez se trate de *hirbet-el-*^{a}*Amrî*, aunque sin certeza. Otra de las ciudades citadas es Hamón (*Hammôn*), situada al borde del Mediterráneo, identificada como *Umm el-*^{a}*Awämîd*, cerca del *Wadi el-Hamûl*. Después aparece Caná (*Qänä*), situada a unos 10 km al sudeste de Tiro. En el límite norte estaba la gran ciudad de Sidón, mencionada antes (11:8). Una de las principales ciudades fenicias[4].

29. De allí este límite tuerce hacia Ramá, y hasta la ciudad fortificada de Tiro, y gira hacia Hosa, y sale al mar desde el territorio de Aczib.

El límite desde el norte se dirigía hacia la costa, donde aparecen las ciudades mediterráneas mencionadas. En primer lugar Ramá (*hä-Ramä*), posiblemente se pueda identificar como *Ramîyah* al sudeste de Tiro. Después venía la ciudad fortificada de Tiro(*Mibsar-Sor*) o *fortaleza de Tiro*, que se cita en relación con el censo que hizo David durante su reinado (2Sa. 24:7). Se trata sin duda de la ciudad-isla fortaleza de Tiro. Comprendía también Hosa (*Hösä*), en la costa un poco al sur de la Tiro insular, posiblemente la Tiro continental. El limite por el oeste era el mar Mediterráneo, siguiendo la franja costera hasta llegar a Aczib (*ªAkzîb*). Hay una diferencia de lectura con la LXX en este versículo, que añade las ciudades de Majaleb y Akkó.

30. Abarca también Uma, Afec y Rehob; veintidós ciudades con sus aldeas.

La ciudad de Uma, dentro del territorio que correspondió a Aser, identificada como Acco (*ªAkkô*), en la costa, de donde no pudieron echar a los cananeos (Jue. 1:31). Quedaba a unos 17 km de Aczib. La segunda ciudad citada era Afec (*ªApëq*), situada un poco más al sur, en la zona de la llanura costera junto a manantiales que producen el nacimiento del arroyo Belos, identificada como *Tell-Kurdäneh*. Por último, aparece Rehob (*Rᵉhöb*), seguramente otra población con el mismo nombre de la que apareció antes (v. 28). Situada más al nordeste de la anterior y sin identificación segura. En el resumen, el territorio de Aser comprendía veintidós ciudades principales con sus aldeas, poblados de menor importancia que había en el entorno de cada una. De nuevo se produce una diferencia entre las ciudades mencionadas en la relación y el número dado como resumen. Las razones se han dado antes y valen también para esta ocasión.

31. Esta es la heredad de la tribu de los hijos de Aser conforme a sus familias; estas ciudades con sus aldeas.

Dios cumplió su promesa con esta tribu. Les había otorgado un territorio amplio, hermoso y rico. La bendición de Jacob se cumplía plenamente (Gn. 49:20). Aquella llanura fértil de Fenicia le permitía cosechar para sí cuanto necesitaba y proporcionar a otros lo que les

---

[4] Ver *Excursus XXI*.

sobraba. La bendición que Moisés pronunció sobre la tribu también tuvo fiel cumplimiento. La abundancia de riquezas agrícolas era tan notoria que pudo cumplirse simbólicamente *bañar su pie en aceite* (Dt. 33:24). La bendición pronunciada sobre ellos por Moisés debe entenderse como si dijera: *"Que tengan tanta abundancia de aceite, que no solo les llegue para ungir su cabeza, sino también para bañarse los pies"*. Los recursos minerales del territorio eran abundantes. No se dice que los aseritas explotaran la minería, pero se sabe por la historia que había hierro y cobre en el territorio fenicio. El territorio fue dado *"conforme a sus familias"*. La tribu de Aser no era pequeña en comparación con las otras tribus. El número de los hombres de guerra censados en los llanos de Moab alcanzó la cifra de cincuenta y tres mil cuatrocientos (Nm. 26:47), lo que suponía casi el 9% de todo el censo. Dios les dio heredad conforme a su promesa, porque Dios es fiel.

La lección de la gracia y fidelidad de Dios vuelve a destacarse en la porción de esta tribu. Los que habían nacido sin lugar de morada fija, los que habían estado como esclavos en Egipto, los que fueron liberados por la omnipotencia de Dios, los que en el desierto se rebelaron contra el Señor cuando les mandó subir a la tierra, son tratados benévolamente por Él. De este mismo modo, las infidelidades de cada creyente, siempre tienen posibilidad de restauración delante del Señor. Sus promesas, no importa cuántas y cuales sean, se cumplirán ciertamente, porque el *Señor es bueno y su misericordia es para siempre.*

Heredad de la tribu de Neftalí (19:32-39)

32. La sexta suerte correspondió a los hijos de Neftalí conforme a sus familias.

La tribu de Neftalí entró en la misma relación que el resto de sus hermanos. El Señor determinó para ellos el territorio que en su soberanía les otorgaba mediante idéntico procedimiento que con el resto. Las suertes en Su presencia expresaban la voluntad divina en este caso. De igual manera que con las restantes tribus, el número de familias determinó el territorio que se les entregaba. Neftalí fue el sexto hijo nacido a Jacob, y segundo de los que tuvo con Bilha, la sierva de Raquel (Gn. 30:7, 8). El nombre Neftalí significa *"mi lucha"*. Entró en Egipto con sus cuatro hijos y el resto de la familia, acompañando a Jacob su padre (Gn. 46:24). La posesión era un territorio mayor que el que correspondió a Aser. Era la tribu situada más al norte de Canaán. La frontera sur alcanzaba a la tribu de Isacar y Zabulón, al oeste estaba el mar de Galilea y el Jordán superior y por el este hacía límite con la tribu de Aser.

33. Y abarcó su territorio desde Helef, Alón-saananim, Adaminaceb y Jabneel, hasta Lacum, y sale al Jordán.

Los límites territoriales se establecen de forma genérica, citando las ciudades principales que se encontraban en sus proximidades. El primer límite corresponde a la frontera septentrional u oriental del territorio y se establece en Helef (*Hëlep*), como otras muchas de difícil localización, tal vez se trate de *ªArbata,* situada al norte de Tabor. La siguiente ciudad era Alón-saanaim (äËlôn *Bᵉsaªanannîm*), ciudad de difícil localización, con la problemática añadida de la cita que se hace de ella en Jueces (Jue. 4:11) situándola junto a Cedes, al noroeste del lago Huleh[5]. Sigue Adaminaceb (*äAdämî-han-Neqeb*), con las mismas dificultades de identificación, pudiendo tratarse de *hirbet Dämiyeh,* situada al sudoeste del mar de Galilea. Se menciona luego Jabneel (*Yabnᵉä*ël), muy próxima a la frontera con Isacar, al oeste de Enganim y al nordeste de Betsem. Esta ciudad es distinta de la Jabneel de Judá, situada a 6 km del Mediterráneo y a 14 km de Asdod. El límite seguía hasta Lacum (*Laqqûm*), identificada como *hirbet el-Mansûrah*, al sur del mar de Galilea y al este del Jordán. Siguiendo la línea del límite, que es el mismo de Isacar, alcanzaba el Jordán, corto límite natural al sudeste del territorio. El mar de Galiléa o Lago de Tiberíades quedaba totalmente en el territorio de Neftalí.

34. Y giraba el límite hacia el occidente a Aznot-tabor, y de allí pasaba a Hucoc, y llegaba hasta Zabulón al sur, y al occidente confinaba con Aser, y con Judá por el Jordán hacia donde nace el sol.

El hagiógrafo pasa a detallar muy genéricamente los límites del territorio, pasado de la parte oriental a la occidental, partiendo de Aznot-tabor (*äAznôt-Täbôr*), con dificultades para la identificación actual. Podría tratarse de (*Umm el-Gebeil*), al noroeste de Tabor. La siguiente ciudad citada cercana al límite, que era frontera común con la tribu de Aser, era Hucoc (*Hûqöq*), al este de Cabul. La frontera occidental era común para las dos tribus, de ahí que se diga que *"al occidente confinaba con Aser"*, por tanto, no es preciso detallar el límite. Volviendo al límite oriental, se señala al Jordán como frontera natural de la heredad. La expresión *"y con Judá"*, traducida en otros textos como *"y con el Jordán de Judá"* es muy dudosa. Se omite plenamente en la LXX. Ninguna parte del territorio de Judá, la tribu del sur, tocaba el Jordán. El río separaba la tribu de Neftalí de

---

[5] Debe tenerse en cuenta que sobre todo en el norte de Canaán no se han hecho tantas investigaciones arqueológicas como en el sur y centro, de modo que no es posible una localización precisa de muchos lugares, por otro lado, hay, como se ha visto en este mismo pasaje, lugares con el mismo nombre en un mismo territorio.

la heredad transjordánica de la media tribu de Manasés. Con esta sencilla descripción queda perfectamente delimitado el territorio que correspondía a la tribu de Neftalí.

35. Y las ciudades fortificadas son Sidim, Zer, Hamat, Racat, Cineret.

Descritos los límites, se procede a dar una relación de las principales ciudades, que aquí se llaman *"ciudades fortificadas"*. Esta lista se establece siguiendo un orden de sur a norte. La primera de las ciudades era Sidim (*has-Siddîm*), que posiblemente se trate de *Hattîn el-Qadîm*, al oeste del Tiberíades. Otra de las ciudades era Zer (*Sër*), de difícil localización, tal vez se trate de *Quirn-Hattîn*, situada un poco al sur de la anterior. La ciudad fortificada de Hamat (*Hammat*), en las estribaciones montañosas de la orilla sur-occidental del mar de Galilea, identificada como *Hammân*, lugar con aguas termales a unos 2 km de la orilla del lago. Un poco más al norte y en la ribera del mar estaba Racat (*Raqqa*), identificada como *Tell Eqlâtîyeh*. Es posible que la ciudad de Tiberias fuese construida sobre sus ruinas por Herodes Antipas unos 20 años a.C., convirtiéndola en la capital de la tetrarquía de Galilea. Luego se cita a Cineret (*Kinneret*), al norte de la anterior y en la ribera del mar, identificada como *Tell el-ªOreimeh*. Al mar de Galilea se le llama en el Antiguo Testamento el mar de Cineret (Nm. 34:11; Dt. 3:17; Jos. 11:2; 12:3; 13:27). Podría ser que el lago recibiese ese nombre por su forma de arpa.

36. Adama, Ramá, Hazor.

Otras tres ciudades fortificadas se mencionan en el corto versículo. Adama (*ªAdämä*), de difícil localización. Para algunos estaba al norte del Tiberíades, para otros era una población al oeste de Racat, un poco más al interior del territorio, siempre cercana al Lago de Genezaret. En segundo lugar figura Ramá (*hä-Rämä*), al oeste del mar, en el interior del territorio, en la zona montañosa cercana. Era una ciudad distinta de la homónima, citada antes en la heredad de Aser (v. 29). Se identifica hoy con *er-Rämeh*, en el camino de Safed a Acre. Luego se menciona Hazor (*Häsôr*), citada anteriormente (11:1; 12:19), una de las ciudades históricas más antiguas e importantes del área, considerada antes[6].

37. Cedes, Edrei, En-hazor.

La ciudad de Cedes (*Qedes*), apareció antes en la relación de reyes derrotados del norte de Canaán (12:22). Fue una ciudad real cananea.

---

[6] Ver *Excursus XIII*, al final del capítulo 12.

Volverá a mencionarse en la lista de las ciudades de refugio (20:7). Cedes fue el hogar de Barac, donde se reunieron las fuerzas de Neftalí y Zabulón para la batalla contra Sísara (Jue. 4:6-11). En esta ciudad fueron sepultados Barac, Débora y Jael. Sería conquistada por Tiglat-pileser III en el año 734 a.C. Posteriormente, en este mismo lugar, Jonatán Macabeo derrotó al ejército sirio dirigido por Demetrio (1 Mac. 11:63). Se identifica hoy como *Tell-kades*, a unos 8 km del lago Hulel. La segunda ciudad era Edrei (ä*Edre*aî), distinta a la del mismo nombre en el territorio transjordánico que había sido de Og, rey de Basán (12:4; 13:12, 31). Se identifica hoy como *Tell-Hureibeh.* En tercer lugar figura En-hazor (*a*Ên-Häsôr), de difícil localización, tal vez *hirbet-Hasîreh,* al noroeste de la actual *Yârûn*).

38. Irón, Migdal-el, Horem, Bet-anat y Bet-semes; diecinueve ciudades con sus aldeas.

En la última relación figuran cinco ciudades, comenzando por Irón (*Yir*äôn), la actual *Yârûn,* situada bastante más al interior y más próxima a la frontera occidental que al Cineret. Después aparece Migdal-el (*Migdal-*äËl), que signfica *Torre de Dios*, de dudosa localización. Para algunos *Mugeidil*, al sudoeste de Nazaret. La ciudad de Horem (*Horëm*), no ha sido posible de identificar. Bet-anat (*Bêt-aAnät*), que quiere decir *Casa de Anat*. Los de Neftalí no pudieron expulsar de este lugar a los habitantes cananeos (Jue. 1:33; 5:6). Se identifica actualmente con *el-Ba*a*neh* en el camino de Safed a Acre. Finalmente, la última ciudad fortificada que aparece en la relación es Bet-semes (*Bêt-Semes*), que significa *Casa del Sol,* situada cerca de la frontera con Aser. Esta ciudad es distinta de las del mismo nombre, una de la heredad de Isacar (v. 22) y otra en la heredad de Judá (15:10). Se identifica hoy con *Häris,* al este de Caná. El número de ciudades detallado en la relación es de diecinueve, con sus respectivos caseríos y pequeñas poblaciones en sus áreas metropolitanas. Las diferencias entre las ciudades mencionadas y el resumen se produce también en esta ocasión.

39. Esta es la heredad de la tribu de los hijos de Neftalí conforme a sus familias; estas ciudades con sus aldeas.

Con la frase repetida para las otras tribus se cierra la descripción de territorio de la heredad de la tribu de Neftalí. Vuelve a hacerse hincapié en el detalle de *"sus familias"*, como razón del territorio asignado. La bendición que Moisés pronunció sobre la tribu tuvo un cumplimiento completo: *"Neftalí, saciado de favores, y lleno de la bendición de Jehová, posee el occidente y el sur"* (Dt. 33:23). Una tribu saciada de los favores y de la bendición del Señor. La posesión tenía que ver con el Occidente, en el lugar donde se pronunció la bendición tenía que ver con el mar de Galilea y el sur en relación con la extensión del territorio de la tribu. El clima incomparable del entorno del mar de Genezaret, la feracidad de sus vegas con abundancia de agua y la hermosura del paisaje, eran una bendición sobreañadida del Señor para ellos. Se dice, según la tradición judía, que el territorio de la heredad de Neftalí era tan fértil que tenía frutos muy tempranos, por lo que a pesar de estar situada al norte, eran los primeros en llevar las *primicias* al santuario. Por tanto, ellos eran los primeros en llevar la bendición del sacerdote, que era la bendición de Yahveh. Esta tribu tendría la bendición de tener en lo que fue su heredad, en tiempos de Cristo, la ciudad de Capernaum, lugar de residencia habitual de Jesús en su ministerio por Galilea. Las ciudades de Betsaida y Capernaúm eran de las más ricas de Galilea.

Bendiciones mucho mayores de lo que podían esperar era la provisión de Dios para su pueblo. La iglesia, el pueblo de Dios en la presente dispensación, recibe también mucho más de lo que puede pedir o entender (Ef. 3:20). Continua y permanentemente, la gracia de Dios abunda sobre cualquier otra necesidad personal. La afirmación de Santiago es una de las más extraordinarias experiencias del creyente: *"Pero Él da mayor gracia"* (Stg. 4:6). Las buenas dádivas y los dones perfectos descienden del Padre de las luces (Stg. 1:17). Dios ha dado a cada creyente herencia con los santificados, por lo que, a la vista de tantas bendiciones, solo cabe decir como Pablo: *"Gracias a Dios por su don inefable"* (2Co. 9:15).

Heredad de Dan (19:40-48)

40. La séptima suerte correspondió a la tribu de los hijos de Dan conforme a sus familias.

La última tribu en recibir la herencia que le correspondía en Canaán fue la de Dan. Como todos sus hermanos, la heredad le fue dada por medio de la suerte que le correspondió. La heredad era proporcional —como todas las otras— a las necesidades de sus familias. La heredad consistía en una porción de tierra que tenía al sur Judá, al oeste, Efraín y Benjamín, al norte, Efraín y al oeste el mar Mediterráneo. Dan fue el quinto de los hijos de Jacob y el primer hijo que tuvo con su sierva Bilha (Gn. 30:6), que se la había dado a Raquel, la esposa de Jacob, su padre Labán (Gn. 29:29). El nombre Dan significa *justicia*, y le fue dado como indicativo de que Dios había hecho justicia vindicando la situación estéril de Raquel frente a su hermana Lea. En la bendición que Jacob pronunció sobre este hijo, se atisba algo del carácter de la tribu: *"Dan juzgará a su pueblo, como una de las tribus de Israel. Será Dan serpiente junto al camino, víbora junto a la senda, que muerde los talones del caballo, y hace caer hacia atrás al jinete"* (Gn. 49:16, 17). Posiblemente se esté refiriendo a la tribu en sí como una de las que tendrían posesiones igual que el resto de los otros descendientes, aunque hubiese nacido de una de las concubinas de Jacob y no de una de sus dos esposas legítimas. Pero también estaría refiriéndose a uno de los jueces de Israel, Sansón, que sería de la tribu de Dan (Jue. 13ss.). Dan accedería a la tierra con un título tan legítimo como el resto de sus hermanos. Esta tribu destacaría en sutileza, como la de Judá en fuerza. En la bendición de Moisés se equipara a la tribu con un león: *"Dan es cachorro de león que salta desde Basán"* (Dt. 33:22).

El segundo aspecto de la tribu era su resolución y coraje. Como un león saltaría sobre el confiado pueblo de Lais para tomar el territorio que necesitaba (Jue. 18:7, 27). Dan fue la tribu que cerraba la marcha de Israel en sus jornadas por el desierto (Nm. 2:31; 10:25). No solo protegía la retaguardia del pueblo, sino que recogía a los que pudieran quedarse rezagados en las jornadas de marcha. La tribu de Dan era una de las mayores en número. Los hombres de guerra censados en los llanos de Moab eran 64.400, un 10,7% de todos los ejércitos de Israel en el momento de iniciar la conquista de la tierra. La tribu de Dan solo era superada en número por la de Judá, con 74.600 hombres. Sin embargo, a una tribu tan grande en número correspondió un territorio relativamente pequeño. Por esto, hay tres ciudades que pasarán del territorio de Judá, demasiado grande para su número, al de Dan.

41. Y fue el territorio de su heredad, Zora, Estaol, Ir-semes.

La primera ciudad principal de su territorio era Zora (*Sor*^{a}ä), mencionada ya antes en la relación de ciudades de la heredad de Judá (15:33). Identificada actualmente como *Sur'ah*, situada a 24 km al oeste de Jerusalén sobre una colina en el norte del valle de Sorec. Los musulmanes construyeron en ella un altar de piedra en memora de Sansón. Se la conoce como el hogar de Sansón. Cerca de ese lugar se conserva un altar de roca construido en la forma en que los hebreos edificaban un altar en tiempos de los jueces. Algunos suponen que este podría ser el altar donde Manoa, el padre de Sansón, ofreció un holocausto, desde donde el Ángel de Yahveh subió hacia el cielo (Jue. 13:19-20). Sigue luego Estaol (^{ä}*Estä*^{ä}ôl), mencionada, como la anterior, en la relación de ciudades de Judá (15:33). Situada un poco más al oeste de Zora. Las dos ciudades tuvieron mucho que ver en la historia de Sansón (Jue. 13:25). La tercera ciudad en la relación era Ir-semes (^{a}Îr-Semes), que significa *Ciudad del Sol.*

42. Saalabín, Ajalón, Jetla.

La relación de ciudades sigue con Saalabín (*Saªalabbîn*). Fue una de las ciudades que no pudieron conquistar (Jue. 1:35). La ciudad formó parte del segundo distrito administrativo en el reinado de Salomón (1Re. 4:9). Se identifica actualmente como *Selbît* a 5 km al noroeste de Ajalón y 12 km al norte de Bet-semes. Después figura Ajalón (ª*Ayyälôn*), identificada actualmente como *Yälö*, unos 20 km al noroeste de Jerusalén. Se verá más adelante en la designación de las ciudades levíticas de los coatitas (21:20, 24). El rey Roboam la fortificó para proteger Jerusalén (2Cr. 11:10), siendo ocupada por los filisteos en tiempos de Acaz (2Cr. 18:18). La tercera ciudad era Jetla (*Yitlä*), la que aparece en la LXX [B] como Σιλαθα, que equivale a *Sᵉlätä*, actualmente *Siltâ,* a unos 17 km al noroeste de Bet-horón la Baja (16:3).

43. Elón, Timnat, Ecrón.

La ciudad de Elón (ªÊlôn), que equivale a *la Encina*, en este caso identificable como *hirbet-ªAllîn.* Sin embargo, la localización no es segura. Timnat (*Timnä*), uno de los referentes en los límites de Judá (15:10), identificada como *Tell-el Batashi.* Estaba situada entre Bet-semes y Ecrón, en los límites de Filistea. Estuvo alternativamente en manos de los danitas y de los filisteos (Jue. 19:43; 2Cr. 28:18). Fue uno de los lugares relacionados con la historia de Sansón, de donde era originaria Dalila, que lo traicionaría (Jue. 14:1-20). Otra de las ciudades era Ecrón (ª*Eqrôn*), citada antes en relación con la tierra que aún quedaba por poseer después de la conquista general de Canaán (13:3). Ecrón era una de las ciudades referentes en los límites de Judá (15:11) y en la relación de las principales ciudades dentro de su territorio (15:45-46). Fue una de las ciudades filisteas situada a unos 15 km de la costa del Mediterráneo.

44. Elteque, Gibetón, Baalat.

En el orden de detalle figura Elteque (ª*Eltᵉqëh*), que será luego una de las ciudades de los levitas (21:23). Esta era la *Altaku* en las referencias de Senaquerib. En la actualidad identificada como *hirbet-el-Muqannaª*, a unos 10 km al sudeste de Ecrón. Sigue Gibetón (*Gibbᵉtôn*), tal vez se pueda identificar como *Tell-el-Melät*, al este de Ecrón. Otros la sitúan al norte de esa ciudad dentro de los límites del territorio y no como ciudad fronteriza. Se citó antes en relación con las ciudades de Judá (15:11). En tercer lugar, aparece Baalat (*Baªalät*), mencionada antes como una de las ciudades en los límites del territorio de Judá (15:11).

45. Jehúd, Bene-berac, Gatrimón.

Jehud (*Yehud*), identificada actualmente como *el-Yehûdîyeh*, a unos 13 km al este de Jafa, o Jope. Sigue Bene-berac, identificada con la ciudad mencionada durante las acciones de Senaquerib como *Bunä-Barqa*, actualmente es *Ibn-Ibrân*, entre Jehúd y Jope. La tercera ciudad mencionada en el texto es Gatrimón (*Gat-Rimmôn*), que significa *Jardín de los Granados*. Será una de las ciudades de los levitas en el territorio de Gad (21:24). No ha sido posible identificarla con seguridad.

46. Mejarcón y Racón, con el territorio que está delante de Jope.

Terminando la relación de las principales ciudades dentro del territorio figura Mejarcón (*Mê-hay-Yarqôn*), que significa *Aguas del Yarcón*, identificada con muchas probabilidades como *Tell Gerîseh*, en la orilla sur del río *Nahr-el-aAugah*. El límite por el oeste era el Mediterráneo. Como parte de la tierra estaba el territorio situado delante de Jope, que quedaba dentro de la heredad de Dan. La ciudad de Jope era la entrada a l a antigua Palestina desde el Mediterráneo. Situada en la llanura de Sarón a 56 km de distancia de Jerusalén. Se remonta en antigüedad al tiempo del faraón Tutmosis III (1490-1435 a.C.). Estaba edificada sobre una colina rocosa con una elevación de 35 m. El puerto de Jope estaba formado por una serie de grandes rocas en círculo delante de la costa. Según la mitología, en una de ellas fue encadenada Andrómeda para ser devorada por un monstruo marino para apaciguar la ira de Poseidón, de donde sería rescatada por Perseo. Por el puerto de Jope entraron los cedros traídos desde el Líbano y enviados por Hirán, el rey de Tiro, para la construcción del templo de Salomón (2Cr. 2:16). Para la reconstrucción del segundo templo en días de Esdras entraron por este puerto la madera para la obra (Esd. 3:7). Desde él salió el profeta Jonás en su huida hacia Tarsis (Jon. 1:3). A pesar de la importancia que tenía en la antigüedad, no ha sido excavada suficientemente, lo poco que se ha hecho puso al descubierto alfarería que atestigua la antigüedad del lugar. En esta ciudad pasó algún tiempo el apóstol Pedro, hospedado en casa de Simón, que era curtidor (Hch. 9:43). Fue en Jope donde recibió la visión del lienzo que contenía también animales inmundos, por medio de la que recibió la lección del Señor (Hch. 10:5, 6).

47. Y les faltó territorio a los hijos de Dan; y subieron los hijos de Dan y combatieron a Lesem, y tomándola, la hirieron a filo de espada, y tomaron posesión de ella y habitaron en ella; y llamaron a Lesem, Dan, del nombre de Dan su padre.

La descripción del territorio se cierra con una nota extensamente desarrollada en el libro de Jueces (Jue. 18). Surge, indudablemente, la pregunta de cómo se coloca en este lugar una nota histórica que tiene que ver con el período de los jueces, un libro escrito después de la coronación de Saúl, pero antes de la conquista de Jerusalén por David sobre el año 990 a.C. (Jue. 1:21; 17:6; 18:1; 19:1; 21:25). Probablemente sea una interpolación posterior, como nota marginal en algún original hebreo de estudio, que pasó al texto bíblico del libro de Josué como parte del mismo. Los danitas habrían de quedar reducidos a un pequeño territorio montañoso al ser constreñidos desde la costa por los filisteos, y desde la llanura por los amorreos (Jue. 1:34). Por esa razón, buscaron salida subiendo hacia el norte. En esa incursión alcanzaron el Hermón junto a las fuentes del Jordán, conquistando la ciudad de Lesem (*Layis*) y estableciéndose en ella. Como recuerdo del nombre del patriarca que dio origen a la tribu, le pusieron el nombre de Dan. Actualmente identificada como *Tell el Qâdî.*

48. Esta es la heredad de la tribu de los hijos de Dan conforme a sus familias; estas ciudades con sus aldeas.

Un breve resumen como aparece para el cierre de la descripción de las heredades de todas las tribus anteriores, figura también en relación con la de Dan. El territorio descrito era *"la heredad de la tribu de los hijos de Dan"*. No se da el número resumen de las ciudades que había en su territorio, como ocurre con las anteriores. Simplemente se dice que las descritas antes eran *"las ciudades",* es decir, las principales ciudades del territorio a las que había asociadas *aldeas*, lugares de menor importancia cercanos a las ciudades principales.

No hace falta reiterar otra vez lo dicho antes como enseñanza que se deriva de cada una de las heredades dadas por el Señor al pueblo que había introducido en Canaán. Es suficiente notar que había provisión para todos y que todos estaban recibiendo en la tierra asignada la expresión de la fidelidad de Dios. A ellos les tocaba arrojar de su parcela a los enemigos que aún quedaban. Era un asunto de fe y decisión. Lamentablemente, iban a olvidarse pronto del Señor y sus beneficios, por lo que no serían capaces de disfrutar de la tierra prometida, hasta el tiempo de David y Salomón. Un simple énfasis en la enseñanza está en la fe. Las conquistas de la vida cristiana no dependen del esfuerzo personal del creyente, sino de la dependencia que tenga del Señor. La fe que vincula con Cristo para salvación (Ro. 5:1), vincula también para recepción del poder necesario (Fil. 4:13). No es posible ningún tipo de victoria al margen de la fe: *"Porque sin fe es imposible agradar a Dios"* (He. 11:27).

HEREDAD ESPECIAL DE JOSUÉ (19:49-51)

49. Y después que acabaron de repartir la tierra en heredad por sus territorios, dieron los hijos de Israel heredad a Josué hijo de Nun en medio de ellos.

Después de darse provisión de tierras a cada una de las tribus; después de haber atendido a la petición de Caleb sobre una porción que pidió para sí. Llegaba el momento de recompensar a Josué. Con toda seguridad, como descendiente de Efraín tendría su parte junto con su familia en lo asignado a la tribu de José. No es heredad de Dios lo que se le entregaba a Josué, sino un regalo del pueblo, dado por el pueblo mismo: *"Dieron los hijos de Israel heredad de Josué hijo de Nun en medio de ellos"*. El que pasará a la historia como *siervo*, espera para recibir una porción de la tierra al final de todo su servicio. Josué estuvo empeñado durante toda su vida en servir a los demás, ahora sería servido por otros con una porción de la tierra como recompensa.

50. Según la palabra de Jehová, le dieron la ciudad que él pidió, Timnatsera, en el monte de Efraín; y él reedificó la ciudad y habitó en ella.

La entrega de la ciudad a Josué no revela el desinterés de un pueblo dispuesto a recompensar a quien le había servido por años. Las gentes de Israel no eran –como la mayoría de los pueblos– demasiado generosas con quienes habían dedicado su vida a su servicio. Josué ya era anciano (13:1). El reparto de la tierra se había hecho, por tanto, no tenía más servicio para el que hubiera sido llamado por Dios. La heredad especial de Josué había sido establecida por Dios mismo: *"Según la palabra de Jehová"*. No se dice cuándo y cómo ocurrió esta determinación de parte del Señor. Tal vez fue al mismo tiempo que la promesa de heredad personal para Caleb. El texto bíblico guarda silencio sobre el tiempo cuando Dios pronunció aquella determinación. Sin embargo, ahora, por este texto, se conoce que había sido una determinación divina tiempo antes. Josué pide y recibe la ciudad de Timnatsera (*Timnat-Serah*). Esta ciudad estaba situada en los montes de Efraín, concretamente en un lugar de la montaña al norte del monte Gaas (24:30), identificada como *hirbet-Tibnah.* La ciudad debía ser reconstruida. Los acontecimientos bélicos habían producido en ella un deterioro tal que la hacían inhabitable. Josué, a su avanzada edad, tenía que dedicar esfuerzos para dirigir y colaborar en la reconstrucción de la ciudad de modo que pudiera ser su residencia de allí en adelante y el lugar de su sepultura (24:30). La heredad no era lo mejor del territorio de Efraín, ni la mejor de sus ciudades principales. Situada en una ladera de la montaña, en territorio más bien árido, Josué escogió para sí lo que era necesario trabajar para sacarle rendimiento. La ciudad debió ser reconstruida, los campos roturados, arados, sembrados y regados para que diesen fruto. La ciudad era el lugar escogido donde podía seguir sirviendo al Señor en las tareas que aun pudiera realizar y donde morir en medio del pueblo de Dios. Era un lugar apacible en la montaña donde pasar en tranquilidad los últimos años de su vida. Escogió lo que no tenía mucho valor, porque nunca se sintió señor, sino siervo.

51. Estas son las heredades que el sacerdote Eleazar, y Josué hijo de Nun, y los cabezas de los padres, entregaron por suerte en posesión a las tribus de los hijos de Israel en Silo, delante de Jehová, a la entrada del tabernáculo de reunión; y acabaron de repartir la tierra.

La tierra había sido repartida totalmente. En el reparto de la tierra intervinieron el sumo sacerdote Eleazar[7], Josué, el líder de la nación a quien Dios había encargado la comisión de repartir la tierra y los representantes de las tribus de Israel. Nada se hizo individualmente. Toda la acción se realizó a la vista del pueblo, de sus representantes y, sobre todo, a la vista de Dios. La distribución por medio de suertes se hizo en Silo, donde había sido levantado el tabernáculo *"delante de Jehová"*. Es cierto que los hombres actuaron en el tema de las suertes, pero no es menos cierto que fue el Señor quien dirigió el reparto y la adjudicación de las propiedades tribales. La operación tuvo lugar a la entrada del tabernáculo de reunión, es decir, en el patio de santuario delante de la puerta de entrada. Al interior solo los sacerdotes tenían acceso. Esta era una segunda etapa en la historia del reparto de la tierra. La primera tuvo como lugar central Gilgal (14:6-17:18), esta segunda tiene lugar en Silo, a donde se había trasladado el tabernáculo (18:1-19:51). Todos los arreglos tuvieron lugar ante la presencia del Señor.

La última frase del versículo expresa la ejecución completa del programa divino para su pueblo. Dios había dicho a Josué: *"Reparte, pues, ahora esta tierra en heredad a las nueve tribus, y a la media tribu de Manasés"*, ahora Josué podía decir: *"y acabaron de repartir la tierra"*. Nada puede impedir la realización del propósito de Dios. Es verdad que la negligencia de las siete tribus había demorado la realización, pero el propósito de Dios, pese a la pasividad de Su pueblo, se llevó a cabo.

Merece la pena destacar dos sencillas enseñanzas de esta última parte. En primer lugar, la humildad del siervo. Josué había sido el líder

---

[7] Sobre el sumo sacerdote Eleazar, ver notas personales en la *Introducción*.

que sustituyó a Moisés en la conducción del pueblo. Aquel había tenido la difícil misión de llevarlo durante cuarenta años por el desierto. Pero no menos importante y delicada fue la tarea de Josué al tener que introducirlo en la tierra prometida, luchar con los pueblos ocupantes y asentar a la nación en su propiedad. Sin embargo, Josué tiene claro el concepto de su ministerio: era un siervo. Lo había sido de Moisés y seguía siéndolo del pueblo. No buscó para sí riquezas, ni posesiones, ni beneficios. Un simple lugar donde asentarse para acabar sus días fue lo que buscó. La humildad forma parte esencial del servicio. Jesús es el ejemplo supremo de humildad. Fue el que se *"humilló a sí mismo"* (Fil. 2:8). El que invita a sus seguidores a seguir sus pisadas en la senda de la humildad: *"Aprended de mí, que soy manso y humilde de corazón; y hallaréis descanso para vuestras almas"* (Mt. 11:29). No hay posibilidad alguna de éxito en la vida cristiana victoriosa más que desde la dimensión de la humildad. El Señor resiste al soberbio, mientras da gracia al humilde (Stg. 4:6). La humildad no es el esfuerzo del religioso por aparentar lo que no es, es el reflejo de la identificación con Cristo en la vida cotidiana. El creyente no es humilde por mandamiento, sino por comunión con Cristo. No se requiere un esfuerzo especial, o una disposición mental que asuma esa condición, basta con llevar a cabo la experiencia real que permita decir: *"Para mí el vivir es Cristo"* (Fil. 1:21). O, si se prefiere mejor: *"ya no vivo yo, sino que vive Cristo en mí"* (Gá. 2:20). La iglesia está sobrada de religiosos que buscan recompensa a *su* humildad, mientras que carece, en gran medida, de cristianos que son humildes porque están vinculados a Cristo.

La segunda enseñanza tiene que ver con la soberanía de Dios en Sus propósitos para Su pueblo. Muchas veces, el desaliento afecta a los creyentes al ver situaciones aparentemente insostenibles en la iglesia de Jesucristo. En circunstancias adversas debe tenerse en cuenta siempre el propósito de Dios para Su pueblo. Él ha determinado sostener y edificar Su iglesia (Mt. 16:18). Él ha determinado el triunfo final de Su propósito al presentarse un pueblo glorioso que no tendrá mancha, ni arruga, ni cosa semejante (Ef. 5:27). La herencia establecida para este pueblo está reservada en los cielos (1Pe. 1:4) y para ella son guardados todos los creyentes (1Pe. 1:5). Las circunstancias temporales, la debilidad de la iglesia, la indolencia de algunos cristianos, la negligencia en muchas ocasiones... no afecta al propósito eterno de Dios. Es más, aún en medio de las dificultades e imperfecciones, el triunfo de Dios en Cristo alcanza a su pueblo, que es llevado siempre en victoria en Cristo Jesús (2Co. 2:14). En aquel día, cuando la iglesia entre en el estado eterno, glorificada al lado del Señor, podrá decirse también como canto de victoria que eternamente exalte la grandeza del Dios soberano: *"Todo lo que quiso ha hecho"*.

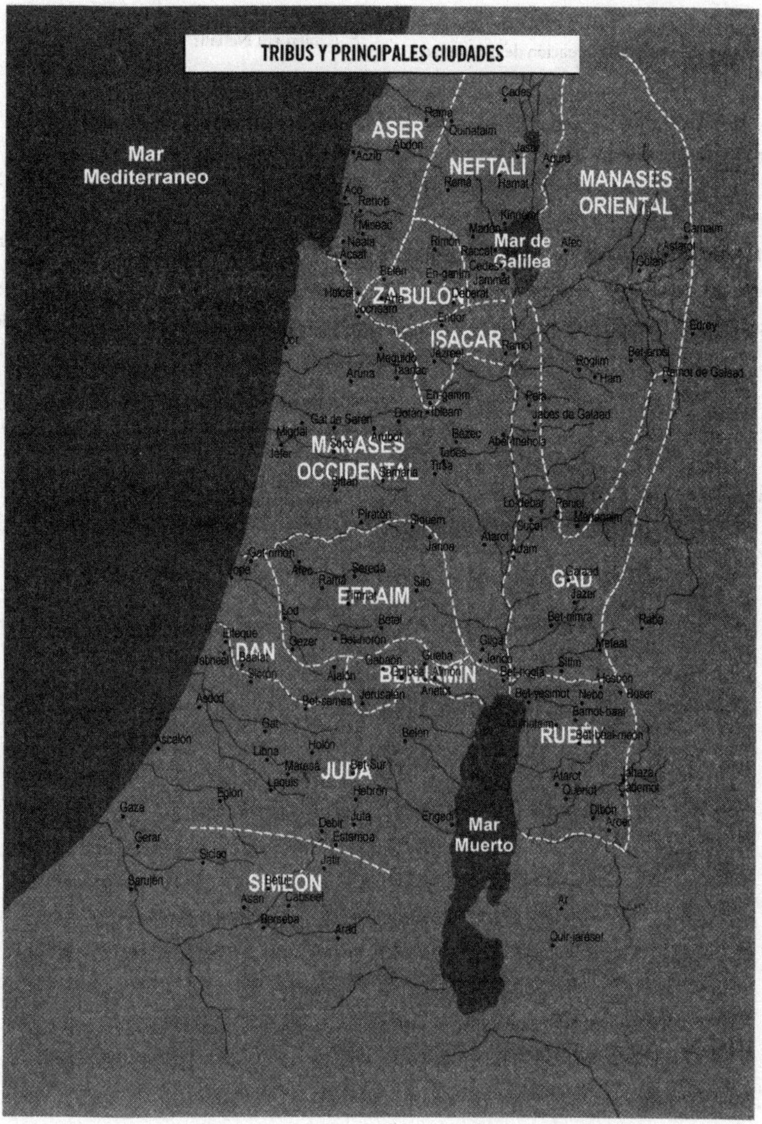

Territorios de las tribus y principales ciudades.

EXCURSUS XXII
SIDÓN Y TIRO

1. Sidón

Sidón fue la primera ciudad fundada por los fenicios (Gn. 10:19). Despertó la admiración por la belleza de su entorno natural, así como por la fertilidad de su llanura. Era una ciudad conocida por la calidad y variedad de frutos que se cultivaban en sus campos. Se ha excavado bastante en el área, pero no alcanza a lo que aún debería llevarse a cabo por la abundancia de restos debido a la antigüedad de la ciudad. Estaba situada a unos 40 km al norte de Tiro y fue construida sobre un pequeño montículo orientado hacia el Mediterráneo. La ciudad tuvo gran importancia y su toponímico "*sidonio*" se utilizaba para designar a todos los habitantes de Fenicia (1Re. 5:6; 16:31).

En la correspondencia de Amarna se dice que Zimri- Adda de Sidón desertó de Egipto (1390 a.C.) Los reyes sucesivos trataron de extender el poder sidonio hacia el sur hasta Dor. Los filisteos reaccionaron destruyendo Sidón sobre el año 1150 a.C. Durante el gobierno asirio de Tiglat-pileser I, Sidón y otras muchas ciudades del antiguo territorio fenicio fueron tributarias de Asiria. La ciudad fue perdiendo importancia como puerto con el surgimiento de Tiro. A lo largo de la historia tuvo que luchar con varios conquistadores asirios, babilonios y persas. Se sabe que Salmanasar III recibió tributo de Sidón. Nabudoconosor conquistó la ciudad. Más tarde, los persas utilizaron sus naves para luchar contra los griegos. Los sidonios se levantaron contra Artajerjes III (Ocus), sin embargo, fueron traicionados pereciendo cuarenta mil personas en la batalla, quemando la ciudad y la flota. Las fortificaciones destruidas no fueron reconstruidas. Sidón se rindió sin lucha a Alejandro y ayudo en el sitio de Tiro. A la muerte de Alejandro Magno fue englobada en el territorio de los tolomeos, y posteriormente en el dominio de los seléucidas (197 a.C.). Pasó luego a estar bajo potestad romana desde el 64 a.C. En el s. IV pasó a estar bajo los bizantinos. Seguidamente, se produjo la invasión árabe (638 d.C.). Durante las cruzadas cambió de manos varias veces. Los mongoles la asolaron en el año 1260. En 1517 pasó a estar bajo el poder de los turcos otomanos. En la actualidad se la considera como capital del Sur del Líbano.

En tiempos del Nuevo Testamento los habitantes de Sidón eran principalmente griegos. La ciudad fue famosa como un centro de estudios filosóficos.

En 1855 se descubrieron varias tumbas, algunas con sarcófagos. Uno de ellos, construido en basalto negro, tenía la inscripción de *"Esmunazar. Rey de los sidonios"*. Este fue uno de los reyes del s. V a.C. El sarcófago medía algo más de dos metros y medio de largo y tenía novecientas noventa palabras esculpidas en su tapa. La escritura fenicia informaba sobre el rey y hacía notar que no había oro en su interior, formulando una maldición que caería sobre cualquiera que abriera el sarcófago. Al final de la escritura se hacía constar que el rey había levantado templos a los dioses Astarté (Astoret), Esmún (Dagón) y Baal Sidón. En ese grupo de tumbas se encontró otro sarcófago de mármol que tenía esculpidas escenas de la vida de Alejandro Magno. Una de ellas trata de la caza de un león, en la que el propio Alejandro toma parte, y otra es una escena de batalla con varios jinetes y caballos pintados con pintura muy tenue que no tapa la belleza del mármol. Tanto la pintura como la escultura son obra de maestros griegos y el sarcófago está considerado como uno de los mejores que se haya desenterrado. Se conoce con el nombre de *"el sarcófago de Alejandro"*. Posiblemente se enterró en él al gobernador principal de la ciudad de Sidón.

El principal interés arqueológico de Sidón está en los fragmentos de embaldosados y mosaicos. Es también interesante la colina formada por cientos de miles de conchas rotas de múrice, el molusco del que se extraía el tinte púrpura. También las ruinas de un castillo de los cruzados. Muchos de los yacimientos arqueológicos están totalmente saqueados.

2. Tiro

Una antigua ciudad fenicia que se corresponde con la actual Sur, en el Líbano. Su época de mayor esplendor se sitúa a partir del s. X a.C. y más concretamente a los tiempos del rey Hiram. Su apogeo siguió hasta el s. VIII a.C., cuando comenzó a estar bajo las apetencias territoriales de los asirios, luego de los babilonios y más tarde de los persas. Fue conquistada posteriormente por Alejandro Magno (332 a.C.) y disputada luego por los generales del macedonio. En el año 200 a.C. pasó a los seléucidas y más tarde, en el año 64 a.C. a los romanos. Fue conquistada por los árabes en el 638 d.C. y ocupada por los cruzados en 1124, quienes la conservaron hasta 1291.

La ciudad vino a ser el principal puerto fenicio en el Mediterráneo. Estaba situada a unos 56 km al norte del Carmelo y a unos 40 km al sur de Sidón. Se asentaba en una isla a 1 km de tierra firme. Tenía dos puertos, uno al norte y otro al sur. Rodeada de altos muros, especialmente los que daban al lado de la tierra firme. Alejandro Magno puso sitio a la ciudad por 7 meses y la capturó después de haber construido un montículo acumulando piedras y materiales sobre el mar que conectaba la isla con el continente. Este cambio en la topografía se mantuvo, de modo que Tiro ya no es una isla, sino una península unida al continente.

La historia antigua de la ciudad es desconocida. Por la correspondencia de Amarna se sabe que su rey, Abimilki, fue leal a Egipto, acusando al rey de Sidón de deslealtad. Cuando los filisteos saquearon Sidón muchos de sus pobladores huyeron a Tiro, convirtiéndose en el puerto principal de los fenicios.

En los días de la monarquía hebrea del reino unido, Hiram, rey de Tiro, mantuvo relaciones muy amistosas tanto con David como con Salomón (2Sa. 5:11; 1Re. 5:1; 1Cr. 14:1). Este rey proveyó a Salomón de materiales necesarios para la construcción del templo (2Cr. 2:3-16), aportando también personal especializado para los trabajos de construcción en Jerusalén. Uno de los obreros especialistas que tenía el mismo nombre que el rey, Hiram, fue el responsable del trabajo en bronce para el templo (1Re. 7:13, 14).

El rey Hiram construyó el primer camino de acceso que conectaba la isla con el continente, construyendo también un gran templo al dios Melkart, Baal de Tiro y otro para la diosa Astarté. Interesado en el comercio marítimo, Hiram ayudó a Salomón en la construcción del puerto de Ezión-geber, de donde salían los barcos del rey de Israel para la costa oriental de África y los territorios del océano índico (1Re. 9:27, 28). Durante el reinado de Hiram, Tiro alcanzó el mayor esplendor de su historia, habiéndola dotado de un comercio muy potente que utilizaba su flota para comerciar con púrpura y cristales manufacturados en las islas y en las tierras de la costa oriental del Mediterráneo.

Durante el s. IX a.C. los tirios fundaron Cartago en el norte de África. Su fundador fue el legendario Dido, cuya historia relata Virgilio en la Eneida. En ese mismo siglo, la hija de Et-baal, rey-sacerdote de Tiro, se casó con Acab, el rey de Israel, precipitando la mayor crisis religiosa de su historia.

Con el desarrollo de los imperios asirio, babilonio y persa, Tiro se mantuvo con cierta independencia pagando tributos. En el año 722 a.C. cayó en manos de Sargón II. Tiempo después caería en manos de Nabucodonosor. Sin embargo, continuó siendo un puerto importante en los siglos siguientes. Alejandro Magno la conquistó también, pero la ciudad se recuperó pronto. Durante la dominación romana, Herodes I reedificó el templo principal de Tiro.

Aunque también fue excavada, falta todavía mucho por hacer en este sentido. Las obras realizadas en 1921 permitieron desenterrar algunos de los fundamentos de la ciudad antigua.

CAPÍTULO 20
CIUDADES DE REFUGIO

INTRODUCCIÓN

Con el reparto de la tierra entre las tribus concluía la gran etapa de la conquista y posesión de Canaán. Dios había cumplido fielmente su compromiso con el pueblo sacándolo de la esclavitud de Egipto, conduciéndolo con segura protección durante cuarenta años de peregrinación por el desierto, introduciéndolo en la tierra prometida y dándoles las heredades correspondientes a cada una de las tribus. La gran etapa del asentamiento como nación se había llevado a cabo. Sin embargo, la legislación mosaica había establecido la defensa para casos de homicidio involuntario, mientras los jueces dirimían la culpabilidad o inocencia del que hubiese producido la muerte de alguno de sus compatriotas, estableciendo ciudades de refugio en donde podría estar a salvo. Era, pues, el momento de cumplir lo que se estableció en la Ley para esta situación. Entonces, conquistada y posesionada la tierra de Canaán, podían habilitarse los lugares donde encontraría protección segura el homicida involuntario. La instrucción para el establecimiento de las *ciudades de refugio* procedía directamente de Dios, por medio de Moisés. Josué, siempre obediente y dispuesto a cumplir la voluntad divina se ocupa, como penúltima acción de su liderazgo, de concretarla señalando los seis lugares que cumplirían la provisión establecida por el Señor. Estas ciudades eran verdaderos santuarios de protección para los culpables de muertes involuntarias. La justicia exigía que no se derramase sangre de un inocente, cuya mano era culpable, pero no así la intención del corazón. Esas ciudades servían como recordatorio permanente de la misericordia y gracia de Dios.

En el capítulo se tratan dos asuntos concretos: (1) La ley que establecía las ciudades de refugio (vv. 1-6); (2) las ciudades designadas para ello (vv. 7-9).

Para el comentario del pasaje se sigue el *Bosquejo* que está en la *introducción*, como sigue:

4. Las ciudades de refugio (20:1-9).
   4.1. La ley que las establecía (20:1-6).
   4.2. Las ciudades designadas (20:7-9).

Las ciudades de refugio (20:1-9)

La ley que las establecía (20:1-6)

1. Habló Jehová a Josué, diciendo:

La instrucción de establecer las ciudades de refugio procedía directamente de Dios. Antes lo había ordenado a Moisés. Ahora lo establece para Josué. Era la última comisión que el Señor le encomendaba. Su edad avanzada no le permitía más actividad. Había cumplido todo lo que era el proyecto para aquella etapa de la historia del pueblo de Dios, y debía dejar paso a otro liderazgo que siguiera tras él. No era un capricho de Josué, sino un mandamiento que Dios establecía.

2. Habla a los hijos de Israel y diles: Señalaos las ciudades de refugio, de las cuales yo os hablé por medio de Moisés.

El Señor hace referencia a algo que había establecido en los días de Moisés y que estaba recogido en la Ley. Tenía que ver con lugares seguros para el que cometía la muerte de otro involuntariamente. Las ciudades de refugio serían tomadas de las que correspondiesen a los levitas: *"Y de las ciudades que daréis a los levitas, seis ciudades serán de refugio, las cuales daréis para que el homicida se refugie allá"* (Nm. 35:6). Además, el número de las ciudades estaba también establecido: "*Tres ciudades daréis a este lado del Jordán, y tres ciudades daréis en la tierra de Canaán, las cuales serán ciudades de refugio"* (Nm. 35:14). El momento para llevar a cabo la designación de las ciudades constaba en la Ley: *"Cuando Jehová tu Dios destruya a las naciones cuya tierra Jehová tu Dios te da a ti, y tú las heredes, y habites en sus ciudades, y en sus casas; te apartarás tres ciudades en medio de la tierra que Jehová tu Dios te da para que la poseas"* (Dt. 19:1-2). El mandamiento debía ser cumplido *"cuando hayáis pasado al otro lado del Jordán a la tierra de Canaán"* (Nm. 35:11). Era el momento preciso para llevarlo a cabo.

3. Para que se acoja allí al homicida que matare a alguno por accidente y no a sabiendas; y os servirán de refugio contra el vengador de la sangre.

La razón para el establecimiento de las ciudades de refugio tenía que ver con el ejercicio de la justicia. Era un lugar de protección para los homicidas involuntarios. Estas ciudades de refugio ($^{\ddot{a}}$*et* ^{a}*arê hammiqlät*), literalmente *ciudades de asilo*, constituían un valuarte que limitaba los derechos que asistían al pariente más próximo de la víctima. A este pariente se le llama *"vengador de la sangre"* (*gö*$^{\ddot{a}}$ël *haddäm*). El pariente más próximo era la única persona que podía vengar la muerte en el lugar donde encontrase al homicida (Nm. 35:19). Todo homicidio voluntario era castigado con la muerte del homicida. Donde se había cometido un daño voluntario debía hacerse restitución; y como el homicida no podía restaurar la vida que había quitado a un semejante, debía pagar con su propia vida, no para satisfacer el mal hecho a su prójimo, sino para satisfacer la ley y la justicia que había sido establecida. La persecución del criminal quedaba encomendada al pariente más próximo, y podía dar por su propia mano muerte al homicida. Los miembros de la familia e incluso los de la propia tribu se consideraban solidarios ante el homicidio de un semejante. La muerte de un homicida voluntario era algo común desde el principio de la historia humana. Ese era el temor de Caín a causa del homicidio que había cometido contra su hermano (Gn. 4:14). Por esa razón mató Gedeón a los que habían quitado la vida a sus hermanos (Jue. 8:18-21). Sin embargo, cuando el homicidio no había sido voluntario, sino que se producía casualmente, sin asechanzas ni enemistades (Nm. 35:22-23), se proveía de las ciudades de refugio donde estaba a salvo el homicida involuntario. En la ciudad de refugio permanecía hasta que se determinaba por los jueces su inocencia o culpabilidad. Para un homicida voluntario no había refugio posible y la ciudad dejaba de ser santuario si se determinaba responsabilidad voluntaria para quien cometiese el homicidio.

4. Y el que se acogiere a alguna de aquellas ciudades, se presentará a la puerta de la ciudad, y expondrá sus razones en oídos de los ancianos de aquella ciudad; y ellos le recibirán consigo dentro de la ciudad, y le darán lugar para que habite con ellos.

Las instrucciones para el uso de las ciudades se habían establecido antes en la ley. En esta ocasión, se recapitulan todas las instrucciones legales en dos principios generales: primero, la presentación del homicida involuntario a la puerta de la ciudad exponiendo su caso a los ancianos, y en segundo lugar, la habilitación de un lugar donde residiese hasta la muerte del sumo sacerdote, ocasión en que por amnistía general, podía salir seguro y volver a su ciudad de origen. El causante de una muerte involuntaria debía huir a la ciudad de refugio más cercana y presentarse en el lugar donde se reunían los ancianos-jueces (Rut. 4:1) para dilucidar sobre la inocencia del homicida. Este debía demostrar que había sido un accidente y que con el muerto no incurría ningún tipo de resentimiento personal. Establecida la inocencia —al menos momentáneamente— se le asignaba lugar para residir. En realidad, el homicida conservaba su vida pero era un prisionero dentro de la ciudad, de la que no podía salir. Para facilitar el acceso del que huía a la ciudad de refugio, debían tener siempre los accesos cuidados para que pudieran ser usados sin problema (Dt. 19:3).

5. Si el vengador de la sangre le siguiera, no entregarán en su mano al homicida, por cuanto hirió a su prójimo por accidente, y no tuvo con él ninguna enemistad antes.

Siguiendo al que había ocasionado la muerte involuntaria de alguno, podía llegar a la ciudad el pariente próximo que tenía derecho a vengar la muerte producida. Aun con todos los derechos legales que le asistieran, no podían entregar en su mano al homicida que se había refugiado en la ciudad. Aquel era un lugar seguro. La venganza quedaba en el exterior de sus cierres y fuera de sus puertas.

6. Y quedará en aquella ciudad hasta que comparezca en juicio delante de la congregación, y hasta la muerte del que fuere sumo sacerdote en aquel tiempo; entonces el homicida podrá volver a su ciudad y a su casa y a la ciudad de donde huyó.

La ciudad de refugio era un lugar seguro hasta el momento del juicio general que determinase la inocencia del que había producido una muerte involuntaria. El veredicto inicial de los ancianos, a la puerta de la ciudad, permitía momentáneamente al homicida ponerse a seguro del *vengador de la sangre,* hasta el día de la audiencia pública en la que los jueces verían el caso delante de quienes desearan estar presentes. Si celebrado el juicio, resultaba ser un homicidio voluntario, la ciudad ya no servía como lugar de protección para el homicida, que debía ser quitado del lugar para darle muerte (Éx. 21:14). La provisión de refugio para el inocente mediante la preservación de la vida del homicida involuntario, enseñaba que los hombres no deben sufrir por lo que es más bien una calamidad que un crimen. Con todo, el exilio de su ciudad y la prácticamente prisión en la ciudad de refugio, eran también una solemne advertencia para todos sobre la importancia de la vida y el esmerado cuidado que debe ponerse para no hacer mal al prójimo. Los confinados en las ciudades de refugio estaban bajo la protección del sumo sacerdote, que era el jefe de los levitas, a quienes pertenecían las seis ciudades de protección. A la muerte del sumo sacerdote se extinguían los derechos del *vengador de la sangre* en relación con los homicidas involuntarios. Aquellos que simbólicamente habían sido protegidos por el sumo sacerdote, quedaban libres bajo la protección de Dios mismo, por lo que quien atentase contra su vida, aunque fuese pariente próximo del muerto, se convertía en homicida si atentaba contra aquella vida. No había ya condenación para quien vivía en una ciudad de refugio. A la muerte del sumo sacerdote podía volver a su casa, a sus posesiones y al lugar de donde había huido.

Las ciudades designadas (20:7-9)

Las poblaciones de refugio debían estar situadas a ambos lados del Jordán. Todas ellas debían ser alcanzadas en pocas horas. Por tanto, debían estar bien comunicadas y ser de fácil acceso desde cualquier punto del país (Dt. 19:1-3).

7. Entonces señalaron a Cedes en Galilea, en el monte de Neftalí, Siquem en el monte de Efraín, y Quiriat-arba (que es Hebrón) en el monte de Judá.

La relación de ciudades de refugio comienza por las que estaban situadas en Cisjordania, al oeste del Jordán. Se detallan de norte a sur. El texto bíblico dice que *"señalaron"* las ciudades. El verbo hebreo significa *santificaron* o *consagraron* aquellas ciudades para el fin que Dios había establecido. La primera de ellas en el norte de Canaán era Cedes (*Qedes*), en la tribu norteña de Neftalí. Estaba situada en Galilea. De ella se consideró en la relación de reyes derrotados del norte de Canaán (12:22). Fue una ciudad real cananea. Cedes fue el hogar de Barac, donde se reunieron las fuerzas de Neftalí y Zabulón para la batalla contra Sísara (Jue. 4:6-11). En esta ciudad fueron sepultados Barac, Débora y Jael. Se identifica hoy como *Tell-kades*, a unos 8 km al oeste del lago Hulel. La segunda ciudad designada al oeste del Jordán fue Siquem (*S*[e]*kem*), en el límite entre Efraín y Manasés Occidental y se consideró siempre como ciudad de Efraín (1Cr. 7:28). Una ciudad situada en la parte central de Palestina, en el monte de Efraín, en la ladera del Gerizim, en el valle entre este monte y el Ebal, a unos 50 km de Jerusalén y a 9 km al sudeste de Samaria. Su nombre significa *hombro* o *ladera,* probablemente por el lugar en que estaba situada. Ciudad muy antigua mencionada en relación con la primera escala de Abraham en la tierra prometida (Gn. 12:6). Allí se estableció también Jacob cuando regreso de su larga permanencia en Padán-aram. En este lugar se produjo la venta de José a los madianitas por sus hermanos (Gn. 37:12-14). Fue también en Siquem donde se enterraron los restos de José (Jos. 24:32). La ciudad tiene una lamentable relación con la idolatría, donde nunca se desarraigaron los cultos a Baal. Poco después de la muerte de Josué, en tiempos de los jueces, era un centro de culto a Baal-Berit (Jue. 9:1-4). Sería por un corto tiempo la primera capital del reino separado del norte (1Re. 12:1, 16, 17, 25). Tal vez se trate de la ciudad de nombre Sicar, donde tuvo lugar el encuentro entre el Señor y la samaritana (Jn. 4:5). Ya al sur, en el territorio correspondiente a la tribu de Judá, estaba la ciudad de Quiriat-arba (*Qiryat-*[ä]*Arba*[a]), que también es Hebrón (*Hebrôn*), reseñada antes. Situada en la zona montañosa de Judá, al este del mar Muerto.

8. Y al otro lado del Jordán al oriente de Jericó, señalaron a Beser en el desierto, en la llanura de la tribu de Rubén, Ramot en Galaad de la tribu de Gad, y Golán en Basán de la tribu de Manasés.

Las ciudades separadas en Transjordania se detallan en orden inverso, es decir, dc sur a norte. Se menciona en primer lugar a Beser (*Beser*), que se dice estaba en la tribu de Rubén, en el desierto (*bammîsör*), en el altiplano de Moab, al sur de Transjordania, y que no ha podido ser identificada. La segunda ciudad era Ramot (*Rä*[a]*möt*), al norte del territorio asignado a la tribu de Gad. Esta ciudad se identifica como *Tell-Râmît*. La tercera ciudad, al norte de los territorios al este del Jordán, era Golán (*Gôlän*), en el Basán, en Manasés Oriental.

9. Estas fueron las ciudades señaladas para todos los hijos de Israel, y para el extranjero que morase entre ellos, para que se acogiese a ellas cualquiera que hiriese a alguno por accidente, a fin de que no muriese por mano del vengador de la sangre, hasta que compareciese delante de la congregación.

El relato de las ciudades de refugio concluye con una nueva reiteración de la razón por la que se habían designado. Situadas como en dos franjas paralelas al Jordán, y a uno y otro lado de este, eran lugares estratégicamente situados para que cualquiera pudiera alcanzarlas con relativa facilidad. Situadas en lugares elevados, podían ser vistas de lejos inclusive en la noche. Se insiste en que estos santuarios eran refugio tan solo para quien hiriese de muerte a otro por accidente. Era una provisión divina para garantizar la seguridad de quien no había tenido intención de cometer un homicidio, pero que lamentablemente había causado la muerte a otro. Era un refugio temporal, tanto al principio mientras no era debidamente juzgado, como luego del juicio si se declaraba inocente. Temporal por cuanto el amparado en una ciudad de refugio miraba siempre al momento en que pudiera salir de ese lugar, a la muerte del sumo sacerdote, para regresar al sitio de donde había salido.

El relato, sin alegorizarlo, tiene un alto contenido de enseñanza espiritual. La primera aplicación tiene que ver con Israel y la segunda, en general, con el pecador salvo por gracia. En Israel fue muerto por todo el pueblo aquel a quien Pedro llama el Autor de la vida (Hch. 3:15). Aquel homicidio fue cometido premeditadamente. Ninguno del pueblo era ignorante de la Justicia de aquel que fue entregado a la muerte y acusado por envidia (Mr. 15:10). Esta acción, desde el punto de vista de los hombres, constituía un delito de homicidio voluntario, para cuyo pecado no había otra salida que la muerte del homicida. Sin embargo,

Dios consideró a Israel como un *homicida involuntario* en relación con la muerte de su Hijo a causa de la misma oración del Señor por ellos: *"Padre, perdónalos, porque no saben lo que hacen"* (Lc. 23:34). Pedro hace alusión al hecho de la muerte de Jesús diciendo que aquellos lo habían hecho por ignorancia (Hch. 3:17). Dios dispuso en su gracia todo lo necesario para que Israel acudiera a la ciudad de refugio que es Cristo mismo. Un llamado al arrepentimiento permitía refugiarse en el lugar de seguridad que es el Salvador. La puerta, que es Él mismo, se abría para todos los que huyeran de la condenación por sus pecados y recibieran la provisión de Dios en gracia, por medio de la fe (Hch. 2:38-40; 3:19). La gracia arreglaba el camino para aquellos que acudían a Cristo, la ciudad de refugio (Hch. 4:12). Muchos de aquellos lo hicieron, encontrándose eternamente a salvo en Él (Hch. 2:37-41). Más adelante, ya no se les consideraría como ignorantes, sino como rebeldes, tal como el Espíritu los acusó por medio de Esteban: *"¡Duros de cerviz, e incircuncisos de corazón y de oídos! Vosotros resistís siempre al Espíritu Santo; como vuestros padres, así también vosotros"* (Hch. 7:51). Si hasta Pentecostés fueron considerados como homicidas involuntarios, por lo que podían refugiarse en Cristo, no lo serían luego. Ellos habían proclamado y asumido su pecado voluntario, cuando dijeron: *"su sangre sea sobre nosotros y sobre nuestros hijos"* (Mt. 27:25). La gracia les dio un tiempo en el que se consideró el pecado como involuntario. El Señor había anunciado el juicio sobre ellos a causa de la sangre inocente que habían vertido (Mt. 23:34-36). En una parábola profetizó una acción judicial contra ellos (Mt. 22:7). En el año 70, los ejércitos romanos destruyeron la ciudad de Jerusalén, descendiendo sobre ellos la ira en extremo (2Ts. 2:16).

La ciudad de refugio es una ilustración general de lo que Cristo es para todo aquel que cree. La responsabilidad del hombre ante las demandas divinas a causa de su pecado trae como resultado condenación y muerte eterna (Ro. 3:22b, 23; Ef. 2, 3). Jesucristo es el lugar de refugio abierto para todo aquel que sienta la ira de Dios sobre él. Así había sido también profetizado: *"Porque fuiste fortaleza al pobre, fortaleza al menesteroso en su aflicción, refugio contra el turbión"* (Is. 25:4). La única esperanza para salvación es el Señor. Pedro afirma: *"Y en ningún otro hay salvación; porque no hay otro nombre bajo el cielo, dado a los hombres, en que podamos ser salvos"* (Hch. 4:12). La situación demanda acudir con urgencia a la *ciudad de refugio,* ya que *"el que cree en el Hijo tiene vida eterna; pero el que rehúsa creer en el Hijo no verá la vida, sino que la ira de Dios está sobre él"* (Jn. 3:36). La gracia de Dios *arregló* para el pecador los caminos de acceso a la *ciudad de refugio,* Cristo: *"Así pues, nosotros, como colaboradores suyos, os exhortamos también a que no recibáis en vano la gracia de Dios. Porque dice: En tiempo aceptable te he oído, y en día de salvación te he socorrido. He aquí ahora el tiempo aceptable; he aquí ahora el día de salvación"* (2Co. 6:1-2). Nada tiene que hacer el pecador expuesto a la ira de Dios. Ningún esfuerzo especial para alcanzar la salvación. Así de fácil y sencillo es el camino que Dios *arregló* en su gracia: *"Esta es la palabra de fe que predicamos: que si confesares con tu boca que Jesús es el Señor, y creyeres en tu corazón que Dios le levantó de los muertos, serás salvo. Porque con el corazón se cree para justicia, pero con la boca se confiesa para salvación. Pues la Escritura dice: Todo aquel que en él creyere, no será avergonzado"* (Ro. 10:8-11). El simbolismo de la ciudad de refugio se cumple plenamente para el pecador creyente. El escritor a los Hebreos (He. 6:18-20) enseña que en Cristo hay un *"fortísimo consuelo"*: perdón de pecados y purificación de conciencia. En Él está también el *"ancla firme"*, donde no hay temor de que pueda alterar esa posición. Con cuánta seguridad puede afirmar el salvo: *"Ahora, pues, ninguna condenación hay para los que están en Cristo Jesús"* (Ro. 8:1). Tiene, además, un *"precursor en el cielo"*, por medio del cual y en razón de su obra, se puede acudir al trono de gracia para alcanzar el oportuno socorro.

Finalmente, considerando las ciudades de refugio desde el significado de sus nombres, se puede ilustrar lo que debería ser el desarrollo de la vida de todo aquel que, en verdad, se ha refugiado en Cristo: *Cedes*, significa *santo* o tal vez *santuario.* El creyente puesto en Cristo, el Santo, no solo es librado de la ira de Dios, sino hecho santo para Él (1Pe. 1:2, 15). El cristiano se convierte en un verdadero *santuario*, templo santo para el Señor (1Co. 3:16; 6:19, 20). La bienaventuranza en la vida cristiana consiste en vivir santamente, como expresión de nueva vida (1Pe. 1:14-16). *Siquén* significa *hombro* o *cuello.* De Cristo se dice que *"el principado es sobre su hombro"* (Is. 9:6). Habla de comprensión, cuidado y cariño que el Señor tiene hacia el creyente a pesar de sus continuas y cotidianas faltas (Mt. 18:12, 13). El cristiano siente un profundo gozo sabiendo que el Señor se muestra compasivo (He. 4:15). En los momentos de angustia y dificultades nunca está solo porque tiene su compañía (Sal. 91:15). Su presencia, cuidado y aliento como el Gran Pastor de las ovejas genera la amplia provisión para cualquier necesidad (Sal. 23). El creyente ya no va soportando sus cargas, porque puede ponerlas sobre el Señor (Sal. 55:22). La propia invitación de Cristo es elocuente: *"Venid a mí todos los que estáis trabajados y cargados, y yo os haré descansar"* (Mt. 11:28). *Hebrón* significa *comunión* o *asociación.* Los cristianos son llamados a una unión vital con Cristo. La ciudad de refugio ofrecía también una experiencia de comunión. Cristo provee de comunión con Dios para cada creyente (1Jn. 1:3; 1Co. 1:9). Vivir en comunión con el Señor es gozar de su presencia (He. 12:22-24). Solo hay gozo y vida fructífera en la esfera de la comunión. *Beser*, quiere decir *fortaleza.* Cristo es el valuarte y torre fuerte para los que confían en Él. El resultado del poder de Cristo y de la comunión con Él será una vida victoriosa. El creyente tendrá siempre fuerzas renovadas (Is. 40:29-31). Todos los recursos del poder de Dios están a su disposición (Fil. 4:13). Cristo, el refugio del cristiano, tiene todo el poder en el cielo y en la tierra (Fil. 2:9-11). La falta de poder está en vivir fuera de la ciudad de refugio, en el sentido de vida falta de santificación. *Ramot* equivale a *exaltado*, *elevado.* Dios ha exaltado a Jesús hasta ponerlo a su diestra. El creyente ocupa en Él los lugares celestiales (Ef. 2:5, 6). Es un ciudadano del cielo (Fil. 3:20). Las perspectivas de gloria están garantizadas por la misma promesa del Señor (Jn. 14:1-4). El mundo que rodea al creyente debería ver en cada uno un ciudadano del cielo (Col. 1:3). *Golán*, quiere decir *gozo, o exultación.* La felicidad del salvo consiste en el lugar apartado donde ha sido colocado (Cnt. 2:14, 15). La seguridad eterna produce un gozo inefable (Ro. 8:29-39). La experiencia de la vida cristiana debería ser una continua satisfacción y descanso en Cristo aun en medio de las pruebas y dificultades, porque la eterna seguridad está garantizada para quien está en Él.

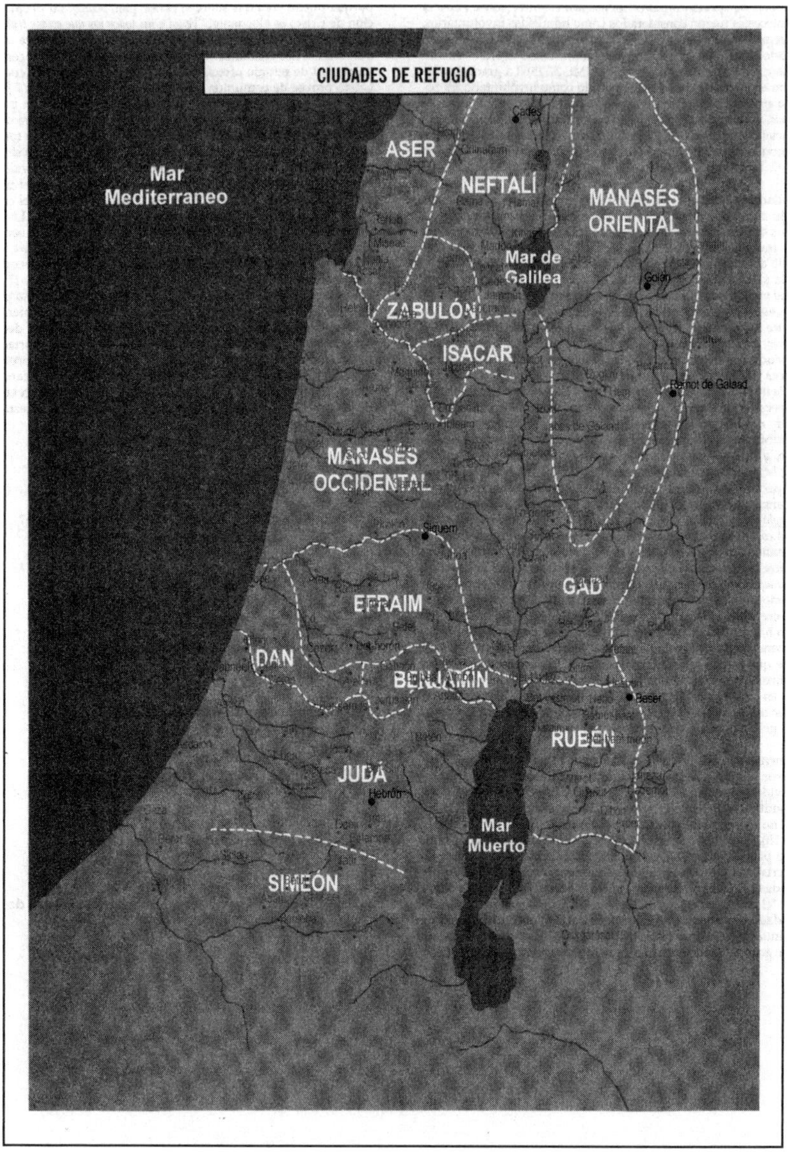

Situación de las ciudades de refugio.

CAPÍTULO 21
LA PORCIÓN DE LOS LEVITAS

Introducción

El último reparto de posesiones en Canaán correspondía a la tribu sacerdotal. Los levitas no heredarían territorios como sus hermanos de las otras tribus. A la tribu de Leví *"Moisés no dio heredad"* (13:33). Elegida y destinada por Dios al ministerio sacerdotal y de servicio en el santuario tenían su heredad en Dios mismo: *"Yo soy tu parte y tu heredad en medio de los hijos de Israel"* (Nm. 18:20). La heredad de Leví era por una parte Dios mismo, que manifestaría su bondadoso cuidado con ellos; por otra parte de los sacrificios y las ofrendas que el pueblo destinaba al Señor. Entender la causa y distribución de la heredad en modo de ciudades, que poseían las familias de la tribu sacerdotal, requiere una consideración previa en relación con ella. Sin embargo, un comentario debe limitarse al texto sin extenderse colateralmente a temas que son objeto de otro estudio, por tanto, la introducción sobre los levitas debe ser aquí breve.

El lector podrá considerar el tema de un modo más extenso en el *excursus XXIII*, al final del capítulo. La tribu de Leví no era la mayor entre las otras de Israel. Tanto el primer censo en el Sinaí, como el segundo en los llanos de Moab, manifiestan esta realidad. Todos los levitas censados varones de un mes para arriba, sumaron veintidós mil (Nm. 3:39). Ese era también el número de la menor de todas las tribus a la entrada de la tierra de Canaán, que era la de Siméon. Pero debe tenerse en cuenta que el censo de las tribus correspondía a mayores de veinte años, mientras que el de la tribu de Leví incluía a todos los varones desde un mes de edad. Por tanto, debe afirmarse sin lugar a duda que era la menor de todas las tribus de Israel. Con todo, esa tribu, que no recibió territorio como las otras, se le entregaron cuarenta y ocho ciudades. Eso contrasta con las ciudades dadas a otra de las que tampoco tuvo territorio que fue la de Simeón, y que recibió diecisiete ciudades (Jos. 19:6, 7). Se cumple ya desde el principio la promesa de cuidado de Dios hacia la tribu para la que Él era su heredad. Es cierto que la tribu de Leví debía depender en todo del Señor y esperar su provisión de Él. Su sostenimiento obedecía a la diligencia en el cumplimiento del deber de los diezmos de sus hermanos de otras tribus. En tiempos de decaimiento espiritual, cuando el pueblo desobediente a la voluntad de Dios no traía los diezmos, los levitas carecieron de sostenimiento, pero, aun así, tenían sus ciudades y sus ejidos, las parcelas de terreno para cultivar en torno a ellas que les permitía una subsistencia digna mediante el trabajo personal.

La división del capítulo para su estudio es sencilla. Bajo el tema general de las ciudades de los levitas, figura primero la demanda que los levitas hicieron a Josué y Eleazar (vv. 1-2). A la demanda correspondió la designación de las ciudades por cada familia (vv. 3-9); dentro de la familia de Coat se aprecian dos divisiones: (1) las ciudades para la casa de Aarón (vv.10-19); (2) las ciudades para el resto de la familia coatita (vv. 20-26); sigue luego el detalle de las ciudades de los gersonitas (vv. 27-33); y termina la relación con las que correspondieron a los meraritas (vv. 34-40). El pasaje concluye con una referencia al cumplimiento del compromiso divino con los levitas y sacerdotes.

Para el comentario del pasaje se sigue el *Bosquejo* que está en la *introducción*, como sigue:

5. Ciudades de los levitas (21:1-45).
   5.1. La demanda de los levitas (21:1-2).
   5.2. Las ciudades por cada familia (21:3-8).
   5.3. Ciudades de los coatitas (21:9-26).
      5.3.1. De la casa de Aarón (21:9-19).
      5.3.2. Del resto de la familia de Coat (21:20-26).
   5.4. Ciudades de los gersonitas (21:27-33).
   5.5. Ciudades de los meraritas (21:34-40).
   5.6. Resumen y cumplimiento (21:41-45).

Ciudades de los levitas (21:1-45)

La demanda de los levitas (21:1-2)

1. Los jefes de los padres de los levitas vinieron al sacerdote Eleazar, a Josué hijo de Nun y a los cabezas de los padres de las tribus de los hijos de Israel.

El reparto de la tierra había concluido. Todas las tribus tenían ya sus posesiones. Salvo Simeón, que solo había recibido ciudades, cada una tenía un territorio entregado por suertes. Los únicos que no habían recibido nada en el reparto de la tierra eran los levitas. Ellos no podían tener heredad porque Dios mismo así lo había determinado, pero sí lugares donde residir y pequeñas extensiones de terreno para el mantenimiento familiar. Esto había sido determinado ya en el ley conforme a las instrucciones que Moisés había recibido del Señor. Una representación de las distintas familias y casas de los levitas, los *"cabezas de los padres"* (*raªsê ªabôt*), los jefe-cabezas de las casas paternas o familias. Esto debió habcr sido el resultado de una consulta general de los levitas. Los representantes de las casas de los levitas fueron al encuentro con los líderes del pueblo. Por un lado, estaba Josué, el conductor de la nación y distribuidor de las tierras. Por otro Eleazar, en quien convergían dos aspectos para los representantes levitas: era el supervisor de todo el servicio de los levitas, como sumo sacerdote, y era también el representante religioso de toda la nación, por su condición. Y con ellos, los representantes del pueblo presentes en el reparto de las posesiones, junto con Josué y Eleazar. Estos todos eran los encargados de asentar en la tierra a todo el pueblo de Israel (14:1; 17:1).

2. Y les hablaron en Silo en la tierra de Canaán, diciendo: Jehová mandó por medio de Moisés que nos fuesen dadas ciudades donde habitar, con sus ejidos para nuestros ganados.

Vienen con una petición que no se producía como algo que surgía de sus propios intereses, sino recordando el compromiso que Dios había establecido con ellos para proveerles de ciudades donde habitar. Los levitas esperaron pacientemente a que todo el pueblo tuviese sus posesiones, para reclamar el cumplimiento de lo que Moisés, en nombre del Señor, había establecido en la Ley (Nm. 35:1-8). Las posesiones para los levitas debían ser dadas por los hijos de Israel de aquello que les había correspondido a ellos en el reparto de la tierra (Nm. 35:2). Lo que había de entregárseles eran ciudades donde habitar y los ejidos para plantar los vegetales necesarios para sus comidas y para el sostenimiento de sus ganados, que siempre eran un pequeño número de animales para el servicio doméstico y el alimento familiar.

Trasladado esto como ejemplo al tiempo de la iglesia, se aprecia que en cualquier dispensación, Dios tiene cuidado personal de sus ministros, a quienes llama y separa para su servicio. El sostenimiento de quienes sirven al Señor a pleno tiempo no es dejado a la buena voluntad de los miembros de la iglesia. Algunos podrían olvidarse del sostenimiento de los que sirven y permitir que padeciesen necesidad. Del mismo modo que mandó que se proveyera a los levitas de lo necesario, así también manda a la iglesia que *"los que anuncian el Evangelio, vivan del Evangelio"* (1Co. 9:14). Los que sirven al Señor a pleno tiempo no deben quejarse si alguna vez los creyentes no les prodigan sus cuidados o no los tienen presentes en sus pensamientos. Lo que deben procurar no es el favor de los hombres sino el de Dios. Cuando el olvido de las gentes se produzca, simplemente descansarán en las promesas de Dios.

Las ciudades para cada familia (21:3-8)

3. Entonces los hijos de Israel dieron de su propia herencia a los levitas, conforme al mandato de Jehová, estas ciudades con sus ejidos.

Dios había dado a los hijos de Israel sus heredades, ahora de lo que era suyo, hacían provisión para los levitas. El número de ciudades para los levitas estaba determinado en la ley: *"Todas las ciudades que daréis a los levitas serán cuarenta y ocho ciudades con sus ejidos"* (Nm. 35:7). En todo el libro se aprecia un ambiente de obediencia. No se trataba de un acto de beneficencia en favor de los servidores del santuario, sino una manifestación de obediencia a lo que Dios había establecido. Cada tribu debía hacer una ofrenda de la abundancia de bendiciones que había recibido. Conforme a la extensión de la provisión dada para cada tribu, así habían de contribuir con las ciudades para los levitas: *"Del que tiene mucho tomaréis mucho, y del que tiene poco tomaréis poco; cada uno dará de sus ciudades a los levitas según la posesión que heredará"* (Nm. 35:8). Los ejidos de las ciudades estaban también dispuestos en la ley. Debían tener una extensión alrededor de la ciudad a partir del muro de defensa, de 1000 codos, unos 450 m aproximadamente. Adicional a esta primera extensión otra de 2000 codos, 900 m, más allá de la primera. En total, los ejidos alrededor de la ciudad tendrían una extensión de 1300 m aproximadamente. Estas parcelas de terreno servirían para provisión de las necesidades generales de las familias que vivían en la ciudad.

4. Y la suerte cayó sobre las familias de los coatitas; y los hijos de Aarón el sacerdote, que eran de los levitas, obtuvieron por suerte de la tribu de Judá, de la tribu de Simeón y de la tribu de Benjamín, trece ciudades.

Las cuarenta y ocho ciudades se dividieron en cuatro lotes para cada una de las tres familias de levitas y para la familia sacerdotal. Los cuatro grupos de ciudades correspondían a la familia sacerdotal trece; otras diez para el resto de los coatitas; trece para los gersonitas, y doce para los meraritas. La primera suerte correspondía a los sacerdotes de la familia de Aarón. Todos ellos eran de la tribu de Leví y de la casa de Coat. La tribu estaba dividida en tres familias, los coatitas, los gersonitas y los meraritas. Aunque Coat era el segundo hijo de Leví, le correspondía la primera asignación de ciudades por ser de ella la familia sacerdotal. A ellos le correspondía una porción aparte del resto de la casa de Coat. Las ciudades del primer grupo, trece en total, pertenecían territorialmente a las tribus de Judá, Simeón y Benjamín. Es notable observar que la suerte para la familia sacerdotal correspondió a ciudades del sur, especialmente del entorno de Jerusalén, donde más adelante estaría edificado el templo y donde necesariamente debían vivir los sacerdotes que ministrarían diariamente en el santuario.

5. Y los otros hijos de Coat obtuvieron por suerte diez ciudades de las familias de la tribu de Efraín, y de la tribu de Dan y de la media tribu de Manasés.

Además de la familia sacerdotal de Aarón, se proveyó de ciudades para el resto de sus hermanos. Entre los restantes coatitas estaban también los descendientes de Moisés, hijos de Gersón y Eliezer. Las diez ciudades que les correspondieron les fueron dadas por la tribu de Dan, al noroeste de la de Judá por la de Efraín y por la media tribu de Manasés, al norte de la de Judá.

6. Los hijos de Gersón obtuvieron por suerte, de las familias de la tribu de Isacar, de la tribu de Aser, de la tribu de Neftalí y de la media tribu de Manasés en Basán, trece ciudades.

Gersón fue el primer hijo de Leví. La suerte de los gersonitas debería haber sido la primera, pero se trató antes a los coatitas a causa de pertenecer a aquella familia el sacerdocio en Israel. La segunda suerte tenía trece ciudades. Fueron las tribus de Aser, Neftalí y la media tribu de Manasés en Transjordania quienes proveyeron de ciudades para esta familia de los levitas. Todas las ciudades les correspondieron en la parte norte de Canaán, algunas en la zona del mar de Galilea. Se hace notar que en la parte oriental del Jordán también se asentaron los levitas. La media tribu de Manasés proveyó de lugares en Basán, territorio transjordano ocupado por Manasés.

7. Los hijos de Merari según sus familias obtuvieron de la tribu de Rubén, de la tribu de Gad y de la tribu de Zabulón, doce ciudades.

Los meraritas, descendientes del hijo menor de Leví, obtuvieron doce ciudades que les fueron dadas por las tribus de Rubén, Gad y Zabulón. Las dos primeras eran, junto con Manasés Oriental, las tres tribus que ocuparon el territorio al este del Jordán. Las dos tribus tansjordanas aportaron ciudades en la parte central y sureña de los territorios de Transjordania. La de Zabulón estaba insertada en la parte norte, al oeste del Jordán y en el entorno occidental del mar de Galilea.

8. Dieron, pues, los hijos de Israel a los levitas estas ciudades con sus ejidos, por suertes, como había mandado Jehová por conducto de Moisés.

El programa establecido por Moisés bajo la dirección divina se había llevado a cabo como última parte del asentamiento del pueblo en Canaán. Todo cuanto el Señor había dispuesto se cumplió. A la vista de la adjudicación de ciudades y su procedencia, se aprecia que los levitas y sacerdotes estaban insertados en medio de todas las tribus y próximas a las ciudades dadas en heredad. Suponía que ningún núcleo importante de población estaba a más de 15 o 20 km de una ciudad de levitas. La presencia de los que tenían la misión de servir al Señor y enseñar el significado de la ley estaban en medio del pueblo, por lo que la misión de enseñanza general como pueblo consagrado al Señor era fácilmente realizable. Por otro lado, los levitas, santificados para el servicio sagrado, debían proveer de ejemplo de vida al resto de sus compatriotas. Dios había ordenado todo con sabiduría, evitando una aglomeración de maestros en un determinado lugar, en menoscabo de otros puntos del territorio. El énfasis espiritual que dio razón de ser al pueblo de Israel podía sustentarse en la enseñanza de la Palabra y en la instrucción sobre la ley. No debe olvidarse que el pueblo de Israel estaba peligrosamente rodeado de pueblos que practicaban la idolatría. En su medio había núcleos de población de los antiguos habitantes de Palestina que no habían sido expulsados del territorio y algunos convivían con ellos. Todo esto requería una enseñanza continua de la Palabra, para que los israelitas se mantuvieran alejados de la idolatría y del pecado.

Cuando trasladamos la situación histórica como ilustración para el pueblo de Dios en el tiempo presente, se aprecia que el Señor dotó a su iglesia de los creyentes dotados y capacitados para la enseñanza de su pueblo. El apóstol Pablo enseña que el Señor dio a unos *"apóstoles; a otros profetas; a otros evangelistas; a otros pastores y maestros"* (Ef. 4:11). Esta dotación, no de dones, sino de creyentes dotados, se da a su iglesia universal distribuyendo a cada uno conforme al conocimiento y sabiduría de Dios. Nadie de la iglesia de Cristo carecerá de lo necesario para su formación espiritual. En todo lugar donde la iglesia está presente, están también los maestros para la formación del pueblo de Dios. El propósito fundamental de estos enseñadores es equipar con la enseñanza a sus hermanos para que puedan servir a Dios y ser testigos suyos. En la mente de Pablo estaba la enseñanza bíblica como elemento necesario para el ejercicio correcto de cualquier don. El equipamiento del creyente permite a este servir a otros con el don o dones recibidos (1Pe. 4:10). De ahí el énfasis sobre la enseñanza que hace Pablo en su escrito a Timoteo (2Ti. 2:2). El ministerio de la enseñanza en la iglesia no puede recaer en manos de cualquiera, sino de los maestros, porque está en juego el correcto servicio y equipamiento de los creyentes. La iglesia ha de procurar la capacitación de todos con un objetivo: que puedan servir más y mejor. El lugar de la enseñanza básica está en el entorno donde se encuentra la iglesia. El objetivo de las instituciones de enseñanza bíblica no debe ser otro que el de la formación de creyentes para servir mejor en el ámbito de una iglesia local. Ninguna institución debe estar por encima, ni paralela a la iglesia local, sino vinculada a ella. Las instituciones de formación bíblica complementan, pero nunca sustituyen a la iglesia local ni pueden asumir su responsabilidad. El objetivo de la presencia de maestros en medio del pueblo de Dios es la edificación (Ef. 4:12b). La edificación del cuerpo equivale al desarrollo armónico del mismo. Es muy interesante notar que Pablo habla de edificar un cuerpo y de hacer crecer un edificio (Ef. 4:16). Ambas cosas, contrarias a la lógica del mundo, solo son posibles en la iglesia, ya que los creyentes son miembros en un cuerpo y piedras en un edificio (1Pe. 2:5). Como miembros deben crecer y como piedras ser edificados. Toda actividad de cualquier creyente dentro de la iglesia debe ir encaminada a la edificación (Ro. 15:2). La meta propuesta para la iglesia está claramente definida: *"hasta que todos lleguemos a la unidad de la fe y del conocimiento del Hijo de Dios, a un varón perfecto, a la medida de la estatura de la plenitud de Cristo"* (Ef. 4:13). Se trata de una progresión continua cuyo grado de perfección solo se logrará al final de los tiempos en la presencia del Señor (Ef. 5:27). El camino va progresando en una identificación cada vez más íntima en cuanto a la fe: *"hasta que lleguemos a la unidad de la fe"*. A medida que la iglesia va edificándose, las diferencias doctrinales van disminuyendo. En la progresión de madurez espiritual se alcanza también el conocimiento, no solo doctrinal, sino también experimental del Hijo de Dios. En este conocimiento, cada creyente procura *"andar como Él anduvo"* (1Jn. 2:6). El creyente maduro se identifica cada vez más con Cristo, por tanto, hay una unidad real entre los cristianos que alcanzan grados elevados de madurez espiritual.

Por el contrario, los inmaduros, carnales o niños en Cristo siguen a los hombres en lugar de seguir al Señor (1Co. 3:1-4). El progreso del cristiano edificado por la Palabra, bajo el ministerio de maestros que Dios da a la iglesia, avanza hacia un estado espiritual completo: *"un varón perfecto"*. Maduro en pensamiento y acción (1Co. 14:20). El varón perfecto tiene una medida: *"La plenitud de Cristo"*. Él, como Cabeza, tiene en sí mismo el grado supremo de perfección o madurez. La iglesia, como su cuerpo, debe ir progresando hasta equipararse proporcionalmente al tamaño de la Cabeza. Esto será una gloriosa realidad en el futuro (1Jn. 3:2). Debe tenerse en cuenta que la iglesia nunca podrá llegar a la perfección ontológica de Cristo. Lo que Pablo enseña es que la Iglesia en su progresión, habrá alcanzado la perfecta unidad y vida espiritual plena, en semejanza a la perfección del Señor, cumpliendo el propósito de Dios para ella, que sea semejante a la imagen de su Hijo (Ro. 8:29). La necesidad de que el pueblo de Dios camine hacia la madurez es evidente. Pablo hace un contraste profundo entre un *"varón perfecto"* y unos *"niños fluctuantes"* (Ef. 5:13-14). El niño es el creyente inmaduro. Los niños son imperfectos en relación con la madurez, porque son incapaces de distinguir entre el valor de las cosas. Son además crédulos, por tanto fácilmente engañables. Pablo enfatiza el problema de los inmaduros en el conocimiento diciendo que *"son llevados por doquiera de todo viento de doctrina"*. Los falsos maestros progresan en un medio de *niños espirituales*. Los cristianos inmaduros están siempre entusiasmados con *voces nuevas* de quienes les enseñan en muchas ocasiones doctrina incorrecta, cuando no falsa. Los inmaduros son engañados por personas que tienen un plan definido para ello. De la misma manera que los israelitas fueron engañados muchas veces por quienes vivían en su entorno o podían influenciar sobre ellos, también ocurre en la iglesia. Los falsos maestros utilizan una estratagema, es decir, ponen trampas en su enseñanza. Utilizan la *astucia*, en el peor sentido de la palabra (cf. Lc. 20:23; 1Co. 3:19; 2Co. 4:2; 11:3). Se sirven de *artimañas*, es decir, de un plan premeditado, y predican el *error*. Por esta razón Dios ha dotado a su pueblo de los recursos necesarios para completar la enseñanza que permita a la iglesia una solidez espiritual en el servicio y en el testimonio.

Ciudades de los coatitas (21:9-26)

De la casa de Aarón (21:9-19)

La mayoría de las ciudades que aparecen en las listas ya han sido citadas en otras ocasiones dentro del comentario. Por tanto, solo se hará una referencia a su situación y poco más, salvo alguna mención que no ocurrió antes.

9. De la tribu de los hijos de Judá, y de la tribu de los hijos de Simeón, dieron estas ciudades que fueron nombradas.

La relación de ciudades comienza por las que fueron asignadas a la familia sacerdotal de la casa de Aarón. Todas ellas procedían de la tribu de Simeón, al sur de Judá. No puede hablarse realmente del territorio de Simeón, porque lo único que recibieron los de esta tribu fueron ciudades dentro del territorio de Judá. La relación de ciudades sigue luego.

10. Las cuales obtuvieron los hijos de Aarón de las familias de Coat, de los hijos de Leví; porque para ellos fue la suerte en primer lugar.

La familia de Aarón, familia sacerdotal, procedía de la tribu de Leví y dentro de ella de la familia de Coat, por la linea del matrimonio entre Jocabed y Amrán, hijo mayor de Coat. De ellos nacieron Aarón, María y Moisés. Aarón se casó con Elisabet, naciéndole cuatro hijos: Nadab, Abiú, Eleazar e Itamar. Los dos mayores, Nadab y Abiú, habían muerto al comienzo del ministerio sacerdotal por ofrecer incienso extraño dentro del santuario (Lv. 10:1-2). Quedaban, por tanto, Eleazar e Itamar. El primero era el sumo sacerdote en los días del reparto de la tierra. Posiblemente, las familias de ambos eran ya numerosas para asignarles trece ciudades, o tal vez se consideró que en el futuro la familia sacerdotal necesitaría todos esos lugares para su residencia.

11. Les dieron Quiriat-arba del padre de Anac, la cual es Hebrón, en el monte de Judá, con sus ejidos en sus contornos.

La ciudad principal del monte que Caleb había solicitado a Josué antes del reparto de la heredad de Judá, le fue asignada a los levitas. Era Quiriat-arba (*Qiryat- ^{ä}Arba*), también conocida como Hebrón (*Hebrön*). Se trató de ella anteriormente (14:15; 15:13, 14). Lugar de residencia de los hijos de Anac. La ciudad alcanzaría una importancia histórica, como se dijo ya antes, por ser el lugar donde David comenzó a reinar.

12. Mas el campo de la ciudad y sus aldeas dieron a Caleb hijo de Jefone, por posesión suya.

Residencia de los sacerdotes con sus ejidos fue la ciudad de Hebrón, pero todo el territorio del monte, seguía siendo *propiedad*, en lo tocante a su campiña y sus aldeas, de Caleb (14.14).

13. Y a los hijos del sacerdote Aarón dieron Hebrón con sus ejidos como ciudad de refugio para los homicidas; además de Libna con sus ejidos.

Esta ciudad levítica-sacerdotal era también una de las seis ciudades de refugio (20:7). Otra de las ciudades entregadas a la familia sacerdotal era Libna (*Libnä*), citada varias veces en el libro. La primera en la relación con las acciones militares de Josué contra los reyes amorreos (10:29-30). Luego en la lista de reyes derrotados (12:15). Más adelante en el detalle de ciudades dentro del territorio de Judá (15:42).

14. Jatir con sus ejidos, Estemoa con sus ejidos.

La ciudad de Jatir (*Yattir*), apareció también entre las ciudades que correspondieron a la tribu de Judá (15:48). Otra de las ciudades fue Estemoa (^{ä}*Est^{e}môa^{a}*), otra de las ciudades de Judá (15:50).

15. Holón con sus ejidos, Debir con sus ejidos.

Otra ciudad asignada a los sacerdotes fue Holón (*Hölön*), también considerada ya en las ciudades de Judá (15:51), de difícil localización, tal vez situada un poco al noroeste de Hebrón. Debir (*D^e^bir*), cuyo nombre antiguo era Quiriat-sefer (15:15), la ciudad del territorio de Caleb, conquistada por su sobrino Otoniel (15:17). La misma ciudad tenía también de nombre Quiriat-sana (15:49).

16. Aín con sus ejidos, Juta con sus ejidos y Bet-semes con sus ejidos; nueve ciudades de estas dos tribus;

La ciudad de Aín (^a^Äsän), una de las ciudades asignadas a Simeón dentro del territorio de la tribu de Judá (15:42; 19:7). De difícil localización como ya se indicó antes. También Juta (*Yuttä*), relacionada antes en la lista de ciudades de Judá (15:55). La última ciudad de las que aportaron las tribus de Judá y Simeón era Bet-semes (*Bêt-Semes*), citada también entre las ciudades de Judá que marcaban los límites del territorio de Judá (15:10), al suroeste de Jerusalén. Las dos tribus de Judá y Simeón aportaron a los levitas y más concretamente a la familia sacerdotal de la casa de Aarón, nueve ciudades.

17. Y de la tribu de Benjamín, Gabaón con sus ejidos; Geba con sus ejidos.

El territorio de la tribu de Benjamín estaba situado al norte de la de Judá. La tribu de Benjamín iba a dar cuatro ciudades a los levitas. La primera mencionada era Gabaón (*Gib^a^*ôn), que como el resto de las ciudades asignadas a la tribu sacerdotal, se citan antes tanto en relación con la conquista, como en la lista de las principales poblaciones dentro de cada heredad. Los habitantes de Gabaón usaron de su astucia en los días de la conquista para lograr un pacto con Israel que les preservase la vida (9:3). Más adelante está incluida en la lista de las ciudades principales de Benjamín (18:25). Situada al nordeste de Jerusalén. Junto a ella figura Geba (*Geba^a^*), que apareció anteriormente en la relación de ciudades principales del territorio benjaminita (18:24). Después del retorno del cautiverio, en días de Esdras y Nehemías, esta ciudad era una de las residencias de los cantores del templo (Neh.12:29).

18. Anatot con sus ejidos, Almón con sus ejidos; cuatro ciudades.

La tercera, de las cuatro ciudades aportadas por Benjamín era Anatot (*^a^Anätôt*), situada al norte de Jerusalén. Identificada hoy como *Ra^ä^s el-harrûbeh*, próxima a *^a^Anâtâ*. Estaba situada sobre una ancha altiplanicie, en el camino que cruza la cumbre más septentrional del Olivete. Era un lugar fortificado dotado de muros y que poseía ejidos muy fértiles. Esta ciudad, que no aparece en la lista de las ciudades correspondientes a esa tribu, iba a tener importancia histórica en el futuro de la nación. A esta ciudad fue desterrado por el rey Salomón el sacerdote Abiatar, que había sido uno de los dos sumos sacerdotes bajo el reinado de David. Fue hijo de Ahimelec, el que ayudó a David. El rey había prometido protegerlo. Abiatar traicionó a David a pesar de la ayuda que le había otorgado. Salomón se encargó de que desapareciera, con lo que se cumplió la profecía relativa a la descendencia de Elí (1Sa. 2:31). Posteriormente a esto, Anatot fue el lugar donde nació el profeta Jeremías (Jer. 1:1; 11:21). La última ciudad que se tomó de la tribu de Benjamín para residencia de los levitas fue Almón (*ªAlmôn*), llamada más tarde Alemet (ªÄlemet) (1Cr. 6:60). Identificada hoy como *hirbet-ªAlmît* a 2 km al noroeste de *ªAnâtâ*.

19. Todas las ciudades de los sacerdotes hijos de Aarón son trece con sus ejidos.

El resumen de las ciudades sacerdotales coincide con el detalle nominal de las que se citan en el texto. Sorprende observar, como ya se dijo antes, que todas las ciudades sacerdotales estaban próximas a Jerusalén. Cuando se hizo la distribución de los lugares para residencia sacerdotal, se siguió el procedimiento general que era el de las suertes. En aquel tiempo el santuario estaba en Silo, lugar donde tenía lugar el culto y en donde se hacía precisa la presencia del sacerdocio para ministrar en el santuario. Jerusalén era un enclave de los jebuseos. Nadie suponía entonces que aquel lugar sería la capital del reino y en donde se edificaría el templo. Para los que vivían en aquel tiempo y para la familia sacerdotal, Silo quedaba mucho más al norte y distante de las ciudades asignadas para residencia de la familia sacerdotal. Sin embargo, Dios conocía el lugar en que debían estar los sacerdotes para el futuro ministerio en el templo de Jerusalén. Sin duda, el pensamiento de Dios excede al pensamiento del hombre, especialmente a causa de la incapacidad humana de conocer el futuro como si fuese el presente.

Del resto de la casa de Coat (21:20-26)

20. Mas las familias de los hijos de Coat, levitas, los que quedaban de los hijos de Coat, recibieron por suerte ciudades de la tribu de Efaín.

Quedaba un resto de la familia coatita, que no eran sacerdotes por cuanto no pertenecían a la casa de Aarón. A estos otros descendientes de Coat, se le asignaron por suertes ciudades en las tribus próximas. Cuatro de Efraín, cuatro de Dan y dos en Manasés Oriental. El detalle de las ciudades comienza por las de la tribu de Efraín, situada al norte de la de Benjamín y Dan.

21. Les dieron Siquem con sus ejidos, en el monte de Efraín, como ciudad de refugio para los homicidas; además Gezer con sus ejidos.

La primera ciudad de Efraín era Siquem (*S^{e}kem*), que además era una de las seis ciudades de refugio (20:7). Situada en el límite entre Efraín y Manasés Occidental, se consideró siempre como ciudad de Efraín (1Cr. 7:28). Una ciudad situada en la parte central de Palestina, en el monte de Efraín, en la ladera del Gerizim, en el valle entre este monte y el Ebal, a unos 50 km de Jerusalén y a 9 km al sudeste de Samaria. Después Gezer (*Gezer*), repetida varias veces en el libro. Con motivo del detalle de la conquista de las ciudades del sur (10:33). Más adelante en la relación de reyes derrotados (12:12). Finalmente, en el detalle de los límites de Efraín (16:3) en el límite entre Efraín y Manasés Occidental.

22. Kibsaim con sus ejidos y Bet-horón con sus ejidos; cuatro ciudades.

La tercera ciudad provista para los levitas de la tribu de Efraín fue Kibsaim (*Qibsauim*), que aparece por primera vez en el libro. Es probable que se pueda identificar con *Qûsîn es-Sahl*, al oeste de Nablus. La última ciudad efrainita cedida a los levitas era Bet-horón (*Bêt-Hôrön*) la alta, ya considerada antes en el detalle de conquistas (10:10) y en el establecimiento de los límites de Efraín (16:5). En total fueron cuatro ciudades pertenecientes a la tribu de Efraín las que pasaron a ser habitación para los levitas, concretamente destinadas a la familia de Coat.

23. De la tribu de Dan, Elteque con sus ejidos, Gibetón con sus ejidos.

La tribu de Dan, aunque tenía un territorio muy justo para sus necesidades, entregó cuatro de sus ciudades para residencia de los levitas. La primera fue Elteque ($^{\ddot{a}}$*Elt^{e}që$^{\ddot{a}}$*), cuya primera mención ocurre en el detalle de ciudades principales de la tribu de Dan (19:44). Y Gibetón (*Gibb^{e}tôn*), también mencionada antes en la relación de ciudades danitas (19:44).

24. Ajalón con sus ejidos y Gat-rimón con sus ejidos; cuatro ciudades.

Otra ciudad adjudicada a los coatitas en el territorio de Dan fue Ajalón ($^{\ddot{a}}$*Ayyälôn*), mencionada antes (19:42). La cuarta ciudad era Gat-rimón (*Gat-Rimmôn*). En total, de la tribu de Dan se aportaron cuatro ciudades.

25. Y de la media tribu de Manasés, Taanac con sus ejidos y Gat-rimón con sus ejidos; dos ciudades.

La tribu de Manasés Occidental en las ciudades que tuvo en Isacar y en Aser aportó dos para residencia de los levitas. La primera fue Taanac (*Taanäk*), citada anteriormente en la relación de reyes derrotados por Israel (12:21) y en el detalle de ciudades correspondientes a Manasés (17:11). Un problema de precisión textual se produce con la ciudad mencionada en segundo lugar de las aportadas por Manasés Occidental, ya que en algunas versiones aparece el nombre de Gat-rimón, que era una de las ciudades principales de Dan. En otras versiones y en la LXX se lee Ibleam y que corresponde a las ciudades que la tribu tuvo en el territorio de Isacar y Aser. De este modo aparece también en el detalle de la heredad de la media tribu occidental de Manasés (17:11). Debe considerarse como un probable error de copia, por lo que se sigue aquí el orden de las ciudades manasitas en los territorios de Isacar y Aser, sustituyendo por Ibleam. En total dos ciudades fueron dadas por la tribu occidental de Manasés en el territorio cisjordano.

26. Todas las ciudades para el resto de las familias de los hijos de Coat fueron diez con sus ejidos.

Todas las ciudades dadas para el resto de los descendientes de Coat, a parte de la familia sacerdotal, fueron diez. En total, sumadas a las trece ciudades de los sacerdotes, los coatitas recibieron veintitrés en Canaán. Tenían suficiente tanto para su residencia con toda comodidad, como espacio de labranza para sus propias plantaciones y el pastoreo de sus rebaños —siempre pequeños en número— que les permitieran ser autosuficientes para cubrir sus necesidades elementales.

Ciudades de los gersonitas (21:27-33)

La otra de las familias levitas era la formada por los descendientes de Gersón[1], que era el primogénito de Leví. Debería haber sido el primero en las suertes que repartieron las ciudades a los levitas, pero ocupó el segundo lugar al dar prioridad a la familia sacerdotal que estaba en la descendencia de Coat, el segundo hijo de Leví. Las ciudades que recibieron estaban situadas en la parte transjordánica de Manasés Oriental, en Isacar, Aser y Neftalí.

27. A los hijos de Gersón de las familias de los levitas, dieron de la media tribu de Manasés a Golán en Basán con sus ejidos como ciudad de refugio para los homicidas, y además, Beestera con sus ejidos, dos ciudades.

---

[1] Ver cuadro genealógico al final del *Excursus XXIII.*

El detalle de las ciudades entregadas para los levitas de la casa de Gersón comienza por las que estaban situadas al este del Jordán, pertenecientes a Manasés Oriental. La primera mención corresponde a Golán (*Gôlän*), relacionada entre las ciudades de refugio (20:8). Situada al norte de los territorios al este del Jordán, en el área de Basán. La otra ciudad era Beestera. Nuevamente aparece el problema de definición del nombre de la ciudad. La lectura Beestera obedece al texto masorético en donde aparece *B*^{ea}*est*^{e}*rä*, sin embargo, tanto en la LXX como en la relación de Crónicas (1Cr.6:71) aparece Astarot (^{a}*Astärôt*). Se sigue, por tanto, la lectura con LXX y con Crónicas. Era una importante ciudad en el territorio de Transjordania. Aparece varias veces en el libro: en la referencia que los gabaonitas hacen de los reyes amorreos derrotados al otro lado del Jordán (9:10); en relación con el territorio de Basán ocupado en tiempo de Moisés (12:4); en el detalle de las tierras que se distribuyeron a las dos tribus y media que las poseyeron al este del Jordán (13:12) y también en la adjudicación del territorio de Manasés Oriental (13:31).

28. De la tribu de Isacar, Cisón con sus ejidos, Deberat con sus ejidos.

Del territorio oriental se pasa nuevamente al occidental. En Cisjordania se adjudican cuatro ciudades de las que estaban en el territorio de la tribu de Isacar, situada al norte del territorio de Manasés Occidental, al borde del Jordán. La primera era Cisón (*Qisyôn*), de difícil localización. Apareció antes en el libro con el nombre de Quisión (19:20). Después aparece la ciudad de Deberat (*Dab*^{e}*rat*), que anteriormente aparece como una de las ciudades de referencia para establecer los límites del territorio contiguo de la tribu de Zabulón. Estaba, pues, situada al norte de Isacar.

29. Jarmut con sus ejidos y En-ganim con sus ejidos; cuatro ciudades.

Jermut (*Yarmût*), de la que se trató antes sobre el territorio de Isacar (19:21). Podría ser *Rä*^{ä}*môt-Remet*. Sin embargo, sigue siendo difícil su localización. Luego se menciona a En-ganim (^{a}Ên-^{a}Änëm), citada también antes (19:25). De difícil localización, como ocurre con otras muchas. Junto con la última mención aparece el resumen de ciudades aportadas para los levitas por la tribu de Isacar, que fueron cuatro en total.

30. De la tribu de Aser, Miseal con sus ejidos, Abdón con sus ejidos.

Cuatro ciudades más fueron entregadas para residencia de los gersonitas por la tribu de Aser. Situada junto con Neftalí en la parte norte del territorio. Limitando al oeste por el Mediterráneo. La primera ciudad mencionada de esta tribu era Miseal (*Mis*^{ä}äl), que se citó antes en la relación de las ciudades de Aser (19:26). Después aparece la ciudad de Abdón (*ªAbdôn*), que figura con el nombre de Hebrón en la relación de ciudades de Aser (19:28).

31. Helcat con sus ejidos y Rehob con sus ejidos; cuatro ciudades.

La tercera ciudad perteneciente al territorio de Aser era Helcat (*Helqät*), que aparece también antes (19:25). La localización no es fácil y la situación que se da en el mapa es la que generalmente se admite. La última ciudad era Rehob (*Rᵉhöb*), como las restantes, mencionada antes en la relación de ciudades de la tribu (19:28). La localización es difícil y tal vez se trate de *hirbet-el-ªAmrî*, aunque sin certeza. Después de la relación de ciudades, el resumen numérico: *"cuatro ciudades"*.

32. Y de la tribu de Neftalí, Cedes en Galilea con sus ejidos como ciudad de refugio para los homicidas, y además, Hamot-dor con sus ejidos y Cartán con sus ejidos; tres ciudades.

La tribu de Neftalí, limítrofe con la de Aser y Zabulón, aportó tres ciudades para los levitas de la familia de Gersón. La primera fue Cedes (*Qedes*), considerada antes en el detalle de las ciudades de refugio (20:7). Era una ciudad de Galilea que no se menciona en la relación de las principales ciudades del territorio de Neftalí. De difícil localización. Probablemente, situada en la zona montañosa que rodea el mar de Galilea al occidente. No solo era una ciudad de residencia de los levitas, sino una de las seis ciudades de refugio para homicidas involuntarios. La segunda ciudad era Hamot-dor (*Hammöt-Döªr*). Existe discrepancia entre algunos eruditos sobre si se trata de una o dos ciudades. Teniendo en cuenta el resumen numérico del texto debe considerarse como una sola. Es posible que se trate de una ciudad principal y otra secundaria en la misma área. Se supone que esta podría ser la ciudad de Hamat (19:35), pero sin total precisión. Por último, en el territorio de Neftalí estaba Cartán (*Qartän*), que tampoco figura en las ciudades principales de la tribu, pero se mencionará luego en la relación de Crónicas con el nombre de Quiriataim (*Qiryätayim*) (1Cr. 6:76), identificada como *hirbet-el-Quireîyeh*, al nordeste de En-hazor (19:37). En total fueron tres las ciudades que recibieron los levitas descendientes de Gersón procedentes de la tribu de Neftalí.

33. Todas las ciudades de los gersonitas por sus familias fueron trece ciudades con sus ejidos.

El resumen general recoge en número las ciudades que pasaron a ser residencias de los levitas gersonitas. Todas ellas estaban situadas al norte de Canaán. Once en Cisjordania y dos en Transjordania. Los descendientes del primogénito de Leví tuvieron sus ciudades y terrenos adyacentes para residencia.

Ciudades de los meraritas (21:34-40)

El menor dc los hijos de Leví, Merari, tuvo dos hijos: Mahli y Musi. A los descendientes de estas familias se les asignó también lugares de residencia en Canaán, cuyas ciudades se van detallando como antes se hizo con las de sus hermanos. La cuarta y última suerte correspondía, pues, a la rama merarita de la tribu de Leví. Doce ciudades les fueron adjudicadas como lugares de residencia, cuatro en cada una de las tribus de Zabulón, Rubén y Gad.

34. Y a las familias de los hijos de Merari, levitas que quedaban, se les dio de la tribu de Zabulón, Jocneam con sus ejidos, Arta con sus ejidos.

Comienza la relación por las ciudades procedentes de la tribu de Zabulón. Su territorio estaba incrustado entre las tribus de Aser, Neftalí, Iscar y Manasés Occidental. Como las otras, situada en la parte norte de Canaán. Una de las ciudades era Jocneam (*Yoqn*[ea]äm*)*, citada antes como una ciudad principal en la tribu de Zabulón (19:11). Situada en las estribaciones de la llanura del Meguido. Después figura Arta (*Qartä*), identificada hoy como [a]*Atlît*, entre Haifa y Cesarea, que probablemente sea Catat, una de las ciudades principales de Zabulón (19:15).

35. Dimma con sus ejidos y Naalal con sus ejidos; cuatro ciuades.

La ciudad de Dimma debe ser Rimón (*Tommönä*), que figura en la relación de las ciudades principales de Zabulón (19:13). Con este nombre aparece en la relación de ciudades de los levitas meraritas en Crónicas (1Cr. 6:77). La segunda ciudad mencionada era Naalal (*Nahaläl*) que apareció antes (19:15). El número total de ciudades aportadas por Zabulón fueron cuatro.

36. Y de la tribu de Rubén, Beser con sus ejidos, Jahaza con sus ejidos.

En la relación de ciudades procedentes de la tribu de Rubén figura primero Beser (*Beser*), una de las seis ciudades de refugio situada en Transjordania. La tribu de Rubén ocupaba el territorio al sur de las tierras al este del Jordán. Sigue la ciudad de Jahaza (*Yahsä*), que apareció anteriormente en la relación de ciudades de Rubén (13:18). Como se hace constar permanentemente, las ciudades eran entregadas con los pastizales correspondientes que las rodeaban.

37. Cedemot con sus ejidos y Mefaat con sus ejidos; cuatro ciudades.

La ciudad de Cedemot (*Q*^{e}*demôt*) también aparece antes en la relación de ciudades principales de la tribu de Rubén (13:18). Situada un poco al suroeste de la Jahaza. Por último aparece Mefaat (*Mêpä*^{a}*at*) relacionada también en la lista anterior (13:18). Todas estas ciudades son de difícil localización. En total, la tribu de Rubén dio para los levitas cuatro ciudades.

38. De la tribu de Gad, Ramot de Galaad con sus ejidos como ciudad de refugio para los homicidas; además, Mahanaim, con sus ejidos.

El territorio de Gad, seguida hacia el norte al de Rubén. La primera ciudad entregada a los levitas fue Ramot de Galaad (*Rä*^{ä}*môt*) una de las ciudades de refugio al este del Jordán (20:8). Junto a ella se cita a Mahanaim (*Mahanayim*), citada antes en la relación de ciudades que marcaban los lindes del territorio de Gad y Manasés Oriental (13:26, 30).

39. Hesbón con sus ejidos y Jazer con sus ejidos; cuatro ciudades.

La tercera ciudad correspondiente al territorio de Gad fue Hesbón (*Hesbôn*), citada antes en las ciudades correspondientes a los territorios transjordanos (13:26). La capital de reino de Sehón, el rey de los amorreos, situada en la divisoria norte del territorio de la tribu de Rubén. La última ciudad levita merarita en la tribu de Gad fue Jazer (*Ya*^{a}*zër*), que apareció también antes en la relación de ciudades de Gad (13:25). Era una de las principales ciudades en el sur de Galaad (Nm. 21:32; 32:35) junto con todas las otras situadas en la llanura de ese nombre. En resumen, cuatro ciudades que correspondían a la heredad de la tribu de Gad, fueron entregadas a los levitas como ciudades para residir junto con sus ejidos en la parte oriental de la tierra al este del río Jordán.

40. Todas las ciudades de los hijos de Merari por sus familias, que restaban de las familias de los levitas, fueron por sus suertes doce ciudades.

Ninguna familia de los levitas, que no tenían posesión en la tierra, quedó sin lo necesario para su vida en Canaán. Dios proveyó para cada una de ellas. Comenzó dando lugares para la familia sacerdotal y terminó entregando lugares para cada una de las familias de las cuatro ramas levitas, incluidos los sacerdotes de la casa de Aarón. Las últimas familias que restaban recibieron sus provisiones por medio de suertes. En total doce ciudades. Con esta afirmación concluye el reparto de la tierra entre las tribus, en la provisión de ciudades de refugio y, finalmente, en la provisión para la tribu levita-sacerdotal. Dios había cumplido plenamente sus promesas y había introducido a Su pueblo en la tierra quc había prometido siglos antes a sus antepasados.

Resumen y cumplimiento (21:41-45)

41. Y todas las ciudades de los levitas en medio de la posesión de los hijos de Israel, fueron cuarenta y ocho ciudades con sus ejidos.

De este modo fueron asentados los levitas en medio de las tribus de Israel. La Palabra de Dios, la instrucción religiosa, llegaba a cada rincón de la tierra. Los levitas y sacerdotes, libres de toda preocupación sobre los cuidados cotidianos, atendidas todas sus necesidades, podían ocuparse en los deberes del culto y de la atención espiritual para el resto de sus hermanos. Ellos serían los testigos permanentes de Dios ante el pueblo. Cuando los servicios propios de su ministerio les permitían, podían atender a la enseñanza de los jóvenes, cuidar del trabajo de los copistas de la Ley, supervisar las tareas de los cronistas que conservaban la memoria de los grandes acontecimientos nacionales y de los personajes distinguidos. Dios había prometido dar en posesión a la descendencia de Abraham la tierra de Canaán y acababa de cumplir su promesa.

42. Y estas ciudades estaban apartadas la una de la otra, cada cual con sus ejidos alrededor de ella; así fue con todas estas ciudades.

Las ciudades levitas estaban distanciadas unas de las otras. Era una siembra de ciudades en todo el territorio, tanto al oeste como al este del Jordán. Cada ciudad podía ser alcanzada fácilmente por las poblaciones circundantes de modo que el cuidado espiritual de la nación estaba garantizado. Como se dijo antes, las ciudades de la familia sacerdotal estaban agrupadas en las proximidades de Jerusalén, donde con el tiempo tendrían que asumir la responsabilidad mayoritaria del servicio religioso en el santuario nacional. Los ejidos en torno a las ciudades eran lugares de provisión para los moradores. En muchas ocasiones, cuando la fidelidad del pueblo decrecía y los diezmos no eran recogidos, los levitas y sacerdotes vivieron de las tierras que poseían alrededor de las ciudades.

43. De esta manera dio Jehová a Israel toda la tierra que había jurado dar a sus padres, y la poseyeron y habitaron en ella.

Dios había mostrado la grandeza de su fidelidad. El cumplimiento de todas sus promesas dadas a Israel por medio de los padres, era la mejor evidencia. Es cierto que el cumplimiento de muchas de ellas había tomado siglos, sin embargo, todo había llegado a su fin. Las promesas se cumplieron conforme al calendario de Dios y a su tiempo. El tiempo de Dios no es siempre el tiempo del hombre. Con todo, la historia de Israel pone de manifiesto que la palabra del Señor es segura. En la medida en que se alcanza a conocer el cumplimiento de las promesas que anteceden en la historia, mayor será la confianza que permita esperar en seguridad a las que aún están por cumplir. Solo la impaciencia lleva a pretender que Dios actúe en la dirección que se considera idónea. En contra de ello, el creyente debe hacer aquello que el Señor establece para cada momento y descansar en la seguridad que Él llevará a cabo su programa conforme a su soberanía y conocimiento. La bendición de Dios para Israel se manifiesta en tres palabras: fidelidad, *"dio toda la tierra que había jurado dar a sus padres"*; realidad, porque *"la poseyeron"*; estabilidad, ya que *"habitaron en ella"*. Era un pueblo en su heredad. No habían sido ellos quienes alcanzaron la bendición, era la gracia de Dios que había actuado en favor de ellos.

44. Y Jehová les dio reposo alrededor, conforme a todo lo que había jurado a sus padres; y ninguno de todos sus enemigos pudo hacerles frente, porque Jehová entregó en sus manos a todos sus enemigos.

Dios había prometido victoria y éxito en las acciones militares contra los habitantes de Canaán. Ya en el principio del libro se observa la acción de Dios debilitando el ánimo de los habitantes de la tierra, lo que hizo fácil la conquista de las ciudades más importantes y derrotar a los reyes más poderosos. Ninguno de los enemigos, bien individualmente o a traves de las coaliciones que ellos establecieron, fue capaz de enfrentarse con éxito a Israel. Ejércitos bien entrenados con armas modernas y eficaces para aquellos tiempos, como eran los carros herrados, quedaron destruidos en las llanuras como monumentos al poder de Dios y a la debilidad del hombre. La gran extensión de territorio que poseían fue alcanzada porque el Señor *"entregó en sus manos a todos sus enemigos"*. Verdaderamente, la conquista duró tiempo. Las acciones militares se sucedieron a lo largo de un extenso periodo. Incluso en el momento en que se reparte la tierra había núcleos de antiguos pobladores que estaban procurando reagruparse para recuperar, al menos parcialmente, sus posesiones. Sin embargo, esto era también el cumplimiento de la Palabra que Dios había dado: *"Y Jehová tu Dios echará a estas naciones de delante de ti poco a poco; no podrás acabar con ellas en seguida, para que las fieras del campo no se aumenten contra ti"* (Dt. 7:22). El poder sobre los enemigos no provenía de los ejércitos de Israel, sino de la omnipotencia de Dios. Ese poder estaba a disposición del pueblo para completar la obra en el futuro. Lamentablemente, no pudieron alcanzar un éxito completo, incluso en los brillantes días de la monarquía, porque no permanecieron en la fidelidad para con Dios.

45. No faltó palabra de todas las buenas promesas que Jehová había hecho a la casa de Israel; todo se cumplió.

Así registra el Espíritu la experiencia que Israel tuvo en la fidelidad de Dios. Con el resumen de las ciudades de los levitas se cierra el relato histórico del libro. Con las palabras del versículo se establece una conclusión teológica de la actuación del Señor para con su pueblo. La promesa con juramento hecha a los padres había llegado a un cumplimiento definitivo. La sabiduría de la providencia y designio divinos quedaban realizados. Dios llama a su pueblo para que verifique esta realidad. Las promesas de Dios eran todas *buenas*. No podía ser menos cuando salen de un Dios que es bueno en sí mismo y bueno para con todos (Nah. 1:7). Junto con la manifestación que Dios hace de su propio honor, se establece el aliento y ánimo, no solo para aquellos creyentes de aquel tiempo, sino lo que es más importante para el creyente del momento actual, como el único modo en que Dios obra en cada momento y situación. El gran resumen de toda esta sección del libro debe expresarse con la impresionante frase: ***Todo se cumplió***.

Una sencilla reflexión para cerrar con una aplicación espiritual esta sección correspondiente a las tierras para los levitas. El creyente en la actual dispensación pertenece a la familia sacerdotal de Dios. Él ha constituido a cada uno de ellos, no importa su condición personal, social o intelectual, como su sacerdote (1Pe. 2:9). Este pueblo nada tiene que ver con el mundo. Su herencia no es temporal, terrenal y limitada, sino celestial y permanente. Todas las riquezas de Dios en Cristo son para cada uno de los sacerdotes espirituales de Dios, que es heredero de Él y coheredero con su Hijo (Ro. 8:17). Cristo, que garantiza la herencia celestial de los suyos, es también el que tiene todo poder para dar a cada uno de los suyos la victoria. Dios no lleva a su pueblo en victoria en alguna ocasión, sino permanentemente en Cristo (2Co. 2:14). Además de todo esto, el Señor es el modelo para la vida de cada creyente. El es el Sumo Sacerdote perfecto. La heredad determinada por Dios es de cada cristiano, porque Él mismo sustenta las suertes, por lo que cada creyente puede decir como el salmista: *"las cuerdas me cayeron en lugares deleitosos, y es hermosa la heredad que me ha tocado"* (Sal. 16:5-6). La porción actual es la misma que se alcanzará en el futuro, pero en plenitud, cuando se alcance la meta celestial de la cual se tienen las arras (Ef. 1:13-14). Cada uno puede aferrarse a las promesas del Señor y esperar el momento en que su gracia abra las puertas que permitan el paso al pleno disfrute, no solo de la herencia reservada en los cielos, sino de lo que es todavía más glorioso, la compañía definitiva de Aquél que tomará a su pueblo para que donde Él está estén también con Él los suyos.

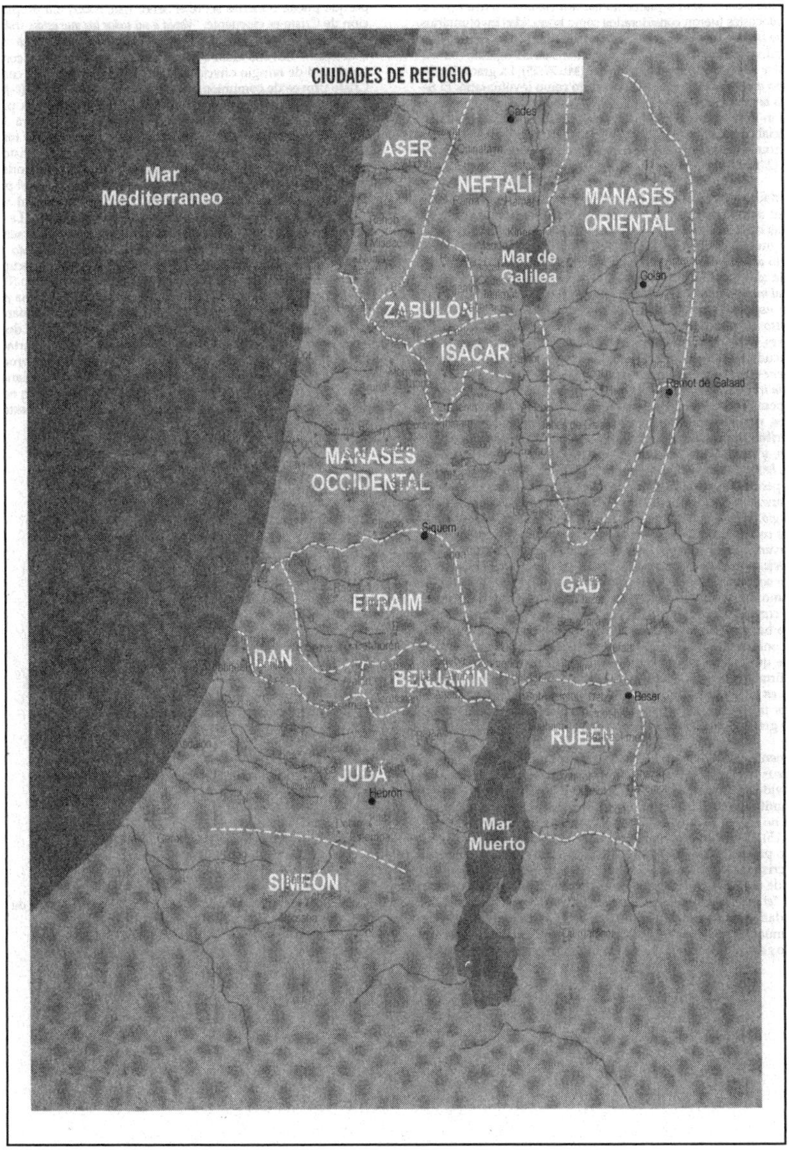

Situación de las ciudades de sacerdotes y levitas.

EXCURSUS XXIII
LA TRIBU SACERDOTAL

La tribu de Leví era la tribu sacerdotal en Israel. Había sido separada por Dios para este ministerio. No recibieron territorio en Canaán como las otras tribus, sin embargo, les fueron asignadas cuarenta y ocho ciudades como residencia. A pesar de todo, no fueron por eso menos favorecidos que el resto de sus hermanos.

1. Leví

Del matrimonio de Jacob con Lea nacieron seis hijos. El primero de ellos fue Rubén (Gn. 29:32), el segundo fue Simeón (Gn. 29:33); el tercero Leví (Gn. 29:34); el cuarto Judá (Gn. 29:35); el quinto se llamó Isacar (Gn. 30:18); y el sexto tuvo por nombre Zabulón (Gn. 30:19-20). Estos hijos nacieron a Jacob en Padan-aram, donde Jacob vivía desde el incidente con su hermano a causa de la primogenitura (Gn. 27). Jacob estaba en casa de Labán, su tío, hermano de su madre, hijo de Betuel, su abuelo materno, por recomendación de su padre Isaac (Gn. 28:2). Labán era padre de dos hijas: Lea, la mayor, y Raquel, la menor (Gn. 29:16). Jacob se enamoró pronto de la segunda, pidiéndola en matrimonio y siéndole concedida por su padre Labán después de siete años de servicio (Gn. 29:19-20). En el día de la boda fue engañado por su suegro, entregándole a su otra hermana mayor, Lea (Gn. 29:23). Transcurrida la primera semana de la boda, Laban le dio también a Raquel, su hija menor, por esposa (Gn. 29:27), por la que sirvió también a su suegro otros siete años (Gn. 29:27-28). Leví, fue uno de los hijos habidos del matrimonio entre Jacob y Lea, nacido en Padam-aran.

El carácter de Leví fue violento en extremo. Muy parecido a su otro hermano Siméon. Esa condición se puso de manifiesto con motivo de la venganza tomada contra los habitantes de Siquem a causa de la deshonra sufrida por su hermana Dina. Esta había salido a festejar con las hijas del país, cuando fue seducida por el príncipe Siquem, hijo de Hamor, un reyezuelo heveo que gobernaba la ciudad-estado de Siquem (Gn. 34:1-2). Siquém quiso resolver ese deshonor casándose con Dina, a quien su padre Hamor pidió a Jacob en matrimonio para su hijo (Gn. 34:8-12). Los hijos de Jacob, Simeón y Leví habían preparado un plan para llevar a cabo una venganza personal por el agravio a su hermana. Consintieron en que Dina se casase con Siquém, si los varones de la ciudad se circuncidaban. Efectuada la circuncisión, se levantaron Simeón y Leví, vinieron a la ciudad cuyos habitantes estaban desprevenidos, y mataron a todos los hombres que encontraron, saqueando luego la ciudad como venganza por haber amancillado a su hermana (Gn. 34:13-29). Esto puso a Jacob en una situación delicada con los pobladores de la zona (Gn. 34:30-31), por lo que resolvió desde entonces desheredar a sus dos hijos. Llegado el momento de bendecir a cada uno de sus descendientes, que serían las cabezas de las doce tribus de Israel, Jacob negó a estos dos la unidad tribal, como al resto de sus hermanos, anunciando para ellos que serían esparcidos, esto es, que no tendrían territorio entre sus hermanos (Gn. 49:5, 6). Momento también en que Jacob reconoció el carácter violento de ambos hermanos (Gn. 49:5, 6a).

2. La familia de Leví

No se dice quien fue la esposa de Leví, pero se sabe que tuvo tres hijos, el mayor se llamó Gersón, el segundo Coat y el tercero Merari (Gn. 48:11). Los tres hijos de Leví tuvieron que haber nacido antes de que la familia de Jacob se trasladase a Egipto por invitación de José. Los tres estaban incluidos en las setenta personas que componían la familia de Jacob que entró en Egipto (Gn. 46:27). El hijo mayor de Leví, Gersón, tuvo a su vez dos hijos, nacidos en Egipto, que fueron Libni y Semei (Éx. 6:17). El segundo hijo, Coat, tuvo también en Egipto cuatro hijos, el primero fue Amram, el segundo Izhar, el tercero Hebrón y el cuarto Uziel (Éx. 6:18). Al tercer hijo, Merari, le nacieron dos hijos, el primero Mahli, y el segundo Musi (Éx. 6:19).

3. La tribu sacerdotal establecida

Durante la peregrinación por el desierto, se produjo el primer acto de idolatría cuando el pueblo persuadió a Aarón, el hermano de Moisés, para que en ausencia de este, que había subido al monte para hablar con Dios, y por temor de que no regresara a ellos, les hiciera una imagen visible de la presencia divina. Con el oro recolectado entre el pueblo, fundió una imagen de un becerro y la presentó a la congregación de Israel como representación de Jehová, que los había sacado de Egipto (Éx. 32:4). Tal acto de idolatría produjo la ira de Dios contra el pueblo (Éx. 32:11-24), cuya situación era de desenfreno idolátrico (Éx. 32:25). Moisés invitó a quienes desearan actuar contra tal pecado que se unieran a él, haciéndolo toda la tribu de Leví (Éx. 32:26). Estos actuaron en justicia contra los idólatras matando a tres mil hombres del campamento (Éx. 32:27-28). Por ello, Moisés entendió que se habían consagrado al Señor (Éx. 32:29).

Los levitas fueron separados de las demás tribus por designación divina y puestos al servicio del tabernáculo (Nm. 1:47-54). Todos ellos acampaban alrededor del tabernáculo dispuestos al servicio del santuario, desmontarlo y transportarlo en sus piezas cuando el pueblo se desplazaba de lugar. Sin embargo, aun perteneciendo a la tribu sacerdotal, les estaba prohibido servir como sacerdotes, función reservada bajo pena de muerte, para los hijos y descendientes de Aarón (Nm. 3:10). Los levitas estaban realizando una función de sustitución en relación con los primogénitos del pueblo de Israel. Todo primogénito era de Dios. Los levitas fueron tomados en lugar de todos los primogénitos, por tanto, el Señor estableció: "Serán, pues, míos los levitas" (Nm. 3:12). En este sentido, los levitas formaban parte de un principio de representación por el que se manifestaba un nuevo concepto de pueblo dependiente de Dios y orientado hacia él. Dios mismo dijo al pueblo: "mío es todo primogénito de entre los hijos de Israel, así de hombres como de animales; desde el día que yo herí a todo primogénito en la tierra de Egipto, los santifiqué para mí. Y he tomado a los levitas en lugar de todos los primogénitos de los hijos de Israel" (Nm. 8:17-18). Todos ellos ocupaban un lugar en el ministerio del santuario (Nm. 8:15).

4. La consagración de los levitas

Comenzaba por un sacrificio de expiación que simbólicamente les presentaba limpios en cuanto al pecado (Nm. 8:6). Seguía un ceremonial que consistía en rociar sobre ellos el agua de la expiación, rasurar el vello de su cuerpo y la limpieza de sus vestidos (Nm. 8:7). Se ofrecía un sacrificio de expiación por ellos consistente en un novillo acompañado de la presentación de una ofrenda de flor de harina amasada con aceite. Otro novillo era ofrecido como holocausto. Previa identificación de los levitas con los animales del sacrificio, poniendo sus manos sobre ellos (Nm. 8:12). Con esa preparación los levitas eran presentados delante de Dios en una asamblea solemne de todo Israel. El pueblo pondría sus manos sobre ellos (Nm. 8:10), probablemente la extensión hacia el santuario donde se consagraban los levitas, de las manos del pueblo. Era un indicativo de que toda la nación se identificaba y los reconocía como escogidos para el servicio de Dios, despidiéndolos de entre ellos en cuanto a las obligaciones generales que todos los varones tenían, como era servir en el ejército. El grupo de levitas iba a ser entregado a Arón para que este los ofreciera al Señor. El pueblo de Israel los ofrecía al Señor en ofrenda, sirviendo en el ministerio de Dios (Nm. 8:11). Finalmente, se presentaba a los levitas delante del sumo sacerdote Aarón, que dirigiría el ministerio sacerdotal completo y el de los levitas en el servicio del santuario (Nm. 8:19). Los levitas llevaban a cabo sus funciones bajo la dirección de los sacerdotes (Nm. 8:22). Los levitas comenzaban su servicio a los veinticinco años y se retiraban del ministerio a los cincuenta. A partir de esa edad quedaban relevados totalmente y no podían servir más en el santuario.

5. Funciones específicas de las familias levitas

Cada una de las familias de la tribu tenía funciones específicas. Los gersonitas, hijos de Gersón, primogénito de Leví, tenían como responsabilidad principal el cuidado de las cubiertas del tabernáculo, las cuerdas y las cortinas. Servían bajo la supervisión directa de Itamar, el cuarto hijo de Aarón (Nm. 3:21-26; 4:21 ss.; 4:28). Los coatitas, hijos de Coat, segundo hijo de Leví, tenían a su cargo el traslado de los muebles del tabernáculo una vez que habían sido cubiertos por los sacerdotes (Nm. 3:29-32: 4:1 ss.). Estaban bajo la supervisión directa de Elezar, el tercer hijo de Aarón, que le sucedería después como sumo sacerdote. Finalmente los meraritas, hijos de Merari, el tercero y último hijo de Leví. Tenían la responsabilidad de mover la estructura del tabernáculo y su atrio (Nm. 3:35-37; 4:29 ss.). Estaban bajo la supervisión directa de Itamar, responsable también de los gersonitas.

6. Censo de los levitas

Los levitas fueron censados en el desierto de Sinaí cuando se produjo el primer recuento general de todo el pueblo que había salido de Egipto. A diferencia del resto de las tribus, de las que solo entraron en el censo los varones mayores de veinte años, esto es, hombres capaces para servir en el ejército, los levitas fueron censados desde un mes de vida en adelante. Las cifras del censo fueron: de la familia de Gersón, 7.500 (Nm. 3:21-24); de la familia de Coat, 8.600 (Nm. 3:27-30); y de la familia de Merari, 6.200 (Nm. 3:33-35). El censo total de los levitas sumó 22.300. Por tanto, los gersonitas suponían el 34% del censo total; los coatitas eran el 38%; y los meraritas el 28%.

Como quiera que el ministerio levítico comenzaba de los veinte años en adelante, se supone que tenían un periodo de aprendizaje y capacitación de unos diez años. Cuando comenzó la actividad de la tribu sacerdotal, se censaron los mayores de treinta años y menores de cincuenta, que eran los aptos para el servicio en el tabernáculo, dando las siguientes cifras: de la familia de Gersón, 2.630 (Nm. 4:38-40); de la familia de Coat, 2.750 (Nm. 4:34-36); y de la familia de Merari, 3.200 (Nm. 4:42-44). El total de los levitas cuando se inicio el servicio del santuario era de 8.580. En relación con esa cifra total, los gersonitas representaban el 31%; los coatitas el 32%; y los meraritas el 37%. Como se aprecia, había un notable equilibrio numérico en los diferentes grupos de levitas.

7. Sostenimiento de los levitas

Si bien es cierto que la tribu no tuvo heredad en la tierra, le fueron asignadas cuarenta y ocho ciudades que se le entregaron con sus ejidos.

El sostenimiento procedía de los diezmos que el pueblo tenía que aportar. Ocasionalmente, también tuvieron parte en los despojos de algunas batallas (Nm 31:25ss.). En las fiestas solemnes participaban de las comidas que el pueblo disfrutaba (Dt. 12:12). El pueblo de Israel había recibido una seria advertencia del Señor para que no dejasen desamparados a los levitas (Dt. 12: 19). Igualmente, tenían parte en el diezmo especial que se recogía cada tres años destinado en parte a los necesitados (Dt. 14:28-29).

8. La familia sacerdotal

La familia sacerdotal, procedente también de la tribu de Leví, era de la casa y familia de Aarón. El hijo mayor de Leví, Amram, se unió en matrimonio con su tía Jocabec, hija de Leví, y hermana de su padre Coat, que le había nacido a Leví en Egipto (Num. 26:59). Era una mujer de edad similar a la de los hijos de Leví y sus hermanos, nacidos en Egipto. Esta unión dio tres hijos: el primero fue Aarón, la segunda María, y el tercero Moisés (Nm. 26:59). Aarón se casó con Elisabet, hija de Aminadab, hermana de Naasón, de la que tuvo cuatro hijos. El mayor fue Nadab, el segundo, Abiú, el tercero Eleazar, y el cuarto Itamar (Éx. 6:23). Los dos hijos mayores murieron en el desierto, cuando se levantó el tabernáculo y comenzó el culto, por haber ofrecido fuego extraño delante del Señor, desobedeciendo a las disposiciones que había para ofrecer el incienso (Lv. 10:1-7). Por esta causa ejercieron como sacerdotes sus otros dos hermanos Eleazar e Itamar. Siendo Eleazar el mayor, sucedió como sumo sacerdote a su padre Aarón a la muerte de este (Nm. 20:23-29).

9. El sacerdocio establecido

De la misma manera que la tribu sacerdotal, así también la familia sacerdotal fue escogida por Dios. El Señor ordenó a Moisés establecer a su hermano “Aarón y a sus hijos consigo, de entre los hijos de Israel, para que sean mis sacerdotes” (Éx. 28:1). El sumo sacerdote llevaba unas vestiduras sagradas “para honra y hermosura” (Éx. 28:2). Esos vestidos eran primorosamente bordados con los colores de azul, púrpura y carmesí sobre lino de primera calidad. Completaban la obra adornos de oro. Sobre una mitra blanca llevaba una plancha de oro con la inscripción: “Santidad a Yahveh” (Éx. 28:36). En cada una de las hombreras de su traje sacerdotal se enganchaban dos cadenas de oro que sostenían el pectoral, en pedrería, sobre las que se habían grabado los nombres de las doce tribus de Israel, engarzadas en oro (Éx. 28:9 ss.).

10. La consagración de los sacerdotes

Un ceremonial debidamente establecido regulaba la primera consagración de la familia sacerdotal en Israel. La primera ocasión de consagración sacerdotal fue llevada a cabo por Moisés por indicación directa del Señor. El lugar de la consagración fue la puerta del tabernáculo de reunión (Éx. 29:4). Ellos serían en lo sucesivo los guardianes de las puertas del tabernáculo. Nadie más que ellos podían acceder al interior del santuario para llevar a cabo el ministerio sacerdotal. La primera ceremonia consistía en lavar con agua a quienes iban a ser consagrados como sacerdotes (Éx. 29:4). Este primer ritual daba a entender la limpieza pcrsonal que se exigía para quienes habían de "llevar los utensilios del Señor (Is. 52:11). Quicncs aspiran a santidad perfecta deben limpiarse de toda contaminación de carne y espíritu (Is. 1:16-18; 2Co. 7:1). El que va a ministrar en la presencia del Señor debe estar limpio de manos y puro de corazón (Sal. 24:3-4). La segunda parte del ceremonial consistía en vestir a los sacerdotes con las vestiduras sagradas (Éx. 29:5, 6, 8, 9). Con ese simbolismo, daba a entender que era un grupo separado por Dios y consagrado a Él por derecho perpetuo (Éx. 29:9). El sumo sacerdote debía ser ungido con el aceite de la unción derramando el aceite sobre su cabeza (Éx. 29:7). El resto de los sacerdotes eran rociados con aceite. Acompañando a este ritual de lavamiento, vestido y unción iban los sacrificios. El primero consistía en una ofrenda por el pacado para hacer expiación por los pecados de quienes se consagraban como sacerdotes (Éx. 29:10-14). El segundo era un holocausto, un carnero completamente quemado en honor a Dios y en señal de que iban a dedicarse enteramente a Dios y a su servicio como sacrificios vivos, identificándose previamente con el sacrificio mediante la imposición de las manos sobre el animal (Éx. 29:15-18). En el N. T., Pablo hará alusión a esta consagración personal, enseñando que el cristiano debe ser él mismo un continuo sacrificio de entrega y adoración (Ro. 12:1). Una ofrenda de paz consistente en el sacrificio del carnero de la consagración cerraba el ciclo de sacrificios en la consagración sacerdotal. Parte de la sangre de este sacrificio servía para untar el lóbulo de la oreja derecha, el pulgar de la mano derecha y el pulgar del pie derecho del sacerdote (Éx. 29:19-20). Los oídos del sacerdote quedaban simbólicamente consagrados para oír la voz de Dios. Las manos dedicadas solo al servicio santo. Y los pies para andar en una senda de ejemplo ante el pueblo. En el cumplimiento del tiempo de la Iglesia, cada creyente, como sacerdote de Dios, recibe la consagración de todo lo que él es en sí mismo para dedicarlo a la gloria del que lo llamó a esa elevada misión, en identificación con Cristo (1Pe. 2:9). Las vestiduras sacerdotales eran rociadas con la sangre y el aceite (Éx. 29:21). Ambas cosas, la sangre como purificadora y el aceite como unción para el servicio, representaban el modo de cumplir la misión sacerdotal. Así hoy la sangre de Cristo y los dones del Espíritu son los elementos capacitadores para el desarrollo del servicio sacerdotal del cristiano. Parte del sacrificio ofrecido a Dios era compartido también por los sacerdotes (Éx. 29:27-28).

Una señal de comunión entre Dios y sus ministros. Dios y ellos estaban en un mismo banquete de amistad y comunión. La consagración duraría siete días (Éx. 29:35). Las ceremonias de lavamiento, vestido y unción se hacían el primer día. Los sacrificios se repetían durante los siete días siguientes. No se dan razones bíblicas expresas sobre el porqué de la duración del ceremonial de la consagración. Sin embargo, la reiteración de los sacrificios recordaría la distancia que mediaba entre su actual condición sacerdotal y la anterior entre el pueblo. Esto les daba tiempo a pensar sobre la responsabilidad que contraían. Los sacrificios recordarían también la necesidad de limpieza y confesión delante del Señor para llevar a cabo dignamente su servicio. La consagración sacerdotal era, según dice el escritor de la Epístola a los Hebreos, sombra de los bienes venideros (He. 10:1). Desde aquel día de la separación de la familia sacerdotal solo podían ocupar el ministerio sacerdotal quienes fueses descendientes de la casa y familia de Aarón. En la presente dispensación, Jesús es el gran Sumo Sacerdote de nuestra profesión, revestido de gloria y hermosura, santificado por su propia sangre (Jn. 17:19; He. 9:12) y perfeccionado o consagrado por medio de sus propios padecimientos (He. 2:10). Todos los creyentes alcanzan la condición de sacerdotes de Dios por vinculación con el Sumo Sacerdote, Jesucristo (1Pe. 2:5).

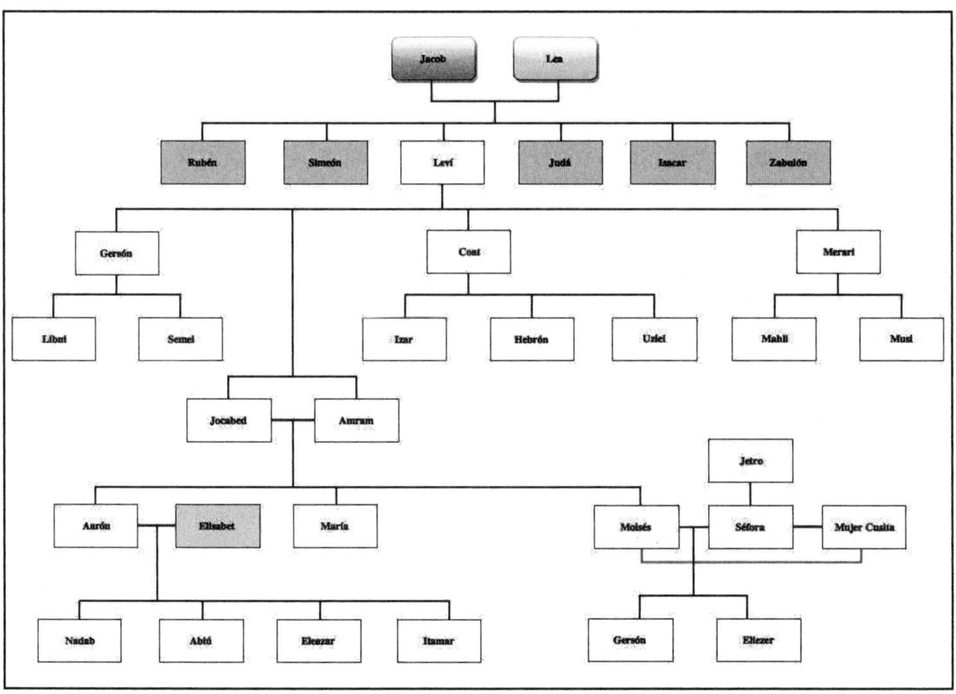

Genealogía de los levitas y sacerdotes.

CAPÍTULO 22
DESPEDIDA DE LAS DOS TRIBUS Y MEDIA

Introducción

Las doce tribus de Israel habían culminado juntas las tareas de la conquista y distribución de la tierra. Casi nueve años llevó toda esta actividad. Las heredades de las nueve tribus y media al oeste del Jordán se habían entregado a sus poseedores. La actividad consecuente con la conquista duraría aún bastante. Sin embargo, era ya responsabilidad de cada una de las tribus limpiar sus heredades desposeyéndolas de los enemigos que habían quedado después de la conquista. Las tareas militares habían sido compartidas por todo el pueblo. Las tribus de Manasés Oriental, Rubén y Gad habían recibido sus posesiones en Transjordania, que les habían sido concedidas en tiempos de Moisés. Los ejércitos de estas tres tribus habían pasado delante de las fuerzas militares del resto de las otras nueve y media para ayudar en la conquista de la tierra. Terminada esta actividad, no había razón para que continuasen lejos de sus heredades al este del Jordán. Faltaba solo despedirlas para que fuesen a sus posesiones. A Josué, como líder de la nación, le correspondía pronunciar para los que debían regresar a sus lugares unas palabras de despedida, lo que constituía las últimas recomendaciones de quien los había conducido desde el paso del Jordán. Las palabras de despedida y el resto de los incidentes con estas dos tribus y media, se encuadra mucho más que en un marco histórico: ofrece un enfoque profundamente teológico. No son cuestiones transitorias propias del inicio de una andadura nacional, sino asuntos correspondientes al pueblo de Dios en la tierra. El testimonio de Dios estaba en juego ante las naciones por el comportamiento de su pueblo. La unidad nacional descansaba en el reconocimiento de Dios y la obediencia a sus leyes. De ahí que cualquier incidente afectara profundamente a toda la nación. Ese es el caso de la construcción del altar testimonial, que ocupa la segunda parte del capítulo.

Para su estudio se puede dividir conforme al desarrollo natural del mismo: (1) El discurso de despedida de Josué (vv. 1-9); (2) la construcción del altar (v. 10); (3) la reacción del resto de las tribus ante la construcción del altar (vv. 11-20); (4) las explicaciones sobre la razón de aquel hecho (vv. 21-29); (5) la conclusión del incidente (vv. 30-34). Todo ello incluido en la conclusión del escrito que podría definirse como la despedida y muerte de Josué.

Para el comentario del pasaje se sigue el *Bosquejo* que está en la *introducción*, como sigue:

Despedida y muerte de Josué (22:1–24:33).

1. Mensajes de despedida de Josué (22:1-24:28).
   1.1. Para las dos tribus y media (22:1-9).
   1.2. El incidente del altar (22:10-34).
      1.2.1. La construcción del altar (22:10).
      1.2.2. La reacción de las restantes tribus (22:11-20).
      1.2.3. Explicación de las dos tribus y media (22:21-29).
      1.2.4. Conclusión del incidente (22:30-34).

DESPEDIDA Y MUERTE DE JOSUÉ (22:1–24:33)

Mensajes de despedida de Josué (22:1–24:28)

Para las dos tribus y media (22:1-9)

Los discursos de despedida siguen al testimonio histórico del cumplimiento fiel de todo cuanto Dios había prometido al pueblo. Nada había quedado por cumplir. La historia seguiría en lo sucesivo el curso del compromiso y de la obediencia del pueblo.

1. Entonces Josué llamó a los rubenitas, a los gaditas, y a la media tribu de Manasés.

Terminada la conquista y alcanzada la victoria plena sobre todos los ocupantes de la tierra, Josué licencia al ejército que había estado involucrado en la guerra. Israel no estaba destinado a la guerra, sino a disfrutar lo que Dios les había entregado conforme a su promesa. Estos ejércitos deberían anticiparse a la profecía que tendrá un cumplimiento futuro convirtiendo *"sus espadas en rejas de arado, y sus lanzas en hoces"* (Is. 2:4). De forma muy especial, este cese de actividades militares tenía mucha importancia para las dos tribus y media, cuyas heredades estaban al otro lado del Jordán. Los ejércitos de Rubén, Gad y Manasés Oriental habían estado presentes durante todo el tiempo de la conquista ayudando a sus hermanos a posesionarse de la tierra. Sus familias, heredades e intereses personales estaban al otro lado del Jordán. No había, pues, razón alguna para que continuasen lejos de ellas. No cabe duda que en ocasiones habrían ido a visitar a sus familias y ver sus lugares en Transjordania. Pero no había sido algo definitivo hasta entonces. La tribu de Rubén había estado presente en la conquista con 15.820 hombres. El ejército aportado por Gad fue de 14.250 hombres de guerra: la media tribu de Manasés tuvo en combate un cuerpo de ejército formado por 9.530 guerreros. Entre las tres tuvieron en Cisjordania 40.000 hombres que suponían el 7,5% de todos los ejércitos de Israel. Todos estos formaron la vanguardia del ejercito de Josué. Los había convocado para muchas acciones militares durante los años de la conquista, ahora los llamó para despedirlos y permitirles regresar a sus heredades.

2. Y les dijo: Vosotros habéis guardado todo lo que Moisés siervo de Jehová os mandó, y habéis obedecido a mi voz en todo lo que os he mandado.

El discurso de despedida comienza con palabras de reconocimiento al comportamiento de todos aquellos hombres. No son las palabras de Josué que pudieran expresar un excesivo reconocimiento de la fidelidad de quienes habían compartido con él tantas jornadas admirables, es el Espíritu de Dios que las deja registradas con la equidad divina en su Palabra. Ellos habían prometido permanecer con sus hermanos hasta que *"poseyesen cada uno su heredad"* (Nm. 32:18). En aquella ocasión los rubenitas, gaditas y la media tribu de Manasés prometieron obediencia: *"Tus siervos harán como mi señor ha mandado"* (Nm. 32:25). La obediencia a Moisés era para ellos obediencia a Dios: *"Haremos lo que Jehová a dicho a tus siervos"* (Nm. 32:31). Las promesas se habían cumplido con fidelidad. Quienes estaban delante de Josué eran *"los valientes"* de aquellas tribus (Dt. 3:18) que habían formado los tres cuerpos de ejército. La obediencia al Señor les llevó a obedecer, primero a Moisés y luego a su sucesor, Josué. Aquellos hombres habían renovado su promesa de lealtad antes de cruzar el Jordán: *"Entonces respondieron a Josué, diciendo: Nosotros haremos todas las cosas que nos has mandado, e iremos adondequiera que nos mandes. De la manera que obedecimos a Moisés en todas las cosas, así te obedeceremos a ti"* (Jos. 1:16-17). Josué testifica de su fidelidad. Todos ellos habían obedecido siempre y lo habían hecho no en parte, sino en todo.

La obediencia es el principio activo de vida de un creyente. Se ha considerado varias veces esta verdad a lo largo del comentario. Sin embargo, es necesario recalcarlo también aquí. El Espíritu de Dios conduce continuamente al lector hacia esta enseñanza. El hombre natural no regenerado es incapaz de mantenerse en el camino de la obediencia por su propia condición personal —sujeto a la voluntad de la carne y de los pensamientos— siendo hijos de desobediencia (Ef. 2:2-3). Pero, por la regeneración se dota al cristiano de una nueva naturaleza en la que el factor de relación es el de obediencia. Pedro llama a los creyentes *"hijos de obediencia"* (1Pe. 1:14). La mayor mentira es reconocer el señorío de Cristo solo con palabras, mientras se mantiene una vida de desobediencia a su voluntad (Lc. 6:46). Cada creyente debería buscar en su vida un testimonio del Señor que reconozca su obediencia y lealtad.

3. No habéis dejado a vuestros hermanos en este largo tiempo hasta el día de hoy, sino que os habéis cuidado de guardar los mandamientos de Jehová vuestro Dios.

El amor y la fidelidad a Dios llevan aparejados el amor y cuidado hacia los hermanos. Habían estado junto a los que luchaban en la conquista durante un *largo tiempo*. El paso de los años podría haber enfriado su entusiasmo y haber relajado su comportamiento, pero no ocurrió así. Ellos no habían estado tan atentos a ayudar a sus hermanos, como a *"guardar los mandamientos de Jehová vuestro Dios"*. La ayuda y compromiso con las otras tribus consistía en cumplir el mandato que el Señor les había dado en ese sentido. La obediencia demandaba amor y lo habían manifestado.

De igual modo en el presente, el cristiano que ama a Dios, ama también a sus hermanos. El mandamiento del amor ha sido establecido para cada uno (Jn. 13:34). Amar a Dios lleva aparejado guardar lo que Él manda. Por tanto, no se puede hablar de obediencia sin manifestar amor. El creyente, además, ama no solo por mandamiento, sino por comunión con Cristo. Aquel que *"amó a los suyos que estaban en el mundo hasta el límite"*, se hace vida y amor en la experiencia de quien lo tiene como vínculo de vida y razón de ser. Pablo decía que para él *"el vivir era Cristo"* (Fil. 1:21). Nadie puede gloriarse en amar y obedecer al Señor cuando no es capaz de hacerlo también con sus hermanos. La gloria del amor condiciona la realidad o hipocresía de la obediencia. El creyente tiene un compromiso con sus hermanos consistente en mantener con ellos comunión, como ocurría con las dos tribus y media en Israel: *"no habéis dejado a vuestros hermanos"*. Hay algunos que se vanaglorian de ser leales al Señor, de vivir en obediencia a su Palabra, de mantenerse en la ortodoxia de la doctrina, pero cuando se sienten confrontados en sus opiniones, están prontos a *dejar a sus hermanos* abandonando la congregación. Este tipo de personas es fácil que sean solo religiosos, pero que nunca hayan nacido de nuevo. El elemento que distingue la realidad de la verdadera conversión es el amor e interés por los hermanos. Quien proclama su amor a Dios y niega el amor a los hermanos es un mentiroso (1Jn. 4:20).

4. Ahora, pues, que Jehová vuestro Dios ha dado reposo a vuestros hermanos, como lo había prometido, volved, regresad a vuestras tiendas, a la tierra de vuestras posesiones, que Moisés siervo de Jehová os dio al otro lado del Jordán.

Dios había cumplido su compromiso. Las dos tribus y media el suyo. Ya no quedaba otra cosa por realizar que estuviera involucrada en las promesas establecidas con el Señor delante de Moisés. Josué los despide con un *"volved, regresad a vuestras tiendas"*. Aquellos hombres de guerra debían dedicarse a la familia y a sus deberes en sus respectivos hogares. El disfrute de sus heredades estaba al otro lado del Jordán. Aquellas feraces tierras del este, en la ribera del río, eran sus posesiones, dadas por Moisés, el *siervo de Jehová.*

5. Solamente que con diligencia cuidéis de cumplir el mandamiento y la ley que Moisés siervo de Jehová os ordenó: que améis a Jehová vuestro Dios, y andéis en todos sus caminos; que guardéis sus mandamientos, y le sigáis a Él, y le sirváis de todo vuestro corazón y de toda vuestra alma.

Josué les recuerda en forma muy sintética el mensaje central que Moisés diera al pueblo (Dt. 6:6-19; 10:12-11:32). Aunque estarían separados por el Jordán, eran todos Israelitas, con el compromiso de cuidar a toda costa la práctica de la Ley de Dios dada por Moisés. En la obediencia y sujeción a la Palabra debían ser diligentes, con un cuidado escrupuloso. Habían tenido ese cuidado durante los años de la conquista. Como parte del ejército habían dado muestras de ser buenos creyentes. Esa misma disposición debía manifestarse en el ámbito del hogar y del trabajo. El cumplimiento de los mandamientos y de la ley comprendía cinco aspectos:

1) Amor: *"Que améis a Jehová vuestro Dios"*. El amor a Dios es el elemento necesario para amar sus mandamientos. Nada de lo que Él establece en su Palabra puede ser gravoso para quien le ama. El amor de Dios hacia su pueblo había sido la nota continuada. Por amor cumplió el compromiso de salvación, rescatándolos de la esclavitud de Egipto. Fue en su misericordia que rompió sus cadenas y los formó como un pueblo libre. Su amor se manifestó también a lo largo de los cuarenta años de caminar en el desierto. A pesar de sus rebeliones e infidelidad, proveyó para ellos de todo cuanto fue necesario. Cuando tuvo que disciplinarlos por negarse a recibir la bendición y querer retornar al lugar de esclavitud de donde habían sido sacados, eliminando a lo largo de los años a todos los mayores de veinte años, les concedió la bendición de la fertilidad que produjo el nacimiento de un pueblo renovado numéricamente igual. El Señor se había ocupado de ellos con amor. Por esa misma razón, debía ser correspondido con el amor de su pueblo. El amor a Dios excluye el amor a otros dioses. La mejor protección para la infidelidad es el amor.

2) Testimonio: *"Que andéis en todos sus caminos"*. Caminar es símbolo de testimonio. El camino del hombre nunca coincide con el camino de Dios. Son caminos y orientaciones diferentes (Is. 53:6). Quien respeta profundamente a Dios *anda en sus caminos* (Dt. 8:6). El verdadero creyente

busca con diligencia que su testimonio, el caminar cotidiano, glorifique el nombre del Señor. Ningún mensaje más poderoso para las naciones que rodearían a Israel, que la conducta intachable de los israelitas. Los caminos del Señor estaban señalados con toda precisión en su Ley. Quiere decir que aquellos que sintiesen necesidad de ajustar su vida a la voluntad divina, debían dedicar tiempo a la lectura y meditación de la Palabra.

3) Obediencia plena: *"Que guardéis sus mandamientos"*. El versículo comienza con una apelación a la obediencia de Ley y mandamientos. Es un énfasis que expresa la totalidad de la Palabra. La obediencia demanda fidelidad a los mandatos de Dios expresados en su Palabra. No se trata de ser fiel en algunas cosas, sino en todas. No solo en lo poco o en lo mucho, sino en la totalidad. Quebrantar un mandamiento es quebrantar la ley, por cuanto constituye un acto de desobediencia. Solo es posible guardar los mandamientos en la medida en que se conozcan. Moisés había dicho antes al pueblo sobre la necesidad de esforzarse en un trato directo y obediente con la Palabra (Dt. 6:6-9). Cada día, en cada ocasión, en los distintos aspectos de la vida cotidiana, la Palabra debería gobernar los actos del creyente. Aquellos que iban a regresar a sus casas tenían ocasión de meditar en las palabras de Josué relativas a la obediencia al Señor. Ellos mismos habían visto en la historia reciente de su pueblo cómo la desobediencia trajo serias dificultades sobre la nación. Las derrotas frente a los enemigos, las tensiones entre el pueblo, los miles de muertos en el desierto... eran manifestaciones ciertas de lo que produce la desobediencia a la voluntad de Dios.

4) Seguimiento fiel: *"que le sigáis a Él"*. Con toda precisión se expresa el compromiso de discipulado siguiendo a Dios. No era asunto de religión que exigiera cumplimientos normativos, era cuestión de mantenerse cotidianamente cerca del Señor. Aquellos solo podían encontrar bendiciones cuando seguían a Dios. Así lo habían experimentado por cuarenta años en el desierto. El arca se levantaba a hombros de los sacerdotes e iba delante de ellos enseñándoles el camino. Así había instruido el Señor al principio de la conquista: *"Cuando veáis el arca del pacto de Jehová vuestro Dios, y los levitas sacerdotes que la llevan, vosotros saldréis de vuestro lugar y marcharéis en pos de ella, a fin de que sepáis el camino por donde habéis de ir; por cuanto vosotros no habéis pasado antes de ahora por este camino"* (Jos. 3:3-4). El camino de la victoria está en la acción de Dios, por tanto, una vida victoriosa en cualquier sentido consistía en seguirle fielmente.

5) Servicio comprometido: *"y le sirváis de todo vuestro corazón y de toda vuestra alma"*. El amor, la obediencia y el seguimiento conducen incuestionablemente al servicio. Todo el que ama está dispuesto a servir.

Los dioses de otras naciones demandaban el servicio de quienes les seguían. Dios estaba consolidando un pueblo en una tierra para que tuviesen la bendición de ser siervos del Altísimo. Ningún rango más elevado, ninguna nota de mayor distinción, que el servicio a Dios. Sin embargo, el servicio que Dios demanda de su pueblo, no es un servicio ocasional o puntual, sino constante y de plena entrega: *"sirváis de todo vuestro corazón"*. El centro de la voluntad de vida, rendido a Dios, conduce a un servicio *"con toda vuestra alma"*. La palabra aquí (*nepes*), se refiere a toda la persona. La entrega del corazón lleva consigo la entrega de toda la vida. Rendir el corazón al servicio es dedicarle la vida para servir como Él desee.

La misma enseñanza alcanza a los creyentes en esta dispensación. Idénticas demandas constituyen el secreto de una vida cristiana victoriosa. El primer requisito es amar a Dios. Ese es el distintivo común a todos los cristianos. Juan expresa la correspondencia de amor cuando dice: *"nosotros le amamos, porque* Él nos amó primero" (1Jn. 4:19). Un creyente bajo la dirección y plenitud del Espíritu manifiesta un amor sincero hacia Dios. La base de todo es el amor (1Co. 13:1-4). El amor al Señor evidencia la espiritualidad del creyente, es decir, que su vida está bajo el control del Espíritu (Ro. 5:5; Gá. 5:22). El segundo requisito tiene que ver con el testimonio. El cristiano está llamado a ser testigo de Cristo (Hch. 1:8). El testimonio no tiene que ver con un mensaje dicho con palabras, sino expresado con la vida. La realidad cristiana es que Cristo vive en el cristiano (Fil. 1:21; Gá. 2:20). El testimonio se manifiesta en una vida donde el fruto del Espíritu se hace evidente. Las condiciones morales de Jesús deben ser reconocidas por quienes están cerca de los cristianos. El testimonio de vida respalda el testimonio de fe. No es posible predicar un mensaje eficaz del evangelio a no ser que se viva aquello que se predica. La vida de testimonio glorifica a Dios (Mt. 5:16). El tercer requisito es la obediencia a la Palabra. La Biblia es el mensaje de Dios y la única autoridad en materia de fe y conducta. El cristiano debe dedicar tiempo al estudio y meditación de la Palabra. La obediencia a Dios se expresa en obediencia a sus mandatos. No se trata de obedecer aquello que resulte más agradable conforme al pensamiento, sino obediencia a la totalidad. Hay quienes viven pendientes de observar ciertas normas, pero se olvidan de los grandes mandamientos. El legalismo enfatiza en cuestiones transitorias y externas, mientras deja las trascendentes y vitales. Mientras que algunos buscan la obediencia a ordenanzas y prácticas, olvidan la unidad del Espíritu en el vínculo de la paz (Ef. 4:3). Otros expresan obediencia ciega a lo que forma parte de la expresión religiosa, esclavizados por preceptos, pero olvidan la obediencia al amor fraterno. Solo una obediencia incondicional a todo cuando Dios establece en su Palabra es la base necesaria para una vida victoriosa. El cuarto requisito tomado de las palabras de Josué es el seguimiento fiel. El cristiano está llamado a seguir a Cristo. Así lo demanda Él mismo cuando estableció las bases del discipulado (Lc. 14:26, 27, 33). La carrera cristiana es el resultado de caminar mirando a Cristo (He. 12:2). El distanciamiento del Señor solo acarrea insatisfacción y fracaso (Jn. 15:5). El quinto tiene que ver con el servicio. No hay creyente que no haya sido salvo para servir (Ro. 6:18, 22). El signo distintivo de un creyente es ser siervo de Dios (1Co. 4:1). El servicio no es un asunto de imposición sino de comunión con Cristo. Como Él fue siervo, así también quien vive su vida.

6. Y bendiciéndolos, Josué los despidió, y se fueron a sus tiendas.

Josué los despidió con un buen consejo y una bendición. Como escribe Lacueva:

"No les exhorta a que cultiven sus tierras y fortifiquen sus ciudades, ni a que, ahora que sus manos estaban acostumbradas a la guerra, invadiesen el territorio de sus vecinos para ensanchar el suyo propio, sino a que vivan entre ellos una vida piadosa y santa"[1].

Para aquellos cuarenta mil hombres, el camino desde Silo al Jordán y sus posesiones al otro lado sería un camino gozoso. La providencia de Dios a lo largo de los años anteriores, la seguridad de ricas posesiones, y la ilusión del encuentro con los suyos, debió haber sido para ellos el mejor camino de cuantos habían hecho antes.

7. También a la media tribu de Manasés había dado Moisés posesión en Basán; mas a la otra mitad dio Josué heredad entre sus hermanos a este lado del Jordán, al occidente; también a estos envió Josué a sus tiendas, después de haberlos bendecido.

Josué había bendecido a las dos tribus y media de Manasés. Sin embargo, da la impresión de que los manasitas demoraban la partida hacia sus posesiones al otro lado del río. El texto recuerda la circunstancia de aquella mitad de la tribu. Moisés les había dado posesión en Basán. Aquellas tierras ideales para el pastoreo fueron solicitadas por la mitad de la tribu y asignadas para ellos por Moisés. El territorio de Manasés estaba situado al norte de la Transjordania. Desde Silo había un camino por la parte occidental cruzando el Jordán al norte, cerca del mar de Galilea, o siguiendo en dirección este para atravesar los vados cercanos a Jericó y seguir luego las rutas al este del río. Es muy probable que

[1] F. Lacueva. o.c., pág. 116.

todos ellos siguieran la ruta de los vados del Jordán cerca de Jericó, ya que edificaron juntos el altar que produciría el primer motivo de tensión con sus hermanos en Canaán. Para la media tribu de Manasés, la partida hacia sus posesiones al otro lado del río suponía también la separación de sus familiares que quedaban en Cisjordania. Tal vez por eso parece que fueron los últimos en abandonar Silo. Josué los despide con una segunda bendición. Es interesante notar que Josué los envía a *"sus tiendas"*. El carácter de peregrinos persiste en la mente del pueblo. Antes de pasar para ayudar a las nueve tribus y media, ya habían construido lugares seguros para sus familias. En los años de la conquista, los que habían quedado en Transjordania habrían hecho sus casas. Posiblemente, muy pocos estaban ya en tiendas. Sin embargo, la idea de un pueblo en tiendas está presente en el pensamiento y espíritu del escritor. Era el pueblo de Dios, por tanto, su esperanza sigue siendo lo que sus padres esperaban, *"la ciudad que tiene fundamentos, cuyo arquitecto y constructor es Dios"* (He. 11:9, 10, 16).

8. Y les habló diciendo: Volved a vuestras tiendas con grandes riquezas, con mucho ganado, con plata, con oro, y bronce, y muchos vestidos; compartid con vuestros hermanos el botín de vuestros enemigos.

Los años de guerra habían traído como consecuencia un sustancioso botín que se distribuyó entre los que participaban en los combates. Las dos tribus y media habían estado involucrados de principio a fin en todas las batallas, por tanto, les habían correspondido riquezas de los enemigos derrotados. Josué les habla de *"grandes riquezas"*. Tenían abundante oro, plata, bronce y muchos vestidos. Como ganaderos apreciarían también los rebaños de animales que habían pasado a su propiedad. Con toda seguridad, los ganados habían procreado y el número de cabezas era grande. El servicio a Dios había tenido su recompensa. Con todo, en el otro lado del Jordán habían quedado muchos de sus hermanos. Una parte de los hombres de guerra de las dos tribus y media tuvo que cuidar de la seguridad de las familias que habían quedado al este del Jordán, y colaborar en los nuevos asentamientos. Estuvieron trabajando en favor de los que estaban en combate. De modo que las riquezas de los combatientes se veían incrementadas en sus territorios por el cuidado de sus hermanos que habían quedado. Era justo que también participasen estos en el botín de guerra. El pueblo forma una unidad en las bendiciones y en los compromisos. Josué les exhorta a *"compartir con vuestros hermanos el botín de vuestros enemigos"*. Lazos de afecto, comunión y desinterés personal en favor de otros, forjan la realidad de un pueblo unido.

La iglesia es una comunidad de hermanos que comparten vida y bendiciones. Una de las características de la iglesia naciente en Hechos, que impactaba a quienes observaban a los cristianos, era la comunión entre ellos. Permanecían juntos, unánimes, compartían con los necesitados, hacían colectas para los pobres y vivían *"juntos con alegría y sencillez de corazón"* (Hch. 2:46). El desinterés personal en favor de otros es una de las manifestaciones propias del creyente. Pablo lo expresa enfáticamente: *"Ninguno busque su propio bien, sino el del otro"* (1Co. 10:24). El trabajo es un medio de comunión en la vida cristiana. Pablo enseña que se debe trabajar para compartir con el necesitado (EF. 4:28). Una vida de amor se manifiesta en generosidad.

9. Así los hijos de Rubén y los hijos de Gad y la media tribu de Manasés, se volvieron, separándose de los hijos de Israel, dese Silo, que está en la tierra de Canaán, para ir a la tierra de Galaad, a la tierra de sus posesiones, de la cual se habían posesionado conforme al mandato de Jehová por conducto de Moisés.

Se produce una separación entre el pueblo. El Jordán iba a ser una línea que marcaría la división de quienes vivían a uno y otro lado del río. La unidad nacional permanecería, pero se había producido una división de hecho entre las tribus de Canaán y las de Transjordania. Con todo, no había ningún hecho reprobable en aquella separación. Los rubenitas, gaditas y la media tribu de Manasés regresaban a las posesiones que Dios les había dado. No fue solo la respuesta a una petición egoísta ante un territorio bueno para sus intereses, sin el *"mandato de Jehová por conducto de Moisés"*. Algunos quieren ver en esto un error por parte de aquellas tribus. Hay quienes consideran con visión mundana y terrenal a los que desearon y recibieron los territorios del otro lado del Jordán. Pero, ¿acaso no estaba en el plan de Dios dar a su pueblo, conforme a las promesas hechas a los padres de la nación, los territorios de Transjordania? Sin duda, era también el propósito de Dios. El territorio nacional de Israel debía alcanzar hasta el Eúfrates. Solo en días de la monarquía unida, y en especial de los reinados de David y Salomón, se aproximó el territorio nacional de Israel a los límites establecidos en las promesas. No hay que reprochar nada a las dos tribus y media. Ellos regresaron a sus posesiones que Dios les había dado. Josué sabe dar al relato un ambiente de religiosidad mucho más que el detalle de un acontecimiento histórico. Desde Silo (18:1-10; 19:51; 21:2), donde estaba el tabernáculo, en Canaán se separan en hermandad y comunión las tribus transjordánicas y cisjordánicas, iniciando las primeras su marcha hacia Galaad. La toma de posesión de los territorios al este del Jordán se sustenta en el mandato que sale de la boca de Jehová (*ᵃal pî Yahveh*), repetido tantas veces en el libro (cf. 15:13; 17:4; 21:3), y dado por medio de Moisés (*bᵉyad Möseh*) como en otras ocasiones (cf. 14:2; 20:2; 21:2).

El incidente del altar (22:10-34)

La construcción del altar (22:10)

10. Y llegando a los límites del Jordán que está en la tierra de Canaán, los hijos de Rubén y los hijos de Gad y la media tribu de Manasés edificaron allí un altar junto al Jordán, un altar de grande apariencia.

El carácter providencialista que rodea la despedida de Silo y el regreso a Transjordania, se complementa con el aspecto religioso de la construcción del altar. El Jordán era una divisoria entre las tribus, por tanto, debían mantenerse vínculos que los identificasen como un solo pueblo para las futuras generaciones. Pensaban en la posibilidad de ser, con el correr del tiempo, unos extraños para sus hermanos establecidos en Canaán. Los israelitas tenían un símbolo de comunión en el altar (1Co. 10:18). Desde los tiempos de Abraham se levantaron altares en momentos cruciales de la historia de los patriarcas y del pueblo. Abraham edificó altares (Gn. 12:7). Isaac edificó un altar (Gn. 26:25). También lo hizo Jacob (Gn. 33:20). Moisés había edificado también un altar (Éx. 17:15). Sin embargo, desde el establecimiento del sacerdocio, solo los sacerdotes sacrificaban en el altar del santuario que Dios había establecido. Cualquier otro altar para sacrificios y cualquier sacrificio ofrecido por alguien ajeno al sacerdocio aarónico, constituía un acto de rebelión contra Dios. Los hombres de las dos tribus y media habían alcanzado el Jordán. Estaban —según el texto— *"junto al Jordán"*. No lo habían cruzado todavía. El texto hebreo es claro en esto: *"Llegados que hubieron a los distritos del Jordán, que pertenecen a la tierra de Canaán... edificaron allí, junto al Jordán..."*[2]. En el territorio del occidente querían dejar constancia de la identidad como pueblo, construyendo un altar de grandes dimensiones que estuviese en la tierra de sus hermanos en Canaán.

Reacción de las restantes tribus (22:11-20)

11. Y los hijos de Israel oyeron decir que los hijos de Rubén y los hijos de Gad y la media tribu de Manasés habían edificado un altar frente a la tierra de Canaán, en los límites del Jordán, del lado de los hijos de Israel.

La noticia de la construcción del altar no tardó en extenderse por Israel. Un altar para sacrificios era un gesto de rebelión contra la prescripción divina sobre el santuario y el sacerdocio únicos. Era una especie de desafío

---

[2] Sagrada Biblia de Straubinger.

contra los compromisos y la ley de Dios. En la construcción de ese altar no se consultó al Señor. Establecieron el testimonio de unidad según su criterio y sabiduría. Como mínimo hubieran evitado malas interpretaciones si antes comunicaran a sus hermanos la intención de la construcción que pretendían levantar. Era intolerable, según la apreciación subjetiva de los israelitas en Canaán, que en el límite de su territorio en su misma tierra se levantase un altar distinto al de Silo.

12. Cuando oyeron esto los hijos de Israel, se juntó toda la congregación de los hijos de Israel en Silo, para subir a pelear contra ellos.

Con anterioridad se habían reunido todos los hijos de Israel en Silo para erigir el tabernáculo (18:1). En esta ocasión se reúnen para declarar la guerra a sus hermanos. Era un celo santo el que los movía. Un altar podía suponer un nuevo centro religioso. Tal cosa sería una afrenta a la elección que Dios mismo había hecho de Silo como lugar en que pondría su nombre. Un altar podía ser también la expresión de adoración a otros dioses y de dar culto a nuevas divinidades. Con todo, la sospecha estaba fundada en la noticia de la construcción del altar. No se conocían las intenciones, aunque todo podía hacer suponer una oposición al santuario en Silo. En caso de que así fuese, el pueblo estaba dispuesto a defender las leyes que Dios les había ordenado y que eran la constitución de la nación fundada por Dios mismo. La resolución adoptada de luchar contra sus hermanos correspondía a la condición de la nación como un pueblo sacerdotal cuyo interés prioritario era Dios y su culto por encima de los intereses personales y familiares (Dt. 33:9). Dios había demandado obediencia para el culto y los sacrificios en el lugar que Él eligiera: *"Sino que el lugar que Jehová vuestro Dios escogiere de entre todas vuestras tribus, para poner allí su nombre para su habitación, ése buscaréis, y allá iréis. Y allí llevaréis vuestros holocaustos"* (Dt. 12:5.6). Moisés había dicho: *"Cuídate de no ofrecer tus holocaustos en cualquier lugar que vieres"* (Dt. 12:13). La ley sobre el culto era solemne y enfática: *"Cualquier varón de la casa de Israel, o de los extranjeros que moran entre vosotros, que ofreciere holocausto o sacrificio, y no lo trajere a la puerta del tabernáculo de reunión para hacerlo a Jehová, el tal varón será igualmente cortado de su pueblo"* (Lv. 17:8-9). No quedaba pues, otra opción que cumplir lo que Dios había establecido, eliminando a quienes se opusieran abiertamente a su voluntad.

13. Y enviaron los hijos de Israel a los hijos de Rubén y a los hijos de Gad y a la media tribu de Manasés en tierra de Galaad, a Finees hijo del sacerdote Eleazar,

14. Y a diez príncipes con él; un príncipe por cada casa paterna de todas las tribus de Israel, cada uno de los cuales era jefe de la casa de sus padres entre los millares de Israel.

La disposición para la guerra contra quienes pudieran ser separatistas y profanos se había manifestado. Sin embargo, antes de entrar en combate con aquellos hombres, la ley establecía una investigación que pusiera de manifiesto si había o no transgresión contra los principios establecidos. Así lo establecía la ley: *"Si oyeres que se dice de alguna de tus ciudades que Jehová tu Dios te da para vivir en ellas, que han salido de en medio de ti hombres impíos que han instigado a los moradores de su ciudad, diciendo: Vamos y sirvamos a dioses ajenos, que vosotros no conocisteis; tú inquirirás, y buscarás y preguntarás con diligencia; y si pareciere verdad, cosa cierta, que tal abominación se hizo en medio de ti, irremisiblemente herirás a filo de espada a los moradores de aquella ciudad, destruyéndola con todo lo que hubiere, y también matarás sus ganados a filo de espada"* (Dt. 13:12-15). Josué había cumplido fielmente la ley en todo; conduciendo al pueblo a la obediencia, esto sigue presente durante todo el tiempo de su vida. No se envían ya los ejércitos para presentar batalla, sino embajadores para investigar la razón de aquel delicado asunto. La comisión de investigación estaba formada por once personas. La presidía Finees, el hijo del sacerdote Eleazar y nieto de Aarón (Éx. 6:25; 1Cr. 6:4; Esd. 7:5). Había mostrado su lealtad y obediencia a Dios cuando mató a un israelita y a una mujer moabita para ejemplo a todos los que habían fornicado con las hijas de Moab (Nm. 21:1-15; Sal. 106:30). También participó en la acción contra los madianitas (Nm. 31:6). Era quien sucedería a su padre como sumo sacerdote (Jos. 24:33), funciones que proseguiría durante el tiempo de los primeros jueces (Jue. 20:28). Con él diez representantes, *príncipes* (*n*^{e}*si*$^{\ddot{a}}$îm). Los representantes máximos de las tribus de Israel (9:18; 17:4), como *cabezas* (*rô*$^{\ddot{a}}$*s*), (14:1; 21:1) de *familias* (*l*^{ea}*al*^{e}*pê Yisrä*$^{\ddot{a}}$ël) entre los millares, grupos de familias de las tribus (Nm. 1:16; 10:4, 6) del pueblo de Israel.

Es interesante apreciar la necesaria verificación de cuantas noticias llegan que afecten a la conducta de los creyentes. No se deben admitir acusaciones sin verificarlas delante del acusado. Esta norma es un principio de justicia y equidad establecida por Dios mismo para todos los tiempos. De esta misma manera se advierte a Timoteo sobre las acusaciones contra el liderazgo en la iglesia: *"Contra un anciano no admitas acusación sino con dos o tres testigos"* (1Ti. 5:19). Las críticas y murmuraciones que desprestigian a otros quedarían reducidas a una mínima expresión si el murmurador no tuviese oídos dispuestos a escuchar su murmuración. Las acusaciones contra otros deben ser verificadas.

15. Los cuales fueron a los hijos de Rubén y a los hijos de Gad y a la media tribu de Manasés, en tierra de Galaad, y les hablaron diciendo:

Los hombres encomendados por Israel para investigar las razones de la construcción del altar acudieron al lugar donde estaban los acusados. Tal vez fueron convocados los ancianos representantes de las casas de las tribus de Transjordania para un encuentro con la delegación enviada desde Canaán. Algunos piensan que los enviados alcanzaron a toda la multitud de las dos tribus y media antes de separarse al otro lado del Jordán para ir cada uno a su heredad.

16. Toda la congregación de Jehová dice así: ¿Qué transgresión es esta con que prevaricáis contra el Dios de Israel para apartaros hoy de seguir a Jehová, edificándoos altar para ser rebeldes contra Jehová?

La acusación es presentada directamente. Por la construcción de aquel altar, considerada como violación del santuario único, eran acusados de infidelidad frente al Dios de Israel —de apostasía— al apartarse de seguirle y de rebelión contra Dios. Sin duda, era una acusación sumamente grave. Los hombres de la delegación de Israel les hacen comprender que venían movidos por la defensa del honor de Dios. La embajada estaba allí para que los supuestos delincuentes justificasen su modo de actuar. Nótese que la acusación no está expresada en afirmativos, sino en interrogativos. Los acusados debían responder a tres preguntas: ¿Qué tipo de transgresión era aquello, por qué razón se apartaban de Dios y cuál era la causa de su rebeldía? No tenían otra opción que responder a los enviados.

17. ¿No ha sido bastante la maldad de Peor, de la que no estamos aún limpios hasta este día, por la cual vino la mortandad en la congregación de Jehová,

18. Para que vosotros os apartéis hoy de seguir a Jehová? Vosotros os rebeláis hoy contra Jehová, y mañana se airará él contra toda la congregación de Israel.

Probablemente era Finees, el sumo sacerdote, el portavoz del grupo. Antes de oír las justificaciones, quiere recordarles incidentes que provocaron males entre la nación. El delito de idolatría y perversión moral de Peor debía servirles de referencia histórica (Nm. 25:1-3). Los príncipes de Israel fueron ejecutados públicamente y una mortandad que alcanzó a veinticuatro mil personas se produjo entonces. Los juicios de Dios sobre el pecado en el pasado se repetirían también en el futuro, por cuanto Dios no cambia. La erección del altar podía parecer cosa de poca importancia, pero acaso sería el principio de una iniquidad tan grave como la que se había producido en Sitim. No solo estaba en juego la división de la rebelión contra Dios y la división de la nación, sino que había un peligro en relación con el bienestar de todo Israel. La rebelión de *hoy,* podría traer la ira de Dios *mañana* contra *"toda la congregación de Israel"*. Era necesario limpiar el mal desde sus comienzos.

De igual manera, el pecado debe ser eliminado también hoy en la congregación de Dios. Ya se ha considerado esto antes. Cualquier pecado encubierto de un miembro o de un grupo de miembros afecta toda la congregación. No hay pecado de poca importancia, todo aspecto negativo debe ser reorientado y corregido para que la comunión con Dios se mantenga entre su pueblo.

19. Si os parece que la tierra de vuestra posesión es inmunda, pasaos a la tierra de la posesión de Jehová, en la cual está el tabernáculo de Jehová, y tomad posesión entre nosotros; pero no os rebeléis contra Jehová, ni os rebeléis contra nosotros, edificándoos altar además del altar de Jehová nuestro Dios.

La construcción de un altar en competencia con el del santuario en Silo no era permisible ni aun para la supuesta santificación de una tierra que pudiera considerarse impura por ser tierra de extranjeros. Si consideraban inmunda la tierra por falta de altar que la santificase, había la solución de abandonarla y trasladarse al occidente del Jordán, donde estaba el *"tabernáculo de Jehová"* (*säkan miskän*), la habitación estable de Yahveh, y establecerse entre sus hermanos. Tendrían que constreñirse a un espacio menor, pero serían recibidos como miembros del mismo pueblo. La gracia prepara el terreno para evitar un acto de justicia. Aparentemente, se habían rebelado contra Dios y contra la nación, sin embargo, podía evitarse aún la acción judicial si desistían en relación con el altar y retornaban al otro lado del río.

La medida de un hombre espiritual no se establece por la capacidad para juzgar, sino por la de restaurar (Gá. 6:1). La ley es dada para indicar el camino, revelar los fracasos y reconducir a Dios. Cualquiera que haya desobedecido al Señor tiene el camino de la restauración abierto siempre por confesión (1Jn. 1:9). Mientras que el legalista juzga, acusa y sentencia, el cristiano dialoga, busca y restaura.

20. ¿No cometió Acán hijo de Zera prevaricación en el anatema, y vino la ira sobre toda la congregación de Israel? Y aquel hombre no pereció solo en su iniquidad.

Reforzando la acusación y abriendo una nueva vía de reflexión, se les recuerda el pecado de Acán. El ejemplo de la codicia que introduce el anatema en la congregación de Dios. Ya se ha considerado antes (7:1-26). El pecado de un hombre interrumpió la comunión de Dios con su pueblo y trajo el juicio que costó la vida a unos treinta y seis hombres (7:4). Además, el transgresor no pereció solo, sino que arrastró con él a su propia familia (7:25). Tras estas palabras, la advertencia velada de que una confrontación contra los que presuntamente eran desobedientes, acarrearía la muerte de muchos de los suyos que no habían participado directamente en la transgresión.

Explicación de las dos tribus y media (22:21-29)

21. Entonces los hijos de Rubén y los hijos de Gad y la media tribu de Manasés respondieron y dijeron a los cabezas de los millares de Israel:

Los representantes de las dos tribus y media responden inmediatamente a las acusaciones formuladas con tanta solemnidad y advertencia por los delegados de las otras tribus. Se aprecia que la respuesta fue dada en humildad y sin reproche alguno. No hay censura alguna por acusarles bajo una simple sospecha —aunque tuviese visos de realidad— sino que dan una respuesta de las que calman la ira (Pr. 15:1).

22. Jehová Dios de los dioses, Jehová Dios de los dioses, Él sabe, y hace saber a Israel: si fue por rebelión o por prevaricación contra Jehová, no nos salves hoy.

La respuesta comienza por una proclamación y una oración. Las tribus del oriente justifican su modo de obrar humilde pero categóricamente. No había nada de rebelión (*mered*), ni tampoco había ninguna infidelidad (*ma*[a]*al*). Ellos proclaman su sumisión a [ä]Ël, [ä]*Elöhîm, Yahveh*, literalmente *Dios, El Señor, Yahveh*, que algunos traducen como Jehová, Dios de los dioses y otros como *El Fuerte, Dios de dioses.* Era una proclamación ante todos de su fe expresada con las palabras de la Ley: *"Porque Jehová vuestro Dios es Dios de dioses, y Señor de señores, Dios grande, poderoso y temible"* (Dt. 10:17). A oídos del sumo sacerdote, sería una señal evidente de que no se habían apartado de Dios. El Señor es omnisciente y omnipotente, por tanto, lo invocan como testigo de que nunca habían actuado contra Dios por rebeldía o prevaricación. En caso contrario, el mismo Dios actuaría contra ellos por mentira y perversidad. Es técnicamente un juramento hecho en el nombre y en la presencia de Dios. Pero, además, es una oración de defensa de la honestidad. Con la expresión: *"no nos salves hoy"*, pedían al Señor su protección contra los acusadores.

23. Si nos hemos edificado altar para volvernos de en pos de Jehová, o para sacrificar holocausto u ofrenda, o para ofrecer sobre él ofrendas de paz, el mismo Jehová nos lo demande.

Invocan a Dios como Juez supremo que conoce, no solo los actos, sino las intenciones, para demostrar ante todos que nunca habían pensado en apartarse de Jehová (*sûb më*^{a}*ahärê Yahveh*) para ofrecer en el altar que habían edificado *holocausto* (^{a}ôlä), ni oblación (*minhä*), ni sacrificios de paz (*zibhê s*^{e}*lämîm*), que solo podían ofrecerse en el altar del tabernáculo en Silo (Lv. 1; 2; 3). Ante todos sus hermanos apelan solemnemente a Dios, encomendándole la defensa de esta acusación. Solo con una conciencia limpia y un obrar sincero se atreverían a invocar sobre ellos la justicia de Dios si se hubiera producido una rebelión contra Él. Aquellos se ponían voluntariamente bajo el juicio de Dios si no estaban diciendo la verdad: *"Que Jehová nos lo demande"*.

24. Lo hicimos más bien por temor de que mañana vuestros hijos digan a nuestros hijos: ¿Qué tenéis vosotros con Jehová Dios de Israel?

25. Jehová ha puesto por lindero el Jordán entre nosotros y vosotros, oh hijos de Rubén e hijos de Gad; no tenéis vosotros parte en Jehová; y así vuestros hijos harían que nuestros hijos dejasen de temer a Jehová.

El altar no es un signo de cisma y alejamiento, sino para todo lo contrario. Es un monumento a la solidaridad y unidad de toda la nación. Un testimonio levantado en el territorio de Israel por las dos tribus y media al otro lado del río para manifestar que todos tenían el mismo Dios, la misma ley y formaban un mismo pueblo. La separación física del mar Muerto y del Jordán podía convertirse en el futuro en una separación religioso-nacional. Podría ocurrir que los descendientes de las nueve tribus y media negasen el derecho a las otras dos y media para subir al santuario de Dios y adorarle conjuntamente en las solemnidades establecidas en la ley. Si se produjese en el futuro un tajante: *"¿Qué tenéis vosotros con Jehová Dios de Israel?"*, si se aludiese a las fronteras naturales que separaban los dos grupos de tribus. Y, finalmente, si los descendientes de Israel dijeran a los descendientes de las dos tribus y media: *"No tenéis vosotros parte en Jehová"*, se produciría la deserción de los futuros hijos del grupo de tribus orientales, con la tremenda consecuencia de empujarles a la idolatría. El altar levantado no era una manifestación de deserción de Dios, ni de desprecio al que estaba en el santuario.

Como escribe el Dr. Lacueva:

"Niegan seria y solemnemente que tuviesen la intención de cometer el delito del que se les sospechaba culpables, con lo que cierran

la argumentación de su propia defensa... Como diciendo: Estimamos y veneramos el altar de Yahveh en Siló tanto como lo pueda hacer cualquier otra tribu de Israel, y estamos tan resueltos como ellas a adherirnos a él y acudir a las solemnidades. Tenemos el mismo interés que vosotros en la pureza del culto a Dios y en la unidad de su pueblo; lejos, muy lejos de nosotros está pensar en volvernos de seguir a Yahveh nuestro Dios" [3].

26. Por esto dijimos: Edifiquemos ahora un altar, no para holocausto ni para sacrificio,

27. sino para que sea un testimonio entre nosotros y vosotros; y entre los que vendrán después de nosotros, de que podemos hacer el servicio de Jehová delante de él con nuestros holocaustos, con nuestros sacrificios y con nuestras ofrendas de paz; y no digan mañana vuestros hijos a los nuestros: Vosotros no tenéis parte en Jehová.

Después de haber negado las acusaciones, explican la causa principal para la construcción del altar. No sería para ofrecer en él sacrificios, sino para testimonio. El testimonio para generaciones venideras de llevar a cabo el servicio religioso en igualdad de condiciones que las otras tribus asentadas en Canaán. Estaba muy lejos de su intención quebrantar la unidad de culto, sino más bien de mantenerla definitivamente en las generaciones venideras. El altar sería *testimonio* ([a]ëd) perpetuo de su compromiso con Yahveh y de sus futuras generaciones. Isaías profetizaría tiempo después de un altar a Jehová en medio de la tierra de Egipto como testimonio (Is. 19:19-20).

28. Nosotros, pues, dijimos: Si aconteciere que tal digan a nosotros, o a nuestras generaciones en lo por venir, entonces responderemos: Mirad el símil del altar de Jehová, el cual hicieron nuestros padres, no para holocaustos o sacrificios, sino para que fuese testimonio entre nosotros y vosotros.

Nuevamente, reiteran el propósito por el cual construyeron el altar. Era un símil del que había en el santuario único de Israel, por su misma forma externa (*tabnît*). Esta palabra es la que se utiliza para hablar del *diseño* de los muebles del tabernáculo (Éx. 25:9, 40). Concluyen repitiendo la misma afirmación de antes, que el altar no era para holocaustos ni sacrificios, sino para testimonio.

---

[3] F. Lacueva. o.c., pág. 119.

29. Nunca tal acontezca que nos rebelemos contra Jehová, o que nos apartemos hoy de seguir a Jehová, edificando altar para holocaustos, para ofrenda o para sacrificio, además del altar de Jehová nuestro Dios que está delante de su tabernáculo.

La respuesta se cierra con un compromiso renovado de fidelidad. Expresan la decisión de mantenerse en el servicio de Dios y seguirle con lealtad. No habrá otros altares que ellos edifiquen con el propósito de ofrecer sacrificios que no sean en el altar que está delante de su tabernáculo (*miskänô*) en el lugar que Dios había elegido en Canaán.

Conclusión del incidente (22:30-34)

30. Oyendo Finees el sacerdote y los príncipes de la congregación, y los jefes de millares de Israel que con él estaban, las palabras que hablaron los hijos de Rubén y los hijos de Gad y los hijos de Manasés, les pareció bien todo ello.

La respuesta dada fue suficiente para eliminar cuantas dudas hubiera habido sobre la intención por la que el altar fuera construido. La conversación entre los dos grupos trajo como resultado evitar las consecuencias funestas de una guerra civil entre israelitas. La clave de haber llegado a un entendimiento era el sincero temor de Dios que había entre ellos. Se trataba de asuntos religiosos, y normalmente estos temas suelen crear radicalismos tales que impiden llegar a un entendimiento. La frase final resume la posición de todos los presentes: *"les pareció bien todo ello"*.

31. Y dijo Finees hijo del sacerdote Eleazar a los hijos de Rubén, y a los hijos de Gad y a los hijos de Manasés: Hoy hemos entendido que Jehová está entre nosotros, pues que no habéis intentado esta traición contra Jehová. Ahora habéis librado a los hijos de Israel de la mano de Jehová.

Finees, como representante del sacerdocio, y los jefes de las casas de Israel que habían sido comisionados, quedaron persuadidos de que no había disposición de rebeldía contra Dios, ni delito alguno contra la ley que había establecido para el santuario. Las palabras de sus hermanos fueron bastante para hacerles *entender*, no solo sobre la inocencia de su acción, sino sobre algo mucho más trascendente: *"Jehová está entre nosotros"*. Posiblemente hubo una diferencia de criterio y una diferencia de interpretación de las cosas. Unos vieron la construcción del altar en un sentido y otros en otro. Lo que permitió la concordia en las diferencias fue la realidad de una vinculación común con Dios. El resultado fue haber conseguido que se mantuviera la comunión entre ellos y la comunión con Dios. Satanás intentó conseguir una confrontación entre el pueblo, pero salió derrotado. Entre hermanos no había necesidad de seguir adelante investigando la verdad de las afirmaciones, no había razón para sospechar de la sinceridad con que se expresaron.

Casi siempre, los religiosos son personas orgullosas y altivas. Una vez que han hecho recaer alguna sospecha contra sus hermanos injustamcntc, no hay pruebas que valgan para hacerles desistir de las sospechas infundadas de infidelidad. Se aferran a *lo que oímos* y la sombra de duda quedará instalada en su corazón a pesar de todo. La razón principal es que hay una diferente razón de vida entre ambos. Para los religiosos, su razón de vida es la religión. Conocen la doctrina, juzgan por ella, pero desconocen al Dios de la doctrina. Los otros obran movidos por el deseo del testimonio, la identidad común y la unidad espiritual. Estos viven la comunión con Dios, en lugar de la religión y para estos lo importante es el vínculo y la relación con Dios. Son los que, sobre todo, procuran guardar la unidad del Espíritu en el vínculo de la paz (Ef. 4:3).

32. Y Finees hijo del sacerdote Eleazar, y los príncipes, dejaron a los hijos de Rubén y a los hijos de Gad, y regresaron de la tierra de Galaad a la tierra de Canaán, a los hijos de Israel, a los cuales dieron la respuesta.

Los emisarios volvieron gozosos a Silo. Tenían una respuesta que satisfaría a todos, como le había satisfecho a ellos. Los que quedaron en Transjordania vieron también con satisfacción la partida de los enviados para conocer la razón de la construcción del altar. No había quedado ninguna duda. La comunión restablecida plenamente permitía una nueva experiencia de vida en la unidad nacional. Unos al lado este y otros al oeste del Jordán. Los comisionados regresaron a Silo. Israel fue convocado nuevamente para recibir la respuesta de aquellos que habían sido enviados para investigar la verdad de las acusaciones. No se conformaron solo los enviados, sino que era preciso que toda la nación estuviese conforme también con la respuesta recibida de sus hermanos.

33. Y el asunto pareció bien a los hijos de Israel, y bendijeron a Dios los hijos de Israel; y no hablaron más de subir contra ellos en guerra, para destruir la tierra en que habitaban los hijos de Rubén y los hijos de Gad.

La tensión había concluido. No habían sido ellos ni sus hermanos los que condujeron todo aquello satisfactoriamente. Dios, que había estado con ellos en la conquista y posesión de la tierra, estuvo también en la resolución de este conflicto. Por tanto, lo que correspondía era alabarle y bendecirle. La alabanza a Dios debió producirse espontáneamente por todos y tal vez dirigida por Finees, el sacerdote que había sido comisionado por Israel. Quienes hablaban de preparativos de guerra, los que tal vez planificaba la estrategia militar a seguir, cancelaron todos los planes. *"No hablaron más de subir contra ellos en guerra"*.

34. Y los hijos de Rubén y los hijos de Gad pusieron por nombre al altar Ed; porque testimonio es entre nosotros que Jehová es Dios.

El altar construido por las dos tribus y media cumpliría el propósito de ser un testimonio permanente del reconocimiento de que Jehová era Dios (*kî Yahveh hä ªElöhim*), el único y verdadero Dios. Josué no intervino para ordenar la destrucción del altar. Aquel altar recibió un nombre que expresa de forma concisa pero admirable el propósito de la construcción: *"pusieron por nombre al altar Ed"*, que significa *testigo* o tal vez mejor *testimonio. "No más que un testigo de la relación que continuó ligándolos al Dios de Israel y al Israel de Dios"*[4].

Poco faltó para que hubiese una ruptura de relación entre el pueblo de Dios. No se produjo por dos razones. Por un lado, la influencia del líder del pueblo que siempre procuró la unidad nacional. Por otro, la misma unidad e identidad del pueblo, con un anhelo concreto consistente en mantener intacta su dependencia de Dios y obedecer su Palabra. Estos mismos factores son elementos importantes en el mantenimiento de la comunión entre cristianos. El liderazgo de las congregaciones puede influir grandemente sobre quienes están bajo su pastoreo para inculcar en ellos el principio bíblico de la unión y de la comunión. Los líderes deben estar firmemente persuadidos de que la unidad de la iglesia es incuestionable y definitiva. Es una unidad en Cristo que no puede romperse. De la misma manera, la comunión entre hermanos solo puede cortarse a causa del pecado. No es bíblico interrumpir la comunión con hermanos con quienes Cristo la mantiene. La comunión no se establece sobre bases religiosas, sino en razón de la identificación con Cristo, porque *"nuestra comunión es verdaderamente con el Padre y con su Hijo Jesucristo"* (1Jn. 1:3). Solo el pecado manifiesto y no confesado interrumpe la comunión con Cristo y, por tanto, con los hermanos. El segundo principio de la comunión y unidad es el deseo de mantener intacta la dependencia de Dios en obediencia a su Palabra. No es cuestión de interpretaciones que dividen, sino de la unidad principal de lo que Dios establece. Hay quienes se fijan y generan conflictos por cuestiones interpretativas. Eso mismo define la diferencia

---

4 F. Lacueva. o.c., pág. 121.

entre *doctrina fundamental y general.* Cuando un grupo de hermanos entiende, a la luz de la Palabra, algo general de una manera y otros de otra, es motivo de división para religiosos, pero no para cristianos. Los creyentes deben buscar seguir por la misma regla en aquello a lo que han llegado y esperar a que el Espíritu haga la obra que resuelva las diferencias. La meta suprema de un creyente es la comunión con sus hermanos en la unidad del Espíritu.

CAPÍTULO 23
DESPEDIDA DEL PUEBLO Y SUS LÍDERES

INTRODUCCIÓN

Después de la despedida para las tribus establecidas en Transjordania, Josué convoca al pueblo en general y a los dirigentes de la nación para despedirse de ellos. Es el discurso propio de un siervo de Dios. No dedica ningún tiempo de su discurso para hablar de lo que él hizo, de cómo planificó las batallas o de cómo dirigió a los ejércitos. Eso queda para el recuerdo histórico de otros. Josué sabe que no fue él el victorioso general de los ejércitos, sino el siervo del *"Príncipe del ejército de Jehová"* que había venido antes de comenzar las operaciones militares para ponerse al frente del ejército de Dios. Josué es, además de siervo, un pastor en el pueblo. Él, posiblemente mejor que nadie, conocía el carácter de sus hermanos, su facilidad para el desaliento, su extraña capacidad para rebelarse contra los líderes y su disposición a olvidarse del Señor. Por esta razón, el discurso de despedida se hace desde la posición de un padre que exhorta cariñosamente a sus hijos, o de un pastor que vela por el rebaño que Dios le puso bajo su responsabilidad directa. Josué desea lo mejor para su pueblo, aposentado ya en la tierra prometida. Pero sabe que las bendiciones futuras, lo mismo que las pasadas, serán el resultado de la lealtad y obediencia al Señor. Las bendiciones y las maldiciones estaban recogidas en la Ley. Dios que es misericordioso, es también justo. No transigirá con el pecado de rebeldía. Esa es la causa de la exhortación que hace al pueblo y a sus dirigentes, haciéndoles entender la necesidad de mantenerse en la obediencia y fidelidad. Unas breves pinceladas de la historia reciente sirven al anciano para recordarles las bendiciones recibidas y la disciplina experimentada. Como si quisiera que sus últimas palabras permanecieran indelebles en los oídos y corazón de Israel, cierra su discurso con la advertencia sobre la ira de Dios y sus consecuencias. El discurso es para todo el pueblo, pero especialmente para los dirigentes de la nación, especialmente los ancianos, los príncipes, los jueces y los oficiales de la nación.

La división natural del pasaje presenta: (1) La convocatoria (vv. 1-2); (2) la exhortación (vv. 3-11); (3) la advertencia (vv. 12-16). Con este discurso Josué se despide especialmente del liderazgo de la nación.

Para el comentario se sigue el *Bosquejo* que se incluyó en la *introducción*, como sigue:

1.3. Discurso para todo el pueblo y sus dirigentes (23:1-16).
    1.3.1. Convocatoria (23:1-2).
    1.3.2. Exhortación (23:3-11).
    1.3.3. Advertencia (23:12-16).

Discurso para todo el pueblo y sus dirigentes (23:1-16)

Convocatoria (23:1-2)

1. Aconteció, muchos días después que Jehová diera reposo a Israel de todos sus enemigos alrededor, que Josué, siendo ya viejo y avanzado en años.

Un pasaje ambiguo en cuanto a precisión de fechas. La referencia al tiempo se hace con una expresión genérica: *"muchos días después"*. Josué era un anciano cuando el Señor le ordenó repartir la tierra (13:1). Como se consideró antes, tendría entre noventa y cien años cuando recibió el mandato de distribuir las heredades entre las tribus. Al reparto, que duró sin duda bastante tiempo, siguió el asentamiento de las tribus en sus heredades. El mismo Josué debió ir a Timnat-sera y acondicionar la ciudad para sí y los suyos. Era de ciento diez años cuando murió (24:29), por tanto, habría que calcular entre siete y diez años este *"muchos días después"* conque comienza el texto. Durante todo ese tiempo, Josué debió haber estado observando al pueblo y probablemente percibió las raíces de los problemas espirituales que amenazaban a la nación. La presencia de restos de las poblaciones cananeas viviendo entre ellos y la intimidad que generaba la relación cotidiana eran un peligro cierto. Josué *"siendo ya viejo y avanzado en días"*, quería expresar las últimas palabras y recomendaciones para un pueblo a quien amaba entrañablemente.

2. Llamó a todo Israel, a sus ancianos, sus príncipes, sus jueces y sus oficiales, y les dijo: Yo ya soy viejo y avanzado en días.

Josué convocó al pueblo. Junto con ellos, los líderes de la nación, los ancianos cabezas de las casas; los príncipes, jefes de las familias; los jueces, que entendían de los conflictos internos y ejercían justicia aplicando la ley; y también los oficiales, quienes estaban en la administración de los asuntos sociales y económicos de la nación. Aquella congregación vino delante de Josué. La pregunta que surge es saber dónde tuvo lugar aquella reunión. Pudiera ser que, siendo un hombre viejo con las naturales dificultades para desplazarse, se hubiera celebrado en Timnat-sera, la ciudad residencia de Josué. Pero también pudo haber tenido lugar donde generalmente se reunía la congregación para momentos de grandes solemnidades, en Silo. Allí había tenido lugar años antes la concentración de Israel para disponerse a la guerra contra sus hermanos del este del Jordán a causa de la construcción del altar (22:12). No hay base bíblica suficiente para determinar donde tuvo lugar este encuentro entre Josué y el pueblo. El discurso comienza con un reconocimiento de su situación natural: *"Yo ya soy viejo y avanzado en días"*. Nadie podía dudar de esta realidad. Hacía tiempo que Josué se había retirado del liderazgo de la nación, tal y como había tenido lugar durante la conquista. Dios mismo le había dicho, y él así lo comunicó al pueblo, que debía cesar sus actividades de liderazgo con el reparto de la tierra porque ya era viejo (13:1). Delante de ellos estaba un venerable anciano. Tenía el respeto y aprecio de todo el pueblo. Había sido el líder indiscutible durante años. Fue el instrumento en mano del Señor para conducir al pueblo en el período más importante de su historia reciente: la conquista de un territorio, la posesión del espacio nacional y la manifestación como nación entre las naciones. Todo el pueblo prestaría una atención especial a las palabras del anciano. Al presentarse así, como anciano avanzado en edad, producía en la nación el sentimiento de afecto hacia un padre y un bondadoso conductor. Era también una manifestación de urgencia pues siendo tan viejo no cabía esperar que estuviese entre ellos mucho tiempo más. Además, había otra razón para que estuviesen atentos a las palabras de Josué: su experiencia era única entre todos los israelitas. Era un viejo curtido en el servicio del Señor y de su pueblo. Nunca había servido por interés, nunca había procurado su comodidad. Había sido un ejemplo para todos, y como tal debía ser considerado y atendido.

La atención que debe prestarse a los mayores en edad y líderes en la iglesia de Jesucristo es semejante. Se llama a cada creyente a prestarles atención, considerar el resultado de su modo de actuar e imitar su fe (He. 13:7). La atención requerida: *"acordaos"*, un presente de imperativo en voz activa de un verbo griego (μνημόεύω), que equivale a *estar atento,* literalmente *mantener en la mente*. La Palabra demanda un recuerdo atento hacia personas que han precedido en la carrera de la fe: *"cual fue el final de su conducta"*. Pueden incluirse en aquel incluso a los fundadores de la iglesia. El mandamiento requiere atención a los líderes (ἡγέομαι), palabra que equivale a *dirigentes*, *guías*, *conductores*; los que van delante abriendo camino. No se está refiriendo solo a quienes ejercen el pastorado en la iglesia, ni tampoco la referencia puede aplicarse exclusivamente a los ancianos de la congregación, aunque muy bien puede agrupar a todos ellos. En general se trata de quienes han discipulado y enseñado la fe a los creyentes. El creyente es dado a olvidar a quienes les han precedido en la carrera cristiana y, especialmente, a quienes fueron los guías en la congregación. El recuerdo demandado era para quienes les habían *"hablado la Palabra"*, que enfatiza un diálogo familiar, frecuente y personal con cada creyente, enseñándoles la Escritura. Esa había sido la tarea de Josué con el pueblo de Israel. Cada movimiento que el pueblo hizo correspondía a un mandato del Señor. Nunca hizo nada por su propia voluntad personal. Todo cuanto llevó a cabo ocurrió en seguimiento a lo que Dios había establecido antes. A los que han precedido en la carrera de la fe, se les debe la consideración necesaria. Así lo enseña la Escritura: *"Considerad cual haya sido el resultado de su conducta"*. El verbo *considerar* (ἀναθεωρέω), aparece como participio presente en voz activa, lo que equivale a observar o investigar detenidamente. No se pide una consideración detenida sobre las personas, sino sobre su comportamiento, literalmente *el final de su conducta*. La demanda es al modo piadoso que observaron hasta el fin de su vida. La conducta de ellos evidencia la realidad de su fe ya que estaba inspirada por ella (He. 10:38). No eran personas lejanas en el tiempo, sino cercanas, por tanto, era fácil recordar sus hechos de fe. La imitación demandada es muy concreta: *"imitad su fe"* (μιμεῖσθε τὴν πίστιν). El verbo en presente de imperativo en voz media, no deja opción sino a la obediencia, ya que se establece a modo de mandamiento. El texto griego es muy interesante, ya que exhorta a *mimetizar* la fe de los guías. No se manda imitar sus personas sino su fe. Habían dejado ejemplo de trabajo y entrega en una vida de fe que mantuvieron hasta el fin. Quienes siguen ahora en el mismo camino tienen, junto con los ejemplos de la historia antigua, referencias actuales para imitar en la carrera de la fe.

Exhortación (23:3-11)

3. Y vosotros habéis visto todo lo que Jehová vuestro Dios ha hecho con todas estas naciones por vuestra causa; porque Jehová vuestro Dios es quien ha peleado por vosotros.

La exhortación comienza por una llamada a la reflexión. Todos ellos habían visto la obra que Dios hiciera con ellos como pueblo. De nuevo, aparece la condición personal de Josué como siervo. No es lo que él había hecho con el pueblo, sino lo que había hecho Dios. Como si les dijese de otro modo: *No es lo que yo he hecho ni lo que vosotros habéis hecho, sino lo que Dios ha hecho a favor de vosotros.* La acción de Dios se había concretado con *"todas estas naciones"*. La historia más reciente ponía de manifiesto esta verdad. Había comenzado actuando sobre Egipto, luego con los pueblos que se opusieron a Israel en los años de la peregrinación por la península del Sinaí, más tarde con las naciones situadas al este del Jordán, y finalmente con todas las naciones asentadas en Canaán. La acción divina tenía un propósito específico: *"por vuestra causa"*. La actuación de Dios contra todas aquellas naciones estaba orientada a la bendición de su pueblo. Todos aquellos extensos territorios que habían pasado a ser su posesión, era el don de la gracia conforme al compromiso con sus antepasados. Por tanto, las batallas fueron acciones de los ejércitos de Israel, pero realmente, eran meros instrumentos en la mano de Dios, que era quien *"ha peleado por vosotros"*. Los líderes y toda la nación debían considerar primeramente la obra de Dios por ellos.

El creyente, no importa en qué tiempo, debe mantener su pensamiento continuamente en la obra que Dios hizo y hace en su favor. Todas las victorias son el resultado de la gracia de Dios operando en su favor. Cuando, en el transcurso del tiempo mirando al pasado, se manifiesten los éxitos habidos, debe entenderse que es Dios operando con su poder él que lo ha hecho posible (1Co. 15:10). Lo importante no es lo que el creyente hace, porque en sí mismo y por sí mismo no tiene la capacidad suficiente para llevarlo a cabo, sino lo que Dios está haciendo por medio de él. Las obras de Dios son en favor de los suyos, porque son sus hijos. Hay una profunda y gloriosa realidad en todo esto: *"El que no escatimó ni a su propio Hijo, sino que lo entregó por todos nosotros, ¿cómo no nos dará también con él todas las cosas?"* (Ro. 8:32). Los triunfos alcanzados en el combate espiritual de cada día (Ef. 6:12) se alcanzan por medio de los recursos que Dios pone a disposición de cada uno de los suyos (Ef. 6:13). Todavía más, cuando en el recuerdo de los días pasados, se consideren las victorias personales habidas en la esfera del testimonio, debe recordarse que todo ello ha sido posible porque *"Dios es el que en vosotros produce así el querer como el hacer, por su buena voluntad"* (Fil. 2:13). Es necesario escuchar permanentemente las palabras que el Espíritu dejó registradas en el texto: *"Jehová vuestro Dios es quien ha peleado por vosotros"*.

4. He aquí os he repartido por suerte, en herencia para vuestras tribus, estas naciones, así las destruidas como las que quedan, desde el Jordán hasta el mar grande, hacia donde se pone el sol.

Las naciones de Canaán y del este del Jordán habían pasado a ser posesión de Israel. Josué les había repartido por suerte, a cada tribu, las naciones que habían sido destruidas. Pero, todavía quedaban algunos núcleos de población que no habían sido exterminados. Unos, como los gabaonitas, por pacto y otros porque requerían un trabajo diligente que los eliminara totalmente. Las que quedaban estaban vencidas y subyugadas, por lo que no debían representar obstáculo alguno para el futuro. Todo el extenso territorio desde el Jordán hasta el Mediterráneo, donde se ponía el sol, era su herencia. Una riqueza de bendición que no habían hecho nada para conseguir les había sido dada por gracia a causa de la fidelidad de Dios. Los Israelitas tenían por fin el primer territorio nacional donde asentarse. En el futuro, debían llegar a otros límites más extensos. Cuando salieron de Egipto no podían imaginarse que aquella tierra sería su posesión. Josué les recuerda que toda la tierra de su heredad es el resultado de la bondadosa provisión de Dios para ellos.

5. Y Jehová vuestro Dios las echará de delante de vosotros y las arrojará de vuestra presencia; y vosotros poseeréis sus tierras, como Jehová vuestro Dios os ha dicho.

Quedaba aún mucho por hacer. Todavía estaban en el territorio de Canaán muchos pueblos que no habían sido desposeídos totalmente. Restos de las naciones que habían escapado en las muchas batallas de los años anteriores permanecían en la tierra. Algunos se habían unido y ocupaban ciudades de las que antes habían sido desalojados. El pueblo de Israel veía como, en cierta medida, se habían fortalecido aquellos pequeños núcleos de restos de los pueblos que habitaban Canaán y estaban luchado por su existencia. No era fácil arrojarlos de sus posesiones. ¿Qué pasaría en el futuro? ¿Cuáles serían los resultados de acciones militares contra ellos? Josué les da la respuesta que necesitaban para alentarles: *"Jehová vuestro Dios las echará de delante de vosotros y las arrojará de vuestra presencia"*. Aquél que había actuado eficazmente con su poder antes, lo seguiría haciendo en el presente y aún en el futuro. El pueblo de Israel debía dejar de ver a las naciones para aceptar por fe la promesa de Dios. Un compromiso firme que no permitía duda alguna sobre el futuro: *"vosotros poseeréis sus tierras"*. Lo decía el Señor. Ellos solo tenían que poner su Amén después de la promesa y vivir ya en la realidad de su cumplimiento porque *Jehová lo había dicho.*

El cristiano debe ver el futuro con ilusionada seguridad. La fe obra en cada uno asegurándoles el compromiso de Dios. El Señor ha prometido su compañía continuada (Mt. 28:20). El compromiso suyo de llevar a su pueblo *siempre* en triunfo en Cristo es la provisión más sólida que se puede esperar (2Co. 2:14). Nadie podrá hacer frente al pueblo de Dios mientras descanse en los recursos y provisión de Dios. La verdad expresada por Pablo no es solo para algunos, sino el modo natural de vida que el Señor determina para los todos los que son suyos. Un poder ilimitado para llevar a cabo los propósitos divinos está a disposición de cada cristiano. Con confiada seguridad puede decir siempre: *"Todo lo puedo en Cristo que me fortalece"* (Fil. 4:13).

6. Esforzaos, pues, mucho en guardar y hacer todo lo que está escrito en el libro de la ley de Moisés, sin apartaros de ello ni a diestra ni a siniestra.

Dios se ocuparía de llevarlos en triunfo. Ellos tenían que ocuparse de obedecerle. La victoria sobre los enemigos en el futuro, lo mismo que había ocurrido en el pasado, estaba en relación directa con la obediencia. Ninguna bendición podían esperar si no guardaban lo que Dios había establecido en su Palabra. No era cuestión de aceptar algunas demandas y dejar otras. La obediencia debía ser plena: *"guardar y hacer todo lo que está escrito en el libro de la ley de Moisés"*. Esto requería un esfuerzo personal: *"Esforzaos, pues"*. No era algo que requisiera una inversión de recursos físicos. Simplemente era la diligencia puesta al servicio de la obediencia. Indudablemente, debían prestar diligencia para conocer lo que estaba escrito en la ley de Moisés. La atención a la Palabra de Dios era el segundo elemento que les conduciría a la estabilidad futura en una tierra libre de enemigos.

La misma lección se reitera permanentemente en el libro. La obediencia a la Palabra de Dios es la forma propia de vida del creyente. La lectura cotidiana, la meditación y la obediencia son tres asuntos a los que debe presentarse absoluta prioridad. Satanás procurará evitar que se lleve a cabo el primero, con lo que conseguirá que no puedan realizarse los otros dos. En un mundo con una dinámica de vida desbordante, el creyente tendrá siempre *poco tiempo libre.* Sin embargo, es cuestión de prioridades. La primera y principal necesidad de cada cristiano es conocer el deseo de Dios por el conocimiento de su Palabra. Conocidas las demandas, el esfuerzo se orientará a la obediencia, manteniéndose inamovible en cada una de ellas. La obediencia no es asunto de mandamiento, sino de comunión con Cristo. El que vive a Cristo obedece porque su vida se ve dinamizada por la de Cristo en él (Fil. 1:21). El Señor fue obediente hasta la muerte (Fil. 2:8), de la misma manera quien vive en la *"fe del Hijo de Dios"* (Gá. 2:20), no le queda otra opción que la obediencia.

7. Para que no os mezcléis con estas naciones que han quedado con vosotros, ni hagáis mención ni juréis por el nombre de sus dioses, ni los sirváis, ni os inclinéis a ellos.

La obediencia a Dios implicaba la separación de los pueblos de Canaán. Israel era santo para Dios, por tanto, no debía *mezclarse* con las otras naciones. Los pueblos de Canaán estaban condenados a destrucción a causa de su pecado. La intimidad con aquellos sería causa de problemas para los israelitas. Los matrimonios mixtos con las gentes de Canaán estaban prohibidos por ley (Dt. 7:2-3). Las relaciones con aquellas naciones constituían anatema para el pueblo de Dios. La familiaridad con aquellas gentes traería la familiaridad con sus dioses. Poco a poco, la idolatría iría afectando la conducta de los creyentes e inclinándolos a los dioses de aquellas naciones. Jurar por los dioses cananeos era ofender y quebrantar el pacto con Dios. Todo el proceso que comienza por relacionarse íntimamente con las naciones, terminaría en un servicio a los dioses de aquellos. Por último, el servicio esclavizante, que es la tónica del mundo y sus cosas, concluirá con una adoración a los que no son dioses. Un pueblo que en lugar de inclinarse a Dios, se inclinaba a los demonios, escondidos tras los dioses de aquellos pueblos paganos. La ira de Dios por el pecado de idolatría se manifestaría en la retirada de bendiciones y ayuda para desalojar a los enemigos. La persistencia traería consecuencias más graves, como lamentablemente ocurrió.

8. Mas a Jehová vuestro Dios seguiréis, como habéis hecho hasta hoy.

Josué fue un hombre positivo. Hizo una exhortación realista. No habrá experiencia de victoria sino en la obediencia y seguimiento fiel al Señor. Algunos del pueblo, incluso sus líderes, podrían estar sintiendo en esos momentos la confrontación de los fracasos personales y colectivos del pasado y del presente y podrían sentir también preocupación frente al futuro. Las palabras finales les servirían de aliento. Josué no les recuerda las miserias del pasado, sino la experiencia de haber seguido a Dios. Ese seguimiento, con sus defectos y caídas, sería el éxito para el futuro. Por eso los llama a un compromiso en esto *"como habéis hecho hasta hoy"*.

El líder debe ser una persona positiva. Hay muchos que recuerdan al creyente las miserias de su vida, creando en ellos un sentimiento de frustración y fracaso. Lo negativo del pasado debe quedar solo como un faro rojo que alumbra los escollos para evitarlos. El mismo apóstol reconocía que el pasado no era perfecto, pero proseguía al blanco (Fil. 3:14). El legalista recuerda continuamente los fracasos del pasado para crear un ambiente justiciero. El líder bíblico entiende que lo mejor está aún por venir y llama al pueblo de Dios a mirar hacia delante. Hay algunos que son *conductores de espejo retrovisor*. Para estos, *cualquier tiempo pasado fue mejor*. Ignoran voluntariamente que la iglesia victoriosa es la del futuro y no la del pasado cuando sea presentada sin mancha delante del Señor (Ef. 5:27). Este tipo de líder quebranta la ilusión, extingue el gozo y destruye todo optimismo propio del hijo de Dios. Son personas que no merecen estar conduciendo a los redimidos. Son, sin duda, especie a extinguir pero que lamentablemente no se extingue. Son incapaces de ver lo bueno y el triunfo que ya es haber llegado al tiempo presente como iglesia sustentada en la gracia de Dios.

9. Pues ha arrojado Jehová delante de vosotros grandes y fuertes naciones, y hasta hoy nadie ha podido resistir delante de vuestro rostro.

No son los fracasos pasados, que los hubo y grandes, sino los éxitos alcanzados por el poder de Dios obrando en su pueblo. No les recuerda Josué las tragedias espirituales de Cades-barnea, ni el pecado en los llanos moabitas. Les hace mirar atrás a la experiencia victoriosa. Grandes y fuertes naciones habían caído delante de ellos. Ninguna fuerza humana fue capaz de impedir el avance victorioso de los ejércitos de Israel. Pero, lo más importante, lo que realmente necesitaban recordar era que todo aquello se produjo porque era el plan y propósito de Dios. El secreto para un futuro gozoso consistía en no apartarse de la senda de Dios, en permanecer en la esfera de su comunión y, por tanto, de su compañía. Debían recordar que nadie había podido resistirles en el pasado, cuando los pueblos de Canaán eran fuertes y estaban bien asentados, por tanto, mucho menos podrían resistirles en el futuro, cuando todos ellos habían sido debilitados y algunos ya no existían.

El pueblo de Dios necesita ser alentado mucho más que reprendido. No se alcanzará ningún éxito, ni se logrará ningún compromiso en la reprensión. La gracia de Dios, su amor manifestado, el poder de su fuerza, son lo único que puede conducir al compromiso en el pueblo de Dios. La ilusión de un futuro esperanzador es lo que mantiene al creyente en la determinación de un seguimiento fiel y en una disposición de servicio. Pablo enseña que lo único que pude conducir al compromiso es la experiencia del amor de Dios. Así lo dice: *"Porque el amor de Cristo nos constriñe, pensando esto: que si uno murió por todos, luego todos murieron; y por todos murió, para que los que viven, ya no vivan para sí, sino para aquel que murió y resucitó por ellos"* (2Co. 5:14-15). La seguridad en los recursos del poder de Dios para el futuro es lo más necesario para dar el siguiente paso de fe (Fil. 4:13).

10. Un varón de vosotros perseguirá a mil; porque Jehová vuestro Dios es quien pelea por vosotros, como Él os dijo.

En un lenguaje hiperbólico, Josué anima al pueblo a no dudar del éxito final de su asentamiento en la tierra de Canaán. Podrá haber muchos enemigos, pero siempre estarían en inferioridad frente al pueblo de Dios, porque uno solo, investido con el poder de Dios, podría perseguir victoriosamente a mil de sus enemigos. Nadie podría hacer frente a quienes tenían a Dios como fortaleza. No tenían necesidad de un ejército más fuerte que el de sus contrarios, porque Dios era el que peleaba por ellos. Esa era la promesa y el compromiso del Señor: *"Y perseguiréis a vuestros enemigos, y caerán a espada delante de vosotros. Cinco de vosotros perseguirán a ciento, y ciento de vosotros perseguirán a diez mil, y vuestros enemigos caerán a filo de espada delante de vosotros"* (Lv. 26:7-8). Josué los anima recordándoles la Palabra. Todo era promesa de gracia y de bendición. Lluvias en su tiempo, cosechas abundantes, árboles cargados de fruto, graneros llenos y seguridad contra la espada invasora eran la garantía de Dios. Todas las naciones sabrían que el Todopoderoso era el Dios de Israel. Todos los adversarios sabrían que Él era su Dios, y ellos el pueblo propio suyo a quién había sacado de la esclavitud de Egipto, para ser el Dios de ellos, y los haría andar en presencia de todos sus adversarios de triunfo en triunfo.

Así también la iglesia de Cristo. Dios es el que pelea sus batallas. Él hace provisión de fuerzas espirituales para que su pueblo se mantenga firme en el terreno de victoria en donde ha sido colocado por la gracia. El aliento de su presencia continuada fortalece el ánimo, a veces decaído, de los suyos. Sus promesas se cumplen incuestionablemente. Nadie puede hacer frente a quien afirma *"estar por su pueblo"*. En medio de las encrucijadas del camino, de los valles de sombra como de muerte, de los enemigos que rodean, de las angustias de la persecución, de las incertidumbres de la duda, el creyente se afirma y aferra a la promesa de Dios y dice con segura confianza: *"Si Dios es por nosotros, ¿quién contra nosotros?"* (Ro. 8:31).

11. Guardad, pues con diligencia vuestras almas, para que améis a Jehová vuestro Dios.

La exhortación concluye con estas palabras, que servirán también para introducir el párrafo de la advertencia. Josué llama al pueblo a un cuidado especial. No debían preocuparse tanto por la nación en sí, como por ellos mismos. Cada uno de los presentes y de los que vendrían después de ellos, debía estar continuamente atento a la vida personal: *"Guardad, pues, con diligencia vuestras almas"*. La nación sería bendecida en la medida en que sus ciudadanos estuviesen en condiciones de recibir las bendiciones de Dios. Josué no les encomienda atender a muchas cosas, ellos, como personas finitas, podrían olvidar alguna. Solo les llama a mantener una disposición de amor hacia el Señor. La obediencia, fidelidad, lealtad, compromiso y otras muchas demandas necesarias para la vida de bendición, serían cumplidas cuando el amor a Dios fuese la realidad de cada uno de ellos.

Sorprende ver que la demanda de amor sería también lo que Jesús pedía a los suyos. El amor hacia Su persona haría que cada uno se ocupase de guardar sus mandamientos (Jn. 14:15). De otra manera: *"El que tiene mis mandamientos, y los guarda, ése es el que me ama"* (Jn. 14:21). Cuando el Señor restauró a Pedro, después de su negación, solo le preguntó por el amor que sentía por Él. Es a donde debe ser conducido el pueblo de Dios, no a la religión que descansa en obligaciones y mandamientos, sino a la experiencia real de amor por el Señor. Quién ama, ha cumplido toda la ley, porque la obediencia es, simplemente, la expresión del amor.

Advertencia (23:12-16)

12. Porque si os apartareis, y os uniereis a lo que resta de estas naciones que han quedado con vosotros, y si concertareis con ellas matrimonios, mezclándoos con ellas, y ellas con vosotros.

El Señor, que en el pasado había combatido por ellos, y que prometía hacerlo también en el futuro, mantendría su compromiso de protección mientras el pueblo se mantuviese fiel El peligro consistía en que se apartasen de Él dejando de obedecer sus instrucciones. Era un apartarse obstinado y rebelde (*sob täsûbû*), que el Señor no podría tolerar. Ese alejamiento se manifestaría en la unión matrimonial ilícita con los restos de las naciones cananeas que habían sido condenadas por Dios a destrucción. Los lazos matrimoniales era un alejamiento de Yahveh para *adherirse* (*däbaq*) a quienes eran los enemigos de Dios a causa de su perversidad contra Él. Josué describe en la advertencia un proceso de apostasía. El primer paso en el alejamiento de Dios. Consistía en la celebración de matrimonios mixtos con cananeos, prohibido tajantemente por el Señor: *"Por tanto, no harás alianza con los moradores de aquella tierra; porque fornicarán en pos de sus dioses, y ofrecerán sacrificios a sus dioses, y te invitarán, y comerás de sus sacrificios; o tomando de sus hijas para tus hijos, y fornicando sus hijas en pos de sus dioses, harán fornicar también a tus hijos en pos de los dioses de ellas"* (Éx. 34:15-16). Eran pueblos que Dios había condenado, por lo que Su pueblo debía mantener separación con ellos. Así lo afirmó Moisés en el nombre del Señor, recordando a su pueblo que cuando *"Jehová tu Dios las haya entregado delante de ti, y las hayas derrotado, las destruirás del todo; no harás con ellas alianza, ni tendrás de ellas misericordia. Y no emparentarás con ellas; no darás tu hija a su hijo, ni tomarás a su hija para tu hijo: porque desviará a tu hijo de en pos de mí, y servirán a dioses ajenos; y el furor de Jehová se encenderá sobre vosotros, y te destruirá pronto"* (Dt. 7:2-3). Un notable riesgo suponía quebrantar abierta y conscientemente la voluntad de Dios.

13. Sabed que Jehová vuestro Dios no arrojará más a estas naciones delante de vosotros, sino que os serán por lazo, por tropiezo, por azote para vuestros costados y por espinas para vuestros ojos, hasta que perezcáis de esta buena tierra que Jehová vuestro Dios os ha dado.

La promesa de protección y victoria sobre aquellas naciones que habitaban la tierra de Canaán cesaría en caso de apostasía del pueblo. Lo que podía ser triunfo se convertiría en derrota a causa de la desobediencia. Aquellas naciones que había provisto de abundante tierra preparada para el cultivo, de viñas que no habían sido plantadas por los israelitas, de olivares, de ciudades para ser habitadas, se cambiarían en lazo y tropiezo (*ᵉpah* ûlᵉ*môqës*) con su culto idolátrico. Esa es una de las razones por las que el Señor les ordenó exterminar a las naciones: *"En tu tierra no habitarán, no sea que te hagan pecar contra mí sirviendo a sus dioses, porque te serán tropiezo"* (Éx. 23:33). La disciplina de Dios comenzaría por hacerles sentir ese problema espiritual y avanzaría progresivamente. Después de piedra de tropiezo serían *azote a los costados y espinas a los ojos.* También había sido advertido antes por Moisés, en nombre del Señor: *"Y si no echareis a los moradores del país de delante de vosotros, sucederá que los que dejareis de ellos serán por aguijones en vuestros ojos y por espinas en vuestros costados, y os afligirán sobre la tierra en que vosotros habitareis"* (Nm. 33:55). Una situación de peligro para la posesión de la tierra y el mismo ser de pueblo-nación. Iba a cumplirse poco después, cuando en tiempos de los jueces, las naciones no eliminadas se fortalecieron y causaron aflicción permanente al pueblo de Dios. Esas aflicciones serían el medio por el cual regresaban a Dios en arrepentimiento y confesión. Finalmente, la persistencia en un alejamiento rebelde del Señor traería como consecuencia que ellos serían los que *perecerían*, esto es, quienes serían eliminados de la *buena tierra* que Él les había dado. La disciplina llegaría al límite sobre el pueblo ingrato hasta su expulsión total de sobre la tierra buena (*hattôtä*) que Él mismo les había dado (Dt. 4:26; 11:17).

Ninguna aplicación mejor que el texto y el registro histórico. Si el pueblo de Dios en la antigua dispensación sufrió las consecuencias graves de su deserción, no menos debe esperarse en circunstancias similares en la presente dispensación. El escritor de la carta a los Hebreos formula una advertencia solemne que será bueno considerar en este lugar: *"Por tanto, es necesario que con más diligencia atendamos a las cosas que hemos oído, no sea que nos deslicemos. Porque si la palabra dicha por medio de los ángeles fue firme, y toda transgresión y desobediencia recibió justa retribución, ¿cómo escaparemos nosotros, si descuidamos una salvación tan grande?* (He. 2:1-3). La conclusión a que llega el escritor es consecuencia de toda la enseñanza histórica del pueblo de Dios. La ley de Dios había sido dada al pueblo por ángeles y debía ser obedecida. Dios ahora habló por el Hijo, a cuyo mensaje debe prestársele mayor diligencia porque es mayor que los ángeles (1:4). El evangelio es un mensaje divino expresado por el Hijo, que contiene doctrina que es base de fe, y mandamientos que son regla de obediencia. A esto debe prestársele una profunda atención: *"Es necesario que con más diligencia atendamos"* (δεĩ περισσοτέρω" προσέχειν ἡμᾶ"), a lo que Dios ha dicho en el Hijo (He. 1:2), el mensaje que Cristo comunicó. Dios habla en el Hijo y es un gran pecado desoírle. Además, El mismo Hijo es Dios, quien ha purificado al creyente comprándolo para Sí. La responsabilidad del cristiano es *atender*. Cuando el escritor a los Hebreos dice *"Debemos"*, implica una necesidad más que una obligación. *"Atender"*, expresa el sentido de dirigir la vista y volcar el espíritu, lo que constituye una adhesión a la fe. La atención debe ser esmerada: *"Con más diligencia"*, esto es, con una gran atención. El objeto de la atención *"a las cosas que hemos oído"* (τοĩ" ἀκουσθεĩσιν), es decir, lo que Dios ha dicho por el Hijo; literalmente *"a las cosas que han sido oídas"*. El mensaje proclamado por Cristo, esto es, el evangelio (Mr. 1:14-15). El mensaje recibido directamente por los apóstoles (1Jn. 1:1) que debía ser anunciado a todo el mundo después de Su muerte (Mt. 26:13; 28:19,20; Mr. 16:15-16; Hch. 1:8). El evangelio es un mensaje que demanda obediencia a todos los mandatos del Señor (Mt. 28:20). El evangelio es un mensaje divino (Gá. 1:11-12). Inalterabl, porque no procede de hombres. El evangelio es la *buena noticia* de salvación que proclama justificación en el pasado, santificación en el presente y glorificación en el futuro. El evangelio es un depósito sagrado (Gá. 2:7). El creyente debe guardar ese depósito. El evangelio debe ser el compromiso de los líderes y maestros de la iglesia (1Ti. 3:9) y de todos los creyentes (2Ti. 1:13-14). El propósito de Satanás en relación con el mensaje (1Ti. 4:1), que el creyente abandone la fidelidad y deje de ocuparse en su salvación (Gá. 1:6; Fil. 2:12). Para eso introduce sus mensajeros para lograr el propósito (Gá. 1:7). El peligro de no prestar atención diligente es el fracaso espiritual: *"No sea que nos deslicemos"* (μήποτε παραρυῶμεν). *"Deslizarse"* quiere decir literalmente *pasar de largo*, equivale a *correr a la deriva* (comp. Ef. 4:14). Pasar de largo sin prestar atención es más grave que detenerse y no progresar. Representa un serio peligro para quien no presta atención y se aparta de la enseñanza (Ef. 4:14). *Deslizarse* en el griego clásico es *resbalar* y ser incapaz de detenerse. Es la tragedia de una nave que sin brújula ni timón queda a la deriva. Ambas cosas indican un inminente peligro. Lo mismo que hacía Josué ante el pueblo, el autor no afirma que ya ocurre, pero advierte del peligro: *"no sea que"*.

La evidencia histórica de Israel pone de manifiesto el peligro, por eso introduce una comparación: *"Porque si"* (εἰ γὰρ) y es un ejemplo cierto. Aquellos habían recibido un mensaje de Dios, *"la palabra dicha por medio de los ángeles"* (ὁ δι᾽ ἀγγέλων λαληθεὶ" λόγο"), referencia a la ley mosaica (Sal. 68:17; Hch. 7:53). Dios se manifestó en el Sinaí rodeado de ángeles (Dt. 33:2). El ángel habló allí con Moisés (Hch. 7:28). Probable referencia al Ángel de Jehová, quien como Legislador da la ley[1]. La mediación angélica era una creencia de los judíos y una enseñanza del N. T. (Gá. 3:19). Los ángeles estuvieron presentes en la promulgación de la ley. El mensaje de Dios era firme (ἐγένετο βέβαιο"). Era Palabra de Dios y su cumplimiento necesario (Mt. 5:17-18). Firme como un camino seguro para la vida (Sal. 103:7) como expresión de la voluntad de Dios (Lc. 16:17). La Palabra de Dios tiene absoluta firmeza (Mt. 24:35). Hay distintos modos de oponerse al mensaje: *"Y toda transgresión"* (καὶ πᾶσα παραβασι"), lo que tiene que ver con quebrantar voluntariamente lo que Dios establece, como hicieron Adán y Eva (Ro. 5:14; 1Ti. 2:14). Esa es la transgresión positiva contra la voluntad de Dios. Implica la violación de una ley que Dios dio. Otra forma es *"desobediencia"* (παρακοη), hacer oídos sordos a la voluntad de Dios, no prestarle atención (Pr. 1:24-25). Es la transgresión negativa contra la voluntad de Dios. La consecuencia es seria, toda desobediencia *"recibió justa retribución"* (ἔλαβεν ἔδικον μισθαποδοσίαν), determinada expresamente en la misma ley. Las sanciones contra los mandamientos quebrantados eran severas y nadie podía escapar de ellas. Esto incluía pecados ocultos que Dios mismo exhibía a la luz. Así había pasado con Acán (Jos. 7). La rebelión contra Dios trajo severos juicios sobre los transgresores. Para los hombres de los tiempos de Josué estaría el recuerdo de lo acontecido a Nadab y Abiú (Éx. 10:1-7), a Coré (Nm. 16) y el juicio en Baal-peor (Dt. 4:3). Incluso mucho antes las consecuencias para quienes quebrantaron la ley natural, como ocurrió con Sodoma y Gomorra (Gn. 18:20; 19:4, 5, 24, 25). Dios había establecido el castigo para el que quebrantaba Su voluntad con soberbia (Nm. 15:30, 31; Dt. 17:12). Literalmente, *con puño alzado*, en abierto desafío contra Dios. El desafío es también *tener en poco* Su Palabra (Dt. 17:1-5). Había maldición para el desobediente (Dt. 27:26). Por tanto, el escritor de la carta a los Hebreos formula una advertencia solemne mediante una pregunta retórica (He. 2:3): *"¿Cómo escaparemos nosotros, si descuidamos una salvación tan grande?"* (πῶ" ἡμεῖ" ἐκφευξομεθα τηλικαύτη" ἀμελήσαντε" σωτηρία"). La advertencia es para cristianos, ya que el mismo escritor se incluye al decir *nosotros*. Si aquellos con un mensaje más limitado fueron castigados por su rebeldía, cuanto mas el creyente que tiene el mensaje completo (He. 1:2). La responsabilidad

---

[1] En ese caso se trataría de una Persona Divina, una *"Teofanía"*.

y el peligro de desobediencia están en relación con *"una salvación tan grande"*. Salvación incluye también la santificación (Fil. 2:12). Una vida santa como separados para Dios. Obediencia a la Palabra como hijos de Dios (1Pe. 1:14). Testimonio ante el mundo (Fil. 2:14-15). La advertencia es seria *"¿cómo escaparemos?"*. El creyente ha *escapado* a la ira de Dios en cuanto a condenación por el pecado (Ro. 8:1), Sin embargo, no puede *escapar* al juicio por el pecado de rebeldía en su vida. No hay puerta de escape para el pecado voluntario[2]. La gravedad de la situación consiste en no prestar atención al mensaje de salvación. Dios establece disciplina correctora para el creyente como consecuencia del quebrantamiento de Su voluntad. Es un trabajo divino (He. 12:5-6) y corresponde a un propósito establecido por Dios (He. 12:9-10). Cuando el creyente o la iglesia no establece la disciplina bíblica de corrección, lo hace Dios interviniendo en juicio. Alguna disciplina por el pecado es realmente grave, incluye la muerte física del o de los transgresores (1Co. 5:5; 1Jn. 5:16). La historia de la iglesia deja ejemplos que lo evidencian: Ananías y Safira (Hch. 5) o los sectarios en Corinto (1Co. 11:30). La rebeldía contra la voluntad de Dios acarrea consecuencias graves en la vida del creyente y de la iglesia.

14. Y he aquí que yo estoy para entrar hoy por el camino de toda la tierra; reconoced, pues, con todo vuestro corazón y con toda vuestra alma, que no ha faltado una palabra de todas las buenas palabras que Jehová vuestro Dios había dicho de vosotros; todas os han acontecido, no ha faltado ninguna de ellas.

Una nota emotiva aparece en el texto. Josué les advierte de su próxima partida. Con el hebraísmo: *"yo estoy para entrar por el camino de toda la tierra"*, expresa lo próximo que estaba a su muerte. Ningún hombre había dejado de pasar por esta experiencia y él tampoco. Así se expresaría siglos después el rey David, al despedirse de su hijo Salomón: *"Yo sigo el camino de todos en la tierra"* (1Re. 2:2). Pero eso no era lo importante, la fidelidad de Dios era lo que realmente quería que el pueblo tuviese presente. El reconocimiento no era asunto intelectual o mental, sino vivencial. Ellos tenían que reconocer con todo el corazón y el alma que Dios era fiel. La vida de fe no es resultado de un asentimiento mental, sino de una relación espiritual. Ellos podían recordar y recontar todas las promesas que Dios les había hecho desde los días de su padre Abraham, pasando por sus antepasados, Isaac y Jacob, para llegar a su experiencia directa. Podía recordar sus promesas y poner sobre cada una de ellas el cumplimiento fiel de Dios. Todo se podía resumir en la acción liberadora de Dios en Egipto, la providencial en el desierto, la omnipotente en las batallas y la de gracia en la entrega de la tierra. Verdaderamente, Dios

---

[2] Este asunto se considera más ampliamente en las notas a 10:19ss.

había sido fiel. Dios era digno de ser reverenciado y servido porque los había amado con amor eterno.

15. Pero así como ha venido sobre vosotros toda palabra buena que Jehová vuestro Dios os había dicho, también traerá Jehová sobre vosotros toda palabra mala, hasta destruiros de sobre la buena tierra que Jehová vuestro Dios os ha dado.

La fidelidad es tanto para el cumplimiento de las bendiciones como para ejecutar lo que había establecido para la infidelidad y la desobediencia. Hasta entonces, solo habían experimentado el cumplimiento de *"toda buena palabra"*, es decir, las promesas de bendición que habían recibido. Sin embargo, había también *"mala palabra"*, es decir, juicio en lugar de bendición. La disciplina sería contundente porque el honor de Dios se relacionaba con la vida de Su pueblo. Las advertencias sobre lo que acarrearía la deserción del pueblo de Dios quedaban registradas con palabras concretas: *"Yo también haré con vosotros esto: enviaré sobre vosotros terror, extenuación y calentura, que consuman los ojos y atormente el alma; y sembraréis en vano vuestra semilla, porque vuestros enemigos la comerán"* (Lv. 26:16). La enfermedad espiritual de una conciencia que remuerde por la acción del pecado. Esto provocaría extenuación, es decir, desfallecimiento y enfermedad. A esto se uniría también unos *ojos que se consumen* a causa de las lágrimas de aflicción y de un alma atormentada por lo que estarían recibiendo en justicia. Cualquier esfuerzo por superar la situación sería en vano, porque los campos no darían fruto y si lo diesen sería para los enemigos. Es impactante la lectura de las maldiciones de las que Dios advierte a su pueblo y que vendrían por desobediencia: *"Pero acontecerá, si no oyeres la voz de Jehová tu Dios, para procurar cumplir todos sus mandamientos y sus estatutos que yo te intimo hoy, que vendrán sobre ti todas estas maldiciones y te alcanzarán"* (Dt. 28:15). Aquel pueblo debía tener claro que la fidelidad de Dios lo obligaba moralmente tanto en las bendiciones prometidas, como en las maldiciones establecidas: *"Así como Jehová se gozaba en haceros bien y en multiplicaros, así se gozará Jehová en arruinaros y en destruiros; y seréis arrancados de sobre la tierra a la cual entráis para tomar posesión de ella"* (Dt. 28:63). El final de las advertencias divinas tenía que ver con la dispersión de toda la nación en la tierra: *"Y Jehová te esparcirá por todos los pueblos, desde un extremo de la tierra hasta el otro extremo; y allí servirás a dioses ajenos que no conociste tú ni tus padres, al leño y a la piedra. Y ni aun entre estas naciones descansarás, ni la planta de tu pie tendrá reposo; pues allí te dará Jehová corazón temeroso, y desfallecimiento de ojos y tristeza de alma"* (Dt. 28:64:65).

Sobre las advertencias recogidas en el capítulo 28 del Deuteronomio escribe el Dr. Lacueva:

"Cinco pasos se describen aquí en el proceso de la ruina de Israel: A) Que serán invadidos por un enemigo lejano (vv. 49-50). Aunque muchos rabinos entienden estos versículos de la invasión asirio-babilónica, no cabe duda que tienen un fondo más lejano, y se aplica mejor al sitio y toma de Jerusalén por parte de los romanos en el año 70 de nuestra era. Una nación de lejos, de extremo de la tierra, el remoto occidente, que vuele como águila —el águila era la enseña de los romanos— nación cuya lengua no entenderás (v. 49). Nuestro Salvador echó mano de este símil, poco después de referirse a esta destrucción, cuando dijo: 'Dondequiera que esté el cadáver, allí se juntarán las águilas' (Mt. 24:28), aunque es más probable que se refiera al final de la Gran Tribulación (Mt. 24:21), a la vista de Ap. 19:17-19. B) Que el país quedará desolado, y todos sus frutos serán comidos por el ejército enemigo, lo cual es consecuencia natural de la invasión, especialmente cuando esta se lleva a cabo, como fue la de los romanos, para sofocar el levantamiento de rebeldes. C) Que sus ciudades serán sitiadas, y que será tal la obstinación de los situados y el vigor de los sitiadores, que la nación será reducida al último extremo, para caer finalmente en manos del enemigo (v. 52). D) Que perecería una gran muchedumbre de ellos, de modo que quedarían pocos en número (v. 62). E) Que el resto sería dispersado entre las naciones: 'Y Jehová te esparcirá por todos los pueblos, desde un extremo de la tierra hasta el otro extremo' (v. 64). Es aquí donde todos los comentaristas, incluidos los rabinos judíos, admiten que se trata de la dispersión en que Israel se encuentra en los últimos diecinueve siglos"[3].

16. Si traspasareis el pacto de Jehová vuestro Dios que Él os ha mandado, yendo y honrando a dioses ajenos, e inclinándoos a ellos. Entonces la ira de Jehová se encenderá contra vosotros, y pereceréis prontamente de esta buena tierra que Él os ha dado.

El final de la advertencia es solemne. De la misma forma que se cumplieron todas las promesas mientras el pueblo se conservó en fidelidad, así se cumplirán todos sus juicios si se apartasen de Él. El castigo vendría por traspasar el pacto de fidelidad con Dios, por dar honra a otros dioses y por obedecerles. Es negar la adoración a Dios para darla a quienes no son dioses. La ira de Dios se establece sobre el pecado voluntario, ya que tenían expresamente establecida la prohibición en su Ley. No podían esperar otra cosa de un Dios que siendo gracia también es fiel.

[3] F. Lacueva. Matthew Henry, Pentateuco, pág. 877.

Poco se necesita para aplicar esto a la vida cristiana. En ocasiones, los creyentes en esta dispensación consideran que porque están bajo la gracia y no hay condenación para ellos, están libres del juicio de Dios contra el pecado voluntario. Se ha considerado esto varias veces en el libro, sin embargo, es un momento oportuno para considerar brevemente un aspecto de otra advertencia solemne que siglos después del discurso de Josué al pueblo y sus dirigentes, se da para los creyentes en la epístola a los Hebreos. La advertencia se establece de este modo: *"Porque si pecáremos voluntariamente después de haber recibido el conocimiento de la verdad, ya no queda más sacrificio por los pecados, sino una horrenda expectación de juicio, y de hervor de fuego que ha de devorar a los adversarios"* (He. 10:26). La advertencia solemne se establece sobre bases concretas: *"porque"*. Antes se mencionaron varias formas de pecado que pueden darse en creyentes: (1) Una vida pecaminosa (He. 10: 22). (2) Una fe titubeante (v. 23). (3) La deserción de las reuniones (v. 25). El escritor se refiere a una persistencia voluntaria en el pecado: *"Porque si pecáremos voluntariamente"* (ἑκουσίω" γὰρ ἁμαρτανόντων ἡμῶν). El modo verbal utilizado indica que la acción se produce como algo continuado en el tiempo y con persistencia, lo que equivale a *si persistimos en pecar.* Se está refiriendo a verdaderos creyentes, por cuanto el mismo autor se incluye en la acción: *"Si pecáremos"*. Se trata de un determinado tipo de pecado: *"voluntariamente"*. Estaba escribiendo a creyentes que conocían bien las disposiciones levíticas sobre el pecado. Para entender el significado de pecado voluntario, es preciso recurrir a la ley (Nm. 15:24-31). Este pecado es cometido por quien sabiendo que peca lo hace con determinación de pecar. La gravedad del pecado voluntario consistía en el acto de soberbia arrogante que desafía a Dios (Nm. 15:30a).

Sin embargo, el que comete el pecado voluntario tiene una condición: *"Después de haber recibido el conocimiento de la verdad"* (μετὰ τὸ λαβεῖν τὴν ἐπίγνοωσιν τη'" ἀληθεία"). Se trata de haber recibido un conocimiento pleno sobre algo. Solo el creyente llega a este conocimiento, no solo intelectual, sino personal y experimental, en donde el conocedor se hace parte del objeto conocido, influenciándole poderosamente. Solo los *elegidos* —sinónimo de creyentes— alcanzan este conocimiento (Tit. 1:1). El *nuevo hombre* se renueva hasta un conocimiento pleno (Col. 3:10). Solo los creyentes son libres porque llegan al *conocimiento* (Jn. 8:32). El verbo expresa un conocimiento que une al sujeto con el objeto (1Co. 13:12). Es evidente que solo el creyente llega a este *conocimiento* de la verdad, haciéndose parte en ella. La consecuencia del pecado voluntario en el creyente es grave: *"Ya no queda más sacrificio por los pecados"* (οὐκέτι περὶ ἁμαρτιῶν ἀπολείπεται θυσία). La expresión debe entenderse a la luz de lo que la ley establecía en relación con el pecado voluntario. Todos los pecados resultantes de ignorancia, inadvertencia, debilidad, etc., tenían un sacrificio establecido para ser expiados (Nm. 15:24-29). Los que pecaban con soberbia, esto es, quienes lo hacían conscientemente en un acto de orgullo contra Dios, despreciándolo y ultrajándolo, no tenían sacrificio expiatorio. Quien pecase voluntariamente debía *"ser cortados"* del pueblo (Nm. 15:30, 31). No afectaba a su salvación —caso de ser salvos— pero sí a su vida. Su pecado no les permitía continuar contándose visiblemente con el pueblo de Dios. De la misma manera, el creyente confesando sus faltas restaura su comunión con Dios (1Jn. 1:9). No hay restauración para quien peca voluntariamente. El que peca voluntariamente debe esperar solo *"una horrenda expectación de juicio"* (φοβερὰ δέ τι" ἐκδοχη κρὶσεω"). El creyente que comete el pecado voluntario queda expuesto al juicio de Dios. No implica esto condenación, que no hay ya para el salvo (Ro. 8:1). Es un juicio para disciplina. El alcance del juicio sobre el pecado voluntario es intenso: *"Y de hervor de fuego que ha de devorar a los adversarios"*(καὶ πυρὸ" ζη'λο" ἐσθίειν μέλλοντο" τοὺ" ὑπεναντίου"). Dios intervendrá *cortando* a los tales de entre Su pueblo en la tierra. Dios puede cortar de Su pueblo al rebelde en el ejercicio de una drástica disciplina.

El creyente que conoce la fidelidad de Dios vivirá muy atento al pecado voluntario, porque conoce a Dios, como afirma el escritor a los Hebreos: *"Pues conocemos al que dijo: Mía es la venganza, yo daré el pago, dice el Señor* (He. 10:30) (οἴδαμεν γὰρ τὸν εἰπόντα, 'Εμοι ἐχδίκησι", ἐγω ἀνταποδώσω). Los creyentes reconocen a Dios y conocen Su fidelidad. La retribución por lo hecho forma parte de la enseñanza general de la Biblia. Dios, que es fiel, hace honor a su Palabra cumpliendo todo lo afirmado en ella. El escritor apela a una porción de la Escritura que enseña el castigo al que se hace acreedor el que peca, tomada del Pentateuco (Dt. 32:35). *Venganza* en relación con Dios, no tiene que ver con el espíritu vengativo del hombre. Venganza significa literalmente *lo que viene*, siendo sinónimo de retribución, procedente de la justicia. *Venganza* en relación con Dios equivale a *hacer justicia*. La Biblia enseña que esta *venganza*, como justa retribución, pertenece a Dios (Ro. 12:19). Sin embargo, la *venganza* de Dios está desprovista de *vengatividad*, tan solo es la aplicación de la estricta justicia. Dios dará el pago equitativo y justo conforme a las acciones que lo producen. Nadie debe esperar que un pecado voluntario quede sin la justa retribución que le corresponde (Gá. 6:7). Todavía hay otra confirmación: *"Y otra vez: El Señor juzgará a su pueblo"* (He. 10:30) (καὶ πάλιν, Κρινεῖ κύριο" τὸν λαὸν αὐτοῦ). Vuelve a citar del pasaje del Pentateuco (Dt. 32:36). Dios es el que juzga a Su pueblo. Quien hace siempre justicia porque es eterno y perfectamente justo, se sienta para juzgar el comportamiento de quienes son suyos: *"Su pueblo"*. Es notable recalcar la enseñanza anterior: ser pueblo de Dios no exime de estar bajo la justicia de Dios. Por último hay una solemne conclusión: "¡Horrenda cosa es caer en manos del Dios vivo!" (He. 10:31) (Φοβερὸν τὸ ἐμπεσεῖν εἰ" χεῖρα" Θεοῦ ζω'ντο"). El adjetivo *horrenda* expresa una situación de terror y que puede traducirse como *terrible cosa*. La expectación del juicio ya es terrible y aquí se enfatiza la ejecución de la sentencia del juicio. Quien juzga retribuye y ejecuta. El juicio lo ejecuta quien es *"Dios vivo"*, esto es, capaz de actuar. La sentencia de Su juicio la ejecuta con *sus manos*, instrumentos de la omnipotencia divina, por tanto, nadie puede detenerlo. Esto debe hacer reflexionar al creyente, en el sentido que no crea que por ser hijo de Dios puede pecar voluntariamente, sin esperar la disciplina de Dios sobre él.

CAPÍTULO 24
HISTORIA, PACTO Y EPÍLOGO

Introducción

La tierra había alcanzado reposo después de los años de guerra. El recuerdo de las acciones pasadas quedaba cada vez más distante en el tiempo y en la mente de los israelitas. Se habían producido hacía más de diez años. Durante el tiempo desde la última batalla y el reparto de la tierra, los israelitas se habían esforzado en afianzarse en el territorio, ordenar su vida familiar, tribal y nacional, y activar sus trabajos habituales. El propósito de Dios no era un pueblo guerrero y conquistador, sino una nación a su servicio, dispuesta a rendirle adoración en el culto y en la obediencia. La tierra les había sido dada por el Señor. Cada tribu había tomado posesión de su territorio, cada familia tenía su heredad y cada casa sus posesiones. Dios había establecido una legislación sumamente interesante, que evitaba que la tierra pudiese caer en el tiempo en manos de pocos. Cuando un israelita tenía que vender sus posesiones a causa de necesidad o de deudas, volverían a él en el año jubilar, que se repetía cada cincuenta años. De tal modo que nunca unos pocos podían adueñarse de lo que había sido dado a todos sus hermanos. El sistema establecido permitía que todos tuviesen los recursos necesarios para subsistir. La riqueza excesiva y la pobreza estaban erradicadas a causa de la misma legislación que regulaba la vida nacional. Cada casa se ocupaba esencialmente de la ganadería y agricultura. Las industrias básicas proveían para lo necesario de la nación. No se veía necesidad de mantener relaciones comerciales con otras naciones limítrofes. Aquel pueblo era autosuficiente para ellos mismos. Cada tribu era gobernada por un grupo de *ancianos*, jefes de las casas, que asumían comisiones que se les encomendaban en el momento necesario. Las leyes se interpretaban y aplicaban por jueces y el dictamen final, en caso de duda, lo establecían los sacerdotes, bajo la supervisión del sumo sacerdote. Era una nación teocrática, regida por la ley divina, a la que debían obediencia. Josué fue el más obediente de los responsables en la nación a la voluntad del Señor. Se había esforzado por cumplir lo más puntual y precisamente las disposiciones establecidas en la Ley. Él conocía por experiencia lo que suponía la desobediencia. Estaba plenamente convencido de la relación directa que existía entre la lealtad a Dios y las bendiciones y prosperidad nacionales. Avanzado en años, conocedor de las debilidades y flaquezas humanas, y más conocedor de las particularidades de su propio pueblo, les convocó a una reunión de despedida en el ejercicio de su misión y liderazgo. En aquella ocasión —como se consideró en el capítulo anterior— hizo un llamamiento a la obediencia estricta. Ya había cumplido su misión y había hecho sus recomendaciones finales. Bien podía retirarse definitivamente y esperar que la muerte le alcanzase. Sin embargo, Josué fue, hasta el final de sus días, un instrumento en la mano del Señor. Una nueva convocatoria tiene lugar. Esta vez no en Timnat-sera, su residencia, sino en Siquem. La reunión no se produce por deseo y decisión personal del que había conducido tantos años a la nación. Era Dios mismo quien había elegido el lugar y el portavoz. No era Josué quien hablaba de motu proprio, sino como vocero de Dios a toda la nación. En Siquem, el lugar próximo a Ebal y Gerizim donde se había establecido la lectura de las bendiciones y maldiciones de la ley, tuvo lugar la magna concentración nacional para una apelación a la nación y la toma de decisión nacional de fidelidad y seguimiento a Dios.

El pasaje despierta cierto recelo, como otras muchas partes del libro entre la *Alta Crítica.* Los liberales encuentran aquí el mismo discurso del capítulo anterior, tomado de otras fuentes. Llegado a describir el texto como un relato más o menos elaborado sobre la base de diversos documentos, que un redactor posterior incluyó en el texto, intercalándolo entre el relato del capítulo antecedente y el de la muerte de Josué. Estos llegan a la conclusión, por medio de comparaciones, que es preferible negar su autenticidad como parte integral del libro, o cuando menos, a una inversión en el puesto que debería ocupar delante del capítulo 23. Como en otros muchos pronunciamientos de los *liberales*, se trata de una propuesta arbitraria lógica cuando se parte de un sistema abiertamente *etiológico* y de una posición *antihistórica.*

El detalle del pasaje para su análisis sigue el ritmo fácil del texto. En primer lugar, la convocatoria a la reunión (v. 1). Luego el resumen histórico de la vida del pueblo de Israel, comenzando por el tiempo entre Abraham, el padre de la nación, y la presencia en Egipto (vv. 2-4); la mención a la presencia de Moisés y la liberación (vv. 5-7); a continuación, el recuerdo de los años de marcha por la península de Sinaí (vv. 8-10); para culminar con la conquista (vv. 11-13). Seguidamente se expresa la demanda solemne de fidelidad (vv. 14-15). El pueblo responde con palabras de compromiso (vv. 16-18). Sigue la advertencia solemne de Josué (vv. 19-20). Y culmina todo con el establecimiento del pacto en compromiso de obediencia a Dios por parte de todo el pueblo (vv. 21-28). Un breve epílogo describe la muerte de Moisés y del sumo sacerdote Eleazar, con lo que concluye el libro.

Para el comentario al pasaje se sigue el *Bosquejo* que se ha detallado en la *introducción*, como sigue:

1.4. Discurso final de despedida (24:1-28).
   1.4.1. Convocatoria (24:1).
   1.4.2. Recuento histórico (24:2-13).
      a) De Abraham a Egipto (24:2-4).
      b) Moisés y la liberación (24:5-7).
      c) La peregrinación (24:8-10).
      d) La conquista (24:11-13).
   1.4.3. Demanda de fidelidad (24:14-15).
   1.4.4. Promesas de compromiso (24:16-18).
   1.4.5. Advertencias (24:19-20).
   1.4.6. El pacto establecido (24:21-28).
2. La muerte de Josué (24:29-33).

DISCURSO FINAL DE DESPEDIDA (24:1-28)

Convocatoria (24:1)

1. Reunió Josué a todas las tribus de Israel en Siquem, y llamó a los ancianos de Israel, sus príncipes, sus jueces y sus oficiales; y se presentaron delante de Dios.

Aunque el santuario estaba en Silo, fue Siquem en lugar elegido para esta gran convocatoria nacional. Sin duda, estaba más cerca de donde Josué vivía, pero no tiene que considerarse esto como determinante. Siquem era un lugar muy ligado a la historia de Israel. Ya se ha hecho referencia suficiente a todo esto en otros lugares del libro. Siquem fue designado como el centro de reunión para la lectura de la Ley, en el valle entre el monte Ebal y el Gerizim (Dt. 27:4-8). Además, Siquem había sido una ciudad vinculada a la vida de Abraham, el padre de la nación. Allí tuvo un encuentro con Dios y allí le edificó un altar (Gn. 12:6-7). En ese mismo lugar Josué edificó otro altar cuando regresó de Padan-aram (Gn. 18-20). En Siquem, Jacob retiró los ídolos que guardaban algunos miembros de su familia, enterrándolos bajo una encina (Gn. 35:4). La reunión solemne congrega a godo el pueblo en la representación de sus líderes familiares, sociales y nacionales: *"los ancianos de Israel, sus príncipes, sus jueces y sus oficiales"*. Esa asamblea nacional no se congregaba delante de Josué, aunque él estaba presente, sino *delante de Dios* (*lipnê ªElōhîm*). Era una concentración con carácter religioso mucho más que político. Tal vez el arca estuviese presente si fue trasladada, como algunos creen, desde Silo, distante unos 20 km Israel estaba *delante de Dios.* Si estaban *delante de Dios*, Siquem era, en aquella ocasión, el santuario donde Dios estaba presente con su pueblo. Todos ellos debían tener en cuenta ante quien comparecían, para sentir por aquella convocatoria un respeto profundo y reverente: estaban delante del Señor.

Cada convocatoria del pueblo de Dios en esta dispensación, cuando como iglesia se reúne en el nombre del Señor, allí está el Señor en medio, como ha prometido (Mt. 28:20). La congregación de creyentes tiene una enorme importancia cada vez que se produce. Un temor reverente debería llenar el corazón de cada cristiano presente en ella. El Señor está en medio de su pueblo. No significa que no haya gozo, alegría, libertad y júbilo, sin embargo, debe entenderse claramente que la presencia del Señor debe producir un respeto singular en el culto cristiano.

Recuento histórico (24:2-13)

De Abraham a Egipto (24:2-4)

2. Y dijo Josué a todo el pueblo: Así dice Jehová, Dios de Israel: Vuestros padres habitaron antiguamente al otro lado del río, esto es, Taré, padre de Abraham y de Nacor; y servían a dioses extraños.

Josué habla, pero es meramente instrumento en la mano del Señor. Josué está pronunciando un mensaje profético para el pueblo. Está en la posición de un profeta que dice palabra en el nombre del Señor, más que de un líder que conduce al pueblo de Dios en una determinada dirección. Sus palabras adquirían un significado mucho mayor que las pronunciadas en la ocasión anterior (cap. 23). Aquellas eran la despedida de Josué, estas son las instrucciones de Dios. El anciano líder comienza con una solemne advertencia: *Esto es lo que dice el Señor, el Dios de Israel.*

Es significativo que en muchos lugares, cuando un profeta habla en nombre del Señor a su pueblo, introduce su mensaje con las palabras: *"Así dice Jehová"*. En la iglesia, el don profético tiene dos alcances. El primero en el sentido de *revelación nueva,* por el que Dios daba a su iglesia lo que antes no conocía. El don de profeta (Ro. 12:6; 1Co. 12:11; Ef. 4:11) Profeta, en sentido genérico, es el que recibe un mensaje de Dios y lo transmite con fidelidad a quienes son sus destinatarios, siendo guiado en su declaración y autentificado por el Espíritu. Ese don, que permitía al profeta ser instrumento en manos del Espíritu para revelación de lo que antes no se conocía, concluyó su operatividad con el cierre del canon del Nuevo Testamento. Era un don necesario en la iglesia primitiva mientras se producían y circulaban los escritos apostólicos, ya que la base de doctrina correspondiente a la presente dispensación era dada por Dios a través de ellos (Ef. 2:20). Concluido el periodo apostólico y cerrado el canon, no esta operativo hoy; por tanto, la iglesia no debe esperar nuevos profetas para el tiempo presente. Sin embargo, el don de profecía se utiliza también para el ministerio de edificación en la iglesia: *"Pero el que profetiza habla a los hombres para edificación, exhortación y consolación"* (1Co. 14:3). Este ministerio descansa en la consolación de las Escrituras. No es la enseñanza autoritativa del expositor y maestro, sino la alentadora que da refrigerio al alma y aliento en medio de las circunstancias siempre difíciles de la vida cotidiana. Sin embargo, no es menos *bíblica* que la expositiva, ni es menos expositiva que la de enseñanza. El predicador en la iglesia, en su responsabilidad ministerial, debería poder decir como Josué en el discurso que se considera: *Así dice el Señor*, y al concluir el mensaje, en sinceridad delante de Dios, debería poder decir a su propia conciencia: *Así dijo el Señor.* Lo que la iglesia necesita son menos palabras de hombre y más palabra de Dios.

El mensaje de Dios por medio de Josué comienza con un recordatorio del génesis de la nación en referencia al primero de sus padres, Abraham. El principio del pueblo elegido fue mediante la elección de un hombre, del que desciende. La genealogía no se inicia aquí por Abraham, sino por su padre Taré. Aquella familia procedía del *otro lado del río,* esto es, del este del Jordán. Realmente, Ur de los caldeos estaba situada en la franja occidental del río Eúfrates, a unos 250 km al noroeste de la costa norte del Golfo Pérsico. La distancia en linea recta entre Ur de los caldeos y el Jordán es de unos 1000 km. En tiempo de Abraham era una zona desértica y difícil de atravesar. El camino para alcanzar Canaán seguía la rivera del Eúfrates en dirección norte hasta llegar a Harán, desde donde se desviaba el camino en dirección sur-sudoeste, hasta alcanzar el Jordán. La distancia que se debía recorrer desde Ur hasta Harán era de unos 1000 km, y desde aquí a Siquem, en Canaán, de otros 700 km. Era una distancia muy considerable para recorrerla a pie, llevando consigo también rebaños de ovejas y otros animales. El abuelo de Abraham, padre de Taré, fue Nacor que tuvo a Taré su hijo cuando tenía veintinueve años de edad (Gn. 11:24-25). Taré engendró a Abraham, que nació cuando su padre tenía setenta años (Gn. 11:26). Estas familias eran idólatras, como el resto de sus compatriotas. Taré, el padre de Abraham y de Nacor *"servían a dioses extraños"*.

3. Y yo tomé a vuestro padre Abraham del otro lado del río, y lo traje por toda la tierra de Canaán, y aumenté su descendencia, y le di a Isaac.

Entender bien la genealogía de Abraham ilumina notablemente el contenido de este versículo. La acción de la gracia es evidente: *"Y yo tomé a vuestro padre Abraham del otro lado del río"*. Él era idólatra, como su padre y su abuelo. Vivía en un mundo idólatra. No había ninguna razón específica para elegirlo, pero *Dios lo tomó.* Frente a lo humano y oscuro de su origen y del lugar donde estaba *al otro lado del río* (b^{ea}ëber *hannähär*), tierra donde no había bendiciones específicas, como ocurría con el lugar *mas acá del río* donde estaban, Dios actúa en soberanía y gracia. La providencia hace su aparición en la historia de Israel: *"Y yo tomé a vuestro padre Abraham"* (*wä*ªeqqah), desde el otro lado del río hasta hacerlo pasar por toda la tierra de Canaán. Parece algo sencillo, pero se trata de recorrer hasta un punto en Canaán más de 1700 km. El proceso se inicia con la manifestación personal de Dios a Abraham y su llamado a salir de la tierra de los caldeos. No fue una simple voz lo que Abraham escuchó que lo impulsó a dejar su tierra, sus comodidades y su estabilidad, para convertirse en un peregrino. El Señor Dios se le manifestó en su magnífica gloria: *"El Dios de la gloria apareció a nuestro padre Abraham, estando en Mesopotamia, antes que morase en Harán"* (Hch. 7:2). Aquel que habita en luz inaccesible, a quien nadie ha visto ni puede ver jamás, manifestó su gloria a un hombre idólatra en medio de una nación idólatra. Sin derecho alguno es objeto de la gracia. Dios tenía un plan para la formación de un pueblo, de quien vendría, según la descendencia humana, su Hijo al mundo. De algún modo, esta manifestación del Dios de gloria debió haber afectado también al padre de Abraham. La Escritura enseña que Taré tomó a Abraham su hijo, que entonces aún no se llamaba Abraham, sino Abram, a su nieto Lot, hijo de Haram, hermano de Abraham y de Nacor, segundo hijo de Taré, y a su nuera Sarai, que tampoco se llamaba entonces Sara, y salió de Ur de los caldeos, haciendo el largo recorrido desde aquella ciudad hasta llegar a Harán, distante ambas unos 1000 km (Gn. 11:31). Sin duda, el viaje tuvo que durar bastante tiempo. La Biblia enseña que cuando alcanzaron Harán se quedaron allí (Gn. 11:31). Esa expresión indefinida *"se quedaron allí"*, supone cinco años. Abraham tenía setenta años cuando salió de Ur de los caldeos, ya que su padre Taré tenía setenta cuando tuvo a sus hijos (Gn. 11:26), y salió de Harán cuando tenía setenta y cinco (Gn. 12:4). Su padre quedó en Harán, donde moriría sesenta y cinco años después, ya que el total de años de Taré fueron doscientos cinco (Gn. 11:32).

Fue estando en Harán donde Abraham recibió un llamado directo de Dios para que dejase a su familia y siguiese hacia Canaán (Gn. 12:1). Por la lectura simple del texto parece como si esto fuese algo sencillo. Sin embargo, el camino desde Harán a Siquem, como se dijo antes, es de unos 700 km. Abraham recorre la tierra de Canaán, asentándose en distintos lugares, aunque el lugar de residencia más especial para Él fue el encinar de Manre. Fue Siquem donde Abraham se estableció temporalmente cuando llegó a Canaán (Gn. 12:6) y era precisamente allí donde Josué había convocado al pueblo para transmitirles el mensaje de Dios (v. 1). Junto con el llamado la protección providencial de Dios, que suponía la custodia en tierra desconocida para ellos y en el largo camino que tuvieron que recorrer. La provisión en tiempos de hambre en Egipto (Gn. 12:10-20). Dios bendijo a Abraham, aumentando su descendencia. No solo en la línea de la promesa por medio de Isaac, sino también en la descendencia habida de su sierva Agar, comenzando por su hijo Ismael (Gn. 16:15), y de su segunda mujer Cetura (Gn. 25:1-4). Sin embargo, la descendencia que interesa a efectos de Israel era la que procedía del milagroso nacimiento de Isaac, cuando su madre Sara, que era estéril, tenía ya noventa años (Gn. 17:17) y Abraham era de cien años cuando nació su hijo Isaac (Gn. 21:5). Dios estaba diciendo a Israel: *Vosotros estáis aquí como nación, no por derecho, ni por naturaleza, sino por gracia.* Ninguna otra nación era como aquella. Ninguna se había formado de un modo sobrenatural como Israel. Ninguna de las naciones conocidas había recibido una tierra no por conquista sino por promesa. La conquista de Canaán, como se aprecia a lo largo de todo el libro, es una obra directa de Dios en una operación de su omnipotencia al servicio del compromiso de sus promesas a causa de su fidelidad

4. A Isaac di Jacob y Esaú. Y a Esaú di el monte de Seir, para que lo poseyese; pero Jacob y sus hijos descendieron a Egipto.

De la misma manera que a Abraham había dado a Isaac contra toda esperanza (*wä*ªetten *lô*), así también dio a Isaac sus dos hijos, Esaú y Jacob. (Gn. 25:19-26). La elección de Dios recayó sobre Jacob, quien humanamente hablando no tenía derecho a la primogenitura por haber nacido después de su hermano. Dios dio a Esaú *Seir*, que es Edom (Gn. 32:3; 33:14-16), *"para que lo poseyese"*, de modo que la heredad de Canaán quedase solo para Jacob, que se haría efectiva en sus descendientes. Los herederos de Abraham, para quienes sería Canaán, descendieron a Egipto. En esto se manifestó también la providencia de Dios conduciendo la historia de aquel pequeño grupo de personas para que se instalasen en Egipto. Todas las situaciones por las que atravesó la familia, y especialmente José, fueron el resultado de la intervención divina para que se cumpliese el propósito que tenía con aquel pueblo. José mismo lo entendió de esa manera, cuando dijo a sus hermanos: *"Así, pues, no me enviasteis acá vosotros, sino Dios"* (Gn. 45:8). Todas las personas que descendieron con Jacob a Egipto fueron setenta (Gn. 46:27). Esta cifra se obtiene de este modo: todas las personas que fueron con Jacob a Egipto, de su familia, sin contar las mujeres de sus hijos, sumaban sesenta y seis (Gn. 46:26). A estos deben sumarse Jacob, José que ya estaba en Egipto y Manasés y Efraín, que aunque nacieron a José en Egipto debían considerarse como personas de la familia que se congregó en Egipto, lo que hacen un total de setenta personas (Gn. 46:27). El pequeño grupo de personas que descendieron a Egipto se multiplicó asombrosamente (Éx.

1:7). Asentados en Gosen, una de las mejores zonas para la agricultura y ganadería, se convirtieron en una población que inquietaba por su presencia a los egipcios (Éx. 1:8-9). Dios está mostrando su obra de gracia hacia quienes no hubieran podido alcanzar la condición de pueblo, a no ser por su providencia y cuidado.

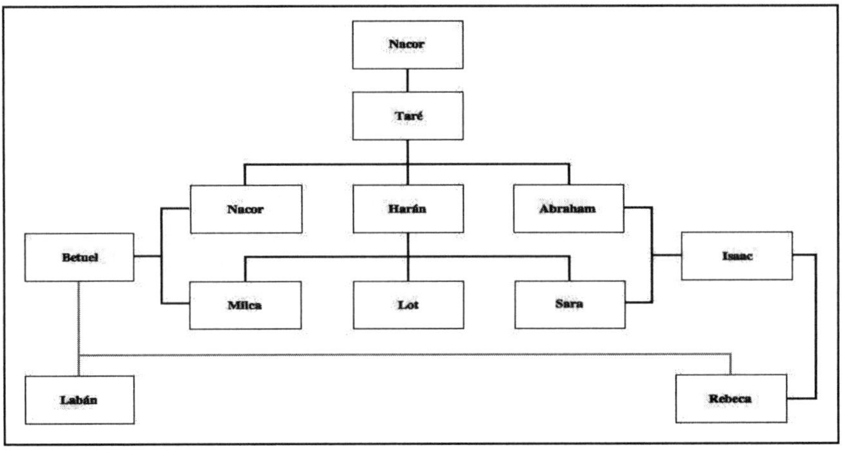

Genealogía de Abraham.

Moisés y la liberación (24:5-7)

5. Y yo envié a Moisés y a Aarón, y herí a Egipto, conforme a lo que hice en medio de él y después os saqué.

La figura del libertador enviado por Dios y su acción relacionada con este cometido, resume en la brevedad de una frase, un largo y asombroso proceso de intervención divina en favor de Israel. La determinación del Señor en librar a su pueblo, obedece al compromiso pactado con Abraham. Junto con la gracia, surge paralela la fidelidad con que Dios actuó en favor de su pueblo. *"Yo envié"* (*wăªeslah*). Moisés, de la tribu de los levitas, hermano del que fue el primer sumo sacerdote en Israel, fue enviado por Dios para la liberación del pueblo de esclavos en que se habían convertido los descendientes de Abraham en Egipto. Era el hombre que la providencia había preparado para aquella misión. Su estancia durante cuarenta años en Egipto, su vinculación con el faraón, hicieron de él una persona preparada en todos los aspectos que requería el liderazgo político-militar para una nación que se formaría con los que salía de la esclavitud, mantenida por cuatro siglos. Preparado en las ciencias de la mayor potencia de aquella época, era un hombre verdaderamente capaz. A esta preparación científica se añadieron otros cuarenta años en la *universidad del desierto*, donde alcanzó la mayor graduación en humildad y dependencia. A la vista del enviado, solo es posible entenderlo como una acción divinamente preparada y ejecutada con matemática precisión. Buscado por el faraón para darle muerte, logra escapar al desierto donde fue recibido por quien iba a ser su suegro, Jetro, sacerdote en Madián. Allí, el Señor proveería para él de su primera esposa Séfora. En la soledad del desierto, pastoreando el rebaño de ovejas, Moisés iba formando un carácter pobre y humilde en espíritu, que le haría el mejor instrumento posible para afrontar con responsabilidad y dependencia la conducción de todo aquel pueblo. El Señor envió junto con Moisés a su hermano Aarón (Éx. 4:14-16). La situación de Moisés después de cuarenta años en que no practicaba el idioma de sus hermanos, unida al necesario silencio como pastor, hicieron que perdiese en gran medida el idioma. No debía tener ningún defecto en el habla, como algunos interpretan a la luz del relato del Éxodo (Éx. 4:10). Es interesante notar que Moisés tiene dificultades para hablar a su mismo pueblo, y recibe la ayuda de su propio hermano, a quien el Señor envía junto con él. Aarón sería su portavoz mientras no recuperaba la agilidad en el manejo del idioma, que había perdido durante tanto tiempo sin usarlo habitualmente. Sin embargo, enseguida aparece Moisés hablando al pueblo, hablando al faraón, dialogando con gente de Israel, etc. La providencia de Dios había forjado a Moisés y la gracia se lo había enviado al pueblo esclavo en Egipto. La acción es total y absolutamente de Dios. No terminó la ayuda con la provisión de los hombres necesarios para la conducción del pueblo, sino que la omnipotencia del Señor se manifestó *hiriendo a Egipto* (*ªeggöp*). La referencia tiene que ver con las plagas que antecedieron a la liberación del pueblo esclavo (Éx. 7-12). El *dedo de Dios* obró todos aquellos portentos (Éx. 8:19). Sin embargo, lo más destacado de todos aquellos prodigios es el hecho de haber actuado directamente contra las divinidades egipcias. Las plagas afectaron a lo que aquellos consideraban como dioses. El verdadero y único Dios, luchaba Él mismo contra los ídolos egipcios. Tras el golpear de Dios sobre la nación, se produjo la liberación de los esclavos, como lo enseña por medio de las palabras de Josué: *"y después os saqué"*. No habían sido ellos los que salieron, ni podían ni se atrevían, fue Dios quien los tomó de la esclavitud y los sacó de debajo de la opresión.

6. Saqué a vuestros padres de Egipto; y cuando llegaron al mar, los egipcios siguieron a vuestros padres hasta el mar Rojo con carros y caballería.

La providencia de Dios se manifiesta en cada uno de los ejemplos expresados en la brevedad de las palabras de cada versículo. Quienes habían sido sacados de Egipto, era los padres, es decir, los antepasados directos de aquellos que estaban escuchando a Josué. Muchos de los padres varones habían muerto en el desierto. Con todo, la historia de la salida de Egipto corría de boca en boca, de padres a hijos, siendo algo muy conocido de todos ellos. *"Saqué a vuestros padres"* (^{ä}ôsî^{ä}), os hice salir a vosotros en la persona de ellos (Éx. 12-13). Liberar a un pueblo de esclavos, tan numeroso, de un país cuya economía descansaba en gran parte en el trabajo de ellos, no era algo sencillo. La reacción del faraón, pasados los primeros momentos del impacto producido por la muerte de los primogénitos, no se hizo esperar (Éx. 14:5). Los egipcios tenían un ejército poderoso, bien armado y dotado de carros de guerra veloces. Los israelitas que salieron de la esclavitud en un número aproximado a dos o tres millones de personas, era una masa humana que avanzaba con mucha lentitud por una zona desértica (Éx. 12:37-38), muy apta para la veloz caballería egipcia. El camino del éxodo había llevado al pueblo a una situación difícil. Tras ellos, corrían veloces las fuerzas de élite del faraón (Éx. 14:6-7). No los alcanzaron cuando el pueblo llegó al mar, sino mucho antes (Éx. 14:9). Sin embargo, entre ellos y las fuerzas del faraón estaba la mano protectora de Dios, que con su nube impedía a los enemigos aproximarse a su pueblo (Éx. 14:19-20). Humanamente hablando, no había posibilidad alguna para los israelitas de escapar a la acción militar egipcia contra ellos. La situación había llegado a ser altamente comprometida. Tras ellos, los ejércitos egipcios y delante, el mar.

7. Y cuando ellos clamaron a Jehová, él puso oscuridad entre vosotros y los egipcios, e hizo venir sobre ellos el mar, el cual los cubrió; y vuestros ojos vieron lo que hice en Egipto. Después estuvisteis muchos días en el desierto.

La primera referencia a la respuesta de la oración la tuvieron en el tiempo de la salida. Los ejércitos egipcios a sus espaldas los llenaron de miedo. El clamor del pueblo se elevó a la presencia del Señor. Era un clamor de incapacidad, pero al mismo tiempo, la primera gran manifestación de incredulidad y desconfianza. El pueblo nunca creyó totalmente en las palabras de Moisés y, por tanto, nunca creyó totalmente en la fidelidad de Dios (Éx. 14:11-13). Acababan de ver prodigios asombrosos obrados por Dios en Egipto. Los lamentos de miles de familias que habían perdido su hijo primogénito debían resonar todavía en sus oídos. Con todo, aquellos eran un pueblo que no vivía la experiencia de una fe plena en Dios. Habrían podido ser sustituidos por otro pueblo, sin embargo, eran el pueblo de la promesa y la fidelidad de Dios estaba comprometida con ellos. La intervención de Dios mediante la nube protectora se consumó con la destrucción del ejército egipcio que los perseguía. El mar fue abierto para que el pueblo pasara en seco mediante la naturaleza puesta al servicio de Dios en un viento recio que separó las aguas del mar (Éx. 14:21). Los egipcios también aprovecharon el milagro para proseguir la persecución. No pudieron aproximarse a causa de la nube que los separaba. La intervención de Dios causó un grave problema en los carros de faraón, al descalabrar los carros *quitando las ruedas*, es decir, atascándolas en el fondo arenoso del mar y bloqueando la marcha de los carros (Éx. 14:25). El mar concluyó la obra al servicio del Creador, dejando a todo el ejército que el faraón había enviado contra Israel bajo sus aguas. *"Las mismas aguas que sirvieron a Israel de defensa, sirvieron de sepulcro a los egipcios"*[1]. Los ojos atónitos de Israel contemplaron tal prodigio. No era una obra más de las muchas que había hecho Jehová por ellos, era una operación culminante que les permitiría alejarse de Egipto e iniciar la andadura hacia Canaán. Esta obra de Dios traería consecuencias sobre las naciones cananeas. El relato de los acontecimientos con los egipcios, la ausencia de sus carros de guerra por los caminos de Canaán... prepararía el ánimo de los pobladores de la tierra generando en ellos un temor especial hacia el pueblo de Israel. La referencia al tiempo de caminar por el desierto es sencilla y breve: *"Después estuvisteis muchos días en el desierto"*. Los *muchos días*, son un período de cuarenta años. Este tiempo estuvo jalonado de infidelidades, disensiones, murmuraciones y rechazo a lo que Dios determinaba. Baste el incidente en Cades-barnea, donde el pueblo rechazó entrar en Canaán porque creían más a los espías enviados por Moisés que a la promesa del Señor de darles la tierra en posesión (Nm. 14:1 ss.). Con todo, Dios fue fiel con ellos, cuidándolos a lo largo de los años de discurrir por el desierto hasta introducirlos en la tierra. Fidelidad, gracia, cuidado, paciencia y otras muchas bendiciones fue lo que el pueblo recibió de parte de Dios.

La peregrinación (24:8-10)

8. Yo os introduje en la tierra de los amorreos, que habitaban al otro lado del Jordán, los cuales pelearon contra vosotros; mas yo los entregué en vuestras manos, y poseísteis su tierra, y los destruí de delante de vosotros.

Del cuidado cotidiano, a las experiencias difíciles por el desierto. La primera referencia es al encuentro con los amorreos. Serían las primeras conquistas en Transjordania. Los israelitas fueron introducidos por Dios en el territorio amorreo. Dios afirma que *los hizo entrar* (*wä ªbî̂ª ªetkem*), desde el desierto de donde venían. Los reyes Sehón y Og fueron derrotados por los ejércitos de Israel (Nm. 21:10 ss.). Los dos reinos amorreos tenían

---

[1] F. Lacueva. o.c., pág. 129.

una capacidad militar superior a la de Israel. Eran naciones perfectamente asentadas en sus territorios y acostumbrados a las luchas entre ellas y a la defensa de sus territorios. Israel no tenía práctica en la guerra, por lo menos a ese nivel. El enfrentamiento podría —humanamente hablando— haberse decantado en favor de las naciones amorreas, pero Dios los entregaba en sus manos (ª*ettën* ªôtäm). Junto con la entrega, el regalo de sus tierras. Las posesiones amorreas pasaron a ser posesiones de Israel. En aquellos lugares, con territorios muy fértiles y adecuados para el pastoreo, se asentarían las dos tribus y media. Realmente, las dos naciones, cuando quisieron combatir quedaron *destruidas* (ª*asmîdëm mipnêken*) delante de Israel, no por la fuerza de este pueblo, sino por la providencia de Dios.

9. Después se levantó Balac hijo de Zipor, rey de los moabitas, y peleó contra Israel; y envió a llamar a Balaam hijo de Beor, para que os maldijese.

Los moabitas, próximos a los amorreos, procuraron eliminar a Israel, no tanto en el plano del enfrentamiento directo, sino por medio de maldiciones pronunciadas contra ellos. La idea de un dios protector, que cada pueblo tenía, enfrentaba a unos pueblos contra otros, en una guerra religiosa. Los moabitas buscaron la ayuda de Balaam, el profeta. La unión material-espiritual se combina en el encuentro con Moab. Fue Jehová, el Dios de Israel, quien utilizó al profeta contratado por Balac, el rey moabita, para que profetizase en Su nombre a quien lo había contratado. Dios convirtió el proyecto de maldecir al pueblo en todo lo contrario. Balaam pronunció bendiciones sobre la nación (Nm. 23-24).

10. Mas yo no quise escuchar a Balaam, por lo cual os bendijo repetidamente, y os libré de sus manos.

Todo cuando existe, incluidos los hombres, están bajo el control del Soberano. Él confunde los proyectos humanos y los conduce para que cumplan sus propósitos. Balaam había determinado maldecir, pero Dios había determinado bendecir. La bendición sobre Israel fue pronunciada repetidas veces por aquel que había sido llamado para maldecir a la nación (Nm. 23-24). Claramente les recuerda que Él *"no quiso escuchar a Balaam"* (*lô*ª ªäbîtî *lismö*ª). Balaam tuvo que aceptar bajo la dirección y poder de Dios, bendecir repetidamente a Israel. Cambiada la maldición por bendición, *"os libré de sus manos"* (ª*asîl* ª*etkem*). En todo momento y en todo lugar Dios actuó providencialmente en favor de su pueblo. Nadie de los presentes podía olvidar estas realidades. Las acciones de Dios merecían el reconocimiento de todo el pueblo.

La conquista (24:11-13)

11. Pasasteis el Jordán, y vinisteis a Jericó, y los moradores de Jericó pelearon contra vosotros; los amorreos, ferezeos, cananeos, heteos, gergeseos, heveos y jebuseos, y yo los entregué en vuestras manos.

Algunos de los presentes podrían tener medio olvidados los acontecimientos habidos hacía cuarenta o más años, pero la conquista era algo reciente. La primera acción milagrosa de Dios se había producido en el paso del oriente al occidente del Jordán. Este prodigio se ha considerado con detalle en lugar correspondiente[2]. Un pueblo tan numeroso, en un lugar llano, frente a ciudades enemigas poderosas fue capaz de cruzar el río, con todo cuanto tenían, sin ningún tipo de dificultad, simplemente avanzando por un camino nuevo, el lecho del río, abierto para ellos por el poder de Dios. Después de haber cruzado el Jordán, vinieron a Jericó. La ciudad fue rodeada durante seis días, en silencio, solo roto por el sonido bronco de las bocinas de asta de carnero, hasta que al séptimo, Dios les entregó la ciudad. Sorprende un poco la expresión: *"y los moradores de Jericó pelearon contra vosotros"*. Tal vez se esté refiriendo a los preparativos de guerra que los de la ciudad habían emprendido ante la presencia de Israel en la llanura del Jordán. Estaban confiados en la protección de los muros y en la seguridad de las puertas (6:1). Sin embargo, nada de aquello fue suficiente para impedir lo que Dios había determinado: entregarles la ciudad, como primer trofeo en la etapa de la conquista. Uno tras otro fueron cayendo los distintos pueblos que ocupaban el territorio de Canaán. Pueblos y naciones con notorio arraigo en la tierra. Algunos de ellos con ejércitos poderosos y bien entrenados para la guerra, pero el avance fulgurante de Israel fue derrotando todos los esfuerzos hechos por los que estaban en aquella tierra para mantenerla bajo su control. Cada una de las naciones mencionadas fue derrotada y prácticamente eliminada. Todos los pueblos habían caído por una razón: *Dios los había entregado en sus manos* (*ªettën* ªôtäm). Ninguno de los representantes de la nación convocados por Josué, para hacerles llegar el mensaje de Dios, podían poner en duda la verdad de esta afirmación. Dios había luchado por ellos. La victoria no era de Israel, sino de Dios.

12. Y envié delante de vosotros tábanos, los cuales los arrojaron de delante de vosotros, esto es, a los dos reyes de los amorreos; no con tu espada, ni con tu arco.

La naturaleza actuó al servicio del Señor y en favor de su pueblo. Delante de los ejércitos de Israel, Dios envió *tábanos* (*ªeslah lipnëkë,*

---

[2] Ver comentario al capítulo 3.

ªet hassirªa), literalmente *abejones* o *avispones*, que con sus picaduras y presencia aterrorizaron a los enemigos de Israel. En otras ocasiones fueron meteoros, como el granizo, que permitieron la derrota de quienes moraban en Canaán. La primera experiencia con los *tábanos* se produjo con los dos reyes amorreos de Transjordania. Proféticamente anunciado, se cumplió en relación con las avispas (Éx. 23:28; Dt. 7:20). Nuevamente, se insiste en que no fue la fortaleza de Israel la que permitió la conquista de Canaán, sino el poder y la acción divina.

13. Y os di la tierra por la cual nada trabajasteis, y las ciudades que no edificasteis, en las cuales moráis; y de las viñas y olivares que no plantasteis, coméis.

Cerrando esta línea providencial sin desvíos, aparece la afirmación de Dios: *"yo os di"* (*ªettën läkem*) una tierra sin esfuerzo para ellos: *"por la cual nada trabajasteis"* (*yᵉgaªtem bäh*). No tenían que roturarla, porque había campos preparados para ser sembrados. No tuvieron que trabajar para levantar ciudades. Las principales habían caído en sus manos como consecuencia de las acciones militares de la conquista. Es cierto que algunas habían sido incendiadas, pero lo único que tuvieron que hacer los israelitas fue reconstruir lo dañado. Aquellas ciudades que ellos no habían edificado eran su morada. Los sembrados con abundancia de viñas y olivares no habían sido plantados por ellos, sin embargo, comían de su fruto. Yahveh, el dueño de la tierra, la había entregado a su pueblo como cumplimiento de su propósito y manifestación de su fidelidad (Lv. 25:23a).

Demanda de fidelidad (24:14-15)

14. Ahora, pues, temed a Jehová, y servidle con integridad y en verdad; y quitad de entre vosotros los dioses a los cuales sirvieron vuestros padres al otro lado del río, y en Egipto; y servid a Jehová.

El recuento de todas las bendiciones que habían recibido debía ser suficiente como para que todos los israelitas tuvieran un profundo y reverente respeto hacia el Dador de todas las riquezas que poseían. El *temor*, como respeto reverente, obedecía a lo que Él era, y a lo que había hecho. No se establece esta responsabilidad como ruego, sino como mandamiento: *"temed a Jehová"* (*yᵉrᵃ̈û ªet Yahveh*). El recuerdo histórico que Josué hizo delante de ellos ponía de manifiesto la omnipotencia de Dios. Se había mostrado en los pueblos de Canaán, que habían sido eliminados, no por ser cananeos, sino por su pecado contra Dios. El pecado abría un abismo de separación que impedía las bendiciones y traía como consecuencia a la impiedad, la ira de Dios. Por medio de Josué, les recordó todo esto para que ellos supieran que, de la misma forma que las maldiciones por el pecado habían alcanzado a los pobladores de Canaán, así también ellos no escaparían del juicio si no vivían en profundo y reverente respeto con Dios, buscando diligentemente no ofenderle al quebrantar sus mandamientos. La abundante manifestación de la gracia, en los favores alcanzados sin mérito alguno, debía provocar en ellos la gratitud suficiente para un servicio continuado. Ellos debían ver a Dios como omnipotente y bondadoso, y como tal, *servirle* (*ªibᵉdû*). Sin embargo, el servicio no sería aceptable para Dios como imposición religiosa, sino como algo que salía de la voluntad rendida de cada israelita. El servicio a Dios requería dos condiciones: *integridad y verdad*, literalmente *con perfección y sinceridad* (*bᵉtämîm* ûbeä *emet*). Además, no podían mantener entre ellos otros dioses falsos. Las imágenes que los representaban debían *quitarse* de en medio de ellos (*häsîrû* ä*et* ä*elöhîm*). No es solo apartarlos de su lado, sino arrojarlos lejos, donde no puedan ejercer influencia perniciosa. Los ídolos que estaban entre el pueblo eran los que sus padres habían traído del *"otro lado del río"*. El servicio a aquellos dioses era realmente *rendirles culto*. Los padres de la nación los habían *servido* (ªäbᵉ*dû*), cuando estaban en Mesopotamia. Abraham y sus ascendientes eran idólatras. Siguieron estando presentes en la familia de Jacob. Ídolos familiares fueron enterrados por él debajo de una encina (Gn. 35:4), cuando iba al encuentro de su hermano Esaú, que primero habían sido robados a su suegro por su hija, esposa de Jacob, Raquel (Gn. 31:30-32). El pueblo también había salido de Egipto acompañado de gentes egipcias, que trajeron sus ídolos con ellos. La presencia de estos objetos de culto, prohibidos por la ley, traería serias dificultades en el futuro. El primer problema se producía en un corazón dividido entre Jehová y los dioses. Josué, hablando en nombre del Señor, les exhorta a desprenderse de los ídolos que pudiera haber entre ellos.

Ídolo es todo aquel que ocupa el lugar de Dios y a quien, de alguna manera, se sirve. No es posible un servicio correcto y desinteresado cuando convergen dos alternativas dispares y contrarias entre sí. No es posible un servicio a Dios y a los ídolos, por cuanto son absolutamente opuestos. Los intereses de uno son contrarios a los del otro. Sin duda, la acción que corresponde a quien ha recibido tantas bendiciones de Dios, especialmente su salvación eterna, es la de limpiar de su vida todo cuanto sea contrario a la voluntad de Dios, para dedicarse a Él en un servicio de entrega total (Ro. 12:1).

15. Y si mal os parece servir a Jehová, escogeos hoy a quien sirváis; si a los dioses a quienes sirvieron vuestros padres, cuando estuvieron al otro lado del río, o a los dioses de los amorreos en cuya tierra habitáis; pero yo y mi casa serviremos a Jehová.

Josué lleva al pueblo, en nombre de Dios, a una elección personal. El Señor los había escogido para serle un pueblo especial. Había hecho para ellos y por ellos todo cuanto había prometido. Habían sido liberados de la esclavitud egipcia, guardados en el desierto, trasladados a Canaán donde poseían la tierra que había sido antes de otros pueblos a quienes Dios había quitado de en medio para poner en su lugar a Israel. Sin embargo, el pueblo podía elegir en ese momento a quien deseaba servir. La obra hecha por Yahveh podía ser poco para ellos. Cabía la posibilidad que considerasen indigno o malo (*ra*[a]) servir a Yahveh. ¿Habría ya algunos entre el pueblo que no estaban de acuerdo con servir a Yahveh? Cabe dentro de la posibilidad. El lenguaje utilizado es probablemente irónico. El grandioso trinomio elección-salvación-entrega de la tierra fue presentado para que el pueblo tuviese elemento suficiente de reflexión sobre el Señor. Ahora, ellos debían tomar una decisión respecto al servicio y compromiso con Él. Si no consideraban bueno servir a Yahveh, debían escoger a otros dioses que lo sustituyesen. Podían decantarse por los de sus antepasados más alla del río, los dioses de Mesopotamia, o incluso los de Egipto, o bien por los Baales de la tierra cananea en la que habitaban. Ellos tenían que escoger (*bähar*), en aquel mismo día a quienes querían servir ([a]äbad). La elección por los dioses amorreos les traería la simpatía y aceptación de los amorreos, anteriores pobladores de la tierra. El primero en responder a la elección es Josué. Delante de todo el pueblo afirma que él y su casa seguirán sirviendo a Jehová. Josué había valorado la bondad de Dios y estaba dispuesto a servirle. Aunque el pueblo todo decidiera servir a otros dioses, él estaba firme en su propósito de servir al Señor: *"yo y mi casa serviremos a Jehová"*.

El creyente debe hacer también la elección correspondiente al servicio en su vida. El Señor hizo por cada uno de los suyos, Su pueblo en esta dispensación, una obra admirable de gracia y misericordia. Ante tal obra debe esperarse una elección que conduzca a un compromiso de vida dedicada al que murió para dar vida y esperanza. El servicio entraña dependencia, sujeción, subordinación y renuncia personal (Lc. 14:26, 33). No es cuestión de un servicio parcial, sino completo, lo que se demanda. Ese servicio será satisfactorio para el que sirve en la medida en que se produzcan dos aspectos: (1) El reconocimiento de una obra de gracia hecha en servicio del que es llamado a servir. (2) La plena identificación con Cristo, el siervo de Dios, que impulsa el servicio en el creyente, no como imposición sino como experiencia de vida. La religión *impone* el servicio, la *comunión* hace vivencial el servicio.

Promesa y compromiso (24:16-18)

16. Entonces el pueblo respondió y dijo: Nunca tal acontezca, que dejemos a Jehová para servir a otros dioses.

La expresión de compromiso con Yahveh no se hace esperar. El pueblo entero responde en un compromiso para servirle, excluyendo cualquier otro servicio a otros dioses. Las palabras de Dios por medio de Josué llegaron al corazón del pueblo. Decidirse por el Dios de Israel era oponerse a cualquier otro dios competidor de Él. Josué les había propuesto una alternativa consistente en escoger otros dioses a quienes sirviesen. La respuesta es conclusiva: *"Nunca tal acontezca"*. Servir a otros dioses equivalía a dejar de servir a Yahveh. ¿Quién podría con un corazón agradecido, tomar una decisión semejante? Ningún dios extraño les había proporcionado nada valioso. El Señor Dios era el único a quien era lícito y honesto servir. Dejar el servicio del Señor para servir a otros señores era una insensatez que el pueblo no estaba dispuesto a asumir.

17. Porque Jehová nuestro Dios es el que nos sacó a nosotros y a nuestros padres de la tierra de Egipto, de la casa de servidumbre; el que ha hecho estas grandes señales, y nos ha guardado por todo el camino por donde hemos andando, y en todos los pueblos por entre los cuales pasamos.

La elección por Dios se basaba en razones lógicas. Él había sido el Dios de la liberación de Egipto. Su acción había sido decisiva para sacarlos a ellos, algunos todavía vivos, y a sus padres, del cautiverio a que estaban sometidos en Egipto. Aquello había sido para la nación una "*casa de servidumbre"*. Jehová los había sacado de la casa de trabajos y de la vida de esclavos. El mismo Dios se presentaba así a su pueblo cuando decía: *"Yo soy Jehová tu Dios, que te saque de tierra de Egipto, de casa de servidumbre"* (Dt. 5:6). No debía olvidarse esa bondad del Señor (Dt. 6:12). Nadie más que Él había sido capaz de liberar a un pueblo de esclavos. Egipto era para todos ellos una *casa de servidumbre.* No les quedaba otra opción que trabajar al servicio de amos despóticos. Servir al Señor era un privilegio respondido con bendiciones. En segundo lugar, pesaba en la decisión el comportamiento del Liberador durante los años de la peregrinación por el desierto. Todo aquel tiempo podía resumirse en una sola palabra: providencia. El Señor había hecho grandes señales y los había guardado durante el camino. El Dios de la liberación en Egipto fue también el Dios de la protección hasta Canaán. Dios había hecho continuas señales en medio de ellos para que creyesen en Él (Nm. 14:11). No eran señales que requiriesen interpretación, sino hechos evidentes ante sus ojos (Dt. 6:22). Los dioses egipcios no fueron capaces de retener al pueblo en la esclavitud. Los dioses de los pueblos que se opusieron al paso de Israel durante los años de viaje desde Egipto a Canaán, no habían sido capaces de resistir al Dios de los hebreos. Eran motivos suficientes para tomar la determinación en favor de servir solo a Jehová.

18. Y Jehová arrojó de delante de nosotros a todos los pueblos, y al amorreo que habitaba en la tierra; nosotros, pues, también serviremos a Jehová, porque Él es nuestro Dios.

El tercer elemento decisivo era la acción de Yahveh en relación con los pueblos de Canaán y la entrega de la tierra a Israel. Solo Él había arrojado a los moradores de delante de Su pueblo. Era el Dios de *los combates* con todos los pueblos y de la *conquista*. Ninguno de aquellos había sido capaz de resistir el empuje de Dios. Los Baales de los pueblos amorreos, los otros dioses de las restantes naciones cananeas, no habían podido proteger a sus fieles, que les servían con tanta dedicación que incluso les inmolaban a sus hijos. Sin ninguna acción semejante, sin demandas agobiantes, Jehová los había introducido en la tierra y se la había dado en posesión. Por tanto, la decisión que el pueblo tomaba, era una decisión lógica: *"Serviremos a Jehová, porque Él es nuestro Dios"*. Servicio y fidelidad se manifiestan en el compromiso. No solo le servirían, sino que lo harían con exclusividad. Solo Él era y sería su único Dios. Ciertamente, el pueblo se olvidaría del compromiso en el futuro y les traería consecuencias funestas.

Así fue en el ejemplo histórico de Israel, la obra que Cristo hizo en favor de su iglesia. Primeramente, la liberación de la esclavitud. No una esclavitud parcial y temporal, sino definitiva. Pablo afirma que cada cristiano era antes, *un muerto en delitos y pecados, que vivía conforme a la condición del mundo* (Ef. 2:2-5). La situación de esclavitud espiritual era insuperable por esfuerzo humano. La obra redentora exigió, no solo la intervención omnipotente de Dios, sino la entrega de su propia vida en sacrificio expiatorio (1Pe. 1:18-20). El cuidado continuo del Señor sobre quienes son suyos es otra de las bendiciones cotidianas: *"echando toda vuestra ansiedad sobre Él, porque Él tiene cuidado de vosotros"* (1Pe. 5:7). Un cuidado permanente como el Pastor Celestial sobre su rebaño. Esto incluye también la orientación de cuestiones que pueden no ser entendidas, y aún contrarias, para el bien personal de aquellos que son objeto de su amor (Ro. 8:28). Finalmente, las riquezas absolutas de una herencia inmerecida son también de su pueblo, hechos herederos de Dios y coherederos con Cristo (Ro. 8:17). Una admirable provisión de cuidado en el presente (Mt. 6:32), y una segura herencia en el futuro (1Pe. 1:4), son provisiones de la gracia para quienes no tenían esperanza alguna (Ef. 2:12). Todavía más, la admirable dimensión de la incorporación a la casa y familia de Dios, por medio de la adopción en Cristo (Ef. 2:19; Gá. 4:4). Todas estas bendiciones proceden de la gracia. El creyente, impulsado por el amor que Dios le ha mostrado, no tiene otra elección lógica que la gratitud que conduce a un servicio pleno hacia quien le amó (2Co. 5:14-15). ¿Cómo consiguió el Señor la decisión del pueblo en un compromiso de servirle? Presentando ante ellos el amor que les había manifestado. De nuevo —ya se dijo antes— la única manera bíblica de llevar a un creyente y a la iglesia al compromiso de servicio a Dios, no es mediante la reprensión, sino mediante la gracia, esto es, poniendo delante de la iglesia el infinito e insondable amor de Dios mostrado hacia perdidos pecadores. El púlpito cristiano debe llenarse del raudal admirable de la gracia mucho más que de la exigencia de la reprensión.

Advertencia (24:19-20)

19. Entonces Josué dijo al pueblo: No podéis servir a Jehová, porque Él es Dios santo, y Dios celoso; no sufrirá vuestras rebeliones y vuestros pecados.

Josué responde al pueblo con un inesperado: *"No podéis servir a Jehová"* (*lö[ä] tûk[e]lû la [a]aböd [ä]et Yahveh*). No es que quisiera desanimar al pueblo y mucho menos estorbarles en el deseo de servir a Dios. Josué siente un santo celo por Dios y conoce también las limitaciones del pueblo y su propensión a hacer promesas que luego no cumplía. Tiene la experiencia de muchos años conduciendo a un pueblo que Dios mismo dijo que era *duro de cerviz*, es decir, que no inclinaban fácilmente su cabeza para aceptar la voluntad de Dios. Por esta causa, trata de hacerles ver que debían superar los obstáculos que supone servir a Yahveh como Él lo exige. Es más fácil servir a los dioses de las naciones, transigentes con el pecado, tolerantes con el mal, sin ningún tipo de exigencias de santidad, que al único Dios verdadero que es *Santo* (*[ä]Elöhîm q[e]dösîm*). A causa de esa santidad esencial de Dios, exige una vida santa para quienes le sirven. Así lo demandaba en su Ley: *"Porque yo soy Jehová vuestro Dios; vosotros, por tanto, os santificaréis, y seréis santos, porque yo soy santo"* (Lv. 11:44). El Señor había escogido a Israel con un propósito definido: *"Y vosotros me seréis un reino de sacerdotes y gente santa"* (Éx. 19:6). La santificación era irrevocable para quienes querían agradarle: *"Santificaos, pues, y sed santos, porque yo Jehová soy vuestro Dios"* (Lv. 20:7). Con un énfasis aún mayor si cabe, les demandaba: *"Habéis, pues, de serme santos, porque yo Jehová soy santo, y os he apartado de los pueblos para que seáis míos"* (Lv. 20:26). El pueblo había dicho que servirían a Jehová porque Él era su Dios (v. 17). Quienes afirmaban ser de Dios tenían que ser santos. Además, Dios es *celoso* (^{ä}*El qannô*^{ä}), en el sentido que no tolera la presencia-culto a otros dioses. Aquel pueblo iba a ser *esposa* de Yahveh, por tanto, no podía unirse en infidelidad espiritual a otros dioses, algunos de los cuales, en figuras, estaban entre ellos. Por tanto, el Dios santo y celoso, no *toleraría* (*lö*^{ä}*yissä*^{ä}), dejando pasar sin disciplina todas las transgresiones y pecados que el pueblo cometería contra Él. Ya lo había advertido por medio de Moisés cuando dijo al pueblo, sobre la adoración a ídolos representados en imágenes: *"No te inclinarás a ellas, ni las honrarás; porque yo soy Jehová tu Dios, fuerte, celoso, que visito la maldad de los padres sobre los hijos hasta la tercera y cuarta generación de los que me aborrecen"* (Éx. 20:5). E insiste todavía más: *"Porque no te has de inclinar a ningún otro dios, pues Jehová, cuyo nombre es Celoso, Dios celoso es"* (Éx. 34:14). La condición de Dios como Celoso, le conduce irremediablemente a la acción disciplinaria o judicial contra el transgresor voluntario: *"Porque Jehová tu Dios es fuego consumidor, Dios celoso"* (Dt. 4:24).

20. Si dejareis a Jehová y sirviereis a dioses ajenos, Él se volverá y os hará mal, y os consumirá, después que os ha hecho bien.

La ira del Señor pondría en riesgo la misma existencia de su pueblo, en caso de pecado voluntario contra Él: *"No andaréis en pos de dioses ajenos, de los dioses de los pueblos que están en vuestros contornos; porque el Dios celoso, Jehová tu Dios, en medio de ti está; para que no se inflame el furor de Jehová tu Dios contra ti, y te destruya de sobre la tierra"* (Dt. 6-14). Dios los había favorecido hasta entonces (*hêtîb läkem*). Su gracia los había libertado de la esclavitud, conducido por el desierto y aposentado en la tierra. Sin embargo, no puede tolerar el pecado de su pueblo. Es un Dios vivo que actúa, a causa de su justicia, contra el transgresor que quebranta voluntariamente el pacto con Él. La consecuencia de la infidelidad sería que el Señor se apartaría de su pueblo: *"El se volverá y os hará mal"* (*säb w*^{e}*hëra*^{a} *läkem w*^{e}*killä* ^{ä}*etkem*). Dios, bondadoso y lleno de gracia, enviaría sobre el pueblo las maldiciones escritas en su Ley para la transgresión. El final de la disciplina por el pecado concluiría con la desaparición de Israel como nación. El pueblo debía valorar bien esto antes de responder a la demanda de Dios de fidelidad y obediencia, con un compromiso que no iban a cumplir.

De la misma manera ocurre con el pueblo de Dios en el tiempo presente. Ser hijos de Dios demanda santidad como el Padre del Cielo es también santo. La relación paterno filial de los creyentes en Cristo, hace que los cristianos reflejen la santidad y perfecciones comunicables de

Dios, de manera que lleguen a la experiencia que establece Juan: *"Como Él es, así también nosotros en el mundo"* (1Jn. 4:17). Servir a Dios exige santidad y separación. Con todo, debe entenderse bien el concepto de santidad, que es esencialmente vivir vidas separadas para Dios, que glorifiquen Su nombre en este mundo mediante el comportamiento ético (Mt. 5:16). Pensar en servir sin santidad es una inconsecuencia absoluta. Quien vino al mundo como Siervo, decía también: *"¿Quién me redarguye de pecado?"* (Jn. 8:46). La santidad no es, como algunos piensan, apartarse de ciertos pecados, sino de todo lo no que proceda de fe. Hay quienes piensan que pueden servir a Dios despreciando a sus hermanos. Otros tratan de servir desde una posición carnal y personal que destruye la comunión y son obstáculo en la vida cristiana a otros muchos. Hay quienes piensan que el servicio a Dios tiene que ver con el mantenimiento de tradiciones y legalismos trasnochados, que generan inquietud y son cargas imposibles de llevar para quienes han alcanzado una vida libre en Cristo, produciendo divisiones por cuestiones que no son de doctrina fundamental, sino interpretaciones de hombres. Todos estos tratan de servir a Dios desde sus esfuerzos, criterios y obras, pero la realidad es que su servicio es inaceptable al Señor y entran directamente bajo su desagrado. Servir a Dios no es decirle lo que se quiere hacer, sino preguntarle qué se debe hacer. La oración del siervo no es: *"Señor aprueba la obra que hago"*, sino *"Señor, ¿qué quieres que yo haga?"*.

El pacto establecido (24:21-28)

21. El pueblo entonces dijo a Josué: No, sino que a Jehová serviremos.

Valorando los privilegios, aceptan la responsabilidad de servir. Es una confirmación de toda la nación en las personas de sus representantes. La respuesta es enfática: *Deseamos servir solo al Señor, sin ninguna otra condición.* A pesar de las dificultades que Josué les anunció contra la deslealtad, a pesar de que conocían sus imperfecciones, tanto personales como de todo el pueblo, el reconocimiento de las bondades recibidas los impulsa a reiterar la decisión de servir solo al Señor. El compromiso es ratificado en la presencia del Señor.

22. Y Josué respondió al pueblo: Vosotros sois testigos contra vosotros mismos, de que habéis elegido a Jehová para servirle. Y ellos respondieron: Testigos somos.

La reiteración de la primera respuesta permite el establecimiento de un pacto que regula la relación asumida. Moisés había ratificado en dos ocasiones el pacto que Dios había hecho con Israel. Primeramente, en el monte Sinaí (Éx. 24), más tarde, en los llanos de Moab (Dt. 29:1). Algo semejante se produjo en la historia de Josué. En primer lugar, se formalizó un compromiso que se ha considerado antes (8:31 ss), con la lectura de la Ley en Ebal. El pueblo podía recordar las bendiciones y las maldiciones establecidas en la Ley, que fue leída delante de todos, repitiéndose aquí con la ratificación de un pacto de compromiso en la presencia del Señor. Después de haber escogido libremente servir a Dios, ahora deben expresarlo mediante el pacto solemne. Los testigos del pacto no son ajenos a la reunión, sino los mismos que se habían comprometido. Aquellos serían testigos de cargo contra ellos mismos en caso de que el compromiso contraído no se cumpliera. Josué, que demandó antes una respuesta, demanda ahora la aceptación de la condición de testigos. Ellos tenían la obligación de testificar que el pueblo había escogido servir a Jehová en obediencia. Todos los representantes de la nación aceptaron también aquella responsabilidad: *"Testigos somos"*.

23. Quitad, pues, ahora los dioses ajenos que están entre vosotros, e inclinad vuestro corazón a Jehová Dios de Israel.

Los dioses ajenos estaban entre ellos. Una segunda exhortación a modo de mandamiento, reitera la demanda anterior sobre la limpieza idolátrica (v. 14). El compromiso de lealtad a Dios era solemne. Los testigos del pacto se habían constituido. Cualquier quebrantamiento del compromiso sería juzgado por el testimonio de los testigos. La fidelidad a Dios demandaba considerarlo en la práctica como el único Dios. El pueblo había afirmado que solo Él era el Dios de la nación y de ellos (v. 17). El asentimiento intelectual y personal debía convertirse en una acción consecuente con él. Los israelitas tenían que proceder a una limpieza de todos los dioses que estaban entre ellos. Aunque no les estuvieran prestando atención y culto, eran la representación de lo que sería la oposición a Dios, el quebrantamiento del compromiso y la ruina nacional en el futuro. Sin embargo, también era necesario un corazón *inclinado* a Dios. No era asunto intelectual y un compromiso religioso, sino la entrega de la vida a Dios, para ser sus siervos. El pueblo tenía que quitar todo cuanto supliera o sustituyera a Dios en sus vidas.

24. Y el pueblo respondió a Josué: A Jehová nuestro Dios serviremos, y a su voz obedeceremos.

El pueblo responde al reto de despojarse de los ídolos que había entre ellos como un mandato de Dios. El compromiso reiterado de servir a Dios exigía la limpieza de todos los ídolos. La obediencia a la voz de Dios iba por el mismo camino. La Ley había establecido la prohibición de la idolatría y de las imágenes que representasen a los ídolos para rendirles culto. Aquello, por tanto, no era solo la obediencia a la instrucción de Josué, y su deseo personal, sino un acto de obediencia a la voluntad de Dios, según su palabra. El *obedeceremos* del pueblo era la aceptación explícita de la limpieza de los ídolos que Josué demandaba de ellos, y era también la aceptación de un corazón inclinado a Dios para servirle.

25. Entonces Josué hizo pacto con el pueblo el mismo día, y les dio estatutos y leyes en Siquem.

El convenio de obediencia se establece en estipulaciones de un pacto. Todo Israel se comprometía a ser fiel al pacto sinaítico (Éx. 19-24). Siguiendo las instrucciones dadas por Moisés, Josué establece e *impone*, por decisión del pueblo,10 que lo aceptaba, un pacto (*höq* ûmispät), una *norma jurídica* que aseguraba el cumplimiento de lo pactado.

26. Y escribió Josué estas palabras en el libro de la ley de Dios; y tomando una gran piedra, la levantó allí debajo de la encina que estaba junto al santuario de Jehová.

Josué escribe las palabras del compromiso del pacto en *el libro de la ley de Dios*. El texto tiene, a simple vista, algunas dificultades. No se enseña en ningún lugar que un pacto debía incorporarse a los escritos de la ley. Moisés escribió todas las regulaciones de la ley en un libro que entregó a los levitas y que debía estar junto al arca (Dt. 31:24-25). Aquello que Moisés había escrito era lo que Dios establecía para su pueblo, por tanto, era Su palabra escrita. Sin embargo, ahora es Josué el que convocó al pueblo delante de Dios para una renovación del compromiso que la nación había asumido en días de Moisés. ¿Debía escribirse en el libro de la ley? ¿Había algo más que añadir a lo que Dios había legislado para Israel por medio de Moisés?. Lo más probable es que en esta ocasión se cumplía lo estipulado por Moisés para cuando Israel entrara en la tierra, la lectura de la Ley en Ebal y Gerizim. Surge aquí una pregunta que no ha podido ser respondida aceptablemente: ¿Fue en la ocasión anterior cuando se cumplió el mandato de Dios por medio de Moisés de leer la Ley en Ebal y Gerizim, o fue en esta? ¿Hubo dos lecturas de la Ley, cumpliendo el mandamiento, o una sola? Ya se argumentó bastante en el comentario al pasaje del capítulo 8. No puede dejar de considerarse la dificultad que sería, en condiciones normales, salvo un milagro, que el pueblo subiera en una noche desde Hai a Siquem, para la lectura de la ley y retornaran otra vez a Gilgal al día siguiente. La distancia lo hacía imposible. Como se indicó antes, con toda probabilidad, la ley se leyó en las quebradas que rodeaban la ciudad de Hai, haciendo allí un verdadero *Ebal y Gerizim*, donde estaba ordenada la lectura de la Ley cuando entraran en la tierra (Dt. 27:1-8). La tierra entonces aún no era de Israel, por cuanto solo había comenzado la conquista. Lo único que faltaba realmente en el ministerio de Josué como líder de la nación era el cumplimiento de este mandato. Por tanto, debe considerarse que fue aquí, en Siquem, situada en el valle entre los dos montes, donde tuvo lugar la lectura ritual de la Ley y la firma del compromiso del pueblo delante de Dios. Lo que se escribió allí debió haber sido una parte de las bendiciones y maldiciones recogidas en la Ley de Moisés, que este había ordenado escribir cuando se leyese en Ebal y Gerizim (Dt. 27:8). Las prescripciones establecidas en la Ley para cuando el pueblo estuviera en la tierra eran muy concretas: (1) Sería llevado a cabo después de haber cruzado el Jordán (Dt. 27:4). No se especifica el tiempo sino la condición. (2) Tendría que construirse un altar de piedras (Dt. 27:5). Es interesante notar que el texto bíblico dice que se levantó una piedra de testimonio *"junto al santuario de Jehová"*. Santuario, no significa necesariamente el lugar donde estaba el tabernáculo que era Silo, sino el lugar consagrado para adoración y compromiso, en el lugar que Dios había escogido para esta ocasión que era Siquem y donde, conforme a lo establecido por Moisés, Josué debió haber levantado un altar, por eso se habla del *"santuario de Jehová"*. (3) Tendrían que escribir en piedras encaladas las palabras de la Ley con mucha claridad (Dt. 27:8). Esto también se llevó a cabo por Josué, que hizo escribir *"estatutos y leyes en Siquem"*. Sobre dos grandes piedras encaladas se escribían para el monte Gerizim las bendiciones recogidas en la ley. No se da una relación concreta de las bendiciones, pero según los rabinos, las bendiciones eran las mismas maldiciones expresadas negativamente. Las maldiciones se escribían para el monte Ebal (Dt. 27:15-26). Las tribus de Simeón, Leví, Judá, Isacar, José y Benjamín estaban sobre el Gerizim y a cada bendición pronunciada en la lectura de la Ley, respondían con un solemne Amén. En el Ebal estaban las tribus de Rubén, Gad, Aser, Zabulón, Dan y Neftalí, que también respondían con Amén a las maldiciones leídas en la Ley. Es probable que la lectura se hiciese hasta el final de la porción que contenían todas las promesas de bendición y maldición (Dt. 27:15-28:68), aunque solo se escribía en las dos piedras preparadas para ello la primera parte. Todos estos datos fortalecen la idea de que la lectura de la Ley en Ebal y Gerizim, tuvo lugar en esta convocatoria de Siquem y no al día siguiente de la conquista de Hai.

Josué escribió el acta-memorial del compromiso (ä*et hadd*e*bärîm hä*äëlleh), en el *Libro de la Ley de Dios*, (b*e*sëper tôrat* ä*Elöhîm*) con toda seguridad en las piedras que recogían las bendiciones y maldiciones. Un ultimo acto solemne consistió en levantar una piedra (*mussäb*) de testimonio bajo la encina que estaba próxima al santuario, posiblemente, al altar levantado para aquella ocasión. Era un testimonio simbólico que permanecería en el tiempo. Los testigos del pacto morirían, pero aquella piedra señalaría a las futuras generaciones que en aquel lugar sus padres habían tomado la decisión solemne de servir solo al Señor.

27. Y dijo Josué a todo el pueblo: He aquí esta piedra nos servirá de testigo, porque ella ha oído todas las palabras que Jehová nos ha hablado, será, pues, testigo contra vosotros, para que no mintáis contra vuestro Dios.

Como si se tratase de un ser vivo, aquella piedra había escuchado el diálogo entre Jehová, que dio estatutos y manifestó su voluntad en mandamientos leídos ante todo el pueblo, y el pueblo mismo en su compromiso reiterado de fidelidad y acatamiento. Esta piedra serviría de *testimonio-aviso* para todo el pueblo y los hijos que vendrían después de ellos, a fin de que no se apartasen de Dios. Es probable que en esta piedra hubiese alguna inscripción, de este modo *hablaba* a los hijos de Israel.

28. Y envió Josué al pueblo, cada uno a su posesión.

No había nada más que hacer por parte de Josué. Todo cuanto correspondía a su ministerio se había cumplido. Había sido elegido por Dios para conducir al pueblo después de Moisés. Le había correspondido una tarea en un tiempo difícil. Hacer atravesar a todo el pueblo el Jordán e introducirlo en la tierra. Dirigir todos los años de conquista. Distribuir la tierra a cada tribu, casa y familia, de modo que todos tuvieran un lugar en la heredad que Dios les había otorgado. Finalmente, leer la Ley y hacer las advertencias solemnes de lo que ocurriría en caso de deserción. El pacto concluido y la aceptación nacional de seguir a Yahveh, obedecerle en todo y separarse de todos los dioses, se había llevado a cabo. Ya no quedaba nada al líder por realizar. Ahora podía ser recogido por el Señor a quien había servido. Con mucho gozo debió haber visto Josué partir al pueblo del lugar de concentración en Siquem. Cada uno iba, no a la aventura, sino a *su posesión.* Todo lo que Dios había determinado se cumplió con la grandeza de la generosidad divina y de su gracia actuando en favor de los suyos. Israel era una nación entre las naciones, con la diferencia notoria de que eran, además, el pueblo de Dios.

Muchas son las lecciones personales que pueden servir de aplicación al contenido del pasaje. Sin embargo, será bastante con un breve recordatorio sobre lo que significa ser el pueblo de Dios. Esencialmente, el comportamiento de este pueblo se basa en la obediencia, amor, fidelidad y santidad al Señor. La obediencia no es parcial, sino completa. Dios no acepta de los suyos la aceptación de algunos de sus mandatos, sino de todos ellos. No son los grandes mandamientos los que deben ser tenidos en cuenta, sino también los que aparentemente son muy pequeños. El creyente no debe hacer distinción entre mandamiento y mandamiento. Lo que el Señor ha establecido debe ser observado y tenido en cuenta. La obediencia conduce por el camino del amor. Nadie puede decir que ama al Señor si no está guardando sus mandamientos. Con mucha claridad lo enseñó Cristo: *"Si me amáis, guardad mis mandamientos"* (Jn. 14:15). Hay algunos creyentes que están empeñados en guardar los mandamientos que le son gratos, ignorando voluntariamente otros muchos. El Señor, por medio del libro de Josué, en el recuerdo histórico que llega al tiempo presente del último hecho solemne en Siquem, viene al encuentro de todos los suyos para un llamado a la renovación del compromiso de seguimiento y fidelidad. La demanda de fidelidad se expresa en la disposición de dar la misma vida si fuese necesario (Ap. 2:10). El amor, la obediencia y la fidelidad van rodeadas de santidad. Nadie puede seguir al crucificado en la senda que abrió sino es en el camino de santidad. Con todo, pudiera alguno preguntarse tomando las palabras de Pablo: *"Y para todo esto ¿quien es capaz?"* (2Co. 2:16). Nadie, en sus propias fuerzas, pero todos descansando en la gracia. La demanda de fidelidad, seguimiento y santidad es tan enfática para la iglesia, como lo era para Israel en los días de Josué: *"por tanto, amados míos, como siempre habéis obedecido; no como en mi presencia solamente, sino mucho más ahora en mi ausencia, ocupaos en vuestra salvación con temor y temblor, porque Dios es el que en vosotros produce así el querer como el hacer, por su buena voluntad"* (Fil. 2:13). El deseo surge de la acción del Espíritu y del mismo Espíritu también los recursos de poder para llevar a cabo lo que Dios despierta en el corazón cristiano. Es en la gracia que se alcanza la victoria, es en el esfuerzo personal en que se obtiene fracaso. Será una gran bendición para cada lector que el estudio de este admirable libro conduzca al reconocimiento de lo que realmente significa ser hijo de Dios: un pecador salvo por gracia, que es llevado continuamente de triunfo en triunfo con la única condición de *vivir a Cristo* (Fil. 1:21)

La muerte de Josué (24:29-33)

29. Después de estas cosas murió Josué hijo de Nun, siervo de Jehová, siendo de ciento diez años.

Todo lo que había determinado Dios hacer por medio de Josué, lo había llevado a cabo. Como siglos después decía Pablo, también Josué podía decir: *"He acabado la carrera, he guardado la fe"* (2Ti. 4:7). Finees el hijo de Eleazar es, con toda probabilidad, quien escribe este breve epílogo al libro relatando la muerte y sepultura de Josué y de su padre Eleazar. El seguidor de Moisés en el liderazgo del pueblo había cumplido la misión encomendada. Había sido *líder-conquistador*, y en los últimos momentos, *portavoz de Dios*. Con un insoslayable *murió* (*wayyämot*), se cierra la historia de Josué Barnun. La vida de Josué queda resumida en un calificativo admirable: *siervo*. En un principio se le conocía como *siervo de Moisés,* pero al final el mismo Espíritu coloca sobre la tumba simbólica de Josué un glorioso epitafio: *"Josué, hijo de Nun, siervo de Jehová"*. Su vida había sido larga, ciento diez años, a través de los cuales siempre fue siervo. Primero en Egipto, luego de Moisés en el desierto, después sirvió a Israel en Canaán, pero tanto en Egipto, como en el desierto, como en la tierra prometida, fue esencialmente un siervo del Señor. El mismo título que recibió Moisés, es también el de Josué: *"Siervo de Yahveh"*.

30. Y le sepultaron en su heredad en Timnat-sera, que está en el monte de Efraín, al norte del monte de Gaas.

Durante los últimos años, siendo anciano, Josué vivía en su heredad de Timnat-sera, dada por el pueblo de Israel como reconocimiento a su dedicación. No era una heredad con el atractivo de otras muchas, sino más bien agreste, pero aquella fuera la porción de tierra que poseía en el admirable conjunto de la heredad que Dios había dado a Israel. Posiblemente, fue su deseo personal ser enterrado en ella. La sepultura se llevó a cabo en la colina de Gaas, o *colina temblorosa.* Una tradición judía dice *"que el nombre obedece a que la colina tembló en el sepelio de Josué, para reprochar a los hijos de Israel por su estupidez al no guardarle el duelo que debían haber observado en honor de un hombre tan grande y tan bueno"*[3]. No se dice cómo ni por quiénes fue sepultado Josué. Tal vez murió en su casa y a su entierro fueron pocas personas, los más allegados, sus amigos y posiblemente, algunos líderes de la nación. Pero el texto no permite deducir un entierro majestuoso, con una presencia nacional importante. Casi siempre ocurre de este modo con quienes sirven a Dios. Su servicio concluye, el pueblo suele olvidarlo pronto, pero queda registrado por el Señor.

Ya se consideró en su lugar la importancia de ser siervo. El cristiano es por posición y por identificación con Cristo, siervo de Dios. Ningún título más honorable que este. Ningún calificativo más elevado. Los grandes títulos corresponden a la sociedad del mundo. Es en ese lugar donde los distintivos escritos en pergaminos, los blasones esculpidos en las paredes, los reconocimientos expresados en honores, merecen la pena

---

[3] F. Lacueva. o.c., pág. 132.

y son buscados. Diferentes son las cosas en el reino de Dios. Los grandes son los que sirven y los honorables aquellos que dan su vida en beneficio de los demás impulsados por la vivencia de quien se hizo pobre siendo rico para enriquecer a todos (2Co. 8:9). Así deseaba ser reconocido Pablo: *"Ténganos los hombres por siervos de Cristo"* (1Co. 4:1). Es necesario recalcar de nuevo que la iglesia de Cristo está sobrada de *grandes* y necesitada de *siervos*.

31. Y sirvió Israel a Jehová todo el tiempo de Josué, y todo el tiempo de los ancianos que sobrevivieron a Josué y que sabían todas las obras que Jehová había hecho por Israel.

Josué estuvo vigilante todo el tiempo para que el pueblo se mantuviese en la línea de la obediencia y fidelidad a Dios. Continuamente, su exhortación y su ejemplo sirvieron de ayuda y orientación. Él pudo ver cómo la fidelidad de Dios se había manifestado continuamente y procuró cumplir y hacer cumplir todo cuanto había determinado. Los ancianos, aquellos líderes que habían convivido con Josué y que le sobrevivieron, los que firmaron el pacto y manifestaron el compromiso de lealtad al Señor, cumplieron su palabra. Aquellos no solo conocían la ley, sino que conocían al Señor. Habían visto personalmente la obra de gracia y la habían experimentado. Ellos se ocuparon en que el pueblo de Dios, bajo su supervisión, siguiera en una línea de respeto y fidelidad a Dios. Sus obras impactaron sus vidas y formaron parte de su ministerio.

La necesidad actual es la misma que la de entonces. El pueblo de Dios necesita conocer a Dios, además de conocer su Palabra. Hay algunos que conocen profundamente la Escritura, pueden definir con perfección las doctrinas relativas a la Deidad, pero lamentablemente desconocen personalmente al Dios de la doctrina. Hay quienes se esfuerzan por defender la causa de Dios, pero no han experimentado el poder de Dios en sus vidas. Solo el pueblo que conoce a su Dios se esfuerza y actúa conforme a Su voluntad (Dn. 11:32).

32. Y enterraron en Siquem los huesos de José, que los hijos de Israel habían traído de Egipto, en la parte del campo que Jacob compró de los hijos de Hamor padre de Siquem, por cien piezas de dinero; y fue posesión de los hijos de José.

José había muerto unos doscientos años antes en Egipto. En su última voluntad expresó el deseo de ser llevado con el pueblo y enterrado en Canaán (Gn. 50:25). José conocía las promesas de Dios para su pueblo. Sabía que la tierra prometida les sería entregada oportunamente en el tiempo determinado. No quería permanecer lejos del lugar de la promesa. Él era también un hombre de fe y deseaba que su sepulcro estuviese en el lugar reservado para su nación. Embalsamado al estilo egipcio, fue puesto en un sarcófago. Sus restos embalsamados fueron sacados de Egipto en el éxodo (Éx. 13:19). Ya en Palestina, reducido el territorio a posesión de Israel, sus restos fueron enterrados en Siquem, en una parcela de campo comprada por Jacob, su padre (Gn. 33:19). Aquella parcela había sido defendida por Jacob, con sus armas, de los amorreos (Gn. 48:22). Esa parcela de terreno con el sepulcro del padre, pasó luego a sus descendientes y fue *"posesión de los hijos de José"*.

33. También murió Eleazar hijo de Aarón, y lo enterraron en el collado de Finees su hijo, que le fue dado en el monte de Efraín.

Es probable que Eleazar, el sumo sacerdote, hijo de Aarón, muriese también en el mismo año en que murió Josué. Había sido compañero de Josué en la conquista y colaborador con él en la distribución y reparto de la tierra. Uno de los hombres destacados en el sacerdocio, fue enterrado en el collado de Finees, su hijo (*b^{e}gib^{a}at Pîn^{e}häs b^{e}nô*). Dos hombres unidos en vida, unidos también en el lugar de enterramiento, en sus sepulcros de la montaña de Efraín.

Las palabras finales del libro con el enterramiento de los tres hombres de fe y siervos de Dios, José, Josué y Eleazar, enseñan que el alcance del ministerio va más allá de la temporalidad. José esperaba la heredad y la saludó como sus padres, de lejos; Josué introdujo al pueblo en la heredad; Eleazar enseñó al pueblo todas las figuras y símbolos contenidos en un culto que apuntaba a una esperanza mayor y definitiva en el *cumplimiento del tiempo*, cuando Dios enviara a su Hijo para sustituir las sombras por la admirable realidad del nuevo pacto (Gá. 4:4). Los tres hombres murieron en fe. El proyecto de sus vidas se anclaba en la firmeza de una esperanza superior. La tierra de Canaán era muy importante, pero ellos esperaban la ciudad con fundamentos cuyo arquitecto y constructor es Dios mismo (He. 11:10). Todos ellos estuvieron gozosos con las ciudades en que habitaron, y con la patria terrenal que les fue entregada para la nación, sin embargo, *"anhelaban una mejor, esto es, celestial; por lo cual Dios no se avergüenza de llamarse Dios de ellos; porque les ha preparado una ciudad"* (He. 11:16). Hubo en sus experiencias terrenales momentos de gloria y momentos de tristeza, ocasiones de triunfo y ocasiones de derrota, días de paz y días de lágrimas. Pero hay algo común a los tres, lo mismo que había ocurrido con Moisés, se *sostuvieron como viendo al Invisible* (He. 11:27).

Muchas son las lecciones y las enseñanzas que se pueden obtener de este admirable libro. Especialmente recomendable es volver al estudio personal de Josué como figura del Josué eterno y Salvador admirable, que es Jesús. Josué, con la ayuda de Dios, condujo a su pueblo a la tierra prometida. Durante la peregrinación estuvo a su lado en los momentos de dificultad, dirigiendo los combates contra los enemigos y trayéndolo, finalmente, a Canaán. Él había sido seleccionado para separar a un pueblo del mundo, venciendo a los enemigos y dándoles descanso. Lo que Moisés no pudo hacer, lo hizo Josué. Moisés y Aarón sacaron al pueblo de Egipto, pero lo dejaron en el desierto. La obra de introducirlo en la tierra correspondía a Josué. De este mismo modo, la figura de la imperfección de la ley en cuanto a salvación, se cumple y expresa en las figuras de este libro. *"La ley fue dada por Moisés, pero la gracia y la verdad vinieron por Jesucristo"* (Jn. 1:17). La ley separaba a Israel de las naciones, haciendolo un pueblo singular, sin embargo, en Cristo se alcanza el descanso de una correcta relación con Dios (Ro. 5:1; 8:1). Josué, el que derrotó a los pueblos de Canaán y dio posesión al pueblo de su heredad, es figura de Jesús que va delante de su pueblo como Príncipe y Salvador, venciendo a los enemigos y dando a cada uno de los suyos la posesión de la vida eterna y de las riquezas de gloria en Él. El único reposo para el cristiano se encuentra bajo la dirección de Jesús, en quien hay y es descanso y paz para su pueblo. Bajo el liderazgo de Moisés, hubo muchas murmuraciones, disputas y enfrentamientos, porque la ley no hace perfecto a nadie. Durante el liderazgo de Josué todo esto estuvo muy debilitado, encontrando a un pueblo en armonía, confianza y triunfo. Los dos modos de vida, bajo la ley y bajo la gracia quedan expuestos en las figuras e ilustraciones históricas del libro. Dios nos llama a vivir en la gracia. El pueblo de Dios necesita experiencias directas relacionadas con ella. Es la gracia la que ha salvado en el pasado, la que santifica en el presente y la que glorificará en el futuro. La gracia y solo la gracia es la razón fundamental del cristianismo.

Otro asunto a destacar es la atención que el pueblo ponía en Josué. Todo Israel estuvo atento al líder que los conducía. De igual modo, el cristiano tiene como modo de vida victoriosa la que discurre por la senda abierta por Cristo y con los ojos puestos en Él (He. 12:2). Es posible estudiar a Cristo, pero más necesario es conocer a Cristo. El admirable Jesús, que sintoniza y simpatiza con el hombre, que alienta y anima, que restaura y conduce, es lo único válido para el cristianismo hoy. El evangelio proclama a Cristo como Salvador. Las enseñanzas bíblicas enfocan la ética cristiana, el comportamiento natural del nacido de nuevo, en el reflejo de Jesús. Todo esto es posible con una sola condición: *Vivir a Cristo* (Fil. 1:21). Esto es, cuando la vida de Cristo se hace vida en cada uno de los que son suyos. Es la gran necesidad renovadora de la iglesia hoy, donde las dificultades cesan, las disputas concluyen, las divisiones desaparecen y la comunión en amor se manifiesta para que el mundo crea que el Padre envió al Hijo para salvación. Esta será una de las bendiciones que se alcancen en el ámbito personal con el estudio profundo de este admirable libro.

Finalmente, Josué es el libro de la dependencia. Nada hizo que no descansase en Dios. Las fuerzas para las batallas, el consuelo en los momentos de adversidad, provenían de Dios. La obediencia era natural porque en ella estaba el éxito de cada día. No eran los carros de guerra que Israel no tenía, ni los ejércitos bien entrenados lo que llevaron a la conquista de la tierra, sino la obediencia dependiente de Dios. Las fuerzas de Dios son mayores que las suyas y las nuestras. Es preciso entender claramente que no hay posibilidad de victoria a no ser en la condición pobre y humilde que confía solo en el nombre del Señor (Is. 66:2). Solo en la debilidad se manifiesta el poder de Dios. Solo cuando se entiende bien que nadie es suficiente para librar las batallas de Dios, sino Él solo, es cuando se alcanza el poder necesario para marchar continuamente de triunfo en triunfo. Oh, que cada uno pueda decir, en la meditación del libro, las palabras de aquel himno de dependencia en Dios y su gracia:

> Descanso en Ti, mi defensor y escudo.
> Pues en la lid contigo a salvo estoy;
> En tu poder a combatir acudo,
> Descanso en Ti y en tu nombre voy.
>
> ¡Oh, Salvador! Voy en tu Santo Nombre,
> Tu Nombre amado, digno de loor,
> Justicia, paz y redención del hombre,
> Rey de la Gloria y Príncipe de amor.
>
> Por fe yo voy, sintiendo mi flaqueza.
> Mas en tu gracia apoyado estoy.
> En tu poder está mi fortaleza,
> Descanso en Ti, y en tu nombre voy.
>
> Descansaré contigo al fin en gloria,
> Entrando por portales de esplendor.
> Tuya es la lucha, tuya la victoria
> Y la alabanza a ti será, Señor.

SOLI DEO GLORIA.

BIBLIOGRAFÍA

Libros Evangélicos

Archer, Gleason L. *Reseña crítica de una introducción al Antiguo Testamento.* Michigan, 1987.

Bruce, F. F. *La Epístola a los Hebreos.* Grand Rapids 1987.

Calvino, Juan. *Epístola a los Romanos.* Michigan, 1977.

Carballosa, Evis L. *"Santiago".* Michigan. 1986.

Chavez, Moisés. *Enfoque arqueológico del mundo de la Biblia.* Miami, 1976.

Deane, William J. *Josué su vida y sus tiempos.* Terrassa, 1987.

Fountain, Thomas. *Claves de interpretación bíblica.* México, 1950.

Harrison, R. K. *Introducción al Antiguo Testamento.* Michigan, 1990.

Hendriksen, William. *Mateo.* Grand Rapids, Michigan, 1986.

Hendriksen, William. *Romanos.* Grand Rapids, Michigan, 1980.

Jensen, Irving L. *"Josué, la tierra de reposo conquistada".* Grand Rapids, 1980.

Lacueva, Francisco. *Comentario Mattew Henry.* Vol. 1, Pentateuco. Terrassa, 1986.

Lacueva, Francisco. *Comentario Mattew Henry.* Vol. 2, Josué-2 Sam. Terrassa, 1986.

Lacueva, Francisco. *La iglesia cuerpo de Cristo.* Terrassa, 1978.

Newell, William R. *Romanos, versículo a versículo.* Michigan, 1984.

Martínez, José María. *Hermenéutica Bíblica.* Terrassa, 1984.

Meyer, F. B. *El camino hacia el Lugar Santísimo.*

Price, Randall, *Las piedras claman.* Miami, 1997.

Rossier, H. *Meditaciones sobre el Libro de Josué.* California.

Spurgeon, C. H. *No hay otro evangelio.* Londres.

Schultz, Samuel J. *Habla el Antiguo Testamento.* Grand Rapids, 1982.

Strong. *Teología Sistemática.* Londes, 1906.

Varchuk, Ivan. *Explicación del libro del Apocalipsis.* S. Francisco, 1975.

Wood, L. *Panorama histórico de Israel.* Florida, 1989.

Libros de otras procedencias

Albright, William. *The Archeology of Palestine and the Bible.* Ed. American Schools, 1974.

Alt, A. *The Settlement of the Israeltias in Palestine.* Oxford, Brackwell, 1966.

Alt, A. *Josua. Beihefte zur Zeitschrift für die alttestamentliche Wisenschaft.* Berlín 1936.

Alt, A. *Kleine Schriften I.* (1953).

Asensio, Félix. *Josué.* Madrid, 1958.

Bright, John. *La historia de Israel*, Bilbao 1970.

Brill, E. J. *The Geographical and Topographical Text of de Old Testament.* Leiden, 1959

Bultmann, R. *Theología.*
Callaway, J. A. y Nicol, M. B. BASOR, 183 (1966)
Casin, E. *Los Imperios del Antiguo Oriente.* (3 vol.). Madrid, 1986.
Comentario Bíblico San Jerónimo. (6 vol.). Madrid, 1971.
Childs, B. S. *A Study of the formula until this day.* Journal of Biblical Literature, Philadelphia, 1963.
de Vaux, Roland. *Historia antigua de Israel* (2 vol.). Madrid, 1975.
de Vaux, Roland. *Instituciones del Antiguo Testamento.* Barcelona, 1976.
Dussaud, R. *Syr, 16*, 1935, I-29.
Drioton, E. *Historia de Egipto.* Buenos Aires, 1981.
Ehrlich, A. B. *Randglossen sur hebräische Bibel.* Leipzig, 1914-1918.
Eichrodt, Walter. *Teología del Antiguo Testamento*, Madrid, 1975.
Eusebio. *Onomastica.*
Finegan, J. *Manual de cronología bíblica.* Madrid, 1975.
Franquesa, Basili. *El Tabor.* Barcelona, 1934.
Grollenberg, Lucas. *Panorama del mundo bíblico.* Madrid, 1966.
Glueck, N. *The River Jordan.* Filadelfia, 1946.
Glueck, N. *Explorations in Eastern Palestine.* New Haven, 1951.
Herrmann, S. *Historia de Israel en la época del Antiguo Testamento.* Salamanca, 1979.
Hummelauer, F. *Josué.*
Josefo. *Antigüedades.*
Kenyon, K. *Arqueología en Tierra Santa.* Barcelona 1963.
Kenyon, K. *Desenterrando a Jericó.* Mexico, 1963.
Knudtzon, J. A. *Die El-Amarna Tafeln.* Leipzig, 1915.
Lagrange M. J., Études sur lesReligions Sémitiques. París, 1905.
Lamon, R. S. y Schipton, G. S. *Meggido I, seasons of 1925-1934.* (Chicago 1939).
Lowley, H. H. *"The Faith of Israel"*, 1956.
Loud, G. *Meggido II, Seasons 1935-1939.* (Chicago 1948).
Llobregat, A. *Estado actual de los problemas de la arqueología palestina. Paleolítico y calcolítico.* Valencia, 1966.
Montet, P. *La vida cotidiana en Egipto en los tiempos de los Ramses.* Madrid, 1990.
Noth, Martín. *Historia de Israel.* Barcelona, 1966.
Noth, Martín. *El mundo del Antiguo Testamento.* Madrid, 1976.
Noth, Martín. *Das Buch Josué.* Tubinga, 1953.
Noth, Martín. *Das System der zwölf Stämme Israels.* 1930.
Noth, Martín. *Josua.* Palästinajahrbuch 31, 1935, I-29.
Schulz, A. *DasBuch Josué.*
Parrot, André. *Los fenicios. La expansión de Fenicia. Cartago.* Madrid, 1975.
Picaza, Xabier, *Antropología Bíblica*, Salamanca, 1993.
Plath, S. *"Furcht Gottes".* Diccionario Teológico del N.T. Salamanca 1980.
Shulman, Eliezer, *Secuencia de los acontecimientos en la Biblia.* Tel-Aviv, 1989.
Simons, J. B. *Jaarbericht van het Vooraziatisch-Egyptisch Genoostschap Ex Oriente Lux*, 6, 1939; 9, 1944.
Simons, J. B. *Egiptians Topographical Lists.* Leiden, 1937.
Smith, G. Adam. *Geografía histórica de la Tierra Santa.*Valencia, 1985.
Schmidt, Werner H. *Introducción al Antiguo Testamento*, Salamanca 1983.

Thomas, D. V. *Archaeology and Old Testament Study*. Oxford 1967.
Tovar Antonio. *Historia del antiguo Oriente*. Barcelona 1970.
Trigget, B.G. *Historia del Egipto Antiguo*. Barcelona, 1985.
De Vaux, R. *Les Institutions de l'Ancien Testament*. París 1958.
Vincent, L. H. *Revue Biblique*. 46, 1937.
von Rad, Gerhard. *Teología del Antiguo Testamento*. Salamanca, 1978.
Wood, León. *Panorama Histórico de Israel*. Miami, 1989.
Wright, G. E. *Arqueología Bíblica*. Madrid, 1975.
Wright, G. E. *The Discoveries at Maggido II*. B Arch (1950).

Atlas Bíblicos

Atlas Bíblico. Verbo Divino. 1983.
Atlas Bíblico Conciso Holman. Tennessee.
Nuevo Atlas Bíblico. Miami, 1990.
Atlas Bíblico Oxford. Verbo Divino. 1988.
Studienatlas Zur Bibel. Neuhausen-Stuttgart
Atlas Histórico Westminster de la Biblia. Casa Bautista.

Diccionarios y concordancias

Diccionario de la Biblia. Barcelona 1963. 8ª edición 1981.
Diccionario Bíblico Arqueológico. Grand Rapids. 1993.
Diccionario Teológico del Nuevo Testamento.Salamanca, 1980.
Gran Diccionario Enciclopédico de la Biblia. Terrassa, 2013.
Nuevo Diccionario Bíblico. Editorial Certeza. Chile, 1991.
The New Brown, Driver, and Briggs Hebrew and English Lexicon of the Old Testament. Indiana, 1907
Analytical Concordance to the Holy Bible. Robert Young. Londres 1879, reimp. 1977.

Textos bíblicos

TM. *Biblia Heraica*. R. Kittel - P. Kahle. Stuttgart, 1961
LXX. Deustche Bibelgesellschaft Stuttgart.
The Greek New Testament. Sociedades Bíblicas, 1975.
Biblia Hebrea Interlineal. Clie.
Nuevo Testamento Trilingüe. B.A.C., 1978.
Nuevo Testamento Interlineal. F. Lacueva. Terrassa, 1984
Santa Biblia. Cantera-Iglesias. Madrid, 1975.
Biblia de Estudio Ryrie. Grand Rapids, 1995.
Biblia de Jerusalén.
Sagrada Biblia Bover-Cantera. BAC, 1961
Sagrada Biblia Nácar-Counga. BAC, 1964
Sagrada Biblia Strauvinger. Buenos Aires, 1970.
Santa Biblia. Reina Valera 60. Sociedades Bíblicas.
Santa Biblia. Reina Valera 75. Terrassa, 1979.

SIGNOS DE TRANSCRIPCIÓN HEBREA

Se pretende con los signos de transcripción proporcionar al lector una aproximación al texto hebreo desde la grafía latina. Para no buscar signos especiales -como es habitual- se han colocado letras latinas modificadas tanto en puntuación como en posición, algunas a modo de superíndice. No se pretende dar con ello el sonido de las palabras, sino solo una idea aproximada de la escritura.

$^{\ddot{a}}$ = $^{\ddot{a}}$älep
b = bêtô
g = gîmël
d = dälet
h = hë$^{\ddot{a}}$û
w= wäw
z = zayin
h = hêt
t = têt y täw
y = yôd
k = kap
l = lämed
m= mêm
n = nûn
s = sämek, sädê y sîn
^{a} = ^{a}yin
p = pë$^{\ddot{a}}$
q = qôp
r = rês
a = patah
ä = qämes
e = s^{e}gôl
ë = sërê
ê = sërê y s^{e}gôl + y
^{e} = s^{e}wä$^{\ddot{a}}$
i = hîreq qätön
î = hîreq gädôl
o = qämes hätûp
W= wäw-hôlem
ö = hôlem
u = qibbûs
û = sûreq